21세기 세계화 시대
한국 교육의 지평과
미래 비전 탐구

21세기 세계화 시대
한국 교육의 지평과
미래 비전 탐구

| 박은종 지음

21세기 세계화 시대, 한국 교육의 현실적 성찰과 미래지향적 전망

일반적으로 전 세계인들이 지구촌 가족으로서 함께 살아가는 21세기 현대 사회를 세계화 사회라고 일컫는다. 현대는 세계가 일일생활권으로 변화와 혁신이 기제이고 화두인 열린사회이다. 정보와 지식이 폭증하고 인적·물적 자원이 역동적으로 교류되는 융·복합적이고 통섭적(統攝的)인 사회인 것이다.

모름지기 교육은 사회 변화와 국가 발전을 앞장서서 이끄는 견인차이다. 특히, 동서고금을 통하여 교육을 국가백년지대계로 중시하는 것은 불변의 진리이다. 사실 교육의 본질을 인간의 바람직한 변화와 성장을 유도하는 계획적이고도 의도적인 활동이라고 정의할 때, 이 시대 진정한 교육은 그야말로 시대를 비추어 보는 거울이며, 사회를 담는 그릇의 역할을 한다. 교육과 사회는 아주 밀접하게 영향을 주고받고 교호하는 영역이다.

자고로 교육백년지대계라고 했다. 사실 국가의 여러 통치 영역 중 가장 으뜸이 교육이다. 물론 정치와 경제, 사회와 문화 등 어느 하나 국가 경영과 통치에 중요하지 않은 덕목이 없지만, 교육은 더욱 중요한 가치이자 활동인 것이다. 특히 정치, 경제, 사회, 문화 등은 현재에 초점을 맞추지만, 교육은 미래에 초점을 맞추고 지향하기 때문에 더욱 중시되는 것이다. 교육이야말로 국가의 미래에 대한 중요한 투자인 것이다. 따라서 우리는 사랑으로 교육을 하고, 교육으로 희망을 추구하여야 한다. 교육은 미래를 밝히는 등불인 것이다.

본서는 저자가 최근 수년간 여러 잡지, 학회 전문지, 신문 등에 수록·게재했던 원고를 정리하여 한 권의 책에 모은 것이다. 각 교육 관련 전문 잡지·신문[誌·紙] 등에 따라 논문형, 시론형, 칼럼형 등으로 기고했던 원고를 한곳에 모은 도서이다. 새로 집필한 글이 아니라 기존에 여러 매체에 기고했던 글을 한 권에 정리한 책이다. 그렇기 때문에 주제에 따라 서로 중첩되는 내용도 많이 있다. 처음에는 최근 교육의 흐름과 교육정책에 적합하게 일부 내용을 수정·퇴고하여 정선하려 하였으나, 글의 문맥과 집필 당시의 의도가 달라질 우려가 있어서 그대로 수록하였다.

원래의 글이 학회 전문지 신문, 잡지 등에 게재될 당시에는 사회와 교육의 중요한 이슈(issue)였으나, 그 후 교육정책적으로 해결되었거나 개선된 주제도 없지 않다. 더러는 현재의 교육 정책과 이슈에 벗어난 주제도 있다. 하지만 주제마다 집필 당시에는 우리 사회와 교육에 함께 생각해 볼 만한 관심 있는 주제와 이슈였다는 점을 부연한다.

본서의 서명인 '한국교육의 지평과 미래 비전 탐구'를 달기까지 여러 날을 고뇌하였다. 보통 서명과 주제를 잡고 집필하는 것이 자연스런 과정이고 모습이지만, 본서는 이미 여러 신문과 잡지에 게재·수록했던 것을 한 권의 책에 모아서 함께 게재하는 형식이기 때문에 일정한 한계를 가질 수밖에 없었다. 특히 서명인 '한국교육의 지평과 미래 비전 탐구'를 보면 걸핏 아주 거대한 교육 담론으로 오해할 수 있으나 전혀 그렇지 않다. 본서는 오늘날 우리 교육과 학교, 그리고 교원과 학생들의 교육에 관한 글이다. 더러는 논문 형식을 갖추기도 하였으나 부담 없이 읽을 수 있는 글이 대부분이다. 따라서 우리나라 교육의 현실을 다시 한번 재음미하고 바람직한 혁신 방향을 모색해 보는 입장에서 일독을 하면 좋을 것이다. 교육과 교육학 탐구와 실행에 도움이 되기를 소망한다. 우리나라 교육의 현실을 성찰하고 이를 바탕으로 미래 한국 교육이 나아갈 방향을 함께 수고해 보기를 기대한다.

본서는 제1부 교원의 수업 전문성과 교육과정 전문성 신장, 제2부 세계화 시대 교육 리더와 교원 리더십 함양, 제3부 국민행복교육과 교직 청렴도 제고, 제4부 21세기 미래사회와 새 교육의 지향, 제5부 꿈과 끼를 기르는 본질 교육의 실행, 제6부 에듀토피아(Edutopia)와 파라다이스(Paradise)로서의 학교와 학생의 보금자리 등 총 6부로 구성되어 있다. 그리고 제1부에 13개 주제, 제2부 11개 주제, 제3부 6개 주제, 제4부 7개 주제, 제5부 9개 주제, 제6부 5개 주제 등 총 51편의 주제장별 글로 조직되어 있다. 각 부별 주제는 해당 부의 주제들을 포괄할 수 있는 내용으로 잡았다.

아무쪼록 본서가 오늘날 교육의 위기라는 이 시대 교육을 담당하고 걱정하는 예비 교원, 현직 교원 등 교육 당사자, 교육행정가, 예비교사, 학부모들에게 우리 교육의 현실과 흐름을 파악하고 미래교육의 방향을 숙고해 보는 데 도움이 되기를 기대한다. 본서의 대부분의 내용은 우리나라 학교와 교육의 실제 모습을 이론과 견주어 기술한 글이다. 또 교육과 교육학이 공허하고도 거대하며 먼 곳에 해답이 있는 것이 아니라 우리 생활 주변과 삶의 저변에 해답이 있다는 평범한 이야기를 재음미해 볼 필요가 있다. 교육과 교육학은 우리 생활과 밀접한 영역이자 학문이기 때문이다. 그 가운데에서 한국교육의 현실을 직시하고 보다 바람직한 혁신 방안을 모색해야 한다.

본서를 집필한 동기도 저자가 우리나라 교육과 학교를 진단하고 고민한 부분에 대해서 교육 동지들과도 교감과 소통을 하고 나아가 공감을 기대하기 위해서이다. 그 교감과 소통, 그리고 공감을 통하여 우리 교육의 문제에 대한 바람직한 진단과 올바른 처방을 모색하기를 기대하는 바이다.

　본서를 출판하여 세상에 내놓으면서 많은 분들에게 감사를 드린다. 특히 저자를 학문의 길로 안내해 주신 조용진 전 학장님, 이종문 교수님(전 진주교육대학교), 강상철 교수님(전 충남대학교), 권낙원 교수님(한국교원대학교), 김병무 학장님(전 공주대학교 사범대학), 서재천 교수님(공주교육대학교), 김정겸 교수님(충남대학교) 등 여러 교수님께 감사드린다.

　아울러 저자와 이 시대 교육을 걱정하며 함께 교육과 학문을 해오며 동고동락하는 전승환 교감선생님(서울 서서울생활과학고), 노문영 선생님(광주비아중), 강성종 박사님(서울 한국우진학교), 김현숙 박사님(서울흑석초), 김수환 선생님(제주 한라초), 김영식 장학사님(경북영천교육지원청) 등에게도 심심한 사의를 표하는 바이다. 그리고 원고 정리를 도와준 공주대 사범대학 일반사회교육과 이미현 학생, 공주교대 초등사회과교육과 임지연 학생, 성신여대 사범대학 교육학과 박나래 학생 등에게도 고마운 인사를 드린다. 애제자인 신현영 선생님(경기 포천 포천초), 오정학 선생님(충남 병천고) 등에게도 감사를 드린다. 모든 분들께 충심으로 감사를 드린다.

　끝으로, 최근 출판 시장의 여러 가지로 어려운 사정에도 불구하고 본서를 출판하여 세상에 빛을 보게 해 주시고, 저자에게 항상 연구 의욕을 북돋워 주시는 한국학술정보(주)의 채종준 대표이사님께 감사드리고, 출판사업부 임직원 여러분께도 심심한 사의를 표하는 바이다. 그리고 항상 성원해 주시는 모든 분들에게 앞으로 더욱 열심히 노력할 것을 약속드리며, 거듭 감사의 말씀을 드린다.

2014년 신춘(新春)에
천년 세월을 품어 안은 공산성과 금강물이 내려다보이는 웅진골 연구실에서
박은종

목차(Contents)

제  부

교원의 수업 전문성과 교육과정 전문성 신장

[제 I 부 탐구의 핵심과 초점] - 교원의 수업 전문성과 교육과정 전문성 신장

일반적으로 교육의 질은 교사의 질을 넘지 못한다고 한다. 그만큼 교육에서 교육의 주체인 교사의 중요성은 지대한 것이다. 훌륭한 교사의 지도로 바람직한 교육이 이루어지고 모범적인 학생이 길러지는 것이다. 따라서 교사의 전문성과 열정이 중요한 것이다.

교육을 수행하는 교사의 여러 가지 자질과 덕목 중에서 가장 중요한 것은 교육과정과 수업에 관한 전문성이다. 즉, 수업을 잘하는 교사, 교육과정을 잘 알고 편성·운영하는 교사가 훌륭한 교사인 것이다. 그러므로 수업 설계, 수업 관찰, 수업 분석, 수업 장학 등 다양한 수업과 교육과정에 관한 자질과 능력 배양은 교육 수행에서 아주 중요한 것이다.

※ 지휘권을 가진 사람이 교육자가 되어야 한다. 교육자는 미래를 밝히는 새벽 등대이고, 청소
 년들을 이끄는 나침반이며 국가와 인류를 이끄는 견인차이다. [위렌 베니스]

제1장 교원의 수업전문성 신장을 위한 바람직한의 수업장학 방안 모색

I. 들어가는 글

교육은 본질적으로 수업으로 학교현장에서 구현된다. 교육 내지 수업은 교원, 특히 교사의 가장 본질적 활동이다. 수업은 교육의 질을 결정하는 중핵적인 요소이다. 학교교육의 질은 편의상 교과교육의 측면과 학교 내에서의 학생들의 삶의 측면으로 나누어 볼 수 있다. 이는 수업의 측면에서도 마찬가지이다. 학교 교육에서 수업은 본질이며 핵심인 것이다.

교과교육의 질적 측면은 다시 교과교육 목표의 질과 학교 수업의 질로 나눌 수 있는데, 학교 수업의 질을 알아보기 위한 하나의 방법으로 수업의 과정을 관찰하고 분석하는 방법이라 할 수 있다. 실제로 학생들은 학교교육 시간의 대부분을 교과학습에 사용한다. 학교 수업은 의도된 교육과정에 의해 이루어지는데, 아무리 훌륭한 교육과정이라 할지라도 교사에 의해 올바르게 전개되지 않고 학생에 의하여 제대로 학습되지 않는다면 교육하였다고 할 수 없을 것이다.

가르치고 배우는 데는 많은 요인이 작용하지만 무엇보다 중요한 것은 교사와 학생들 간의 상호작용 속에서 촉진적인 수업이 이루어질 때, 가장 잘 가르치고 잘 배울 수 있다. 결국 수업관찰도 어떻게 하면 수업이 잘 진행될 수 있을까를 연구하기 위해서 행해지는 수업 개선을 위한 한 가지 방법이다. 따라서 수업의 목적은 달성하고자 하는 교육목표의 성취이고, 나아가 수업관찰의 목적은 수업하는 과정에서 이를 방해하는 요인과 더욱 촉진시켜야 하는 부분을 파악하여 그 개선 방안을 모색하는 것이다.

실제 세계화 시대인 오늘날 교육행정 업무뿐만 아니라 장학업무를 통한 교육본질 추구에도 많은 노력이 요구되지만, 현실적으로 대부분의 장학담당자는 학교장학이나 교과장학보다는 교육행정 업무에 매달릴 수밖에 없는 것이 오늘의 현실이다. 사교육 경감을 위한 공교육의 내실화, 교원능력개발평가, 방과 후 학교 활성화, 주5일 수업제의 전면 도입 등 학교에 대한 끊임없는 변화 요구는 학교교육의 내실화가 필수적이고, 나아가 이런 차원에서 장학의 필요성은 증대될 수밖에 없다. 학교장학의 영역은 여러 가지 관점에서 생각해 볼 수 있으나 그중에서 교육 본질 추구와 교실수업 개선 및 수업의 질적 향상을 도와주기 위해서는 장학의 주요 요소 가운데 하나인 교과장학, 특히 수업장학의 중요성이 증대된다. 교육의 질적 개선을 위해 수업장학의 현실을 진단하고 장학의 개선 방향을 현실적 입장에서 정보를 공유함과 동시에 교육전문직으로서의 교원(교사)의 역할과 책무에 대한 새로운 인식을 접근이 필요한 때이다.

Ⅱ. 수업장학의 의미

1. 수업의 실행 조건

교육은 수업을 통해서 교실 현장에서 구현된다. 모름지기 모든 교과를 통틀어 좋은 수업을 위해서는 다음과 같은 최소한의 조건을 갖추어야 한다.

첫째, 개별화된 수업이다. 즉 학습 내용, 방법, 속도와 평가 등 전 과정이 일련의 개별화 과정으로 진행되어야 한다.

둘째, 자율화된 수업이다. 즉 가르치는 교사, 배우는 학생에게 선택의 여지 부여, 자기 주도적 학습 강화 등이 보장된 열린 수업을 지향하여야 한다.

셋째, 적극적인 교수·학습으로 진행되어야 한다. 즉 학생의 능동적인 참여와 수업 운영에 있어서 교사의 적극적 역할로서 시범, 개별 과제 학습감독, 학생활동 점검 등이 보장되어야 한다.

넷째, 다양화된 수업이다. 즉 학습 내용, 방법, 자료, 환경, 평가방법, 특별활동 창의적 체험활동 등 다양화된 수업을 지향하여야 한다.

다섯째, 융통성 있는 수업을 지향하여야 한다. 즉 교육과정 설계·실행 구성, 수업운영, 공간 구성 등에 있어서의 탄력성과 융통성이 적극 보장된 수업이어야 한다.

여섯째, 창의적이고 참신한 수업을 추구하여야 한다. 이를 위해서는 교재연구와 교수·학습법 탐구가 필수적이다. 교재연구를 수행한 수업은 보다 학습 효과를 높일수 있다.

2. 수업장학의 특징

수업이란 복잡하고 다양한 의미를 지닌 교수·학습활동이기 때문에, 수업을 장학한다는 것도 다양한 변인들이 복합적으로 적용되는 매우 복잡하고 다양한 특징을 지닌 활동이라고 할 수 있다. 따라서 수업장학은 직선적·단선적이어서는 안 되고, 복합적·입체적이어야 한다. 21세기 세계화 시대의 수업은 통섭적이고 융복합적이어야 한다.

첫째, 수업장학이 다양한 목적과 필요성에 의해 이루어진다는 점이다.

둘째, 수업이 복잡한 특성을 지닌 만큼 이를 장학하는 준거도 다양하다. 따라서 수업을 장학하기 위한 준거가 일관성 있고 통일된 준거가 설정되어 있지 못하다는 점이 또 하나의 특징이다.

셋째, 장학 준거가 상황에 따라 다르기 때문에 장학 지표나 장학자료가 각기 다를 수밖에 없다는 점도 하나의 특징이 될 수 있다.

넷째, 장학 준거가 다양한 것처럼 장학 기준도 다양하게 설정할 수 있다.

〈표 I-1-1〉 장학을 보는 두 가지 관점의 비교

장학을 보는 관점		역할로서의 장학(role)	과정으로서의 장학(process)
초점		누가 하는가?	어떻게 하는가?
참여자 간 관계		상하관계 전제	협동관계 전제
장학의 성격		주어지는 장학	함께하는 장학
주된 장학 형태		상급 행정기관 주도의 장학	학교 주도의 자율장학
용어의 예	임상장학	의사와 환자의 관계 부각 －장학담당자: 의사 －교사: 환자 → 거부감(타율적)	의사가 환자를 치료하는 과정상의 특징 활용 －대면적: 1:1 관계 －체계적: 계획적, 도구사용 －윤리적: 문제해결 노력(자율적)
	장학지도, 장학협의	장학지도	장학협의

3. 수업장학의 목적

수업장학은 대체로 교수·학습 개선에 목적이 있으므로 기본적인 수업전개 능력, 학습활동의 관리 능력, 필수적인 수업기술, 수업계획 및 수행능력, 자료의 선택 및 활용 능력, 수업활동의 열성 정도, 수업목표의 달성도 등에 초점을 맞추어 장학하는 것이 바람직할 것이다.

4. 수업장학자의 자세

수업장학자의 주된 목적은 교사로 하여금 그의 교실 수업을 개선할 수 있도록 도와주기 위한 것이다. 일반적으로 수업장학담당자가 가져야 할 자세는 다음과 같이 요약할 수 있다.

첫째, 교사에게 수업과정에 관한 환류(feed back)를 제공하기 위하는 자세가 필요하다.

둘째, 수업의 문제점을 진단하고 해결해 준다는 생각을 가져야 한다.

셋째, 교사가 수업전략을 활용할 수 있는 기술을 개발하도록 돕는 일에 충실하여야 한다.

넷째, 수업과정의 합리적인 분석기술을 습득하도록 돕는 일에 노력하여야 한다.

다섯째, 수업의 전반적인 지적보다는 각 과정과 요소 등에 대한 지원과 조언이 선행되어야 한다.

Ⅲ. 수업장학의 문제점과 개선 방향

1. 수업장학의 문제점

가. 교육전문가로서의 의식이 부족하다

교사들은 교실수업이 잘 이루어지지 않는 이유에 대하여 교사의 부족보다는 학생의 불성실, 교육환경으로 잘못 이해하는 경우가 많아 교실 수업의 부실 원인을 교사 책임 이외의 것으로 돌리는 경향과 교수·학습과정안(수업안) 작성에 대해서도 부정적이어서 교사들의 교육에 임하는 기본적인 자세가 우선 열려 있어야 한다. 우선 장학에 대한 인식이 보다 개방적으로 전환되어야 할 것이다.

나. 교실 수업 개선에 대한 의지와 노력이 부족하다

교사들은 자신의 능력 중 수업지도능력이 가장 부족하다고 자각하고 있음에도 불구하고, 수업장학활동 등에 미온적인 것으로 나타나 수업개선에 대한 노력은 적은 것으로 보인다. 특히 공개수업에 대하여 소극적이어서 수업 개선 의지가 부족한 것으로 풀이된다.

다. 학교장·교감의 교실수업 개선을 위한 의지와 노력이 부족하다

교장·교감의 수업장학과 교실수업 개선을 위한 교내 연수에 대해서도 부정적인 견해가 많아 교장·교감들이 학교 내(교내)에서의 장학방법에 문제가 있거나 이에 대한 노력이 부족하기 때문인 것으로 풀이된다.

라. 교육 전문직의 학교장학이 실효성을 거두지 못하고 있다

교육청(교육지원청)의 정기 장학지도에 대하여 폐기 또는 축소되어야 한다는 의견이 대부분이어서 정기 장학지도 방법에 대한 개선을 요구하고 있는 것으로 풀이된다. 상급기관의 장학에 대한 교사들의 근본적인 거부감 탓이기도 하지만 교육청(교육지원청) 차원의 심도 있는 대안이 마련되어야 할 것으로 보인다.

2. 수업장학의 개선 방향

장학의 방법은 성격과 내용에 따라서 다양하다. 피장학자에 의한 장학에 대해 거부감을 갖는 교사들에게 거부감을 약화시키면서 교사 스스로 장학을 수용하도록 하기 위한 심도 있는 접근이 필요하다.

대부분 교사들은 자기 장학을 가장 선호하고 있고, 인터넷 정보 탐색을 수업 관련 정보 획득의 주요 수단으로 삼고 있으며, 수업공개에 대해서는 비판적인 것으로 나타났다. 따라서 교사들의 거부감을 최소화하면서 학교 내에서 교실수업 개선과 관련하여 추진할 수 있는 개선 방안이 필요하다.

첫째, 교원(교사)들의 교실수업개선에 대한 의지와 책임감이 요구된다. 우선 교사들은 교과 지도에 대한 권위를 확보하고, 학생들의 학습권에 대한 책임 있는 자세가 필요하다. 열린 마음을 가지고 수업에 대한 모니터링을 실시하여 부단히 자신의 수업기술을 연마해야 한다. 교사들의 의식 전환을 위하여 교장·교감의 보다 적극적인 노력이 필요하다. 특히 수업은 전적으로 지도 교사에 의해서 이루어지는 의도적인 교육활동임을 유념해야 한다.

둘째, 효과적이고 집중적인 교내 연수프로그램의 개발이 필요하다. 1년에 2~3일을 '교사연수의 날'로 정하여, 오전에 전 교원들이 교과목별 공개수업을 참관하고, 오후에 전 교원(교사) 또는 과목별 교원(교사)이 참가한 가운데 교실수업개선 관련 워크숍이나 세미나를 개최하는 방안을 생각해 볼 수 있다. 물론 교장·교감 등 장학담당자도 수시장학을 설정하고 수업개선에 의지를 보여야 한다.

셋째, 교사들에 대한 임상장학 등의 방법을 정착시켜야 한다. 단위 학교 차원에서 임상장학팀을 구성하여 운영하여 신규교사에 대한 지속적이고 장기적인 임상장학이 이루어져야 한다.

넷째, 교사 자신의 수업에 대하여 다양한 모니터링 제도를 정착시켜야 한다. 교사들이 과거의 전통적인 권위를 가지고 학생들의 의견을 무시한 채 일방적으로 수업하는 것은 수업의 질이 떨어질 우려가 있다. 이런 점을 고려하여 학교 차원에서 교사들의 수업방법에 대한 학생들의 모니터링을 정기적으로 실시하고, 동료교사에 의한 모니터링, 교장·교감 등에 의한 모니터링도 활성화해야 한다.

이상의 몇 가지 방법 등은 학교공동체 구성원들의 동의를 구하여 시행될 때보다 많은 효과를 거둘 수 있을 것이다. 교실수업개선을 위해서는 무엇보다도 교사 자신의 노력이 무엇보다 중요하며, 교육청이나 학교의 관리자는 교실수업 개선을 위하여 어떤 점에서 교사를 지원해 주고, 그들을 움직이게 할 것인가를 연구해 보아야 한다.

Ⅳ. 바람직한 수업장학의 구체적 방안 모색

바람직한 수업징학이 실행되기 위해서는 '누가' 중심이 되어 '어떤 필요'에 의해서 '어떤 목적'으로 실시하고자 하는가를 확인하는 일이 선행되어야 한다. 수업장학의 근본 목적을 확인하고, 장학에서 특히 강조해야 할 점과 초점으로 삼아야 할 점이 무엇인가를 명료화하여 확인하는 일이 중요하다. 즉 수업자의 장학의 관점을 명료화시켜 수업개선에 필요한 부분을 찾아 주는 장학이 되어야 한다.

1. 수업장학의 요소별 관점

수업의 효과를 평가하고 수업을 개선하기 위해서는 수업을 관찰해서 분석하는 일은 필수적이다. 수업은 교사와 학생 사이에서 다양한 요소들이 활발한 상호작용을 통해 이루어지기 때문에 이 요소들을 중심으로 장학이 이루어져야 한다.

가. 교수·학습 과정안의 장학 관점
교수·학습과정안 내지 수업안은 어떤 목표로 또한 어떤 내용을 어떤 과정이나 방법으로 지도할 것인가를 기록한 수업설계도이다. 수업안은 형식적인 틀이 있는 것이 아니고, 학습 내용의 특질, 교재의 특성, 학습자의 요구수준, 학습환경에 따라 각각 그 특성을 고려해서 융통성 있게 작성해야 하는데 학생들에게 가르쳐야 할 중심요소들을 빠짐없이 계획하고 있는가를 수업목표와 관련지어 분석하는 장학이 이루어져야 한다.

나. 수업목표의 장학 관점
수업목표의 진술은 수업의 성패를 좌우하는 중요한 요소이다. 그럼에도 불구하고 많은 교사들은 관행적으로 쉽게 생각하거나 소홀히 다루는 경우가 많아 이에 대한 중요성을 인식시켜 주는 장학이 필요하다.

① 시간 내 성취될 수 있는 분량으로 진술 여부

② 학습자 요구수준 고려 여부

③ 학습내용 요소와 구조 반영 여부

④ 명세적 동사로 진술 여부

⑤ 여러 개 성취행동 포함되지 않도록 진술 여부

⑥ 성취행동, 조건, 도달기준 포함 여부

일반적으로 통용되는 수업목표학습 목표의 진술 방법을 제시하면 다음과 같다.

1) 시간 내 성취될 수 있는 분량으로 진술 여부

원안	-도서관 자료를 활용하여 관광안내 팸플릿을 만들 수 있다. -우리 지역의 관광자원의 활성화 방안을 말할 수 있다.
수정	**-관광안내 팸플릿 만드는 방법을 제시할 수 있다.** **-우리 지역 관광자원의 장점을 예를 들어 설명할 수 있다.**

2) 학습자 요구 수준 고려 여부

원안	다문화 가정 자녀들의 한국어 교육에 대해 토의할 수 있다.
수정	**다문화 가정 자녀들의 우리말 배우는 방법을 제시할 수 있다.**

3) 명세적 동사 진술 여부

원안	-추상적인 뜻을 기호로 나타낸 글자를 안다. -뜻이 상대되는 한자를 안다.
수정	**-추상적인 한자의 음과 뜻을 설명할 수 있다.** **-상대되는 한자의 쓰임을 말할 수 있다.**

4) 여러 개 성취행동이 포함되지 않도록 진술 여부

원안	-단군 이야기를 분석하여 고조선의 성립 배경과 과정을 찾아낼 수 있다. -고조선의 영역과 성장 과정을 이해한다. -8조 금법을 분석하여 고조선의 사회상을 알 수 있다.
수정	-고조선의 성립 배경을 말할 수 있다. -고조선의 성립 과정을 설명할 수 있다. -고조선의 영역과 성장 과정을 설명할 수 있다. -8조 금법을 분석하여 고조선의 사회상을 설명할 수 있다.

5) 성취행동, 조건, 도달기준 포함 여부

원안	학교운동장에서 100m를 15초 이내에 달릴 수 있다.
내용	－학교운동장에서 100m를: 조건 －15초 이내에: 수락기준(도달기준) －달릴 수 있다: 성취행동

다. 교수행위 장학 관점

수업은 계획되고 의도적인 학습내용을 언어 및 자료, 매체를 활용하여 교사와 학생 간의 상호작용을 통하여 학습목표를 달성하고자 하는 의도적 기술이다. 학습 성과를 최대한 끌어올리기 위해서는 수업담당자인 교사의 교수 행위는 매우 중요한 의미를 지닌다. 교수행위 분석은 한 단위 수업과정을 4개 영역으로 나누어 단계별로 관찰·분석하여 그 결과를 토대로 수업과정에 환류시켜 반성자료로 활용한다면 교실 수업 개선에 질적 도움이 될 것이다.

다음과 같은 분석표를 참고하여 실정에 맞는 평가분석 자료를 활용한다면 많은 성과가 있을 것으로 생각된다.

라. 교사와 학생 간의 언어 상호작용식 장학 관점(Flanders)

수업의 효과를 평가하고 수업을 개선하기 위해서 수업을 분석하는 일은 필수적이다. 수업분석은 다양한 방법이 있는데 이 중에서 관찰법이 가장 대표적인 방법이라고 할 수 있고 플랜더즈(Flanders)의 언어 상호작용 분석법이 일반화되어 있다. Flanders의 언어 상호작용 분석법은 교사와 학생 간의 언어 상호작용을 10개의 범주로 분석하는데 교사영역 7개, 학생영역 2개, 기타 1개 영역으로 다음과 같이 분석한다.

〈표 Ⅰ-1-2〉 플랜더즈(Flanders)의 언어 상호작용 분석법

발언		분류	분석 내용
교 사 의 발 언	비지시 적 발언	1. 감정의 수용	학생의 감정적 색조나 태도를 수용 또는 명료화
		2. 칭찬이나 격려	칭찬하거나 격려, 긴장을 완화시키는 농담
		3. 학생의 아이디 어 수용 또는 사용	학생의 말을 인정. 아이디어에 기반을 두어 질문을 명료화
		4. 질문	학생의 대답을 기대하면서 교사의 아이디어에 기반을 두고 내용이나 절차에 대해 질문
	지시적 발언	5. 강의	교사 자신의 아이디어를 표현하고, 설명을 하고, 학생 이외의 권위를 인용
		6. 지시	학생에게 주의집중이나 벌을 줄 의도로 특정행동을 요구

	7. 학생을 비평, 교사의 권위를 정당화함.	학생행동을 변화시킬 의도를 가지고 진술. 학생의 대답을 정정하거나 야단침. 교사의 행동에 대한 권위를 정당화
학생의 발언	8. 학생의 말-반응	상황을 구조화하거나 제한하는 교사의 접촉에 대한 반응. 아이디어를 표현할 자유가 제한됨
	9. 학생의 말-주도	학생 자발적으로 또는 교사의 유도에 의한 반응으로 학생 자신이 아이디어를 주도하거나 표현
기타	10. 침묵, 혼란	정지, 침묵, 혼란의 기간

마. 교사의 발문 장학

교사의 발문 수준과 내용이 학습에 대한 흥미도와 학생들의 창의력 사고 신장에 많은 영향을 주고 있다. 따라서 수업과정에서 발문이 얼마나 효과적이었는지를 장학하는 일은 소홀히 할 수가 없다. 발문에 따른 효과를 분석하여 수업의 질 개선에 도움을 주어야 한다.

1) 인지영역에 따른 발문 분석

시간(분)	발문 내용	지식	이해	적용	분석	종합	평가
3	제1차 세계대전과 제2차 세계대전의 공통점은?				○		
6	전쟁을 없애고 평화를 정착시키기 위한 방법은?		○				
	계	개	개	개	개	개	개

2) 반응유형 및 지명방법에 따른 발문 분석

	진위형	단답형	서술형	사고형	계
1. 일방적 지명					
2. 희망자 지명					
3. 전체적 지명					
계					

3) 사고수준에 따른 발문 분석

영역	착안점	빈도수	%
1. 지시적 발문	지시, 비난하는 발문 예) 노트에 써요, 그것도 몰라요, 틀렸어요		
2. 비지시적 발문	칭찬, 권장, 학생의 생각을 수용하거나 이용하는 발문예) 잘했어요, 맞았어요, 으음, 그래		
3. 재생적 발문	재생, 암기, 계산, 열거 등을 요구하는 발문 예) 3·1운동은 언제 일어났지? 중심지이론이란?		
4. 추론적 발문	인과관계, 종합, 분석, 구분, 비교, 대조하게 하는 발문 예) 국회와 정부에서 하는 일의 주요한 차이점은? 이 도표를 보고 무엇을 알아낼 수 있나?		

5. 적용적 발문	새로운 사태에 원칙을 적용, 이론화, 예언하는 반응을 나타나게 하는 발문 예) 석유가 고갈되면 어떤 현상이 일어날까? 여러분이 시장이라면 이럴 때 어떻게 하겠어요?		
계			

바. 기타

① 교사의 피드백 관찰 분석: 수정, 적용, 비교, 요약 등

② 교사의 정적강화·부적강화 분석: 칭찬, 격려, 질책, 무시 등

③ 학생의 주의집중 분석: 주의산만, 자세 불량, 장난 등

④ 판서분석: 계획성, 글씨크기, 내용구조화 등

2. 수업장학담당자의 바람직한 역할

가. 인간적인 장학담당자: 인간적 교감자

① 존경과 신뢰감은 장학담당자의 기본 요소

② 장학 대상 교사와의 친화감(래포, rapport) 형성

③ 냉철한 교원(교사)보다 따뜻한 교감(交感)을 가진 교원(교사)

나. 도와주고 지원하는 장학담당자: 협동적 지원자

① 평가자가 아닌 협동자, 조언자

② 사후보다 사전에 역점을 둠.

③ 연구하는 방법을 안내, 다양한 자료 제공

다. 전문적 식견과 자질을 갖춘 장학담당자: 전문적 동반자

① 교과교육, 수업방법, 학력평가 등에 관한 연구

② 전문성에 토대를 둔 논리적인 조언

③ 시대변화를 수용하고 진보적으로 사고

④ 숲과 나무를 함께 보는 균형잡힌 사고와 행동

⑤ 항상 연구하고 두루 탐구하는 열정

V. 맺고 나오는 글

최근 학교현장을 향한 부정적인 사회적 목소리가 커져 가고 있다. 교원능력개발평가, 성과상여금, 주5일 수업제 전면 도입, 교권 실추 및 교권 추락 등 교원들을 우울하게 하는 사회적 이슈들도 많다. 학생의 인권과 학습권 보장 운운하면서 교원의 교권을 공공연히 추락시키는 우를 범하는 교육정책도 큰 유감이다.

많은 교육 관련 사회적 목소리 중에는 교육을 걱정하고 격려하는 것이 있는가 하면 일부의 부정적 요소들이 학교현장의 전부인 양 매도되고 있는 현실은 교육을 담당하고 있는 우리들로서는 인내하기 힘든 부분들도 있다. 그렇다고 교육을 포기할 수는 없지 않은가? 외부의 목소리를 타산지석으로 삼아 신명 나는 교육현장을 만들어 가야 하는 책무성 또한 중요하다. 결국 그 책무는 교실수업에서 찾아야 한다. 학생들로 하여금 비판적이며 창의적으로 사고하고, 자기 주도적으로 새로운 가치를 창조할 수 있는 능력을 길러 주는 새로운 패러다임의 수업 정착을 위해 노력하여야 하고, 무엇보다도 교실수업 개선을 위한 교사의 노력이 전제되어야 한다. 학교의 관리자인 교장이나 교감은 교내장학의 가장 중요한 영역인 수업장학을 위하여 스스로 교수학습 이론을 탐색하고, 학교구성원과의 협의를 통하여 적절한 수업장학 시스템을 구축하여 교실수업개선을 위한 장학에 매진하여야 한다. 그것이 학교와 교사의 권위를 회복하고, 교육 정상화를 이루는 지름길이기 때문이다. 교사가 수업의 질 개선을 위해 노력해야 하는 만큼 장학담당자의 장학의 질 개선에 매진하여야 하는 이유가 여기에 있는 것이다.

사실 교육의 위기라고 걱정하는 이 시대에 교원들의 역할과 사명은 더욱 막중하다. 교원들은 이 시대 교육을 이끄는 견인차 역할을 한다. 특히 교사들은 교실에서 교과지도, 생활지도, 창의적 체험활동 지도, 특별활동 지도 등 학생들과 일거수일투족을 함께 한다. 감수성이 예민한 학생들에게 가장 중요한 영향을 미치는 사람이 교사이고, 학생들의 잠재적 가능성인 꿈과 끼를 이끌어내는 사람도 교사이다. 그만큼 학생들의 성장에 교사는 지대한 영향을 미치는 존재이다.

이와 같은 학교에서의 교사의 역할 중에서 가장 중요한 것이 수업이다. 수업은 교사의 생명과도 같은 것이며 교육의 본질이며 핵심이다. 수업을 제외하고 교사를 논할 수는 없다.

수업장학은 교사들의 수업에 대한 자질과 능력을 향상시켜서 보다 질 높은 훌륭한 수업을 전개 하도록 도와주는 지원활동이다. 따라서 교장, 교간, 장학사(관) 등 장학 담장자들은 교사들이 수업자질과 능력을 신장할 수 있도록 친절하게 안내해 주고 지원해 주어야 한다.

제2장 효과적인 수업장학의 이론과 실제 탐구

Ⅰ. 들어가는 글

최근 학교와 교육에서의 '공교육의 내실화', 교원능력개발평가, 학교평가 등 학교에 대한 끊임없는 변화 요구는, 학교교육의 내실화가 필수적일 수 밖에 없고, 이런 차원에서 장학의 필요성은 증대될 수밖에 없다. 교장·교감은에 의해 이루어지는 장학의 영역은 여러 가지 관점에서 생각해 볼 수 있으나 그중에서 교육 본질 추구와 교실수업 개선 및 수업의 실적 향상을 도와주기 위해서는 장학의 주요 요소 가운데 하나인 교과장학, 특히 수업장학의 중요성이 증대된다.

큰 갈등 속에 학교에서 뿌리를 내리고 있는 교원능력개발평가는 기본적으로 평가 요소와 내용이 여러 가지로 제시되고 있지만 본질적으로는 교실수업 평가에 초점이 맞춰져 있다고 볼 수 있다. 따라서 평가자나 피평가자는 수업에 대한 전문적인 식견을 가지고 제대로 된 평가가 이루어져야 교원능력평가 본연의 가치를 이끌어 낼 수 있다. 여기에 학교경영자의 수업장학에 대한 전문성과 기술적 식견이 요구된다. 본고에서는 교육의 질적 개선을 위해 기초적이면서도 가장 중요한 수업장학에 대하여 정보를 공유하고 실천 방안에 대하여 그 실례를 직접 경험해 볼 수 있는 기회를 제공함으로써 전문직으로서의 수업장학에 대한 인식을 새롭게 하는 것이 바람직하다.

Ⅱ. 수업장학의 의미

1. 수업장학의 개념

수업장학은 교사의 수업능력과 자질을 함양하여 학생들에게 좋은 수업을 할 수 있도록 지원하는 다양한 활동이다.

　① 해리스(Harris): "학생들의 학습을 촉진하는 교수과정에 직접적으로 영향을 미치는 방법으로 인적·물적 자원을 유지·변화시키는 활동"

　② 알폰소(Alfonso): "학생의 학습을 촉진하고 학교의 목적을 달성할 수 있도록 교사행동

에 직접적으로 영향을 주기 위하여 학교가 공식적으로 지정한 행동"

2. 수업장학의 특징

수업이란 복잡하고 다양한 의미를 지닌 교수·학습활동이기 때문에, 수업을 장학한다는 것도 다양한 변인들이 복합적으로 적용되는 매우 복잡하고 다양한 특징을 지닌 활동이라고 할 수 있다.

첫째, 수업장학이 다양한 목적과 필요성에 의해 이루어진다는 점이다.

둘째, 수업이 복잡한 특성을 지닌 만큼 이를 장학하는 준거도 다양하다. 따라서 수업을 장학하기 위한 준거가 일관성 있고 통일된 준거가 설정되어 있지 못하다는 점이 또 하나의 특징이다.

셋째, 이처럼 장학 준거가 상황에 따라 다르기 때문에 장학 지표나 장학자료가 각기 다를 수밖에 없다는 점도 하나의 특징이 될 수 있다.

넷째, 장학 준거가 다양한 것처럼 장학 기준도 다양하게 설정할 수 있다.

3. 수업장학의 목적

수업장학은 기본적으로 교수·학습 개선에 목적이 있으므로 기본적인 수업전개 능력, 학습활동의 관리 능력, 필수적인 수업기술, 수업계획 및 수행능력, 자료의 선택 및 활용 능력, 수업 활동의 열성 정도, 수업목표의 달성도 등을 초점에 두어 장학하는 것이 바람직할 것이다. 수업장학의 목적은 교사들의 수업, 즉 교수·학습 개선인 것이다.

Ⅲ. 수업장학의 실태 및 개선 방향

1. 수업장학에 대한 교사의 인식

교사들의 수업개선 노력 정도와 학교 내 장학의 실태를 파악하여 제시한 여러 연구를 종합하면 다음과 같은 결과를 교사들의 인식을 파악할 수 있다.

첫째, 교사들의 교육전문가로서의 의식이 부족하다. 교사들 스스로 교직에 대한 교육전문가적 인식이 결여되어 있다.

교사들은 교실수업이 잘 이루어지지 않는 이유에 대하여 교사의 부족보다는 학생의 불성실로 이해하는 경우가 많은 것으로 나타나 교사 자신에 대한 성찰이 부족하지 않는가 하는 느낌을 갖게 한다. 그 밖에 교육환경이나 교육내용 등을 드는 경우가 많아 자칫 교실수업의 부실 원인을 교사 책임 이외의 것으로 돌려 자기 능력이나 노력의 부족을 합리화시키지 않을까 염려된다. 교수·학습과정안 작성에 대해서도 필요 없다는 반응과 필요하다는 반응이 비슷하게 나타난 것은 교사들의 교육에 임하는 기본적인 자세에 문제가 있지 않나 생각된다.

둘째, 교사들의 수업 개신에 대한 의지와 노력이 부족하다. 자고로 수업은 교사의 생명과 같은 것인데 정작 교사들은 스스로 수업 개선에 대한 왕성한 의욕과 성취감이 결여되어 있다. 교사들은 수업 개선이 이루어지지 못하는 이유를 학생, 교육환경 등에 책임전가하는 경향이 없지 않다.

교사들의 교실수업 개선은 부단한 자기 연찬과 이에 필요한 학교운영 시스템의 구축으로 가능하다. 그러나 교사들은 자신의 능력 중 수업지도능력이 가장 부족하다고 자각하고 있음에도 불구하고, 타 교사의 수업참관 및 수업 준비에 소홀함을 볼 때 이에 대한 노력은 적은 것으로 보인다. 특히 공개수업에 대한 교사들의 견해가 적극적인 공개보다는 필요한 경우나 희망자에 한하여 공개하자는 것이 많아 수업 개선 의지가 부족한 것으로 풀이된다.

셋째, 학교관리자인 교장·교감의 수업 개선을 위한 의지와 노력이 부족하다. 교장과 교감의 핵심 업무는 장학인데 이에 대한 실천, 실행 의지가 미미한 형편이다.

교장·교감의 수시장학에 대한 교사들의 평가는 긍정적인 면과 부정적인 면이 반반으로 나타났다. 또한 교실수업 개선을 위한 교내 연수에 대해서도 부정적인 견해가 반수가 넘어 이에 대한 개선 노력이 필요한 것으로 나타났다. 이러한 수치는 교장·교감들이 학교 내에서의 장학방법에 문제가 있거나 이에 대한 노력이 부족하기 때문인 것으로 풀이된다.

끝으로, 장학사(관)인 교육전문직의 학교장학이 소기의 성과를 거두지 못하고 있다. 우리나라 현실에서 교육전문직이 인력 부족 등 장학을 수행하기 어려운 여건에 있어서 행정 사무 처리에 치중하는 주객이 전도된 현실이다.

교육청(교육지원청)의 정기 장학지도에 대하여 폐기 또는 축소되어야 한다는 의견이 대부분이며 이는 상급기관의 감독이나 확인에 대한 교사들의 근본적인 거부감 탓이기도 하지만 정기 장학지도 방법에 대한 개선을 요구하고 있는 것으로 풀이된다. 이 문제에 대하여 교육청 차원의 심도 있는 대안이 마련되어야 할 것으로 보인다.

2. 학교에서의 수업장학 현황

가. 임상장학

신규교사에 대한 장학이 대부분이며, 문제교사 등에 대한 임상장학은 거의 이루어지지 못하고 있다. 임상장학담당자의 전문성 및 시간·자료 부족 등으로 체계적으로 이루어지지 못하나, 일부 학교에서는 독자적인 자료를 개발하여 실시하는 경우도 있다.

나. 동료장학

주로 교과협의회나 공개수업 참관 등을 통해 이루어지고 있다. 교과협의회는 교과별로 실시하는데(연 4~6회), 의례적인 경우가 많고, 교과협의를 위한 시간 확보가 제대로 되어 있지 못하다. 공개수업 참관은 교과 영역별로 연 1회 실시하는 경우가 대부분이며(총 5~6회), 신규교사와 새로 전입한 교사가 담당하는 경우가 많다.

다. 자기 장학

교사들이 가장 선호하는 형태이다. 주로 학교 자체별 자기 장학 계획에 의해 이루어지며, 전문교과의 독서, 문항·학습지·학습자료 개발 등의 과업을 스스로 정하여 실시한다. 자기 장학 결과에 대한 확인이나 우수사례 발표 등에는 관심이 적은 편이다. 일부 학교에서는 교사들의 1년 동안의 연구결과를 책자로 발간하는 경우도 있다.

라. 약식장학

교장·교감과 교사와의 인간관계(온정주의)로 인하여 체계적으로 이루어지지 못하고 의례적인 경우가 많다. 일부 학교에서는 교장·교감이 상당한 관심을 가지고 주기적으로 수업참관, 교실 순시, 교사 상담 등을 실시하고 있으나, 장학 결과에 대한 개인별 환류는 기대에 미치지 못하는 편이다.

마. 자체연수·현직연수

연수시간 부족, 교사들의 열의 부족으로 교무행정적인 내용의 연수에 치중하며 유인물로 대체하는 경우가 많다. 일부 연구시범학교에서는 1년 동안의 수업개선 등과 관련된 연수계획을 치밀하게 수립하여 운영하는 경우도 있다. 자체연수는 고등학교보다는 초등학교와 중학교에서 상대적으로 활발하게 운영되고 있는 편이다.

3. 수업장학의 개선 방향

학교 내에서 교실수업 개선과 관련하여 추진할 수 있는 개선 방안을 요약하면 다음과 같다.

첫째, 교사들의 수업개선에 대한 의지와 책임감이 요구된다. 우선 교사들은 교과 지도에 대한 권위를 확보하고, 학생들에 대한 사랑을 실천하기 위하여 열심히 노력하는 자세를 보여야 한다. 열린 마음을 가지고 수업에 대한 모니터링을 실시하여 부단히 자신의 수업기술을 연마해야 한다. 교사들의 의식 전환을 위하여 교장·교감의 보다 적극적인 노력이 필요하다.

둘째, 효과적이고 집중적인 교내 연수프로그램의 개발이 필요하다. 1년에 2~3일을 '교사연수의 날로 정하여, 오전에 전 교사가 교과목별 공개수업을 참관하고, 오후에 전 교사 또는 과목별 교사가 참가한 가운데 교실수업개선 관련 워크숍이나 세미나를 개최하는 방안을 생각해 볼 수 있다.

셋째, 교사들에 대한 임상장학 등의 방법을 정착시켜야 한다. 학교 차원에서 신규교사에 대한 임상장학팀을 구성하여 운영하고, 교사 개인별로 수업 공개를 의무화하여 수업 후 협의회를 통하여 보다 개방적이고 적극적인 수업장학의 방법이 도입되어야 한다. 특히 신규교사에 대한 지속적이고 장학적인 임상장학이 이루어져야 한다.

넷째, 교사 자신의 수업에 대하여 다양한 모니터링 제도를 정착시켜야 한다. 학교 차원에서 교사들의 수업방법에 대한 학생들의 모니터링을 정기적으로 실시하고, 동료교사에 의한 모니터링, 교장 교감에 의한 모니터링도 활성화해야 한다.

이상의 몇 가지 방법 등은 학교공동체 구성원들의 동의를 구하여 시행될 때보다 많은 효과를 거둘 수 있을 것이다. 교실수업개선을 위해서는 무엇보다도 교사 자신의 노력이 무엇보다 중요하며, 교육청이나 학교의 관리자는 교실수업 개선을 위하여 어떤 점에서 교사를 지원해 주고, 그들을 움직이게 할 것인가를 연구해 보아야 한다.

4. 수업장학의 실제

가. 자체 연수 강화

① 소집단 연수(교과별, 연령대별) 및 직원 연수 시간 확보(정기고사 기간, 방학기간, 직원조회 시간)

② 외부인사 초빙강연 및 학교 홈페이지를 활용(교사 연수방 등)

나. 공개수업 활성화

① 수업 공개에 대한 공감대 형성

② 교과별 협의회 활성화(정례적인 시간 확보)

③ 교장, 교감의 적극적인 의지

④ 수업장면의 녹화, 녹음(녹음, 녹화 기기의 즉시적 활용 시스템)

다. 수업 모니터링 실시

① 교장·교감의 참관록(멘터링 형태의 장학)

② 학생 대상의 설문지(선택형·서술형 병행)

③ 동료교사의 전문적인 수업참관록

④ 수업녹화, 녹음자료에 대한 평가회 실시

라. 임상장학의 체계적 운영

① 임상 장학팀 구성(능력 있는 교사로 구성)

② 수업장학(교안 작성, 수업운영 기술, 발문, 평가 등)

③ 교육행적기관에서의 임상장학 교재 개발

마. 각종 연수 및 연구대회 참여 권장

① 수업연구대회 및 교과교육연구회 활동

② 교과별 세미나 장학 및 각종 교과연구대회 참여

바. 교사 동아리활동 활성화

① 교과별 동아리, 학교 급별 동아리 등

② 교사 동아리활동에 대한 행·재정적 지원

사. 수업자료 제작을 위한 인프라 구축

① 자료 제작실 운영, 보조인력 지원

② 자료 제작에 대한 행·재정적 지원

Ⅳ. 맺고 나오는 글

21세기의 세계화 시대와 지식정보화 사회에 적응하기 위해서는 학생들로 하여금 비판적이며 창의적으로 사고하고, 자기 주도적으로 새로운 가치를 창조할 수 있는 능력을 길러 주어야 한다. 이를 위해 학교현장은 새로운 교육 패러다임의 정착을 위해 노력하여야 하고, 무엇보다도 교실수업 개선을 위한 교사의 노력이 전제되어야 한다. 학교의 관리자인 교장이나 교감은 교내장학의 가장 중요한 영역인 수업장학을 위하여 스스로 교수·학습 이론을 탐색하고, 학교구성원과의 협의를 통하여 적절한 수업장학 시스템을 구축할 필요가 있다. 교실수업 개선은 교사에게 주어진 최대의 책무이고 지상과제이나. 학교의 교장과 교감, 그리고 교육전문직은 교실수업개선을 위한 확실한 의지를 가지고 교실수업개선을 위한 장학에 매진하여야 한다. 그것이 학교와 교사의 권위를 회복하고, 교육 정상화를 이루는 지름길이기 때문이다.

이와 같이 일선 초·중·고교 교사들의 수업전분성과 수업 자질과 수업 능력 향상은 아주 중요한 일이다. 수업을 잘 하는 교사가 가장 훌륭한 교사인 것이다. 따라서 교사들은 수업 자질과 수업 능력 향상을 위해서 부단히 노력하여야 한다.

수업장학은 교사들의 수업의 자질과 능력을 항상시켜서 궁극적으로 교실수업 개선을 목적으로 하여 수행된다. 수업장학은 수업 개선의 목적인 것이다. 교사의 수업 개선을 통하여 교사들이 학생들에게 훌륭한 수업을 전개 하도록 도와주는 활동이다.

일선 학교에서 이루어지고 있는 수업장학의 유형은 임상장학, 동료장학, 자기장학, 약식장학, 자체장학, 현직연수 등이 있다. 하지만 우리나라 학교, 교사들은 이와 같은 수업장학에 대해서 비관적으로 정근하고, 긍정적으로 수용하지 않으려는 문화를 갖고 있다. 이는 수업장학이 관점이 감시, 감독, 지적 등 관리감독적 경향이 강하여 교사들이 열린 마음과 자세로 장학 담당자 앞으로 다가가지 목하기 때문이다.

일반적으로 수업장학을 개선하기 위한 바람직한 방향으로는 교사들의 수업개선에 대한 의지와 책임감의 요구되고, 다양한 교내 연수 프로그램 개발로 효과적이고 집중적인 연수가 변행돼야 하며, 교사들에 대한 임상장학 방법 적용이 활성화 되어야 하고, 나아가 교사들의 수업 전개에 대한 다양한 모니터링이 이루어져야 한다.

결국 일선 학교에서 수업장학이 효과적으로 이루어지기 위해서는 교사들의 인식이 변화되어야 하고, 장학 담당자들의 바람직한 장학 활동에 전개되어야 할 것이다. 아울러 수업장학에 관한 다양한 프로그램 등이 개발되고 적응 되어야 할 것이다.

제3장 교원의 수업전문성 신장을 위한 교내 자율장학 활성화 방안

I. 들어가는 글

변혁과 역동성이 화두인 21세기 세계화 시대, 지식 기반의 사회를 맞아 학교교육도 커다란 변혁기를 맞고 있다. 특히 학교교육의 핵심인 수업현장은 다양한 변화를 요구받고 있다. 이러한 변화에 발맞추어 최근에는 탐구학습 구성주의 이론, 자기 주도적 학습 등 다양한 방법이 제시되고 있지만, 그 핵심은 학생들의 특성에 맞는 수업(교수·학습) 방법을 적용하여 학생들이 스스로 문제점을 찾아 해결할 수 있는 창의력에 초점이 맞추어지고 있다.

일반적으로 장학은 교사들의 수업기술과 능력을 함양시켜서 좋은 수업을 구현하고자 하는 활동이다. 따라서 종전에 경영, 관리활동에 초점을 두었던 장학은 교사들이 장학을 평가라는 관점으로 받아들이고, 장학에 대해 부정적 시각을 갖게 되어 수업개선으로서의 장학의 목적을 달성할 수 없고 교사 중심의 장학 의도와는 거리가 있으므로 교육과정 중심의 자율장학과 학습자 중심의 장학으로 전환되어야 함은 당연하다고 하겠다.

자율장학이란 교사 개개인이나 학교조직이 외부의 통제나 지시에 의하지 아니하고 스스로 결정한 규율이나 통제에 따라 자발적이고 주도적으로 수업기술 향상과 전문적 성장을 계속적으로 추구하는 교육활동을 말한다.

자율장학이 뿌리내리기 위해서는 우선 학교장을 비롯한 학교조직구성원 모두가 자기 결정, 자기 통제, 자기 책임 등 자율성과 책무성의 소양을 갖추어야 한다.

역동적인 교육 과정으로서의 수업장학은 학교교육의 목표 달성을 위하여 없어서는 안 될 중요한 기능을 발휘한다. 일부 학자와 일선 학교 교사들 중에는 장학무용론을 주장하기도 하지만, 교사의 수업개선과 전문적인 교수·학습의 발달을 위하여 교사를 격려하며 자극하는 기능을 지닌 장학은 학교교육의 발전에 여전히 중요한 의미를 지니고 있다.

그러나 장학의 개념은 사회적·철학적·경제적 그리고 정치적 영향에 따라 크게 변화해 왔다. 1980년대 초부터 발달장학에 관심이 쏠리기 시작하였고, 1980년대 말에는 변혁적 리더십이 관심의 대상이 되었으며, 학교에서 교사가 의사결정과정에 적극적으로 참여하도록 하는 수단으로 교사에 대한 권한부여가 주의를 끌기 시작하였다. 지도자로서의 교사에 관한 최근의 연구를 보면 전통적인 장학에 대한 대안으로 동료장학이 나타나고 있으며 장학, 장학담당자라는 말 대신에 수업 지도성, 수업지도자라는 말이 선호되기 시작한다. 이렇게 수업장학은 이제 학교 내에서 이루어지는 쪽으로 변화하여 가며, 교내장학의 활성화에 대한 관심이 커지고 있다.

장학의 역할과 기능은 시대에 따라 그 강조점을 달리하여 왔다. 즉 장학은 교육의 강조점을 달리하는 시대에 따라 또는 교육정책의 수행 형태에 따라 상부조직의 감독을 위주로 하는 시학중심의 장학이 이루어진 때도 있었으며, 또한 감독보다는 교육전문가에 의한 지도를 위주로 하여 현장개선에 이바지한 경우도 있었고, 감독이나 지도보다는 동료교사나 전문가에 의한 조언을 위주로 하는 장학이 교육활동에 효과적인 경우도 있었다.

하지만 과거 학교현장에서는 장학활동이 교육과 수업 혁신에 별로 도움이 되지 못하고 있다는 부정적인 인식을 갖고 있었다. 특히, 관주도형 시학 중심의 장학은 상부관청의 장학 방침이나 지침의 이행 여부를 점검하는 수준에서 이루어지는 경우가 많았기에 실제 학교 현장의 교육활동 개선을 위한 전문가의 지도, 조언보다는 감사의 개념으로 장학이 이루어지고 있다는 비판을 받기도 했었다. 그 이유들은 대체로 장학담당자의 전문적 자질, 장학의 내용, 장학의 유형 등에 대한 불만족으로 집약된다. 그럼에도 불구하고, 이제는 이러한 비판들을 극복하기 위한 현장의 노력으로 완전하지는 않지만 상당히 긍정적으로 변화하고 있음을 볼 수 있다.

장학의 다양한 표현 양식은 학생을 대상으로 진술될 때에는 학생들의 성장발달을 돕는 활동과 관련되며, 교사를 대상으로 말할 때에는 수업(교수·학습)활동의 향상과 연결되고, 학교를 대상으로 할 때에는 교육조건의 준비성 및 교육경영의 합리성을 돕는 일과 관련된다. 따라서 장학은 교원의 전문적 자질을 향상시키고 교수·학습 방법을 개선하며, 학교경영을 합리화하는 역할을 수행한다. 따라서 장학활동은 학교의 교육활동에 큰 영향을 미친다. 결과적으로, 학교에서 이루어지는 교육활동은 대체로 교육목표의 설정, 교육내용의 조직, 교육방법의 다양화 및 교육성과의 산출 등은 포함하게 되는데, 장학은 이러한 교육활동에 대하여 감독, 지도, 조언 등을 하는 기능을 가진다.

Ⅱ. 교내 자율장학의 동향(trend)

1. 개인 중심에서 집단 중심으로 초점의 변화

현대 장학이론의 핵심으로서, 수업의 실제에 큰 영향을 미쳐 온 임상장학은 그것이 지니고 있는 제한성, 부적절성, 비효과성 때문에 다음과 같이 공격의 대상이 되고 있다.

첫째, 임상장학은 교사 개인의 수업이 개선되면, 학생의 학습이 향상될 것이라는 것을 전제로 하고 있다. 장학담당자의 장학활동, 교사의 수업기술 및 능력 향상, 학생들의 학업 성취 신장 등을 연계하는 것이 곧 장학활동인 것이다.

둘째, 임상장학은 교사개인의 수업이 개선되면, 이에 따라 학교조직 전체가 혁신·변화될 것이라고 가정하고 있다. 조직이론에 의하면 이 가정은 정확히 반대로 진술된 것으로 조직이 먼저 변화하지 않으면, 개인의 의미 있는 개선은 불가능하다.

최근 장학의 개념이 개인에서 집단으로 초점이 바뀌어 가면서 장학담당자의 역할은 비판자보다는 자원제공자로 변해 가고 있다. 교사집단과 일하면서 장학담당자는 "전망을 지닌 지도자, 지원자, 능력개발자, 학생을 위한 결과를 이끌어 내도록 팀에게 권한을 위임하는 사람"의 기능을 하게 된다. 교사와 장학담당자가 서로 존중하는 가운데 함께 일하며, 이것 자체가 동기유발력을 지니는 것이다. 뿐만 아니라 학급 밖으로 장학담당자의 일의 범위와 영역을 넓히는 가운데 학교나 지역사회의 문화가 장학의 관심영역, 영향력을 행사하는 영역이 되어 간다.

2. 관리 감독에서 성장 지원으로 기능의 변화

원래 장학은 관리, 감독적인 성향을 가진 용어였다. 즉 오랜 기간 동안 이론과는 달리 실제로는 감독과 평가로서의 장학이 지배적이었다. 이러한 접근법에서 장학담당자는 문제를 해결하기 위한 전문가로서의 기능을 하며, 흔히 처방적으로 장학을 마무리하게 된다. 이러한 장학에서는 장학담당자가 장학을 받는 교사에게 지식과 기술을 전수하므로 전수모형이라고도 불린다. 장학지도를 받는 교사는 결핍된 상황에 있는 것으로 여겨진다. 이러한 접근법은 문제를 해결할 수도 있지만, 문제를 야기할 수도 있다.

그러나 교사들에게 자신의 전문적인 면의 발달을 위한 프로그램을 계획하도록 하는 것이 반드시 더 효과적은 아니라고 하는 학자도 있으며, 어떤 학자는 교사에게 자기 발전 계획을 세우도록 강요하는 것은 비생산적이고 역기능적이라고 주장하기도 한다. 다른 관점에서 장학담당자는 학습이 결과가 아닌 과정으로 여겨지는 융통성 있는 환경을 마련해 주는 식으로 교사의 성장을 지원해야 한다고 하는 학자도 있다.

자율장학에서는 적절한 자원과 지원기제만 주어지면, 교사는 자신의 성장에 대하여 책임을 지고, 자기 지시적인 가운데 자기 장학을 할 수 있다고 여긴다. 장학담당자의 일은 자원과 지원기제를 제공하는 것으로, 반성적 행동의 모범을 보이며 격려하는 것이 한 방법일 것이다. 교사와 학생들은 교육의 실제와 교육이 이루어지는 상황을 진술하고, 알고, 직면하고, 재구성해야 한다. 반성적 과정을 통하여 장학담당자는 단지 행동을 수정하려고 하기보다는 교사의 가치관과 생각을 바꾸려고 하는 변화촉진자가 된다. 이러한 접근법은 변혁적 장학 또는 전문적 성장을 위한 장학이라고 불린다.

Ⅲ. 교내 자율장학의 개관

1. 일반적인 장학의 개념

일반적으로 사용되고 있는 장학의 개념에 관해서는 장학에 대한 접근방법과 강조점의 차이로 인하여 여러 가지 다양한 의견이 제시되어 오고 있다. 특히 장학이 그 이론에서뿐만 아니라 실제에 있어서도 우리나라보다 훨씬 발달해 있는 선진국의 경우 학자들에 따라서 다양한 형태의 장학의 개념, 방법 및 조건들에 관한 논의가 혼재되어 제시되고 있다.

장학의 개념을 정의하는 데 있어서 혼동을 주는 요인들 때문에 단일 개념으로 정의를 하는 것은 대단히 어렵다. 그동안 우리나라에 있어서 장학의 개념에 대하여 적지 않은 혼동을 주어 온 요인들은 ① 장학에 관련된 용어의 통일이 이루어지지 않고 있는 점, ② 장학사나 장학관이 행하는 모든 사무가 장학인 것은 아닐 뿐만 아니라 그와는 반대로 학교장이나 교육감의 소관업무 중에서도 장학에 관한 것이 있다는 점, ③ 장학의 대상이 되는 교육문제의 영역이 광범위하고 행정과 장학의 한계가 명확하지 않다는 점, ④ 외국의 장학개념과 우리나라의 그것이 반드시 일치하지 않는다는 점 등이라고 할 수 있다. 따라서 장학의 개념을 파악하기 위해서는 다원적 접근방법이 바람직하다고 할 수 있다.

장학의 개념을 파악하는 데 있어서, ① 현행의 법규해석에서 출발한 '법규 면에서의 접근방법', ② 장학의 기능이 무엇이냐를 분석·검토하여 귀납적으로 장학의 개념을 파악하려는 '기능 면에서의 접근방법', 그리고 ③ 우리나라의 법규나 현실적 장학활동 기능의 분석보다도 선진국의 교육이론과 교육이념을 토대로 하여 새로운 장학 개념을 도입하려는 노력으로서 '이념 면에서 접근방법'이 있다. 법규 면에서의 접근방법에서는 장학을 "계선조직의 행정활동에 대한 전문적·기술적 보조 활동"으로, 그리고 이념 면에서의 접근방법에서는 장학을 "교수, 즉 학습지도의 개선을 위하여 제공되는 지도·조언"으로 정의하고 있다. 일반적으로 현대의 장학활동은 이 세 가지 접근방법의 통합으로 받아들여지고 있다.

근래 이러한 관점에서 본 장학에 대한 개념 정의가 증가하고 있다. 장학의 개념 규정이 장학의 발전을 시사해야 한다는 점에서 김종철이 제시한 기능적 접근과 이념적 접근에 기초하여 장학을 "교사의 교수행위의 개선을 이념으로 하여 교사에게 직접·간접으로 제공되는 지도성"으로 개념 정의를 하고 있다. 이와 같은 관점에서 국내외 연구자들의 장학에 대한 다양한 논의를 분석·종합을 통해 "교수-학습의 효율화를 목적으로 교사의 전문성 신장, 교육과정 운영 및 학교경영의 합리화를 위해 제공되는 지도, 조언, 조정, 정보제공, 자원봉사 등 일련의 전문적·기술적 활동"이라고 정의하고 있다. 여러 연구자들에 의해 다양하게 제시되고 있는 장학의 개념들을 정리하면 <표 Ⅰ-3-1>과 같다.

〈표 Ⅰ-3-1〉 장학의 핵심 정의

초점(개념)	저자(연도)
(1) 행정	Eye, Netzer & Krey(1971), Harris & Bessent(1969), Burton & Brueckner(1955), 김종철(법규적 측면)(1982), 강영삼(1982)
(2) 교육과정	Cogan(1973), Curtin(1964)
(3) 수업	ASCD(1965), Marks, Stoops & King-Stoops(1978), 김종철(기능, 이념적 측면)(1982), 백현기(1964)
(4) 인간관계	Wiles(1967), Wiles & Lovell(1975), Sergiovanni & Starratt(1979), ASCD(1982), Blumberg(1980)
(5) 경영	Alfonso, Firth & Niville(1981)
(6) 지도성(리더십)	Mosher & Purpel(1972), Wiles & Bondi(1980), Dull(1981)

이와 같은 장학의 개념에 대한 여러 가지 견해와 의견을 종합하여 보면, 결국 장학은 교육활동의 개선을 위한 모든 지도·조언 활동을 의미한다고 볼 수 있다. 여기서 교육활동의 개선은 교실 내에서 이루어지는 교수·학습활동의 개선을 그 핵심으로 하여, 단위학교에서 설정된 교육목표의 효율적인 달성을 위한 집단적으로 협력적인 모든 활동을 의미한다.

장학의 정의들에 포함되어 있는 '교사의 전문적(전문성) 성장(신장)', '교수행위(학습지도)의 개선', '교육(과정)운영의 합리화', '학교경영의 합리화', 그리고 '학생의 학습환경 개선' 등은 그 표현에 있어서 차이는 있지만 넓게 보아 교육활동의 개선이라는 단어로 표현할 수 있다. 또한 '전문적·기술적(보조)활동', '지도·조언(활동)', '직접·간접으로 제공되는 지도성', '지도·조언·조정·정보 제공·자원봉사', '직접적·간접적 영향' 등의 표현들은 지도, 조언을 그 중심적 개념으로 볼 수 있다.

2. 교내 자율장학과 좋은 수업

가. 교내 자율장학의 개념

장학의 일반적인 개념은 교육활동의 개선을 위하여 주로 교원을 대상으로 하여 이루어 지는 제반 지도·조언활동이라고 할 수 있다. 따라서 장학의 초점은 단위학교 내에서 실제로 전개되고 있는 교육활동에 맞추어져야 한다. 장학은 학교의 교육활동을 어느 측면에서 바라보느냐에 따라 그 개념을 달리한다. 법규적으로 접근하는 입장에서는 계선조직의 행정활동에 대한 전문적·기술적 조언을 통한 참모활동이라 정의하며, 기능적 접근에서는 교사의 전문성 신장, 교육 운영의 합리화 및 학생의 학습환경 개선을 위한 전문적이고 기술적인 보조활동으로 보며, 이념적 접근으로 볼 때는 수업개선을 위해 제공되는 지도·조언이라 정의할 수 있다.

또한, 장학은 시대에 따라 강조되는 기능이 변함에 따라 개념의 정의도 확연히 달라지고 있다. 초기의 장학의 개념은 그 단어 자체의 해석만으로도 설명이 가능하다. 장학(supervision)이란 단어를 있는 그대로 해석해 보면 본래 "높은 곳에서 우수한 사람이 감시한다"는 의미로 시학(視學) 내지는 감독(監督)을 지칭한 말이었다. 이와 같이 전통적으로 권위적이던 장학은 인간관계 이론이 발달함에 따라 전문적이고 기술적인 개념의 과정을 거쳐 근래에는 민주적이고 협동적인 지도 단계의 개념으로 변모했다.

현대의 장학은 장학담당자의 합리적인 지도성을 바탕으로 훌륭한 지식, 기술, 정보, 아이디어, 경험, 도움, 조언 등을 서로 나누어 갖는 등의 교육활동의 개선을 위하여 활용될 수 있는 공식적·비공식적·전문적·일상적 과정으로 해석된다. 즉 장학은 교육전문직으로 일컬어지는 장학사(관)들만이 하는 활동이 아니라 학교 내의 교장, 교감, 부장교사, 교사 그리고 일반 교직원 모두가 함께 하는 활동이다. 따라서 장학은 역할 면에서 보면 교육전문직과 학교행정가들의 공식적인 활동으로 규정되어 있으나, 실제로 장학은 교육의 과정에서 모든 교육활동의 개선과 관련된 공식적·비공식적·전문적 또는 일상적 지도·조언에 관여하게 되는 모두의 상호 협력적인 활동을 포함한다.

장학의 일반적 개념상 장학의 초점은 단위학교 내에서 이루어지는 교육활동의 본질은 장학의 바람직한 성격을 결정하는 중요한 요인이 된다. 현재 우리나라에서는 자율적인 장학(간단히 말해서 교육행정기관이 단위학교를 대상으로 실시하는 장학과 대비되는 개념으로서의 자율적인 장학을 뜻함)이라는 의미를 갖는 여러 가지 용어가 사용되고 있다. 가장 흔하게 사용되고 있는 용어는 '교내장학'이다. 교내장학(교내 자율장학)이라는 용어는 대체로 장학활동이 일어나고 있는 장소로서의 단위학교의 자율성, 그리고 장학담당자의 지도성(리더십)을 강조하는 의미를 함축하고 있다고 할 수 있다.

〈표 Ⅰ-3-2〉 자율장학의 구분

구분	학교 내 자율장학	학교 간 자율장학
초점	단위 학교	단위 학교 간의 협동체
성격	단위 학교 내의 교장, 교감, 주임교사, 교사 간 상호작용을 통한 자율장학	인접한 학교 간 및 교원들 간의 협력관계를 통한 자율장학
예시적 활동	○ 임상장학 ○ 마이크로 티칭 ○ 수업연구 수업장학 ○ 동 학년 협의회 ○ 동 교과 협의회 ○ 수업참관 동료장학 ○ 학급순시 약식장학 ○ 자기 수업 반성 ○ 1인 1과제 연구(보고서 제출) ○ 1인 1현장 연구(보고서 제출) ○ 대학원 수강 자기 장학 ○ 자기연찬 ○ 교내연수 자체연수(현직연수)	○ 지구별 자율장학(협의)회 ○ 지역자율장학 위원회 ○ 지역자율장학 연구회 ○ 지역별 교과연구(협의)회 ○ 학교 상호방문 연찬회 ○ 학교 간 수업공개발표회 ○ 창의·인성수업공개보고회 (교육부 주관)

현재 학교 외부의 교육행정기관(교육부, 교육청, 교육지원청 등)에서 주어지는 장학이 장학담당자의 인력 부족, 시간 부족, 전문성 부족 등의 문제, 그리고 학교현장에 대한 적합성 부족 등의 문제점을 노출하고 있는 것이 현실이다. 즉 외부로부터 주어지는 장학의 학교현장에 대한 적합성 부족의 문제는 외부장학이 학교현장의 인적·물적·조직적·심리적인 조건에 대한 고려에 한계가 있다는 점에 기인한다. 현실적으로 학교 외부의 장학담당자들이 단위 학교 내부의 제반 조건, 교육활동의 실제와 문제점, 그리고 조직풍토 등을 비롯한 여러 가지 복잡한 요인들을 충분히 인식·이해하기에는 많은 어려움이 있기 때문이다.

그러나 외부로부터의 장학이 지니는 이러한 현실성을 고려하더라도 학교장 중심의 교내장학은 앞으로 크게 발전될 필요가 있다. 1980년대부터 자율적인 장학이라는 의미를 보다 직접적으로 표현한 '자율장학'이라는 용어가 사용되기 시작하였다. 이 용어는 대체로 공간적인 분류를 기준으로 두 가지의 경우로 사용된다. 하나는 한 개 단위 학교에 초점을 둔 학교 내 자율장학이고, 다른 하나는 몇 개의 단위 학교 간의 협동체에 초점을 둔 학교 간 자율장학이다.

또한 단위 학교 수준에서의 자율을 두 가지 차원으로 구분하여 논의할 수 있다.

첫째는 기관의 자율성으로서, 단위 학교가 하나의 조직체로서 그 자체의 운영에 관한 의사결정에 있어 가지는 자유와 자주성의 정도를 의미한다. 장학 면에서, 교육과정의 운영과 교수·학습 방면에서, 학생들에 대한 입시, 선발, 생활지도 등의 방법 면에서 또는 제반 행정·관리 면에서 어느 정도의 자율적·자주적 재량권을 가질 수 있느냐의 문제들이 기관의 자율성과 관련된다고 하겠다.

둘째는 학교조직의 구성원들 특히 교사들이나 다른 직원들 및 학생들이 누릴 수 있는 자유와 자율의 정도에 관련된 것이다. 이는 기관의 자율성과도 관련이 있으나 학교의 조직 풍토, 학교장의 지도성, 교직원과 학생들의 개인 및 집단으로서의 자율성과 그에 수반되는 책임성의 유지 능력 등에 크게 좌우된다고 할 수 있다.

이와 같은 논의는 장학활동을 전개함에 있어서 하나의 독특한 상황과 조건을 구성하고 있는 교사들의 자율성은 존중되어야 함을 전제로 하고 있다. 이처럼 기관의 자율성과 교사들의 자율성을 존중하는 장학은 전통적으로 학교 외부로부터 학교와 교사들에게 주어진 장학의 약점을 보완할 뿐 아니라 장학 본래의 기능을 회복시키는 중요한 기능을 할 것이다.

결국 자율장학은 "교육활동의 개선을 위하여 자율적으로 교장, 교감을 중심으로 하여 전체 교직원들이 공동으로 노력하는 과정"으로 정의될 수 있다. 이와 같은 의미를 갖는 '자율장학'이라는 용어는 표현상 '학교 안'이라는 공간적인 의미가 강한 인상을 주어 온 '교내장학'이라는 용어에 단위 학교의 자율성과 교직원의 자율성을 강조하는 의미가 첨부된 용어라고 하겠다.

자율장학 개념 정의에서 한 가지 중요한 점은 장학을 '역할(role)'로 보기보다는 '과정(process)'으로 보는 것이다. 서지오바니(Sergiovanni)는 장학을 과정으로 보는 것이 장학을 특정한 역할로 보는 것보다 의미가 있다는 입장이다. 장학을 역할로 보면 장학은 단지 장학사(관) 또는 일부 교육 행정가 등 소수의 사람들만이 수행하는 공식적인 활동으로 보인다. 그러나 장학을 과정으로 보면 학교에서 어떠한 형태로든지 교육 개선과 관련하여 주고받는 공식적 또는 비공식적·전문적 또는 일상적 지도, 조언 등의 행위에 관여하게 되는 모든 사람들은 일종의 장학활동을 하게 되는 것으로 이해된다.

후자의 경우에는 종래의 장학사(관) 또는 일부 교육 행정가들의 전유물로 인식된 장학 행위가 이제는 학교현장에 함께 생활하고 있는 교장, 교감, 부장교사, 그리고 일반 교사 및 교직원들이 상호 신뢰 및 협력관계 속에서 참여할 수 있는 장학 행위로 그 의미에 있어서 커다란 전환을 시사한다.

우리나라에서는 여전히 통념적으로 장학이라고 하면 교육부나 시·도교육청(광역) 또는 교육지원청(지역) 수준에서 공식적으로 임명된 장학사나 장학관의 활동을 지칭하고 있는데,

이는 장학의 과정보다는 역할을 강조한 까닭이다. 따라서 장학을 역할로서보다 과정으로서 이해할 때, 자율장학의 의미가 명료화될 수 있을 뿐만 아니라 자율장학의 발전을 위한 조건 탐색에 유용한 시사를 도출할 수 있는 것이다.

나. 좋은 수업의 특징

좋은 수업이란 수업의 결과, 학습자의 학습정도가 완전학습에 이르도록 구성하는 것으로 볼 수 있다. 교수와 학습 그리고 교육과정의 관계를 나타내면 다음과 같다. 결국 장학은 [그림 Ⅰ-3-1]의 ①(교육과정＋교수＋학습＝좋은 수업) 영역을 지향하는 활동이라고 할 수 있다.

[그림 Ⅰ-3-1] 교육과정과 교수 및 학습의 관계

① 교육과정에 명시된 것을 적절하게 교수함으로써 학습자가 충분히 학습한 수업

② 교육과정에 있어도 교수하지 않았으나 학생이 충분히 학습한 수업

③ 교육과정에 있지 않지만 교수에 의하여 학습한 수업

④ 교육과정에 있고 교수했어도 학습하지 못한 수업

⑤ 교육과정에 있어도 교수되지 않고 학습되지 않은 수업

⑥ 교육과정에도 없고 교수되지 않았지만 학습된 수업

⑦ 교육과정에 없는 것을 교수했지만 학습되지 않은 수업

3. 교내 자율장학의 방법

장학의 개념은 흔히 행정, 경영, 인간관계, 교육과정, 수업, 지도성이라는 여섯 가지 측면으로 접근한다. 이들 개념을 근거로 장학은 조직구성원들의 상호작용과 이해를 바탕으로 하는 인간행위론, 조직의 현상이나 조직구성원들의 행위와 관련된 조직행위론, 장학담당자가 업무수행에 있어서 가져야 할 행정행위에 대한 기초이론인 행정행위론 등의 기초이론

들이 중심이 된다. 이러한 장학의 이론들을 바탕으로 한 몇 가지 구체적인 장학의 방법을 들면 감독장학, 임상장학, 동료장학, 자기 장학 등을 들 수 있다.

전통적인 장학의 방법인 감독장학은 상부로부터의 지식, 감독에 의해 장학지도가 이루어지는 것을 의미한다. 감독 장학은 교사들에게 부과된 과제와 책임의 수행 여부를 확인하기 위하여 예고 없이 학교를 방문하고, 학급경영을 관찰하고 그 결과를 점검하는 등의 행정적 감독이 위주가 되었다.

임상장학은 수업장학의 하나로써, 교사와의 회의, 학급관찰, 평가회의의 단계를 거치는 현장방문 중심의 장학이다. 이는 교사가 행하는 수업의 실제장면의 관찰로부터 자료를 얻고 이에 대한 교수행동과 활동을 분석하여, 장학사와 교사 간의 대면적 접촉을 통하여 수업을 개선하려는 활동이다.

근래 들어 호응을 얻고 있는 동료장학은 장학사를 불신하는 교사 풍토와 형식적인 방문 평가의 문제로 인하여 전통적인 장학보다 동료교사로부터 더 많은 도움을 받을 수 있다고 주장한다. 교사들 상호 간에 수업을 관찰하고 그 결과를 분석하고 환류(feedback)함으로써 일상적인 장학의 운영을 꾀하는 활동이다.

자기 장학은 본래 장학을 담당하던 장학사나 교장은 하나의 자원으로 도움을 주는 역할을 하고, 교사 자신은 자기 계획에 의해서 자신을 개발하는 것을 의미한다. 이를 위해 교사는 자신의 수업에 대한 자신 또는 학생으로부터의 피드백을 통해 수업기술 향상을 위해 노력하고, 전문가를 찾아가 협의하여 전문적 성장을 도모하고, 대학원 과정이나 연수, 강연회 등을 통한 꾸준한 자기 연찬의 방향을 모색한다.

최근에 자율장학이 그 위상을 달리하면서 교사 자율연수, 연구(협의)회, 수업컨설팅, 동료장학, 동료 멘토링 등의 형식을 빌려 실시되는 교내 자율장학이나 지구별 자율장학회나 교과연구협의회, 협동적 교육활동 등의 지구(지역) 자율장학이 활발하게 이루어지고 있기도 한다.

4. 교내 자율장학의 원리

학교에서의 교육활동의 교육목표는 학생들의 전인적 성장과 발달을 할 수 있도록 돕는 것이며, 궁극적으로는 학생들이 자율성을 올바르게 행사할 수 있는 태도, 의지, 능력을 길러 주는 것이라고 할 수 있다. 따라서 장학활동을 전개함에 있어서 단위학교의 자율성과 구성원들의 자율성이 최대한 존중되는 자율장학이 되어야 한다. 이러한 의미에서 장학이 지니는 특성을 구체적으로 살펴보면 다음과 같다.

가. 현장 중심의 원리

장학의 기본단위는 단위학교가 되며, 장학활동은 기본적으로 학교현장이 중심이 되어야 한다. 장학은 단위학교에서 이루어지는 모든 교육활동을 포괄하며, 단위학교의 인적·물적·재정적 조건과 특성을 기초로 하여 이루어진다. 따라서 학교는 장학의 주체로서 능동적이고 적극적이며 독립적으로 나름대로의 독특한 상황과 조건을 고려하여 장학을 실천함으로써 그 효과를 극대화할 수 있다.

나. 자율성 존중의 원리

자율장학은 말 그대로 자율성이 담보되어야 한다. 단위 학교의 구성원들은 학교의 교육활동을 통해 학생들의 성장·발달을 위해 장학활동을 계획하고 실천해 나가며, 그 결과에 대하여 스스로 책임지는 것을 중요시한다. 따라서 단위학교의 기관으로서의 자율성과 단위학교의 구성원으로서의 교직원들의 전문적 자율성은 최대한 존중되어야 한다.

다. 상호 협력의 원리

장학은 단위학교구성원들의 공동참여와 상호 협력을 통해 이루어진다. 인간을 대상으로 하는 교육활동은 단독으로 이루기가 어렵다. 따라서 장학활동은 전문성을 지닌 구성원들의 상호 협력이 반드시 수반되어야 하며, 필요한 경우에는 외부 교육행정기관, 유관기관, 인근 학교, 학부모 또는 지역사회 인사들로부터도 협력을 받을 수 있어야 한다.

라. 개별화 및 다양화의 원리

장학은 단위학교의 조건과 교직원들의 필요와 요구에 기초하여 다양한 형태로 운영된다. 효과적인 교내 자율장학의 내용과 방법은 학교의 종류, 소재지역, 규모 그리고 학교 내의 인적·물적·제반 조건 등의 요인에 따라서 다양하게 나타난다. 또한 교직원들의 교직 경력, 담당과목, 성별, 연령 등의 요인에 따라서도 교내 자율장학의 내용과 방법은 개별화·다양화되어야 한다.

마. 지속적인 자기 계발의 원리

장학은 일시적이고 단기적인 과정이 아니라 계속적이고 장기적인 과정으로 교원의 전문성을 신장시켜 나가는 과정으로 궁극적으로는 교원들의 자기 계발을 위한 활동이다. 따라서 장학활동은 교육의 과정을 통해 지속적인 노력과 장기적인 비전을 가지고 수행되어야 한다.

장학은 그 목적상 단위학교의 기관으로서의 자기 발전을 추구할 뿐만 아니라, 단위학교의 조직원으로서 모든 교직원이 자기 발전을 도모할 수 있는 과정이다. 협력적 상호작용 관계 속에서 전개되는 장학에서는 장학담당자도 자기 발전의 기회를 가질 수 있다.

5. 교내 자율장학의 영역

교내 자율장학은 단위학교에서 교육활동의 개선을 위한 교직원들의 활동을 의미한다. 장학활동은 주로 교사의 전문성을 중심으로 한 영역, 교사 개인의 성장을 위한 자기 계발 영역 및 단위학교의 조직발달 영역 등을 중심으로 이루어진다. 이를 구체적으로 살펴보면 다음과 같다.

가. 교원의 전문성 신장·발달 영역

교원의 전문적 발달 영역은 교육과정 운영에 초점을 맞추어 교원의 교과지도, 특별활동 지도, 생활지도 및 학급경영 전반에 관련된 내용을 포함한다. 자율장학은 교원들의 전문적 성장을 스스로 돕기 위한 상호의 노력으로 '건전한 교육철학의 수립, 교직에 대한 올바른 태도와 감정의 확립, 학습지도 방법과 생활지도 방법의 개선 및 효과적인 학급경영 방법 등에 관련된 능력과 기술의 습득, 교육문제에 대한 올바른 인식의 확대' 등을 포함한다.

나. 교원의 개인적 발달 영역

교원의 개인적 발달 영역은 교사 개인에 초점을 두어서, 교사들이 개인적·심리적·신체적·가정적·사회적 영역에서 안정·만족·성장을 도모하는 데 관련되는 내용을 의미한다. 대체적으로 교원의 개인적 발달에 관련하여 다루어질 수 있는 내용은 ① 교사의 신체적·정서적 건강, ② 교사의 성격 및 취향, ③ 교사의 가정생활, ④ 교사의 사회생활, ⑤ 교사의 취미활동, ⑥ 교사의 종교활동 등이다.

교사의 전문성 신장은 개개 교사의 심리·정서적 발달 상태와 학교의 조직적·사회적 환경 등의 다양한 요인들에 의하여 영향을 받고 있다. 따라서 보다 효과적인 교원의 전문성 신장을 위해서는 교원 개인의 심리·정서적인 발달을 포함하는 개인적 발달과 학교의 사회·조직적인 개선을 포함한 조직적 발달을 위한 장학활동이 제공되어야 한다.

다. 학교의 조직적 발달 영역

교육이 이루어지는 조직은 학교이다. 학교의 조직적 발달은 학교조직의 전체적인 개선에 초점이 있으며, 학교의 조직환경 및 조직문화를 긍정적으로 변화시킴으로써 학교조직의 목표를 효과적으로 달성하는 데 관련되는 내용을 의미한다. 학교의 조직 발달은 학교경영의 합리화를 통한 학습환경의 개선과 밀접히 관련된다고 할 수 있다. 학교의 조직적 발달과 관련하여 다루어질 수 있는 내용은 ① 학교경영계획 및 경영평가, ② 학교경영조직, ③ 의사소통 및 의사결정, ④ 교직원 간 인간관계, ⑤ 교직원 인사 관리, ⑥ 학교의 재정·업무·시설 관리, ⑦ 학교의 제 규정, ⑧ 학교의 대외적인 관계 등이다.

Ⅳ. 교내 자율장학의 기본 전제

1. 교내 자율장학의 필요성

첫째, 오늘날의 교육이 민주화 및 자율화의 분위기가 고조되고, 수요자 중심체제로 전환되어 교육에 대한 재량권이 점차 학교 단위로 이양되는 시점에서 장학도 학교 단위의 자율장학이 더욱 활성화되어야 함은 시대적 요구이다.

둘째, 장학의 궁극적 목적인 수업 개선을 위해서는 학생과 교사, 수업이 이루어지고 있는 교내 자율장학이 필요하다.

셋째, 교수·학습의 질 개선: 수업의 질은 학교교육의 수준과 교육의 성패를 좌우한다 (좋은 수업, 효과 있는 수업 전개 → 교육 효과·학업성취의 극대화 기대).

2. 교내 자율장학의 목적

단위학교에서 교육활동의 개선을 위하여 자율적으로 교장, 교감을 중심으로 하여 전체 교직원들이 상호 이해와 협력을 기초로 하여 서로 지도·조언하는 활동이다.

첫째, 교육활동 개선을 위하여 활용될 수 있는 좋은 기술, 정보, 아이디어, 경험, 도움, 조언 등을 나누어 갖는 활동이다.

둘째, '공동 노력의 과정'으로서 장학 → '서로 가르쳐 주고, 서로 배운다'는 의미의 활동이다.

3. 교내 자율장학의 영역

가. 교내 자율장학의 3영역
① 교사의 전문적 발달, ② 교사의 개인적 발달, ③ 학교의 조직적 발달

나. 영역별 목표와 내용

〈표 Ⅰ-3-3〉 교사의 발달과 자율장학

영역	교사의 전문적 발달	교사의 개인적 발달	학교의 조직적 발달
목표	교육과정 운영의 효율화	교사 개인의 성장·발달	학교조직 운영의 효율화
내용	교사들이 교과지도, 특별활동지도, 생활지도를 포함하는 교육활동 전반에 있어서 안정·숙달·성장을 도모하는 데 관련되는 내용 ○교육철학 및 교직관 ○교육목표 및 교육계획 ○교육과정 및 교과지도 ○특별활동지도 ○생활지도 ○학급경영 ○교육기자재 및 자료 활용 ○컴퓨터 활용 ○교육연구	교사들이 개인적·심리적·신체적·가정적·사회적 영역에서 안정·만족·성장을 도모하는 데 관련되는 내용 ○교사의 신체적·정서적 건강 ○교사의 성격 및 취향 ○교사의 가정생활 ○교사의 사회생활 ○교사의 취미활동 ○교사의 종교활동 등	학교의 조직환경 및 조직풍토를 긍정적으로 변화시켜 학교 내에서 교사들의 삶의 질을 높이고, 학교조직의 목표를 효과적으로 달성하는 데 관련되는 내용 ○학교경영계획 및 경영평가 ○학교경영 조직 ○의사소통 및 의사결정 ○교직원 간 인간관계 ○교직원 인사관리 ○학교의 재정·사무·시설 관리 ○학교의 제 규정 ○학교의 대외적인 관계 등

V. 교내 자율장학의 방향과 형태

1. 교내 자율장학의 방향

① 개별화·다양화·인간화·민주화에 바탕을 둔 장학
② 수업 개선과 교사의 전문적 성장을 돕는 장학
③ 전문화와 능력 개발을 지향하는 장학

④ 협동적으로 이루어지는 동료 동반자로서의 장학

⑤ 학교장의 교육 개선의지와 교육활동 지원에 중점을 둔 장학

2. 교내 자율장학 계획의 고려 사항

① 단위학교 나름의 상황과 조건 및 특수성을 살릴 수 있는 계획이 되도록 해야 한다.

② 실천 가능하며 성취감을 줄 수 있는 계획이 되도록 해야 한다.

③ 교직원들의 요구를 반영하고 공동작업의 과정을 거쳐서 계획을 수립해야 한다.

④ 학교교육계획과 연계성이 고려된 계획이 되도록 해야 한다.

⑤ 교육청에서 제시한 장학방침, 장학계획을 참조하여 필요한 사항을 교내 자율장학 계획에 적절히 반영하도록 해야 한다.

⑥ 학년도별로 혹은 학기별로 자율장학 실천 결과를 평가하여 자율장학 계획을 계속적으로 수정·보완해 나가야 한다.

3. 교내 자율장학의 계획 및 운영 절차

① '교내 자율장학위원회'의 조직

② 교육부·교육(지원)청의 장학방침, 장학계획 분석

③ 교직원 실태 분석 및 교내 자율장학에 대한 요구조사

④ 교내 자율장학의 기본 방향 설정

⑤ 교내 자율장학 계획 시안 작성

⑥ 교내 자율장학 계획 시안의 검토 수정 및 확정

⑦ 교내 자율장학의 운영

⑧ 교내 자율장학의 평가와 개선

4. 교내 자율장학의 기본 형태

교내 자율장학에서 활용될 수 있는 방법과 절차를 포함한 장학의 기본 형태는 ① 수업장학, ② 동료장학, ③ 자기 장학, ④ 약식장학, ⑤ 자체 연수 등이 있다. 여기에서 기본 형태라는 용어는 단위 학교에서 나름의 독특한 상황과 조건에 맞는 다양하고 선택적인 교내 자

율장학의 형태를 개발·발전시키는 데 있어서 기본적인 아이디어를 제공할 수 있다는 의미를 함축한다.

〈표 Ⅰ-3-4〉 자율장학의 형태 비교

기본 형태	개념	주장학 담당자	영역	구체적 형태	대상
① 임상 장학	교사들의 수업기술 향상을 위하여 장학담당자가 주도하는 개별적이고 체계적인 성격이 강한 지도·조언 활동	교장·교감(외부장학요원, 전문가, 자원인사)	전문적 발달	○임상장학 ○마이크로 티칭 ○수업연구(교장·교감 주도) ○초임 교사 대상 수업 관련 지도·조언 활동 등	○초임교사 ○저경력교사 ○수업기술 향상 필요성이 있는 교사
② 동료 장학	동료 교사들이 수업이나 교육활동의 개선을 위하여 모임이나 짝을 이루어 협의·연구 등 공동으로 노력하는 과정	동료 교사	전문적, 개인적, 조직적 발달	<수업연구(공개)중심동료장학> ○동 학년 및 동 교과 수업연구 <협의중심 동료장학> ○동 학년 ○동 교과 ○동 부서 ○부장교사 ○스터디 그룹 ○각종 공식 비공식적 협의회 <연구과제 중심 동료장학> ○공동연구 및 시범과제 추진 ○공동 자료·작품 제작 <일대일 동료장학> ○초임교사와 경력교사 간 짝짓기 <동호인활동중심 동료장학> ○각종 건전한 동호인 활동	○전체 교사 ○협동으로 일하기 원하는 교사 ○관심 분야가 같은 교사 ○동호인
③ 자기 장학	자신의 전문적 발달을 위하여 스스로 체계적인 계획을 세우고 이를 실천해 나가는 활동	교사 개인	전문적 발달	○자기 수업분석·연구 ○자기 평가 ○대학원 수강 ○학생을 통한 수업반성 ○1인1과제 및 현장 연구 ○전문서적·자료 탐독 ○전문기관, 전문가방문·상담 ○현장방문·견학 ○교과연구회, 학술회, 강연회 참석 ○각종 자기 연찬 활동	○전체 교사 ○자기분석·자기지도의 기술이 있는 교사 ○혼자 일하기 원하는 교사
④ 약식 장학 (일상 장학)	교장·교감이 학급 순시나 수업참관을 통하여 수업활동과 학급경영 활동을 관찰하고 지도·조언하는 활동	교장 교감	전문적 발달	○학급 순시 ○수업 참관 (약식장학은 교장·교감이 일상적으로 수행하는 활동이므로 일상장학이라고도 칭할 수 있음)	○전체 교직원
⑤ 자체 연수	교육활동의 개선을 위하여 교내외의 인적·물적 자원을 활용하여 학교 자체에서 실시하는 연수활동	전체 교직원 (외부 강사 포함)	전문적, 개인적, 조직적 발달	○학교 주도의 각종 연수활동 (수업장학, 동료장학, 자기 장학의 결과를 자체연수 때에 발표할 수 있음)	○전체 교직원

VI. 교내 자율장학의 발전 및 활성화 방향

1. 자율장학의 문제점

가. 장학 조직의 문제점: 관리, 감독, 지시, 명령 위주의 닫힌 조직

일반적으로 과거 장학행정조직은 관리행정 중심체제를 이루고 있으며, 장학행정의 권한이 과도하게 중앙에 집중되어 있었다. 이는 장학조직이 관료제를 지향하는 계선조직 형태를 띠고 있음을 의미한다. 이는 역할 자체가 전문직인 장학담당자들의 참여를 소홀하게 만들고 오히려 교육행정기구나 일선 학교에 대해 지시나 명령 위주의 감독을 하게 함으로써 장학조직이 실제로는 행해야 할 참모기능보다는 감독을 위한 계선기능이 우선시되는 문제점이 야기되고 있다. 이로 인하여 조직 내부에서의 장학직의 전문성을 살리기가 어려워져 직위의 갈등을 느끼게 하며 일반 행정직과의 불균형 문제도 간과할 수 없게 되어 있다. 교원들이 스스로 참여하는 장학 조직으로의 혁신이 요구되고 있다.

나. 학교현장의 문제점: 부정적·비판적 시각과 관점

학교현장의 교사들은 현재 실시되고 있는 장학에 대하여 수용적이고 긍정적인 반응보다는 부정적이고 고정적인 시각을 보이고 있다. 장학사와 교사가 함께 수업이나 학교경영 전반에 걸쳐 공동으로 노력해야 함에도 불구하고 그 기회가 부족하고, 시간적인 제약을 받음으로써 문제점을 극복하지 못하고 장학에 대한 불신으로 드러나고 있는 것이다. 또한 교사들이 장학의 중요한 한 면이 될 수 있는 수업의 공개를 기피하는 경향을 보이고, 기존 수업방식을 벗어나지 못하는 등의 한계를 보이는 것도 큰 문제점으로 장학활동에 있어서 가장 큰 저해요인으로 작용하고 있다.

다. 장학담당자의 문제: 교육전문성 결여 및 미흡 현실

교육전문직으로서의 장학직과 교육 연구직의 자격기준이 모호하고 선발과정이나 전직기준 등이 명확하지 않고, 장학지도자 양성을 위한 교육과 장학담당자들의 현직연수의 미흡함은 장학담당자들의 전문성에 대한 의구심을 부추기고 있다. 수업개선에 대한 전문적인 도움을 주어야 할 장학담당자가 지도성을 발휘하기보다는 오히려 수업개선에 대한 이해가 부족하고, 학교의 지역적 특수성을 고려하지 못하며, 전근대적인 장학지도방법과 권위적인 태도로 장학을 실시하면서도 결과적으로 형식적인 장학활동에 그치게 됨으로써 그 전문성 부족에 대한 문제점이 제기되고 있다.

현행과 같이 장학담당자의 수가 턱없이 부족하고 그에 따라 장학담당자에게 부과되는 과다한 비전문적인 업무가 해소되지 않는 한 장학담당자의 전문성이 확보된다 하더라도 근본적인 문제의 해결은 어렵다. 장학담당자에게 주어지는 과다한 업무는 본연의 업무인 장학활동에 충실하지 못하게 하고 학교실정 파악이나 교사와의 인간관계 형성도 방해함으로써 효과적인 장학활동을 수행하지 못하게 하고 있다.

라. 장학행정상의 문제점: 장학행정과 장학활동의 비밀관성

우리나라의 일빈적인 징학 현황에서 비추어 볼 때 가장 큰 문제점은 장학행정 및 장학활동에 있어 방침의 일관성이 결여되어 있다는 것이다. 새로운 정부가 출범할 때마다 바뀌어온 장학시책, 방침은 장학활동의 안정성에 저해가 되었으며 국가시책의 지시사항 이행에 치중하여 일선 학교와 교사들의 불만과 혼란을 야기하는 결과를 낳았다.

또한, 지나치게 관료화된 장학행정도 문제이다. 장학을 담당하는 교육청 등 교육행정기구들이 지나치게 관료화되어 지도·조언 및 협조적 봉사정신은 희박하고 지시·명령·통제·학교평가에만 관심을 갖게 되어, 각종 문서 처리, 즉 문서행정에 대한 부담을 가중시키고, 교사의 창의성과 자율성의 발휘를 어렵게 만들고 있다.

장학에 대한 재정적 지원이 미흡한 것도 문제로 들 수 있다. 장학지도에 대한 여건을 개선하고 장학담당자들의 처우를 개선함으로써 장학담당자의 사기를 높이고 장학활동에 대한 의욕을 불러일으킬 수 있도록 재정적 지원을 확보해야 한다.

2. 자율장학의 발전 방향

가. 장학조직 기능의 강화

장학행정을 민주적으로 운영하고 다양하고 창의적인 장학활동을 위해서 기존의 중앙행정조직에서 지방행정조직으로 분권화하고, 이를 다시 학교조직으로 이동하여 자율적인 교내장학으로 발전시켜야 한다. 학교장을 중심으로 교내 자율장학체제를 구축하고 다양한 장학방법을 교사 개인의 능력에 따라 선택하여 행할 수 있도록 해야 할 것이다.

21세기 세계화 시대에 학교조직에서 하의상달식의 민주화된 의사결정은 필수적이다. 교내 자율장학의 시스템도 이와 같은 민주적 의사결정 구조 속에서 소통과 대화를 바탕으로 이루어져야 할 것이다.

나. 장학담당자의 자질 전문화

우선 일선학교현장에서 직접적으로 장학을 담당할 수 있는 전문성을 갖춘 장학담당자의 확보가 시급하다. 장학업무의 본질을 되찾고, 역할을 재정립함으로써 장학담당자들이 장학 본연의 역할을 수행할 수 있도록 해야 한다. 학교교육의 경영·관리와 관련되는 경영능력을 향상시키는 학교경영장학, 교수학습과 관련되는 수업기술을 향상시키는 활동인 수업장학 등 학교현장과 보다 긴밀히 연계되어 장학이 이루어질 수 있도록 장학담당자들의 전문화가 필히 이루어져야 한다. 현재 교육부, 교육청, 교육지원청 등에 장학사(관)가 배치되어 있지만, 행정 업무에 치중하고 있다. 이들이 본질인 장학 업무에 충실할 수 있도록 제도적·행정적 혁신이 필요하다.

이를 위해 장학담당자의 선발에서부터 교육전문직으로서의 자격기준과 임용제도를 개선하여 충분한 자격을 갖춘 자를 선발하고, 현직 장학담당자의 능력과 자질을 발전시키기 위한 직전교육과 현직연수체제도 확립하여 실시해야 할 것이며, 장학담당자에 대한 지속적인 질 관리, 즉 평가제도 또한 긍정적으로 고려해야 한다.

다. 장학지도 방법의 전문성 확보 및 다양화

근래 들어 학교교육에 대한 감독·확인·평가 등을 위주로 하던 전통적인 장학의 문제를 인식하고 수업장학과 학교경영을 위주로 하는 교내장학, 자율장학의 방법들이 그 효과성을 인정받고 있다. 종래의 장학은 다소 차이가 있긴 하지만 거의 비슷한 방법들로 행해져 왔으며, 이들은 교사들의 전문성 신장이나 자율성, 창의성 발현에는 기여하지 못하고 있는 것이 사실이다.

따라서 앞으로의 장학은 학교경영의 혁신, 교수·학습 방법 개선 등의 수업개선을 통한 학생의 질적 성장에 초점을 두는 방향으로 나아가야 한다. 이를 위해 지역적인 환경을 고려하고 학교환경을 이해하며 교사 개인의 특성에 맞는 다양한 장학지도 기법, 창의적인 장학지도 방법이 요구되고 있다.

3. 자율장학의 활성화 방안

① 장학담당자(장학사·관, 교장·교감 등)의 장학 능력·자질 배양
② 교과 협의회, 교내 자율연수 적극 권장
③ 시범 수업의 기회를 자주 갖기

④ 장학에 대한 인식 제고
⑤ 학교조직구성원 사이의 인화 단결
⑥ 자율장학을 위한 행·재정적 지원

Ⅶ. 맺고 나오는 글

일반적으로 장학의 목적은 교육의 질, 수업의 질 제고에 있다. 교육의 질을 향상하기 위하여 필요 불가결한 것으로 여겨지는 장학은 모든 사회에서 시대·사회적인 변화를 근거로 개인에서 집단을 강조하는 방향으로, 감독에서 성장을 지원하는 방향으로, 장학이 이루어지는 상황에 대한 미시적 관점에서 거시적 관점으로, 공동체 형성을 강조하는 방향으로 가고 있다. 하드적 인식에서 소프트적 인식으로 변한 것이다.

시대와 사회에 따라 장학은 그 나름대로 많은 문제가 있다고 지적되어 왔다. 그러나 정도의 차이는 있겠지만 현재 거의 모든 국가에서 볼 수 있는 문제로는 교육문제에 대하여 단순한 해결책을 모색하는 단선적 접근을 지양해야 하고, 장학과 교육과정과의 관계를 재탐색하여야 하며, 장학직이 교육전문직으로 인정받도록 노력해야 하고, 장학에 관한 연구에서 보다 엄격한 연구방법을 이용하여야 하고, 도덕적·윤리적 기초를 명료화하여야 한다는 것이다.

그러나 무엇보다도 장학이 본래의 궁극적인 목적인 교육의 질, 수업의 질을 향상을 위해서는 장학의 역할, 책임, 성취 그리고 장학 프로그램의 근거가 되는 도덕적·윤리적 중심점이 필요하다. 교육의 도덕적 근거가 없이는, 장학담당자와 장학 프로그램이 무엇을 해야 하고, 무엇을 성취해야 하는지에 대하여 결정하기 힘들어진다.

가까운 장래에 장학에서는 전문적 기술, 권위, 자율성, 지방 통제와 같은 개념과 함께 기준, 생산성, 핵심적 학습과 같은 현재 우리가 당면하고 있는 문제를 다루게 될 것이다. 이러한 문제를 해결하고, 보다 나은 연구, 실제, 이론을 형성하기 위하여, 장학은 학교를 민주적 탐구의 중심지로 만들기 위하여 끊임없이 노력해야 한다. 학생·교직원·지역사회의, 학생·교직원·지역사회를 위하여, 학생·교직원·지역사회와 함께 개인과 집단의 보다 나은 미래를 위하여 의사결정을 하는 것은 인간이 생활하는 상황에 내재하는 복잡한 딜레마와 역설에 대한 인간적 판단을 할 수 있을 때 가능해진다. 이것은 대단한 도전이지만, 교육은 바로 이러한 것을 지향하는 것이다.

지식과 정보가 가치를 창출하는 지식기반사회에서 가장 중요한 일은 인간에게 필요한 지식·정보의 선택과 그의 지혜로운 적용이다. 이에 선진국들은 지식기반사회가 요구하는 지식·정보의 생성과 확산능력, 부가가치의 창출이 가능한 유능한 인재의 양성에 관심을 가지고 이를 위해 박차를 가하고 있다. 또한 이들은 국가경쟁력의 핵심이 될 인적 자원의 개발을 위해 교육개혁을 활발히 추진하고 있으며, 특히 교육개혁의 목표를 달성하기 위한 필요조건으로 교원의 질 관리를 강조하고 있다.

누가 뭐라 해도 교원의 생명은 수업이다. 교원은 교육을 실질적으로 담당하는 주체로서, 교원의 자질은 곧 교육의 수준과 직결된다. 우리나라도 이러한 점을 인식하여 교원의 자질 향상을 위한 다양한 교원교육에 관한 개혁안들을 제시하였고, 교원양성 교육과정의 개선과 교원 연수의 질 관리 등을 위한 일련의 연구 및 노력을 경주하여 왔다. 학교현장에서도 장학을 통해 교원의 자질향상을 위한 끊임없는 노력을 하고 있다.

미래의 장학은 과거에 학교현장과 교사의 요구를 적극 수용하여 과거 관료적 행정지도에서 수업개선을 핵심으로 하는 전문적인 장학으로의 전환이 요구되고 있다. 학교교육과 수업의 혁신을 위해서는 교육제도, 교육정책, 교육투자 등의 문제를 개선해 나가는 것과 더불어 장학활동에 대한 인식의 전환도 필요하다. 따라서 인식의 전환을 위해서는 수업, 생활지도, 학급경영 등 제반 교육활동에 관한 교사 자율 참여 중심의 장학이 보다 활발하게 이루어져야 한다. 장학을 통하여 교원의 교육과정 전문성과 수업 전문성을 신장할 수 있도록 하기 위해서는 과거에 행하여지던 경직된 장학의 탈피와 더불어 시대의 변화에 알맞은 역동적인 자율장학기법의 창안과 적용이 필요한 것이다.

제4장 훌륭한 교수·학습 전개를 위한 수업방법과 기술 탐색

Ⅰ. 들어가는 글

교육의 본질은 교수·학습, 즉 수업으로 구현된다. 모든 교육활동에서 가장 핵심이 되는 것은 훌륭한 교사와 학생, 그리고 교육과정을 전제로 하는 좋은 수업방법 실행과 적용이다. 즉 의도적인 교육이 이루어지려면 가르치는 자와 배우는 자, 그리고 가르치고 배울 내용의 세 가지 요소가 있어야 된다는 말이다. 이 세 가지 중에서 가르치고 배울 내용을 순서에 맞고 깊이 있게 배열하여 제시한 것이 교육과정이고 그것을 효과적인 방법으로 가르치는 것을 수업방법 및 수업기술이라고 할 수 있다.

수업이란 교사의 생명과 같이 아주 중요한 활동으로서 교수·학습과정에서는 학습의 상위 개념이며, 교수·학습 그 자체라고도 볼 수 있으므로 바람직한 교사들의 수업활동은 학교교육활동의 핵심이라고도 할 수 있다. 그러므로 교사들이 좋은 수업방법을 연구하고 실천할 때, 학습자는 바른 인성과 지성을 지닌 자로 자랄 수 있다고 본다.

그래서 교육을 논하는 많은 사람들은 교육의 질은 바로 수업의 질과 같으며 수업은 학교교육의 본질이며 교사의 생명과도 같다고 말한다.

매일 학생들을 대상으로 수업을 진행하는 모든 교사들의 소망은 수업을 잘하는 교사, 즉 좋은 수업을 전개할 수 있는 능력을 갖추는 것일 것이다. 이는 결코 교사의 소망에 그치지 않고, 학교경영자가 바라는 것이며, 교육 수혜자인 학생과 학부모의 바람이라고 본다면 결국 교육자로서 교사가 수업을 잘하는 것, 즉 좋은 수업을 한다는 것은 모든 사람의 희망사항이라고 볼 수 있다. 그러나 수업에 임하는 학습자들은 대부분 수동적인 자세를 갖기 쉽다. 따라서 수업이 시작되면 학습자들은 수업에 대한 소극적 참여로 학습의 효과가 낮거나, 수업 자체를 진행하는 데 어려움을 준다. 수업의 원하는 목표에 도달하기 위해서 가장 중요한 것은 학습자들의 수업에 대한 자발적인 참여가 중요하다. 따라서 수업목표의 도달과 함께 수업의 효과를 얻기 위해서는 학습자들의 자발적인 참여는 물론 적극적인 태도로 수업에 참여하게 해야 한다. 그러나 학습자에게 동기를 유발시키는 방법은 그 상황에 따라 다양하며, 또한 지도교사로서 학습자의 동기를 유발시킨다는 것은 매우 어렵고 고도의 교수 기술을 요하는 영역이다.

세계화 시대인 현대 사회에서 교사들이 일신우일신(日新又日新)하며 끊임없이 자기 연찬을 계속하는 것이 곧 교육의 질 향상과 제고라는 점을 유념해야 할 것이다.

Ⅱ. '교수 · 학습(수업)'의 의미와 속성

1. 교수 및 수업의 개념과 의미

역사적으로 보면 교육의 항구적인 쟁점은 바로 무엇을 가르칠 것인가와 어떻게 가르칠 것인가의 문제였다. 전자는 교육내용을 전제로 한 것이며, 후자는 교육방법을 염두에 둔 것이다. 우리나라의 경우 전자는, 비록 최근에 들어 심각한 문제로 부상하기는 하였지만, 그다지 문제가 되지 않았다. 상대적으로 후자는 끊임없이 주요 이슈로 부각되었다. 특히 학교 교사들에게는 이 문제가 중요한 화두가 되고 있다. 그런데 이들 문제는 서로 이질적인 것이기보다는 매우 밀접하게 관련되어 있는 것으로 보아야 한다. 상보적인 관계에 있는 것이다. 본고에서는 후자의 쟁점을 수업이나 가르치다는 말로 수렴해 먼저 그 의미와 속성을 모색하면 다음과 같다.

'가르치다(教)'란 말은 종종 수업(instruction)이나 교수(teaching)란 말로 표현되고 있다. 엄밀하게 말하면 이들 두 용어가 완전히 일치하는 개념은 아니지만, 때로는 동일한 관점에서 동일한 현상이나 과정을 염두에 두고, 가르치는 일을 지칭하는 것으로 사용되기도 한다. 이 말의 의미를 교사의 가르치는 행동을 중심으로 살펴보면 다음과 같다.

가르치는 일의 의미를 교사의 가르치는 활동이 무엇인가를 중심으로 분석하고자 하는 노력이 있다. 이는 분석철학적 입장에서 교수의 의미를 명확히 하고자 한 것으로, 논리적 행동과 전략적 행동, 그리고 제도적 행동으로 분류된다. 논리적 행동이란 교사가 가르치는 내용을 중심으로 학생과 상호작용하는 것을 말하며, 전략적 행동이란 논리적 행동이 좀 더 효과적으로 이루어질 수 있도록 하기 위한 것이다. 제도적 행동은 교육내용과 직접 관련은 없으나 교사가 수행하여야 할 직무에 관한 것이다.

교사들은 가르친다는 말(수업, 교수)의 의미를 명확하게 이해하고 나름대로 규정하고 있어야 한다. 왜냐하면 이 개념을 어떠한 관점에서 어떻게 규정하느냐에 따라서 자신의 수업 방향이나 내용이 결정되기 때문이다. 따라서 누군가를 가르치기 전에 도대체 가르친다는 말이 무엇을 의미하는지를 명확히 규정하는 것이 필요하다. 그런데 이 용어의 의미 규정은 자신의 교육관과 직결되어 있다. 어떠한 교육관을 견지하고 있느냐에 따라 가르친다는 말의 의미도 자연스럽게 달리 규정되고 있다.

일상적 의미로는 교사들의 활동이나 교직(教職)을 의미한다. 그러나 학문적으로는 교사가 내용을 매개로 학생과 의도적이며 계획적으로 상호작용(interaction)하는 행위나 과정을 지칭하는 것으로 구체화할 수 있다. 교직이 전문직이라고 하는 점을 재음미하여야 할 것이다.

2. 수업의 속성(屬性)과 관점(觀點)

가. 수업의 속성

수업이나 교수는 주로 학교교육이나 혹은 또 다른 교육적 상황에서 사용되고 있다. 수업은 교사가 학생에게 사용하며, 부모가 자녀에게 사용하기도 한다. 기업에서 사원들에게 무엇인가를 전달하거나 기술을 습득시키고자 할 때도 사용된다. 이러한 상황에 비추어 볼 때, 수업, 즉 교수나 가르친다는 말에는 다음과 같은 몇 가지 속성이 깃들어 있다.

첫째, 수업(가르치는 일)이란 가르치는 사람과 배우는 사람의 상호작용을 전제로 한 것이며, 이들의 상호작용은 모종의 내용을 중심으로 이루어진다는 것이다. 교사, 학습자, 그리고 교육내용이 바로 그것으로, 이를 우리는 흔히 수업(혹은 교육)의 3요소로 부른다.

둘째, 수업이란 의도적이며 계획적이다. 교사가 학생에게 무엇인가를 가르친다고 할 때 거기에는 교사가 학생들에게 달성시키려고 하는 목표가 설정되어 있다. 목표를 설정하고 달성시키려는 일은 다분히 의도성을 띠는 것이며, 무계획적으로 이루어지는 것이 아니다. 치밀한 계획하에 이루어진다. 수업은 교육의 주된 활동으로 의도적, 계획적, 유목적이어야 한다.

셋째, 수업은 대부분 일정한 절차나 과정을 수반하는 형식적인 면을 띠고 있다. 가르치는 일이 의도적이며 계획적이다 보니 그것은 대부분 효과적인 절차와 과정을 준수하고자 하며, 일정한 격식을 차리려고 한다.

넷째, 위와 같은 속성을 지닌 수업은 교육과 종종 동일하게 해석되기도 한다. 그렇지만 교육은 수업보다 훨씬 넓은 개념으로, 상위의 개념이다. 따라서 수업의 의미, 즉 가르친다는 말의 의미는 교육을 무엇으로 보느냐에 따라 서로 달리 규정된다.

위와 같은 속성은 다음과 같은 정의에도 잘 나타나 있다. 즉 수업(교수)이란 학업성취를 목적으로 학생들의 독자적 판단에 필요한 지적인 통합과 능력을 존중해 주는 활동이라고 할 수 있다. 이 정의에는 수업의 목표 지향성과 내용, 그리고 방법, 즉 학생에 대한 존중 자세가 내재해 있다. 이러한 속성 때문에 가르치는 행위가 위교(僞敎)나 조건화 혹은 선전 등과 다른 것을 알 수 있다.

특히, 학생들의 학습 의지와 관계없는 가르침이나 특정 집단의 목적을 위한 수단으로서 이루어지는 가르침은 일종의 강도 행위나 마찬가지이다. 이른바 지적 강탈 행위로 볼 수 있다. 비유컨대, 성폭력으로 성이 추하고 혐오스럽게 생각되는 것처럼 지적 강탈에서는 학습이 무의미하게 여겨진다. 정신적 낙태를 시도하게 될 것이다. 교육은 숭고한 활동이다.

요컨대, 이상의 속성들에 비추어 볼 때, 수업 활동에는 도덕적(道德的) 성격과 기술적(技術的) 성격이 동시에 들어 있다고 보아야 할 것이다. 도덕적 성격이란 교육이 가치산업인 것을 고려하면 바로 이해할 수 있는 것이며, 기술적 성격이란 수업의 효과성을 의미하는 것이다. 전자가 주로 무엇을 가르치느냐 혹은 가르칠 것을 가르치느냐의 문제와 관련되어 있다면, 후자는 주로 어떻게 가르치느냐의 문제와 관련되어 있다. 이 문제는 흔히 수업방법으로 표현되고 있다.

나. 수업방법의 세 관점

첫째, 수업기술로서의 수업방법: 학생통제 방법, 동기유발 방법, 설명방법, 질문기술이나 칭찬기술처럼 주로 교사의 수업기술이나 태도에 초점을 둔다.

둘째, 수업과정에 관한 설계로서의 수업방법: 수업 과정모형이나 수업전략의 수립에 관한 설계방법을 수업방법으로 보려는 관점이다.

셋째, 수업내용 조직방식으로서의 수업방법: 수업내용을 조직하고 제시하는 방법을 수업방법으로 보려는 관점이다.

다. 수업과 위교: 비수업적 용어

수업의 유사개념으로 위교(僞敎, indoctrination), 반복 연습(drill), 훈련(訓練, training), 조건화(條件化, conditioning), 선전(宣傳, propagandizing) 등을 들 수 있다. 이 중에서 우리가 가장 경계해야 할 위교의 의미를 좀 더 자세하게 살펴보면 다음과 같다.

위교(僞敎, indoctrination)는 종종 교화(敎化)란 용어로 표현되기도 한다. 그러나 교화에는 특정인을 감화(感化)시키거나 선도한다는 의미가 내재해 있어 위교와는 그 의미를 다소 달리한다. 위교의 판단 준거를 다음과 같이 크게 세 가지로 나누어 볼 수 있다.

첫째, 위교의 목적은 특정 가치나 신념 및 이데올로기 등을 무비판적으로 주입시키는 데 있다. 가르치는 사람의 경험이나 권위 및 초월자들의 이름을 빌려서 피학습자들에게 무조건적으로 수용하고 따르게 하는 데 있다.

둘째, 위교 내용이 대부분 경험적으로 입증되었거나 과학적으로 증명된 진리와 무관하거나 혹은 비윤리적이거나 비합리적인 경우가 많다. 진리가 아닌 것을 가르치는 것을 위교로 볼 수 있다.

셋째, 위교는 방법상 일방적이거나 특정 관점만을 고집하는 경우가 대부분이다. 따라서 가르치는 사람이 자신의 방법만이 최선이라고 믿고 있으며, 피학습자들로부터 동의를 요구하는 한 가지 방법만을 제시한다. 문제를 분석하거나 타당한 증거와 의미 있는 결과로부터 결론을 추출하는 능력을 조장하지 않는다. 진리에 이르는 방법적 과정과 무관하게 지식을 전달하는 경우가 그것이다.

Ⅲ. 훌륭한 수업의 모형과 요인

1. 훌륭한 수업의 개념

훌륭한 수업(effective teaching)이란 훌륭한 교사(effective teacher)가 실행하는 수업 행동과 관련된 것으로 볼 수 있다. 따라서 효과적 수업의 의미를 파악하는 한 가지 방법은 바로 효과적 교사의 속성이나 행동 및 그들의 사고 과정을 이해하는 것이다. 그러면 효과적 교사란 어떠한 사람을 말하는가? 물론 훌륭한 교사의 첫 번째 자격은 수업을 잘하는 교사이다.

교사 특성 연구에 따르면, 효과적 교사란 현명한 판단을 내리거나 신중하고, 열정적이며, 이해심이 풍부하고, 명랑하며, 책임감 등의 속성을 지닌 사람이다. 이러한 접근은 효과적 교사의 속성이 무엇인가를 분석해 냄으로써 효과적 교사의 모형을 설정하려고 하는 것이다. 또한 교직 수행에 관한 이상적 교사 모형을 설정하고 이들이 갖고 있는 성격 특성이나 태도 및 경험을 효과적 교사가 갖추어야 할 속성으로 보는 것이다. 예컨대, 솔로몬(Solomon) 왕의 지혜를 비롯하여 아인쉬타인(Einstein)의 지식, 프로이드(Freud)의 통찰력, 그리고 헬렌 켈러(H. Keller)의 헌신과 열정 등을 효과적 교사가 갖추어야 특성으로 보는 것이다.

한편, 교사 행동에 관한 과정–산출 연구나 학습시간 연구, 그리고 교사의 사고 과정에 관한 연구에서는 수업내용과 과정 및 환경적 요인에 초점을 두고 설명한다. 특히 최근에는 교사가 수업시간에 표출하는 행동의 이유나 근거를 다루고 있다. 이러한 접근에서는 수업목표 달성이나 학생들의 학업성취도 여부를 효과적 수업의 중요한 준거로 본다. 따라서 훌륭한 수업은 수업목표 달성에 적합한 전략이나 방법으로 수렴되고 있다.

예컨대, 캐롤(Carroll)의 학교학습모형이나 블룸(Bloom) 등의 완전학습이론을 비롯하여 글레이저(Glaser)의 수업과정 모형 등은 모두 이와 같은 관점에서 수업효과를 올리기 위한 변인들의 관계를 설명하고 있는 것들이다. 또한, 조이스와 웨일(Joyce & Weil) 등이 제시하는 수업모형 대부분도 수업내용 변인을 중심으로 교사가 무엇을 어떻게 조직하고 제시할 것인가를 다루고 있다. 이렇게 보면 교사가 수업을 설계하고, 그에 따라서 수업을 실천하는 과정에서 정보를 처리하는 기술이나 의사결정 방식이 효과적 수업의 중요한 준거로 채택될 수 있다. 그렇지만 교사의 사고과정을 중심으로 수업효과성을 진단하는 것이 아직은 교사의 특성 연구만큼 명확하지 않은 실정이다.

따라서 훌륭한 수업을 일단 수업목표 달성에 관한 제반 변인을 합리적으로 구성하고 운영하는 것으로 규정하고, 이를 위한 효과적 교사의 행동특성이나 준거 및 관련 변인들을 토대로 그 의미를 파악하는 것이 중요하다.

2. 효과적 수업의 준거와 모형

가. 보리치(Borich)의 교사 수업 전개의 준거

보리치(Borich)는 효과적 교사가 실천하는 수업의 준거를 다음과 같이 다섯 가지로 제시하고 있다.

① 수업을 명료하게 한다.
② 다양한 수업방법을 활용하며, 융통성 있게 한다.
③ 수업 준비와 지도 및 평가에 몰두한다.
④ 학생들의 수업 참여를 유도한다.
⑤ 학생들의 수업내용 이해와 숙지 정도를 높여 준다.

나. 로젠샤인과 퍼스트(Rosenshine & Furst) 등의 교사 수업 전개의 준거

로젠샤인과 퍼스트(Rosenshine & Furst) 등은 효과적 교사가 나타내는 수업행동의 준거를 다음과 같이 여덟 가지로 제시하고 있다(1981).

① 명료하게 가르친다. 따라서 교사는 가르치는 내용에 관한 완전한 지식 소유, 문제의 핵심을 보는 능력, 학습자의 관점에서 문제를 보는 능력, 문제를 간단하게 설명하는 능력 등을 보유해야 한다고 보고 있다.
② 열정적으로 지도한다.

③ 다양한 방법으로 가르친다.

④ 좋은 발문(질문)을 한다.

⑤ 학습자가 과제 지향적으로 공부하도록 지도한다.

⑥ 정보를 직접 주기보다는 비지시적으로 준다.

⑦ 학습자에게 학습기회를 제공한다.

⑧ 학습한 것을 정기적으로 요약하며, 앞으로 배울 것을 알려 줌으로써 학습자의 인지구조가 조직화되도록 설명한다.

다. 효과적 교사의 준거 모형

훌륭한 교사의 특성을 종합하여 <표 Ⅰ-4-1>과 같이 네 영역으로 나누어 포괄적이면서 체계적으로 설명하고 있는 효과적 교사의 준거 모형을 살펴볼 필요가 있다. 훌륭한 교사의 수업 전개 준거로는 교사의 개인적 특성, 전문적 기술·능력, 학급(수업)경영능력, 학교(급) 문제해결력 등을 들 수 있다.

〈표 Ⅰ-4-1〉 훌륭한 교사의 수업 전개 준거 모형

교사 개인적 특성	전문적 기술·능력	학급(수업)경영능력	학교(급)문제해결력
학생지도에 열정적인 교사	도입단계의 수업 분위기 조성	물리적·심리적 환경 조성	교사·직원·학생과의 친선관계 유지
따뜻한 마음과 유머를 지닌 교사	다양한 수업기술 활용	학급 규칙이나 관례의 확립	학생행동 통제방법
신뢰받는 교사	수업시간 활용의 최적화	학생행동 모니터링, 강화 방법 등	학부모들과의 유대관계 구축
학생들의 높은 성취를 기대함.	효과적 질문기술	잘못된 학생행동에 대한 대처방법	학생들의 학문적·사회적 성공을 위한 지도
학생을 격려하고 지원하는 교사	명쾌한 수업		합리적이며 효과적인 시간 활용
업무 지향적이며 학습지도에 능통함.	학생의 진보점검		
융통적인 교사	피드백과 교정기술		
교과 지식에 해박한 교사			

라. 훌륭한 수업 실행 요인

학교현장에서 훌륭한 수업을 위하여 교사들이 실제 수업설계와 실천 과정에서 진지하게 고려하여야 할 요인들을 종합하면 <표 Ⅰ-4-2>와 같이 도표화할 수 있다. 크게 교사 변인, 학습자 변인, 교육내용 변인, 그리고 수업 과정상의 변인 등 네 가지로 나눌 수 있다.

〈표 Ⅰ-4-2〉 훌륭한 수업 전개에 영향을 주는 요인(변인)

교사 요인(변인)	학습자 요인(변인)	내용 요인(변인)	수업 과정상 요인(변인)
교육관, 학생관, 교육 내용관, 교과관, 교직관 등	인지적 특성(지능, 적성, 선행학습 정도 등)	행동영역(인지적, 정의적, 운동 기능적)	수업 절차(단계),
전문적 지식 소유 여부	정의적 특성 (동기유발정도, 교과 애착심, 학습 자아개념)	내용영역(용어, 사실, 절차, 법칙, 이론 등)	수업매체
수업기술·방법	신체적 특성		수업 조직 규모 (학생·교사집단)
정의적 특성(자아개념, 자아효능감)	사회·문화적 배경		
성별·연령·경력 등			

Ⅳ. 수업 전개 방법 및 기술 탐구

1. 좋은 수업방법의 적용

학교현장의 교육활동에 적용할 수업방법을 선정할 때 고려하여야 할 요인들은 무엇인가? 어떠한 방법으로 교과지도를 할 것인가? 이 질문에 관한 답은 여러 가지로 제기될 수 있다. 좋은 수업과 훌륭한 수업의 전개를 위해서는 수업 방법 주안과 적용이 아주 중요하다.

그렇지만 가장 설득력 있는 답변은 목표에 따른 수업방법 선정이다. 학생들이 달성하고자 하는 수업목표에 가장 적합한 방법을 선정하는 것이다. 이른바 목표별로 수업방법을 달리하는 것이다. 이를 위해서는 수업목표의 성격, 예컨대 인지적 목표, 정의적 목표 및 운동·기능적 목표에 따라 서로 다른 수업방법을 선정하여야 할 것이다. 또한 동일 영역의 목표라고 하더라도 블룸(Bloom) 등이 분류하는 목표 분류체계에 따라 역시 수업방법이나 전략을 달리하여야 할 것이다.

좋은 수업, 훌륭한 수업과 관련하여 수업방법이 수업목표나 내용과 무관하게 존재하는지, 아니면 방법이 내용에 내재해 있는지 혹은 내용이 방법에 내재해 있는지를 진지하게 검토하여야 할 것이다. 내용과 방법의 관계를 어떻게 설정해야 하는지를 명확히 하여야 한다. 이 관계를 명확하게 하지 않으면 자칫 만병통치적인 수업방법을 상정할 수 있다. 이 화두와 관련하여 우리는 존 듀이(J. Dewey)가 그의 역저인 '민주주의와 교육'에서 내용과 방법 간의 관계를 설명하고 있는 것을 주목하여야 할 것이다.

"방법이라는 것은 교과와 다른 것이 아니라 바로 교과가 배열된 모양을 가리키며, 다만 그 배열이 교과를 가장 잘 활용할 수 있도록 이루어진 것을 가리킨다. 방법이 내용의 바깥에 있는 경우는 절대로 없다. 교과를 직접 다루는 개인의 입장에서 보면 방법은 어떻게 규정되는가? 다시, 이 경우에도 방법은 외적인 것이 아니다. 그것은 바로 '내용에 관한' 것이며, 내용을 효율적으로 다루는 것을 일컫는 것 이외의 아무것도 아니다. 여기서 '효율'이라는 것은 시간과 정력의 낭비를 최소한으로 하면서 내용을 활용하는 것—즉 목적에 도움이 되도록 하는 것—을 뜻한다. 물론, 우리는 활동의 '방식'을 따로 떼 내어 그것만을 논의할 수 있다. 그렇지만 그 방식이 방식으로 '존재'하는 것은 오직 '내용을 다루는 방식'으로서이다. 방법은 주제 또는 교과와 대립적인 것이 아니다. 방법은 교과를 우리가 바라는 결과를 향하여 효과적으로 이끌어 나가는 것을 의미한다."

2. 수업기술의 유형

① 동기 유발 기술(내적 동기 유발, 외적 동기 유발)

② 설명기술(명확성, 유의미성, 다양성, 흥미, 구체성, 논리적 계열성 등)

③ 질문기술(폐쇄적 질문, 개방적 질문 등): 발문의 연구

④ 토론기술

⑤ 학습 자료 제시 방법의 다양한 기술

⑥ 피드백과 교정기술

⑦ 화술(話術)

⑧ 칭찬기술

⑨ 경청기술: 공감하는 자세

3. 좋은 수업방법으로서의 멘토링(mentoring) 활동

가. 멘토링의 개념과 속성

멘토링이란 일반적으로 경험이 많고, 전문적 지식이나 기술 및 덕망을 갖춘 연장자가 그렇지 못한 젊은이를 1:1의 관계로 도와주거나 훈련시키는 등의 교육적 관계나 과정을 일컫는다. 멘토링에 관한 정의는 관점에 따라 매우 다양한데 다음과 같은 속성을 지니고 있다.

① 멘토링은 인류의 역사와 함께한 오래된 교육방법이다. 멘토링은 1:1의 학습 방법으로 모형학습(modeling)과 문답법 등의 성격을 띠고 있다.

② 멘토링은 협동학습 원리를 전제로 한다.

③ 멘토링은 연장자(경험자, 숙련자)와 젊은이(비경험자, 초보자)의 인간관계를 바탕으로

하고 있다. 멘토(mentor)와 멘티(mentee) 간의 인격적 만남을 기초로 한 삶을 배우는 양식이다. 따라서 두 사람의 목표를 달성하는 것보다 활동 과정을 더 중시한다.

④ 멘토링은 학업 우수자들이 학업 부진아들의 올바른 학습태도나 능력을 길러주는 데 적합하다.

⑤ 멘토링은 공식적·비공식적 형태를 다 띠나 가급적 공식적 형태를 취하는 것이 바람직하다.

⑥ 학생 동료들 간의 멘토링은 학습에 관한 임파워먼트(empowerment, 자신감 형성이나 동기유발 및 사기를 진작시키는 것 등)를 형성하고 유지시키는 데 효과적이다.

나. 멘토링의 유형

멘토링 유형은 분류 기준에 따라 매우 다양하다. 멘토링의 체계성에 따라 공식적·비공식적 멘토링으로 구분하며, 멘토와 멘티의 관계에 따라 수직적·수평적 멘토링으로, 그리고 출현 시기에 따라 전통적·대안적 멘토링으로 구분할 수 있다. 공식적 멘토링 관점에서 요약하면 다음 <표 Ⅰ-4-3>과 같다.

〈표 Ⅰ-4-3〉 교수학습활동 멘토링(mentoring) 유형

멘토와 멘티의 관계	전통적 멘토링	대안적 멘토링	핵심 특성
수직적	1:1 멘토링		전통적 멘토링으로 면대면 형식을 취함
수평적 (상호작용적)		동료 멘토링	동료 상호 간의 멘토링
		팀 멘토링	-일 멘토: 다 멘티(일대다) -다 멘토: 일 멘티(다대일) -다 멘토: 다 멘티(다대다)
		e-멘토링	인터넷을 활용한 멘토링, 시공간의 제약을 탈피함.

V. 맺고 나오는 글

교수·학습활동 본질인 수업은 교사와 학생이 함께 만들어 가는 과정이다. 그러나 아직 성장 과정에 있는 미숙한 학생들에게 모든 것을 맡겨 둘 수는 없다. 미숙한 학생들을 이끌어서 완숙한 상태로 만들어 가는 것이 교사의 역할이다. 따라서 수업을 하는 데 있어서 무엇보다 중요한 역할은 교사이며, 특히 학생들을 수업으로 끌어들일 수 있는 능력이라고 할

수 있는 교사의 수업기술이다.

좋은 교사는 수업현장에서 학생 스스로 학습하는 방법을 익혀 평생토록 학습할 수 있도록 지도할 수 있는 능력을 갖추어야 한다. 학습하는 방법, 생각하는 방법, 사물을 보는 방법과 그것들을 다루는 방법, 집단에서 토의하는 방법, 발표하는 방법, 질문하는 방법, 그리고 필요한 자료, 도구를 선택하고 활용하는 방법 등을 가르쳐야 하며 이를 위해서 교사 자신도 가르치는 방법과 기술을 끊임없이 습득해야 한다. 즉 기술적인 면에서도 전공지식 면에서도 유능한 교사가 되어야 한다.

교사에게 수업 활동은 매우 의미 있는 활동이며, 학교현장에서 수업의 중요성은 교사들에게 아무리 강조해도 지나치지 않는 행위이다. 교사가 얼마나 적극적으로 학생들의 반응을 이끌어 내느냐에 따라 유아들의 학습 참여 분위기는 달라지며, 이것은 학생들의 수업목표 도달과 직결되는 것이다.

사실 학교현장에서 교사가 수업을 진행할 때 학생 전원이 몰입하여 참여하도록 지도하는 것이 쉽지가 않다. 수업을 진행하다 보면 수업 분위기를 흐리는 학생들이 있기 마련이다. 유능한 교사는 이런 학생들을 배척하기보다는 자기편으로 끌어들일 수 있는 능력을 가지고 있어야 한다. 우리가 믿고 있는 좋은 교사상은 온화함과 부드러움을 지니고 학생들에 대한 선입관이나 편견, 편애가 없으며 일관성을 시종 유지하는 이해심 많고 열성적이며 실력이 출중한 완벽한 교사라고 하지만 과연 그런 방식이 요즘 학습자들에게 통할 것인지, 무한한 잠재 가능성 덩어리인 학생들이 각자 타고난 독창성을 계발해 낼 수 있는지를 우선 고려하여야 한다.

모름지기 교사들은 항상 교단에 설 때마다 '평범한 교사는 설명하고, 좋은 교사는 시범을 보이고, 훌륭한 교사는 감명을 준다'는 말의 의미를 재음미하여야 할 것이다. 학생들의 가슴에 감명과 감동을 주는 좋은 수업을 수행하는 교사가 진정으로 훌륭한 교사라는 점을 유념해야 할 것이다.

사실 교원이 추락하고 교원들이 학생들에게 불신을 받고 있는 이 시대에 훌륭한 교사로 거듭나는 것은 매우 어려운 일이다. 훌륭한 교원과 참다운 교육은 교원들의 패기와 열정을 바탕으로 하는 데 현실은 그렇지 못한 것이다.

일선 초·중·고교 학교 현장에서 학생들을 가르치는 교사들은 훌륭한 수업을 전개하고 실행하기 위해서 부단하게 교재연구와 교수·합습법 탐구를 해야 한다.

교사들이 훌륭한 스승으로서 제자들 앞에 당당하게 서려면 자신만의 수업 방법과 수업 기술을 구안하고 적용하여야 한다. 교사들에게 요구되는 여러 가지 덕목 중에서 가장 근본적이고 본질적인 것은 수업을 잘하는 자질이기 때문이다.

제5장 교내 자율장학과 수업분석 방법의 탐구

Ⅰ. 들어가는 글

학교교육의 질은 편의상 교과교육의 측면과 학교 내에서의 학생들의 삶의 측면으로 나누어 볼 수 있다.

교과교육의 질적 측면은 다시 교과교육 목표의 질과 학교 수업의 질로 나눌 수 있는데, 학교 수업의 질을 알아보기 위한 하나의 방법으로 수업의 과정을 관찰하고 분석하는 방법이라 할 수 있다. 실제로 학생들은 학교교육 시간의 대부분을 교과학습에 사용한다. 학교 수업은 의도된 교육과정에 의해 이루어지는데, 아무리 훌륭한 교육과정이라 할지라도 교사에 의해 올바르게 전개되지 않고 학생에 의하여 제대로 학습되지 않는다면 교육하였다고 할 수 없을 것이다.

가르치고 배우는 데는 많은 요인이 작용하지만 무엇보다 중요한 것은 교사와 학생들 간의 상호작용 속에서 촉진적인 수업이 이루어질 때, 가장 잘 가르치고 잘 배울 수 있다. 결국 수업관찰도 어떻게 하면 수업이 잘 진행될 수 있을까를 연구하기 위해서 행해지는 수업개선을 위한 한 가지 방법이다. 따라서 수업관찰의 목적은 수업하는 과정에서 이를 방해하는 요인과 더욱 촉진시켜야 하는 부분은 어떤 것이고, 실제로 이러한 요인을 어떻게 확인할 것인가에 대한 해답을 구하고자 실시하는 것이다.

Ⅱ. 수업장학의 기초

1. 장학의 정의(학자들의 정의): 장학의 규모와 위계에 초점

가. 강영삼의 정의

① 교육부를 중심으로 한 중앙교육 행정조직 수준에서의 장학(문교장학): 교육활동의 전반적인 기획, 조사, 연구, 관리, 지도, 감독을 통해 중앙의 행정업무를 보좌하는 참모활동

② 시·도 교육청 및 지역 교육지원청을 중심으로 한 지방교육 행정조직 수준에서의 장학(학무장학): 교육활동을 위한 장학지도, 교원의 인사관리, 학생의 활동지도, 교육기관의 감독을 통해 지방의 학무를 총괄하는 개선활동

③ 학교조직 수준에서의 장학(수업장학): 학생들의 학습기회를 향상시키기 위해 교사의 교수행위에 직접적으로 영향을 주는 학교 내에서의 제반 지도 활동

④ 학급조직 수준에서의 장학(임상장학): 학급 내의 교수·학습과정을 개선하기 위해 교사와 학생 간의 상호작용에 중점을 두고 교사를 지도·조언하는 활동

나. 주삼환의 정의: 인간관계와 수업전문성에 초점

수업개선과 교사의 전문적 성장을 도와주는 여러 교육활동을 총칭하여 장학의 개념 정의에 대한 여섯 가지 접근을 하고 있다.

① 행정의 측면에 초점: 직접적이고 관료적인 방법 사용

② 인간관계의 측면에 초점: 교사와의 상호작용, 인간관계 중시

③ 교육과정의 측면에 초점: 교육과정의 개발·개정·보완 중시

④ 수업의 측면에 초점: 수업개선에 장학의 궁극적 목적을 둠.

⑤ 경영의 측면에 초점: 개개학교의 주체적 조직경영 활동 존중

⑥ 지도성의 측면에 초점: 전문적 지도성의 발휘 중시

다. 종합적 정의: 수업 자질과 능력 향상, 과정으로서의 장학에 초점

① 교육활동의 개선을 위하여 주로 교원을 대상으로 하여 이루어지는 제반지도·조언 활동

② '과정으로서의 장학'의 입장에서 재해석: 교육활동의 개선을 위하여 활용될 수 있는 좋은 지식, 기술, 정보, 아이디어, 경험, 도움, 조언 등을 나누어 갖는 활동(장학담당자, 교장, 교감의 합리적 지도성 전제)

2. 장학을 보는 관점

〈표 Ⅰ-5-1〉 장학을 보는 두 가지 관점의 비교

장학을 보는 관점		역할로서의 장학(role)	과정으로서의 장학(process)
초점		누가 하는가?	어떻게 하는가?
참여자 간 관계		상하관계 전제	협동관계 전제
장학의 성격		주어지는 장학	함께하는 장학
주된 장학 형태		상급 행정기관 주도의 장학	학교 주도의 자율장학
용어의 예	임상장학	의사와 환자의 관계 부각 -장학담당자: 의사 -교사: 환자 → 거부감	의사가 환자를 치료하는 과정상의 특징 활용 -대면적: 1:1 관계 -체계적: 계획적, 도구사용 -윤리적: 문제해결 노력
	장학지도, 장학협의	장학지도	장학협의

3. 장학의 유형

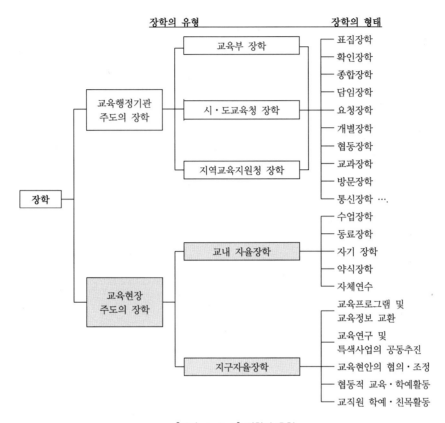

[그림 Ⅰ-5-1] 장학의 유형

장학의 유형은 크게 교육행정기관 주도의 장학과 교육현장 주도의 장학으로 대별된다. 교육행정기관 주도의 장학은 교육부 장학, 시도 교육청 장학, 지역교육지원청 장학 등으로 나누고, 교육현장 주도의 장학은 교내 자율장학과 지구자율장학으로 구분한다.

과거의 전통적 장학에서는 교육행정기관 주도의 장학을 강조하였으나, 21세기 세계화 시대인 오늘날의 교육과 장학에서는 하교를 중심으로 한 현장주도의 장학을 더욱 중시하고 있는 흐름(trend)이다.

교내 자율장학은 단위 학교에서 학교장과 교감을 중심으로 이루어지는 교육 전문성 신장, 교원 연수 차원의 장학으로 수업장학, 동료장학, 약식장학, 자체연수 등으로 구분된다. 지구 자율장학은 단위 학교들이 소재한 지역사회 학교에 소속된 교원들이 연합으로 활동하는 장학 방식이다.

Ⅲ. 교내 자율장학의 이해

1. 자율의 개념

    가. 개인의 자율성: 개운 장학, 개별 장학, 자기 장학 등

    ① 자기 계획(자기 결정) → ② 자기 실천(자기 행동) → ③ 자기 평가(자기 책임)

    나. 집단의 자율성: 공동 장학, 집단 장학 공동 연구 등

    ① 우리 계획(우리 결정) → ② 우리 실천(우리 행동) → ③ 우리 평가(우리 책임)

    자율성 행사의 주체가 되는 기관이나 개인 혹은 공동체는 자율성을 올바르고 합당하게 행사하려는 의지와 태도가 필요할 뿐 아니라, 이를 행사할 수 있는 능력도 구비하고 있어야 한다. 자기 책임을 수반하지 않는 자율성은 무사안일이나 방종에 이르게 된다.

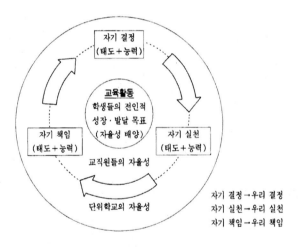

[그림 Ⅰ-5-2] 학교에서의 자율성의 개념적 구조

2. 교내 자율장학의 개념

    ① 단위학교에서 교육활동의 개선을 위하여 자율적으로 교장·교감을 중심으로 하여 전체 교직원들이 상호 이해와 협력을 기초로 하여 서로 지도·조언하는 활동이다.

    ② 과정으로서의 장학: 단위학교에서 교육활동의 개선을 위하여 자율적으로 교장·교감

을 중심으로 하여 전체 교직원들이 상호 이해와 협력을 기초로 하여 교육활동의 개선에 활용될 수 있는 좋은 지식, 기술, 정보, 아이디어, 경험, 도움, 조언 등을 나누어 갖는 활동이다. 과정으로서의 장학은 장학담당자인 교장·교감의 합리적 지도성을 전제하고, 장학을 '역할(Role)'로 보기보다는 '과정(Process)'으로 본다. 아울러, '공동노력의 과정'으로서 장학으로서 '서로 가르쳐 주고, 서로 배운다'는 관점으로 교학상장(教學相長)을 지향한다.

3. 교내 자율장학의 영역

〈표 Ⅰ-5-2〉 교내 자율장학의 영역

영역	교사의 전문적 발달	교사의 개인적 발달	학교의 조직적 발달
초점	교육과정 운영	교사 개인	학교조직
	교사들이 교과지도, 특별활동지도, 생활지도를 포함하는 교육활동 전반에 있어서 안정·숙달·성장을 도모하는 데 관련되는 내용	교사들이 개인적·심리적·신체적·가정적·사회적 영역에서 안정·만족·성장을 도모하는 데 관련되는 내용	학교의 조직환경 및 조직풍토를 긍정적으로 변화시켜 학교 내에서 교사들의 삶의 질을 높이고, 학교조직의 목표를 효과적으로 달성하는 데 관련되는 내용
내용(요소)	○교육철학 및 교직관 ○교육목표 및 교육계획 ○교육과정 및 교과지도 ○특별활동지도 ○생활지도 ○학급경영 ○교육기자재 및 자료 활용 ○컴퓨터 활용 ○교육연구 ○학부모·지역사회 관계 ○교육 정보·시사 등	○교사의 신체적·정서적 건강 ○교사의 성격 및 취향 ○교사의 가정생활 ○교사의 사회생활 ○교사의 취미활동 ○교사의 종교활동 등	○학교경영계획 및 경영평가 ○학교경영 조직 ○의사소통 및 의사결정 ○교직원 간 인간관계 ○교직원 인사관리 ○학교의 재정·사무·시설 관리 ○학교의 제 규정 ○학교의 대외적인 관계 등

4. 교내 자율장학의 기본 형태 비교

〈표 Ⅰ-5-3〉 교내 자율장학의 기본 형태

기본 형태	개 념	주 장학 담당자	영역	구체적 형태	대 상
수업 장학	교사들의 수업기술 향상을 위하여 교장·교감(외부 장학요원·전문가·자원인사 포함)이 주도하는 개별적이고 체계적인 성격이 강한 지도·조언 활동	교장·교감(외부 장학요원, 전문가, 자원인사 포함)	전문적 발달	○임상장학 ○마이크로티칭 ○수업연구(교장·교감 주도) ○초임교사 대상 수업 관련 지도·조언 활동 등	○초임교사 ○저경력교사 ○수업기술 향상 필요성이 있는 교사

동료 장학	동료교사들이 교육활동의 개선을 위하여 모임이나 짝을 이루어 상호 간에 수업 연구·공개 활동의 추진이나 공동 과제 및 관심사의 협의·연구·추진 등 공동으로 노력하는 과정	동료교사	전문적 발달 개인적 발달 조직적 발달	<수업연구(공개) 중심 동료장학> ㅇ동 학년 수업연구(수업공개) ㅇ동 교과 수업연구(수업공개) 등 <협의중심 동료장학> ㅇ동 학년, 동 교과, 동 부서 교사 협의 ㅇ부장 교사 협의 ㅇ스터디그룹 활동 ㅇ각종 공식적·비공식적 협의 등 <연구과제 중심 동료장학> ㅇ공동 연구과제 추진 ㅇ공동 시범과제 추진 ㅇ공동 연구 자료·작품 제작 등 <일대일 동료장학> ㅇ초임교사와 경력교사 간 짝짓기(멘토링) <동호인활동중심 동료장학> ㅇ각종 건전한 동호인 활동	ㅇ전체 교사 ㅇ협동으로 일하기 원하는 교사 ㅇ관심 분야 같은 교사 ㅇ동호인
자기 장학	교사 개인이 자신의 전문적 발달을 위하여 스스로 체계적인 계획을 세우고 이를 실천해 나가는 활동	교사개인	전문적 발달	ㅇ자기 수업분석·연구 ㅇ자기 평가 ㅇ학생을 통한 수업반성 ㅇ1인1과제연구·개인(현장)연구 ㅇ전문서적·자료 탐독 ㅇ대학원 수강 ㅇ전문기관, 전문가 방문·상담 ㅇ현장 방문·견학 ㅇ교과연구회, 학술회, 강연회 등 참석 ㅇ각종 자기 연찬 활동 등	ㅇ전체 교사 ㅇ자기 분석·자기 지도의 기술이 있는 교사 ㅇ혼자 일하기 원하는 교사
약식 장학 (일상 장학)	교장·교감이 간헐적으로 짧은 시간 동안의 학급순시나 수업참관을 통하여 교사들의 수업활동과 학급경영 활동을 관찰하고 이에 대하여 교사들에게 지도·조언하는 활동	교장·교감	전문적 발달	ㅇ학급순시 ㅇ수업참관 등 (약식장학은 교장·교감이 일상적으로 수행하는 활동이므로 일상장학이라고 칭할 수 있음)	ㅇ전체 교직원
자체 연수	교육활동의 개선을 위하여 교직원들의 필요와 요구에 터해 교내·교외의 인적·물적 자원을 활용하여 학교 자체에서 실시하는 연수활동	전체 교직원 (외부인사, 학부모 강사 포함)	전문적 발달 개인적 발달 조직적 발달	ㅇ학교 주도의 각종 연수활동 (수업장학, 동료장학, 자기 장학의 결과를 자체연수 때에 발표할 수 있음)	ㅇ전체 교직원

5. 교내 자율장학의 형태별 실행 절차

가. 임상장학의 실행 절차

1단계: 계획 수립		2단계: 수업관찰		3단계: 결과 협의
1-1. 신뢰로운 관계 조성 1-2. 수업연구(수업개선) 과제선정 1-3. 학생·수업에 대한 정보 교환 1-4. 수업관찰 계획 수립	→	2-1. 학습지도안 검토 2-2. 수업관찰 2-3. 수업관찰 결과정리	→	3-1. 수업관찰 결과 논의 3-2. 수업연구과제 해결 및 수업개선 방안설정 3-3. 적용 및 평가

나. 교장·교감의 초임교사 대상 수업 관련 지도·조언 활동 절차

1단계: 계획 수립	2단계: 수업 관련 지도·조언 활동의 실행	3단계: 결과 협의
1-1. 신뢰로운 관계 조성 1-2. 수업 관련 지도·조언 활동에 대한 이해증진 1-3. 수업 관련 지도·조언 활동 계획 수립	→ 2-1. 학습지도안 검토·지도 2-2. 수업참관 2-3. 수업참관 결과 정리	→ 3-1. 수업참관 결과논의 3-2. 추후 수업발전 노력 지원

다. 수업연구(공개) 중심 동료장학의 모형

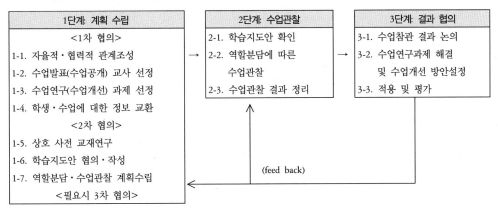

라. 협의중심 동료장학의 모형

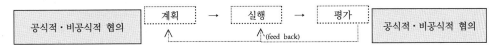

마. 자기 장학의 구체적 방법(예시)

① 스스로 자신의 수업을 녹음 또는 녹화하고 이를 분석하여 자기반성, 자기 발전의 자료로 삼는 방법

② 스스로 교사평가 체크리스트를 이용하여 자신의 교육활동을 평가·분석하여 자기반성, 자기 발전의 자료로 삼는 방법

③ 자신의 수업이나 창의적 체험활동 지도, 특별활동지도, 생활지도, 그리고 학급경영 등에 관련하여 학생들과의 면담이나 학생을 대상으로 한 의견조사를 통하여 자기반성, 자기 발전의 자료를 수집하는 방법

④ 1인1과제연구 혹은 개인(현장)연구 등을 통하여 자기 발전을 도모하는 방법

⑤ 교직활동 전반에 관련된 전문서적이나 전문자료를 탐독·활용하여 자기 발전의 자료

로 삼는 방법

⑤ 전공 교과 영역, 교육학 영역 또는 관련 영역에서의 대학원 과정(4년제 대학과정, 방통대 과정 등 포함) 수강을 통하여 자기 발전을 도모하는 방법

⑥ 교직 전문단체, 연구기관, 학술단체, 대학 또는 관련 사회기관이나 단체 등 전문기관을 방문하거나 전문가와 면담을 통하여 자기 발전의 자료를 수집하는 방법

⑦ 교육활동에 관련이 되는 현장에 대한 방문이나 견학 등을 통하여 자기 발전의 자료를 수집하는 방법

⑧ 각종 연수회, 교과연구회, 학술발표회, 강연회, 시범수업 공개회 등에 참석하거나 학교 상호방문 프로그램에 참여하여 자기 발전을 도모하는 빙법(세미나, 워)

⑨ TV와 라디오 등의 방송매체가 제공하는 교원연수 프로그램이나 교원연수와 관련된 비디오테이프 등의 시청을 통하여 자기 발전을 도모하는 방법

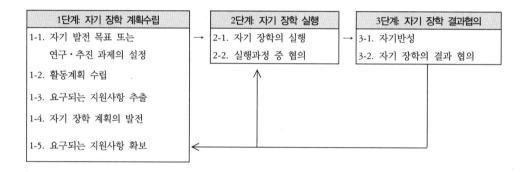

바. 약식장학(일상장학)의 모형

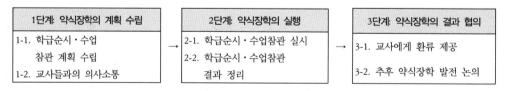

사. 자체연수의 모형

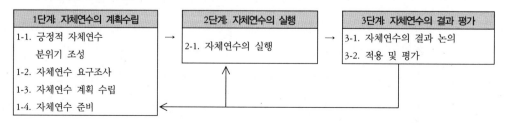

Ⅳ. 수업과정의 분석지도

1. 필터(Filter)식 수업분석

가. 교사발문 분석 필터

1) 기대와 요구하는 것

문답법의 형태에서 많이 쓰이는 발문으로 학생에게 어떤 의견을 요구하거나 객관적인 사실의 관례를 묻거나 학습한 사실을 적용하고 종합적인 정의를 요구하는 등의 발문이다. 발문의 특징은 말이 짧고 간명하고 자주적이며 학생에게 적절한 문제나 사태를 제시하여 사고력, 비판력, 추리력을 자극하는 학습활동에 참여하는 기회를 주는 발문 형태이다.

2) 제시하는 것

강의법에서 많이 쓰이는 발문으로 학생의 요구, 흥미, 자발성을 고려하지 않고 설명 위주로 교사가 독점하여 발문함으로써 비교적 참여기회를 주지 않는 발문이다. 발문의 특징은 학습문제의 제시 설명, 결과 요약 설명, 사례소개 등 정리할 때 많이 적용한다.

3) 확인하는 것

수업의 과정에서 문제해결의 진전에 따라 그 결과의 이해 여부를 알려는 수단으로 경험, 이해, 지식, 기능, 태도 등의 상태를 확인하는 발문이다. 그 유형으로는 일제답 또는 개인별 응답 반응을 요구하는 방법이다.

나. 학생행동 분석 필터
① 행동반응
   A: 학습에 관계있는 사람이나 사물에 깊은 관심을 나타내거나 작업, 거수 발언을 할 때의 행동반응
   a: 가벼운 흥미나 관심을 표시하는 행동반응
   b: 사고활동을 하지 않고 혹은 학습에 흥미 없이 무관심(휴식)상태를 나타내는 행동반응
   B: 학습활동과는 전혀 관계없는 행동이나 학습 이외의 것에 흥미를 나타냄.
② 관찰 대상자는 상, 중, 하의 어린이를 택하여 관찰

③ 행동 개요: 관찰 순간의 행동 상태의 개략을 기록

④ 효과처리 및 해석: 학생의 행동 반응은 다른 필터와 아주 깊은 관계를 갖고 있으므로 신중히 분석하여야 하며 계수화하는 방법으로는 다음과 같다.

$$\boxed{반응도(학습에의\ 참가도)=\{(A+a)\ /\ 관찰횟수\}\times100}$$

A: 적극적 반응, a: 소극적 반응, b: 도피적 반응, B: 완전 도피적 반응

2. 플랜더즈의 언어 상호작용식 수업형태 분석

가. 플랜더즈의 수업형태 분석법의 특징

① 형태 분석방법

② 언어 상호작용 분석

③ 정의적 영역의 분석

④ 수업결과가 수업자에게 확인되고 스스로의 행동을 고치는 데 도움이 되는 방법

⑤ 과학적인 방법으로 정리된다.

⑥ 학생들의 학업성취와 민주적 창의적 태도함양에 도움을 준다.

나. 언어 상호작용 분석의 요목

플랜더즈는 수업의 형태를 크게 지시적, 비지시적 경향으로 나눈다. 지시적 경향은 지배적 전제적 교사중심 제한적인 의사소통이 하나의 개념을 형성하고 비지시적 영향은 통합적 민주적 학생 중심 포괄적 권장적의 의사소통의 개념이다.

〈표 Ⅰ-5-4〉 언어 상호작용 분석의 요목

| 교사의 발언 | 비지시적 발언 | 1. 느낌을 받아들이는 것
－공포가 없는 상태에서 학생들의 느낌을 받아들이고 명백히 한다. 느낌은 긍정적일 수도 있고, 부정적일 수도 있다. 예언이나 회상의 느낌도 포함된다.
2. 칭찬 혹은 권장
－학생 행동을 칭찬하거나 권장하는 것, 다른 학생을 희생시키는 일이 없는 긴장을 풀기 위한 농담, 고개를 끄덕끄덕하면서 '으음' '으음' 하거나, '계속해' 따위도 포함된다.
3. 학생의 생각을 받아들이거나 이를 이용하는 것
－학생이 말한 생각을 명백히 하거나 도와주거나 발달시키는 것, 교사가 자기의 생각을 보충할 때 제5항목으로 간주한다.
4. 질문
－학생이 답변할 것을 기대하는 내용이나 절차에 대한 질문 |
| | 지시적 발언 | 5. 강의
－내용이나 절차에 대한 사실이나 의견을 말하는 것, 자기 자신의 생각을 표현하는 것
6. 지시
－학생이 복종할 것을 요구하는 지시나 명령 |

	7. 비판 혹은 권위를 부리는 것
	-좋지 못한 학생의 행동을 좋은 행동으로 바꾸기 위한 교사의 말, 교사가 왜 그렇게 해야만 하는가에 대한 이유 설명, 극단적인 자기 자랑
학생의 발언	8. 학생의 반응적인 말
	-교사의 단순한 질문에 대한 학생의 단순 답변, 학생이 답변하도록 교사가 먼저 유도한다.
	9. 학생의 자진적인 말
	-학생이 자진하여 말하는 것, 교사의 넓은 질문에 대하여 학생이 여러 가지 생각, 의견, 이유 등을 말하는 것
기타	10. 작업, 침묵이나 혼동
	-실험, 실습, 토론, 책읽기, 머뭇거리는 것, 잠시 동안의 침묵 및 관찰자가 학생 간의 의사소통과정을 이해할 수 없는 혼동의 과정

3. 체크리스트에 의한 분석

평정척도에 의한 수업분석 준거 변인으로 수업목표, 학생성장 및 발달 교사의 자질과 능력, 수업활동, 복합적인 준거 등을 들어 설명하였는데 이들을 근거로 어느 교과나 공통적으로 활용할 수 있는 일반적인 수준의 분석 준거를 제시하면 <표 Ⅰ-5-5>와 같다. 수업의 과정에서 일어나는 활동을 교사의 활동과 학생의 활동으로 크게 나누고, 그 하위 항목에 대하여 매우 부족, 부족, 보통, 조금 만족, 아주 만족의 다섯 가지로 구분하여 관찰자가 체크하도록 되어 있다.

<표 Ⅰ-5-5> 체크리스트 분석표

영역	준거	분석의 관점	매우 부족	부족	보통	만족	매우 만족	특기사항
교사의 활동	① 과제 제시의 명료성	○도입에서 수업목표 명확하게 제시하기 ○본 수업과 지난 수업내용의 관련 제시하기 ○학습 내용, 과제 윤곽 명쾌한 설명하기 ○수업 중 핵심적인 내용 요약 제시하기			V			○학습목표를 학생들이 인지하지 못하였으며, 교사도 제시하지 않음.
	② 수업 과정 및 수업 형태	○교과 교재의 특성에 맞는 수업과정 모형적용 ○교과 교재의 특성에 맞는 수업형태의 적용					V	○게임과 첸트활동으로 흥미유발
	③ 교사의 발문	○재생적 발문보다 추론 적용적 발문 적용 ○목적이 뚜렷하고 명료함. ○학년수준 개인차를 고려한 발문 ○생각하여 답변할 시간을 주는 발문 ○어려운 질문은 힌트를 주어 격려하거나 보조질문				V		○추론적 발문보다 재생적인 발문의 양이 많음.
	④ 교수용어	○듣기 거북할 정도로 쓸데없는 말 사용하지 않기 ○지나치게 빠르거나 느린 어조 피하기 ○음성의 고저는 학습의 강조점에 따라 다양하게 조절 ○명확하고 알아듣기 쉬운 용어					V	○교수용어 빠르기 적당함. ○학생들이 이해하기 쉬운 용어를 사용함.

범주	항목	내용						관찰 내용
	⑤ 학습동기 부여	◦발문, 매체활용, 기타방법으로 학습의 흥미 자극하기 ◦학생의 아이디어에 대한 칭찬, 격려 또는 활용하기 ◦유머 발휘하기 ◦학생 발표에 대한 진지한 관심 갖기 ◦학생 질문에 격려하기 ◦학습에 호기심 유도하기			V			◦복습활동이 너무 길어 지루함. 다 아는 내용을 다시 게임으로 운영함. ◦수업내용과 상관없는 동기유발
	⑥ 학생과의 관계 형성 및 유지	◦학생과의 레포 형성 ◦수업에서의 열성감 보이기 ◦세심한 배려 ◦학생의 인격존중 ◦학습자 간의 방해 행동 관리 ◦가능한 한 여러 학생들과 눈 마주침 하기 ◦용모 단정히 하기				V		◦교사가 학생들에게 주의 집중을 요구함.
	⑦ 교사의 기능 발휘	◦학생이 수업에 도전감 갖도록 유도하기 ◦피드백 정보를 기술적으로 활용하기 ◦다수의 발표기회 제공 ◦수업의 난이도 조절하기 ◦학생의 수위집중을 위해 질문 활용하기 ◦학생의 당황함, 지루함, 호기심 등을 주의 깊게 관찰하고 대처하기 ◦학생의 질문에 만족한 답변하기				V		◦학생들의 학습활동에 대한 외적 보상이 즉각적으로 이루어짐. ◦학생들의 언어활동에 대한 교사의 즉각적인 피드백이 주어짐.
	⑧ 수업매체 활용	◦준비된 자료를 능숙하게 조작하기 ◦적당한 시간 장소 방법의 원리에 입각한 내용 ◦학습효과에 도움 주기				V		◦그림카드 및 단어카드의 적절한 사용 ◦인터넷을 활용함-그러나 수업에 필수조건은 아님.
	⑨ 판서하기	◦내용을 명확히 요약 ◦문자, 도해, 구조 등을 활용하는 구조화된 판서 ◦학생의 발언 정리 ◦시기, 위치, 방법이 계획적이고 학습에 자극 ◦알맞은 크기, 인쇄체 글씨					V	◦판서와 수업매체가 구조적으로 조화롭게 구성됨.
학생의 활동	⑩ 학습준비	◦학습과 관련한 과제(숙제) 해결 상태 ◦학생이 필요한 자료 준비 상태					V	◦학습준비물 준비 철저 ◦학습할 내용의 준비도가 높음.
	⑪ 학습 의욕 및 참여	◦토의 활동에 고무됨. ◦학습활동에 몰입 분위기 ◦발표에 다수 참여하기 ◦자주적이고 활기찬 분위기				V		◦수업 전반의 학생의 과제 집중도 참여도는 높으나, 수업 말미에는 낮음.
	⑪ 학습 의욕 및 참여	◦토의 활동에 고무됨. ◦학습활동에 몰입 분위기 ◦발표에 다수 참여하기 ◦자주적이고 활기찬 분위기				V		◦수업 전반의 학생의 과제 집중도 참여도는 높으나, 수업 말미에는 낮음.
	⑫ 학생의 발언	◦단순 재생적 답변보다 추론, 적용적 답변 ◦교사의 발문에 대해 생각을 하고 나서 대답하기 ◦남의 이야기를 듣고 바른 대답하기			V			◦단순 재생 질문에 대하여 단순 재생적인 답변
	⑬ 공책정리	◦자기 스스로 필요에 의해 정리하기 ◦자기의 생각을 나타낼 수 있는 정리 ◦바른 내용 정리	·	·	·	·	·	·

4. 광각렌즈에 의한 수업분석

광각렌즈에 의한 분석은 광각렌즈를 사용하여 수업 중에 일어나는 사건을 객관적으로 간단간단하게 기술해 보는 일화기록 방법 또는 녹음이나 녹음기록을 통해 가장 정확한 관찰을 하고 수업을 세부적으로 분석해 볼 수 있는 방법이다.

가. 일화기록에 의한 분석

이 방법은 수업과정 중에 일어나는 사건에 대하여 의도적이고, 직접적이며, 객관적인 관찰기록을 하여 교사에게 제공함으로써, 학생효과를 높여 나가도록 하는 방법이다. 일화기록은 광각렌즈를 사용하여 수업의 상호작용을 기록하는 방법으로서 광역, 초점의 렌즈를 얼마나 넓혀서 볼 것인가 또는 좁혀서 볼 것인가에 따라 한 학생, 한 집단, 한 학급생 전원들의 범위를 결정한다.

① 일화기록은 짧은 기술적 문장으로 구성한다.
② 문장은 가능한 한 객관적이고 비평가적이어야 한다.
③ 직관적인 관찰을 사실대로 상세하게 기록한다.
④ 형태는 가능한 한 학습활동의 흐름을 상세하게 기록하는 방법과 어떤 시사점을 주는 사건이 생길 때마다 기록을 해 나가는 방법도 있다.

나. 녹음·녹화에 의한 분석

가장 객관적인 수업관찰방법의 하나로서 자기 수업 비디오 갖기 운동이 필요하다. 교사들이 자신의 수업과 발문을 녹음·녹화허여 자기 장학을 실행하면 장학 담당자들의 간섭을 받지 않고 스스로 수업 개선을 할수 있어서 매우 효과적이다. 따라서 교사들은 당시 자기 장학차원에서 자신의 수업을 항상 녹음하고 촬영, 녹화하여 수업 자기 평가와 자기 장학에 적용하여야 한다.

V. 맺고 나오는 글

최근 학교폭력 예방, 학교에서 사라진 학업 중단 학생들의 복귀 등 학교현장을 향한 사회적 목소리가 커져 가고 있다. 교육을 걱정하고 격려하는 것이 있는가 하면 일부의 부정적 요소들이 학교현장의 전부인 양 매도되고 있는 현실은 교육을 담당하고 있는 우리들로서는 인내하기 힘든 부분들도 있다. 그렇다고 교육을 포기할 수는 없는 것이다. 외부의 목소리를 타산지석으로 삼아 신명 나는 교육현장을 만들어 가야 하는 책무성 또한 중요하다.

결국 교육의 핵심은 수업이고, 수업은 교사의 생명과 같은 것이다. 교육 혁신의 수행과 그 책무는 교실수업에서 찾아야 한다. 학생들로 하여금 비판적이며 창의적으로 사고하고, 자기 주도적으로 새로운 가치를 창조할 수 있는 능력을 길러 주는 새로운 패러다임의 수업 정착을 위해 노력하여야 하고, 무엇보다도 교실수업 개선을 위한 교사의 노력이 전제되어야 한다. 학교의 관리자인 교장과 교감은 교내장학의 가장 중요한 영역인 수업장학을 위하여 스스로 교수학습 이론을 탐색하고, 학교구성원과의 협의를 통하여 적절한 수업장학 시스템을 구축하여 교실수업개선을 위한 장학에 매진하여야 한다. 그것이 학교와 교사의 권위를 회복하고, 교육 정상화를 이루는 지름길이기 때문이다.

제6장 교사의 수업 효율성 신장을 위한 총체적 수업분석 및 수업장학의 방안과 실제

I. 들어가는 글

일반적으로 수업에 대한 능률, 비법, 효과 등을 종합하여 이른바 수업 효율성으로 통칭하며 학습자의 학업성취수준을 최대한 높여 주기 위한 투입 활동, 절차, 자원 등이 수업목표에 가장 적합하고 최소한의 투입으로 최대한의 성과를 거둘 수 있는 방법으로 정의하고 있다. 이러한 수업의 효율성에 대한 요인으로 첫째, 수업자에 국한시킨 교사 효과, 둘째, 수업자의 수업행위 및 수업기술, 셋째, 수업의 지원체제까지 포함하는 등 관심 영역이 확대되고 있다.

수업장학과 수업개선에 대한 여러 연구들을 고찰하면 초기의 연구들은 효율적인 교사란 장학하는 사람들이 높이 평가한 사람들을 지칭하였으며 이들에 대한 특성을 연구하였다. 1960년대까지 진행된 연구 결과 우수교사라고 판정된 사람들로부터 공통적으로 일관되게 발견되는 요소를 규명해 내지 못하였다. 1960년대에 들어와서 교육 기회 균등에 관한 연구(Collman과 그의 동료, 1966) 결과는, 학생들의 학업성취가 다르게 나타나는 것은 학교가 위치하고 있는 지역과 학생들의 사회적·경제적 지위가 중요한 변인이라고 밝히고 있다.

세계화 시대인 2010년대 이후 통계분석 기법의 비약적인 발달과 수업분석법의 개발로 점차 교사의 수업기술이 학습 효과와 매우 밀접한 상관이 있음을 밝히게 되었다. 이를 근거로 볼 때 우리나라의 현재 교육현장에서의 수업장학이란 어떤 효과를 가져왔는가를 극명하게 반성하며 앞으로의 수업장학은 객관적인 수업관찰을 통해 얻는 기초적인 검사결과를 토대로 질적인 분석을 하여야 하는 시대적인 전환점이 되어야 한다고 생각한다. 즉 현재 개발되어 활발히 활용되고 있는 컴퓨터프로그램에 의한 수업분석 검사도구와 교수내용지식(PCK) 차원에서의 총체적인 수업장학이 이루어져야 한다는 것이다.

수업장학은 교사의 수업 자질, 수업 능력, 수업 기술 등을 신장시켜서 궁극적으로 훌륭한 수업을 구현하도록 지원하는 활동이다. 수업의 질 개선을 위한 수업장학은 수업분석이 올바르게 진행되어야 한다. 수업은 다양하고도 종합적·통합적 활동이므로 수업분석과 수업장학은 단선적·획일적으로 전개되어서는 안 되고, 입체적·통합적·역동적으로 시행되어야 한다.

Ⅱ. 수업 전문성 신장과 수업관찰 및 수업분석

1. 수업장학의 현실

교육의 질은 교사의 질을 넘어설 수 없고 수업의 효과는 수업자의 자질에 따라 크게 달라진다. 수업장학의 궁극적인 목적은 수업자의 수업기술을 개선시킴으로써 학습의 효과를 제고시키는 데 있다. 따라서 수업분석은 유, 초, 중, 고를 막론하고 교사와 학생의 상호작용에 의한 교수 학습활동이 이루어지는 현장에서의 자료로 활용하는 것은 필수적인 행위라고 할 수 있다. "교수에 대한 우리의 이해는 부적설할지도 모른다. 왜냐하면 단편석이고 잠정적인 조언을 너무 강조하고 수업자의 여러 가지 계획과 관계된 교수행동의 분석에는 거의 집중하지 않기 때문이다. 가장 재능이 뛰어난 교사가 수업을 전개하고 있는 동안에는 수업 중 나타나는 일반적으로 좋은 계획과 교수 행동의 사이에 공백이 존재한다. 그들이 무엇을 해야 하는지는 알지만 그들이 지도·조언하는 것만을 일관적으로 하게 할 수는 없기 때문일 것이다." 수업관찰 후 이루어지는 지도, 조언의 형태를 살펴보면 우리는 참관자들의 역할에 대해 의문을 가져 본 적이 거의 없이 일관되게 똑같은 참관록 양식에 각자의 소감에 지나지 않는 지도, 조언 내용을 형식적으로 기록하여 이를 제시하고 있다. 또한 협의 시간을 통하여 자신만의 수업방법과 효과에 토대한 지도, 조언을 주고받고 있는 것이다.

수업자에 대한 제반 이해를 바탕으로 수업자의 수업기술을 전반적으로 조언하여야 함에도 불구하고 듣거나 말거나 식의 조언형태가 이루어지고 있는 것이다. 물론 많은 경력과 경험의 장학자의 조언이 모두 잘못된 것이 아니지만 평가 차원에서 이루어지는 조언이 과연 수업자에게 얼마나 많은 수업기술(수업자의 특성에 알맞은) 향상을 위한 보탬이 될 수 있을 것인가는 의문점으로 제기하지 않을 수 없는 것이다.

2. 수업장학을 위한 수업분석의 실태

현재 우리 일선 현장에서 시행되고 있는 수업연구의 단면을 들여다보자. 과연 무엇을 위한 수업연구이며 누구를 위한 수업연구가 진행되고 있으며 얼마나 효과가 있는가를 다음의 그림 자료로 이해를 확실히 해 보자.

[그림 Ⅰ-6-1]과 [그림 Ⅰ-6-2]에서 보여 주듯이 우리 교사들이 지금까지 시행하고 있는 수업연구의 형태는 수업자에 대한 이해가 전혀 없는 상태에서 남의 수업을 나름대로 자신

의 기준을 가지고 판단하고 평가하고 있는 것이 일상의 방법이 아닐까 하는 생각이 든다. 만일 이와 같은 기준으로 전문직의 대표처럼 예를 드는 의사의 경우를 생각해 보자. 의사들이 모여 환자의 상태를 보고 나름대로의 판단으로 처방을 한다고 가정해 보자. A 의사는 투약으로 처방을 하자고 가족들에게 조언하고, B 의사는 칼로 수술해야 한다고 처방하고, C 의사는 톱으로 잘라내야 한다고 처방하고, D 의사는 레이저로 치료한다고 하고, E 의사는 종합적으로 수술을 하자고 한다면 환자나 환자의 보호자로서 받아들일 수 있겠는가 하는 점이다. 아마도 환자나 그 보호자는 즉시 이 병원을 믿을 수가 없으니 다른 병원으로 가자고 할 것이고 그 의사들의 말에 신뢰를 전혀 하지 않을 것이다. 물론 이는 극단적인 측면에서의 예로 제시했지만 실제 우리의 수업연구가 수업자 본인에게 도움이 된 경우는 자신의 경우가 알맞다고 생각하는 부분에 대해서만 수긍을 하고 다른 부분은 한 귀로 듣고 한 귀로 흘리는 아주 비효율적인 연례행사 차원의 장학활동이 아니었는가는 반성해야 할 점이라고 생각한다.

이제 우리는 수업자가 받아들일 수 있는 체계적인 수업분석을 통한 장학이 보다 활성화되어야 한다고 사료된다.

3. 수업분석도구의 활용

수업자를 위한 수업연구의 방법은 어떻게 해야 할까? 수업자는 물론 수업공개를 위하여 최선의 준비를 하고 임한다고 가정을 하고 수업참관자, 즉 장학담당자들이 해야 할 역할은 무엇일까? 수업장학의 절차인 수업 전, 중, 후의 제반 활동을 거치면서 형식적이든 비형식적이든 수업자를 바르게 이해하며 다양한 수업분석방법을 택하여 수업자를 위한 수업참관 및 장학자의 역할을 수행하여야 할 것이다. 이러한 관점에서 [그림 Ⅰ-6-1]과 [그림 Ⅰ-6-2]를 비교해 보면 수업참관과 수업분석의 관계를 파악할 수 있다.

교사의 수업과 의사의 수술 행위는 일맥상통하는 면이 있다. 교사의 수업과 의사의 수술이 올바르게 이루어지려면 우선 교사의 학생에 대한 이해, 의사의 환자 이해가 우선되어야 한다. 교사들이 학생들을 올바르게 이해하고 이를 분석한 후에 그 학생들에게 아주 적합한 수업을 전개해야 한다. 의사들도 개별 환자들을 올바르게 진단하고 당해 질병에 적합한 지료와 수술을 지행하여야 한다.

교사의 수업과 의사의 수술(치료)에서 가장 중요한 것은 교사와 학생 사이의 이해, 의사와 환자 사이의 이해, 즉 양자의 마음의 신뢰도인 친화감(rapport)이 유지되어야 한다.

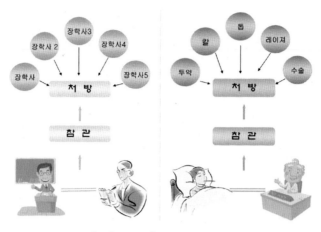

[그림 Ⅰ-6-1] 수업참관의 유형

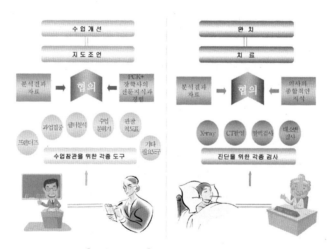

[그림 Ⅰ-6-2] 수업분석과 처방 형태

　병원에서 주치 의사는 환자가 도착하면 환자를 이해하기 위하여 각 전문 분야의 전문의들이 모여서 환자의 용태를 관찰하고 보호자로부터 병력(病歷)에 관하여 소상한 이해자료를 청취한 후 각종 과학적이고 객관적인 의료 장비를 동원할 것이다. X-Ray, CT촬영, 혈액검사 등을 통하여 그 검사결과를 바탕으로 주치의가 주관하는 협의회를 통하여 심도 깊은 협의를 한 후 치료에 들어가게 되고 여기에 치료에 필요한 모든 의술들을 투여하며 환자의 치료에 전념하는 것이 의사들이 일반적으로 행하는 의술이라고 할 수 있다.

　이와 마찬가지로 우리 수업도 장학자들이 수업을 공개하는 수업자를 완전히 이해할 수 있는 과정을 거친 후 수업계획안을 면밀히 검토하고 수업참관 시 분석하여야 할 알맞은 도구들을 선정한 후 관찰 분석하고자 하는 요점을 명확히 하여야 한다. 그 후 수업참관을 한 후 수업 후 협의를 통하여 각자가 가지고 있는 효과적인 수업기술을 수업자에 알맞을 것이라고 판단되는 내용을 하여야 하며 친화감을 갖고 협의를 하여야 할 것이다. 각종 검사도구를 통해 나타난 문제점과 장점 등을 아울러 살펴 질적인 향상을 위한 장학으로 나아가야 할 것이다. 따라서 현재 개발되어 보급되고 있는 과학적인 통계분석 자료와 함께 PCK 이론에 의한 총체적인 분석이 이루어져야 할 것이다.

자칫 우리는 수업자의 특성을 고려하지 않은 채 자신의 관점에서 본 반성의 이야기를 전해 주게 되는 우를 범해서는 안 될 것이다.

4. 수업분석을 위한 기본 전제

그렇다면 우리가 총체적 수업분석을 위해서 우선적으로 짚어야 할 점은 수업장학에 필수적으로 수반되는 수업분석도구 활용을 위해서는 장학자들의 기본적인 수업참관 능력이 관건이라고 할 수 있다. 자신의 수업은 수준이 높을지 모르나 다른 사람의 수업기술을 향상시키기 위한 지도, 조언자의 입장에서는 나를 떠나야 하는 근본적인 전제가 요구되기 때문이다. 아무리 훌륭한 수업을 참관하였다 하더라도 받아들일 수 있는 부분이 교사마다 각기 다르다. 이 점을 우리는 항상 간과하고 나의 자랑만을 이야기하는지도 모르기 때문이다. 따라서 다음과 같은 절차에 의해서 수업의 질 개선을 위한 활동이 전개되어야 할 것이다.

④ 수업평가
★수업자 스스로 판단할 수 있게 조력하기

↑

③ 수업분석도구의 적절한 선택 및 활용
★질적, 양적, 관찰자의 전공지식과 경험에 의한 특정 분야

⇧

★관찰자의 주관적 관점 배제
★수업자의 개인적 특성 고려(성격, 언어, 태도 등의 면밀한 분석)
★수업자가 지닌 수업 진행상의 특성 파악(장단점)
★수업자와 동일한 생각에서 출발
② 수업자가 지니고 있는 개인적 특성의 파악

⇧

★교과내용 지식. 교과별 교육과정에 대한 지식, 학생들의 교과이행에 대한 지식,
★교과별 교수 방법에 대한 지식, 교과학습 평가에 대한 지식, 전문성 제고를 위한 노력
① 교사의 전문적 지식 영역(PCK 측면에서)

[그림 Ⅰ-6-3] 수업분석의 위계

5. 수업관찰의 방법

가. 체계적 관찰과 비체계적 관찰

1) 체계적 관찰법
① 기호체계법: 스냅사진처럼 수업장면을 기술. 일정한 구조적인 틀 속에 초점을 두고 관찰, 기록, 분석하는 방법이다.
② 범주체계법: 사전에 정해진 관찰행동을 일어나는 대로 누가적으로 기록하는 방법이다.

2) 비체계적 관찰
관찰자가 자신의 관점이나 수업관에 의해 자유롭게 관찰하는 방법이다.

나. 고정식 관찰법과 이동식 관찰법
관찰자의 위치에 따라 구분한다. 고정식 관찰법은 관찰자가 고정된 위치에서 관찰하는 방법이고, 이동식 관찰법은 관찰자가 위치을 이동하면서 수업관찰을 하는 방법이다.

Ⅲ. 수업(교수·학습)분석의 초점과 실제

1. 수업안 구성의 분석: 교수·학습과정안 관점

① 수업(교수·학습과정안)안이 창의성 있게 설계되었다.
② 교재관, 학생관, 사회관, 지도관을 조명하여 단원의 성격을 개관하였다.
③ 단원의 목표가 지식, 이해, 기능, 태도 등이 명시되었다.
④ 차시별 학습계획이 학습과제 또는 성격을 감안하여 적절하게 짜였다.
⑤ 단원의 평가계획이 합리적으로 수립되었다.
⑥ 수업목표와 학습내용이 일치되도록 교수·학습내용이 짜였다.
⑦ 수업과정에서 단계마다의 시간 배정이 적절하게 안배되었다.
⑧ 교수·학습란은 학습문제나 방법보다는 행동용어로 진술되었다.
⑨ 지도상의 유의점은 단원 전체의 지도, 진행과정에 상세히 제시하였다.

2. 수업목표 분석: 수업목표 분석의 관점

　수업목표 진술에 있어서 '암시적인 동사를 사용하는 것이 옳다', 명세적인 동사를 사용하는 것이 옳다'라는 주장은 학자들 간에 논쟁이 많은 부분이다.

　암시적 동사가 좋다고 주장하는 학자들은 학생들의 창의적인 사고를 다양하게 표출할 수 있는 기회를 주어야 하기 때문이라고 주장하고, 명세적인 동사를 주장하는 학자들은 학습의 목표를 도달하기 위해서는 명확한 방향을 제시하지 않으면 수업목표를 도달할 수 없기 때문이라고 하고 있다.

　① 단위시간 내에 성취될 수 있는 분량으로 수립되었다.
　② 학습내용의 요소와 구조를 충분히 반영하여 진술하였다.
　③ 학습 후에 나타날 학생의 행동 또는 학습의 결과로 진술되었다.
　④ 관찰될 수 있는 명세적 동사로 진술되었다.
　⑤ 한 개의 목표 속에 두 개 이상의 성취행동이 포함되지 않도록 진술되었다.
　⑥ 목표가 성취행동, 조건, 도달기준의 3요소가 포함되도록 진술하였다(학자의 이론에 따라 변경 사용).
　⑦ 학습문제로 제시한 경우 성취도 행동이나 중심요소가 충분히 반영되도록 제시하였다.

3. 수업모형 적용 계획의 분석: 수업모형 분석의 관점

　모든 과학적이고 통계적인 검증을 거친 훌륭한 학자들의 이론이기 때문에 가치가 있으나 현시대에 사는 우리는 이 분들의 훌륭한 모형들을 재구성하여 적용할 필요가 있다. 특정 영역에서 사용되는 단계가 다른 모형의 단계에 삽입하여 활용하는 것은 모형의 변경이나 재창조가 아니라 재구성을 통해 보다 높은 효과를 올릴 수 있기 때문이다.

　① 교과 및 제제의 특성에 적합한 모형을 적용하였다.
　② 도입에서 정리까지의 수업흐름이 학생의 적극적인 참여를 유도하는 과정 모형이다.
　③ 학생이 학습목표에 도달하는 절차를 이해하도록 하는 수업과정 모형이다.
　④ 학생의 학습 준비도에 맞게 학습 자료와 활동을 개별화시켜 주는 과정모형을 적용하였다.
　⑤ 학생이 단순한 암기나 공식에 의하기보다는 이해, 적용, 정리, 판단 등에 역점을 두도록 하는 과정모형을 적용하였다.

⑥ 학생이 다양한 학습방법을 활용할 수 있도록 하는 학습과정 모형을 적용하였다.

⑦ 학습결과에 대한 강화나 교정이 효율적으로 이루어질 수 있도록 하는 과정 모형이 적용되었다.

⑧ 학생이 학습한 것을 새롭고 다양한 상황에 적용하는 연습을 할 수 있게 과정 모형을 적용하였다.

4. 교사의 발문계획 분석: 발문분석의 관점

학습자료와 교수·매체에서 가장 좋은 자료는 교수목표를 달성하는 데 최적의 도움을 주는 것이다. 아무리 좋은 자료라 할지라도 이를 활용하기 위해 던지는 교사의 발언만큼 훌륭한 자료는 없을 것이다. 극한적인 표현으로 자료가 하나도 없다 하더라도 교사가 전달하는 언어가 그림 보듯 상세하고 흥미진진한 어휘를 구사한다면 자료는 없어도 학습에 성공할 수 있다고 본다. 적절하고 학생들의 눈높이를 맞는 교사의 언변이 가장 좋은 자료가 될 수 있다. 따라서 다양한 발문기술이야말로 교사가 갖추어야 할 필수 자료이다.

① 교과, 학습제재 특성에 알맞은 발문 계획을 수립하였다.

② 도입, 전개, 정리의 과정에 따라 단계적으로 수준을 높여 가는 발문계획이다.

③ 재생, 추론, 적용적 발문을 적절히 조화시킨 발문계획이다.

④ 학생들을 생각하게 만드는 발문계획이다.

⑤ 학생들의 흥미를 유발시키는 발문계획이다.

⑥ 학생들이 답변을 쉽게 할 수 있도록 하는 발문계획이다.

⑦ 목적이 뚜렷한 발문계획이다.

⑧ 명확하고 간결한 발문계획이다.

5. 판서계획의 분석: 판서활동 분석의 관점

근래에 이르러 다양한 멀티미디어(multimedia) 매체 활성화로 인하여 우리 수업현장에서 칠판의 역할이 퇴색하였다. 모든 것은 편리한 화면에서 띄워 보여 주는 것이 칠판의 역할을 한다고 판단하기 때문이다. 이는 커다란 판단 착오적인 교수행동이다. 칠판의 기능은 결코 학생들의 필기를 위해 기록하는 기능이 아니다. 한 시간의 수업이 어떻게 진행되며 어디까지 가고 있으며 중점 학습 내용은 무엇인가를 지켜보며 학습을 이끌어 가는 나침반의 역할을 하고 있는 것이라는 점을 간과해서는 결코 안 된다. 따라서 판서를 위한 다양한 기법을 익혀 이를 적극 활용해야 할 것이다. 이제 다시 칠판을 제대로 활용하여 보자.

① 수업목표, 교재의 본질에 밀착된 간결한 판서계획이다.

② 수업의 흐름을 제3자가 쉽게 파악할 수 있는 명료한 판서계획이다.

③ 판서의 내용, 양, 시기 등이 적절하게 계획되어 있다.

④ 학생의 사고를 발전적으로 이끌어 가는 판서계획이다.

⑤ 문자, 지도, 도해 등을 조화롭게 활용하는 계획이다.

⑥ 학생들의 노트정리와 관련 있는 판서계획이다.

⑦ 다른 매체, 교구와 병행하여 융통성 있게 활용할 수 있는 판서계획이다.

6. 수업매체 활용 계획의 분석: 수업매체 분석의 관점, 교육공학(교수공학)적 접근

학생들의 지적 발달 정도는 피아제의 인지 발달론에 비추어 볼 때 초등학생들은 구체적 조작 단계에 해당하는 기간이다. 교단 선진화 기자재의 보급으로 인하여 다양한 교수·학습 자료의 활용이 바람직하여졌으나 일선 교사들이 매너리즘에 빠져 발달단계를 무시한 채 오로지 영상 매체에만 매달리는 잘못된 양상을 보이고 있다. 이를 극복할 수 있는 다양한 교수학습 매체의 적극 활용과 지도가 필요하다.

① 효용성 높은 매체를 선정하려는 노력이 보인다.

② 학습과제, 학습유형, 학습자의 특성을 고려하여 매체를 선정하려 한다.

③ 수업해야 할 과제와 시간 양에 비례하여 적합한 수업매체를 준비하였다.

④ 준비된 수업매체가 정확성을 보장하고 있다.

⑤ 학습의 능률화를 가져올 수 있는 다양한 매체 활용 계획을 수립하였다.

⑥ 학생의 탐구적 활동을 촉진하는 생동감 있는 매체를 선정하였다.

7. 형성평가 계획의 분석: 형성평가 분석의 관점

수업 중에 이용되는 평가의 유형은 다양할 수 있다. 관찰을 통한 평가, 지필을 이용한 평가 수업의 목표를 도달하기 위한 형성평가는 수시로 일어나고 또 수시로 피드백이 이루어져야 한다. 이를 위한 창의적인 방법이 대단히 중요하며 학습지의 무분별한 사용은 금해야 한다.

① 수업과정 중에 형성평가계획이 적절하게 수립되어 있다.

② 수업목표 성취수준을 충분히 반영할 수 있는 계획이다.

③ 학생들의 학습동기를 유발시킬 수 있는 내용들로 구성되었다.

④ 창의적인 방법으로 수립되었다.

IV. 총체적 수업분석: 양적 · 질적 분석 종합

1. 체계적 관찰을 위한 양적인 도구의 유형

가. 플랜더즈(Flanders)의 언어 상호작용 분석법: 언어와 의사송통(대화)

플랜더즈(Flanders)의 언어 상호작용 분석법은 모든 교과를 막론하고 필수적인 분석도구라고 생각한다. 그 까닭은 교사와 학생 간에 언어 상호 작용이 있는 한 몇 가지 문제점이 있음에도 불구하고 분석하지 않으면 안 되는 경우이기 때문이다.

나. 교실 좌석표를 이용한 분석법: 학생 좌석 배치

① 과업집중분석법

② 언어의 흐름 분석법

③ 교사 이동 경로 분석

④ 학생 거수량 조사 분석

다. 교사의 피드백 관찰: 교사의 feedback

교사의 피드백이 학생의 학습동기를 유발시켜서 학습성취를 높이는 데 얼마나 정확히 또는 그 기술을 잘 발휘하고 있는가에 대한 자료를 제공한다.

라. 수업분위기 분석: 교사와 학생의 상호작용과 태도(수업분위기)

터크만(Tuckman)이 개발한 방법으로 교사와 학생 서로에 대하여 가지는 전반적인 태도를 의미하며 본 자료는 한국의 변영계 교수와 김경현 교수가 공동 제작한 컴퓨터 CD 자료가 더 효과적이다. 교육경력이 각각 다른 집단의 분석과 함께 종합적으로 분석된 결과를 즉시 살펴볼 수 있다.

마. 학습자료 활용 필터 분석법: 교수 학습 자료

필터식 분석방법 중 학습자료 활용 분석에 관한 부분만을 소개한다. 이 도구는 양적인 도구이지만 질적인 면의 활용에서 객관적인 관점으로 기술하도록 되어 있어 질적인 도구로 활용하여 과학적이고 분석도구로 생각하여도 좋은 자료로 판단된다. 따라서 수업의 분석도구 중 타 영역에서는 학습자료 활용 효과에 대한 분석도구가 없으며 필터식 분석도구 중 학습자료 활용 분석도구는 적용에 비교적 큰 무리가 없을 것으로 판단된다.

바. 수업 중 질의응답법: 질의응답과 발문

하이만(Hyman)의 수업 중 질의응답법은 수업 중 교사와 학습자가 주고받는 의사소통의 유형을 알아보는 것으로 많이 알려져 있지는 않다. 그 까닭은 플랜더즈(Flanders)의 언어 상호작용 분석법보다 효과적인 면에서 뒤떨어진다는 단점은 있지만 관찰방법이 용이하고 분석이 쉽다는 장점이 있다. 또한 별도의 연수나 훈련을 받을 필요 없이 사용할 수 있으며 관찰방법이 용이하고 손쉽다는 장점이 있다. 분석에 사용되는 네 가지 수업언어형태는 다음과 같다.

① 구조화하는 언어: 수업의 진행을 위하여 사용되는 언어
② 요청하는 언어: 대답 또는 특정 행동을 요구하는 언어
③ 응답하는 언어: 요청에 대해 응답하는 언어
④ 반응하는 언어

사. 참관록 양식에 의한 분석도구 활용: 수업 참관록

A4 용지 한 장에 형식적인 기록으로 끝나는 다양한 참관록의 실질적인 활용이 절실히 요구되고 있다. 아울러 수업참관 관점의 세분화를 통해서 수업 전반의 내용을 피드백할 수 있는 수업 후 협의활동이 이루어져야 할 것이다.

또한 수업참관에 따른 관점을 면밀히 분석하기 위한 영역별 장학 분담이 이루어져야 한다. 이의 전문적인 신뢰를 위하여 참관자들이 자신의 전문적인 영역을 택하여 나누어 관찰하고 이를 집중적으로 분석하여야 한다.

아. 평정척에 의한 도구: 일정한 평정척도 적용

자. 기타 분석자 나름대로 고안 적용하고 있는 신뢰도가 높은 도구: 창의적인 분석도구

2. 비체계적 관찰을 위한 질적인 도구의 유형

가. 내용 교수법(PCK)의 적극적 적용

근래 각광을 받기 시작하고 있는 PCK 이론은 독특하게 정립되어 나타난 학문이라고 할 수는 없다. 엄밀히 따져 본다면 교사가 갖추어야 할 기본적인 전문지식과 기본적인 소양의 총합적인 정리라고 할 수 있다.

우리가 교육에 입문하며 근본적으로 갖추어야 할 교사로서의 소양을 정립하여 제시하고 전문직으로서 위상을 정립하기 위한 학문의 총정리라고 볼 수 있다.

PCK 이론의 전모를 개략적으로 소개하고 상세한 사료는 국립중앙평가원의 연구물을 참조하면 적용 방법을 상세히 살펴볼 수 있다.

1) 내용교수지식(PCK)유래

① 교직을 전문직으로 만들어 그 위상을 제고하려는 노력(보다 존경받고 보람 있고 보상 받는 직업으로 위상 제고)

② 카네기 태스크포스팀(1986)의 스탠포드 대학의 슐만(Shulman) 교수의 제안으로 시작

2) 내용교수지식의 구성

교사의 전문 지식은 교과 내용 지식(CK), 일반 교수법(PK)을 합쳐 내용교수지식(PCK)으로 구성하고 있다.

3) 내용교수지식의 정의

초치란(Cochran) 등은 슐만(Shulman)의 PCK 개념을 수정하여 PCKg(Pedagogical Content Knowing, 교수 내용 알기)를 제안하고, PCKg를 교육학, 교과 내용, 학생특성, 학습환경 맥락 등 네 가지 요소에 대한 교사의 통합적 이해(integrated understanding)로 정의

교수내용지식(내용교수지식)은 기술적 지식(craft knowledge)으로 간주되며, 교수활동과 관련하여 교사들의 축적된 지혜를 나타내는 통합된 지식으로 정의된다.

내용교수지식의 기본이 되는 것은 교사가 특정한 내용에 대하여 특정한 교수절차를 활용하는 것은 특정한 이유가 있기 때문이라는 점이다.

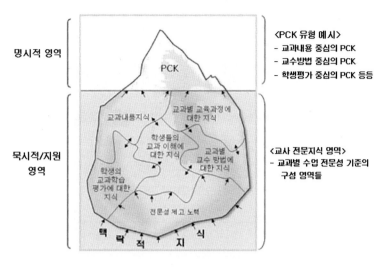

[그림 Ⅰ-6-4] 내용교수지식(PCK)의 영역

4) 내용교수지식의 특징

① 교사 개인의 지식 영역으로서 각 교사별로 교육한 교육 전문성이다.

② 내용교수지식의 형성에는 교과 내용 지식, 교육학 지식, 학생 변인, 상황 변인 등 다양한 영역의 지식과 변인들이 통합적으로 영향을 미친다.

③ PCK는 교실 수업 경험을 통하여 얻어지는 경험적·실천적 지식이다.

④ PCK는 고정된 지식이 아니라 실제 교실 수업에서의 반성과 적용 등 다양한 과정을 통하여 점진적으로 발달된다.(살아 있는 지식, 역용적인 지식, 쓸모 있는 지식)

⑤ 내용교수지식은 주제별로 달라진다.

⑥ 교사만이 가지고 있는 고유한 전문성의 한 형태인 내용교수지식은 교별 교사 전문성의 요체로 간주되므로, 경쟁력 있고 전문성을 갖춘 교과 교사를 정의하는 핵심적인 구인이다.

⑦ 교사 전문 지식을 구성하는 하나의 요소인 내용교수지식을 주관적인 표상으로 정의할 경우, 이러한 개인적이고 사적인 지식인 내용교수지식을 포착하고 표상하여 공적인 지식으로 변환하는 것이 가능하다.

나. 서술식 기록에 의한 분석

1) 서술식 기록 분석의 개요

서술식 기록은 관찰자가 보고 들은 것, 들은 순서대로, 상세하게 있는 그대로 기록(서술)해 나가는 것으로 수업 시작에서 끝까지 교사와 학생들의 말과 행동, 사건 등의 모든 것들을 차례대로 서술하여 수업의 내용을 분석하고 평가하는 것이다.

학생의 수준을 상, 중, 하로 나누어 기록하며, 관찰자가 2인인 경우는 중심학생과 주변학생을 동시에 기록하면 더욱 효과적이다.

2) 자료 분석 및 해석

※ 가능한 한 1분 간격으로 하면 좋으나, 본 자료는 2분 간격으로 서술한 내용을 소개한다.

〈표 I-6-1〉 통체적 수업 분석의 자료 분석 및 해석

(초등·중·고등)학교 제 학년반 ( )과 교수·학습[수업](20   년   월   일)

시간 (시·분·초)	수업 내용	학생(上)	학생(中)	학생(下)	자료 분석 및 해석
14:01:20	수학수업시간이 시작되었다. 교사가 교탁으로 가서 말했다.	교사 봄	교사 봄	공책 필기	
	교사: 바르게 앉아! 주목! 오늘 체육시간하고, 그저께 체육시간하고 달리기했죠? 어제는 250m 달려서 기록을…… 오늘은 선생님 생각으로는 150m 되지 않나 생각해요. 짝끼리 누가 더 빠르다고 생각하는지 기록 한번 재 보세요.	"	"	교사 봄	
		머리 만지며 공책 봄	"	공책 필기	
	학생들은 서로 기록을 알아보느라고 소란스럽다.	중얼거리며 필기	공책 필기	교과서 보며 짝과 이야기 주위를 돌아봄	-학생들 자신의 생활 속에서 소재를 찾아내어 흥미를 유발시키는 전략이 참신하다고 느껴졌다.
14:02:13	교사: 됐어요? 그만, 기록만 알면 되지? (미소를 지으며) 동한이가 아주 즐거운 모양이로구나! 동한이하고 주강이하고 누구 다 빠르게 달리나?	주위 돌아봄	공책 봄	앞 봄	-학생을 꾸짖지 않으면서도 조용히 시키는 방법을 사용하고 있다.
	주강: 제가 더 빨라요?				
	교사: 어떻게 해서 볼까?	교사 봄			
	주강: 제가 더 빠르니까요.		교사 봄		
	학생들 모두 웃었다.				
	교사: 동한이가 몇 초였지?	교사 봄		동한 봄	
	동한: 22초요.		동한 봄		학생집중 관찰이 거의 연속적으로 이루어졌다. 문화기술자가 2명이었기 때문이다.
	교사는 150m에 22초라고 말하여 150m-22초라고 칠판에 썼다. 그럼 주강이는?				

3. 총체적 분석을 위한 AF 분석도구의 적극적 활용

체계적인 분석방법(양적 분석)과 비체계적인 분석방법(질적 분석)에 대한 학자들의 견해는 분분하다. 오랜 세월을 두고 서로의 장단점을 짚으며 여러 가지 주장을 펼치고 있는 현시점에서 비교적 과학적이고 객관적이며 두 가지 장점을 모두 취할 수 있는 분석도구가 한국에서 변영계, 김경현 교수의 노력으로 일반화 가치가 높은 프로그램이 개발되었다. 누구나 의욕만 가진다면 쉽고 간편하게 활용할 수 있다. 특히 이 프로그램은 모든 교사들에게는 무료로 보급하고 있기 때문에 개발자에게 감사의 뜻을 전하고 이용할 수 있다(프로그램 다운-http://www.edusugar.com).

이 프로그램은 교사의 언어 상호작용 분석에서는 원 창시자인 플랜더즈(Flanders)의 언어 상호작용 분석법의 분석방법과 결과 제시에 대한 효과를 월등히 뛰어넘고 있으며 특히 수업분석 프로그램으로는 세계 최초이자 유일무이한 도구이다. 이의 활용 효과에 대한 내용을 간단히 소개하면 다음과 같다.

가. AF분석

플랜더즈(Flanders)는 10개 범주를 설정하고 그 외의 것은 제공하지 못하고 있으나 AF 분석방법은 다음의 범주에 분석 내용을 추가(23개 항목)하였다.

① '0' – 질문 후 학생대기, 질문 후 단순대기, 매체활용, 모둠학습활동, 매 학습활동, 교사의 자리 비움, 수업무관 학생발언, 침묵 및 혼란

② '4' – 수업운영질문, 수렴 1 수준질문, 수렴2, 확산1, 확산2, 질문 후 학생 지명, 질문 후 보충설명, 질문 후 보충질문, 5개 영역의 보충 질문

③ '9' – 교사 질문에 대한 답변, 과제 및 결과물 발표, 학생이 교사에게 질문

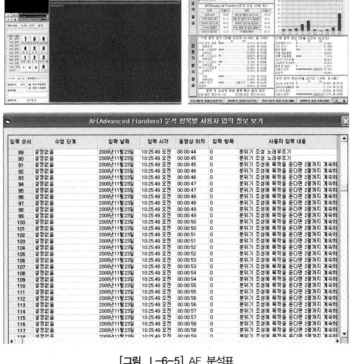

[그림 Ⅰ-6-5] AF 분석표

나. ACE분석

언어흐름분석(Gregg Jackson & Cecilia Cosca), 교사 이동 경로 분석의 내용을 하나로 통합하여 학생선호도 분석으로 제시하였다. 교실좌석표에 의해 교사의 이동 경로와 학생 및 소집단 지도 시 학생들에 대한 선호 경향을 손쉽게 기록하고 장학참관자의 견해를 기록할 수 있도록 프로그램화하였다.

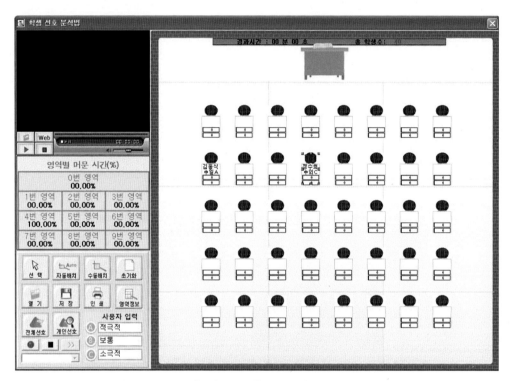

[그림 Ⅰ-6-6] ACE 분석표

다. 수업분위기 분석

터크만(Tuckman)의 수업분위기 분석은 28쌍의 관점에 표시를 하고 창의성, 활기성, 온화성, 치밀성 네 가지 범주를 점수화하여 이를 해석하고 있다.

라. 행위요소 분석법

일반적으로 과업집중 분석방법으로 널리 사용되고 있는 것이 McGrew의 방법이다. 이 방법은 단순히 수업 중에 학생들이 과업에 집중하는가에 분석관점을 설정하고 있어 교과 특성에 따른 과업 행위를 분석할 수가 없다. 따라서 행위요소 분석방법을 적용할 필요가 있다. 각 교과에 따라 나타나는 과업의 유형과 행동 특성들을 사전에 참관자가 입력하고 이를 관찰하면 면밀한 분석이 이뤄질 수 있다.

【전체 요소 분석 종합표】

구분	항목		합계	%	%
지적진술	정상	6	6	8.22	
	실험	19	19	26.03	
	데이터 결과	4	4	5.48	
	발표	6	6	8.22	82.19
	토의	11	11	15.07	
	기구설치 주도	7	7	9.59	
	보고서 작성	7	7	9.59	
비지적진술	자리이석	1	1	1.37	17.81
	잡담	7	7	9.59	17.81
	공상	2	2	2.74	17.81
	잔말	3	3	4.11	

【개인별 요소 분석 종합표】

구분	항목	홍길동	%	임꺽정	%	황진이	%	주도권	%	홍범주	%	주진이	%		%		%
지적진술	정상	14.29%				8.33%			30%									
	실험	21.43%		25%		16.67%		31.25%	30%			33.33%						
	데이터 결과	7.14%		8.33%				12.50%										
	발표		92.86%	16.67%	91.67%	33.33%	91.67%		75%		70%	66.67%						
	토의	28.57%		33.33%		16.67%		6.25%										
	기구설치 주도	14.29%				16.67%		12.50%				11.11%						
	보고서 작성	7.14%		8.33%				12.50%		10%		22.22%						
비지적진술	자리이석			8.33%														
	잡담	7.14%	7.14%		8.33%	8.33%	8.33%	12.50%	25%	20%	30%	22.22%	33.33%					
	공상					8.33%						11.11%						
	잔말							12.50%		10%								

[그림 Ⅰ-6-7] 행위요소 분석표(전체요소, 개인별요소)

4. PCK 수업장학을 위한 수업일지 쓰기

교사 개개인의 수업장학을 위한 자기 장학을 위하여 가장 좋은 방법은 자신이 제일 힘들어하는 교과를 대상으로 수업 성장일지를 쓰는 방법이 제일 좋을 것이다.

예를 들어, 교과 중 영어과의 수업능력 신장을 위하여 모든 교사가 영어 수업을 위한 수업일지를 쓰도록 하고 이를 PCK와 연계하면 아주 바람직할 것이다. 하나의 사례를 들면 다음과 같다.

가. 출발점행동(진단 평가)

대상	○○초등(중·고등)학교 제○학년 ○반 교사 ○○○		
교육경력	○년	영어 교수경력	○년
지도교사유형	교실영어 및 교수법	희망컨설턴트	○○○

1) SWOT 분석법으로 교사 자신 평가: 강점, 약점, 기회, 위기<위협> 전략

강점(strength)	약점(weakness)
○영어 기본연수(120시간) 이수 ○영어를 싫어하지 않는 마음가짐 ○영어에 관한 자기연찬을 열심히 수행함	○영어교과 지도에 대한 경험 부족 ○영어 교과지도에 대한 자신감 부족 ○Speaking에 대한 두려움
기회(opportunity)	위협(threat)
○정책연구학교 지정으로 다양한 영어 연수 기 회 제공 ○원어민 교사와의 Co-Teaching ○동료 교사 간 팀워크 ○수업분석 및 수업장학이 가능한 멘토 보유	○자녀 양육과 가사로 인해 영어 능력 향상을 위한 시간에 투자할 여건이 조성되지 못함. ○원어민과의 의사소통의 어려움 ○학생과 학부모의 영어 수업에 대한 높은 기 대치

2) 훌륭한 교사의 지향

강점기회(strength opportunity) 전략	약점기회(weakness opportunity) 전략
○담임교사의 영어교과 지도 비중을 넓힘으로써 자신감 회복 ○학년별 수업 전 컨설팅에 적극적으로 참여 ○다양한 영어 수업 활동을 스스로 수행하고 참여함	○영어 지도 비중을 넓힘으로써 영어 교과에 대한 자신감 형성 ○원어민 교사와의 접촉기회를 많이 가짐으로써 Speaking에 대한 자신감 형성
강점위협(strength threat) 전략	약점위협(weakness threat) 전략
○학교에서 실시하는 다양한 연수에 적극적으로 참여 ○수업분석 및 수업장학이 가능한 멘토와의 컨설팅 기회 가짐. ○영어 수업에 관한 환류를 학부모와 함께 함	○틈새 시간을 이용하여 영어 능력 향상을 위한 노력 ○원어민과 접촉할 의사소통할 기회를 가짐으로써 의사소통 능력 향상

나. 수업 성장 전략

1) 분기별 컨설팅 중점 영역

분기 \ 내용	교실 영어	영어 교수법
1	게임에 사용되는 영어표현	게임지도 방법
2	주의집중의 영어표현 각 단원에 나오는 주요 영어표현	동기유발 및 정리, 수준별 지도방법

2) 컨설팅 내용과 수업반성

일시	컨설팅 내용		수업반성	
	교실영어	교수법	교실영어	교수법
2000. 0.0 ( )요일	○수업의 마지막 단계에서 적용 가능한 교실영어 -One student from each table gets 3 glue sticks. -One student from each team gets paper.	○원어민 협동수업의 효과를 높이기 위해 사전에 원어민 교사와 한국인 교사 간의 보다 철저한 역할 분담이 필요하다고 생각되었다.	○교실영어가 많이 익숙하지 않아 media teacher 역할을 하며 보조적인 역할을 하지만 점차 수업진행을 비중을 높여가기 위해 많은 노력을 기울여야 할 것 같다.	○원어민 협동수업의 효과를 높이기 위해 사전에 원어민 교사와 한국인 교사 간의 보다 철저한 역할 분담이 필요하다고 생각되었다.

20○○. ○.○ ( )요일	○수업의 마지막 단계에서 적용 가능한 교실영어 -Return the glue, sit down, put your hands on your head. -First team finished gets 3 points, second 2 points, third, one point.	○처음 한 달은 Joseph이 80%, 한국인 교사가 20%의 비중으로 수업을 진행하며, 점차적으로 한국인 교사의 수업진행 비중을 높여 가는 것이 좋을 것이다.	○모든 활동이 끝나고 조셉 선생님의 말을 잘 못 이해하여 크게 당황하여 어쩔 줄 몰라 하였다. 영어 공부에 대한 필요성을 다시 한 번 느끼게 되었다.	○과제를 제시할 때 몇몇 많은 아동들이 잘 이해하지 못하였으나 몇몇 아동들이 이해하고 행동하자 다른 아동들이 따라 하는 것을 볼 수 있었다.
20○○. ○.○ ( )요일	○숙제를 점검할 때 적용 가능한 교실영어 -Please open up your notebooks. -If you forgot your notebook or didn't doyour homework, please raise your hand.	○Nice tomeet you. -처음 만났을 때 쓸 수 있는 표현 ○Nice tosee you again. -아는 사람을 다시 만났을 때 쓸 수 있는 표현 ○Nice meeting you. =It was nice meeting you. -처음 만난 사람과 대화	○교실영어를 사용하여 숙제 검사를 한다고 하였을 때 몇몇 아동들이 이해하지 못하였으나 몇 명의 아동들이 공책을 펴자 이해하는 듯하였다. 숙제가 있을 때마다 교실영어를 반복하다 보며 이해할 것이라고 생각한다.	○처음 만났을 때 할 수 있는 인사를 더 이상 혼동하지 않을 것 같다.
20○○. ○.○ ( )요일	○Bomb Game -Say a sentence and win points for your team. -Winning team will get 3points. 2nd place 2points 3rd place 1point	○이해도를 확인하기 위한 듣기평가 및 지필평가	○picture card를 보고, 기분을 추측해서 말하도록 하는 점이 학생들에게 많은 도움이 되었다. 다만 게임 시간이 충분하지 않아 많이 아쉬워하는 친구들이 있었다.	○말하기와 듣기 위주의 수업이 대부분이어서 학생들이 의외로 쓰기를 어려워하였다. 영어단어 쓰기 지도가 이루어져야겠다.
20○○. ○.○ ( )요일	○How are you에 대한 응답 -Fine. -기분이 좋지 않을 때: I don't feel good./ Not well./ I'm tired. -몸이 아플 때: I'm sick./ I have a headache. -문제가 있을 때: I've god a problem.	○효과적인 읽기 지도 순서 -1st time: Picture Word and Sound -2nd time: Picture words nosound and ask for spelling -3rd time: No picture nosound	○우리가 거의 대부분 'Fine'이라고 대답하는데 아이들이 다양하게 대답할 수 있도록 유도하는 것(조셉teacher가 재미있는 대답이 나왔을 때 크게 칭찬한 점)을 배울 수 있는 좋은 기회였다.	○단어를 보고 먼저 단어를 읽게 하고 단어의 스펠링이 무엇인지 말하고 다시 단어를 말하는 방법이 아이들로 하여금 단어와 스펠링을 매치시키는 좋은 방법인 것 같다.

V. 총체적 수업분석의 절차

1. 준비 및 설계 단계

① 수업장학을 위한 수업분석의 목적 및 준거 확인

② 수업참관에 따른 수업분석의 기획 및 설계

2. 수업참관에 따른 판단 근거 수집 단계

　① 수업분석 준거의 설정
　② 수업분석 자료의 수집
　③ 수업분석 기준의 결정

3. 수업참관 후 판단 및 정리 단계

　① 분석적 판단의 실시
　② 수업분석 결과의 보고 및 활용

VI. 맺고 나오는 글

현대는 세계화 시대이자 지식정보화 사회이다. 컴퓨터의 발달과 함께 시작된 정보화 시대는 이제 지식, 정보에 기반을 둔 사회를 탄생시켰다. 정보통신의 발달로 가상공간에서의 모든 사람들을 대상으로 한평생 교육 차원으로 변모하고 있고 그 속도는 점점 빨라지고 있다. 교수·학습의 방식이 바뀜에 따라 수업장학은 교실중심의 수업장학과는 그 개념과 성격이 달라질 것이다.

지금까지 우리는 수업장학이 형식적인 면에 매어 있었거나 권위주의적인 생각 속에서 수업장학에 임하고 있었는지 돌이켜 반성을 해 볼 필요가 있다. 오랫동안 세습적으로 내려온 장학방법을 그대로 전수받고 또 후배 선생님들에게 말없이 전수해 주는 활동으로 계속되고 있는지도 모른다.

교실이 가상공간으로, 교사 중심의 수업은 교사와 학생 간의 협력수업 또는 학습자 주도의 수업으로 바뀌고 있는 현실에 비추어 지금까지의 장학자와의 대면 장학 방식은 사이버 장학 형태로 발전해 갈 것으로 생각된다. 이러한 장학은 우리의 개념적으로 행해지고 있는 경계를 뛰어넘는 것으로 규릭만(Glickman), 서지오바니(Sergiovanni)가 말한 것처럼 장학이 더 이상 필요하지 않는 시대로, 즉 미래의 교육과 학교에 알맞은 보다 전문적인 장학이 요구되는 의미로 해석하여야 할 것이다.

이에 따른 수업장학의 전문화를 위한 장학진의 양성은 아주 철저하게 하여 활용하여야 한다. 궁극적으로 모든 교사가 장학담당자가 되어 진정으로 수업개선을 위한 전문적인 능력을 신장시키는 것만이 미래에 대응하는 교사들의 본연의 전문성을 갖추는 것일 것이다. 늘 현장에서 학생들과 수업을 같이하고 있는 교사들만큼 훌륭한 장학자의 여건을 갖춘 사람들은 없을 것이다. 따라서 우리 교사들이 전문적인 장학이론을 겸비하여 수업개선에 임하는 활동을 전개한다면 전문적 장학담당자(장학사·관)나 교수, 교육학자들보다 더 우수한 장학능력을 발휘할 것은 자명한 일이기 때문이다.

분명히 교육의 주체는 교사이다. 미래 우리나라 교육을 이끌어 나갈 기둥들도 역시 예비교사, 현직 교사들이다. 그들이 우리나라 미래교육을 이끌고 나갈 견인차라는 점도 염두에 두어야 한다. 예비 교사, 현직 교사들이 바람직한 수업 실연, 장학을 위해서 부단하게 노력해야 하는 이유도 여기에 있다.

제7장 훌륭한 수업스타 교사의 독특한 수업기술 탐색

I. 들어가는 글

일반적으로 교사에게 있어 '수업'이란 용어는 일상생활의 공기와 같이 평범하고 익숙한 단어이다. 또한 교사라면 약간의 차이는 있을지라도 같은 교과를 담당하는 교사마다 수업의 필요성, 목적, 내용, 방법, 평가 등에 대한 견해는 어느 정도 일치한다고 생각한다. 새롭게 교단에 서는 신규교사나 20년의 교육경력이 있는 교사나 모든 교사의 공통된 목소리는 매 시간 이루어지는 '수업은 어렵다'이다. 뿐만 아니라 시간이 가면 갈수록 더욱 어려워진다고 한다. 그렇다면 그 이유는 어디에 있을까? 이는 사도헌장의 처음을 시작하는 문구처럼 오늘의 교육이 '개인의 성장과 사회의 발전에 더 나아가 내일의 국운을 좌우한다'는 생각에 모든 교사가 어깨를 누르는 사명감을 가슴에 품고 있을 뿐만 아니라, 수업이 어느 하나만을 고려할 수 없는 복합적 요소의 유기적인 집합체이고 학생집단의 수준이 점점 더 이질적이 되어 가기 때문일 것이다. 이에 그동안 해 왔던 수업과 새롭게 계획하고 있는 수업에 대해 고찰하는 것은 의미 있는 일이다.

좋은 수업과 훌륭한 수업을 수행하기 위해서는 교사는 다양한 준비를 해야 한다. 또 수업의 구성을 위해 고려되어야 할 요소들이 무엇인지 분류하고, 바람직한 학습환경을 만들기 위해 각 요소들이 어떻게 작용해야 하는지를 생각해야 할 것이다. 또한, 이를 바탕으로 학습목표나 과제의 효과적인 구현을 위해 각 요소들을 어떻게 유기적으로 연결·결합하여 조직할 것인가에 대한, 즉 수업설계 모형에 대한 고찰이 필요할 것이다.

II. 좋은 수업과 훌륭한 교사

1. 좋은 수업의 특징: 학생이 주인공이고 중심 활동 수행

좋은 수업이란 여러 가지로 정의할 수 있지만 지식정보화사회에서의 좋은 수업이란 학습하는 방법을 배울 수 있는 수업이다. 좋은 수업의 특징을 알아보면 다음과 같다.

첫째, 교사가 질문보다는 발문을 자주 한다. 질문은 모르거나 의심스러운 것을 알아보고,

특정 정보의 제공을 기대하면서 물어보는 것이다. 반면에 발문은 사고를 자극·유지·발전시키기 위해 문제를 제기하는 것으로 문제를 발견하고 사고를 촉진하기 때문에 교사는 질문보다는 발문을 해야 한다. 또한 발문 후 일제히 답하는 것은 삼가야 한다. 일제히 답하는 것은 다양성과 창의성을 존중하는 분위기 조성을 방해한다.

둘째, 학습내용이 교실 밖 세상과 관련되어 있다. 교과서에 제시된 학습 내용은 상당히 추상화·일반화된 것들로, 학습자들에게서 다분히 탈맥락화된 것들일 수밖에 없다. 그러나 래브와 웽거(Lave & Wenger)는 "추상화된 표현은 상황이 관련되지 않고서는 의미가 없으며, 추상의 힘은 인간의 삶이나 문화라는 상황을 통해서 발휘된다"고 하였다. 가르치고자 하는 내용을 학생들의 세상과 관련시켜 보아야 한다. 학생들과 실질적인 대화를 할 수 있으며, 이는 학생들의 문제해결력을 높일 것이다.

셋째, 학습내용을 가장 효과적으로 배울 수 있는 매체가 사용된다. 학습자, 학습 내용, 학습환경을 고려하여 가장 효과적인 매체를 사용한다면 더욱 좋은 수업이 될 수 있다.

2. 훌륭한 교사의 역할: 체제적인 수업 설계자, 친절한 수업(교수 학습) 안내자

일반적으로 좋은 수업을 위한 훌륭한 교사의 역할은 다음과 같다.

첫째, 수업에 들어가기 전에 반드시 수업목표를 인지해야 한다. 교과목표→ 단원목표→차시수업목표→차시학습목표→차시학습문제→차시학습활동의 구조에 일관성을 유지해야 한다. 수업을 설계할 때 단원과 차시 내용을 철저하게 분석하는 노력만 더 한다면 체계성 있는 수업이 될 수 있다. 이러한 수업은 학생들에게도 체계적으로 사고하고 학습하는 방법을 익히게 한다.

둘째, 학습활동을 지원하는 학습 분위기를 조성해야 한다. 수업의 첫 5분은 수업의 성공과 실패를 판가름할 정도로 중요하다. 이때 아이들의 동기를 유발시키고 수업에 집중하게 하는 분위기를 만드는 전략이 필요하다. 후속되는 교사 및 학생의 모든 활동도 수업을 지원하는 것이어야 한다. 비록 학생들이 왕성하게 활동하여 교실이 소란스럽더라도, 모든 활동이 학습과 관련되어야 한다. 느닷없이 수업과 무관한 청소이야기나 준비물 이야기를 꺼내는 것은 좋지 못하다.

셋째, 창조적 조언자가 되어야 한다. 좋은 교사는 학생에게 좋은 코치요 짝이면서 창조적 조언자가 되어 세상과 이어 주는 통신의 가교 역할을 해야 한다. 이를 위해서는 학생들과의 인간적인 유대 관계가 선행되어야 한다. 아이들이 교사에게 어려움 없이 학습 도움을 청할 수 있어야 한다. 교사는 정답만을 이야기해서는 안 되며 스스로 답을 찾을 수 있도록 안내를 해주고, 충분히 사고할 수 있는 시간을 주어야 한다.

Ⅲ. 수업모형 탐색

수업은 학교교육의 가장 핵심이 되는 활동이다. 또한 수업은 교사와 학생이 함께 참여하여 서로 배우고 가르침으로써 성장하는 교육의 과정이기 때문에 이를 효과적으로 진행시키기 위한 교사의 역할은 매우 중요하다.

교사는 자신의 전문적인 판단에 의해서 수업을 할 수 있으나, 수업의 중요성에 비추어서 교육전문가들의 연구 결과에 의한 일반적인 수업 진행 과정의 틀인 수업모형을 참고하여 수업을 진행하는 경우가 많다. 이러한 수업모형은 교육과정을 구성하고 수업의 목표를 제시한다. 그리고 수업 자료를 구안하고 수업의 진행 방법과 평가방법 등을 제시하는 데 사용하는 수업의 세부적 계획이다.

그렇지만 매 시간의 수업은 다양한 형태의 창조적인 행위이므로 일정한 기준에 의해서 분류하고 적용하는 것은 매우 어려운 일이다. 이러한 이유로 일정한 수업모형을 따로 취급하기보다는 구체적인 내용이나 방법과 관련하여 언급하는 일이 많다. 그러나 수업모형에 대한 전반적인 고찰은 수업방법의 이해를 크게 도와줄 수 있으며 수업에 임하는 교사는 반드시 알아야 할 기본 사항이다.

모든 수업사태에 유용한 수업모형이 있을 수는 없으며 교과와 목표, 과제에 따라 수업의 형태도 달라져야 한다. 이 일을 전문적으로 수행하기 위하여 교사가 다양한 수업모형에 익숙해지고 숙달된다면 교육목표의 일관성과 체계성을 지키면서도 변화무쌍한 수업현장에 적합한 자기 수업모형을 창출할 수 있게 될 것이다.

일반적으로 수업에는 완도가 없다고 한다. 그렇듯이 모든 교과, 모든 학교급, 모든 차시에 적합한 수업모형은 존재하지 않는다. 기존에 나와 있는 여러 가지 수업모형과 수업전략은 일반적이고 표준적인 수업의 틀이다. 따라서 교사들은 이 수업의 틀인 수업모형과 수업전략을 바탕으로 수업을 실행하고자 하는 단위 시간의 수업에 적합하도록 수업모형과 수업전략을 창산하고 재구성하여야 한다. 교원이 교육 전문직이라고 할 때, 가장 중요한 것이 교사의 교육과정 전문성, 수업 전문성이다.

1. 수업모형의 종류

〈표 Ⅰ-7-1〉 수업모형의 종류 구분

목표 유형	수업모형
개념	① 발견학습모형 ② 선행조직자 모형 ③ 인지갈등수업모형, 비유수업모형 ④ 초인지수업모형, 발생학습모형
개념, 탐구	순환학습모형
탐구	① 경험학습, 가설검증수업모형 ② 탐구수업모형, 탐구훈련모형 ③ 순환적 탐구수업모형
탐구, 가치, 태도	가치명료화모형, 가치갈등모형

2. 수업모형의 활용

단원과 차시목표 확인 및 학생들의 특성 조사 분석하기 → 수업모형을 잠정적으로 선정하기 → 선정된 수업모형을 참고하여 구체적으로 수업설계하기 → 프로그램 평가 및 수업모형을 수정·변형하기

가. 일반 학습 지도 수업모형

〈표 Ⅰ-7-2〉 일반학습 모형의 5단계 지도 단계

① 계획 →	② 진단	→	③ 지도	→	④ 발전	→ ⑤ 평가
	Ⅰ	Ⅱ	Ⅲ	Ⅳ	Ⅴ	
	대면	계획	수정	형성	정착	
	1. 탐색활동	1. 문제발견	1. 변인통제	1. 자료해석	1. 연습	
	2. 자료관찰	2. 가설설정	2. 실험·관찰	2. 가설검증	적용·응용	
	3. 문제파악	3. 실험단계	3. 측정·기록	3. 법칙발견	설명	
		4. 문제성격 확인	4. 약품처리 5. 기구조작	그래프 문장화	일반화 추상화	
				수식화	모델화	
				보고전달		

나. 인지 갈등(개념 획득 학습) 수업모형

〈표 Ⅰ-7-3〉 인지 갈등(개념 획득) 학습 모형

수업단계	교수·학습활동
오개념 확인 단계 ↓	○ 문제 상황 제시 ○ 토론 또는 문답활동을 통한 학생들의 견해 파악 ○ 선개념(또는 오개념) 확인
인지 갈등 유발 단계 ↓	○ 기존 개념으로 설명이 불가능한 문제 상황을 시범(직접 실험), 관찰(예시 자료, 시청각 자료) 등의 방법으로 제시 ○ 토론활동을 통한 지적 불만족 증폭
갈등 해소 단계 ↓	○ 갈등 상황을 설명하는 새로운 과학 개념 도입 ○ 시범·직접 실험 또는 강의
개념 적용 비교 단계	○ 새로운 개념의 유용성 검토 ○ 새로운 갈등 상황 확인 ○ 개념의 공고화 ○ 문답 및 토론 중심의 학습활동
* 주요 활동 유형	○ 토론 및 문답
* 주요 목적	○ 개념 학습 및 개념 변화

다. 가설 검증 수업모형(탐구학습 수업모형)

〈표 Ⅰ-7-4〉 가설 검증(탐구) 수업(학습)모형

수업단계	교수·학습활동
탐색 및 문제 파악 ↓	○ 시범 실험 등을 통해 이례적인 사태를 제공 -탐구 의욕 자극 -자료 관찰, 문제 파악
가설 설정 ↓	○ 토론 및 문답 과정을 거쳐 일반화된 검증 가능한 가설 설정 -관련 지식의 회상 및 도입 가능
실험 설계 ↓	○ 변인 확인 ○ 실험 과정 개발
실험 수행 ↓	○ 변인 통제, 실험, 자료 수집, 기구 조작 ○ 관찰, 측정, 자료의 기록, 분류, 자료의 변형
가설 검증 ↓	○ 자료 정리, 그래프화, 자료 해석 ○ 분단 및 전체 토론을 통해서 가설을 검증 ○ 가설 수용, 가설 수정
적용 및 새로운 문제 발견	○ 요약, 결론, 일반화 ○ 설명, 예상, 문제 발견
* 주요 활동 유형	○ 실험 및 토론
* 주요 목적	○ 과학 본성 이해, 탐구 능력 신장

라. 순환학습 수업모형

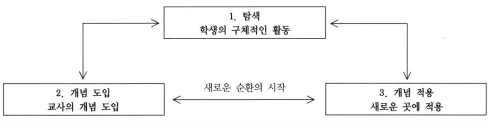

수업단계	교수·학습활동
탐색 단계 ↓	○문제 파악 및 인식(학생활동) −학생들의 사전 지식이나 사고 양식으로 설명이 곤란한 문제 상황을 시범 실험이나 간단한 실험 활동으로 제시 ○가설 설정 −문답 및 토론을 통하여 잠정적인 해결책 모색 ○실험 설계 ○실험의 수행 및 자료 수집 ○실험 결과 토의 및 발표 −자료 정리, 자료 해석, 결론 도출
개념 도입 단계 ↓	○실험 결과 정리(학생활동) −탐구 활동에서의 활동 결과 발표, 비교 분석 −스스로 새로운 개념이나 원리를 찾아낸다. ○적절한 개념(용어)의 도입(교사활동) −학생들의 결론을 정리 및 보완
개념 적용 단계	○개념, 원리 사고 유형 정착(교사활동) −개념, 원리를 새로운 상황에 적용 ○평가 실시 및 자유 탐구 활동(학생활동)
* 주요 활동 유형	○실험 및 토론
* 주요 목적	○개념 형성, 탐구 능력 신장

[그림 I-7-1] 순환학습 모형과 단계

마. STS 수업모형: 과학·기술·사회 연계 수업모형

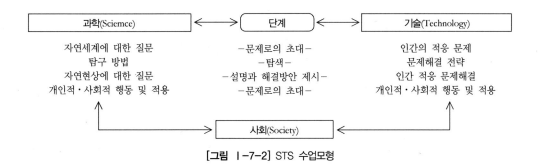

[그림 I-7-2] STS 수업모형

Ⅳ. 교수·학습 과정안 탐구

1. 가설 검증 학습 모형

단원명		2. 물질의 특성		일시	20○○.2.12.( )	장소	과학실
학습 주제		**기체의 용해도와 압력·온도와의 관계**		쪽수	64~65	차시	15/18
학습목표		○기체의 용해도와 압력·온도의 관계를 알아보기 위한 실험을 바르게 수행할 수 있다. ○기체의 용해도와 압력·온도의 관계를 설명할 수 있다.				**최적 학습 모형** **가설검증학습모형** **(탐구학습 모형)**	
수업전략		내용조직		학습 집단 조직		중심체험활동	
		단일주제 수준별 수업		학급 내 수준별(기본·보충·심화)학습 집단 조직		가설설정, 변인통제, 측정·기록, 실험활동	

학습과정		교수·학습활동				
단계	내용	도움교수활동 (교사활동)		체험 학습활동 (학생활동)	자료 및 유의점	시간
도입	전시 학습 확인	−고체의 용해도 곡선을 제시하고 온도와 고체의 용해도 관계 질문		−온도가 높을수록 고체의 용해도는 증가하며, 고체의 용해도는 물질의 특성임을 인지	용해도 곡선	2
	탐색 및 문제 인식	−탄산음료를 딸 때 나는 소리와 음료를 마신 후 트림했을 때 등 다양한 경험 질문 −금붕어가 수족관의 수면 위로 뻐끔거리는 이유는? −물에 기체를 많이 녹일 수 있는 방법은 무엇일까? **(발표를 그대로 수용하고 판정은 유보)**		−기체의 용해도와 관련된 생활 속의 다양한 경험 발표 −물속에 녹아 있는 산소의 양에 관련 있음을 인식 −문제인식 및 발표 ○압력을 크게 한다. ○물의 온도를 높인다.	동영상 PPT 자료 사진 자료 탄산음료	5
	학습 목표	−**학생 스스로 제시하게 유도** −학생이 제시한 학습 목표를 행동 용어로 정리 판서		−문제인식에 기초한 학습 목표 확인		1
전개	가설 설정	−**개인별, 분단별로 다양한 가설을 설**정하게 분위기 조성 −설정한 가설 기록 안내		−온도가 ~수록, 기체의 용해도는…… −다양한 가설설정		3
	실험 설계	−**가설 검증 방법 설계** ○기체의 용해도와 압력의 관계를 알아보는 방법과 변인통제 설계 ○기체의 용해도와 온도의 관계를 알아보는 방법과 변인통제 설계 −**실험 절차 설계** −**보충 및 심화 분단 선택 과제 안내**		−가설 검증 방법 및 실험절차 논의 −수준별 변인통제 조절 ○보충분단: 변인 1개 사용(온도) ○기본분단: 변인 2개 사용(온도, 압력) ○심화분단: 2개 변인과 선택과제 −보충(용해도란?) −심화(용해도가 물질의 상태에 따라 다른 이유는?)	실험 유의 사항 안내	3
	실험 및 자료 수집	−**변인통제**, 측정 및 기록 −모둠별 실험 도움활동 전개 −순회 시 **수준별로 실험지도**		−변인통제에 따른 분단 실험 수행 −자료수집 및 기록 −ICT활용	컴퓨터	18

단계				자료	시간
	가설 검증	−분단별 실험자료 발표 및 해석 −실험결과로 평가하기 −개인별, 분단별 설정 가설의 수용 및 수정(보충→기본→심화 순)	−기체의 용해도와 압력의 관계 자료 발표 및 해석 −기체의 용해도와 온도의 관계 자료 발표 및 해석 −기체의 용해도와 압력·온도의 관계 가설 수용 및 수정 발표	컴퓨터 실물화상기 OHP	5
	결론 및 일반화	−기체의 용해도와 온도의 관계는? −기체의 용해도와 압력의 관계는? −수족관에 공기를 계속 공급해 주는 까닭은? −맛있는 탄산음료를 마시려면 어떻게 해야 할까? −주변에서 온도·압력에 따라 기체의 용해도가 달라지기 때문에 나타나는 현상은? −**심화분단**: 기체의 용해도를 분자 운동으로 설명할 수 있을까?	−기체의 용해도와 온도 및 압력의 관계를 설명 −결과의 일반화 −탐색 및 문제인식 단계 피드백(음료수, 금붕어, 물에 기체를 많이 녹일 수 있는 방법 등) −고체는 온도가 높을수록, 기체는 낮을수록 용해도 증가(분자의 운동 조건)	사진 자료 PPT 자료	5
정리	형성 평가	−**수준별 형성평가 문제 제시** 및 피드백(부진아 보충 지도에 유의)	−모둠별 형성평가 및 피드백	모둠별 평가지	2
	발전	−잠수병의 정의와 원인은? −**과제제시** ○발전소에서 더운 물을 계속 방류하면 물속 생태계는 어떻게 될까? ○고체와 기체의 용해도가 온도와 서로 관계가 다른 이유는? −동기유발(잠수함의 원리 등)로 **차시예고**	−수압차에 따른 기체의 용해도 차이로 혈관 내 공기 방울 생성으로 통증 유발 −수행과제 숙지 −차시학습 숙지	PPT 자료 사진 자료	1

2. 발견 학습 모형

단원명			1. 힘과 에너지		일시	20○○.2.12.( )	장소	과학실
학습 주제			**운동량과 질량·속력의 관계**		쪽수	54~55	차시	3/22
학습목표			○운동량과 질량 및 속력의 관계를 알아보기 위한 실험을 바르게 수행할 수 있다. ○운동량과 질량·속력의 관계를 설명할 수 있다.				최적 학습 모형	
							발견학습모형	
수업전략			내용조직	학습 집단 조직			중심체험활동	
			단일주제 수준별 수업	학급 내 수준별(기본·보충·심화)학습 집단 조직			관찰, 측정, 문제인식, 가설설정, 변인통제 결론도출	
학습과정			교수·학습활동					
단계	내용		도움 교수활동 (교사활동)	체험 학습활동 (학생활동)			자료 및 유의점	시간
도입	전시 학습 확인		−운동의 제1, 제2, 제3 법칙은? −작용과 반작용이란?	−전시학습을 상기하여 발표 (개별 질문 답변)				2 5

	탐색 및 문제 인식	−자동차가 충돌했을 때 에어백의 역할은? −벽에 승용차가 충돌했을 때보다 버스와 충돌했을 때 더 크게 무너지는 이유는? −충돌 현상을 힘과 운동의 법칙으로 설명할 수 없는 이유는?	−충돌현상에 대한 다양한 경험 발표 −순간적으로 일어나기 때문에 힘과 운동의 법칙으로 설명하기 어려움 −충돌현상을 잘 설명할 수 있는 새로운 물리량 필요 인식	일간신문 사고기사 스크랩 에어백 사진 PPT 자료	
	학습 목표	**−학생 스스로 제시하게 유도** −학생이 제시한 학습 목표를 행동 용어로 정리 판서	−문제인식에 기초한 학습 목표 확인		1
전개	자료 제시 및 토의	−질량과 속력을 변화시키면서 현상관찰 안내 −토의 후 실험을 통해서 발견해야 할 문제 진술 **−개인별, 분단별로 예상결과 발표** −예상결과 기록 안내	−변인통제에 따른 현상 관찰 ㅇ질량과 속력을 달리하여 다양한 충돌 후 현상 관찰 −현상에 대한 토의 후 실험 설계		3
	실험 설계	−분단별로 변인통제 조절 **−수준별 분단의 변인 구분** **−보충 및 심화 분단 선택 과제 안내**	−가설 검증을 위한 조절변인, 통제변인, 종속변인 조절(수레의 질량, 속력, 실험대 표면의 거칠기 등) −보충(운동량이란?) 심화(운동량과 충격량의 관계는?)	운동량과 운동에너지 차이 유의	3
	실험 및 자료 수집	−변인통제, 측정 및 기록 −모둠별 실험 도움 활동 전개 −순회 시 보충분단 중점 지도	−변인통제 및 실험수행 −자료 수집 및 기록 −ICT 자료 활용	충분한 시간 확보	23
	결론 도출	−실험자료 발표 및 해석 −실험 결과로 평가하기 **−개인별, 분단별 설정 가설의 수용 및 수정**	−운동량과 질량 사이의 관계 자료 발표 및 해석 −운동량과 속력 사이의 관계 자료 발표 및 해석 −가설 수용 및 수정 발표	PPT 자료	3
	규칙성 발견 및 일반화	−운동량과 질량의 관계는? −운동량과 속력의 관계는? −탐구 및 문제 인식의 일반화 ㅇ자동차 에어백의 역할은? ㅇ버스에 충돌한 벽이 승용차가 충돌했을 때보다 크게 무너지는 까닭은? −운동량의 정의는? −운동량의 크기를 질량과 속력의 곱으로 나타내는 까닭은? **−심화분단 '충격량' 개념 도입**	−운동량과 질량, 운동량과 속력의 관계 발표 −결과의 일반화 −탐색 및 문제인식 단계 피드백 −'운동량＝질량×속력' 명확히 인식 −질량과 속력이 클수록 충돌효과가 크기 때문 −수준별 개념 정립 및 과제 해결	사진 자료 PPT 자료	5
정리	형성 평가	**−수준별 형성평가 문제 제시 및 피드백**(부진아 보충 지도에 유의)	−모둠별 형성평가 및 피드백	모둠별 평가지	2
	발전	−정지해 있는 트럭의 운동량과 기어가는 개미의 운동량을 비교하면? **−분단별 토의 과제 제시** ㅇ유리 그릇 안전 운반을 위한 방법 ㅇ자동차 에어백의 물리적 역할 ㅇ공에 유리창이 깨질 때의 물리적 현상 설명 ㅇ태권도 선수나 차력사의 격파 시 물리적 현상 설명 **−차시예고**(동기유발)	−개미＞트럭 −심화분단의 선택 학습 자료로 충격량 활용 도입 가능 −차시 토론 과제(수행평가 등)로 활용 −차시학습 숙지	운동량은 정의로, 충격량은 운동량의 심화 과정으로 설명	3

V. 맺고 나오는 글

수업이란 교사에게 있어 존재의 이유인 동시에 목적이라 말할 수 있다. 그렇기 때문에 두려움과 긴장의 대상일 수도 있지만 반대로 도전의 대상이 될 수도 있다. 앞서 수업의 주요 측면을 다섯 가지로 분류하고 각각의 관점에서 바람직한 수업의 특성을 살펴보았으며, 학습내용과 과제의 성격에 따라 이를 적절하게 구현할 수 있는 수업모형들에 대해서도 알아보았다. 가설 검증 모형과 발견 학습 모형을 고찰하였다.

수업은 광범위한 종합활동이다. 수업을 구성하는 요소가 워낙 복잡하고 실제의 수업상황이 매우 역동적으로 진행되기 때문에 모든 측면을 고려한다는 것이 결코 쉽지 않고, 하나의 획일적인 수업모형만을 고집할 수도 없다. 하지만 수업을 바라보거나 수업을 설계하는데 있어 어느 정도의 전문가적인 안목은 필요하며, 이를 바탕으로 한 세밀한 계획수립과 부단한 사고실험을 통해 수업의 질을 향상시켜 나가야 할 것이다.

결국 좋은 수업, 훌륭한 교사의 길은 멀고도 험하다. 하지만 어려움을 극복하고 우리가 함께 가야 할 길이기도 하다. 좋은 수업과 훌륭한 교사로 가기 위한 첩경은 수업 연구와 자율적 개인 연찬이라는 점도 명심하여야 할 것이다. 고여 있는 물은 썩지만 흐르는 물은 썩지 않는다는 점을 유념하여야 할 것이다.

일선 학교에서 교사들이 가장 고민하는 것이 수업이다. 교육의 질은 교사의 질을 능가할 수 없다는 말이 있듯이 교사들에게 수업이란 생명과 같은 것이며, 한편으로는 존재 이유이기도 하다.

수업이란 교수 학습으로서 가르치고 배우는 숭고한 활동이다. 그동안 동서고금을 통틀어 수많은 교육학자들과 교육자들이 다양하고도 무수히 많은 수업모형과 방법을 구안하였고 일반화되었다. 그럼에도 불구하고 아주 아쉬운 점은 이와 같은 수업모형, 수업방법, 수업전략들이 체계적으로 검증되지 못하고 중구난방식으로 학교 현장에 보급되어 적용되다가 한 순간에 사라지고, 또 다른 수업모형, 수업방법, 수업전략 등이 등장하기를 반복하고 있다는 점이다.

훌륭한 교사는 수업을 잘 하는 교사이다. 수업을 잘 하는 교사는 일반화된 수업모형은 단위 시간 수업에 잘 적용하는 교사가 아니다. 단위 수업시간의 수업목표에 적합한 수업모형, 수업방법, 수업전략을 창의적으로 적용하는 교사이다. 교사가 교육전문직으로서 항상 연구하고 노력하는 교육과정 전문가, 수업 전문가가 되어야 하는 이유도 여기에 있다. 훌륭한 교사는 자신만의 수업 브랜드(Brand)를 가진 교사이다.

제8장 바람직한 학교컨설팅의 이해와 방법 탐구

Ⅰ. 들어가는 글

일반적으로 컨설팅(Consulting)이라고 하면 우리는 흔히 경영 컨설팅을 떠올린다. 하지만 최근에는 법률, 회계, 건축, 금융, 부동산, 보험, 취업, 진학, 학교경영, 수업 등 매우 다양한 분야에서 컨설팅이 활용되고 있다. 물론 컨설팅이 최초로 제도화된 분야도 기업이 아니라 의료 분야이기도 하다. 이와 같이 컨설팅은 다양한 분야에서 다양한 방식으로 활용되고 있기 때문에 그 의미와 내용, 그리고 방법 등이 역시 매우 다양하다.

그런데 각 분야의 컨설팅은 그 의미와 방식이 다양함에도 불구하고 기본적인 특성에 있어서 공통점을 가지고 있다. 그것은 한마디로 '의뢰인의 자발적 요구에 따른 컨설턴트의 전문적 지원활동'이라고 할 수 있다. 즉 컨설팅에서 중요한 핵심은 '자발성'과 '전문성'이다. 컨설팅의 의뢰인은 자발성을 갖고 임해야 하고, 컨설턴트는 전문성을 바탕으로 다가가야 하는 것이다.

기본적으로 학교컨설팅은 학교경영, 수업 등에 대한 의뢰자가 전문가의 자문과 조언을 받고 상호 소통하는 것이다. 즉 학교의 경영 현황과 수업 등의 개선을 위하여 현실적 문제점을 파악하고 바람직한 방법을 모색하는 의뢰인과 컨설턴트의 의사소통 과정으로 자발성과 전문성을 기반으로 하고 있다.

Ⅱ. 학교컨설팅의 개념과 모형

1. 컨설팅의 일반적 의미

컨설팅 관계는 의뢰인이 업무 수행과 관련해서 문제나 어려움을 겪게 될 경우, 이를 해결해 줄 수 있는 전문가(컨설턴트)에게 문제의 해결을 의뢰하면서 시작된다. 컨설턴트는 전문적인 지식과 기술을 바탕으로 의뢰인을 도와 문제를 해결한다. 그러나 문제에 대한 최종적인 권한과 책임은 의뢰인에게 있다. 컨설턴트와 의뢰인의 관계는 문제해결을 위한 자발적이고 일시적인 관계라고 할 수 있다. 어느 분야의 컨설팅이든지 간에 컨설턴트는 의뢰인

의 문제를 직접 책임지지 않고, 의뢰인으로 하여금 문제를 해결하도록 돕는 것을 원칙으로
한다.

요컨대, 컨설팅은 일정한 전문성을 갖춘 사람들이 의뢰인의 요청에 따라 의뢰인의 문제
를 진단하여 그 해결방안을 제시하고, 필요한 경우 그 방안의 시행을 지원하는 활동으로서
의뢰인으로부터 독립적으로 이루어지는 전문적인 자문활동이라고 정의할 수 있다. 그 자문
에 따라 실제 실행은 의뢰인이 하는 것이다.

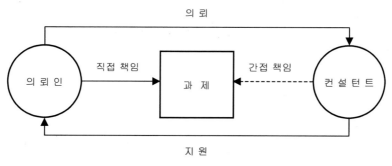

[그림 I-8-1] 학교컨설팅의 의미

2. 학교컨설팅의 개념

학교컨설팅의 개념을 보다 분명하게 이해하기 위해서는 그 개념적 요소에 대한 구체적
인 논의와 함께 그것이 다른 분야의 컨설팅과 어떤 유사점과 차이점을 갖는지 밝혀져야 한
다. 국내외의 선행 문헌들과 기존의 활동들, 그리고 우리나라 학교조직의 특성을 바탕으로
학교컨설팅을 정의하면 다음과 같다.

학교컨설팅은 학교교육을 개선하기 위해서 일정한 전문성이 갖춘 사람들이 의뢰인의 요
청에 따라 제공하는 독립적인 자문활동으로서, 그 전형적인 활동은 학교의 문제를 진단하
고, 대안을 마련하며, 문제해결 과정을 지원하고, 교육훈련을 실시하며, 문제해결에 필요한
인적·물적 자원들을 확인하여 조직화하는 일을 포함한다. 이러한 학교컨설팅의 정의에는
학교컨설팅을 다른 지원활동과 구분하게 해주는 특징 및 원리들이 명시적 또는 묵시적으
로 내포되어 있다.

학교컨설팅에서는 대체로 학교컨설팅의 목표, 주체, 과업, 그리고 영역 등에 대해 구체적
으로 고찰하는 것이 중요한 것이다.

3. 학교컨설팅의 목표

학교컨설팅의 궁극적 목표는 '자생적 활력이 넘치는 학교'를 만드는 것으로서 학교교육의 질적 개선 및 향상을 이루는 것이다. 다시 말해, 학교컨설팅은 학교의 가치를 증진시키는 활동이며, 학교컨설팅에 의해 부가되는 가치는 학교의 본래 목적인 교육의 질적 향상에 분명한 기여를 해야 한다는 것이다.

이러한 학교컨설팅의 궁극적인 목적은 모든 형태의 학교컨설팅에 다음과 같은 일정한 방향과 논리를 제공해 준다.

첫째, 학교와 학교구성원의 여러 가시 문세해결을 시향한나.

둘째, 학교의 내적 교육 역량 강화를 지향한다.

셋째, 학교의 학습공동체 문화 형성에 기여한다.

넷째, 다양하고 역동적인 사회 변화에 따른 능동적인 학교 구축을 지향한다.

4. 학교컨설팅의 주체(주체)

가. 의뢰인: 단위 학교 교원, 교육행정 기관

학교컨설팅의 의뢰인은 기본적으로 학교교육의 책임을 진 단위학교의 교원들이다. 그러나 학교교육의 책임을 함께 지고 있는 교육청이나 교육지원청, 그리고 교육부 역시 학교컨설팅의 의뢰인이 될 수 있다.

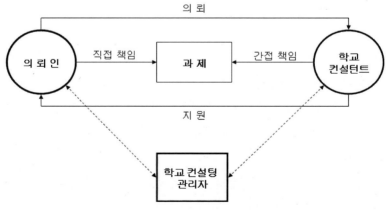

[그림 Ⅰ-8-2] 학교컨설팅의 주체

외국의 사례를 들면, 미국의 경우에는 전통적으로 교육의 책임은 지방 교육구에 있다고 인식되어 왔으며, 따라서 컨설팅의 의뢰인은 교육구의 교육위원회나 행정관리인 경우가 많다. 그러나 이 경우에도 학교컨설팅은 컨설팅의 대상이 되는 단위 학교(또는 의뢰인인 교사)의 의사가 최대한 보장되는 방향으로 전개되는 것을 특징으로 한다.

미국의 사례처럼 학교컨설팅에서 컨설턴트가 컨설팅을 의뢰한 상위 교육행정기관만을 의식한다면, 컨설팅 프로젝트의 결과로 도출된 해결안을 직접 실행할 책임을 가진 사람들, 즉 컨설팅 프로젝트의 결과에 직접 영향을 받고 그 프로젝트의 결과 속에서 생활해 나가야 될 학교구성원들은 컨설팅 프로젝트에 협조하지 않을 것이며 그것은 곧 컨설팅의 실패를 의미한다. 가장 바람직한 컨설팅 모형은 학교구성원들이 자신의 필요에 의해 직접 컨설팅을 의뢰하는 경우일 것이며, 이를 위해서 학교교육의 권한과 책임이 단위학교에 위임될 필요가 있는 것이다.

나. 학교컨설턴트: 지식, 기술, 경험 등 겸비한 교육 전문가

학교컨설팅은 학교와 학교구성원들이 자신의 '문제'를 스스로 해결해 나갈 수 있도록 전문적으로 지원하는 활동이다. 이러한 학교컨설팅의 개념 규정은 학교컨설턴트의 두 가지 자격 요건을 상정하고 있다. 하나는 학교와 학교구성원들의 문제를 해결하는 데 실질적으로 필요한 지식이나 기술 또는 경험(내용적 전문성)을 갖추고 있어야 한다는 것이고, 다른 하나는 학교와 학교구성원들이 문제를 해결해 나갈 수 있도록 돕는 과정에 관한 지식이나 기술 또는 경험(방법적 전문성)을 보유하고 있어야 한다는 것이다.

사실, 특정한 교과교사의 교육 전문성 발달을 목표로 하는 학교컨설팅의 경우, 컨설턴트는 그 교과내용과 교수방법에 관해서 정통해 있어야 할 뿐만 아니라, 그 교사와의 원활한 의사소통을 통하여 심리적 저항을 극복하고 동기를 부여하는 등의 기법에 능통해야 한다. 컨설팅에서 특히 중시되는 전문성은 후자와 관련되어 있으며, 그것은 이론적 연구뿐만 아니라 컨설팅 프로젝트 경험을 통해서 점진적으로 숙달될 수 있다.

다. 학교컨설팅 관리자: 단위 학교 담당자, 교육행정 기관 담당자, 추진위원회 위원

학교컨설팅 관리자는 학교컨설팅의 전반적인 과정을 관장하고, 원활한 학교컨설팅 진행을 지원한다. 컨설팅 의뢰인은 학교컨설팅 관리자에게 학교컨설팅을 의뢰하며, 학교컨설턴트는 학교컨설팅 관리자를 통해 의뢰인을 만난다. 의뢰인이 자신의 문제를 잘 해결해 줄 수 있는 컨설턴트를 직접 구할 수 있다면 가장 좋지만 아직 그런 여건이 조성되어 있지 않은 것이 현실이다.

따라서 학교별, 지구별 혹은 교육청(교육지원청)별로 학교컨설팅을 관장하고 총괄하는 역할이 필요하다. 학교컨설팅 관리자의 역할로는 학교컨설팅 여건 조성, 의뢰인과 학교컨설턴트 연결 및 지원 등을 들 수 있다. 현재 단위 학교 교수·학습 지원 담당 교사, 교육지원청 내 교수·학습 지원 담당 부서, 수업컨설팅 추진 위원회 등이 학교컨설팅 관리자 역할을 수행하고 있다고 볼 수 있다.

5. 학교컨설팅의 과업: 문제의 진단, 대안 수립, 해결 과정 지원, 교육 훈련, 자원 발굴·확보 지원

학교컨설팅을 통해 행해지는 일은 크게 다섯 가지로 나누어 볼 수 있다. 즉 문제의 진단, 대안 수립, 해결 과정 지원, 교육 훈련, 자원의 발굴·확보 및 지원이다. 이것을 학교컨설팅의 과업으로 칭할 수 있는데, 과업은 목표를 달성하기 위한 하나의 과정으로 볼 수 있다. 과업 하나하나가 상황에 따라 독립적인 컨설팅 프로젝트로 진행될 수도 있다.

일반적으로 학교컨설팅의 과업으로는 문제 진단, 대안 수립, 해결 과정 지원, 교육 훈련, 자원의 발굴·확보 및 지원 등을 들 수 있다.

6. 학교컨설팅의 영역(대상): 교육활동 영역, 학교경영 영역

학교교육은 크게 교수·학습 및 생활지도(인성교육)를 중심으로 하는 교육활동 영역과 이를 지원하기 위한 학교경영 영역으로 나누어지는데, 이 두 영역 모두 학교컨설팅의 대상이 된다.

인적 측면에서 볼 때, 학교의 교장, 교감 등 학교경영자뿐만 아니라 일반 교사들의 업무나 활동도 학교컨설팅의 대상이 되며, 학부모나 지역사회와 관련된 활동들도 학교컨설팅의 대상이 된다. 즉 학교컨설팅은 학교교육의 전 영역에서 학교경영자, 교사, 학부모, 학교운영위원 등 전 교육공동체 구성원, 학교공동체 구성원들을 대상으로 하는 지원활동이라고 할 수 있다.

이상의 논의를 바탕으로 학교컨설팅의 개념 모형을 그림으로 나타내면 [그림 Ⅰ-8-3]과 같다.

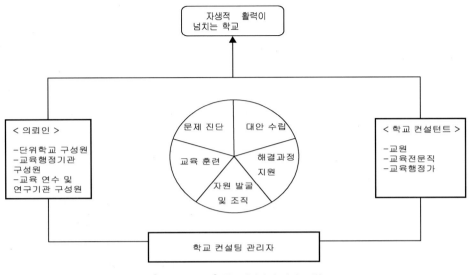

[그림 Ⅰ-8-3] 학교컨설팅의 개념 모형

Ⅲ. 학교컨설팅의 기본적 원리

1. 자발성의 원리

학교컨설팅은 의뢰인이 자발적으로 나서서 컨설턴트의 도움을 요구함으로써 시작된다. 공식적 컨설팅 관계는 컨설턴트와 의뢰인의 상호 합의와 계약에 의해 성립된다. 두 당사자는 컨설팅의 성립과 종료를 독자적으로 결정할 수 있다. 이것은 학교컨설팅을 학교와 관련된 다른 모든 지원활동, 예를 들면 장학이나 연수와 같은 것을 구분 짓는 핵심적 특성이다.

의뢰인이 자발적으로 컨설팅을 의뢰하고 컨설턴트가 그것을 수락하면, 두 당사자는 해결해야 할 문제가 무엇인지, 컨설팅을 통해서 달성하고자 하는 최종적 목적이 무엇인지, 그리고 그 목적을 이루기 위해서 컨설턴트와 의뢰인의 권한과 역할은 어떻게 설정할 것인지 등에 관한 협의를 진행한다. 계약 내용에 따라 컨설턴트는 학교의 교육 및 경영 영역에 개입할 수 있는 권위를 얻게 된다.

2. 전문성의 원리

학교컨설팅의 핵심은 학교의 문제를 해결할 수 있는 전문성이다. 학교나 교원들을 지원하는 기존의 여러 활동들이 일반적인 교원들로부터 불신을 받아 온 주요 원인 중의 하나는 도움을 제공하는 측의 전문성 부족이었다. 즉 학교나 교원들에게 도움을 주기 위한 활동이 있기는 하였으나 실제 문제해결에는 별로 도움이 되지 않는 경우들이 많았다. 이는 도움을 제공하는 측이 학교나 교원의 문제해결을 위한 전문성을 갖추지 못했기 때문으로 보인다.

학교컨설팅은 학교나 학교구성원들을 대상으로 하는 전문적 지도와 조언 활동이다. 여기서의 전문성은 형식적인 진문성이 아니라 실제적인 전문성이다. 형식적인 전문성이 컨설턴트가 가지고 있는 자격증이나 직위 또는 소속된 기관의 위상에 수반하는 것이라고 한다면, 실제적 전문성은 실제적으로 문제를 해결할 수 있는 능력에 기반을 둔 것이다. 학교컨설팅에서 요구되는 전문성이 실제적 전문성이라는 것은 학교와 관련된 과제를 해결할 수 있는 다양한 구성원들이 학교컨설턴트로 활동할 수 있도록 열어 놓는다는 의미를 가진다. 즉 실제적 전문성은 학교컨설턴트 인력 풀(pool)의 개방성(openness)과 관련된다. 따라서 과제 해결 능력만 갖추고 있다면 학력, 경력, 학교조직 내 위치와 무관하게 현장 교원, 장학사(관) 및 교육연구사(관), 대학 교수, 연구원 등 다양한 직업에 종사하는 사람들 모두가 학교컨설턴트가 될 수 있다.

컨설턴트는 연구와 실제 경험을 통해서 다양한 학교교육 또는 경영에 대한 지식(내용적 전문성)을 축적하고, 문제해결에 필요한 기술 및 경험을 학교구성원들과 공유하는 방법(방법적 전문성)을 구비해야 한다. 컨설턴트의 전문적인 지식과 기술은 다양한 상황 속에서 지속적으로 컨설팅을 하면서 신장된다.

3. 자문성의 원리

자문성의 원리는 학교컨설턴트가 의뢰인을 대신하여 교육활동을 전개하거나 학교를 경영하지 않아야 하며, 결과에 대한 최종 책임이 의뢰인에게 있다는 것을 의미한다.

학교컨설팅은 의뢰인의 요구에 대하여 컨설턴트가 자문하는 형식이다. 그 자문에 대하여 실제 실행하는 것은 컨설턴트가 아니라 의뢰인이라는 점을 명심하여야 한다.

학교컨설팅에서의 자문성의 원리는 컨설팅의 근본적인 원리이다. 자문성의 원리에서는 학교컨설팅의 궁극적인 책임이 의뢰인에게 있음을 강조한다. 이는 학교 개혁이 일차적으로 교원들을 포함한 학교구성원의 일이자 책임이라는 학교컨설팅의 기본 입장과 일맥상통한다.

4. 한시성(일시성)의 원리

한시성의 원리는 학교컨설팅이 정해진 기간 동안 이루어지는 한시적 활동임을 규정하고, 과제가 해결되면 학교컨설팅 관계는 종료되어야 함을 강조하는 원리이다. 즉 학교컨설팅은 일정한 기간 동안 이루어지는 자문활동이다. 원래 모든 컨설팅은 컨설팅의 기간이 정해져있는 활동이다

학교컨설팅에서 의뢰된 과제가 해결되면 학교컨설팅은 종료되어야 하며, 궁극적으로 의뢰인이 학교컨설턴트의 도움을 필요로 하지 않게 되었을 때 학교컨설팅은 성공적으로 종료된 것이라고 볼 수 있다. 이러한 한시성의 원리는 '학교교육 주체들의 역량 강화'라는 학교컨설팅의 목적과 직접적으로 관련된다.

유의해야 할 점은 한시성이 컨설팅 기간의 단기성 혹은 의뢰인과 컨설턴트 관계의 불안정성을 의미하는 것으로 오해해서는 안 된다는 사실이다. 여기에서의 '한시'는 과제 해결 시간의 한시성을 뜻하는 것으로서, 일회 혹은 단기간을 뜻하는 것이 아니다. 의뢰과제에 따라 해결에 걸리는 시간이 길어질 수도 있으며, 의뢰인과 학교컨설턴트가 새로운 과제를 가지고 반복하여 만날 수도 있다.

5. 독립성의 원리

독립성이란 학교컨설팅에 관련된 당사자들의 관계가 위계적 관계가 아닌, 전문성을 바탕으로 한 수평적 관계이어야 함을 뜻한다. 학교컨설턴트는 자신의 전문성에 입각하여 객관적인 조언을 할 수 있도록, 그리고 의뢰인도 자신의 필요성 해결을 위한 자유로운 컨설팅 의뢰를 할 수 있도록 부당한 영향력에서 상호 간에 자유로워야 함으로 강조하는 것이다.

6. 교육성(학습성)의 원리

모든 컨설팅은 교육적이어야 한다. 학교컨설팅도 마찬가지이다. 그 컨설팅 자체가 교육과 학습과 연계된 것이어야 한다.

학교컨설팅의 목적은 학교구성원의 자발적이고 자조적(自助的)인 전문성 개발에 있다. 학교컨설팅 과정은 의뢰인에게 학습과정이 될 뿐만 아니라, 학교컨설턴트에게도 학습과정이 되어야 한다. 특히, 학습이 상호 교환적인 의미를 가진다는 것을 생각할 때, '교육' 측면보다는 '학습' 측면이 부각되는 것이 학교컨설팅의 목적이 비추어 볼 때 더 타당하다. 사실

학교컨설팅 과정에서 '교육' 측면이 강조된다면 의뢰인은 물론 컨설턴트에게도 부담이 커진다. 이 경우 학교컨설턴트에게는 과제 해결 지원과 의뢰인을 대상으로 한 컨설팅 교육, 의뢰인에게는 자신의 과제 해결과 컨설팅 전문성 학습이라는 이중의 부담이 지워지는데, 이것은 학교의 현실에서 볼 때 쉬운 과제가 아니다.

학습은 일방적인 현상이 아니라 상호 교환적이다. 따라서 컨설팅 과정에서 학습은 의뢰인과 학교컨설턴트 차원에서도 모두 일어난다. 그 구체적인 내용을 의뢰인 차원과 학교컨설턴트 차원으로 나누어 살펴보면 다음과 같다.

의뢰인은 학교컨설팅을 받는 과정 중에 ① 내용 측면에서는 의뢰과제 해결에 필요한 지식, 기술, 경험을 습득하고, ② 방법 측면에서는 학교컨실팅의 진행 절차와 방법, 학교컨설턴트의 역할, 태도 및 윤리를 배운다. 내용 측면의 학습은 해결방안을 모색·선택하고 이를 실행해 나가는 과정에서, 방법 측면의 학습은 컨설턴트와의 상호 작용을 통해 이루어진다. 진정한 학교컨설팅은 '의뢰인이 스스로 도울 수 있는 법을 배우도록 하는 것'이다. 의뢰인은 과제를 해결해 가는 과정에서 학교컨설팅 자체에 관한 학습을 하게 된다. 의뢰인의 학습에 초점을 두는 것은 의뢰인이 컨설턴트로 성장할 수 있는 가능성을 인정한다는 점에서 큰 의의가 있다.

〈표 Ⅰ-8-1〉 학교컨설팅의 원리와 접근방법

순	컨설팅의 원리	접근 방법
1	자발성의 원리	문제해결에 대한 컨설팅의 자발적 접근
2	전문성의 원리	당면 문제에 대한 컨설턴트의 전문적 해결방안 제시
3	자문성의 원리	당면 문제에 대한 자문 역할 수행
4	독립성의 원리	컨설턴트의 독자적 역할 수행 존중
5	일시성(한시성)의 원리	소정의 계약 기간 내에 일시적 역할 수행
6	교육성(학습성)의 원리	컨설팅 자체에 대한 교육적(학습적) 이해

학교 컨설팅은 학교의 제반 문제점을 원만하게 해결하는 데에 초점이 있다. 따라서 학교 컨설팅은 자발성의 원리, 전문성의 원리, 자문성의 원리, 독립성의 원리, 일시성(한시성)의 원리, 교육성(학습성)의 원리 등이 준수되어야 한다.

다만, 학교 컨설팅의 실행 과정에서 유념해야 할 점은 학교 컨설팅의 컨설턴트와 컨설턴티의 원만한 연대 의식과 자연스러운 상호작용이 이루어져야 한다는 점이다. 특히 컨설턴트와 컨설턴티의 원만한 신뢰를 바탕으로 한 친화감(rapport)가 형성된 가운데 학교 컨설팅이 진행되어야 한다.

Ⅳ. 학교컨설팅의 절차와 단계

1. 준비단계

준비단계는 학교컨설팅이 본격적으로 진행되기에 앞서 이루어져야 하는 사전 작업이라고 할 수 있다. 이 단계에서는 의뢰인의 학교컨설팅 의뢰와 접수, 예비 진단, 학교컨설턴트 배정(선택), 학교컨설팅 전반적 계획 수립 및 학교컨설팅 계약서 작성 등이 진행된다.

2. 진단단계

진단단계는 의뢰인이 직면하고 있는 문제와 추구하는 목적을 깊이 조사하고, 문제에 영향을 미치는 요인들의 영향력을 확인하며, 문제해결을 위한 작업 방향을 어떻게 설정할 것인가를 결정하는 데 필요한 정보를 준비하는 단계이다. 이 단계에서 의뢰과제의 원인, 의뢰과제와 관련된 다른 중요한 관계들, 과제 해결에 대한 의뢰인의 잠재 능력, 바람직한 향후 행동 방향 등을 명확하게 할 수 있다.

3. 해결방안 구안 및 선택단계

해결방안 구안 및 선택단계는 진단을 토대로 하여 과제 해결방안을 구안하고 선택하는 단계이다. 이 단계에서 학교컨설턴트는 자신의 전문성에 기초하여, 창의적으로 해결방안을 제안하게 된다. 주의할 점은 해결방안에 대한 수용 여부를 결정하는 주체는 학교컨설턴트가 아닌 의뢰인이라는 점이다.

4. 실행단계

해결방안이 선택된 후에는 실제로 그 해결방안을 실천하게 된다. 이 단계에서 가장 중요한 것은 의뢰인이 학교컨설턴트와 함께 선택한 해결방안을 믿고, 이를 실천하기 위한 자발성을 가지는 것이다. 첫 만남, 진단단계, 그리고 해결방안 구안 및 선택단계에서 순조로운 협조관계와 신뢰관계가 구축되어 있다면, 해결방안 실행은 성공적으로 이루어질 수 있다. 실행단계에서 학교컨설턴트의 역할은 의뢰인의 실행과정에 대한 지원 및 관찰, 의뢰인이 필요로 하는 정보 제공, 최종 보고서 작성과 자료 축적을 위한 중간 활동 상황 정리 등이다.

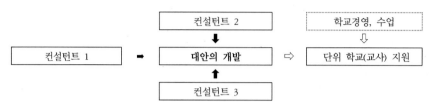

[그림 Ⅰ-8-4] 학교컨설팅 과제 실행 및 조언 과정

5. 종료단계

종료단계는 학교컨설팅의 최종 단계이다. 이 단계는 학교컨설팅이 시작될 때, 설정하였던 목적이 달성되어 의뢰인이 더 이상 학교컨설턴트의 도움을 필요로 하지 않는 단계이다. 이 단계에서는 학교컨설팅 평가, 최종 보고서 작성 등의 작업이 이루어지며, 보다 나은 학교컨설팅을 위한 질문지 조사 등이 함께 진행될 수 있다.

이와 같은 각 절차와 단계를 일목요연하게 도표화하면 [그림 Ⅰ-8-5]와 같다.

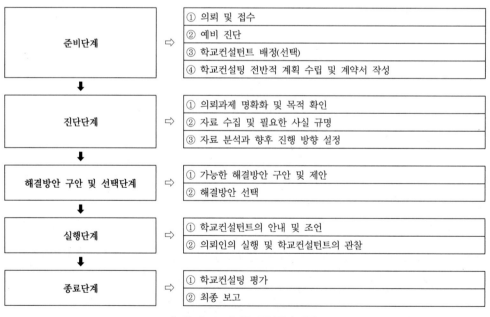

[그림 Ⅰ-8-5] 학교컨설팅의 절차

V. 학교컨설팅과 학교장의 역할 제고

오늘날 학교컨설팅은 시·도 교육청 수준과 단위 학교 수준에서 빠른 속도로 확산되어 가고 있다. 학교현장에 '컨설팅'이라는 용어가 확산되어 가는 배경에는 기존의 교육 개혁에 대한 반성이 깔려 있다. 즉 학교를 개혁하고 변화시키고자 하는 정책적 노력이 학교현장의 실제적인 변화를 이끌어 내지 못하고 있는 것에 대한 문제의식이 전제되어 있는 것이다. 학교현장의 교사들을 변화시키기 위하여 제도와 정책을 개혁하고 많은 예산을 투입하였으나, 그 성과가 미비하다는 것은 지속적으로 제기되어 온 문제이다.

이에 대한 해결 방법은 학교공동체 구성원의 자발적 참여와 개혁 의지를 이끌어 내고자 하는 것에서 시작해야 한다. 학교컨설팅이 일회적인 유행에 그치지 않고, 학교현장에서 실제적인 변화를 이끌어 내는 방안으로 정착하기 위해서는 학교구성원을 대표하고, 단위 학교를 관리하는 교육 전문가인 교장의 역할이 매우 중요하다. 여기서는 학교컨설팅에 있어서 학교의 최고 경영자인 학교장의 역할을 학교컨설팅 주요 관련자를 중심으로 하여 정리하면 다음과 같다.

첫째, 단위 학교장은 다양한 교육 경험을 가진 교육 전문가로서 훌륭한 학교 컨설턴트가 될 수 있다. 교사로서의 전문성은 교사 교육 기관에서 받은 최소한의 직전 교육(교사 입직 전의 사범계 교육 등) 위에 오랜 교직 경력이 더해져서 만들어진다. 교직 경력은 수업과 관련하여 의뢰된 과제를 해결하는 데 필요한 지식, 기술, 경험의 원천이다. 학교장은 학교관리자임과 동시에, 오랜 교직 경력을 가진 선배 교원이다. 교직 경험에서 나온 수업 노하우, 통찰력 등을 잘 활용한다면 해당 학교 교원뿐만 아니라 타 학교 교원을 대상으로 훌륭한 컨설팅을 제공할 수 있을 것이다.

둘째, 학교장은 책임을 지고 있는 단위 학교 교원이 수업과 관련하여 당면한 과제를 조직 수준에서 의뢰하는 의뢰인이 될 수 있다. 앞서 말한 바와 같이, 학교관리자는 수업을 담당하지 않는 경우가 대부분이기 때문에 개인적으로 수업컨설팅을 의뢰할 가능성은 크지 않다. 그러나 단위 학교의 책임자로서 해당 학교 수준, 즉 조직 수준에서 해당 학교 교원들이 컨설팅을 받을 필요가 있다고 생각할 경우 컨설팅을 의뢰할 수 있다. 교장이 수업컨설팅을 의뢰하는 예로는 신규 교사들이 수업에 관한 어려움을 겪는 경우 혹은 학교 내 교과 협의회 활성화의 필요성을 느끼는 경우 등을 들 수 있다.

셋째, 학교장은 컨설팅에 대한 안목과 오랜 교육 경험을 기초로 컨설팅 관리자가 될 수 있다. 컨설팅 관리자의 주된 역할은 의뢰인과 가장 잘 맞는 컨설턴트를 연결하여 주는 것이다. 이를 위해서는 의뢰인 개인의 특성뿐만 아니라, 의뢰인이 속한 조직적 상황에 관한 이해가 필요하다. 학교장은 해당 학교 교원에 대한 이해를 기초로 하여, 적절한 컨설턴트를 교내 교원들 중에서 섭외하여 연결시켜 줄 수 있다. 뿐만 아니라, 학교 외의 컨설팅 단체나 전문가 풀(pool)과 연계하여 적절한 컨설턴트를 찾아주는 것 역시 단위 학교 교원을 지원해 주는 좋은 방법이라 할 것이다.

Ⅵ. 학교컨설팅의 발전 방향 모색

학교컨설팅이 일선 학교현장에서 정착되고 소기의 성과를 거두기 위해서는 무엇보다도 학교경영, 수업 등 학교컨설팅의 각 분야에 대한 수용 자세가 변화되어야 한다.

즉 과거처럼 외부 인사의 컨설팅에 대하여 달갑지 않게 여기는 학교의 배타적 학교 문화가 보다 개방적이고도 상호 호혜적으로 혁신되어야 한다. 컨설팅을 수용할 자세가 우선 준비되어야 하는 것이다.

이와 같은 기본자세를 갖춘 후 다음과 같은 점에 노력하여야만 학교컨설팅이 보다 효과적이고도 발전할 수 있다는 점을 유념하여야 한다.

첫째, 학교컨설팅이 바람직한 방향으로 이루어지려면 학교현장에서 의욕적인 교원들이 자율적으로 적극 참여할 수 있도록 제반 여건과 제도가 마련되어야 한다. 학교현장에서의 교육 주체인 학교장, 교사 등 교원들이 학교컨설팅에 적극 참여할 수 있도록 분위기가 조성되어야 한다.

둘째, 학교컨설팅의 과제 중의 하나인 컨설턴트들의 전문성이 보다 더 확보되어야 한다. 학교컨설팅은 단위 학교의 학교경영, 각 교사의 수업 전문성 향상과 신장이 목적이므로 컨설턴트들의 전문성이 보다 향상되어 있어야 소기의 효과를 거양할 수 있는 것이다.

셋째, 학교컨설팅이 보다 바람직한 방향으로 발전하려면 단위 학교와 교사들에게 행정적·재정적 지원이 증대되어야 한다. 그렇게 되려면 우선 관련 컨설턴트 인력과 예산 등 인적·물적 지원이 충분히 확보되어야 할 것이다.

넷째, 학교컨설팅이 학교경영, 수업 등이 미흡한 단위학교와 교사들에게만 한정되는 것은 아니다. 학교컨설팅은 현재의 상태보다 진일보한 발전을 기대하는 것이기 때문에 다다익선(多多益善)적 성격을 갖는다.

즉 현재 학교경영과 수업 전문성이 우수한 학교(교사)에게는 현재보다 조금 더 우수하게 자문하는 것이고, 학교경영과 수업 전문성이 좀 미흡한 학교(교사)에게는 좀 더 그 미흡한 부분을 개선할 수 있도록 자문·조언하는 것이다.

결국 학교컨설팅이 보다 바람직한 방향으로 발전하기 위해서는 조직적인 면에서는 전문성이 우수한 컨설턴트가 다수 배출되어야 하고, 운영적인 면에서는 학교컨설팅이 자율적으로 정착되고 활성화될 수 있도록 학교와 교직 사회의 정서와 문화가 개선되어야 할 것이다.

Ⅶ. 맺고 나오는 글

학교컨설팅과 관련하여 제도의 도입 배경과 의미, 모형, 원리, 절차, 그리고 현황과 사례를 살펴보는 것이 중요하다. 전국적으로 확산되어 가고 있는 다양한 학교컨설팅 활동은 시행 주체 측면에서는 교육부, 시·도 교육청(교육지원청)에서부터 민간 수준에 이르고 있으며, 시행 영역도 수업, 학교경영 등 매우 다양하다.

이러한 움직임들은 학교컨설팅이 대두된 배경 중 하나인 '새로운 학교 지원 흐름(trend)의 태동'을 직접 보여 주는 것이라고 할 수 있다. 실제로 현재 교육부, 각 시·도 교육청(교육 지원청) 단위에서 실제로 이루어진 여러 가지 형태의 학교컨설팅 활동들은 다양한 교원 인적 자원의 발굴과 집단화, 학교 컨설턴트 및 학교컨설팅 관련 집단들의 네트워킹 형성, 교사들의 자발적 전문성 향상 의지와 노력 확인, 자조자강(自助自强)과 개방적 교사 문화 형성의 가능성 확인, 교육 행정 기관의 역할과 기능에 대한 새로운 인식 전환 등의 특징을 보여 준다.

현재 우리의 학교현장에서 필요한 것은 학교구성원들이 학교컨설팅에 관해 명확하게 이해하고, 자발적으로 참여하는 것이다. 학교구성원들이 주체가 될 때만이 학교컨설팅의 본래 의미가 충실히 구현될 수 있을 것이다.

결국, 각 단위 학교의 학교경영, 각 교사들의 수업 전문성을 신장·개선하고 향상시키기 위해서는 학교컨설팅의 중요함을 인식하고 보다 바람직한 방향으로 이를 수용할 수 있는 교사들의 인식과 단위 학교의 학교 문화가 개방적이고도 역동적인 방향으로 혁신되어야 한다는 점을 유념하여야 할 것이다.

학교컨설팅은 단위학교 교육과정 운영 등 교육 활동과 학교경영을 보다 바람직한 방향으로 개선하고 혁신하기 위한 자율적인 지원 활동이며 자문 활동이다.

제9장 교원의 교육전문성 신장을 위한 현직연수 운영의 활성화 방향

I. 들어가는 글

일반적으로 글로벌(global) 세계화 시대인 21세기는 지식과 정보가 중심이 되는 지식기반 사회로 전환되는 시기이므로 무엇보다도 국가 발전의 원동력으로서 교육의 중요성이 강조되고 있다. 국가백년지대계로서의 교육의 중요성이 더욱 부각되는 시대이기도 하다. 또한 폭발적인 지식의 폭증 및 양산과 과학기술의 급격한 발전은 사회를 급변시키고 인간의 가치관을 혼동시키는 등 미래를 예측할 수 없을 만큼 다양한 변화를 거듭하고 있는 것이 오늘날의 현실이다. 글로벌 세계화 사회는 사회 변동과 미래사회의 변혁이 시대의 트렌드(trend)로 자리 잡아 가고 있는 사회이다.

오늘날과 같은 세계화, 정보화 시대, 지식기반사회의 도래에 따라 정치, 경제, 사회, 문화 등에 있어서 급속한 변화가 나타나고 있다. 폭발적인 지식의 양산과 과학기술의 급격한 발전은 현대 사회를 급변시키고 있으며, 무엇보다도 국가와 사회 발전의 원동력으로서 교육의 중요성이 더욱 강조되고 있다.

이러한 변화의 시대에 효율적으로 대처하고 적응하기 위해서는 교원들도 적절한 교육과 훈련을 통하여 새로운 지식과 정보, 그리고 기술을 부단히 습득해 나가지 않으면 안 된다.

우리나라의 '교육기본법 제14조 제2항'에는 "교원은 교직자로서 갖추어야 할 품성과 자질을 향상시키기 위하여 노력하여야 한다"고 규정하고 있다. 이것은 교육자로서의 인격적인 자기 수양에 힘쓰며 또한 전문직으로서 교육의 원리와 방법을 부단히 연구하여 교육활동에 있어서 최상의 교육력을 발휘하여야 한다는 것을 의미한다.

그러나 우리나라의 현행 교원의 현직연수 중 자격연수나 직무연수는 주로 승진·승급을 위한 점수 확보 등 외적 동기에 의해 이루어지고 있는 경향이 있고, 교내 자체 현직연수와 개인 자율연수 등은 유명무실하게 운영되고 있는 현실적 문제점이 있는 등 교육전문성 향상을 위한 연수의 근본 목적에 미치지 못하는 경우가 다분하다.

따라서 교원의 현직연수는 무엇보다도 교원들 스스로의 절실한 필요에 의하여 이루어지고, 교원의 자질과 교육전문성 신장의 좋은 기회가 되도록 하는 제도와 과정 등 총체적인 개선이 동시에 이루어질 때 비로소 소기의 목적을 달성할 수 있다고 사료된다. 단위 학교에서 교육활동을 지원하는 교육행정직 등 직원들의 자질 함양도 아주 중요한 것이다.

Ⅱ. 교원 현직연수의 개관

1. 교원 현직연수의 개념

일반적으로 현직연수란 각종 직업에 종사하는 사람들을 대상으로 그 직업에 관한 지식과 기술을 향상시키기 위하여 현직에 종사하는 기간 중에 실시하는 연수를 말한다.

이런 의미에서 본다면 교원의 현직연수란 일정한 자격을 가지고 임용된 교원들이 교육전문가로서의 교육적인 자질과 교직 수행을 위한 능력을 향상시키기 위하여 자발적 또는 의무적으로 참여하는 모든 활동을 의미한다고 할 수 있다. 즉 현직연수란 현직교원의 전문적 자질 향상을 위하여 실시되는 교육활동이나 교원 자신의 자기 연수활동의 총칭이라 할 수 있다.

따라서 학교 교원의 현직연수는 ① 교원의 직무와 관련이 있어야 하고, ② 교원 개인에게 즉각적으로 활용될 수 있어야 하며, ③ 교원의 직무 관련 기술을 개선하거나 확장시킬 수 있어야 하고, ④ 개별적인 교원들에게 초점이 주어지며, ⑤ 원칙적으로 임용권자가 그 비용을 부담해야 한다.

2. 교원 현직연수의 필요성

최근 학교폭력, 생활지도 등 다방면에서 교원의 자질과 역할이 강조되고 있다. 또한 교원의 양적 팽창에 따른 교원의 질적 저하가 교육계의 문제로 제기되면서 교원의 자질 문제가 그 어느 때보다 강조되고 있다. 이러한 상황에서 사회에서는 교육계에 교육의 질적 향상을 요구하고 있고, 교육 현장에서도 교육의 성패를 좌우하는 교사의 자질과 전문성 향상을 위한 부단한 노력이 요구되고 있다. 따라서 학교교육현장에서 학생교육을 직접 담당하는 교사의 자질과 전문성 향상을 도모하는 현직연수는 매우 중요하다고 하겠다. 즉 기존 지식의 노후화를 예방하고 새로운 학습이론이나 기술을 습득해서 교원의 자질과 교직의 전문성을 높여 가는 교원의 현직연수는 교육의 질적 향상을 위해 필수불가결한 활동이라고 하겠다.

흔히 '교육백년지대계(教育百年之大計)'를 바탕으로 한 국가의 국력 증진은 교육의 힘에 의해 이룩되고, 교육의 성과는 교원의 자질에 의하여 결정된다고 한다. 이런 의미에서 볼 때, 교원의 현직연수는 다음과 같은 점에서 그 필요성이 인정되고 있다고 하겠다.

첫째, 교직은 전문직이기 때문에 전문적 자질 향상을 위한 계속적인 자기 성장이 있어야 한다.

둘째, 지식과 기술의 급속한 증가와 변화속도는 교원들에게 자기 연찬을 강력히 요구하고 있다.

셋째, 주기적인 교육과정의 개정은 교원들에게 현직연수의 필요성을 제기하고 있다.

넷째, 교육혁신을 추진하기 위해서는 교원들에게 혁신 마인드를 심어 주기 위한 현직연수가 불가피한 현실이다.

다섯째, 학생과 학부모의 질적인 변화는 이들의 요구에 부응하기 위한 교원의 현직연수가 필요한 이유가 되고 있다.

여섯째, 교원교육은 직전교육에 의하여 완성될 수 없고 현직교육으로 이어질 때 비로소 효과를 올릴 수 있으므로, 현직연수는 적어도 직전교육 또는 양성교육과 같은 비중으로 다루어져야 한다.

이상에서 언급된 현직연수의 필요성을 정리하면 ① 직전교육의 미비점 보완, ② 세계화 시대의 급변하는 사회에 적응할 수 있는 새로운 지식과 기술의 습득, ③ 시대적 변화에 따른 교직의 본질 추구, ④ 전문직으로서의 계속적인 자기 성장 등으로 요약할 수 있다고 하겠다.

교육의 질은 결코 교원의 질을 넘어설 수 없다. 학교교육에 있어서 교원의 질이 교육의 성과를 좌우하는 결정적 역할을 하고 있는 만큼, 교원의 자질과 교육전문성 향상을 위한 교원의 현직연수는 아주 중요한 활동인 것이다.

3. 교원 현직연수의 목적

교원의 현직연수의 궁극적인 목적은 교육을 담당하는 교원들의 자질과 직무 수행 능력을 향상시켜 바람직하고 유능한 교원상(敎員像)을 정립하는 데 있다고 볼 수 있다. 학교의 교육활동을 지원하는 여타 학교 직원들의 현직연수도 마찬가지이다. 이와 같은 교원들의 현직연수 목적을 구체적으로 제시하면 다음과 같다.

첫째, 학교 교직원 전체 또는 교직원 일부 집단의 직무수행 능력을 개선시키려는 목적이 있다(예: 학교 교직원 대상의 연수 프로그램).

둘째, 개개인 교원의 직무수행 능력을 개선시키려는 목적이 있다(예: 신규·초임 교원에 대한 수습 연수 프로그램).

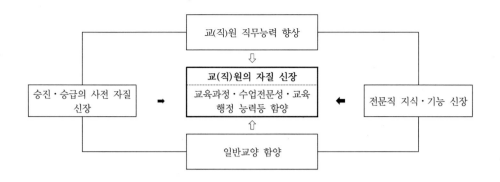

[그림 Ⅰ-9-1] 학교 교(직)원 현직연수의 목적 체계도

셋째, 승진 또는 승급을 위한 개개인의 사전 경험을 확장시키려는 목적이 있다(예: 상위 자격 취득을 위한 1급 정교사·교장·교감 자격 연수 프로그램).

넷째, 개개인 교원의 전문적 지식 및 이해를 증진시키려는 목적이 있다(예: 교과 관련 전 공분야 연수 프로그램).

다섯째, 교원의 개인적 욕구를 충족시키거나 일반교양을 증진시키려는 목적이 있다(예: 일반교양 증진 연수 프로그램).

이상과 같은 교원의 현직연수의 목적에서 알 수 있듯이 현직연수는 교원으로서의 자질 과 직무 수행 능력을 갖추도록 도와주는 활동이며, 그것을 통해 바람직하고 유능한 교원이 되도록 도와주는 기회를 제공하는 활동이라고 할 수 있다.

즉 교원의 현직연수는 교육과정 전문성, 수업 전문성을 포함한 교육전문성 신장을 위한 아주 중요한 연수활동이라고 할 수 있는 것이다.

Ⅲ. 교원 현직연수의 유형과 방법

1. 교원 현직연수의 유형

일반적으로 교원의 현직연수는 다양한 학교급별 교원을 대상으로 하여 여러 가지 형태 로 운영되고 있다. 교원의 현직연수를 누가 주관하느냐에 따라서 연수기관(연수원 등) 중심 연수, 학교(재직학교) 중심 연수, 개인(자율적 연수) 중심 연수로 나눌 수 있고, 교원들이 어 떤 연수를 받는가에 따라서 임용(전)연수, 자격연수, 직무연수, 특별연수, 학교 자체연수, 자율연수 등으로 나눌 수 있다. 이를 표로 정리하면 <표 Ⅰ-9-1>과 같다.

〈표 Ⅰ-9-1〉 학교 교(직)원 현직연수의 유형

유형 \ 형태	연수기관 중심 연수	학교 중심 연수	개인 중심 연수
① 임용(전)연수	◎		
② 자격연수	◎		
③ 직무연수	◎		
④ 특별연수	◎		
⑤ 현직(자체)연수		◎	
⑥ 자율연수			◎

가. 연수기관 중심 현직연수

연수기관 중심의 현직연수란 각 시·도교육연수원, 초등교육연수원, 중등교육연수원, 중앙교육연수원, 종합교육연수원, 원격교육연수원, 기타 연수관련기관 등 다양한 기관에서 실시되는 각종 연수를 의미한다. 이를 좀 더 구체적으로 나열하면, 우리나라의 현행 교원 연수기관에는 중앙교육연수원, 대학교부설 초·중등교육연수원, 시·도 교육연수원, 서울대부설 교육행정연수원, 한국교원대 종합교육연수원, 한국교총 종합교육연수원 등 각 연수기관의 원격교육연수원 등이 있다. 연수기관 중심의 현직연수는 이들 연수기관 주관으로 실시되는 각종 연수를 말하며, 연수의 성격에 따라 임용(전)연수, 자격연수, 직무연수, 특별연수, 현직(자체)연수, 자율연수 등으로 구분된다.

나. 학교 중심 현직연수

학교 중심의 현직연수는 학교교육의 목표를 달성하고 학교교육을 효과적으로 추진하기 위해 학교 자체로 연수계획을 수립하여 시행하는 학교 내 자체연수를 말한다. 이는 학교현장에서 이루어지기 때문에 교원들에게 유익하고 생동감 있는 현직연수가 될 수 있다. 비교적 많이 사용되는 연수형태는 학교 업무추진 관련 연수, 교직원 워크숍(workshop), 교직원 세미나(seminar), 연구 수업 협의회, 학교교육과제 연구, 전달연수 등이 있다.

다. 개인 중심 현직연수

개인 중심의 현직연수란 교원 스스로가 자신의 발전과 전문적 지식을 습득하기 위하여 스스로 계획을 세워 자율적으로 수행하는 연수로서 자율연수, 자기연수라고도 한다. 이는 교원 개인의 교육적 욕구를 충족시키기 위해 자발적으로 이루어지는 활동이기 때문에 그 효과도 크다. 교원을 대상으로 하는 국외연수, 대학이나 대학원의 진학, 현장연구의 수행, 학습활동 또는 전공 관련 동아리활동, 작품 활동 등을 들 수 있다.

교원들이 교육전문성을 신장하고 교육과정 설계·실행 능력, 수업전문성 등 자질 함양을 위해서는 이 개인 중심 현직연수가 아주 중요한 역할을 한다.

2. 교원 현직연수의 방법

가. 강의(講義): 강의법(일 대 다 교수·학습, 강연)

교수법 중에서 가장 전통적인 방법이 곧 강의법이다. 교내 연수의 방법으로는 가장 많이 사용되는 방법이 강의법이다. 전달하고자 하는 내용을 효율적으로 빠른 시간 안에 전달할 수 있으나 수강자의 목적의식이 뚜렷하지 못하거나 강사가 강의하는 내용이 수강자의 요구를 충족하지 못할 때는 연수의 효과가 떨어진다.

강의법은 교수자 한 명에 학습자 여러 명이 참여하는 일대다의 교수·학습 구조를 갖고 있으며, 가장 효율적인 교수법이라고 할 수 있다.

나. 워크숍(workshop): 집단사고와 교육적 전문 기술, 아이디어 등 검토

전문적인 기술 또는 아이디어를 시험적으로 실시하며 검토하는 모임을 워크숍이라고 한다. 절차는 문제에 따라 다르지만 문제제기, 문제해결을 위한 조언, 문제해결 방법의 강구와 해결, 잠정적 결론의 형성 등으로 나뉜다. 협의에 의하여 얻어진 결론은 어디까지나 가설적인 성격을 지니고 있으며, 실천을 통해 그 결론의 타당성을 평가하게 된다.

원래 전문적인 기술 또는 아이디어를 시험적으로 실시하면서 검토하는 연구회의로 본래 '일터'나 '작업장'을 뜻하는 말이었으나, 지금은 연구협의회를 뜻하는 교육용어로 사용하고 있다.

워크숍은 집단사고·집단작업을 통하여 교육자의 전문적인 성장을 꾀하고, 교직(敎職) 수행상의 다양한 제 문제를 해결하려는 두 가지 목적을 동시에 달성할 수 있다.

일반적으로 워크숍은 총회의 일부로 조직되는 훈련목적의 회의, 소집단 정도의 인원으로 특정 문제나 과제에 대한 새로운 지식, 기술, 통찰방법 들을 서로 교환하는 것, 기타 교육적인 프로그램 등을 지칭한다.

다. 세미나(seminar): 공동 주제에 대한 토론·연구

고등교육기관에서 교수(강사)의 지도하에 학생들이 공동으로 토론·연구하는 교육방법이나, 학회 등에서 지명된 몇몇 회원의 연구발표를 토대로 전 회원이 토론하는 연구활동을 세미나라고 한다. 대학의 경우 연구 주제와 관련한 세미나가 많이 있다. 소수 학생이 교수나 강사의 지도하에 독창적인 결과를 발표하고, 상호 간의 토의를 통해서 의문점을 깊이 있게 추구하여 연구자로서의 자질을 높이려는 것이다. 연구·연수와 교육과의 상조(相助)라고 하는 대학의 진면목은 바로 이 세미나를 통해 실현될 수 있다고 하겠다.

교육목적을 띤 회의로 연구회 집중강의 전문가 회의의 성격을 가지고 있을 때 쓰이고, 특별한 지식습득을 위해 행해지는 것이 특징이다. 대규모의 학교에서 현직연수 시에 석용할 수 있는 방법으로 장기간의 프로젝트로 접근하여야 한다.

라. 심포지엄(symposium): 공동 토론, 자유 토론

심포지엄은 공중토론(公衆討論)의 한 형식으로 원래 그리스어의 심포시아(symposia: 함께 술을 마시는 것), 심포시온[symposion: 향연(饗宴), 향응(饗應)]에서 라틴어의 '심포지엄(symposium)'으로 옮겨진 말이다.

오늘날에는 향연이라는 의미 외에도 화기애애한 분위기에서 진행되는 학술적인 토론회나 그 밖에 신문·잡지 등에서 특정한 테마를 놓고 2명 또는 그 이상의 사람들이 각자의 견해를 발표하는 지상토론회의 뜻으로 널리 통용되기도 하는 자유 토론 형식을 의미한다. 심포지엄은 대규모 학교의 현직연수에 전용할 수 있는 방식이다.

마. 답사(현장 학습): 현장 조사 및 답사

소득의 증대와 더불어 여행의 기회가 늘어나면서 특정 지역에 대한 참된 이해를 높이고자 하는 여행의 기회도 증대되고 있다. 여행의 준비에서 진행과 마무리에 이르기까지 전문적인 수준의 여행을 하면서 특정 지역을 탐사하는 활동을 답사라고 한다. 학교의 경우 문학과 사회가 어우러지거나 사회와 과학 혹은 예술이 통합된 형태의 답사 여행을 통하여 과목의 벽을 넘어서 상호 이해를 증진시킬 수 있다.

바. 원격교육(비면대면 교육, 방송 통신 교육): Cyber 형식, Digital 형식

오늘날 정보통신 수단이 발달하면서 사이버 공간에서 교육을 진행하고 정보를 주고받으며, 관련 내용을 토론하는 방송 통신 교육이 늘고 있다. 이것은 시간과 장소의 구애를 적게 받기 때문에 교육 수요자들이 강력히 희망하여 실시하게 된 교육방법으로서 앞으로 더욱 늘어날 전망이다.

이 외에도 교원 현직연수의 방법으로 실험과 실습 교원들의 모임, 독서회 등 다양한 동아리활동이나 동호회활동을 들 수 있다. 근래에는 현장 체험 학습 중심의 현직연수가 다양화되어 시행되고 있는 추세이다.

Ⅳ. 교원 현직연수의 문제점과 활성화 방안

1. 교원 현직연수의 문제점

교육의 질은 교원의 질을 능가할 수 없다고 말한다. 이 말은 교육의 질과 교육의 성패에 영향을 미치는 요소가 다수 있으나, 교사의 능력이 교육의 질을 가늠하는 가장 중요한 요소임을 강조한 말이다. 따라서 교원의 자질과 직무 수행 능력 향상을 위해 교원의 현직연수는 아무리 강조해도 지나침이 없다고 하겠다.

그러나 현행 교원 현직연수 제도에도 여러 가지 문제점이 지적되고 있다. 현행 교원 현직연수의 문제점을 연수의 기회, 시기, 과정 및 내용, 방법, 요원, 여건, 성적평가 등을 중심으로 고찰하면 다음과 같다.

가. 연수 기회의 부족

현행 교원의 현직연수제도하에서는 교원들이 필요한 시기에 필요한 연수를 받을 수 있는 기회가 부족하다. 2급 정교사인 교사가 1급 정교사 자격증을 받고 나면, 그 후에는 본인이 원하지 않는 한 별도의 자격연수를 받지 않고서도 특별한 제재 없이 정년까지 지낼 수 있다. 우리나라 연수체제의 맹점 중의 하나인 현실적 문제점이다. 우리나라 교직 인사제도에 재직 기간 중의 직무 재점검 제도가 없기 때문이다.

물론 교원의 위계에서 교사에서 교감, 교장으로 승진하기 위해서는 매년 연수 관리도 해야 하고 체계적인 자격연수를 받아야 하나, 교사로서 자신의 교육전문성 신장과 교육 현장의 문제를 개선하기 위해 체계적이고 종합적인 연수의 기회는 적은 편이다. 때때로 교육과정의 개편 개정 또는 교육감이 필요하다고 인정할 때는 직무연수가 제공되나, 연수의 체계성과 종합성, 연수 내용 및 인원에 제한을 받고 있다.

나. 연수 시기의 편중

교원의 연수시기가 대체로 하·동계 휴가 기간에 편중되어 있어 연수 효과를 반감시킨다. 특히 자격 연수가 덥거나 추운 방학 기간 중에 편중되어 운영되고 있다는 점이 문제점으로 지적되고 있다. 물론 학생들을 직접 가르치고 있는 교사들의 연수시기는 일정한 제한을 받을수 밖에 없다.

최근 원격연수 등이 활성화되어 연수 시기 편중의 문제점이 다소 해소되는 경향은 매우 바람직한 추세라고 할 수 있다. 교원들이 각자의 여건과 상황에 따라 언제나 연수를 받을 수 있는 여건 조성이 필요하다.

다. 연수과정 및 내용의 체계성 부족

연수과정 및 내용의 체계성이 부족하고 교원들의 요구와 학교 현장의 필요에 적절히 부응하지 못하고 있다. 교원에 대한 현직연수는 교원양성기관에서의 직전교육과의 연계성, 학교 현장에서의 교직 활동에 대한 적합성, 각 연수 과정간의 연계성 등을 고려하여 조직되고 운영되어야 하는데 그러한 측면이 부족한 편이다.

라. 집단 강의 중심의 연수 방법

현행 연수방법의 대부분이 집단 강의 위주로 이루어지고 있다. 즉 일대다의 강의법 중심으로 수행되고 있는 것이다. 그리고 연수방법도 시청각 기자재를 이용하거나 조사, 수집, 견학 및 토론 등의 다양한 참여식 연수 방법보다는 대부분을 교재 위주의 이론 중심의 강의로 진행하고 있는 실정이다. 교수자 중심의 연수 방법이기 때문에 연수 내용이 피상적으로 흐를 수밖에 없는 한계를 갖고 있는 연수 방법인 것이다.

마. 우수 교수요원(강사) 확보의 어려움

교원 연수의 질 향상을 위해 필요한 우수 교수요원을 확보하기가 어렵다. 시·도 교육연수원의 경우 교수요원의 역할을 전담할 수 있는 전문성과 능력을 갖추고 경험이 풍부한 자체 또는 외래 교수요원을 충분히 확보하기가 어려운 실정이다. 이는 여러 가지 문제가 있지만 그중에서 가장 큰 문제는 강사료 지급을 위한 예산 부족과 연수를 담당할 전문직 인력의 절대 수의 부족이다.

바. 연수기관의 교육여건 미흡

연수의 개방화로 자율연수 체제가 도입되면서, 교육부와 시·도교육청이 인정한 연수기관에서 자율적으로 이수한 것도 승진을 위한 점수로 이용할 수 있게 되었다. 따라서 자율연수기관의 열악한 환경도 감수해야만 하는 것이 현실이다. 자율 연수기관은 규모가 영세하고 영리를 목적으로 하기 때문에 좋은 연수여건을 마련하기 위한 투자를 충분하게 하지 못하고 있는 실정이다.

사. 연수성적 평가에 따른 교원 간의 갈등 심화

연수성적의 상대평가로 인해 교원 간의 갈등이 심화되고 있다. 이는 연수성적이 승진 후보자 명부를 작성하는 연수성적 평정대상에 포함됨에 따라, 교원들이 연수성적을 올리는 데에 지나치게 신경을 쓰고 있기 때문이며, 이러한 연수성적 평가가 연수 본래의 목적을 퇴색시키고 있다는 지적이 많은 게 사실이다.

2. 교원 현직연수의 개선 및 활성화 방안

일선 학교현장의 교원 현직연수의 문제점을 바탕으로 그 문제점을 개선하여 현직연수를 활성화하는 방안을 모색해 보면 다음과 같다.

가. 다양한 연수 기회의 확대

현재 교원 현직연수 제도가 당면하고 있는 중요한 문제는 연수기회의 부족과 자율연수 제도의 문제점이다. 이를 개선하기 위한 방안으로는, 첫째, 교원 연수는 평생 교육적 차원에서 지속적·연속적·체계적으로 이루어져야 하고, 둘째, 승진에 사용되는 연수 점수 규정에서 연수의 종류나, 내용 등 서로 다른 분야의 연수점수를 사용하도록 해야 하며, 셋째, 시간과 장소의 구애를 받지 않는 원격교육연수원을 더욱 활성화시켜야 한다. 넷째, 해외체험연수 및 민간기업체 파견, 자율연수 휴직제도 도입 등으로 다양한 연수기회를 제공하여야 하고, 다섯째, 자율연수에 대한 유인 체제를 더욱 강화하여 연수기회를 지속적으로 확대하여야 한다.

특히 현직연수가 교무실, 연구실 등에서 텍스트에 의존한 진부하고 상투적인 연수라는 관행을 타파하여야 한다. 현직연수는 현장연수, 체험연수, 원격연수 등 아주 다양한 방식과 형태로 새롭게 이루어지는 연수인 것이다. 잘 운영만 되면 가장 효과적인 것이 현직연수이다.

나. 연수시기의 조정

연수시기 측면에서는, 첫째, 자격연수와 일부 직무연수를 학기 중에 실시하는 방안을 모색해 보도록 하고, 둘째, 상위 자격을 받기 위해 반드시 사전에 이수해야 할 필수연수 이수시간제를 도입하도록 하며, 셋째, 연수를 이수할 때마다 연수시간을 누가적·지속적으로 합산해 가는 연수시간 누가합산제도를 도입하는 것도 좋을 것이다. 넷째는, 개인별로 개개인의 사정과 희망에 따라 필요한 연수 프로그램을 선택하도록 하고, 연수 이수시기 등을 자율적으로 조절할 수 있도록 융통성을 부여해야 한다.

다. 연수내용의 개선

연수내용 측면에서는, 첫째, 질 높은 연수 프로그램 운영을 위해 현직연수과정이 교원 직급별로 다양하게 체계적으로 개발되어야 하고, 둘째, 연수 요구 조사를 통해 교원이 필요로 하는 다양한 연수과정을 개발해야 하며, 셋째, 연수과정 간에 내용이 중복되지 않도록 유의하여야 한다. 넷째, 연수내용을 다양화하고, 개인의 연수 요구에 부응할 수 있도록 필수과목을 최소화하고 선택과목을 다양화하는 방안도 강구할 필요가 있다고 하겠다.

라. 연수방법의 다양화

연수 방법의 측면에서는, 첫째, 교원들은 성인으로서 자기 충족적 욕구가 강하여 학습과정에 주체적으로 참여하기를 원하므로, 이런 성인의 교육심리적 원리에 기초하여 연수과정을 운영하는 것이 좋겠고, 둘째, 연수 영역을 분야별로 세분화하고, 초급, 중급, 고급 과정 등으로 단계화하며, 반별 인원을 20명 이하로 줄이는 것이 바람직하다고 하겠다. 셋째, 창의적 문제해결력을 길러 주는 자기 주도적 학습태도를 함양하기 위해, 기존의 연수기관 중심의 연수, 강사 중심의 연수에서 교사 스스로 탐구하고 토론하며 창의적으로 문제를 해결하는 연수자 중심의 연수체제로 전환되어야 하고, 넷째, 일선 학교교육에 실질적 도움을 주는 일선학교현장 중심의 현직연수가 이루어져야 한다.

마. 우수 교수요원의 확보 및 자질 향상

학교교육현장에서 활용도가 높은 현장감 있는 연수 운영을 위해, 첫째, 현직의 우수 교원들 중에서 석·박사 학위 취득 교원이나 각종 연구대회, 수업실기대회, 각종 연구학교 및 시범학교운영 유공교원들을 강사로 초빙하여 보다 적극적으로 활용하도록 하고, 둘째, 우수한 전임교수요원을 확보하기 위해서 자격 기준을 강화하고, 행·재정적 지원을 크게 늘려야 한다.

바. 연수여건의 개선

현직연수의 효과를 높이기 위해서는, 첫째, 무엇보다도 쾌적한 연수 분위기가 조성과 함께, 시청각 기자재 및 첨단 매체 확보에 노력하여야 하고, 둘째, 특히 교육부 및 시·도교육청 인정 자율연수기관이 증가함에 따라 환경의 열악성이 더 심해지고 있는 경향이 있으므로 각종 연수기관의 연수환경, 연수 프로그램, 연수의 질 등을 평가 관리할 수 있는 연수기관 평가인증제를 강화할 필요가 있다.

사. 연수성적 평가방법의 개선

교원의 연수성적 평가 측면에서는, 첫째, 현직연수 시 평가 과목을 연수과정 전 과목으로 확대하고, 교과목에 대한 평가도 일정한 수준에 도달하면, 연수를 이수한 것으로 인정하는 '연수이수제'를 도입하여야 하며, 둘째, 1급 정교사, 교감, 교장 등 상급자격 취득 시에는 연수성적 평정을 일정 시간의 연수이수 여부로만 반영하는 방법으로 개선하는 것이 바람직하다고 하겠다. 셋째, 연수성적 평가의 개념과 형태도 다시 생각해 볼 필요가 있는데, 평가의 개념도 단순히 순위를 내기 위한 평가에서 스스로 공부하게 하는 평가로 수정되어야 하며, 평가 시험도 객관식 중심의 평가보다는 오픈 북(open book) 형태의 주관식 평가제가 타당할 것으로 생각된다. 성적 부여도 기급적 점진적으로 절대평가제를 지향해야 한다.

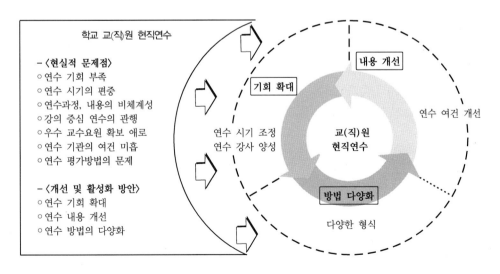

[그림 Ⅰ-9-2] 교(직)원 현직연수의 개선 및 활성화 방안

V. 맺고 나오는 글

교원의 현직연수는 교사의 전문적 자질과 직무 수행능력의 향상을 통해 학교교육의 질을 개선하는 중요한 기능을 지니고 있다. 그러나 지금까지 교육 현장에서 이루어져 온 교원의 현직연수는 주로 상위 자격 취득이나 승진에 필요한 연수점수의 획득 목적 등으로 활용되어 왔기 때문에 교원들의 필요와 요구에 실질적으로 부응하지 못한 측면이 있다. 또 연수 교육과정의 일방적인 편성 및 운영, 강의 중심의 연수방법, 다인수의 반 편성, 동·하계(겨울·여름) 방학을 이용한 연수 실시 등으로 인해 일선학교 현직 교원들의 연수에 대한 자발적이고 적극적인 연수 동기를 제공하지 못한 측면도 있다.

특히 오늘날과 같은 세계화 시대, 지식 정보화 사회, 무한경쟁 사회에서 첨단과학기술과 정보통신기술 등 국가 경쟁력을 키워가기 위해서는, 국가적으로 우수한 인재의 확보가 절실히 요구되고 있고, 바로 이 우수한 인재의 확보 여부는 교육에 달려 있다고 해도 과언이 아니다. 따라서 교육의 질적 향상의 전제가 되는 교원의 현직연수에 대한 필요성은 그 어느 때보다도 크다고 하겠다.

현행 학교현장의 현직연수를 개선하려면 우선, 형식적인 현직연수 행태를 개선해야 한다. 진정 의미 있는 현직연수를 교직원들이 신이 나서 흥미롭게 적극적으로 참여하는 학교 문화와 학교 분위기 조성이 선행되어야 한다.

21세기 글로벌 세계화 시대에 첨단과학 기술과 정보통신의 경쟁을 주도할 우수한 인재 양성의 성패는 교육에 달려 있다. 이와 같은 사회의 급속한 변화와 교사에 대한 계속 교육의 필요성, 정보 기술 및 교육 매체의 발달에 따라 교원 현직연수에 대한 새로운 운영 방향을 정립하고, 교원의 자질과 전문성을 신장시키기 위해 끊임없는 노력이 이루어져야 한다.

21세기 글로벌 시대에 한국의 미래는 교육에 달려 있다. 그 교육을 견인하는 주체는 곧 교원이다. 그러므로 교원들의 자질과 기능 신장은 국가적으로 지대한 의제인 것이다. 학교에서 교원들의 교육활동을 지원하는 교육행정직 등 직원들도 직무에 관한 전문성 신장도 아주 중요한 것이다.

교원의 현직연수에 대한 필요성과 중요성을 제대로 인식하고 그 문제점을 개선해 가며 효과적인 현직연수과정을 운영하기 위해서는, 앞으로도 교육 행정 당국과 모든 교육 연수 기관, 그리고 일선학교에서 교원의 현직연수에 대해 보다 큰 관심을 가지고 꾸준히 연구하며 노력해 가지 않으면 안 될 것이다.

결국 교육의 질은 교원의 질을 넘어서지 못한다는 말은 일면 교원들의 무한한 자기 연찬이 중요한 책무라는 하나의 반증적 표현이라는 점을 간과해서는 안 될 것이다. 그러므로 일선 학교 교원들은 교육전문성 신장을 위한 현직연수 활성화와 자기 연찬을 위한 노력을 지속적으로 견지해 나아가야 한다. 교원들의 교육전문성 신장을 위한 현직연수의 중요성은 아무리 강조해도 지나치지 않을 것이다.

교육이 국가백년지대계로 동서고금을 통하여 중시됨은 재론의 여지가 없다. 이는 곧 교원들의 역할이 아주 중요하다는 것을 의미하며, 나아가 교원들의 자기 연찬과 자율 연수를 포함한 현직연수가 더욱더 강조되어야 한다는 점이다. 세계화 시대에 반드시 교육은 변해야 하고, 교육이 혁신되기 위해서는 그 주체인 교원들이 변해야 하기 때문이다.

제10장 융합교육의 질 제고를 위한 교과통합 수업의 이론과 실제

I. 들어가는 글

최근 세계 교육의 흐름은 통합(integration) 교육이 대세이다. 일반적으로 통합은 서로 다른 이질적인 여러 가지 요소들이 일정한 원리에 의해서 질서 있게 결합하여 새로운 하나의 통일체를 형성하는 것을 의미한다. 이질적인 부분이 이질적으로 남아 있으면 그것은 통합으로 볼 수 없으며, 통합이 되면 새로운 성격의 단위를 형성하게 된다. 사회계층 등 여러 가지 이질적인 요소들이 조화 있게 결합되어 있을 때 그러한 현상을 사회통합이라고 하는 경우가 이러한 것을 의미한다. 그러나 통합은 매우 약한 상태의 통합으로부터 매우 정도가 강한 통합에 이르기까지 여러 가지 형태로 존재할 수 있고, 통합의 원리나 준거도 상황에 따라서 매우 다르게 존재할 수 있다. 통합은 이처럼 매우 추상적인 용어기기 때문에 통합의 형태가 구체적으로 어떻게 나타나는가를 고찰하는 것이 필요하게 된다.

교육에서 통합은 서로 다른 이질적인 다른 요소들이 일정한 원리나 절차에 따라 의도적으로 결합하여 새로운 하나의 통일체를 형성하는 것을 의미한다. 이질적인 부분이 그대로 이질적으로 남아 있으면, 그것은 통합이 미진한 것이며, 완전한 통합이 되면 새로운 성격의 단위를 형성하게 된다.

통합은 아주 약한 상태의 통합에서부터 아주 상한 상태의 통합에 이르기까지 여러 가지 형태로 존재할 수 있고, 통합의 원리와 준거(準據)도 상황에 따라 아주 다르게 존재할 수 있다.

이들을 기초로 하여 통합 교육과정에 대해서 종합적 정의를 내리면, 교과교육에서 중요시되는 중심적인 개념, 이슈, 초점, 사건, 주제, 쟁점, 문제 등을 보다 더 명확하게 학습할 수 있도록 있도록 하기 위해 두 개 이상의 학문적 영역에서 내용, 지식, 탐구 방법 등을 인용하여 새롭게 교육과정을 구성하는 것이라고 할 수 있다.

II. 교과 통합 교육의 개관

1. 교과 통합 교육의 개념

통합 교육에서 통합(Integration)이라는 용어는 과거 경험과 현재 경험을 통합시켜 재구성하며 이를 다시 미래의 경험으로까지 통합시켜 가는 일, 아동과 교사의 경험을 연결시켜 통합시키는 일, 교육 내용간의 연계 및 통합, 학교와 지역사회 생활간의 통합, 아동 개개인이 갖고 있는 지식이나 개념을 통합 재구성하는 일, 아동발달의 영역간의 통합, 영역별 활동간의 통합을 통한 전인교육을 의미한다.

통합교육에서 통합(Integration)이라는 용어는 과거 경험과 현재 경험을 통합시켜 재구성하며 이를 다시 미래의 경험으로까지 통합시켜 가는 일, 아동과 교사의 경험을 연결시켜 통합시키는 일, 교육 내용간의 연계 및 통합, 학교와 지역사회 생활간의 통합, 아동 개개인이 갖고 있는 지식이나 개념을 통합 재구성하는 일, 학생 발달의 영역 간의 통합, 영역별 활동 간의 통합을 통한 전인교육 등을 의미한다.

교과통합 교육의 개념은 학문 간의 통합에서 찾아볼 수 있다. 학문간의 통합이란 말은 교육과정의 통합을 의미한다. 교육과정의 통합이란, "학습자의 학습경험에 관심이 집중되는 것으로, 학생들이 학교의 지도하에 시간적·공간적으로, 그리고 내용영역에 있어서 각각 다른 학습경험들이 상호관련 지어지고 의미 있게 모아져서 전체로서의 학습이 이루어지고, 나아가서 가치 있는 인간의 성향 변화가 이루어지게 하는 과정"이라고 진술할 수 있다.

교과통합 교육의 개념은 학문간의 통합에서 찾아볼 수 있다. 학문간의 통합이란 말은 교육과정의 통합을 의미한다. 교육과정와 통합이란, "학습자의 학습경험에 관심이 집중되는 것으로, 학생들이 학교의 지도하에 시간적·공간적으로, 그리고 내용영역에 있어서 각각 다른 학습경험들이 상호관련 지어지고 의미 있게 모아져서 전체로서의 학습이 이루어지고, 나아가서 가치 있는 인간의 성향 변화가 이루어지게 하는 과정"이라고 진술할 수 있다.

2. 통합 교육의 이론

교과 통합의 타당성에 관한 이론은 여러 가지가 있다. 그러나 실제 체득한 이론보다는 타인 이론 중심이거나 이해할 수 없는 난해한 표면적 이론이 많다. 통합의 필요성이나 정당성을 분명히 이해하기에는 어려운 점이 많다. 여러 이론을 바탕으로 우리의 실정에서 본 교과 통합 필요성을 정리하면 다음과 같다.

첫째, 자연 원리의 이유 때문이다. 사회 현상이나 자연 현상은 유기적 관계를 형성하고 있다. 사회나 자연 현상의 발생과 진행은 학문 영역별로 분리 단절적으로 이루어지는 것이 아니라, 종합적 환경 속에서 유기적인 관계를 가지고 진행된다. 지식의 구조를 관찰할 때, 여러 가지 기능이나 조건, 환경 등이 동시에 연결되어 하나의 구조(structure)를 이룬다. 따라서 자연이나 사회 현상을 종합적으로 파악, 이해하는 것이 원리에 부합된다.

둘째, 학습 효과의 증대를 위한 교수·학습 방법상의 이유 때문이다. 단편 지식을 암기하는 것보다는 흥미와 학습 욕구를 바탕으로 하여 현실 문제에 체험적으로 부딪치는 것이 좋다. 사람은 현실적이고 사실적인 사안에 더 흥미를 가진다. 그러한 문제는 여러 학문을 상호 관련지어 종합적인 문제 파악과 문제 해결 능력을 길러 현실적은 교육효과를 올릴 수 있다. 이것은 전인 교육적 의미와도 관련이 있다.

셋째, 교육과정의 효율적 운영 이유 때문이다. 통합 교육과정은 교과목 수를 줄일 수 있으며, 교과 영역간의 중복, 충돌되는 내용을 제거할 수 있다. 그리하여 간결한 교육과정 속에 보다 활동직이고 현실 경험직 학습 내용을 대신 포함시켜 교육의 다양화를 추구할 수 있다. 이 밖에도 활동 중심, 문제 해결 중심으로 구성할 경우 학년을 초월하여 활용할 수 있으며, 따라서 교사 부족도 극복할 수 있다는 매우 현실적인 이점도 있다.

통합은 본래 분리되어 있던 것을 합친다는 의미이다. 즉, 한국의 교과목이 구성이 대부분 분과형이기 때문에 유사 교과 영역끼리 합한다는 이론이다. 그러나 본래의 통합 이론은 서로 인접한 교과 영역을 접근시켜 자연스럽게 하나의 목표(주제)를 달성한다는 것이다. 본래의 의미를 살려 표현한다면 간학문적(inter-disciplinary) 또는 다학문적 (multi-disciplinary) 접근법이라고 할 수 있다. 이는 과거 독립적이었던 학문 영역이 서로 연계하여 협력적으로 하나의 사회적 문제에 접근하고 해결하는 방법론이다.

한편, 논리적 접근보다는 심리적 원칙에 의한 통합을 하는 탈학문적 통합(초학과적· extra-disciplinary integration)도 생각할 수 있다. 이는 학문의 독자적 영역을 의식하지 않고 학문의 영역 고정관념에서 탈피하여 자유롭게 학문적 수단을 적용하여 사회 문제에 접근하는 방법론이다. 모두가 하나의 주제를 학습하기 위해 여러 가지의 학문 영역을 다양한 방법으로 연결시키고 조직하여, 보다 높은 학습 효과를 얻기 위함이다. 즉 사회과학에 속하는 모든 학문 영역, 예를 들면 역사학, 지리학, 인류학, 사회학, 사회심리학, 경제학, 정치학, 법학 등을 동원하여 보다 큰 효과를 얻으려는 것이다. 그러나 접근시키고 조직하는 것을, 오히려 무리하게 혼합하는 것으로 이해해서는 안 된다.

다학문적 접근법은, 하나의 학습 목표를 달성하기 위해 여러 가지 학문이 자연스럽게 동원되어 종합적으로 이해할 수 있도록 하는 데 목적이 있다. 이렇게 함으로써 종합적, 분석적 사고력을 기를 수 있으며, 한 가지 사회 현상이 학문의 분류처럼 독자적으로 전개되지 않음을 인식시킬 수 있다.

통합의 방법 중 다학문적 접근법에는 여러 가지 방법이 있을 수 있다. 다학문적 접근법의 한 가지 방법으로 '학문직조법(學問織造法)'이 있는데, 하나의 주제를 위해 하나의 학문 영역만을 주역으로 내세우지 않고, 한 단원(unit)에 한 학문 영역을 다루고, 그 다음에 다른 학문 영역을, 그 다음에 또 다른 학문 영역을 위치시켜, 여러 학문 영역이 합하여 하나의 주제(학문 목표)를 달성하는 방법을 사용한다. 그리하여 이를 '오케스트라 커리큘럼'이라고 칭하기도 한다. 즉, 여러 학문 영역이 협력하여 하나의 목적을 달성한다는 의미이다. 이때 하나의 학문 영역이 주축을 이루었다면, 다른 학문들은 거기에서 보조적 역할을 하는 것이다. 가장 바람직한 방법은 하나의 주제에서 자연스럽게 다른 주제로 연결시켜 계속 전환해 가는 방법이다.

〈표 Ⅰ-10-1〉 통합 교육과정의 통합 방식 유형별 특성

조직 형태	교육과정의 통합 방식		
교육목표별	학문형(학문적 자질)		시민형(시민적 자질)
학문적 형태별	다학문적	간학문적	초(탈)학문적
내용 조직별	개념, 주제 학습	요소(스트랜드 중심)	이슈, 문제 중심

3. 통합 교육의 필요성

일반적으로 교과의 분과교육론자들에 맞서 통합을 주장하는 통합교육론자들은 다음과 같이 통합 교육과정의 필요성을 강조하고 있다.

첫째, 지식의 팽창과 증가를 들 수 있다. 즉, 지식이 분화되고 양적으로 팽창되면, 학교 교육과정에 부담이 되기 때문에 관련 분야에서 추출된 핵심 아이디어를 종합해서 가르쳐야 한다.

둘째, 교육과정의 적절성이다. 즉, 교육과정 자체가 실생활과 유리되고, 각 학문 역시 실생활의 측면에서 상호 관련성이 부족하기 때문에 학생들에게 학문들 간의 연관 관계를 이해하도록 해야 한다.

셋째, 학습자들의 흥미 유발을 들 수 있다. 통합된 수업은 추상적인 것이 아니라 구체적인 것을 강조하고, 학생의 참여와 개입을 격려하고 협동 학습의 기회를 제공함으로써 학생들의 흥미를 자극할 수 있다.

21세기 세계화 시대를 맞아 급격한 사회 변동 속에서 발생하는 여러 가지 문제들을 종합적으로 고찰함으로써 합리적으로 해결할 수 있는 능력인 시민적 자질을 함양시키는 것이므로 이러한 자질의 요소인 지식, 기능, 가치·태도 등을 통합적으로 구성하는 교과 통합

교육과정이 요구되는 것이다.

통합은 교육 내용의 상호 관련성을 밝히고 기본 개념, 핵심 아이디어 등의 활용 범위를 확충하려는 시도로 연합, 조정, 조직 등보다 강력한 의미로 전체 속에서 부분은 판별되지만, 부분은 개별적 특징을 잃는 것을 의미한다. 물론 최근에는 개별적 특징을 잃지 않더라도 전체 또는 다른 부분과의 관련을 지으려는 의도로 폭넓게 해석하려는 경향을 보이고 있다.

통합은 듀이(Dewey)의 진보주의와 맥을 같이 하는 1930년대 경험주의 교육이 팽배하면서 관심을 끌었으며, 그 후 중핵 교육과정, 인간 중심 교육, 재개념주의 등이 등장하면서 다시 관심을 갖게 되었다.

이와 같은 교육과정의 통합이 강조되는 이유는 다음과 같은 네 가지 측면에서 고칠해 볼 수 있다.

첫째, 인식론적 측면이다. 지식기반사회로의 급격한 변화에 따라 사실보다는 개념과 원리를, 지식의 전문화와 분절화 경향으로 인한 지식의 편협성에 대처하여 현실적으로 보다 지식의 유용성을 높여야 한다는 입장이다. 그 이유는 분절화된 명제적 지식은 실생활에 도움이 되지 않을 뿐만 아니라 현대 사회에서 발생하는 복잡다단한 문제를 해결하기에 미흡하기 때문이다.

둘째, 심리적 측면이다. 학습자의 발달 심리를 고려한다면 초등학교 저학년은 표현 중심의 기능적·탈학문적 통합을, 초등학교 중·고학년은 융합적·다학문적 통합을, 중학교에서는 모든 방식을, 고등학교에서는 전인적 발달, 전인격 통합이 필요한데 분절화된 학문 중심 교육과정으로는 한계가 있을 수 밖에 없다는 것이다.

셋째, 사회적 측면이다. 인간의 사회적 삶은 직면하는 사회적 문제에 대해서 의사를 결정하고 해결해 가는 과정이다. 과거에는 학교는 내재적 가치를, 사회는 실재적 가치를 추구했지만, 오늘날의 교육은 학교와 사회의 경계가 느슨해져야 하고, 나아가 종합적 안목과 전인적 성숙을 강조하고 있다. 학교에서도 사회에 대한 관심과 종합적인 문제 해결 능력을 익힐 것을 요구하고 있다.

넷째, 교육적 측면이다. 인접 학문 분야의 상호 관련성 있는 내용을 포괄적으로 다룰 때, 전체 학습 효과를 높일 수 있으며, 학생들의 생활 속에서 배운 지식을 경험할 수 있게 하며, 교육과정의 폭을 넓힘으로써 과도하게 자세한 사실을 제거하고 폭넓게 다룰 수 있을 뿐만 아니라 교과 간 내용 중복을 피하여 학습 부담을 줄일 수 있다.

다섯째, 학교 교육의 시민교육적 측면이다. 여러 가지 다양한 학문과 함께 자기 자신이 살고 있는 지역사회의 문제를 바르게 인식하고 그것을 합리적으로 해결하는 능력을 기르는 것이 중요하다. 그러기 위해서는 여러 가지 학문의 지식을 기초로 하여 사회생활에 관한 문제, 주제, 아이디어, 장래의 전망 등을 종합적으로 고찰하는 통합적인 교육이 필요하게 된다.

여섯째, 일상생활에 필요한 사고력과 태도, 가치관 등을 학습하기 위해서는 통합 교육과정에 의한 사회과교육이 필요하다. 오늘날 급격한 사회변동이 진행되고, 다양한 가치관에 대한 이해와 개방적인 태도 등이 강조되는 현대사회에서는 사고력, 태도, 가치관 형성 등에 대한 교육이 교과교육에서 어느 때보다도 중요시되고 있다. 이러한 요청은 단일적인 학문 중심의 교과보다도 현실적인 문제와 탐구력을 중심으로 구성하는 통합 교과에서 더 효과적으로 적절하게 수용할 수가 있다.

한편, 통합교육은 교육과정 통합을 바탕으로 하는데, 실제 학교 현장에서는 다음과 같은 관점에서 통합교육이 요구되고 있다.

첫째, 교육과정 통합은 현대사회의 특징인 '지식의 폭발에 대비하는 것이다. 즉, 폭발적으로 증가하고 있는 지식과 정보의 양으로 인해 시간이 한정된 학교교육에서는 개별적 지식의 학습뿐만 아니라, 학습방법의 학습, 탐구, 발견 등의 일반적이 사고기술의 학습에 초점을 두어야 한다.

둘째, 교육과정 통합은 학습자들이 학교에서 배운 지식을 활용하게 될 맥락, 즉 사회의 요구를 고려하는 것이다. 따라서 분과된 교육과정은 여러 분야의 지식들이 동시에 동원되기를 요구하는 현대사회의 문제를 해결하는 데 적절하지 못하므로, 교육과정통합은 여러 분야의 지식들을 의미 있게 결합하려는 것이다.

셋째, '인간의 두뇌'는 원래 개별적으로 주어진 정보라도 이들을 서로 연결시켜 처리하려는 경향이 있기 때문에 처음부터 서로 결합된 정보를 처리하도록 요구하는 것이 자연스럽다. 따라서 교육과정 통합은 인간의 정보처리체계에 맞도록 학습내용을 조직화하려는 시도이다.

넷째, 교육과정 통합이 필요한 가장 큰 이유는 전인교육의 실현을 위해서이다. 즉, 교육과정통합은 인지적, 정의적, 행동적 영역들이 서로 구분되지 않고 통합된 학습경험을 제공함으로써 현대사회가 추구하는 전인교육을 실현하려는 것이다.

4. 통합 교육의 원리

통합 이론은 본래 분리되어 있던 것을 합한다는 뜻이다. 본래의 통합 이론은 서로 인접한 교과 영역을 접근시켜 자연스럽게 하나의 목표(주제)를 달성한다는 것이다. 본래의 의미를 살려 표현한다면, 간학문적(학제적·inter-disciplinary) 또는 다학문적(multi-disciplinary) 접근법이라고 할 수 있다. 이는 과거 독립적이었던 학문 영역이 서로 연계하여 협력적으로 하나의 사회적 문제에 접근하고 해결하는 방법론이다.

한편, 논리적 접근보다는 심리적 원칙에 의한 통합을 하는 탈학문적 통합(extra-disciplinary integration)도 생각할 수 있다. 이는 학문의 독자적 영역을 의식하지 않고 학문의 영역 고정관념에서 탈피하여 자유롭게 학문적 수단을 적용하여 사회 문제에 접근하는 방법론이다. 모두가 하나의 주제를 학습하기 위해 여러 가지의 학문 영역을 다양한 방법으로 연결시키고 조직하여, 보다 높은 학습 효과를 얻기 위함이다.

다학문적 접근법은, 하나의 학습 목표를 달성하기 위해 여러 가지 학문이 자연스럽게 동원되어 종합적으로 이해할 수 있도록 하는 데 목적이 있다. 이렇게 함으로써 종합적, 분석적 사고력을 기를 수 있으며, 한 가지 사회 현상이 학문의 분류처럼 독자적으로 전개되지 않음을 인식시킬 수 있다.

5. 교육과정의 통합 방식(형태)

일반적으로 교육과정의 형태에 따른 통합은 교과, 혹은 과목의 통합 정도에 따라 네 가지로 구분할 수 있다.

첫째, 합산(summed)적 통합은 각 교과가 독립적이며 단지 시간표상의 통합을 의미한다.

둘째, 기여(contributed)적 통합이다. 상관적 통합이라고도 한다. 이는 서로 기여할 수 있는 공통적 요소들을 필요로 하는데, 역사적 사건과 관련된 문학 작품을 가르치는 국어 교과 교사는 역사 과목 교사의 도움을 받는 것이 바람직하다는 것이다. 기여적 통합의 상관은 사실의 상관, 원리의 상관, 규범의 상관 등으로 구분된다.

셋째, 융합(fused)적 통합이다. 광역적 통합이라고도 한다. 이는 연결 원칙, 공통적 상호 관심 영역에 기초를 두고 여러 과(科)가 포괄적으로 통합된 경우이다. 초등학교의 즐거운 생활, 슬기로운 생활, 바른 생활 등의 통합이 이에 해당된다.

넷째, 기능(function)적 통합이다. 교과의 특성이 무너지고 주로 경험적으로 통합되는 사례이다. 개인의 흥미나 필요를 중심으로 통합하는 사례이다.

〈표 I-10-2〉 교육과정의 형태별 통합 비교

통합 방법	통합 형태(방식)
① 합산 중심 통합	하위 과목 등을 공통의 명칭 아래 묶어 놓은 데 불과한 형태
② 상관 중심 통합	서로 기여할 수 있는 공통적 요소들을 모은 것으로 사실, 원리, 규범 등을 고려하여 통합
③ 융합 중심 통합	교과(과목)의 경직된 경계를 제거하고 연결 원칙과 공통적인 상호 관심 영역에 기초를 두고, 여러 과가 교과의 선을 제거하고 다른 교과(과목)를 만등 형태의 통합
④ 기능 중심 통합	교과의 특성을 배제하고 경험적 특성을 중심으로 한 통합

Ⅲ. 교육과정 통합의 형태와 모형

1. 학문적 접근 형태

학문적 형태의 통합은 학문의 연결 방식에 따라 다학문적, 학제적(간학문적), 초학과적(탈학문적) 통합 등이 있는데, 이는 개별 학문의 지식이 어느 수준으로 통합되느냐에 따라 나누어지는 것이다.

다학문적 통합은 다양한 학문적 요소의 내용이 독립성을 유지하면서 하나의 문제나 주제에 대하여 각 학문적 관점에서 파악할 수 있는 전문적인 지식을 결합한 형태의 통합을 의미한다. 하나의 내용에 대하여 다양한 학문의 관점에서 전문 지식을 활용한다는 점에서는 장점이지만, 개별 학문의 전문적인 지식 자체를 학습하는 데는 문제점이 야기된다.

학제적(간학문적) 통합은 몇 개 이상의 학문을 기초로 하여 그 속에 공통으로 들어 있는 지식이나 기술, 관점, 사고력 등을 추출하여 이것을 결합한 형태를 의미한다.

초학과적(탈학문적) 통합은 학문 간의 독립된 영역을 초월하여 학습의 내용이 되는 주제나 문제를 중심으로 관련된 내용을 체계화시켜서 독립된 내용으로 결합하는 형태이다. 따라서 내용 구성에서는 기존의 학문적 지식 체계가 존재하기 어렵기 때문에 완전히 다른 새로운 내용처럼 보일 수 있다. 초학과적 통합에서는 개별 학문에서 강조하는 지식은 새롭게 형성된 주제를 학습하는 하나의 수단으로 이해될 수 있다.

학문적 형태라고 하는 것은 교과의 학습 내용이라고 할 수 있는 다양한 학문(이론) 중 몇 개나 결합되는가 하는 것을 기준으로 보는 것이다. 학문은 그 자신의 개념과 일반화, 법칙과 탐구방법 등을 체계적으로 가지고 있으면서 발전시킨 지식의 체계를 의미한다. 지금까지 주로 정치, 경제, 지리 등의 사회과학을 중심으로 교육과정이 구성되었으나, 최근에는 문학, 철학 등의 인문학도 주요한 내용이 되어야 한다는 주장이 많이 있다.

가장 적게는 2개 학문이 서로 결합할 수도 있으나, 어떤 경우에는 여러 가지 학문을 기초로 하여 전연 새로운 형태의 교육과정이 구성될 수도 있다. 결합하였을 때 원래의 학문적 성격이 그대로 살아 있는 경우도 있고, 결합한 후에는 전연 새로운 성격을 가지게 되는 경우도 있다. 일반적으로 분류되는 모형을 중심으로 이들의 특징과 그 장·단점 등을 고찰하면 다음과 같다.

가. 다학문적 통합 접근

다학문적 통합은 다양한 학문적 요소의 내용이 독립성을 유지하면서 하나의 문제나 주제에 대하여 각 학문적 관점에서 파악할 수 있는 전문적인 시식을 결합한 형태의 통합을 의미한다. 하나의 내용에 대하여 다양한 학문의 관점에서 전문 지식을 활용한다는 점에서는 장점이지만, 개별 학문의 전문적인 지식 자체를 학습하는 데는 문제점이 야기된다.

다학문적 접근(multidisciplinary approach)은 서로 다른 여러 가지 학문 사이의 결합의 정도가 가장 낮은 것으로서 각 학문은 서로 독립성을 유지하면서 하나의 문제를 이들 학문의 입장에서 고찰하는 것이다. 가령, 자동차에 관해서 환경오염, 도로발달, 보험, 연료개발, 가족형태, 쇼핑, 디자인 등 여러 각도에서 전문적인 지식을 기초로 살펴보는 것과 같다. 사회과학과 인문학이 다양하게 관련되기 때문에 적어도 5-6개의 학문이 관련되고, 대개 10여 개의 학문이 쉽게 관련된다. 다양한 학문을 관련시키는 장점이 있지만, 각 학문의 독립적인 위치가 그대로 살아 있다고 하는 점에서 진정한 통합이라고 할 수는 없다. 결국 어떤 문제를 중심으로 하여 각각의 학문적인 지식을 학습하는 결과가 되는 약점을 가지고 있다.

나. 학제적(간학문적) 접근

학제적(간학문적) 통합은 몇 개 이상의 학문을 기초로 하여 그 속에 공통으로 들어 있는 지식이나 기술, 관점, 사고력 등을 추출하여 이것을 결합한 형태를 의미한다.

학제적 접근(interdisciplinary approach)은 2개 이상의 학문을 기초로 하여 그들에 공통적인 개념, 주제, 문제, 이슈, 탐구기술, 고급사고력 등을 추출하여 학습내용을 구성하는 방법이다. 각각의 학문적 독립성이 완전히 없어진 것은 아니지만, 그들에게 공통적인 개념이나 이슈 등을 발견하여 학습내용을 조직하려는 것은 확실히 발전된 모습이며, 학문적인 독립성도 연계성을 강조하기 때문에 많이 흐려져 통합이 강조된다. 근대화라고 하는 주제를 정치적 발달, 경제적 발달, 의식의 변화, 도시공간의 변화 등 다양한 관점에서 살펴보는 것을 예로 생각할 수 있다.

이러한 방법을 통하여 학습하려는 것은 독립적인 학문의 지식이 체계가 아니라 학문에 공통적인 원리와 내용, 사고의 기능, 탐구방법, 고급사고력 등이라는 점에서 다학문적 접근과는 다르다.

다. 초학과적(탈학문적) 통합 접근

초학과적 통합은 학문 간의 독립된 영역을 초월하여 학습의 내용이 되는 주제나 문제를 중심으로 관련된 내용을 체계화시켜서 독립된 내용으로 결합하는 형태이다. 따라서 내용 구성에서는 기존의 학문적 지식 체계가 존재하기 어렵기 때문에 완전히 다른 새로운 내용처럼 보일 수 있다. 초학과적 통합에서는 개별 학문에서 강조하는 지식은 새롭게 형성된 주제를 학습하는 하나의 수단으로 이해될 수 있다.

초학과적 접근(transdisciplinary approach)은 여러 가지 학문적인 배경을 기초로 하지만, 이들 학문의 독립적인 영역을 초원하여 사회과에서 관심 있는 주제, 문제, 기능 등을 중심으로 학습내용을 조직하는 방법이다. 이때의 교육과정 구성은 개별적인 학문의 지식체계와는 완전히 다른 새로운 내용이 된다는 것이 앞에서 서술한 다학문적 접근이나 학제적 접근과 다른 점이다. 말하자면 결합의 강도가 가장 높아서 다양한 학문의 벽은 허물어져서 완전한 형태의 통합교육과정을 이루고 있다고 할 수 있다.

학생들이 학습하는 것도 고급사고력, 탐구방법, 가치관 등에 주요한 역점이 주어지고, 각각의 학문적 지식의 체계는 아니다, 이러한 교육과정에서는 다른 학문의 지식을 이용하되, 중심적인 초점을 무엇으로 하느냐 하는 문제와 이러한 초점을 어떻게 구성하느냐 하는 것이 실제적인 과제가 된다. 이 방법의 장점은 완전 통합교육과정에 가장 가깝다는 장점을 가지고 있으나, 교육과정 구성이 현실적으로 어렵다는 문제를 가지고 있으며, 통합교육과정의 단점인 혼란, 내용의 깊이 부족 등이 문제로 지적된다.

라. 기타의 형태

이상과 같은 방식 이외에 광역형, 상관형, 연합형, 융합형 등의 구분도 있다. 광역형 (broad field)은 가장 초보적인 통합의 형태로서 어떤 문제를 다양한 학문적 견지에서 서술하는 방법이며, 상관형(correlation)은 학습문제에 관해서 서로 다른 학문적인 내용이 관련되어 있을 때 이들 관련을 중심으로 서술하는 것이다. 상관형과 비슷한 것으로 최근에서는 하나의 학문적 영역에 있는 문제와 관련되어 있는 것을 다른 학문적 영여겠서 찾아 와서 삽입 또는 주입하는 방법으로 교육과정을 구성하는 것이 연합형(infusion)이며, 위에서 서술한 초학과적 접근과 같이 고급사고력이나 기능을 초점으로 하여 여러 가지 학문적인 영역의 지식을 이용하나 그들을 초월하여 새로운 학습내용을 구성하는 것을 융합형(fusion)이라고 하는데, 이는 초학과적(탈학문적) 통합과 유사한 것이다.

〈표 Ⅰ-10-3〉 교과 통합 모형별 주요 특징

구분	다학문적 접근	학제적(간학문적) 접근	초학과적(탈학문적) 접근
조직의 틀	각 학문은 독립적	각 학문은 서로 연결	각 학문은 하나로 융합
주요 내용	각 학문의 지식	각 학문에 공통적인 탐구기능	실제 생활에서 요구되는 고급사고력
평가 초점	지식	탐구기능	실제 생활문제 해결력

2. 교육적 형태

교육적 형태의 통합은 개념 또는 주제 중심 통합, 이슈 또는 문제 중심 통합, 스트랜드(strand) 중심 통합 등으로 구분할 수 있다.

첫째, 개념 및 주제 중심 통합 교육과정은 통합을 사회과 개념 및 주제를 중심으로 구성하는 것이다. 개념 중심 중심 통합은 사회과의 기본 개념을 중심으로 발달 과정을 고려하여 통합 교육과정을 운영하는 것이다. 또 주제 중심 통합 교육과정은 사회과 내용 구성에서 학습자인 학생들의 흥미와 사회의 요구를 포용하여 하나의 주제를 정하고 이를 중심으로 전체 학습 내용을 통합하는 형태이다. 주제는 사물을 연결하는 포괄적이고 추상적인 테마의 의미이다. 주제 중심 통합은 e주제, 하위 주제 등으로 구분할 수 도 있지만, 개별적으로 하나의 주제를 정하여 내용 구성을 할 수도 있다.

둘째, 문제나 이슈 중심 통합 교육과정은 사회적으로 문제가 되고 있는 쟁점이나 사회 문제 등을 중심으로 다양한 관련 지식이나 자료를 중심으로 해결할 수 있도록 내용을 구성하는 방법이다. 사회의 쟁점이나 사회 문제는 하나의 관점이나 한 학문의 지식으로 해결할 수 있도록 내용을 구성하여야 한다. 쟁점 중심 통합 교육과정을 구성하기 위해서는 일단 쟁점 선정에 유의하여야 한다. 쟁점 중심 통합에서 내용 구성을 위해서는 수업에 적합한 질문, 세부 질문, 수업을 위한 차시별 질문의 위계를 정하고 이를 자료 제시를 제대로 배치하는 것이 좋을 것이다.

셋째, 스트랜드(strand) 중심 통합 교육과정은 사회과 목표에서 강조하는 사회과 교육의 철학의 기초인 시민성을 함양하기 위한 목표와 과제를 수행하는데 기여하는 교과들의 탐구 방법과 관점을 함께 구성하는 준거로서 사회과 교육의 핵심적 요소를 나타내는 스트랜드를 추출하고, 이 스트랜드와 관련한 학년별, 학교급별로 배치하는 통합으로 수평적 통합과 수직적 통합이 결합된 형태이다. 스트랜드 중심 통합을 위해서는 핵심 스트랜드의 구성이 우선되어야 한다. 스트랜드는 여러 전문가들의 논의에 의하여 사회과엣 반드시 학습해야 할 핵심 요소이기에 크게 다르지는 않지만, 논의하는 학자들에 따라 약간씩 다르게 접근하고 있다.

통합교육과정의 교육적 형태(educational form)는 여러 가지 학문적 지식을 체계를 실제로 가르치기 위해서 개념이나 주제 등에서 어떤 것을 기준으로 결합하느냐 하는 것을 의미하는 것이다. 개념 또는 주제를 중심으로 한 것, 또는 이슈 및 문제를 중심으로 한 것 등이 흔히 논의되지만, 최근에는 스트랜드 중심의 통합이 관심을 끌고 있다.

가. 개념 또는 주제 중심 통합

개념 또는 주제중심(concept-centered. theme-centered) 통합교육과정은 여러 가지 학문을 기초로 하여 통합교육과정을 구성할 때 그중심이 되는 초점으로서 개념 또는 주제를 이용하는 방법이나 이때는 추출하려고 하는 여러 가지 학문에 공통적인 개념이나 주제를 대상으로 하는 것이 바람직하다. 민족주의나 혁명이라는 개념이나 주제는 정치학과 역사학에서 공통적으로 발견할 수 있으며, 근대화 역시 정치학, 경제학, 사회학 등 여러 학문적인 관점에서 다룰 수 있다.

개념은 어떤 상황을 나타내기 위한 언어적 표현이지만, 주제는 어떤 상황에 대한 일반화적인 서술을 보다 더 많이 포함하고 있다. 이런 방법은 개념이나 주제의 추상성으로 안하여 응용범위가 넓고, 사고력 향상을 위하여 바람직하지만, 실제로 교육과정 구성이 어렵고, 문제나 이슈가 명확하지 않아 모호한 느낌이 드는 경우가 많은 단점이 있다. 또 개념이나 주제는 공통적인 것을 가지고 오지만, 그 내용조직에서는 각각의 학문적인 독립성을 완전히 허물지 못하는 약점이 있다.

나. 이슈(Issue) 또는 문제 중심의 통합

이슈 또는 문제중심(issue-centered, problem-centered)의 통합은 여러 가지 학문을 배경으로 하여 통합교육과정을 만들 때 그 초점으로서 사회적으로 논의가 되고 있는 이슈나 문제를 이용하는 방법이다. 이슈는 사회적으로 논의가 되고 있으나 찬성과 반대가 서로 엇갈려 있는 상태이고, 문제는 이슈보다 부정적인 부분이 사회적으로 보다 더 분명해진 상태를 말하는 것이다.

환경오염, 도시문제, 범죄 등은 사회문제로서의 성격이 명백하고, 성교육이나 과외수업 같은 것은 사회적 이슈라고 할 수 있다. 이들 문제들은 여러 가지 학문적인 시각에서 모두 학습할 수 있다. 이들 문제들은 여러 가지 학문적인 시각에서 모두 학습할 수 있다. 이슈나 문제 중심은 통합은 그 내용이 구체적이고 명백한 장점이 있으나, 범위가 한정되고, 또 내용의 학습에서 정치학, 경제학, 사회학 등의 영역에 기울어질 우려가 있다. 그러나 정치, 경제, 사회, 문화 등의 사회문제를 중심으로 교육과정을 구성할 때 가장 적합한 통합과정의 형태이다.

실제로 사회문제나 이슈를 중심으로 통합하는 과정은 통합에 가장 적합하고, 또 시민적 자질을 향상하는 데 매우 효과적인 방법으로 지적되고 있다. 사회적인 이슈는 다양한 사회과학의 영역과 관련되어 있으며, 특히 정치, 경제, 사회, 문화 영역과 관계가 깊다. 따라서 이들을 중심으로 교육과정을 구성할 때 무리 없이 실천할 수 있다. 이러한 통합과정은 실제로는 논쟁문제 중심의 교육과정이 되는 것이며, 의사결정력, 가치판단력, 비판적 사고력 등 고급사고력과 가치관 확립을 위하여 매우 적합하다.

다. 스트랜드(strand) 중심의 통합

개념 및 주제 중심 통합과 이슈 및 문제 중심 통합의 문제점을 해결하는 하나의 방법으로서 대안이 스트랜드 중심의 통합이다. 스트랜드(strand)는 교과교육의 영역에 있는 개념, 주제, 문제, 이슈, 일반화, 법칙, 가치 등을 모두 종합하여 교과 교육에서 가르쳐야한다고 생각되는 것들을 종합할 수 있는 핵심적인 요소(key factors)이며, 준거이다. 이들 스트랜드는 교과교육의 철학, 목적과 목표, 기본방향 등에서 궁극적으로 추출되어 나오는 것이다. 인간과 환경, 권력과 시민 등은 그러한 한 예가 된다.

1994년 미국의 미국사회과교육협의회(NCSS)가 발표한 ①문화, ②시간, 계속성, 변화, ③ 인간, 장소, 환경, ④ 개인적 발달과 정체성, ⑤ 권력, 권위, 통치, ⑥ 생산, 분배, 소비, ⑦ 과학, 기술, 사회, ⑧ 세계적인 연결, ⑨ 시민적 이상과 실천 등의 9개의 교과에서의 스트랜드는 오늘날 미국 초·중등학교 교육과정 구성의 기준이 되고 있다.

스트랜드 중심으로 사회과를 통합할 때 각각의 학문적인 벽을 보다 더 용이하게 넘어서 통합을 할 수 있다. 통합의 준거는 독립적인 학문의 지식의 체계가 아니라 교과의 이념이나 목표 등에서 추출한 스트랜드이기 때문이다. 말하자면 현재로서는 통합교육과정의 이상에 가장 가깝다고 할 수 있다. 그러나 학문적인 지식이 체계를 충분히 살리지 못하여 지식의 깊이가 약하다는 우려가 있다. 또 여러 개의 학문을 통합하였을 때 오는 교사들의 혼란도 현장의 문제로 제기된다. 이러한 약점이 있기는 하지만, 시민생활에 필요한 사고력이나 문제해결력, 가치관을 형성하려는 것을 목적으로 하는 사회과에서는 2-3개의 학문적 영역으로 통합의 범위를 좁혀서 초학과적 교육과정을 구성할 때 그 유용성이 크다고 할 수 있다.

〈표 Ⅰ-10-1〉 학자별·학년별 미국 교육과정의 핵심 개념

학자	학년	핵심 개념
타바 (Taba)	1	가족을 강조, 사회의 규칙과 기대치 강조
	2	공동체 학습, 인간이 필요로 하는 것을 얻는 과정
	3	4개의 서로 다른 공동체에서 다른 전통과 환경 속에서 필요한 것을 채워가는 모습
	4	과거와 현재를 통해 자원의 분배를 어떻게 해왔는지에 대한 내용
	5	미국과 캐나다의 국가 형성과 이에 영향을 준 것에 대한 이해
	6	중남미의 생활
	7	물리적·사회적 환경에 영향을 미친 것과 제도에 대한 이해
	8	미국 사회의 변화 발전을 위한 역할 변화와 제도 변화
	특징	11가지 핵심 개념인 '인과성, 갈등, 협동, 문화 변동, 자아, 상호의존, 수정, 권력, 사회 통제, 전통, 가치' 등을 선정하고, 이를 중심으로 학년별로 교육과정을 구성하는 방식으로 학년별 내용을 구성
뱅크스 (Banks)	유치원 (K1)	자아관(自我觀)
	1	인간 집단
	2	제도(制度)
	3	지역 공동체
	4	사회
	5	문화
	6	사회 문제와 사회 운동
	특징	학생들로 하여금 반성적 의사결정을ㄹ 통해 개이적인 문제를 해결하고 사회적 행위를 한다고 하여, 핵심 개념을 '사회화, 희소성, 문화적 차이, 권력, 자연 형상' 등으로 구성하고 이에 따라 학년별 내용을 구성

3. 교과 통합의 실제 유형 : 초·중·고교 수업 적용

가. 주제 중심의 통합

주제중심의 통합은 과학과 다른 교과들을 통합하는 데 가장 간단한 방법이다. 아동들은 과학교과에서 주제를 조사해 보고, 교육과정의 다른 영역에서 그와 똑같은 주제를 알아본다. 예를 들어, 지구과학, 지리학, 문학의 내용을 결합하여 강에 대한 단원을 만들 수 있다. 과학과 목표를 달성하기 위해 학생들은 강이 어떻게 형성되는지, 시간이 지나면 강은 어떻게 변하는지, 그리고 흐르는 물의 특징은 무엇인지를 공부할 것이다. 사회과 목표를 달성하기 위해서는 세계의 주요 강들, 그 강들의 위치, 문명 발달에 끼친 영향을 배운다. 문학에서는 아동들이 강이 주요소가 되는 『허클베리 핀』과 같은 책들을 읽게 될 것이다.

이러한 단원에서는 학생들이 단원의 일부는 과학, 또 다른 일부는 사회과학이나 문학영역이라고 인식하지 않는다. 교사의 입장에서는 이러한 교과들을 통합하고 다양한 학습목표를 달성할 수 있도록 계획을 세우는 것이 되지만, 학생의 입장에서는 여러 부분들이 통합됨으로써 주제가 더 흥미롭고 의미 있게 된다.

나. 개념 중심의 통합

과학에서 많은 중요 개념들은 다른 교과영역에 있는 개념들과 대응되거나 비슷하다. 조직망(network)이나 먹이 그물의 개념 등이 그 예인데, 즉 과학에서는 하나의 생명체와 다른 생명체들 간의 상호 의존성에 대해 가르칠 때 사용되는 중요한 생태학적 개념이고, 사회과에서는 사람들이 상호 의존적이고 조직망 속에서 살고 있다는 것을 배우는 중요한 개념이기도 하다. 이러 개념 중심 통합은 한 가지 이상의 여러 상황 안에 적용되기도 하며, 아동들이 높은 수준의 중요한 개념들을 습득하는 데 도움이 된다.

주제 중심 통합과 개념 중심 통합은 학생들이 여러 관점에서 사물을 바라보고 비교하며 관계들을 인식함으로써 주제, 개념들에 대해 더 깊게 이해할 수 있게 된다는 데 가치가 있다.

다. 기술 중심의 통합

중요한 학습 기술들은 여러 과목에서 가르치고 사용될 때 가치를 더하게 되고, 더 의미 있게 될 수 있다. 통합될 수 있는 기술에는 상징적 기술과 사고의 기술 또는 사고의 과정들이 포함된다. 상징적 기술들에는 셈하기, 쓰기, 그리기, 그래프 그리기, 지도 그리기가 포함된다. 과학과의 많은 부분들이 수학고의 내용을 도구로 사용하기 때문에 수학과와 과학과는 종종 어느 학년 수준에서나 통합된다. 쓰기는 과학 프로그램의 한 부분을 차지하고 그리기 또한 지식을 표현하는 방법이기에 간과할 수 없다. 사고하는 기술이나 과정들은 관찰, 분류, 추리, 가설 세우기와 같은 여러 가지 높은 수준의 사고 기술들을 포함한다. 교사가 다른 과목들을 가르칠 때 이런 과정들을 사용하기 시작하면 그 과정들이나 기술들이 많이 강화될 것이다. 학생들의 읽기 수업 시간에 이야기의 몇 줄을 읽어 주고 난 후, "다음에 어떤 일이 일어날까?", "왜 그렇게 생각하니?"라고 물어볼 수 있다. 이런 발문들은 과학과에서의 간단한 가설 세우기와 유사한 과정으로 이야기 속의 증거를 기반으로 가설을 세우도록 학생들에게 요구하는 것이다. 2009 개정 교육과정에서 강조하는 스토리텔링(story telling)식 적용도 고려해야 한다.

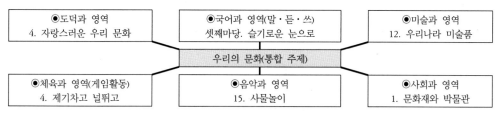

[그림 Ⅰ-10-1] 교과 통합 교육(수업)의 사례

Ⅲ. 교과 통합을 위한 수업의 준거

1. 통합적 교육계획의 준거

첫째, 학생들의 능력과 연령에 일치해야 하고 그들에게 흥미가 있어야 하며, 그들에게 유의미한 것이어야 한다.

둘째, 전에 학습한 것과 뒤에 학습할 것의 계속성이 유지되어야 한다. 이것은 교과간의 수평적인 관련성과 마찬가지로 중요하다.

셋째, 학문의 사실적 지식보다는 개념적 기반 위에서 융통성을 가지고 계획되어져야 한다.

넷째, 고급 사고력(high level thinking)을 탐구하고 또 실천할 수 있도록 하여야 한다.

다섯째, 광범위한 행동적 요소들을 포함함으로써 타당성과 운영의 효율성을 보장할 수 있도록 해야 한다.

여섯째, 단원, 주제, 자료 등에 따라 시간표에 가변성이 있어야 한다.

2. 통합 수업의 조건과 특징

가. 통합 수업의 조건

첫째, 학습의 기초 기능이 기본적으로 정착되어 있어야 한다.

둘째, 교육과정이 통합수업이 가능하도록 재구성되어 있어야 한다.

셋째, 교사가 통합 수업에 대한 의지와 철학을 확실히 녹아있어야 한다.

넷째, 통합수업의 목표가 명확하게 제시돼야 한다.

다섯째, 귀납적인 방법과 연역적인 방법의 조화돼야 한다.

여섯째, 전체와 부분의 조화와 균형이 필요하다.

일곱째, 교사의 임기응변과 대화 능력, 학생의 이해 수준이 전제돼야 한다.

제Ⅰ부 교원의 수업 전문성과 교육과정 전문성 신장 153

나. 통합 수업의 특징

첫째, 열린 출발(open start)로 시작해서 열림 마감(open end)로 끝낸다.

둘째, 의미 있는 수업에 복선이 짙게 깔린다(탐구).

셋째, 작은 절정(클라이막스)가 여럿이 있어 드라마틱하게 전개한다.

넷째, 어느 교과나 단원에 얽매이지 않는다.

다섯째, 통합수업목표가 확실히 나타나 있다.

(단원이나 차시 목표보다는 상위이고 교과 목표나 교육과정 목표보다는 하위이다.)

여섯째, 내용, 방법, 과정, 수단, 자료, 경험의 완전 통합을 수용한다.

일곱째, 교과적인 활동으로 시작되지만 결과는 가치 지향적인 활동을 마무리한다.

여덟째, 선행활동, 기초 활동, 기본 활동, 본 활동, 심화활동, 발전활동, 더 할 공부의 흐름을 나름대로 유지한다.

아홉째, 시행착오와 경험의 폭을 넓혀주며 개성과 창의성을 최대한 존중한다.

열째, 보다 적극적인 교수 학습 활동이 필요하다(소통, 대화와 토론).

사실, 통합 교육과 통합 수업은 현대 교육과정에서 아주 중요한 내용 조직과 적용 방법 중의 하나이다. 통합 교육과 통합 수업은 수평적인 계속성의 원리와 계열성의 원리와도 일맥상통한다. 통합교육의 원리가 추구하는 근본적인 목표는 학습자들에게 통합 조정된 경험을 어떻게 하면 더욱 쉽고도 이해하기 편리하도록 교육과정과 수업을 조직하고 이를 적용하느냐에 초점을 맞추어야 한다.

통합 교육과정과 통합 수업의 문제는 각급 학교 수준 간, 그리고 학년 간의 종적인 연계 문제를 바람직하게 설계하여 운영하는 것이 아주 중요하다. 특히 우리나라에서는 유치원과 초등학교 간, 초·중학교 간, 중등학교 간, 그리고 고등학교와 대학교 간 통합 교육과 통합 수업의 연계성과 통합성이 많이 결여되어 있는 문제점이 상존하고 있다. 이와 같이 문제점을 해결하기 위해서는 교육과정 개발에서 학교급의 교육과정을 막론하고 유치원, 초등학교, 중학교, 고등학교 등 보통 교육을 담당하는 학교급의 교육과정 개발에 유치원 교원, 초등학교 교원, 중학교 교원, 고등학교 교원, 대학교 교원 및 교육학자, 교육과정ㅇ 전문가, 교육전문직 등의 관련자들이 두루 참여할 수 있도록 체제(system)구축되어야 할 것이다.

통합 교육과 통합 수업은 우리의 지식의 구조와 이해의 체제가 분과보다 통합적으로 전개했을 경우, 그 이해와 파지 및 기억에 바람직하다고 보는 관점에서 출발하는 교육과정과 수업의 내용적이고 방법적 접근인 것이다.

3. 통합 수업의 교수·학습 방법

첫째, 창의적인 교수·학습이어야 한다.

둘째, 학습을 촉진하는 교수·학습이어야 한다.

셋째, 협동적인 교수·학습이어야 한다.

넷째, 결과보다 과정에 중점을 두는 교수·학습이어야 한다.

다섯째, 교과서의 상보적인 관련 내지 통합을 강조하되 필요에 따라서는 교과의 특수성도 존중되어야 한다.

4. 통합 수업을 위한 내용 재구성의 방향

첫째, 교과 재구성의 내용은 교과간의 공통된 주요 개념과 노작, 공작 등에 관련된 내용을 포함시킨다.

둘째, 학년의 발달 단계에 따라 공간, 시간의 확대를 시도한다.

셋째, 학생들이 실생활에서 경험할 수 있는 자연 현상과 사회생활에 필요한 태도 등으로 구성하되, 학생들의 체험과 활동을 관련시키도록 한다.

넷째, 자연 현상과 사회 현상을 구분하지 않고 생활 관련 주제 등을 교과 차시에 통합하여 다룬다.

다섯째, 통합수업으로서 수업 목표를 명확히 하며, 타 교과와의 연계성을 고려한다.

여섯째, 지적인 탐구 과정과 생활 경험과의 완전한 조화를 이루도록 구성한다.

일곱째, 학습자 자신이 살고 있는 주위 현상을 바르게 파악할 수 있는 탐구력과 능력, 지식의 합리적 습득 과정을 존중한다.

5. 통합 수업의 적용과정

가. 부분적 선택 적용

단일 교과 내에서 자신이 가장 좋아하는 교과를 택하여 단원 중에서 내용이나 차시를 선택하여 한 달에 혹은 일주일에 한 시간씩 교수·학습 과정안을 작성하여 실행을 해 본다.

① 자신이 좋아하는 교과를 선택한다.

② 자신이 있는 단원이나 내용을 선택한다.

③ 좋은 수업, 훌륭한 수업의 차원에서 다양하고 창의적인 내용, 방법, 과정 등을 도입한 교수·학습 과정안의 작성과 실행이 필요하다.

④ 이때는 차시 연속 수업이나 차시 이동 수업이 좋다.

나. 단일 교과 내 연속적 적용

자신이 있는 교과 혹은 연구해 보고 싶은 교과를 선택하여 한 단원 혹은 단원 전체를 학기 간 계속 실천을 한다.

① 자신 있는 교과나 단원을 선택하여 단원 전개 계획 혹은 학기 간 지도 계획을 수립한다.

② 단원이나 교과 지도 계획에 의해 주당 시간을 안배하여 적용을 한다.

③ 이 때 주간 활동 안내가 필요하다(이동시간표).

④ 때에 따라 온종일 학습을 할 수도 있다.

다. 교과 간 주제, 내용, 기능, 사고 중심 완전 재구성

주제나 학습 기능, 고등사고 기능, 학습 기능 등을 중심으로 내용을 관련지어 재구성한 후, 이 내용에 의한 단원을 재구성하고 전개 계획을 세워 실행을 한다.

① 먼저 주간 단위의 지도 요소를 분석한 후 이를 재구성한 다음 이를 하나의 단원으로 설정한다.

② 재구성된 단원을 중심으로 주간 전개 계획을 세운다.

③ 온 종일 학교 학습의 개념으로 지도를 한다.

④ 교과의 이름을 감춘다.

⑤ 이 방법은 완전 통합을 시도하기 위한 직전의 단계로 반드시 주간 교육과정 운영 계획을 배부하는 것을 전제로 이루어져야 한다.

라. 교과 초월형 자기 주도적 학습능력 중심 재구성

교과 초월형 자기 주도적 학습 능력 재구성을 할 때에는 기초학습 기능 익힘 코스를 별도로 두어야 한다.

① 일정 기간에 걸쳐서 진행을 한다.

② 교과 이름은 전혀 고려되지 않는다.

③ 이는 흔히 초월형 교육과정으로 소개되고 있으나 우선 교사가 왜 교과를 통합하여 가르치려고 하는가에 대한 자기 욕구가 있어야 한다.

④ 오직 동일 요소로만 된 것을 통합이라고 보고 있으나, 진정한 의미의 사고 통합 방법의 창의성을 신장시켜 준다면 독립요소 간의 통합을 시도해야 한다.

Ⅳ. 교과 통합 수업의 실제

1. 과학과와 사회과의 통합

가. 과학과와 사회과의 통합: 탐구, 학생중심 교육

과학과와 사회과는 각각 여러 영역의 지식을 포함하는 복합적인 과목들이다. 아동들이 관찰, 분류, 측정, 예측, 추리를 포함하는 과학적 과정들을 경험을 통해 학습하는 수업은 사회과에서도 적용될 수 있다.

나. 과학과 사회과 통합의 아이디어: 동물의 서식지와 인간의 주거지

동물의 서식지는 대부분 과학 교육과정에 주제로 포함되는 데 사회교육과정에서도 집을 짓고 살아가는 전 세계 사람들의 가옥에 관한 공부로 확장될 수 있다. 동물과 사람들은 모두 주변에 있는 재료를 사용하고, 자신들의 필요에 따라 재료를 변형시킨다는 것을 아동들이 이해하도록 자료와 경험을 제공한다.

2. 국어과와 과학과의 통합

가. 국어과와 과학과의 통합: 탐구와 표현

읽기 학습은 어린 학생에게는 중요한 발달 과제이다. 만일 담임을 맡는다면 읽고 쓰는 능력이 나타나는 초기단계에서 해독하고 이해하는 기술을 거쳐 마침내 다른 과목들을 학습하는 수단, 즉 세계를 이해하는 수단으로서 읽기를 사용하는 능력에 이르기까지 학생들에게 읽기를 가르치는 데 많은 시간을 보낼 것이다. 과학과 읽기를 유리하게 통합할 수 있는 방법에는 두 가지가 있다.

첫째, 초보 읽기나 읽기 교정을 위한 경험적 접근의 기초로서 과학적 경험을 사용한다.

둘째, 교실에서 과학적인 경험을 보충하기 위해 책을 사용한다. 과학은 관찰, 생각, 느낌에 대해서 쓰기를 위한 기초로 사용될 수 있다.

과학과 쓰기의 통합은 쓰기를 경험이나 여러 가지 학습 방법으로부터 분리시키지 않는 교육과정과 총체적 언어 접근의 관심과 맥을 같이 한다. 많은 과학자들은 과학의 아름다움과 그것에 대한 느낌을 시적으로 표현한다. 학생들에게도 그들이 원하는 방법으로 자신들의 경험을 써 보는 기회를 주어야 한다. 대부분 학교에서는 학생들에게 정보를 정확하고 분명하게 전달하도록 요구하는 것보다 표현적인 작문을 위한 기회를 더 많이 준다. 과학 경험들은 분명함과 정확성의 개발을 위한 기초를 제공한다.

나. 국어과와 과학과의 통합의 아이디어: 병아리 부화하기

병아리가 부화하는 것을 지켜보는 것은 학생들에게 항상 흥미 있는 일이다. 이 활동은 보통 유치원이나 초등학교 저학년을 대상으로 하지만, 모든 학생들이 흥미와 관심을 갖는 탐구 주제이다. 막 부화하려고 하는 알을 부화장에서 사 와서 병아리가 껍질을 깨고 나오기 전 마지막 2~3일 동안 교실에서 보관한다. 학생들은 매일 알을 보고, 그들이 관찰한 내용을 기록한다. 교사는 매일 무슨 일이 일어났는지, 어떤 소리를 들었는지, 다른 변화가 있었는지 등에 대해 토의하도록 이끈다.

3. 수학과와 과학과의 통합

가. 수학과과 과학과의 통합: 측정, 탐구, 문제해결

수학과와 과학과를 교실 수업에서 통합하려면, 과학을 경험하고 있는 상황 속에서 수학을 가르치고 사용하는 것이다. 수학은 관찰 한 것을 표현하고 문제를 수행하는 데 유용하고 필요한 수단이다. 아무리 간단하더라도, 수학을 사용하지 않는 과학 실험은 생각하기 어렵다. 예를 들어, 식물이나 동물의 성장에 대해서는 여러 상황에서 조사할 수 있고, 학생들동의 연령에 따라 대화적 서술, 막대그래프, 성장 곡선과 방정식과 같은 다양한 방법으로 자료 수집과 처리를 할 수 있다. 수학과와 과학과 차원에서 모형 구분하기. 일대일 대응 이해, 사물들뿐만 아니라 수의 패턴 인식, 수의 분류, 넓이와 부피의 개념 이해와 같은 여러 면에서 겹친다. 수학과 과학이 이런 수준에서는 하나이기 때문에, 이런 과정들, 개념들과 관련 있는 학습 활동들은 실제로 통합될 수 있다.

나. 수학과와 과학과 통합의 아이디어: 나의 성장 관찰과 측정하기

성장을 측정하고 기록하기 위한 또 다른 상황으로 학생 자신의 신체를 들 수 있다. 이러한 활동은 1년 또는 반년 동안 등 장기간에 걸쳐 이루어진다. 성장률의 변화가 매우 크기 때문에 결과를 표시할 때에는 평균을 사용하는 것이 가장 좋다. 이것은 평균을 계산하는 연습기회를 부여해야 한다. 성장과 변화는 아동들이 학교생활을 하는 동안 계속 반복해야 할 중요한 개념이다.

4. 과학과와 예술 교과의 통합

가. 과학과와 예술(예능) 교과의 통합: 참여, 탐구, 표현

예능 교과인 음악, 미술, 표현 활동은 통합의 가능성이 많은 교과목들이다. 일단 각 교과목 하나하나에 대한 생각을 지양하고, 그 과목들을 결합하고 통합하는 방법들에 대해 생각한다면, 많은 방법을 생각할 수 있게 된다. 과학과 뿐만 아니라 다른 과목에 대해 많은 이해가 필요하므로 동료교사 중에서 도움을 줄 수 있는 사람을 찾아 함께 할 수 있다.

나. 과학과와 예술 교과 통합의 아이디어: 통합 교과, 창의적 체험활동

과학과의 관찰과 탐구를 통하여 다양한 오감을 체득하고 이를 노래를 무르고 무용을 하며, 그림 등으로 나타낼 수 있다. 이 과정에서 학생들이 스스로 탐구하고 표현하려는 동기유발과 참여가 필요하다. 현행 2009 개정 교육과정에서 초등학교 저학년 교과인 '바른생활, 슬기로운 생활, 즐거운 생활' 등 통합 교과목 운영과 '창의적 체험활동' 교육과정 운영과 전개에 바람직한 효과를 기대할 수 있는 것이다.

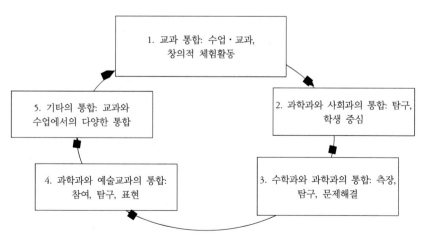

[그림 Ⅰ-10-2] 다양한 교과(활동) 통합 교육(수업)의 모형

V. 맺고 나오는 글

최근 21세기 세계화 시대를 맞아 융복합 교육, 통섭 교육이 특히 강조되고 있다. 이와 더불어 통합 교육, STEM 교육, STEAM 교육 등도 학교 현장에서 중시되고 적용되고 있다. 교육과 교육과정이 전통적인 분과적인 사고에서 벗어나 상호 연계되고 융합된 사고와 접근 방식을 강조하고 있는 것이다. 사물과 관계를 한 가지 단선적으로 바라보던 과거의 경직된 시각과 관점에서 탈피하여 다양한 식각과 관점으로 바라보고 접근 방법을 모색하려는 시도라고 볼 수 있다.

통합교육은 교과 통합 교육에서 출발한다. 교과 통합을 통한 좋은 수업은 단순한 교과의 통합으로 이루어지는 것이 아니라 분과적인 교과 교육과정을 교사의 확고한 철학에 기반하여 재구성하는 것이 가장 중요하다고 할 수 있을 것이다. 즉 각각의 교과 교육과정을 재구성하거나 혹은 독립하여 교과 내 통합을 시도하여 통합적 교육과정을 구성해야 하는 것이다. 이 외에도 통합수업은 교사의 혼이 들어 있고, 가치와 지식의 조화, 깨달음이 있고, 사고의 폭을 넓히는 활동 등이 포함되어 이들이 유기적인 관계를 맺으며 통합적으로 전개되어야 한다.

모름지기 교과 통합 교육의 중핵적 역할을 수행하는 사람은 곧 교사이다. 교과 통합 교육을 바람직하게 수행하기 위해서는 교사 스스로가 새로운 수업 구현을 위한 노력이 필요하다. 교육의 핵심은 교사이고 교사의 생명은 수업이다. 건전한 교사라면 누구나 '좋은 수업', '훌륭한 수업'을 구현하기를 원한다. 좋은 수업을 위해서는 처음부터 모든 교과 및 영역에 만능일 수 없으며, 각자의 연구 영역을 갖고 그 영역에서의 수업을 개척하는 개척자가 되어야 한다. 흔히 수업에는 왕도가 없다고 한다. 하지만 최선의 수업은 존재한다.

아직까지 한국에서는 교과통합을 강조하고는 있지만, 교과 통합교육, 교과 통합 수업에 대한 연구가 부진한 편이다. 교사는 선행의 연구결과를 그대로 수용하는 수동적인 자세를 가질 것이 아니라, 스스로가 교육과정 설계자・실행자로서 교과통합을 통한 훌륭한 수업을 전개하기 위한 적극적인 노력이 필요할 것이다.

교과 통합 교육을 바람직하게 구현하기 위해서 교사는 각 수업 과정마다 어떤 활동을 하는 것이 최적의 방법인지 탐구하면서 꾸준히 실천해야 한다. 21세기 세계화 시대에는 행복한 교단 생활과 바람직한 교육, 훌륭한 수업을 위한 교사들의 부단한 연구와 열정이 요구되고 있다. 그러한 교사들의 노력과 연구와 열정이 최근 어려운 우리의 교육을 혁신하고 나아가 우리 교육과 교직, 그리고 교단을 안정시키는 활력소라는 분명한 사실을 명심해야 할 것이다.

제11장 수업 효과를 고양하기 위한 바람직한 발문법의 탐구

Ⅰ. 들어가는 글

수업은 커뮤니케이션이다. 따라서 교수자인 교사와 학습자인 학생의 소통에서 수업은 시작되는 것이다. 교사와 학생 간의 수업내용을 둘러싼 커뮤니케이션이 학습효과를 높이기 위해 부단히 계속된다. 그런데 그 같은 커뮤니케이션은 대부분 교사의 발문을 통해 이루어진다. 전시학습 상기, 동기유발, 학습목표 제시, 그리고 수업의 전개와 형성평가에 이르기까지 발문은 교수활동에 유용하게 사용된다. 그러나 많은 교사들의 수업을 참관하면서 느낀 것은 교사들의 발문이 계획적인 것보다는 즉흥적인 것이 많고, 발문의 유형도 단순사고를 요구하는 것이 많다는 것이다.

수업에서 발문과 발문 지도는 수업효과와 직결되는 교육의 꼭지이다. 흔히 우리 수업에서는 발문의 기본적인 요건도 이해하지 못한 채 수업운영의 양념 정도로 사용하고 있는 경우가 많다. 특히 교사의 설명 의존도가 높은 국어나 사회 등의 인문과목에서는 교사의 발문이 상당히 높은 비중을 차지하고 있는 것이 사실이다. 발문의 기본적인 사항들을 이해하고, 수업에서 이루어지는 발문의 구체적 사례를 제시·분석하여 효과적인 발문의 운용방안을 모색하는 것이 바람직하다.

Ⅱ. 수업과 학습의 집중과 참여

"선생님, 우리 반은 수업시간에 너무 떠들어요."

"아이고, 학년 초에 꽉 잡아야지."

"몇 명이 자꾸만 수업을 방해해요. 조금만 있으면 반 전체가 떠들어요. 수업시간에 '조용히 하세요', '6학년 3반', '차렷' 등 반 전체를 집중하게 하기 위해 수십 번씩 그런 말을 하게 돼요."

"에구, 우리 김 선생이 힘들겠네."

동 학년 티타임 때 속상한 얼굴로 이야기하는 후배 선생님을 대선배이신 심 선생님께서 안타까운 눈으로 바라보면서 요새 아이들의 버릇없음과 학년 초에 무조건 꽉 잡아야 한다며 당부한다.

　수업을 시작할 때나 수업 중간에 분위기를 흩트리는 몇몇 아이들이 있다. 반 전체가 어수선하여 수업을 제대로 진행하지 못할 때도 있지만 정도의 차이는 있겠지만 어느 교실에나 주위가 산만한 학생들로 인해 수업이 교사가 의도한 대로 이끌지 못할 때가 종종 있다. 현실적으로 이 아이들을 내 편으로 만드는 것이 수업 분위기를 잡는 데 매우 중요하다. 반분위기에 따라 교사는 약간의 전략을 세워야 합니다. 사실 그들이 돕지 않으면 수업을 제대로 할 수 없다는 사실을 인정해야 한다. 반 전체가 어수선한지, 학생 몇몇으로 수업이 방해되는지 또는 수업이 어렵고 지루하여 집중하지 못하고 떠드는 학생들이 많아지는지를 교사는 먼저 파악해야 한다. 산만하고 객기가 많은 학생일수록 어떤 형태로든 튀고 싶어 하고, 또 아주 소심하여 작은 소리로 벌처럼(웅얼웅얼) 떠드는 학생의 경우에도 자신감을 갖고 수업에 적극 참여하고 인정받고 싶어 하는 것은 똑같기 때문이다. 교사는 이런 다양한 유형의 아이들을 수업에 끌어들이기 위해서는 이들을 교사의 지지자로, 열렬한 옹호자로, 수업의 보조자로 만들어야 한다. 그러기 위해서는 교사는 다양한 전략을 갖고 있어야 하고 학생들을 내 편으로 만들어야 한다.

Ⅲ. 학생의 주의집중 방법

1. 교사가 먼저 주의집중

가. 행복한 만남

　3월 첫날 낯선 교실, 낯선 친구들 사이에서 두근거리는 그 마음은 단지 우리 아이들뿐만 아니라 우리 교사들도 '시작이 반이야. 처음에 잡아야 1년이 편해. 잡자! 잡아야 한다'라는 마음으로 교실 문을 열고 아이들을 만난다.

　분명히 맞는 말이지만 그 '잡는다'라는 것이 무서운 선생님으로 각인시키는 것보다는 '선생님과 함께한다면 행복할 것이다'라는 마음으로 학생들의 마음을 '잡아가야' 한다. 우리 반만의 독특한 문화를 만들어 가고 행복한 권리와 개인적인 책임에 대해 함께 고민해 나가야 한다.

　교사 스스로 먼저 삶의 행복을 느끼고 두 팔 벌려 마음을 열고 다가갈 때 아이들도 내품으로 들어와서 행복한 교실이 만들어진다.

나. 교사는 동일시이자 모델(model)

교육과정은 학생들만이 감당해야 할 내용이 아니라 교사의 몫이기도 하다. 우선 치열하게 배우고 실천하는 모습을 보여 주는 것이 중요하다. 먼저 노래하고 먼저 율동하고 먼저 감동받고 먼저 실천하는 모습은 최고의 교수법이며 멋진 학습 촉진제이고 생동감과 즐거움으로 넘실대는 교실의 원동력이 될 것이다.

2. 주의집중 기술

교사와 학생 간의 상호 과정이 잘 이루어지며 서로 교감을 나누고, 학생들의 자발적 학습능력을 향상시키기 위해 고민하고, 아이들의 눈높이에 맞추려고 애쓰는 만큼 아이들의 표정은 밝아지고 학습활동에 적극 참여한다. 학생이 교사의 말에, 또 아동이 다른 아동의 말에 주의를 기울인다는 것은 성공적인 학습의 필수적인 단계이며 학습의 성패를 결정짓는 요인이다.

가. 학생들을 사로잡는 집중놀이

집중력이 부족한 학생에게는 학습효과를 높이기가 어렵다. 그렇다면 집중하기 힘든 이유는 다양하겠지만, 대체로 내·외적으로 마음이 산란해진다거나, 싫증, 수면부족, 학습에 대한 관심부족 등이 있을 것이다. 따라서 다양한 학습사례에서 주의 산만한 요인들을 확인하고 극복할 수 있는 방법을 사용하여 단순한 사례에서 정신적 자극을 일으키는 문제 제공까지 수업에도 적절한 변화를 주는 기술이 필요하다.

〈표 Ⅰ-11-1〉 주의집중의 여러 가지 기법

이름	실시 방법 및 유의점	대상
손뼉	■1번, 2, 3, 5, 10, 100, 50번 등 ·학년별(수학) 수준을 고려함(+, -, ×, ÷를 적절히 활용한다) ·합성도 함께할 수 있음. ·박수 친 후 절대 이야기를 하지 않는다고 사전에 약속함. ·연필이나 다른 자료를 잡고 계속적인 활동을 요할 때는 삼감.	1~6학년
자기 반 구호·손뼉	■교사: 1학년→ 아동: 5반(짝짝짝) 교사: 7반→ 아동: 사랑(사랑→7반)	1~6학년
교사 몸짓 따라 하기	■교사가 하는 몸짓을 그대로 따라 한다. ·앞으로 나란히, 위로, 옆으로, 한 손 올리기, 주먹 쥐기 등	1~6학년
손가락 주의집중	■손가락 하나(1) 펴면→ 아동은 9라고 외친다. 2→ 8, 3→ 7 등 ·전 학년 효과적, ·교사에게 주목을 요할 때 효과적	1~6학년

1분 찾기	▪ 눈을 감기고 1분(60초) 또는 30초를 세게 한 후 눈을 뜨게 한다. ‣ 눈을 뜬 후 이야기를 하지 않기로 약속한다. ‣ 수업 시작 전 산만한 분위기를 차분히 가라앉히는 데 효과적	1~6학년
구구단 외우기	▪ 교사: 5×8→아동: 40, 3×7→21 등 ▪ 구구단 거꾸로 외우기	2~4학년
교과서 쪽 수	▪ 교과서 34쪽을 공부하게 되면 교사가 34라고 외치면 66이라 외친다. 59→41, 82→18 등	3~6학년
그대로 멈춰라	▪ 아동들이 활동하다가 주의집중을 요할 때 교사가 "그대로 멈춰라"하면, 하면 하던 행동을 멈추거나, ▪ "즐겁게 춤을 추다가~" 노래를 부르게 한다. 노래가 끝나기 전에 자기 자리로 돌아가 앉는다.	1~4학년
수업관련 놀이	▪ BINGO(예: 이름, 교과내용, 나라이름, 친구 특징 찾기) ▪ 노랫말 바꾸기 ▪ 암호해독 놀이(예: 낮가말듣말듣는밤은은고쥐다새가) ▪ 낱말 맞히기(예: 더ㅇㅇ 사ㅇ ㅇ-더불어 사는 삶) ▪ 낱말 짜넣기	1~6학년
간단한 율동 및 놀이 참고 사이트	▪ http://blog.naver.com/suh8926 ▪ http://chocham.com/zb4/zboard.php?id=story1 ▪ http://www.nol2i.com/m_sub32.htm ▪ http://claralee.new21.net/ ▪ http://cs79.com/ ▪ http://waterrocket.com/ ▪ http://jr.naver.com/	1~6학년

나. 유의해야 할 점

① 교사 개인 자신의 체질에 맞는 주의집중 방법을 개발·내면화시켜야 한다.

② 주의집중 방법이 주의를 흩으려 놓아서는 안 된다.

③ 꼭 필요할 시 간결하게 사용하여야 한다.

④ 적시, 적소에 알맞은 집중 방법을 사용하여야 한다.

⑤ 고학년일수록 외적인 주의집중 방법보다도 자기 스스로 내적 주의집중력을 기르는 방법을 가져야 한다.

Ⅳ. 학생과 교사의 소통의 문: 좋은 발문

수업활동에 있어서 교사는 발문을 통하여 수업내용을 전달하거나 전달한 내용을 확대시켜 확인하기도 하며, 발문을 통하여 학습자들의 비판적 사고, 반성적 사고, 합리적 사고 등 다양한 양태, 다양한 수준의 사고를 자극하고 이끌어 준다.

따라서 수업에서 교사의 발문은 교사가 제시하는 내용수준과 학생의 이해수준 사이에

다리를 놓아 주는 것으로, 학생 개개인의 사고수준을 한층 더 높여 갈 수 있는 중요한 수업의 요소로 교사가 반드시 갖추어야 할 수업기술 중 하나이다. 또한 교사의 발문과 조언은 교수·학습의 효과를 좌우할 정도로 중요하며 대상·장면사태에 따라 어떻게 할 것이냐가 문제이다. 따라서 목적 있는 내용으로 학생의 사고력을 자극하는 발문과 함께 학생의 반응에 따른 지적인 학습활동을 바른 방향으로 이끌 수 있는 조언이 필요하다.

1. 발문과 질문의 차이

학습요소의 내용과 방향을 제시하는 교수의 단서로 학습자의 사고를 유발시켜 새로운 탐색, 추구, 상상을 확대하고 사고나 행동을 안내하는 작용을 할 수 있도록 치밀하게 계획된 의도적 물음을 발문이라고 한다.

질문이 모르는 자가 알고 있는 자에게 대한 물음이라면, 발문은 알고 있는 자가 모르는 자에게 묻는 물음으로 다음과 같은 특징이 있다.

① 수업목표 달성을 위한 중요한 도구이며 기술이다.
② 학습활동의 본질이며 적절한 교수법(학습활동의 추진력)이다.
③ 인격적인 만남과 온화하고 민주적인 수업 분위기를 조성할 수 있다.
④ 문제해결절차에 따라 스스로 답을 구할 수 있게 한다.
⑤ 기존지식과 기능을 새로운 사태에 적용하는 능력을 신장시킨다.
⑥ 전개될 수업에 대한 수동적 평가, 정리수단이 된다.
⑦ 발문의 질은 수업의 질을 결정한다.

2. 발문의 기술과 요령

발문이 지시, 수정, 통제, 평가, 검사의 수단으로만 사용되는 것이 아니라면 수업방법으로서의 효율적인 발문을 위한 기술로는 다음과 같은 것들이 있다.

첫째, 학생의 능력, 지식, 경험 안에서 발문을 해야 한다.
둘째, 발문 후에는 사고할 수 있는 충분한 시간을 주어야 한다.
셋째, 발문의 지명은 전체 학생에게 균형 있게 하되 개인차를 적절히 고려해야 한다.
넷째, 학생의 응답에 대한 처리가 올바르게 이루어져야 한다.
다섯째, 발문은 원칙적으로 반복해서는 안 되며, 무답이나 정답이 없을 경우를 예상해 두었다가 다른 발문으로 바꾸도록 한다.

여섯째, 발문의 용어는 너무 어렵게 해서는 안 되며 명료하고 알기 쉽게 해야 한다.

가. 교사가 발문할 때 고려할 점

① 한 번에 한 가지씩만 발문한다.

② 쉬운 것에서 어려운 것으로 발문한다.

③ 발문의 핵심이 명확하고 간결하게 해 준다.

④ 답변을 준비하도록 적당한 시간을 제공해 준다(5~7초 정도).

⑤ 발문을 먼저 하고 학생을 지명한다.

⑥ 발문 대기 시간의 속도를 발문의 내용과 학습활동의 목적, 교과내용의 난이도에 맞춘다.

⑦ 발문을 여러 번 반복하거나 발문에 대한 학생의 답변을 되풀이하지 않는다. 늘 교사가 학생의 발표를 정리하게 되면 학생들의 듣는 태도가 나빠질 우려가 있다.

⑧ 교사가 발문할 때에는 중앙에 서서 전체 학생을 바라보아야 한다.

⑨ 바른 언어를 사용해 주고 우호적이고 허용적인 분위기가 좋다.

⑩ 답이 암시되거나 양자택일의 발문은 삼간다.

⑪ 발문 형식은 다양하되 매듭을 풀어 가는 형식의 발문을 던져 준다.

나. 교사의 발문 후의 자기 성찰

① 무의미하거나 복잡하거나 이중적인 발문을 하지 않았는가?

　－주된 아이디어를 한 번만 진술한다.

　－구체적인 용어를 사용한다.

　－가능한 한 적은 단어들을 가지고 질문을 한다.

① 단지 교사가 기대하는 대답만 받아들이지는 않는가?

① 왜 이 질문을 하는가?

① 교사 자신이 질문에 대답하지는 않는가?

① 혹시 발문을 벌주는 데 이용하는가?(백해무익)

3. 발문의 구상 및 유형

가. 발문 구상의 방법

① 학습내용에 따른 발문의 유형을 결정한다.

② 단계적으로 발문의 수준을 높여 가게 구상한다.

③ 학생의 능력에 맞는 사고활동의 안내라는 측면에서 구상한다.

④ 발문 구상 시에 교과서를 활용한다.

　　－도덕과: 각 제재의 주제를 이용하여 핵심 발문 구상

　　－국어과: 본문내용의 '내용 알기'와 '더 생각해 보기' 활용

　　－사회과: '공부할 문제와 연구문제' 활용

　　－수학과, 과학과: '공부할 문제'를 학생 수준이나 학습 내용에 따라 알맞게 구상

나. 흥미 유발 효과가 높은 발문

① 농담 섞인 유머러스한 발문이 좋다.

② 학생들의 일상생활 및 경험과 관련된 발문이 좋다.

③ 교과서의 사진이나 삽화와 연관된 학습문제에 관련된 발문이 좋다.

④ 수수께끼, 게임, 놀이형식의 발문이 좋다.

⑤ 조금만 생각하면 쉽게 답이 나올 수 있는 발문부터 시작한다.

다. 학생들을 많이 생각하게 만드는 발문

① 단계적으로 쉽게 풀어서 묻는다.

② 근거, 이유(왜)와 사고의 과정(어떻게)을 잘 조화시켜 묻는다.

③ 교사가 질문을 하게 된 의도를 설명한다.

④ 추상적인 설명 대신 실제 '예'를 들어서 발문한다.

⑤ 다양한 사고를 유도하여 분열·대립되도록 묻는다.

⑥ 문제해결 방법과 표현 방법을 요구하는 발문을 한다.

⑦ 쉬운 문제는 의문을 갖도록 부정적으로 묻는다.

라. 사고의 폭에 따른 발문 유형

① 재생적 발문: 단순한 지식과 사실의 재생(수업의 도입 단계, 낮은 능력 수준)

－한라산의 높이는 몇 m인가? 미국의 수도는 어디인가?

② 추론적 발문: 지식, 정보 등을 이용한 비교, 대조, 분석, 종합(수업 전개과정)

　　－바다와 공업지역은 어떤 관계가 있는가? 어떤 내용을 중심으로 조사해야 할까?

　　－공업지역으로 더욱 발전하려면 어떤 조건들이 필요할까?(추론 적용적 발문)

③ 적용적 발문: 학습결과를 중심으로 확산적인 사고활동을 촉진하고 어떤 상황의 결과, 예언, 추론, 분석 등의 재구성(수업의 정리단계)

　　－교통체증이 심하면 사람들에게 어떤 영향을 가져올까?

　　－세종시의 30년 후의 모습은 어떠할까?

〈표 Ⅰ-11-2〉 수업단계별 발문 예시

수업단계	사고 촉진 발문	사고 촉진 발문 사례	수업 적용 과정
문제파악	(재생적 발문) • 학습 탐색 발문 • 목표의식 발문 • 학습동기유발 발문 • 학습 안내 발문	－지난 시간에 배운 내용은 무엇일까? －이 시간에 배울 주제가 무엇일까? －내가 가지고 싶은 물건을 말해 볼까? －이 시간에 공부할 내용들을 말해 볼까?	<러그 미팅> 교사와 아동과의 대화가 가장 활발하며 이 과정에서는 아동이 스스로 공부할 수 있도록 충분 안내가 이루어짐.
문제 추구 및 문제 해결	(추론적 발문) • 개념 명확 발문 • 요점 정리 발문 • 핵심 강조 발문	－～한 이야기를 꾸며 볼까? －이것의 뜻을 말해 볼까? －이 문제를 해결할 수 있는 방법을 말해 볼까? －자료를 어떻게 활용해야 할까? －왜 그것이 중요할까? －만약 ～하면 어떻게 될까? －이 시간에 새로 알게 된 사실은 무엇일까?	<개별 소집단 학습, 코너학습> －학생은 학습안내와 학습지를 가지고 스스로 학습문제를 해결함. －교사는 학생의 학습보조 및 부진아 지도에 힘씀.
발전 적용	(적용 및 확산적 발문) • 내용 정리 발문 • 요점 정리 발문 • 의문점 발견 발문	－이 시간에 배운, 공부한 내용을 말해 볼까? －이 시간에 공부한 내용 중 가장 중요하다고 생각한 것을 말해 볼까? －매번 그런 결과가 나올까? －이 이외에 또 다른 방법이 없을까?	<개별 소집단 학습> －개별 소집단 학습에서 스스로 공부한 내용을 정리함. －교사와 학생이 배운 내용에 대해 충분한 토의를 함.
정리평가	(확산적 발문) • 학습 내용 예고 발문 • 수업목표 도달 발문 • 수업 결과 반응 발문 • 학습 곤란점 발문	－다음 시간에 무엇을 공부할까? －준비할 자료를 말해 볼까? －어떻게 해결할 수 있을까? －가장 재미있게 공부한 내용은 무엇인가?	<러그 미팅 및 개별 학습> 배운 내용을 교사의 발문을 통해 평가하거나 학습지를 통해 평가함.

4. 성공적인 발문 처리를 위한 유의점

① 학생들의 성공적인 발표에 대해서는 칭찬과 격려로 성취감을 갖게 하여 문제해결에 자신감을 갖도록 한다.

② 학생들의 반응이 미흡할 경우 암시적이고 수렴적인 발문으로 학생 자신이 스스로 찾

아내어 보완할 수 있도록 한다.

③ 발표력이 부족한 학생에게는 더욱 유의하여 응답할 수 있는 수준의 발문을 함으로써 자신감을 갖도록 한다.

④ 옳지 않은 답이나 의견이 나왔을 때 바로 정답을 제시하지 말고, 다시 집단사고에 붙여 사고할 수 있는 기회를 주는 것이 바람직하다.

⑤ 어떤 학생의 반응은 받아들이고 어떤 학생의 반응은 질책하는 등 불공정한 처리가 있어서는 안 되며, 반응의 정도를 불문하고 모두를 친절히 수용한다.

⑥ 발문은 학생들의 경험과 지식의 범위 내에서 이루어져야 한다.

V. 바람직한 발문방법 탐구

1. 발문의 목적

교수방법으로서의 발문이 추구하는 근본적인 목적은 한마디로 사고를 촉진하는 데 있다. 발문을 통하여 교사는 학생들의 비판적 사고, 반성적 사고, 합리적 사고 등 다양한 양태, 다양한 수준의 사고를 자극하고 이끌어 준다. 발문은 이 밖에도 학생들의 주의를 환기시키고 호기심과 지적 활동을 일깨워 주고 수업 참여를 유도한다. 발문의 목적을 정리하면 다음과 같다.

① 학생의 수업 참여 독려, ② 학생의 사고활동 자극, ③ 학생의 이해도 확인, ④ 학생의 주의집중, ⑤ 학습내용 설명의 단서 제공, ⑥ 학습한 내용의 정리, ⑦ 학생에게 자신감 제공, ⑧ 학생의 흥미 유발

위와 같이 발문들은 대부분 학생의 반응을 형성하거나 완성시켜 주려는 목적을 지니고 있다. 잘 형성된 발문은 응답의 기본 틀을 제공하는 학습활동의 촉진제이다.

2. 발문의 원리

가. 내용 면의 원리

① 수업목표의 전 영역을 망라하는 다양한 발문을 한다.

② 발문 용어는 직접적이고 명료하며, 쉽게 이해할 수 있는 어휘를 사용한다.

③ 학생들의 지식, 경험, 능력에 적합한 발문을 한다.

나. 방법 면의 원리

① 한 번에 한 가지 발문만 한다.

② 쉬운 것부터 시작하여 어려운 순으로 발문한다.

③ 학생들에게 고루 발문한다.

다. 응답에 대한 반응의 원리

① 관대하고 비위협적으로 대한다.

② 반응하는 학생에게 용기를 준다.

③ 발문 내용을 잘못 이해하면 알 수 있게 다시 발문한다.

3. 발문의 유형

가. 사고의 폭에 따른 발문

〈표 Ⅰ-11-3〉 사고에 따른 발문

구분	종류	발문의 특성	발문의 예
제한형 발문	인지기억적 발문	어떠한 사실, 개념 또는 기억된 정보를 재생하고 명명하거나 지적하는 것을 요구하는 발문	○ 고전문학과 현대문학을 나누는 기점은 무엇입니까? ○ 같거나 비슷한 성질의 소리가 반복됨으로써 이루어지는, 시에 쓰인 말의 가락을 무엇이라 합니까?
	수렴적 사고 발문	어떠한 관계를 기술하거나 설명을 요구하는 발문	○ 동일한 내용을 글을 통해 이해할 때와 다른 매체를 통해서 이해할 때의 차이점은 무엇입니까? ○ 한국 현대 문학에 큰 영향을 미친 것은 어떤 것이 있습니까?
확장형 발문	발산적 사고발문	어떠한 상황의 결과 또는 불확실한 미래를 예언하거나, 가설을 수립하거나, 추론하거나 분석된 요소들을 재구성하는 것을 요구하는 발문	○ 김첨지의 걸음의 속도 변화가 가지는 의미는 무엇이라 생각합니까? ○ 아내의 죽음으로 결말을 맺은 작가의 의도는 무엇이라 생각합니까? ○ 문학 작품 읽기를 통해 사회적·문화적 경험을 실천해 간다는 것은 어떤 의미입니까?
	평가적 사고발문	자신의 판단, 가치선택의 정당화, 입장의 방어, 선택과 의사결정 등을 요구	○ 이육사의 일생 가운데 가장 인상 깊었던 부분은 무엇입니까? ○ 이육사의 삶을 통해 깨달은 점과 본받아야 할 내용은 무엇입니까? ○ 자신이 일제 시대의 사람이라면 어떠한 방법으로 살았겠는지 이야기해 봅시다.

나. 교수행동에 따른 발문

1) 수업 개시적인 발문(opening question)

어떠한 주제를 수업하기 바로 전에 학습자들의 주의를 환기시키며 흥미를 불러일으키기 위한 발문으로 충분한 개방성과 초점을 갖추고 있어야 한다.

예) ○자기의 이웃집에 누가 살고 있는지 알고 있습니까? 자기의 이웃집에 살고 있는 사람들에 대해서 말해 봅시다.

○다른 지역에서 살고 있는 가족을 오랜만에 만났을 때, 서로 의사소통에 어려움을 겪었던 경험이 있습니까?

2) 초점을 맞추기 위한 발문(focusing question)

지금 가르치고 배우는 특정 내용에 집중하도록 던지는 발문

예) ○오늘날 순수문학이 일반인들로부터 외면당하는 이유는 무엇인가요?

○지역 방언은 어떻게 나누며, 사회적 방언의 요인에는 무엇이 있습니까?

3) 사고의 차원을 끌어올리는 발문(lifting question)

첫 번째 발문에 이어서 한 단계 더 높은 사고를 요구하는 발문

예) ○토끼전이 다른 판소리계 소설과 구별되는 성격은 무엇입니까? 그렇다면 공통되는 성격은 무엇입니까?

○여러분이 용왕이었다면 토끼의 거짓말에 어떻게 대처하겠습니까? 만약 여러분이 자가사리였다면, 토끼의 거짓말에 어떻게 대응했겠습니까? 그리고 이 이유는 무엇입니까?

4) 사고를 확장시키는 발문(extending question)

평면적으로 사고의 폭을 넓히는 발문

예) ○자신의 생활에서 '꽃봉오리'를 하나만 찾아 말해 봅시다. 그리고 여러분에게 있어서 '우두커니, 반벙어리, 귀머거리'는 무엇이라 생각합니까?

○'개미와 베짱이'에 대해, 현대적인 관점에서 새로운 평가를 내려 볼 수 있겠습니까? '흥부전'의 흥부와 놀부를 현대인의 삶과 연관하여 새롭게 평가해 보세요.

5) **부가적인 보조 발문**(supporting question): 일단 던져진 발문에 대하여 학습자가 모호함을 느끼고 있을 때 추가로 던지게 되는 발문. 특히 1차 발문에 대한 반응이 기대에 못 미칠 때 그 반응을 학습에 활용하고자 할 때 사용한다.

예) 1930년대에는 일본의 억압과 검열이 상당히 심해지고 엄격해집니다. 이러한 당시의 역사적 사실 때문에 1930년대 작가들의 태도는 어떻게 변화되었을까요? (글쓰기를 포기했을 것입니다.) 왜 글쓰기를 포기했을까요? (일본의 검열과 탄압이 강해졌기 때문입니다.) 그렇다면 모든 작가들이 글쓰기를 포기했을까요?

Ⅵ. 바람직한 발문의 실제

1. 효율적인 발문방법

수업효과를 높여 줄 수 있는 효율적인 발문에는 ① 학생들을 생각하게 만드는 발문, ② 학생들의 흥미를 유발시키는 발문, ③ 학생들의 답변을 쉽게 하도록 하는 발문, ④ 수업의 구조화에 도움을 주는 발문 등이 있다.

가. 학생들의 사고를 자극하는 발문
① '왜', '어떻게'라고 묻는 발문
② 종합하거나 결론을 내도록 요구하는 발문
③ 한꺼번에 여러 명의 학생에게 묻고 발표시키는 발문
④ 학생들에게 여러 가지 문제해결 또는 표현 방법을 찾도록 하는 발문
⑤ 그냥 넘어가기 쉬운 문제에 대하여 의문을 갖도록 해 주는 발문

나. 흥미유발 효과가 높은 발문
① 농담을 섞어서 하는 발문
② 학생들의 생활 및 경험과 관련지어 하는 발문
③ 교과서의 사진이나 삽화와 연결시켜 하는 발문
④ 학생들이 조금만 생각하면 쉽게 답할 수 있는 선택형 발문
⑤ 학생 개인이나 집단 간에 비교하는 발문

다. 학생의 맞는 답변을 수업에 이용하는 방법

① 학생의 답에 대한 이유나 근거를 묻고, 그것이 타당하면 교사가 반복・부연해 주는 방법
② 학생의 답이 왜 맞았는지 또는 왜 좋은 답인지를 교사가 직접 설명함으로써 칭찬의 효과까지 갖는 방법
③ 학생들이 다양한 의견을 발표하게 한 후 그 답변을 가지고 토론, 정리 등의 활동을 시키는 방법
④ 학생의 답변을 이용하여 다음 단계의 발문을 하는 방법
⑤ 교사의 발문이나 설명에 학생의 답변을 이용하는 방법

2. 과정처리 발문 기법

발문-학생반응-교사의 재반응(발문)의 구도로 이루어지는 교사의 발문 제시과정에서 맨 처음 핵심발문도 중요하지만 교사의 재반응을 포함한 과정처리 발문도 매우 중요하다. 이러한 과정처리 발문을 통하여 학생의 사고가 자극되며, 수업참여도 활발해진다. 중요한 과정처리 발문의 기법들은 다음과 같다.

가. 기다리기

핵심발문 후 반응을 기다리는 것과 학생 반응 후 기다리는 것
- 교사: "홍길동전은 당시 사회의 여러 문제점에 대해 비판하고 있는데, 그중 하나만 이야기해 보세요."
- 학생: "신분 제도에 대해 비판하고 있습니다."
- 교사: "그래 맞았어!"(×), "그래? 좀 더 자세히 말해 보겠니?"(○)

나. 명료화

학생이 진술한 반응에 대하여 추가적인 의미가 아니라 정확한 의미를 요구하는 것
- 교사: "이 시에서 '청포도'가 의미하는 것은 무엇인가?"
- 학생: "풍요롭고 아름다운 삶을 의미합니다."
- 교사: "어떤 삶이 풍요롭고 아름다운 삶일까요? 당시의 시대적인 모습을 고려하여 좀 더 구체적으로 말해 보세요."

다. 부추기기

교사가 자신의 발문이 애매하고 막연해서 모른다고 하는지를 확인하기 위해, 그 발문을 고쳐서 하는 것

- 교사: "신소설은 주로 어떠한 내용이었겠습니까?"
- 학생: …….
- 교사: "신소설은 갑오경장 이후 한일합방 이전 사이의 이른바 개화기의 소설을 말하는데, 이 시기의 소설은 주로 어떠한 내용이었을까요?"

라. 입증하기

학생의 응답 속에 담긴 생각이나 정보에 대해 증거를 제시하도록 요구하는 것. 정보의 원천, 개인의 체험, 원리의 일반화 등

- 교사: "'구슬이 서 말이라도 꿰어야 보배다'라는 속담은 이 글에서 어떤 의미로 쓰였습니까?"
- 학생: "직접 사전을 찾아보는 노력과 실천을 의미합니다."
- 교사: "그럼 이와 같이 '실천'을 강조하는 다른 말에는 무엇이 있을까요?"
- 학생: "부뚜막의 소금도 집어넣어야 짜다. ……"

마. 지지하기

학생에게 그의 추론이나 예견에 관한 진술과 그 증거간의 관련성을 연결시키도록 요구하기 위해 제시하는 발문

- 교사: "한국 현대 문학에 큰 영향을 미친 것은 무엇이라 생각합니까?"
- 학생: "일제 강점기라는 상황과 광복, 그리고 남북 분단과 6·25를 들 수 있습니다."
- 교사: "남북 분단이 한국 현대 문학에 큰 영향을 미쳤다고요? 그 이유를 한번 설명해 볼까요?"

바. 방향 다지기

똑같은 발문에 대해 여러 학생이 반응하게 하되 서로 다른 응답을 하게 함으로써 학습방향을 강조하고자 할 때 사용

- 교사: "사설시조의 특징에 대하여 말해 볼까요? 영민이가 먼저 말해 볼까? ……그럼 이번에는 중호가 말해 볼까요?"

3. 발문 시 유의사항

가. 주목을 끌면서 하라

수업 중 갑자기 던지는 발문보다는 발문의 분위기를 잡고, 주의를 집중시키면서 발문을 할 때 학생 사고의 자극 정도나 학생의 반응도가 높다. 예를 들어 본 발문에 앞서서 발문을 하겠다는 것을 예고한다든가, 학생의 궁금증을 자아낸 다음 그와 관련하여 발문을 하는 것 등이다.

나. 발문 처리 단계를 늘려라

발문에 대한 반응과 이에 대한 교사의 단정적 발언으로 끝나는 단발성 발문보다는 하나의 발문에 대하여 여러 단계의 발문 관련 학습활동을 제공할 때 수업의 전개가 상호 유기적으로 이루어지며, 수업의 효과가 높다. 예를 들어 같은 발문을 여러 학생들에게 이어서 한다든가, 발문에 대한 반응의 결과를 다른 학생들에게 되묻는다든가 하는 것 등이 그것이다.

다. 발문의 대상을 다양화해라

전체를 대상으로 한 발문만 반복된다든지, 개인을 지적해서 하는 발문만이 계속될 때 발문의 집중도가 떨어진다. 개인이나 전체 또는 소집단을 대상으로 한 발문의 다양화를 꾀할 필요가 있다. 권투에서 잽만 계속해서 날리는 것보다는 잽과, 훅, 어퍼컷, 스트레이트를 다양하게 날리는 것이 효과적인 것과 같다.

라. 발문에 대한 반응을 할 수 있도록 유도하라

발문을 던지고 난 다음 일방적으로 학생의 반응만 기대할 것이 아니라, 학생의 사고활동을 자극하고 학생의 반응이 활성화될 수 있도록 유도하는 교수활동이 있어야 한다. 예를 들어 발문 내용을 자세히 설명한다든가, 힌트를 준다든가, 반응에 필요한 자료를 제공한다든가 하는 것이 그것이다.

마. 발문 결과에 대한 처리를 확실히 하라

발문에 대하여 학생이 대답할 경우, 이를 그대로 놔둘 것이 아니라 적절한 보상을 한다든가, 재차 발문을 하여 대답내용의 명료화를 꾀한다든가, 부족한 부분을 보완하여 설명을 요구한다든가 하는 교사의 활동이 필요하다.

바. 발문 후 대답할 수 있는 충분한 시간을 줘라

교사들은 시간에 쫓기는 나머지 학생에게 묻고는 그들이 생각하고 답할 시간을 기다려 주지 않는다. 이 경우 발문의 의미는 없다. 학생의 사고를 자극하는 목적에서 행해지는 것이라면 교사는 어느 정도 여유를 가지고 기다려 줘야 한다.

사. 수업장면에서의 발문 오류

① 같은 형태의 발문만 계속한다.
② 발문의 요지가 무엇인지 알 수 없다.
③ 자기가 기대하는 답만을 받아들이려 한다.
④ 교사 자신이 묻고 자신이 대답한다.
⑤ 동의를 구하는 단발성 발문을 계속한다.
⑥ 아예 발문을 하지 않는다.

VII. 맺고 나오는 글

학교 수업에서 발문은 교사가 가장 쉽게 사용할 수 있는 교수활동 가운데 하나이다. 그럼에도 불구하고 이에 대한 깊이 있는 성찰이나 준비 없이 관행적으로 이루어지지 않았는지 반문해 볼 필요가 있다. 효과적인 발문의 운영이야말로 가장 적은 투자를 하고도 가장 많은 효과를 거둘 수 있는 방법 가운데 하나이다. 그러나 발문은 그냥 하는 것이 아닌 철저하게 계획되고 준비되어야 한다는 것이다. 특히 단순사고를 요하는 발문이 아닌 확산적 사고를 요하는 발문일수록 교사의 사전 준비가 필요하다.

이제 학교현장에서도 과거와는 달리 다양한 수업방법들이 활용되고 있다. 그러나 가장 일반적으로 활용되는 것이 교사의 강의를 수반한 문답학습이라는 점을 감안할 때 이에 대한 깊이 있는 이해와 실천이 필요한 때이다. 준비되고 계획된 수업일수록 그 효과가 높다는 점을 감안할 때 수업에 임하는 교사의 자세 또한 변화되어야 한다. 변화가 선택이 아닌 필수의 시대에 우리는 살고 있다.

수업 시작종이 친 후 5분이 수업 시간 전체의 분위기를 잡는 데 무척 중요한 시간이다. 이 짧은 시간에 교사가 어떤 태도를 보이느냐, 어떤 말을 하느냐에 따라 한 시간 수업 전체가 좌우된다고 해도 과언은 아니다. 이러한 수업 시작부분의 노력과 전략처럼 수업 과정과정마다 아이들 마음을 사로잡아야 한다.

　교사라면 누구나 생기 넘치는 교실에서 학생들과 한마음이 되어 밀도 높은 수업을 하고 싶을 것이다. 수업의 질을 높이고 생동감 있는 수업을 위해서는 교사와 학습자와의 개인적인 만남의 기회가 수업에서 이루어져야 한다. 아이들의 마음을 한곳에 모아 학습에 적극 참여하도록 유도하고, 불안과 두려움 없이 새로운 사고활동을 하도록 도와주는 것이 교사들이 꿈꾸는 멋진 수업이다. 발문은 모든 교과에 폭넓게 사용되는 창의적인 수업방법 중에서 가장 기본이며 최고의 교수 단서이다. 교사의 계획적이고 조직적인 발문은 학생을 수업 속에 끌어들이고, 그들을 수업의 주인으로 만들며, 학습효과를 높여 준다. 그러므로 교사는 각자의 성품과 정체성에 맞는 나만의 주의집중 방법, 나만의 발문기법으로 나만의 교수방법을 찾아야 한다. 나만의 교수방법이 바로 나만의 브랜드이다. 나만의 브랜드를 갖출 때 교사는 40분의 명작을 그릴 수 있으며 BEST(Basic, Easy, Small, Today)가 될 수 있다.

제12장 교사의 노하우로 만드는 신나는 학급경영 방안 구안

Ⅰ. 들어가는 글

초·중등학교에서 학급은 교육이 이루어지는 기초·기본적인 공간이다. 학급 교실은 담임교사가 학급경영의 그림을 마음껏 그리는 곳이다. 학급은 학교교육조직의 기본 단위이며 학생들의 인격형성을 실질적으로 수행하는 곳이므로 학생의 이해를 바탕으로 치밀한 계획에 의한 창의적인 학급경영이 이루어져야 하며 교사가 학급경영을 구상하고 전개하는 데 있어서 학급을 어떠한 원칙에 입각하여 어떠한 방향으로 운영하겠다고 하는 학급경영의 원리가 필요하다.

교육은 인간 성향의 가변성을 믿고 개인이 지닌 잠재적 가능성을 최대로 발전시키고자 하는 노력이다. 따라서 학급경영은 학생 개개인의 지적·정의적·신체적 능력을 최대한 개발하여 자아실현 된 인간에 도달할 수 있도록 운영되어야 한다.

학급 담임교사가 바람직한 학급경영으로 하고 학생들이 구성원으로서 열심히 참여할 때 신나는 학급경영이 이루어지고 신나는 학교생활, 학급 생활을 영위할 수 있을 것이다.

Ⅱ. 학급경영의 실천적 원리

1. 자유의 원리

학습자의 인격을 존중하고 개성을 발전시킬 수 있도록 생활 조건의 확보. 학생은 자신이 선택한 것에 대해서는 책임을 가질 수 있도록 해야 한다.

2. 환경의 원리

학생이 교육적으로 의미 있고 풍부한 경험을 할 수 있도록 적절한 학습환경을 제공하여야 한다. 교사는 학생이 교육적이면서도 흥미로운 학습활동을 수행할 수 있도록 환경을 구성하여야 한다.

3. 개별화의 원리

교육은 학생 개인의 흥미와 관심에 따라 개별화되도록 하고, 그 자체가 학생에게 유익하여야 한다.

4. 존중의 원리

교육활동에서 학생에게 어느 정도의 자유가 허용되고, 학생의 흥미와 아이디어는 중요시되며, 교사와 학생 사이에 상당한 상호작용이 있어야 하고, 교사의 권력 사용은 최소화되어야 한다.

5. 참여의 원리

교육활동이 효과적이기 위해서 학생은 학습활동에 적극적으로 참여해야 한다. 학생 자신이 수업에서 많은 역할을 수행하도록 하고 학습 내용, 학습 시기, 학습 방법에 대해서도 선택을 할 수 있도록 해야 한다.

6. 흥미의 원리

학생이 학습에 흥미를 갖도록 하기 위해서는 생활환경을 새롭게 마련하고, 성공감을 갖도록 지도하고, 다음 학습에 대한 준비태세를 갖도록 하며, 자율적 활동을 적극적으로 권장한다.

7. 협동의 원리

학급 집단의 안전과 이익을 위하여 협동 생활을 할 수 있도록 생활 환경적 조건을 마련해 주고 지도하여야 한다.

8. 창조의 원리

학급 내외의 생활에서 과학적인 마음, 즉 자료의 모집과 분석, 통합, 정리, 활용하는 방법을 지도하고 그러한 실제 생활의 기회를 만들어 주어야 하며 관찰, 실험, 실습, 현장학습 등을 통하여 과학적이고 창조적인 태도가 길러지도록 해야 한다.

9. 요구의 원리

당면한 사회적 요구나 과제, 학습자의 요구, 가정의 요구 등을 발견하여 교육적 가치가 있다고 인정되는 내용은 가급적 충족시켜 주어야 한다.

10. 접근의 원리

교사와 학생 또는 학생 상호 간의 의사소통과 인격적 접근으로 개인과 학급 전체가 발전되게 한다.

11. 발전의 원리

학급 교사는 꾸준한 자기반성과 평가를 비롯하여 평소 학습자의 생활 실태, 학급의 교육적 제 조건을 관찰·평가·반성하여 보다 나은 방향으로 변화될 수 있도록 해야 한다.

Ⅲ. 학급경영의 방향

1. 학생의 개성을 살리는 학급경영

교사는 교과지도, 생활지도, 특별활동지도, 학급경영 등의 업무를 수행하느라 매우 바쁘다. 오늘날 학급경영의 문제는 학생의 변화에 교사의 부적응에도 문제가 있다. 교사와 학생들이 신뢰관계를 형성하고, 학생 개개인이 휴식하고, 충실한 생활을 하며, 성장할 수 있는 학급을 형성하는 것이 요구된다.

가. 학생 개개인의 거주 장소로서 학급 환경을 조성

학급경영은 학급에서 학습 효과를 제고하기 위한 제반 조건을 정비하는 활동이다. 학생은 교사나 동료 학생으로부터 인간으로서 승인되고, 존재감을 느껴서 만족할 수 있어야 한다. 모든 학생이 이러한 감정을 갖도록 하는 것이 교사의 중요한 역할이며, 학생 개개인의 개성을 신장하기 위해서는 개개인의 자아실현을 도모하기 위한 노력이 요구된다. 이를 위하여 학급 자체를 학생 모두가 행복하고 편안한 공간이 되도록 하여야 한다.

나. 학생 개개인의 장점을 발견하고, 인정하고, 신장하기

학생의 나쁜 점보다 장점을 발견하는 데 더 많은 관심을 갖도록 하며 사소한 장점도 확인하여 인정을 하고 칭찬을 할 때 즐거움과 기쁨을 맛보게 되며, 자신감을 갖게 하고, 장래를 긍정적으로 결정하게 한다.

다. 학습에서 학생 개개인의 개성을 신장하기

학생은 생애를 통하여 학습하는 데 필요한 기초적·기본적 내용을 학습할 필요가 있다. 이와 함께 학습 의욕을 향상시키는 것이 매우 중요하다. 학습에서 개개인의 개성을 생각하고 신장하도록 하기 위하여 개인차를 고려한 수업 지도가 이루어져야 하고, 전체 교과에서 개개인의 장점을 살려 간다.

라. 생활에서 학생 개개인의 개성을 신장하기

학생의 본성이 나타나는 것은 수업만이 아니고, 다른 학교생활 속에서도 많이 나타나므로 수업 이외의 장소나 활동 등에서 개성을 확인하고 신장하도록 한다. 이를 위하여 교사는 가능한 한 학생과 함께 활동하는 것이 중요하다.

2. 바람직한 집단을 형성하는 학급경영

학급은 학생이 학교에서 학습과 생활을 하는 단위집단이다. 학급에서 교육은 학생 집단을 통하여 이루어지는 경우가 많다. 따라서 학생의 성장발달에는 바람직한 학급집단의 형성이 요구되며 교사와 학생 개개인의 노력에 의하여 형성된다. 학급이 학생 개개인에 대하여 지원적 풍토이면 학생의 학습성취도 높아지고, 자아실현이 가능하게 된다. 학급구성원들 간에 신뢰관계가 형성될 때 학생 개개인이 바람직하게 성장할 수 있고 자신의 생각을 자유롭고 평등하게 발표할 수 있다.

가. 학생의 신뢰와 협력 관계의 형성

신뢰와 협력 관계의 형성은 상대를 존중하는 것에서부터 가능하다. 학습에 경쟁 원리를 불어넣어 경쟁을 시키는 것은 바람직하지 않다. 소집단이나 역할분담을 하여 집단 속에서 협력적 관계의 의의와 방법을 학습하도록 한다. 교사와 학생의 인간관계 형성은 교사가 학생을 존중하고 중요시할 때 가능하게 된다. 학생의 장점을 적극 강조하고 모든 학생이 자신의 목소리를 낼 수 있도록 한다. 교사는 학생에게 유머를 사용하기도 하고, 같이 놀기도 하며 학생과의 심리적 거리를 좁혀 학생의 이야기를 듣는 것이 중요하다.

나. 학생 개개인의 자유와 자아실현의 보장

학급 생활에서는 구성원들이 상호 존중하고, 다른 사람의 이야기를 경청하며, 질서를 지키는 등 최소한의 약속과 그것을 지키려는 노력이 필요하다. 학생들 스스로 지키려고 결정한 것은 더 잘 준수하는 경향이 있고 이러한 학급은 자유와 규범이 공존하여 바람직한 학급이 된다.

3. 학급에서 교사의 역할

첫째, 학습 촉진자로서 역할: 지적 호기심 유발

둘째, 조언자 및 지원자로서 역할: 적절한 조언과 도움 제공

셋째, 실험자로서 역할: 교사 자신을 아이디어와 학습 자료를 조성하고 채택하는 능동적인 실험자로 인식

넷째, 학생 이해자로서 역할: 학생 행위에 영향을 미치는 요소들의 상태를 정확히 이해

다섯째, 의사결정자로서 역할: 교육 및 인간발달 등에 관련된 광범하고 심도 있는 지식 확보

여섯째, 학습자로서 역할: 변화에 대처하는 새로운 지식과 기능 습득(교수자이면서 학습자로서 꾸준하게 연찬)

일곱째, 전문가로서 역할: 교직은 교육을 위한 전문직으로 인간적·전문적 자질을

여덟째, 동반자로서의 역할: 학생들과 사제동행하는 든든한 동반자, 동행자로서의 역할 등을 수행하여야 한다.

Ⅳ. 창의적인 학급경영의 실제

1. 일과(日課)의 운영 관리

<표 Ⅰ-12-1> 학교의 일과 운영표(예)

일과 시간	활동 내용
시업 전	통풍, 채광, 냉·난방 상태 관리, 학습지도에 사용될 용구 정비, 등교하는 학생을 웃는 얼굴로 맞이하기
아침 자습	학생의 능력에 따라 자주적으로 학습할 수 있으며 교육효과를 높일 수 있는 적절한 양의 아침 자습 활동 제시 -요일별 다양한 활동
시업 시	학생에게 긍정적인 태도와 단정한 차림으로 대하기, 당일의 학습활동 계획 및 생활 전반에 대한 확인과 지도 -교사의 기분보다 학생의 심리적 상태를 더 중요시하기
휴식 시간	학습활동에서 오는 피로와 정신적 긴장 해소, 학생의 놀이와 개성 관찰 기록
급식 시간	손 씻기, 올바른 식사 자세 지도, 정서 순화에 도움을 줄 수 있는 음악 감상 등
반성회	하루의 수업 활동 및 생활 반성, 내일 준비 사항 가정 전달 사항 등 전달-알림장 활용
청소	학생과 함께 하기, 근로의 가치, 협력의 필요성 등의 이해
하교	학생의 태도 파악하고 저학년인 경우 교문까지 인솔, 교통 및 생활 안전 지도
방과 후	학습 부진아 및 지진아 지도, 다음 날 학습 준비를 예고

2. 교실의 공간 구성

가. 좌석 배열

신체적 성장 속도, 아동의 건강 상태, 인간관계, 정서적인 안정 등을 고려해야 하며 지적 자극을 줄 수 있고 사회성을 넓힐 수 있도록 배치한다.

① 전통적 배열: 학급에서 통제를 많이 요구하는 상황, 과업 지향적인 상황, 학생들 간에 상호작용이 필요 없는 상황 등에 효과적이다.

② 수평적 배열: 학생의 관심을 교사에게 집중시킬 수 있기 때문에 학생이 앉아서 과업을 성취하는 경우나 암기 학습에 유용하다. 이웃 간에 상호 작용이 가능하고, 더 용이하게 공동으로 일을 할 수 있게 하며, 학생이 교사에게 더 가까이 앉을 수 있으므로 학습 자료의 제시 등에 효과적이나 대집단 토의 등에 부적절하다.

③ 소집단 배열: 4명 정도의 학생이 마주 보고 앉은 형태로 학생들 간에 서로 이야기하고 도와주며 소집단 학습과 집단적인 과업 수행에 효과적이다.

④ 원탁형 배열: 전체 학생이 하나의 원의 형태로 앉은 상태이다. 대집단 및 전체학습 활동에 바람직하고, 토론에 유용하며 학생들 간에 상호작용을 증진하는 데 초점을 두

고 있으나 학급 전체를 통제하는 데 비협조적이다.

⑤ 말발굽형 배열: 화기애애한 분위기에서 토의할 수 있게 되며 학생들 간에 감독 기능이 강화되어 토의에 집중할 수 있고, 발표가 많아질 수 있다.

⑥ 모둠형 배열: 교사가 제시한 것을 학생 모두가 가까이 보아야 하거나, 학습 문제를 심도 있게 분석하거나, 소규모 시청각 기자재를 보아야 하는 상황에 유용하다. 그러나 학생 통제에 문제가 야기될 수 있으므로 짧은 기간에 시행되어야 한다.

나. 학급 환경

교실 내 환경의 복잡성은 학생의 흥분과 성취수준에 영향을 미친다. 교실의 환경은 단순하기보다는 어느 정도의 복잡성을 유지하여 다소 많은 양의 자극을 제공하고, 환경에 대한 탐구의 기회를 부여하여 학습을 촉진하는 것이 바람직하다.

① 교실 각 장소를 학습활동의 장으로 활용

② 내용을 간추려서 교육적으로 정선된 작품을 게시

③ 자주 바꾸어 주는 내용으로 입체적으로 잘 보이게 배치

④ 계절과 행사에 관련한 내용 학생들의 자발적인 구성

⑤ 미적 감각을 고려한 조화로운 게시

⑥ 정면(안정, 정돈감), 후면(동적, 활동감)

⑦ 학습자의 우월감이나 열등감 배제

⑧ 벽신문(학년수준에 맞게 내용 편집지도)

⑨ 학급문고(도서 다루는 법, 독서 카드 비치 활용)

⑩ 관찰 재배(교과 관련, 관찰기록부, 전 학생 참여)

3. 학생 생활지도

가. 생활지도의 방향

교사가 학생 생활지도의 효과성을 도모하기 위해서는 생활지도의 기본 방향을 명확하게 설정하여야 한다. 생활 지도의 기본 방향은 학급의 학생 실태에 적절하게 설정되어야 하며, 대개 다음과 같이 설정할 수 있다.

1) 학생의 건전한 발달의 촉진

① 교사는 생활지도의 기초로서 건전한 학생관을 확립하여야 한다.

② 교사는 학생을 변화하는 존재로 인식해야 한다.

③ 교사는 학생이 바람직한 습관을 형성하도록 해야 한다.

④ 교사는 학생의 문제 행동에 효과적으로 대처하도록 한다.

2) 풍부한 인간성의 함양

① 충실한 도덕 교육을 통한 풍부한 마음을 기르는 학급 집단 형성

② 풍부한 체험 활동을 통한 학생과 교사와의 신뢰 형성

③ 가정 및 지역사회와의 연계 강화

나. 생활 지도의 방법

생활 지도는 학급의 제반 활동에 학생의 협력과 참여를 높이기 위한 교사의 의도적인 행위이다. 학년 초 학생의 관점과 관심을 이해하고 학년수준에 맞는 규칙을 설정하여 게시한다. 규칙은 가능한 한 적게 하고 고학년의 경우 토론에 의해 설정하게 한다. 교사는 학생이 규칙을 준수할 것으로 믿는다는 것을 인식시키고 학생들이 규칙을 지키려고 노력하도록 안내한다. 다른 사람의 잘못을 지적하기 전에 자기의 행동을 먼저 반성하는 자세를 갖도록 지도한다. 내 탓을 앞세우는 자성론 교육이 필요하다.

4. 교수·학습의 관리

가. 교수·학습 관리의 방향

① 학생 개개인의 능력을 신장하는 학습지도

② 학생 스스로 학습하고 생각하는 능력을 배양하는 학습 지도

③ 학습을 촉진하는 분위기 조성

④ 학생의 흥미와 개성을 고려한 학습지도

나. 교육 내용의 관리

① 적절한 곤란도의 교육 내용 선택

② 학생의 권태감을 해소 및 흥미를 유발할 수 있는 다양한 학습활동 전개

③ 학습 강화를 위한 과제 제시(스스로 30분 정도에 해결할 수 있는 양)

④ 숙제는 판서로 학생들이 과제 내용을 명확히 알 수 있도록 제시한다.

⑤ 예습보다 복습에 초점을 두고 반드시 성공적으로 할 수 있도록 한다.

⑥ 숙제의 완성 여부를 꼭 확인하고 기록한다.

5. 학급 교육과정 운영 사례

가. 신나는 수업 참여 조장

1) 교과별 자기 수업모형 정립

교사가 자신감을 갖고 수업에 임할 수 있도록 각 교과의 특성에 맞는 수업모형을 정립하고 학생들의 학습 방법이 정착될 수 있도록 훈련한다.

2) 기본 학습 훈련(경우에 맞는 발표)

자신의 생각을 잘 정리해서 조리 있게 발표하는 것은 학습 진행을 위해 매우 중요하므로 발표를 할 때는 자세, 목소리의 크기, 어조 등에 유의해서 자신 있게 발표하도록 하며 발표 요령을 잘 알아 활기 있고 신나는 공부가 되게 한다.

〈표 Ⅰ-12-2〉 학급생활의 기본학습 훈련(예)

경우	발표 요령
의견 제시	○제 생각을 말해 보겠습니다. 저는 ~라고 생각합니다. ○저도 말해 보겠습니다. 제 생각에는 ~인 것 같아요. ○제 생각은 ~과 다르며 ~입니다.
찬성 표시	○저도 그렇게 생각합니다. ○저도 ~와 같은 생각입니다.
보충 설명	○또 ~라고도 합니다.
질문 제기	○~은 잘 모르겠는데 다시 말해 주십시오.
수정 의견	○~의 생각도 좋지만 ~이 더 좋을 것 같습니다. ○그것은 ~이 더 좋을 것 같습니다.

3) 학생들의 자기 주도적 학습력 다지기

학생의 기초 기본 학습력을 신장시키고 잠재적 능력과 창의적이고 신나는 학교생활을 하기 위해 다양하고 즐거운 아침 자율 활동을 전개한다.

〈표 Ⅰ-12-3〉 요일별 학급 활동(예)

요일별	월	화	수	목	금	토
활동영역	독서활동	게임 및 율동 (동요 부르기)	시와 그림 종이접기	한자 공부	경필, 받아쓰기 기초연산	줄넘기 및 달리기

4) 효과적인 학습지도 방법

명랑한 학습 분위기를 조성해 주고 학생 스스로의 만족감을 얻게 하여 스트레스를 해소시켜 주며 학생과 교사 간에 대인관계의 문을 열어 주어 학습에 대한 적응력을 길러 주기 위한 주의집중 방법으로 손 유희, 노래 율동과 게임 등 다양한 레크리에이션을 적용한다.

나. 알차고 보람된 학교생활을 위한 다양한 활동

〈표 Ⅰ-12-4〉 학급의 목표와 내용(예)

학급목표 \ 구분	교육과정(활동)	주요 내용(활동)
심성이 고운 어린이	착한 일로 시작하는 하루	등교하면서 휴지 줍기
	노래 마을	주제가 있는 노래 부르기
	시 그림	주 1회 시 한 편씩 읽고 옮겨 쓰기
	그림 그리기	주 1회 창의적인 생각 그림 그리기
	악기 연주(오카리나불기)	집중 공부 후 매일 10분씩 불기
	자연 친화	자기가 가꾸는 식물과 사랑의 대화하기
	이웃 사랑 실천	사랑의 저금통에 저금하기
건강한 어린이	아침 달리기	매일 아침 운동장 1바퀴 달리기
	교실 체조	공부 시작 전 5분(플래시 자료 활용)
	운동장 놀이	토요일 아침 놀이기구를 활용하여 놀이하기
	음악 줄넘기	주 1회 음악에 맞추어 줄넘기
지혜로운 어린이	튼튼 수학	가감승제의 철저한 반복연습
	책사랑	재미있고 창의적인 독후 활동(월 1회 시상)
	짧은 글 짓기	짧은 단어를 활용하여 문장 구성하기
	한자 공부	한자 급수 도전
스스로 하는 어린이	칭찬릴레이	자신의 잘한 점을 칭찬해 주기(일기장)
	협동학습 역할	협동학습의 방법 활용하기
	일기	일기 쓰고 부모님과 대화하기(답 글 써 주기)
기타. 학급문화	학급앨범	사진 속 우리들의 이야기
	사진 속의 나	몰래카메라로 찍힌 학습활동 보며 자기 반성하기
기본생활 훈련	·바른 말, 바른 자세로 인사하기 ·책상 속 정리, 가방처리 ·거수, 발표 자세 ·복도통행, 교실출입 요령	·학급규칙 정하고 지키기 ·의자에 앉는 자세 ·집필 자세 ·1인 1역 ·청소 방법(의자, 책상 다루기) ·화장실 사용법 ·심부름 자세

V. 맺고 나오는 글

효과적인 학급경영을 위해서는 학생의 발달 단계에 따른 지적·정서적·신체적·사회적 발달의 특징과 학습 능력 및 준비도, 그리고 집단의 역할과 사회적 심리의 이해를 근거로 하여 학급의 모든 활동이 구성되고 운영되어야 한다.

민주적 학급경영에서는 학급구성원 개개인의 인격이 존중되고, 자유로운 학급 분위기가 조성되며, 학생 스스로 결정할 수 있고 책임질 수 있는 자율적 행동이 조장된다.

학급경영의 효과성은 학급의 목표가 성공적으로 달성되는 것을 의미하며, 능률성은 학급의 자원을 경제적으로 활용하여 최내의 성과를 얻는 것을 말한다. 따라서 학급 자원의 경제적·효율적 사용으로 학급의 목표를 달성함과 동시에 학급구성원의 심리적 만족을 충족시키는 학급경영을 효율적인 학급경영이라 할 수 있다. 학급경영은 담임교사가 자신의 의도와 희망대로 학생 교육과 학급 환경 등 인적·물적 자원을 활용하여 바람직한 학급의 성취와 과업을 수행하는 활동으로서 아주 중요한 교사활동이다.

제13장 교육 개선과 혁신을 위한 '현장 교육연구'의 새로운 접근과 탐색

I. 들어가는 글

우리는 어떤 문제가 생겼을 때, 그 문제를 생각해 보고, 탐구하고, 문제해결의 방안을 찾고, 그리고 그러한 과정을 통하여 새로운 사실을 발견하는 것을 연구라고 한다. 다시 말하면, 연구란 그럴듯한 방법을 동원하여 새로운 사실을 발견함으로써 문제를 해결해 나가는 과정이라고 말할 수 있다. 여기에서 그럴듯한 방법이란 과학적 방법을 말한다. 과학적 방법이란 문제를 확인하고, 가설을 설정하고, 자료를 수집하고 분석하며, 그에 따라 결론을 도출하는 과정이 타당하고, 신뢰로우며, 객관적인 방법이라는 말이다. 이러한 과학적인 방법을 통하여 문제를 해결함으로써 얻은 결과를 우리는 새로운 지식이라고 한다.

어떤 문제에 대한 새로운 지식은 옛날의 지식과 대체되기도 하고, 무수히 많은 지식이 과학적 연구를 통하여 새롭게 생겨나기도 하는 것이다. 그래서 연구를 지식의 생산과정이라고도 말할 수 있다. 진리탐구라는 거창한 말도 따지고 보면 연구를 통하여 새로운 지식을 생산하는 노력이라고 말할 수 있다. 이러한 연구를 통해서 새로운 지식이 무수히 생겨나며, 이러한 새로운 지식으로 말미암아 사회는 발전하고 또 빠르게 변하기도 하는 것이다.

교육연구는 교원의 교육 전문성 신장과 교육의 질 개선을 목표로 하고 있다. 즉 바람직한 교육으로서의 개선과 혁신의 방향 탐색과 방안 모색이 그 지향점이 있다. 이러한 교육연구는 교원들의 교육전문성 신장에 아주 중요한 활동인데, 그 목적에 따라, 관점에 따라, 그리고 학자에 따라 다양하게 분류하고 있다. 이렇게 다양하게 분류하고 있는 연구 활동 중에서 현장에서 많이 다루고 있는 교육연구와 현장 교육연구에 대해 논의해 보는 것은 매우 의의 있는 일이다.

II. 교육연구와 현장 교육연구

1. 교육연구

일반적으로 연구에서는 무엇을 연구할 것인가라는 '주제(主題)'가 있게 마련이고 그 주제는 어느 학문연구의 영역이냐에 따라서 연구의 성격이 달라진다. 인간을 교육하는 데 관련된 광범위한 연구의 분야를 교육연구의 주제 분야로 설정할 수 있다. 인간의 행동변화에 관한 이론, 교육의 심리학적 접근, 교육과정의 개발과 적용, 교수방법 및 교과별 학습지도 방법, 교육공학적 활용, 생활지도와 상담, 교육측정과 평가, 교육행정과 학교경영, 교육의 사회학적 접근, 학교와 지역사회, 교육철학의 비교 교육학적 측면, 교육제도의 문제, 교육의 사적 고찰 등 연구의 영역이 광범위하다. 이와 같은 교육분야에서의 기초연구와 개별연구를 모두 총괄하여 교육연구라고 말한다. 또한 문헌분석을 통한 분석적 연구와 조사, 비교, 상관, 실험 등 다양한 경험적 연구를 수행할 수 있다. 단지 연구의 주제가 교육과 관련된 연구를 교육연구라고 한다. 그러나 교육연구에서도 연구의 방법은 철저한 과학적 연구방법을 동원한다는 면에서는 다른 분야에서의 연구와 다를 바 없다.

2. 현장 교육연구

현장 교육연구를 매우 다양하게 정의할 수 있지만, 일반적으로 공통점을 종합하여 정의하면 "현장 교육연구란 교육실천가들이 교육현장에서 실제문제에 관한 사실이나 문제의 해결방안을 과학적 방법으로 발견하고 설명하며 예언하거나 적용하는 과정" 이며 "현장교사에 의하여 연구가 추진되고 교육실천 개선이 목적이고, 연구결과의 일반화는 보편성을 띤 것이 아니라 그 교육현장에 국한된 것"이다. 즉 현장 교육연구는 다음과 같은 특징을 갖는다.

첫째, 바로 지금 현장에서 문제시되고 있는 사항에 관심을 둔다.
둘째, 연구에서 밝혀진 결과는 현장의 적용 가능성에 의하여 평가된다.
셋째, 연구는 학교현장의 개선과 성취에 그 목적을 두어야 한다.
넷째, 일선교사가 연구에 참여하고 스스로의 입장에서 문제를 찾게 된다.
다섯째, 가능한 한 과학적 지식에 바탕을 두고 연구되어야 한다.
여섯째, 현장 교육 개선을 위한 화급한 문제에 초점을 맞춘다.

일반적으로 현장 교육연구는 교육의 현장에서 일어나는 여러 가지 문제를 해결하여 보다 나은 교육의 환경을 만들고 효과적인 교육을 통하여 학생들의 교육적 성과를 높이기 위한 연구임을 알 수 있다. 교육의 현장이란 곧 학교일 수도 있고, 교사와 학생이 함께 상호작용하는 교실일 수도 있다. 또 학교와 가정, 부모와 학생, 매스컴과 교육, 교육부와 학교와의 관계, 교장과 교사의 관계, 지역사회와 학교 등 교실과 학교 내외에서의 일어나는 교육에 관련된 모든 문제를 해결하고, 새로운 교육환경을 조성하여 효과적인 교육을 마련하는데 필요한 연구를 현장의 교사들이 수행하는 것을 현장 교육연구라고 말할 수 있다.

3. 교육연구와 현장 교육연구의 비교

일반적인 교육연구는 대개 표집에 따르는 오차를 줄이기 위해 표본수를 가능한 한 많게하고, 매개변수를 최대한 통제하는 등 연구결과를 모집단에 일반화하기 위해 엄격한 과학적 연구절차를 적용한다. 반면 현장 교육연구를 한 학교 단위로 이루어지기도 하지만 대개의 경우 한 명의 교사에 의해 한 학급을 단위로 이루어지며, 연구의 초점도 일반교육 문제에 적용할 수 있는 과학적 지식을 얻으려는 것보다는 교실상황에서 발생하는 특수한 교육문제를 해결할 수 있는 방안을 마련하는 데 있다.

현장 교육연구는 교실 내에서 발생하는 교육적 문제를 해결하기 위하여 과학적 방법을적용해 나가는 과정이다. 교육적 문제에 대한 해답을 구한다는 점에 있어서는 일반적인 교육연구와 비슷하지만, 연구를 통해 발견한 사실을 어느 범위까지 일반화시킬 수 있느냐에있어서는 중요한 차이가 있다.

따라서 어떤 교사에 의해 수행된 현장 교육연구의 결과는 그 교사에게는 중요한 의미가있지만 적은 사례 수, 통제의 결여, 과학적인 표집기법의 부재로 인해 그 결과를 다른 학급에 일반화하는 데는 많은 주의를 요한다. 하지만 현장연구는 현장의 교사나 행정가에게 권위나 개인적 경험에 의한 방법보다 훨씬 객관적이고 체계적인 문제해결방안을 마련해 주며, 그것은 종종 현장교육에 있어서의 과학적 지침이 된다.

Ⅲ. 현장 교육연구의 실천 및 보고의 실제

1. 현장 교육연구 보고서 작성

일반적으로 현장 교육연구는 문제의 발견(주제설정), 문헌과 선행연구 고찰, 가설형성,연구설계, 도구제작, 연구의 실천(자료 수집, 실행, 실험), 수집된 자료 분석(검증 및 평가),연구 결과의 보고 등의 일반적인 과정을 거친다.

현장교육 연구에 있어서 연구보고서는 연구결과에 대한 최종 산출물로서 가장 중요한 위치를 차지하고 있다. 연구보고서는 연구자가 연구의 전 과정에서 다룬 연구 내용과 활동들, 그리고 그 결과들을 타인들에게 전달할 목적으로 쓴 글로서 이를 효과적으로 잘 기술한다는 것은 대단히 중요한 일이다. 연구의 내용과 방법 등이 아무리 좋다고 하더라도, 그것을 전달하기 위한 연구보고서가 체계적으로 잘 기술되어 있지 못하다면 연구내용 전체가 잘못 평가받기 쉽다. 현장에서 상당수 교사들이 연구를 성실하게 수행했지만 그 과정이나 결과를 알리는 연구보고서 작성 방법이 미숙해서 연구를 중도에 포기하거나, 연구결과에 대한 만족할 만한 보상을 받지 못하는 경우를 흔히 볼 수 있다.

이러한 점들을 감안해서 여기에서는 앞으로 각종 현장연구 대회에 참여하거나 현장연구를 하려고 계획하고 있는 일선 초·중등 교원들에게 현장교육 연구보고서 작성과 관련된 참고가 되는 자료를 제공한다는 취지에서 현장연구 보고서 작성과 관련된 몇 가지 사항들을 살펴보고자 한다.

2. 현장 교육 연구보고서의 문제점 및 고려점

각종 현장교육 연구대회에 제출된 연구보고서는 양적으로나 질적으로 매년 향상되어, 현장의 교육문제해결과 교수-학습방법 개선에 공헌한 바 크다고 하겠으나, 일부 연구자들의 옳지 못한 연구자세로 인해 질적으로 수준이 낮은 연구보고서들도 다수 제출되어 현장연구의 본질을 퇴색케 하는 원인을 제공하기도 하였다.

앞으로 현장연구가 교육현장의 새롭고 효과적인 교수·학습 방법과 교육의 질적 향상에 공헌할 수 있는 수준 높은 연구보고서가 산출될 수 있도록 하기 위해 지금까지 제출된 일부 문제시되는 연구보고서들이 가진 일반적인 문제점들을 종합, 정리해서 각 영역별로 제시하면 다음과 같다.

1) 연구보고서 체제

전국의 각종 현장교육연구대회에 제출된 연구보고서들의 대부분이 연구보고서가 갖추어야 할 논리적 체제나 형식에 너무 치우친 나머지 보고서의 형식과 체제가 거의 획일적으로 같다. 따라서 현장에서의 실제 활동, 실제 문제해결의 과정이나 결과 등이 소홀히 진술되는 경향이 있다.

보고서 체제가 획일화된 데에는 연구자가 아직도 연구보고서란 것이 어떤 것인지를 잘 모르거나, 보고서를 지도하는 분들의 잘못된 지도, 그리고 과거의 잘못된 선례, 즉 과거에 상위등급을 수상한 어떤 연구물들을 보고 흉내를 내는 데서 오는 폐단, 등이 그 원인이 아닌가 한다. 앞으로 연구주제에 맞는 좀 더 창의적이고 융통성 있으며, 생동감 있는 체제가 요망된다.

2) 연구주제의 설정 및 진술

연구주제는 구체적이어야 하는데 그렇지 못한 것이 많다. 연구의 주제만 보아도 무엇이 문제가 되어 어떤 방법으로 이 문제를 해결할 것인가를 예상할 수 있어야 하는데도 주제를 너무 폭넓게 잡거나, 형식에 치우쳐 잡는 경우가 있었다. 또한 현장의 교육활동에서 생기는 문제에서 그 주제를 잡아야 하는데도 연구를 위한 연구에 그친 주제가 많았으며, 개념이 불분명하거나 모호한, 생소한 용어로 제목을 설정한 것도 있다.

3) 연구의 목적과 연구문제

전반적으로 보아 연구의 목적의식, 문제의식이 분명하지 못한 연구들이 많았고 연구의 문제를 너무 광범위하게 설정해서 마치 특정분야 교육의 문제를 모조리 해결해 낼 수 있는 방법을 제시할 수 있는 것처럼 진술하는 경향이 있다. 연구의 문제를 설정, 진술할 때는 그 범위를 가능한 한 제한하고 학교현장에서 구체적으로 다룰 수 있는 것을 설정하도록 해야 겠다.

4) 연구의 범위와 대상

연구의 범위가 지나치게 광범하여 연구자의 능력이나 연구기간을 고려했을 때, 제한된 기간 내에 완수하기 어려운 연구들이 상당수 있었고, 연구대상의 선정에 불필요한 작업을 한 것도 있었다. 예를 들어, 실험집단과 비교집단을 설정하여 두 집단 간의 차이를 검증하는 통계적 의의도를 산출하는 경우가 있는데, 어떤 경우에는 그러한 실험설계가 적용되기 어려운 상황인데도 불구하고 무리하게 적용하여 연구 전체를 그르치는 경우가 있었다는 것을 염두에 두도록 해야겠다.

5) 용어의 정의

연구내용을 진술함에 있어서 용어의 개념과 적절성이 부족하다. 어떤 연구든 용어의 개념은 우선적으로 규정되어야 한다. 그럼에도 불구하고, 독단적인 개념의 규정이나, 개념규정 없이 내용을 진술한 보고서들이 많았다.

대부분의 보고서에서 용어의 정의는 불필요한 것같이 여겨진다. 이론적 배경에서 더 자세히 취급하고 있기 때문이다. 그 연구에서 특수한 의미로 쓰인 경우나 조작적 정의가 아닌 한 용어의 정의는 불필요하다고 볼 수 있다. 또한 자작용어나 용어의 남용이 심한 보고서들이 일부 있었다.

6) 이론적 배경 및 선행연구 고찰

이론적 배경은 문헌고찰을 통해 연구수행의 방향을 결정하고 연구내용이나 방법을 선정하는 데 기초가 되어야 한다. 그러나 연구주제나 연구내용과는 관계가 거의 없는 것들이 문헌고찰이나 이론적 배경 부분에 진술된 경우가 상당수 연구보고서에서 발견된다. 문헌고찰이나 이론적 배경은 연구주제와 관련된 구체적인 연구의 실행 내용과 방법을 이끌어 내는 데 직접적으로 관계되는 문헌이나 이론의 고찰이 되어야 한다. 직접적으로 관련이 없는 문헌의 내용이나 이론을 진술하는 것은 오히려 연구의 초점과 연구에 대한 인상을 흐리게 할 수 있다는 점에 유의하여야 할 것이다.

그리고 인용하는 문헌자료가 오래되었거나 인용하는 방식이 서투른 연구물들이 많았고 참고문헌의 필자명이나 책명이 틀린 것에서부터 출판사, 출판연도가 틀린 것이 적지 않게 나타나고 있다. 한 번도 읽어 보지 않은 문헌을 목록에 포함시켜서는 물론 안 되겠지만, 그렇지 않을 경우에라도 보고서 제출 전에 도서관에 가서 한 번쯤 대조하는 작업이 있어야 할 것 같다.

7) 연구의 내용과 방법

현장교육 연구에서 가장 핵심적인 부분이다. 연구주제와 연구문제해결을 위해 연구과정 전반을 통해 실제로 실행한 내용과 방법을 기술해야 한다.

연구내용과 관련된 문제점으로는 연구내용의 과다, 실행과정의 패턴화, 연구주제와 목적, 내용, 방법, 평가 간의 일관성 부족 등을 들 수 있다.

연구방법에 있어서는 주어진 연구주제와 목적에 가장 적합한 해결방법이 적용되어야 한다. 최근의 연구보고서들은 일반적으로 이러한 연구방법의 적용에 있어서 어느 정도 발전적 경향을 보이고 있지만 연구주제에 걸맞은 연구방법이 활용되지 못한 경우가 있다. 그리고 연구방법상에서 몇 가지 제한된 사례를 통해서 연구한 것을 일반화하고자 하는 내용이 많아 객관성을 높이기 위한 노력이 필요한 것 같다.

8) 연구의 결과

연구결과는 연구를 통해서 발견한 것으로서 연구에서 주장하는 결론을 정당화하기 위한 부분이므로 주장하고자 하는 결론을 뒷받침할 만한 충분한 자료를 제시해야 한다.

그러나 연구보고서에 나타난 것들을 종합해 볼 때 연구의 효과를 측정하기 위해 사용된 측정도구가 무엇이며, 어떻게 측정했는지를 명확히 밝히지 않았거나, 연구의 방법과는 거리가 먼 도구를 임의로 제작·활용하여 신뢰도와 타당도가 의심스러운 연구물들이 의외로 많았다. 연구결과에 대하여 다른 사람들이 신뢰감을 가질 수 있고, 연구내용을 적극 활용할 수 있도록 하기 위해서 객관적이며 설득력 있는 검정 방법을 선택하도록 해야겠다.

3. 연구보고서 작성의 특성과 유의사항

1) 정확성

연구보고서의 정확성이란 연구보고서를 쓸 때 문학이나 수필 등을 쓸 때와는 달리 가능한 한 그 뜻이 분명하게 전달되도록 문장을 기술해야 함을 의미한다. 애매하고 모호한 것, 이야기를 중간에서 생략하거나, 문장의 내용이 독자의 상상과 판단에 맡기는 식의 표현은 연구보고서의 문장으로는 적합하지 않다.

2) 일관성

일관성은 연구보고서 작성 시에 사용되는 용어의 일관성을 의미한다. 일단 어떤 특성이나 현상을 나타내는 특정한 용어나 숫자를 쓰기로 하였으면, 보고서 전체에서 일관되게 그 용어나 숫자를 사용해야 한다. 그리고 특정한 용어를 사용할 때는 그 의미가 보고서의 전체에서 동일한 의미로 사용되어야 하고, 서술방식에서도 일관성이 있어야 한다.

3) 연속성

연속성은 연구보고서의 장, 절 등이 바뀔 때 독자에게 그 의미가 단절되는 느낌을 주지 않고 부드럽게 연결되는 감을 줄 수 있도록 보고서를 작성해야 함을 의미한다. 그러기 위해서는 연구자의 생각이나 언급하려는 내용이 바뀔 때 그러한 변화를 미리 알려 주는 것이 좋다. 이렇게 되면 독자는 다음에 내용을 짐작하게 되고 마음의 준비를 갖추게 되어 보고서의 내용을 보다 쉽게 이해할 가능성이 높게 된다.

4) 간결성

연구보고서의 문장은 간결해야 한다. 간결한 문장은 독자의 정확한 이해를 도와줄 뿐만 아니라 제작비와도 밀접한 관계를 가진다. 따라서 필요 없는 부연이나 중첩 또는 유사어의 반복을 피하고 전달하고자 하는 내용의 요점만 간결하게 표현해야 한다.

5) 객관성

연구보고서는 그 서술이 객관적이어야 한다. 사실과 증거가 보고내용을 뒷받침하여야 하고 연구자의 단순한 의견이나 또는 주관적인 생각이나 자료가 바탕이 되어서는 안 된다.

6) 평이성

문장의 평이성은 내용이 쉽다는 것이 아니고, 읽기에 좋다는 것을 의미하므로 난삽하고 까다로운 어휘보다는 내용을 정확하고 간결하게 전달해 줄 수 있는 어휘를 사용해야 한다.

Ⅳ. 현장 교육 연구보고서 작성의 실제

1. 현장 교육 연구보고서 작성

연구의 내용과 연구자의 의도를 다른 사람들에게 정확하게 전달하려면 연구보고서를 장과 절로 적절히 나누어 조직적·체계적으로 작성할 필요가 있다. 연구보고서에는 틀에 박힌 일정한 양식이나 체제가 없다. 그러나 연구자는 자기가 계획하고 있는 연구의 내용이나 성격에 따라 보고서의 체제를 미리 구상하고 이미 알려져 있는 여러 가지 보고서 체제를 검토하여 나름대로의 연구보고서를 작성하여야 한다.

2. 현장 교육 연구보고서의 체제와 내용

연구보고서는 크게 보고의 앞부분, 보고 부분, 보고의 끝 부분으로 나눌 수 있다. 각 부분별 구체적인 내용을 살펴보면 다음과 같다.

가. 보고의 앞 부분

연구보고서에서 보고의 앞부분에 제시할 것은 표지, 표제, 목차 등이다.

1) 표지

연구보고서 표지에는 연구주제, 연도, 소속기관명, 연구자명이 반드시 포함되어야 한다.

2) 표제면

연구보고서 표지 다음에는 간지를 한 장 삽입하고 다음에 표제면으로 한다. 표제면은 표지와 동일하게 함을 원칙으로 한다.

3) 목차

연구보고서 목차에서 표나 그림이 많을 때는 목차를 내용목차, 표 목차, 그림 목차로, 그렇지 않은 경우에는 표와 그림을 합쳐서 표 및 그림목차로 하기도 한다.

나. 보고의 중심 부분

연구보고서 보고 부분에서 고려되어야 할 사항들은 서론, 이론적 배경, 연구방법 및 절차, 실행, 결과 및 논의, 요약, 결론, 제언 등이다.

1) 서론

(1) 연구의 필요성

연구를 하게 된 직접적이고 구체적인 동기나 필요, 이유를 진술한다. 가능하면 현장문제 속에서 교육적인 문제의식과 그것을 해결하기 위한 연구문제를 잡아 부각시키고, 해답을 얻고자 하는 것이 무엇인지를 명확히 진술한다.

(2) 연구의 목적

자기의 연구주제를 해결하기 위해 연구를 추진하면서 그 연구를 통하여 얻고자 하는 것이 무엇인가를 명확히 밝히는 것이다. 연구의 목적을 구체적으로 진술함으로써 대개의 경우 연구문제와 연구방법이 명확해지고, 얻고자 하는 연구결과가 분명해진다. 연구과정에서 이 연구목적은 결과를 예견해 주는 핵심요소가 된다. 항목식으로 진술하는 것이 좋겠으며,

그럴 경우에는 논리적 순서로 나열한다.

(3) 연구의 문제

연구의 필요성과 목적에서 진술된 내용들을 구현하기 위하여 연구자가 실제로 취급할 연구의 문제를 진술한다.

연구문제는 연구를 통하여 얻고자 하는 것이 무엇인지를 간결하고, 명료하게 묻는 의문문의 형태를 취하는 경우가 많다. 그리고 이 의문 또는 질문에 대한 잠정적인 해답 또는 결론이 가설이다.

(4) 가설(假說)

가설(假說)은 연구문제에 대한 연구자의 잠정적인 대답, 즉 결과에 대한 예측이며 현상과 현상에 대한 잠정적 진술이다.

가설은 연구문제 다음에 제시하는 것이 좋다. 그러나 가설은 연구자의 경험과 광범한 문헌고찰, 즉 연구의 이론적 배경을 검토한 다음에 설정될 수 있는 것이기 때문에 이론적 배경 다음에 제시하는 경우도 있다.

(5) 용어의 정의

해당 연구에서 사용하는 특정한 용어의 정의를 공식적으로 서술하여야 한다. 이때 용어의 정의는 학자들이 정의한 것을 그대로 인용하기보다는 이 연구에서 특별한 의미를 가진 용어에 대한 정의를 객관적으로 서술하여야 한다.

(6) 연구의 제한

연구문제가 분석되고 정의되었으면, 연구의 한계와 범위는 어느 정도 시사(示唆)되고 암시되는 것이 사실이다. 연구자는 연구의 범위나 제한점을 분명히 알고 구분하여 적용하는 것이 바람직하다.

그리고 여기에는 연구 내용과 관련된 것만이 아니라, 자료와 방법의 한계나 약점 또는 제한점 등도 솔직히 지적해 두어야 한다.

2) 이론적 배경

연구보고서 작성에서 일반적으로 이론적 배경은 연구의 주제나 연구문제와 관련되는 주요 개념이나 이론에 대한 세밀하고도 광범한 진술을 하는 부분(관계문헌 고찰)과, 선행연구들을 정리·분석·제시하는 부분으로 구성된다. 이 두 부분 모두 연구의 기본이 된다.

3) 기초조사 및 문제분석

연구문제가 선정되면 연구주제, 연구문제와 직접 관련 있는 실태조사나 문제를 분석하여 진술한다.

주제의 범위나 문제의 원인, 사실 등을 규명하여 연구의 제한점, 방법 또는 애로점, 가설 형성 근거를 암시하거나 인정할 수 있도록 작성한다.

연구의 주요문제를 하위문제로 조사·분석하되, 분석된 내용을 신중하고 객관적 태도로 철저히 분석하고, 문제의 형태나 자료의 출처, 분석방법 등도 밝혀 두어야 한다.

4) 연구의 방법 및 절차(연구 설계)

연구방법 및 절차를 밝히는 일은 어떻게 연구를 하였는가를 밝히는 것이다. 이것을 봄으로써 연구의 윤곽을 알 수 있도록 연구의 대상, 기간, 절차, 측정 및 도구, 자료 수집 및 분석방법 등을 진술하도록 한다.

(1) 연구의 대상

연구대상은 연구집단이나 통제집단의 대상자의 소속, 수, 성, 연령 등을 기술함은 물론, 연구대상을 선정해서 각 집단에 배치한 방법이나 선정의 절차에 관한 진술도 있어야 한다.

(2) 연구의 기간

연구기간은 전체적인 기간만 명시하면 된다. 연구 계획을 위한 문헌연구 단계부터 보고서 완료단계까지의 전체 기간만을 진술한다.

(3) 연구의 절차

연구진행의 절차는 문헌연구, 연구계획의 수립, 대상 선정, 도구의 제작 및 검증, 자료 수집 및 처리, 보고서 작성과 같은 과정을 진행 일정에 따라 상세하게 기술하도록 한다.

(4) 측정 및 도구

연구에 사용된 관찰도구나 검사도구의 특성에 대하여 상세하게 기술한다. 표준화검사나 다른 연구자가 이미 사용한 검사도구를 사용할 때는 각 도구의 신뢰도와 타당도, 문항의 수와 성격, 제작자, 연도 등에 대해서도 기술한다. 자신이 검사도구를 제작한 경우는 제작과정을 상세히 진술한다.

(5) 자료의 수집과 분석방법

자료의 수집과 분석방법에서는 자료의 수집 및 분석과 관련된 모든 점을 상세하게 기술하여야 한다. 자료 수집 단계, 각 단계에서 실시된 도구, 실시순서와 소요시간 등을 기술하고 자료 수집에 사용된 각종 도구들의 내용은 부록에 제시한다.

또한 이 부분에서는 자료분석방법과 과정에 대해서도 가능한 한 자세하게 기술하여야 한다. 사용한 통계방법, 그러한 방법을 사용한 근거, 분석결과의 제시방식 등을 이에 포함시킨다.

(6) 연구의 실행

현장연구가 지도, 실천, 개선이 목적이기 때문에 계획도 중요하지만 실천이나 실행이 더욱 중요시된다. 연구의 실행은 사실과 깊은 관계를 둔 과정으로서 새로운 사실을 발견·수집하고 실천하는 활동이다. 같은 연구문제라도 연구자의 취향에 따라 가설을 설정하고 실행에 옮길 수도 있고, 실천목표나 실행중점 등을 설정하여 실천하기도 한다. 현장에서는 아직도 실천목표나 실행중점을 설정하고 추진하는 경우가 많은데 이는 좀 더 많은 연구와 검토가 필요하다고 본다.

연구의 실행은 우선 가설 또는 실행중점이나 실천목표 등을 진술하고, 이의 실천을 위한 구체적 내용과 방법 그리고 실천한 과정이 구체적으로 제시되어야 한다. 이 부분은 대개의 경우 교육활동 중에 이루어지기 때문에 조건통제를 엄밀히 할 수는 없겠으나 어떤 처치를 가함에 있어서 가능한 조건통제를 취하여 연구결과의 타당성이나 신뢰성을 높여야 한다.

그리고 실행과정에서 일어날 수 있는 변인이나 조건을 주의 깊게 살펴보고 실천과정의 마지막 부분에서 이러한 진술을 포함시키면 더욱 좋다.

최근에는 과제의 실행결과에 대한 반성 및 느낀 점 등을 표현하는 경우를 가끔 볼 수 있다.

(7) 결과 및 논의

결과는 가설이나 실행중점이나 목표 등을 실천한 후의 성과 여부를 알아보는 것으로 모든 증거자료를 종합해서 적절하게 해석하고 연구의 의의를 밝히는 것이다. 연구의 실천과 정에서 수집된 증거자료를 바탕으로 하여 예견했던 결과가 실천 이전과 이후에 또는 실험 군과 비교군 간에 의미 있는 변화가 이루어졌는지를 알아보는 것이다. 여기서 제시되는 자료는 객관성, 수량화, 계수화가 요구된다.

논의는 연구보고에 있어서 연구자의 주관적인 견해가 비교적 자유롭게 개진될 수 있는 부분이다. 얻어진 연구결과를 다른 연구와 관련지어 보고 결과에 대한 일반화의 한계, 문제점 등을 다룰 수 있다. 또한 연구를 진행하는 과정에서 느낀 점, 표집이나 측정도구의 문제, 연구방법 상의 문제 등을 기술함으로써 다음 연구자들이 참고할 수 있도록 한다.

(8) 요약, 결론, 제언

요약은 전체 보고서를 읽지 않아도 연구의 윤곽을 파악할 수 있도록 간결하면서도 포괄적으로 연구 전체를 기술한다. 대개 연구의 목적과 문제, 가설과 연구방법, 그리고 연구의 결과를 포함시킨다. 이론적 배경은 생략하는 경우가 많다.

결론은 연구문제에 대한 해답이다. 결론부분은 연구결과의 일반화 과정으로 연구결과에 근거를 두고 일반적 사실이나 법칙을 진술하는 것이다. 따라서 연구에서 얻은 결과와는 동떨어진 비약된 해석이나 일반화가 되지 않도록 주의해야 한다.

제언은 어디까지나 연구의 결과에 기초해야 한다. 연구결과와는 아무 관련도 없이 평소에 생각하던 것을 제언으로 내세우는 것을 가끔 볼 수 있는데 이는 잘못된 것이다. 제언의 근거는 어디까지나 연구의 결과에서 찾아 기술하도록 해야 할 것이다. 제언에서는 이번 연구와 관련하여 앞으로 더 연구되어야 할 과제도 진술할 수 있다.

일반적으로 요약, 결론, 제언은 전체 연구보고서 분량의 10% 이내로 작성함이 바람직하다. 다만 주제에 따라 그 분량이 증감될 수도 있다.

다. 보고의 끝 부분

보고의 끝 부분은 참고문헌과 부록으로 구성된다. 참고문헌과 부록에는 아라비아 숫자의 일련번호로 페이지를 표시한다. 부록은 참고문헌 다음에 달며, 부록의 목차는 앞에 있는 표 목차 다음에 있는 것이 좋다. 부록은 본문에 넣으면 번잡스러운 것 또는 참고적인 것을 수록한다. 예를 들면 조사양식, 질문지 내용, 상세한 통계표, 법령, 기타 참고 자료 등이 이에 해당한다.

V. 맺고 나오는 글

일반적으로 어떤 문제가 생겼을 때, 그 문제를 생각해 보고, 탐구하고, 문제해결의 방안을 찾고, 그리고 그러한 과정을 통하여 새로운 사실을 발견하는 것을 연구라고 한다. 즉 연구란 그럴듯한 방법을 동원하여 새로운 사실을 발견함으로써 문제를 해결해 나가는 과정이라고 말할 수 있다. 연구에서 그럴듯한 방법이란 과학적 방법을 말한다.

연구방법이란 과학적으로 문제를 확인하고, 가설을 설정하고, 자료를 수집하고 분석하며, 그에 따라 결론을 도출하는 과정이 타당하고, 신뢰로우며, 객관적인 방법이라는 말이다. 현장 교육연구는 학교현장, 교실 등 학교교육이 이루어지는 터선을 바탕으로 이루어진다.

이와 같은 점을 전제하면 현장 교육연구란 교육활동에서 일련의 문제가 생겼을 때, 그 문제를 숙고(熟考)하고, 탐구하고, 문제해결의 방안을 찾고, 그리고 그러한 과정을 통하여 새로운 사실을 발견하려는 활동이다.

교원들이 수행하는 교육연구는 학교교육의 질 개선과 교원의 교육 전문성 신장이 목적이다. 현장 교육연구는 교육연구에서 그 연구 장소와 연구 대상이 학교현장이기 때문에 학교와 교육의 실행·실천적인 면의 개선과 혁신을 지향한다.

21세기 세계화 시대의 교원들은 교육의 주체로서 교육의 질을 가름하는 중요한 역할을 담당한다. 이와 같은 교원들이 수행하는 현장 교육연구는 교원들의 교육 전문성 신장과 교육의 질 개선과 혁신의 추동력이다. 교원들이 교육의 주체로서 역할을 다하면서, 현장 교육과 현장 교육연구를 병행할 때 우리 교육이 한층 더 바람직한 방향으로 개선된다는 점을 유념하여야 할 것이다.

제  부

세계화 시대 교육 리더와 교원 리더십 함양

[제Ⅱ부 탐구의 핵심과 초점] - 세계화 시대 교육 리더와 교원 리더십 함양

세계화 시대 교육 리더의 중추적인 역할은 교원들이 담당해야 한다. 교육 리더로서 교원들이 시대적 사명감과 시대정신을 바탕으로 바람직한 리더십을 발휘할 때 훌륭한 교육이 이루어지게 된다.

과거에는 상의하달식의 전통적 리더십, 카리스마적 리더십 등이 강조되었으나, 세계화 시대에는 하의상달식의 변혁적 리더십, 역동적 리더십, 배려와 섬김의 리더십 등이 발휘되어야 한다. 특히 세계화 시대의 교원 리더십은 소통과 공감, 대화를 바탕으로 한 역동적인 하의상달식 리더십, 수평적 리더십, 그리고 하위 직원들을 보듬어 주는 리더십 등이 더욱 강조되고 있다.

※ 가르치고 배우는 일은 편안한 일을 추구하는 것이 아니라, 고통스러운 것을 몸소 감내하며 미래를 추구하는 것이다. 그러므로 교육은 자기와의 긴 싸움인 것이다. [아리스토텔레스]

제1장 교육 선진화를 위한 학교장의 변혁적 리더십 제고 방안

Ⅰ. 들어가는 글

교육은 인간의 바람직한 변화를 유도하기 위한 계획적인 활동이다. 학교는 교육활동이 이루어지는 장(場)이다. 이러한 교육활동은 단위 학교에서 이루어진다. 단위 학교경영의 주체는 학교장이다. 따라서 학교장은 학교교육활동의 모든 것을 설계하고 추진하는 책임자로서 확고한 교육철학과 사명감을 갖고 학교경영을 민주적으로 해야 한다. 학교는 학교장의 교육 철학과 교육 리더십에 따라 다르게 변화하고 혁신한다. 교육 자율화, 교육 선진화의 기수가 바로 단위 학교 학교장이라는 점도 유념해야 할 필요가 있다.

우리는 흔히 '단위 학교는 학교장에게 따라 간다'고 한다. 학교장의 의지와 리더십에 따라 학교가 천차만별로 달라진다는 의미이다. 그만큼 단위 학교경영에서 학교장의 역할과 책무는 중차대하고 막중하다고 할 수 있다.

일선 학교의 학교장은 학교라는 항해선의 선장(船長)으로서 다양한 동기부여를 통해 학생과 교직원은 물론 학부모, 동문, 지역사회 인사 등 모든 구성원들이 학교운영에 적극적으로 동참하도록 해야 한다. 또한 자율적인 교수활동 지원, 다양성 있고 효과적인 교육과정 운영, 공정한 인사, 투명한 재정 운영, 불평불만 없는 합리적인 의사결정, 갈등 해결, 인화를 중시하는 교육풍토조성, 부서 중심의 권한 이임 등을 통해 민주적인 학교경영을 해야 한다. 2007년 개정 교육과정, 2009 개정 교육과정에서도 학교장의 변혁적 리더십을 강조하고 있다.

학교의 장은 초·중등교육법 제20조 제1항에서 "교장 또는 원장은 교무 또는 원무를 통할하고, 소속교직원을 지도·감독하면, 학생 또는 원아를 교육한다"라는 규정에 의한 역할을 수행하고 있다. 이러한 역할은 학교운영과 관련된 사항의 집행, 학교에 근무하고 있는 교직원의 지도 감독, 학생 교육과 관련된 사항이다.

이를 보다 구체적으로 살펴보면, 학교회계세입세출예산 편성권, 학교회계 예산 집행권, 학교교육계획 작성 및 운영권, 학교관리 및 감독, 시설관리권, 학교 재량시간 운영권, 급식 운영에 관한 권한, 교원의 수업시간, 학급담임 배정권, 기타 교무 분장 조직 및 교원의 배정권, 교직원 근무평정권, 기간제 교사 임용권, 초빙교원임용 요청권, 선택교과 운영권, 교과용 도서 및 교육자료 선정권, 창의적 체험활동(재량활동·특별활동) 운영권, 방과 후 학교·돌봄교실 운영권, 방학 동안의 학생 수련 활동 운영권, 대학입학 특별전형 추천권 등

법령에 따라 학교장은 다양한 역할과 기능 및 책무를 수행하고 있다.

학교장은 이와 같은 각종 권한과 직무를 자율적으로 행사하되, 항상 자신의 입장이 아니라, 다른 교육공동체 구성원의 입장을 고려하여야 한다. 경직된 법적 권리를 행사하기보다는 현실적 권한을 겸손하게 구사하여야 한다.

학교라는 조직의 안정적 경영과 학교교육과정 설계(편성)・실행(운영)의 바람직한 방향을 위해서 학교장은 항상 연구하고 노력하여야 한다. 특히 세계화 시대, 지식정보화 사회에서의 학교장은 항상 열린 마음으로 학교공동체 구성원 등 다른 사람들의 말에 귀를 기울이는 변혁적 리더십을 발휘하여야 한다. 변혁적 리더십에서 역동적 학교 혁신이 출발하기 때문이다.

Ⅱ. 학교장의 단위학교경영의 방향

21세기 세계화 시대를 맞아 이미 20세기 말부터 대두된 공교육 붕괴의 문제, 21세기 초반 공교육 체제에 대한 위협으로 간주되었던 홈스쿨링(home-schooling)의 확산과 원격교육, 그리고 다양한 대안교육 주창 등이 화두가 되었다. 이때만 해도 많은 전문가들이 인류 역사상 최고의 발명품인 대중적인 학교교육에 회의적인 반응을 보였다.

'학교는 당해 학교 학교장에 달려 있다'라는 말과 '학교가 바로서기는 어려우나 무너지기는 한 순간이다'라는 말이 있는데, 전자와 후자 모두 교장의 역할과 능력 및 자질, 그리고 경영방침 여하에 따라 학교교육의 성패가 달려 있다는 것을 단적으로 표현한 것이다.

교육부는 현재 교장임용제로는 한계가 있다고 보고 교장공모제를 확대하여 정년퇴직 교장 수의 약 40% 정도로 확대하였다. 또 교장자격이 없는 교장의 학교경영의 문제점을 인식하여 젊고 유능한 교사 중에 선발하여 '교장자격연수'를 실시하고 이들이 교장공모제 학교에 지원하도록 하는 방안을 제도적으로 마련하고 있다.

많은 전문가들은 단위학교현장의 문제를 해결하고 민주적 학교경영을 위해서는 자율화, 다양화, 전문화, 교육공동체의 참여 확대, 책무성 증대 등이 중시되어야 한다고 주장한다.

그리고 미래 새로운 교육 패러다임은 교육공동체에서 교장, 교사, 학생의 역할 변화를 요구하며, 이때 학교구성원들의 창의성은 학교조직의 역량강화를 위해서 중요한 요소가 되고 있다. 따라서 교장에게는 새로운 교육의 가치를 창출할 수 있는 감성과 창조성이 결합된 교육 리더십이 필요하다.

특히 단위학교 책임경영제의 확대 기조에 따라 학교장과 학교 전체의 혁신적 변화가 요청되며, 사회변화에 적합한 교육목표로서의 인간관 구현을 위한 요구가 증대되고 있다.

그래서 대부분 선진국들의 교육개혁 동향 특징 중 하나가 학교현장의 의미 있고 본질적인 변화를 강력하게 추구하고 있다.

미국의 단위학교 책임경영제와 계약학교(charter-school) 제도나, 영국의 자율학교형 사립학교 모델 등을 제시하며 CEO형 교장상을 강조하는 분위기가 현재도 팽배하여 교장임용제도에 대한 혁신적 방안 등이 시도되고 있다. 이는 미래사회가 지식기반사회로 신자유주의적 경제질서가 좀 더 심화되어 경쟁체제의 도입과 생존을 위한 변화와 고객감동을 요구하게 될 것이라는 점과 새로운 것, 남보다 앞선 것, 가장 뛰어난 것만이 살아남게 될 것이라는 가정에 기인하고 있다.

따라서 단위학교의 자율적 운영을 통한 경영혁신은 대세이며, 이의 결과에 대한 책무성 제고 또한 필연적인 귀결이다.

그렇지만 우리의 교육현실이 구미국가와 달리 교사의 순환전보제가 보장되고, 국가중심의 획일적인 교육과정 운영 등으로 학교경영의 자율성과 책무성 제고에 한계를 보이고 있다.

그럼에도 혁신적인 리더십을 통해 학교 혁신을 이루어 많은 다른 학교들이 벤치마킹하고자 하는 학교를 보면 대체적으로 다음과 같은 특성을 보이고 있다.

첫째, 학교장의 소신이 확고하나 권위적이지 않고, 개방적이며 솔직하다.

둘째, 다양한 아이디어를 끊임없이 개발하여 실천하는 노력이 돋보이고, 교직원들이 학생교육에 도움이 되는 일에 최우선적으로 관심을 갖도록 하는 풍토를 확립하고 있다.

셋째, 교장은 추진력이 탁월하며, 교사들에게 적극적으로 평가를 받고자 한다.

넷째, 교감이나 중간리더들에게 권한을 위임하여 처리토록 하며, 제반 교육활동에 있어 상향식 의사결정 과정을 중시하고 있다.

다섯째, 학교공동체 구성원, 교육공동체 구성원 등 외풍(外風)에 강하며, 학부모나 지역사회 인사들과의 협의, 조정 능력 등이 뛰어나다.

한편, 위와 같은 평가를 얻기 위한 최소한의 조건은 첫째, 학교장이 먼저 고정관념과 편견에서 탈피하여야 한다. 학교의 주인이 교원인가, 학생들이 아침에 등교하면 바로 수업을 진행해야 하는가, 교육과정 편성을 교원에 맞추어야 하나, 예산의 편성·집행·전용 등을 교장과 행정실 중심으로 해야 하는가, 소풍이나 수학여행 등을 실시해야 하는가, 물품구입이나 인쇄를 특정업자에게만 맡겨야 하나 등에 대한 근본적인 반성적 사고를 통해 학생을 위해 우리 학교는, 교원은, 시설은 어떠해야 하는가를 생각해야 한다.

둘째, 교육활동 전반의 민주적 의사결정 구조, 즉 상향식 의사결정 시스템을 마련하여야한다. 교육과정 편성·운영, 생활지도, 체험활동, 시설개선, 물품구입 등 모든 교육활동을함에 있어 반드시 많은 교원이 참여하여 의견을 개진하고 이를 토대로 결정하는 시스템을갖추어야 한다.

셋째, 공개성과 투명성을 견지하여 지역사회 및 교육공동체로부터 학교의 신뢰를 확보하여야 한다. 학교장은 학교교육활동 전반의 내용에 대하여 최대한 공개하여야 하며, 다양한의사소통망(네트워크 구축)을 구축하여 학부모와 지역사회의 정보를 얻고 제공하는 통로로활용해야 한다.

넷째, 학생들을 글로벌 인재로 육성하기 위한 교사들의 전문성 신장 활동을 위한 여건조성과 지원을 위해서는 예산을 최우선으로 배정해야 한다. 단위학교 구성 주체들의 참여만이 단위학교의 교육경영을 혁신할 수 있다는 점을 명심하고, 교수학습활동이나 인간관계기술 및 소위원회 활동 등 교사들 중심으로 의사결정을 하도록 하여 보다 전문적인 지식과기술을 습득하여 학교교육 경영혁신의 주체가 되도록 하여야 한다.

다섯째, 학교장의 역할이 가장 중요한 만큼 새로운 학교경영철학의 채택과 혁신적인 학교문화 형성을 위해서는 혁신적인 리더십이 요구된다. 왜냐하면 학교장은 미래교육과 혁신에 대한 비전과 신념을 가져야 하며, 학교공동체의 참여와 공유의 리더십이 필요하고, 학교조직을 학습조직화하여야 하며, 변화와 혁신을 통해 학교문화를 바꾸어 나가야 하기 때문이다.

Ⅲ. 학교장의 단위 학교 자율·책임 경영

학교단위의 기능은 과거와 달리 많은 변화를 이루고 있다. 변화의 방향은 타율에서 자율로, 약한 책무에서 강한 책무를 발휘하는 교육 주체로서의 기능을 발휘하도록 되어 있으며, 교육의 주체로서 학생의 성공적인 성장 발달에 대해 유효한 교육권한을 소유하고 이의 행사에 대해 책임지는 기관으로 학교의 운영 기능이 변화되었다.

또한, 상급기관으로부터의 관리·감독 대상에서 상급기관에 필요한 교육지원을 요구하고 그에 따른 책임을 지는 기관으로 변화하였으며, 지시받고 요구받는 기관에서 학교의 성공적 운영을 위해 필요한 지원을 요구하는 학교로 전환되었고, 요구한 만큼 책임지는 기관으로 혁신 및 많은 것을 지원해 달라고 요구하는 학교는 그만큼 책임도 지겠다는 혁신적인 학교로 간주하고 있다.

그리고 학생과 학부모의 교육적 요구에 부응하는 전문적 교육 서비스 조직으로의 변화를 통해 학생과 학부모를 만족시키는 교육 서비스기관으로 기능이 변화되어 가고 있다.

과거와 달리 학교는 교육행정의 말단기관이 아닌 교육기관으로 기능해야 하며, 학습조직화되어야 한다. 학교는 지식을 전달할 뿐만 아니라 지식을 생산하고, 구성원(학생, 교장, 교사, 학부모 등) 모두가 학습하는 학습조직이며, 학교구성원 모두가 스스로 성장하고 발전하려고 노력하고, 자체적인 적응 양식의 의해 반응하며, 변화·발전하도록 해야 한다는 것이다.

교장─교감─교사의 관계는 전문적 협력 관계(상하관계를 지양해야 함)로 기능해야 하며, 학교는 구성원들(교원, 학생, 학부모, 지역사회)의 참여와 책임의 공유가 중시되는 공동체 조직으로, 교육목표, 경영 목표, 가치, 규범, 사고방식의 공유를 중시해야 한다.

위와 같은 단위학교의 변화의 방향에 있어서 자율성과 책임성이 학교장이 갖추어야 할 역할 중에서 매우 중요한 요소로써 작용하고 있다.

1. 학교장의 자율성

학교장의 자율성이라고 하는 것은 경영과 교육활동 운영과정에서의 자율을 의미하는 것으로서, 여기에는 학교경영에 대한 단위학교의 자율성, 학교경영의 각 영역에 대한 구성원들의 참여와 그에 따른 자율성, 자율성 보장에 따른 구성원들 간의 원활한 교육정보의 소통이 이루어질 수 있도록 역할을 수행해야 한다는 것이다.

2. 학교장의 책무성

학교장의 책무성이라고 하는 것은 경영 및 교육결과에 대한 책임을 의미하는 것으로서, 여기에는 학교경영 및 교육활동에 대해 책임을 다하는 학교, 책임을 물을 수 있는 평가 시스템, 학교평가, 교원 평가 등과 평가 시스템과 함께 보상 시스템을 구축하도록 하는 역할을 수행해야 한다는 것이다.

3. 단위학교 책임경영제

학교단위책임경영의 이념적 전략은 다음과 같은 것들이 제시되고 있다. 자율성 높은 참여적 학교단위책임경영, 다양화·특성화된 창의적 학교단위책임경영, 책무성 높은 효과적인 학교단위책임경영, 책임경영을 위한 전문성 있는 단위학교 책임경영제이다.

〈표 Ⅱ-1-1〉 단위학교의 기능 변화

구분	과거의 실태	현재의 운영 방향	비고
기능 변화	·교육 감독기관에 의한 타율적·획일적 학교운영 실행 ·학생을 수용하여 정해진 것만을 최소로 제공하는 학교 ·학교운영결과에 대해 책임지지 않는 학교	·학교 주체에 의한 자율적이고도 다양한 학교운영 실행 ·학생 및 학부모에 대한 풍부한 교육 복지 및 서비스를 최대한 제공하는 학교 ·학교운영 결과에 대해 확실한 책임을 갖는 학교	단위학교로의 권한과 책임을 이관

Ⅳ. 학교장의 변혁적 리더십: 역할과 능력

1. 학교장의 바람직한 역할과 능력

일찍이 헤칭거(F. M. Hechinger)는 "무능한 교장이 있는 훌륭한 학교를 본 일이 없고, 훌륭한 교장이 있는 침체된 학교를 본 일이 없다"고 강조했다. 단위 학교의 학교장은 세기적 전환기의 급변하는 세태에 적절히 대처하고 교육의 본질과 학교장으로서의 소명을 실현하기 위해 역할수행과 전문성 제고를 위하여 부단한 노력이 필요하다. 이에 따라 학교장에게 일반적으로 기대되는 역할은 다음과 같다.

가. 학교장의 역할
① 교육의 비전을 제시하는 학교장
② 학교경영 전문가로서의 학교장
③ 교육자로서의 학교장
④ 교육개혁 선도자로서의 학교장
⑤ 인간존중의 경영을 실천하는 학교장
⑥ 자주적이며 자율적인 인간 육성을 실현하는 학교장
⑦ 전인적인 인간 육성에 노력하는 학교장

나. 요구되는 능력 및 기술

① 의사소통(커뮤니케이션) 능력

② 의사결정 능력

③ 네트워킹 능력

④ 회의주도 능력

⑤ 현안 문제해결 능력

⑥ 시간과 스트레스 관리 능력

⑦ 학교구성원 통솔 능력과 리더십

다. 요구되는 학교장의 행동 특성

① 교육적 카리스마(권위)

② 인간존중

③ 도전감과 용기

④ 비전 지향적 행위

⑤ 솔선수범

⑥ 지적 자극

⑦ 도덕성

⑧ 열정과 호기심

⑨ 혁신과 창의정신

⑩ 역동적·변혁적 리더십

2. 학교장의 리더십과 인간관계

가. 인간관계

사회는 둘 이상의 사람들의 관계에서 ·비롯된다. 둘 이상의 사람들이 모이면 조직이 되고 사회가 된다. 여럿이 모여서 생활하는 사회에서는 인간과 인간, 사람들 간의 관계가 아주 중요하다. 모든 조직이 원만하고 건강(건전)하려면 그 내부의 인간관계가 원만하고 긍정적 이어야 한다.

학교장의 리더십이란 첫째, 조직의 사명을 완수하기 위한 관리능력이며 사람들을 동원하는 능력이다. 둘째, 전략과 전술은 항상 변하지만 리더십의 본질은 바뀌지 않는다. 리더십은 어떤 사람이 되느냐의 문제이지 어떻게 하느냐의 문제는 아니다. 위대한 관리자인지 아닌지 구별하는 조건은 바로 개개인의 성품과 인격이다. 하지만 따를 것인지 아닌지는 그들이 결정한다. 지원할 것인지 거부할 것인지, 기억할 것인지도 그들이 결정한다. 관리자와 교사들 간의 관계를 생각하지 않고는 리더십을 논할 수 없다. 리더십은 다른 사람들과 마음으로 통할 수 있는 관계를 요구한다.

나. 리더십(Leadership)

학교장은 모든 구성원들에게 어디로 가야 하는지를 일깨우고, 목표를 제시하고, 올바른 방향으로 향하고 있는지를 관리하는 목표 수호자다.

학교장은 조직의 모든 부분에 사명의 의미, 과업의 의미 그리고 의무감을 전파해야 한다. 이렇게 하기 위해서는 먼저 자신이 전파하는 내용에 깊은 확신이 있어야 한다. 스스로 확신이 없는데 어떻게 다른 사람에게 확신을 심어 줄 수 있겠는가? 몸소 앞장서지 않는다면 아무도 그를 따르지 않을 것이다. 사람들의 모든 에너지와 지적 능력이 자연스럽게 결실을 거두게 만들려면 그들에게 힘과 믿음, 그리고 모범을 보여 주면서 그의 협력자들에게서 공감과 신뢰, 그리고 열정을 끌어내야 한다. 그 협력자들이 다른 구성원들을 인도하고 불러 모으고 구성원들에게 모범을 보이도록 가르치는 방법은, 즉 그들 스스로가 힘과 믿음, 그리고 모범을 보여 주는 것이다.

다. 언행일치(言行一致)

학교장은 구성원들을 아끼고 사랑하며 구성원들 역시 그런 관리자를 아끼고 사랑한다. 학교장은 모든 사람들이 자신을 좋아하는 것이 아니라는 사실을 받아들여야 한다. 핵심가치와 미래에 대한 비전이 확고한 경우, 학교장의 말과 행동이 일치할 때 모든 사람들을 만족시킬 수 있다. 작은 약속이라도 반드시 준수하려는 학교장의 의지가 학교의 발전과 변화의 씨앗이다.

모름지기 학교장은 말과 행동이 일치하여야 하며, 행동보다 말을 앞세우지 말아야 한다. 학교장의 학교경영은 호시우행(虎視牛行)의 자세로 나아가야 한다.

3. 교육 선진화와 학교 분위기 조성

학교교육 민주화를 위한 효과적인 전략으로는 내가 먼저 몸으로 실천하는 것이 가장 중요하다. 교내·외의 갈등을 극복하고 교육 민주화를 위한 전략을 통하여 교육공동체 구성원들과 원만한 인간관계를 유지하며 토론 문화를 형성하고 민주적인 의사결정을 하여 개방적이고 민주적인 학교를 경영해야 한다. 그러기 위하여 학교 내 구성원 간의 의사소통뿐만 아니라 학부모, 상부기관, 지역사회와도 의사소통이 원만하게 이루어져야 할 것이다. 원만한 의사소통을 위해서는 인간관계, 의사결정, 업무처리, 학부모와의 의사소통 등, 모든 면에서 내가 먼저 변화해야 한다.

첫째, 갈등에 대한 책임을 분담하자.

둘째, 상호 신뢰를 회복하자.

셋째, 문제해결의 방식은 교육적이어야 한다.

넷째, 모든 화합의 시발점은 상호 존중이다.

다섯째, 서로를 이해할 줄 아는 지혜가 필요하다.

여섯째, 잘못된 점은 분명히 인정하는 것이다.

4. 당당한 학교장의 십계명

첫째, 비전을 제시하고 실천을 호소하라. 명확한 교육비전과 구체적 실천을 위한 방법을 제시하고 책임은 내가 지겠다고 약속하라.

둘째, 학교경영은 민주적으로 하고 모든 것을 공개하라. 정직성과 신뢰성을 먼저 확립하라. 그 다음 구성원들의 능동적인 참여와 협조를 부탁하라.

셋째, 전문지식과 이론으로 권위를 세우라. 교육활동 전반에 대한 전문성 제고에 끊임없이 노력함은 물론 자기만의 전공과 특기를 끊임없이 촉발하라.

넷째, 학생들과 자주 어울리고 그들의 감성지수를 높여라. 학생을 이해하고 풍부한 유머로 꿈과 용기를 심어 주라. 학생들이 바라는 인생의 모델이 되어라.

다섯째, 교직원을 신뢰하고 대국적으로 평가하라. 자율적이고 창의적인 교육활동을 적극 권장하고 작은 통계치수에 너무 집착하지 마라.

여섯째, 시스템을 강화하라. 부서에 적합한 시스템을 체계적으로 조직하고 상황에 따라 객관적·효율적으로 운영하라.

일곱째, 끊임없이 새로운 아이디어를 찾아내라. 변화하는 시대에 대응하여 학교경영을 혁신하고 합리적으로 개선하려는 전략을 짜라.

여덟째, 무조건 이루어 놓아라. 작은 일이라도 직접 챙기며 말보다 실천하고 솔선수범하

라. 실천을 위해 용의주도하게 계획하고 과감하게 추진하라.

아홉째, 새로운 학교 문화를 창출하라. 건학이념과 학교전통 및 지역문화에 바탕을 둔 새로운 특성화 교육으로 학교의 위상을 높여라.

열째, 지역사회와 원활한 유대 강화를 가져라. 지역사회 학교 차원에서 쉼 없이 지역사회, 자원인사들과 교호(交互)하라.

〈표 II-1-2〉 교직원들이 바라는 학교장상(學校長像): 긍정적→ 부정적(사례)

구분	나는 교직원으로서 학교장에 대하여 언제 기분이 좋은가?	나는 교직원으로서 학교장에 대하여 언제 기분이 나쁜가?
남자 교직원	① 개인의 가정 일에 관심을 가져 줄 때 ② 업무 결과에 대해 만족하며 치하할 때	① 소신 없이 다른 학교에서 보고 온 것이 좋다고 느껴지면 현재 추진하는 일도 수시로 바꿀 때 ② 지나친 보신주의로 교사들이 정당하게 추진하고자 하는 업무를 막을 때
	① 부드럽게 웃으면서 다정히 맞이할 때 ② 교직원들과 회식하고 자신이 계산할 때	① 지역, 학부모의 민원에 소신이 없을 때 ② 거래업체를 지시하거나 유도할 때
여자 교직원	① 교내 일에 대해 지나치게 간섭을 않으면서도 위엄이 있으셨던 교장 ② 교직원들이 거리감 없이 대할 수 있게 해 주셨던 교장	강한 사람에게 약하고, 약한 사람에게 강했던 교장
	① "그래, 바로 이거야! 역시!" 등 인정하는 말을 하며 업무를 결재해 줄 때 ② 자녀교육에 대해 선배로서 조언과 격려를 해줄 때	학부모의 의견을 너무 존중하여 학부모의 소리가 높아지고, 중요치 않은 일도 교사에게 전달되거나 걱정을 할 때
	① 교직원들의 문제를 해결해 주고, 외부 압력으로부터 보호하며, 집단의 단결력을 높일 때 ② 전문성과 경영 마인드가 있을 때	실무 능력과 도덕성이 부족할 때
	① 업무 처리 시 전문적 리더십을 발휘하여 존경심이 생기도록 할 때 ② 개인의 애경사에 대해 따뜻한 배려를 해 줄 때	① 일관성이 없는 교육행정을 펼칠 때 ② 독단적으로 결정하고, 결정사항에 무조건 따를 것을 요구할 때
	① 교내외 일을 적극적으로 추진해 활기찬 분위기로 유도하는 교장 ② 웃음과 인자함으로 교사들 스스로 열심히 하고자 하는 마음으로 유도하는 교장	권위 의식으로 가득 찬 교장
	① 의논 시 좋은 방향을 잡아 주실 때 ② 출근 후 교실을 순회하며 아이들과 인사를 나누는 모습을 볼 때	① 교직원들 앞에선 들어주는 척하면서도, 일처리 시에는 꼬리를 물며 본인의 생각대로만 해 버릴 때 ② 회식자리에서 술 먹기를 강요하거나 놀기 좋아해 3~4차까지 권할 때
	① 관심이 없는 듯하면서도 나의 노력을 알아줄 때 ② 교사 입장에서 학교 시설, 편의를 살펴줄 때 ③ 자상한 미소를 띠고 있을 때	① 주변 분위기에 따라 계획에 없던 일을 만들 때 ② 교육청, 윗사람 등의 눈치를 너무 살필 때 ③ 교직원들과 협의 없이 일을 결정할 때
	① 업무의 공을 들어 칭찬하며 격려해 줄 때 ② 인간적인 정이 느껴질 때	① 공과 사의 구분이 잘 안 될 때 ② 회식 때 술을 핑계로 이성을 잃을 때
	① 웃는 얼굴로 인사하고 칭찬을 아끼지 않을 때 ② 크고 작은 일에 감사, 축하의 메일을 보내며, 인간적인 면을 보일 때 ③ 교직원 입장을 대변해 주고, 일을 할 때 방향제시를 확실하게 할 때	① 의도대로 결과가 예견된 기획에 대해 형식적으로 교직원들의 의견을 물을 때 ② 수업에 비중을 두면서 은근히 실적이나 대회입상을 기대할 때

V. 학교장과 교육 리더십 발휘(실천)

21세기 세계화 시대, 새로운 사회에서는 교육은 우리가 지금까지 해 오던 것을 조금 더 열심히, 조금 더 많이 한다고 달라지는 게 아니다. 이제는 뭔가 조금 다르게 해야 할 때가 온 것이다. 학교에서 학교장의 리더십이 의미 없는 희생이 아니라, 변혁적 리더십이 요구되는 때이다. 새로운 시대를 맞이하여 누군가 해야 할 일을 요약하면 다음과 같다. 이것을 스스로 남보다 먼저 하는 사람이 바로 교육 리더인 바람직한 CEO(최고경영관리자)이자 학교장이다.

① 학교장은 교사들이 자신들의 건강을 지킬 수 있도록 리드해야 한다.
② 학교장은 교사들이 희망을 선택할 수 있도록 리드해야 한다.
③ 학교장은 교사들이 잘 가르치는 이가 아니라 학생들이 스스로 배울 수 있도록 만드는 이로 변신할 수 있도록 리드해야 한다.
④ 학교장은 교육자들이 '학습장'으로 변신할 수 있도록 리드해야 한다.
⑤ 학교장은 학교 전반에 걸쳐 새 시대의 교육 패러다임이 도입되고 안착되도록 리드해야 한다.
⑥ 학교장은 학생들을 정신적 영양실조로부터 구해 주어야 한다.
⑦ 학교장은 이제 학교에 머리만이 아니라 가슴도 함께 있는 학생들로 성장할 수 있도록 지도력을 발휘해야 한다.
⑧ 학교장은 교사들을 첨단 교육 기술, 교육전문성으로 기르도록 도와주어야 한다.

21세기 세계화 시대에는 교육 리더가 되기 위해서 기초·기본으로 되돌아가야 하겠다. 현재 한국 교육에서는 학교폭력 문제, 학교장 공모제, 교원능력개발평가 등으로 계층 간, 세대 간 갈등과 대립이 심각한 지경이다. 하지만 이와 같은 쟁점은 교육의 변죽이지 정곡은 아니다.

우리 교육자는 교육의 기초·기본으로 되돌아가야 한다. 국민들도 기초·기본을 중시하여야 한다. 교육의 기초·기본은 교육자와 학생, 그리고 그 둘 사이의 소중한 관계이다. 이 기본이 확실하게 정립된 후에야 나머지 논의들이 의미가 있는 것이다. 그렇지 않으면 모든 담론이 사상누각이 되고 말기 때문이다.

모름지기 우리 교육자가 희망을 베푸는 교육리더가 되기 위해서 되돌아가야 하는 기본은 단 세 가지라고 종합할 수 있다.

첫째, 교육자는 우리 스스로의 모습을 알아야 한다.

둘째, 우리는 학생의 모습을 알아야 한다.

셋째, 우리는 소중한 것을 추구해야 한다.

우리는 유능한 교육자의 모습을 알아야 한다. 유능한 교육자는 유능한 교육자의 모습을 정확히, 구체적으로 알기 때문에 그 모습을 모방하고 실천할 수 있었을 것이다.

Ⅵ. 맺고 나오는 글

유능한 교육자가 되기 위해 해야 하는 일이 많다. 하지만 우리 모두가 지향하는 미래의 모습 앞에 주눅이 드는 이유는 우리의 본래 모습을 잊었기 때문이다. 우리의 본래 모습이란 우리가 교육자가 되겠노라 처음 결정하고 다짐했을 때의 그 마음을 기억해 내어야 한다. 학교장이 처음 되었을 때의 초심을 잃지 말아야 한다.

모름지기 교육자는 교육자가 하는 일이 소중한 일이어서, 학생들의 인생에 중추적 영향을 미치는 역할자임을 확신하였기에 교육자의 길을 선택하였다. 그렇기 때문에 설령 가는 걷는 길이 험난해도 힘들어도 행복하게 가야만 한다. 우리의 미래에 도달하게끔 해 주는 힘은 바로 우리의 본래 모습에서 얻을 수 있기 때문이다.

단위 학교의 CEO인 학교장은 교직원과 학생들의 표상이 되어야 한다. 특히 학교장은 모든 학생들이 21세기의 인재가 될 잠재 가능성을 다 지녔음을 알아야 한다. 학생 한 명 한 명은 사실 다들 특성이 있고 나름대로 유일한 존재들이다. 교직원들도 마찬가지이다. 학교장은 이들 교직원들과 학생들의 가려운 곳을 먼저 나서서 긁어 주어야 한다.

결국, 21세기 세계화 시대의 학교장 변혁적 리더십은 과거처럼 군림하는 리더십이 아니라, 상대방을 섬기는 리더십이다. 이 시대에는 경직된 리더십이 아니라, 부드러운 리더십, 소리 지르는 리더십이 아니라, 다정하게 다가가는 리더십이 중요한 것이다. 야단치는 리더십이 아니라 보살피는 리더십이 필요하다.

훌륭한 학교장이 경영하는 학교는 교직원과 학생들이 행복하다. 그리고 그 학교는 혁신과 발전을 하게 된다. 또, 학생, 교직원, 지역인사, 동문 등 교육공동체들과 소통이 원활하고 상호작용이 유기적이다. 그만큼 단위 학교에서 학교장의 영향력은 중차대하다.

그런 의미에서 본다면 세계화 시대, 지식정보화 사회에서의 학교장의 리더십은 늘 혁신적으로 노력하고, 학교공동체를 보듬어 주는 리더십이 필요하다. 군림하는 학교장이 아니라, 희생과 헌신하는 학교장, 열정으로 배려하는 새로운 학교장상이 학교 발전의 원동력이라는 점을 유념해야 할 것이다.

대한민국 국민 모두가 교육 현실에 실망하고 절망하더라도 우리 교육자는 그래서는 안 된다. 학교장은 더욱 그러하다. 우리는 교육 희망의 원천이 되어야 하기 때문이다. 학교장은 교직원들과 학생들에게 희망을 베풀어야 한다. 한국 교육의 도전과 혁신, 그리고 희망과 비전이 학교장의 두 어깨에 달려 있다고 해도 과언이 아니기 때문이다.

결국, 학교경영과 교육과정 혁신과 발전의 시작은 곧 단위 학교경영을 책임진 학교장이다. 학교장의 권한과 책무는 막중하고도 중차대하다. 그러므로 단위 학교에서의 학교장의 경영 리더십은 아무리 강조해도 지나치지 않는 것이다.

특히 단위학교 경영의 수장으로서의 학교장의 역할 강조는 제7차 교육과정, 2007년 개정 교육과정, 2009 개정 교육과정 등 역대 교육과정에서 일관 되게 요구되고 있다.

제2장 교육공동체로서의 지역사회 변화와 학교장의 CEO leadership 고찰

I. 들어가는 글

대망의 새해가 밝았고 또다시 새 학년도가 시작되었다. 전국의 모든 학교가 정들었던 식구(학우, 교직원)들을 보내고 또 다른 식구들을 맞아 새 희망에 부풀어 있는 때이다.

한국교육개발원에서는 변화하는 학교경영환경에 따라 새로이 요구되는 학교장의 리더십 전략을 모색하기 위해 '학교경영환경 변화에 따른 학교장의 리더십 연구'를 수행하였다. 이 연구에서는 학교장의 리더십 변화를 요구하는 학교 내외적 경영환경 변화 및 그에 따른 리더십 패러다임 변화 분석, 학교장의 법적·제도적 권한과 직무 그리고 인력 구조 분석을 하였다.

학교장의 리더십에 영향을 주는 학교경영환경의 변화 요인에 대하여 교장과 교사 모두 '교육정보화의 진전'을 제1의 요인으로 보았고, 이어 정년조정, 학교평가, 학부모의 참여증대 순으로 응답하였다. 학교장의 리더십 발휘의 전제조건이 되는 교장의 학교운영에 관한 재량권에 대해서는 교장, 교사 모두 낮다고 보았는데 교장 자신은 더욱 낮게 인식하고 있는 것으로 나타났다.

교장의 직무 영역별 자질 구비도에 대하여 교장 자신의 인식도는 교사보다 상대적으로 높았으며, 교장의 능력 중 특히 컴퓨터 활용 및 정보처리 기술부분의 자질을 낮게 평가하고 있었다. 학교장이 학교운영을 위한 자문과 아이디어를 획득하는 원천은 교장(36.1%), 교사(38.2%) 모두 교장의 막료조직인 교감 및 간부·기획회의라고 응답하였고, 또한 의사결정 체제의 다원화 차원에서 도입된 학교운영위원회(교장 2.9%, 교사 5.4%)와 학교자치의 근간이 되는 교무회의(교장 7.7%, 교사 5.2%)에 대한 인식은 저조함을 알 수 있었다.

이와 같은 점을 전제하고 새 학년도를 맞아 교육공동체로서의 지역사회의 혁신과 변화를 모색한 바탕 위에서 훌륭한 리더(Leader)와 CEO로서 학교장의 역할에 대해서 고찰해 보는 것은 매우 의미 있는 일이다. 지역사회의 변화와 이에 적응하는 학교장의 역할은 학교 발전의 원동력이기 때문이다.

학교장은 지역사회 구성원들의 요구와 기대를 수렴하여 학교경영과 학교교육과정편성·운영에 적극 반영하여야 한다. 특히 단위학교는 지역사회의 문화 센터, 활동 센터 역할을 수행하여야 한다.

II. 지역사회 교육환경의 변화와 학교의 혁신

1. 교육 성장모형의 변화: 양적 성장 추구에서 질적 성장 추구로 변화

학교교육은 양적 성장에서 질적 성장으로 성장 패턴이 바꿔어 가고 있다. 이는 우리 교육이 외형적 성장에서 내면적 성숙의 단계로 전환되고 있음을 의미한다.

교육의 질 향상을 위해 국민들은 기회균등을 넘어 다양한 교육적 성취를 보장하고, 다양한 교육적 가치를 추구할 수 있도록 학교의 재량권과 교사의 자율성을 대폭적으로 신장하는 교육 체제를 요구하고 있다. 이는 국가교육의 발전단계가 외형 성장과정에서 형성된 왜곡된 구조를 조정하고 교육의 내실을 기하는 내적 성장의 체제로 전환을 모색해야 하는 단계로 접어들었음을 의미한다.

2. 국가교육의 구조 변화: 공교육 중심에서 공교육·민간부문 교육 공동구조

공교육 체제로서 학교의 성장과 함께 민간부문의 자생적 교육활동이 팽창하는 단계로 전환되고 있다. 이는 국가와 학교가 주도권을 행사하던 교육부문에서 교육 시장이 형성되어 정책적으로 고려해야 할 새로운 교육의 축으로서 민간부문 교육이 부상하고 있음을 의미한다.

민간부문의 교육은 공교육 중심의 교육 운영체제 속에서 보완적 기능을 수행하는 단계에서 양적인 팽창을 거쳐, 이제 특성화된 교육과정의 개발과 운영체제의 개선, 방법적 전문성, 인적 자원의 확보 등을 통하여 거대한 교육 시장을 형성하게 되었다. 민간부문의 교육은 입시교육, 과외활동 및 보습활동, 유아교육 등 다양한 영역에서 경쟁력을 확보해 나가고 있으며, 현재는 선행학습의 급속한 확산으로 일상적인 학교교육활동을 위협하는 요소로 작용하고 있다.

3. 교육 운영체제의 변화: 관료제적 운영체제에서 민주적·참여적 운영체제로 전환

양적 성장에서 질적 성장 모형으로의 전환과 민간부문 교육시장의 기반 강화는 교육조직 운영을 관료적 운영에서 민주적 운영체제로 전환할 것을 요구하고 있다. 양적 성장체제에 적합한 대규모 학교조직의 운영은 관료제적 운영원리의 적용을 불가피하게 만들었고,

획일화와 몰개성화의 역기능을 초래하였으며, 인간주의적 교육문화를 저해하는 요소로 작용하게 되었다. 뿐만 아니라 사교육의 성장은 공급자 중심, 표준화된 교육과정 운영체제, 전통적 수업형태와 교수·학습 방법의 개선을 요구하고 있다.

4. 학교교육과정의 변화: 국가교육과정 중심에서 지역·학교교육과정 중심으로 변화

국가수준의 표준화된 교육과정으로부터 지역 및 단위학교의 특성에 적합한 교육과정 체제로의 전환이 추구되고 있다. 전통적으로 교육과정이 국가수준에서 규정되고 획일적인 교육과정 전달체제를 통하여 전국의 학교에 동일한 방식으로 적용되는 교육과정 운영체제는 지식기반 사회의 교육 운영체제로서 한계를 지닌다. 따라서 지역의 특성과 단위 학교구성원들의 상황조건과 독특한 교육적 필요를 유연하게 수용하는 교육과정이 필요하게 되었다.

5. 교과교육활동에서의 변화: 지식 암기 교육에서 꿈과 끼를 기르는 활동중심 교육으로 전환

정보화의 진전으로 사이버 공간과 네트워크 체제를 통하여 지식의 원천이 무한히 확대됨에 따라, 교육활동은 노동집약적 방식에서 정보기술을 광범위하게 활용하는 단계로 전환되어 가고 있다. 학교교육과정 운영과 교수·학습에 있어 정보기술체제의 광범위한 활용과 함께 지식 구조 자체의 변화와 지식 탐구 방법의 변화를 내포하고 있다.

이러한 교과교육활동의 내용과 방법상의 변화는 교사들에게 새로운 분야에 대한 전문성을 요구하고 있으며, 학생들에게는 입시준비에서 탈피하여 교육적 성장 경험의 지평을 확대해 줄 것이다. 이러한 변화의 과정에서, 교사는 지식전문가, 교과전문가일 뿐만 아니라 방법적 전문가, 지식경영자로서의 역할을 수행해야 할 것이다. 대입 전형제도 또한 선별적 입시경쟁 체제에서 진로선택의 기능을 중시하는 체제로 변화되어야 할 것이다.

6. 교육 관련 주체 간 역학관계의 변화: 다양한 교육 관련 주체의 의견 수렴

근래에는 다양한 교육 관련 주체들의 참여가 활성화되고, 조직화되어 그들의 영향력이 확대되고 있다. 즉 학교와 교장이 중심이 되고, 교원이 주체가 되던 역학관계가 다원화되고 있다. 특히, 전교조가 합법화되고 복수교원단체가 이익집단으로서 활동함으로써 교원들의 유대가 강화되었고, 학교운영위원회, 교사와 학교에 대한 비판적 세력으로 정치적 성향의 학부모 단체가 유대를 강화하며 교육 주체로서 목소리를 내고 있다. 뿐만 아니라 정보화 사회의 도래와 함께 학생들의 의식과 문화가 급속히 변화되어 전통적인 교사-학생 간의 신뢰관계에 변화가 초래되고 있다. 한편, 교원 정년 단축 이후 새롭게 형성된 젊은 교장층은 교육변화를 주도하는 중심 세력으로서 영향력을 발휘하고 있다.

7. 다종 다양한 교실수업의 변화: 면대면 교육에서 사이버·디지털 교육 등 비면대면 교육으로 전환

가. 학습 형태의 변화

21세기의 학교는 도시 인프라의 새로운 구축과 함께 화상통신 교육 기회의 증가와 사이버 스쿨(cyber school)이란 가상학교가 등장하고 홈 스쿨(home school)이 등장하고 있다. 학교의 시설은 인공지능형 건물로 온도, 습도, 환기 등을 자동 조절하는 인텔리전트 빌딩으로 세워질 것이고 첨단 미디어를 활용하는 교육의 증가와 함께 단순 암기식 지식을 가르치는 학교가 아니라 학생들의 자기 주도 학습을 돕기 위한 정보 자료 제공 등의 학습도우미 역할을 수행해야 할 것이다. 앞으로 원격교육, 디지털 교육, 사이버 교육 등 비면대면 교육이 더욱 강화될 것이다.

① 홈 스쿨의 등장으로 학생들이 선택할 수 있는 학교, 교사, 교과가 되어야 한다.
② '교육＝형식적 교육＝학교교육' 도식이 이제 변화되어야 할 것이다.

나. 학교와 교사의 역할 변화

첨단미디어 활용이 보편화되면서 전 세계의 교육자들은 정보화 사회의 가능성을 이해하고 그것을 이용하는 훈련과 교육을 받거나 스스로 공부하여야 한다. 평생학습시대에서는 교육권보다는 학습권이 더 중요시된다. 따라서 지금처럼 면대면의 교육활동에서보다는 각종 미디어와 기자재를 활용하는 기회의 증가로 눈에 보이지 않는 교육활동의 수행과 교육 수요자인 학생과 이해 당사자인 학부모로부터 외면당하지 않기 위한 피나는 노력을 해야 한다. 사소한 이익보다는 진정으로 학생을 사랑하고 남에게 도움을 주려 하며 학생을 이해하고 친구처럼 또는 맏형처럼, 학부형처럼 편안한 도움을 줄 수 있어야만 한다.

1) 교사는 학생들의 소질과 능력을 찾아서 길러 주는 역할을 해야 한다.
2) 직업세계의 적응 능력과 국제화, 개방화에 대비하는 자세를 가르쳐야 한다.

다. 학부모의 기대 변화

미래의 학교에서는 학부모들의 요구와 시대적·사회적 요구를 수용하여 내실 있는 학교 교육과 사회교육을 연계지도할 수 있어야 하고 자녀의 소질계발, 인성교육, 공동체 의식의 함양, 분석적인 사고력과 창의력의 함양 등 다양한 자녀의 지도법을 습득시켜 가정에서 자녀를 지도하는 데 도움을 줄 수 있어야 한다. 고로 학교에서 배울 수 없는 힘겨운 초기단계에 대비하는 교육이 이루어져야 한다.

Ⅲ. 학교경영 패러다임의 변화와 학교장의 리더십(Leadership)

1. 바람직한 교장상

① 학교장으로서의 리더는 학교의 모든 문제에 대해 최종의 책임을 지는 사람이어야 한다. 학교경영에서 교장은 학교의 모든 문제의 최고 결정자이기도 하지만 학교의 모든 사소한 업무까지도 그 책임 소재도 귀결점도 교장에게 돌아간다는 뜻으로 이해해야 한다. 그런 의미에서 학교장이 일을 계획하고 추진하고 마무리 짓는 최종의 사람이라는 뜻이다. 이를 교장이 최종적인 결재권한을 가진다는 뜻으로 받아들이기보다는 마무리를 짓는다는 뜻으로 이해하는 것이 좋다고 본다.

이를 위해서는 학교장으로서 철학과 교육에의 열정이 근간이 되어야 하지만 이를 실천하는 데에는 실제적인 경영 마인드도 필요하다. 교장에게 권한이 주어진 것은 일을 추진하여 마무리 짓도록 하기 위해서이다. 그러한 결정에 도달하려면 여러 단계를 거쳐야 한다. 교육 문제라면 교사들의 의견이 수렴되고 이를 최종적으로 마무리 지어야 한다. 학교의 경영 문제라면 교육청(교육지원청)의 지시와 학부모의 뜻에 모든 교사들의 의견이 반영되도록 하여 일을 매듭지어야 한다. 학생지도라면 학생들의 편에서도 생각하고 그들의 뜻도 반영하는 일이 고려되어 이루어져야 한다. 여하튼 학교의 장은 학교의 모든 문제를 최종적으로 마무리하고 실행하는 수장이라는 뜻으로 이해해야 한다.

② 학교장으로서의 리더는 올바른 안내자이어야 한다. 학교의 모든 일에 전문적인 지식과 소양을 가지고, 앞서서 교사와 학생을 이끄는 선도자여야 한다. 학교장은 학교경영에서의 최고의 아이디어를 갖추거나 찾아낼 수 있어야 한다. 교장 자신이 그런 아이디어를 만들 수 있고, 이를 추진할 수 있는 능력이 있으면 금상첨화일 것이다.

그러나 모든 면에서 학교장이 앞서 가려는 것은 금물이다. 그렇지 못한 경우일지라도 일을 제대로 추진할 수 있는 너른 마음의 소유자가 되면 된다. 학교장은 일이 계획되고 추진되고 그 결과를 얻기 위한 가능한 모든 방법들을 검토하고, 논의하고, 그리고 진행이 되는 과정을 잘 이끌어 가야 한다. 일을 잘 하기 위해서 학교장이 반드시 좋은 머리의 소유자이거나 최고의 브레인을 가져야 할 절대적인 필요성을 느끼지는 않는다. 학교장은 우수한 집단인 교사들의 머리를 열린 마음으로 잘 활용할 수 있는 사람이면 된다고 본다. 이는 학교의 모든 일에 여러 생각들을 함께 짜 맞추는 방법보다는 서로 보완적인 방법으로 일을 추진해야 된다. 여러 사람의 생각을 한데 모으는 일도 필요하고, 한 사람의 우수한 생각도 여러 사람들의 동의를 구해야 일을 바로 추진할 수가 있다. 이러한 일을 하는 사람이 학교장이어야 한다.

③ 학교장은 열린 마음의 소유자여야 한다. 학교의 모든 일들을 계획하고, 결정하고, 추진하는 데는 교장 자신이 우선 마음이 열려 있어야 한다. 권위를 부리거나 자기 의욕에 너무 넘쳐서 독단적으로 일을 처리하려는 마음을 버려야 한다. 학교장은 학교의 모든 일을 민주적으로 이끄는 논의 과정의 훌륭한 인도자여야 한다. 이제부터는 학교의 모든 일이 학교장 개인의 결정으로 판단되어서는 안 된다고 본다.

세세한 모든 문제까지도 교사 집단의 두뇌가 함께 참여하여 협의를 통해 이루어져야 한다고 본다. 학교장은 꼭 자기 아이디어를 가지고 있지 않아도 우수한 교사들의 두뇌를 활용하려는 열린 마음만 있으면 된다. 단지 학교장은 자기가 특출한 어느 한 분야에서는 우수할 수 있지만 모든 분야에서 다 우수할 수는 없다는 인식만 가지고 일에 임하면 된다.

④ 학교장은 된 사람이 아니라 되는 사람이어야 한다. 일정한 교장이라는 틀에 안주하여 외적으로 주어지는 권한에 의해서 규정되는 자리가 되어서는 안 된다. 그런 권한이 규정적으로 주어질 수는 있어도 실제로 권한을 행사하는 일에서는 책무를 지는 일이 앞서서 이루어져야 한다. 권한이 밑의 사람들이 전혀 느낄 수 없도록 행사될 수 있는 기능이 학교장에게 있어야 한다. 그러기 위해서는 학교장의 역할이 교장 자신에 의해 늘 새롭게 형성되는 과정으로 이루어져야 한다. 학교장은 지금까지의 경험과 앞으로의 주어지는 자리에 대한 기대에 부응하기 위하여 부단히 자신을 만들어 가는 사람이어야 한다. 만들어 간다는 말은 현재까지의 자기 배운 것을 중심으로 일을 처리하는 것이 아니고 앞으로의 일에 대처하기 위해 늘 새롭게 거듭 태어나고 미래를 향해 도전하는 마음을 가지는 것을 의미한다.

그러기 위해서 학교장은 늘 자신의 실력을 쌓기 위한 부단한 노력을 해야 한다. 새로운 시대적인 사조나 흐름을 바르게 수용하고 따르는 열린 마음이어야 한다. 학교에서의 학교장은 늘 배움의 앞자리에 서 있어야 한다. 실제의 배움이 미미할지라도 배운다는 자세를 교사들과 학생들에게 보여 줄 수 있는 마음의 자세가 필요하다. 배움의 면에서는 학교장 자신만의 노력이 필요한 것이 아니라 교직원 모두가 함께 공부하고 발전하도록 독려하고 분위기를 만들어 주어야 하는 책임도 있다. 학교장은 학교 전체가 하나의 연구실이 되고 연구 분위기가 이루어지도록 이끌어야 할 책임과 의무가 있다.

⑤ 학교장은 일을 과감하게 나누어 주는 사람이어야 한다. 학교장은 학교의 모든 일의 결정을 독점적으로 행사해서는 안 된다. 과감하게 배분하고, 조정하면서 추진하는 사람이어야 한다. 학교장은 일에 대한 열정이 있어야 하지만 이런 것이 학교 일을 독단으로 처리하게 만들어서는 안 된다. 모든 일에 대한 열징이 교직원 모두를 끌어들일 수 있는 열정으로도 승화되어야 할 책임도 있다. 행정적인 전결제도를 만들어 일을 나누어 수행하게 하는 일도 중요하다.

그러나 마음으로 모든 교사들이 조그마한 일이라도 긍지를 가지고 학교의 중요한 일에 자기 자신도 참여하여 결정한다는 생각을 갖도록 만들어 주어야 한다. 그러면 교장 자신의 불필요한 에너지 소비를 줄일 수도 있고 교사 전체의 힘을 합쳐서 더 강하게 일을 추진할 수도 있다. 학교는 교장 이하 전 교직원의 협의체가 되어야 한다. 지금까지는 일부는 학교장의 독단에 의한 학교운영의 폐단이 어느 정도는 있었던 것이다. 이제는 이를 과감하게 시정하고 새로운 학교운영의 틀을 짜야 할 때인 것이다.

⑥ 학교장은 청렴결백한 사람이어야 한다. 지금까지 학교운영에서 당찬 젊은 교사들이 가장 의구심에 차서 학교장을 사시로 보는 원인 중의 하나가 깨끗지 못한 금전 문제라고 본다. 학교장은 우선 학교운영에 따른 금전 문제에서 깨끗해야 된다. 학교경영에서 거래되는 돈은 모두 합쳐서 몇 푼에 지나지 않는데도 우리 학교에서는 늘 이런 문제들이 대두되어 왔다. 학교장은 예산의 운용이나 학부모 관계에서 깨끗하다는 평을 들어야 교직원들에게서 올바른 지도자로서 받아들여질 수 있다.

금전문제뿐만 아니라 도덕적으로도 깨끗한 사람이어야 한다. 특별히 교육자는 가르치는 내용과 자기 행동이 일치되어야 한다. 전문 기능을 수행하는 사람들 중에는 도덕성의 문제보다는 기능의 문제가 더 중요할 수도 있으나 유독 교사만은 깨끗한 사람이어야 한다. 그래야 가르치는 일에 깊이를 더할 수가 있다. 학교장은 인사 문제에서도 깨끗한 사람이어야 한다. 학교에서의 인사는 능력과 서열이 함께 고려되어야 한다. 학교장 중심으로 인사문제가 논의되어 온 그동안의 관행에서 벗어나 위원회 중심의 인사 행정이 이루어지도록 과감한 탈피가 필요하다. 학교장으로서는 학교 내의 민주화를 위해 스스로 이를 행동에 옮길 수 있는 과감한 용기도 있어야 된다고 본다. 늘 앞서서 생각하고 과단성 있게, 모두의 힘을 모아 추진하는 힘이 학교장에게는 있어야 한다.

⑦ 학교장은 믿음을 심어 주는 사람이어야 한다. 믿음은 학교장 자신의 행동에 일관성이 있고 성실하다는 것을 보여 주는 데서 일어난다. 우선 교사와 학부모, 학생들이 학교장의 모든 것에 신뢰를 가져야 모두의 힘을 모아 학교는 발전할 수 있다. 학교장은 학교를 경영함에 있어서 말에 대한 신뢰, 행동에 대한 믿음을 심어 주어야 한다. 신뢰는 상대를 믿고 일을 맡기는 데서 출발한다는 사실도 잊어서는 안 된다. 학교장은 자기가 믿고 행하려는 일에 대해 말과 행동으로 앞서 보여 주어야 한다. 경우에 따라서는 시류에 반하는 일도 있을 텐데, 끝까지 자기 행동의 일관성을 보여 주는 인내도 필요하다. 교사나 학생들 학부모가 필요할 때 나서는 교장이라는 이미지를 만들어 주어서 늘 신뢰의 터를 구축하는 일이 학교장의 할 일인 것이다. 물론 약속을 끝까지 이행한다는 것을 실제로 보여 주는 일이 무엇보다도 중요한 일이다. 자기 말에 충실하면 신뢰는 저절로 이루어진다.

2. 교장에게 필요한 지도력(리더십)

학교장이 먼저 희생하고 봉사하며, 한 학교구성원 모두를 위해 무엇을 해 줄 것인지를 생각하며 솔선수범하는 서번트 의식을 지닐 때, 조직구성원은 주인의식을 갖게 되고, 개개인의 교육력은 하나로 결집될 것이다. 학교장에게는 섬김과 나눔의 리더십이 중요한 것이다.

첫째, 훌륭한 리더십은 교장 자신과 교사들을 똑같이 구속할 때, 한마음으로 결속시킬 도덕적 질서를 창조한다.

교사들만 구속하고 교장은 그 위에 있고자 할 때 그 규제는 도덕적 질서의 힘을 발휘할 수 없으며 교장이 위선자로 낙인찍힐 수밖에 없는 것이다. 교장이 교사들에게 요구하는 것은 자신부터 철저히 지킴으로써 교사들로부터 도덕적 권위를 인정받을 때, 교사들의 마음속에 공감의 폭을 넓혀 갈 수 있는 것이다.

둘째, 훌륭한 리더십은 학교생활의 미묘하면서도 상징적이며 비공식적인 면에 세심한 주의를 기울이되, 분명한 목표의식을 가지고 새로운 문화 형성에 주력하고 있다.

학교구성원들 간의 미묘하면서도 상징적이며 비공식적인 면을 알지 못하는 교장, 이를 간파는 하였으되 세심한 주의는 기울이지 못하고 도덕적인 훈계만으로 해결될 것으로 생각하고 넘어가는 교장은 조만간 교직원들로부터 외면당하게 마련이다.

셋째, 훌륭한 리더십은 관리적 통제나 심리적 조정 또는 정치적 협상보다는 기본적인 가치와 목표의 공유화에 더 큰 중점을 두고 있다.

학교에는 학교의 기본적인 목표 달성에의 헌신보다 자기 이익이나 편안함을 추구하는 사람들도 있다. 이런 사람들이 문제를 제기하는 방식은 아주 교묘하고 치밀해서 학교의 여론을 자기 자신에게 유리한 방향으로 조정하는 능력도 있어 일시적으로 그들의 의견이 정당한 것으로 간주되는 경우도 있다.

그러나 어떠한 경우라도 학교의 큰 목표로서의 기본 전제나 기본 가치를 외면한 협상이나, 타협이나, 조정은 교장의 도덕적 권위를 치명적으로 손상시키는 일임을 잊어서는 안 될 것이다. 말은 하지 않고 있지만 이런 미묘한 경우에 교장이 어떠한 판단을 하는지 예의 주시하는 많은 양식 있는 교사들의 눈이 있음을 명심하여야 한다. 한 빈 손상된 교장의 도덕적 권위는 다시 세우기 힘들다.

넷째, 훌륭한 리더십은 목표 제시를 명료히 하고, 목표 달성에 대한 일체감을 형성하며 목표 달성에 헌신토록 하는 책임감을 형성한다.

우리네 학교의 교육목표는 막연하고 추상적이고 포괄적인 경우가 많다. 학교의 교육목표는 명료하고 방향제시가 분명해야 한다. 방향 제시와 도달 방법 제시가 분명하지 않는 목표는 강력하게 제시하고 그 목표 달성에 대한 강력한 일체감과 헌신성을 이끌어 내야 한다.

다섯째, 훌륭한 리더십은 교사들에게 학교의 확고한 전망과 미래상, 즉 학교의 비전을 창조하여 제시하고 추구하야 할 과업 목표를 분명하면서도 설득적으로 제시한다.

해마다 30~40% 정도의 교사가 교체되는 현실에서 교장이 학년 초에 할 일은 그해 학교가 도달하고자 하는 단기 목표의 확실한 제시와 함께 몸과 마음을 다 바쳐 이루고자 하는 비전을 창조하여, 설득적으로 제시하고 전도하는 일이다.

여섯째, 훌륭한 리더십은 학교가 추구하는 것, 학생들인 요구하는 것, 학부모가 기대하는 것이 무엇인지를 분명히 알고 그것의 실현을 위해 최선을 다하지만 교사들의 완전히 장악하려 하지 않는다.

교사 집단은 고도의 지적 수준을 지닌 전문 집단인 동시에 각자의 개성이 강한 느슨한 조직 속의 한 구성원이다. 그러므로 엄격한 통제나 감독보다는 강력한 자발성을 확보할 수 있는 사기 진작성이다. 강력한 장악은 단기적 효과는 거둘 수 있을지라도 생명력이 적어 장기적 무기력증과 침체를 가져오는 것임을 명심하기 바란다.

일곱째, 훌륭한 리더십은 교감의 역할을 존중하여 이를 효과적으로 활용할 줄 안다.

교감의 역할을 무력화시키고 탁월한 성취를 거둔 교장은 없으며, 교감에게 모든 것을 맡기고 뒷전에 앉아서 높은 성취를 거둔 학교장의 예도 없다. 훌륭한 리더십이 있는 교장은 교장의 의견을 효과적으로 교사들에게 침투시키고 교사들의 의견을 굴절 없이 호소력 있게 교장에게 전달할 수 있는 교감의 역할을 조정해 주어야 한다.

여덟째, 훌륭한 리더십은 학교의 모든 정보를 공개하여 일체감과 참여 의욕을 고취시킨다.

교육과정 운영이나 학생상벌, 예·결산, 교직원표상 등 학교운영 전반에 교사의 참여를 개방하고 환영한다.

아홉째, 훌륭한 리더십은 교사들이 스스로 전문적인 자질 향상에 힘쓸 수 있도록 최대한 지원한다.

전문성을 신장할 수 있는 세미나 참여를 적극 권장하며, 교과연구회 참여나 대학원 진학 등을 환영하고, 각종 전공도서나 정보제공에 심혈을 기울인다.

이런 학교의 교사들은 쉬는 시간이나 자유로운 시간에 사무적인 일이나 관리적 차원의 일에 대해 논의하는 시간보다는 학습지도 내용이나 수업 안을 작성하는 시간을 갖는다는 것이다. 훌륭한 리더십이 있는 학교 교사의 사기는 매우 높으며, 교육에 대한 열정과 자긍심이 높다는 것이다.

열째, 훌륭한 리더십이 있는 학교는 학교 전체든 학급 내이든 엄벌주의가 아니라 깊은 이해와 세밀한 지도, 그리고 칭찬이 학생 생활지도의 일반적 경향을 이룬다.

이런 학교에서 교사들은 학생들의 비행이나 잘못을 들추어내 꾸짖고 처벌하는 방법보다는 학생 자신의 자제력을 강조하고 그에 호소하는 것이 학생들의 발전과 올바른 성장에 더 크게 기여한다는 확신을 가지고 있다.

설혹 눈에 거슬리는 학생 행동이 눈에 뜨일지라도 호통쳐 꾸짖지 않고 따뜻이, 그러나 바람직한 행동 변화가 나타날 때까지 참을성 있게 지켜보고 지도한다는 것이다.

3. 학교장의 변화 지향적 경영 철학

전통적으로 강조되어 오던 보상 교환적 리더십(transactional leadership)은 시대적 요구에 따라 변혁 지향적 리더십(transformational leadership)으로 전환되어야 한다. 보상 교환적 리더는 현재의 체제를 어떻게 잘 운영할 것인가에 관심을 가지고 있으며, 발생하는 문제에 대하여 그때그때 대응적(reactive)으로 조치를 강구한다. 반면에 변화 지향적 리더는 사고가 선견적(proactive)이고, 발상도 보다 창조적이며 혁신적이다. 교육 행정가들은 현상유지에만 급급하던 관료주의적 관리 형태를 미련 없이 버리고, 변화와 도전 그리고 심각한 교육위기의 상황에서 변화 선도, 미래창조, 인간존중을 강조하는 변혁 지향적 리더로의 변신을 적극적으로 꾀하지 않으면 안 된다.

첫째, 변화 지향적 리더는 자신을 변화촉진자로 인식한다. 그는 지신의 이미지를 조직 혁신과 발전에 헌신하는 사람으로 설정한다. 그는 조직변혁을 통해서 자신의 차별성을 부각시킨다. 성적이 형편없는 야구팀을 인수하여 전국 챔피언을 만들어 내는 명감독처럼 그는 조직을 고무시키고 활성화시키는 방법을 강구할 줄 안다.

둘째, 변화 지향적 리더는 용기 있는 사람이다. 용기가 있다는 것은 어떤 문제에 대하여 자신의 입장을 분명히 하고 신중하게 모험을 감행할 수 있으며, 조직의 보다 큰 이익을 위해 현상유지에 대항할 수 있다는 것을 뜻한다. 용기 있는 행동에는 지적인 요소와 정의적인 요소를 함께 내포하고 있다. 지적으로는, 설령 어려움이 따른다고 해도 현실을 직시할 수 있는 시각을 가지고 있다. 정의적인 측면에서는 다른 사람들이 듣기 싫어하더라도 진실을 말할 수 있다. 용기가 있다는 것은 일탈자라는 비웃음과 그렇게 해서는 안 된다는 사회적 압력에 기꺼이 대응할 수 있음을 의미한다.

셋째, 변화 지향적 리더는 교직원들을 신뢰한다. 그는 독재자가 아니며 교직원들에 대해서도 매우 높은 관심을 가진다. 궁극적으로 부하에게 권한을 위임해 준다. 그는 팀의 결집력을 높이기 위해 응원단장, 코치, 카운슬러, 그리고 리더로서의 역할을 동시에 수행한다.

넷째, 변화 지향적 리더는 가치 지향적이다. 그는 핵심적인 가치체계를 정립하고 있으며, 이에 부합되는 행동을 보여 준다. 조직의 가치와 개인의 가치가 일치하는 조직문화를 형성하기 위해 노력한다. 부하들에게 자신의 가치관을 명확하게 제시하고 이를 공유시키기 위해서 십계명과 같은 교훈적인 말로서가 아니라 솔선수범으로 직접 보여 준다.

다섯째, 변화 지향적 리더는 평생학습자이다. 그는 계속적인 자기 학습과 자기 계발에 대한 왕성한 욕구를 가지고 있다. 그는 자기 변혁과 자기 혁신을 위한 매우 높은 내재적 동기를 가지고 있다. 그는 배움에 대한 강한 집념과 높은 헌신성을 가지고 있다. 또한 그는 실수를 실패로 보지 않고 오히려 배움의 기회로 삼는 적극성을 가진다.

여섯째, 변화 지향적 리더는 복잡성, 모호성, 그리고 불확실성에 대처할 수 있는 능력을 가지고 있다.

그는 변화무쌍한 세상에서 당면하는 숱한 문제들에 잘 대처하고 처리하는 능력을 가지고 있다. 그는 조직 내의 문화적·정치적 문제뿐만 아니라 기술적 문제까지도 매우 정교하게 다룰 줄 안다. 그는 주먹구구식 경영을 하지 않으며, 사업을 운영하는 데 있어서 허무맹랑한 접근방법을 사용하지 않는다. 그는 이론을 형성하고, 원리를 정교화하며, 가설을 검토하면서 문제해결에 임한다.

일곱째, 변화 지향적 리더는 새로운 비전을 제시할 수 있다.

그는 미래를 설계할 수 있고 또 그것을 부하들이 공유할 수 있도록 격려한다. 그는 부하들에게 실현할 수 있는 이미지를 심어 주고, 그들이 바라는 미래를 향해 전진할 수 있도록 동기를 부여할 수 있다.

Ⅳ. 학교교육 혁신방안과 6시그마(σ) 운동

1. 6시그마의 탄생

가. 시그마 'σ'의 개념

시그마는 원래 고대 알파벳 24개 글자 중 18번째 글자의 이름으로 문자로 쓸 때에는 σ로 표기한다. 이 그리스 문자 'σ'는 통계학에서는 표준편차를 나타내는 기호로 사용된다.

나. 6시그마의 의미

1백만 건 중 3.4건의 불량률(99.99966%의 정확도)을 말하는 통계 용어이다. 이것은 거의 완벽함을 뜻한다. 불량이란 결점이 있는 부품에서 잘못 기재한 고객 요금청구서까지 모든 것이 될 수 있다. 식스 시그마 팀들은 극도로 엄격하게 데이터를 수집하고 통계를 분석함으로써 오류의 근원지를 찾아내고 제거할 방법을 발견한다.

21세기는 흔히 '**무한경쟁의 시대**'라 불린다. 경쟁이 기업경영의 전 분야에 걸쳐 장소와 시간에 관계없이 벌어진다는 의미다. 무한경쟁 시대엔 기업 경쟁력은 단순히 코스트(비용)를 줄이거나 품질을 향상시키는 것만으로 높아지지 않는다. 제품 품질은 물론 서비스의 품질, 판매와 구매, 회계 등 전 관리 프로세스 경쟁에서 총체적으로 승리할 때만 경쟁력은 올라갈 수 있다. 또한 고객이 자사의 상품 서비스에 대하여 지속적인 신뢰를 보내 주는 것이야말로 기업에게는 최고의 명예이며 자산이다. 고객의 신뢰에 보답하는 최선의 방법은 고객의 손에 들어가는 상품 서비스에 불량, 에러가 전혀 없도록 하는 것이 경쟁력을 확보하는 가장 바람직한 길이다. 이를 실현시키기 위하여 '6시그마'는 바로 무한경쟁 시대의 무기다. 6시그마의 목표는 제품이나 서비스 중 불량품이나 에러 발생률을 1백만 개당 3.4개로 줄이는 것이다. 이 같은 불량률은 통계적으로 볼 때 99.99966%가 합격품이라는 의미다. 현재 인간의 힘으론 최고의 경지다. 그저 공장의 일부 공정을 바꾸거나 최신기계를 설치한다고 도달할 수 있는 게 아니다. 경영관리의 총체적 프로세스는 물론 전임직원의 가치관도 바꿔어야 한다. 6시그마 창안자인 마이켈 J 해리 박사가 '6시그마는 철학'이라고 말한 것은 이런 맥락에서다. 6시그마가 갖는 파워는 미국과 일본 간 '역전의 드라마'에서 적나라하게 드러난다.

1980년대 일본에 뒤처졌던 미국이 일본을 제치고 다시 부활할 수 있게 된 요인으로 흔히 실리콘밸리(정보통신산업)와 월스트리트(금융산업), 할리우드(문화산업) 등을 든다. 그러나 6시그마가 바로 미일역전의 결정적인 동인이었다는 사실을 알고 있는 사람은 많지 않다. 6시그마를 경영기법으로 처음 활용한 회사는 미국 모토로라였다. 1980년대 초 일본 무선호출기 시장에 들어가려던 모토로라는 깜짝 놀랐다. 일본 업체들이 내놓은 호출기의 품질이 자사제품과는 비교도 안 될 정도로 좋았기 때문이었다. 1970년대 후반부터 품질의 중요성에 눈을 떠 나름대로 품질 향상 운동을 벌여 온 모토로라로서는 충격이었다. 모토로라는 그때부터 어떻게 하면 일본을 따라잡을 수 있을 것인가에 대해 집중적으로 연구하기 시작했다. 모토로라는 마침내 1987년 6시그마로 품질관리 운동의 열매를 맺었다.

6시그마는 그 후 GE(제너럴일렉트릭) IBM 얼라이드시그널 등 미국 주요 기업들이 받아들이면서 미국을 대표하는 경영혁신 운동으로 정착됐다. 87년 당시 레이건 대통령이 제정한 '말콤 볼드리지상'과 더불어 미국이 일본을 추월하는 엔진 역할을 수행하게 된다. 요즘엔 과거와 정반대로 소니가 6시그마를 도입하는 등 일본 업체가 역수입하는 현상이 나타나고 있다. 일본 업체들의 '1백PPM(parts per million)운동'과 미국기업의 6시그마운동의 차이는 그야말로 천양지차다. 이를 간단한 확률로 따져 보면, 백만 개당 1백 개의 불량을 허용하는 1백PPM은 통계적으론 99%가 정품이라는 말이다. 이는 미국사회 기준으로 주요 공항에서 하루 평균 2건의 항공기 이착륙 사고가 일어나고 매 시간당 2만 통의 우편물이 잘못 전달되는 수준이다. 이에 비해 6시그마가 목표로 하는 정품 확률 99.99966%는 5년에 1건 정도 항공기 이착륙 사고가 일어나고 매 시간당 우편물 7통이 잘못 전달되는 수준이다. 엄청난 차이다.

6시그마는 그러나 단순한 품질혁신 운동이 아니라는 데 기존 운동과 큰 차이가 있다. 제품의 생산 공정은 물론 서비스 분야와 전반적인 관리시스템에까지 적용된다. 6시그마 운동은 일반적으로 투입대비 10배의 효과를 거두는 것으로 알려져 있다. 기업뿐 아니라 정부조직 공공서비스 가계 등 전 부문에 적용할 수 있다. 정부부처나 공기업도 6시그마를 도입할 경우 경쟁력을 크게 높일 수 있다. '새천년'을 준비해야 하는 우리가 주목하지 않을 수 없는 '무기'인 셈이다. 한국 사회의 병폐는 한마디로 사회 모든 분야가 '고비용 저효율' 구조라는 데 있다. 투입 비용에 비해 산출은 턱없이 적다. 땅값, 돈값, 사람값이 지나치게 높은 반면 생산성은 선진국의 절반 수준에도 못 미친다. 따지고 보면 IMF 체제를 부른 근본 이유도 고비용 저효율 구조에 있었다. IMF는 그러나 뒤집어 보면 고비용 구조를 일거에 해소시킬 수 있다는 점에서 우리에겐 기회다. 이제 시급히 해야 할 일은 고효율 사회를 만들어야 한다.

다. '창시자 마이클 해리가 말하는 6시그마'

첫째, 통계적 측정치(statistical measurement)다. 객관적인 통계수치로 나타나기 때문에 제품이나 업종, 업무 및 생산프로세스가 다르더라도 비교할 수 있다는 뜻이다. 따라서 고객만족의 달성 정도와 방향 위치 등을 정확히 알 수 있게 해 주는 척도다. 즉 '제품과 서비스, 공정의 적합성을 재는 탁월한 척도'인 셈이다.

둘째, 기업전략(business strategy)이다. 경쟁우위를 갖게 해 주기 때문이다. 시그마 수준을 높이는 만큼 제품의 품질이 높아지고 원가는 떨어진다. 그 결과 고객만족 경영을 달성할 수 있다.

셋째, 철학(philosophy)이다. 6시그마는 기업 내의 사고방식을 바꿔 버린다. 무조건 열심히 일하는 것보다는 '스마트하게' 일하게 하는 철학이 바로 6시그마다.

이 운동은 제품을 생산하는 제조방식에서부터 구매오더를 작성하는 방식까지 모든 작업에서 실수를 줄이는 일이다. 그렇다면 6시그마의 패러다임을 어떻게 조직에 심을 수 있을까. 공정능력을 10~20% 높이자고 말하면 어느 정도 수긍한다. 그러나 1백 배 향상시키는 운동을 제안하면 직원들은 당황하게 마련이다. 따라서 이런 수치적인 접근보다는 실행사례를 중심으로 운동을 펼쳐 나가는 게 좋다. 예컨대 놀랄 만한 향상(quantum improvement)을 이룬 사업장을 벤치마킹해 유익한 사례나 방법 기술 등을 적용하도록 하는 방식이 바람직하다. 종합적인 품질에 초점을 맞추면서 프로세스를 유지해 나가면 조직은 백 배 이상의 개선을 이뤄 낼 수 있다. 프로세스와 고객에게 초점을 맞추는 게 고객만족과 기업번영의 길이다. 종업원들에게 무조건 높은 수준의 개선을 강요할 게 아니라 업무 프로세스를 면밀히 관찰하고 그다음 직원들을 참여시켜 실패요인을 찾아내도록 하는 것도 중요한 성공요인이다.

적극성과 리더십을 가진 직원들이라야 작업방법을 개선할 수 있다. 직원들에게 권한을 위임하는 것도 선행돼야 한다. 일반적인 회사들은 4시그마 수준에 머물러 있다. 반면 세계적인 우량기업들은 6시그마 수준에 이미 도달해 있다. 경영실적을 높이려면 6시그마를 달성해야 한다는 것은 자명한 사실이다. 실적을 객관적으로 측정하지 않는 한 경쟁자들과 비교해 볼 수 없다. 현재 위치를 알지도 못하고 무엇을 해야 할지도 모르는 심각한 문제가 발생한다. 6시그마가 바로 이런 문제를 해결해 주는 열쇠다. 혁신과 새로운 패러다임을 원하는 기업이라면 프로세스를 개선해야 한다. 바로 그 과정이 6시그마 운동이다.

2. 각 벨트별 개요 및 역할

가. 챔피언(champion)

챔피언은 6시그마의 경영의 전력수립과 실행을 책임지는 고위임원들이다.

이들은 최고 경영자를 마스터챔피언이라고 하고 이를 수행하는 사업부별 최고경영자를 챔피언이라고 한다. 챔피언은 6시그마 경영활동에 대한 진단과 점검을 통해 활동을 지원하고, 추진과정을 지원한다. 6시그마 경영을 기업문화에 접목하여 발전시킬 수 있도록 한다. 구체적인 역할은 다음과 같다.

1) 블랙벨트의 선정
2) 프로젝트의 선정
3) 목표 수립
4) 각 기능집단 간의 협조 유도
5) 추진상의 장애물 제거
6) 필요한 자원의 재배치

챔피언은 6시그마 경영을 위해 전임하지는 않는다. 다음 적극적인 활동에 지원이 필요하다.

특히 챔피언은 기업의 변화 속도를 가속하기 위하여 다음과 같은 마음가짐을 갖는 것이 바람직하다.

1) 마스터 블랙벨트와 유대 속에서 함께 노력한다.
2) 블랙벨트들에게 활동에 많은 관심을 보여 활성화를 유도한다.
3) 활동을 격려하고 진행사항을 정기적으로 진단한다.
4) 프로젝트 개선, 관리단계에 도달하면 공정 책임자가 지원하고 있는지를 확인한다.

나. 마스터 블랙벨트(Master Black Belt: MBB)

6시그마 경영활동의 전문가로서 마스터 블랙벨트 교육과정을 인수하고 인정받은 사람이며 개선프로젝트 실행의 지도 전담자이다. 블랙벨트의 프로젝트 수행에 대한 지도와 자문,

문제해결 과정에서 발생하는 각종 애로 사항 해결 및 지원, 각종 기법과 교육자료 개발, 이들은 6시그마 경영 기법에 대한 깊은 이해, 강의 능력, 리더십을 겸비한 블랙벨트에 대한 조언자이자 코치이다.

다 블랙벨트(Black Belt: BB)

6시그마 경영혁명의 추진 주체는 '벨트(Belt)'로 불리는 품질운동 자격증 보유자들이다. 블랙벨트는 시그마 본질이 프로젝트를 수행할 책임을 가진 사람이다. 블랙벨트는 조언자이자 교육자이며 또 변혁가이자 도전자여야 한다. 그러기 위해서는 새로운 기법을 능숙하게 활용할 수 있어 한다. 구체적인 역할은 다음과 같다.

① 프로젝트의 리더(최저 10건)
② 교육 및 강사와 문제해결의 상담자로서 역할
③ 그린벨트의 양성교육을 담당

블랙벨트는 6시그마의 경영에 필요한 통계지식과 강한 흥미를 가진 사람이 적합하며 프로젝트를 전임으로 수행하는 사람을 말한다.

라. 그린벨트(Green Belt: GB)

해당 업무의 실무자로서 그린벨트 교육과정을 이수하고 인증을 받은 사람이며 과학적 기법을 활용에 문제를 해결하는 전문가이다. 이들은 블랙벨트가 주도하는 프로젝트에서 팀 워크를 형성하여 일하지만 전임으로 일하는 것은 아니다. 이들은 6시그마 경영활동 프로젝트에 참가하지만 동시에 회사에서 다른 직위와 업무를 갖고 있다. 위에서 설명한 벨트제로는 각 기업의 운영 형태나 기업의 규모, 기업 풍토와 맞게 명칭이나 제도 및 운영방법을 기존의 회사 직급체제와 조화를 이루도록 하는 것이 필요하다. 무조건 선진기업이나 성공사례를 받아들여 체질에 맞지 않는 조직의 운영은 6시그마 경영의 효과보다 이에 따른 문제점을 더 낳는 계기가 될 수도 있기 때문이다.

3. 벨트 제도의 운영과 학교경영

6시그마의 경영활동은 프로젝트를 해결하는 이 벨트제도에서 그 방대한 효과가 발생하는 것이다. 각 벨트의 기존의 관료체제와 비슷하게 각 단계별로 승격이 되어 그 자격을 인증받는다. 그러나 기존의 직위체제는 조직을 효율적인 운영을 위한 제도였다면 6시그마 경영의 벨트 제도는 바로 각종 프로세스 효과를 창출하기 위한 체계적이고 합리적인 제도의 운영이다. 벨트제도에서 승격은 교육과 프로젝트 수행에 따른 평가가 필수적이다.

V. 6(식스)시그마 리더십과 학교장의 역할

1. 식스시그마 리더십 개념

리더십에 대한 일반적 정의가 "비전(vision)을 설정하고 이를 실천하는 능력"이라 한다면 식스시그마 리더십은 보다 구체적으로 "고객의 가치와 요구를 완벽하게 충족시키려는 경영철학의 효과적인 실천 능력"으로 볼 수 있다.

식스시그마 경영은 단순한 비용절감이나 기술적 기능적 개선을 뛰어넘어 사실과 자료에 입각하여, 과학적으로 프로세스를 경영함을 의미한다. 경영은 프로세스와 자원의 관리이며 끊임없는 혁신의 연속이다. 식스시그마 리더십은 조직을 관리함에 있어 기존의 전통적 기능조직 개념을 프로세스 조직으로 전환시키고, 전 조직원이 자발적으로 식스시그마 혁신 프로젝트에 참여토록 하는 변화 촉진 리더십을 의미한다.

> 식스시그마는 리더의 『철학(哲學)』이다. 그것은 새로운 리더로서의 가치관이다.(가치관)
> 식스시그마는 고객과 『연애(戀愛)』하는 것이다. 그것은 곧 소통이다.(소통)
> 식스시그마는 진정한 『일류(一流)』가 되자는 것이다. 그것은 남다른 특별한 것을 추구하는 것이다.(특별한 추구)

2. 성공적인 식스시그마 리더가 되기 위한 조건(조지 에케스)

① 주의력 수준: 기능적 정렬보다 프로세스 경영철학의 실천에 집중하라(경영혁신 노력에 집중하는 시간의 양과 질).
② 카리스마 확보: 카리스마가 리더를 만드는 것은 아니지만 아직껏 카리스마를 가지지 않은 성공적인 식스시그마 경영자는 나타나지 않았다.
③ 현상에의 도전: 만약 현재의 상태를 바꾸지 않고 식스시그마 경영자가 될 수 있다고 믿으면 이는 자신을 속이고 있는 것이다.
④ 모범을 통한 지도: 성공적인 식스시그마 회사 중에서 조직 내 리더그룹들이 역할 모

델화되지 않은 회사를 본 적이 없다.

3. 식스시그마 리더십 역량 모델

가. 품질리더 그룹

① 조직 내부 인사가 외부 전문가보다 유리하다(내부 경영진 중에서 업무 실적과 개인적 신망이 두터운 자).

② 특히 모험심이 있고 이의 제기를 두려워하지 않으면서 다른 중역들을 식스시그마 창출에 참여시킬 수 있는 능력이 요구된다.

③ 다른 경영진들과의 친밀감이나 유대감을 잃지 않으면서 언제 밀어붙이고 언제 물러서야 하는지를 알아야 한다.

④ 요컨대 개인적 비전과 신망은 물론 전체를 볼 수 있는 전략적 사고와 정치적 감각이 필수이다.

나. 마스터 블랙벨트(MBB)

① 식스시그마와 관련된 도구와 기술 및 개념의 모든 부분에서 최고의 수준에 있어야 한다.

② 조직 내부 컨설턴트로 일하고 팀을 지도하고 자료를 만들며, 프로젝트팀과 경영진 화합을 주선해야 한다.

③ 특히 MBB가 보유한 리더십방법론(전략/전술/촉진)은 다른 경영진들의 표준 역할 모델이 된다.

④ 요컨대 MBB는 이론가나 통계분석가가 아니라 팀들을 동적으로 관리하는 실질적인 변화 관리와 촉진리더십의 전문가여야 한다.

다. 블랙/그린벨트(BB/GB)

① BB/GB는 1년에 3~4개 또는 1~2개의 프로젝트(DMAIC나 DMADV)를 이끄는 개선팀의 전술 리더이다(중간 매니저).

② 이들의 본질적 기술 스킬은 MBB와 다를 게 없지만 수준에 있어 프로젝트 팀의 팀원들을 이끌 수 있으면 충분하다.

③ 특히 BB/GB에게는 프로젝트를 일정 기간 내에 마무리할 수 있는 조직관리 능력이 요구된다.

④ 요컨대 BB/GB는 프로세스 개선 팀의 전술리더로서 조직관리와 팀력을 결집시키는 촉진 리더십을 가져야 한다.

4. 식스시그마 리더십 스킬 영역(MBB)

※ 식스시그마 리더십의 생명은 한 사람의 예외자도 없이 전 팀원이 자발적으로 프로젝트 수행에 참여하게 하는 데 의의가 있다.

1) 전략적/전술적 스킬
① 핵심, 중요 서브, 지원enabling 프로세스에 대한 지식
② 브레인스토밍 방법에 대한 지식과 프로젝트 선발 기준을 제공하여 경영 지원
③ 팀 구성 방법에 관한 지식
④ 고객의 요구와 필요사항을 파악하고 확인하는 방법에 관한 지식
⑤ 프로세스를 추상적·구체적 수준으로 제시하는 방법에 관한 지식
⑥ 데이터 수집 계획을 만들고 실현하는 방법에 대한 지식
⑦ 식스시그마를 이산적·연속적 방법으로 측정하기 위한 지식
⑧ 데이터 분석, 프로세스 분석, 핵심원인 분석을 위한 방법에 대한 지식
⑨ 실행의 착수·실행·분석 과정에 정통
⑩ 식스시그마 성과를 향상시키기 위한 방법을 생성·선택·실행하는 방법에 관한 지식
⑪ 각각의 프로젝트에 알맞은 조정 방법과 이에 해당하는 계획을 수립하고, 유지하는 방법에 관한 지식

2) 문화적 스킬
① 프로젝트 팀에게 식스시그마 변화 필요성과 해결책을 전략적으로 인식시키는 방법에 관한 지식
② 프로젝트 팀 및 전사적 수준에서 식스시그마 비전을 만드는 방법에 관한 지식
③ 식스시그마를 수용하도록 하는 방법. 특히 네 가지 유형의 저항을 진단하는 능력과 극복을 위한 전략적 방법에 관한 지식
④ 프로젝트 과제에 대한 저항을 극복하는 방법에 관한 지식
⑤ 프로젝트 팀이 식스시그마 프로젝트 완수를 위해 시스템과 구조를 바꿀 때, 조언하는

방법

⑥ 경영자들이 식스시그마 실행과정에서 어떻게 이것을 창출·관리·주도해 나가야 하는지에 관해 조언할 때 필요한 지식

3) 촉진적 스킬

① 안건 및 모임의 목표를 설정하기 위한 지식. 그룹이 기본 규칙을 설정하고 동의를 얻어 내는 과정을 돕는 방법에 대한 지식

② 모임에서 부여받는 역할과 책임에 동의하도록 만드는 방법에 관한 기술, 특히 퍼실리테이터, 서기, 타임키퍼인 경우

③ 적극적·소극적 개입의 차이점에 관한 지식, 언제 활용하는지에 관련된 지식

5. champion의 역할

1) champion이 해서는 안 되는 질문

① 식스시그마가 무엇인가? / 식스시그마를 하면 무엇이 좋아지는가?

② 왜 3시그마인가, 왜 4.5시그마인가 등

③ 식스시그마가 달성 가능한가, 3시그마도 못 하면서……. / 꼭 식스시그마를 해야 하는가? / 기존활동과 차이는 무엇인가? / 3개월에 끝내면 안 되는가? 왜 꼭 4개월인가? / 식스시그마가 우리의 실정에 맞는가?

④ 식스시그마 project로 추진하면 개발기간이 짧아지는가?

2) 식스시그마 활성화를 위한 champion의 행동

① 식스시그마 project 진행현황을 임원사무실 앞에 붙이도록 한다(Project 진행사항에 대한 지속적인 관심을 보임). 잘한 것을 칭찬하고 노고에 대한 격려를 수시로 한다.

② Project 추진리더와 간담회를 통해 애로사항을 접수하고 해결해 준다.

③ 각 부서장에게 적절한 질문을 통해 식스시그마에 관심을 기울이도록 한다. BB/MBB에게 프로젝트 추진 각 단계별로 적절한 질문을 한다(질문만 제대로 해도 프로젝트의 성공률은 급격히 상승).

④ 성공한 프로젝트에 대한 보상을 실시한다(예: 2박 3일 여행).
부서 내 BB/GB 인원수를 확인하여 프로젝트 투입자원을 확보한다.

⑤ 사업부(부서) 내 해결할 문제(Big Y)는 무엇인가를 항상 자문한다.

⑥ 개발의 경우 design scorecard의 중요성을 확인하고, 항상 점검한다.

다. GE의 champion 역할

① "MBB나 BB와 이야기를 할 때, 보고를 받을 때 smart한 질문을 할 수 있는 것"으로 규정하고 있다.

② MBB와 BB가 왔을 때

· "식스시그마가 무엇인가?", "왜 4.5시그마인가?" 등 이런 단순한 질문을 하면 안 된다.

· 즉 Define 단계의 질문 등 단계별 기본 질문이 있다.

· 기본 질문을 사업부별 비즈니스를 이해해서 응용하여 질문하고 있다.

③ MBB, BB가 잘못 이해하고 있는지, focus는 제대로 맞추고 있는지 알아내는 것이 중요하다.

④ Champion으로서 식스시그마를 어떻게 정착할 것인가에 대한 분명한 목표 및 의지가 있어야 한다.

Ⅵ. 지역사회의 변화와 학교장의 역할

한국교육개발원에서는 지역사회의 변화와 학교장의 역할이라는 연구논문을 통해서 연구결과를 발표하였다. 이 연구논문을 종합하여 볼 때, 이 연구에서는 학교경영 환경변화에 따른 학교장의 리더십을 '상황 주도적·교육적 리더십'으로 칭하고, 이러한 리더십의 실현을 위한 학교장의 역할, 능력과 기술, 특성, 직무 등을 규명하였다. 학교장에게 요구되는 다중적 역할은 갈등 관리자, 비전 제시자, 문화 창조자, 개혁주도자, 정보제공자, 전문적 경영자, 도덕적 귀감자로 설정하였고, 요구되는 능력 및 기술로는 의사소통 능력, 의사결정 능력, 연계망화(networking) 능력, 회의주도력, 시간과 스트레스 관리 능력 등으로 보았다. 그리고 요구되는 행동 특성으로는 교육적 카리스마와 영감, 인간존중, 도전감과 용기, 비전 지향적 행위, 솔선수범, 지적 자극, 도덕적, 열의와 호기심으로 설정하였다.

"학교의 수준은 학교장의 수준을 넘지 못한다"라는 말처럼 교육 발전을 위한 여러 가지 요인 중에는 학교장이라는 인적 요인이 가장 중요시되고 있다. 그러므로 학교장은 세기적 전환기의 급변하는 세태에 적절히 대처하고 교육의 본질과 학교장으로서의 소명을 실현하기 위한 역할수행과 전문성 제고를 위하여 부단한 노력이 필요하다. 이에 따라 학교장이 지역사회 문화발전에 선도할 수 있는 일반적으로 기대되는 역할은 다음과 같다.

1. 교육의 비전을 제시하는 학교장

교육의 선봉에서 교육을 이끌어 가는 학교장에게는 우리 교육의 미래를 예측함과 아울러 미래교육에 대한 확실한 비전을 제시할 수 있어야 한다. 이러한 비전은 학교현장의 교수·학습의 목적, 내용, 방법에 대한 중요한 지침으로 작용하게 될 것이다. 또한 미래의 통일 한국을 내다보고 이에 대처할 수 있는 능력을 길러 주어야 하며, 통일 기반 구축에 심혈을 경주해야 한다.

2. 학교경영 전문가로서의 학교장

학교장은 학교의 여건을 잘 파악하여 합당한 교육목표를 세우고 학생과 교사에게 목표를 공감시킨 뒤 여러 가지의 갈등을 해소하고 화합과 단결을 유도하며, 모든 교직원들이 자기 힘을 최대한 발휘하여 열심히 근무하고 싶어 하는 학교 분위기를 만드는 바탕은 교장에 대한 믿음과 인화임을 잘 알아야 한다. 또한 학교 예산을 규모 있게 잘 집행하여 최소의 예산으로 최대의 효과를 거둘 수 있도록 집행의 우선순위와 소요 예산의 적정성을 꼼꼼히 챙겨 보면서 집행하는 경영의 전문가가 되어야 한다. 그리고 학부모와 지역사회의 참여를 통한 학교 개혁의 추진력을 배양하고 학교 전체의 분위기가 교직원들에게는 '은근히 보람 있는 직장'으로, 학생들에게는 '푸른 꿈을 키운 정든 모교'로, 학부모들에게는 소중한 자식을 '성의 있게 가르쳐 준 감사한 학교'로 인식될 수 있도록 리더십을 발휘해야 한다.

3. 진정한 교육자로서의 학교장

학교장은 모든 교사의 신뢰대표자, 판단자, 불안 제거자가 되어야 한다. 학교교육활동의 핵심인 정규교과 시간에 교사가 시청각 교구를 적절히 사용하면서 학생활동 중심으로 재미있고 알차게 가르치도록 도와주어야 하며, 담임교사를 비롯한 모든 교사들이 학생들의 용의, 복장, 행동을 사랑의 눈빛으로 꼼꼼히 바라보면서, 포용과 엄격을 적절히 조화시켜 생활지도하는 분위기를 만들어 주어야 한다. 또한 학생들에게 필요한 성실성이나 창의성을 가르치려는 적극적인 노력을 하고, 학생들의 적성과 관심에 알맞은 진로를 선택하여 성실히 살아갈 수 있는 길을 열어 주어야 한다. 또한, 불우한 학생, 학력이 특별히 부진한 학생, 요선도 학생들에게도 따뜻한 관심과 지도를 해야 한다.

4. 교육개혁의 선도자로서의 학교장

국제화, 개방화의 무한경쟁 시대를 맞은 오늘날의 학교장은 현상 유지에만 급급해하는 복지부동의 관료주의적 관리 형태를 미련 없이 버리고 변화와 도전 그리고 총체적 교육 위기의 상황에서 변혁 지향적인 리더로의 변신을 적극적으로 꾀하지 않으면 안 되기 때문에 학교장은 관리자(manager) 수준에만 머물지 않고 리더(leader)로서의 교장상을 적극 구축하여 현실에 도전하고 변화를 선호하며 혁신을 추구하는 리더로서 학교를 경영해야 한다. 따라서 학교장은 건전한 학생상을 정립해야 한다.

5. 인간존중의 경영을 실천하는 학교장

학교는 다른 조직과는 달리 성숙한 전문인들로 구성된 조직체로서 인간 개발이라는 전문적 과업을 수행하는 곳이기 때문에 인간존중의 교육 철학이 학교경영의 중심을 이루어야 하는 곳이다. 또한 획일적인 중앙 통제, 엄격한 상하간의 계층 관계, 하향적인 의사결정을 강조하는 권위주의적인 조직에서 벗어나야 하고 상명하복, 문서주의, 형식주의, 무사안일 등 관료제의 병폐로부터 교사들이 자유로울 수 있어야 한다. 그래서 학교장은 교사와 학생들을 인격적으로 대우하고 평등주의 사상을 학교경영의 전 과정에 반영되도록 노력해야 한다. 따라서 인화단결을 특히 강조하여 학교장은 교사들과 허심탄회한 대화를 위하여 교장실을 활짝 열어 놓고 모든 어려운 일을 서로 간의 대화로 해결하는 민주적 지도성을 발휘해야 한다.

6. 자주적이며 자율적인 인간 육성을 실현하는 학교장

세계무역기구(WTO) 체제의 출범을 계기로 하여 세계는 무한경쟁시대가 되었다. 따라서 교육도 무한경쟁에서 이길 수 있는 국제적·세계적 인재 육성에 최우선을 두어야 할 시대적 소명이 부여되고 있다. 이에 따라 다양성 속에서 조화를 이루며, 사회적 가치와 규범을 내면화한 도덕적이고 개방적인 인간, 자아의식과 자립정신을 갖고 사회적 문제를 능동적이며 스스로 해결하고 결정할 수 있는 자주적이고 자율적인 인간, 양보다 질적 삶을 추구하는 자아실현 인간, 고도의 정보 사회를 주도할 기막힌 착상과 사고를 할 수 있고 변화에 능동적으로 대응할 줄 아는 창의적인 인간, 급변하는 사회 속에서 끊임없이 적응하는 공부하는 인간을 육성하여야 한다.

7. 전인적인 인간 육성에 노력하는 학교장

21세기의 변화하는 교육 현실에서는 지·정·의가 조화된 전인교육을 이룩하기 어렵다. 가정에서는 부모가 자녀들에 대하여 무관심하거나 과잉보호를 하고 학교에서는 기계화된 사제지간이나 평등이라는 이름하에 획일화 교육을 시킬 수밖에 없고, 사회에서는 모든 책임을 교육에 떠넘기거나 지나친 상업주의의 대중매체는 인간의 존엄성마저 전혀 도외시하고 사회악을 조장시키는 등 총체적인 난국에 휩쓸려 있는 실정에서 오늘날의 학교는 전인교육을 위한 노력을 경주해야 한다.

8. 변혁적 리더십을 실천하는 학교장

변혁적 리더십이란 변화를 창출하고 관리하는 적극적 리더십을 말한다. 세계가 변화하고 있는데 우리가 변화하지 않으면 되겠는가. 다른 학교가 새로운 사회 환경 변화에 무섭게 적응해 가고 있는데 우리 학교는 이보다 더 앞서서 가지 않으면 안 된다.

피터 드러커는 변화리더의 조건이라는 책에서 우리가 미래를 예측하고 대비하기 위해 노력하는 목적은 내일 해야 할 일을 결정하기 위해서가 아니라 내일을 만들기 위해 오늘 해야 할 일을 결정하기 위해서라고 했다. 이러한 의미에서 변혁적 리더십이란 변화를 수동적으로 기다리고 대응하는 것이 아니라, 변화의 계기를 만들기 위하여 적극적으로 노력하는 지도력이라고 할 수 있다.

학교장의 변혁적 리더십을 구성하는 덕목은 첫째, 비전능력이고, 둘째, 변화창출능력이며, 셋째, 위기관리능력이다.

학교장이 변혁적 리더십을 행사할 때에는 스스로 조직의 변화를 지향하여야 한다. 특히 학교가 변화를 추구하는 열린 조직으로서 미래 비전을 제시하고, 변화를 창출해야 하며, 다양한 내외부의 위기관리능력이 배양되어야 한다.

Ⅶ. 맺고 나오는 글

오늘날 우리 교육기관이 지역사회학교 운동, 교육 바로 세우기 운동, 산학협동 내지는 산학연계의 교육활동을 구호로는 잘 외치면서 실제에 있어서는 과거의 전통적 경영체제의 잔재 속에서 잠자고 있는 면이 없지 않다.

학교경영체제의 일반적 환경조건은 정치학적, 경제학적, 인구·통계적, 자연 환경적, 기술적, 문화적으로 지역사회 체제와 상호작용하고 있다. 따라서 지역사회와 학교의 관계는 지역사회의 변화와 학교교육의 발전에 따라 새로운 체제화가 절실히 요청되고 있다.

학교경영체제는 서로 상호 이해를 깊게 하고 객관적 합리적 사고를 통하여 창조적 새로운 지역사회 학교로서 혁신되어야 할 것이다.

제3장 21세기 평생교육시대 지역사회학교로서의 학교의 역할 탐색

Ⅰ. 들어가는 글

일반적으로 인간은 사회적 동물이다. 인간은 혼자서는 살 수 없는 공동적이며 상호작용적 존재인 것이다. 인간이 활동하는 공간은 지역사회라는 공간이다. 인간은 지역사회 안에서 다른 사람들과 상호작용하며 성장과 발전을 거듭해 가는 존재인 것이다.

21세기 글로벌(global) 시대에 평생 교육, 지역사회 학교 등이 중요하게 재론되는 점에 주목할 필요가 있다. 세계화의 담론에서 가장 세계적인 것이 가장 지역(지방)적인 것이고, 가장 지역(지방)적인 것이 가장 세계적인 것이라는 평범한 논리를 재음미할 필요가 있다. 이는 세계화와 지방화가 넓이와 폭의 단절이 아니라 무한하게 연계된 상호작용적 연대 관계에 있다는 점을 의미하는 것이다.

인간의 활동 공간인 지역사회란 커뮤니티(community)와 같은 뜻을 지니고 있어 '일정한 지역에 살고 있는 주민들의 공동생활체'를 뜻하며 특히 지역성을 강조한다. 커뮤니티는 공동(common), 공동체(communal), 의사소통(communication)이라는 광범위한 의미를 가지고 있으며 '공동의 생활의 장을 가지는 주민들의 접촉'을 지역사회라고 할 수 있다. 지역사회는 일정한 지역, 일정한 주민, 공통적인 생활경험, '우리 의식'이 강하며 특히 '우리 의식'은 지역사회의 가장 중요한 속성이다.

학교는 지역사회 주민의 활동 공간이 되어야 한다. 지역사회 주민들이 학교를 '우리의 학교'라고 생각하고 그것을 더 잘 가꾸어 이용하고 학교는 지역사회의 주민을 '우리의 이웃'으로 생각하고 그들을 돕고 함께 생활할 때 학교는 그 사명을 다할 수 있다. 그렇게 때문에 학교는 '남의 학교'나 '재학하고 있는 학생들만의 학교'가 아닌 '전 지역사회 주민의 학교'이다. 학교와 지역사회는 상호작용의 주된 대상으로서 존중되어야 한다.

따라서 21세기 글로벌 시대, 평생교육 시대의 학교교육은 학교 울타리를 벗어나 학교운영위원회, 학부모회, 지역사회 주민 등과 연계되어야 하고, 상호 밀접한 영향을 주고받는 열린 교육을 지향하여야 한다.

특히 2011학년도부터 전국의 초·중·고교에 적용 중인 2009 개정 교육과정에서는 '교과'와 '창의적 체험활동' 교육과정의 두 영역의 전 과정을 통하여 지역사회와 함께하는 교육, 국민 평생교육 시대를 특히 강조하고 있다.

아울러, 금년 2월 출범한 소위 박근혜 정부에서는 자유학기제 운영, 돌봄교실 확대 운영, 지역사회학교운영, 평생교육의 활성화 등을 강조하고 있다. 특히 박근혜 정부에서는 전국의 각 교육청, 교육지원청, 단위 학교를 대상으로 다양한 공모 과정을 거쳐서 운영비를 지원하고 있다. 평생교육과 지역사회학교운영 주제로도 다양한 공모를 하여 그 활성화를 모색하고 있다. 이는 시장경제논리, 신자유주의의 논리라는 비판도 있지만, 단위 학교의 교육력을 제고하고, 학부모 교육, 평생 교육, 지역사회 학교의 역할 제고와 협동적 교육시스템(education system) 구축에 긍정적 기여를 하고 있는 것도 부인할 수 없는 사실이다.

또한, 이전 이명박 정부, 현 박근혜 정부에서는 계속적으로 학부모 참여 사업을 공모하여 평생교육, 지역사회학교, 학부모 교육 등과 사업을 연계하여 지역사회와 함께하는 학교, 학부모와 함께하는 교육을 강조하고 있다. 그리하여 학부모 참여 교육과 사업, 평생 교육, 지역사회학교로서의 학교의 역할 제고 등이 활성화되고 있는 즈음이다.

Ⅱ. 지역사회의 교육적 기능

1. 지역사회학교와 평생교육

21세기를 대표하는 키워드로 지식기반사회, 세계화, 지식정보화라는 용어가 화두가 되고 있다. 지식기반사회는 지식에 대한 새로운 인식을 요구하고, 새로운 지식의 확보는 생존을 위하여 필수적이고 경쟁에서 이길 수 있는 가장 강력한 무기로 등장하는 사회를 말한다. 미래학자·경영학자들인 앨빈 토플러(A. Toffler)의 '제3의 물결', 다니엘 벨(D. Bell)의 '산업화 이후의 사회', 피터 드러커(P. Drucker)의 '지식사회' 등은 이와 같이 미래사회의 평생 교육과 지역사회학교교육의 중요성을 종합적으로 함의하고 있다.

그러므로 새로운 지식을 어떻게 생산하고, 관리하고, 활용하는 문제가 한나라의 발전을 좌우하는 핵심적인 과제가 될 것임은 자명하다. 세계화 시대의 지식은 진부한 명제적 지식, 선언적 지식 등 암기식 지식이 아니라, 방법적 지식, 절차적 지식 등을 의미하는 것이다.

우리나라 지역사회학교운동의 전개과정은 1930년대부터 주장되기 시작했던 미국의 지역사회학교 운동이 우리나라에 영향을 미쳤다. 1950년대는 학계 중심의 기본적인 이해를 공유하는 단계였으며, 1960~70년대는 전국 학교에서 이 사업을 추진하였다. 학계의 연구와 관주도의 사업으로 추진되던 이 운동이 1960년대 말에 '한국지역사회교육후원회'가 만들어짐에 따라 새로운 전기를 마련하여 민간 주도적 지역사회학교 운동이 전개되기 시작하였다. 1990년대 이후에는 한국지역사회교육협의회로 명칭을 개칭하여 지역주민의 학교 중심 평생교육을 지원하기 위해 보다 폭넓게 사업을 추진하고 있다. 2000년대 이후 세계화 시대에는 전 세계적으로 평생교육과 지역사회학교의 중요성이 더욱 강조되고 있다.

오늘날의 지역사회학교운동은 닫혀 있던 학교를 열린 학교로, 지역의 인적·물적 자원을 활용하는 학교로, 지역의 교육과제 해결을 선도하는 학교로, 지역사회의 학교를 중심으로 서로 배우고 서로 가르쳐서 살기 좋은 생활공동체 내지는 교육공동체를 만들어 나가는 평생교육의 이념을 학교 차원에서 주도하는 학교로, 지역사회와 유리된 학교에서 지역사회와 지역주민들을 위해 완전히 개방된 열린 학교, 열린 교육을 지향하여야 한다. 이를 바탕으로 지역사회와 연계된 지역주민과 함께하는 평생교육 차원으로 활발하게 전개되고 있다.

2. 지역사회 환경과 사회화

가. 지역사회 환경과 교육활동

인간은 환경에 적응하는 동물이다. 무릇 환경이란 개인과 집단에게 영향을 주고 경험하게 하는 외적·물리적, 내적·심리적 조건의 총합이다. 그리고 교육은 인간의 선천적 능력이 최대한도로 신장될 수 있도록 환경을 조성하는 일이다.

그러므로 교육활동에 있어서 교육환경의 중요성은 아무리 강조해도 지나치지 않는다.

일찍이 탈학교론자인 이반 일리치(Ivan Illich)가 다음과 같이 지적했던 대로 사람들은 학교 밖의 교육과 활동에서 학교교육보다 더 중요한 지식과 교양을 얻게 되는 것이다.

"학교교육의 중요성은 모든 학습이 가르침을 받은 결과라고 생각하는 일이다. 그러나 사람들은 지식의 대부분을 학교 밖에서 얻고 있다고 생각한다. 대부분의 학습은 우연하게 일어나는 것이며 의도적인 학습 자체도 대부분 계획적으로 교수된 결과가 아닌 것이다."

그러므로 지역사회학교 운동은 지역사회를 보다 교육적인 환경으로 개선하여 청소년의 건전한 성장발달을 돕기 위한 유의미한 운동이다.

나. 사회화의 교육적 기능

일반적으로 사회화 과정이란, 한 개인이 사회의 성원으로 성장함에 있어서 그가 속한 사회의 사고, 습관, 감정을 내면화하고 그 사회에서 요구하는 생활양식에 따라 행동하게 되는 과정을 말한다. 어린이로부터 노인에 이르는 인생의 전 과정이다. 어린 학생들은 가정과 사회를 통하여 인생이라는 긴 마라톤을 달려갈 사회화의 내용과 과정을 터득하는 것이다.

따라서 개인의 행동은 집단의 규범에 의해 통제되며, 집단의 규범이외에 지역사회에는 그 지역사회에서 요구하는 기대가 있다. 이 기대는 그 사회의 성인 및 동료집단에 의해 형성된다. 또한 지역사회는 그 지역사회생활에 필요한 기초적인 능력과 태도를 가르친다. 그러므로 지역사회는 가정과 함께 인간적 사회화의 첫 단계이다.

다. 지역사회의 교육력 제고

세계화 시대인 오늘날의 교육은 학교의 힘만으로는 이루어질 수 없으며 학교와 지역사회의 긴밀한 협조체제가 요청되고 있다. '모두가 가르치고 모두가 배우는 사회', 즉 지역사회는 청소년뿐 아니라 지역사회 주민 전체에 대한 강한 교육적 소명과 실천적 교육 역량을 지녀야 한다.

3. 지역사회학교의 기초

가. 지역사회학교의 개념

지역사회학교는 유기적 협력을 가능케 하는 구심점이 된다. 지역사회학교는 학생과 지역주민, 나아가 지역사회 전체의 욕구를 만족시키고 문제를 해결하는 데 주도적 역할을 한다. 즉 지역사회학교란 학생들의 교육, 지역주민의 교육적 필요와 욕구, 지역사회 문제해결에 주도적인 역할을 하여 지역사회 발전에 이바지하는 열린 학교를 말한다.

나. 지역사회학교의 기능

① 학교 시설의 개방 기능: 학교는 회원(주민)의 모임과 프로그램 운영 장소로서의 역할을 수행한다.
② 학부모와 주민의 참여기능: 지역사회학교는 지역사회 주민 누구나 참여하는 열린 프로그램이다.
③ 주민의 평생교육 기능: 지역사회 학교는 지역사회 주민의 요구와 필요에 따라 평생교육강좌의 제공 및 개인, 학교, 지역사회, 건전한 공동체의 성장을 도모해야 한다.
④ 학생들의 전인교육 기능: 지역사회학교는 학기 중 방과 후 활동과 방학 중 다양한 활동을 수행하여야 한다.
⑤ 학교와 지역사회의 협력 기능: 지역사회학교는 지역사회의 학교 돕기, 그리고 학교의

지역사회 돕기 등을 통하여 유기적으로 연대되어야 한다.

⑥ 만남과 공동체 형성 기능: 평생교육 프로그램 참여, 참여와 나눔, 공동체 형성, 동아리활동 등과 연계된 공동체 교육을 지향하여야 한다.

⑦ 지역사회 문제해결 기능: 지역사회학교는 지역사회의 다양한 문제해결을 위하여 학교와 지역사회 주민, 학부모 등과의 관계에서 신뢰와 협력, 긍정적 사고, 동기 부여 등에 노력하여야 한다.

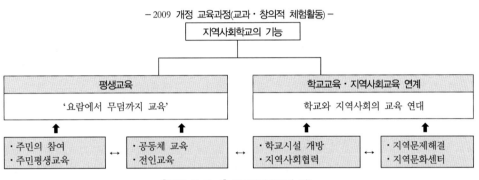

[그림 II-3-1] 지역사회학교의 기능

4. 지역사회와 학교교육

21세기는 '요람에서 무덤까지'의 평생교육 시대이다. 인간의 교육은 학교교육을 통해 한정된 기간에 교육을 마치는 것이 아니라 학교교육 이전과 이후에도 지속적으로 교육을 받아야 하는 평생교육의 학습사회(lifelong education)를 요구하고 있으며 어느 누구도 평생교육의 기회를 박탈당하지 않도록 하는 모두를 위한 교육의 추구가 요청되고 있다. 지역사회의 발전과 활성화를 위해서는 지역사회와 학교교육을 더욱 긴밀하게 연계하는 교육적 노력이 중요하다.

가. 지역사회와 학교교육 간 연계

1) **지역사회와 학교교육 간 연계의 필요성: 지역사회의 교육, 문화, 회의 센터**

지역사회와 학교교육 연계의 필요성은 크게 두 가지 관점에서 찾아볼 수 있다.

첫째, 학교와 지역사회 간 연계의 필요성은 공공기관으로서 학교의 책무성에서 찾아볼 수 있다.

지역사회 자체가 교육적 자원이며 교실로서 학교는 지금까지 교육적 자원 내지 지역사회의 잠재력을 제대로 활용하지 못했다고 지적할 수 있으며 학교는 지역사회기관 및 인사들과 유기적 관계를 형성하고 파트너십을 통한 구체적 전략을 수립 추진하는 것이 과제이다.

둘째, 아동의 사회적 성장 측면에서 지역사회와 학교교육 간 연계의 필요성을 찾아볼 수 있다.

학습이란 행위를 수행함으로써 획득되는 것이며 학생(learning by doing) 자신이 속한 사회적 삶 속에서 경험을 통해 학습하지 않은 것은 대체물에 불과하며 학교교육은 아동들에게 생생한 현재의 삶을 표상해 주는 것이어야 한다.

지식 교육 위주의 학교교육의 보완과 학생들에게 구체적인 경험 학습을 제공할 수 있는 풍부한 자원의 장으로서 지역사회와의 연계 방안을 적극적으로 모색할 필요가 있다.

2) 지역사회와 학교교육의 연계 방향

지역사회와 학교교육 간의 연계 방향은 필요성에 의하여 상호 보완적이며 우선 학교가 지역사회를 지원하는 기능에서 유대가 강해질수록 일방적으로 지원하고 지원받는 관계가 아니라 상호 협력하는 동반자적 관계(partnership)로 발전해 나갈 수 있게 될 것이다.

① 학교교육을 보완 지원하는 차원에서 지역사회의 역할을 강조

② 동반자적 관계로의 확산 과제

③ 가정과 학생을 지원하는 학교

④ 학교가 지역사회 센터로서의 역할

⑤ 학교교육이 결여하기 쉬운 경험적 학습 보완의 지원 역할

⑥ 지역사회학교 운동의 지역성(local place) 탈피

⑦ 세계화를 위한 공간적·지리적·문화적 정체성 유대

세계화 시대, 유비쿼터스(ubiquitous) 사회를 맞아 칠판 없는 교실, 교실 없는 학교가 가능해졌다. 사회 변화에 따라 단순히 학습과 공부의 장으로서 학교의 기능이 약화되고 가정과 같은 보살핌의 장과 생활과 체험의 장, 나아가 계속 교육을 담당하는 평생교육의 장으로서의 기능이 중시되고 있다.

① 지역의 인적·물적 자원의 동원 및 평생교육의 확산

② 변화에 대응할 수 있는 지역성, 주민의 성향 변화

③ 지역과 주민, 주민과 주민, 주민과 학교의 온라인(on line)화

④ 빈번한 만남의 장 개설, 가상 공간상에서 정보화 네트워크(network) 구축

나. 지역사회교육, 평생교육과 학교교육 연계 방안: 평생교육의 중심 기관

평생교육 차원에서 지역주민들의 학습 요구를 수용하거나 교류를 원활하게 하고자 하는 요구도 제기되고 있다. 이러한 요구들을 감안하여 지역사회와 학교교육 간의 구체적인 연계 방안을 제시해 보면 다음과 같다.

1) 지역사회와 학교 간의 벽 허물기

지역사회는 학교의 학습을 도울 수 있는 풍부한 학습의 장이다. 따라서 학교 학습을 학교의 울타리 안에서만 실시하는 폐쇄적인 관점을 지양하고 학생들의 생생한 학습 경험을 위해 지역사회의 풍부한 학습 자원을 적극적으로 활용하며 지역사회는 학교의 요구에 부응하여 다양한 도움을 제공할 수 있다.

2) 지역사회 학습 자원의 활용

첫째, 지역사회 학습 자료를 학교교육 및 학습에 활용하여야 한다. 경험적·체험적 측면에서는 지역사회의 모든 인적·물적 자원이 학습의 자료가 된다.

지역사회의 물리적 자료, 문화적 자료, 시청각 자료, 문헌 자료, 지역 자료와 향토사회 자료 등을 관련 내용에 따라 광범위하게 활용함으로써 생생한 학습 경험을 제공할 수 있다.

둘째, 지역사회의 주민을 학교 학습을 돕는 자원인사로 활용할 수 있다. 2013학년도 유·초·중·고교 교육과정을 중심으로 지역사회 주민들의 학교교육 도우미 활동의 예로, 지역주민 봉사대, 녹색 어머니 봉사대, 도서실운영 봉사대, 학습자료 제작 봉사대, 환경개선봉사대, 행사지원 봉사대, 상담활동, 교육학습도우미제, 학교안전지킴이제 등을 들 수 있다.

3) 지역사회 현장체험 학습

지역사회는 곧바로 학생들의 현장체험학습의 장이 될 수 있다. 현장체험 학습은 교실 학습에서는 얻어질 수 없는 실제 경험을 통해서 학습활동과 상상력을 자극한다. 따라서 지역사회는 다양한 체험학습활동 프로그램을 개발하고 활동의 장(場)을 편리하게 제공할 필요가 있다.

4) 직업적 경험 학습과 현장 체험학습의 장(場)

지역사회는 적절한 장에서 학생들에게 직업적 경험 혹은 노작경험(work)을 시킬 수 있다. 이러한 노작 경험은 학생들에게 다음과 같은 교육적 효과를 기대하고 있다.

첫째, 진로지도와 직업지도(experience), 그리고 진로와 직업에 대한 반성적 사고의 기회를 제공해 준다.

둘째, 과업(일)에 대하여 건전한 태도를 갖게 한다.

셋째, 고용, 임금문제 노동조건 노동조합 소비자의 수입 등과 같은 사회적·산업적 조건들을 실제로 접할 수 있는 기회를 제공하게 된다.

5) 지역사회 봉사활동

이웃에게 봉사하는 태도, 지역사회에 대한 깊은 이해, 자신과 가정에 대한 객관적 성찰의 기회 등 심도 있는 학습적 경험을 제공해 준다.

특히 현행 2009 개정 교육과정에서는 '창의적 체험활동 교육과정'에서 자율활동, 동아리활동, 진로활동 등과 함께 봉사활동을 포함하여 교육활동을 강조하고 있어서 좀 더 체계적인 교육을 지향하도록 하고 있다.

다. 학교를 중심으로 한 지역사회 평생학습센터의 구축: 유연하고도 역동적인 연계

학교는 청소년을 대상으로 한 정규교육과정의 운영과 더불어 지역사회 발전을 위한 교육문화센터의 역할로 학령기의 청소년만이 아니라 지역사회의 어린이에서부터 노인에 이르기까지 각자의 성장과 번영을 꾀할 수 있는 곳으로 활용될 수도 있다.

지역사회 학교는 지역주민들이 우리 학교라는 인식을 가지고 참여할 때 가능하며 지역사회의 평생교육기관의 역할을 해낼 수 있다. 또 시설활용을 통한 활동, 청소년 교육활동, 성인교육활동, 노인교육활동 등을 펼쳐 나갈 수 있다.

시대적 사회변화의 양상들은 지역사회 주민들의 생활에 많은 어려움과 참여민주주의로 이행하는 과정들은 많은 변화의 충격들을 제기한다. 주민들의 빈번한 지역이동 새로운 정보와 기술의 획득 잠재력의 개발 전문성 향상 등의 필요는 끊임없이 새로운 삶의 과제들을 제기한다. 이러한 문제들은 그 해결을 위해 평생에 걸친 계속적인 교육적 노력을 요청하고 있다.

지역사회교육은 이러한 필요에서 비롯되었고 각기 지역수준에서 지역이 지닌 잠재적인 자원들을 개발하고 거시적인 체제에서 함께 연계해 필요한 교육적 봉사를 제공함으로써 주민들의 당면한 문제를 해결하고 삶의 질을 높여야 한다.

이와 같이 지역사회교육이란 주민생활의 필요에서 제기되는 교육적 문제들을 해결하려는 과정을 의미한다. 이 과정에서 학교는 지역사회에서 이루어지는 여러 가지 교육활동의 중심적 역할로 학교가 주민들을 위한 교육의 과정에 중심이 되어 교육을 실천하고 있을 때 이러한 학교를 진정한 지역사회학교(community school)라고 일컬을 수 있을 것이다.

라. 지역사회와 학교교육의 연계를 강화하는 지원체제 구축: 다양한 자원과 상호 연계

지역사회와 학교교육 간의 연계강화를 위한 지원체제 구축방안을 제시하면 다음과 같다.

1) 지역사회 교육문화 인프라 확충

지방자치단체가 예산과 인력을 지원하여 지역사회의 교육문화 인프라를 확대하여 학생들이 학교 밖의 풍부한 교육자원을 활용할 수 있는 토대를 마련해 주도록 한다.

2) 지역사회 문화시설의 학습강화

지역사회에 이미 박물관 미술관 등과 같이 풍부한 학습 자료 소장 기관이 있는 경우에는 지방자치단체와 지역교육청이 협력하여 해당 기관에 알맞은 다양한 교육 및 체험 활동을 개발하고 가능하면 지도 교사나 자원인사를 두어 방문하는 사람들의 학습활동을 도울 수 있도록 한다.

3) 지역자치단체별 특성화 교육과 문화 콘텐츠의 개발활용

지역자치단체가 지역교육청과 협력하여 지역의 특성을 살린 교육문화 프로그램을 적극 개발하여 지역주민들의 학습과 문화 활동을 진작시킴과 동시에 지역의 발전을 도모해 나갈 수 있다. 물론, 개발된 교육문화 콘텐츠의 첫 번째 수혜자는 학생들이 될 것이다.

마. 지역사회 중심의 학교교육과정 구성 방안: 지역사회의 학교교육과정 구현 장소

1) 지역사회와 학교 연계 방안으로서의 교육과정의 지역화

1960년대 이후 교육과정의 지역화라는 이름으로 추진되기 시작하여 1987년 제5차 교육과정 기본 방향의 하나로 종전보다 뚜렷이 강조되면서 교육과정 개발과 편성운영의 핵심 사항 중의 하나가 되었다. 이러한 동심원적 확대법에 따른 교육과정 운영, 평생교육, 지역화 교육, 지역사회교육의 활성화는 1945년 교수요목기로부터 현행 2009 개정 교육과정에 이르기까지 우리나라 교육과정의 중요한 이슈(issue)가 되고 있다.

각 지역 및 학교 수준에서 특성에 맞게 구체화 다양화될 수 있도록 하여 2009 개정 교육 과정에서는 시·군·구 단위 지역교육지원청의 역할을 명시하여 교육과정의 지역화에 내실을 기할 수 있도록 하고 있다.

또한 2009 개정 교육과정에서는 교육과정의 자율화·다양화·전문화 차원에서 일부 교과용 도서를 각 지역의 교육감이 저작권을 갖는 인정 도서로 편찬할 수 있도록 함으로써 교육과정의 지역화를 한층 더 구현하고자 하고 있다.

2) 지역자치단체의 지역사회 평생교육 지원

학교를 중심으로 한 지역사회 평생교육이 활성화되기 위해서는 무엇보다도 지역자치단체의 지역사회 주민을 위한 평생교육 지원이 실질적으로 이루어져야 한다. 학교를 중심으로 한 지역사회 평생교육이 성공적으로 이루어지려면 다음과 같은 점이 고려되어야 한다.

첫째, 지역사회 교육문화 인프라를 확충하여야 한다.

둘째, 지역사회 문화시설의 학습장화를 추진하여야 한다.

셋째, 지역자치단체별로 특성화된 교육문화 콘텐츠(contents)의 개발과 활용을 위해 노력할 필요가 있다.

3) 지역사회 중심의 학교교육 지원체제 확립

전통적 학교에서 지역사회 주민 교육을 담당하는 지역사회학교로 탈바꿈하려면 학교교육 지원체제가 다음과 같이 달라져야 할 것이다.

첫째, 학교 내·외부 각 교육의 장의 개방 시간이 확대되어야 한다. 방과 후 주말 연중 내내 교육이 가능한 체제로 바뀌어 지역사회교육 담당 시간을 확보해야 한다. 운동장은 물론, 체육관, 강당, 컴퓨터실, 돌봄 교실 등이 학생 교육에 지장이 없는 한도 내에서 학부모와 지역사회 주민들을 위해 적극 개방되어야 한다.

둘째, 학교조직 및 행정 방식이 달라져야 한다. 교육대상이 되는 주민들이 학교의 의사결정에 참여하여 시설활용 프로그램 선정 지역사회 문제해결 재정적 의무 등에 이르기까지를 결정하는 책임을 져야 한다. 학교와 지역사회 주민 간 사이버공동체 네트워크를 구성하여 운영하는 것이 바람직하다.

셋째, 지역기관과의 적극적 관계를 맺어 나가야 한다. 지역사회 중심의 학교가 되고자 한다면 지역의 각종 타 기관과 접촉하여 지역의 문제를 확인하고 함께 해결해 나가는 방안 모색과 학교 홈페이지와 지역기관 홈페이지 각각에 서로 서로를 연결할 수 있는 연계망을 구축해야 할 것이다. 학교가 지역사회 교육의 중심이 되어야 한다는 것은 공공기관으로서 학교의 책무에 해당한다고 볼 수 있다. 하지만 위에서 제안한 내용의 구체적 실현은 학교가 감당할 수 있는 여력이 충분히 있을 때 가능할 것이다.

Ⅲ. 지역사회학교의 조직과 운영

1. 단위 학교의 평생교육 · 지역사회학교운영 조직

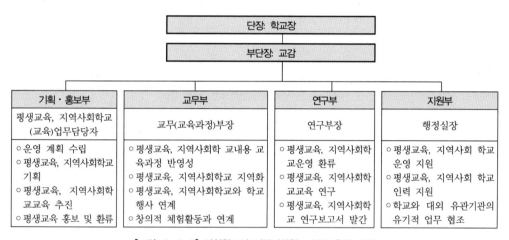

[그림 Ⅱ-3-2] 단위학교의 지역사회학교 업무 운영 조직

2009 개정 교육과정과 박근혜 정부에서는 교육정책 측면에서 교육공동체가 함께 하는 교육을 특히 강조하고 있다. 학교운영위원회와 학부모회 운영의 활성화도 교육정책적으로 추진하고 있다.

전통적으로 학교는 온상조직이고 보수적 조직으로 인식되어 왔다. 사실 교육을 담당하는 학교는 보다 진취적이고 혁신적인 자세를 견지해야 하는데, 실제는 상당히 보수적이고 경직된 조직 문화와 조직 풍토를 유지해 온 것도 부인 못할 사실이다.

본질적으로 교육을 담당하는 조직체인 학교는 열린 경영, 열린 운영, 열린 체제를 유지해야 한다. 학교가 열린 체제를 유지하기 위해서는 우선 평생교육의 증진과 지역사회학교 체제를 활성화해야 한다. 학교가 평생교육과 지역사회학교 체제를 활성화하기 위해서는 향토 기업체, 학부모, 지역인사, 동문 등과 긴밀한 유대 관계를 유지하는 것이 중요하다.

2. 지역사회학교운영 조직

가. 지역사회학교조직표(예)

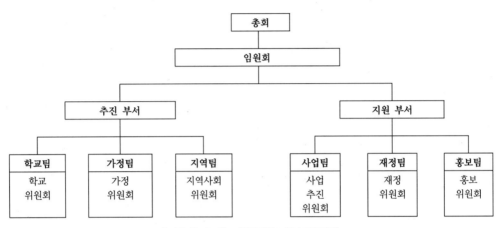

[그림 II-3-3] 지역사회학교의 조직표(예)

나. 지역사회학교운영 조직(예)

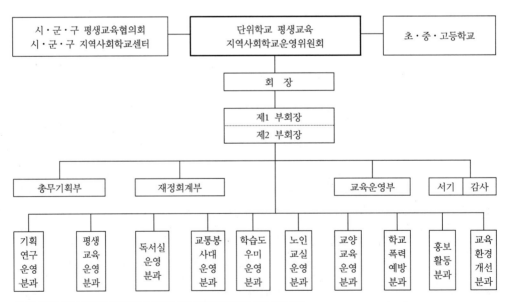

※ 각 단위학교의 교육과정, 단위학교 평생교육 지역사회학교운영계획 등에 따라 조정

[그림 II-3-4] 지역사회학교운영 조직(예)

다. 각 조직의 구성과 기능

〈표 II-3-1〉 지역사회학교의 운영 구성 및 기능

구분	조직 · 구성	기능		
		기구 · 부서		역할
총회	전체 회원 또는 대의원	의결기구		◦회칙 제정 및 개정 ◦사업계획 및 예산안의 승인 ◦임원선출 및 보선 ◦기타 필요한 사항 의결 및 심의
임원회	교직원대표, 직전회장, 회장, 부회장, 총무, 서기, 회계, 감사, 각 분과 위원장(지역사회 주민)	집행기구		◦총회에서 결의된 사업 및 예산 집행 ◦총회가 위임한 사항 수행 ◦분과별 업무분장 계획 및 활동 조정 ◦각 분과위원회에서 제출된 안건처리
팀 (분과) 위원회	각 분과별 5~7명의 위원	추진부서	학교팀: 좋은 학교 만들기 위원회	◦학생들이 즐겁고 신나는 학교로 ◦교사가 보람과 자긍심을 갖는 학교로 ◦학생과 지역주민의 교육효과를 높일 수 있는 환경 구축 ◦주민, 학부모를 강사자원으로 양성 ◦교육환경개선 토론회 등을 통해 좋은 학교 만들기를 위한 문제해결방안 모색
			가정팀: 좋은 가정 만들기 위원회	◦학부모가 올바른 부모역할을 습득하도록 지속적인 교육 ◦'좋은 가정 만들기' 소그룹모임 육성지원 ◦좋은 가정을 만들기 위한 정보를 지원
			지역팀: 좋은 지역 만들기 위원회	◦주민대상 평생교육을 통해 학습하는 분위기 조성 ◦학교와 지역사회의 협력 ◦지역사회의 문제해결방안 모색 ◦소외계층 및 지역문제 봉사활동 추진
		지원부서	사업팀: 사업 위원회	◦회원의 모집 및 관리 ◦회원들의 요구조사 및 각종 사업 마련 ◦회원을 위한 교육 및 유대강화 노력
			재정팀: 재정 위원회	◦지역사회학교 재정마련 방안 모색 ◦재정확보를 위한 수익사업 계획 및 기타 위원회와 역할 분담 ◦지역인사 · 단체로부터 기부금 협찬 ◦수익사업계획 시 학교와의 협조를 우선
			홍보팀: 홍보 위원회	◦지역사회학교활동을 대내외 홍보 ◦활동에 필요한 자료 및 홍보물 제작

3. 학교운영위원회와의 유기적 연계

단위 학교의 평생교육 프로그램 운영과 지역사회학교 개설 등은 학교운영위원회의 심의 사항이다. 따라서 평생교육과 지역사회학교 개설과 운영 등은 단위학교 학교운영위위원회와 밀접하게 연계되어야 한다. 그래야만 평생교육과 지역사회학교 프로그램 개설 및 운영이 원만하게 이루어질 수 있다.

현행 초·중등교육법 시행령 제2절 제58조에 의하면, 학교 규모에 따라 학교운영위원을 5~15명을 두도록 규정되어 있다. 또 단위학교 학교운영위원회 운영위원은 학부모 위원 100분의 40~50, 교원위원 100분의 30~40, 지역위원 100분의 10~30의 비율%로 선임하도록 규정되어 있다.

따라서 지역사회 주민, 지역사회 인사 중에서 학교운영위원회 지역위원을 위촉하고, 이 지역위원을 통하여 다양한 지역사회와 지역주민들의 요구사항을 학교 내로 수용하고 수행하는 것이 바람직할 것이다. 그렇게 되면 지역사회와 학교가 상호 연대되어 상부상조할 수 있는 연건이 마련될 것이다. 나아가 학부모와 지역사회 주민, 지역사회 인사들의 학교에 대한 이해와 인식이 돈독해지고 교육 기부, 장학금 지급, 학교발전기금 출연 등 학교와 학생들에 대한 다양한 지원 등이 확대될 것이다.

Ⅳ. 지역사회학교의 역할
─ 평생교육 차원의 지역사회학교 프로그램 중심

1. 지역사회학교 프로그램의 원칙

① 장소: 주민의 세금으로 세워진 학교의 유휴시설을 중심으로 활용하고 부족한 것은 지역사회 시설을 이용

② 대상: 학교가 위치한 지역의 모든 주민(학부모 포함)

③ 내용: 지역특성, 지역주민의 필요와 욕구를 고려하여 다양하게 구성(학교가 꼭 수행해야 하는 내용, 지역사회 주민, 학생들에게 도움이 되는 내용, 학교 발전에 필요한 내용)

④ 방법: 프로그램의 내용과 방법에 따라 학습 집단의 크기와 학습방법을 조절

⑤ 기간: 프로그램의 내용과 방법에 따라 단기, 중기, 장기 등으로 융통성 있게 운영

⑥ 비용: 수혜자 부담을 원칙으로 하여 학습열을 높이고 지속성을 갖게 한다.

⑦ 평가: 지역사회교육운동의 목적 및 활동목표와 지역주민의 흥미와 욕구 충족 방향이 일치하는가를 평가

2. 지역사회학교 프로그램의 단계

지역사회학교 평생교육 프로그램은 유도(in)→참여(involved)→흥미(interested)→정보, 지원(informed)의 과정을 거치는 것이 바람직하다.

〈표 II-3-2〉 지역사회학교 프로그램의 단계

단계	지역 주민 및 학부모들의 참여
1단계	지역주민, 학부모들이 스스로 학교에 오도록 유도하고(in)
2단계	학교에 온 주민, 학부모들을 지역사회학교 프로그램에 참여하도록 하고(involved)
3단계	프로그램에 참여한 주민, 학부모들이 프로그램에 흥미를 느끼도록 하며(interested)
4단계	프로그램에 흥미를 느끼고, 중단이 아니라 아는 사람, 할 수 있는 사람이 될 수 있도록 도움을 준다(informed).

3. 지역사회학교 프로그램 계획 및 운영

단위 학교에서 평생교육 차원의 지역사회학교 프로그램 운영을 위한 계획 수립 시에는 반드시 다음과 같은 사항이 고려되어야 한다.

첫째, 많은 지역주민, 지역인사들의 요구를 최대한 반영하여야 한다.

둘째, 프로그램 자체의 목적도 중요하지만, 과정을 의미 있게 만들어야 한다.

셋째, 프로그램 방향, 수행 여건(지도력, 인적 자원, 시설, 재정 등) 등도 고려하여야 한다.

1) 프로그램 계획과정

① 전년도 회기에 대한 평가 실시

② 주민 및 회원들의 요구 분석(요구 중심 계획)

③ 지역사회의 문제 조사 분석(문제해결 중심 계획)

④ 조사된 주민들의 요구내용을 분야별(대상별, 내용별)로 정리

⑤ 프로그램에 필요한 자원 고려(자원활용 중심 계획)

⑥ 프로그램 실시 전 구체적인 계획표를 작성

⑦ 프로그램 수행 전 역할분담을 통해 참여의식 및 소속감 고취

〈표 II-3-3〉 지역사회학교 평생교육 프로그램 운영 세부계획표(5W 1H)

Who	Why	When	Where	Whom	How
○명칭 ○분야	○사업추진의 이유 ○기대하는 목적과 효과	○시행일시 ○준비일정	○행사장소 (장소 선정과 연락 망 파악)	○성격 ○인원 ○주최 ○대상 ○초청	○역할분담 ○구체적 준비과정 ○일정분식 ○예산마련 ○홍보방법
기본 계획				세부 계획	

〈표 II-3-4〉 지역사회학교 평생교육 프로그램 운영 역할분담표

역할 구분	담당자	주요 내용	준비물	비고
홍보 및 참가자 확보				
자료제작				
행사장 꾸미기				
접수 및 등록				
다과 준비				
강사섭외 및 접대				
기타 사항				

4. 지역사회학교 프로그램 평가

평생교육 자원에서 지역사회학교 프로그램 운영·실시 후에는 반드시 평가를 하고, 다음 사업에 활용하여야 한다. 대체적으로 지역사회학교 프로그램 평가기준은 다음과 같다.

① 프로그램이 지역사회학교의 목적을 수행하는 데 적합했는가?

② 프로그램 내용이 참여자들의 필요와 욕구에 근거해서 짜였는가?

③ 프로그램 종료 후 참여자들에게 만족감을 주었는가?

④ 프로그램을 통해서 주민과 회원들이 지역사회학교에 소속감을 갖게 되었는가?

⑤ 프로그램의 준비나 진행상 문제는 없는가? 예를 들어, 홍보 및 모집, 프로그램 운영기간 및 시기, 장소, 강사 및 지도자 선정 등을 평가한다.

5. 대상·영역별 프로그램

1) 성인대상 프로그램(예시)

① 학부모 평생교육 프로그램

구분	프로그램 분야	주요 교육 내용
학부모 평생교육	자녀의 성교육: 제대로 알면 문제없어요.	① 성과 성문화 ② 성교육 ③ 성의 발달과정 ④ 성교육의 실제
	자녀교육관 정립: 훌륭하고 좋은 부모 되기	① '부모 됨'의 의미 ② 잘사는 문제와 교육 ③ 삶과 공부 ④ 어머니의 교육열
	부모와 자녀 사이의 대화기법: 자녀들과 대화할 때 당황한 적 많으시죠?	① 가정 내 일상대화의 분석 ② 자녀와의 대화를 위한 부모의 기본 태도 ③ 효과적인 대화방법 ④ 이럴 때는 이런 대화로 해결하기
	자녀의 학습 돕기: 우리 아이 어떻게 하면 신나게 공부할까?	① 미래사회의 자녀교육(학습의 뜻과 이론) ② 학습 관련 요인들 ③ 언어학습지도 ④ 가정에서 학습 도움 주는 실제적인 방법

② 학부모 자녀교육·전통예절교육 프로그램

구분	분야	주요 교육 내용
학부모 자녀교육	자녀의 진로지도: 우리 아이 이다음에 커서 무엇이 될까?	① 세상이 달라지고 있어요. ② 자녀를 얼마나 이해하고 계십니까? ③ 자녀에게 어떤 직업(전공)을 권해 볼까요? ④ 어떤 교육이나 준비과정을 거쳐야 할까요?
	EQ(감성지수)개발: 아이의 EQ가 높아졌어요.	① 엄마와 자녀의 EQ진단 ② 정서인식능력과 정서표현능력의 개발 ③ 감정이입능력과 정서조절능력의 개발 ④ 어떤 교육이나 준비과정을 거쳐야 할까요?
	성공하는 학부모: 부모들의 일곱 가지 습관	'성공하는 사람들의 일곱 가지 습관'의 저자로 잘 알려진 스티븐 코비 박사가 개발한 효과적인 삶을 살 수 있도록 이끌어 주는 워크숍
	프로젝트(project): 건강한 가정을 만드는 자기혁신프로젝트(TA)	정신과 박사 에릭번에 의해 개발된 프로그램으로, 사람의 성격이나 행동을 명확하게 이해함으로써 일상생활의 행동과 태도를 변화시켜 가정생활과 사회생활을 풍성하게 하기 위한 다양한 방법 제시
	성격검사(MBTI): MBTI 성격유형 검사 워크숍	성격유형을 16가지로 분류하고 유형별 특성을 이해하여 자신과 타인을 이해하는 폭을 넓혀 원만한 인간관계를 이룰 수 있도록 돕는 프로그램
전통예절교육	예절교육: 바른 마음가짐, 바른 몸가짐 (8회차 / 조정 가능)	① 예절: 예절의 기본 9가지 원칙 실습 (인사: 목례, 15도, 30도, 45도 경례 등) ② 바른 마음가짐과 몸가짐 실습 (바르게 서기, 걷기, 앉기) ③ 절 실습(평상복: 남자 절, 여자 절) ④ 절 실습(한복: 남자 절, 여자 절), 한복 입기 ⑤ 다례시범(차 마시기, 손님 맞이하기) ⑥ 생활예절(식사예절) ⑦ 생활예절(전화예절 및 방문예절) ⑧ 생활예절(직계계보 및 호칭)
	예절 지도자 과정: 1단계: 12주 24시간 2단계: 8주 24시간 3단계: 8주 24시간 4단계: 24시간	

③ 학습·예능프로그램

구분	분야(과정)	
학습 및 지도	글쓰기독서 지도자과정	생각그물 지도자 과정
	논술 지도자 과정	동화구연/시낭송 지도자 과정
	NIE 지도자 과정	영어독서 지도자 과정
미술 및 공예	한지그림 지도자 과정	칼라믹스 지도자 과정
	쉐도우박스 지도자 과정	종이공예 지도자 과정
	풍선장식 지도자 과정	꽃장식과 선물포장 과정
	한지공예 지도자 과정	사진반 과정
음악 여가 건강	밝은 노래와 레크리에이션	수지침 과정
	기타 교실 과정	가족건강을 지키는 발 관리 과정
	단전호흡 과정	요가 과정
	피부 관리와 메이크업 과정	벨리댄스 과정

2) 어린이·학생 대상 프로그램(예시)

구분	분야	비고
어린이· 학생 프로 그램	살아 있는 영어동화나라	자기표현 훈련
	발표력 훈련	사고력 논술
	신나는 글쓰기	쉐도우박스
	가족신문 만들기	칼라믹스
	창의력NIE	심성계발과 진로탐색
	풍선장식 교실	동화구연
	종이공작반	재미있는 역사 여행

※ 프로그램은 학교나 지역사회의 요구 및 여건에 따라 다르게 운영될 수 있음.
　 장기 강좌, 단기강좌나 취미교양강좌 등으로 조정 가능.

V. 지역사회학교의 평생교육학습 동아리 운영

1. 지역사회학교 평생교육 학습동아리의 의미

일반적으로 지역사회학교 평생교육 학습동아리는 지역사회 주민들이 자발적으로 모임을 조직하여 다양한 주제로 토의·토론하는 동아리이다.

일정한 인원의 성인들이 (운영 주체),

자발적으로 모임을 구성하여 (조직 과정),

정해진 주제에 대한 학습과 토론을 위해서 (운영 목적),

정기적으로 만나는 모임 (운영 방식)

2. 지역사회학교 평생교육 학습동아리의 필요성

〈표 II-3-5〉 지역사회학교 평생교육 학습동아리의 필요성

(1) 성장하는 개인: 개인
① 가까운 곳에서 다양한 주제에 대한 학습활동의 기반 마련 ② 공동체 안에서 '나' 개인을 바라볼 수 있는 시각의 전환 ③ 생활 속에서 필요한 주제중심 학습으로 삶 속의 평생학습 실현 ④ 영역별 분야별 전문능력의 신장

⇩

(2) 공유하는 집단: 집단, 단체
① 지식과 정보 그리고 '성찰'의 공유로 '나 홀로'의 성장이 아니라, 동료와 '함께하는' 성장의 추구 ② 개인의 발전은 다른 사람과 사회와의 교류, 교호, 상호작용 등으로 더욱 성장

⇩

(3) 발전하는 지역사회: 지역
① 단발성이 아닌 지속적인 학습을 통해 지역평생학습문화의 정착 ② 대안을 제시하고, 변화를 주도할 수 있는 풀뿌리 시민조직의 형성 ③ 지역사회 내 문제에 대한 지속적 토론으로 지역사회 문제를 스스로 해결해 가는 민주시민의 역량과 자질 강화 ④ 자발적 학습으로 지역사회 내 주제별 전문성을 갖춘 자원인력의 확보

⇩

(4) 학습하는 사회: 사회, 국가
① 평생학습과 지역사회 발전과의 연계 ② 수평적 네트워크의 강화와 민주적 토의환경 창출 ③ 시민이 직접 참여하고 실천하는 민주사회 공동체의식의 제고 ④ 학습동아리를 통한 인적 자원 육성의 경로와 영역 다변화로 인적 자원을 교육받은 시민, 학습하는 시민으로 전환

VI. 맺고 나오는 글

학교는 교원들이 가르치고 하생들이 배우는 교육활동의 핵심적 장(場)이다. 교육은 학교에서 주로 이루어진다. 하지만 21세기 글로벌 시대에는 학교교육만으로 모든 교육을 수용할 수는 없는 것이다.

21세기 지식기반사회에서의 세계화·정보화의 가속적인 사회변화에 따른 지식과 정보의 기하급수적인 증가와 그 수명이 짧아지는 관계로 학교교육만으로는 필요로 하는 것을 학습하기가 어려워졌다. 또한 직업구조가 변화되고 사회적 이동이 촉진됨에 따라 직업 및 사회생활에 적응하기 위하여 학습이 필요하므로 학교를 졸업 후에도 계속적으로 학습하고,

학교 이외의 장소에서 교육이 이루어지는 평생교육이 필요하게 되었다.

그리고 민주사회의 최대 이념인 복지사회를 실현하기 위하여 현재의 제도교육으로는 누구나 원하는 사람에게 균등한 교육기회를 부여하는 데 한계가 있다. 그러므로 혜택이 충분하지 못한 불이익 집단에게도 언제든지 원하는 시기에 교육기회를 제공해 줌으로써 사회적 상승기회를 주고, 사회정의를 실현시켜 주기 위하여 평생교육이 필요하게 되었다.

한편으로 첨단 정보통신 매체를 활용한 재택근무, 직장 내 학습, 재택학습이 사회적 요구로 대두되면서 자기 주도적 학습(self-directed learning), 개별화학습(individual-paced learning), 문제해결 중심학습으로 급변하면서 가르치는 사람 중심의 교육(teaching)보다는 배우는 사람 중심의 학습(learning)에 훨씬 더 큰 비중을 두게 됨으로써 의도성이 강한 공급자 중심의 교육보다는 수요자 중심의 평생학습사회로 대폭 전환되고 있다.

자기 주도적 학습자는 자신이 수행하는 학습의 주인인 학습자는 필요한 지식을 창출해 내는 지식관리의 주체자로서 현장에서 필요한 부분들을 탐색하고 발굴할 수 있는 능력의 소유자로서 끊임없이 자신의 삶의 맥락과 지식을 서로 결부시킬 수 있는 사람이다.

대학교 4년을 졸업하면 그 지식만으로 평생직장생활이 가능하던 과거에는 지식이 '쌓아두고 필요할 때 꺼내 쓰는' 개념으로 학교교육을 통해 열심히 지식을 저장하고 직업세계에 가서 그것들을 통해 지식을 생산한다고 생각하였다. 또 그것이 실제적으로 가능하였다. 그러나 이러한 사고는 지식의 적시성 및 그 적합성, 그리고 구체적 맥락성을 중심으로 재구조화되어 필요한 지식을 그때그때 지식을 찾아 나서야 하는 지식탐색자로서의 요구가 지식기반사회에서의 학습자로서 역할을 인식하고 그 패러다임을 전환하게 되었다.

이와 같은 맥락에서 과거 교육을 제도적·계획적 과정으로 한정하고 학습을 계획된 교육과정 속에 종속된 것으로 인식하는 인식론으로부터 탈피하는 것이 평생학습사회의 새로운 인식이다. 즉 사람들을 직접 교육하던 방식에서 벗어나 평생 동안 스스로 학습하지 않으면 안 되도록 만드는 자율적 학습관리 능력이 필요한 사회로 평생학습을 통한 국민의 삶의 질과 능력향상에 초석이 될 것이다.

학교가 소재하는 지역사회는 학교교육의 주된 활동의 장이다. 그 교육활동의 공간을 유용하게 활용하는 것이 지역사회학교와 평생교육의 초점이다. 21세기 글로벌 사회를 맞아 학교는 지역사회와 함께 가야 한다. 또 학부모들을 비롯한 지역주민, 지역인사들의 교육적 수요를 충실하게 수용해야 한다. 지역에 소재하는 단위 학교가 지역사회와 지역주민들이 요구하는 교육적 열망을 학교교육, 평생교육, 지역사회학교교육 등으로 구현하는 것이 평생교육차원에서의 지역사회학교로서의 학교의 본질적인 역할과 사명이라는 점을 간과해서는 안 될 것이다.

특히 21세기 글로벌 시대의 교육은 '요람에서 무덤까지의 평생교육'이라는 점도 유념하여야 할 것이다. 또 학교의 교육적 사명이 단위 학교 내 학생들만을 교육하는 데 한정하지 않고, 학부모·지역사회 주민들을 포함한다는 사실도 숙고해야 할 것이다. 세계화 시대, 글로벌 평생교육 시대의 학교는 닫힌 체제가 아니라, 활짝 열린 체제로서 평생교육의 센터, 지역사회 체육·문화 중심 학교, 지역사회 교육의 센터로서의 소임을 다하여야 할 것이다.

제4장 고전(古典)을 통한 교육의 본질과 교육자의 자세 탐색

1. 들어가는 글

일반적으로 교육의 중요성은 제아무리 강조해도 지나치지 않다. 동서고금을 통틀어 교육은 백년지대계로 강조되고 있다. 모든 위정자들도 대대로 교육을 국가 통치의 핵심으로 강조하였다. 교육은 개인의 성패를 뛰어넘어 사회와 국가, 인류의 흥망성쇠를 가름하는 중요한 요소인 것이다. 교육이야말로 국가와 인류의 미래를 결정하는 중요한 기능과 역할을 하는 활동이다.

우리나라는 2014년 현재 선진국의 초입에 있다. 국민 소득이 2만 불을 초과하였고, 상주 인구도 5천만 명이 넘어 소위 20-50클럽에도 가입하였다. 올림픽, 월드컵, 세계육상선수권 대회, G20 정상회의 등 국제대회 그랜드슬램도 개최한 국가이다. 또 2013년에는 10여 년간 준비하여 2전3기로 과학위성인 나로호도 발사하여 세계에서 열한 번째로 스페이스 클럽(space club)에도 가입하였다. 과거 동북아의 변방에서 세계의 중심으로 우뚝 선 자랑스러운 국가이다. 그만큼 우리나라의 국제적 위상이 상승한 것이다.

사실 글로벌 세계화 시대인 현대 사회에서도 분명한 사실은 자원과 자본, 그리고 기술이 현저히 낙후되었던 40~50년 전의 우리나라의 역경과 난관을 극복하고 오늘날 이와 같이 세계의 중심 국가로 성장한 바탕을 교육과 교육자의 공헌과 헌신을 제외하고 설명할 수 없다는 사실이다.

다음은 우리나라 시중에 회자되는 이야기이다. 나라의 중책을 맡았던 어느 중요 인사가 "나는 학교 선생한테 배운 것이 아무것도 없다. 나는 모든 것을 교도소에서 배웠다. 그러니 선생한테 고마워하기보다는 법무부장관에게 고마워해야 한다"고 말하였으며, 또 다른 어느 인사는 "나는 학교에서는 아무것도 배우지 않았다. 나는 동네 형들한테 모든 것을 배웠다"고 공개적으로 밝힌 바 있다. 또한 미국의 어느 학자는 "나는 이미 유치원에서 모든 것을 배웠다"고 역설하였다. 앞의 두 인사는 학교교육 무용론을 들고 나온 이야기가 아니라 학교교육을 다 마치고 한 30년쯤 지나다 보니 머릿속에 남아 있는 교과 학습 시간의 기억은 하나도 남아 있지 않는다는 뜻이 담겨 있는 것으로 해석하고 싶어진다.

일찍이 28세에 미국 시카고 대학교의 총장을 지낸 허친스 박사가 "진정한 교육이란 학교에서 배운 것을 모두 다 잊어버리고 나서 비로소 머릿속에 남는 그 무엇이다"라고 한 말에 담긴 깊은 뜻의 의미를 염두에 두고서 한 말이라고 생각된다. 학교교육의 일상생활 확장성을 잘 표현한 말이다.

교육의 본질에 대해서는 관점과 시각에 따라서 의견을 달리하고 있는 것 같지만, 크게 "교육은 피교육자의 잠재성을 일깨워 스스로 자기를 창조할 수 있도록 도와주는 것이다"라고 하는 의견과 "피교육자의 바람직한 변화를 조성하는 작용"이라는 견해가 있다. 즉 '학습자의 잠재성 발현'과 '학습자 스스로'라는 최대공약수를 찾을 수 있는 것이다.

교육의 의미를 종합하면 "To Educate is to touch a man of life", 즉 "교육이란 한 인간의 삶에 대한 지극한 사랑이다"라고 정의할 수 있을 것이다. 그리고 진정한 교육의 방법은 "Education is not stuffing in but drawing out", 즉 "교육은 교사가 일방적으로 학습자의 머릿속에 지식을 집어넣어 주는 것(注入) 아니라, 학습자 스스로 생각하고 창조할 수 있도록 도와주는 것이다"는 동양에서 강조해 왔던 교(敎)보다는 서양에서 강조해 온 육(育)의 의미가 방법적인 면에서 보다 바람직하다고 사료(思料)된다. 물론 현대적 의미에서의 교육(敎育)의 재개념화는 교(敎)＋육(育)의 통합적 접근에서부터 출발하여야 한다.

무릇 동서양의 고전(古典)은 교육의 성전과 같은 것이다. 일면 상투적이고 진부한 감이 없지 않지만, 그 내용을 통찰하면 교육에 관한 주옥같은 내용들이 내포되어 있다. 동서양의 교육 고전과 교육 선각자들의 교육을 바라본 시각, 교육활동을 구현하려고 한 노력 등이 세계화 시대인 21세기에도 심금을 울리는 이유이다. 그 속에 내재된 깊은 뜻을 가진 함의(含意)를 성찰하고 반성적 탐구로 실천한다면 오늘날 교육이 곧고 바르게 설 것이라는 점은 재론의 여지가 없다.

21세기 글로벌 세계화 시대의 교육의 본질은 동양의 교(敎)와 서양의 육(育)을 통섭으로 매개한 진정한 교육이라고 할 수 있다. 이는 학습자의 자율성을 전제로 한 것이기 때문에 훈육, 교화 등과는 다른 것이다.

Ⅱ. 교육의 근본과 본질의 탐구

1. 교육의 근본: 언행일치 마음으로 하는 교육

도불원인 인원도 산불리속 속리산(道不遠人, 人遠道 山不離俗, 俗離山)이란 말이 있다.

"도는 사람과 멀리 떨어지기를 원하지 않지만 사람들이 도를 멀리하고, 산은 세속과 멀어지기를 바라지 않으나 세속이 자꾸 산을 멀리하려 한다." 이 글은 신라 말 이른바 6두품 계급의 태두라고 칭하였던 최치원 선생의 글이다.

도를 멀리하고 인간의 마음과 수양의 원천인 산을 멀리한 인간, 이러한 인간들을 대상으로 교육을 어떻게 하여야만 할 것인가. 우리는 여기에 대한 해답을 장자에게서 찾아야 한다. 장자 천도(天道)편에 보면 다음과 같은 글이 있다.

"환공이 한 번은 방에서 책을 읽고 있었다. 마침 수레를 만드는 직공인 '운편'이라는 자가 '당하'에서 수레바퀴를 깎는 중이었는데, 그는 무엇을 생각했는지 망치와 끌을 놓고 일어나더니 '환공'에게 물었다. '좀 여쭈어 보겠습니다만 상감께서 읽으시는 것은 누구의 말씀입니까.' 환공이 대답했다. '성인의 말씀이다.' '그렇다면 성인은 지금도 살아 있습니까.' '아니 예전에 돌아갔다.' '그렇다면 상감께서 읽으시는 것은 옛사람의 도의 찌꺼기군요.' 환공이 와락 화를 냈다. '내가 책을 보는데, 수레 만드는 대목으로서 무엄하구나. 변명할 만한 정당한 말이 있으면 모르되, 그렇지 않으면 죽이고 말겠다.'

운편이 대답했다. '저는 제 일에서 얻은 경험으로 미루어 말씀드린 것뿐입니다. 수레바퀴를 깎을 때 천천히 깎으면 헐렁해서 꽉 끼이지 못합니다. 또 급히 깎으면 너무 조여서 들어가지 못합니다. 그러므로 너무 늦지도 않고 너무 급하지도 않게 적절히 손을 놀려야 하나, 그것은 손으로 익혀 마음으로 짐작할 뿐 입으로는 나타낼 수가 없습니다. 거기에 요령이 있는 것은 사실이나 저는 자식에게조차 그것을 가르쳐 주지 못하고, 자식도 저에게서 배우지 못하는 터입니다. 그러기에 일흔이 되도록 이렇게 수레바퀴를 손수 깎고 있어야 하는 것입니다. 옛날의 성현들도 마찬가지로 자기의 생각을 전하지 못한 채 죽어갔을 것입니다. 그렇다면 상감께서 지금 읽으시는 그 글도 옛사람이 지녔던 도의 찌꺼기가 아니고 무엇이겠습니까.'"

한국에는 왜 고려시대의 훌륭한 상감청자 제조 기법이 지금까지 전해 오지 못하는가? 혹자는 한국인의 외골수적 소아주의적인 철학의 소산으로 치부하기도 한다. 하지만 장자의 생각대로라면 한 번쯤은 다시 생각해 볼 수 있는 있지 않을까?

불교에서는 불립문자(不立文字), 이심전심(以心傳心)이라 하여, 진리의 체험은 언어를 통한 전달이 불가능하며 오직 같은 체험을 통해서만 체득된다고 강조해 왔다. 그래서 공안(公案)을 통해서 화두(話頭)를 깨우치도록 노력하고 있다. 이른바 교육학자들은 '교육이란 무엇인가', '교사의 교수·학습방법은 과연 배우고 가르칠 수가 있는 것일까'라는 물음에 대하여 '교육은 피교육자로 하여금 바람직한 성장을 도와주는 과정'이니 또는 '인간다운 인간을 조성하는 작용이다'라고 아주 논리적인 언어로 명쾌하게 설명한다. 그러면 바람직한 성장이라든지, 인간다운 인간의 모습을 상정해 볼 수 있는가.

현대 교육에서도 철학을 다시 한번 음미해 볼 필요가 있다. 오늘날 한국에서는 너도나도, 군인도, 경찰도, 공무원도, 학부모도 누구 할 것 없이 모두가 다 교육에 대한 일가견이 있고, 학생들을 가르치는 한 자신 있다고 떠들어 대고 있다. 장자에 나오는 대목처럼 교육은 말로써 되는 것이 아니다. 무수한 고뇌와 체험과 끊임없는 자기 연찬과 지고지순의 사랑과 열정으로, 거미와 같은 자기 희생의 결과로 얻어지는 조그마한 깨달음이 바로 사도(師道)요 교육인 것이다. 논어에 군자무본 본립도생(君子務本 本立道生)이라는 말이 있다. 근본이 제대로 되어 있어야 철학이고, 방법이고, 길이 열린다는 뜻이다.

교육의 의미도 제대로 깨우치지 못한 자가 가르침 운운하는 것은, 칸트의 말처럼 '소경이 소경을 인도하는 격'이 되어 두 소경 모두가 시궁창에 빠져 버리는 결과를 가져오게 되는 것이다. 우리는 다시 한번 본립도생(本立道生)의 의미를 깨우쳐야 한다. 맹자가 갈파한 것처럼 "인간은 누구나 스승 되기를 좋아하나, 참다운 스승의 길에 도달하려는 노력은 게을리 하고 있다"고 한 말의 깊은 뜻을 다시 한번 되새겨 봐야 할 것이다. 오랫동안 진흙탕 속에서 온갖 더러운 물질을 스스로 녹여 가면서 주변을 맑고 깨끗하게 정화하여, 드디어는 의연히 해맑고 탐스러운 연꽃 송이를 꽃 피우는 연잎의 인고(忍苦)가 바로 사도(師道)의 정수가 아닐까 한다.

교육은 말로써 하되, 말로써만 하는 것이 아니라 세심정혼(洗心淨魂)의 정신으로 영혼을 불태우는 체험을 통해서만이 이루어지는 것이다. 얼굴표정, 걸음걸이 하나, 머리모습, 말 한 마디, 마음과 마음을 어루만져 주는 따사한 미소와 눈길 하나 모두가 진리의 길로 통하는 교육의 공안(公案)이며 화두(話頭)이다.

또 논어에 "언자부지 지자불언 교지행불언(言者不知 知者不言 敎知行不言)"이라는 말이 있다. 즉 말로만 하는 자는 알지 못하는 자다. 참으로 알고 있는 자는 말을 하지 않는다. 말없는 가운데서 행하는 것이 바로 교육인 것이라고 한 도덕경의 의미를 깨우쳐 재음미하여야 할 것이다. 사제동행(師弟同行)과 교사의 모범(medeling)을 감소한 말이다.

2. 무용지용(無用之用) 교육과 허허실실(虛虛實實) 교육: 창의·인성교육 지향

러시아 민담에 '인간은 얼마만큼의 땅이 필요한가'라는 이야기가 나온다. 자기가 묻힐 땅한 평이면 족하다고 했다. 인간이 두 발로 온전히 서 있으려면 과연 얼마만큼의 땅이 필요할까. 누구나 발만큼의 땅이면 족하다고 대답할 것이다. 그러면 두 발 넓이의 땅만 남겨 놓고 모두 파내면 어떻게 될까. 아마 어지러워서 넘어지고 말 것이다. 이렇게 언뜻 보면 쓸모 없는 것같이 보이는 것도 따지고 보면 쓸모가 있는 것이다. 우리는 이것을 무용지용이라고 한다. 쓸모 없는 것 같지만 없어서는 안 될 것들이 우리 주변에 많은 것이다.

장자 인간세편에도 무용지용에 관한 이야기가 나온다. "아가위, 배, 귤, 유자 따위의 과일과 오이 등에 이르기까지 모두 열매가 익으면 사람들이 따서 욕(어려움)을 보인다. 심지어는 큰 가지는 부러지고, 작은 가지는 휘어지기에 이른다. 이것들은 공연히 소용에 닿는 어떤 능력을 지니고 있었기 때문에 도리어 자기 생명을 괴롭히는 결과가 되었다고 할 수 있다. 그러므로 하늘이 준 수명을 다하지 못한 채 중도에서 죽는 것이며, 스스로 속인들에게 해를 빚고 있는 것이다. 세상만사가 이와 같지 않은 것이 없다." 그러면 현대에 사는 우리가 학생들을 어떻게 지도해야 될 것인가. 참다운 스승의 모습은 무엇인가. 제자들을 어떻게 길러야 참다운 스승으로 추앙을 받는가. 장자(莊子) 잡편(雜篇) '열어구장(烈禦寇章)'에는 스승의 주된 임무는 제자들을 참다운 인재로 양성하는 것이고, 참다운 인재란 어떤 모습이어야 하는지를 제시하고 있다.

첫째, 먼 데 보내 가지고 일을 시켜서 그 사람의 충(忠)을 시험해 보라[遠使之而 觀其忠(원사지이 관기충)].

둘째, 눈앞에 딱 앉혀 놓고 일을 시켜서 경(敬)을 시험해 보라[近使之而 觀其敬(근사지이 관기경)].

셋째, 번거롭게 정신없이 일을 막 시켜서 그 사람의 능(能)을 시험해 보라[煩使之而 觀其能(번사지이 관기능)].

넷째, 언제 어떻게 어떤 물음을 묻더라도 그가 대답을 하는지 그 사람의 지(知)를 시험해 보라[卒然問焉而 觀其知(졸연 문언이 관기지)].

다섯째, 약속을 급하게 하여 그 사람의 신(信)을 보라[急與之期而 觀其信(급여지기이 관기신)].

여섯째, 돈을 맡겨서 그 사람의 인(仁)을 시험해 보라[委之以財而 觀其仁(위지이재이 관기인)].

일곱째, 위기에 빠졌다고 하여 그가 절개(節)를 지키는지를 시험해 보라[告之危而 觀其節(고지위이 관기절)].

여덟째, 술을 같이 마셔 보고 그 사람의 측(側)을 시험해 보라[醉之以酒而 觀其側(취지이 주이 관기측)].

아홉째, 여자를 가까이하게 하여 그 사람이 정숙(貞淑)한가를 시험해 보라[雜之而處而 觀其色(잡지이처이 관기색)].

이 아홉 가지에 모두 합격하면 참다운 인재가 될 수 있고, 그런 인재를 길러 내는 사람이 참다운 스승이 될 수 있다고 했다. 지식교육에 치중하고 있는 학교교육 중에서 위 아홉 가지 영역 중에서 과연 몇 항목이 해당될 것인가. 아마도 3항의 能, 4항의 知 정도일 것이다. 나머지는 이른바 모두가 감성지수(EQ)에 해당하는 것이다. 감성지수인 EQ란 "자기의 감정을 이해하는 능력, 자기의 감정을 관리하는 능력, 타인의 감정을 이해하는 능력, 대인관계를 원만히 하는 능력, 사회생활을 원만히 하는 능력"이라고 한다. 우리는 여기에서 EQ가 왜 그렇게 중요한지 장자의 잡편을 보더라도 알 수가 있는 것이다.

오늘날 학교는 입시 위주의 열병에 걸려 몸살을 앓고 있고, 입시와 직접 관계가 없는 것은 애당초 신경 쓰려 하지 않는다. 대학 입시에 매몰되어 청소년 단체활동이나 특별활동 등이 도외시되고 있다. 미국의 대학입시에서는 특별활동 실적을 무척 중시하고 있으며, 영국의 이튼 고교에서도 특활시간을 매우 소중하게 취급한다고 한다. 모범답안을 그대로 베끼며 객관식 답만을 달달 외워 몇 점을 맞았는가를 따지는 그런 사람을 기르는 오늘의 교육을 보고 장자는 무엇이라고 얘기할 것인가. 아마 현대의 쓸모없는 교육의 모습을 보고 '교육이 아니다'라고 했을 것이다.

우리나라에서도 2011학년도부터 전국의 초·중·고교에 연차적으로 적용 중인 현행 '2009 개정 교육과정'의 '창의적 체험활동' 교육과정이 시사하는 바가 많은 것이다. 정녕 학교교육이 흔히 이야기하는 공부 내지 학습만은 아닌 것이다. 무용지용(無用之用)의 의미를 다시 한번 깨달아야 할 때가 되었다.

특히 교육은 무엇인가를 호들갑스럽게 내세우는 게 아니다. 그저 묵묵히 살아가면서 인간으로서 필요한 지식과 교양, 정보 등을 두루 터득하여 체화·내면화하는 활동이다. 있는 듯하면서 없고, 없는 듯하면서도 있는 그야말로 허허실실 교육이 이 시대 교육의 근원을 이루어야 할 것이다. 교육은 밖으로 내세우는 외면적 활동이 아니라, 안으로 내실을 기하는 내면적 활동인 것이다.

교육은 밖으로 내세우는 외현적 활동이라기 보다 안에서 진솔하게 내실을 기하는 활동이다. 교육은 인간의 삶과 생활에 관한 접근이며 탐구이다. 교육은 사람을 대상으로 하는 계회적이고 의도적인 변화와 개선이다.

그러므로 교육은 지적 성장만을 지향하는 활동이 아니다. 교육은 지적 영역(지식), 기능적 영역(능력), 정의적 영역(가치·태도) 등을 통합한 전인 교육을 지향하는 바람직한 인간 변화의 활동이다. 따라서 교육은 교수자(교사)가 억지로 지식을 구입하는 활동이 아니라, 학습자(학생) 스스로 전인적 입장에서 다양한 학습활동에 참여토록 해야 한다.

Ⅲ. 고전(古典)을 통해 본 교육과 교육자: 과거와 미래의 징검다리인 고전

1. 교육자의 자세

가. 교육자의 역할: 인간에 대한 이해와 통섭적 접근

1) 모든 인간에게는 스승으로서의 자세와 기질이 있다

인도의 마가 레드 미드 여사는 "현대인에게는 세 가지 정신적 범죄가 있다. 그것은 첫째, 알면서 가르치지 않는 것이고, 둘째, 모르면서 배우려고 하지 않는 것이며, 셋째, 할 수 있으면서 하려고 하지 않는 것"이라고 갈파했다.

또 중국의 맹자는 "스승으로서의 자질을 갖추지 못하면서 스승이 되려는 욕심만 가득하다"고 지적하였다.

2) 인간과 교육이 상호 관련되는 과정 속에 스승이 존재한다

인간과 교육이 상호 관련되는 과정을 강조한 프랭클(Flankle)의 차원적 존재론은 교육적인 측면에서 본 인간의 이해가 중요하다고 강조하였다. 가령, 하나의 원기둥이 있다고 가정할 때 위에서 내려다보면 원형이요, 옆에서 바라다보면 하나의 직사각형으로만 보일 뿐이다.

교육은 과정과 결과를 함께 보고, 통섭적(統攝的)으로 문제를 해결하려는 혜안과 안목을 가져야 한다. 교육자는 그러한 눈을 길러 주는 역할에 충실하여야 한다.

나. 교육에 대한 오해: 의미 있는 학교교육과정으로의 교육

1) 학교에서 일어나는 일과 교육을 동일시하고 있는 오류가 있다

교육은 가정, 직장, 도서관, 청소년 단체, 교회 들에서도 이루어진다. 학교는 사회, 문화, 대학, 군대, 고용노동부, 경찰, 국세청에서도 운영하고 있다. 학교에서 이루어지는 모든 일이 다 교육인 것은 아니다. 교육은 가정을 포함하여 사회조직 전체에서 이루어지는 활동이다. 그러므로 잘되면 내 탓이고 잘못되면 남 탓이라고, 교육의 바르지 못한 사태를 학교에만 전가시키는 것은 교육의 본질에 전적으로 부합되는 것이 아니다.

최근 우리나라는 물론 세계적으로 문제가 되고 있는 학교폭력, 청소년 비행 등의 책임을 학교에만 전가시키는 우리 사회의 그릇된 시각도 아주 잘못된 처사이다.

2) 학교에서는 교육다운 교육이 이루어져야 한다

학교는 교육을 수행하는 조직이다. 그런데 오늘날 학교의 교사는 과연 가르칠 것을 가르치고 있는가? 그리고 학생은 과연 배울 것을 배우고 있는가? 또 학교장은 새로운 교육이론을 도입한다고 하면서 학생들을 희생시키고 있지는 않은가? 이러한 질문에 정확한 답을 하고 학교는 모름지기 교육다운 교육을 수행하여야 한다. 학교가 바로 서야 비로소 교육이 바로 서는 것이다.

다. 교육의 의미(品位): 자아실현과 인간성 회복

| 수도계 | … | □ | … | □ | … | □ | … | □ | … | □ | … | 인간이 가야 할 길 |

[그림 II-4-1] 수도계의 인간의 가야 할 길

[그림 II-4-1]처럼 수도계에는 인간이 가야 할 길이 있다. 거기에는 보이지 않는 문이 있다. 그 문을 통과하려면 보이지 않는 노력이 필요하다. 그게 바로 교육의 본질이고 기본이다.

1) 자아실현을 하는 길목에는 각각 문이 있고 그 문을 통과하려면 자기 자신이 변신해야 한다

자기보다 앞선 품위를 가지고 있는 사람을 선진(先進)이라고 한다. 뒤에 따라오는 사람을 후진(後進)이라고 한다. 그런데 이 선진과 후진은 고정된 것이 아니고 상대적 입장과 위치에 있다. 갑(甲)에 비추어 보면 을(乙)은 후진이지만 병(丙)에 비추어 보면 선진이 된다.

2) 이러한 조건에서 교육이란 무엇인가, 교육은 양 날개를 가지고 있다.

첫째 날개는 상구(上求), 즉 배움, 진리 탐구이다. 불교(佛敎)에서는 이를 상구보시(上求菩提)라고 한다. 다른 날개는 하화(下化), 즉 도와주는 것, 가르침, 깨우쳐 주는 것이다. 불교에서는 이를 하화중생(下化衆生)이라고 한다.

3) 교육천국이란 무엇인가: 올바른 스승과 바로 선 제자

교육천국은 두 가지 의미가 있다. 그 하나는 생활하는 데 순수한 한 명의 스승을 모시고 사는 것이요, 또 하나는 생활하는 데 순수한 한 명의 제자를 기르면서 사는 것이라고 했다.

라. 교육적 관계

① 스승과 제자와의 관계를 의미한다. 일찍이 공자는 삼인행야 필유아사(三人行也 必有我師)라고 했다. 세 명 이상이 모이면 반드시 본받을 만한 스승이 있다고 했다. 나이를 많이 먹었다고 스승이 되는 것은 아니며, 언제, 어디서든지 모범이 되는 스승 같은 사람이 있다는 이야기이다.

② 교육적 관계란 갑(甲)은 선진으로서 하화태(下化態)를 가지고 항상 스승의 품위를 유지하고 생활하는 것이요, 을(乙)은 후진으로서 상구(上求)하면서 제자로서의 도리를 다하는 것이라고 했다.

2. 교육자의 태도

가. 지원적 태도(支援的 態度):이타적 봉사와 희생 및 헌신

후진은 선진의 입장에서 보면 참으로 안타까운 존재이다. 내 품위를 그냥 나누어 줄 수는 없다. 상대편이 그 품위를 연마해서 획득할 수 있도록 도와주어야 한다.

1) 낙관주의적 태도(樂觀主義的 態度: 후진도 그가 상구하면 훌륭하게 될 수 있다는 생각)

스승의 입장에서 보면 제자는 항상 어리석기 마련이다. 어리석음은 선천적인가, 아니면 후천적인가? 가르칠 때는 모두가 후천적이라고 보는 것이다. 환경이 바뀌면 저 어리석음도 바뀔 수 있다는 확신과 신념이 있어야 한다. 이 사람이 제대로 공부하면 어떤 인물이 될 것인가를 항상 예상하면서 가르쳐야 한다. 훌륭한 스승은 그것을 예측할 수 있어야 한다. 훌륭한 농부는 씨앗을 보고, 조각가는 돌멩이 하나만 봐도 열매와 조각품을 미리 예견하고 있지 않은가. 헬렌 켈러와 설리번의 이야기를 보자. 맨 처음 만났을 때 가능성을 예측하고 실현시킬 수 있지 않았던가. 교사가 대하고 있는 모든 학생들을 모두가 다 훌륭하게 성장시킬 수 있다는 확신과 믿음으로부터 교육은 출발한다고 본다.

2) 이타적 태도[利他的 態度: 인생의 의미 — 아가페(예수), 인(공자), 에로스(소크라테스)]

스승은 남을 돕는 데서 기쁨을 느낄 수 있어야 한다. 약자를 강자로 만드는 데 기쁨을 느끼고, 희생을 마다하지 않고, 고생할 수 있어야 한다.

위인 중에서 사서 고생한 사람은 예수, 석가, 공자, 소크라테스 등을 들 수 있다. 위인들은 잘 못된 제자들을 훌륭하게 키우는 것 그 자체가 몹시 즐거웠고 보람 있다고 보았다.

예수, 소크라테스 등은 가르치는 일인 교육, 그것 때문에 죽었다. 가르치는 일은 죽음보다도 더 성스럽고 고귀하며 숭고한 정신이 깃들어 있는 것이다. 무릇 교육은 배워서 남 주는 것이다.

3) 공여성(供與性: 배려와 나눔의 아름다움)

나의 품위를 상대방에게 전달하려는 마음씨를 가지고 있어야 한다. 품위란 무엇인가. 인간다움이요, 눈에 보이지 않는 보물이다. 수천 수억만큼의 가치가 있는 품위도 있다. 노자와 공자는 "부귀한 사람은 재물을 선사하고, 어진 사람은 몇 마디 말을 중시한다"고 하였다. 교사의 한 마디 말이 돈으로 계산할 수 없을 만큼의 가치가 있다.

재물은 줄 수 없으되 품위는 줄 수가 있다. 나의 인생 경험을 전달하는 게 얼마나 가치로운 것인가. 물질적인 것은 내가 남에게 주면 그만큼 잃어버리되 품위는 주면 줄수록 그 비중이 더해 간다. 경험이 없는 자와 있는 자가 서로 만나서 경험을 교류할 때에 물질의 교류보다 더 풍요로운 사회가 된다. 주면 줄수록 커지는 것이 품위이다.

4) 신뢰성(信賴性: 교육은 천하의 제일인 믿음에서 출발)

스승으로서 가르치는 사람은 항상 제자한테서 신뢰를 받아야 한다. 제자에게는 모든 것이 불확실하고 위기감을 느끼고 어렵고 모험적인 것이다. 스승은 그런 도전성을 갖기도 하지만 그런 불완전성을 항상 감싸주어야 한다. 위험한 대상이지만 항상 길잡이로서 보호자가 되어야 한다. 교육적인 관계와 경제적인 계약관계는 서로 다르다. 경제적인 계약관계는 상대방을 완전히 파악하고 나서 계약을 체결하지만 교육적인 관계는 상대방을 전혀 알지 못하는 상태에서 계약을 맺고 나중에 가서야 계약관계를 확인하게 된다.

신뢰성의 조건은 다음과 같다.

첫째, 마음이 진실해야 한다. 때와 장소에 따라 같은 문제에 다른 소리를 해서는 안 된다. 아무 데서나 이 소리 하고 나서 저 소리 하면 안 된다.

둘째, 조직성이 진실해야 한다.

셋째, 일관성이 있어야 한다.

넷째, 엄격해야 한다. 단, 그 이면에는 온정과 사랑이 있어야 한다.

다섯째, 권위가 있어야 한다. 이는 마치 의사가 환자보고 술 먹지 마라, 담배 끊어라 하는 것과 같다.

여섯째, 정서적인 안정감이 있어야 한다.

일곱째, 비밀보장을 잘해야 한다. 학생은 자기 약점을 다 노출하고 있다는 것을 명심해야 한다.

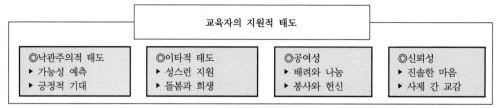

[그림 II-4-2] 교육자의 지원적 태도

나. 상대주의적 조망(相對主義的 眺望): 열린 사고, 타인에게 관대한 태도

독일 철학자 하이데거(Heidegger)는 '존재와 시간'에서 "모든 존재론은 현 존재의 존재론이다. 우리들은 자기들이 생각하는 대로 살아간다. 사기의 현재 품위를 중심으로 살아간다"고 보았다. 세상사는 각자의 보기 나름이다. 따로 세상이 있는 것이 아니라 자기들이 보는 것이 옳다고 믿으며 살아간다. '코끼리 다리와 장님 이야기'처럼 보는 관점과 시각이 천차만별, 백인백색인 것이 인간의 삶이고 교육의 자화상이다.

수도계의 선진과 후진의 차이는 "① 바둑 16급과 9단이 생각하는 바둑의 세계는 다 다르다. ② 각자는 그들 나름으로 옳다고 생각하는 방향으로 살아간다. ③ 후진은 절대로 그들 자신이 어리석다고 생각하며 살지 않는다"와 같은 것이다.

1) 존우성(尊遇性: 어리석음을 인정하고 살아간다)

후진의 답은 선진에게는 오답이지만 후진의 입장에서는 최선의 정답이다. 후진이 만들어 놓은 답, 해석, 보고서, 행위를 옳다고 인정해 주어야 한다. 내가 하나의 정답을 구하기 위해서 나는 이렇게 노력했다고 설득하고, 설명하고, 대답을 요구해야 한다.

2) 비독선성(非獨善性: 완전한 답은 없다는 생각)

공자는 "나는 仁이 무엇인지를 잘 모른다"고 하였다. 인(仁)의 정의를 내려 주는 것이 아니라 그저 안내하려고 하였다. 비독선성이란 완전한 답을 포기하게 하는 것이며, 선진에게도 오류가 있다는 것을 인정하는 것이다. 나도 나의 선진에게는 어리석게 보이니까 나도 오류는 있고, 어리석다는 것을 인정해야 한다. 나도 틀릴 수 있다. 그러나 너희들이 틀릴 수 있는 것을 나도 극복하려고 노력했다. 교육은 서로가 앞서 가고 뒤서 가는 것이지, 환언하면 교육자는 동행자(同行者)이지 항상 앞서 가는 것은 아니다. 가끔가다 과거에 내가 얼마나 어리석었는지 얼마나 오류가 많았는지를 설명할 수 있어야 한다.

3) 이해심(理解心: 선진과 후진은 다 다르다)

선진과 후진은 구조적인 차이가 있으며, 거듭나는 사이고, 올챙이와 개구리만큼 차이가 크다. 경험주의 인식론으로는 그것을 이해하지 못한다. 구조주의 인식론으로서만이 이해할 수 있다. 선진이 후진의 입장을 생각하는 것만큼 어렵다. 소위 현재는 모든 것을 탈피했기 때문에 그렇다. 개구리가 되었더라도 올챙이 적 생각을 해야만 한다. 그래서 그들을 이해하고 적응해야 하며, 후진의 약점과 과오를 인정해야 한다.

모든 운전자들은 운전이 미숙한 초보운전자를 비웃고 혼내 주고 간다. 하지만 '당신도 초보 운전 시절이 있었음을 기억하시죠?', 모든 사람들은 운전이 미숙했던 개구리 올챙이 적 시절을 생각해 보아야 한다. 그리고 미숙한 사람의 심정을 이해할 수 있어야 한다.

4) 관용성(寬容性: 제자는 스승을 항상 화나게 한다)

후진들은 항상 자기가 잘났다고 하는데 선진의 입장에서 보면 모두가 어리석고 모자라고 못나고 잘못을 저지르고 있다. 후진은 항상 자기가 옳다고 생각한다. 더 높은 수준의 옳음이 있다는 것을 인정하지 못한다. 옳음이 무엇인지도 모른다. 후진은 선진이 얼마나 훌륭한지를 모른다. 경험해 보지 못했기 때문이다. 후진은 선진을 항상 오해하고 있다. 후진은 선진을 믿으려 하지 않는다. 엄청난 과오를 저지르고 있는 후진을 항상 용서하고 감싸 줄 수 있는 아량이 있어야 한다.

공자(孔子)는 인간에게는 누구나 부족함이 있기 때문에 그 과오를 따져서 집착하는 것은 옳지 않다고 하였다. 잘못을 알면서 고치려고 하지 않는 것이 나쁜 것이다. 스승의 역할은 제자들이 좋지 않은 것을 고치게 하는 것이다. 제자의 도리인 고쳐야 할 것을 고치려고 하지 않는 것은 더 나쁜 것이다.

스승의 입장에서는 제자의 결점이 있음을 안다. 그러한 결점이 있기 때문에 사랑한다.

다. 순차적 접근(順次的 接近): 수평적 질서, 스승과 제자로서의 절제

품위는 단계별로 차근차근 중간단계를 거쳐서 발전하게 된다. 알의 목적은 번데기가 되는 것이지 나비가 되는 것은 아니다. 높은 차원의 속도 달성을 위해서는 장시간 생각하고 연구하며 노력해야 한다.

1) 단계의식(段階意識: 인간은 단계적 발달과정을 거쳐서 배운다)

이 단계에서 다음 단계가 무엇인가를 생각해야 한다. 처음부터 4단계를 뛰어오르려면 안

된다. Dewey의 징검다리 교육인 'END→IN→VIEW'처럼 가시적인 목표를 두어야 한다. 허황된 몽상이 아니라 성취 가능한 현실적 목표로 접근하여야 한다.

세계의 지붕인 히말라야산맥에 오르고 싶으면 먼저 동네 앞산부터 올라야 한다. 후진은 도저히 실감나지 않는 목표를 추구한다. 이것이 잘못되었다. 공자(孔子)는 수인이교(隨人異敎)라고 했다. 사람에 따라서 가르침을 다르게 해야 한다고 했다. 오늘날 수준별 교육, 맞춤형 교육과 괘를 같이하는 교수법이다. 너무너무 과하고 너무너무 부족해서는 안 된다. 과유불급(過猶不及)인 것이다.

가령 집을 지을 때 임시계단(비계)을 만들어 오르고 또 오른다. 한 연예인이 자장면을 배우고 싶다고 해서 금방 일류의 자장면을 만들 수 있는 것은 아니다. 청소-배달-주방일(양파 씻기-볶기-국수 삶기-국수 가닥 치기) 등의 과정을 하나하나 몸으로 체득(내면화)해야만 한다. "똑같은 교재를 모든 학생들에게 공부시키는 것은 일종의 폭력이다"라는 어느 학자의 말을 음미해야 할 것이다. 즉 자기에게 도전적인 목표를 세워서 배우게 하면 배우는 것이 그렇게 즐겁게 된다. 바로 그것이 교육의 본질인 것이다.

2) **예고력**(豫告力: **제자는 스승이 알고 있는 것을 잘 모른다**)

모든 것을 처음 배우는 제자들은 불만스럽고, 짜증스럽다. 초행길은 항상 어렵기 마련이다. 콜럼버스(C. Columbus)의 달걀 이야기도 마찬가지이다. 스승은 친절하게 안내해 주고 방향제시를 뚜렷이 해야 한다. 본질적이든 비본질적이든 간에 미리 작성해 보고, 예상하고, 대비해야 한다. 산에 올라갔다 내려오는 사람과 올라가는 사람과의 격의 없는 대화가 있어야 한다.

3) **기대심**(期待心: **은근과 끈기로 기다리는 마음이 있어야 한다**)

무슨 일을 하든지 얼마나 즐기면서 그 길을 가는가, 속도보다는 여유와 방향이 중요하다. 한 품위를 개선하는 데 몇 달 몇 년이 걸릴 수 있다. 천천히 이해하는 것만큼 성숙에 맞춰서 지도해야 한다. 항상 때를 기다리는 지혜가 필요하다.

교육은 등잔 밑만 보아서는 안 된다. 교육은 멀리 보아야 한다. '10년 후에 보자'며 과수(果樹)를 심는 농부의 자세가 필요하다. 한 알의 사과를 얻기 위해서 꽃 피우고, 열매 맺고, 성숙할 때까지 오래오래 참고 기다린다. 결과의 집착성보다는 과정의 성실성이 소중하다. 그래야 결과도 좋다. 조급하게 서두르면 모든 것을 잃는다. 소탐대실이 교육의 교훈이 되어야 한다.

가령 '강연 100℃', '묘기 대행진'에 출전해서 묘기를 보이는 사람은 수년간의 피나는 노력을 거쳐서 이루어 낸 결과다. 최영 장군이 '금보기를 돌같이 보라'고 한 말은 수십 년의 인생 경륜과 품위를 공부한 결과다. 증상을 치료하지 말고 병의 근원을 치료해야 완치가 된다. 좋은 것이 좋은 것으로 받아들여지지 않고 나쁘게 받아들여지는 경우가 있다. 진정한 학자가 되려면 말을 흉내 내지 말고 진정한 깨달음의 사고에 도달해야 한다.

4) 인내심(忍耐心: 고진감래로 참고 역경을 극복하는 마음이 있어야 한다)

하나의 품위를 얻는다는 것은 그만큼 어렵다. 대기권 탈출만큼 어렵다. 자기 과오에서 벗어나기 힘들다. 스승을 질시하고 반감을 가진다. 좋은 일을 베풀고서도 욕을 먹는다(忍辱).

라. 산파술(産婆術)과 능력(能力)(품위를 제 몸속에서 낳도록 도와주어야 한다): 스스로 터득하고 파악하도록 유도

품위를 얻도록 도와줄 수는 있으나 품위를 줄 수는 없다. 노력한 만큼은 얻을 수 있다. 교육자는 '잡은 물고기'를 주는 것이 아니라, '물고기 잡는 방법'을 가르쳐야 한다. 또 배(船) 만드는 방법을 넘어서 바다를 품도록 가르쳐야 한다.

1) 연기력(演技力: 훌륭한 교사는 연기를 잘 해야 한다)

배우는 내용의 어려움과 그 내용을 가르침에 대한 어려움을 혼동하고 있다.

교과목의 교수 수준을 가지고 교수 평가를 해서는 안 되고 학생들의 학습을 고려해야 한다. 사실 교사가 잘 가르치는 것은 배우는 것 이상으로 어렵다.

가르칠 때 어렵게 생각하는 사람의 입장에서 가르쳐야 한다. "3×3 =? 무지무지하게 어려운 문제를 내주겠다. 한번 해 보아라." 교육은 흥미를 돋우도록 연극이 필요하다. 연극의 목적은 관객을 흥분시키는 데 있다. 교육은 흥미 있는 연극의 공연처럼 감명과 감동이 있어야 한다. 그래야 학생들이 진짜 감명을 받게 된다. 그게 좋은 교육, 훌륭한 교육의 단초가 된다.

2) 방편성(方便性: 스승은 제자에 따라서 다른 모습으로 나타나야 한다)

스승은 도전적으로 도달할 수 있는 인간상으로 나타나야 한다. 어린이들이 가장 숭배하는 사람은 자기 또래 그룹의 리더이다.

모름지기 진정한 스승은 직속상관(우두머리)의 입장에 서 있어야 한다. 예수님은 인간의 탈을 쓰고 이 세상에 나타났다(方便性). 석가모니(釋迦牟尼)의 법신(法身), 응신(應身), 보신(保

身)은 불교 자체가 방편임을 이야기해 준다. 인생의 사고(四苦)인 생로병사(生老病死)도 마찬가지이다.

절[寺]은 생로병사의 사고와 이승의 업보 때문에 모든 것을 다 꺾어 버린 사람들이 기거하는 곳이다. 절에 불공드리러 간다. 세속의 사람들이 절에 들어와서 불공을 드린다. 인간 개조를 위해서 한 단계 끌어올리기 위해서 방편을 쓴 것이다.

3) 등애성(등애는 소 등 위에서 피를 빨아먹는 곤충이다): 엄격한 자기 관리가 필요하다.

잘 알다시피 소크라테스는 "나는 아테네 시민의 등애다. 아테네 시민을 각성시키기 위해서 온 것이다", 예수는 "나는 세상 사람들에게 평화가 아니라 칼을 주려고 왔다"고 하였다. 평화에 안주하려는 모습을 깨고 더 큰 차원의 평화를 주려고 한 것이다.

Ⅳ. 맺고 나오는 글

21세기 세계화 시대인 오늘날 세계적인 트렌드(trend)의 하나는 세계인 모두가 교육의 전문가가 되어 있다는 것이다. 자천타천으로 교육에 대해서는 전문가적 식견으로 소위 달인적(達人的) 이야기를 하고 있다. 많은 사람들이 교육에 대한 일가견을 가지고 있고, 학생들을 가르치는 한 나름대로 소신을 가지고 있다고 이야기하고 있다. 세상의 모든 사람들이 교육 전문가가 되어 있는 것이 피상적으로 본 오늘날의 교육의 현실이다.

그러므로 오늘날 교육을 바로 세우기 위해서는 교육과 교육자를 바르게 바라보고 신념과 소신 있는 교육자로서 교육관과 교육철학을 바로 세우는 것이 아주 중요하다. 보는 관점과 시각이 경사되어 있는데 바로 볼 수는 없는 것이다.

한 마디로 동서고금을 통틀어 모든 사람들이 교육을 전문성을 가진 활동이라고 하고, 교육자를 전문가라고 일컫는다. 하지만 실제적인 사고와 행위에서는 교육과 교육자를 아무나 할 수 있는 것이라는 지극히 평범한 교양적인 활동으로 보고 있다. 즉 교육은 아무나 할 수 있는 활동이고, 교육자는 아무나 할 수 있는 직업군으로 보고 있는 안타까운 현실이다.

그러나 교육은 말로만 되는 것이 아니다. 무수한 고뇌와 체험과 끊임없는 자기 연찬과 지고지순의 사랑과 열정으로, 거미와 같은 자기희생의 결과로 얻어지는 조그마한 결실이 교육인 것이다. 교육이 이러한 과정을 거쳐 이루어지는 것이라 할 때, 우리는 교육의 어려움을 실감하며, 아울러 '학생들을 어떻게 지도하여야 할 것인가? 참다운 스승의 모습은 무엇인가? 제자들을 어떻게 길러야 참다운 스승으로 존경받을 것인가?' 등에 대하여 생각하지 않을 수 없다.

논어에 군자무본 본립도생(君子務本 本立道生)이라는 말이 있다. 근본이 제대로 되어 있어야 철학이고, 방법이고, 길이 열린다는 뜻이다. 기초가 단단하지 않고는 튼튼한 집을 지을 수 없는 것이다. 모름지기 교육의 참뜻과 교육자의 할 일에 대하여 검토하고, 이를 토대로 바람직한 교육자상에 대해서 숙고해 보는 것은 현대 교육에서도 의의 있는 일이다. 바람직한 스승이 지녀야 할 태도에는 아래와 같은 사항들이 내포될 수 있다.

스승은 첫째, 지원적(支援的) 태도를 지니고 있어야 하는데 이를 위하여 낙관주의적 태도, 이타적 태도, 공여성(供與性), 신뢰성 등을 지니고 있어야 하며, 둘째, 상대주의적 조망(眺望)을 하여야 하는데 이를 위해서는 존우성(尊遇性), 비독선성(非獨善性), 이해심, 관용성 등을 지니고 있어야 한다. 셋째, 바람직한 스승은 순차적 접근을 하여야 하는데 이를 위해서는 단계의식, 예고력, 기대심, 인내심 등을 지니고 있어야 하며, 넷째, 산파술(産婆術)과 같은 능력을 지니고 있어야 하는데 이를 위해서는 연기력(演技力), 방편성(方便性), 등애성 등을 지니고 있어야 한다. 교사로서 개개인이 이러한 태도의 중요성을 자각하고 나아가 체득하기 위하여 스스로를 연찬할 때, 성공적인 교사로서의 성장과 교육의 비약적인 발전을 기대할 수 있다.

21세기 세계화 시대에도 변하지 않는 교육에 대한 신념은 분명히 교육은 주입(注入)이나 주형(鑄型)이 아니라는 점이다. 교육은 줄탁동기, 사제동행, 청출어람을 함께 이루어 가는 성스럽고 숭고한 활동이다. 아무나 할 수 있는 활동이 절대 아닌 것이다. 교육은 학습자에게 내재된 잠재적 가능성을 스스로 발현할 수 있도록 일깨워 주는 활동이다.

세계화 시대의 교육자의 위상은 물론 교사 내지 교육자의 역할도 훈육자, 교화자가 아니라, 안내자, 지원자, 동반자, 반려자라는 사실이다. 그것은 우리게 교육과 교육자의 역할과 기능이 동서고금을 통틀어 '학습자의 자율성'을 기반으로 한다는 점을 암시해 주고 있다. 즉 교육과 교육자의 본질이 '미래의 꿈 덩어리'인 학생(학습자)들에게 스스로 학습할 수 있는 '성찰'과 '방법'을 터득하게 하고 내면에 심어 주는 것이라는 점을 간과해서는 안 될 것이다.

교육, 그것은 거칠고 험하며 모진 길이지만, 우리가 어깨동무하며 행복한 마음으로 담담하게 함께 가야 할 아름다운 길이다. 진정 교육이 아름다운 것은 남에게 배려하고 봉사하며 희생하는 이타적인 활동이고 곧 그것은 우리 생활에서 교육으로 구현되기 때문이다.

세상에서 교육처럼 어려운 활동은 없다. 학교의 위기, 교육의 위기라는 현대의 교육은 더욱 어렵다. 하지만, 미래의 주역인 새싹들을 가르치고 배우는 교육만큼 보람있고 값진 활동도 없다는 점을 유념하여야 한다

제5장 21세기 글로벌 시대 교육 지도자로서의 리더십 배양

Ⅰ. 들어가는 글

동서고금을 통틀어 모든 국가 내지 조직은 위계와 체제를 가지고 있다. 이와 같은 위계와 체제는 하나의 공식적·비공식적 조직을 구성하고 있다. 이 조직을 통해서 역할과 기능을 발휘하고 자질을 함양하고 있는 것이다.

조직에 있어서 리더에게는 그에 준한 리더십이 요구되며, 조직은 새로운 문제 상황에 따라 항상 변하며 리더에게 요구되는 리더십 역시 변한다. 즉 시대의 변화는 그에 따른 다양한 리더십을 요구한다. 따라서 조직의 최고관리자는 직무와 관련한 조직의 다양한 문제상황에 어떻게 대처할 것인지를 끊임없이 생각해야 하며, 새로운 문제해결을 위한 새로운 대처능력이 계속적으로 요구된다.

교육 지도자에게 리더십 개발이 필요한 이유는 두 가지이다. 그 하나는 사회는 끊임없이 변하기 때문에, 새로운 지도자를 원한다는 것이며, 다른 하나는 지도자의 리더십은 개발될 수 있다는 것이다. 만약 사회가 고정되어 있고, 지도자는 태어나는 것으로 간주한다면, 리더십 개발의 의미는 없는 것이다. 따라서 급변하는 사회, 새로운 리더십의 요구, 그리고 삶을 통한 계속적 자기 계발의 필요성 때문에, 리더십 개발이 필요한 것이다.

특히 교육 지도자는 학교의 다양한 문제상황에 직접적으로 접할 수 있는 위치에 있기 때문에, 더더욱 문제해결에 있어 보다 중요한 위치에 있다. 이러한 조직의 새로운 문제상황의 인식과 대처는 끊임없이 자기 갱신의 노력을 기울이는 리더의 역량에 달려 있다고 해도 과언이 아니다.

그러나 그러한 리더의 역량은 한 조직의 장(長)으로서 자연스럽게 부여되거나 생득적으로 타고나는 능력이 아니다. 리더십은 조직의 다양한 상황 속에서 구성원들과의 상호작용을 통하여 만들어져 가는 것으로, 부단한 자기 노력이 필요하다. 따라서 학교라는 조직 내에서 교육 지도자가 학교의 효율성을 높이고, 조직의 리더로서 리더십을 충분히 발휘하기 위해서는 교육 지도자에게 전문성에 기초한 리더십의 개발이 절실히 요구된다.

과거 전통적인 사회에서는 상의하달식의 전통적 리더십, 카리스마적 리더십 등이 각광을 받았다. 하지만 21세기 세계화 시대인 오늘날에는 하의상달식의 변혁적 리더십과 배려의 리더십, 봉사와 헌신의 리더십이 요구되고 있다

Ⅱ. 교육 지도자와 리더십

1. 교육 리더십의 원리

교육 지도자의 리더십 개발은 학교조직의 한 구성원으로서 교직원 개발 활동과 깊은 관련을 갖고 이루어져야 한다. 서지오바니와 스타레트(Sergiovanni & Starratt)는 교직원의 리더십 개발은 새로운 기술을 연마하고 최근 개발된 것들을 따라잡는 것이라기보다는 학교문제를 해결하고 구성원이 변화하는 기능에 초점을 둘 필요가 있다고 강조하고 있다. 즉 구성원으로 하여금 개인의 개발을 통하여 먼저 변화되도록 한다면, 새로운 시각으로 전문성이 개발될 수 있다는 것이다. 이는 교육 지도자의 리더십 개발은 새로운 기술이나 능력의 강화 이전에, 리더로서의 교육 지도자가 스스로 변화한다는 자각이 무엇보다도 중요함을 보여 준다.

특히 교육 지도자의 리더십 개발은 학교구성원들이 실질적으로 활동하는 학교 내에서 이루어지는 학교현장 중심의 리더십 개발의 방향으로 이루어져야 한다. 왜냐하면, 리더십이 리더와 구성원 사이의 영향력의 상호작용이라면, 교육 지도자의 리더십은 교육 지도자가 활동하는 학교조직에서 구성원들과의 상호작용을 통하여 개발되는 것이 바람직할 수 있기 때문이다. 따라서 교육 지도자는 학교조직상황에서의 리더십 개발을 위한 다음의 몇 가지 전제를 고려할 필요가 있다.

① 교육 지도자는 학교상황에서 리더십 개발의 필요성을 스스로 인식하고 있어야 하며, 리더십 개발의 효과에 대하여 긍정적인 신념을 갖고 있어야 한다.

② 교육 지도자는 구성원들과의 상호작용에 있어서 자신에게 요구되는 행동 역량을 명료화할 수 있어야 한다.

③ 교육 지도자는 자신의 리더십 개발이 학교조직의 변화는 물론 구성원 개개인에게 영향을 미칠 수 있음을 인식해야 한다.

④ 교육 지도자는 리더십 개발이 자신만의 일이 아닌, 구성원들과의 지속적인 피드백과정을 통하여 이루어질 필요성이 있다는 인식을 갖고 있어야 한다.

이러한 리더십 개발에 대한 교육 지도자의 인식하에, 교육 지도자의 리더십을 개발하기 위한 원리는 다음 몇 가지로 살펴볼 수 있다.

① 관련성의 원리(the principles of relevance)로 리더십 개발은 직무관련적이어야 한다.

② 성찰의 원리(the principles of reflection)로 리더십 개발은 성찰하고 추수(追修)할 기회를 부여해야 한다.

③ 맥락의 원리(the principles of context)로 리더십 개발은 학습된 지식이나 기술의 적용 맥락과 관련되어야 한다.

④ 주인정신의 원리(the principles of ownership)로 리더십 개발은 참여자들의 주인정신을 심어 줘야 한다.

⑤ 적용의 원리(the principles of application)로 리더십 개발은 이론, 실연, 실제와 피드백의 적절한 통합을 내포해야 한다.

⑥ 개별성의 원리(the principles of individuality)로 리더십 개발은 참여자들의 개별적 요구들에 부합해야 한다.

⑦ 비공식성의 원리(the principles of informality)로 리더십 개발은 공식적 요소와 함께 비공식적 요소들을 가져야 한다.

⑧ 계속성의 원리(the principles of continuity)로 리더십 개발은 교수・학습의 계속적이고 통합된 일부분이어야 한다.

2. 교육 리더십 개발의 방향

21세기를 지향하는 교육 지도자의 리더십 개발에 대한 여러 논의에서 공통적으로 거론되는 개념은 비전, 촉진자, 의사소통과 인간관계, 인격성과 낙관성, 전문성과 추진력, 구성원에 대한 감화와 영향력 등이다. 특히 학교조직문화를 혁신하고 구성원들로 하여금 조직에 헌신하고 총체적으로 참여하게 하며, 계속적인 동기부여를 통하여 기대 이상의 성과를 올리도록 하는 변혁적 리더십의 발휘에 있어서 이러한 리더십 개발 방향은 학교조직 변화에 중요한 요건이 된다.

일반적으로 교육 리더에게 요구되는 변혁적 리더십의 개발 영역은 <표 Ⅱ-5-1>과 같다.

〈표 Ⅱ-5-1〉 변혁적 리더십 개발 영역

리더십 영역	리더십 개발 결과
① **문제해결력** ㅇ문제상황 이해하기 ㅇ문제해결하기	ㅇ문제해결에 대한 실제적 지침 ㅇ복잡한 문제의 점진적인 대응 ㅇ일반문제에 관한 지식 획득 ㅇ문제해결과정에서의 반성적 사고

② 교사 리더십 함양 ○ 교사 리더십의 본질과 　인식	○ 교육 지도자의 리더십은 전교사의 리더십 발휘보다 더 영향력이 있다. ○ 교육 지도자의 리더십은 학교개선계획, 학교구조와 조직, 학교임무와 학교문화에 가장 큰 　영향을 끼친다. ○ 교사 리더십은 학교개선계획과 학교구조와 조직에 대한 영향이 크다. ○ 교육 지도자와 교사들은 학교를 다양한 방식으로 이끌고 다양한 유형으로 영향을 준다.
③ 변화를 위한 교사의 　헌신 구축 ○ 개인적 목적 ○ 능력에 대한 신념 ○ 상황에 대한 신념 ○ 정서적 각성과정	○ 리더십 영역의 방향 설정 ○ 공유된 비전의 구축 ○ 학교목적에 대한 합의 도출 ○ 높은 수행기대의 표명
④ 교사 전문적 지식과 　기술의 향상 마련 ○ 개별 교사의 능력 개발	○ 변혁적 리더십의 상징적 특성은 학교개선(학교혁신)에 직접적인 공헌을 하지 않으며, 교 　사들이 중요하게 여기지 않을 수 있다. ○ 거래적 혹은 도구적 과업은 변혁적 리더십의 과정에서 사용될 수 있다.
⑤ 조직학습을 위한 리 　더십 ○ 팀학습 ○ 학교 전반의 학습	○ 리더십은 집단과 학교 전체의 학습에 따라 차이가 있다. ○ 리더는 학습 기회와 방법, 기타 목적, 문화, 구조와 자원 등을 조정할 수 있다.
⑥ 정서적 균형의 유지 ○ 교사 스트레스와 피로 　예방	○ 리더십은 교사 피로를 야기할 수 있고 개선할 수 있는 요인이 된다. ○ 리더십은 조직 요인들에 대한 효과를 통하여 교사피로에 간접적인 영향을 줄 수 있다.

　교육 지도자의 리더십 영역을 바탕으로 학교조직 변화를 위해 헌신해 갈 수 있는 자질을 부단히 닦아 가야 할 것이다. 교육 지도자의 변혁적 리더십의 개발 영역에 대한 논의를 중심으로 21세기를 지향한 교육 지도자의 리더십 개발의 방향을 세 가지로 집약해 본다.

가. 창조적 자기 변혁으로의 개발 방향: 창의적·창조적 변혁과 혁신

　21세기는 급격한 변혁의 시기이며 급변하는 시대는 사고의 변혁과 행동의 변화를 요구한다. 변화하는 사회 속에서 변화하지 않는 개인은 도태된다. 특히 변화하지 않는 리더는 자신만이 아니라 조직마저도 도태시키기 때문에 리더의 변화는 반드시 일어나야 한다. 그러나 단순히 변화하고 자기 변혁하는 것만으로는 안 된다. 문제는 방향이다. 21세기에 역행하는 자기 변혁은 하지 않느니만 못하기 때문이다.

　창조적 자기 변혁의 리더십은 두 가지 개념을 내포하고 있다. 창조적인 변혁과 자기 변혁이 그것이다. 창조적인 변혁은 개인의 개체성과 독특성에 기반을 둔 변혁을 의미하며 자기 변혁은 리더가 먼저 솔선하는 리더십이 필요하며 구성원과 조직의 변화를 가져오기 전에 먼저 자신의 변화부터 있어야 함을 의미한다. 동시에 자기 변혁은 구성원의 자발적인 변혁의지를 북돋울 수 있다. 교원들돠 교육지도자의 리더십은 스스러 변화하고자 하는 의욕과 행동의 실제 구현에서 비롯 된다는 점을 유념하여야 한다.

나. 비전(vision) 제시로의 개발 방향: 미래에 대한 조망(Vision, Passion, Mission)

비전이란 조직이 미래에 도달해야만 하는 바람직한 모습을 말한다. 비전은 미래를 예견하는 능력, 사회를 보는 안목, 조직과 구성원에 대한 통찰을 포함하는 개념이다. 동시에 비전은 조직의 지향점이 되며 목표 달성을 위해 노력을 통합하는 매개가 되기도 한다. 역사 발전은 꿈을 꾸는 사람들에 의해 이루어졌다. 추종자(follower)가 현실에 매몰되어 자신의 능력과 힘을 미처 발견하지 못할 때 리더는 눈을 들어 미래를 보며 추종자를 끌어올리는 것이 비전을 가진 리더십이다.

비전을 주는 교육 지도자는 지금의 조직의 모습 속에서 미래의 조직의 모습을 예견하는 감을 가지고 지금의 조직구조를 미래에 맞게 변화시키는 추진력도 동시에 지닌다. 미래 경영학자인 피터 드러커(P. Drucker)의 주장처럼 "보통 사람으로 하여금 보통이 아닌 일을 하게 만드는 것(making common man doa uncommon thing)"이 비전을 주는 리더가 하는 일이다. 한마디로 비전을 주는 리더는 구성원으로 하여금 그들 자신의 능력을 뛰어넘도록 고무시키고 비전을 공유하며 격려와 고양을 통하여 시너지를 창출하는 리더를 말한다.

다. 조직문화와 윤리 창달로의 개발 방향: 조직 문화와 윤리 창달과 혁신

리더의 문화적·도덕적 힘은 가장 강력한 리더십의 근원이다. 리더가 조직의 문화와 도덕적 기준에 적합하고 조직의 문화적 도덕적 기저를 마련해 주고 새로운 조직문화와 윤리를 창달할 수 있어야 한다. 요즈음 '우리 사회에 어른이 없다'는 말이 회자되는 것은 문화와 윤리를 창달하는 사회의 리더가 부족하기 때문이다. 구성원들의 존경과 신뢰를 도출시키는 리더십은 조직의 문화와 윤리를 창달하는 능력에 달려 있다고 볼 수 있다.

그런데 조직문화는 세 가지 측면이 있다. 가치와 신념, 도식(schemas), 정보처리 유형이 그것이다. 이 세 요인은 문화를 유지하고 창달하는 리더의 행동을 설명하는 데 도움을 준다. 조직의 구성원이 공유하는 가치와 신념이 문화이다. 가치와 신념은 무엇을 해야 하는가에 대한 조직구성원의 지각이다. 도식은 행동을 만들어 내는 개념적인 틀이며 기본적인 가정이다. 그리고 정보처리 유형은 조직구성원이 참여하여 특정 정보를 처리하는 과정을 의미한다.

교육 지도자는 조직문화를 창달하는 문화의 기저이다. 21세기를 지향하는 학교문화를 위해서 교육 지도자는 조직의 사명(목적)을 정의하고 교육환경의 유연성을 높이며 피라미드 구조의 학교조직을 유동적인 원형으로 바꾸고, 조직의 내·외부와의 새로운 결속을 만드는 것이 필요하다.

교육 지도자의 윤리는 리더십의 발휘 여부를 결정짓는 가장 중요한 요인이다. 교육 지도자가 윤리적으로 문제가 있다면 아무리 유능하고 전문성과 비전을 가지고 있더라도 구성원의 자발적인 동의를 얻을 수 없기 때문에 실패한 리더십이 될 것이다. 특히 책임 있는 자리일수록 많은 권력이 집약되고 권한이 커짐에 따라 더욱 자신을 경계하는 정화(淨化)된 리더십이 요구된다.

Ⅲ. 21세기 교육 지도자로서의 교육비전

1. 21세기를 대비한 교육 지도자의 비전

21세기 지식기반사회는 기존의 틀을 혁신적으로 바꾸어 사회 각 분야에서 전문성을 갖고 지식을 창출하고 정보를 활용하며 능동적인 자세로 자기가 하는 일을 끊임없이 개선하고 발전시켜 나가는 지식기반사회의 중심세력으로서의 신지식인을 요구한다. 결국 변화하는 사회에서 또 다른 미래를 지향해 가는 변혁적인 인간상이 필요한 것이다. 이것은 교육을 통해 가능한 일이다. 그렇기 때문에 세계 각국은 교육적 변혁을 통하여 변화를 주도하고자 노력하고, 이러한 교육은 변혁적(transformational)인 교육 지도자들에 의해서 가능하다는 신념을 갖고 있다. 그러므로 교육적 리더는 지식기반사회 최일선의 새롭게 탄생하는 지식인이 되어야 한다. 교육 리더는 기존의 틀에서 벗어나 변화하는 교육 패러다임의 흐름을 파악하고 자신이 선택한 교직에서 지식활동을 통해 가치를 창조하고 자아를 실현해 가야 한다.

그러나 이러한 지식기반사회의 새로운 지식인으로서의 교육자상은 노력 없이 이루어지는 것은 아니다. 적어도 다음과 같은 노력이 함께 행해져야 할 것이다.

첫째, 21세기 교육 리더는 통합적인 사고를 가진 교육자이어야 한다. 학생들을 통합적 안목에서 바라보는 자세가 필요하며, 교육방법에 있어서도 교육을 거시적인 안목에서 볼 수 있는 통합적 접근이 필요하다. 정형적이고 틀에 짜인 사고를 가진 교육자는 변화하는 사회 속에서 늘 혼란스러울 수밖에 없다. 따라서 교육자적 지적능력을 소유한 융통성 있고 포괄적 안목을 바탕으로 하는 통합적 사고를 하여야 할 것이다.

둘째, 21세기 교육 리더는 과정형 사고, 진행형 사고를 가진 교육자이어야 한다. 현재의 상황이나 사건을 과거의 느낌이나 사고로 받아들이는 것이 아니라 계속 진행되는 것으로 받아들이는 능동적 사고가 요구된다. 기존의 지식에 의하거나 과거를 답습하는 것에 그치는 것이 아니라 스스로 문제를 발견하고 방법을 찾으며 발전적 사고과정 속에서 일을 수행해 가는 계속적 진행적 사고는 교육자의 발전을 가져올 것이다.

셋째, 21세기 교육 리더는 창의적 감성형 사고를 가진 교육자이어야 한다. 글로벌 시대의 교육 리더는 모름지기 따뜻한 가슴과 부드러운 마음의 소유자이어야 한다. 지금까지의 고정관념을 버리고 새로운 자기 창조를 시도하고 비약적 사고를 가진 교육자가 필요하다. 창의적인 교육자는 스스로 방법지(方法知)를 창조하며, 이를 동료 교육자들과 더불어 공유할 수 있는 협동적인 교육자일 것이다. 글로벌 시대의 교육 리더는 '백 미터 달리기'의 일등 선수가 아니라, '강강술래'에 열심히 참여하는 협동 참여자이어야 한다.

넷째, 21세기 교육 리더는 미래를 두시하는 교육철학을 가진 교육자이어야 한다. 교육자가 가지고 있는 교육관, 인생관, 세계관 등은 교육의 배경을 제공한다. 앞으로의 교육자는 현재의 나를 인식하고 미래의 나와 우리를 인식하며 신지식인으로서 요구되는 교육철학을 갖고 있어야 할 것이다. 혼자 가는 리더가 아니라 함께 가는 교육 리더여야 한다.

2. 준비된 교육 리더의 교육자로서의 자세

학교에 대한 외부의 압력이 높아지고 있는 현실에서 교육 지도자의 새로운 리더십을 몇 가지로 제언하면 다음과 같다.

첫째, 교육 지도자는 중개자가 되어야 한다. 즉 학교 문제에 더 많은 참여를 요구하는 학부모 집단의 의견을 교육계에 반영되도록 하고, 또한 학교 내부의 요인과 학교 외부를 연결하는 역할을 해야 한다.

둘째, 교육 지도자는 정치적 지도자여야 한다. 수요자 중심 교육, 교원노동조합법의 시행 등은 그 문제의 당위성을 떠나서 학교 지도자가 정치적 리더십을 발휘해 가야 할 과제를 안고 있다. 교육 지도자는 학교에서 이루어지는 다양한 활동에 대하여 정당성을 확보하고 학교 활동의 장점, 지역사회에 대한 기여도 등을 성공적으로 홍보하여야 한다.

셋째, 교육 지도자는 변화 지향적이어야 한다. 교육 지도자는 상황에 자신을 적응시킬 뿐만 아니라 상황을 변화시킬 수 있는 사람이어야 한다. 따라서 주체적으로 상황을 개선하고 발전시키는 노력이 있어야 한다.

넷째, 교육 지도자는 문화적 지도자이어야 한다. 현재 교육계가 내부·외부의 도전에 시련을 겪고 있는 것은 교육조직문화가 바로 서지 못한 데에도 기인한 것이다. 바람직한 학교 문화가 조성되어야 교사들은 긍지를 가지며 자신이 가진 능력을 최대한 발휘하게 된다.

결국 교육 리더는 다양한 사회 변화와 사회의 요구에 부합하는 끊임없는 노력, 세계의 흐름(Tremd)을 파악하는 명확한 예지력을 바탕으로 교육조직을 이끌어 갈 때 교육의 질은 향상될 수 있을 것이다. 따라서 교육 지도자의 리더십 함양은 이 시대가 요구하는 가장 초미의 과제라고 할 수 있다.

Ⅳ. 리더와 교육 리더십

1. 리더십(leadership)의 의미: 즐거운 마음으로 함께 가는 동행(민주인)

백과사전에는 리더십(leadership)을 일컬어 "집단의 목표나 내부 구조의 유지를 위하여 성원(成員)들이 자발적으로 집단활동에 참여하여 이를 달성하도록 유도하는 능력"이라고 나와 있다. 즉 리더십의 필요성을 집단의 목표 달성을 위한 것 혹은 내부 구조의 유지를 위한 것이라고 기술하고 있는데 이와 같은 접근으로는 어떤 리더십이 바람직한 리더십인가에 대한 합의를 이끌어 내기가 쉽지 않다. 목표만 잘 달성하는 지도자는 폭군이어도 때로 '지도력이 뛰어나다'라는 평가를 받기 일쑤이며 아무리 민주적인 절차를 중시하는 지도자라 할지라도 목표를 잘 수행하지 못하면 '지도력이 없다'라는 평가를 받을 수도 있다. 이와 같은 리더십은 어떤 맥락에서 쓰이느냐에 따라 아주 복잡다기한 의미를 내포할 수 있다.

2. 교사와 리더십(leadership) 구현: 학생 지도에 열정, 업무 수행에 책무성

'교사가 과연 리더인가?'라는 질문에 대해 이의를 제기할 교사는 많지 않을 것이다. 왜냐하면 교사란 수많은 학생을 통솔하고 지도해야 할 위치에 놓여 있기 때문이다. 따라서 당연히 교사에게도 리더십이 요구된다. 한 학급을 이끌어 나가는 경우에도, 동료 교사들과 함께 연구과제를 하거나 특정의 단체를 이끌어 나갈 때에도 리더십은 필요하다. 한 학급이 또는 한 단체가 그 목적을 무사히 완수함에 있어 리더십의 비중은 가히 절대적이라고 볼 수 있다. 연구과제를 수행할 때 리더십이 뛰어나다는 평가를 받는 교사는 일감을 잘 분배하고 수합하며 정해진 시일 내에 과제를 완수하고 좋은 평가를 받게끔 한다. 우리 주변에도 이런 교사들은 꽤 많다. 그러나 과제의 확인, 분배, 수합, 완수가 팀의 주요한 목표임에도 불구하고 과제를 수행하는 과정에서 팀원들이 반목, 갈등하거나 성과가 독점되거나, 능력이 향상되지 않았다면 이때의 리더십은 결국 지도자 개인의 능력 신장을 위한 리더십일 뿐이다.

3. 커뮤니케이션(communication)은 리더의 핵심: 훌륭한 인간관계와 의사소통

'리더란 어떤 존재인가?'라는 질문에 대해 공통된 견해를 갖는 것이 중요하다. 지난 100년 간의 리더십 연구 결과를 간단히 요약하면, 자신의 업무 지식과 능력 그리고 대인관계 능력을 모두 갖춘 사람이 훌륭한 리더라는 것이다.『성공하는 사람들의 7가지 습관』으로 널리 알려진 스티븐 코비 박사와 리더십의 내가인 워렌 베니스도 비슷한 견해를 갖고 있다. 그러나 실제로 기업체에서도 직무교육은 엄청나게 시키면서 대인관계 교육에는 시간을 투자하지 않는다. 교사들 역시 학생들을 가르치기 위한 지식 교육은 수없이 많이 받아 왔지만, 학생들을 어떻게 다루고 그들과 어떻게 의사소통을 하는 것이 좋은지에 대해 제대로 교육받은 적이 없다. 결국 리더가 되기 위해서는 스스로 노력하는 수밖에 없다.

얼마 전 데일카네기 연구소에서 성공한 리더들을 분석해 본 결과, 15%는 자신의 기술적 지식에 의해서 성공했지만 85%는 얼마나 좋은 인간관계를 맺었는가에 따라 성공 여부가 결정되었다고 발표한 바 있다. 그러나 인터넷 시대에서는 다르지 않겠는가? 하지만 쿠제스와 포스너가 쓴『리더십 첼린지』에서 그들의 연구 결과를 살펴보면 인터넷 비즈니스에서도 인터넷 기술이 28%를 차지하고 있고, 오히려 인간관계가 72%를 차지하였다고 한다. 세상이 아날로그 시대에서 디지털 시대로 바뀌었지만, 대인 간의 문제만큼은 변함없이 중요하다는 것을 보여 주고 있는 것이다. 이 점에 대해 전 이화여대 이어령 교수는 '디지로그'로 설명하고 있다. 디지털 시대에도 변하지 않는 것은 인간의 감성을 다루는 리더십이라는 것이다. 세계야구대회(World Baseball Competition)에서 한국팀이 두 번씩이나 이긴 것도 디지로그로 설명할 수 있다. 이것을 다른 말로 고치면 '신바람'때문이라고 할 수 있다. 한국인은 일단 신바람을 타면 자기 실력 이상으로 능력을 발휘하는 것을 자주 볼 수 있다.

이런 신바람 혹은 디지로그 시대의 리더십은 리더가 되고자 하는 사람과 그를 따르는 추종자 간의 인간관계로 볼 수 있다. 실제로 쿠제스와 포스너는 "리더십이란 일부의 비범한 인물들이 가진 개인적인 전유물이 아니라 리더십은 오늘과 내일을 사는 모든 사람의 일"이라고 하였다. 다시 말해서 리더십을 인간관계로 본 것이다. 현대 리더십의 대체적인 흐름은 리더십을 인간관계, 즉 대인관계 리더십으로 보는 경향이 많다. 그렇다고 지식이나 실력이 중요하지 않다는 것은 아니다. 그러나 지식이나 실력이 비슷하다면 차이는 대인관계 능력에서 나온다. 학교 조직 사회의 리더십은 조직 역량 발휘에 아주 중요한 것이다.

가. 교사 리더십은 대인관계 리더십; 소통과 공감 그리고 대화

우리는 많은 실력자들이 대인관계 문제 때문에 낙마하는 것을 봐 왔다. 요즘 많은 대기업에서 실력 있는 젊은이들을 엄청난 연봉을 주고 선발하였지만 팀워크를 발휘하지 못해 고민하고 있다는 소식이다. 개개인의 실력만으로는 요즘 세상에서 실력 발휘가 어렵다. 결국 팀워크를 통해 공동의 승리를 가져와야 하는데, 그러기 위해서는 전문적 지식보다 더 중요한 것이 사람에 대한 이해이다. 사람에 대한 이해가 미래 리더들에게 중요하다는 것은 제임스 레이니 전 주한 미국 대사의 연세대학교 강연이나 로버트 러플린 KAIST대학교 전 총장의 기고문에서 얼마든지 발견할 수 있다. 노벨 물리학상 수상자이기도 하고, 이공계 대학이 중심인 KAIST 총장으로서 그는 취임 후 첫 기고문에서 이렇게 말했다.

"이공계를 위해 전공과목 이외에 독립성, 도전정신, 외국어 능력 그리고 인간관계에 대한 과목 등을 보강해야 한다."

그의 말에서 보듯이 앞으로 미래의 지도자를 길러 내기 위해서는 가장 중요한 것이 인간관계에 대한 교육이라고 보는 것이다. 이 점에 대해서는 숙명여대 이경숙 전 총장도 빠지지 않는다. 숙명여대는 창학 100주년을 맞이하여 미래의 지도자 중에서 10%를 숙명여대에서 담당하겠다는 의지를 표명하고, 세상을 바꾸는 리더십 전문교육기관으로 바꾸어 가고 있다.

대학에서 리더십을 가르친다는 것은 학문적으로는 가능할지 몰라도 체험적으로 경험하도록 하기에는 늦다고 볼 수 있다. 특히 청소년들을 어려서부터 리더십을 길러 주는 것이 매우 중요하다. 미국의 명문 대학들은 입학 사정을 할 때 중·고등학교 시절에 얼마나 리더십을 발휘하였는가를 중요한 잣대로 삼는다고 한다. 그만큼 어려서부터 리더십을 경험하는 것은 돈 주고도 살 수 없는 값진 경험이 되기 때문이다.

교사란 미래의 지도자를 길러 내는 막중한 책임을 지고 있다. 교사는 미래의 리더를 길러 내기 위해서는 먼저 교사가 모범이 되는 솔선수범의 리더(role model leader)가 되어야 한다.

어느 의과대학 교수가 이렇게 말했다. "한국인들은 상호작용을 하기 위해 술자리에서 가지는 경우가 많다. 그 결과 직장인 중에서 25%가 알코올 중독증 환자가 되어 있다. 이제 젊은 세대들을 위해서 술을 안 먹고도 서로 터놓고 이야기할 수 있어야 한다. 대인관계 리더십 훈련이 필요한 이유가 바로 이것이다."

그 교수의 말대로 앞으로 점점 술을 먹고 인간관계를 맺는 방식은 더 이상 통하지 않을 것이다. 그러나 이 방법밖에 모르는 사람들은 별다른 대안이 없다. 교사들도 마찬가지이다. 그렇다면 대인관계 리더십의 핵심은 무엇인가?

나. 대인관계의 리더십은 커뮤니케이션: 배려와 나눔, 봉사와 헌신

여러 해 전 어느 고등학교 교사는 오랫동안 학생부장을 맡아 오면서 그동안은 힘을 사용하는 권위적인 리더십이 통했는데 이제는 통하지 않는다며 토마스 고든 박사의 '교사역할훈련'에 참가하였다. 그는 그동안 몸으로 익힌 여러 가지 힘을 사용하는 기술들을 버리고 말로 하는 커뮤니케이션 훈련을 받느라고 고생을 많이 하였다. 그리고 자신이 배운 훈련기술을 실제 사용해 보기 위해 학생들에게 적용하려고 하였다. 하지만 갑자기 변신하는 게 어려워서 학교를 옮겨 실천해 본 결과 스스로 효과를 체험하고 그는 대인관계 리더십 전문가가 되기 위한 과정을 밟고 있다고 한다.

혹시 리더십 관련 책자에서 소위 '리더십의 기술'이라고 명명해 놓은 것을 본 적이 있는가? 실제로 리더십 기술의 핵심은 대부분 커뮤니케이션 기술이 차지하고 있다. 물론 다른 여러 가지 기술들이 중요하지만 커뮤니케이션 기술이야말로 리더가 갖추어야 할 핵심 기술이다.

4. 교사의 리더십과 자질(資質)

교사는 학생을 변화시키는 사람이다. 교사는 단순히 학생들을 가르치는 사람이 아니다. 지식을 전달하는 사람만이 아니다. 지식을 가르치고 전달함으로써 영향력을 주어 설득하고 변화시키는 사람이다. 어떤 분야이건 지도자는 영향력을 주어 변화를 이끌어 내는 사람이라고 가정할 때 리더십은 필수이기 때문이다. 무엇보다도 변화를 이끌어 내려면 목표와 전략과 프로그램 등을 개발해야 되지만 무엇보다도 변화시키는 지도자가 되기 위해서는 몇 가지 자질(資質)을 생각해 보지 않을 수 없다.

가. 올바른 교육관을 가진 사람: 곧고 바른 교육관

교사로서 갖추어야 할 조건은 많이 있지만 먼저 요구되는 것은 올바른 교육관(教育觀)을 가져야 한다는 것이다. 교육하는 그 사람부터가 교육이 무엇인지 모른다면, 그리고 어떠한 방향으로 학생을 교육할 것인지에 확고한 신념이 없다고 하면 그는 교육자로서의 자격(資

格)이 없는 것이다. 가르치라는 교과서를 떼(이수)기만 하면, 지식과 기능의 기대에 능률적이고 효과적인 방법이라면 무조건 받아들여 그 방법이 아동을 어떠한 인격으로 만들어 가는지는 전연 생각하지도 않는 그러한 교사는 교사로서의 자격이 없는 것이다. 이와 같이 사람을 교육하려는 사람은 우선 정당한 교육관이 있어야 할 것이다. 이 교육관의 수립은 사회관, 국가관, 인생관, 세계관의 수립과 밀접한 관계가 있는 것이다. 올바른 교육관을 가지려고 노력하는 사람은 사회관, 국가관, 인생관, 세계관을 갖도록 힘쓰는 사람일 것이다.

나. 사람과의 접촉을 즐기는 사람: 훌륭한 인간관계

특히 초등학교의 교사는 다른 어느 직종에 종사하는 사람보다도 많은 아동(학생)들과 접촉하고 있으니, 조용히 혼자 있기를 좋아하는 사람이나 많은 사람들과 접촉만 하면 쉽사리 싫증이 나거나 지나친 피로를 느끼어 실제로 아동들과 접촉하기를 싫어하는 사람은 초등학교 교사로서 맡은 바 일을 잘해 나갈 수가 없는 것이다. 초등학교 교사에게는 접촉해야 할 사람이 아동들뿐이 아니다. 아동들의 교육을 잘해 나가려면 자연히 그 가정과의 연락을 긴밀히 하여야 하며 자연 그러자니 그 학부모들과 자주 만나서 아동성장에 관한 문제를 서로 의논해야 할 것이다. 그뿐만이 아니라 교장이나 동료 교사들과의 접촉도 쉴 새 없이 이루어지며 나아가 장학사(장학관 등 교육 전문직), 지역주민들과도 접촉을 하여야 하는 것이다. 이와 같이 사람과의 접촉을 떠나서는 교사로서의 사명을 완수하기가 어렵다. 아동과 더불어 생활을 할 때에 무한한 기쁨을 느끼고 사람과 더불어 생활하기를 즐거움으로 여길 줄 아는 그러한 교사가 되어야 할 것이다.

다. 교육적 사명(使命)에 불타는 사람: 교육애와 교육적 열정

교사도 다른 직업과 마찬가지로 한 직업임에는 틀림이 없다. 교직을 단지 생활비를 얻는 수단으로 생각한다면 그러한 교사에게서는 훌륭한 교육적 성과를 기대하기 어려운 것이다. 가르쳐야 한다는 것만 가르치고, 시키는 일만 하고, 근무하라는 시간만 근무하면 내 할 일은 다 했다고 생각하는 교사는 결코 기대할 만한 좋은 교사는 될 수 없다. 훌륭한 교사는 어머니와 같은 교사라는 말도 있다. 어머니가 자녀를 사랑으로 기르듯이 교사도 학생을 사랑으로 길러야 할 것이고, 학생의 훌륭한 성장에 도움이 되는 일이라면 때와 곳을 가리지 않고 보수와 체면을 생각하지 않고 무엇이든지 서둘러서 하는 어머니와 같은 마음의 교사가 되어야 할 것이다. 교육적 사명 그것에 불타는 교사만이 훌륭한 교사가 될 수 있는 것이다.

라. 건강한 몸과 건전한 정신을 가진 사람: 건전한 전인(全人)

어느 직업 치고 건전한 몸이 필요하지 않은 것이 없겠지만 초·중·고·대학교 교사(교수)들의 하는 일을 자세히 살펴본다면, 가장 노동량이 많은 직업이라고 하지 않을 수 없다. 마음속으로는 아무리 교육열에 불타고 있는 사람일지라도 몸이 건강하지 못하면 교사(교수) 생활을 끝까지 계속해서 소기의 목적을 달성하지 못하고 말 것이다. 정력이 왕성한 사람만이 교사(교수)로서 적당하다 하겠다.

마. 신체적 외관(外觀)을 중요시 생각하는 사람: 내면과 외양의 조화

훌륭한 교사의 자질은 내면적인 인성과 못지않게 중요한 것으로 신체적 외관(外觀)과 외현적(外顯的) 행동을 들지 않을 수 없다. 외관이 내면을 수식한다는 말이 있듯이 사람의 외관은 마음의 거울이기도 하다. 더구나 감수성이 민감하고 객관적인 비판력이 부족한 학생들을 지도함에 있어 그 영향력을 생각한다면 교사의 신체적 외관은 교사가 갖추어야 할 중요한 자질의 한 영역으로 보지 않을 수 없다. 교사가 유의해야 할 신체적인 외관과 외현적 행동을 열거해 보면 다음과 같다.

① 얼굴은 항상 깨끗이 한다(지나친 화장은 금물).
② 머리는 항상 산뜻하게 빗고 이발은 자주 한다.
③ 면도를 자주 한다.
④ 깨끗한 의복을 입는다.
⑤ 될 수 있는 대로 가끔 의복을 달리한다.
⑥ 구두는 항상 깨끗이 닦아 신는다.
⑦ 일을 할 때에는 거기에 알맞은 옷을 입는다.
⑧ 바르고 훌륭한 자세를 갖는다.
⑨ 수업 중에는 무엇을 먹거나 씹거나 하지 않는다.
⑩ 항상 손과 손톱을 깨끗이 한다.
⑪ 치아는 항상 깨끗이 하고 잘 치료해 둔다.
⑫ 될 수 있는 대로 미소를 띤다.
⑬ 목욕을 자주 한다.
⑭ 항상 바른 자세로 교단에 선다.

V. 맺고 나오는 글

21세기 글로벌(global) 세계화 사회는 사회현상 자체가 하루가 다르게 시간과 공간을 초월하여 끝없이 변화하고 있다. 교육 또한 이러한 사회현상의 변화에 발맞추어 끝없이 변화하고 있다.

특히 지난 20세기에서 21세기로 넘어오는 시간은 '디지털 정보화 사회'라는 거대한 사회변화의 물결에 휩싸였고, 이에 따라 교육 또한 전면적이고도 질적인 변화의 소용돌이에 휩싸여 지금까지와는 다른 새로운 교육의 형성이 불가피하게 되었다. 또 새로운 교육의 중심에는 교사의 올바른 역할이라는 과제가 주어져 있다. 교사는 학생들로 하여금 디지털 정보사회에 적응할 수 있도록 적응력과 창의력을 길러 주어야 하며 학습활동 과정에서 학습 안내자로서의 역할을 수행해야 한다. 지금까지 교사의 역할은 입시(성적) 위주의 교육정책 속에서 교과서에 제시된 내용만 반복적으로 주입하는 주입식 교육밖에는 수행하지 못했다. 뿐만 아니라 교사라는 이름하에 학습자를 통제하고 교사의 지시에 무조건 따르도록 강요하여 능동적이지 못하고 수동적인 인간만 육성하였다. 과거 학창 시절을 뒤돌아보아도 항상 교육의 주도권은 교사가 쥐고 있었고 학생들은 그것을 당연하게 받아들였다. 교사의 말 한마디가 법과 같이 여겨졌고 또 그에 따라 행동하였다. 또한 교육에 적극적으로 행하는 사람이 곧 교사였으며, 학생들은 교사가 주는 정보나 지식을 그대로 받아들이기만 하였다. 학교에서는 학생 개개인은 없었다.

그러나 지금은 어떠한가? 교육의 패러다임도 변화하고 있다. 가르치는 쪽에서 일방적으로 주도권을 쥐던 교육으로부터 학생 개개인의 적성과 소질과 특기를 발굴하여 창의력을 신장시키는 수요자 중심의 교육으로 전환되어 가고 있다. 21세기는 기술력과 정보력이 주도하는 사회이다. 즉 개성과 창의성이 중시되는 소량 다품종을 생산하는 체제로 바뀌면서 창의력이 경제력을 증진시키는 원동력이 되는 시대가 열렸다. 이러한 사회의 변화에 발맞추어 학생들의 창의력 향상을 위한 교사의 역할은 매우 중요하다. 이제 우리 교사들은 확고한 사명감을 가지고 교사로서의 리더십을 유감없이 발휘할 때 우리나라의 장래는 밝을 것이다.

교육은 사랑이다. 그 사랑으로 미래의 꿈동이들인 학생들의 잠재적 가능성을 실현하도록 지원하는 활동이다. 그 숭고한 교육 활동을 교원들이 출실하게 수행하게 할 수 있도록 도와주는 역할을 교육 리더들이 올곧게 수행 하여야 한다.

제6장 따뜻한 소통과 부드러운 리더십의 교육

I. 들어가는 글: 현대 교육의 빛과 그림자

최근 한국과학기술원(KAIST)의 학생 4명과 교수 1명이 자살하여 우리 사회에 큰 파문이 일고 있다. 신자유주의 논리에 입각한 경쟁 교육 지향에 대한 반성과 비판도 거세게 일고 있다. 교육의 시장 경제 논리 적용도 우리 현실에서 최선의 방법인가에 대해서도 숙고와 성찰이 세기되고 있다.

사실 KAIST에 입학하는 학생들은 과학고, 영재고, 특목고 등 명문 학교 출신들로 최고의 수재들이다. 그들에 대한 가정, 학교, 주변의 기대는 매우 크고 높은 절대적인 대상들이다. KAIST는 이공계 명문으로 그 학교에 입학만 해도 개인의 영예이고 가문과 출신고의 영광으로 받아들여지고 있다. 그런 그들이 재학 중 장학생에서 탈락되고 학사경고를 받을 때 그들이 느끼는 상실감과 자괴감은 여느 대학생들보다 훨씬 더 강했을 것이다. 그러한 제도들이 학생들에게 민감하게 다가올 수밖에 없는 이유이기도 하다.

글로벌 시대의 세계 최고의 대학 지향이라는 목표를 달성하기 위하여 징벌적 방법 대신 자율적·창의적 방법의 적용으로 추구할 수 있도록 함께 고민하여야 한다. 대학은 학문 탐구와 함께 미래의 주역들을 길러 내는 요람으로서 격려와 사랑을 주고받는 따뜻한 곳이어야 한다. 물론 젊은이로서 나태와 태만은 비판받아야 하지만, 실패를 두려워하지 않는 불도전의 용기를 배워야 한다. 아울러 자신과 사회에 대한 책무와 함께 삶의 무게를 슬기롭게 감당하고 이겨 내는 방법을 배워야 한다. 물론 교육 당국도 무한경쟁의 신자유주의 교육 정책을 개혁하여 학생들이 경쟁과 협력을 함께 추구할 수 있는 시스템으로 바꾸어야 할 것이다.

다행스럽게도 KAIST는 사건 후, 교수협의회의 중재로 교수와 학생 대표 등으로 비상혁신위원회를 구성하여 차별 등록금제 폐지, 전공 교과목만 영어 강의 실시, 학생참여 대상 위원회 확대, 학업 부담 20% 감축 등 혁신안을 작성하여 심의하고 있는 중이다. 학생들과 학부모, 그리고 국민들이 수용할 수 있는 바람직한 혁신안이 도출되기를 기대한다.

주지하다시피, 이 세상에서 가장 아름다운 것이 젊음이요 청춘이다. 젊음과 청춘은 그 어느 것과도 견줄 수 없이 아름다운 것이다. 그 아름다운 젊음과 청춘의 시너지 효과를 극대화할 때 개인의 성장과 함께 아름다운 사회와 국가 발전을 견인하게 되는 것이다.

환언하면, 21세기 세계화 시대인 오늘날 우리 젊은이들이 작은 시련을 극복하지 못하고 좌절과 포기로 일관한다면 개인은 물론, 사회와 국가의 장래도 어려움에 처할 수밖에 없다는 점을 유념하여야 한다.

Ⅱ. 자살, 그 좌절의 허상(虛像): 현대 교육의 슬픈 자화상

1. 우울과 소외 및 갈등의 복합 결정체인 자살

최근 KAIST의 학생 자살 사건과 관련하여 우리가 간과해서는 안 될 부분이 청소년들에 대한 철저한 자살 예방 교육의 결여 문제이다. 외국에서는 자살 예방 교육이 일반화되어 있지만, 한국에서는 자살을 금기시하고는 있지만, 체계적 자살 예방 교육이 부재한 현실이다.

통계로 보면, 올해 우리나라의 총인구는 4천898만 명으로 전년보다 0.2% 늘었지만, 청소년 인구는 1천14만 명으로 1.4% 감소했다. 총인구 중 청소년인 9~24세 비중은 20.7%로 1978년 36.9%를 정점으로 계속 감소하고 있다.

6~21세의 학령인구도 줄고 있다. 전체 인구 대비 6~11세의 초등학교 학령인구 비중은 1970년 17.7%에서 2011년 6.4%로 감소해 중·고교와 대학에 비해 감소폭이 가장 컸다.

그런데 중요한 것은 이 청소년들의 8.8%가 자살을 생각한 적 있다고 응답했다는 사실이다. 그리고 자살을 고민해 본 이유 중 가장 높은 비율이 공부와 취업이라는 점이다. 젊음을 만끽하고 호연지기를 즐겨야 할 시기인 청소년기의 학생과 젊은이들이 공부와 취업 등 자신의 장래 때문에 고도의 심리적 압박에 시달린다는 반증인 것이다.

그런 여파로 최근 우리 사회에 자살 풍조의 거센 바람이 불고 있어 사회 문제가 되고 있다. 자살에 대한 관련 사이트(site)의 역기능 문제, 자살에 관한 '베르테르 효과'도 일어나고 있다. 자살을 하면 안 된다고 강조하고 있지만, 정작 왜 자살을 하면 안 되는지에 대한 근본적인 기초교육이 부실한 것이다. 자살을 하면 왜 좋지 않은지에 대한 인식과 이해에서부터 자살 예방 교육이 출발하여야 한다.

2. 청소년(학생)들의 애환과 절규의 수용

일반적으로 자살은 자아심리학의 입장에서 보면, 자기 파괴적 충동 의식이 지나쳐서 이를 자아가 통제하지 못해서 발생하는 현상이다. 자살은 다분히 즉흥적이고 충동적인 자기파괴 행위에 불과한 것이다.

분명한 사실은 동서고금을 통틀어 자살은 어떠한 이유에서든지 정당화·우상화되는 않는다는 점이다. 또 어떤 종교의 교리도 자살을 미화하지는 않는다. 어떤 이유에서든지 자살그 자체와 자살한 사람의 행동이 정당화될 수는 없는 것이다. 따라서 청소년들에게 자살이시련과 역경의 현실 탈출구가 절대 아니라는 인식 교육이 요구되는 것이다.

"자살할 용기가 있으면, 그만큼 살 수 있는 방법을 찾아라"라는 말처럼, 자살은 무의식의선택에 자아가 굴복하는 것이다. 자살처럼 무책임한 행위가 없으며, 가치 없는 행동도 없다. 자살은 맹목적인 현실도피에 불과한 것이다. 자살이야말로 지탄받아야 할 잘못된 의사결정이며 신중하지 못한 결정이다. 자살은 가장 좋지 못한 문제해결책인 것이다. 자살할 만큼의 각오와 용기가 있다면 세상에 못 할 일이 없는 것이다.

분명히 앞길이 구만리 같은 청소년들이 좌절과 고통을 겪는다고 해서 자살의 유혹에 쉽게 빠져서는 안 된다. 청소년들은 젊음과 미래를 두 어깨에 짊어지고 있는 패기만만한 동량(棟梁)이다. 세상에서 두려운 것이 없고 태산도 무너뜨릴 수 있는 야망을 가질 때인 것이다.

물론 이번 KAIST 학생의 자살 사건과 관련하여 학교의 개혁 정책을 폐지하여 과거로 회귀하려는 움직임은 바람직하지 못하다. 모든 개혁과 혁신에는 빛과 그림자가 상존하기 마련이다. 그동안 KAIST는 지속적인 개혁으로 지난해 영국 QS 대학평가에서 공학 분야 세계 21위에 오르는 등 명문 대학의 반열에 오를 출발선에 서 있다. 따라서 개혁 정책의 역기능을 개선하되, 개혁은 지속되어야 한다. 모든 국민들이 KAIST가 개혁의 역기능과 피로감을 줄여 지속적인 추진을 기대하고 있다.

Ⅲ. 따뜻하고 부드러운 스마트(smart) 교육: 더불어 함께 하는 공감, 소통, 섬김, 나눔, 배려 등을 실행하는 참다운 교육

이 시대는 대학의 혁신 드라이브와 학생들의 학문 탐구의 피로감이 원만하게 접점을 찾을 수 있도록 모두의 의지를 모아야 할 것이다. 즉 이번 사태를 계기로 글로벌 대학을 지향하는 대학의 개혁 정책이 멈춰서는 안 되고, 또 학생들의 희생이 강요되거나 재발해서는안 될 것이다.

다만, 이번 KAIST 자살 사태와 관련하여 우리가 숙고해야 할 점은 단지 이 문제가 어느 한 학교에 국한된 문제가 아니라는 점이다. 어쩌면 우리나라 교육 전반, 모든 학교에 해당되는 문제이기도 한 것이다. 이번 사태가 우리에게 주는 무언의 메시지는 이제 우리 교육이 좀 따뜻해지고 부드러워져야 한다는 점이다. 우리는 흔히 '역지사지(易地思之)'라는 말을 입에 달고 다니지만, 진정으로 학생들의 눈높이와 입장에서 교육 정책을 입안하고 교육활동을 전개해 왔는지에 대해서 자성해야 할 것이다. 질풍노도의 청소년기인 학생들이 도저히 감당 못 할 부담이라면, 그 짐을 덜어 주었어야 했다. 꿈을 키워 가는 과정의 학생들이 자살을 기도할 만큼 처절한 몸부림이라면 가슴을 열고 그들을 부드럽고도 따뜻하게 보듬어 주어야만 한다. 개혁과 성장에는 속도와 방향이 병행되어야 하는데 지나치게 속도에만 매몰되었던 것이다. 어렵기는 하겠지만, 이제 우리 교육도 성장과 분배, 수월성과 평등성, 경쟁과 협동, 한 줄과 여러 줄 세우기 등을 동시에 추구하는 솔로몬의 지혜를 발휘해야 할 것이다. 개혁은 지속하되, 역기능을 최소화해야 하는 것이다. 아무리 영재교육·글로벌 경쟁교육이라도 인성교육을 병행해야 한다. 소통과 부드러운 스마트(smart) 교육을 지향하여야 한다.

Ⅳ. 맺고 나오는 글: 우리 교육이 나아갈 방향

학교와 교육에서 원만한 소통이 이루어지고, 부드러운 리더십이 발휘되도록 교육자를 비롯한 국민들의 뜻과 힘을 모아야 할 때이다. 그 길이 앞으로 제2의 KAIST 자살 사태 같은 불상사가 재발하지 않도록 하는 지름길이다.

인생이라는 긴 마라톤의 과정을 살다 보면, 낙오도 하고 실패도 하고 좌절도 하게 된다. 그 어려움을 극복하고 성공하는 작은 행복이 아름다운 것이다. 마치, 가을날에 아름답게 피어난 온실 속의 대국(大菊)보다 가시덤불 속에서 비바람, 눈보라를 이겨 내고 함초로이 피어 있는 들국화가 더 아름다운 것처럼 말이다.

그럼 우리 사회는 어떻게 해야 될 것인가. 이 비극적인 자살문제에 대해 모든 사람들이 관심을 갖는 것은 당연한 일이다. 그런 점에서 국민들이 관심을 표명하고 나서는 것은 타당하나, 그 정도를 넘어서 KAIST의 학내 경영까지 간섭해서는 안 된다.

환언하면, 총장의 용퇴가 근본적인 문제의 종결이 아니라는 점이다. 이 문제와 관련하여 용퇴나 책임을 지라는 주장을 하기 전에 근본적 해법을 찾기 위한 국민적 지혜를 모으는 것이 중요하다. 특히, 이 문제가 결코 이 시대 어느 한 대학의 문제만이 아니라는 점이다. 우리나라 대학 내지 교육 전체에 관련된 중차대한 문제인 것이다.

우리는 이러한 어려운 상황을 풀어 나갈 해법을 모색할 수 있는 역량을 가지고 있다. 그러한 국민적 역량과 지혜를 모아 함께 노심초사하며 해법을 강구해야 할 것이다. 이번 KAIST 사건에 대해 특정 개인 누구를 비난하고 책임을 전가시키는 미봉책보다는 머리를 맞대고 근본적 해법을 모색해야 한다.

　　결국, 대학이 경쟁력의 비전을 갖고 지속적인 혁신을 하면서도 인간에 대한 따뜻한 관심과 배려가 넘치는 배움터로 거듭나야 하는 것이다. 우리 속담에 "소 잃고 외양간 고친다"는 말이 있지만, 이와 같은 사건이 발생한 이유와 함께 문제해결의 정곡을 간과하고 변죽에 몰입되어 있는 점을 반성하여야 한다. 우리 모두는 그동안 우리 교육의 관행적·고질적인 병폐는 분명히 '소 잃고도 외양간을 고치지 않았기 때문'이라는 점을 사성하여야 한다.

제7장 학교 중간 관리자로서 교감(校監)의 변혁적 리더십과 인간관계 정립 모색

I. 들어가는 글

일반적으로 학교 중심 교육활동에서 그 성패를 좌우하는 주요 인사는 교무를 통할하고 소속 교직원을 지도·감독하며 학생을 교육하는 학교장이라 할 수 있다. 그렇기 때문에 학교경영 문제를 논의할 때면 교장의 지도성이나 역할 등이 중심주제가 되어 왔다. 교장이 학교경영의 성패를 좌우하고 주요 인사인 것은 재론의 여지가 없다. 그러나 교장은 혼자서 좋은 학교를 만들 수 있는 마력을 지니고 있는 사람이 아니라 학교가 잘 운영되게 할 수 있는 주요 인사일 뿐이다. 교장은 혼자서 모든 일을 능수능란하게 처리할 수 있는 전지전능한 사람이 아닌 것이다. 교감을 비롯한 학교구성원, 교육공동체 구성원들의 역할 수행과 지원이 절대적인 것이다.

현행 학교의 인사 체제상 학교조직에는 교감(校監)이라는 또 한 명의 법정 교육행정가가 있다. 물론 대규모 학교에는 복수인 2명의 교감이 배치되어 있기도 하지만, 대체로 1교 1교감 체제가 일반적이다.

학교의 중감 관리자로서 교감은 교사들의 인사 담당관으로서 교사들의 복무 상태를 관리하고 근무 성적을 평정하므로 교사의 승진에 큰 영향을 미칠 수 있다. 또한, 교감은 교사의 승진 여부에만 영향을 미치는 것이 아니라 학교조직 내 공간 배치상 학교의 근무 분위기 내지 학교의 조직풍토에 직접적으로 영향을 미친다. 교장은 일반 교사들과 격리된 공간인 교장실에 있으나, 교감은 교장과 달리 일반 교사들과 같은 교무실에서 일과 시간의 대부분을 함께 하면서 교사들의 근태 상황, 인간관계, 직무수행, 학급관리, 수업 진행 등 제반사항을 직접적으로 관장하는 사람이기 때문이다. 뿐만 아니라 우리나라 교감의 직무나 역할은 다른 나라들과 다른 독특한 역사적 배경으로 인해 그 영향력이 더욱 크다. 따라서 우리나라 학교운영에 있어서 교감의 직무수행과 역할은 대단히 중요한 요인이 되고 있다.

우리나라 교육 현실에서 초·중등학교 교감의 직무를 고찰하고 바람직한 교감으로서의 역할 수행에 필요한 리더십과 바람직한 인간관계의 이론과 실제를 고찰하는 것은 교감의 직무수행 방안 제고와 효율적인 학교경영에 의미 있는 일인 것이다.

Ⅱ. 중간 관리자인 교감의 직무와 리더십(leadership)

1. 교감의 직무

교감의 존재와 직무가 명시적으로 규정되고 있는 곳은 초·중등교육법이다. 교감직의 법적 존재 근거는 초·중등교육법 제20조 제2항이다. 이 법에서 규정하고 있는 교감의 임무는 "교장을 보좌하여 교무를 관리하고, 학생을 교육하며, 교장이 부득이한 사유로 직무를 수행할 수 없는 때에는 그 직무를 대행한다. 다만, 교감을 두지 아니하는 학교의 경우에는 교장이 미리 지명한 교사가 그 직무를 대행한다" 하는 것이다. 현행 초·중등학교 교감의 중요한 직무를 제시하면 다음과 같다.

1) 교장 보좌

초·중등교육법의 진술 형태상 교감의 제1직무는 교장을 보좌하는 것이다. 교감의 보좌 범위는 논란의 대상이 되고 있으나 보조 방법에는 조언, 위임 분장 대행 등 여러 가지 양태가 있어 보조자로서의 교감은 교장과 일심동체가 되어 충실히 그의 직무를 수행하여 교장과의 원활한 의사소통에 유념해야 한다.

2) 교무 관리

교무는 통상적으로 교무와 일반 사무로 분류하고, 교무는 교원에 의하여, 일반 사무는 일반 행정직에 의하여 수행되고 있으나 교무 장리권에는 이들 모두가 포함된다고 본다.

3) 학생 교육

초·중등교육법에 규정되어 있는 교감의 직무 중 하나는 학생 교육이다. 특수한 경우를 제외하고 일반적인 경우에는 교감은 학생 수업을 직접 담당하지 않는다. 그러므로 교감의 학생 교육 직무는 직접적 수업담당 직무가 아니라 포괄적 학생지도 직무로 해석하는 것이 타당하다.

4) 교장 직무 대행

"교장 유고 시 교장을 대리한다"라고 함은 교감의 교장대리권에 관한 규정이다. 대리에는 법정 대리와 임의 대리가 있다. 법정대리란 공법상 법정사실의 발생에 따라 피대리 행정관청의 권한의 전부를 그의 보조기관이나 다른 행정관청이 대리하에 행사하는 것을 뜻한다.

임의 대리란 공법상으로 행정 관청의 자유의사, 즉 수권에 의하여 그 권한의 일부를 그의 보조기관이나 다른 행정기관이 대리하여 행하는 것을 뜻한다. 판례에 의하면, 초·중등교육법에 규정된 '교장의 유고 시'란 교장이 공석이거나 법률상 직무를 수행할 수 없는 상태를 말하며, 이 경우 대리는 법정 대리이므로 교감이 교장의 직무를 대리함에는 별도의 인사 발령이 필요하지 않다.

교장에게 사고가 생기는 경우가 두 가지 있다. 하나는 교장이 일시적으로 출장, 여행, 병가 등으로 출근을 할 수 없는 경우이며, 또 하나는 교장이 사망, 퇴직 등으로 결원이 되는 경우이다. 이러한 때에는 교감이 그 직무를 대행하는데 전자의 경우는 전결규정의 원칙에 따라 대행하고, 후자의 경우는 후임자 보충 시까지 자신의 명의로 권한 행사를 하게 된다.

지금까지 초·중등교육법에 명시된 교감의 존재와 직무를 제시하여 보았다. 학교조직은 관료적 조직 특성과 전문직적 특성을 동시에 지니고 있는 복합조직이다. 학교현장에서 처리되는 일반행정사무 및 교원들의 여러 가지 관리적 사무업무 처리는 관료제적 조직체계 속에서 이루어지며, 학교조직의 본영인 교수·학습활동, 학생 생활지도는 전문적 조직체계 속에서 이루어진다.

교감이 직무를 수행할 때는 학교조직의 관료제적 특성과 전문 조직적 특성을 동시에 지니고 있음을 명심할 필요가 있다. 교감은 교장과 더불어 경영 팀을 구성하고 학교장을 보좌하여 학교경영활동에 참여하는 만큼 학교경영 영역별 구분이나 영역 내 과업은 교장과 다를 것이 없다. 교장과 교감의 차이는 학교경영 영역이나 영역 내 과업이 아니라 그 과업들에 대해 의사결정 정도와 관여 정도에 차이가 있을 뿐이다.

참고로 한 연구에 의하면 초·중등학교 교감의 직무와 역할에 대한 교장·교감·교사의 지각을 분석한 결과, 실제 직무지각이나 이상적 직무 지각의 두 경우 모두 72개 직무 중 16개 직무에서만 교장·교감·교사 간에 합의가 이루어지고 있을 뿐, 나머지 56개 직무에 대해서는 통계적으로 유의미한 차를 보였다.

교장, 교감, 교사들이 지각하고 있는 우리나라 교감의 실제 직무관여도 상위 10개 직무는 ① 공문분배·추진상황점검 및 결과보고확인, ② 교사의 근무 성적 평정, ③ 직원회의·간부회의 관장, ④ 담임배정 및 교무분장, ⑤ 학생 관련 제 장부관리, ⑥ 교육과정 및 연간 학사일정 편성, ⑦ 일과진행 및 결·보강관리, ⑧ 학년도 학교경영계획 수립, ⑨ 교직원의 복무관리, ⑩ 학교경영성과평가 등으로 나타나고 있다.

한편 교감의 이상적 직무관여도 상위 직무는 ① 공문분배·추진상황점검 및 결과보고 확인, ② 학생 관련 제장부관리, ③ 교사의 근무 성적 평정, ④ 교육과정 및 연간 학사일정 편성, ⑤ 직원회의·간부회의 관장, ⑥ 담임배정 및 교무분장, ⑦ 학년도 학교경영계획 수립, ⑧ 교직원 신상파악 및 고충상담, ⑨ 학교경영성과평가, ⑩ 교직원의 복무관리이다.

2. 교감의 변혁적 리더십

미래 우리 교육의 성패는 대부분 교육행정가 또는 교육 지도자의 자질과 철학에 달려 있다고도 볼 수 있다. 즉 어떠한 자질을 가진 교육 행정가가 어떤 철학과 신념으로 교육 행성 기관이나 학교를 경영하느냐에 따라 우리 교육의 모습이 달라진다. 특히, 일선 학교교육의 성패는 학교장이나 교감의 지도성에 좌우되는 점이 많다. 단위학교행정가는 (교장·교감) 행정가인 동시에 교육자로 보는 견해가 많다. 그러나 미래사회에서 기대되는 학교행정가의 지도성은 행정가적인 관점에서 논의하기보다는 교육자 혹은 교사에게 요구되는 지도성과 관련시켜 논의하는 것이 보다 타당할 것이다. 이러한 관점에서 미래 학교사회에서 기대되는 학교행정가의 지도성을 다음과 같은 관점에서 제시해 보고자 한다.

첫째, 학교행정가는 건전한 인간관을 가져야 한다. 교직원과 학생들에게 인간됨을 가르치는 교육자인 동시에 스승의 모습을 보여야 한다. 그리하여 학교행정직의 가치와 권위에 대한 교사와 학생들의 존경과 신뢰를 얻어 학교를 효율적으로 경영할 수 있을 것이다.

둘째, 학교행정가는 투철한 교육관을 가지고 부단한 자기 연찬을 해야 한다. 뚜렷한 교육철학과 목표하에서 교육활동은 이루어져야 하며, 훌륭한 교육철학과 교육목표는 끊임없는 지식과 경험의 연찬을 통한 풍부한 이론적 배경을 통해 생겨날 수 있다.

셋째, 학교행정가는 상황판단이 합리적이어야 한다. 오늘날 학교경영에서 특정한 지도성이 모든 상황에 적용될 수 있는 이상적인 지도성은 존재하지 않는다. 따라서 상황에 따라 적절한 판단을 하여 학교를 경영함으로써 급속하게 변화되는 상황에 융통성 있게 적응할 수 있도록 지도성을 발휘해야 한다.

넷째, 학교행정가는 민주적인 의사결정과정을 운용하는 지도성을 발휘해야 한다. 개성이 신장된 사회에서 다양한 의사소통을 통해 합의를 이루는 일은 새로운 문제를 해결하는 데 큰 힘이 될 수 있다. 따라서 학교행정가는 학교경영을 효율적으로 하여 소기의 교육목적을 달성하기 위해서는 모든 교육 관련 인사들의 의견을 최대한 수렴하여 학교를 경영할 필요가 있다.

다섯째, 학교행정가는 수업지도자 및 생활지도자로서의 지도성을 발휘해야 한다. 학교행정가는 과거와 같이 권위와 직위에 얽매인 관료적 행정가가 아니라, 학교교육의 핵심인 교수학습을 지도하는 수업지도자 및 생활지도자로서의 능력을 가져야 한다.

여섯째, 학교행정가는 미래 지향적이고 거시적인 안목을 가져야 한다. 우리 사회의 변화는 급속히 이루어지고 있으며, 이러한 변화는 현재의 정보를 순식간에 과거의 유산으로 남게 할 것이다. 따라서 교육이 미래사회를 올바른 방향으로 선도하기 위해서는 학교행정가들은 다른 전문가보다 한 단계 앞서 미래를 예견할 수 있어야 하며, 이를 바탕으로 현실에 대한 올바른 비판 정신과 미래를 개척하려는 창의적인 지도성을 발휘해야 한다.

끝으로, 학교행정가는 인화(人=和)를 중시하는 지도성을 발휘해야 한다. 연구에 의하면 효율적인 지도자는 인간관계 전문가이면서 또한 과업 전문가이어야 한다. 그러나 인간관계 지향지도자가 과업 지향지도자보다 더 훌륭한 지도자라는 견해가 다수 의견이다. 어떤 의미로 본다면 교육은 인간관계의 조성에서 이루어진다. 미래의 학교행정가는 교육행정기관이나 학교 단위에서 교직원, 학생, 학부모, 일반행정직, 지역사회 인사들과 다양한 인간관계를 형성하게 될 것이다. 따라서 학교행정가는 이들과 원만한 인간관계를 유지하는 것이 과업달성에 중요하며, 특히 교사와의 관계가 학교조직에 중요한 영향을 미친다는 것을 인식해야 한다. 왜냐하면 학교행정가의 행정행위 형태가 직접적으로 교사의 사기에 영향을 미치기 때문이다. 학교행정가는 보상과 자원을 교사에게 부여하고 여러 측면에서 좋은 개인적인 상호관계를 가져, 인화적인 지도성을 통해 새로운 변화와 갈등적 상황에 대응해야 할 것이다.

이상에서 우리 사회가 요구하는 학교행정가의 지도성을 다방면의 변화를 염두에 두고 고찰하여 보았다. 상황에 따라서 학교행정가는 갈등의 조정자로서 혹은 대중교육의 지도자로서도 지도성을 발휘해야 할 것이다. 어떤 지도자가 이상적인 지도자이냐는 시대 상황에 따라 달라질 수도 있다. 어떤 조직에서든지 지도자의 철학과 신념은 조직발전의 중요한 관건이 되고 있다. 오늘날 우리가 직면하고 있는 많은 교육문제는 제도상의 요인에 기인하는 점도 있지만 교육행정가들의 자질의 부족과 철학의 빈곤에서 초래되는 문제도 있다는 비판을 상기해 볼 필요가 있다. 따라서 학교행정가들은 오늘의 교육이 내일의 국운을 좌우한다는 확고한 신념을 가지고 항상 교직원, 학생, 지역사회주민 등 교육 관련 인사들과의 상호작용을 통하여 학교행정가로서의 역할뿐 아니라, 참다운 교육자로서의 지도성을 발휘할 때 교육의 본질은 회복될 것이고, 우리의 국가와 사회는 이상적인 방향으로 발전하게 될 것이다.

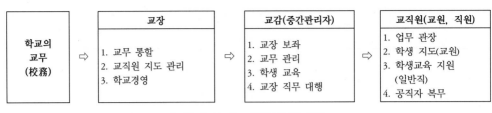

[그림 II-7-1] 교감의 직무와 위상

Ⅲ. 학교에서의 바람직한 인간관계

인간관계이론은 조직의 효과적인 관리를 위한 조직이론의 한 형태로 등장하였으며, 본래 인간관계론이란 조직구성원의 생산성 근무의욕 및 사기의 향상과 관련되어 주로 인식되어 왔다.

그런데 그동안 인간관계분야와 관련하여 연구되어 온 내용을 종합해 보면, ① 인간관계를 하나의 처세술이나 인화를 바탕으로 한 생활 기술로 이해하는 경우, ② 인간의 심리적 측면이나 행태적으로 나타나는 현상에 대해 실증적인 조사를 통해 연구하고 이론화시키는 것으로, 주로 심리학을 비롯한 사회심리, 산업심리, 사회학 등의 학문분야에서 다루는 경우, ③ 조직 내에서 발생하는 다양한 인간행태의 연구 및 이해를 통한 생산력 증가와 조직구성원 삶의 질 향상에 관한 것으로서 경영학적인 측면에서 주로 연구가 수행되는 경우 등 매우 광범위하게 인간관계라는 개념이 적용되고 있음을 알 수 있다.

일반적으로 인간관계론은 조직의 구성원을 감정의 논리와 대인관계에 따라서 움직이는 인간으로 파악하고, 욕구, 동기, 태도를 중심으로 개인 간, 집단 간, 개인과 집단 및 조직 간에 형성되는 조직체 내의 여러 가지 사회적·심리적 관계를 분석하려는 이론이다.

1. 인간관계 이론의 유형

가. 대인관계 기술과 특징

인간관계를 성공적으로 이끌어 갈 수 있는 사교적 능력을 대인기술이라고 한다. 즉 대인기술은 자신의 대인목표를 달성하기 위해 언어적 또는 비언어적 행동을 통해 구사할 수 있는 대인능력을 의미하며 사회적 기술이라고도 한다. 대인기술은 나와 타인의 욕구가 생산적으로 공유되어 모두 만족할 수 있는 결과를 가져오게 하는 행동적 기술을 의미한다. 이러한 대인기술은 타고나는 경우도 있으나 대개는 후천적으로 습득된다.

대인관계 기술의 특징은 다음 세 가지로 종합하여 제시할 수 있다.

① 대인관계 기술은 기본적으로 학습을 통해 획득되는 것이다.

② 대인관계 기술은 언어적 행동과 비언어적 행동으로 구성된다.

③ 대인관계 기술의 적절성과 효과는 행위자, 상대방 그리고 상황의 특성에 의해 결정된다.

나. 비언어적 대인기술(비언어적 의사소통)

비언어적 대인기술은 행동을 통해 자신의 의사와 감정을 표현하는 기술을 의미한다. 동양문화권에 속하는 한국사회는 서구사회에 비해 언어적 행동보다는 비언어적 행동을 통해 의사소통을 하고 비언어적 문화를 지니고 있다. 비언어적 행동에 의해서 표현되는 타인의 의도와 감정을 파악하는 것이 매우 중요하며 이러한 능력을 '눈치'라고 한다.

비언어적 대인기술로서 활용될 수 있는 비언어적 소통수단은 매우 다양하며, 인간관계에 커다란 긍정적·부정적 영향을 미친다.

첫째, 몸의 움직임은 의사소통의 중요한 수단이 된다. 얼굴 표정, 눈 마주침, 몸 동작이나 제스처, 몸의 자세 등과 같은 몸 움직임(동작)을 통해 많은 의미를 전달하게 된다.

둘째, 신체적 접촉을 통해 타인에 대한 감정과 태도를 표현한다. 악수, 어루만짐, 팔짱낌, 어깨에 손 얹기, 포옹, 키스, 애무 등의 다양한 신체적 접촉을 통해 서로에 대한 감정을 주고받을 수 있다.

셋째, 머리모양, 옷차림새, 장신구, 화장, 향수와 같은 외모의 치장을 통해 많은 의미를 표현할 수 있다.

넷째, 공간의 사용 역시 여러 가지 의미를 전달하는 수단이 될 수 있다. 상대방과의 공간적 근접도 및 거리나 상대방을 대하는 방향 등의 공간적 요인도 중요한 인간관계 수단이 될 수 있다. 또한 만남의 장소, 상황, 분위기 등의 환경적 요인을 잘 활용하는 것도 중요한 대인기술이다.

다섯째, 말의 강약, 완급, 음색, 말하는 방식 등 언어적 의미가 없는 음성적 행동도 의미를 전달하는 중요한 수단이 된다.

다. 언어적 대인기술(의사소통)

인간관계에서 가장 중요한 기능을 하는 것은 의사소통이다.

인간의 의사소통에 있어서 비언어적 행동이 중요한 기능을 하지만 더 큰 기능을 하는 것은 언어이다. 언어는 인간의 내면적 상태와 의도를 전달하는 가장 효과적이고 강력한 의사소통수단이다. 따라서 인간관계는 언어적 의사소통의 내용과 질에 의해 크게 영향을 받게 된다.

토마스 고든(Thomas Gordon)은 대인관계를 촉진하는 언어적 대인관계 기술을 ① '나'메시지('I' message), ② 능동적 경청(active listening), ③ 패자 없는 방법(no-lose method)으로 제시하고 있는데 이를 간단히 설명하면 다음과 같다.

1) '나'의 메시지(일인칭 메시지): 자신의 감정을 명확하게 밝힘

개인의 감정을 밝히고 피드백을 주고받으며, 행동의 변화를 유도하는 효과적인 의사소통의 기술은 '나'라는 메시지를 전달하는 방법이다. 토마스 고든의 연구에 의하면 '나'라는 메시지는 신뢰관계가 돈독한 중요한 인간관계에서 가장 효과적인 것이라고 한다.

다른 사람의 행동이 용납될 수 없거나 강한 불쾌감을 불러일으키거나 우리의 욕구가 좌절되거나 방해받을 때 다른 사람에게 이러한 정보를 전달하는 것이 중요하다. 우리는 다른 사람이 우리가 어떻게 느끼고 있는지를 안다고 생각한다. 그러나 다른 사람들이 우리의 마음을 읽을 수 있는 것은 아니다. 우리의 감정과 그들의 행동에 대한 느낌, 그들의 행동을 변화시키려는 우리의 욕구를 그들에게 정확하게 전달해야 한다.

'나' 메시지는 다음과 같은 몇 가지 부분으로 이루어진다.

① 나의 감정을 밝히고, ② 감정의 원인에 대한 설명, ③ 다른 사람에게 미치는 영향에 대한 설명, 예를 들면 "나는 ……을 할 때 그런 행동이 나를 …… 만들었기 때문에 나는 ……하다. 나는……. 일어날 때……. 하기 때문에 ……하다."

2) 능동적 경청: 공감적 이해와 수용

뛰어난 사람은 상대방에게 이야기를 하게 하고, 자기는 이를 경청한다고 한다. 뛰어난 사람은 듣는 데 전념하지만 소인은 말하는 데 전념한다는 말도 있다. 따라서 최고의 훌륭한 지도자들은 충고나 조언을 하기보다는 그것을 구하는 데 보다 많은 시간을 사용하고 있다. 경청한다는 것은 적극적 활동이다. 당신은 경청하면서 의사를 전달하고자 하고, 상대방의 욕구를 받아들여 주고 있는 것이다. 능동적 경청은 공감적 이해와 수용의 기능을 수행한다.

3) 패자 없는 방법(승패 없는 방법) : 상생(相生), Win-Win, Blue ocean

사전에 의하면 갈등이란 충돌, 불일치, 논쟁, 싸움, 전투, 투쟁이다. 특히 지속적 투쟁이라고 한다. 모든 사람이 경험해서 알듯이 갈등이란 인간관계에서 상호관계가 불쾌하고 기분 상하는 것이며, 인간관계에서 비생산적이고 손해가 되는 것이다. 그러나 인간관계에서 다소간의 갈등은 필연적이다. 따라서 두 가지 과제가 제기된다. 즉 갈등을 최소화하는 방법과 피할 수 없는 갈등을 해소하는 방법을 발견하는 것이다.

갈등을 해소하는 방법에는 대개 세 가지가 있다.

첫째, 방법은 내가 이기고 상대방이 지는 방법이다.

둘째, 방법은 상대방이 이기고 내가 지는 방법이다.

셋째, 방법은 패자 없는 방법이다.

대부분의 사람들은 갈등 해결을 위한 위의 첫째, 둘째 승패방법이 인간관계를 손상시키고 조직의 효율성을 저하시키는 높은 위험부담이 있다는 사실을 경험적으로 알고 있다. 그러나 대부분의 사람들이 선택할 수 있는 방법으로 계속 남아 있다.

갈등 해결에 있어서 승패방법의 대안은 어느 누구도 패배하지 않는 제3의 방법이다. 그래서 이를 패자 없는 방법이라고 부른다. 패자 없는 방법은 우호적인 인간관계에서 가져온다. 패자 없는 방법에 있어서 가장 예측 가능한 결과의 하나는 갈등 당사자들이 결국에는 각각에 대하여 좋은 감정을 가진다는 것이다. 승패의 어느 방법에서나 흔히 나중에 발생하는 분노는 일어나지 않는다.

그 대신에 패자 없는 방법에 의한 성공적인 의사결정 후에는 서로 좋아하게 되고, 심지어는 서로 애정을 가지게 되는 긍정적인 감정이 나타난다. 이것은 아마 서로가 기꺼이 상대방이 자기의 욕구를 고려해 주고 서로가 행복해질 수 있는 해결책을 찾는 데 애를 썼다는 것을 이해하는 데서 나오는 것 같다.

2. 효과적인 의사소통 방법들

① 개방적 관계 유지를 하라.
② 평가하지 말고 묘사하라.
③ 남의 사고나 행동을 바꾸려 하지 말고 문제에 초점을 맞추어라.
④ 전략적인 자세를 피하고 솔직하게 대하라.
⑤ 중립적인 자세를 피하고 상대방을 이해하려고 노력하라.

⑥ 윗사람 입장에서 대화하지 말고 동등한 입장에서 대화하라.

⑦ 문제에 대한 확실한 답을 알고 있다는 입장이 아닌 배우겠다는 입장에서 대화에 임하라.

⑧ 말하고 싶을 때 잠자코 있어라.(경청후에 발언).

⑨ 상대방에게 얻고 싶다면 먼저 주어라.

⑩ 의견을 말하고 싶을 때 상대의 의견을 들어라.

⑪ 성격이 아닌 행동에 대하여 이야기하라.

⑫ 판단보다는 정보를 교환하라.

⑬ 충고나 해결보다는 대안을 제시하라.

⑭ 강요하지 말고 자유로운 분위기를 제공하라.

⑮ 행동을 비판하되 인격을 비판하지 마라.

⑯ 양방통행의 대화를 하라.

⑰ 상대방의 의견을 재확인하라.

⑱ 문제를 구체적으로 좁히도록 하라.

⑲ 직접적인 문제만을 다루어야 한다.

⑳ 화해를 준비하도록 하라.

3. 분노의 조절

대인관계에 있어서 '분노'는 자주 일어나며 이 분노를 어떻게 조절하느냐가 인간관계에 크게 영향을 미친다. 분노란 인간이 수시로 느끼는 강한 감정이다. 분노는 좌절, 실망, 마음의 상처, 협박, 짜증, 비난 등으로 인하여 흔히 대인관계에서 일어난다.

대인관계에서 흔히 발생하는 분노를 슬기롭게 조절하는 것은 인간관계에서 아주 중요하다. 이 분노를 원만하게 조절하지 못하면 자신은 물론 타인을 파괴시킨다. 예를 들면 분노를 조절 못 해서 근래 우리 사회에서 흔히 볼 수 있는 학교·가정폭력, 방화, 살인 등이 일어난다.

이러한 분노를 조절하는 방법을 제시하면 다음과 같다.

① 분노하고 있다는 것을 자각하라.

② 분노를 일으키는 원인을 찾아라.

③ 분노의 원인에 어떻게 대처할까 결정하라.

분노의 감정을 표현할 때 냉정을 유지하는 방법으로는 다음과 같은 것들이 있다.

① 진정하라.

② 자신의 동기를 이해하라(상대방을 이길 것인가? 문제를 해결하기 위함인가?).

③ 명확하게 주장하라(공격적 · 모욕적 언사를 사용치 말고 자신을 표현하라).

④ 도움을 줄 수 있는 사람에게 도움을 청하라.

⑤ 모욕적인 행태에 상심하지 마라.

⑥ 상대방의 과실로 속단하지 마라.

⑦ 문제 자체를 회피하지 마라.

⑧ 침묵을 지키지 말라.

⑨ 유머를 사용하라.

⑩ 운동을 하라.

⑪ 휴식과 안정을 취하라.

⑫ 취미활동을 하라.

⑬ 시간을 주라.

상대방이 분노를 표출했을 때 대처하는 방법은 다음과 같다.

① 냉정을 유지하라.

② 심사숙고하라.

③ 경청하라.

④ 분노의 원인을 생각해 보라.

⑤ 육체적 가해의 기회를 주지 마라.

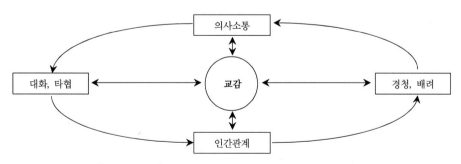

[그림 II-7-2] 학교교감의 인간관계 상호 관계 및 피드백 과정

Ⅳ. 맺고 나오는 글

학교의 중간 관리자로서의 교감의 직무, 학교행정가가 필요로 하는 리더십, 인화적인 학교운영을 위한 인간관계는 아주 중요하다. 21세기 세계화 시대에 학교의 중간 관리자로서의 교감의 변혁적 리더십과 바람직한 인간관계는 단위 학교경영과 학교교육과정 운영, 그리고 단위 학교의 교육 성과와 목표 관리에 지대한 영양을 미치는 요소이다.

우리 학교조직에서 교감은 역사적으로나 법적으로나 공간적으로 확실한 근거와 영향력을 지니고 있음에도 불구하고 아직도 교감의 직무는 불명확한 상황이다. 교감의 직무가 불확정적이었던 이유는 무엇보다 과거 관련 교육법 규정상 교감의 직무가 "교장의 명을 받아"라고 법조문을 전제로 하고 있었기 때문이다.

현행 초·중등교육법에서는 교감의 직무는 "법령에 따라 직무를 수행한다"로 규정하고 있다. 교감 직무수행의 토대인 법 규정이 바뀐 만큼 교감의 역할과 직무가 재정립되어야 할 필요가 있다.

학교는 하나의 조직이며 학교장은 학교조직의 수장(首長)인 만큼, 조직구성원인 교감은 기본적으로 학교조직의 최고 행정가인 교장의 명을 받아야 한다. 하지만 지금까지 교감의 직무와 역할을 제약하던 제반 규정이 새롭게 정립된 것은 단위 학교교감이 직무 수행을 함에 있어서 명에 의해서만 직무를 수행했던 비전문적 직무 수행방식과 불확정적이었던 역할 대신 법정 독립 학교행정가인 전문직으로서 교감의 직무와 역할을 수행한다는 함의를 지닌다.

효율적인 교감의 직무와 역할을 수행하기 위해서는 다양하고 급속한 국가사회 변화에 적응할 수 있는 학교행정가로서의 지도성을 갖추는 것이 매우 중요하다. 지도성을 갖추기 위해서는 무엇보다도 조직 내에서의 원만한 인간관계를 유지해야 한다. 바람직한 인간관계란 상대방이 나를 위하여 무엇을 해 줄까를 기대하기 전에 내가 상대방을 위하여 무엇을 해 줄까를 먼저 생각하는 마음의 자세라고 본다. 그러면 상대방도 우리에게 관심을 보이게 되고 새로운 인간관계를 정립할 수 있고 나아가 진정한 인간관계의 문이 열릴 것이다.

제8장 사회 변화에 따른 학교조직의 효율적 관리방안 모색

Ⅰ. 들어가는 글

우리가 살고 있는 21세기 현대 사회는 세계화·정보화·다양화 사회이다. 지식과 정보가 시시각각 변하고 폭증하는 역동적 사회인 것이다.

세계화 시대에 지식과 정보의 양적 팽창, 가치의 다원화, 교육 패러다임 이동 등의 교육 사회 변화 요인은 교육 조직, 내용, 방법적인 모든 면에서 변화를 요구한다.

새로운 사회에서는 당연히 새로운 패러다임을 요구한다. 새로운 교육 역시 마찬가지이다. 새로운 교육 패러다임은 새로운 학교조직을 필요로 한다. 학교조직은 21세기의 지식기반 사회의 새로운 교육 패러다임에 따라 진화해야만 한다.

새로운 학교조직은 기존의 점진적이고 안정적이며 인간의 잠재력을 한정적으로 인정하는 기계론적 패러다임(mechanistic paradigm)에서 급진적 변화, 불확실성, 통합성, 인간중심적인 특성을 지닌 인간주의적 패러다임(humanistic paradigm)으로의 이동에 능동적으로 대처하는 창의적 조직으로 탈바꿈해야 한다.

21세기 학교조직의 특수성에 대한 고찰과 조직의 생명력을 불어넣음으로써 관련 학교조직이 교육 역량을 강화하는 방향으로 집중할 수 있어야 하겠다. 학교조직이 지식과 정보를 바탕으로 미래의 주역이 될 창의적인 동량(棟樑)을 육성한다는 본연의 소임과 소명을 다하기 위해서는 분명히 획기적으로 변해야 한다. 그 변화의 패러다임(paradigm)과 트렌드(trend)의 중심에 교원이 있다는 점을 유념하여야 할 것이다.

Ⅱ. 학교조직의 특성과 변화

1. 학교조직의 특성

가. 학교조직의 의의

일반적으로 학교교육을 실행하는 학교조직은 통상적인 관료적 구조 개념으로 학교 통제와 지휘가 최고행정가에게 집중되는 계층관계를 중시하는 피라미드형 조직으로 파악할 수 있다.

그러나 최근에는 학교가 핵심적인 교수 기능을 단지 최소한으로 통제하고 있음을 시사하며 교육 조직의 구조적 느슨함을 강조하고 있다. 교사들이 학생들의 성장 발달과 관련된 문제를 다루고 있기 때문에 전문적 판단을 할 수 있는 자유가 주어져야 한다는 것이다.

학교조직이 구조적으로 느슨함은 학교 내에서 교사의 수업 및 학생 지도와 관련해서만 사용되는 개념이 아니라 교육청과 학교와의 관계에서도 적용될 수 있다.

각 학교들이 교육과정 운영과 학교경영 전반에 있어서 광범위하게 재량권을 행사하여 독자적이고 창의적인 학교경영을 할 수 있게 된다.

최근 정책적으로 추진되고 있는 교육분권화, 학교 및 교사 재량의 교육과정 운영, 그리고 단위 학교 책임경영제의 도입은 학교조직의 특성을 파악하는 관점으로 부각되고 있다. 이와 같은 교육과 교육과정의 분권화와 탄력적 운영은 제6차 교육과정의 '학교교육과정' 도입과 2009 개정 교육과정의 '창의적 체험활동' 교육과정의 도입 등에서 더욱 강조되고 있다.

일반 조직과는 달리 학교조직은 목표의 비가시적이고 무형적인 추상성, 투자 효과의 장기성, 구성원의 이질성 등을 그 특징으로 하고 있다. 또한, 베버(Weber)가 제시하는 관료제의 성격을 지니면서 동시에 전문적 관료제와 느슨한 체제의 속성을 복합적으로 갖고 있는 특수성이 있다.

나. 학교조직의 특성

합리적 관료제와 느슨한 조직은 매우 다른 역사적 배경을 근거로 형성되었으며 느슨한 조직은 학교의 모습이나 상(像)에 대한 설명을 관료제로서만 다할 수 없음을 전제로 하고 있다.

학교조직의 역동적인 면의 이해에 도움을 주며, 학교조직 운영의 구성원의 다양한 활동과 행태 파악의 준거가 된다.

또한 학교조직은 일반조직과는 달리 목표의 추상성, 구성원의 이질성, 투자효과의 장기성, 측정의 비가시성 등 학교조직의 목적과 이를 달성하기 위한 수단 간에 상당한 어려움과 갈등을 수반하게 된다.

1) 합리적 관료제 조직의 특성

학교조직은 합리적 지도성에 의해 운영, 학교행정가는 조직목표에 대한 해석자, 조직성과를 위한 정보 수령자로서의 역할을 수행하고, 구성원에 대한 기대와 업무수행 간에 명확한 규명과 방향 제시가 가능하며, 자원의 동원을 통하여 구성원들로 하여금 실제적인 집행을 촉구하게 된다.

① 목표에 대한 합의도가 높은 단순 구조: 정해진 목표 달성이 최고의 가치

② 합법적 규정에 의해 행동의 요구와 통제되는 구조: 법규에 의해 책임자 권위 형성

③ 정책 추진 부서가 피라미드로 계층화: 중앙집권화 형성(의사결정: 최고 상위층)

④ 폐쇄적 체제: 정책 결정이나 추진이 조직 내부에서만 이루어진다.

2) 느슨하게 결합된 체제의 특성

행정적 지도성에 대해 수동적 면을 보이는 구성원들의 활동을 중심으로 전개된다. 낮은 기대와 구성원들의 능력을 최대한 살려 주며, 조직의 효과성 향상에 초점을 두고 있다.

학교행정가들의 변혁지향적인 태도와 지도성이 요구되며, 변화를 추구하는 경우 목표의 불분명이나 구성원의 비참여로 좌절을 경험하기도 한다.

① 조직의 목적이 구체적이거나 분명하지 않음: 시행착오, 주먹구구식, 우연적 해결책(쓰레기통 모형-garbage can)

② 느슨하게 결합(loosely coupled)

③ 개방적 성격: 개방체제 이미지: 학부모와 지역사회 주민 등의 요구 수렴

3) 학교조직의 특수성(Campbell 등)을 고려한 특성

① 전문적 관료제: 하위계층의 교사가 고도의 교육을 받은 전문가 조직

② 순치조직: 법에 의해서 조직이 고객을 받아들이고 고객도 조직에 참여

③ 조직화된 무정부: 중앙집권적 권한의 조정 없이 풍부한 자원들이 상이한 목적에 따라 할당 허용

④ 이완결합체제: 조직 구조와 활동 사이의 느슨한 결합, 주체적 자율적 기능으로 상호 연결

4) 학교모습 측정 준거

합리적 관료제와 느슨한 체제의 학교 모습 측정 준거로서 ① 목표의 합의성, ② 영향력의 집중성, ③ 학교규칙의 집행정도, ④ 학교장과의 의사소통, ⑤ 행정력의 합법성, ⑥ 교사의 자율성, ⑦ 환경에 대한 개방성 등을 들고 있는데 합리적 관료제는 ①~⑤항목, 느슨한 체제는 ⑥, ⑦항목의 특성이 높다고 가정하고 있다. 또한 초등학교는 합리적 관료제의 특성을 중등학교는 느슨한 체제의 특성이 높은 것으로 나타났다. 이와 같은 경향은 현행 한국의 학교제도 시스템에서도 거의 유사하게 나타나고 있다.

한편 현행 학교조직의 문제로 정답형 교육의 협소한 시야 및 교육 주체들의 교육 본령 살리기 미흡을 극복하기 위한 미래학교조직의 과제로서 ① 자율적 학교 지배 구조 구축, ② 학력 및 직업자격제도 도입, ③ 협력적 전문 인력망 구축, ④ 학교평가권 확립 및 전국 단위 학력, 직업능력 자격시험도입 등이 제시되고 있다.

2. 학교조직의 변화

가. 학교조직의 변화 배경

학교가 관료적 가치와 실제로부터 자유로워지기 위해서는 돌봄, 신뢰, 협농, 헌신, 등을 통한 학교구성원들 간의 결속과 연대를 통한 공동체로의 전환이 요구되며, 그 특성으로 전문, 탐구, 리더, 민주적 공동체 등을 들 수 있다.

1) 교육행정 및 학교조직·교육조직 (schol as oranization)
① 조직의 효율성이나 생산성을 추구하기 위하여 구조나 과업, 조직구성원 또는 양자 간의 상호작용, 그리고 구조, 조직구성원 및 환경 간의 역동적인 관계 중심으로 발달
② 목표 달성의 극대화를 위해 자원 및 환경 간의 상호작용을 강조하는 측면으로 발달
③ 조직의 효율성이나 생산성의 가치 추구는 다분히 체계적이고 기능적인 관점이 지배적

2) 공동체로서의 학교조직 (school as community)
① 공유된 신념, 학교구성원들 간의 상호작용과 참여, 개인 및 소수의 의견 존중, 의미 있는 관계성, 교직원의 목표인식, 교사의 관여 및 협동성, 새로운 교수 기법 개발을 위한 행정 지원 등의 특징
② 지역사회의 변화 촉진, 제반 학교 활동의 친지역화, 지역사회적 적합성과 지역사회의 일체감 제고

나. 학교조직 변화의 관점

1) 학교조직 변화의 관점
인간 본성에 대한 기본 가정을 토대로 학교교육 조직에 대한 요소를 중심으로 그 특성을 제시하면 <표 Ⅱ-8-1>과 같다.

<표 II-8-1> 학교조직의 핵심 요소

구 분	관료제로서 학교조직	공동체로서 학교조직	학습조직으로서의 학교조직
1. 동기의 근원	○외재적 근원 강조 ○저차원의 욕구충족	○내재적 근원 강조 ○소속 및 연대감 　욕구충족에 초점	○내·외재적 근원 모두 강조 ○존중과 자아실현 욕구충족 초점
2. 학습과정본질	○수동적 학습자 ○행동주의자 설명 ○부수적 보상에 의존	○적극적 학습자 ○발달론자 설명 ○자극적 환경에 의존	○구성주의자 설명 ○개인과 사회적 관계 형성에 의존

2) 학교조직 개선 방향

조직의 변화는 ① 현존하는 조직 속에서 개인들이 지각하고 있는 실체의 다양성과 ② 사회적 행동을 통해 성취할 수 있는 또는 성취되어야 하는 새로운 생각에 대한 개인들의 수용 여부에 의해 좌우된다고 볼 수 있다.

조직의 변화(개선)를 위해서는 다음과 같은 두가지 조건을 고려해야 한다.

① 관련된 사람들 중에 누구의 의도에 따라 옳은 행위에 대한 기준이 되느냐?

② 그 의도를 어떻게 변화시킬 수 있느냐에 초점이 맞춰져야 한다.

3) 학습조직으로서의 새로운 모습의 학교(school as learning oranization)

① 책무성, 학교의 재구조화(school restructuring), 학교 발전을 위한 전략적 계획에 대한 양질의 정보를 위한 모니터링 체제 운용이 필요하다.

② 교육 발전을 위한 모니터링 체제로서 과업과 상황을 고려하고, 팀 중심으로 명료한 목표와 질을 중시함으로써 학교경영의 과학화와 합리화에 기여할 수 있다.

③ 학교조직을 학습조직으로 상(像)을 정립하여 학교조직, 구성원, 시설 등 인적·물적 측면에서 변화를 강조한다.

Ⅲ. 학교조직의 관리

1. 조직관리 순환과정

학교조직 관리는 단위학교의 교육 전반에 필요한 제 조건을 정비하고 지원하는 일이다. 일반적으로 조직의 교육지도성 관리, 인적 자원 관리, 동기부여 관리, 의사결정과 참여 관리, 의사소통 관리, 조직의 변화 관리, 조직의 갈등 관리 등의 다양한 관리활동이 포함된다. 이와 같은 학교조직의 조직관리 순환과정을 종합하면 [그림 Ⅱ-8-1]과 같다.

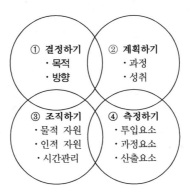

[그림 Ⅱ-8-1] 학교조직의 관리활동

이러한 학교조직의 다양한 관리활동은 그림과 같이 네 가지 차원의 관리 영역으로 순환과정을 통하여 이루어진다.

가. 결정하기(determining)

관리자는 학교조직의 목적, 목표 및 방향을 결정해야 한다. 이러한 결정에 있어서 상급기관에 의해 이미 결정된 학교교육 전반의 목적 혹은 목표와 별개로 결정될 수 없기 때문에 국가 혹은 지역 단위 교육청(교육자원청)과의 유기적인 관계 유지가 필요하다.

나. 계획하기(planing)

관리자가 학교조직의 목적 및 목표에 대해 그 성취수준과 일련의 과정을 계획하는 것은 매우 중요하기 때문에 학교조직의 관리에 있어서 가장 핵심적인 과정이다.

다. 조직하기(organizing)

관리자는 계획된 일련의 과정을 수행하기 위하여 이용 가능한 물적·인적 자원을 관리의 실제적 차원에서 조직하여야 한다. 그리고 이와 관련한 시간 역시 적절하게 조직되어야 한다.

라. 측정하기(measuring)

관리자는 학교조직의 관리적 활동 전반에 걸쳐 그 효과와 적절성 정도를 측정해야 한다.

학교조직의 목적, 목표를 달성하고자 계획하고 조직한 투입, 과정, 산출 요소에 대한 전반적인 사항을 검토하고 그 성취 여부를 측정할 필요가 있다.

2. 조직의 변화관리

가. 학습조직으로서 학교조직

학교조직에서 변화의 세 가지 관점을 다음의 표와 같이 비교하여 봄으로써 조직의 변화에 대한 관리는 <표 Ⅱ-8-2>와 같이 요약할 수 있다.

〈표 Ⅱ-8-2〉 학교조직의 변화 관점 비교

구 분	관료제로서의 학교조직	공동체로서의 학교조직	학습조직으로서의 학교조직
1. 임무와 목적	수월성 정확성, 폐쇄성	형평성 모호성, 개방성	교육의 질 명료성, 발전적
2. 학교 문화	분산적 개인성취와 경쟁의 규범	동료적 배려와 호의의 규범	협력적 지속적인 문제해결의 규범
3. 경영과 지도성 (핵심과업과 미션)	교류적, 고전적 권위적, 공격적 지위권력	봉사적, 민주적 또는 자유방임적	자율경영 변혁지향적, 촉진적 권력
4. 구조와 조직	계층적	수평적	과업과 상황에 의존
5. 의사결정	개인 중심 제한된 합리성	집단중심성합의, 다수결, 비합리적	팀 중심 초합리적
6. 정책과 절차	광범위 책임 명료화	최소화, 최소한의 법률·규정에 근거	팀 중심 학습제고를 위한 설계
7. 지역사회와 관계	공식적 아주 적음. 최소한의 대응	비공식적 유대관계 높은 대응	공식적 공동협력 높은 대응

<표 Ⅱ-8-2>에서 보는 바와 같이 미래사회에서 학습조직으로서의 학교조직은 기본적으로 구성원들의 내재적·외재적 동기를 강조하며, 존경과 자아실현 욕구 충족에 초점을 두고 있다.

따라서 학교조직에서 조직 책임자의 변혁지향적 지도성에 토대를 둔 자율적 경영을 중시하고 있다. 이러한 학교조직에서는 학습 제고를 위하여 팀 중심의 의사결정과 정책이 이루어져야 할 것이다.

나. 학교조직의 시너지(synergy)를 내는 조직 운용(운영과 경영)

① 각기 다른 인생관, 신념, 가치체계를 갖고 있는 개인들이 모여 집단의 공동 목표 달성

을 위한 유기적 협력을 통해 창출된다.

② 조직을 구성하는 각자의 개성과 서로 다름이 가져오는 가능성이 활발히 분출될 때 나오는 것으로, 조직이 놓인 상황과 나아갈 목표에 대해 조직원 각자가 지혜를 모아 정확히 판단하고, 신속한 대응 태세를 조직적으로 마련하는 중요한 능력, 즉 팀워크의 결과물 등으로 나타난다.

일반적으로 학교조직에서 건전한 조직으로서 시너지 효과를 고양하기 위한 조건을 요약하면 다음과 같다.

① 명확하게 확립된 목표를 가지고 있으며 팀원들이 이를 수용한다.

② 리더로부터 수행의 압력을 받기보다는 자발적으로 높은 성과기준을 설정

③ 팀원이 제기한 이견 허용 및 문제해결에 효과적 방법을 적용

④ 미래를 위한 적절한 전략 수립을 위해 과거의 행동으로부터 교훈 도출

⑤ 단결되어 있고 일체감을 가지고 있다.

⑥ 팀원 간의 긍정적 상호작용으로 상승효과(시너지)를 낸다.

⑦ 열중할 수 있는 업무분위기를 조성

⑧ 팀원들이 상호의 의견을 경청하고 유익한 피드백을 서로 주고받는다.

⑨ 집단의 상호작용을 촉진하고 건설적인 비판을 활용

⑩ 개인이 성취한 공적을 인정

⑪ 문제해결을 위한 새롭고 창조적인 아이디어에 대해 높은 가치 부여

⑫ 팀원 상호 간은 물론 리더와 긍정적인 영향의 교환으로 유연성 발휘

다. 시너지 효과를 일구어 내는 조직 활동

1) 금지 사항

① 다수결로 결정하지 말 것.: 다수결에 의한 결정은 구성원을 승자와 패자로 양분하여 팀워크에 장해를 미친다.(반드시 소수의 의견 존중)

② 절충을 너무 쉽게, 서둘러 구하려 하지 말 것: 가능한 한 완전 합의에 이르도록 노력을 해야 함. 타협이나 평균값에 의한 결정은 목표에서 벗어나게 된다.(충분한 시간적 여유를 갖고 숙고와 성찰)

③ 내부적 경쟁을 지양할 것: 내부적 경쟁은 모두가 패자가 되는 지름길이다.(경쟁보다 타협과 양보를 통한 설득·이해 등이 중요)

2) 권장 사항

① 적극적으로 의견을 청취 할 것: 의견을 독점하거나, 침묵하는 것은 진정한 의미의 협력을 해친다. 적극적으로 의견 개진하고 다른 사람의 의견을 경청해야 한다.

② 가능한 한 모든 정보를 모을 것: 팀에게는 입수할 수 있는 모든 정보가 유용한 것이다.

3. 조직의 교육지도성 관리

미래 학교조직에서는 교육력 제고를 위하여 학교(감)장의 변혁지향적 지도성 개발과 발휘가 필수적으로 요구되고 있다. 질 높은 교육, 신뢰받는 교육으로 나아가기 위하여 교육주체가 자기 개혁을 지속하는 과정으로서 학교조직에서 목표하는 바를 설정하고, 이를 달성할 수 있는 방법을 스스로 선택하며, 최선의 대안을 선택할 수 있는 안목과 지혜를 얻기 위해서 조직이 갖는 교육지도성을 개발하여야 한다.

가. 변혁지향적 지도성

① 교육 조직의 비전과 구성원들의 사명감 중점 개발

② 학교조직구성원들의 능력 개발: 관료제 권위주의적 지위 권력과 대비

③ 공유된 비전과 조직에 대한 구성원들의 헌신 유도

④ 다양한 교육활동을 통합적으로 운영할 수 있는 팀 중심 지도성 개발

나. 명품교육을 위한 교육지도성: 관리자의 관심과 의무

① 교사: 교육지도성 발휘(사도윤리의 실천)

　- 교육애, 소신, 열정, 사랑, 수업전문성

　- 학생의 미래를 믿어 주는 교육

② 학부모: 온몸 교육의 실천자(기초·기본적 가정교육 실천)

　- 긍정적 사고와 믿고 기다려 주는 교육 실천

　- 어머니(어버이)만이 할 수 있는 기다림(시련, 아픔, 고통 극복)

③ 학생: 생각하는 힘을 기르는 공부(고급 사고력 신장)

　- 지적·정의적으로 조화를 이루는 학력

　- 평생학습 능력 배양

4. 조직의 갈등 관리

가. 갈등(conflict)의 의미
① 갈(葛: 칡넝쿨), 등(藤: 등나무) – 칡넝쿨과 등나무는 감는 방향이 다르다.
② 갈등 – 서로가 틀렸다고 주장한다. 자기만이 옳다고 우기다.

나. 갈등의 종류
① 내적 갈등 – 개인적 갈등(예: 선보기): 딜레마
② 외적 갈등 – 사회적 갈등(예: 대인관계): 갈등(conflict)

다. 직장 내 업무 갈등
① 부정확하거나 불완전한 정보
② 부적당하거나 상반된 목표
③ 비능률적이거나 불만족스러운 방법
④ 적대적이거나 부정적 감정에서 비롯된다.

라. 대부분의 갈등 특성
① 복합적이다.
② 오해와 의사소통의 왜곡 때문에 악화된다.
③ 감정이 얽혀 있기 때문에 해결이 어렵다.
④ 흥정의 대상이 아니라 해소의 대상이다.
⑤ 패자가 없게 해결되어야 한다.
⑥ 해결은 결과보다 과정이 더 중요하다.

마. 갈등 해결의 기본 지침
① 품위와 자존심을 지켜 주어라.
② 공감하는 태도로 경청하라.
③ 상대방의 행동 특성, 사고방식이 바뀌기를 기대하지 마라.
④ 자신의 고유한 견해를 말하라.
갈등 해결의 열쇠는 진솔한 대화이다. 그리고 상대방에 대한 배려와 경청이다.

바. 갈등 조정의 원칙

① 중립성: 중립적인 입장을 유지

② 공정성: 조정자는 의사소통, 실질 이해관계 파악 등에 균형 유지

③ 자율성: 자발적 참여, 스스로 문제를 해결하도록 한다.

④ 비밀 유지

사. 다른 사람의 갈등 중재 시 유의 사항

① 동의하에 진행하라.

② 당사자만 참여시켜라.

③ 별도의 장소로 가라.(교직원 휴게실, 교육 상담실 등).

④ 매사에 공평하라(원칙을 정하라).

⑤ 메신저, 재판관, 해설자가 되지 마라. 따뜻하고 부드러운 동료여야 한다.

⑥ 먼저 상호 이해와 감정의 해소를 목표로 하라.

IV. 맺고 나오는 글

일반적으로 사회는 사람들의 활동의 장(場)이다. 학교조직도 하나의 정형화된 사회조직이다. 사회조직은 구성원들로 이룩된다. 학교조직은 학교공동체 구성원들로 구성된다.

학교조직은 일반 조직과는 구별되는 특수성을 지닌 조직이다. 따라서 이러한 조직을 관리하는 학교관리자·학교행정가들에게는 학교조직에서 나타나는 다양하고 복합적인 상황을 효율적으로 이끌 수 있는 특수한 조직을 관리하는 능력이 요구된다.

즉 기존의 교육 패러다임에서 미래지향적인 창의성과 지식기반의 융통성 있고 입체적이고 다채널적인 인간주의적 교육 패러다임에 걸맞은 능력 발휘가 이루어져야 하리라고 본다.

오늘날 학교조직 관리는 변화의 물결 속에서 주도적인 역할을 할 수 있는 창의적인 학교경영을 위한 학교조직의 활성화 방안의 모색이 중요하다.

학교조직이 학습조직으로서 학생들의 발달을 촉진하고 도와줄 수 있는 지식작업의 장이 되어야 하며, 조직을 이끌어 가는 조직구성원들의 창의성을 존중하고 사기와 협동을 중시하는 학교조직문화가 조성될 수 있도록 경영할 수 있는 교육지도성을 준비한 학교관리자·학교행정가들의 창의적인 조직 운용 마인드가 요청된다.

21세기 세계화·정보화 시대의 미래 학교 학습조직에서 학습력을 제고하기 위하여 학교장, 교감, 보직교사, 행정실장 등 학교관리자·학교행정가들의 변혁지향적 지도성 개발과 발휘가 필수적으로 요구된다. 변혁적 리더십, 수평선 리더십 하의상달식 리더십 등이 필요한 것이다.

질 높은 교육, 신뢰받는 교육, 좋은 교육으로 변화하기 위하여 그리고 교육 주체가 목표하는 바를 스스로 설정하고 이를 효과적으로 달성할 수 있는 방법을 선택하며, 최선의 대안을 선택할 수 있는 안목과 지혜를 얻기 위한 자기 학습을 통하여 조직이 필요로 하는 지도성을 갖춰 가야 할 것이다. 이와 같은 학교조직이 변하기 위해서는 학교제도와 행정 체제의 혁신과 함께 교육행정가와 교육 관련자 등의 인식 전환이 선행되어야 한나.

결국 세계화 시대의 사회 변화에 따른 학교조직의 변화는 역동적이어야 한다. 사회조직 중의 하나인 학교조직이 탄력적이고도 역동적으로 변화하기 위해서는 우선 학교공동체 구성원들의 조직 변화에 대한 깊은 이해와 넓은 수용이 그 바탕이 되어야 한다는 점을 명심해야 할 것이다. 학교조직이 일신우일신(日新又日新)하려면 사람의 마음이 구태의연에서 탈피하여 새로운 마인드로 새롭게 출발해야 하기 때문이다.

제9장 교직생활에서의 인간관계 형성과 직장예절 탐구

Ⅰ. 들어가는 글

일반적으로 인간은 사회적 동물이다. 사회는 두 명 이상으로 사람으로 이루어진다. 따라서 인간은 홀로 생활할 수 없다. 다른 조직, 다른 사람과의 상호작용 속에서 삶을 영위해 간다. 모름지기 인간은 모든 전 생애 기간 동안을 타인과의 관계 속에서 생을 영위해 가는 것이다. 인간은 출생과 더불어 죽을 때까지 타인과의 관계 속에서 생활한다.

만물의 영장인 인간 사이의 상호작용인 인간관계란 타인과의 상호작용을 통해서 이루어지는 사회화 과정으로서, 효과적인 인간관계는 그 관계에 참여하는 개인들에게 매우 중요한 역할을 한다. 한 인간으로 생존하기 위하여, 정체감을 확립하기 위하여, 그리고 건강한 성격 발달을 위하여 우리는 타인들과 상호작용하는 관계가 필요하다. 인간과 인간 사이의 원만한 화합을 통해 상호 간에 더욱 좋은 상태를 유지하기 위한 모든 내용을 인간관계라고 할 수 있다.

세계화·정보화 시대인 현대 사회는 다분기화(多分技化)된 다원화(多元化) 사회이다. 다원화된 사회에서 현대인들은 바쁘게 살아간다. 이러한 현대인이 공통적으로 겪는 마음의 병으로 '군중(群衆) 속의 고독'이라는 것이 있다. 세계의 인구는 많이 증가하여 주변에 사람들은 많은데 정말로 흉금을 털어놓고 진정한 대화를 나눌 사람이 별로 없는 것이다. 각자의 마음속에 가지고 있는 '외롭다', '혼자이다', '의지할 곳이 없다', '믿을 사람이 없다', '나를 알아주는 사람이 없다', '쓸쓸하다' 등의 감정은 고독을 불러일으키고 나아가 일부에서는 소외감, 우울증과 자살로까지 이어지는 병리적인 현상을 보이고 있다. 국민소득 2만 불 시대를 맞아 경제적으로 여유가 있으며, 전자통신기술의 발달로 사람들 간의 직간접적인 접촉 빈도가 증가하고 짧은 시간에 많은 사람들을 만날 수 있게 되었다.

그러나 이러한 만남의 질(quality)은 피상적인 수준에 머무는 것이어서 인간관계에서의 고립을 초래하게 된다. 근대화 이후 우리나라는 많은 역사적·경제적 변화를 겪어 오면서 삶의 가치를 성공에 두며, 성공을 위한 중요한 요인으로 능력을 꼽는 경향이 있다. 능력의 핵심적 요소 중 하나는 지능이다. 높은 지능은 높은 학력과 관련되고, 학력이 사회에서의 성공을 보장받을 수 있다는 인식이 성공을 위해 모든 것을 감수하게 만들었다. 이러한 관점의 성공 지향적인 사회 문화는 인간관계의 단절을 가져오는 하나의 원인으로 작용한다.

사람들은 어려운 문제를 잘 해결하거나, 유창한 언어구사력을 지니고 있을 때 우월감을 느낀다. 그에 비하여 타인을 배려하고 이해하고 자신의 감정을 알고 통제하는 능력에 대해 우월감을 느끼는 사람이 거의 없다. 부모들 역시 남의 아이가 유창하게 영어로 말하는 것을 보고 부러워하지만 어른들에게 인사를 잘하는 아이를 보고는 별 감정을 느끼지 못한다. 영어를 잘하는 아이나 인사를 잘하는 아이 모두 나름대로 어떤 능력을 갖고 있음에도 불구하고 이러한 능력에 대한 가중치를 다르게 둔다는 데 문제가 있다.

그러나 최근에는 인간이 갖고 있는 능력을 대표할 수 있는 요인으로서의 지능이 기존의 학업지능(지능지수, 즉 IQ) 외에 대인관계지능, 실제적 지능, 정서 지능 등 현대적 의미에서 다중적 지능(능력)에 대한 개념이 새롭게 정립되고 있다. 인간관계능력은 학문적 성취와 대등한 관계에서 우리의 건강한 삶을 위해 반드시 획득되어야 할 하나의 능력요인이다. 인간이 아무리 사회적 존재라 하더라도 인간관계는 사회조직 속에서 자연히 이루어지는 것은 아니다. 이 능력은 타고날 수도 있지만 키워질 수 있는 변화 가능한 능력이다. 우리가 수학문제의 유형을 많이 알고 연습하면 잘할 수 있듯이 인간관계의 원리와 기술을 배우고 익히는 것이 중요하다.

인간관계는 삶의 중요한 영역이다. 더구나 요즘처럼 핵가족 내에서 생활하며 일찍 사회화 과정을 거치는 현대인에게는 실생활에서 부딪히게 되는 여러 문제들에 대처하는 경험과 학습이 필요하다. 그러나 인간관계에 대해 구체적으로 가르쳐 주는 곳은 많지 않다.

각자 일상생활 속에서 체험을 통하여 터득해야 하는 것이 우리의 현실이다. 결혼이나 직장생활에서 겪게 되는 인간관계 문제들에 대해서 미리 배우고 준비하는 각별한 노력을 기울이지도 않는다. 설사 적절한 기술을 배웠더라도 현실생활에서의 인간관계는 너무나 복잡하고 미묘하여 체계적으로 이해하고 그것을 효율적으로 실행하기가 어려운 것도 사실이다.

최근 심리학 분야에서는 인간과 인간관계를 이해하기 위한 많은 지식과 인간관계를 향상시키기 위한 많은 경험이 축적되어 있다. 학교나 훈련 집단, 기업체, 행정조직 등에 있어서의 인사관리, 노무관리, 집단 심리치료 등에서 주로 인간관계의 문제를 다루고 있다.

학교와 교육 관련 기관에서 직장생활을 하는 교원(교육공무원)들은 일반 사회와 유사하면서도 더러는 특별한 입장에서 인간관계를 맺고 유지한다. 오늘날 교원들의 인간관계에 대한 연구는 사회학, 심리학, 문화인류학, 경영학, 미래학, 리더십론, 인간관계론 등 다양한 학문 간의 연계와 통섭(統攝)을 바탕으로 파악하는 것이 바람직하다고 사료된다.

Ⅱ. 일반적인 인간관계의 개관

1. 인간관계의 의미와 기술

가. 인간관계의 의미

일반적으로 인간은 사회적 동물이라고 부른다. 만물의 영장이지만 혼자서는 살 수 없는 사회적·공동적 존재가 곧 인간인 것이다. 인간은 사회적 동물로서 규범적·가치적으로 볼 때 신이나 동물과 대립되는 존재로서의 사람을 의미한다. 따라서 집단의 구성원들이 빚어 내는 개인적·정서적인 관계를 우리는 인간관계라고 할 수가 있는 것이다. 관계가 없으면 자기는 존재하지 않는다. 산다는 것은 곧 관계를 맺는다는 것이며 생활 바로 그 자체이다.

모든 개인에게 있어서 타인은 자기를 비추어 주는 거울이다. 우리에게 기쁨이나 만족을 가져다준다든가, 우리를 따뜻하게 해 줄 때 타인에게 관심을 가지고 관계를 맺거나 유지하게 된다. 그러나 그 관계가 불쾌한 걱정거리나 불안을 가져다주게 되면 우리는 주저하지 않고 그 관계를 포기해 버린다. 즉 어떤 형태로든 만족하고 있는 동안에만 관계는 존재하게 되는 것이다.

한 사람과의 인간관계가 부정적인 관계냐 긍정적인 관계냐에 따라 모든 일의 성패가 좌우될 만큼 인간관계는 무엇보다도 중요함을 알 수 있다. 특히 직장생활에서 좋은 인간관계는 필수다. 무조건 아무나 좋은 인간관계를 맺는 것이 아니라, 어떤 사람과 관계를 맺는가가 중요하다.

과거 전통적인 우리 사회에서는 혈연과 지연·학연 등 각종 인맥을 중요시해 왔었다. 그러나 이제는 학연·지연 등 끊을 수 없는 강한 연결보다는 오히려 언제든지 끊을 수 있는 약한 연결을 더 중요하게 여기고 있다는 점을 염두에 둔다면 우리가 삶을 영위하면서 어떠한 인간관계를 유지해야 하는지 알게 될 것이다.

나. 인간관계의 기술

사람과 사람의 진정한 만남은 '나 대(對·VS) 너'의 관계이다. 우리 주위에서 성공한 사람들을 보면 여러 사람들과 좋은 관계를 맺어 왔다는 것을 알 수 있다. 그야말로 좋은 인간관계 유지를 위해서는 항상 나의 입장에서 시작하지 말고 다음과 같이 상대 입장에서 시작하면 되는 것이다.

① 항상 미소를 짓자.

② 한 사람 한 사람을 소중하게 생각하고 행동하자.

③ 상대방의 이름을 기억하자.

④ 불평불만 등을 표시하지 말고 항상 긍정적으로 생활하자.

⑤ 진심으로 칭찬하고 아낌없는 찬사를 보내자.

⑥ 인사를 받으려 하지 말고 내가 먼저 하자.

⑦ 항상 상대방의 입장에서 생각하고 행동하자.

⑧ 잘난 것을 보이려 하지 말고 나의 부족함을 상대에게 보여 주자.

⑨ 끝까지 상대방의 말에 귀를 기울이자.(경청과 공감)

⑩ 받기만을 바라지 말고 내가 먼저 상대를 대접하자.

⑪ 내가 하기 싫은 일을 상대에게 부탁하지 말고 상대가 귀찮게 여기는 일을 대신해 주자.

⑫ 상대방이 실수했을 땐 기분 상하지 않게 충고를 해 주자.

⑬ 잘못이 있을 경우 스스로 인정하고 용서를 빌자.

2. 인간관계 성공의 비결

가. 기본 준칙: 호혜와 나눔 및 배려

① 질투나 증오의 감정은 다른 에너지로 전환한다.

② 평소에 쌓아 둔 공적은 위기 때 빛을 발한다.

③ 상대방의 기쁨을 나의 기쁨으로 생각한다.

④ 용서하고 축복할 줄 알아야 다음에 좋은 상대를 만날 수 있다.

⑤ 긍정적인 생각은 최악의 상황을 최상의 상황으로 바꾼다.

⑥ 호감을 사려면 먼저 상대방에게 호의를 베풀어야 한다.

⑦ 남의 이야기를 잘 듣는 것이 설득의 최대 무기이다.

⑧ 험담(險談)은 그 자리에 없는 상대방에게도 전달된다.

⑨ 무심코 내뱉은 남의 말 때문에 내 인생은 형편없게 된다.

⑩ 남에게 지면 인간관계에 있어서 큰 보탬이 된다.

⑪ 원만하고 조화로운 사람과 사귀면 나쁜 운명도 조화롭게 변화가 된다.

나. 서비스 멘트: 긍정적·능동적인 자세

① "할 수 있습니다." (긍정적)

② "제가 하겠습니다." (능동적)

③ "무엇이든지 도와드리겠습니다." (적극적)

④ "기꺼이 해 드리겠습니다." (헌신적)

⑤ "잘못된 것은 즉시 고치겠습니다." (겸허한 마음)

다. 중요한 세 가지 말: 겸허한 자세, 내면화, 생활화 필요

① "죄송합니다."(겸양)

② "고맙습니다."(감사)

③ "사랑합니다."(박애, 사랑)

라. 세 가지 방문: 입, 손, 발 등의 조심

우리 주위에서 인간관계가 좋다는 평을 듣는 사람들을 보면 보통 하찮다고 생각할 만한 작은 일에도 소홀하지 않고 잘 챙겨서 여러 사람과 좋은 관계를 맺어 왔음을 알 수 있다. 그들이 성공한 삶을 영위한 것은 상대가 기쁜 일이나 슬픈 일이 있을 때 다음과 같은 세 가지 방문을 잘해 온 결과이기도 하다. 작은 것을 아끼고 사랑하며 보듬어 주는 것이 곧 원만한 인간관계의 출발점이다. 흔히 인간관계는 섬세하고 치밀한 디테일(detail)의 모습인 것이다.

① 입의 방문: 전화나 말

② 손의 방문: 편지, 카드, 전보, e-mail(메일), 휴대폰(스마트폰) 메일

③ 발의 방문: 직접 찾아감(집, 병원, 예식장, 빈소 등)

④ 기타: 꽃다발, 화분, 선물, 축의금, 부의금, 위로금 등

Ⅲ. 교직생활과 인간관계

1. 사회변화와 교직 인간관계

최근 학교교육은 사회적으로 많은 도전을 받고 있다. 그 원인에는 교육정책과 교육제도 등의 다양한 문제점도 있겠지만 학교현장과 관련된 학교조직사회에 대한 불만도 원인이라고 본다. 학교조직 사회에 대한 사회의 불만을 줄이기 위해서는 학교조직 구성의 주된 핵

이 되는 교원들의 역할이 중요하다. 교사의 가장 주된 역할은 교육이다. 교육을 바람직한 방향으로의 변화로 정의한다면 교실에서 직접 교수·학습을 책임지고 있는 교사는 학생, 학부모, 사회가 요구하는 바람직한 역할과 기대 수행으로 학습자가 바람직한 방향으로 나아가게 함으로써 사회 전반에 싸인 불만을 줄여야 하는 책임이 있다.

따라서 21세기 글로벌 시대를 맞아 교원들의 빠른 적응과 바람직한 역할 수행을 도움으로써 학교조직사회에 대한 교육수요자의 기대와 요구수준에 부응코자 하며 이를 위하여 학교조직 사회 속의 교직관계 형성, 생활지도, 인성교육, 학습지도 및 교사로서의 전문성 신장 등의 측면에서 바람직한 교육자상 확립이 요구되고 있다.

2. 학교조직과 인간관계 형성

학교와 교단에서 교육공동체 구성원인 다른 사람들과 좋은 인간관계를 유지하기 위해서는 남에 대한 배려와 함께 어진 마음씨가 필요하다. 대부분의 사람들이 사회생활이나 직장 생활을 하다 보면 일보다는 다른 사람과의 원만한 관계 유지가 더 어렵다는 것은 주로 말한다. 이는 그만큼 인간관계가 어렵다는 말이다.

사회의 축소판이라는 학교에서의 주된 인간관계 형성은 그 대상이 동료교사, 관리자, 학생, 학부모와 지역사회 등이다. 이들과의 바람직한 인간관계 형성이 교직생활 영위에 매우 중요한 역할을 한다.

가. 동료교원과의 인간관계 형성: 친절한 동료

좋은 동료관계 형성을 위해서는 동료교사에 대한 섬김과 배려의 실천이 필요하다. 또, 남의 이야기를 좋게 하며, 다른 사람의 좋은 점을 먼저 찾아 배우려는 마음가짐이 있어야 할 것 같다. 학교에서의 일이란 거의 대부분이 상호 공유되며 서로 협조가 필요하다. 따라서 일을 함에 있어 쉽지는 않겠지만 내 일보다는 남의 일, 학년의 일, 학교의 일 등 전체의 운영과 다른 사람의 입장을 먼저 배려하고 생각하는 자세에서 자신의 일을 성실하게 수행하는 조직에 협조적인 사람이 되어야 할 것이다.

나. 행정실 직원과의 인간관계 형성: 함께 가는 동반자

학교현장에서 행정실 직원과 교원(교사)들과의 인간관계는 학교 문화의 바탕이 된다. 특히 교원들과 행정실 직원들의 인간관계 형성 모습에 따라 행정실 직원들의 교사들의 교육활동 지원모습에 심한 차가 나타나는 것을 볼 수 있다. 행정실 직원들은 학교교육 수행에 있어 매우 중요한 위치를 차지하는 지원요원이다. 따라서 이들도 학교교육을 함께 이끌어가는 동료라는 생각을 잊지 말고 상보적 입장에서 인간적으로 서로 존중하는 자세가 필요하다.

다. 학생과의 인간관계 형성: 사제동행의 아름다움

물론 최근 교원능력개발평가에 학생들이 평가자로 참여하고는 있지만, 그것이 아니라도 평소 교사의 모든 행동을 학생들은 철저하게 평가하고 있다. 그리고 그 평가 정보는 학생들이 서로공유하며 그 결과는 고스란히 학습태도 및 생활태도로 되돌아온다. 따라서 교사는 모범적인 모델링의 대상이 되어야 한다. 또, 아동들과의 약속을 반드시 지켜야 하며 지키지 못할 약속이라면 처음부터 하지 말아야 한다.

학생과의 대화는 교수 대화가 아닌 학습 대화가 더 중요하다. 어린 학생도 존중하는 교사의 열려 있는 마음자세는 학생들이 교사의 마음을 받아들이게 하며 학습자의 학습 참여 의욕을 증진시키고 학급 분위기를 긍정적으로 유지하게 한다.

라. 학부모·운영위원·지역사회 인사들과의 인간관계 형성: 더불어 포용하는 리더십

교직생활에서 긍정적인 학부모 관계는 학급경영에 꼭 필요하다. 담임교사에 대한 학부모의 마음은 교사 및 학급 운영의 힘이다. 따라서 학부모와의 대화는 신중하게 하되 부드러워야 한다. 학부모는 교사 앞에서 자기 자녀의 잘못을 탓해도 담임교사는 자녀에게 긍정적인 마인드를 보여 주길 원한다. 부모는 교사로부터 자녀에 대한 희망과 가능성을 찾길 원한다. 꼭 해야 할 꾸중이나 잘못이 있다면 샌드위치 기법을 활용하되 짧고 객관적 사실만을 말한다면 부모와의 관계 형성에 도움이 될 것이다.

아울러, 학교운영위원, 지역사회 인사, 학교 동문 등과의 변혁적이고도 바람직한 인간관계 형성은 보람 있고 신바람 나는 교직생활의 윤활유와 같은 구실을 한다. 모든 교육공동체 구성원들과 원만한 인간관계 형성이 바람직한 것이다.

[그림 II-9-1] 학교조직의 인간관계 형성 대상

Ⅳ. 바람직한 교직생활과 직장예절

1. 교직생활의 특성

① 교직은 인간을 대상으로 하는 직업이다.

② 교직은 주로 인간의 정신적 생활을 대상으로 하는 직업이다.

③ 교직은 미성숙자를 대상으로 하는 직업이다.

④ 교직은 명예직이며 봉사직이다.

⑤ 교직은 국가와 민족의 미래를 고려해야 하는 공공적 직업이다.

⑥ 교직은 인류 공영에 기여하는 직업이다.

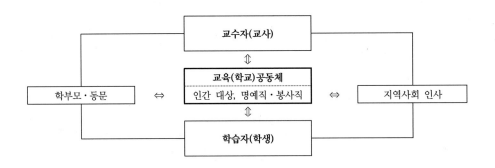

[그림 Ⅱ-9-2] 교직생활의 특성

2. 교직 직장인으로서의 마음가짐

직장은 각기 인격을 인정받고, 사회인으로서의 권리와 의무를 함께 지니고 있는 사람들이 모여서 일하는 곳이지만, 여러 사람이 모여 생활하게 하게 되므로 뜻에 맞지 않는 일도 있고 불쾌한 일도 생기게 된다. 그렇지만 나 하나가 아닌 여러 사람을 위해 자기를 희생할 줄 아는 마음이 있어야 원만한 대인관계를 유지할 수가 있다.

가. 반드시 지킬 일: 개인＋개인＝사회(공동)

① 남에게 불쾌한 기분을 느끼게 하는 말이나 행동을 삼간다.

② 친절과 사랑을 베풀며, 서로 예의를 지키려고 노력한다.

③ 출근하면 상사, 동료들과 우의 있는 인사를 나눈다.

④ 출근하면서 퇴근할 때까지 시종 부드러운 표정과 품위 있는 태도를 갖는다.

⑤ 집에서 기분 나쁜 일이 있었거나 피로를 느낄 때는 더욱 조심하여야 실수를 막을 수 있다.

나. '나'를 사랑하는 길: 자존감과 자긍심 배양

① 인사를 철저히 한다.

② "고맙습니다", "죄송합니다"라는 말을 생활화한다.

③ 언제나 옷차림을 단정히 한다.

④ 항상 언행을 바르게 하고 표정을 밝게 한다.

⑤ 좋은 일은 남에게 양보하고 궂은일은 내가 한다.

⑥ 언젠가 할 일이라면 미루지 않고 바로 한다.

⑦ 내 일 먼저 하고 남의 일을 돕는다.

⑧ 긍정적인 생각을 하며 좋은 일에 앞장선다.

⑨ 자신이 해야 할 일이라면 최선을 다한다.

3. 인사의 종류 및 방법

가. 목례

① 하루에 두 번 이상 만났을 때 하는 인사이다.

② 인사말은 하지 않고 가볍게 고개를 숙인다.

나. 경례

① 큰 경례: 45도 정도, 평 경례: 30도 정도, 반 경례: 15도 정도로 한다.

② 멀리서 상대를 보았다 하더라도 약 2미터 전방에서 일단 멈춰 서서 자세를 바르게 한다(공수).

③ 인사말을 먼저 한다. ─ "안녕하십니까?", "안녕하세요?"

④ 1박자에 허리 굽혀 고개를 숙이고, 1박자 정도 멈추고, 2박자에 일어난다.

4. 자세 및 태도와 동작

가. 기본 원칙

① 상대편에게 뒷모습을 보이지 않는다.

② 상대편보다 높은 곳에 위치하지 않는다.

③ 상대편보다 편안한 자세를 취하지 않는다.

④ 자기에게 편리하고 유익한 것은 상대편에게 먼저 권하고 사양한다.

⑤ 자기가 불편하고 불이익한 것은 상대편보다 먼저 행하고, 사양하거나 권하지 않는다.

나. 서 있는 자세

① 어른(상사) 앞에 서 있을 때는 발을 모은다.

② 손은 공수한다(남자: 왼손이 위로, 여자: 오른손이 위로 가게 맞잡는다).

③ 다리는 떨지 않는다.

다. 의자에 앉은 자세

① 공수해서 남자는 중앙에, 여자는 오른쪽 허벅지 위에 올려놓는다.

② 발과 무릎을 붙인다(남자는 약간 벌려도 무방함).

③ 다리를 꼬지 않고 가지런히 한다.

④ 엉덩이가 의자 바닥의 중앙에 놓이게 하며 등받이에 몸을 기대지 않는다.

⑤ 가슴과 등을 펴고 어깨는 수평이 되게 한다(웅크리거나 뒤로 젖히지 않는다).

라. 기타 예절: 손님 접대

① 앉아 있다가 손님이나 어른이 들어오시면 얼른 일어난다.

② 출입문에서 상대방과 마주쳤을 때 먼저 들어가라고 양보한다.

5. 덕목과 행동 예절

가. 기본 원칙

① 친절: 상대편이 궁금하지 않게 한다.

② 신속: 상대편이 기다리지 않게 한다.

③ 봉사: 상대편이 수고하지 않게 한다.

④ 정직: 상대편이 의심하지 않게 한다.

⑤ 정확: 상대편이 다시하지 않게 한다.

⑥ 편리: 상대편이 불편하지 않게 한다.

⑦ 명랑: 상대편이 불쾌하지 않게 한다.

⑧ 안심: 상대편이 불안하지 않게 한다.

⑨ 안전: 상대편이 위험하지 않게 한다.

나. 인사 소개와 첫인사의 예절

① 모르는 두 사람: 아랫사람을 웃어른에게

② 친한 사람과 친하지 못한 사람: 친한 사람을 친하지 못한 사람에게

③ 같은 또래의 남자와 여자: 남자를 여자에게

④ 한 사람과 여러 사람: 한 사람을 여러 사람에게

⑤ 손님과 주인: 손님이 먼저 자기소개를 한다.

   - 손님: "선생님, 저는 ○○○에 사는 ○○○입니다. 갑자기 찾아뵈어 죄송합니다."

   - 주인: "저는 ○○○입니다. 이렇게 뵙게 되어 반갑습니다."

⑥ 누군가의 소개에 의해 첫인사를 할 때는 소개된 사람이 소개받은 사람에게 먼저 인사를 한다.

다. 악수할 때의 예절

① 웃어른이나 여성이 먼저 손을 내민다.

② 악수를 하면서 굽실거리지 않는다(어른하고 할 때에는 오른손을 왼손으로 가볍게 받힌다).

③ 아랫사람은 악수를 하면서 허리를 약간(15도) 굽혀 경의를 표한다.

④ 적당한 거리에서, 미소를 지으며, 약간 힘을 주고, 적당히 흔든다.

⑤ 악수를 하면서 왼손으로 상대의 손등을 덮어 쥐면 실례이다[웃어른이 아랫사람에게 그렇게 하는 것은 깊은 정(情)의 표시로 양해된다].

라. 안내·인도·수행할 때의 예절

① 안내: 왼쪽은 왼손으로 하고, 오른쪽은 오른손으로 하되, 다른 손으로 받히듯이 한다.

② 인도: 인도를 받는 사람의 오른쪽 한 발 앞에서 한다.

③ 수행: 모시는 어른의 오른쪽 한 발 뒤에서 한다.

마. 차(車)로 모실 때의 예절

일반적으로 웃어른을 차로 모실 때에는 다음 그림의 좌석 번호 순으로 하는 것이 예의이다(①번이 최상급자).

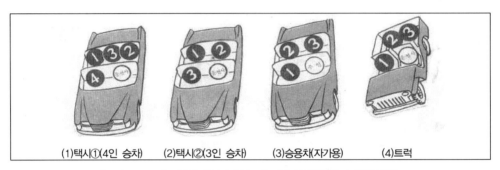

[그림 II-9-3] 차종별 상사와 동승 시 좌석 위치(최상급자 ①번 착석)

바. 좌석 권할 때의 예절

① 아랫사람이 웃어른에게 앉을 자리를 손을 벌려 공손하게 가리키며 앉기를 권한다(손가락으로 가리키는 것은 예의가 아님).

② 좌석 배치는 최상급자를 북쪽으로 간주해서 동쪽에 주인이나 어른 또는 남자가 앉고, 서쪽에는 손님이나 아랫사람 또는 여자가 앉는다.

사. 상급자(상사)에 대한 예절

① 상사로부터 신임을 받으려면 불평을 하기 전에 스스로 상사를 이해하고 존경하는 태도를 갖는다(한 가정의 부모로 생각).

② "했습니다", "네, 그렇습니다", "아닙니다", "주십시오"라는 경어를 사용한다.

③ 상사에게 업무 지시를 받을 때에는 명확하게 받고, 정확하게 처리한다.

④ 상사가 부를 때에는 밝은 표정으로 대답을 하고 필기도구 및 메모지를 준비한다.

⑤ 상사의 지시 중에는 말참견을 하지 말고 끝까지 듣는다.

⑥ 상사의 지시 사항에 대한 처리 기간이 장기일 때에는 중간보고를 한다.

⑦ 상사가 자신에게 주는 주의는 어른의 입장에서 잘못이나 결점을 깨우쳐, 발전의 기회

를 주기 위한 것임을 알고 감사하는 마음을 가져야 한다.

⑧ 자신의 책임을 타인에게 전가하지 않아야 한다.

아. 차(茶) 접대할 때의 예절

① 차 접대는 목례를 한 후, 지위가 높은 분부터 앞에 찻잔을 놓는다.

② 차 접대 분량은 3/4 정도가 적당하며 넘치지 않도록 주의한다.

③ 손님이 계시는 경우엔 지위에 관계없이 손님에게 찻잔을 놓는다.

④ 차 접대를 할 때에는 쟁반 위에, 반드시 찻잔을 받침 접시 위에 얹어서 내어 가고, 찻잔의 손잡이는 손님의 오른손으로 오도록 하며, 티스푼(작은 차 수저)도 자루가 오른쪽으로 놓이도록 한다.

⑤ 차를 엎지른 경우에는 당황하지 말고 침착하게 "죄송합니다"라고 말하고 곧 처리한다.

자. 전화 통할 때의 예절

1) 전화 거는 법(예절)

① 상대가 받으면 자신을 밝힌다: "안녕하십니까? ○○(유·초·중·고등·대)학교 교사(교수) ○○○입니다."

② 전화 받은 사람이 상대가 아닌 경우 공손히 응대한다: "죄송합니다. ○○담당자를 부탁드립니다."

③ 통화 내용을 확인한다: "다시 한번 말씀드리겠습니다. ○월 ○일 ○○시입니다."

④ 끝인사를 한다: "감사합니다. 고맙습니다. 그럼, 그때 뵙겠습니다. 안녕히 계십시오."

⑤ 수화기를 내려놓는다.

2) 전화 받는 법(예절)

① 벨이 1번 울리면 목소리를 가다듬고 미소를 짓는다.

② 2번 울렸을 때 받는 것이 적합하다.

③ 인사하고 자신을 밝힌다: "안녕하십니까? ○○○○학교 교사(교수) ○○○입니다."

④ 공손하게 지명인을 확인한다: "어느 분을 찾으십니까?" ("누구요?" "네?" 하고 묻지 않는다) "실례합니다. 존함(성함)이 어떻게 되십니까?" "네, '홍' '길' 자 '동' 자 맞습니까?" [성에는 '자' 자(字)를 붙이지 않는다]

⑤ 지명인이 자신인 경우 이름을 밝힌다: "네, 제가 ○○○입니다."

⑥ 바꿔 줄 경우에는 전화 건 사람의 이름을 말해 준다: "곧 연결해 드리겠습니다." "○○○ 님, ○○○ 씨 전화입니다."

⑦ 용건이 끝났으면 인사를 한다: "안녕히 계십시오.", "좋은 하루 되십시오.", "고맙습니다"

Ⅴ. 맺고 나오는 글

인간의 특성을 규정하는 말이 많이 있지만, 사고로 인간은 만물의 영장이라는 말이 그 특성을 종합하는 말이다. 인간이야말로 이 세상에서 가장 고귀하고 존엄한 존재이다. 동서고금을 막론하고 유구한 역사와 전통, 그리고 문화 등을 인간이 중심이 되어 발전시켜 왔다. 인간은 다른 사람과의 만남에서 의미 있는 삶을 살 수 있다. 인간과 인간의 만남은 인간관계와 예절의 단초가 된다.

인간이란 사회적 동물이다. 혼자서는 살 수도 없는 존재이며, 설령 혼자 산다 하여도 아무 의미가 없는 삶이다. 즉 인간은 인간과 인간의 관계인 사회적 관계를 바탕으로 삶을 영위한다. 인간(人間)이란 한자(漢字)의 어의(語義)에서도 '인간이란 두 사람 이상의 상호 관계'임을 의미하고 있다.

과거와 현재를 막론하고 개인 생활이든 조직생활이든 '만남'과 '소통'의 상호작용(interaction)을 통해서 사회생활을 영위한다. 인간의 모습과 심리, 생활 양태(樣態)는 천차만별이다. 인간관계 역시 이와 같이 각양각색으로 다양하고 복잡하다. 그것은 단선적·직선적인 것이 아니라 입체적·역동적 작용이다.

인간관계론은 인간관계를 연구하는 학문적 접근이다. 그리고 인간관계는 그 인간관계론의 현실적 실행이다. 인간관계는 인간을 연구하는 학문이 다양한 것과 같이 여러 가지 측면에서 고찰할 수 있다. 인간 간의 상호 관계가 복잡다단한 현대 사회는 조직 사회이기 때문에 조직에서의 성공적인 인간관계 영위가 인생의 중요한 요소이자 덕목이 된다. 조직 사회에서의 인간은 조직 속의 일원으로 생활한다. 현대 사회에서 혼자 사는 사람은 조직에서 일탈된 사람이며, 특별한 직업을 가진 관계로 어쩔 수 없이 홀로 사는 사람을 제외하고는 조직을 떠나 사는 사람은 현대 사회에서는 국외자인 것이다.

근래 학교폭력, 교권추락 등으로 교원들의 마음고생이 이만저만이 아니다. 교원의 사기가 저하되어 사회 문제가 되고 있다. 하지만 모름지기 동서고금을 통틀어 훌륭한 사람 뒤에는 언제나 훌륭한 교육자(교원, 특히 교사)들이 있었다. 이는 훌륭한 교원들의 노력과 희생이 곧 훌륭한 사람의 인격과 능력의 원천이 되기 때문일 것이다. 그렇다면 어떠한 교육자가 바람직한 교육자이며 어떠한 성품과 자질을 갖추어야 훌륭한 교육자인가에 대해서 숙고해 보아야 한다.

사실 교육자를 바라보는 입장이 시대에 따라 다양하기에 바람직한 교육자상도 달라질 수 있다. 학생 입장에서는 자신의 스승이 학생들에게 어떻게 해 주길 바라느냐는 기대수준으로, 학부모 입장에서 본다면 교육자들이 그들의 자녀들을 어떻게 가르쳐 주기를 바라느냐는 기대수준으로, 또한 순수한 교육적인 기대수준에 따라 조금은 다른 교육자상을 논할 수 있다. 그 기대수준 역시 상당히 주관적이다.

그러나 시대와 상황을 초월하여 가르치는 교육자(특히 교사)가 지녀야 할 기본적인 자질과 능력은 크게 변할 수 없다고 본다. 그 근본적인 덕목과 자질은 항상 내포되고 함의되어 변치 않고 소중히 이어져 오는 것이다. 항상 진솔한 교직생활을 영위하면서 제자인 학생들을 사랑하고 보듬어 주는 교원이 참스승이다. 나아가 학부모들에게 신뢰받는 교사가 훌륭한 교원이다.

모름지기 교육은 전문적인 서비스이다. 교원은 그 업무를 담당하는 고도의 전문적 서비스 직업이다. 그 서비스 대상은 학생이다. 교원들은 고객인 학생과 학부모, 사회의 요구를 살펴보고 도와주며 해결해 주는 전문가로 거듭나야 진정으로 존경받는 교직사회를 형성할 수 있을 것이다.

특히 교직생활에서 바람직한 인간관계를 형성한 가운데, 교육공동체 직장인으로서 올바른 직장예절을 준수할 때보다 보람 있는 교직생활을 할 수 있는 것이다. 학생들을 직접 가르치는 교사들은 남을 생각할 줄 알며 자기 계발을 위해 노력하는 성실성을 겸비한다면 금상첨화일 것이다. 인간관계가 바른 교원, 직장예절이 바른 교원이 이 시대 훌륭한 교육자상의 표본이 되는 것이다. 자신과 상호 영향을 주고받는 사람과 조직과의 인간관계가 원만한 교육자, 직장예절을 잘 준수하는 교육자가 신바람 나는 교직생활을 영위할 수 있을 것이다. 교육자가 늘 옷깃을 여미고 진솔한 마음과 신중한 언행으로 곧고 바르게 생활해야 하는 이유도 여기에 있는 것이다. 분명 오늘날 교육과 학교가 위기라고 걱정하는 사람들이 많지만, 이를 극복해야 할 사람도 곧 교육자이기 때문이다.

나아가 어렵기는 하지만, 자신에게 주어진 소임과 책무를 항상 긍정적으로 생각하고 이를 해결하려는 노력을 경주한다면 행복하고 보람 있는 교직생활을 영위할 수 있을 것이다. 그리고 조벽 교수의 역저(力著) 『나는 대한민국의 교사다』에 실린 다음과 같은 '새 시대 교육자상을 한 번쯤 재음미하면서 하루하루 옷깃을 여미고 경건하고도 진솔한 마음으로 교단에 서면, 보람 있고 행복한 교직생활을 영위할 수 있을 것이다.

"저는 교육자임을 밝힙니다.

제 마음속 한 가운데 학생이 있음을 확신합니다.

어려운 교육 현실이지만 희망찬 미래를 약속합니다.

부족하나마 제가 할 수 있는 일은 제가 하겠습니다.

완벽해지길 기다리지 않고 오늘부터 하겠습니다.

저는 학생들에게 소중한 존재가 되고자 합니다."

제10장 민주적인 학교 문화 정착을 위한 학교공동체 구성원의 갈등 관리방안

Ⅰ. 들어가는 글

우리가 살고 있는 현대 사회는 세계화 사회이고 지식정보화 사회이다. 역사적으로 오늘날처럼 우리 사회 각 분야에서 발전과 변동이 심하고 끊임없이 사회적 갈등이 분출되었던 예는 찾아보기 힘들다. 신분 갈등이나 이념 갈등을 넘어서 사회 전체가 갈등의 수렁에서 좀처럼 헤어나지 못하고 있음은 안타까운 일이다. 민주주의가 정착되기 위해 겪어야 할 시련이라고는 하지만 너무나 값비싼 대가를 치르는 것 같아 안타까움을 더해 주고 있다.

갈등(葛藤)의 어의를 사전적으로 풀이하면 칡덩굴과 등나무덩굴이 서로 얽히고 설킨 것과 같이 견해, 주장, 이해관계 따위가 서로 달라 적대시하거나 불화를 일으키는 상태를 뜻한다. 마음과 의견이 뒤엉켜서 팽팽히 맞서서 도무지 풀어지지 않는 상태를 의미한다.

21세기 세계화 시대 문명사적 대전환기를 맞이하여 미래학자들은 일관되게 미래사회의 주요 변화로 지식 정보의 급속한 팽창, 정보통신 기술의 발달, 산업 발달과 산업 구조의 고도화, 국가 간 문호의 개방과 세계 경제의 출현, 사고의 다양화, 사회 체제의 분화 등을 들고 있다.

그리고 총체적이고도 급속히 이뤄지고 있는 미래사회의 변화는 학교조직의 변화와 발전을 불가피하게 할 것이며, 학교경영 활동 또한 그 성격이나 강조점이 달라질 것이다. 사회와 조직의 발달과 분화에 따라 학교도 크게 변모하고 있는 것이다.

따라서 21세기 지식 기반 사회에서의 학교조직의 변화에 따른 학교경영 패러다임은 어떻게 전환되어야 하며, 이에 따라 학교경영상 드러나는 구성원들 간의 조직갈등은 어떻게 관리하고 조정해야 하는지 모색하는 것은 건전한 학교 문화 정착과 학교경영에서 아주 중요한 활동이라고 볼 수 있다.

인간의 역사를 갈등의 연속이라고 보는 것은 무리가 아닐 듯싶다. 조직과 인간이 존재하는 곳에서는 동서고금을 막론하고 갈등이 존재하여 왔다. 사회와 조직에서 갈등은 계륵(鷄肋)과 같은 존재인지도 모른다. '공동묘지의 고요'처럼 갈등이 전혀 없는 조직과 학교는 죽은 조직, 죽은 학교이다. 어쩌면 인간은 태어나면서부터 개인적으로나 사회적으로 갈등 속에서 생활하며 이를 해결하기 위한 여러 가지 방안을 모색하면서 살아가는지도 모른다. 제각기 살아온 환경이 다르고 처한 상황이 다르며 사물을 해석하는 방법이 다르기에 다른 의견을 가질 수 있다는 것은 지극히 당연하다 하겠다. 그러나 이러한 생각과 의견차이가 질시와 반목으로 발전되는 것은 바람직하지 못하다. 지금 우리나라의 정국도 이러한 대립 국면으로 많은 국정 현안들이 표류하고 있고 자신들의 부정은 서로 눈감아 주고 이익만을 추구하는 집단이기주의, 지역이기주의, 자기중심주의 등으로 인하여 나라 전체가 온통 갈등으로 몸살을 앓고 있는 실정이다.

II. 조직갈등 현상과 전제

사실 사회조직에는 얼마간의 갈등이 상존하다. 갈등이 없는 조직은 죽은 조직이다. 작은 갈등을 원만하게 해결하는 데에서 조직의 역량이 발휘되고 건전한 조직으로 더욱 성장하는 계기가 되는 것이다. 이 세상 어디에도 갈등이 없는 곳은 없다고 보고 어떠한 갈등도 해결할 수 있다고 보는 것이 갈등의 대전제라고 할 수 있으며 조직갈등의 전제를 요약, 제시하면 다음과 같다.

첫째, 조직에서의 갈등은 자연스런 현상이다.

둘째, 조직갈등은 인간관계에서 언제나 일어날 수 있다.

셋째, 갈등은 변화 또는 위기의 상황에서 더욱 많이 나타난다.

넷째, 갈등은 창조적 또는 파괴적 결과를 초래할 수 있다.

다섯째, 대부분의 사람들이 갈등을 부정적으로만 판단한다.

여섯째, 갈등 해결의 단 한 가지 방법은 없다.

일곱째, 성공적인 갈등 관리는 상호 신뢰를 기초로 한다.

여덟째, 갈등도 적절한 관리를 통해 승화시킬 수 있다.

아홉째, 갈등은 새로운 안정을 위한 과정이다.

열째, 모든 갈등이 해결될 수는 없지만 대부분 관리가 가능하다.

열한째, 적절한 갈등은 대인관계에 도움이 된다.

조직 갈등의 중요성은 갈등의 유무가 아니라, 그 갈등을 얼마나 바람직하게 관리하고 해소하느냐에 달려 있다. 따라서 조직을 관리하는 데 있어서, 억지로 갈등을 조장할 필요는 없으나 상종하는 갈등을 조직 발전과 조직 구성원들의 요구와 목표를 달성하는데 순기능을 할 수 있도록 바람직하게 관리하는 것이 무엇보다도 중요한 것이다.

Ⅲ. 조직갈등의 원인과 기능

1. 일반적 조직갈등

가. 조직갈등의 원인
① 사회의 변화
② 한정된 자원
③ 상호 의존 및 상반된 목적
④ 역할 및 권한 경계의 모호성
⑤ 상하 직위의 엇갈림 문제
⑥ 의사소통(커뮤니케이션) 장애
⑦ 개별적인 속성

나. 조직갈등의 기능

1) 갈등의 순기능
① 갈등은 실제 문제의 소재를 분명하게 한다.
② 갈등은 기술혁신을 촉진시킨다.
③ 집단 간 갈등은 그 집단을 결속시킨다.
④ 갈등은 카타르시스로서의 역할을 한다.
⑤ 성공적인 갈등 관리는 집단 간 관계를 공고히 한다.

2) 갈등의 역기능
① 갈등기간에는 성과나 목표에 필요한 에너지를 모을 수 없다.
② 집단은 과업지향성을 띤다.
③ 지시적 리더십이 강화된다.
④ 조직구조가 전보다 경직화된다.
⑤ 집단단합이 강조된다.
⑥ 불쾌한 감정과 스트레스가 증대되고 커뮤니케이션이 감소한다.

2. 학교조직의 갈등

가. 학교조직의 갈등 유형

학교갈등의 원인은 학교의 특성에서 찾을 수 있다. 즉 학교는 관료제적 조직이면서 그렇지 않은 부분이 상존하는 조직이기 때문이다. 학교갈등은 학교에서 조직을 관리하는 역할을 하고 있는 학교장의 특성, 각종현안에 대한 공정성, 공개성, 합리성이 교사 등의 구성원에게 어느 정도의 만족감을 주느냐에 달려 있다고 할 수 있다. 학교갈등의 유형을 분류해보면 다음과 같다.

1) 학교장과 학교구성원 간의 갈등

갈등은 학교운영 전반에 걸쳐 나타나며 특히 학교장의 학교경영의 투명성, 인사의 공정성, 학교행사 및 교육과정운영, 학부모관련사항, 학생지도 등 전반적인 문제와 관련하여 발생한다.

① 교장과 교사 간의 갈등
② 교장과 교감 간의 갈등
③ 교장과 학부모 간의 갈등

2) 교사 상로 간 갈등

교사 간 갈등은 교원단체 구성원 간 갈등, 업무분장에 따른 갈등, 성 간의 갈등 및 세대 간의 갈등으로 요약할 수 있다.

3) 교원과 행정실 직원 간 갈등

교사와 행정실 직원 간의 갈등은 계급적 사고, 관료성과 전문성의 충돌, 구성원의 이질성, 행정인력의 부족 등에 기인하여 나타난다.

4) 교사와 학부모 간 갈등

교사와 학부모 간의 갈등은 학생에 대한 공평성, 비교준거의 주관성, 계급적 사고에 따른 갈등이 주요 요인이다.

5) 교사와 학생 간 갈등

교수·학습 방법에 대한 학생들의 기대증가, 학생들의 인권의식 향상, 열악한 교육여건 등이 교사와 학생 간의 갈등요인이다.

이와 같은 갈등의 유형을 내용별로 보면 의견수렴과정, 업무분장, 행정잡무, 인사관리, 학생생활지도, 교육과정운영, 재정운영, 학생안전지도, 학생평가 등이 중심이 되며 최근에는 교원능력개발평가 등이 더 부가되고 있다.

나. 학교갈등의 원인

학교갈등의 원인에 대해서는 학교 외적·내적 요인으로 분류해 볼 수 있으나 교사들의 반응조사는 학교 내부보다 외부 특히 정부와 행정업무추진상의 문제들에 공감대가 높게 나타나고 있다. 학교갈등에 대한 교사들이 꼽는 주요 원인은 다음과 같다.

① 일관성 없는 학교(교육) 정책의 추진
② 교사의 과도한 업무량
③ 전시행정위주의 업무추진
④ 학부모의 이기적 판단
⑤ 열악한 교육환경
⑥ 학교교육에 대한 낮은 만족도
⑦ 변화에 대처하지 못하는 학교문화
⑧ 교장의 전문적 리더십 부재
⑨ 교사에 대한 학부모/학생 불신
⑩ 불안정한 정치구조
⑪ 학교 내 소통 논의구조의 결여

물론 학교갈등 원인에 대하여 교장, 교감, 교사 간의 인식 차이에 의해 직위별 반응의 정도는 각기 다르게 나타나고 있다.

Ⅳ. 조직갈등의 개관

1. 갈등의 의미

가. 갈등의 개념

갈등(葛藤)이란 특정 개인이나 집단이 추구하려는 목표가 타인이나 타 집단 간에 의해 부정적인 영향을 받았거나 받을 것이라고 지각하는 과정으로 정의되고 있다. 따라서 갈등은 개인 또는 집단 간 상반된 이해관계, 상반된 이해관계의 인식, 상대방이 자신의 이해관계를 방해한다는 지각, 그리고 실제로 방해하는 행동 등을 포함하고 있다.

나. 갈등의 정의

1) 학자들의 의견

- 리터러(J. Literer): 대립·다툼·적대감이 발생하는 행동의 한 형태
- 토마스(K. Thomas): 관심사의 좌절 지각에서 생기는 과정
- 로빈스(S. Robins): 의도적으로 좌절을 초래하는 방해 행동
- 마일즈(R. Miles): 행동·기대로부터 방해를 받을 때 표현되는 조건
- 그린버그 & 배런: 부정적 행동의 지각에서 발생하는 조직 행동

2) 정의의 공통점

- 첫째: 갈등은 당사자에 의하여 지각되어야 한다.
- 둘째: 갈등은 갈등 요인이 존재하여야 한다.
- 셋째: 갈등 상황에는 둘 이상의 당사자들이 존재한다.
- 넷째: 갈등은 불일치에서 오는 심리적 대립감과 대립적 행동을 내포하는 동태적이고 역동적인 과정이다.
- 다섯째: 갈등은 조직을 위해 유익한 것일 수도 해로운 것일 수도 있다.
- 종합(결론): 갈등은 행동 주체간의 대립적 혹은 적대적 상호 작용으로 행동 주체들이 지각하는 행동 과정이라 정의할 수 있다.

결국 갈등이란 개인 간, 집단 간, 조직 간의 상반된 이해 관계로 인한 심리적 대립으로서 잘 관리되지 않으면 큰 문제가 발생할 수도 있다.

즉 개인 간, 집단 간, 조직 간에 상존하는 갈등은 갈등 그 자체가 바람직하지 않은 것은 아니라, 그 갈등을 어떻게 관리하고 해소하느냐에 따라 그 갈등이 개인과 집단, 그리고 조직에 순기능으로 작용할 수도 있고, 역기능으로 작용할 수도 있는 것이다.

2. 갈등의 진행 과정

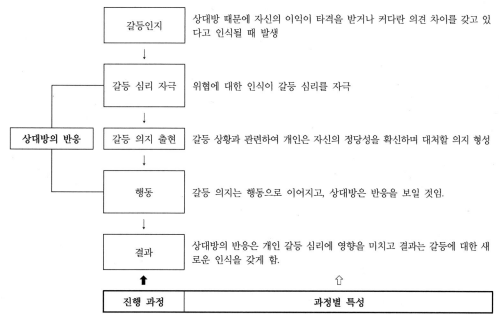

[그림 II-10-1] 갈등의 진행 과정

3. 갈등 관리의 유형

가. 갈등 관리 유형: 레이힘(M. A. Rahim)

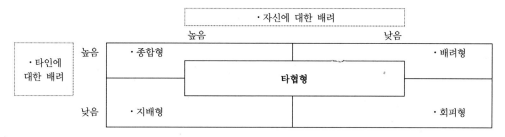

[그림 II-10-2] 갈등 관리의 유형 구조도

나. 유형별 특성

① 종합형(협력형, collaborating): 자신과 상대방의 관심과 이해관계의 파악으로 문제해결을 위한 통합적 대안 도출. 문제의 취지가 불명확하거나 복잡할 경우에 매우 적절(win-win의 경우)하다.

② 배려형(수용형, accommodating): 타인의 관심 부분(이해, 이익)을 충족시켜 주기 위해서 자신의 관심 부분을 양보(포기). 배려를 해준 후 무엇인가를 보답받을 수 있을 때에는 매우 적절(일시적 대안)하다.

③ 타협형(compromising): 자신과 타인의 공통된 관심 분야를 서로 주고받기 위한 대안. 타협이란 쌍방이 다른 목표를 갖고 있거나 비슷한 힘을 갖고 있을 때 가능하다.

④ 지배형(강압형, forcing): 자신에 대한 관심은 지나치고 타인에 대해서 무관심한 사람은 자기중심적인 행동을 선호(win-lose의 경우)한다.

⑤ 회피형(avoiding): 직면한 문제들을 피하고자 하는 것. 문제가 사소한 것이나 피하는 것이 오히려 이익이 될 경우에 적합한 대안. 회피는 어려운 문제를 접했을 때 일어나는 자연스런 반응이다.

4. 갈등 관리 기법

가. 체크리스트: 갈등 관리 유형 찾기

<안내> 다음 질문에 대하여 생각하시는 대로 답하여 주시기 바랍니다. 응답을 하신 후에는 유형별 점수의 합계를 내십시오. 갈등 관리 유형 중 점수가 제일 높은 것이 귀하의 갈등 관리 유형을 대표한다고 할 수 있습니다.

1) 갈등 관리 유형 설문지

설문 문항	1	2	3	4	5
1. 나는 내 주장의 장점을 설명하기 위해 동료들과 논쟁한다.					
2. 나는 타협을 이루기 위해서 동료들과 협상한다.					
3. 나는 동료들의 기대에 부응하고자 노력한다.					
4. 나는 주어진 문제에 대해 모두가 찬성할 만한 해결책을 찾기 위해 동료들과 함께 노력하곤 한다.					
5. 나는 내 주장을 관철시키기 위해 강력한 자세를 취한다.					
6. 나는 갈등으로 물의를 빚고 싶지 않기 때문에 동료들에게 대해 느끼는 갈등을 혼자서 삭인다.					
7. 나는 나의 해결방안을 관철시키기 위해서 끝까지 노력한다.					
8. 나는 타협을 위해서 서로 주고받는(give and take) 전략을 사용한다.					
9. 나는 동료들과 문제를 함께 해결하기 위해 정확한 정보를 교환한다.					
10. 나는 동료들과 다른 의견을 가지고 있다 해도 이를 공개 토의하지 않는다.					
11. 나는 동료들의 의견을 적극 수용한다.					
12. 문제해결의 최선책을 찾기 위해서 나는 모든 문제들을 털어놓고 얘기하는 성향이다.					
13. 나는 문제해결에 진전이 없을 때 중간자적 대안을 제시한다.					
14. 나는 동료들의 의견을 따르려는 성향이 있다.					
15. 나는 동료와의 의견 대립을 피하기 위해서 내가 동료들의 의견에 반대하더라도 이를 그냥 묻어 둔다.					

2) 갈등 관리 유형 평가

유형	종합형	배려형	지배형	회피형	타협형
항목 점수	4	3	1	6	2
	9	11	5	10	8
	12	14	7	15	13
	계	계	계	계	계

※ 유형별 해당 번호의 평정점을 기록하고, 그 점수의 합계를 산출한다. 그 합계가 가장 높은 유형이 갈등 관리 유형을 대표한다고 할 수 있다.

나. 갈등 요인 분석

1) 요인 분석 모델

[Ⅰ] 공공 영역 나와 타인이 서로에 대해 잘 알고 있는 영역으로 대인관계에 갈등의 소지가 없는 영역	[Ⅲ] 맹목 영역 나는 정보를 개방했지만 타인은 반응을 보이지 않는 경우로 갈등의 소지가 큰 영역	·타인이 아는 부분	〈자기 노출〉
[Ⅱ] 사적 영역 나는 타인에 대해 많이 알지만 타인은 나에 대해 모르는 경우로서 대인관계에 있어서 갈등이 야기될 잠재성이 있는 영역 ·내가 아는 부분	[Ⅳ] 미지 영역 나와 타인 모두가 모르는 영역이므로 대인관계에 있어서 갈등의 소지가 가장 큰 영역 ·내가 모르는 부분	·타인이 모르는 부분	

피드백   (타인의 자기 노출)

[그림 Ⅱ-10-3] 갈등 요인 분석: 요하리의 창(Johari's Window)(1)

2) 대처 방안

① 대인관계에 있어서 자신을 타인에게 노출시키고 또한 타인으로부터 피드백을 받아 공공 영역을 늘려 나가야 한다.

② 개인 간 갈등의 소지가 줄어들게 되고, 함께 의사결정을 내려야 하는 경우에도 공감대를 이루어 나아가야 한다.

③ 마찰을 줄이고 문제해결을 신속하고 정확하게 하도록 노력한다.

다. 갈등의 원인 찾기

1) 갈등 원인 발견 모델: 요하리의 창(Johari's Window)

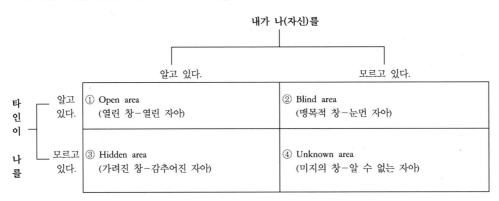

내가 나(자신)를

		알고 있다.	모르고 있다.
타인이 나를	알고 있다.	① Open area (열린 창-열린 자아)	② Blind area (맹목적 창-눈먼 자아)
	모르고 있다.	③ Hidden area (가려진 창-감추어진 자아)	④ Unknown area (미지의 창-알 수 없는 자아)

[그림 II-10-4] 갈등 원인 발견 모델(모형): 요하리의 창(Johari's Window)

2) 영역별 특성

① Open area(열린 창-열린 자아): 자신에 대하여 자신도 알고 타인에게도 알려진 부분. 이러한 상태는 타인에 대하여 개방적이고, 타인과 조화를 이루기 쉽기 때문에 갈등의 소지가 적다.

② Blind area(맹목적 창-눈먼 자아): 자신은 모르고 있으나 타인에게는 알려진 영역. 이 영역이 크면 자신이 기여할 수 있는 잠재 능력을 인지하지 못하거나 반대로 성과를 저해할 자신의 특성에 대하여 모르기 때문에 대인관계의 효과성이 제약을 받을 수 있다.

③ Hidden area(가려진 창-감추어진 자아): 타인은 모르고 자신만 알고 있는 영역. 이런 경우, 자신의 숨겨진 부분이 다른 사람에게 노출될 때 다른 사람들의 반응에 상처를 입을까 두려워하여 감정을 숨기게 된다.

④ Unknown area(미지의 창-알 수 없는 자아): 자신도 모르고 타인도 모르는 영역. 이와 같은 상태에서는 상호 간의 전반적인 관계에서 오해가 발생할 소지가 증가하는 등 대인관계의 질과 잠재력에 대한 영향이 감소된다.

V. 조직갈등의 관리방안

어떠한 갈등이든 시간이 흐르면 저절로 해소될 수 있다는 생각은 매우 위험한 일이다. 오히려 더 곪아서 호미로 막을 수 있는 것을 삽으로도 막을 수 없는 지경에까지 이를 수도 있다. 갈등 관리와 해소는 빠르면 빠를수록 바람직하다.

하찮은 갈등도 방치하면 더 큰 갈등으로 발전되어 해결되기 어려운 지경에 이를 수 있다. 흔히들 '싸우면서 정든다'라는 말을 한다. 하지만 싸우는 것에도 방법이 있다. 무작정 싸우는 '싸움을 위한 싸움'은 정들기는커녕 서로 원수가 되기 십상이다. 갈등 상대에게 우호적이고 동정적이며 상대방의 고민을 알아주는 접근법을 쓰면 대인관계에도 도움이 되며 성공적인 갈등 해결 방법이 될 수 있다.

세상을 살다 보면 누구나 갈등이라는 상황을 마주 하게 된다. 서로의 경험이나 욕구, 가치관이 다른 상황에서 갈등이라는 것은 존재할 수 밖에 없다. 특히 직장에서는 서로의 욕구와 가치가 다른 사람과 상충되는 경우가 허다하다. 대부분의 갈등은 상대적으로 쉽게 해결될 수 있으나 어떠한 갈등은 창의적인 묘안이 강구되어야만 해결할 수 있는 것도 있다. 많은 사람들이 흔히 간과하는 것 중의 하나가 갈등을 빨리 해결(해소)하지 않으면 점점 더 어렵게 되는 '눈덩이 효과'가 존재한다는 사실이다.

만약 갈등상황에 처하게 된다면 가장 먼저 해야 할 일이 갈등의 성격을 규명하여 쉽게 해결할 수 있는 상황으로 판단되면 문제가 더 심각하게 발전하지 않도록 빠르게 해결하는 것이다. 시기를 놓쳐 갈등상황이 더욱 악화되는 것을 흔히 볼 수 있다. 갈등의 성격이 복잡하고 쉽게 해결되기 어려운 경우라고 판단되면 상대방의 주장이 얼마나 강력한지, 얼마나 협조적인지를 고려하여 적절한 대안을 강구하여야 한다.

갈등 해결의 공식은 없다. 조직의 성격과 구성원들의 특성을 고려하여 적절한 대안을 찾는 것이 해법이라면 해법이라 할 수 있다. 갈등상황이 끊임없이 존재하는 집단생활에서 대부분의 사람들은 갈등을 관리하는 기법을 제대로 숙지하지 못하고 있는 것 같다. 특히 직장 내에서 팀이나 부서 또는 전체를 관리하는 관리자에게는 이러한 갈등 관리가 중요한 역량 중의 하나이며 갈등 관리는 다른 형태의 인간관계기법과 같이 학습을 통하여 개발될 수 있다. 집단 간 상이한 관점을 이해하고 이러한 차이점을 해결할 수 있는 전략을 고안하여 이를 실행으로 옮기는 과정이 필요하다. 갈등은 제대로 관리될 수 있다면 조직에게 필요한 긴장감을 제공할 수 있고 창조적인 상황을 창출할 수가 있다. 그러기에 갈등은 관리되어야 한다.

또한 성(誠)과 경(敬)의 자세에 의한 신뢰관계가 형성되면 갈등은 축소되거나 일어나지 않게 한다고 한다. 성(誠)은 잔꾀나 재주를 부리지 않고 마음을 다 하는 것으로 인간에 대한 사랑, 진리에 대한 사랑, 일에 대한 사랑을 말한다. 경(敬)은 자만하지 않고 오만하지 않고 교만하지 않은 자기를 낮추며 상대를 존중하는 것을 말한다. 성(誠)과 경(敬)의 자세야말로 상호 신뢰의 바탕이며 갈등 해소의 첩경이라고 볼 수 있다.

일반적인 학교에서의 교육 리더들이 흔히 쓰고 있는 갈등 관리법은 다음과 같이 요약할 수 있다.

첫째, 설득하는(persuade) 유형이다. 이것은 자신의 논리로 상대방이 마음을 돌이킬 때까지 설득하는 것으로 부모가 자녀에게 하는 경우가 이에 속한다.

둘째, 강요하는(compel) 유형이다. 이 방법은 자신의 권위를 사용하여 상대가 자신의 말을 들어야 함을 강조하는 방법이다. 상사가 부하 직원에게 하는 경우를 비롯하여 지도자적 위치에 있는 사람들이 흔히 쓰는 방법이다.

셋째, 회피(avoid)하거나 수용하는(accomodate) 유형이다. 상대방으로 하여금 책임을 지우거나 자신은 물러나는 방법이다. 성격이 유순한 사람에게 흔히 나타나는 유형이다.

넷째, 협조적인(collaborate) 유형이다. 상대방과 자신 모두가 만족할 수 있도록 노력하는 방법이다. 부부관계에서 일어나는 갈등을 해결할 때 흔히 쓰는 유형이다.

다섯째, 협상하는(negotiate) 유형이다. 서로를 위해 이득과 손실의 정도를 찾아내어 상대방과 자신의 입장의 중간점을 제시하는 방법이다. 노사관계, 국제관계에서 많이 쓰는 유형이다.

여섯째, 도와주는(support) 유형이다. 상담자형으로 상대의 입장을 이해하며 상대가 자신감을 갖도록 도와주고 그 문제를 스스로 해결할 수 있다는 확신을 심어 주며 동정은 하되 책임은 지지 않는 방법이다. 교육상담과 같이 진실한 마음으로 상대가 잘 되기를 기원하는 사람들이 이 유형에 속한다.

갈등 관리에 대한 위의 여러 가지 유형을 이해하면 자신이 어떻게 갈등을 관리하는 유형인지 이해할 수 있을 뿐만 아니라 다른 유형의 사람과의 관계에서 일어나는 갈등을 어떻게 관리하는 것이 최선의 방법인지 어느 정도의 지혜를 얻을 수 있을 것이다.

예를 들어 협조적인 유형과 강요하는 유형이 만났다고 가정해 보자. 이러한 관계에서 일어날 수 있는 갈등은 그 정도가 심하게 될 수 있다. 한쪽은 협조적으로 문제를 해결하기 원하는 반면, 다른 쪽은 강요만을 고집해 대화가 되지 않는다. 서로를 이해할 수 없어 문제의 사태는 점점 심해지게 되고 해결점은 보이지 않는다. 부부들의 많은 문제가 이와 유사한 갈등에서 일어난다.

이처럼 자신의 갈등 관리 유형을 이해하는 것이 위와 같은 갈등을 관리할 수 있는 실마리를 제공하기도 한다.

VI. 리더의 갈등 관리 방법 및 모형

1. 갈등 관리의 접근방법

조직에서 일어나는 갈등에 대한 현대적 개념은 갈등을 사전에 예방하거나 최소한 억제하는 차원이 갈등을 효율적으로 관리하여 목표를 성취하는 데 적절하게 활용하는 데 그 의미를 두고 있다.

리더의 갈등 관리를 위한 접근방법에는 여러 가지가 있겠지만 크게 전통적 방법과 문제해결 접근방법으로 나누어 볼 수 있다. 전통적 방법에 의존하는 경우 갈등 당사자들은 오로지 자신의 이익만을 목적으로 해결하려고 한다. 목적 달성을 위해 강제력에 호소하거나 상대방의 약점을 들춰내고 상대를 고립시키고 권력 있는 제3자에게 의뢰하는 방법이다.

반면 문제해결 접근방법은 강제적 해결수단을 사용하는 것이 아니라 갈등 당사자들 모두에게 이익을 주는 것을 목적으로 한다. 어떤 손실, 양보 등을 서로 받아들이기로 결정했을 때 갈등은 소멸되었다고 보고 양 당사자의 이해를 반영하고 그들 모두를 최대한 만족시키려 한다. 즉 현재의 행동과 태도 모두에 대해서 관심을 갖는다.

보통 양 당사자 간의 갈등이 해결되었다는 의미는 '승자-패자(win-lose)'나 '승자-승자(win-win)' 둘 중 하나의 결과로 나타난다. 전자는 게임과 같이 양 당사자 중에 어느 한 쪽이 패배함으로써 물고 물리는 또 다른 대립의 연속이 된다. 반면에 후자는 양 당사자 상호간 상생의 관계를 유지함으로써 공존의 연속을 암시한다. 일반적으로 우리의 현실에서 상대방이 자신에게 무릎을 꿇는 결과를 얻어내기 위하여 부정적인 방법과 비방이 난무하는 예가 많으나 앞으로 리더는 서로 함께 할 수 있는 방향으로 전환될 수 있도록 자신의 옆을 돌아보는 데 힘을 기울여야 한다고 생각한다.

갈등 관리와 해소에느 일방적인 승리보다 서로 양보와 타협이 미덕이다. 그리고 지는 것이 곧 이기는 것이다. 일시적으로는 자신이 손해를 본다는 마음으로 상대방에게 양보하는 것이 갈등을 해소하고 더 많은 이익을 가져다 주는 것이다.

2. 갈등 대처 모형(유형)

1) 회피형

갈등에서 나의 목적과 관계를 모두 포기하여 갈등 시 무력감을 느끼며 갈등을 피하는 것으로 갈등을 해결하려 한다. 계속 회피하다 보니 근본적인 문제해결이 되지 않을 뿐만 아니라 누적되어 우울증으로 가기 쉽다.

2) 공격형

목적은 중요하나 관계는 중요하지 않다고 생각하며 상대방을 공격 위협함으로써 관계성을 해치면서까지 나의 목적을 달성한다.

3) 양보형

관계는 중요하나 목적은 중요하지 않다고 생각하며 관계에 손상이 가는 것이 두려워 관계성을 살리기 위해 나의 목적을 포기한다.

4) 상호 의존형

목적과 관계를 모두 중요시하며 서로의 목적과 관계를 모두 성취하고자 갈등을 직면하고 해결해 나간다.

Ⅶ. 학교공동체 구성원 갈등 관리방안

일반적으로 갈등은 크게 욕구 갈등과 가치관 갈등으로 구분된다. 욕구 갈등이냐 가치관 갈등이냐는 대체적으로 나누어지지만 때로는 두 가지 갈등이 복합적으로 나타나기도 한다. 복합적 갈등이 학교갈등이 일반적 형태인 경우가 대다수이다.

따라서 분류하기 힘든 문제이거나 복합된 갈등이라고 생각될 때는 먼저 제3의 방법으로 대처하고 문제해결이 잘 안 될 경우 가치관 갈등으로 대처하는 것이 바람직하다. 그리고 가치관 갈등은 풀어 나가는 방법을 연구하기 전에 먼저 수용함으로써 갈등을 줄이는 것이 좋을 것이다. 내 기준과 내 잣대로만 재지 말고 상대방의 기준으로 보고 인정한다면 많은 문제들이 수용 가능한 것으로 변하리라 사료된다. 갈등 해소의 열쇠는 역지사지(易地思之)

의 입장인 것이다.

1. 학교에서의 갈등 유발 요인

오늘날 학교에서도 일반 사회와 같은 여러 가지 형태의 갈등이 끊임없이 표출되어 구성원 특히 관리자에게 많은 어려움을 주고 있다. 예전 같으면 크게 문제 될 일도 아닌 일들이 지금은 가감 없이 분출되고 있으며 심할 경우 교육활동이 위축되거나 학교경영에 많은 문제점을 야기하고 있다. 학부모와 담임교사 간의 갈등으로 인하여 심할 경우 폭력 사태로 발전하는 경우도 발생하고, 교직원 간의 갈등으로 인하여 동료 간의 반목과 질시가 계속되기도 하고, 교직원과 학교장과의 갈등으로 인하여 학교풍토가 달라지는 등 심각한 후유증도 일어나고 있다.

교직원과 학교장 간의 갈등의 원인은 학교에 따라 차이가 있겠지만 몇 가지 요인을 살펴보면 다음과 같다.

① 사회적인 변화: 학교조직의 변화에 의해 구성원들의 의식 변화로 오는 경우
② 개별적인 속성: 개인의 욕구나 가치관 차이로 오는 경우
③ 상반된 목적: 교직(교육)단체의 요구와 학교장의 교육철학이 상반되는 경우
④ 상하 직위의 엇갈림 문제: 수직관계인 상하 직위에 의한 명령－복종에 반발하는 경우
⑤ 역할 및 권한 경계의 모호성: 역할 및 고유권한에 대하여 상반된 입장을 내세우는 경우
⑥ 의사소통(커뮤니케이션)의 장애: 교직원과 학교장의 커뮤니케이션 통로가 원활하지 못한 경우
⑦ 기타: 그 밖에 인사문제를 비롯하여 업무추진과정에서 일어나는 여러 가지 방법상의 문제로 인한 경우

2. 학교 현장에서의 갈등 사례

가. 학교관리자(교장, 교감)와 교사 간에 일어나는 갈등
① 담임 배정에 대한 불만, 업무 분장에 대한 불평 불만
② 부서별 부장 임용에 따른 갈등
③ 학교 예산 집행의 불합리로 인한 갈등
④ 업무 추진상의 의견차로 인한 갈등

⑤ 의사결정의 불합리로 인한 갈등

⑥ 학교장의 차별 대우로 인한 갈등

⑦ 근무 평정의 불합리한 처리로 인한 갈등, 표창 등 인사 문제에 대한 갈등

⑧ 학교장의 권위주의로 인해 발생하는 갈등

⑨ 교육 전문성이 결여된 교내장학에서 오는 갈등

⑩ 학교장의 독단적인 학교경영에서 오는 갈등

⑪ 교사 출장비의 차등 지급으로 인한 불만

나. 교사와 교사(동료) 간의 갈등

① 원로 교사와 젊은 교사 간의 세대차에서 오는 갈등

② 보직 교사와 일반 교사 간의 업무 추진에 따른 갈등

③ 남녀 교사 간의 성의 차에서 오는 갈등

④ 순수내실파와 요령주의파 간의 갈등

⑤ 출신지역, 출신 학교(지연, 학연 등)가 서로 다른 교사 간의 갈등

3. 학교 내 갈등 조정 사례와 방안

가. 사례 ①: 교내 인사 관련 문제

사례 내용	교내 인사에 따른 갈등은 담임 배정, 보직교사 임용, 표창후보자 추천, 교원능력개발평가, 다면평가 근무 평정의 부적정 등에서 오며 이기주의적인 것이 있다. 불만과 갈등을 최소화할 수 있도록 절차와 방법을 과학적이고 합리적으로 추진할 필요가 있다.
조정 방안	교내 인사에 따른 갈등을 최소화하는 방안으로는 담임 배정이나 부장교사 임용에 앞서 교내 인사 규정을 마련하여 공개하고, 교내 인사자문위원회를 조직하여 충분한 협의 과정을 거쳐 최적의 안을 내어 학교장의 자문에 응하도록 하여야 한다. 이때 개인별 희망 조서는 물론 학년의 특성과 부서의 업무 내용에 따라 남녀, 경력, 능력 등을 고려하여 객관성, 공정성을 담보하여 공평무사하게 처리되어야 하며, 학교장은 반드시 교내인사자문위원회의 의견을 최대한 존중하여야 한다.

나. 사례 ②: 의사결정 관련 문제

사례 내용	학교장의 독단적인 학교경영과 의사결정의 불합리에서 오는 갈등이 있다. 관료주의적 학교경영이나 비민주적 의사결정은 자칫 교사들의 사기를 저하시킬 수도 있는 문제이다.
조정 방안	학교장의 바람직한 의사결정 과정을 위해 개방적인 대화 분위기를 조성하고 의사결정에 참여하도록 한다. 공식적 조직 및 비공식 조직의 의견도 수렴한다. 학교장은 옳다고 생각되는 소수의 용기 있는 의견에 귀를 기울인다.

다. 사례 ③: 회계 관리 관련 문제

사례 내용	학교 회계 관리가 불투명하다거나, 학교운영위원회의 심의 자체가 형식적이거나, 교사들의 출장비를 정액으로 지급하지 않고 차등 지급하는 등 학교 회계 예산 집행과 관련되는 갈등이 있다.
조정 방안	학교 재정 집행의 바람직한 방법은 교육과정이 편성되는 것과 때를 같이하여 학교 회계 예산 집행 계획을 수립하여 공개하며, 연 2회 정도 집행 결과를 학교운영위원회와 전 직원이 알 수 있도록 공개한다. 교원들의 여비는 규정 여비가 지급되어 사소한 일로 신경 쓰지 않고 출장 업무에 충실하도록 한다.

라. 사례 ④: 학교관리자의 리더십 관련 문제

사례 내용	학교장의 리더십 부족에서 느끼는 갈등이 있다. 학교장의 차별 대우와 교내장학 등에서 교육 전문성이 결여된 지도는 학교장의 권위와 지도력 약화는 물론 교사들이 갈등을 느끼도록 하는 요인이 될 수도 있다.
조정 방안	갈등 해소를 위한 학교장의 리더십 강화 방안은 먼저 학교장 자신이 민주적인 학교경영 철학을 확고히 가지고, 전 직원의 의견을 수렴함을 물론 능력에 따른 공정한 대우를 하여야 한다. 특히 학교장은 교육의 핵심인 수업장학의 전문성을 갖도록 하여야 하며, 학교장의 수업장학과 함께 동료장학, 자기 장학 쪽을 확대하여 나아가도록 한다.

마. 사례 ⑤: 교원들 간의 인간관계 관련 문제

사례 내용	교원들 간의 원만하지 못한 인간관계에서 오는 갈등이 있다. 원로 교사와 젊은 교사 간의 세대차에서 오는 갈등과 남녀 교사 간의 성별 차이에서 오는 갈등, 출신 학교가 서로 다른데서 오는 갈등은 그 요인이 보다 근원적이고 원초적이라 할 수 있다.
조정 방안	교원들 간의 원만한 인간관계를 조성하기 위해서는 교원 상호 간의 인격 존중 풍토가 조성되고, 서로 다른 다양한 가치관을 가질 수 있음을 인정하도록 하여야 한다. 학교장은 전 직원을 공정하게 대우하되 한 가족 교육공동체 의식을 심어 주며 친목 활동 등을 통하여 원만한 인간관계 조성에 힘써야 한다.

바. 사례 ⑥: 업무 추진 관계 관련 문제

사례 내용	업무 추진상의 의견 대립에서 오는 갈등이 있다. 서로 다른 견해에서 비롯되는 것이기는 하지만 부장 교사와 일반 교사 간의 업무 추진에 따른 갈등, 보다 열심히 해 보려는 내실파와 적당히 넘기려는 요령주의 교사 간의 갈등이다.
조정 방안	갈등 없는 조화로운 업무 추진을 위한 학교장의 역할은 여러 가지가 있겠으나 조직의 목표 달성을 위하여 반드시 추진해야 할 업무의 경우 역할 조정을 통한 대화와 설득을 펼쳐 나가며, 부장 단위 업무 협의체나 팀제 등을 통해 업무를 추진하도록 한다. 물론 부단한 연찬 활동을 통해 전 직원이 바람직한 교직관을 확립하도록 하는 일도 병행해 나아가야 한다.

4. 갈등 관리를 위한 학교관리자의 역할

학교조직 내에서의 갈등 관리 및 갈등 예방이나 갈등 해소를 위한 학교관리자의 역할은 매우 막중하다. 학교관리자의 리더십에 의해 갈등이 표면화되지 않는 경우도 있고 갈등이 일어날 경우 쉽게 해소되는 경우도 있으나 이와는 반대로 갈등이 더욱 증폭되는 경우도 있다. '사람이 있는 곳엔 갈등이 있다'라고 할 수 있을 만큼 갈등은 매우 다양하게 일어난다.

또한 효율적인 조직과 비효율적인 조직 간의 가장 큰 차이점은 갈등을 회피하는 것이 아니라 갈등을 인정하고 이를 해결하는 능력에 달려 있다고 한다.

21세기 세계화 시대를 사는 우리들은 다음과 같이 미래경영학자 피터 드러커(P. F. Drucker)의 말에 귀를 기울일 필요가 있다.

"올바른 결정은 반대되는 의견이나 다른 관점의 충돌에서 생성된다. 따라서 필요한 것은 의견의 일치가 아니라 불일치이고 모두의 의견이 일치한 경우라면 결정해서는 안 된다. 성과를 올리는 사람은 의도적으로 의견의 불일치를 만들어 내기도 한다."

우리가 애용하는 만장일치에도 분명 문제점이 있을 수 있다는 전제 아래 한편으로는 교사들과 학교장의 갈등은 자연적이고 필연적이며 당연하다는 생각을 하고, 또 한편으로는 리더의 자세와 역할에 따라 갈등이 해소되거나 증폭되는 경우를 보면서 갈등 예방 및 해소를 위한 학교장으로서 갖추어야 할 기본적인 자세와 역할을 나름대로 제시하면 다음과 같다.

1) 분위기 조성

조직 안에서 발생한 문제에 대해 대응 전략이나 해법이 서로 교환되지 않는 분위기가 형성되면 부정확한 정보나 루머가 나돌게 되어 조직구성원들은 좌절하거나 노여움, 초조, 불만족을 경험하게 되어 심한 갈등을 겪게 된다. 이를 해결하기 위하여 두려움 없이 허심탄회하게 정보를 공유할 수 있는 분위기를 조성하고 의사소통의 (커뮤니케이션) 경로를 개방하는 것이 중요하다.

2) 화해(和解)

화해는 분쟁을 끝내기 위해 조정하고 합의하는 것으로 갈등 당사자들의 불만을 해소하거나 인간관계를 중시할 때, 신뢰 구축을 위해서 필요하다. 화해전략으로는 커피타임이나 유머, 공동참여 이벤트 등이 있다.

3) 협상(協商)

가장 많이 사용하는 갈등 해소 방법으로 노사협상, 정치협상, 외교협상 등이 있다. 협상은 요구가 아닌 대안 제시에 가까우므로 상대방을 이해시켜서 얻을 것을 얻도록 하는 것에 포인트가 주어진다. 협상은 공동이익을 추구한다는 점에서 블루오션(blue ocean), 상생(相生), 승-승(win-win) 게임 및 전략과 같다.

4) 설명(說明)과 설득(說得)

대부분의 갈등은 진지한 설명과 설득으로 해결이 가능하다. 그러나 대개의 한국인은 자신의 입장을 차분하고 설득력 있게 제시하는 데 어려움을 겪는다. 이것은 가부장적인 가족 문화와 병영생활, 권위적인 직장풍토 등이 원인인 것으로 보이며, 형식적인 논의와 쟁점사항에 대한 얼버무리기 등에 익숙해 있어 정확하고 명쾌한 설명과 설득력이 부족하다.

5) 회피(回避)와 철수(撤收)

회피는 갈등의 해결을 연기하여 상대방의 감정이 진정될 때까지 기다리거나 시간을 벌기 위한 방편으로 활용되며, 철수는 갈등 상황으로부터 완전히 물러나는 것을 의미하는 것으로 회피의 좀 더 극단적인 형태라고 할 수 있다. 노사관계에서 흔히 볼 수 있는 수단이다.

학교공동체 구성원 갈등 해소를 위한 학교장의 역할보다 중요한 것은 학교장의 기본적인 자세라고 할 수 있다. 오히려 교사들은 평소에 학교장을 바라보는 시각에 따라 갈등을 억제하기도 하고 갈등을 분출하기도 한다. 따라서 한국이 학교 조직 문화를 바탕으로 학교장의 바람직한 기본자세를 몇 가지 제시하면 다음과 같다.

첫째, 언제, 어떤 경우라도 교직원을 무조건 신뢰한다. 모든 갈등 해결은 상호 간의 믿음에서 출발한다(신뢰).

둘째, 학교장 자신이 청렴하고 규칙적인 직장생활을 한다. 소위 '바담 풍(風)' 사건을 학교관리자가 야기해서는 안 된다(수법적 언행).

셋째, 교육 전문성 신장과 실력을 쌓기 위해 자기연찬과 연수에 진력한다(교육 전문성).

넷째, 지나치게 원칙에만 집착하지 않는다. 법과 규정을 준수하되, 그 범위 내에서 재량권을 행사할 수 있는 것은 교직원 편에 서서 배려하여야 한다(원칙 준수와 현실적 재량권 규형과 조화).

다섯째, 신중하게 생각하되 결정을 너무 오래 끌지 않는다. 학교장의 의사결정은 결단력이 있어야 한다(의사 결정과 결단력 발휘).

여섯째, 모든 것을 항상 혼자 결정하지 않는다. 대체적으로 독단적이 결정보다는 공동의 의견이 더 바람직할 수 있는 것이다(집단지성과 공동의 의사결정 모색).

일곱째, 담당 교직원의 의견을 최대한 존중한다. 항상 하의상달식(下意上達式) 의사소통을 의사결정의 통로로 이용하여야 한다(전 교육공동체 구성원들의 의견 수렴).

여덟째, 한 번 지시한 것은 다시 하지 않는다. 학교관리자는 금방 시행되지 않더라도 여유를 갖고 기다리는 아름다움을 보여야 한다(여유와 관용).

아홉째, 모든 일에 항상 앞장서지 않는다. 학교관리자는 나설 때와 들어갈 때를 알고 행동하여야 한다(절제와 자기 관리).

열째, 교직원들을 가족처럼 대한다. 실제 교직원은 학교에서 지내는 시간이 매우 길다. 그 학교에서의 생활과 근무 시간이 늘 행복하도록 서로 배려하고 보듬어 주어야 한다(돈독한 동료애).

Ⅷ. 맺고 나오는 글

학교사회에서 갈등 예방이나 해소를 위해서 무엇보다 중요한 것은 신뢰풍토 조성이다. 교직원들이 학교장을 신뢰하고 학교장이 교직원을 신뢰하는 분위기에서는 갈등이 적고 혹 생기더라도 바로 해소된다. 따라서 이러한 학교풍토를 조성하기 위해서는 학교장 스스로의 의식과 태도가 먼저 변해야 한다. 또한 지혜로운 리더는 갈등을 일으키는 동시에 갈등을 해소할 줄 알아야 한다. 서로 믿는 학교에서는 어떠한 일도 해낼 수 있으며, 어려운 문제도 쉽게 해결될 수 있다. 그리고 무엇보다 중요한 것은 기다림이라고 할 수 있다.

조직이 건강한 학교에서 건전한 학교교육이 이루어지고 학교공동체 구성원들이 신바람 나는 가운데 근무하면서 훌륭한 교육활동을 수행하게 되는 것이다.

모름지기 21세기 학교관리자로서의 학교 리더의 바람직한 모습은 3Do 3Don't이어야 한다. 즉 3Do는 신뢰, 칭찬, 흥미(believe, praise, interest)이고, 3Don't는 증오, 분노, 서두르기 등 안하기(hate, angry, hurry up)인 것이다.

학교구성원들 간의 갈등은 학교조직 및 경영 기법의 변화에 따른 일련의 과정에서 나타나는 현상이라고 볼 때 해결방안이 전혀 없는 것은 아니라고 본다. 갈등이 발생이 있으면 어렵기는 하지만 이의 해소방안, 해결방안이 존재하는 것이다. 이 해소방안, 해결방안을 강구하는 것이 학교공동체 구성원들의 역할인 것이다.

교원들의 갈등 실태와 요인은 다양한 측면에 걸쳐 나타나고 있으며, 그중 대부분은 학교경영과 밀접히 관련되어 있다. 따라서 학교장이 앞장서서 갈등 요인을 최소화할 수 있는 방안을 찾아야 할 것이다.

먼저 학교관리자는 학교경영의 CEO로서 경영상의 모든 문제에 대한 의사결정 과정에 많은 교직원들이 참여할 수 있도록 다양한 기회를 제공하여 주어야 하며, 학교경영의 투명성 확보는 물론 과감한 추진력, 칭찬과 격려 등으로 교원 상호 간의 인격을 존중해 주고 개인별 특성을 인정해 주는 너그러움을 보여 구성원 간 원만한 인간관계가 형성되도록 적극 노력하여 건전한 교직 풍토 조성에 앞장서는 멋진 모습을 보여 주어야 한다.

21세기 세계화 시대에 바람직하고도 민주적인 학교 문화 정착은 학교공동체 모두의 권리이자 책무이다. 아울러, 학교장 등 학교관리자는 학교갈등의 관리자이자 조정자로서의 역할에 충실하여야 한다. 이를 위해서는 민주적 경영 철학을 가지고 교육 전문가로서 권위를 인정받도록 부단히 노력하는 자세가 아주 중요한 것이다. 누가 뭐래도 건전한 학교갈등 관리는 바람직한 학교경영과 학교교육과정 운영의 변하지 않는 열쇠이다.

교육은 사랑이다. 따라서 교육은 갈등의 대상이나 상대를 배척(배제)하고 따로 가는 것이 아니라 감싸 안고 기쁜 마음으로 함께 가는 아름다운 동행(同行)인 것이다.

제11장 다시 생각하는 교사론과 교직윤리관

I. 들어가는 글

우리가 함께 사는 21세기 사회는 세계화·정보화 사회이다. 수렵채취사회를 거쳐 농경사회, 산업사회를 거쳐서 지식기반사회가 도래한 역동적인 사회인 것이다. 산업화, 민주화, 국제화, 정보화 시대를 질주하여 세계화 시대에 이른 것이다.

지구상 65억여 명의 인구들은 저마다의 일(과업)을 수행하면서 생활하고 있다. 사람은 누구나 일을 하면서 살아왔고, 앞으로도 일하면서 살아갈 것이다. 직업은 성인들의 일상적인 활동으로써 경제적으로 보상되는 활동이며 자아실현의 한 과정이기도 한다. 인간은 직업을 통해 자신의 능력을 발휘하고 자아실현을 한다. 따라서 직업은 개인적으로는 생계수단인 동시에 자아실현의 과정이며, 사회적으로는 사회구성원의 책무로 사회적 역할 수행이라고 할 수 있다. 직업관은 직업생활에 대한 일정한 견해나 마음가짐으로 이는 직업에 대한 이해나 해석의 정도에 따라 달라질 수 있다.

직업에 대한 보다 구체적인 이해를 위해 개인적 측면과 사회적인 측면에서 살펴보면, 개인적 측면에서 직업은 대체로 성인들이 생계유지를 목적으로 수행하고 있는 일상의 생산적 활동인 동시에 자신의 능력을 실현하는 자아실현의 과정이다. 인간은 자신과 가족의 생계를 유지하기 위해 경제적 소득을 목적으로 일을 한다. 이러한 생계 유지수단으로 직업은 생존을 위해 어쩔 수 없이 해야 하는 강제된 의무이므로 노동의 개념이 강하다. 그러나 인간은 단지 먹고살기 위해서만 일하는 것은 아니다. 일하는 과정을 통해서 인간은 자신의 능력과 개성을 발휘하며, 그러한 과정 속에서 삶의 기쁨과 보람을 느끼게 된다. 이러한 과정이 바로 자기실현의 과정인 것이다. 자신이 하는 일이 강제적 의무가 아니라 내적인 필요에 의해서 자주적이고 자유스러운 동기에서 행해질 때 직업은 고통스런 것이 아니라 개인의 재능, 능력, 개성을 발휘하는 과정이 되며, 삶의 희열을 느끼는 것이 된다. 그러므로 직업은 생계유지의 수단뿐만 아니라 자기의 능력과 개성을 실현함으로써 기쁨과 보람을 느낄 수 있는 삶의 활력소가 되어야 한다. 사람들이 경제적 이유만으로 직업을 갖는 것만은 아니라는 점을 간과해서는 안 된다. 오히려 직업의 보람과 만족은 인간의 자아실현 측면에서 고찰하는 것이 더욱 바람직할 것이다.

사회적 측면에서 직업은 사회구성원의 책무로써 사회적 역할 수행이라고 할 수 있다. 직업은 단지 개인적 차원에서의 생계유지나 자아실현에 그치지 않고 개인이 자신의 역할을 수행함으로써 사회가 유지되고 발전되는 역할을 수행한다. 사회적 측면에서 직업이란 사람들이 분화된 사회기능 속에서 개인이 특수적·전문적 분야를 분담함으로써 사회가 유지되고 발전되는 것이다. 인간은 직업을 통하여 사회조직 속에 들어가며 사회적 연대를 형성하여 그 사회의 구성원이 된다. 따라서 직업은 독립적이고 개별적인 것이 아니라 상보적인 관계를 지니며 직업 속에서의 역할수행을 통하여 한 사회가 성립할 수 있는 것이다. 그러므로 직업은 단순한 생계유지나 자기실현을 넘어서는 사회적인 역할을 수행하게 되는 것이다.

직업에 따라 다양한 특성이 있지만 그중에서도 교직은 특별한 의미를 지니고 있다. 왜냐하면 교직은 2세들의 교육을 담당하는 교사들의 직업으로서 다양한 인간성을 지닌 학생들을 대상으로 하기 때문이다. 교육은 인간세계의 가장 근원적이고 밀착된 현상으로 인류의 역사와 더불어 시작되었다. 교육이란 현상 및 작용이 우리 인간의 존재와 생활에 지극히 근원적인 것으로 좀 더 나은 인간생활을 하기 위해 인류에게 반드시 필요하기 때문이다. 나약한 인간이 만물의 영장으로 우수성을 지닐 수 있었던 것은 부모가 자녀에게 이 우수성을 전수하고 자녀는 이것을 교육활동을 통하여 한층 더 발전시켜 왔기 때문이다.

근래 교육계와 교원들이 어렵기는 하지만, 교육의 주체인 교원들이 어떠한 철학과 신념을 갖고 교직을 수행하느냐 하는 것은 교육의 정체성, 교직의 정체성과 직결된다. 국가백년지대계(國家百年之大計)라는 교육이 주어진 소명을 다하려면 교원들이 바로 서야 하고 교직윤리가 반듯하게 정립되고 수행되어야 한다.

II. 교직의 본질과 특성

교육과 교직이 지극히 오랜 역사와 전통을 가진 근원적인 것이라는 것은 인간은 교육에 의해서 인간이 된다는 것, 교육이 없으면 인간이 될 수 없기 때문이다. 이렇게 인간의 생육에 많은 시간을 필요로 하는 것은 인간에게 얼마나 교육이 필요하며 얼마나 중요한가를 말해 준다. 즉 인간은 교육적 배려 없이는 생물로서 생육과 성장도 어려우며, 만물의 영장으로서 지능과 덕성에서 다른 동물들에 비해서 뛰어나는 일도 불가능하다. 이렇게 중요한 교육은 기본적으로 인간을 보다 바람직한 인간으로 형성시키는 작용이므로 인간에게 그것보다 더 중요한 일이 따로 있을 수 없기 때문에 인간 생활에서 가장 근원적이며 중요한 위치를 차지하고 있다.

이렇게 볼 때 인간은 교육을 통해서만이 인간다워질 수 있다. 이러한 교육은 과거, 현재, 미래에 걸쳐 중요한 기능을 발휘한다. 교육의 기능을 변천하는 사회의 차원에서 볼 때는 과거를 중시하는 유형유지 기능이 있고, 현재를 강조하는 사회적응 기능이 있으며, 미래를 중시하는 사회개조 기능이 있다. 교육에서 유형유지 기능이란 제도화된 문화유형의 계속적인 안전을 유지하기 위한 기능, 즉 사회의 유지 존속을 위한 문화유산의 전달 기능을 말한다.

교육은 사회생활의 필요에 의하여 사회존속의 수단으로 시작되었다. 사회의 존속이란 성인시대가 생물학적으로 사멸하면 다음 세대가 그 사회의 성원이 되어 생명을 이어 간다는 의미뿐만 아니라 그 사회의 문화유산을 다음 세대에 전달하고 또 그다음 세대는 그것을 계승함으로써 사회는 정신적으로 존속하여 간다는 것이다. 따라서 교육은 인류가 수천 년의 역사를 통해서 축적해 온 여러 영역에 걸친 문화유산을 다음 세대에 계승 유지시키고 나아가서 그들의 창의적 활동을 통해서 확장시키는 것을 의미한다.

학교교육에서 문화유산의 전달은 근본적으로 청소년의 사회화에 관계된다. 학교에서 교사는 학생들에게 사회생활과 복지에 필요한 언어와 기술을 훈련시키고, 사회의 규범과 관습에 숙달하게 하며, 문화의 기본적 가치를 익히도록 한다. 또한 교사는 학생에게 문화유산을 전달하되 그들이 비판적으로 학습하도록 지도해 간다.

교육은 기존 사회의 문화를 계승하고 유지하는 기능뿐만 아니라 사회를 개혁하고 새로운 문화를 창조해야 하는 기능을 가지고 있다. 즉 교육은 그 사회구성원을 사회화함으로써 우선 그 사회에 적응할 수 있는 자질을 갖추게 하고, 이런 성원의 사회 참여를 통해서 새 가치, 새 체제, 새 문화의 창출을 꾀하는 사회개조를 위한 기반조성이 된다. 따라서 교사는 학생에게 현존하는 사회질서의 비판 및 새로운 가치규범과 가치관을 추구함으로써 사회개혁을 할 수 있는 지식, 기능, 태도, 신념 등을 형성해 주어야 한다. 학교의 사회 개혁적인 다른 일면은 학교가 중심이 되어 직접적으로 현 사회를 개혁하는 데 지도적 역할을 담당하는 일이다. 현 사회의 문제점을 발견하고 지역사회 주민과 협력하여서 이를 시정하고 개발하는 일이 또한 학교에 맡겨진 기능의 하나라고 본다.

교직은 일반 직업 내지 직장에 비해 다음과 같은 특성을 지니고 있다.

첫째, 교직은 인간을 대상으로 하는 직업이다. 인간을 대상으로 하는 직업은 다양하지만 그들의 대상은 인간 그 자체를 주 대상으로 하기보다는 신체적인 혹은 정신적인 어떠한 기능의 일부만 대상으로 한다. 이와는 달리 교사가 대상으로 하는 인간은 인간의 어느 부분적인 기능을 말하는 것이 아니며, 전인으로서의 인간, 즉 지적·정신적·신체적·정서적·사회적·문화적·정치적 특징을 지닌 인간 그 자체를 대상으로 하는 것이다. 이것이 바로 교직만이 갖고 있는 특징이며, 다른 직업과의 차이점이다. 그러므로 교사는 지식을 가르치는 것도 중요하지만 전인적인 인간, 인간다운 인간을 길러 내는 것이 더 중요하다고 하겠다.

둘째, 교직은 미성숙자를 대상으로 하는 직업이다. 교사는 아직 장성하지 않은 어린이(학생), 아직 성숙하지 않은 사람을 대상으로 다룬다. 아동기는 가소성(plasticity)이 큰 시기로 교육 정도에 따라서 개인의 삶이 얼마든지 바뀔 수 있다. 따라서 교사는 현재의 미성숙한 인격을 가진 아동을 이상적인 인간으로 성장 발달할 수 있도록 도와주어야 한다. 즉 교사는 미성숙한 인간을 성숙한 인간이 되도록 도와주는 직업이다.

셋째, 교직은 사회에 봉사하는 직업이다. 물론 교직도 일반 직업처럼 경제적 보수를 목적으로 하는 것은 분명하지만 여타 직업에 비해 사회봉사가 더욱 요구되는 것은 분명하다. 그러므로 교직은 봉사직으로서 사명이 더욱 요구되는 전문직이다. 이 점에서 교직을 인류와 사회에 대한 봉사직이며, 희생을 감수해야 할 직업이라 하여 천직 또는 성직이라고 한다.

넷째, 교직은 국가와 민족에 대하여 지대한 영향을 주는 공공기업이다. 교직은 피교육자인 어린이에게 관심을 가져야 하는 동시에 그들이 구성원이 될 사회를 고려하여야 한다. 교직은 개인적으로는 피교육자인 어린이와 가장 친근한 사적인 관계를 맺는 동시에 사회적으로 국가나 민족의 장래에 대하여 지대한 영향을 미치는 공공사업이다. 물론 다른 직업도 직접·간접으로 국가사회나 민족의 운명과 밀접한 관계를 갖지만 교직은 이와는 차원을 달리하여 국가나 민족의 정신적 교화의 주역이 되며, 나아가서는 국가나 민족이 당면한 문제를 가장 효과적으로 해결해 나갈 수 있는 원동력을 가지고 있다는 점에서 국가나 민족의 운명과 직결된다. 오늘날 국가마다 교육부분에 막대한 경비를 투자하고 있다. 이것은 교육이 국가와 민족의 흥망성쇠와 직결되는 중대한 문제이기 때문이다.

다섯째, 교직은 사회 발전에 중대한 역할을 담당한다. 교육의 중요한 기능은 인류가 쌓아 온 문화유산을 보존하고 계승하여 새로운 문화를 창출하는 것이라고 할 수 있다. 따라서 교육을 담당하는 교사는 인류가 축적해 온 문화유산을 다음 세대에 전달하는 동시에 현재를 출발점으로 하여 보다 나은 미래문화를 창조하는 일에 주역이 되어야 한다. 그러므로 교사는 현상유지에 급급하고 무사 안일하게 행하는 보수적이고 소극적인 자세에서 벗어나 미래를 위해 적극적이고 진취적인 자세로 행동해야 하는 미래지향적으로 대처해야 한다.

이처럼 교직은 미성숙자인 아동을 대상으로 하여 이상적인 전인적 인간으로의 성장 발달을 도모하고, 나아가 아동으로 하여금 훌륭한 사회인이 될 수 있도록 교육함으로써 사회와 국가발전에 기여할 수 있는 전문직이고 봉사하는 직업으로서 막중한 역할을 수행하여야 한다. 특히 미래사회를 나아갈수록 교사의 역할은 더욱 강조될 것이다.

Ⅲ. 교직관의 분류

교직의 중요성은 교직관에 관한 기본적인 시각과 관점의 차이에 따라 교사의 교직과 교원 단체에 대한 가치관과 태도에 차이가 생기고 그것은 교육의 수행에 엄청난 결과를 빚게 되는 데 연유한다. 어떠한 교직관이 우리 사회의 교직 발전과 국가발전에 보다 적합하고 적극적인 기여를 할 수 있느냐에 관한 논쟁은 오래된 것은 아니다.

일반적으로 교직관에 대해서는 다양한 관점에서 정의되어 왔지만, 전통적으로 크게 성직관·노동직관·전문직관이라는 세 가지 유형이 제시되고 있다. 이 세 가지 유형의 교직관은 각기 다른 철학적 기초, 사회적 배경, 현실적 감각, 문제인식을 갖고 있다.

1. 성직관(聖職觀)

교직을 성직이라 일컫게 된 연유를 살펴보면 교육하는 일은 서양의 중세사회에서는 종교가와의 겸직이었다. 따라서 서양 중세사회의 직업에는 교사는 독립된 하나의 직업으로 취급되고 있지 않았다. 이와 같은 교사라는 직업은 처음에는 종교가가 맡고 있었기 때문에 성직으로 불렸고, 국가에 의한 국민 교육제도가 확립된 이후도 교직을 성직시하는 경향이 계속 이어져 오고 있다.

교육을 담당하는 일은 기계로 물건을 생산하거나 물건을 판매하는 직업과는 달리 인간으로 하여금 장래의 성공적인 사회의 일원이 되도록 하기 위하여 피교육자의 성장 발달을 돕고 인격 형성을 도모하는 업무이기 때문에 다른 직업과는 비교조차 할 수 없는 숭고한 가치를 갖고 있는 업무이므로 교직을 성직으로 보는 것이 타당하다. 교직은 고도의 정신적 봉사활동이기 때문에 세속적인 것과는 거리가 먼 직업이 되어야 한다는 생각인데 이러한 생각은 그동안 많은 교직자들 자신은 물론이고 사회 각계 인사들이 바라는 바였다.

따라서 교사교육은 성직자적 교사상을 함양하기 위하여 무엇보다도 교사의 권위를 중요시하였고 엄숙한 몸가짐과 태도, 성직자와 같은 사랑과 헌신, 희생과 봉사를 강조하였다. 이러한 견지에서 교직은 하나의 성스런 정신적 활동으로 보는 관점은 오랜 전통을 이루어 왔으며, 오늘날에 있어서도 상당히 광범위한 호응을 받고 있다. 그것은 교육의 본질이 인간의 영혼과 정신을 다루는 것이며, 그리고 세속적인 것과는 거리가 먼 정신적 자세로 교직에 종사한 사람이 많았기 때문에 이와 같은 교직관이 형성되었을 것이다.

이와 같은 성직관은 교사의 높은 윤리성과 인격성을 강조하는 점에서는 긍정적이다. 특히 한창 성장기에 있는 학생들에게 있어 교사는 주요한 동일시 대상이기 때문에 교사가 윤리적·도덕적으로 모범적인 생활을 보여 주고 높은 인격으로 학생들을 감화시켜 주는 일은 충분히 강조되어야 할 것이다.

그러나 교사가 봉건적 사회질서를 유지하는 가치관과 세계관을 학생들에게 강제로 주입시켰던 중세사회에서는 시의적절한 교직관이라고 볼 수도 있다. 그러나 현대는 다원적인 가치와 민주적인 생활양식이 중시되는 사회다. 따라서 획일적인 가치체계에 의해 존속되던 전통사회에 적합한 교직관을 그대로 유지할 수는 없다. 따라서 현대 사회에 보다 적합한 새로운 차원의 인격성과 윤리성이 요구되어야 할 것이다.

2. 노동직관(勞動職觀)

교원들, 특히 교사들이 아무리 인간형성이라는 중요한 업무에 종사하고 있다고 할지라도 역시 교사도 학교라는 직장에서 일정한 근무조건에 따라 보수를 받고 일하고 있기 때문에 기본적으로는 노동자의 근무구조를 갖고 있음을 강조한다. 이러한 주장에 의하면 교사도 노동자의 범주에 속한다. 따라서 다른 노동직과 마찬가지로 노동의 반대급부로서 임금을 지불받고 노동조건의 개선과 치우의 개선을 위하여 단결하고 집단적으로 교섭하여야 하며 경우에 따라서는 단체행동도 불사한다는 입장이다.

이 입장은 교원도 여타의 노동자나 근로자와 마찬가지로 학교라는 직장에 고용되어 정신적 노동이나 근로를 제공한 대가로 생계를 유지할 수 있는 보수를 받는다는 점에서 노동자나 근로자에 불과하다는 견해이다. 국·공립학교의 경우 국가나 공공단체가, 사립학교의 경우 사학재단인 학교법인이 사용자 또는 고용주이고, 교원은 피고용인인 노동자 또는 근로자이며, 학교의 고객과 소비자는 아동과 학생이라는 생각이다.

산업화 과정에서 노동자들이 단결하여 그들의 권익을 지키기 위한 수단으로 조합주의를 택했던 것과 같이 노동직관을 가진 교사들은 그들 자신의 권익을 옹호하는 수단으로서뿐만 아니라 교육의 발전을 위해서도 조합주의와 집단행동이 필요 불가결한 조건임을 강조한다.

이러한 노동직관은 교사의 지위 향상도 오직 노동자로서의 권리행사를 통하여 이룩될 수 있다고 믿는다. 교육과 교직의 문제를 이상적이고 당위적인 차원에서가 아니라 실제적이고 사실적인 차원에서 접근함으로써 자본주의 사회에서 교육 또는 교직에 관련된 부정적인 문제해결에 어느 정도 기여하고 있다고 평가할 수 있다. 또한 노동직관은 교사들의 사회·경제적 지위를 향상시키고 교육에 대한 외부의 부당한 침해를 차단하려는 노력에 있어서도 긍정적인 평가를 내릴 만하다.

그러나 교직을 노동직으로 정의하는 개념은 사실 애매모호한 점이 있다. 왜냐하면 교직을 노동직으로 볼 경우 누군가에게 고용되어 보수를 받는 모든 직업은 노동직이며 그들은 노동자인 것이다. 또한 노동직관에서 주장하는 노동 3권의 완전한 보장은 교육현장에 있어서 위험성적 요소를 지니고 있다. 예를 들어, 교사의 단체행동권을 인정하여 교사의 태업 또는 과업, 즉 수업거부를 합법적인 노동쟁의로 인정하게 될 경우 학생들에게 그 직접적인 피해로 돌아갈 수 있다. 그러나 어떤 경우에도 교사가 교육행위 자체를 거부하는 일은 정당화될 수 없다. 한국에서 정부가 전국 교직원노동조합을 합법화하면서도 단체행동권을 인정하지 않은 것도 바로 이러한 문제가 발생할 가능성이 있기 때문일 것이다.

3. 전문직관(專門職觀)

서양의 경우 전통적으로 대학에서 전문인을 양성하였기 때문에 신학, 법학, 의학의 학문적 배경과 지적 훈련을 바탕으로 인간을 위해 봉사하는 성직과 의사 및 법률가, 그리고 이들을 양성하는 대학의 교수직을 전문직의 전형으로 삼고 있다. 이들 직종은 현재에도 여전히 전문직으로서의 역할을 하고 있다. 그런데 사회의 변동과 발전에 따라 직업이 점차 세분화되고 고도화되면서 전문직의 범위가 확대되어 전문직과 비전문직을 구분하는 기준에 따라 전문직을 정의하기가 모호하고 불분명하게 되었다.

일반적으로 전문직의 의미를 파악할 때 전문직이라는 개념 자체를 정의하기보다는 전문직의 속성이나 특징을 열거하여 전문직을 결정하는 준거로 삼는다.

보는 관점과 시각에 따라 다르기는 하지만, 대체로 전문직의 요소는 ① 독자적이고 분명하며 본질적인 사회적 봉사, ② 봉사를 수행함에 있어서 지적 기능(intellectual techniques)의 강조, ③ 장기간의 전문적 양성교육, ④ 개인 실무자로서나 전체 직업집단으로서나 광범한 자율권, ⑤ 전문적 자율권의 범위 내에서 내린 판단이나 행동에 대한 책임의 수용, ⑥ 경제적 이익보다는 자기가 행한 봉사의 중요성, ⑦ 실무자들의 광범한 자치조직 등을 들 수 있다.

교육 전문직으로서의 교직관에 있어 가장 중심적 특징은 교원의 교육에 대한 전문적 자율성이다. 교직은 특히 이 부분이 중요시되어야 한다. 아무나 학생들을 가르칠 수 있다는 왜곡된 믿음이 타파되어야 한다. 그 이유는 교육이라는 일이 인간 정신의 내면에 관한 것으로 그것은 매우 섬세한 일이고 규격화하기 어려운 성질의 것이기 때문이다. 전문 자율성이란 직무의 수행에 있어 전문적인 사항에 관해서는 자주적인 판단과 기술을 행사하는 자유를 인정받는 것이다. 자율성이 사회적으로 용인되고 적정하게 행사되려면 고도의 전문성과 책임성이 전제되어야 한다. 교직은 교사의 직무 수행에 있어 전문적인 사항인 교육내용과 교육방법을 결정하는 데 있어서는 교사의 자유가 허용되어야 하는데 이러한 자유의 남용을 방지할 수 있는 것은 교사가 학생을 교육한 결과에 대해서 책임을 진다고 믿기 때문이다. 따라서 전문직관에서의 교원상은 연구자로서의 전문적·자율적 교원이다.

교육 전문직으로서 교원은 교육목적을 달성하기 위하여 자신이 맡고 있는 학생들에게 상응하고 적합한 교육내용을 선정할 줄 알아야 하고 교육내용에 따른 다양한 교수법을 구사해야 한다고 보기 때문에 교사의 교직기술을 대단히 중요시하는 입장이다. 교사의 정치활동에 관한 견해에 있어 이들은 학교교육의 장(場)에 교사의 정치성이 학생에게 부당한 영향을 끼쳐서는 안 되기 때문에 교사는 정치적 중립을 엄정하게 지켜야 한다는 입장이다. 또한 교사의 경제적 지위에 있어 교직에 유능한 인재를 확보해야 한다는 관점에서 교사의 보수는 다른 직업인의 보수보다 높게 책정되어 있어야 한다는 입장이다.

교직을 성직이나 노동직으로 보지 않고 하나의 전문직으로 보는 이 입장은 교직을 고도의 지성과 정신적 봉사활동을 위주로 하는 직업으로서 국가 사회가 공인하는 엄격한 자격을 소유한 자라야 종사할 수 있다고 본다. 교원들은 전문적 지식과 기술을 소유한 자로 공인된 자이기 때문에 업무수행상의 자율성과 더불어, 그 업무의 애타적 봉사성 때문에 고도의 윤리성이 요구된다.

교직을 이와 같이 전문직으로 인식하여 교직에 종사하는 교원에게 요구되는 것은 우선 자기가 가르치는 교과에 대한 전문지식이 필요하고, 다음에는 그것을 가르치는 교육방법, 가르친 바를 평가하는 방법, 교육내용의 선정과 구성, 학생에 대한 이해, 생활지도의 방법 등이 필요하다고 본다. 그리하여 이미 고찰한 바와 같이 교직과정의 구조가 전공교과와 교과교육 및 교직이론으로 구성되고 있는 것이다.

사실, 교직을 종교적·윤리적 측면을 강조한 성직으로 보느냐 경제적 측면과 더불어 교원의 권익을 보다 중요시하여 노동직이나 근로직으로 보느냐 또는 교육을 수행하는 학교 사회나 교육조직의 독자성과 역할수행의 전문성을 인정하여 전문직으로 보느냐의 관점에 따라 교원의 자질과 역할 수행에 영향을 주게 된다.

Ⅳ. 세계화 시대의 교원의 역할과 윤리

1. 교원의 역할

일반적으로 '인간은 사회적 동물이다'라는 명제가 시사하는 바는 인간은 홀로 존재할 수 없으며 반드시 두 사람 이상이 모여 집단이나 조직을 이루고 생활하는 존재라는 것이다. 현대인은 조직 속에서 각자의 욕구를 충족하면서 공동의 이익이나 목적을 추구하고 있다. 각자의 욕구를 최대한으로 충족하면서 조직의 공동목표를 최대한으로 추구하려면 조직을 구성하고 있는 사람들의 협동적 노력이 필요하고, 이를 가장 능률적으로 효과적으로 달성하는 방법이 기능적인 분업화라는 것이다. 그리하여 조직은 상사와 부하 간이라는 종적 · 수직적인 분업체제로서 계층이 있고, 같은 계층 간에도 과업의 성격에 따른 부서라는 횡적 · 수평적인 분업관계가 형성되어 있다. 현대인은 이와 같은 종적 · 횡적으로 구성되어 있는 조직의 어떤 자리를 차지하고 인생을 영위하고 있는 것이다.

역할이란 이와 같이 조직에서의 자리 · 위치 · 직위, 즉 지위를 차지하고 있는 사람에게 기대되는 일 · 과업 · 업무 · 직무 · 책임 · 의무 · 행동 등 통합적으로 개념화한 것이다. 결국 역할이란 지위에 기대되는 행동, 즉 지위의 역동적 측면을 말하고 지위란 역할의 정태적 측면을 말한다. 따라서 지위와 역할은 동전의 앞뒤와 같이 불가분의 관계에 있다. 교장의 역할은 교장의 지위에서 수행해야 할 책임과 의무를 의미한다. 그런데 이와 같은 역할은 그와 관련된 상대적 역할과의 관계에서 더욱 분명해진다.

예컨대, 한 가정에서 남편의 역할은 부인의 역할과, 부모의 역할은 자녀의 역할과의 관계를 떠나서 존재할 수 없고, 학교에서 교장의 역할과, 교사의 역할은 학생과의 관계를 떠나서 규정될 수 없듯이, 관련된 역할과의 상보적 관계에서 분명해진다. 그리고 역할은 역할담당자의 특성을 고려하지 않고 모든 역할담당자가 그 자리에 주어진 역할은 동일하게 수행하기를 기대하고 개념화된 것이다. 따라서 교사의 역할은 학교라는 조직에서 교사라는 지위에 있는 모든 사람들에게 기대되는 행동유형인 것이다. 그러므로 교사의 역할에 포함된 기본개념은 교사의 지위와 기대 및 행동이다.

2. 교원의 자질

교원들은 교육에 있어서 핵심적인 역할담당자로서 질 좋은 교육이 이루어지기 위해서는 훌륭한 자질을 갖춘 교사가 필요하다. 교사의 자질이란 교사에게 부여된 역할을 성공적으로 수행하기 위해서 교사에게 요구되는 자질로서 교사가 갖추어야 할 인간적인 바탕을 뜻하는 것이다. 따라서 훌륭한 교사는 다음과 같은 자질을 갖추어야 할 것이다.

첫째, 신체적으로 건강한 교원이 되어야 한다. 어느 직업이나 건강한 직업인을 요구하지만 교직에 있어서 교사의 건강은 가장 필수적인 요소라 하겠다. 왜냐하면 가르치는 일은 무척 힘든 일이기 때문이며 교사의 건강이 좋지 않은 경우에 그 영향이 직접 학생들에게 전달되기 때문이다. 건강한 교사는 모든 일에 적극적이고 진취적이다. 또한 건강한 교사는 학생들을 가르치고 지도하는 일에 싫증을 내지 않으며 교사의 생활 자체가 명랑하고 낙천적이며 역동적이 될 수 있는 것이다. 이에 비해 건강치 못한 교사는 소극적이고 수동적이며 학생들을 가르치고 지도하는 일에 소홀하며 기계적으로 될 가능성이 높다.

둘째, 교원은 정신적으로 건강하며 건전한 사고와 정서적으로 안정성을 갖추어야 한다. 교사에게 있어서 정신적 건강과 정서적 안정성은 신체적 건강 못지않게 중요한 것이다. 늘 불안해하는 교사, 감정의 기복이 많은 교사, 항상 비판적이고 공격적인 교사, 타인을 곤경에 몰아넣고 쾌감을 느끼는 교사, 교직에 있으면서 학생을 싫어하는 교사 등은 모두 정신적으로 불건강한 상태에 있으며 정서적으로 안정되지 못한 상태에 있는 것이다. 만일 이러한 교사들이 현직에서 학생들을 다루고 있다면 그들에게 미치는 영향은 매우 클 것이다. 정신적으로 건강하고 정서적으로 안정되어 있는 교사는 자신이 처해 있는 위치를 바로 볼 줄 알며, 그 토대 위에서 학생들과의 인간관계를 포함한 모든 사회관계를 원만하게 처리할 수 있는 것이다. 학생들은 이러한 교사를 포함한 모든 사회관계를 원만하게 처리할 수 있는 것이다. 학생들은 이러한 교사의 영향에 따라 민감한 변화를 가져오기 때문이다.

셋째, 교원은 상식과 교양을 갖추어야 한다. 훌륭한 교사는 지식의 전달자로서의 역할뿐만 아니라 광범위한 분야의 상식과 교양을 쌓을 필요가 있으며, 넓은 분야의 교양을 갖추고 있어야 할 것이다. 훌륭한 교사는 학생들에게 교과서의 지식 전달에만 그치지 않고 넓은 의미의 생활지도를 해야 하므로 풍부한 교양이 절실히 요망된다. 교사에게 있어서 일반적인 교양만큼 중요한 것이 전문학과의 교양이 필요하다. 특히 중등학교의 교사에게 있어서는 전문적인 교양이 절실히 요구된다. 교직을 전문직이라 함은 교사 각자가 자기가 맡은 분야에 대해서는 전문적인 지식을 갖추고 있음을 의미하는 말이다. 따라서 교사는 자신의 분야에 있어서 전문적 지식을 갖추고 있을 때 학생들을 올바르게 지도할 수 있는 것이다.

넷째, 인생의 통합성을 갖춘 교원이 되어야 한다. 교사는 교원이기 이전에 한 인간이다. 인간답게 살고 인간답게 즐기고 다른 인간과 생의 뜻을 발견하고 자기가 알고 지낼 수 있는 인간이어야 하겠다. 더구나 교사는 항상 자라나는 청소년들과 생활함으로써 한마디로 원만한 인간이어야 할 것이다. 수신제가치국평천하(修身齊家治國平天下)라는 말처럼 교사로서의 참된 인간성은 그의 사람됨에서 출발하는 것이므로 교사가 먼저 자신의 인격부터 수양해야 한다. 교육이 단순한 지식의 전달로서 끝나는 것이 아니고 또 참된 교육이 생활 속에서 학생들에게 주는 교사의 인간적 감화라고 한다면, 이 인격의 통합성 문제는 교원이 갖추어야 할 자질의 하나로서 매우 중요하다.

3. 교원의 임무

교원의 임무란 교사의 지위에 부여되는 기대에 따라 한 교사가 수행하는 행동을 말한다. 기대는 보통 규범성을 가지고 있어 개인의 사회적 행동에 영향을 주고 있으나 어떤 지위에 부여된 일반적 기대만으로 그 지위의 모든 사람이 똑같이 행동할 것이라고 예언할 수는 없다.

따라서 여러 가지 원인에 의해 실제 수행하는 역할행동과 역할 기대 간에 일치 또는 불일치 현상이 일어난다. 그 역할행동과 역할기대 간에 간극(gap)이 좁은 교원이 훌륭한 교원이다. 따라서 교사에 있어서도 그 지위에 기대되는 임무 중에서 몇 가지 기본적인 임무에 대해 밝히고자 한다.

가. 학습을 도와주는 교원: 다정한 지원자

학생들에게 필요한 지식을 교수한다는 것은 교사의 주 임무다. 학생들은 교사가 살아 있는 교과서의 구실을 해 주기를 바란다. 교사의 지식 정도는 학생들의 학업성취와 밀접한 관련이 있는 점으로 보아 지식의 공급원으로서 학생들의 학습을 조력해야 하는 것이다.

그러나 교사의 역할이 단순히 지식을 전달하는 데 그쳐서는 안 된다. 학생들이 중요한 지식을 이해하고 새로운 지식을 찾아내고 이미 습득한 지식을 적용하여 새로운 문제를 해결하는 등의 학습과정에서 교사는 유능한 조력자로서의 역할을 수행해야 하는 것이다. 특정한 개념이나 원리를 학습자의 발달단계에 맞도록 설명해 주는 일, 학생들의 개인차에 맞도록 학습과정을 마련해 주는 일과 같은 학습조력자로서의 역할을 수행하는 일이다.

나. 인생을 안내하는 교원: 인생의 안내자

학생들은 교사와의 인간적인 상호작용을 통하여 성장·발달하게 된다. 따라서 교사는 학생들의 인간적인 성숙을 기하기 위하여 다양한 역할을 수행하게 되는데, 이를 인생안내자로서의 역할이라고 할 수 있을 것이다. 교사는 학생들보다는 이미 다양한 경험을 했으며 이러한 경험은 진학지도나 취업지도, 학습지도 등과 같은 학생 지도에 귀중한 자료가 될 수 있다. 또한 학생들이 바람직한 인격과 지식의 습득, 그리고 학생집단의 질서를 유지하고 공공의 규칙을 지키는 태도를 기르기 위해서는 엄격한 훈육자로서의 역할도 수행해야 할 것이다.

다. 불안과 갈등을 해결해 주는 교원: 갈등의 해결자

학생들은 성장해 나가는 과정에 있어서 여러 가지 불안을 겪게 된다. 자기가 처해있는 상황에 대한 이해의 부족으로 또 그러한 상황을 처리할 수 없는 자신의 능력부족에서 오는 불안은 자연히 성인의 도움을 필요로 하게 된다. 상황에 대한 적절한 설명, 학생들의 안정된 생활에 맞게 상황을 통제하는 일 등, 교사는 아동의 불필요한 불안을 제거해 주는 역할을 한다.

그러나 한편 교사의 행동은 학습자에게 불안을 제거해 주기도 하지만, 새로운 불안을 가져다주는 경우도 있다. 학생들로 하여금 지나친 경쟁 상태에 처하거나, 학생의 능력한계를 벗어난 기대, 일관성 없는 훈육 등은 학습자에게 불안을 가져다줄 수 있는 가능성을 포함하고 있다.

라. 자아실현을 도와주는 교원: 자아실현 촉진자

사춘기와 질풍노도의 청소년기로 성장 중에 있는 학습자들이 당면하는 문제에는 자신을 잃게 하는 일, 자기 부족을 느끼게 하는 일, 열등감을 느끼게 하는 일 등이 있다. 현실적인 목표를 세우고 작업 과정에서 성취감을 맛보게 하고, 성취에 대한 주위의 인정을 받도록 하는 일들은 모두 학생들의 자아를 옹호해 주고, 증진시켜 주는 일에 속한다. 항상 새로운 학습과업에 부딪히게 되는 학교의 생활상황에서 학생들의 자아를 옹호해 주는 일은 교사에게 맡겨진 중요한 책임 중의 하나다.

학생들에게 작은 일이라도 성취하고 성공하게 하여 자부심과 성취감, 그리고 정체성과 강한 의욕을 갖고 참여토록 하는 것이 매우 중요한 교육과 교원의 역할인 것이다.

마. 동일시의 대상인 교원: 역할 모델(role model)

학생들의 사회화 과정에서 교사는 사회의 가치와 생활양식의 동일시 대상으로서의 역할을 담당하게 된다. 교사는 학생들에게 있어서 가장 대표적인 동일시 대상으로서 교사의 행동과 사고방식은 학생들의 성장과 발달에 큰 영향을 미치므로 교사의 역할은 매우 중요하다. 그것은 교사가 학생들의 동일시(identification) 대상이 된다는 의미이다. 그러므로 교사의 모든 행동은 학생들에 의해서 모방되기 마련이다.

이 밖에도 교원의 역할에 대해 학습매개자, 평가자, 훈육자, 상담친구, 중류 도덕성의 대리자, 부모의 대행자, 조력자 등의 역할 등으로 고찰할 수도 있으며, 한편으로는 교원의 역할을 학생과의 심리적 관계를 중심으로 살펴보면, ① 사회의 대표자로서의 역할, ② 판단자로서의 역할, ③ 지식 자원자로서의 역할, ④ 학습조력자로서의 역할, ⑤ 심판자로서의 역할, ⑥ 훈육자로서의 역할, ⑦ 불안 제거자로서의 역할, ⑧ 동일시 대상으로서의 역할, ⑨ 자아옹호자로서의 역할, ⑩ 집단지도자로서의 역할, ⑪ 부모 대행자로서의 역할, ⑫ 적대감정의 표적으로서의 역할, ⑬ 친구로서의 역할, ⑭ 애정 대상자로서의 역할 등으로 구분하였다. 이 외에도 학급경영자로서의 역할, 학교직원으로서의 역할, 지역사회 자원인사로서의 역할 등 교사의 역할과 임무 등으로 다양하게 접근할 수도 있다.

V. 새로운 교직윤리의 정립

일반적으로 윤리란 사람의 품성이나 행위의 규범이고, 도덕의 근본관념인 도리, 의무를 뜻한다. 다시 말하면 윤리란 개인행동이나 개인과 개인의 상호작용이 이루어질 때 지켜야 할 규범이나 도덕을 말한다. 따라서 교직윤리란 교사로서 지켜야 할 도리를 말한다. 교직은 개인의 성장과 국가사회 발전의 원동력이 되는 교육을 하는 직업이다.

따라서 교사에게는 법규적 공식적인 규칙의 준수도 중요하지만 학생지도나 조직생활에서 요구되는 윤리의 실천이 더욱 중요하다. 교직이 다른 직업에 비하여 법규나 법률보다는 윤리나 도덕이 더욱 강조된다. 이는 교직관에서 나타난 바와 같이 교직은 성직이며, 전문직이기 때문이다. 교육의 성과는 교육력에 의하여 좌우되고, 교육력은 교권의 수준과 같은 관계가 있다. 그러므로 교권이 확립되지 못할 때는 교육력이 약화되어 제도나 시설, 방법 등이 아무리 좋아도 높은 수준의 교육성과는 기대할 수가 없다. 아울러 학생의 바람직한 성장은 교사와 학생 간의 바람직한 인간관계에서 이루어지기 때문에 교사나 학부형의 윤리성은 학생의 발달에 많은 영향을 미친다. 이처럼 교사의 학생에 대한 사랑이나 신뢰는 학생의 성취에 절대적인 영향을 미치기 때문에 교사의 윤리 문제는 매우 중요하다.

교직윤리란 교직자가 교직 실천에서 지켜야 할 것으로 기대되는 행동규범이다. 그런데 교사가 교직 실천을 하려면 자기를 어떻게 관리해야 할 것이며, 학생, 가정 및 지역사회에서 사람들과의 관계는 어떻게 유지·처신하며, 교직 직무수행을 어떻게 해야 할 것인가? 이와 같은 사실에 대한 사회적 규율을 교직윤리라고 할 수 있다. 교직윤리의 규율은 강제적·타율적이 아니라 자발적이며 능동적이다. 교직 수행의 전 과정에서 교사 스스로 실천하기를 기대하는 규범이 교직윤리이다.

교직(teaching profession)이란 교육직, 다시 말하면 교원의 직무를 말한다. 교원의 직무는 한 마디로 교육하는 일로서 가르치는 직무를 말한다. 교육하는 일이란 사람을 가르쳐 사람을 만드는 일로서 개인적 입장에서 볼 때는 개인의 능력과 자질, 그 도덕적 품성을 형성하는 일이며, 국가 사회적 입장에서 생각할 때는 시민 혹은 국민의 생산력과 도덕적 자질을 만드는 일이다. 교직은 일반 생산 노동자가 아니고 단순한 공무원도 아니다. 개인의 일생에 영향을 미치며, 국가·사회의 미래에 막중한 영향을 미치는 시민의 도덕적 성품과 자질을 형성하는 일이다. 그러므로 교직자는 다른 어떤 직종의 사람들보다도 높은 도덕관과 표준적 윤리관을 가지고 있어야 한다. 교직자의 교육 실천 행위는 누구의 간섭도 받지 않지만 사회적 요구와 기대라는 보이지 않는 윤리적 규제의 대상이 된다.

물론 교사의 행동을 규제하는 통제 메커니즘으로서 국가적으로는 성문법으로서의 법규가 있다. 법규는 헌법, 초·중등교육법 등 기본법에서부터 교육공무원법, 교육공무원법 시행령 등 각종 법률과 명령에 의한 규제를 받는다. 이는 외적·공식적 측면에서 강제적으로 교사의 행동을 규제한다. 그러나 교사 행동의 적절성 또는 적부의 판정은 이와 같은 외적·강제적·형식적 통제만으로 충분하지는 않다. 따라서 내면적·자발적·잠재적 규제가 뒷받침되어야 한다. 인간형성이라는 교직의 직무는 정형화되어 있는 것이 아니고 다양하며, 자유재량의 폭이 매우 크다. 그러므로 교사의 내적·심리적·잠재적 동기와 자발적·능동적 규율이 중요하다. 인간의 도덕적 품성의 형성은 내적 동기와 자발적 의지에 의해 더 크게 영향을 받는 것이다. 그러므로 교사의 법규 준수 그 자체보다도 교사행동에 대한 윤리성이 중시되는 것이다.

전문직의 속성 내지 전문직으로서의 교직관에서는 교원들, 특히 교사들에게 고도의 윤리성이 강조된다. 사회 일반에서 일반인들과 교원들을 재는 잣대가 다른 것이다. 다른 전문직과는 달리 교직에서 윤리성이 더욱 강조되는 것은 무엇보다도 교사의 봉사대상이 미성년인 학생들이기 때문이다. 학교가 일종의 공익조직이면서 학교가 그 이익과 혜택을 보장해 주려는 대상이 학교의 교직원이 아니라 다름 아닌 학생들이기 때문에 이들을 위주로 모든 학교운영이 영위되어야 하기 때문이다.

그런데 '교실왕국'이라는 말이 있을 정도로 학생들은 교사에게 일방적으로 지배되고, 통제되는 나약한 위치에 있고, 자기들에게 최선의 이익이 무엇인가를 잘 알지 못할 뿐만 아니라 그것을 안다 하더라도 교사에게 그것을 정당하게 주장할 수 있는 위치에 있지 못한다. 따라서 이와 같은 교사와 학생 간의 일방적이고 경직된 상하관계를 완화하고 학생의 학습과 성장을 최대한으로 보장하려면 교사의 도덕적 성실성과 윤리의식에 의존하지 않을 수 없는 것이다. 여기에 각국은 법규 면에서 교사의 권리와 더불어 의무를 규정하고 있을 뿐 아니라 교직단체를 통하여 교사들 스스로의 윤리강령을 제정하여 이를 생활규범으로 준수하고 있다.

1. 사랑과 신뢰의 교직

사랑과 신뢰는 교직생활에서 꼭 지켜야 할 으뜸 되는 윤리로 학생지도에 가장 큰 영향을 미치는 덕목이다. 성공적인 학생지도를 위한 윤리의 덕목으로 사랑과 인내 및 신뢰 등이 전제되어야 한다.

특히 교사는 제자를 사랑하고 개성을 존중하며 한마음 한뜻으로 명랑한 학풍을 조성해야 하고, 학생의 인권을 존중하고, 학생을 공평하게 지도하며, 개성을 존중하고, 교사는 언어와 행동이 사회의 존경을 받도록 교양을 높여야 한다.

2. 성실과 창조의 교직

교사에게 있어서 성실성을 매우 중요시되는 항목으로 교사는 폭넓은 교양과 부단한 노력으로 교직의 전문성을 높여 국민의 사표가 되고, 원대하고 치밀한 교육계획의 수립과 성실한 실천으로 맡은 책임을 완수해야 한다. 또한 교사는 언제나 품위 있는 언동으로 학생을 지도하고, 사회의 일원으로서 모든 책임과 임무를 완수하며, 자기의 성장을 위하여 부단히 연구 조사하고 이러한 회합에 적극적으로 참여해야 할 것이다.

3. 협동과 봉사의 교직

교사는 서로 협동하여 교육의 자주 혁신과 교육자의 지위 향상을 위하여 적극 노력하고, 가정교육, 평생교육과의 연계와 유대를 강화하여 사회복지국가 실현에 앞장서야 할 것이다. 또한, 교사는 가정과 유기적인 관계를 맺도록 노력하고 가정교육에 적극 협조하고 자녀에 대한 부모의 책임을 존중하고 그 의견을 학교교육에 반영하며, 동료 간의 친목과 협조로서 건실한 학원 분위기 조성에 노력해야 한다. 이처럼 교사는 사랑과 신뢰, 성실과 창조, 협동과 봉사의 덕목을 고루 갖추어야 할 것이다.

교원들은 이와 같은 교직윤리를 철저히 지켜야 한다. 물론, 교원들이 이와 같은 윤리를 지킨다고 반드시 교육이 잘 된다는 보장은 할 수 없다. 대체적으로 교육력이 바탕이 되는 교권은 상대적인 성격을 띠고 있기 때문에 윤리실천을 위한 교원들의 노력만으로 교권이 확립되는 것이 아니라 국가, 사회, 교직원, 학교운영위원, 학부모, 학생 등 전 교육공동체 내지 국민 모두가 교육을 바르게 이해하고 윤리적으로 성숙될 때 세계화 시대의 교직윤리의 실천도 가능하여질 것이다.

Ⅵ. 맺고 나오는 글

사회가 다르고 시대가 변함에 따라서 교육관, 교직관에 변화가 생기고 따라서 기대되는 교사상도 변천하기 마련이다. 그럼에도 불구하고 일반인들이나 교사 자신이 생각하는 교사상에 대한 관점은 큰 변화가 없었던 것이 사실이다. 21세기 사회는 교직의 보편적이고 항구적인 역할담당자로서의 교원뿐만 아니라, 미래를 개척하고 주도하며 지향하는 역동적인 교원을 요구하고 있다. 또한 미래의 세계 사회는 전문성, 전인교육, 평생교육, 국제화·세계화 등의 요구에 부응할 수 있는 교원들을 요구하고 있다. 이를 바탕으로 미래사회가 요구하는 교사상은 다음과 같이 종합할 수 있다.

첫째, 모름지기 교원들은 자기가 가르치는 교과에 대하여 넓고 깊은 지식을 가지며 실력이 있어야 하고 동시에 자기가 가르치는 교과를 좋아하여야 한다. 교사의 첫 번째 임무는 교수·학습지도에 있으며 스스로 가르치는 교과에 대하여 충분히 알고 튼튼한 실력을 지녀야 함은 너무나도 당연하다. 동서고금을 막론하고 변함없는 기대의 하나는 교사 자신이 자기가 가르치는 교과에 대하여 철저하고 정확한 지식을 가져야 된다는 점이다. 이는 교직의 전문성을 나타내는 척도이기도 하다.

둘째, 교원들은 교육과 제자들에 대한 이해와 사랑과 봉사에 철저해야 한다. 교사는 필연적으로 어떤 복잡한 인간관계의 망 속에 들어가게 된다. 교사는 학생들을 사랑과 이해와 친절과 따뜻함으로 대해야 한다. 받는 사랑이 아니라 주는 사랑을, 한없이 베푸는 사랑을 해야 한다. 똑똑한 학생을 칭찬하는 대신 학습부진아에 대한 동정과 책임감이 교사가 갖추어야 할 성품이며, 성서에서 말한 대로 '잃어버린 한 마리의 양을 찾아 헤매는 목자'와 같은 성품을 지녀야 한다. 교사는 학생을 사랑하고 학생 개개인을 바르게 이해하고 잘 알고 있어야 한다. 학생의 개성을 존중하고 그 능력과 적성 및 발달 단계에 맞게 교육하는 것이 올바른 교육의 길이다. 학생의 발달단계, 능력 및 적성에 맞는 교육을 실시해야만 올바로 학생을 사랑하고 이해하며 그 바탕 위에서 교육이 성립되는 것이다.

셋째, 교원들은 스스로 자기의 품성과 자질, 능력 등을 꾸준히 발전시키고 향상시키는 데 앞장설 것이 기대되며 모든 일에 솔선수범하여야 한다. 교원은 학생들로 하여금 잠재적 능력을 개발 신장하도록 도와주어야 한다. 남을 지도하면서 스스로 노력하지 않는다며 위선자가 되거나 무능력자가 되기 쉽다. 제아무리 훌륭한 실력을 가졌다 하더라도 오늘날과 같이 급변하는 사회에 있어서 꾸준히 노력하지 않고서는 탁월한 실력을 유지하기란 힘들다. 우리는 이 사실을 운동세계에서 자주 접하게 된다. 매일 갈고닦지 않으면 한때 제아무리 명성이 높은 선수라 하더라도 언젠가는 쇠락의 길을 걷게 된다는 사실이다. 꾸준히 자라나는 세대에 대하여 참다운 선생으로서 존경을 받고 신뢰를 받기 위해서는 부단한 노력 속에서 가능하다 할 것이다.

교원들, 특히 일선 학교 교사들은 생각을 행동으로 옮기는 사람이 되어야 한다. 언행일치(言行一致), 학행일치(學行一致)라는 말이 있듯이 교양과 인간애를 갖추었으면 그것을 실제로 행해야 한다. "남을 움직이려거든 내가 먼저 움직여야 하고 남을 감동시키려거든 내가 먼저 감동해야 한다"라는 말이 있듯이 교사의 행동이나 언어 하나라도 세심한 배려로써 행할 때 다른 사람을 감동시키는 폭발적인 힘이 발휘되곤 한다. 이는 교사만이 지니는 특권이요, 신비스런 작용이다. 그래서 교사는 자기 자신을 보다 세련되게 다듬는 자기반성의 시간을 게을리 해서는 안 된다.

솔선수범의 자세는 인격교육의 원리에서 당연히 그러하거니와 학습지도 면에서도 인격적 교섭관계 속에서 교육이 이루어진다는 사실을 상기한다면 거의 모든 면에서 수범이 선행되어야 한다. 물론 교사라고 해서 모든 면에서 모든 학생을 앞설 수만은 없을지도 모른다. 그러나 학습지도나 품성지도에 있어서 바른 본보기를 보여 주지 못한다면 학생은 누구를 본받게 될 것이며 그렇게 될 때 교직은 아무런 의미가 없는 직업으로 전락하고 말 것이다.

넷째, 교사는 학생들에게 희망을 주는 사람이 되어야 한다. 교사의 얼굴에는 그림자나 어둠이나 실망이 없고, 언제나 미래를 내다보는 희망이 깃들어 있어야 한다. 학생이 잘못을 저질렀을 때 비판하는 얼굴이 아니라 바른 길로 가도록 격려하는 얼굴이다. 그의 얼굴은 오늘날 우리 사회의 부조리에 낙망하는 것이 아니라, 내일의 비전에 용기를 가지는 얼굴이다. 교사가 지켜야 할 희망적인 생의 태도는 주위환경의 조건에 따라가는 것이 아니라 현실을 보다 바람직하게 개선하고 개혁하며 혁신하려는 굳은 의지를 갖추는 것이다. 교사는 미래에 대해 희망적인 전망을 가져야 하고, 설령 미래가 밝은 전망을 내다볼 수 없을 때에도 희망을 갖고 이 희망을 주위 사람들에게 불러일으켜 잠자는 혼을 깨워야 한다.

다섯째, 교사는 교육혁신에 대하여 수동적·방관자적 태도를 버리고 이에 능동적으로 참여하며 스스로의 위치에서 교육의 혁신을 추진하고 실천하는 변화의 촉진자 역할을 해야 한다. 교육혁신과 교육개혁은 국가 정책적·제도적 차원에서의 변화는 물론 보다 새로운 교육풍토를 이룩하고 교육의 운영과 방법에 대해서도 끊임없는 쇄신과 발전을 기하고자 하는 정책지향을 추상적으로 표시한 것에 불과하다. 교사는 항상 교육발전과 쇄신에 대한 구상을 가져야 하며 그것을 실천함에 있어서 방관자의 입장을 떠나서 능동적으로 비판하고 창의적으로 참여하는 실천인이 되어야 한다. 교사들이 정책발전이나 정책형성은 물론 집행과 평가의 과정에서 보다 활발하게 의견을 개진함으로써 교단중심 교육행정이 이루어지도록 돕는 것도 중요하다. 그보다 더 중요한 것은 스스로 학생을 지도하는 과정에서 구습을 버리고 항상 새로운 창의와 개척의 정신으로 개선과 향상을 기하려는 전진적 의지와 자세를 가져야 한다는 점이다. 스스로의 위치와 처지에서 변화, 보다 나은 방향으로의 변화를 설계하고자 하는 자세를 견지하여야 함을 강조하려는 것이다.

결론적으로, 21세기 시대를 이끄는 견인차인 교원들은 세계화에 대응하는 안목과 능력, 태도를 가져야 할 것이다. 새로운 세계화 시대, 세계 속의 한국으로 크게 부각되고 있는 개방사회 지향의 시대적·사회적 요청을 받아들여 보다 넓은 시야와 관점에서 자라나는 세대의 젊은이들을 이끌어 나갈 수 있는 안목과 능력, 태도 등을 가져야 할 것으로 기대된다.

이 땅의 교원들 스스로가 세계적인 교육이나 교육정책의 사조와 추세를 이해함은 물론 자라나는 청소년들로 하여금 자주적 정신과 더불어 세계를 향하여 개방된 진취적 태도를 견지할 수 있도록 유의하여야 할 것이다. 다른 민족과 문화에 대한 이해를 증진하게 함은 자기중심적인 세계관을 버리고 폭넓은 시야와 아량과 도량을 가질 수 있도록 스스로 본보기를 보여 주어야 할 것이다.

특히, 교원들은 교육 전문직으로서 역사와 시대를 견인하고 미래의 기둥이자 오늘의 새싹들인 학생들을 사랑과 관심, 그리고 배려로 보듬어 주는 참스승상의 정립하는 것이 중요하다. 근래 교원들의 권위가 실추되고 교권이 유린되는 사회 일각의 도덕적 해이(moral hazard)를 해소하고 교육과 교권을 회복하고 반듯하게 정립하여야 하는 소명(mission)도 결국 우리 교원들에게 부여되어 있다는 점을 명심하여 할 것이다.

제  부

국민행복교육과 교직 청렴도 제고

[제Ⅲ부 탐구의 핵심과 초점] - 국민행복교육과 교직 청렴도 제고

박근혜 정부는 교육 지표로 '꿈과 끼를 기르는 국민행복교육'을 내걸었다. 즉, 학생·교원·학부모·지역 인사 등 전 교육공동체 구성원 모두가 행복하고 만족하는 교육을 구현하고자 노력하고 있다. 한편, 교육의 주체인 교원들의 공직자 청렴과 공무원행동강령 준수를 강조하고 있다. 교원들이 공직자로서 더욱 맑고 밝고 투명하게 처신하고 업무 처리를 하도록 기대하고 있다. 그러므로 공직자인 교원들은 더욱 수범적으로 청렴 실천과 공무원행동강령을 준수하여야 한다. 자신에게 엄격하고 타인에게 관대한 올곧은 공직 생활이 요구되고 있다.

제1장 교육공동체로서의 학교운영위원회 이해와 바람직한 운영 개선 방안 탐구

I. 들어가는 글

현재 전국의 국·공·사립 유·초·중·고교에 설치·운영되고 있는 학교운영위원회는 학교 의사결정 과정에서 자율화·민주화의 상징적 존재로 자리하고 있다. 학교운영위원회는 1995년에 단행된 김영삼 정권 문민정부의 이른바 5·31교육개혁 과제 가운데 하나인 혁신적인 새로운 학교제도로 등장하였다. 현행 학교운영위원회는 여러 가지 애로도 있기는 하지만 학교장의 학교경영을 뒷받침하는 심의 기구(사립은 자문기구)로서의 역할을 충실히 하면서 우리나라 각급 학교에 안착해 가고 있다.

즉 학교운영위원회는 과거 공급자 위주로 설계되었던 우리의 교육체제를 학생·학부모·지역사회의 다양한 요구를 수렴하여 반영하는 수요자 중심의 교육체제로 변화시킴으로써, 21세기 세계화 시대, 지식기반사회에서 요구하는 교육을 실시할 수 있도록 하기 위한 새로운 교육개혁 과제로 출범하였다.

학교운영위원회는 학교운영에 학부모, 교원, 지역인사가 참여함으로써 학교 정책결정의 민주성 및 투명성을 확보하고, 지역실정과 학교특성에 맞는 다양한 교육을 창의적으로 실시할 수 있도록 심의·자문하는 기구이다.

사실 그동안 학교운영위원회는 시범 운영에서부터 오늘에 이르기까지 18여 년이 흘러 이제는 학교교육활동의 중요 사항을 모두 심의하도록 되어 있는 법정 기구로서 교육활동의 중요한 한 축을 담당하고 있다.

우리나라에서 학교운영위원회는 학교장 일방 통행적이었던 과거와 달리 학교 의사결정의 민주화·투명화 및 공정성 담보를 지향하며, 학부모와 지역사회 인사가 참여하도록 기회를 부여하여 학교가 교육공동체로서 새롭게 자리매김하였으며, 교육활동을 교육수요자 중심으로 운영되도록 하는 데 크게 기여하고 있다.

현재 전국의 모든 유·초·중·고교에서는 학교운영위원회를 바람직하게 운영하고 있는 것으로 나타나고 있다. 학교운영위원회는 국·공립학교는 심의 기구로서 역할을 수행하고 있고, 사립학교에서는 자문 기구로서의 기능을 담당하고 있다. 특히 2013학년도부터는 전국의 모든 유치원(초등학교 병설유치원 포함)에서도 의무적으로 학교(유치원)운영위원회를 조직·운영하고 있다. 학교운영위원회의 중요성이 더욱 강조되고 있는 것이다.

따라서 교육공동체, 학교공동체로서의 학교운영위원회에 대한 새로운 이해와 바람직한 역할 탐구가 요구되고 있는 즈음이다. 학교운영위원회에 대한 새로운 이해와 역할 탐구는 정부와 교육당국은 물론, 학교장, 교직원, 학생, 학교운영위원, 학부모, 학교 총동문회, 지역사회 인사 등 전 교육공동체가 함께 참여해야 할 중요한 사항이라는 점도 간과해서는 안된다.

이제 20년 가까운 연륜을 갖는 우리나라의 학교운영위원회에 대하여 그 설치 의도와 바람직한 운영 방안과 실제, 그리고 운영의 활성화 방안, 바람직한 개선 방안 등에 대해서 교육공동체 모두가 허심탄회한 마음으로 숙고(熟考)와 성찰(省察)을 해 보아야 할 시점이라고 사료된다.

Ⅱ. 학교운영위원회의 법령적 배경

1. 학교운영위원회의 설치 의의

학교운영위원회는 학교운영에 학부모, 교원, 지역인사가 참여함으로써 정책결정의 민주성 및 투명성을 확보하고, 지역실정과 학교특성에 맞는 다양한 교육을 창의적으로 실시할 수 있도록 심의·자문하는 기구이다.

특히 학교운영위원회는 학교운영과 관련된 중요한 의사결정에 학부모, 교원, 지역인사 등이 참여함으로써 학교 정책결정의 민주성·투명성·합리성·효과성을 확보하고, 지역실정과 학교특성에 맞는 다양한 교육을 특성 있게 수행할 수 있도록 심의(국·공립)·자문(사립) 기구이다.

2. 학교운영위원회의 성격

가. 단위학교 차원의 교육 자치기구: 교육자치 법정 기구

학교운영의 중요한 사항에 대해서 학교구성원인 교원, 학부모, 지역사회인사 등이 참여하여 민주적인 절차에 따라 자율적으로 결정하는 단위학교 차원의 자치기구이다.

나. 학교 내외의 구성원이 함께하는 학교공동체: 교육공동체 핵심

학교운영위원회는 학교의 구성 주체이면서도 이제까지 학교운영으로부터 소외되어 왔던 교사와 학부모, 지역사회 인사들이 학교운영의 중요한 의사결정에 참여하는 학교공동체이다.

다. 개성 있고 다양한 교육을 꽃 피울 수 있는 제도적 장치: 교육의 다양화, 학교경영의 투명성 제고

학교운영위원회 제도는 학교의 규모, 환경, 학부모의 사회·경제적인 지위 등 학교가 처해 있는 실정과 특색에 맞게 다양하고 창의적인 교육을 실현할 수 있는 터전을 제공한다.

3. 학교운영위원회 관련 법령 구조

현행 법령상 학교운영위원회는 초·중등교육법, 초·중등교육법 시행령, 각 시·도립학교운영위원회설치·운영에 관한 조례 및 사립학교 정관, 각급 학교의 학교운영위원회 규정 등에 규정되어 있는 법정 기구이다.

〈표 III-1-1〉학교운영위원회의 법령적 구조

구분	주요 내용
초·중등교육법	학교운영위원회 설치 근거, 운영위원의 결격사유, 학교운영위원회의 기능, 학교운영위원회의 구성·운영, 학교발전기금 조성 근거
초·중등교육법 시행령	학교운영위원회의 구성 원칙, 위원의 선출 방법, 운영위원회의 심의 등, 시정명령 근거, 조례 등에의 위임 근거, 사립학교의 운영위원회 구성, 학교발전기금 조성 방법·사용범위 등
각 시·도립학교운영위원회설치·운영에 관한 조례 및 사립학교 정관	학교운영위원회 설치 특례, 위원의 임기 및 자격, 학교운영위원회의 운영 방법 등
각급 학교의 학교운영위원회 규정(유·초·중·고교)	위원의 정수, 위원의 임기개시일, 정당원에 대한 자격제한 여부, 교원위원의 자격, 정기회의 소집시기, 운영위원회 회의일수 및 회기 등, 소위원회의 종류 및 운영 절차 등, 자생조직과의 관계, 기타 학교운영위원회의 구성·운영에 필요한 사항

III. 학교운영위원회의 의의와 성격

1. 학교운영위원회의 기관 의의: 법정 자치 기구, 교육공동체

학교운영위원회는 단위학교 교육자치 기구로 학교운영의 제반 사항을 심의한다. 그리고 학교 내외 구성원들이 함께 참여하는 학교공동체, 교육공동체로서의 의의를 갖는다. 아울러, 단위 학교 경영과 교육과정 편성·운영에 관련하여 개성 있고 다양한 교육을 꽃피울수 있는 제도적 장치이기도 하다.

2. 학교운영위원회의 기관 성격: 국·공립 심의기관(기구), 사립 자문기관(기구)

가. 심의기관(국·공립학교)

국·공립학교의 학교운영위원회는 초·중등교육법 제32조와 초·중등교육법 시행령 제60조, 제61조에 의거 다음과 같은 사항을 심의하는 기관의 성격을 갖는다.

① 학교운영에 필요한 의사결정: 공동체적 의사결정(신중하게)

② 학교운영에 관계하는 사람들의 의견 조정: 통합과 조정

③ 학교장의 독선 견제: 사전에 심의 절차 시행

나. 자문기관(사립학교)

사립학교의 학교운영위원회는 초·중등교육법 제32조의 규정에 의거 다음과 같은 사항을 자문하는 기관의 성격을 갖는다.

① 학교장의 요청 또는 자발적으로 학교장의 의사결정에 참고 의견 제공

② 학교장의 학교경영에 도움이 될 만한 내용에 관한 자문

3. 학교운영위원회의 기관(기구) 설치: 법정 기구, 필수 기구

학교운영위원회는 법령에 의거 전국의 국·공·사립 유치원, 초등학교, 중학교, 고등학교에 설치된 법정 기관이면서 필수 기관이다.

① 법정 기관(기구): 법규에 따라 설치 기관

② 필수 기관(기구): 법규에 반드시 설치토록 한 기관(~을 둔다)

③ 심의 기관(기구): 국·공립 유치원, 초등학교, 중학교, 고등학교

④ 자분 기관(기구): 사립 유치원, 초등학교, 중학교, 고등학교

⑤ 조직 운영의 탄력성: 초등학교 병설유치원의 '유치원운영위원회'는 '초등학교운영위원회'와 통합하여 조직·운영할 수 있다.

Ⅳ. 학교운영위원회의 구성 및 조직

1. 학교운영위원의 정수 및 구성 비율

학교운영위원회는 초·중등교육법 제31조의 규정에 의거하여, 국·공·사립의 유치원, 초등학교·중학교·고등학교 및 특수학교에 설치한다.

학교운영위원회의 운영위원 수는 학생 수를 기준으로 학교별로 5인 이상 15인 이내의 범위에서 학교의 규모 등을 고려하여 당해 학교의 학교운영위원회 규정으로 정한다.

2. 학교운영위원회의 구성

가. 학교운영위원 정수

초·중등교육법 시행령 제58조의 구정에 의거하여 학교운영위원회는 학부모위원, 교원위원, 지역위원으로 구성한다.

학교운영위원회 위원 정수는 당해 학교 학생 수에 따라 차이가 있다. 학생 수에 따른 학교운영위원의 정수는 다음과 같다.

① 학생 수 200명 미만: 위원 5인 이상 8인 이하

② 학생 수 200명 이상 1천 명 미만: 위원 9인 이상 12인 이내

③ 학생 수 1천 명 이상: 위원 13명 이상 15인 이내

〈표 Ⅲ-1-2〉 학교운영위원회 위원 정수 및 구성 비율

학교운영위원 정수(명)		학교운영위원 구성 비율(%)		
학생수	위원수	구분	일반학교(일반 조항)	맞춤형·특성화 고등학교(선택 포함)
200명 미만	5~8명	학부모위원	40~50%	30~40%
200명 이상~1천 명	9~12명	교원위원	30~40%	20~30%
1천 명 이상	13~15명	지역위원	10~30%	30~50% (1/2은 사업자로 구성)

나. 학교운영위원회 구성 단계

학교운영위원회 규정 제정(개정) → 선출관리위원회 구성 → 선거공고 및 입후보자 등록 → 학부모위원 및 교원위원 선출(임기만료 10일 이전까지) → 지역위원 선출(임기만료

일 전일까지) → 위원장·부위원장선출 → 구성완료

〈표 Ⅲ-1-3〉 일반학교의 학교운영위원 정수별 위원 수 배분표(예)

구분 학생 수	위원 정수	정수별 (명)	학부모 위원 (40%~50%)	교원 위원 (30%~40%)	지역 위원 (10%~30%)
200명 미만	5~8인	5	2	2	1
		6	3	2	1
		7	3	3, 2	1, 2
		8	4	3	1
200명 이상 ~ 1,000명 미만	9~12인	9	4	3	2
		10	4, 5	3, 4	1, 2, 3
		11	5	4	2
		12	5, 6	4	2, 3
1,000명 이상	13~15인	13	6	4, 5	2, 3
		14	6, 7	5	2, 3
		15	6, 7	5, 6	2, 3, 4

3. 학교운영위원회 구성 절차

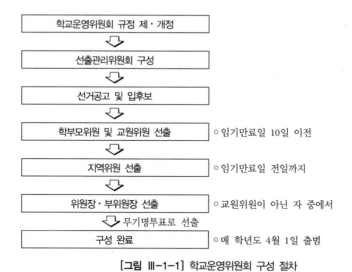

[그림 Ⅲ-1-1] 학교운영위원회 구성 절차

4. 학부모위원의 선출

① **선출시기**: 임기 만료일 10일 이전까지

② **선출방법**: 학부모 전체회의에서 직접투표에 의해 선출

③ **세부 추진 일정**

〈표 Ⅲ-1-4〉 학부모 위원 선출 절차

구분	세부 내용	방법	기간	추진부서
1. 선거홍보	○홍보 내용 -학교운영위원회의 목적, 구성, 기능 -선거일정 및 선거절차 -후보자등록에 관한 사항, 당선자 결정 방법 -학교운영위원회규정 등	○가정통신문 ○학교소식지 ○학교게시판 ○학교홈페이지	매 학년도 3.5~3.30	학교장
2. 선출관리 위원회구성	○구성 및 위촉 -학교운영위원으로 입후보하지 않는 학부모 등 으로 구성 ○선거일정 관리 및 선거사무 총괄 -후보자 등록-선거 홍보 -투·개표-당선자 공고 등	○학교운영위원회규정이 정하는 바에 따라 구성	매 학년도 3.3	학교장
3. 선거공고	○공고 내용 -선거일시, 장소, 선출인원, 선출방법에 관한 사항 ○학부모위원 후보 등록에 관한 사항 -자격-등록기간 -등록장소-입후보 등록서 등 ○선거인명부 열람에 관한 사항	○가정통신문 ○학교게시판 ○학교소식지 ○학교홈페이지 ○지역신문 등	선거일 15일 이전 까지	학부모 위원 선출 관리 위원회
4. 선거인 명부 작성	○학부모위원 선거인 명부 3부(보존용, 열람용, 투 표용지 수령용)	○학교행정실에 비치하여 열람	선거 공고일	학부모위원 선출관리 위원회 (기일 지정)
5. 후보자 등록	○학부모위원 입후보 등록서 1부 (선출관리위원회에 비치) ○선출관리위원회에 등록 ○선거전까지 사퇴 가능	○등록서 기재사항 확인 ○후보등록대장에 등재 후 접수증 교부	선거일 ○일 이전 까지	학부모위원 선출관리 위원회
6. 선거공보	○입후보자에 관한 사항 -성명, 연령, 성별, 학력, 경력 -입후보자의 소견 등 ○선거에 관한 사항 -선거일시, 장소, 방법, 주민등록증, 도장 등 지참물	○학교게시판 ○학교홈페이지 ○가정통신문	선거일 7일 이전 까지	학부모위원 선출관리 위원회
7. 투표용지 및 투표장준비	○투표용지 -후보자 기호, 성명, 기표란 기재 -투표용지 위조방지를 위해 선출관리위원장 사 인 날인 ○투표장 ○준비물 -기표소(용구), 투표함	○투표장에 기표소 설치	선거 전일 까지	학부모위원 선출관리 위원회
8. 투표	○선거당일 투표 전 입후보자 소견 발표 ○투표 실시 ○참관인 임석	○선거인명부 확인·날인 → 투표용지수령→기표 →투입 ○투표완료 후 위원장 투 표마감 선언	선거일	학부모위원 선출관리 위원회

9. 개표	○개표실시 ○참관인 임석	○개표선언 ○투표함 개봉 ○선출관리위원이 개표	선거일	학부모위원 선출관리 위원회
10. 당선자 공고	○당선자 확정 -다수득표자순 위원 정수 ○명 ○선출관리위원회 선거록에 개표결과 기록	○학교게시판 ○학교홈페이지	선거일	학부모위원 선출관리 위원회
11. 선거 결과 홍보	○당선통지서 교부 ○선거결과 홍보	○가정통신문 ○학교소식지 ○학교게시판 ○학교홈페이지	선거일 이후	학부모위원 선출관리 위원회

5. 교원위원의 선출

① 선출시기: 임기 만료일 10일 이전까지
② 선출방법: 당연직 교원위원(학교장)을 제외한 나머지 교원위원은 교직원 전체회의에서 무기명투표로 선출

6. 지역위원의 선출

① 선출시기: 임기 만료일 전일까지(매 학년도 3월 31일 이전)
② 선출방법: 학부모위원과 교원위원의 추천을 받아 학부모위원 및 교원위원이 무기명투표로 선출

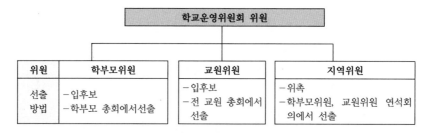

[그림 III-1-2] 학교운영위원 선출 방법

7. 위원장·부위원장의 선출

① 선출시기: 임기 개시 후 최초로 소집되는 회의에서 선출
② 인원: 위원장 1인, 부위원장 1인

③ 대상: 학부모위원 및 지역위원 중에서 선출(교원위원은 피선거권 없음)

④ 선출방법: 무기명 투표로 선출

V. 학교운영위원의 권한과 의무

1. 학교운영위원의 권한

가. 학교운영 참여권

학교운영위원들은 자신이 대표하는 학부모, 교원, 지역사회의 다양한 요구를 수렴하여 학교운영위원회에 제안하고 건의할 수 있다.

나. 중요사안 심의·자문권

학교운영위원들은 초·중등교육법 제32조에서 정한 학교운영에 관한 중요사항을 심의·자문할 권한이 있다.

다. 보고 요구권

학교장이 학교운영위원회의 심의·의결결과와 다르게 시행하거나 학교운영위원회의 심의·자문 사항임에도 불구하고 심의·자문을 거치지 않고 운영하는 경우에 관련 사항과 그 사유를 지체 없이 학교운영위원회에 보고하도록 요구할 수 있다.

2. 학교운영위원의 의무

가. 회의참여 의무

학교운영위원들은 학교운영위원회가 소집되었을 때 회의에 출석하여 성실히 참여해야 하는 기본적 의무가 있다.

나. 지위남용 금지의 의무

학교운영위원들은 당해 학교와 영리를 목적으로 하는 거래를 하거나 그 지위를 남용하여 재산상의 권리, 이익의 취득 또는 알선을 해서는 안 되며, 학교운영위원은 무보수 봉사직이다.

다. 무보수 명예직으로서의 봉사 의무

학교운영위원들은 그 자체가 무보수 명예직으로 봉사하는 직책이다. 따라서 학교와의 거래나 이권에 개입해서는 절대로 안 된다. 따라서 학교와 교육에 대한 애정과 관심, 배려 등으로 학교와 학교교육에 적극 협력하는 자세가 필요하다.

3. 학교운영위원회의 구성 요소

① 위원장: 학교운영위원회 위원장은 학교운영위원회 대표, 정기회·임시회 소집 공고, 의사일정의 작성·변경, 의안의 담당 소위원회 심의 회부, 집행부서로 심의 의안 송부, 건의사항 처리결과 통보 등을 담당한다.
② 부위원장: 위원장 유고 시 직무 대행한다.
③ 소위원회: 학교운영위원으로 세부 소위원회를 구성한다. 대부분의 학교에서 급식소위원회를 조직·운영하고 있다. 또, 예산·결산소위원회, 방과 후 교육활동 소위원회 등이 있다(학교별로 필요한 소위원회를 설치할 수 있음).
④ 산하 단체: 학교 내 각종 자생조직을 산하단체로 둘 수 있다. 단위 학교의 어머니회, 학부모회, 자모회, 녹색어머니회, 후원회, 명예교사회 등이 있다.
⑤ 간사 및 사무처리 부서: 기존 부서에서 사무 처리를 담당한다. 대부분의 학교에서는 행정실장이 학교운영위원회의 간사로 사무처리 부서 대표자 역할을 수행한다.

4. 학교운영위원회와 학교장의 역할

가. 학교운영위원의 바람직한 자세

① 학교교육에 대한 애정과 올바른 이해, 적극적인 참여가 필요하다.
② 학교구성원의 수렴 의견이 학교운영에 반영하도록 노력한다.
③ 학교장의 학교운영에 대한 적극적인 동반자로서의 역할을 수행한다.
④ 학교발전을 위한 무보수 명예직, 봉사직으로 전문적 능력을 배양한다.

결국 학교장과 학교운영위원의 바람직한 관계 유지를 위해서는 학교운영위원들이 학교장의 이중적 지위에서 오는 고충을 이해하고 협력하는 자세가 필요하다.

학교운영위원회 위원들이 학교장에 대해 부정적 태도로 일관할 시 학교운영(경영) 책임자인 학교장을 무력하게 하여 학교 기능 및 학교운영위원회 기능 약화를 초래하여 학교교육 발전에 역기능을 야기할 수 있다는 점을 인식하고 학교교육 발전에 적극 협력해야 한다는 인식의 전환이 우선되어야 한다.

나. 학교장의 역할

① 학교장은 학교를 대표하고 업무를 총괄하는 자인 동시에 학교운영위원회의 당연직 위원으로서의 이중적 지위를 가진다(학교대표 및 업무 통할자·총괄자, 학교운영위원회 당연직 위원).

② 학교운영위원회의 취지를 잘 이해하고 운영위원회가 제 기능을 다할 수 있도록 적극적·개방적 자세로 임하며 민주적인 토론 문화를 조성한다(민주적·개방적 학교경영의 리더십 필요).

③ 학교장은 학교운영위원회에서는 위원의 한 사람으로서 다른 위원들과 동등하게 자신의 의견을 제시하고 안건을 심의·자문하여야 하며, 학교장으로서는 심의·자문 결과를 최대한 존중하여야 하는 민주적인 리더십이 필요하다(학교운영위원회에서 위원의 한사람으로 자신의 의견 개진, 안건 심의·자문).

④ 학교장은 학교정보의 제공자 및 교육개혁의 실천자로서 학교발전을 위해 실질적인 역할을 한다(학교 발전 및 학교운영위원회 발전의 견인차 역할).

⑤ 학교장은 심의된 내용, 자문한 내용에 대한 가급적 수용하려는 열린 자세가 필요하다(학교장으로서 심의·자문결과 최대한 존중).

결국 학교장과 학교운영위원의 바람직한 관계 유지를 위해서는 학교장이 먼저 학교운영위원회 취지를 이해하고 위원회 기능 활성화를 위해 적극적 개방적 자세를 견지하는 민주적 리더십을 발휘해야 한다. 따라서 학교운영위원회 위원들의 다양한 의견을 편견 없이 수용하려고 노력해야 하며, 학교교육을 발전시킬 수 있는 협력관계로 운영되어야 한다.

다. 학교장과 학교운영위원의 바람직한 관계

① 학교장은 학교운영위원회의 취지를 잘 이해하고 운영위원회가 제 기능을 다할 수 있도록 적극적·개방적 자세로 임해야 한다.

② 학교장은 회의 시 다른 운영위원들이 민주적인 분위기에서 자유롭게 발언할 수 있도록 배려하고, 이들의 의견을 편견 없이 수용하도록 노력해야 할 책무가 있다.

③ 학교운영위원회는 학교장이 소신 있게 학교를 운영(경영)할 수 있도록 도울 수 있고, 경우에 따라서는 학교장을 보호할 수 있는 협력적 관계에 있다.

④ 학교운영위원은 학교장의 이중적 지위에서 오는 고충을 이해하고 협력하는 자세를 가져야 하며, 학교장에 대하여 부정적 태도로 일관한다면 이는 학교현장을 책임지고 운영하는 학교장을 무력하게 할 뿐 아니라, 학교운영위원회의 기능을 약화시키는 부작용을 초래할 우려가 있다는 점을 유념하여야 한다.

라. 학교운영위원회에 대한 학부모의 요구

21세기 글로벌 시대인 오늘날, 우리나라 교육은 엄청난 변화의 소용돌이 속에 있다고 할 수 있다. 학교당국이나 교원들이 결정하고 시행하던 모든 교육활동과 그 내용들을 이제는 교사, 학부모, 지역인사가 고루 참여하는 학교운영위원회에서 꼼꼼히 짚어가며 논의하고 좀 더 나은 결과를 가져올 수 있도록 심의하고 실천하는 과정을 거치고 있다.

일반적으로 학부모들은 학교운영위원들이 학부모들의 가려운 곳을 긁어 주고, 모든 학교 구성원들의 학교경영, 학교운영에 대한 요구를 대변해 주기를 기대하고 있다.

〈표 III-1-5〉 학교운영위원회와 학부모회의 비교

구분	학교운영위원회	학부모회
설치근거	초·중등교육법(법정기구)	학부모회규약(자율조직)
성격	심의·자문기구(법정기구)	의결 및 집행기구(임의기구)
조직 권한	중요한 학교운영사항 심의·자문	학부모회 활동에 관한 사항 의결
구성원	학부모위원, 교원위원, 지역위원	학부모
목적	학교운영에 필요한 정책 결정의 민주성, 투명성, 타당성 제고	학교교육활동에 관한 지원활동상호 친목 도모

VI. 학교운영위원회의 기능과 역할

1. 학교운영의 주요 심의·자문 사항

초·중등교육법 제32조의 규정에 따라 학교운영위원회는 다음과 같은 사항을 심의한다.

가. 국·공립학교: 심의사항

① 학교헌장 및 학칙의 제정 또는 개정에 관한 사항

② 학교의 예산안 및 결산에 관한 사항

③ 학교교육과정의 운영 방법에 관한 사항

④ 교과용 도서 및 교육 자료의 선정에 관한 사항

⑤ 교복·체육복·졸업앨범 등 학부모 경비 부담 사항

⑥ 정규 학습시간 종료 후 또는 방학기간 중의 교육활동 및 수련 활동 사항

⑦ 교육공무원법 제29조의3 제8항에 따른 공모 교장의 공모 방법, 임용, 평가 등에 관한 사항

⑧ 교육공무원법 제31조 제2항의 규정에 의한 초빙교원의 추천에 관한 사항

⑨ 학교운영지원비의 조성·운용 및 사용에 관한 사항

⑩ 학교급식에 관한 사항

⑪ 대학입학 특별전형 중 학교장 추천에 관한 사항

⑫ 학교운동부의 구성·운영에 관한 사항

⑬ 학교운영에 대한 제안 및 건의 사항

⑭ 기타 대통령령, 특별시·광역시 또는 도의 조례로 정하는 사항

한편, 초·중등교육법 제33조 제①항, 제②항에 규정된 학교발전기금의 조성·운용 및 사용에 관한 사항(심의 의결)도 심의한다.

나. 사립학교: 자문 및 심의사항

① 자문사항: 사립학교 학교운영위원회는 국·공립학교 심의사항에 대한 자문(제6호의 사항 제외)을 한다. 다만, 제1호의 사항은 법인의 요청이 있는 경우에 자문한다.

② 심의사항: 학교발전기금의 조성·운용 및 사용에 관한 사항은 심의 의결한다.

〈표 Ⅲ-1-6〉 학교운영위원회의 심의(국·공립학교) 및 자문(사립학교) 사항 비교

구분	국·공립학교 심의 사항	사립학교 자문사항
법에서 정한 사항	학교헌장 및 학칙의 제정 또는 개정에 관한 사항	학교법인요청 시 자문
	학교의 예산안 및 결산에 관한 사항	
	학교교육과정의 운영방법에 관한 사항	
	교과용 도서 및 교육자료의 선정에 관한 사항	필수적 자문
	정규 학습시간 종료 후 또는 방학기간 중의 교육활동 및 수련활동에 관한 사항	
	교육공무원법 제31조 제2항의 규정에 의한 초빙교원의 추천에 관한 사항	자문 제외
	학교운영지원비의 조성·운영 및 사용에 관한 사항	

	학교급식에 관한 사항	
	대학입학 특별전형 중 학교장 추천에 관한 사항	
	학교운동부의 구성·운영에 관한 사항	필수적 자문
	학교운영에 대한 제안 및 건의 사항	
	기타 대통령령, 특별시·광역시 또는 도의 조례로 정하는 사항	
조례로 정한 사항	학생지도를 위한 지원 사항	
	교복 및 체육복의 선정, 수학여행·학생야영수련(학생 수련활동) 등 학부모가 경비를 부담하는 사항. 다만, 특정 서클 등에서 특정학생을 대상으로 하는 사항은 제외	필수적 자문
	지역사회교육에 관한 사항	
	학부모 및 일반인을 대상으로 한 평생교육프로그램의 설치·운영에 관한 사항	
	기타 학교장이 심의 요청한 사항	
국·공·사립공통 사항	학교발전기금의 조성·운용 및 사용에 관한 사항에 대하여 심의·의결	

2. 국·공립 학교장의 의무

초·중등교육법 시행령 제60조에 의거 학교장은 다음과 같은 의무를 진다. 물론 사립학교장도 가급적 이에 준하여 학교경영, 학교행정을 하여야 한다.

① 학교운영위원회 심의 결과를 최대한 존중한다.

② 심의결과와 다르게 시행하고자 할 경우는 학교운영위원회와 관할청에 서면으로 보고한다.

③ 학교운영위원회 심의를 거치지 않고 시행 가능한 경우는 다음과 같다.
  − 심의를 거치는 경우 교육활동 및 학교운영에 중대한 차질이 발생할 우려가 있을 때
  − 천재·지변 기타 불가항력의 사유로 운영위원회를 소집할 여유가 없는 때
  − 학교운영위원회 심의를 거치지 않고 시행한 경우에는 그 사유를 지체 없이 학교운영위원회와 관할청에 서면으로 보고

3. 학교발전기금의 조성·운용 및 사용

초·중등교육법 제33조 및 초·중등교육법 시행령 제64조에 의거하여 학교발전기금은 다음과 같이 조성·운용 및 사용하여야 한다.

가. 학교발전기금의 조성·운용

① 조성·운용 주체: 학교운영위원회 위원장

② 학교 내외의 조직이나 단체 등이 그 구성원으로부터 자발적으로 갹출하거나 구성원 외의 자로부터 모금한 금품을 접수하여 조성

③ 학교발전기금운용계획 수립(학교운영위원회 심의 의결) 및 공개

④ 자발적 발전기금 접수는 상시 가능

⑤ 발전기금의 관리 집행 및 부수 업무: 학교장에게 위탁 가능

⑥ 학교장에게 관리 위탁 시 집행사항 감사 가능

⑦ 학교회계연도 종료 후 20일 이내 결산 완료하여 관할청 보고 및 학부모에게 통지

다만, 학교발전기금 조성 시에 다음 사항은 규제와 제한을 받는다.

① 일정액을 할당하는 행위

② 갹출금의 최저액을 할당하는 행위

③ 사전에 납부 희망액을 조사(파악)하거나 신청받는 행위

④ 갹출을 직간접적으로 요구하거나 강요하는 행위

⑤ 학생 또는 학부모 대표자를 통해 발전기금 납부서를 일괄 배부하는 행위

⑥ 개별적인 접촉 또는 전화를 통해 갹출을 요구하거나 강요하는 행위

⑦ 기타 학부모의 자발적 의사에 반하는 행위

나. 학교발전기금 사용(제한 엄격)

① 학교교육시설의 보수·확충

② 교육용 기자재 및 도서의 구입

③ 학교체육활동 기타 학예활동 지원

④ 학생 복지 및 학생자치활동 지원

다. 학교장의 역할

① 위탁받은 발전기금 별도 회계 관리

② 분기마다 발전기금 집행계획 및 집행 내역 학교운영위원회에 서면보고

Ⅶ. 학교운영위원회 회의의 실제

1. 회의(會議)의 종류

① 정기회: 당해 학교의 운영위원회 규정에 의해 소집
② 임시회: 학교장의 요청 또는 재적위원 3분의 1 이상의 요구에 의해 위원장이 회의 개
    최 7일 전에 소집 공고

2. 회의 진행 원칙

① 다수결의 원칙
② 일사부재의의 원칙
③ 정족수의 원칙
④ 회기 계속의 원칙
⑤ 회의공개의 원칙

3. 회의 진행 순서

① 개회선언
② 전회 회의록 승인
③ 집행보고(운영위 심의 통과된 사안 및 위임 사항 보고)
④ 안건 심의(보류 안건, 새로운 안건 순) 제안, 질의응답 및 토론(수정, 재수정안 제출
    등 포함), 의결
⑤ 기타 협의 사항(차기 회의 의제와 일정 등)
⑥ 공지사항 등 광고

4. 회의 안건 발의(제출) 및 처리

① 안건의 작성 및 취합: 학교장
② 안건 제출·발의: 학교장, 운영위원

③ 안건의 접수: 접수대장 기록

④ 집회공고·안건 발송: 위원장

⑤ 회의 개최·안건 심의

⑥ 안건 심의 결과 이송: 위원장

⑦ 안건 심의 결과 홍보: 학교장, 위원장

⑧ 이행·집행: 학교장

5. 회의 운영의 실제

① 학교운영위원회는 교원을 출석하게 하여 의견을 들을 수 있고, 학교장은 교직원 중 관계자를 참석시켜 학교장이 제출한 안건에 대하여 설명·답변하게 한다.

② 회의는 공개를 원칙으로 하되 교육 또는 교직원의 보호 등을 위하여 필요한 경우는 비공개할 수 있다.

③ 회의록을 작성·비치하여 학부모·교원 및 지역주민 등이 열람할 수 있도록 하되, 학교 운영위원회에서 비공개로 결정한 사항은 공개되는 회의록에 게재치 아니할 수 있다.

④ 회의를 개최할 때에는 가정통신문, 학교게시판 등을 통하여 회의 개최일자, 안건 등을 알려 일반 학부모, 교사 등이 회의에 참관할 수 있도록 하여야 한다.

⑤ 회의를 개최할 때 위원에게는 7일 전에 소집공고와 함께 안건을 첨부하여 운영위원에게 개별 통지하여야 한다.(운영위원들에게 연락, 통지하고 학교 홈페이지 '공지사항'란 공지)

〈표 Ⅲ-1-7〉 학교운영위원회의 연간 활동 계획(예시)

월별	주요 의제	
1	○학교 급식 계획	○학교생활기록부 기록사항 협의
2	○학교회계 예산심의(사립: 법인 요청 시) ○학교헌장 및 학칙 제정 또는 개정(사립: 법인 요청 시) ○학교운영위원회 조직 협의 ○교과용 도서 및 교육자료 선정	○학교운영지원비 징수액 결정 심의
3	○학교회계 결산(사립: 법인 요청 시) ○방과 후 특별활동 운영(방과 후 학교 운영 계획)	○교육과정 운영계획 ○창의적 체험활동 운영계획
4	○학교발전기금 조성 계획 ○종합학습 발표 계획 ○학교운동부 운영	○현장 학습 및 수학여행 계획 ○학교급식
5	○1학기 주요 교육사업	○학교운영에 대한 제안 및 건의사항
6	○학교 현안 사업	
7	○하계휴가(여름방학) 중 교육과정 운영 계획	

8	○가을 체육대회 운영계획
9	○2학기 주요 교육사업 ○추경 예산(사립: 법인 요청 시)
10	○수련 활동 계획 수립
11	○학교운영에 대한 제안 및 건의사항
12	○동계휴가(겨울방학) 중 교육과정 운영 계획

Ⅷ. 학교운영위원회의 바람직한 운영 및 개선 방안

1. 학교운영위원 선출 측면

학교운영위원회는 법정 기구로 법령을 준수하여야 한다. 따라서 학생 수 변동이 있는 학교는 운영위원 정수를 매 학년도 3월 1일자 학생 수에 적합한 학교운영위원 정수를 조정하여야 한다. 특히, 200명, 1,000명 등 경계선에 있을 때 학교운영위원 정수를 염두에 두어야 한다. 학교운영위원회의 학교운영위원 정수는 반드시 준수해야 할 강제 조항이다.

아울러, 매 학년도 초 3월에 학교운영위원 선출에 관하여 충분한 홍보를 하지 않거나 공고 기일을 지나치게 짧게 정함으로써 관심 있는 학부모 등 입후보자들이 입후보 기회를 제약함으로써 공정한 선출이 되지 못하는 사례가 없도록 사전지도 및 사후관리를 철저히 하여야 한다.

특히, 학교 및 학교장은 학교경영, 학교운영에 유리한 자를 내정하거나, 특정 단체가 중심이 되어 우호적 인사를 당선시키려는 움직임 등 선거로 인한 잡음이 없도록 유의하는 것이 학교운영위원회 활성화의 기초 기본이 된다. 분명한 점은 학교운영위원회와 학교, 학교운영위원과 학교장은 깊은 신뢰를 바탕으로 상호 소통과 협력을 하여야 한다.

2. 학교운영위원회 운영 측면

바람직한 학교운영위원회를 운영하기 위해서는 자율적이고 내실 있는 학교운영위원회 운영의 준비가 우선되어야 한다.

이를 위하여 학교운영위원회는 자유롭고 충분한 토론기회 확보 여건 조성이 되어야 한다. 또 학교운영위원회 개최 시 교직원, 학생, 학부모 적극적 참관이 유도되어야 한다. 학교운영위원회의 설립 취지가 공개적 학교경영, 투명적 학교운영에 있다는 점을 유념하여야 한다.

첫째, 매 학년 초, 학기 초에는 학부모, 학생, 교원, 지역사회 인사들에게 학교운영위원회 평가와 운영에 관한 설문조사를 실시하여야 하고, 학교운영위원들의 선진학교 견학, 도의회·시의회 등 현장학습 등이 활성화되어야 한다.

둘째, 회기운영의 정례화가 권장되어야 한다. 현행 각 시·도 교육청별로 10회 내외의 회의·회기 운영을 하도록 하고 있는데 회의 정례화로 사전준비가 철저히 이루어져야 한다. 또 학교운영위원 역할의 중요성 인식 확산이 필요하다. 그리고 회의 개최 시간의 탄력적 운영으로 참석률을 증대해야 한다. 직장인인 학교운영위원들의 참여를 독려하기 위하여 야간 회의 개최, 토요일 회의 개최 등을 적극 검토하여야 한다.

셋째, 학교운영위원들에 대한 위원 연수가 활성화되어야 한다. 정기회의 시에는 반드시 연수를 준수·개최해야 한다. 또 전문적 심의가 이루어지도록 교육청(교육지원청) 단위 연수가 활성화되어야 한다. 아울러, 강사풀제 시행에 따라 등록된 강사를 연수에 적극 활용하고, 수업에 지장이 없는 교원위원 참여도 적극적으로 유도하여야 한다.

넷째, 학교운영위원회에 관한 적극적인 홍보활동을 적극 전개해야 한다. 구체적인 사항으로는 학교운영위원 선출 업무 홍보, 학교운영위원회 활동 내용 홍보, 학교운영위원회 개최 일정 안내, 학교운영위원회 개최 결과 및 심의 사항, 우수사례 발굴·홍보 등이 포함되어야 한다.

IX. 맺고 나오는 글

일찍이 세기적 철현(哲賢) 아리스토텔레스는 "국가의 운명은 청소년 교육에 달려 있다"고 했고, 디오게네스는 "국가의 기초는 소년들을 교육하는 데 있다"고 갈파했다.

이는 교육의 중요성을 단적으로 표현한 말로 교육은 인간을 인간답게 하는 일이고 국가와 사회 발전을 위한 백년지대계라고 일컫는다. 동서고금을 통하여 교육의 중요성은 아무리 강조해도 지나치지 않을 것이다. 인간은 교육을 통하여 인간으로서의 자격을 갖출 수 있고 국가와 사회는 질서를 세울 수 있는 것이다. 모름지기 교육은 학교에서 학교경영, 교육과정 편성·운영으로 현장에서 구현된다.

학교운영위원회는 학교운영을 위한 의사결정 단계에 학부모, 교원, 지역인사 등의 참여를 통해 학교구성원들의 다양한 요구와 의견을 학교경영과 학교운영에 반영하여 자율적이고 창의적인 교육을 실현하며, 민주적이고 합리적이며, 효율적으로 학교교육목표 달성에 기여하기 위한 단위학교의 교육자치기구이다.

올해로 출범한 지 19년이 되는 학교운영위원회의 설치 목적은 민주적인 방법으로 교육자치(教育自治)를 활성화하고, 지역의 실정과 특성에 맞는 다양한 교육을 창의적으로 실시하기 위함이다. 단위 학교 학교운영의 창의성을 기대하고 있다. 이를 바탕으로 학교현장에서 문제점을 중심으로 해결방안을 모색하여 학교운영위원회의 바람직한 개선 방안을 제시하면 다음과 같다.

첫째, 단위학교 운영의 민주성·자율성이 확대되어야 한다. 학교운영위원회 설치의 주된 목적이 단위학교의 자율적 운영이다. 따라서 행정관청의 지시, 통제에 의한 운영에서 벗어나 학교의 지발성, 다양성, 창의성이 강조되어 학교 중심의 운영이 될 수 있도록 획기적인 변화가 필요하다. 즉 법에 규정한 심의 자문 사항은 물론 학교 특성에 맞는 다양한 사항을 심의하는 자율성이 확보되어야 한다.

둘째, 학교운영위원회 기구의 효율적인 운영이 필요하다. 학교운영위원회의 성격상 심의권, 학교운영 참여권, 보고 요구권이 있으나 학교운영상 사안별로 의결, 심의, 자문권 등 구체적으로 규칙이나 법으로 세부 명문화하여 학교운영위원회의 위상을 높여야 할 것이다.

셋째, 학교운영위원들의 전문성 확보와 대표성이 강화되어야 한다. 따라서 다양한 전문성 신장 연수가 시행되어야 한다. 학교운영위원회가 바람직한 방향으로 운영되고 정착되기 위해서는 정말로 교육에 관심을 갖고 열정적으로 참여할 수 있어야 하며, 특히 학부모 위원 및 지역인사의 경우는 전문성이 확보되어야 한다. 그리고 학교운영위원들의 구성 주체별로 대표성이 있어야 한다. 즉 교원위원의 경우도 직급별, 성별, 연령별로 선출을 고려되어야 하며, 지역위원의 경우는 직능과 전문영역을 고려하여 선정되어야 하며, 학부모위원도 자녀의 학년별, 성별 등도 고려하여야 될 것이다.

넷째, 학교운영위원회에 대한 인식 전환 및 지속적인 홍보와 교육이 필요하다. 학교운영위원회가 활성화되기 위해서는 학교장은 물론 학부모, 교직원, 지역사회 인사 등 모든 교육공동체 구성원들이 열정적으로 참여하려는 인식 전환과 학교운영위원회에 대한 올바른 이해의 토대 위에서 학교운영위원회에 대한 관심을 갖도록 홍보·교육하여야 한다.

결국, 결국 글로벌사회에서 경쟁력 있는 교육을 위해서는 글로벌 교원들이 글로벌 학교의 리더십 창조자로서의 질적 향상을 앞당기는 새로운 학교교육을 구현해 나아가야 한다. 교육의 공정성, 객관성, 민주성, 자율성을 담보하는 수요자 중심 학교경영은 세계적 흐름이기도 하다. 이와 같은 교육 혁신, 학교경영과 교육과정 운영 개선의 중심에 학교운영위원회가 있다.

현재 전국의 국·공·사립의 유치원, 초등학교, 중학교, 고등학교 등에 모두 설치되어 운영되고 있는 학교운영위원회는 출범의 지향점이 학교경영의 공정성과 학교운영과 예산 편성·집행의 투명성 담보에 있다. 아울러, 학교운영위원회와 단위 학교 교육공동체 구성원들의 신뢰와 협력, 소통과 배려 등으로 학교교육의 혁신을 도모하는 것이 학교운영위원회 설치의 근본적 목적이라는 점을 명심하여야 한다.

제2장 공직자 청렴도 제고를 통한 교육공무원(교원)의 복무 자세 확립

I. 들어가는 글

2012년 무진년 흑룡의 해, 한국은 선거의 해이다. 20년 만에 제19대 총선과 제18대 대선이 한 해에 있는 해였다. 또 2014년 갑오년에는 전국동시지방선거로 떠들썩한 형편이다. 최근에는 각 정당의 공천이 큰 소용돌이 속에서 진행되고 있다. 후보자와 공천자들이 과거 부정부패에 연루되었거나 옥고를 치르는 등 위법자들이 많아서 국민들의 걱정이 많은 게 사실이다. 각 정당마다 공천 혁명을 부르짖지만 공염불이 되고 있다는 지적이 많다.

사실 돌이켜 보면, 한국은 1948년 정부 수립 후 오늘에 이르기까지 단 한 해도 부정으로 인해서 얼룩지지 않은 해가 없었다. 크고 작은 부정부패가 자행되어 왔고, 그러한 사회적 고질적 관행이 우리나라의 진정한 선진국 진입을 가로막고 있는 것이 사실이다.

모든 국민들이 투명성, 청렴성을 외치면서도 '왜 우리나라에서는 이렇게 부정이 심하며 없어지지 않는가?' 말로는 모두가 도덕 군자인데 왜 부정부패와 비리 등이 근절되지 않는지 깊은 성찰과 숙고가 필요하다.

그것은 위에 있는 분(권력자, 상급자)들이 모범을 보이지 못하기 때문이다. 국가 원수로부터 말단 관리직에 이르기까지 전 공직자들이 청렴결백하고 검소하며 모범을 보였으면 오래전에 우리나라는 청렴도가 좋은 국가가 되었을 것이다.

지금도 매일 부정부패한 사건들이 뉴스로 크게 등장하는 것은 언제 우리나라가 깨끗한 나라가 되는지 걱정스럽게 한다. 한국에서는 그렇기 때문에 정권 교체만 되면 통치권자는 물론 전 정권에서 일했던 고위직 몇 사람이 반드시 구속되는 예를 늘 보게 된다. 그래서 우리나라는 정치적인 안정을 기하지 못하게 되고, 경제적인 발전을 계속 하지 못하는 것이다.

만약 부정이 없었다면 외부적인 요인이 작용하지 않는 한 늘 안정된 사회와 지속적인 경제 발전을 이루었으리라 사료된다. 선진국인 외국의 정치적, 사회적 안정을 재음미해 보아야 한다.

2011년도 세계투명성기구(Transparency International)에서 발표한 우리나라의 부패 인식 지수(corruption perceptions index)는 10점 만점에 5.5점으로서 조사대상 180개국 중 39위이다.

이는 아주 나쁜 점수로서 현재 우리나라 경제수준과 맞지 않으며 국제적인 신인도에 영향을 주는 것은 말할 것도 없고 언제고 다시 경제가 위기에 처할 가능성이 있다는 것이다. 뿐만 아니라 경제개발협력기구(Organization for Economic Co-operation and Development:

OECD) 30개국 중 청렴도가 22위로서 아주 나쁜 위치에 있다.

부정부패의 규모가 크고 고위층들이 주로 부정을 많이 하는 것이 보도되어 그런지 모르지만 국민들이 부정에 대한 불감증이 걸려 있는 것 아닌가 걱정스럽다. 부정부패에 연루된 당사자들은 말할 것 없고 같은 기관 내에 있는 사람들도 시민 보기를 부끄러워하고 반성하는 태도를 보여야만이, 그래도 국민들로부터 신뢰를 유지할 수 있다고 보는데 그렇지 못한 것이 몹시 아쉽다.

2012년 이후 전국 모든 학교의 학교장, 모든 교육행정(연수·연주)기관 기관장들의 청렴도 평가와 학교(기관)평가가 시행되는 것도 우리 사회를 맑고 밝게 하기 위한 평가이며 나아가 학교경영과 기관 운영의 청렴도를 제고하기 위한 바람직한 장치이다.

Ⅱ. 공직자 행동강령(code of conducts) 개관

1. 행동강령의 개념

일반적으로 강령이란 변호사, 의사, 공무원 등 특정 조직(집단)이 지향하고 있는 바람직한 가치를 행위 유형별로 명문화한 것으로 이러한 강령 중 공직사회에 적용하고 있는 것이 바로 공직자 행동강령이다.

즉 공직자 행동강령은 직무수행 과정에서 당면하는 갈등상황에서 공직사회가 추구하는 바람직한 가치기준 및 공직자가 준수하여야 할 행위기준을 구체적으로 제시한 규정이다.

2. 행동강령의 성격

행동강령은 공직자에게 기대되는 바람직한 가치판단이나 의사결정의 기준을 담고 있다는 점에서 기본적으로 규범성을 지향하고 있으며, 단순히 규범적 차원에만 머무는 것이 아니라 공직자들이 제대로 실천할 수 있을 때 행동강령이 지향하는 궁극적 목적이 달성될 수 있다는 실천성, 현실보다는 이상적인 상태(ideal state)를 지향하므로 강제적 실행보다는 자발적 수용과 자율적 실천에 기초하여 운영되어야 하는 자율성, 공직자의 바람직한 행동의 방향을 제시하는 데 목적이 있다는 점에서 방향성, 사후적 처벌보다는 사전 예방적 기능을 주된 목적으로 한다는 예방지향성 등 특성이 있다.

Ⅲ. 공직자 행동강령의 주요 용어

1. 직무 관련자

공직자 행동강령에서 직무 관련자란 공직자 개인의 소관업무와 관련하여 이익 또는 불이익을 행사할 수 있는 상대 개인이나 단체를 의미한다. 즉 학교 선생님의 직무 관련자는 선생님이 영향력을 행사할 수 있는 상대인 재학생 및 그 학부모 등이며 건설부서 직원의 직무 관련자는 건설업을 영위하고 있는 시공업체로 관내 건설공사를 시행하고 있거나 수주하려고 하는 업체라 할 수 있다.

각급 기관의 '기관별 행동강령'에 규정된 구체적 사례로는 ① 감사대상인 개인 또는 기관(감사원), ② 재판·형 집행의 대상인 개인 또는 단체(대검찰청), ③ 환경영향평가·사전환경성검토 협의 대행자 및 대상사업 시행자(환경부), ④ 검·인증, 심사, 검사, 융자·보조금 지원, 대행수수료 지급, 기술지원, 중대재해조사, 장학금, 안전보건진단 등의 대상인 개인 또는 단체(한국산업인력공단), ⑤ 법률구조신청 중에 있거나 신청하려는 것이 명백한 의뢰자, 상대방 및 이해관계자(대한법률구조공단) 등이 있다.

2. 직무 관련 공직자

공직자 행동강령에서의 직무 관련 공직자란 직무수행과 관련하여 직접 이익 또는 불이익을 행사할 수 있는 상대 공직자로 ① 소관업무와 관련하여 직무상 명령을 받는 하급자, ② 인사·예산·감사·상훈 또는 평가 등의 직무를 수행하는 공직자의 경우 그 대상이 되는 공직자, ③ 사무를 위임·위탁하는 경우 이를 위임·위탁받는 공직자 등을 의미한다.

직무 관련 공직자를 판단하는 기준은 상하·지도 감독 관계 등으로 영향력을 행사할 수 있는지이다. 즉 팀장의 직무 관련 공직자는 업무상 명령을 받거나, 영향력하에 있는 팀원이다.

공무원의 경우 직무 관련 공무원, 공직 유관단체의 경우 직무 관련 임직원이라는 용어로 사용되나, 편의상 '직무 관련 공직자'로 표현한다.

3. 선물

공직자 행동강령에서 선물이란 대가없이 제공되는 물품 또는 유가증권·숙박권·회원권·

입장권 및 그 밖에 이에 준하는 경제적 가치가 있는 모든 것을 포함한다. 대가없이 제공된다는 것은 무료제공은 물론 시장가격 또는 거래의 관행보다 현저히 낮게 거래되는 경우도 포함한다.

4. 향응

공직자 행동강령에서 향응이란 접대와 편의제공 등을 의미하며 접대의 종류로는 식사, 음주, 골프 등의 제공이 있으며 편의제공으로는 교통, 숙박, 골프 예약 등이 있다.

Ⅳ. 공직자 행동강령의 실제 규정

1. 행동강령의 근거

'부패방지 및 국민권익위원회의 설치와 운영에 관한 법률' 제3조(공공기관의 책무)는 공공기관의 건전한 사회윤리 확립 및 부패방지노력 책무를, 제7조(공직자의 청렴의무)는 법령을 준수하고 친절하고 공정하게 집무하여야 하며 일체의 부패행위와 품위를 손상하는 행위를 금지하는 공직자의 청렴의무를 명시하고 있다.

이를 실천하기 위하여 '부패방지 및 국민권익위원회의 설치와 운영에 관한 법률' 제8조(공직자 행동강령)는 "공직자가 준수하여야 할 행동강령을 대통령령, 국회규칙, 대법원규칙, 헌법재판소규칙, 중앙선거관리위원회규칙 또는 공직유관단체의 내부규정으로 제정"하도록 명시하고 있어 모든 공공기관에 대해 행동강령의 제정·시행 의무를 부여하고 있다.

2. 행동강령의 적용대상 및 운영체계

'부패방지 및 국민권익위원회의 설치와 운영에 관한 법률' 제8조의 규정에 따라 대통령령으로 제정된 공무원 행동강령은 행정부 소속 국가공무원 및 지방공무원을 적용대상으로 하고, 기타 헌법기관(국회, 법원, 헌법재판소, 선거관리위원회)의 규칙으로 제정된 공무원행동강령은 소속 헌법기관의 공무원이 적용대상, 공직유관단체의 내부규정(사규)으로 제정된 공직유관단체 임직원 행동강령은 각각 공직유관단체 내부 직원을 적용 대상으로 한다.

공직유관단체란 공직자윤리법 제3조의2의 규정에 의하여 아래 기관 중 대통령령으로 고시되는 기관을 의미한다. 즉 한국은행, 공기업, 정부의 출자·출연·보조를 받는 기관·단체, 그 밖에 정부 업무를 위탁받아 수행하는 기관·단체 등이다.

지방공기업법에 따른 지방공사·지방공단 및 지방자치단체의 출자·출연·보조를 받는 기관·단체, 그 밖에 지방자치단체의 업무를 위탁받아 수행하는 기관·단체이다. 즉 임원 선임 시 중앙행정기관의 장 또는 지방자치단체의 장의 승인·동의·추천·제청 등이 필요한 기관·단체나 중앙행정기관의 장 또는 지방자치단체의 장이 임원을 선임·임명·위촉하는 기관·단체 등이다.

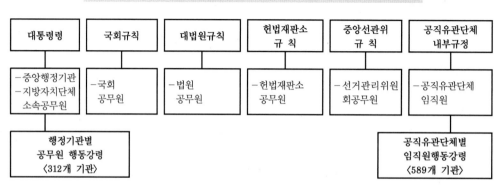

[그림 III-2-1] 공직자 행동강령 구조도

3. 행동강령의 연혁

가. 공무원 행동강령

2003. 2. 18. 대통령령으로 행정부 소속 모든 공무원에게 적용되는 '공무원의 청렴유지 등을 위한 행동강령'이 제정·공포되어 2003. 5. 19. 시행되고, 동 대통령령을 기준으로 모든 중앙행정기관과 지방자치단체도 2003. 5. 19. 각각의 '기관별 행동강령'을 제정·시행하였다. 이어 동년 9월까지 법원, 선거관리위원회, 헌법재판소가 각각의 규칙으로 소속 공무원을 적용대상으로 하는 공무원행동강령을 제정·시행하였다.

그 후 대통령령으로 제정된 공무원행동강령은 2005. 12. 29. 제1차 개정되었으며, 개정 내용을 반영하여 모든 행정기관 역시 각각의 기관별 행동강령을 개정하여 2006. 1. 1.부터 시행하고 있다.

나. 공직유관단체 임직원행동강령

2004. 9. 국가청렴위원회 권고에 의해 404개 공직유관단체에서 '공직유관단체 임직원행동강령'을 자율적으로 제정·시행해 오다 2005. 7. 부패방지법(제8조) 및 시행령(제2조)의 개정으로 공직유관단체 행동강령 제정의 법적 근거를 마련하였다.

2006. 4. 국가청렴위원회는 부패방지법 제8조에 근거하여 모든 공직유관단체에 공직자 행동강령 제정·시행을 권고하였고, 2006. 6. 1. 476개 공직유관단체가 내부규정(사규)으로 '공직유관단체 임직원행동강령'을 제정·시행하였으며, 2009년 현재 589개 공직유관단체에서 '공직유관단체 임직원행동강령'을 시행하고 있다.

4. 행동강령 위반 신고 및 조치

누구든지 행동강령 위반사실을 알게 된 때에는 신고자 본인 및 위반자의 인적사항과 위반내용을 적시하여 소속기관의 장(행동강령책임관) 또는 국민권익위원회에 신고하여야 한다.

조사결과 행동강령 위반 공직자는 징계 등의 조치가 취해짐. 단 금품 등 수수금지 위반행위자에 대한 징계처분은 '공직자 행동강령 운영지침' 제23조 규정의 징계양정기준을 준수하여 처리한다.

〈표 Ⅲ-2-1〉 공직자(교육공무원) 금품 등 수수금지 위반 징계양정기준

비위 수수 유형 행위	금액	100만 원 미만	100만 원 이상 300만 원 미만	300만 원 이상 500만 원 미만	500만 원 이상 1,000만 원 미만	1,000만 원 이상
의례적인 금품·향응수수의 경우	수동	견책	감봉	정직	해임	파면
	능동	견책·감봉	감봉·정직	정직·해임	해임·파면	파면
직무와 관련하여 금품·향응수수를 하고, 위법·부당한 처분을 하지 아니한 경우	수동	감봉	정직	해임	파면	
	능동	감봉·정직	정직·해임	해임·파면	파면	
직무와 관련하여 금품·향응수수를 하고, 위법·부당한 처분을 한 경우	수동	정직	해임	파면		
	능동	정직·해임	해임·파면	파면		

국민권익위원회로부터 통보받은 행동강령 위반행위자에 대해서는 그 조치 결과를 징계의결요구서 사본, 징계의결서 사본과 함께 위원회에 통보하고, 징계의결을 요구하지 않은

경우 '징계의결 미요구 사유서'를 첨부하여 통보하여야 한다.

금지된 금품 등을 수수한 공직자는 수수 즉시 이를 제공자에게 반환하거나 행동강령책임관에게 신고해야 하며 경조사 관련 금품 등은 경조사 종료 후 소속기관에 신고하여야 한다.

V. 공직자 청렴과 국가 발전

1. 경제 발전에 미치는 영향

공직자의 부정과 부패를 없애지 못하면 여러 가지 병폐가 따를 수 있지만 특히 경제는 후퇴되기 마련이며 선진국형의 살고 싶은 좋은 나라를 만들기 어렵다. 한 나라의 경제발전이 국민소득 1만 불 선을 넘게 되면 경제의 규모로 보나 구조로 보아 세계경제와 맞물려서 움직이게 되어 있다.

다시 말하면 수출과 수입을 적절하게 조화시켜 경제 발전을 하게 되는데 수출을 잘 하려면 생산품이 경쟁력을 가져야 한다.

생산품이 경쟁력을 가지려면 값도 싸야 하지만 제품에 대한 신뢰도와 품질의 우수성을 인정받아야 한다.

실제 부정이 심한 나라는 품질의 우수성을 인정받을 수 없다. 즉 생산되는 제품의 품질은 그 나라의 부정에 대한 인식도와 밀접한 관계에 있다. 이는 생산되는 제품뿐이 아니고 구조물이나 건축물들의 품질도 마찬가지다.

제품의 품질을 국제 사회에서 인정받지 못하면 다른 나라에서 구매를 안 하려고 할 것이며 구매력이 떨어지면 시설투자를 안 하게 되고 시설투자가 안 되면 고용률이 떨어지고 고용이 안 되면 국민소득이 떨어지며 국민소득이 떨어지면 국가 경제는 후퇴하기 마련이다. 그래서 부정이 심한 나라는 경제가 지속적으로 발전하지 못하고 조금 발전하다가 후퇴하고 만다.

2. 선진국형 좋은 나라 난망(難望)

모름지기 모든 나라와 정부의 목표는 살기 좋은 나라를 이룩하는 것이다. 21세기 세계화 시대인 오늘날은 다문화 글로벌 지구촌 시대이지만, 우리 국민들이 세계 도처에서 활동을 하다가도 마지막에는 내 조국 내 나라에서 여생을 보내고 싶어야 한다. 그 이유는 내 조국도 조국이지만 내 조국이 가장 살고 싶은 좋은 조건을 가지고 있기 때문에 그런 생각이 나와야 한다.

선진국형 살고 싶은 나라가 되는데 구비조건이 많이 있지만 그중에서도 다음과 같은 여섯 가지 조건이 잘 돼 있을 때 가능하다고 본다.

가. 국방력·치안력 강화: 안전과 보안(security)

선진국으로 나아가기 위해서는 국방력과 치안력이 강해야 한다. 먼저, **국방력**이 강해야 한다. 국방력이 약하면 강한 나라들이 쉽게 넘겨보게 될 것이다. 따라서 국방력이 강해서 외침을 막는 것은 말할 것도 없고 외교적인 힘도 뒷받침이 가능해야 한다.

다음으로, 치안력이 강해야 한다. 치안력이 약하면 나쁘면 불안해서 살고 싶은 나라가 못 된다. 치안은 연약한 여성들이 어두운 골목을 혼자서 걸어가도 불안하지 않는 나라야만 하고, 집에다 물건을 두고 몇 달이고 비워 뒀다 돌아와도 아무런 이상이 없는 나라가 치안이 잘 돼 있는 나라라고 본다.

나. 경제력 증강

한 나라의 경제력이 약하면 아무것도 할 수 없다. 사회간접자본(SOC)인 도로, 항만, 공항, 철도 등을 비롯하여 전기, 복지시설, 산업시설, 교육과 학교, 연구개발 등의 투자가 경제력이 있어야만 가능하다. 일반적으로 경제력은 국민소득이 2만 불은 되어야 선진국 대열에 들어갈 수 있다.

다. 고용과 복지 체제(system)

삶의 질을 향상시키고 살고 싶은 나라가 되는데 궁극적인 것은 고용 안정과 복지 체제(system)가 잘 수립되어 있어야 가능하다.

선진국에 필요한 복지 체제(system)는 여러 가지가 있지만 그중에서도 양호한 의료지원 체제, 실업자에 대한 대책, 장애인에 대한 대책, 초고령 사회를 대비한 노후대책, 국가 유공자에 대한 대책 등이 특히 완비되어 있어야 한다.

라. 사회적 정직성(正直性) 확립

선진국형의 살고 싶은 나라가 되는 데 가장 중요한 것이 사회의 정직성이다. 그 나라와 사회가 얼마나 정직한가, 그 나라 공직자들이 얼마나 청렴결백한가, 말없이 열심히 하는 사람들이 진정으로 잘 사는 나라인가 등이 선진국의 척도가 되는 것이다.

교육공무원을 비롯한 공직자는 정직한 마음과 성실한 자세로 최선을 다하는 사람들이 존경받고 인정받아야 하는데 그렇지 못하면 금력과 권력을 가진 사람들이 판을 치고 있기 때문에 선진국형 살고 싶은 나라가 될 수가 없다. 유전무죄 무전유죄(有錢無罪 無錢有罪)라는 신조어를 배격하여야 한다.

교육공무원과 교원들도 시류에 편승하지 않고 늘 그늘진 곳에서 세사들에게 최선을 다하는 참스승들이 우대받는 사회가 되어야 한다. 그런 참스승들이 인사, 승진, 보수 등에서 우대받는 교직 사회가 되어야 한다. 권모술수와 요행수를 부리는 교육공무원과 교원들이 배격되는 정화작용(淨化作用)을 우리 사회가 담당하여야 하는 것이다.

VI. 공직자의 부정부패 척결: 공식 비리 근절

사실 우리 사회에 오랜 관행으로 부정부패가 깊이 뿌리내려 있기 때문에 이를 뿌리 뽑을 수 있는가를 회의적으로 보는 시각도 많이 있다. 동서고금을 통하여 부정부패는 존재하여 왔다고 당위론을 주장하는 사람들도 있다. 그러나 부정부패의 근절은 가능하다. 역사를 통틀어 보면 우리 민족은 불가능을 가능으로 바꿔 온 위대한 민족이다.

그 이유는 우리 민족이 위대한 민족이기 때문에 능히 부정부패를 없앨 수 있다고 본다. 역사적으로 볼 때 우리 민족은 대단히 위대했다. 청백리로 칭송받는 황희, 맹사성 등 정승의 공직자상을 오늘에 재음미하여야 한다. 우리 민족은 특히 어려운 난관에 봉착했을 때 이를 극복할 수 있는 저력이 있는 민족이다.

우리 민족은 '88 서울 올림픽'의 성공적 개최, '2002 월드컵 개최', 'IMF 외환위기 극복' 등 국민적 저력을 발휘하였다. 2018 동계올림픽(강원 평창)도 유치해서 준비 중이다.

경제적인 수준이나 남북관계의 안보적인 불안이 성공적인 개최가 어려울 것이라고 외국 언론들이 걱정했었으나, 대성공리에 끝날 수 있었던 것은 우리 미족이 위대했기 때문에 이룩했다고 본다.

세계가 놀랄 정도의 전 국민적인 응원 모습과, 동양인이 축구를 해서 유럽의 세계적인 강국들 중 선발된 팀을 물리치고 4강에 오른 것은 대한민국 국민이 아니면 불가능했다고 보며 이를 본 세계인들이 언젠가는 저 나라 사람들이 세계를 좌지우지할는지 모른다는 평을 한 것은 우리 민족이 위대하기 때문에 가능했다고 본다.

IMF 외환위기도 최단 기간 내에 극복하였다. 현재 우리나라는 세계에서 달러 보유 4위 국가, 세계 12위의 경제 대국을 건설하였다.

이와 같은 환경하에서도 이 땅에 시장경제체제가 자리 잡은 자유민주주의 국가를 건설한 것은 위대한 우리 민족이었기 때문에 가능했다고 본다.

이런 위대한 민족이기 때문에 이제 우리가 해야 할 가장 중요한 것은 "부정부패를 척결하는 것이다"라고 단결하면 가능하다고 본다.

Ⅶ. 청렴하고 투명한 공직 사회: 부정부패 없는 공직자(교육공무원)

1. 밥상머리 가정교육 강화

부정이 깊이 뿌리내려 있기 때문에 이를 쉽게 없앨 수 없다. 그러므로 가정, 공직기관, 사회분위기 변화 등 다각적인 접근이 필요하다.

가정에서 가족들에게 청렴에 관한 가정교육이 이루어져야 한다. 부정에 연루되면 부모와의 인연이 영원히 끊어진다는 강력한 교육이 필요하다. 특히 취업 후 출근 전에 엄정한 교육이 선행되어야 한다. 가정교육은 기초·기본을 다지는 밥상머리교육에서부터 출발하여야 한다. 교육은 학교의 노력만으로는 역부족이다. 가정, 학교, 사회, 국가 등이 연대해야 한다.

2. 청렴한 사회 분위기 조성

밝고 맑고 깨끗한 사회를 이룩하기 위해서는 부정한 금품수수는 소액이라도 용서해서는 안 된다는 사회 분위기가 조성되어야 한다. 그리하려면 고위층이나 그 친인척들의 부정 연루 시 엄벌하여야 한다.

특히, 부정을 하면 반드시 색출된다는 사회 인식이 일반화되어야 한다. 부정부패로 인한 범죄자의 감형이 사라져야 한다. 또 부정을 하면 손해를 보고 나아가 이 사회에서 영원히 매장된다는 가치가 공유되어야 한다.

3. 공직기관의 청렴성 제고

'윗물이 맑아야 아랫물이 맑다'는 속담의 의미처럼 공직기관의 청렴성이 제고되려면 우선 청렴한 기관장의 인식과 태도, 생활상이 확립되어야 하다.

아울러, 근무하는 기관에는 부정부패가 전혀 기생하지 못한다는 기관장의 강한 의지 표명이 선행되어야 한다. 이를 위해서는 수시로 기관장에 의한 직접 교육과 더불어 기관의 문화와 풍토가 부정부패가 발붙이지 못하도록 올곧게 확립되어야 한다.

4. 공정한 인사제도(人事制度) 확립

공직기관에의 공정한 인사는 공조직 운영에 핵심적인 사항이다. 교육청(교육지원청) 및 학교의 인사도 마찬가지이다. 아무리 우수한 기관이라도 주요한 자리에 무능하거나 정직하지 못한 사람을 보직하면 그 조직은 망하게 된다.

그러나 잘 안 되는 조직이라도 중요한 자리에 능력 있고 정직한 사람을 보직하면 그 조직은 되살아나게 된다. 그런데 각종 인연과 결부시킨다든지 혹은 인사부정을 하여 무능한 사람을 중요한 자리에 보직하는 경우가 있는데 그런 일이 있어서는 안 된다.

특히, 교육공무원(교원)의 인사는 다음과 같은 점을 고려하여야 한다.

첫째, 합리적인 원칙을 수립하여야 한다.

둘째, 각종 인연과 배경을 배제하여야 한다(혈연, 지연, 학연 등 배제).

셋째, 청탁 시에는 반드시 불이익이 돌아간다는 것을 보여 줘야 한다.

넷째, 검소하면서도 뜻있는 승진행사로 사기를 앙양시켜야 한다.

다섯째, 교육공무원(교원) 인사원칙의 참고사항으로는 정직한 사람, 성실한 사람, 최선을 다해서 자기 업무를 수행하는 사람, 잠재 능력 보유자 등이 우대되고 우선 배려되어야 한다.

주어진 직무에 묵묵히 최선을 다하는 사람이 배려되고 아무런 배경도 없고 아부할 줄 모르는 사람이 우대되는 아름다운 공직자(교육공무원) 인사제도 확립이 선행되어야 한다.

5. 공직자의 청렴과 근검 생활

공직자인 교육공무원(교원)들은 우선 청렴하여야 한다. 교육공무원들은 근면하고 검소한 생활을 해야 한다. 근면 검소한 생활을 하지 못하면 학생, 학부모 등은 비롯한 국민들로부터 존경을 받지 못한다.

교육공무원은 경제적·물질적 부에 초연하여야 한다. 부자(富者)로 살고 싶으면 공직자의 직업을 택하지 말고 사업을 해야 한다. 비록 부모로부터 유산을 많이 받았다든지 혹은 가족들이 사회 활동을 해서 남보다 여유가 있다 하여도 공직자는 근면 검소한 생활을 하여야 한다.

그런데 부정하지 않고 정당한 재산으로 여유 있다고 해서 고급주택에 산다든지, 고급 승용차를 타고 다닌다든지 혹은 주말마다 가족들과 함께 고급 음식점을 출입하게 되면 국민들로부터 오해를 살 수 있으니, 그리고 싶으면 공직을 떠나서 살아야 한다.

선진국에서도 공직자가 근면 검소하게 사는 것은 하나의 상례로 여긴다. '내 돈 내가 쓰고 다니는데 누가 시비하느냐?'는 그릇된 인식과 일탈된 언행을 버려야 한다.

한편 공직기관 내에서도 근면 검소해야 한다. 교무실과 교장실을 호화롭게 치장한다든지 과도하게 크게 차지한다든지 고급 승용차를 타고 다니면 국민들로부터 신뢰를 얻지 못한다.

특히 중요한 것은 공금을 아껴 사용해야 한다. 공금을 쉽게 쓰는 공직자는 후진국 공직자가 하는 짓이다. 여비, 업무추진비 등은 꼭 필요할 때만 아껴서 사용하고 절약해서 반납하는 습관이 몸에 배어야 한다. 아울러, 공직기관에서의 에너지 절약도 솔선수범적으로 준수하여야 한다.

Ⅷ. 바람직한 공직자(교육공무원)상

1. 공직자와 소신 있는 업무 수행: 소신, 신념, 정직한 자세와 태도

교육공무원을 비롯한 공직자가 소신과 신념을 갖고 바르게 업무수행을 하는 것은 당연하다. 소신 있게 업무를 수행하지 않고 윗사람의 비위에 맞춰서 일을 한다든지 혹은 압력이나 유혹에 흔들려서 업무를 수행하면 어찌 국민이 공직자들을 믿을 수 있겠는가?

따라서 공직자는 소신껏 정정당당하게 업무를 수행해야 한다. 공직자가 소신 있게 직무를 수행하려면 약점이 없어야 한다. 약점은 두 가지 측면에서 없어야 하는데 그 첫째는 인사문제며, 둘째는 금전문제다.

인사와 금전 이 두 가지는 아무리 털어도 먼지가 안 나야 한다. 특히 공직자들이 책임 있는 기관장이 된다든지 어느 기관의 핵심 위치에서 일을 하게 되면 필요에 따라 구조 조정 또는 경영 혁신을 하게 된다. 구조 조정이나 경영 혁신을 하는 경우 때로는 어떤 직원은 불이익을 당하게 되는데 기관장이나 핵심 위치의 주요 직위자가 약점이 있으면 불이익을 당하는 자가 약점을 가지고 공격을 하게 되니 소신껏 일을 하려면 약점이 없어야 한다. 이 약점은 하위직위에 있을 때부터 없어야 한다. 공직생활의 오랜 기간을 통해 투명하고 청렴한 생활을 습관화하여야 한다.

2. 공직자의 소양 함양과 자질 향상 노력: 진솔하고 청렴한 공직자상 구현

공직자는 자기 개인의 일을 하는 것이 아니고 국민을 위해서 일을 하게 된다. 따라서 공직자는 수준 높은 서비스를 국민들에게 제공하기 위해 계속 연구하고 공부하여 자기의 질을 향상시켜야 한다.

많은 공직자들이 일과 후 또는 휴무 시 공부하고 연구하는 것보다 술을 마시기를 좋아한다든지 또는 한국 사회의 큰 병폐인 화투치기 등 도박을 좋아하는 것은 대단히 잘못된 일이다.

자기의 자질을 향상시키는 것은 국민에게 좋은 서비스를 제공하는 데도 의의가 크지만 선의의 경쟁을 하는 데도 도움이 되게 되어 있다. 가치 있는 인생의 정의는 사람에 따라 다르지만 나는 가치 있는 인생의 정의를 다음과 같이 한다.

자기의 미래를 예측할 수 있고, 예측된 미래를 보았을 때 내가 무엇을 보완해야 하겠는가를 안 다음, 이를 보완하기 위해 계속 연구하고 노력하는 사람이다.

21세기 세계화 시대인 현대는 평생교육의 시대이다. 교육공무원을 비롯한 공직자는 계속 공부하고 연구해야 한다. 좋은 교육, 훌륭한 선생님은 늘 연구하고 공부하는 학교와 교사이다. 이와 같이 부단히 자기 연찬을 하는 학교와 교사가 학생과 학부모를 비롯한 전 국민들의 칭송을 한 몸에 받는 것이다.

3. 공직자의 애국심 고양: 민족과 국민의 공복(公僕), 애국심 교육

애국자가 없는 나라는 망한다. 공직자는 애국을 안 하면서 국민들보고 애국하라고 하면 국민들이 따라오겠는가. 광명한 세상인 오늘날 소위 '바람 풍(風)' 교육이 통하겠는가?

공직자는 국민이 볼 때 전부 애국자라야 한다. 그래야만 국민이 따라오게 되며 전 국민이 애국자일 때 그 나라는 강하게 된다. 이스라엘, 스위스 등 작지만 강한 나라는 그 국민들의 애국심이 아주 강한 나라들이다. 우리나라도 이들 나라처럼 강소국을 지향해야 한다.

오늘날 국토도 우리나라의 한 도(道) 정도에 불과할 정도로 좁고 인구도 620만 정도로 적은 이스라엘이 중동국에서 자기들의 적국에 둘러싸여 있으면서 강국으로 존재하는 것도 전 국민이 애국심이 가득 차 있기 때문이다.

잘 알다시피 이스라엘은 어렸을 때 어머니들이 가정교육에서 애국심을 갖도록 교육을 한다. 21세기 세계화 시대의 국력의 제일 순위는 애국심이다.

미국이 오늘날 세계에서 최대 강국으로 존재할 수 있는 것도 경제적인 원인도 있지만 전 미국 국민의 가슴속에는 진정한 애국심이 가득 차 있다는 것도 큰 원인이다.

냉정한 국제 관계에서 우리 국민이 내 나라를 사랑하지 않고 나라를 위한 애국심이 부족하면 밝은 미래를 기대하기 어렵다. 따라서 전 공직자는 애국심이 가슴속에 가득 차 있어야 한다.

〈표 Ⅲ-2-2〉 공직자의 청렴성을 강조한 명구(名句)

> 📖청렴은 목민관의 본무요 모든 선의 근원이요 덕의 바탕이니 청렴하지 않고서는 능히 목민관이 될 수 없다(정약용, 『목민심서』).
> 관직에 임하는 법에는 오직 세 가지가 있으니, 청렴과 신중과 근면이다. 이 세 가지를 알면 몸 가질 바를 알게 된다(추적, 『명심보감』).
> 정치하는 요체는 공정과 청렴이고, 집안을 이루는 도는 검소와 근면이다(『경행록』).
> 돈이 권력을 크게 흔들 수 있는 곳에서는 국가의 올바른 정치나 번영을 바랄 수 없다(토머스 모어).
> 자신의 불건전한 내부와 싸움을 시작할 때 사람은 향상된다(데일 카네기).
> 불법의 쾌락 후에는 적법의 고통이 온다(스페인 속담).

Ⅸ. 맺고 나오는 글

2014년 현재 한국은 선진국의 초입에 들어서 있다. 한국은 많은 분야에서 세계 10위권의 강국이 되었다. 선진국은 모든 분야에서 균형 잡힌 발전과 진보를 바탕으로 한다. 이제 우리나라는 정치가 바로 서고 부정부패가 일소되면 바로 선진국에 진입할 것으로 보고 있다.

이제 우리 사회도 부정·부패에 대한 국민의 시각도 서서히 변해 가는 모습이다. 청렴하고 정직하게 사는 사람을 모략하고, 오히려 조직 내에서 배타하려 하고, 속된 말로 '왕따'를 시키던 공직 사회상도 변하고 있다. 그리고 정직하게, 성실하게, 최선을 다해서 사는 사람이 대접받는 올바른 사회 풍토가 조성되어야 하나 그 속도가 매우 느리다.

지금 우리가 교육하고 있는 젊은이들을 대단히 우수하기도 하지만 청렴하고도 정직하게 길러야 한다. 그것이 우리 교육공무원(교원)들에게 부여된 소명(mission)이다. 이것은 우리나라의 미래가 밝다는 것을 암시하는 것이다. 이런 젊은이인 청소년들에게 우리 기성세대는 가장 값진 선물로 정직한 사회를 물려주는 것으로 생각하고 실천해야만 한다.

사실 부정부패를 없애는 데는 돈도 필요 없고, 시간도 많이 안 걸린다. 다만 부정부패를 일소하겠다는 강한 의지만 있으면 가능하다. 그리고 윗사람들이 모범을 보여야 하고, 위법 시에는 최강의 처벌을 하여야 하며 용서를 해서는 안 된다. 자신에게 관대하고 타인에게 엄격한 태도가 아니라, 그 반대로 자신에게 엄격하고 타인에게 관대한 공직자의 생활태도 확립이 선행되어야 한다.

특히 중요한 것은 직위가 높은 사람이나 그 친인척이 부정에 연루 시에는 더 엄하게 처벌해야 한다. 그럴 때 국민이 공감하고 하위직에 있는 공직자들이 잘 따라온다.

온 국민이 "내 자식 정직하게 만들기와 내 남편 정직하게 공직생활하도록 내조하자"는 의식 전환의 붐이 조성되면 부정부패의 발본색원은 더 가속도가 붙을 것이다.

공직자는 누구든지 나이가 들면 정년퇴직을 하고 마지막으로 가정에 돌아가야 한다. 교육공무원들 중 교원들은 62세, 대학 교수 65세, 일반 교육행정 공무원은 60세가 장년이다. 주어진 복무 기간 동안 하늘을 우러러 한 점 부끄럼 없이 밝고 맑고 깨끗하게 근무하는 공직자상이 아름다운 것이다. 그 후 정년퇴임을 하고 우리는 가족의 따뜻한 환영을 받으면서 가정으로 돌아갈 수 있어야 한다.

우리 공직자들은 마지막에 가정에 돌아갈 때 가족들에게 "어려운 공직생활하시느라고 정말 고생 많이 하셨습니다. 특히 정직하게 공직생활을 해 주셔서 고맙고 자랑스럽다"라는 말을 들을 수 있도록 몸과 행동 관리를 엄격하게 하여야 한다. 떠나가는 사람의 아름다운 뒷모습이 진정한 이 시대 청렴 공직자상이라고 할 수 있다.

일찍이 다산 정약용은 그의 역저인 목민심서에서 공직자인 목민관의 청렴한 자세를 이렇게 갈파하였다. "목민관(공직자)은 유리보다 더 투명하게, 대나무보다 더 올곧게 직무를 수행하며 살아야 한다."

다산 정약용의 이 말은 오늘날 우리 공직자들에게 중요한 교훈을 주고 있다. 즉 공직자들이 공명정대하고 투명하게 공직 생활과 업무 추진, 복무 수행을 해야 한다는 점을 가르쳐 주고 있다. 그리고 공직자의 공명정대하고 투명한 공직 생활을 공직자 본인이 철저한 자기 관리로 수행해야 한다는 점을 가르쳐 주고 있다.

이제 대한민국은 선진국의 호입에 들어서 있다. 이러한 때에 대한민국이 세계 속의 강국으로 번영하느냐, 아니면 또 다시 '우물 안 개구리'로 전락하느냐는 공직자들의 공명정대한 공직 생활, 공정한 업무 수행, 투명한 예산 집행과 복무 수행에 있다는 점을 유념 하여야 한다.

제3장 교육혁신을 위한 공직자의 올바른 자세 탐구

I. 들어가는 글

사도(師道)란 사람을 가르치는 스승이 되는 길이다. 그래서 스승이 마땅히 밟아 가야 할 길이라는 의미는 언제 어디서나 변질될 수 없는 것이라고 볼 때, 그것이 어떤 것이냐 하는 점을 묻기보다는 그것을 어떻게 올바로 지켜 가야 할 것이냐 하는 점을 생각해 봐야 하겠다. 학교교육에서도 '선생은 많으나 스승은 없다'고 한다. 이 말은 곧 '수업은 있으되, 참다운 교육은 없다'는 뜻이다. 이는 바로 변화와 혁신을 요구하는 시대적 흐름에 능동적으로 동참하지 못하는 데서 기인한 것이라 볼 수 있을 것이다.

따라서 변화와 혁신을 요구하는 21세기 글로벌 세계화가 화두인 현대 사회에서 공직 윤리와 교육혁신을 선도하는 공직자로서의 바람직한 교사상에 대하여 다시 성찰과 숙고할 필요가 있다. 올바른 공직자상 확립이 곧 교육혁신의 출발점인 것이다.

II. 공직자로서의 윤리

1. 현대 사회와 공직 윤리

가. 공직 윤리의 필요성
① 건전한 국가의 건설과 미래 지향적인 사회의 발전을 위하여 공직 윤리가 필요하다.
② 사회의 기강 확립은 물론 올바른 사회의 지렛대 역할을 할 수 있다.
③ 공권력의 올바른 집행으로 신뢰하는 사회가 형성된다.
④ 바람직한 국가 건설을 이룩할 수 있기 때문이다.

나. 공직 윤리의 의미
① 공무원이 직무 수행에 있어서 그 전문적 능력에 의하여 최선을 다하여야 한다.
② 국민의 봉사자로서 공공의 목적 달성을 위해 해야 할 의무, 행동규범이다.

다. 공직 윤리의 성격

① 행정을 둘러싸고 있는 정치 사회의 가치와 신념에서 찾아야 한다.

② 국가 자체의 가치와 요청이 공직 윤리의 원칙적인 바탕을 이루어야 한다.

③ 공무원의 윤리가 형이상학적·영적·초합리적 문화 또는 종교의 가치를 원칙적인 준거로 하여 결정되어야 한다.

라. 공직 윤리의 내용

① 소극적 의미: 부정과 부패가 없는 깨끗한 공직의 수행을 의미한다.

② 적극적 의미: 국가 사회의 이념과 가치의 실현을 효율적으로 달성하기 위한 공직자의 직무 자세를 의미한다.

2. 교직의 특수성과 전문성

가. 교직의 특수성

① 직업: 생계 수단, 자아 인식, 자아실현의 인생 직업(생계 유지의 직업)

② 교직: 인간의 행동을 변화시킴, 사회 봉사직, 사회 발전에 기여(스승으로서의 직업)

나. 교직의 전문성

1) 리버맨(Lieberman)의 전문직의 조건

① 사회적 봉사 기능과 고도의 지식 기술이 필요하다.

② 장기간의 준비 교육과 자율권 행사가 필요하다.

③ 책임과 자치 조직이 보장되어야 한다.

④ 경제적 보수가 우선되지 못한다.

⑤ 직업윤리를 가진다.

2) 전문직 조건

① 고도의 지적 능력이 필요하다.

② 장기간의 준비교육의 필요성이 있다.

③ 자기 성장을 위한 노력이 요구된다.

④ 사회봉사와 책임·윤리가 따른다.

⑤ 자율권과 자치적 단체의 성격을 가진다.

Ⅲ. 공직자의 바람직한 자세

1. 교사의 자질과 역할

가. 교사의 자질

1) 기본 태도-소명 의식

(1) 사랑

① 가르침을 받는 자에 대한 사랑

② 가르치는 일 자체에 대한 사랑

③ 진리 탐구에 대한 사랑

(2) 겸허

① 사람 앞에서 겸허한 태도

② 역사의 증언 앞에서 겸허한 태도

③ 진리 앞에서 겸허한 태도

(3) 개방: 교사의 마음은 항상 열려 있는 문

① 열린 마음으로 제자들을 가르침

② 열린 자세로 직무와 업무로 공정하게 수행함

2) 전문적 자질-Harlt의 연구

① 명료한 설명과 교수 자세

② 온후함, 쾌활함, 유머 농담

③ 인간적인 친절

④ 학생에 대한 흥미

⑤ 학습활동을 즐겁게

⑥ 엄밀한 학급 조성

⑦ 공평무사

⑧ 교과교육에 대한 해박한 지식(교육과정 전문성, 수업 전문성)

⑨ 말보다 실천을 앞세우는 자세(언행일치)

3) **인간적 특성**

① 인간애, 교육애(교육철학, 교직관)

② 진실하고 아동을 존중할 줄 아는 교사

③ 공감적 이해를 가지는 교사

④ 민주적·협동적 태도

⑤ 다양한 흥미의 소유자

⑥ 사회 개조에 대한 신념

⑦ 건강(건강한 몸과 건전한 마음)

⑧ 열과 성의

4) **교사의 바람직한 자질**

① 학생 교육에 대한 전문적인 지식과 능력을 지닌 사람

② 교육 프로그램을 스스로 계획하고 실천할 수 있는 사람

③ 교육과 관련된 인적 자원을 충분히 활용할 줄 아는 사람

④ 개인·사회·국가 발전의 원동력이라는 직업윤리의식을 가진 사람

⑤ 개성을 존중하고 사랑과 신뢰로 교육을 실천할 수 있는 사람

⑥ 직무에 열과 성을 다할 줄 아는 사람

나. 교사의 역할

1) **교사의 역할 기대**

① 신세대적인 감각을 가장 먼저 수용하는 개방적인 사람

② 신·구세대 간의 갈등을 해결할 수 있는 지혜로운 사람

③ 학생들을 지도하기 위해 늘 새로움을 탐구하는 사람

④ 늘 새로운 요구에 부응하여 시도하고자 도전하는 사람

⑤ 국가의 발전을 위해 인재 양성의 책임 의식을 가진 사람

2) 교사의 역할

(1) 교육과정 측면

① 교육목적 수립자로서의 역할

② 교육과정 구성자로서의 역할

③ 수업자로서의 역할

④ 생활지도자로서의 역할

⑤ 교육평가자로서의 역할

⑥ 특별활동지도자로서의 역할

(2) 학급경영 측면

① 학급의 목표 수립자로서의 역할

② 교육목표 달성을 위한 조건 정비자로서의 역할

③ 학급 집단 지도자로서의 역할

④ 학급 특성에 맞는 교육과정 운영자로서의 역할

(3) 학교와 지역사회와의 연계적 측면

① 지역사회 조사자로서의 역할

② 지역사회 봉사자로서의 역할

③ 지역과 학교 간의 조정자로서의 역할

(4) 직장인적 측면

① 상사에 대한 좋은 협력자로서의 역할

② 하급자에 대한 선도자로서의 역할

③ 상·하급자 간 조정자로서의 역할

(5) 사회 구성원·국민적 측면

① 건전한 사회인으로서의 자세

② 법과 질서, 공중도덕을 준수하는 사회인

③ 국민의 권리를 주장하고 의무를 준수하는 건전한 국민

2. 공직자의 윤리와 행동 강령

가. 부정부패 방지

1) 공직자 윤리법(법률 제6087호, 1999. 12. 31.)

(1) 내용: 재산 등록과 공개, 신고, 심사 등에 관한 사항

(2) 선물 신고

① 외국 정부나 업무와 관련 있는 외국인으로부터의 선물 수령 시 즉시 소속 기관장에게 신고

② 선물은 국고로 귀속

(3) 퇴직 공직자의 취업 제한

① 퇴직 공직자의 유관 사기업체 등에의 취업 제한(2년 이내)

② 취업이 승인된 후라도 취업자의 해임 요구

(4) 부정한 방법으로 재산 증식 방지

① 본인, 배우자, 직계 존비속의 재산 변동 사항 등록

② 퇴직 후 일정 기간 변동 사항 신고

2) 부패방지법(법률 제6494호, 2001. 7. 24.)

① 부패 예방과 부패 행위의 효율적 규제

② 청렴한 공직 및 사회 풍토 확립

③ 공직자의 청렴의 의무: 법령을 준수, 친절·공정한 집무, 부패와 품위 손상 행위 금지

나. 공직자의 행동강령(규칙 제473호, 2003. 5. 17.)

각 시·도교육청 공무원의 청렴 유지 등을 위한 행동 강령

1) 공정한 직무 수행

① 공정한 직무 수행을 저해하는 지시에 대한 처리(제4조)

② 이해관계 직무의 회피(제5조)

③ 특혜의 배제(제6조)

④ 예산의 목적 외 사용금지(제7조)

⑤ 정치인 등의 부당한 요구에 대한 처리(제8조)

⑥ 인사 청탁 등의 금지(제9조)

2) 부당이득의 수수 금지

① 이권 개입 등의 금지(제10조)

② 알선, 청탁 등의 금지(제11조)

③ 직무 관련 정보를 이용한 거래 등의 제한(제12조)

④ 공용물의 사적 사용·수익의 금지(제13조)

⑤ 금품 등을 받는 행위의 제한(제14조)

3) 건전한 공직 풍토의 조성

① 외부 강의 등의 신고(제15조)

② 금전의 차용 금지 등(제16조)

③ 경조사의 통지와 경조 금품의 수수 제한 등(제17조)

4) 위반 시의 조치

① 위반 여부에 대한 상담(제18조)

② 위반 행위의 신고와 확인(제19조)

③ 징계 등(제20조)

④ 금지된 금품 등의 처리(제21조)

⑤ 교육(제22조)

⑥ 행동 강령 책임관의 지정(제23조)

⑦ 기관별 행동 강령의 운영 등(제24조)

3. 교육혁신을 선도하는 교사상

① 능동적이고 창의적으로 사고하는 능력과 습관을 가진 교사

② 민주적 의식과 태도를 지닌 교사

③ 개방적이고 다원적인 가치를 지닌 교사

④ 인간성 함양을 위해 노력하는 교사

⑤ 정보화 능력을 갖춘 교사

⑥ 창의력과 개방적인 태도와 능력을 길러 주는 교사

⑦ 민족의 통일에 기여하는 교사

⑧ 확고한 윤리적 가치관을 지닌 교사

⑨ 끊임없이 연구하고 자신을 계발하는 교사

Ⅳ. 맺고 나오는 글

오늘날 우리의 사회가 안고 있는 여러 가지 문제점들의 일부는 교원들이 책임져야 하며, 앞으로의 교육에서는 주체자로서의 입장을 분명하게 확립해야 하는 것은 일종의 당위이므로, 교사는 자신들이 제공하는 교육서비스에 대해 책임을 져야 할 입장에 있다.

그러므로 교사는 스스로 당당하고 자신감 있는 교육 전문가로서 가르치는 일에 대한 사명감과 윤리의식을 갖추고 교직 특유의 전문적 지식과 기술 체계를 구비하는 데 연구자로서의 부단한 연찬과 뼈를 깎는 노력으로 바람직한 공직자로서의 교사상을 확립하는 데 최선을 다하여야 할 것이다.

교육공무원은 공직자로서 공정하고 청렴하며 항상 윤리와 도덕을 솔선수범하여 실천하여야 한다. 공직생활을 하면서 이와 같은 공직자와 교직 청렴도 덕목 실천을 생활화하여야 할 것이다.

제4장 국민행복시대 교육복지의 과제와 방향 모색

I. 들어가는 글

복지(福祉)는 하늘에서 내리는 행복이라고 한다. 개인의 의지와 관계없이 주어지는 삶의 필요요건이며 시대와 사회 발전에 비례하는 사회적 책무이다.

사회 발달에 따라 복지에 대한 가치도 변화하여 온정적 보수주의시대는 사적 자선사업과 공적 구빈(救貧)사업에 의한 치료적 사회정책으로 보았으며 자유주의시대는 위험을 공동 부담하여 불평등의 보호가 충분하게 이루어지던 사회보험으로 보았고 현대 사회민주주의시대는 예방 차원(防貧)의 보호적 협동적 사회정책으로 보고 있다.

복지정책이 추구하는 기본적 가치인 복지정책의 이념은 그 나라의 지배적 이데올로기, 논자, 접근방법 등에 따라 다를 수 있다. 현대국가에서의 복지정책의 이념은 최저생활의 보장, 사회적 형평과 자유의 확대와 삶의 질의 향상에 있다.

'최저생활'이라 함은 단순히 국민 중 최하위 소득계층의 생활 정도나 단순히 목숨만 연명해 가는 정도의 생활을 의미하는 것이 아니며 '육체적·정신적으로 건강한 상태를 유지하면서 노동력을 재생산할 수 있는 정도'의 생활상태로 구체적 수준은 사회·경제적 환경에 따라 달라질 수 있다.

사회적 형평에서 복지는 모든 국민의 인격의 존중과 행복한 생활을 위하여 단순히 실적에 따른 보상의 차원을 넘어서 필요에 따른 보상이 확보되는 것을 중요시한다. 그리고 복지는 복지수혜자가 다른 사람의 강제적 의사로부터 자유로운 소극적 자유를 제한할 수 있지만 자유로운 행동영역을 확대시키는 적극적 자유를 신장시키고 현대 복지사회가 추구하는 궁극적 목표인 인간의 행복의 증진, 삶의 질을 향상시켜 준다. 이와 같은 교육복지의 확대는 2013년 2월 교육대통령을 자처하며 야심차게 출범한 박근혜 정부의 교육 지표인 국민행복교육의 시발점이기도 하다.

2014년 5월 2일 박근혜 대통령의 대선 공약인 '기초 연금 관련 법안'이 국회에서 통과됐다. 따라서 65세 이상 노인 중 약 60%는 월 20만원 정도, 나머지 40%는 월 10만원 정도씩 연금을 수령하게 됐다. 이와 같은 노인기초연금제도 실행은 우리나라가 선별적 복지에서 보편적 복지로 나아가는 과정이며, 현재 세계 최고 수준인 한국의 '노인과 빈곤' 문제를 해결하는 데 일조(一助)할 것으로 기대되고 있다.

Ⅱ. 교육복지의 개념과 의의

1. 교육복지의 개념

교육부문에서 복지의 개념 형성은 1970년대 복지국가의 이상과 함께 제시되었다. 교육복지는 개인의 타고난 적성과 소질을 최대한 발휘할 수 있도록 교육의 기회를 균등하게 보장함으로써 국민 모두가 보다 나은 삶을 누리게 하는 것으로 교육에서 평등이념을 실질적으로 구현하는 것이라고 할 수 있다.

교육개혁위원회에서는 "교육은 이제 국민이 향유하는 권리인 동시에 삶의 질을 높이는 하나의 복지이다"(교육개혁위원회, 1995)라고 하였으며, 교육복지를 '교육을 받고 있는 사람을 대상으로 한 사회복지'라고 하며 교육복지를 교육활동을 포함하지 않고 교육을 받고 있는 사람들에게 교육에 필요한 제반 조건들을 지원하는 것으로 보았고, 나아가 "교육을 통해 인간의 삶의 질적 수준을 실질적으로 제고하기 위한 실천 전략"이라고 보았다.

교육복지법(안)에서는 교육복지를 "국민의 교육적 욕구를 충족시키기 위하여 개인적, 가정적, 지역적, 사회·경제·문화적 요인 등으로 인하여 발생하는 교육격차, 교육여건의 불평등, 교육소외 및 교육부적응 현상 등을 해소하고, 학생 및 국민을 대상으로 교육기회의 확대에서부터 교육과정, 교육결과에 이르는 전 과정에 걸쳐 교육의 수준을 향상시킴으로써 궁극적으로 국민의 삶의 질 향상과 사회통합에 이바지하고 개인의 잠재적 능력을 최대한으로 개발할 수 있는 기회를 부여하여 자아를 실현시킬 수 있도록 제반 교육여건·환경을 개선하는 교육서비스와 제도를 말한다"라고 규정하고 있다.

2. 교육복지의 의의

교육복지는 특정계층에 국한되지 않고 모든 국민을 대상으로 하고 있지만 일반적으로 그 대상과 범위를 좁혀 보면 사회적으로 불리한 처지에 있는 취약계층 혹은 소외계층을 일차적인 대상으로 한다. 이들에게 행하여지는 교육복지는 교육평등(equity in education)의 실현에 그 의의를 두고 있다. 교육평등에 대한 관점은 시대의 흐름에 따라 '기회의 평등', '조건의 평등', '결과의 평등'으로 변화하였다. 교육복지정책은 잔여적(residual) 이념에 근거한 일시적인 도움이 아니라 권리의 개념으로 접근해야 하고 국가의 책무성 실현을 전제로 한다는 점에서 시혜적 차원을 넘어서 교육복지의 가치 실현에 두어야 한다.

3. 추진배경

가. 사회 환경의 변화

우리나라는 국민소득 2만 불 시대의 선진국 진입을 눈앞에 두고 있고 국가경제 발전에 비례하여 국제사회 질서에 걸맞은 국민의식 수준의 향상과 함께 국가정책에 있어서도 새로운 정책 내지는 기존정책에 많은 변화를 요구받고 있다. 반면에 이와 같이 단기간에 이룬 경제발전의 부산물로 구성원 간의 생활, 삶의 방식에 있어 격차가 더욱 벌어지고 있으며 경제적인 격차로 가난의 대물림이라는 사회적인 문제와 사회통합의 과제가 대두되고 있다.

미국에서도 '사과는 먼 곳에 떨어지지 않는다'는 속담처럼 부모를 잘 만나야 고생하지 않고 최상의 교육을 받고 경제적으로 여유 있게 살아갈 수 있고 이러한 가족 배경의 효과가 사라지는 데 약 5세대가 걸린다고 한다. 우리 사회에서도 '개천에서 용 난다'는 속담은 옛말이 됐다. 한 세대의 가난한 환경이 다음 세대의 부유한 환경으로 혹은 부유한 환경에서 가난한 환경으로 되는 예는 매우 드문 편이고 가난을 벗어날 확률은 6%에 불과하다고 한다. 경제적 불평등은 교육기회, 교육과정, 교육결과의 불평등을 초래하고 그로 인한 경제활동과 직업경쟁 불평등은 경제적불평등을 가져오는 '빈곤의 악순환'으로 가난을 대물림하게 된다. '교육을 통한 계층 고착화'는 사회통합을 해칠 뿐만 아니라 사회의 역동성을 떨어뜨린다는 점에서 결코 바람직하지 않다고 전문가들은 지적한다.

나. 교육격차 심화

특히 사회·경제적인 양극화 현상으로 인한 지역 간, 계층 간 교육격차가 심화되어 사회적인 문제로 심각하게 대두되고 있으며, 가정해체로 인한 결손가정으로 가족형태의 변화와 외국인의 증가로 인한 다문화 가정, 새터민 가정의 등 교육 소외계층도 증가하고 있어 교육복지에 대한 사회의 관심과 배려가 요구된다. 따라서 교육격차 해소를 위한 국민의 실질적인 교육을 받을 권리를 보장하기 위하여 교육복지정책이 중요하게 부상되고 있다.

다. 학교의 역할 확대

21세기 현대 사회에 들어오면서 가정의 자녀에 대한 보호, 양육 등 전통적인 기능이 약화되고 있으며 학교는 가정의 기능이 약화되거나 교육기회를 갖지 못한 학생들의 교육과 연계하여 가정의 기능이나 역할에 대하여 그냥 지나칠 수 없는 상황이 되었다. 따라서 사회적 책무성에 비례하여 학교의 역할 변화로 학교는 학생들이 학교 내외에서 교육을 충실히 받을 수 있는 최적의 환경 보장을 위하여 학생복지에 보다 많은 관심을 둘 시기가 되었다.

라. 사회통합기반 조성

경제적 불평등의 심화로 야기되는 저소득계층의 확대는 사회통합을 저해하여 종국적으로는 국가 경쟁력의 쇠퇴를 가져오게 된다. 정부에서는 지속적인 국가발전을 위해서 국민의 역량을 결집하고 개인의 능력개발과 인적 자원 개발을 통한 국가성장 동력의 기초 형성과 함께 개인의 삶의 질 향상을 추구하며 사회통합 차원의 사회양극화를 해소하는 확실한 방법은 교육밖에 없다고 보고 '교육격차 해소'를 핵심으로 교육복지정책을 추진하였다. 교육은 경제적 안정과 개인적·사회적 안녕(personal and social well-being)을 기반으로 개인의 풍요로운 삶의 질을 지향하는 복지사회를 위해 중요한 역할을 담당하고 있다. 교육복지는 교육기능을 중심으로 교육취약계층이나 소외계층에 기본적인 교육지원책을 제공하고 장기적으로는 국민 모두에게 적절한 교육의 기회를 제공하여 안정된 삶을 영위하는 기반을 만들어 주어야 한다.

Ⅲ. 교육복지 정책목표와 과제

1. 정책추진과정

교육복지정책은 헌법 제31조 제1항 "모든 국민은 능력에 따라 균등하게 교육을 받을 권리를 가진다", 교육기본법 제3조(학습권) "모든 국민은 평생에 걸쳐 학습하고, 능력과 적성에 따라 교육받을 권리를 가진다", 교육기본법 제4조(교육의 기회균등) "모든 국민은 성별, 종교, 신념, 사회적 신분, 경제적 지위 또는 신체적 조건 등을 이유로 교육에 있어서 차별을 받지 않는다", 교육기본법 제27조(보건 및 복지의 증진)와 개별법에 근거를 두고 있다. 참여정부에서는 12대 국정과제의 하나로 '참여복지와 삶의 질 향상'을 선정하고 "참여정부 교육복지종합계획"(2004. 10.)을 수립하여 교육복지정책방향을 제시하였으며 우리 교육청에서도 "교육복지5개년계획"(2005. 03.)을 수립하여 교육복지에 대한 업무를 체계화하고 있다. 한편 교육복지정책에 대한 제도적인 뒷받침을 위한 교육복지법(안)이 이인영 의원의 대표발의(2006. 11. 10.)로 국회에 제출되었다.

2. 정책목표와 과제

〈표 Ⅲ-4-1〉 정책 목표와 과제(예)

정책목표(3)	정책영역(5)	정책대상(16)	정책과제(17)
1. 국민기초 교육수준 보장	1) 모든 국민의 교육 기회 보장	장애인 및 병 허약자	특수교육 강화
		저소득층 학생	유아교육기회 확대
			저소득층 교육비 지원
		저학력 성인	저학력 성인 교육기회 확충
		고등교육 소외자	장애인·저소득층 고등교육 기회 확대
		외국인 근로자 자녀	외국인 근로자 자녀 교육지원
	2) 기초학력성취	기초학력 미달자	기초학력 보장
2. 교육부적응 및 불평등해소	3) 학교부적응 치유	학업 중단자	학업 중단자 예방 및 대책
		귀국학생	귀국학생 교육 지원
		북한이탈 청소년	북한 이탈 청소년 대책
	4) 교육여건 불평등 해소	시 저소득지역학생	도시 저소득지역 교육지원
		농어촌지역학생	농촌지역 교육여건 개선
		정보화 취약 계층	정보화 격차 해소
		저소득층 자녀	사교육으로 인한 불평등 완화
3. 복지친화적 교육환경 조성	5) 밝고 건강한 교육환경 구축	학교 풍토	밝고 즐거운 학교 만들기
		학생 건강	학생 건강 증진
		학교 내외 교육환경	안전하고 건강한 교육환경 조성

Ⅳ. 교육복지의 방향

1. 기본 방향

교육복지는 개인적, 사회 경제적 요인 등으로 인한 소외 계층과 취약계층에게 일정 수준까지 교육받을 수 있는 기회를 제공하고, 도시저소득 지역, 농·산촌 등과 같이 상대적으로 열등한 환경으로 인한 교육 결과의 불평등이 발생치 않도록 교육여건의 불평등 내지는 교육격차를 해소하며, 복지친화적인 환경을 조성하여 각 개인이 자신의 교육적 욕구에 맞는 교육기회를 향유함으로써 능력을 최대한 발휘할 수 있도록 지원하는 데 있다.

이를 위하여 기관 실정에 맞는 체계적인 추진체제를 구축하고 지역사회의 인적·물적 자원을 활용하는 연계협력을 통하여 교육복지의 활성화를 추진하며 아울러 교육복지의 총괄적·체계적 지원과 확산을 위한 교육안전망(Edu-Safety Net)을 구축해 나가는 데 있다.

2. 지향 목표

교육복지 정책은 기초 학력 성취를 보장하기 위하여 취학 전 단계의 영·유아에게 출발점 평등을 위한 취학 전 프로그램을 제공함으로써 학교교육을 제대로 받을 수 있는 기초능력을 갖추도록 하며, 초등학교 단계에서는 학습 결손이 누적되지 않도록 기본학습능력 배양을 위한 프로그램을 제공하고, 중등학교 단계는 능력수준별 학습을 통해 최저학력 수준을 성취하도록 한다. 그리고 건강한 신체 발달을 위해 필수적인 복지서비스를 제공함으로써 정상적인 학교생활과 일상생활을 할 수 있도록 도와주고, 가정환경의 불안정에서 겪는 정서·행동 발달상의 문제를 극복하도록 학교와 지역사회의 교육환경을 조성하여 정서적 안정 속에서 성장할 수 있도록 한다. 또한 부모와 학교의 보호 없이 학교 밖에서 많은 시간을 보내는 학생들에게 적절한 교육 및 문화 프로그램을 제공함으로써 적성 계발 및 특기 신장을 도와준다.

이와 같은 목표를 달성하기 위해서는 교육환경을 개선하고 교육기회를 최대한 보장해주며 교육·복지·문화가 연계된 통합적인 지원이 되어야 한다.

3. 교육복지와 학교의 역할

교육복지의 역할은 기본적으로 학교가 교육의 목적을 달성할 수 있도록 지원하는 것이다. 공교육체계 내에서 학교교육의 본질적 목적(학업적·직업적·개인적·사회/시민적)을 달성하는 것을 지원하며 학생들이 학교에 잘 적응할 수 있도록 도와주어 학생들의 문제해결능력과 의사결정능력을 길러 주고, 주변 환경변화에 잘 적응하게 하며 스스로 지속적인 학습 책임감을 갖도록 돕는 데 있다. 또한 개인적 문제, 가족 또는 대인관계상의 문제, 학교적응과 관련된 문제가 있는 학생들을 위해 학생들의 심리, 사회적인 문제의 예방과 해결을 위한 활동을 수행한다. 생태체계적인 관점에서는 학생 개인뿐만 아니라 학교·가정·지역사회 환경에 대하여 체계 간의 연계를 강화하여 학생을 둘러싼 체계들의 기능을 극대화함으로써 학생들에게 최적의 교육환경을 제공하는 것이다.

학생들이 경험하는 문제는 대부분 학생 자신의 문제라기보다도 학생을 둘러싸고 있는 체제와의 상호작용에서 나타나는 것으로 문제의 해결방안도 학생, 가정, 학교, 지역사회 간의 상호작용을 원활하게 연계활동을 강화하는 방향으로 추진하여 본질적인 변화를 도모하는 것이 바람직하다.

교육복지의 역할이 중요한 것은 학생의 문제예방과 해결, 학생들의 전인적 성장과 복지가 학교라는 현장에서 이루어지는 것이 가장 효과적이고 효율적이라는 데 있다. 교육복지는 학교를 중심으로 이루어지는 활동이고 모든 교사들의 참여와 협조 없이는 이루어질 수 없다. 그러므로 조직구성원들에게 교육복지의 이해와 필요성에 대한 공감대 형성과 함께 학교풍토의 변화가 요구된다. 학교에 있어서 교육복지는 학교풍토와 교육과 복지의 연계활동을 어떻게 추진하는가에 따라 매우 다양하게 나타날 수 있다.

교육복지를 체계적이고 효율적으로 운영하기 위하여 운영지원체제를 갖추고 체계적이고 통합적인 접근이 가능하도록 노력을 하여야 하며 지역사회자원의 참여유도와 활동을 배려하고 유기적인 협력 체제를 구축하여 학생들의 복지 증진을 위한 환경을 조성한다.

V. 맺고 나오는 글

현재 시대의 흐름을 보면 지식기반경제의 고도화와 함께 지식·정보격차에 따른 사회·경제적 격차로 사회양극화가 심화되고 있으며, 국내적으로는 외환위기 이후 중산층의 몰락으로 사회의 중심 지지기반이 매우 약화되었다. 중산층 회복이 국가적 과제로 대구되었다.

과거에는 교육이 '신분이동'이나 '계층 상승'의 통로 역할을 하였으나 지금은 '계층 고착화의 요인'으로 오히려 사회문제의 원인으로 주목을 받는 상황이 되었다. 교육복지는 개인적으로 가난의 대물림을 차단하고 국가적으로는 사회통합과 동반성장의 실현을 위한 사회양극화 해소의 최선의 방안이며 선진국가로서의 과제이다.

교육복지는 이미 다양한 정책을 통하여 각 분야별로 추진되고 있으며 시대의 흐름에 맞게 우리 교육계가 보다 관심을 가지고 제도화하여 사회적 책무에 비례하는 교육현장의 역할(교육복지 담당, 지원영역, 지원프로그램 개발, 활동 공간 조성, 활동시간, 예산확보 등)을 재정립하고 대비해 나가야 한다.

교육복지는 관심과 지원이 필요한 학생들에게 실질적인 지원으로 일회적이며 획일적이고 경제적인 지원보다는 스스로 자립할 수 있는 길을 열어 주고 환경 적응을 위한 지원이 되어야 하며, 개별 변화의 기회를 제공하고 삶의 질을 제고하는 계기가 되어야 한다. 그리고 지원은 사회적 책무를 바탕으로 전체 구성원의 관심과 참여가 학교 내부로부터 밖으로 확산되어야 한다.

제5장 교육력 향상을 위한 학교평가의 실제

I. 들어가는 글

일반적으로 평가란 하나의 행위가 끝난 후에 그 일을 반성함으로써 다음에 그와 비슷한 행위를 반복할 때에는 과거의 잘못을 되풀이하지 않고 보다 나은(질적으로 발전된, 성장된) 결과를 얻기 위한 고도의 지적 행위로서 동물세계에는 없는(동물은 같은 일의 반복, 시행착오의 반복), 인간만이 할 수 있는 행위이며 인간 사회 발전의 커다란 원동력이기도 한 것이다.

원시시대로부터 근대사회에 이르기까지는 평가라는 행위가 없거나 빈약하였다. 오늘날에 와서 '평가'의 필요성이 대두되고 있다는 것은 그만큼 사회가 발달하고 질적으로 성장하며 점차 합리화·선진화되어 가는 현상이므로 매우 긍정적이고 바람직한 현상으로 받아들여야 할 것이다.

그동안 우리나라에서 대입평가제도가 중·고등학교의 교육내용과 교육방법과 교육목표를 좌우해 온 것처럼 평가는 교육의 성격을 바꾸는 강한 힘을 가지고 있다. 그러나 '평가'라는 용어가 너무나 빈번하게 사용되다 보니 평가를 무조건 괴로움을 주는 부정적인 요소로 생각하게 되는 것도 무리는 아니며 그동안 교육에 있어서 정당한 평가가 이루어져 오지 못한 것도 사실이다.

이제 교육계에서도 평가의 중요성과 그동안 평가를 너무 소홀해 왔다는 자각을 하게 되었으며, 평가에 대한 오해를 불식하고 올바른 평가로 교육활동의 효율성을 높여야 할 것이다.

II. 학교경영평가와 학교평가

1. 학교경영의 의미

경영과 관리를 동일시하는 것이 일반적이나 고전적 통념에 따라 학교경영과 학교관리를 구분하여 사용하는 경우가 많다. 전통적 견해에 따르면 하나의 경영체제는 경영층-관리층-작업층 세 개의 계층 구조를 가지며 관리란 경영의 하위 개념으로 본다.

그러나 경영에 있어 보조적으로 필요한 인적·물적·금전적인 것에 대한 조달 및 활용을 관리라고 볼 때 학교경영과 학교관리는 상보적 관계에 있다고 할 수 있을 것이다. 따라서 학교경영이란 단위 학교에서 교장의 자율적 창의적 관점하에 교육목표를 설정하고 그 목표 달성을 위해 필요한 제반 조건을 정비·확립하여, 목표 달성을 위한 활동을 지도 감독하는 일련의 활동인 것이다.

2. 학교경영평가

우리나라 초·중등교육법 제2조 제2항(법률 제5438호)에 의하면 "교육부장관은 교육 행정의 효율적 수행을 위하여 필요한 경우에는 지방자치단체의 교육, 과학, 기술, 체육, 기타 학예에 관한 사무를 관장하는 지방교육행정기관과 학교에 대하여 평가를 실시할 수 있다"고 명시하고 있다. 일반적으로 '학교평가'는 그 내용과 방법에 따라서 '학교경영평가', '학교교육평가'라는 용어를 혼용하고 있는 실정이다.

학교 평가는 학교 자체 평가와 외부 평가로 나누어 볼 수 있다.

학교 자체 평가는 학교에서 평가위원회를 구성하여 평가하고 결과를 피드백하는 방법으로 학교구성원이 평가하게 되므로 학교 사정을 훤히 알고 있어서 정확한 평가를 할 수 있다는 장점은 있지만 형식에 치우쳐 유명무실한 운영이 될 우려가 있다.

현재 외부에 의하여 이루어지는 학교평가는 두 가지가 있다. 하나는 시·도교육청이 실시하는 것이고 다른 하나는 한국교육개발원이 시범적으로 실시하고 있는 학교평가이다.

전자는 개별 학교들이 정부의 교육개혁조치들을 얼마나 잘 실천하고 있는가와 다른 학교와 비교하여 그 수준이 어느 정도인지를 상대적으로 파악하는 데 중점을 두는 '목표 달성도 평가'이며, 후자는 특정 학교의 실체를 들여다보고 문제점과 장점을 드러내어 개선할 수 있는 방안을 모색하는 데 주안점을 두는 '상호 정보제공 평가'다.

목표 달성도 평가방법은 현재의 효율성의 수준을 보여 주기는 하지만 특정의 학교가 왜 그 정도의 효율성만을 보이는지를 설명하지는 못한다. 이와는 대조적으로 상호 정보제공 평가방법은 학교교육의 효율성 그 자체보다는 특정의 학교가 왜 그 정도의 효율성을 달성할 수밖에 없는지를 알려 줄 수 있다. 바로 이 점에서 학교교육의 효율성을 위한 학교평가는 목표 달성도 평가보다는 상호 정보제공 평가이어야 함을 알 수 있다.

3. 학교평가

① 학교경영의 평가 과정에서 얻어진 결과는 다음의 학교경영 계획, 조직, 동기유발 과정에 환류(feedback)시켜 학교경영을 개선, 발전시키는 데 필요한 정보를 제공한다.

② 학교경영의 목적이 궁극적으로는 학교교육의 목적을 효율적으로 달성하는 데 있기 때문에 평가는 학교교육의 질을 제고하는 계기가 될 수 있다.

③ 학교교육의 취약점을 발견하고 이를 보완함으로써 교육수혜자에 대한 책무성을 증대시켜 준다.

④ 학교경영에 있어 평가 그 자체가 체제접근의 한 주요 요소이므로 학교를 체계적이고도 합리적으로 운영하도록 자극을 주는 계기가 된다.

⑤ 종래에 타성적으로 운영해 온 학교경영 방식에 교육적 노력을 통하여 변화를 가져올 수 있게 하는 기회를 갖게 된다.

⑥ 학교의 구성원들이 전반적인 학교생활에 관하여 관심을 가지고 스스로 점검해 보고 학교교육의 질을 향상을 위해 자발적으로 노력을 기울이도록 유도할 수 있다.

4. 학교경영평가의 목적

학교경영평가의 결과에서 얻어진 자료는 차기 학교경영 계획을 작성하고 실천해 나가는 데에 없어서는 아니 될 귀중한 자료가 된다. 학교경영평가의 목적을 보다 구체적으로 살펴보면 다음과 같다.

① 학생의 지도 자료 얻기

② 교육의 반성 자료 얻기

③ 학교의 경영·관리 자료 얻기

5. 학교경영평가의 기능

① 학교교육 목표 관리 촉진

② 합리적 정책 결정

③ 학교경영에 대한 자율성 신장 및 책무성 고취

④ 학교의 현 위상을 분석하여 전략 마련

⑤ 교육 표준(education standard)에 대한 점검으로 바른 장학 지도 가능

Ⅲ. 학교경영평가의 방향

1. 학교경영평가의 방법

현재 우리나라의 단위학교에 대한 교육행정기관의 통제방식의 변화방향을 한마디로 요약하면 규제완화와 자율성의 신장이라고 할 수 있다.

이렇게 단위학교의 자율성이 점차적으로 확대되는 과정에서 학교교육의 효율성을 위하여 필요한 학교평가의 목적은 무엇보다도 단위학교의 개선에 직접 도움을 줄 수 있는 정보를 제공하는 것이다.

특히 학교가 아직 자율적 영역이 크지 않은 상황에서 책무성을 평가하거나 학교 간 상대평가를 실시하는 것은 타당하지 않다는 주장이 제기될 수 있으며 학교 자체 평가를 잘 활용할 수 있도록 지도하는 것이 더 효과적일 수도 있다.

학교평가는 학교교육의 효율성을 제고하기 위해서는 학교의 변화와 개선을 목적으로 해야 한다. 평가기준과 관련하여 상·중·하 또는 몇 점이라는 식의 양적인 판정을 가능한 한 하지 말아야 한다. 학교평가는 장점과 단점을 중심으로 정보를 제공하여야 한다. 그런데 그것은 다른 학교와 비교하여 드러나는 것이 아니라 단지 해당 학교가 개선하거나 발전시켜 나가야 할 사항으로서 의미를 지녀야 한다.

또한 학교경영평가는 양적 평가와 질적 평가가 조화를 이루어야 한다. 기존의 학교경영평가는 평가의 편의를 위하여 양적 평가 위주로 운영되어 왔다. 그러나 양적인 평가는 수업 활동, 학교의 의사결정 등을 평가하기에는 부적절하다. 따라서 다양한 질적 평가방법을 개발하여 활용할 필요가 있다.

2. 학교경영평가의 도구

(1) **문서와 서류:** 경영활동에 대한 공식적인 서류가 존재하고 그것이 객관적인 평가도구로 활용될 수 있는 경우(학교경영계획서)

(2) **설문지나 면담:** 문서와 서류를 통하여 파악하기 곤란한 개인의 생각, 만족도 등의 평가

(3) **관찰:** 현장 방문을 통한 확인 평가가 필요한 경우

3. 학교경영평가의 영역

학교경영평가에서 측정할 영역은 교육경영의 과정과 관련된 내용을 중심으로 각각의 영역을 다시 구체적인 평가요소로 세분할 수 있다.

〈표 Ⅲ-5-1〉 학교경영평가의 영역

변인	평가 영역	평가 요소
배경 변인	학교의 상황	·인적 현황: 학생 수, 교사 수, 행정직원 수 ·재정적 현황: 학교운영비, 실험실습비, 장학금 ·시설, 설비 현황: 교실, 특별교실, 실습실, 운동장 ·기타: 학교의 역사, 주변 환경
투입 변인	학교교육 계획	·교육 목표; 학교교육목표, 학년목표, 학급목표 ·교육과정 편성 ·학교조직 관리 계획 ·중장기 교육계획 ·학교 비전
과정 변인	교과과정 관리	·교육과정 운영: 교과지도, 특활지도, 생활지도 ·교직원 관리: 근평, 교원조직, 장학, 연수, 복지, 후생 ·조직관리: 학교조직 풍토 ·대외관계 관리: 학부모, 지역사회와의 관계
산출 변인	학생의 성취	·교육목표 달성도: 학업성취도, 태도 및 행동변화, 신체발달, 학년목표 달성, 학급목표 달성 ·수요자의 교육 만족도 ·상급학교 진학 및 탈락 ·졸업생의 사회적 기여

4. 학교경영평가의 과정

학교교육계획 단계에서 계획이 과연 잘 수립되었는지에 대한 평가를 실시하고, 실천과정의 평가는 약식 형태로 주기적으로 실시하고, 마지막에 종합평가를 하는 방향으로 운영되도록 하고, 종합평가의 결과는 다시 다음 해의 학교교육계획 수립에 피드백(feed back)되도록 해야 할 것이다. 따라서 학교경영평가의 과정은 계획, 실천, 결과를 평가하는 순환적 과정이어야 함을 알 수 있다.

(1) **계획 평가:** 현재의 학교가 처한 상황이나 배경적 요인에 대한 이해, 그리고 투입요소를 통하여 실제로 기대하는 바의 산출을 이룰 수 있는가를 검토하는 평가 활동

(2) **실천평가**: 계획을 실천하는 과정에서 필요한 정보를 얻는 데 그 목적이 있으며, 종합평가에 도움을 주기 위하여 주기적으로 실시하는 약식의 평가라고 할 수 있다.

(3) **결과평가**: 계획평가와 실천평가가 제대로 이루어졌는지와, 이러한 과정을 거쳐 기대하던 바의 산출을 나타내었는지를 총괄적으로 평가하므로 종합 평가가 될 것이다.

5. 학교경영평가의 활용

학교 자체 평가로서의 경영평가결과는 학생 지도를 위한 자료로서, 교사와 학교경영자의 반성을 위한 자료로서 활용되어야 하며, 또한 다음 학년도의 학교경영계획 수립을 위한 반성자료로서 활용되어야 한다. 반성을 위한 협의에는 학생, 교직원 등은 물론 학부모, 지역사회 인사 등 학교공동체 구성원 모두가 참여하는 것이 바람직하다.

한편 국가적 차원에서 학교경영평가결과를 활용할 경우에는 학교를 지원하고 조장하기 위한 자료로서 활용하는 것이 바람직하다.

각 시·도 교육청 초·중등교육공무원 인사관리기준 개선(안)에 따르면 "교장·교감 및 교육전문직은 직무수행능력, 근무실적, 장학지도실적, 학교평가결과, 청렴성, 학부모 여론, 근무기간 및 근무지실정 등을 감안하여 전보한다."라고 규정하고 있다.

Ⅳ. 학교평가의 실제

1. 교육청의 학교평가

가. 평가방법
① 평가척도 제시 → 학교 자체 평가 실시 → 자체 평가 보고서 제출 → 지역교육청의 현장 방문 평가 → 지역교육청의 우수학교 추천 → 시·도교육청의 현장 방문 평가 → 평가결과 협의 → 우수 학교 시상(표창)
② 자체 평가와 지역교육청, 시·도교육청의 방문 평가
③ 평가 대상 및 주기: 3년 주기로 실시
- 2012학년도(유·초·특수학교 전체), 2013학년도(중학교 전체), 2014학년도(고등학교 전체): 연차적으로 시행(학교급 순환제)

나. 학교평가 내용의 변화

학교기반 조성 → 교실수업 개선 → 학교경영의 자율화와 교실수업개선

다. 평가 영역 및 내용

① 평가영역 및 내용은 공통지표와 자체지표로 2원화하여 실시: 평가 내용에 교육의 투입, 과정, 결과 포함
② 단위학교의 자율적·창의적 학교운영을 위해 공통지표 수 감축
③ 자체지표는 도교육청의 역점 및 특화사업 중심으로 개발·활용

라. 평가방법

학교평가는 평가 대상 학교의 성장정도를 평가하는 데 목적이 있으므로 상대평가 지양

2. 한국교육개발원(KEDI)의 학교종합평가

가. 교육평가 차원에서의 학교평가

학교의 제반 사항들을 평가하되, 그것의 교육적 의미와 관련하여 평가하겠다는 것을 말한다. 예를 들어 학교 시설을 평가한다고 할 때 그 시설의 안정성을 평가의 주요 초점으로 삼기보다는 시설의 교육적 활용에 초점을 맞추어 평가한다.

나. 학교의 본질적 목적 차원의 평가기준 설정

학교의 각 평가 영역들의 기준을 '학교가 학생들에게 의미 있는 교과/교과 외 학습경험을 제공하기 위해 움직이고 있는가'라는 학교의 본질적 목적 차원에서부터 도출하고 있다.

다. 교육활동과의 관계 속에서 평가기준 설정

평가영역을 교육활동, 교육지원활동, 학교교육목표·계획 등 세 영역으로 구분하였다. 교육활동의 평가기준은 ① 학생들에게 의미 있는 학습경험이 제공되는가, 교육지원활동에 대한 평가기준은 ② 학생들에게 의미 있는 학습경험을 제공하기 위해 교육활동을 지원하는가, 학교교육목표·계획에 대한 평가기준은 ③ 학생들에게 의미 있는 학습경험을 제공하기 위해 교육활동과 교육지원활동을 이끄는 역할을 하는가 등으로 설정하였다.

라. 질적 자료 중심의 평가

개별학교를 둘러싼 사회·문화적 요소, 제도적 요소들뿐만 아니라, 개별학교 내적 풍토, 학교구성원들 상호 간의 관계, 인적 요소들의 특징 등 학교 내외적 요소를 고려하는 가운데 학교가 어떻게 움직이는지에 대해 이해하고 그에 기반을 두어 학교를 평가하도록 하는 것이다.

이러한 평가에서 활용되는 자료는 문서자료, 면담자료, 관찰자료 등이다. 기존의 학교평가에서 큰 비중을 차지했던 문서자료들이 이 평가모형에서는 극히 제한된 비중만을 차지한다. 평가위원의 활동에서 많은 비중을 차지하는 것은 학교관계자들과의 면담, 교육활동이나 학교의 주요 의사결정 장면에 대한 관찰이다.

3. 학교 자체 평가

가. 학교경영평가의 절차

학교경영평가가 개선방향을 얻을 수 있도록 과학적인 방법으로 실시되기 위해서는 평가내용이 구체적으로 추출되어야 하고 계량화시킬 수 있도록 구안되어야 한다. 또한 학교경영에서는 학교의 교육 계획, 실천, 결과 등의 전 과정을 통하여 평가활동이 이루어지기 때문에 다음과 같은 평가절차의 과정이 필요하다.

평가 준비		평가 실시		평가결과 활용
·평가위원회 구성 ·평가목표 설정 ·평가영역 선정 및 준거 개발 ·평가방법 결정	⇨	·과정·산출의 측정 ·측정 수집된 정보의 분석 ·정보(자료)의 해석	⇨	·평가결과 판단 ·평가결과 환류

[그림 Ⅲ-5-1] 학교경영평가 순환과정

나. 학교경영평가방법

1) 준비단계: 평가계획

① 학교경영평가계획 수립

② 학교경영평가위원회 구성

③ 평가도구 제작: 타당성, 신뢰성, 다양성 고려

2) **실시 단계: 정보 수집**

① 자료 수집 서식 개발 및 교직원과 학생으로부터의 정보·자료 수집

② 필요한 경우, 외부 학교평가 전문가의 자문 활용

③ 수집된 자료를 바탕으로 평가 실시

3) **결과 처리 단계: 정보 활용**

① 평가결과를 종합·조정하여 보고서 작성

② 학교장에게 평가보고서 보고

③ 평가결과를 바탕으로 학교교육의 개선 방안 수립

다. 학교경영평가자의 자세

① 특정영역이나 속성의 성취수준 및 도달도를 제시한다.

② 교육 정책의 수립에 조직원의 광범위한 참여를 통하여 독단과 편견을 배제한다.

③ 평가 주체자의 독자적인 도덕적 준거와 전문적 판단에 의해 평가한다.

④ 평가결과의 산출에 대해 책임을 져야 하며 발견된 과오는 즉시 수정하여야 한다.

V. 학교경영평가의 발전 방향

1. 학교경영평가의 문제점

① 평가지표의 지나친 수량화

② 평가의 목적이 교육의 질 개선보다 행정적 목적에 치우침.

③ 평가에 대한 거부감

④ 지나친 형식 위주의 평가

⑤ 평가받을 때 약점을 은폐

⑥ 평가결과 활용의 미흡－평가로 끝나는 사례

⑦ 일시적 행사 위주의 평가

2. 학교경영평가의 과제

학교경영평가가 바람직한 방향으로 정착되기 위해서 앞으로 해결되어야 과제는 다음과 같다.

(1) 평가의 목적을 행정적 목적이 아닌 학교교육의 질 개선을 위한 자료 수집에 두어야 한다.

(2) 학교경영평가는 구성원들의 적극적인 참여하에 운영되어야 한다. 학교교육 목표에 대한 구성원들의 공개적인 논의와 동의가 필요하고, 교육계획 실천의 구체적인 방식과 자원 배분 방식 그리고 산출 목표에 대한 합의가 필요하다. 또한 평가수단에 대해서도 그것이 적절한지에 대한 동의가 필요하다. 그렇지 않은 상태에서 실시되는 학교경영평가는 구성원들의 반발을 유발하기 쉽고, 평가의 효과도 떨어질 수밖에 없다.

(3) 학교 자체 평가가 활성화되어야 한다. 이를 위해 학교단위의 자체 평가위원회가 구성되는 것이 바람직하다. 이 위원회는 주기적인 학교 자체 평가를 수행하거나, 외부평가를 위해 요구되는 자료를 준비하고, 내부 또는 외부 평가결과에 따라 피드백되는 사안들에 대해 충분한 검토를 통해 학교를 어떻게 개선시킬 것인가를 모색하는 역할을 담당해야 한다.

(4) 학교경영평가는 학교단위의 지속적인 경영혁신 노력 및 재구조화 노력과 병행하여 이루어져야 한다.

(5) 학교경영평가를 수행하는 평가자는 사전 교육과 훈련을 받아 비평가자들로부터 신뢰를 얻을 수 있을 만큼 자질이 향상되어야 한다.

(6) 학교경영평가를 통해 학교경영 개선에 필요한 현실적인 자료를 얻는다는 확신을 갖도록 해 주어야 한다.

VI. 맺고 나오는 글

세상의 모든 일에는 반드시 평가가 뒤따른다. 일반적으로 평가(evaluation)란 하나의 행위가 끝난 후에 그 일을 반성함으로써 다음에 그와 비슷한 행위를 반복할 때에는 과거의 잘못을 되풀이하지 않고 보다 나은(질적으로 발전된, 성장된) 결과를 얻기 위한 고도의 지적 행위로서 동물세계에는 없는(동물은 같은 일의 반복, 시행착오의 반복), 인간만이 할 수 있는 행위이며 인간 사회 발전의 커다란 원동력이기도 한 것이다. 따라서 평가가 없는 일(업무)은 무의미하고 공허한 것이다.

원시시대로부터 근대사회에 이르기까지는 평가라는 행위가 없거나 빈약하였다. 오늘날에 와서 '평가'의 필요성이 대두되고 있다는 것은 그만큼 사회가 발달하고 질적으로 성장하며 점차 합리화·선진화되어가는 현상이므로 매우 긍정적이고 바람직한 현상으로 받아들여야 할 것이다.

그동안 우리 나라에서 대입 평가 제도가 초·중·고등학교의 교육내용과 교육방법과 교육목표를 좌우해 온 것처럼 평가는 교육의 성격을 바꾸는 강한 힘을 가지고 있다. 그러나 '평가'라는 용어가 너무나 빈번하게 시용되다 보니 평가를 무조건 괴로움을 주는 부정적인 요소로 생각하게 되는 것도 무리는 아니며 그동안 교육에 있어서 정당한 평가가 이루어져 오지 못한 것도 사실이다.

이제 교육계에서도 교육평가의 중요성과 그동안 평가를 너무 소홀해 왔다는 자각을 하게 되었으며, 교육평가에 대한 오해를 불식하고 올바른 평가로 교육활동의 효율성을 높여야 할 것이다.

제6장 집단지성(集團知性)을 바탕으로 한 감동 주는 학교경영 방안 탐구

I. 들어가는 글

2013년 10월 세계적으로 명성 있는 글로벌 국제 교육기관인 바르키 GEMS 재단이 세계 '교사위상지수(Teacher Status Index 2013)'를 발표했다. 과거 PISA(국제학업성취도평가)의 국제학력평가결과가 세계 각국의 교육 개혁에 커다란 영향을 미쳤듯이 세계 교사 위상 지수에 대한 국제비교 연구 결과도 향후 세계 교육 개혁, 특히 교원 정책 개혁에 큰 영향을 미칠 것으로 생각된다. 따라서 이 연구 결과를 제대로 이해하여 우리에게 주는 시사점을 음미해 볼 필요가 있다. GEMS 재단이 발표한 '교사 위상 지수(Teacher Status Index 2013)' 보고서에 따르면 한국은 62점으로 중국(100점), 그리스(73.7점), 터키(68점)에 이어 4위를 차지했다.

피터 돌튼 교수와 오스카 바세나로구티에레즈 박사가 개발한 '교사 위상 지수'는 OECD 주요 21개 회원국에서 직업, 연령, 학력 등에 따른 1,000명의 표본을 대상으로 조사한 결과를 토대로 개발됐다.

당시 보도 기사 중에서 연합뉴스는 뉴스의 제목을 <한국 교사 위상 OECD 국가 중 4위…중국 1위>라고 붙인 후 소제목을 <연봉 3위…학생들 존경심은 '꼴찌'>라고 붙였다.

이를 받아서 기사화한 다른 신문과 언론매체들은 자극적이고도 선정적인 제목을 붙였다. 국내 유수의 신문들이 <한국 교사 위상은 4위, 학생들 존경심은 꼴찌>(중앙일보), <한국 교사 위상 지수 4위…존경심은 바닥권>(동아일보), <한국 교사 위상 지수, 존경심은 최하 연봉은 3위>(한국일보) 등으로 대서특필했다. 한마디로 우리나라 교원들의 위상지수와 연봉은 높은데 존경도는 형편없다는 논조이다.

사실 이 연구 결과를 분석해 보면 교사에 대한 존경도는 중국에 이어 한국이 두 번째로 높고, 다만 학생들의 교사 존경심에 대한 응답자들의 인식이 꼴찌인 것으로 나타났다. 이 연구는 성인들에게 "학생들이 교사를 존경한다고 생각하는가?"를 물었을 때 우리나라 응답자의 11%만이 '그렇게 생각한다'고 답을 하여 가장 낮은 수준을 보였다는 것이다. 즉 실제로 우리 학생들의 스승 존경도가 꼴찌라는 말이 아니라 성인들의 눈에 그렇게 비쳤다는 의미이다.

여하튼 근래 동서를 막론하고 교육의 위기를 걱정하는 목소리가 높다. 교원들의 위상도 급추락하고 있다는 우려 섞인 지적도 많다. 실제 교육 현장에서도 교육의 위기, 교원의 사기 저하를 심심찮게 목도하고 있는 게 현실이다. 무엇인가 교육 혁신을 위한 일대 변화가 필요한 시점이 아닌가 한다. 미래 사회에느 경청과 공감의 새로운 리더십 요구되고 있다.

단위 학교의 교육의 질을 결정하는 주체는 누가 뭐라 해도 학교장이다. 학교교육의 성패는 학교장의 리더십과 직결된다고 해도 과언이 아니다. 그만큼 학교장의 역할이 중요한 것이다. 학교장의 경영 리더십이 열린 마인드로 변혁적으로 행사될 때 경영 성과와 교직원들의 사기가 고양될 것이다.

일찍이 20세기 초 일리치(Ivan Illich)의『탈학교 사회』, 라이머(E. Reimer)의『학교는 죽었다』등의 역저에서 이미 교육과 학교의 한계를 지적한 바 있지만, 여전히 교육과 학교는 동서고금의 국가백년지대계로 미래를 밝히는 등불이다. 아무리 교육이 위기이고 교원들의 위상이 추락해도 이 시대 미래를 기댈 언덕은 곧 교육이고 교원들이다.

일선 학교에서는 교장의 말 한마디, 눈빛 하나가 교직원들에게 때로는 스트레스가 되거나 무한한 사기와 의욕을 충전하는 기제가 된다. 과거의 학교장 리더십이 전통적인 리더십으로 '명령하는 리더십'이었다면, 미래 학교경영의 리더십은 학교장이 앞장서서 '끌고 가는 리더십', '스스로 하도록 격려하는 리더십'이 중요한 것이다. 아울러 2009 개정 교육과정의 핵심역량인 집단지성(集團知性)을 바탕으로 한 새로운 학교경영 패러다임(paradigm)으로의 전환이 요구되고 있다.

Ⅱ. 학교경영과 집단지성(集團知性)의 중요성

1. 사공이 많아야 하는 사회와 교육: 모두가 주인인 학교와 교육

과거에는 '사공이 많으면 배가 산으로 간다'고 하여 여러 사람이 많은 의견을 내면 그것이 한 가지로 수렴하기 어렵다는 인식이 강했다. 따라서 많은 사람들이 천차만별의 의견을 개진하면 오히려 전반적인 진행에 방해가 된다는 사고가 주류를 이루고 있었다.

하지만 세계화 시대인 21세기에는 '사공이 많으면 목적지에 빠르게 도달한다'라는 인식으로 변하였다. 많은 사람들이 여러 의견을 내고 이를 하나로 수렴하여 일치단결하고 협동하여 목적과 목표를 더욱 충실하게 완수하고 달성할 수 있게 된 것이다. 그 가운데서 모든 구성원인 교육과 학교조직의 주인이라는 주인의식이 강해져서 더욱 건전하고 내실 있는 조직으로 발전, 성장하는 계기가 되는 것이다.

21세기 변혁적 사회에서는 독단적인 리더십은 발붙일 곳이 없다. 항상 타인의 의견에 귀를 기울이고 많은 구성원들의 견해를 수렴하여 보다 바람직한 대안 마련에 적극 노력해야 한다.

2. 학교장의 열린 사고: 배려와 섬김의 리더십과 개방적 사고

단위 학교경영에서는 학교장의 마인드가 아주 중요하다. 학교장이 과거처럼 전통적 리더십, 카리스마적 리더십을 고집하면 그 학교조직은 경직되게 된다. 반대로 학교장이 열린 사고와 개방적 마인드로 학교경영에 임하면 역동적으로 살아 움직이는 학교조직이 된다. 학교장이 변혁적 리더십, 서번트 리더십을 바탕으로 섬김과 배려의 리더십으로 학교조직에 활력을 불어넣어 주어야 하는 이유가 여기에 있다.

교육의 주체는 학생들을 가르치는 교사이며 학교경영의 주체는 학교장이다. 따라서 학교장은 항상 타인을 먼저 생각하는 열린 사고와 교직원들과 학생들을 배려하는 개방적 사고로 학교경영에 임해야 한다.

3. 집단 의사결정 시스템: 집단지성과 하의상달식 의사결정

현행 초·중·고교에 적용되고 있는 2009 개정 교육과정은 핵심역량으로서 집단지성을 특히 강조하고 있다. 혼자 가면 외롭게 빨리 가지만 여럿이 함께 가면 더욱 보람 있고 즐겁게 갈 수 있는 것이다.

전통적인 사회와 조직에서는 탁월한 능력을 가진 지도자의 명령과 지시에 따르기만 하면 별 대가 없이 살아갈 수 있었다. 리더의 의견에 따르기만 하면 어느 정도 과업과 목표도 달성할 수 있었다. 당시에는 상의하달식(上意上達式) 의사결정 구조, 의사소통 시스템이 대세를 이루고 있었다.

하지만 현대 사회에서는 이런 일방통행식 조직 구조와 의사결정 시스템으로는 목표 달성과 과업 수행이 어림도 없게 되었다. 여러 사람의 다양한 의견을 바탕으로 가장 바람직한 대안을 추출해야 하며, 항상 밑으로부터 위로 의견을 수렴하는 하의상달식(下意上達式) 의사소통 시스템이 활성화되어야 한다.

분명히 혼자만의 사고보다는 여러 사람들의 사고가 보다 바람직할 수 있다. 그와 같은 집단지성이 원만한 의사결정과 바람직한 의사소통의 창구가 되는 것이다. 집단지성을 통해 추출된 대안은 그 조직구성원 모두에게 자부심과 긍지를 갖게 한다. 자부심과 긍지, 자존감 등이 활발한 구성원들이 조직 목표 당성과 과업 수행에 그 능력을 더욱 충실히 발휘할 수 있는 것이다.

Ⅲ. 바람직한 학교경영의 방향

1. 교원들과 학생들이 함께 행복한 학교: 더불어 함께 하는 교학상장(敎學相長)의 장(場)

가. 동일시로서 수범을 보이는 교원

학교에서 교육의 주체는 아이들을 가르치는 교사이며 모든 교육은 교사로부터 나온다. 교사의 말 한 마디, 교사의 행동 하나하나가 최고의 교육 자료이며 살아 있는 생생한 교육과정이기 때문이다. 교사는 학생들에게 동일시의 대상이고 모델(model)인 되어야 한다.

무엇이든 내가 갖지 않고서는 남에게 줄 수 없다. 행복도 기쁨도 내가 가지고 있지 않으면 줄 수 없는 것이다. 교사가 따뜻한 가슴을 가졌을 때 아이들에게 따뜻한 마음을 베풀어 줄 수 있고 교사가 행복할 때 아이들을 행복하게 해 줄 수 있는 것이다. 교사의 미소와 가슴 따뜻한 행복은 고스란히 아이들에게 전달되어 아이들 차지가 될 것이다.

나. 자부심과 미소가 있는 교원

옛말에 '미소가 없는 사람은 장사를 하지 마라!'라는 말이 있다. 이 말은 많은 손님을 대하는 사람의 얼굴에 미소가 없으면 손님은 더 이상 오지 않는다는 말이다. 하물며 어린 새싹들을 가르치는 교사가 미소를 잃었다면 큰 문제가 아닐 수 없다.

모름지기 교사는 그 자체가 최고의 교육 자료로 웃는 얼굴 자체가 아이들에게 최고의 인성 교육 자료가 되어 학생들의 마음을 순화시켜 주고 좋아하게 하고 따르게 해 준다.

다. 재미와 흥미를 북돋워 주는 교원

'아는 것은 좋아하는 것만 못하고 좋아하는 것은 즐기는 것만 못하다'라는 말이 있다. 어떤 것을 수행할 때 즐긴다는 것은 최고의 경지다. 아이들과 교사가 공부할 때 즐겁게 공부하는 것은 최고의 수업을 한다는 이야기다. 그 속에는 최고의 효율과 최고의 재미 최고의 가치가 담겨 있다는 뜻이다.

라. 알게 하고 또 할 수 있게 하는 교원

자고로 '백문(百聞)이 불여일견(不如一見)'이고 '백견(百見)이 불여일행(不如一行)'이며 '백행(百行)이 불여일각(不如一覺)'이라고 했다. 이 말은 '백 번 듣는 것보다 한 번 보는 것이 더 낫고, 백 번 보는 것보다 한 번 행하는 것이 더 나으며 백 번 행하는 것보다 한 번 깨닫는 것이 더 낫다'라는 뜻이다. 말로 하는 교육보다 실행하는 교육, 깨닫게 하는 교육의 중요성을 강조한 말이다.

교육의 목표에는 지적인 목표, 기능적인 목표, 정의적인 목표 등 세 가지가 있다. 지적인 목표는 알게 하는 것이고, 기능적인 목표는 할 수 있게 하는 것이다. 정의적인 목표는 가슴으로 느끼게 하는 것이다. 교육은 지적인 목표에만 매몰되어서는 안 되고, 기능적인 목표, 정의적인 목표도 함께 달성토록 지향하여야 한다. 학생들에게 할 수 있게 하는 것이 중요한 것이다.

학생들에게 교사가 입으로 수많은 것을 알려 주는 지적인 것보다는 아이들이 직접 해 보게 하여 깨닫게 하는 것이 더 낫다는 말로 여기에도 아이들에게는 감동과 감성교육으로 스스로 깨닫게 하는 교육이 최고의 교육이라는 말을 실감할 수 있다.

현행 2009 개성 교육과정에서 창의적 체험활동 교육과정을 강조하고 있는 것도 지적 목표(능력), 기능적 목표(능력), 정의적 목표(능력) 등을 겸비한 전인 교육, 전인 육성을 목표로 하기 때문이다.

2. 잠재적 가능성을 일깨우는 미래의 '꿈동이' 교육: 잠재적 가능성의 구현

학생들이 가정의 부모 밑에서 생활하다가 처음으로 만나게 되는 세상이 학교다. 아이들은 4세 때 96%가 높은 자아존중감과 긍정적 자아이미지를 갖게 되지만 18세가 되면 5% 이하로 긍정적 자아존중감이 떨어진다는 통계가 있다.

이것은 아이들이 학교에 다니면서 자아존중감이 급격하게 떨어진다는 이야기이다. 어차피 세상은 자아존중감이 없으면 아무것도 하지 못하게 된다. 학습도 학교에 들어와서 학습 흥미를 잃게 하여 오히려 학교가 학습장애아를 만든다는 말도 있다. 우선 아이들이 학교에 와서 처음 접하는 세상인 선생님, 학교, 친구들을 좋아하게 되면 그다음에는 저절로 잘하게 될 것이다.

3. 근면 성실하고 정직한 삶의 방법 교육: 인생의 나침반, 등대가 되는 교육 실행

주는 것 없이 예쁜 사람이 있고 또 이유 없이 미운 사람이 있다. 세상 사람들이 좋아할 수 있는 사람으로 만들면 그 사람은 반 이상 성공한 사람이다.

첫째, 예절을 실천한다. 받는 것 없이 예쁘고 무엇인가 자꾸 주고 싶은 사람이 있다. 바로 그런 사람이 갖춘 것이 있다면 바로 복 받는 체질인 예절을 갖추고 있기 때문이다.

둘째, 정직하고 진솔하게 생활한다. 정직은 말과 행동을 진실하게 한다. 그동안 정직은 교과서 속에 관념적인 교육으로만 존재했지 살아 있는 현장교육이 되지 못했다.

셋째, 성실한 삶을 추구한다. 성실은 하겠다고 한 일을 이루는 것이다. 말한 것을 말한 내로 이루는 것이 성실이다. 말한 바를 지키는 데는 창조의 비밀이 있다. 아무리 사소한 약속이라도 어김없이 지키는 성실한 태도를 보여 줄 때 우리의 뇌가 주인을 완전히 믿게 된다.

미래를 살아갈 학생들에게 암기, 주입, 주형 위주의 선언적 지식, 명제적 지식보다는 방법적 지식, 절차적 지식을 강조하여야 하는 것이다. 방법적 지식, 절차적 지식은 학생들이 아는 것을 실제 실행하는 삶에 도움이 되는 지식이다.

4. 신중하고도 올바른 의사결정권 행사: 경청, 공감, 배려, 나눔, 섬김의 리더십

학교를 경영함에 있어 크고 작은 일의 의사결정에 직면하게 된다. 교직원 대다수가 부응하고 따를 수 있는 의사결정을 하여 일사불란하게 일을 추진할 수 있어야 할 것이다.

잘못된 의사결정을 했을 때는 오히려 교직원 간의 불화와 갈등을 조장할 수 있다. 학교장의 의사결정권이 바르게 행해지고 그 의사결정이 바른 영향력을 발휘하게 해야 할 것이다.

가. 인격적인 신뢰와 의사결정

세기의 철학자인 아리스토텔레스의 세 가지 설득요소는 다음과 같다.

첫째, 이토스(ethos)이다. 명성, 신뢰감, 호감으로 전달하는 사람의 인격적 측면으로 설득과정에 60%를 차지한다.

둘째, 파토스(pathos)이다. 공감, 동의, 경청 등의 친밀감, 마음을 움직이는 감정적인 측면으로 설득과정에 30%를 차지한다.

셋째, 로고스(logos)이다. 논리적인 근거나 실증적인 자료 등으로 근거를 제공하는 논리적인 측면으로 설득과정에 10%를 차지한다.

사람은 옳은 말을 하는 사람보다 자신을 이해해 주고 자기가 신뢰하는 사람을 좋아한다. 자기를 이해해 주는 사람이라면 그가 무슨 말을 하더라도 받아들이려고 노력한다. 당신이 논쟁을 벌이고 반박을 하게 되면 때로는 상대방을 이길 수도 있다. 하지만 헛된 승리에 지나지 않는다. 왜냐하면 상대방의 진심 어린 동조는 얻어 낼 수 없기 때문이다.

나. 의견 불일치 극복과 갈등 해소

두 사람의 의견이 일치한다면 두 사람 중 하나는 불필요한 사람이다. 어떤 기업체에서는 '반대 팀'을 만들어서 회사가 추진하는 모든 일에 반대 의사를 제시하여 토론을 하도록 한 회사가 있다고 한다. 직장 내 반대 의견은 꼭 있기 마련이니 그것을 인정하고 그 반대 의견이 오히려 하는 일에 자극제가 될 수 있도록 해야 한다.

그것이 건전한 반대라면 적극 수용하여야 한다. 그 갈등과 대립의 해소 과정을 거쳐서 조직구성원 간 신뢰가 돈독해지고 학교조직이 더욱 발전하는 계기가 되는 것이다.

전통적 리더십처럼 상사의 한마디에 '나를 따르라!' 하는 학교조직은 발전성이 제한될 수밖에 없다. '공동묘지의 고요'는 조직 발전의 큰 장애가 된다. 조직구성원들 간 더러는 갈등과 대립이 존재하는 학교조직이 바람직하다. 그 갈등과 대립이 조직 건강을 해치지 않는 한 이를 해결하고 해소하는 과정에서 그 조직은 한층 더 발전과 성장을 하게 되는 것이다.

다. 경청과 존중의 리더십

어떤 사람을 움직이려면 그의 마음을 열어야 한다. 그의 마음을 열려면 먼저 귀를 열어야 한다. 사람을 움직이는 힘은 입이 아니라 귀에서 나온다.

말을 잘하는 사람은 누구에게나 부러움의 대상이 된다. 하지만 부러워한다고 해서 그 사람을 반드시 좋아하는 것은 아니다. 오히려 부럽다는 것 때문에 질시의 대상이 되기도 하고 그 사람에게 거리감을 느끼기도 한다.

사람들은 말을 잘하는 사람보다 잘 들어주는 사람의 요구를 더 잘 들어준다. 누군가 진지하게 자신의 이야기를 들어주면 슬픔이나 분노감이 해소되고 마음이 후련해진다. 또한 존중받고 이해받는다는 느낌이 들기 때문에 그런 사람을 좋아한다. 그리고 최선을 다해 들어주는 사람에게는 반항할 구실이 없기 때문에 반발심이 생기지도 않는다.

Ⅳ. 교육공동체가 함께하는 학교경영

1. 교내 지원: 학교 공동체 구성원들에 대한 물심양면 지원

학교장은 교감과 함께 학교 내에서 다양한 계층들의 활동을 적극 도와주어야 한다. 학교 교육은 교직원들이 실행하므로 학교장은 측면 지원과 보조를 하여야 한다. 이들이 서로 간에 화합하고 타 부서와도 긴밀한 협조체제를 갖추어야 학교교육의 능률과 발전을 기대할 수 있을 것이다.

학교경영에서 학교장은 주체로서 적극적으로 대처해야 하고, 학교교육 전반에 걸쳐서는 교직원들이 열심히 일하도록 도와주는 역할에 충실하여야 한다.

가. 학교공동체의 화합과 상호 존중

'천기(天機)는 지리(地利)만 못하고 지리(地利)는 회합(和合)만 못하다'라는 말이 있다. 무엇보다도 중요한 것은 교내 구성원 간의 화합이다. 학교행정가인 관리자와 교사, 행정실 직원, 회계직원, 각 업무보조원 등 다양한 계층 간의 협조와 화합이 학교경영과 업무추진에 아주 중요한 변인이 된다.

첫째, 각 동 학년 간 또는 같은 계층 간 교직원들의 화합이 무엇보다 중요하다. 특히 새 학년을 시작하는 3월, 새 학기를 시작하는 9월은 아무리 바쁘더라도 매일 함께 얼굴을 보고 생활할 같은 부서 직원 간의 단합과 화합을 꾀할 수 있는 방법을 도모하는 것이 무엇보다도 우선시되어야 한다.

둘째, 각 계층 교직원들 간의 협조와 화합이 이루어져야 한다. 서로의 입장과 형편을 이해하고 서로 간의 간격이 없을 때 원활한 업무와 협조분위기가 조성되어 능률의 극대화를 기할 수 있을 것이다. 학교조직은 교직원들 간의 화합과 조화, 그리고 협동이 핵심이다.

셋째, 학교장과 교감 등 학교행정가와 교직원들 간의 긴밀한 인간관계의 형성이다. 긴밀한 관계를 형성하기 위해서는 정기적으로 서로의 얼굴을 볼 수 있는 기회를 만들어야 한다. 최소한 월 1회 정도는 각 부서별 직원과 허심탄회하게 마음을 나누고 의견을 들어 보고 그들의 가려운 부분을 긁어 줄 수 있고 또 관리자가 바라는 바를 전달할 수 있는 소통의 기회를 갖는 것이 필요하다.

2014년부터 박근혜 정부에서 추진하고 있는 문화가 있는 삶의 날(매월 말 주 수요일)을 단위 학교 경영에서도 적용하면 좋을 것이다.

나. 비공식 단체와 구성원 간의 신뢰관계

교내에는 공식적인 모임 이외에도 비공식적인 모임이 많이 있다. 여기서 중요한 학교의 사안이 이야기되기도 하고 학교경영의 중요한 단초가 되기도 한다. 가급적 교장은 이런 모임에 참석해 많은 이야기에 귀를 기울이고 다양한 모임의 사람들과 친밀한 관계를 형성하는 것이 때로는 공식라인 이상으로 중요한 경우가 많다.

2. 교외 지원: 학교공동체, 교육공동체와 구성원들과의 화합과 협력

학교경영에서의 교외 지원은 학교에 직간접적으로 영향을 주는 각종 교육공동체, 학교공동체 조직과 단체 구성원, 임원들과의 원만한 인간관계 형성이 우선되어야 한다.

특히 최근 세계적으로 지역사회 학교로서의 학교 역할 확대가 강조되고 있으므로 학교는 학교 개방, 평생교육 센터, 인적·물적 자원 교류 등을 통해서 교외 지원과 도움을 주고 받아야 한다.

첫째, 유관 기관 단체들과의 우호적인 관계를 형성해야 한다.

둘째, 학교 관련모임 단체와 우호적인 관계를 형성해야 한다.

셋째, 학교운영위원회, 학교총동문회 등과 유대를 강화해야 한다.

V. 학교장의 학교경영 접근방법

1. 사고 전환과 본질 변화

가. 사고와 행동 및 실현의 일관성: 숙고＋성찰＝내실

밥 프록터는 "마음으로 본다면 손에 쥐게 된다"고 했다. 현대 과학과 현대 심리학의 최고의 성과를 살펴보면 생각은 본질을 변하게 한다는 것을 입증하고 있다. 생각은 하나의 물체이고 머릿속에 생각하고 느끼는 것은 분자, 부피, 무게 그리고 에너지를 지닌 물체로 결코 추상적이거나 형이상학적인 개념이 아니다.

학교경영은 항상 숙고하고 성찰하며 이를 실행하기 위한 노력의 연속이다. 깊이 숙고하고 실행한 학교경영은 그 실현도 빨리 되고 내실 있게 되는 것이다.

나. 먼저 생각하고 행동하는 삶: 사고＋행동＝실현

에머슨은 "그가 하루 종일 생각하는 자체가 그 사람이다"라고 했다. 로댕의 유명한 조각인 '생각하는 사람'도 의미가 있다. 일찍이 파스칼은 '인간은 생각하는 갈대'라고 갈파했다. 사고가 행동이 되고, 그 행동이 생각과 꿈을 실현하는 것이다.

사람이라서 생각을 하는 것이 아니고 어떤 생각을 하느냐에 따라 사람이 달라진다는 이야기다. 머릿속의 생각이 몸속 세포 하나하나에 영향을 미친다. 어떤 생각을 하느냐에 따라 행, 불행, 건강, 질병, 지옥, 천국도 갈라놓는다.

건전한 사고에서 건전한 의사결정과 행동이 도출되는 것이다. 따라서 항상 좋은 생각, 건전한 사고를 생활화하여야 한다.

2. 앞에서 끌고 가는 리더

과거의 경험으로 살아가던 시대는 끝났다. 수년 전의 지식과 경험은 거의 무용지물이 되는 급변하는 현실에 살고 있다. 톡톡 튀는 신세대 교사와 다양한 계층의 교직원들에게 리더십을 발휘하자면 시대에 뒤떨어지지 않고 그들보다 앞서가는 생각을 가지고 있어야 그들을 이끌어 갈 수 있다.

학교장은 뒤에서 따라오는 사람이 아니라 앞에서 이끌고 가는 CEO이다. 아울러 무한한 희생과 봉사와 배려의 실천자이기도 하다. 학교장은 권한은 서로 나누고 책임과 의무는 전적으로 본인이 감수하는 자세를 가져야 한다. 늘 낮은 자세로 학교경영에 임해야 하고 교직원들과 학생들에게 무한 봉사와 희생을 해야 하는 것이 곧 학교장이다.

가. 독서와 연구하는 학교경영자: 지식과 삶의 보고(寶庫) 책

책 속에서 학교경영 마인드를 찾아야 한다. 세대차를 극복하고 변화하는 시대에 앞서가는 유연한 사고와 리더십을 발휘하기 위해서는 독서를 통해서 간접경험을 넓히는 방법이 최선의 방법이다. 독서하는 학교, 책을 읽는 학교장의 지근거리에 교직원들과 학생들도 도서관에 자주 드나들고 항상 책을 읽게 되는 것이다. 명장 밑에 약졸 없다는 점을 유념해야 한다.

항상 학교장이 책을 가까이하고 연구와 탐구를 하는 자세로 교직원들에게 수범을 보여야 한다. 고여 있는 물은 썩지만 흐르는 물은 항상 맑고 깨끗하다. 그러한 자세로 학교경영을 곧고 바르게 해야 한다.

나. 정제된 언어: 무한한 달변보다 절제된 침묵

일반적으로 말단 직원들은 상사의 말 한 마디에 큰 영향을 받기 마련이다. 교육 CEO인 학교장의 말은 더욱더 무게감을 갖는다. 그러므로 학교장의 말은 절제되어 나와야 한다. 학교장은 꼭 필요한 말을 반드시 필요한 시점에서 해야 하는 것이다.

학교장의 실언은 교육 CEO에 대한 신뢰를 저하시키고 다른 학교경영의 리더십에도 치명적인 역기능을 초래할 우려가 있다는 점을 명심하여야 한다.

일반적으로 말은 다음과 같이 세 가지의 힘을 갖고 있다. 말의 위력은 새삼 강조할 필요도 없다.

첫째, 말은 흡인력과 각인력이 있다. 대뇌학자들에 의하면 사람은 뇌세포의 98%가 말의 지배를 받는다고 발표한 적이 있다. 세상 사람들 중에는 호사가(好辭家)들이 많지만, 말을 함부로 해서는 안 되는 이유가 여기에 있다.

둘째, 말에는 견인력이 있다. 말에는 행동을 유발하는 힘이 있다. 말한 내용은 뇌에 박히고 뇌는 척추를 지배하고 척추는 행동을 지배하기 때문에 내가 말하는 것이 뇌에 전달되어 행동을 이끌게 된다.

셋째, 말에는 성취력이 있다. 어떤 사람이 자신이 하고 싶은 일을 종이에 써서 그것을 되풀이해서 읽는 동안 동기부여가 되었다고 한다. "할 수 있다"라고 외칠 때 자신감이 생기고 놀라운 힘이 발휘되는 것이다. 학교 행사나 그 밖의 회의 시에는 꼭 필요한 말 이외에는 가급적 말을 아껴야 한다. 누구나 말이 많으면 그만큼 실언도 많다.

교육 CEO로서의 학교장은 달변가, 웅변가보다 침묵의 실천가가 되어야 한다. 물론 필요한 말을 해야 할 곳, 해야 할 때에 하여야 하는 것이다.

3. 학교 과업 달성의 접근방법

그냥 미치면 바보가 되지만 꿈에 미치면 신화를 이룬다. 그 꿈은 잠재적 가능성이다. 미래 비전의 작은 씨앗이 되는 것이다. '학교는 학교장에 따라 그만큼 변한다'는 말처럼 교장이 비전과 목표를 가지고 학교에서 어떤 마인드로 접근하느냐에 따라 학교는 180도 변하고 달라질 수 있다. 꿈을 꾸기만 하면 허황된 것이 되지만, 이를 노력으로 실천하면 현실이 된다. 그런 의미에서 학교 과업 달성을 위한 접근방법은 다음과 같은 점에 초점을 맞추어야 한다.

첫째, 자기 확신을 가져라. 의심하면 실패하고 확신하면 성공한다. 확신하면 현실이 된다.

둘째, 의미 중심 마인드(mind)를 가져라. 의미는 없고 형식만이 존재한다.

셋째, 접근 마인드를 견지하라. 생각 즉시 행동하라. 행하지 않고는 얻어질 것이 아무것도 없다.

넷째, 지금 여기 마인드를 가져라. 어제는 이미 써 버린 지폐이고 내일은 아직 발행되지 않은 채권이며 오늘만이 우리 손에 쥐어진 현금이다.

다섯째, 비교는 불행의 지름길이다. 남들과의 비교는 자신의 삶을 고단한 전시적 인생으로 바꾼다.

여섯째, 긍정적인 언어로 말하라. 행복한 말을 하면 행복해진다.

일곱째, 누구와의 마인드를 가져라. 행복은 '어디서'의 문제기 이니라 '누구'의 문제다.

여덟째, 황금률을 실천하라. 수확체증의 법칙을 음미하라. 주지 않고는 받을 수 없다.

4. 작은 일과 범사(凡事)에 감사하는 태도

생활하면서 평범한 일에 자부심과 긍지를 갖는 게 중요하다. 항상 우리 주변에 있는 그저 그런 범사(凡事)에 감사하는 생활을 감사하게 생각하면 삶의 에너지가 된다. 또 '작은 것이 아름답다'는 말처럼 작은 일에도 항상 감사하는 마음 자세가 중요하다.

대인관계와 인간관계에서 '감사합니다'라는 말은 위력이 대단하여 세상을 다 얻을 수 있는 위력을 가지고 있으며 행복해질 수 있는 위력, 좋은 일만 생기게 하는 위력 등을 가지고 있다. 감사의 분량이 곧 행복의 분량이며 돈이 되는 말이기도 하다. 늘 감사하는 마음으로 생활하면 일상생활에 활력이 넘치고 의욕과 사기가 충만하게 된다.

우리 속담에 '웃는 낯에 침 뱉으랴'라는 말이 있다. 자신에게 감사하는 사람에게 모질게 대할 수는 없는 것이다. 교육도 마찬가지이다. 교직원 간, 사제 간, 학생 간, 교직원과 학부모 간 항상 신뢰와 사랑으로 대할 때 좋은 교육, 훌륭한 교육이 이루어지는 것이다.

5. 항상 격려하고 칭찬하는 리더십

'칭찬은 고래도 춤추게 한다'는 말이 있다. 칭찬과 격려는 연령에 관계없이 상호 신뢰를 쌓고 의욕과 사기를 북돋워 준다.

따라서 학교장은 소속 교직원들에게 항상 칭찬과 격려를 하여야 한다. 작은 성취와 노력에 대하여 항상 격려와 칭찬하는 자세를 견지해야 한다. 특히 학교의 교직원들과 학생들의

일거수일투족을 꿰뚫고 늘 칭찬하고 격려하여 구성원들이 더욱더 높고 넓은 책무와 사명
을 완수하도록 도와주어야 한다.

6. 가슴을 움직이며 감동과 감명을 주는 학교경영

단위 학교경영의 주체는 학교장이다. 학교장의 리더십은 천차만별이다. 보통 교장은 지
껄인다. 평범한 교장은 말로 웅변한다. 좋은 교장은 잘 가르친다. 훌륭한 교장은 수범을 보
인다. 탁월한 교장은 따라오게 한다. 위대한 교장은 가슴에 불을 지른다. 그 위대한 교장은
공동체 구성원들에게 감동과 감명을 준다.

과거의 교육이 학생들에게 '잡은 물고기를 주는 교육'이었다면, 현대의 교육은 '물고기
잡는 교육'을 지향하고 있다. 동서고금을 통틀어 미래의 교육은 '바다를 음미하고 웅대한
꿈으로 바다를 품게 하는 교육'을 지향해야 한다. 그런 의미에서 보면 교육이 역동적인 감
동을 주는 교육, 감명을 주는 교육을 지향해야 함은 명약관화(明若觀火)한 것이다. 학교경영
역시 새로운 패러다임으로 좀 더 높고 넓고 새로운 교육과 경영을 지향해야 할 것이다.

VI. 맺고 나오는 글

주지하다시피 글로벌 교육기관 바르키 GEMS 재단이 발표한 '교사 위상 지수(Teacher
Status Index 2013)' 보고서에 따르면 한국은 62점으로 중국(100점), 그리스(73.7점), 터키(68
점)에 이어 4위를 차지했다. 한국 교사의 위상과 연봉은 상위권인 데 반해, 학생들의 교사
에 대한 존경심은 가장 낮은 것으로 나타났다.

역설적으로 우리나라 교사들이 늘 부러워하는 핀란드 교사의 위상 지수는 21개국 중에서
13위에 불과한 것으로 나타났다. 최근 사회의 세태가 교육의 위기, 교권 추락, 교원 사기 저
하 등을 걱정하지만 그래도 국가백년지대계(國家百年之大計)는 교육이고 그 견인차는 교원들
이다. 바르키 GEMS 재단의 교사 위상 지수, 연봉, 존경도 발표는 우리 교육에 중요한 시사
점을 제공해 준다. 이 시대 교육의 교원들이 올곧게 바로 서야 함을 가르쳐 주는 것이다.

우리나라 교사들은 세계 교사 위상 지수 결과에 대한 바른 이해를 바탕으로 부모가 자녀
들에게 교직을 강하게 권하는 사회, 스승 존경도가 2위인 사회의 교사로서 자부심을 가질
필요가 있다. 졸업 후 생계유지에 유리하다고 하여 교직의 선호도가 높은 우리 사회의 일

그러진 현상이 아닌가 한다.

교육의 위기를 교육이 풀고, 교원들의 어려움을 교원들 스스로 극복해야 과제가 우리 앞에 놓여 있는 것이다. 이 과제는 우리가 회피할 수 없는 소명과 같은 것이기도 하다. 교육의 위기를 교원들이 풀지 못하면 누가 해결할 수 있겠는가를 숙고해야 한다.

단위 학교경영의 주체는 학교장이다. 학교장이 어떤 사고와 경영 방침으로 학교경영을 하느냐에 따라 그 학교가 달라지는 것이다. 과거에는 전통적 리더십, 카리스마 리더십 등이 학교조직과 학교경영 등에 어느 정도 효과가 있었다. 하지만 21세기 세계화 시대에는 변혁적 리더십, 서번트(servant) 리더십, 역동적 리더십 등 열린 리더십이 학교경영의 좌표가 되어야 한다. 공감과 배려의 리더십이 필요한 현대 사회이다.

현행 2009 개정 교육과정에서는 집단지성(集團知性)을 핵심역량으로 강조하고 있다. 학교경영 역시 학교장 독단으로 만사를 상의하달식으로 결정하는 시스템에서 탈피하여 교육공동체, 학교공동체 구성원 모두의 의견과 요구를 적극 수렴하여 하의상달식 의사소통 구조로 전환하여야 할 것이다. 그 역할을 학교장이 자임하여야 한다.

결국, 단위 학교경영의 주체는 학교장이다. 학교장이 학교공동체, 교육공동체 구성원 모두의 가려운 곳을 긁어 주는 새로운 리더십을 발휘해야 학교가 건강하고 더욱더 발전할 수 있는 것이다. 따라서 학교장은 학교공동체, 교육공동체 구성원 모두의 의견과 요구에 바탕을 둔 집단지성을 기반으로 하여 열린 사고와 개방적 리더십으로 보다 바람직한 학교경영을 적극 모색해야 할 것이다.

제  부

21세기 미래사회와 새 교육의 지향

[제Ⅳ부 탐구의 핵심과 초점] - 21세기 미래사회와 새 교육의 지향

21세기미래 사회는 새로운 교육을 지향하고 있다. 특히 기초기본을 강조하는 '교육 제자리 찾기(back to the basic)'가 교육 혁신 운동에서 구현되어야 한다.

세계화 시대의 새로운 교육은 교육 목표, 교육 내용, 교육 방법, 교육 평가 등 일련의 환류 시스템 전체가 획기적으로 혁신돼야 한다. 교육의 패러다임(paradigm) 전체가 껍질이 깨어지는 아픔으로 변해야 하는 것이다.

미래의 교육은 교육의 본질을 중시하고, 기초·기본에 충실한 교육이어야 한다. 그러므로 실제 생활에 필요한 절차적 지식, 방법적 지식을 스스로 깨닫기 위한 학생중심교육이 교실 수업에서 활성화되어야 한다.

제1장 세계화 시대 미래교육의 초점과 방향 탐색

I. 들어가는 글

우리가 사는 현대는 세계화 시대이다. 세계화 시대와 지식 정보화 사회는 정치, 경제, 사회, 문화, 교육 등 제 방면과 영역이 고도로 발달된 첨단 사회이다. 오늘날 학생들이 주인공으로 살아갈 미래사회는 오늘날보다 더욱 발달된 초첨단 고속화 사회가 될 것이다. 그야말로 유비쿼터스(ubiquitous) 사회가 도래할 것이다.

미래 예측은 이제 생활수단으로 미래를 알아야 현재를 잘 살 수 있으며, 미래에는 미래 예측 기술이 있는 사람과 부족한 사람으로 구별할 수 있는데, 이익을 우선하는 기업에서는 미래 예측 기술이 있는 사람을 고르게 된다. 이익 창출을 우선하기 때문이다. 물론 교육에서의 미래를 어떻게 예측하여 미래사회에 필요한 인간교육을 할 것인가가 초점이 된다.

세계화 시대는 농경 사회, 산업사회, 정보화 사회를 거쳐서 지식기반사회에 이르렀다. 이와 같은 과정에서 정보통신의 발달로 의사소통의 변화는 물론 교육에서도 큰 변화를 일으켰는데 그를 살펴보면, 1844년 전보, 1876년 전화, 1896년 라디오, 1935년 팩스, 1939년 텔레비전, 1965년 e-mail, 1973년 무선전화, 1985년 인터넷, 1989년 웹(www)이 발명되어 세계화와 정보화를 급진전시켰으며, 1990년 검색 엔진은 교육의 큰 변화를 일으켜 학생들은 교사나 교수에게서 배우는 것이 아니라, 웹에서 검색하여 지식을 습득하고 있다. 더구나 한국은 초고속망 설치가 세계 1위이며, 문자메시지 사용도 세계 1위, 인터넷 사용률 1위, 컴퓨터 보급률 1위 등으로 앞으로의 사회 변화에 따른 교육의 초점과 방향을 모색해 보는 일은 매우 중요한 것이다.

그렇기 때문에 세계화 시대인 오늘날, 아직도 교실에서 교과서 수록 내용 공부를 열심히 한다고 지식을 암기하는 일에 치중하는 일은 오히려 글로벌 경쟁 시대인 미래사회에서 낙오하는 길이다. 정보공유화는 지구촌 구석구석에서 지식접속이 가능해져서 사·공간의 갭(gap)과 물리적 거리 차이를 좁혀 지식활용도는 같아지고 문화는 글로벌화하여 창의성 있는 인간교육에 눈을 돌리게 된다. 미래사회는 암기식·주입식·강의식·교화식 교육으로는 역부족이다. 학생 중심의 창의력 학습, 탐구 학습, 문제해결 학습, 자기 주도적 학습 등이 바탕이 되어야 한다.

오늘날 교실에서 배운 지식은 습득과 동시에 무용지물이 되고 빠른 속도로 구식이 되고 만다. 따라서 직업교육과 재교육 등 평생학습사회를 살아가야만 한다. 오늘의 학생들은 세계인 혹은 지구인이라는 개념을 갖고 지구촌 구석구석에 눈을 돌리고 있다. 온라인이나 인터넷으로 연결된 세상에 살고 있기 때문이다. 그러므로 전통문화라는 말이 생소해지고 타문화에 귀를 기울이고 관심을 갖게 됨으로써 다문화사회에서 창의적이고 발명적인 아이디어를 얻게 되는 사회를 살아가게 될 것이다. 지식과 정보의 홍수 시대에 가장 역동적으로 움직여야 할 사람들이 곧 교원들이라는 점을 유념하여야 한다.

II. 미래교육의 변화와 트렌드(trend)

세계화 시대의 화두는 스마트(smart) 사회이다. 미래사회에는 정보의 홍수시대로 학교에서 정보를 가르치기보다는 가정에서 네트워크를 통해 학생들이 공부하고 학교에서는 공동체교육, 감성교육, 동질화교육, 운동경기, 게임, 예술 활동 등 학생들의 심성을 키우는 역할을 하게 될 것이라고 미래학자들은 예측하고 있다. 엄격함보다는 부드러운 교육, 규격화된 교육보다는 탄력적인 교육이 미래사회를 이끌어 가는 미래교육의 핵심인 것이다.

따라서 오늘날과 같이 과거의 지식을 암기 위주로 가르치는 것은 가르치지 않은 것만 못한 것이다. 미래사회를 위한 미래교육은 쓸모 있는 가르침, 유의미한 학습이어야 하는 것이다. 이와 같이 세상은 변하는데 학교에서는 조금 있으면 쓸모없어지는 정보를 계속 머릿속에 암기시키는 공부를 하고 있다면 미래사회를 망치게 할 것이다. 학교의 교육이 학원의 교육과 다른 점이 무엇인가를 곰곰이 되짚어 보아야 할 것이다. 분명 미래사회의 교육은 다음과 같은 방향으로 나아갈 것이다.

첫째, 궁극적으로 암기교육이 종말을 고할 것이다. 미래사회의 교육에서는 학생들이 교과서나 교사의 지식이 아닌 바로 업데이트된 교육포탈에서 가지고 온 지식으로 공부하게 된다. 이미 앞서 가는 나라인 선진국에서는 국가집단지성 포탈을 만들어 학생들이 정제된 지식과 정보를 꺼내 보도록 하고 있다. 골동품이 된 죽은 지식이 아니라, 김이 모락모락 나는 따끈따끈한 지식과 정보를 공유하는 교육이 될 것이다.

둘째, 현재처럼 점수, 등급 사정을 위해 문제를 내는 시험이 사라질 것이다. 점수에 따른 공부 잘하는 학생보다 인간 두뇌 용량의 수만 배에 달하는 지식을 밤새도록 찾아다니는 부지런한 학생을 선발하게 된다. 반듯한 정답 제출 학생보다는 잠재력 있는 유사답 제출 학생이 더욱 각광을 받게 될 것이다.

셋째, NIE, IIE, 시사 등 최신 정보와 지식을 배우는 적시학습을 하게 될 것이다. 학생들은 교과서를 가지고 학교에서 배우는 것이 아니라, 집단지성교육 포탈에 들어가 최신 지식을 꺼내오고, 그 지식을 자기 것으로 만드는 적시학습을 하게 된다. 특히 학교교육이 교과서로 가르치고 배우는 것이 아니라, 교육과정으로 가르치고 배우는 시스템이 정착될 것이다.

넷째, 학생들의 학습공간의 다원화가 이루어질 것이다. 종래의 단일화된 학교 울타리를 벗어나 가정 및 지역사회 모든 공간에서 학습이 이루어진다. 사이버상의 다양한 정보지식을 가정은 물론 지역사회 각종 시설을 활용하여 적시학습을 하게 된다. 특히, 가정, 학교, 사회 등의 연대된 통합 교육이 활성화될 것이다.

다섯째, 일제식 교육에서 탈피하여 맞춤형 개별교육이 이루어질 것이다. 학생들의 특별한 재능이나 능력을 파악하여 개개인의 맞춤식 프로그램을 개발하여 가르치게 된다. 학생들을 위한 모둠교육, 공동학습을 강조하되, 궁극적으로는 개별화된 수준별 교육을 지향할 것이다.

여섯째, 평생 의무교육시대가 될 것이다. 첨단기술변화의 속도로 1년 전의 지식이나 기술이 더 이상 쓸모가 없어서 중년층이나 고령층이 학교로 들어오는 평생교육시대가 될 것이다. 미래사회의 교육은 오늘날처럼 학교에서의 교육만이 전부가 될 수 없다. 요람에서 무덤까지 연계된 유의미한 학습이 일반화될 것이다. 태교(胎敎)에서 죽음교육까지도 교육의 범주에 포함될 것이다.

Ⅲ. 미래사회 교육의 혁신과 초점

1. 민주 시민적 인성교육의 강화

흔히 기성세대들은 요즘 청소년들이 버릇이 없다고 걱정하고 있다. 우선 사람다운 사람이 되어야 한다고 지적하는 것이다. 요즘 청소년들을 보면 우리 나라의 미래가 걱정된다고 우려하는 사람들도 많다.

미래사회의 민주 시민은 세계시민으로서의 윤리를 아는 인간으로 책임감 있는 사회에 공헌하는 인간으로 가르쳐야 한다. 특히 존중과 책임의 내면의 가치를 인식시켜야 한다. 즉 자기와 타인을 존중하며 나아가 모든 생명과 환경을 존중하고 보호하는 의식을 갖도록 하여야 한다. 책임은 존중을 자기화한 것으로 선을 행하고 자신이 속한 사회와 환경발전을 위해 노력하는 것이다. 또한 어른들이 몸소 용기를 갖고 도덕을 지키는 모범을 보여 주어야 한다. 특히 글로벌사회에서는 보다 근본적이고 양심에 기반을 둔 엄격한 도덕성을 요구함으로 지적 교육과 더불어 인격적 성장을 도울 수 있는 도덕교육을 강화해야 한다.

2. 창의성 본질 교육의 지향

미래사회는 지구촌 시대이다. 지구촌 시대에서 글로벌사회를 살아가기 위해서는 많은 지식을 아는 아날로그형 지식인이 아니라, 언제 어디서든 네트워크에 접속해 지식을 찾아내고, 호기심이 일어나는 일을 자료를 찾아 연구하며, 지식과 지식을 연결해 자신만의 생각을 도출해 낼 수 있는 능동적인 디지털 학습인을 필요로 한다.

그러므로 창의성교육이 자리 잡기 위해서는 주입식 방법에서 벗어나 남과 다르게 생각하고 다름을 즐겨야 하며, 유창한 표현력으로 세상과 소통하도록 하여 학생들 스스로 지식의 창조자가 되도록 하여야 한다. 창의력은 미래의 경쟁력으로 한 사람의 창의력이 수천수만 명을 먹여 살리는 시대가 다가오고 있으므로 우리의 교육이 아이들의 상상력을 키워 나갈 수 있도록 교육을 변화시켜야 한다.

미래사회의 주역인 학생들에게 '잡은 물고기 한 마리'를 주는 것이 아니라, '물고기 잡는 방법'을 진솔하게 가르치는 것이 창의력 교육의 핵심인 것이다. 나아가서는 학생들이 '바다를 품는 큰 꿈을 갖고 이를 펼치도록' 교육을 역동적으로 수행해야 한다.

3. 평생교육과 평생학습의 활성화

미래사회는 시대 흐름을 올바르게 읽는 것이 중요하다. 빠른 사회 발전으로 인하여 평생 자신을 여러 번 변신해야 살아갈 수 있는 새 시대를 두고 평생교육 시대라고 한다. 정보의 홍수와 끊임없는 새로운 분야의 개척으로 인하여 어느 분야의 전문가로서 활동하기 위해서는 평생교육·평생학습에 적극 참여해야 한다. 즉 기성세대들이 '고3까지만 죽어라고 공부한 사람들'이라면, 미래사회의 주인공인 학생들은, '태어나서 죽을 때까지 공부해야 하는 사람들'이다. 이는 여러 대학교와 기관, 단체에서 단지 평생교육원을 많이 설립하는 차원에서 해결되는 이슈가 아니다. 교육에 대한 근본적 사고방식이 달라져야 한다. 시공간적인 차원에서 큰 변화가 요구되는 것이다.

우선 시간적 차원에서 볼 때 교육은 더 이상 양동과 활동의 단계로 구분 지을 수 없게 되었다. 사람들이 양성의 단계에서 교육을 받고 난 후에 활동한다는 이분법적 접근은 구시대적 발상이 된 것이다. 이제는 양성과 활성이 동시에 추진되어야 한다. 공부라는 것이 이젠 훗날의 유용성을 고려하는 투자의 개념으로 추구되는 게 아니라 먹고 자는 것과 같이 매일 행하는 일상생활의 일부로 간주되어야 한다. 따라서 학습법이란 학생들에게 학점을 잘 따기 위한 기법만이 아니다. 공부가 학비 내고 지식을 소비하는 행위가 아니라 그 자체가 생산적인 활동이 되어야 하는 것이다. 공부하고 적용하며, 또 적용하며 배우는 시대가 될 것이다. 가르치며, 배우며, 사랑하며 등이 함께 어우러진 역동적인 사회가 될 것이다.

기존의 학교 학습처럼 초·중·고교와 대학교까지만 하고 끝나는 것이라면, 교사가 학생 옆에 붙어서 학생들이 배워야 할 지식을 가르쳐 줄 수 있겠지만, 그렇지 않고 평생 동안 교육과 학습을 해야 한다면 학생 스스로 배우는 방법을 터득해야 하는 것이다. 학교는 이제 학생들에게 지식을 나눠 주는 지식의 창고가 아니고 교육자는 지식중간도매상이 되어서는 안 된다. 학교는 학생 스스로 지식을 창출해 낼 수 있도록 도와주는 지식 창출의 산실이 되어야 한다. 따라서 누군가 교사들이 잘 가르치는 이가 아니라 학생들이 스스로 배울 수 있도록 만드는 이로 변신할 수 있도록 리드하여야 하겠다.

평생학습 시대의 교육자는 '경험이 풍부한 학습자'인 것이다. 누군가 교육자들이 '학습장(學習長)'으로 변신할 수 있도록 리드해야 하겠다. 교육자는 지식전달에 치중하지 않고 학생들에게 '학습의 멘토'가 되어 평생학습자의 구체적인 모델이 되어 주어야 한다. 평생 교육과 평생 학습에서의 교육자는 때로는 학습자가 되어야 한다. 반대로 학습자가 교육자가 되어야 하는 것이다. 교육자(교수자)와 학습자가 함께 가르치고 함께 배우는 열린 교육, 열린 학습의 장(場)이 곧 미래 교육의 바람직한 모습인 것이다.

4. 정보통신기술의 발달

현대 사회의 정보통신기술의 발달로 인하여 교육환경이 획기적으로 변하고 있다. 미래사회는 이러한 속도와 방향이 더욱 빨라지고 다양화될 것이다. 일방적이고 순차적이었던 통신기술은 이젠 다방향적이며 동시적으로 발전하였다. 책이나 도서실 등 현실의 공간과 매체에서나 존재했던 정보는 이젠 사이버공간에서 더 활기차게 유통되고 있다. 유통되는 방법도 수동적이 아니고 상호작용적으로 변화되었다. 이러한 정보통신기술의 발달은 교육에 큰 변화를 주고 있다.

세계화 시대를 맞아 교육의 방식이 전통적 3S식에서 3A식으로 발전하고 있다. 같은 학생들이 같은 시각에 같은 장소에서 교육을 받는 3S(same people, same time, same place)식 교육을 고집할 이유가 없어졌으며, 이젠 e-learning, 원격 강의, 웹 기반 교육, 온라인 강의, 원격 화상 수업, 사이버 학습 등 교수와 학생이 서로 얼굴을 맞대지 않고 수업을 진행하는 비전통적(3A식: anytime, anywhere, anyone) 교육방법들이 속속 등장하고 있다. 한정된 학생들을 가르칠 수밖에 없는 전통적 강의실 수업과는 달리 거의 무한한 학생들을 상대할 수 있기 때문에 효율성 입장에서 볼 때 무척 매력적인 교육방법들일 것이다.

그러나 우리 교원들은 정보통신기술의 발달로 인한 3A식 교육이 교육의 패러다임 자체를 바꿔 놓는다는 결과에 주목해야 한다. 교수자 중심의 지식정보 유통이 학습자 중심으로 이루어질 수 있는 통로가 생긴 셈이다. 문제중심학습(PBL), 학생중심학습, 학습중심교육, 실험적 학습(experiential learning) 등 학생들의 능동적 참여와 토론과 실습이 위주가 된 교육방법들이 용이하게 되었다. 교원들은 현재의 '교수자 중심 교수법'을 좀 더 효과적으로 사용할 수 있도록 하는 대신 새로운 교수법 패러다임을 도입할 수 있어야 한다. 교원들이 학교 전반에 걸쳐 새 시대의 교육 패러다임이 도입되고 안착되도록 리드해야 하는 것이다.

하지만 한국에서는 우수한 학생들일수록 안전한 교원, 공무원, 의사 등이 되고 싶어 한다는 정서가 아직도 강한 것이 사실이다. 그러나 '청소년'들이 애당초 스스로 '공무원'이란 꿈을 스스로 꾸지 않았고 분명 주변의 어른이 그리 유도했을 것이다. 무한한 꿈을 가진 학생들의 창의적 잠재성을 초기부터 억제한 것이다. 따라서 한국 교육의 가장 큰 문제는 강의식·주입식 교육과 더불어 청소년들의 박제된 꿈마저도 타의적으로 강제되고 있다는 사실인 것이다. 혹시 우리는 교원, 공무원, 의사 등 미래의 안정적 직업에 종사하라는 미명 아래 한국의 빌게이츠, 스티브 잡스 등을 '표본실의 청개구리'로 옭아매지는 않았는지 자성해 보아야 할 것이다.

5. 기초·기본을 다지는 교육

예전에 우리가 물질적 빈곤 시대에 살았다면, 요즘 우리 학생들은 정신적 빈곤 시대를 살아가는 안타까운 현실이다. 이제는 물질적 빈곤 대신 정신적 빈곤이 더 큰 이슈이다. 우리에게 중요한 것은 굶주린 배를 채우는 것이 아니라 굶주린 정신을 채워 주는 것이다. 자아성취가 중요한 시대가 왔다. 이젠 우리 학생들은 하고 싶은 일을 해야 살 수 있는 시대가 되었다. 이젠 좋아하는 일을 해야 오래 버틸 수 있는 저력이 나올 것이며, 계속해서 발전하고 싶은 내적 동기를 얻을 수 있을 것이다. 누군가 학생들을 정신적 영양실조로부터 구해 주어야 하겠다.

미래사회의 주인공들은 허황된 꿈이 아니라, 기초·기본에 충실하여야 한다. 기초·기본에 충실한 교육은 본질에 충실한 교육이다. 그리고 모든 것들이 제자리에서 소임을 다하는 것이다.

글로벌 인재는 꿈을 지녀야 한다. 꿈이란 이것저것 이해타산을 따진 후 머리로 지지는 것이 아니라 뜨거운 가슴으로 품는 것이다. 그 목적을 이루기 위해 지옥의 문 앞까지도 갈 각오를 하는 것이다. 누군가 이제 학교에 머리만이 아니라 가슴도 함께 있는 학생들이 번 창할 수 있도록 리드해야 한다. 그러한 꿈과 비전도 결국은 기초·기본이 튼튼히 할 때 비로소 성취가 가능하다는 점을 간과해서는 안 될 것이다.

Ⅳ. 미래사회 교육에서의 교원 역할과 소임

미래사회에서 유능한 교육자가 되기 위해 해야 하는 일이 매우 다양하다. 하지만 우리 모두가 지향하는 미래의 모습 앞에 주눅이 드는 이유는 우리의 본래 모습을 잊었기 때문이 다. 우리의 본래 모습이란 우리가 교육자가 되겠노라 처음 결정했을 때의 그 마음, 즉 초심 (初心)을 기억해야 한다. 교원들은 교육자가 하는 일이 소중한 일이어서, 우리가 학생들의 인생에 중추적 역할자임을 확신하였기에 교육자의 길을 선택한 것이다. 그렇기에 우리가 가는 걷는 길이 험난해도 힘들어도 행복하게 느껴질 수밖에 없는 이유인 것이다. 그러나 우리의 미래에 도달하게끔 해 주는 힘은 바로 우리의 본래 본질 교육의 모습에서 얻을 수 있다.

교육은 교원들과 학생들의 상호작용 활동이다. 교원들은 학생들의 미래 모습에 대해서 잘 알아야 한다. 글로벌시대가 요구하는 인재의 특성인 전문성, 창의성, 인성 등 을 우리 고유의 가치관인 '천지인(天地人)'으로 해석할 수 있다. 즉 전문성이란 땅(地)같이 단단한 전 문적 기반을 뜻하고, 창의성이란 하늘(天)같이 활짝 열린 사고력을 뜻하며, 인성이란 남과 더불어 사는 능력으로 본다. 미래교육에서 교원들은 '천지인'을 갖춘 교원, 즉 전문성, 창의 성, 인성을 겸비한 전인(全人)을 육성해야 한다.

특히 우리 교원 모든 학생들이 21세기의 인재가 될 잠재력을 다 지녔음을 알아야 한다. 학생 한 명 한 명은 사실 모두 제각기 고유한 특성이 있고 나름대로 유일한 존재들이다. 그러나 특출하다고 생각되는 학생들만이 우리 눈에 들어오게 된다. 다양화, 특성화, 자율화가 패러다임인 미래사회의 교육은 모든 사람들이 주역이다. 미래 새 시대에는 누구에게나 희망이 있다. 이건 저자뿐만 아니라 세계 최고의 학자들의 최근 연구가 뒷받침하고 있다. 학생들에 대한 믿음을 발견하자면 우선 학생들을 있는 그대로 볼 수 있어야 한다.

V. 맺고 나는 글

한국의 전자제품의 우수한 질, 올림픽과 월드컵을 개최한 체육의 저력, 세계 제10위권의 경제 대국, G20정상회의 개최한 세계적인 정치적·경제적 리더십 등과 견주어 우리의 교육도 학생, 학부모들이 신뢰할 만한 수준으로 질적 향상을 이뤄 내야 할 것이다. 이를 위해 수월성과 평등성을 조화시키고 전 국민들의 통합적 이해와 커서 교육을 위해 우리는 적어도 각고의 노력을 통해 교육도 역시 세계 최고의 인재를 길러 내는 경쟁력을 갖출 수 있도록 준비해야 한다.

전 세계 지구촌 사회의 교육과 학교들은 자꾸 세계 최고 수준으로 발전하고 있는데 우리는 미래사회에 쓸모없는 지식 암기 교육을 사교육 시장에서 방과 후 학교교육활동으로 경쟁력 없는 대학입학에만 '앞으로 나란히!' 하여 모든 것을 올인(all in)한다면 우리 교육의 미래는 비전이 없을 것이다. 지구촌 글로벌사회에 더 경쟁력 있는 세계시민의 품성을 갖춘 경쟁력 있는 창의적인 인재를 양성하기 위해 국가와 교육이 무슨 일을 해야 하는지 깊이 있는 논의가 필요하다.

지구촌 시대의 교육은 창의성과 잠재력을 길러 주는 데서 출발하여야 한다. 아울러 교원들과 학생들의 신뢰와 사랑을 기반으로 한 참된 의사소통에서 비롯되어야 한다. 최선을 다해서 열심히 가르치는 스승, 학생다운 태도와 행동으로 열심히 배우는 제자들의 모습이 미래사회의 미래교육의 자화상이 되어야 한다. 함께 하는 사제동행이 아름다운 것이다.

결국 글로벌사회에서 경쟁력 있는 교육을 위해서는 글로벌 교원들이 글로벌 학교의 리더십 창조자로서의 질적 향상을 앞당기는 새로운 학교문화를 만들어 나가야 한다. 진부한 지식의 암기 방법보다는 유의미한 잠재력과 창의성을 개발하고 신장하는 데 교원들과 학생들의 인식과 지향점일 일치하여야 할 것이다.

교육 체제와 학교 전반에 걸쳐 새 시대의 교육 패러다임이 도입되고 안착되도록 리드하는 교원들, 머리만이 아니라 가슴과 팔다리가 함께 따스하고 활동적인 학생들이 미래사회와 미래교육의 주인공들이다. 물론 교육 행정의 본질적 방향도 이러한 기초·기본을 다지는 교육에 맞추어져야 할 것이다.

제2장 21세기 미래교육의 새로운 지평과 도전 그리고 혁신

Ⅰ. 들어가는 글

21세기 지구촌의 주역으로 살고 있는 우리는 문명사적 전환의 소용돌이 속에서 살고 있다. 현대 사회는 지식과 정보가 폭증하고 시시각각 사회 변동이 숨 쉴 틈도 없이 소용돌이치는 역동적 사회인 것이다.

이제 대망의 2014년 새해가 밝았다. 사람들은 조령모개로 변덕을 부리지만, 자연의 섭리는 오묘하여 한 치의 거스름이 없이 무념무상으로 잘도 돌아간다. 돌이켜 보면, 2000년 새천년맞이 야단법석을 떤 것이 엊그제 일 같은데 어느새 10년 이상 지났다. 이제는 그나마도 감각이 무뎌지고 시들하거니와 도대체 우리는 뉴밀레니엄이라고 일컫는 새천년, 2000년대가 무엇이기에 이토록 기다리고 또 기대를 걸었을까? 그저 우리가 제멋대로 만든 숫자라는 의미밖에 없는데 괜히 법석을 떤 걸까? 그리고 14년이 지난 현재의 시점에서 돌아본 2000년대는 어떤 의미를 갖고 있는 것일까? 2000년대는 정말로 새로운 세상이 시작되는 걸까 하는 기대와 희망으로 부풀어 있었다. 하지만 정작 21세기가 시작이 되고 14년이나 지나 보니 가뜩이나 어려워진 살림에 그 새천년 타령으로 그렸던 장밋빛 꿈은 다 바래 버렸고, 여전히 고단한 삶을 살아가고 있다. 또 그런가 하면 밖에서 어떻게 호들갑을 떨든 우리 대부분은 별다른 생각 없이 살고 있다.

세상의 필부(匹夫)인 우리는 여전히 어제오늘 일이 아닌 번거롭고 헝클어진 일상에 매달린다. 우리는 매일 저녁 반찬거리 걱정부터, 수해 겪은 뒤 천정부지로 뛰기만 하는 채소 값 걱정, 오르지 않는 아이들 성적 걱정에 하루를 보낸다. 러시아 소치의 2014 동계올림픽을 시청하면서 김연아 선수, 이상화 선수 등의 도전과 열정, 열언에 힘찬 응원과 박수를 보냈다.

한국에서 최근 제18대 대통령 선거 과정의 이전투구를 보면서 해가 가도 수십 년이 지나도 그 모양, 그 꼴인 정치판을 한심해하며, 이제는 조금 시름을 던 경제위기를 옛말 삼아 나이 들어가는 것을 한탄하며 세월을 보낸다. 왜 우리 선거는 미국, 영국 등 선진국의 선거와 근본적 문화가 다른가에 대한 풀지 못한 고민을 우리 모두는 가지고 있다.

그러다가 문득 학생들 장래에 생각이 미치면 미래가 보일 듯하다가도, 당장 코앞에 닥친 시험이나 오르지 않는 성적 걱정에 빠지고 만다. 하기는 바로 그런 오늘의 하루하루, 지난 날들이 쌓여야 미래가 열릴 것이다.

보통 사람들은 그저 현실에 수긍하고 적응하며 살아갈 수밖에 없었고 그렇게 해 왔다. 그러면서도 보통 사람들 삶 안 깊숙한 곳에서 오롯이 변화는 일어났고, 그 변화의 끝에 우리는 서 있다. 누가 뭐래도 참으로 복잡다단했고, 다사다난했던 한 세기가 지나고 새로운 세기에 본격적으로 21세기에 접어든 것이다.

21세기는 숫자로만 새로운 세기일 뿐 아니라, 말 그대로 새로운 세상이 될 조짐이 가득하다. 그것도 흔히 말하는 '새로운' 정도가 아니라, '전혀' 새로운 세상이 될 것이라는 예상이다. 지난 세기말에는 꿈조차 꿀 수 없었던, 아니 그 이전 세기마다의 변화와는 비교할 수도 없는 '질적으로' 다른 세상이 될 것이다. 그리고 이 새로운 세상을 가져온 미래는 이미 우리 안에 시작되고 있다. 이제 이런저런 새로운 '멋진 새 세상에 대한 교육적 접근이 필요한 때이다.

진정으로 21세기 새로운 교육의 패러다임과 시스템에 대해서 교육자는 물론 전 국민 모두가 깊은 고뇌와 숙고를 해야 할 때이기도 하다.

II. 21세기 사회와 교육의 패러다임(paradigm)

1. 세계화의 흐름과 글로벌 일일생활권화

지구촌 시대인 오늘날 우리는 이미 세상이 한 마을처럼 가까워진 지구촌화된 삶을 살고 있다. 세계가 1일 생활권이 유비쿼터스(ubiquitous) 사회가 도래한 것이다. 흔히 세계화는 이미 많이 진척되었고 이 현상(세계화 신드롬)은 이미 시작된 지 오래되었고, 앞으로 점점 더욱 뚜렷해질 것이다. 우리는 이제 미국 대통령 선거, 아프리카 분쟁, 북한의 동향 등에 관한 소식을 아침, 저녁으로 그때그때 바로바로 보고 듣는다.

한국의 학생들은 인터넷 전자오락에 심취해 세계의 앞 순위를 우리 젊은이들이 차지한다고 하고, 이들은 아침저녁으로 온갖 정보를 컴퓨터라는 요술 상자에서 낚고, 또 뿌린다.

이제 이 세상에 전지전능(全知全能)한 천재는 없고 독불장군도 없다. 온 세계가 촘촘한 거미줄처럼 연결된 관계에 얽히고설키어 물건만 사고파는 정도가 아니라, 사람이 오가고 정보가 오가고 한다. 여기서 제대로 한몫하려면 그 알량한 반에서 일등, 전교에서 일등 갖고는 어림도 없다. 그야말로 세계에서 일등, 아니면 어디 내놓아도 관심을 끌 만큼 독창적이고 개성 있는 사람 아니면 이겨 내기 어렵다. 그만큼 어렵고 힘든 경쟁이 또한 이 지구촌화된 세상의 어두운 다른 면이다.

이렇게 된 가장 큰 이유는 잘 알다시피 정보통신의 발달이다. 이제 정보통신 기술은 우리의 상상을 넘어설 정도로 빠르게, 그리고 우리 온 삶을 흔들어 놓을 만큼 깊숙하고도 넓게 발달하고 있다. 특히 고개를 갸웃거리며 그저 편한 맛에, 새로운 정보통신 기술에 다가가는 어른들과는 다르게 자라나는 세대에게는 이러한 변화가 존재방식, 삶의 방식조차 바꾸어 놓고 있다. 흔히 말하는 '디지털 혁명'이라고까지 부르는 방식으로 진행되는 통신수단, 방식, 내용의 변화는 눈부실 정도다. 이것을 부추기는 것이 매체환경의 변화다. 라디오 연속극에 귀를 기울이다가, 어느 광고 선전 화면에 나왔던 레슬링 중계를 온 동네가 모여서 TV로 보던 시절이 엊그제 같은데, 이제는 케이블에 위성에, 무슨 상호 의사소통이 가능한 채널까지 생겼다. 또 영상의 기술도 어찌나 진보했는지, 요즘 웬만한 영화나 선전, 뮤직 비디오에서 컴퓨터 그래픽 등의 첨단기술로 그럴싸한 가상현실을 만드는 것쯤은 일도 아니다. 예전에 사람들을 깜짝 놀라게 했던 이른바 '특수'효과는 이제 웬만한 영화에서는 흔히 쓰이는 '일반'효과가 된 지 오래다. 이쯤 되니 이렇게 만들어진 가상현실은 진짜 현실을 능가하고 그 속에서 자란 아이들은 현실보다는 사이버 공간이 더 익숙한 세대다. 예전에는 미디어는 메시지다 하면서 그 매체가 변하면서 수단으로써뿐만 아니라 그 안에 나름대로의 내용, 이데올로기가 담긴 것을 지적하기도 했지만, 요즈음은 그야말로 미디어는 '마사지'다. 우리 영혼을 잠재워 아무 생각 없이 그 안에 푹 빠지게 한다.

2. 지식정보화와 방법적 지식

이제 세상은 돈이면 다 되는 것이 아니라, 살아 있는 지식이면 거의 다 되는 세상이다. 세상에 돈으로 되지 않는 것이 있다. 즉 교육적 접근으로서의 참다운 지식이다. 물론 그 지식은 암기식, 주입식으로 터득한 고리타분한 지식이 아니라 현실 생활에 유용한 방법적 지식, 절차적 지식이다. 진부하고 상투적인 지식이 아니라, 살아 있는 지식이다. 선언적 지식, 명제적 지식이 아니라, 방법적 지식, 절차적 지식이 중요한 것이다.

흔히 지식기반사회라고 하는 정보 중심 사회가 온 것이다. 이곳저곳에서 이런저런 재료들을 어렵사리 구해서 사람들이 공장에 모여 피땀 흘려 물건을 만들고, 그 물건을 시장에 내다 팔아 이익을 남기고, 그 돈으로 공장을 늘리고 더 크게 장사하고 하는 전통적인 산업방식 프레임의 경제는 막을 내려간다. 이제는 온갖 떠도는 정보를 잡아다가 유용한 지식으로 가공하는 능력만 있으면 떼돈을 벌 수 있다. 또는 그렇게 할 수 있는 기초를 만드는 일이면 더 큰 돈을 번다. 벌써 몇 해 전부터 세상에 손꼽히는 부자는 더 이상 무슨 자동차 공장사장이나 증권회사 사장이 아니다. 컴퓨터 소프트웨어 회사사장, 인터넷 사이트 사장 등이 최고부자인 세상이다. 앞으로는 더 욱 그럴 것이다.

이런 사회적 변화는 이미 우리 삶 한복판에서 시작된 지 오래되었다. 앞으로 이렇게 시작된 오래된 미래가 더욱 빨리, 넓게 우리 삶을 변화시키게 될 것이다. 쇼핑몰 등 전자 상거래나 텔레뱅킹이 일반화되어 우리는 이제 거의 은행에 드나들거나 백화점, 할인점으로 돌아다니지 않게 될 것이다. 주택 전체가 자동화되고, 인공지능을 갖추어 냉난방 조절은 물론 화장실에서 우리 배설물로 날마다 건강을 점검하는 정도는 물론이고, 가전제품 하나하나도 머리를 쓸 줄 알게 될 것이다. 이를테면 냉장고는 어떤 식품들과 음식재료가 있는지 기억하고 표시할 뿐 아니라, 이런 재료로는 어떤 식단을 짤 수 있고, 어제 된장찌개를 해먹었으니 오늘은 스파게티가 어떠냐고 제안도 하게 될 것이다. 이미 이런 것들도 대부분 상품화되었으되, 다만 아직 우리 생활 안에 자리 잡지 못하고 있을 뿐이다. 하지만 지금까지 새로운 기술이 나와 보급된 속도를 생각한다면 이것은 먼 앞날의 이야기가 아니라, 바로 내일의 이야기일 수 있다.

3. 인터넷 혁명과 사이버(cyber) 공간

우리는 지난 세기 동안 미래를 내다보며 기대로 가득 찬 '멋진 새 세상'뿐만 아니라, 끔찍하기 짝이 없는 '1984년'을 공상했다. 실제로 모든 변화가 그렇듯이 이런 장밋빛 기술의 꿈은 바로 엄청난 비극으로 끝날 수도 있다. 모두가 전자화되고, 자동화된 그때, 우리는 한편으로는 두 발 뻗고 모든 것이 갖추어진 지상낙원에서 힘든 일은 기계나 로봇을 시켜 가며 하고 싶은 것만 하고, 실컷 놀면서도 잘 살 수 있는 세상에서 살아갈지도 모른다. 하지만 다른 한편 우리는 그 바람에 고전적인 액션·공포(SF)영화들에서 볼 수 있었던 끔찍한 인간소외와 살벌한 기계지배의 세상에서 살게 될 수도 있다. 결국 모든 기술은 사람이 만드는 것이요, 그 세상이 살 만한가도 바로 우리 손에 달려 있기 때문이다. 문제는 사람이다. 사람은 그렇게 쉽게 변하지도, 그렇다고 쉽게 바꿀 수도 없다. 흔히 말하는 대로 소프트웨어의 문제다. 아무리 좋은 컴퓨터 기종을 사다 놓으면 무얼 하나? 제대로 된 프로그램 깔려 있지 않고, 그것을 다룰 줄 아는 능력이 없으면 그 컴퓨터는 그저 고철 덩어리에 불과하다.

무엇보다도 그 컴퓨터로 할 수 있는 가장 놀라운 마술인 인터넷도 마찬가지다. 예전에는 그저 자기 컴퓨터에 들어 있는 만큼의 소프트웨어 정도로 컴퓨터를 활용할 수 있었다. 하지만 이제는 인터넷이라는 마술 덕분에 온 세상의 거의 모든 정보가 다 접근 가능하다. 그러니 인터넷은 실제로 정보의 바다라고 할 수 있다. 엄청난 양의 정보가 가득하고, 또 새로운 정보가 끊임없이 만들어지고, 흘러 다닌다. 하지만 그 정보는 그저 재료일 뿐이다. 누가 얼마나 필요한 정보를 빠르고 정확하게 수집해서, 소용이 닿는 지식으로 가공하고 하는 것은 전적으로 그것을 사용하는 사람에 달렸다. 그렇지 못하면 그저 흘러넘치는 정보의 바다에 빠질 뿐이다. 어른들이 청소년들과 관련해서 가장 염려하는 음란 사이트며 폭력, 엽기, 심지어 마약거래와 자살 안내까지 수백 수천 가지가 범람하는 곳이 인터넷이기 때문이다. 그래서 예전에는 무엇을 어떻게 하느냐, 곧 '노하우(Know How)'가 중요했지만, 이제는 무엇이 어디 있느냐, 곧 '노웨어(Know Where)'가 중요하다.

4. 교수 매체의 혁신과 매체환경의 변화

교육과 교수·학습에서의 매체환경의 변화도 그렇다. 그 눈부신 기술의 발전만큼 영상매체 하나만 보더라도 무서운 영향력을 가진다. 예전에 라디오 듣던 세대는 들으면서 무엇이든 할 수 있었고 그저 귀만 빼앗기면 되었다. 하지만 영상시대, 특히 3차원 영상이나, 가상현실형 영상쯤 되면 그것을 대하는 사람은 말 그대로 오관과 오감을 죄다 빼앗기고 그저 멍하니 화면에 빠지게 된다. 앞으로는 후각이나 촉각까지도 동원하는 영상이 나온다고 하니 그때 어떤 일이 벌어질지 모른다. 하지만 사람들은 그저 영상은 저 밖에서 만들어지고 주어진다고 생각한다. 이제 영상 같은 매체는 그저 무엇을 담는 그릇이 아니라, 그 자체가 무엇이며 또 살아 움직이는 기관이기도 하다. 예전에는 낫 놓고 기역자도 모르면 '문맹(文盲)', 읽고 쓸 줄 아는 능력을 '문해(文解)'라고 했지만, 이제 영상 등의 매체를 제대로 읽고 또 알아듣는 '매체 문해(media literacy)'가 그만큼 중요해진 것이다.

그 밖의 기술적인 변화나 이에 따른 삶의 환경의 변화도 마찬가지이다. 눈부신 속도로 변화하는 기술문명 수준에 비해 우리네 몸과 마음은 이를 따르기가 어렵다. 어느 한의사가 이르듯이 아무리 동의보감이 뛰어난 동양의학서고 그 전통에 서 있지만, 이미 사람들의 삶이 예전의 그것과 달라진 만큼 새롭게 변환하지 않으면 사람들 병을 고칠 수 없다. 그만큼 우리 생각뿐 아니라, 몸과 마음이 달라져야 새로운 변화를 감당할 수 있다. 하지만 그러다 보면 SF 영화에서 자주 나오는 것처럼 기계에 종속되고, 기계의 지배를 받는, 그리고 기계의 한 부분이 되어 버리지는 않을까 하는 걱정이 들게 된다. 이제 문제는 얼마나 우리가 기계를 이해하고 또 사람과 사람 사이의 의사소통뿐 아니라 사람과 기계의 의사소통에 익숙해지느냐이다. 이런 의사소통의 장에서만 우리는 기계에 빠지지 않고 기계와 더불어 살아갈 수 있게 될 것이기 때문이다. 결국 이러한 21세기의 소프트웨어는 '지금, 여기' 이미 시작되고 있는 새로운 인간을 통해서 완비될 수 있다.

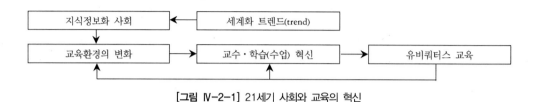

[그림 Ⅳ-2-1] 21세기 사회와 교육의 혁신

Ⅲ. 세계화와 사회변동의 패러다임(paradigm)

1. 새로운 세대의 출현과 등장

가. 풍요의 세대: 그 이름은 청소년

21세기를 살아가게 될 우리에게 그 새로운 시대에 맞는 인간상은 어떤 것일까? 이와 관련해서도 온갖 상상력을 발휘하여 로봇이나 사이버그 인간을 조립하듯이 좋고 바람직한 특성들만 조합하여 새로운 인간상을 상정해 볼 수 있다. 하지만 여기서는 거꾸로 바로 그 앞날에 주인공으로 살아갈 자라나는 세대, 곧 청소년들의 지금, 여기 이미 시작된 미래를 살아가는 모습을 통해서 그려 보려고 한다.

이들은 먼저 풍요의 세대이기도 하다. 자신이 일해서 번 것은 아니지만 일반적인 경제성장에 따른 풍요의 열매를 누리며 자라난 세대이다. 우리 사회의 여러 가지 소비성향은 이들이 만들어 가고 있다고 해도 지나친 말이 아니다. 이들로부터 먹고살기 위한 소비가 아니라 즐기고 멋을 내는 '감각적' 소비, 나아가서 남에게 보이기 위한 '현시적 소비'가 제대로 비롯된다. 이 감각적·현시적 소비는 우리 사회 전반의 물질 만능주의 성향과 연관된 것이기도 하지만, 그 밖에도 대중매체와 또래집단이 충동질하고 서로 영향을 주기도 한다.

청소년들은 또 어른세대와는 다른 가치체계를 추구한다. 직장에서, 군대에서, 학교에서 그리고 사회에서 한탄 섞인 어른세대들의 푸념이 나올 만큼 이들은 다른, 그리고 새로운 가치체계를 추구할 뿐 아니라 실제로 실천하고 있다. 이를 개념화하면 오늘날의 청소년들은 친애성(親愛性), 안면성(顔面性), 형식성, 서열성, 의존성, 획일성 등 전통가치를 비교적 거부하고 반발하며 합리주의, 다원주의, 개방주의, 개성주의, 감성주의, 경제주의, 여가주의 등 새로운 가치를 추구한다. 다만 전통가치를 상당 부분 믿기도 하고 또 그것에 젖어 있으면서도, 정작 행동 차원에서는 거부하고 주저하는 이중적인 모습을 보이기도 한다는 것이다.

이것만 봐도 청소년들을 한 마디로 이런저런 특성을 가진 사람들이라고 규정하는 일은 쉽지 않을뿐더러 마땅한 일도 아니다. 왜냐하면 이들은 아직 한 마디로 정의할 수 없는 집단이며, 기성세대를 거부하며 그들과는 다른 문화와 가치관을 지닌 집단, 알 수 없는 거부와 반항과 일탈로만 상징되는 집단으로서 좀처럼 한 마디로 정의하기 어려운 부정과 긍정이 뒤섞인 집단이기 때문이다. 그만큼 남들 눈에나 이들 스스로의 눈에나 이들은 모순투성이의 존재로 보일 수밖에 없다. 특히 이들을 파악하기 어려운 것은 이런 모순성 이외에 이들 스스로가 자신들의 존재방식이나 내용으로보다 상징이나 문화로 자신들을 표현한 말이다.

나. 문화의 세대: 지구촌 다문화 사회

청소년들은 무엇보다도 새로운 문화의 주역이다. 그 문화조차도 다양하고 복잡해서 자기들끼리도 세분화하여 찾고, 만들고 누린다. 이들의 문화는 무엇보다도 욕망의 자유로운 분출을 기본으로 한다. 이들의 문화는 그러면서 어른들에게는 낯선 기호와 암호로만 여겨지며, 어떤 때는 이미지의 연속으로만 보인다. 그러면서도 그 공간적 범위는 넓디넓어 정보통신의 발달과 함께 그 문화를 만들고, 나누고, 또 즐기는 과정은 범지구적인 회로로 퍼지고 지구촌 어디서나 비슷한 모습을 보인다. 이른바 '글로벌 X세대'의 대두라고 부르는 새로운 문화현상을 문명의 바탕이 바뀌는 문화사적인 조짐으로 읽고자 하는 시도마저 있을 정도이다. 이러한 문화를 폐쇄적이고 배타적인 공간에서 자기들 고유의 새로운 통신, 의사소통 문화로 연결하고 대화한다. 이른바 디지털 통신방식인 무선호출이며 휴대전화 같은 개인 통신수단 또는 익명성이 보장되는 컴퓨터 통신 등의 은밀하고 내밀한 통로로 서로 교통하고, 그 언어조차 어른들은 알 수 없는 어휘들로 가득한 암호, 기호로 대화와 독백을 뒤섞는다. 그 대화나 독백의 주제는 주로 개인적인 문제나 대중문화에 집중된다. 특히 대중문화와 청소년은 고기와 물과 같은 관계를 가진다.

청소년들은 대중문화를 비단 소비할 뿐 아니라 이른바 '생비자(生費者: prosumer)'로서 생산과 소비가 뒤섞인 문화체험의 공간을 형성한다. 그 음악유형도 매우 다양하다. 아니, 다양성의 실험장이다. 레이브, 록(그것도 얼터너티브에서 테크노, 그런지 록 등), 랩, 레게, 알앤비(R&B), 블루스, 재즈 같은 다양한 대중음악의 장르는 물론 라틴음악, 아프리카 음악 같은 에스노(ethno) 음악, 클래식까지 그 범위가 우선 매우 넓고 퓨전, 곧 그 뒤섞임과 장르의

넘나듦이 자유롭기 그지없다. 그 수요자층도 한편으로는 예전에는 고급문화와 대중문화로 갈렸다면 이제는 기성세대 음악과 신세대 음악으로 가를 수 있을 정도로 세대에 따라 나뉘면서, 다른 한편 청소년들 사이의 연령별·취향별 선호도도 차별화된다. 어쨌든 음악은 곧 이들의 언어며 몸의 표현이다. 춤을 추는 것은 물론 그 가사나 형식이 그렇다. 개전(個電)시대의 헤드폰과 열린 공간에서의 라이브 무대로 넘나드는 음악체험의 유형도 그렇다. 물의를 빚을 만큼 직설적인 성적 내용을 담은 노래에서 사회비판적인 내용을 담은 노래까지 인기를 모으는 등 노래의 형식, 내용은 천차만별이다. 이 음악들을 한 마디로 특징지을 수는 없다. 단지 그 다양함이 병존할 뿐이다.

21세기는 모름지기 다문화 시대, 다문화 사회이다. 세계가 일일생활권이 되었으며, 지구촌 전체가 그물망으로 역동적인 상호작용을 하고 있다. 한국에도 외국인 상주자가 이미 백만 명이 넘는다. 우리나라 사람들도 오대양 육대주를 누비고 있다. 바야흐로 다문화 시대, 다문화 사회에 우리들은 살고 있다.

다. 뉴미디어 세대: 평면적 시각에서 탈피한 입체적 활동 공간

청소년들은 영상세대, 뉴미디어 세대이다. 활자매체보다는 영상매체를 선호하고 명상하고 논리적인 사고보다는 동화상과 같은 이미지의 연속에 더욱 익숙하다. 이들이 좋아하는 영상은 한마디로 광고영화(CF) 시대의 영상, 빠른 움직임, 줄거리보다는 이미지, 금기조항 없는 자유분방함을 내용으로 한다. 이들은 무엇보다도 음악과 영상이 결합된 뮤직 비디오를 좋아한다. 결국 이런 매체의 특성과 관련된 신세대들의 취향은 '참을 수 없는 존재의 가벼움' 또는 '찰나적이고 표피적이고 개별적인 감각주의'라고나 해야 할 것이다.

이렇게 겉으로 드러난 배타적이고 튀는 문화, 그리고 안으로 뒤섞이고 엇걸린 성에 대한 태도를 잇는 이들의 의식구조는 어떤가? 우선 배타적 동류의식이 강하면서도 개별적이고 개인주의적이고 파편화되었다는 평가가 일반적이다. 내면세계에 깊이는 없고 미성숙하다는 지적도 있다. 이들의 의식의 기본내용인 회의, 반발, 저항은 기성세대가 아닌 무엇이지, 자기만의 무엇은 없는 정체를 만든다고도 한다. 밖의 영향에 약하고, 안의 줏대는 없으며 정치에 대해 무관심하고 사회의식도 약하다는 평가도 있다. 이들의 이러한 특성은 이들을 '피상적이며 표피적이며 무기력한 감성주의에 빠진 무책임한 이기주의자'라고 낙인찍게 되는 빌미를 주기도 한다. 물론 이런 평가들은 대개 기성세대들의 입장에서 내린 것들이어서 정작 80년대식의 거대담론의 정치의식은 없으나 생활영역에서의 정치의식, 성에 대한 정치의식은 뚜렷하다는 반론도 만만치는 않다. 그리고 위에 언급한 대로 신세대의 의식구조는 문화사적인 새로운 패러다임으로만 판단할 수 있으므로, '좌뇌적'인 문자세대의 인식행태인 이성적이고 논리적이며 분석적이며 시간적인 잣대로 '우뇌적'인 영상세대의 정서적이며 총합적이고 직관적이며 공간적인 인식형태를 평가하는 것은 무리라는 주장도 있다.

어쨌든 아직 미성숙한 이들의 자연연령을 감안한다고 하더라도 이들의 의식구조는 매우 복합적이고 모순적이다. 이들의 문화, 의식, 정체 등에는 이중성, 다중성, '양가치성(ambivalence)'이 가득하다. 기존의 가치기준으로는 나란히 하기 어려운 이질적인 요소들이 혼합되어 있으며 특히 심리적으로는 불안과 혼란이 눈에 띈다. 이를테면 개인적이고 저만 안다는 도덕적 판단보다는 '자유주의적 개인주의'와 같은 건강할 수도 있는 주관 형성의 싹이 엿보이기도 하면서 아직 다른 새로운 인간관계, 자신과의 관계의 대안이 보이지 않으며, 신선하고 발랄한 문화의 모태이기도 하면서 개인적, 쾌락 지향적 문화를 만들기도 한다. 결국 이들을 이해하려면 그들의 삶 안에 잠재되어 있는 문화적 징후와 상징을 이해해야 한다. 이들을 이해, 인식하기 위해서는 그들만의 기호, 이미지에 대한 이해, 인식 그리고 나름대로의 표현방식에 접근해야 그들의 문화를 엿볼 수 있다.

2. 사이버(cyber) 공간과 디지털(digital) 세대

가. N세대, e-세대, cyber 세대, 럭비공 세대: 융합(融合)과 통섭(統攝)의 주역

이러한 존재의, 그리고 문화적 특성을 가진 자라나는 세대의 청소년들은 그 인간관계 또한 기성세대와는 전혀 다르게 맺고 가꾸어 나간다. 그 가장 두드러진 원인은 바로 정보통신 기술의 발달로 인한 수단과 매체의 변화, 그리고 이것이 가져온 의사소통 문화의 변화다. 이를테면 인터넷 시대, 핸드폰 시대로 접어든 정보통신의 발달이 그렇다. 인터넷 강국, 핸드폰 강국이라는 정보통신 인프라의 발전은 우리 의사소통 문화를 완전히 바꾸어 놓았다. 언제, 어디서나 원하는 사람과 이야기할 수 있다는 사실이 그저 편하기만 할 뿐 아니라 사람들끼리의 의사소통, 사람들끼리 만나고 사귀는 문화 자체를 변화시킨다.

이렇게 전혀 다른 통신문화에 익숙한 이들을 흔히 N세대, e-세대라고 부른다. 디지털 혁명의 결과 전 세계적으로 연결될 뿐 아니라 우리들의 삶 곳곳을 연결해 주는 네트워크가 형성된다. 어른들에게는 이것이 정보를 찾거나, 파는 수단일지 모르지만 디지털 방식에 익숙한 신세대는 네트워크를 통해, 아니 그 안에서 산다. 이들은 언제 어디서나 네트워크에 연결되어 정보나 지식을 찾고, 나눈다. 또 이 네트워크를 기반으로 현실세계와 따로 존재하는 새로운 가상세계를 만든다. 이들은 생활 대부분을 네트워크를 통해 한다. 그 안에서 사는 것이다. 인터넷 게임은 이들에게는 게임이 아니라 바로 현실이다. 네트워크를 통해 필요한 정보를 모으고, 나누고, 공부하며 대부분의 장보기도 여기서 하고, 또 놀이도 한다. 친구도 이렇게 만나고 사귀며 또래끼리 또는 뜻과 마음이 맞는 끼리끼리 집단도 만든다. 쉽게 만나고 헤어지고 나름대로의 암호와 기호로 서로 의사소통한다. 이쯤 되면 네트워크를 통한 사이버 공간은 더 이상 기계가 만들어 낸 가상공간이 아니다. 이 공간은 청소년들의 삶의 장소요, 학습의 장소요, 또 사회생활의 장소이다.

나. 갈등과 단절의 혼돈 세대: 좌충우돌하는 럭비공 세대

물론 모든 기술발전과 사회변화가 그렇듯이 이러한 삶의 모습과 방식은, 이런 네 익숙하지 않은 어른들이나 문외한들에게 걱정과 우려를 갖게 한다. 또 아무리 잘 봐주려 해도 얼른 눈에 띄는 부정적인 측면을 갖고 있는 것도 사실이다. 이를테면 그저 골방에 갇혀 살며 사람도 만나지 않고 모니터만 들여다보고 사는 사람에게 흔히 생길 수 있는 소외현상, 대인기피, 사회성 부족 등이 그렇다. 또 아무리 네트워크를 통해 만나고 사귄다고 하지만 우리처럼 아직 척박한 상황에서는 통신공간에서 생기는 문제인 익명성, 폭력성, 임의성 등의 문제도 생길 수 있다. 게다가 가뜩이나 자기중심적인 신세대가 이제 완전히 자기 편의적이고 이기적으로 자신의 생활을 꾸미다 보니 생길 수 있는 문제도 심각할 것이다. 나아가서 기왕 문제로 지적한 바 있는 즉흥성, 표피성 이런 것들은 어찌 할지 걱정이다. 어디 그뿐인가, 이렇게 네트워크 안에서 마음대로 움직이는 세대와 그렇지 못하는 어른 세대와 점점 골이 깊어 갈 터인데, 가뜩이나 심각한 세대갈등에 이런 지역갈등, 매체갈등, 생활갈등의 문제 등도 우려스럽다.

사실 N세대 또는 e-세대의 등장은 소망스럽기는 하다. 또 언제나 동전의 양면이 있듯이 이런 걱정을 눅여 주는 주장도 만만치 않다. 먼저 인터넷 같은 네트워크 안에서는 아이들이 TV를 보듯이 그저 일방적으로 당하기만 하지는 않는다는 것이다. 흔히 말하는 쌍방향 커뮤니케이션이 가능하다는 것이다. 아니 가능할 정도가 아니라 그것을 전제로 한 공간이 네트워크 공간이다. 그러다 보니 오히려 이제까지 갖지 못했던 다양하고도 폭넓은 인성이나 인간관계의 능력을 갖출 수 있다는 것이다. 이를테면 다름에 대한 이해도 많고 다양성을 인정하는 너그러움이 그렇다. 국경, 성차, 나이를 뛰어넘는 커뮤니케이션의 장이 열린 덕분이다. 이렇게 해서 꼭 막히고 획일적인 자아개념이 아니라, 다원적인 자아개념이 형성될 수 있다. 또 그만큼 스스로에 대해 자신도 가지고 자긍심도 가질 수 있다. 그러니 자기주장 똑바로 펴게 되고, 많은 다양한 이야기를 듣다 보니 비판력도 길러진다. 아무튼 이들이 갖출 수 있는 좋은 특성들이 많은데, 그 몇 가지만 살펴보면 다음과 같다. 먼저 자기 의존적 독립성이다. 어른들처럼 아무 때나 혈연, 지연, 학연 등을 내세우며 피붙이, 땅붙이, 학교붙이 따져 기대고 줏대 없이 패거리 짓는 것이 아니라, 철저히 자기에게만 기댄 독립심을 가진다는 것이다. 또 머리뿐만 아니라 가슴으로도 열려 있어 다른 생각, 다른 느낌들을 얼마든지 받아들일 수 있는 포용성을 갖출 수 있다. 또 끊임없이 변화하는 환경에 맞게 부단히 주변과 자신을 혁신하고 쉼 없이 탐구하는 태도 또한 빼놓을 수 없는 새로운 세대의 특성이라는 것이다.

다. 잠재적 가능성의 세대: 꿈동이들의 비전과 도전

청소년들은 꿈을 품은 가능성의 꿈동이들이다. 이것은 가능성이고 또 어느 정도 지금, 여기 시작된 미래에 대한 장밋빛 꿈일 수 있다. 장래에 그렇게 되고 안 되고는 우리가 할 나름이다. 문제는 이 가능성을 현실로 만들기 위해서는 청소년 스스로뿐 아니라, 우리 모두가 함께 애써 나가야 한다는 데 있다. 그 시작은 가족, 학교에서부터다. 사실 아이들을 고립시키고, 단절시켜 컴광(컴퓨터 매니아)으로 만들고 인터넷 중독증에 빠지게 하는 것은 가정의 문제다. PC방에서 하루 종일, 아니 몇 날 몇 밤을 보내는 아이들은 게임이 재미있어서 그러는 것이 아니다. 가족이나 학교에서 버림받고 홀로 남아 그 외로움과 어려움을 견딜 수 없어 게임에 빠지는 것이다. 그러니 자라나는 세대들이 그 긍정적인 능력을 발휘하고 못 하고는 얼마나 가족이나 학교에서 이를 지원하느냐에 달려 있는 것이다. 그저 감시와 통제의 무서운 눈초리만 보내서는 될 일이 아니다. 하다못해 아이들이 제 편인지 아닌지를 가늠하는 스타크래프트나 포트리스, 리니지 게임 같은 것을 욕만 할 것이 아니라 부모들도 배워 함께 해 보며 대화를 시도하고 그 가능성을 열어 주어야 한다. 학교도 마찬가지다. 온갖 정보를 마음대로 주고받는 아이들을 교과서와 시간표에 묶고 가두어 입시경쟁만 시켜서야 그 가능성을 열어 주기는커녕 죽이고 말 것이다.

어른들 눈에는 청소년들이 그저 컴퓨터에 매달리고 네트워크 공간에 빠져 놀고먹는 것처럼 보일 것이다. 자신들처럼 피땀 흘려 일하고, 눈에 보이는 공장에서 환경이야 망가지든 말든 펑펑 연기가 솟아야 노력하는 것이고, 그 결실이 맺어지는 것처럼 생각하니 말이다. 하지만 이들은 다르다. 여기서 놀 뿐 아니라, 일하고 생산한다. 또 미래의 경제가 이 공간에 열린다. 그러니 이들이 이 공간에서 마음껏 놀고 또 일하고, 생산할 수 있도록 그 도와 주어야 한다. 아직은 인터넷 게임의 랭킹에서만 세계 수준인 우리 아이들의 능력을, 그런 게임을 만들어 파는 세계 수준의 능력으로 꽃피울 수 있도록 열심히 물 주고, 가꾸어 주어야 한다. 아니, 그럴 필요조차 없는지 모른다. 차라리 이들이 마음껏 놀 수나 있게 참견하지 말아야 한다. 무엇보다도 중요한 것은 '항상 공부 열심히 하라'고 학생들을 닦달하지 말고 '그냥 두어야 한다. 왜냐하면 이들에겐 이제 네트워크 공간이 곧 학교가 될 것이기 때문이다.

학생들을 강압적으로 교화(敎化)시키는 교육이 아니라, 창의적인 가능성, 잠재적인 가능성을 발현할 수 있는 여건을 마련해 주는 교육을 지향하여야 한다.

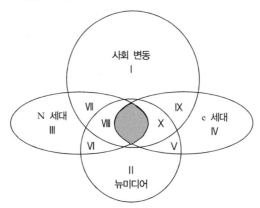

[그림 Ⅳ-2-2] 세계화 시대의 사회 변동

Ⅳ. 21세기 교육의 새 지평과 조망

1. 교육환경의 변화와 그 미래상

가. 새로운 학습환경: 매체, 기기의 혁신

많은 식자(識者)들이 요즈음 기회가 있을 때마다 교육의 변화를 주장한다. 세계화 시대인 미래에는 몇 년 안에 교실이 변할 것이라고. 지금처럼 직사각형의 꽉 막힌 공간에 선생님과 아이들은 서로 마주 보고 전면 대치전을 벌이고, 칠판에 백묵으로 가르치는 일은 곧 사라질 것이라고. 해도 사람들은 잘 믿지 않는 눈치다. 하긴 교육처럼 보수적인 인간 활동이 그리 쉽사리 변하겠는가? 학교와 교육이 가장 혁신적인 조직이고 활동이지만, 뒤집어 보면 가장 보수적 기관, 조직이고 활동이다. 또 우리나라처럼 교육을 신주단지 모시듯 하다가 잘못되어 교육이 애물단지로 변한 땅에서, 그러다가 숱한 교육개혁·교육혁신의 노력조차 조령모개라는 웃음거리가 될 정도로 좀처럼 바뀌지 않는 풍토에서 교육이 달라지기는 어려울 것이다. 하지만 21세기 세계화 시대를 맞아 정말 교육은 달라져야 하고 달라질 것이다. 지금 그 준비는 다 되어 있다.

이제 웬만한 수준의 기관, 기업체 연수원에 가면 멀티미디어 강의실이 완비되었다. 대학들도 뒤따르고 있다. 여기서는 프로젝트, 비디오, 슬라이드, 컴퓨터 프레젠테이션, OHP, 실물환등기 등을 컴퓨터나 가지고 간 노트북 컴퓨터 하나로 다 통제하며 사용 가능할 뿐 아니라, 음향, 조명까지 모두 한꺼번에 조절할 수 있다. 조금 더 나가면 학습자 모두 컴퓨터에 그 모든 자료를 바로 내려받을 수 있다. 또 요즘은 모든 수업내용, 수업자료가 바로 녹화되어 실시간으로 올려놓을 수 있다. 이런 기술은 점점 빠른 속도로 발달되고 또 보급되고 있다. 다만 아직 모든 학교에 설치하기에는 재정상의 문제가 따를 뿐이다.

아울러, 학생들은 이제 집집마다 컴퓨터를 갖추고, 네트워크에 연결되어 백과사전은 물론이고 갓 나온 문제풀이 방식까지 모두 손쉽게 찾아보고 모을 수 있다. 대학생들은 진작부터 이런 방식으로 네트워크를 이용하여 함께 숙제도 하고 논문도 써낸다. 사이버 대학이니, 강의가 시작되어 직접 강의에 참석하지 않아도 얼마든지 네트워크로 불러낸 동영상 등을 통해 생생한 강의를 재현할 수 있다. 예전에는 '먼 거리 교육(distance education)'이라고 해서 지역적으로 너무 멀리 떨어져 있거나, 띄엄띄엄 사람 사는 곳에서 시도했던 방송이나 매체를 통한 교육이 이제 네트워크의 발달로 거리, 시간 상관없이 가능하게 된 것이다.

나. 새로운 사회 환경: 직업의 분화(分化)와 진로의 다양성

교육 여건 혁신은 교육 전반이라기보다 이른바 학습환경과 관련된 변화일 뿐이다. 그 밖에 교육과 관련된 사회, 그리고 세상의 변화는 또 획기적이다. 우리가 사는 세상, 그리고 함께 모여 사는 삶인 사회의 변화는 그 안에 살아가는 한 사람, 한 사람의 삶을 바꾸어 놓는다. 게다가 이 변화가 예전과는 질적으로 다른 넓고도 깊은 그런 변화임이 분명하다.

교육과 직간접으로 연결된 직업 이야기를 고찰하면, 우리가 그동안 그토록 교육에 목을 맨 가장 큰 이유는 좋은 직업을 얻기 위해서다. 어른인 저신은 지금 이렇게 살지만 우리 아이만은 교육 잘 시켜서 떵떵거리는 번듯한 직업 갖고 살도록 하려는 것이다. 그런데 그 직업이라는 것이 달라지고 있다. 먼저 이미 오래전에 시작된 변화, 곧 제1차 산업, 제2차 산업에서 제3차 산업의 비중이 커지는 것은 당연하다. 그 제3차 산업에서도 정보와 지식이 가장 중요한 지식기반산업이 벌써부터 핵심으로 떠오르고 있다. 그러니 전통적으로 선호했던 직업인 의사나 변호사 등은 이제 한물 간 직업이다. 지금 의사나 변호사 하는 분들에게는 안됐지만 이것은 다른 선진 산업사회에서 이미 시작된 경향이다. 최근 선진국에서는 의사, 변호사 중에 이렇다 할 자리 잡지 못하고 실업수당으로 근근이 먹고사는 사람들이 한둘이 아니다.

뿐만 아니라 전통적인 직업의 개념도 바뀌고 있다. 돌이켜 보면 지난 1990년 말 국제통화기금(IMF) 사태를 겪으면서 우리는 구조조정이니 정리해고니 이태백, 삼팔선, 사오정, 오륙도 등 희한한 말들을 처음 듣게 되었지만, 이것은 이미 서구사회에서는 시작된 지 오래다. 천년만년 갈 것 같은 회사며 공장이 하루아침에 무너지는 것을 우리는 걱정스레 지켜보지만 이것도 당연한 일이다. 이제는 평생직장이란 생각하기 어렵다. 세상이 빨리 변하고, 사회의 요구가 바뀌니 한번 배운 것으로 평생 먹고살 수가 없게 되는 것이다. 언제 어디서고 새롭게 시작할 수 있도록 늘 배우고 익히는 말 그대로의 '평생교육'이 중요해진다. 이것을 교육과정 짜고, 시간표 짜고, 교사들 훈련시키고 하는 제도교육, 곧 학교에서 감당할 방법이 없다. 학원도 마찬가지다. 건물에, 시설에 그렇게 부동산 같은, 하드웨어만 갖춘 교육기관으로는 안 된다. 이젠 아름다운 동산 같은 소프트웨어 중심의 교육이 중요하다.

다. 새로운 교육환경: 기초·기본 교육의 충실과 창의성의 신장

오늘날 이렇게 바깥에서만 무서운 변화가 일어나고 있는 것은 아니다. 우리 안에서도 큰 변화가 일어나고 있다. 흔히 말하는 기초교육을 담당하는 가족이 그렇다. 우리는 사회변화가 빠를수록 우리에게 익숙한 것들은 영원히 변하지 않을 것처럼, 아니 그래야 마땅하다고 착각한다. 하지만 그런 것일수록 먼저 변한다. 이미 우리는 전통적인 가족에서 현대적인 가족문화로의 변화를 겪었다. 그것도 남들보다 몇 배 빠른 속도로 말이다. 그런데 그나마의 현대적인 가족개념도 이제 무너지고 있다. 예전에는 가족 안에서 기초적인 사회화, 곧 기본이 되는 생활의 내용을 가르친 다음에 학교에 보냈다. 그리고 학교에서 집으로 돌아와 부족한 부분을 교육받았다. 하지만 지금 이 바쁜 세상, 엄마들도 일하는 것이 당연해진 사회에서 가족이 할 수 있는 몫이 무엇인가?

그뿐이 아니다. 우리 사회도 이제 이혼율이나 출산율이 경제개발협력기구(OECD) 국가들 중 가장 높고, 또 낮은 상황에 접어들었다. 그것이 좋고 나쁘고는 둘째 치고 이렇게 되면 가족의 기능이 약화될 수밖에 없다는 데 문제의 핵심이 있다.

이런 상황에서 학교는 점점 더 가정의 역할까지 떠맡아 생활까지 함께하는 자리가 될 수밖에 없다. 가정의 학교화, 학교의 가정화가 현대 교육의 흐름(trend)인 것이다.

마지막으로 한 가지 더 살펴볼 것이 있다. 예전에는 학교 하면 교육자들이 모여, 바깥세상과는 담을 쌓고 그저 교육만 열심히 하면 되는 장소였다. 하지만 이젠 아니다. 그럴 수도 없고, 그래서도 안 된다. 먼저 지금처럼 국가에서 모든 것을 관장하고 지시하며, 동시에 보호하고 도와주는 것이 점차 없어질 것이다. 국가의 기능 자체가 줄어들기도 하려니와, 교육과 같은 중요한 살림은 이제 각 지역에서 알아서 하게 되는 것이 대세이기 때문이다. 이때 학교를 자율적으로 운영하려면 학교 혼자 힘으로는 안 된다. 지역사회와 품앗이하고, 지역의 자원을 동원해야 한다. 게다가 정보통신의 발달로 온갖 정보와 지식이 학교 밖에서도 얼마든지 넘쳐나는 상황이다. 이 와중에 살아남으려면 학교는 그 문과 창을 활짝 열고 지역의, 사람들의 삶터의 사회문화적인 중심이 되어야 한다. 덕망 있는 교육학자들이 주장하듯이 교사들은 이제 교육대학원에 와서 고작 예전에 다 배운 것의 재탕인 교육이론이나 학습론만 배워서는 안 된다. 경영 마인드니 매체이해니 하는 새로운 사회에 적응하는 능력을 배우고 익혀야 한다.

2. 미래 학교의 자화상

가. 달라지는 학교 위상: 닫힌 공간에서 열린 세계로

21세기 세계화 시대의 변화, 이런 새로운 세상에 학교는 어떻게 될까? 한마디로 활짝 열리게 된다. 먼저 학교는 이제 더 이상 시험 준비를 위해 공부만 죽어라고 시키는 '배움터'로 머무를 수 없다. 그런 공부, 학습은 얼마든지 다양한 매체를 통해 할 수 있다. 굳이 학교에 모여 비효율적으로 억지공부를 시킬 필요가 전혀 없다. 각자 컴퓨터와 다양한 매체로 또는 끼리끼리 모여 네트워크를 통해 공부하다가 궁금하면 선생님과 연결하여 질문하고 도움 받으면 된다. 그렇다고 학교가 없어지거나 그 필요성이 줄지는 않을 것이다. 왜냐하면 바로 가정 사회화의 기능이 약화됨에 따라, 이제 학교에서는 생활과 경험을 배우고 익히고 나누는 일이 무엇보다도 중요하게 될 것이기 때문이다. 학교는 이렇게 '삶터', '겪음터', 그리고 새로운 '배움터'로 그 뜻을 새로이 할 것이다. 학교의 개념이 재구조화될 것이다.

학교가 이런 기능에서만 열리는 것이 아니다. 학교는 이제 지금까지 꼭 지켜야 하는 것으로 여겼던 많은 것을 버리고 그 모습과 내용이 열리게 될 것이다. 이를테면 학교를 꼭 만 6세에 입학하고, 해마다 학년이 올라가고 반을 나누고, 또 초등학교 40분, 중학교 45분, 고등학교와 대학교 50분 하는 교시마다 시간을 나누고 하는 것이 앞으로는 시간 반절이 자유롭게 열릴 것이다. 어떻게 생활과 체험을 시간으로 나누어서 배우고 익히고 나눌 수 있는가? 또 올되는 (조숙) 아이가 있고, 늦되는(만숙) 아이 있는데 하나같이 나이로 쪼개서 한꺼번에 엮을 수는 없는 것이다. 날마다 아침 7시 30분까지 학교에 가야 하는 것도 아니다. 이젠 웬만한 학습은 알아서 할 수 있기 때문에 동시다발적으로도 학습하고, 몰아서도 학습하다가 느슨하게 마음과 뜻 맞는 또래 또는 끼리끼리 모이는 자리가 학교이기 때문이다. 기본적인 과정은 함께 해 나가야 하겠지만 지금 대체로 서구에서 하듯이 열다섯 살 정도까지 하면 되고 그 뒤에는 공부를 더하든, 일을 하든 또는 일을 하다가 다시 공부를 하든 그 기회도 열릴 것이다.

학교는 이제 지역사회에도 문이 활짝 열리게 된다. 평생교육이 일반화되고 있다. 앞으로는 학생들과 교사들만 학교를 차지하고 있는 것이 아니라, 먼저 수업이고 활동이고 전문성이나 관심을 가진 학부모며, 지역사람들이 나서서 돕고 또 나누어 일하게 된다. 공예시간에는 지역의 대목수가, 컴퓨터 시간에는 전문성을 가진 학부모가, 매체학습시간에는 방송국 사람이 와서 도우면 되니까. 또 평생교육을 위해 끊임없이 지역주민을 위한 강좌가 열리고 학교는 어른, 아이 할 것 없이 드나드는 장소가 될 것이다.

단위 학교경영과 학교교육과정 운영도 교장·교감이나 교사들만 하는 것이 아니라 우리 모두의 교육 장소이므로 모두가 함께 의논하여 할 수밖에 없다. 아름답고 신나는 학교로 꾸미려고 지역의 모든 자원을 동원하게 될 것이고, 지역은 학교로, 학교는 지역으로 서로를 교호(交互)하며 열어 나가게 될 것이다.

나. 달라지는 교사 역할: 단순한 모델에서 배움의 열정을 일깨움으로

모름지기 교사란 가르치는 사람이란 뜻이다. 과거에는 교사가 미성숙한 학생들에 지식을 전수하는 역할에 충실하였다. 이제 가르치는 사람이 교육에서 할 역할은 많지 않다. 지식은 다양한 매체를 통해 더 쉽게 얻을 수 있기 때문이다. 이제 교사는 가르치는 사람이 아니라 학생들과 더불어 생활하는 사람, 학습을 도와주는 사람, 스스로 공부하는 사람으로 그 역할이 달라지고 있다. 그런 만큼 그 이름도 달라져야 할 것이다. 또 교사상도 달라져야 한다. '사표(辭表)'낸 지 오래인 '사표(師表)' 운운하며 죽어 가는 스승의 날이나 기리는 전근대적인 교사상과, 다른 한편 현대 사회의 직업기능인, 그것도 대접도 제대로 해 주지 않는 교사상를 모두 극복하고, 항상 '당당히 오늘날의 삶을 자라나는 세대와 함께 이끌어 가는 전문인으로서의 교사상'을 정립해야 한다. 교사의 몫과 구실이 달라져야 한다. 지금까지처럼 일방적으로 공부를 가르치고, 생활을 지도하는 노릇은 점차 줄어들 수밖에 없다. 단순한 지식을 전수하던 교사에서 열정을 꽃피울 수 있도록 도와주는 교사, '잡은 물고기를 주던 교사에서 물고기 잡는 방법을 일깨워 주는 교사', '학생 앞에서 수범을 보이던 교사에서 학생 스스로 배움의 갈망을 실천토록 북돋워 주는 교사'로 다시 태어나야만 한다.

교육의 전문성은 이제 공부 감시나, 성적 독려 차원이 아니라 좀 더 넓고 깊은 자리에서 발휘된다. 이제 교사는 학습환경 마련, 분위기 조성에서부터 학습 조력, 생활 상담 같은 몫을 하며 놀이친구, 삶의 동반자의 노릇을 하게 될 것이다. 그러다 보면 스승의 날을 굳이 억지춘향으로 쑥스럽게 받는 것이 아니라, 늘 날마다 축제와 같은 신나고 멋진 삶 한복판에서 그 몫을 다하게 될 것이다. 누구에게나 사랑받는 전문적인 직업인으로 거듭난 교사는 다시 학생들이 가장 되고 싶어 하는 존경받는 사람이 될 것이다. 성직으로서의 교원, 전문직으로서의 교사로 거듭나야 하는 것이다.

다. 달라지는 인재: 학교 일등에서 사회와 국가, 인류에 쓸모 있는 사람으로

새로운 시대에 적합한 미래지향적 인재란 한 마디로 창의적인 인간이다. 창의력이란 특별하고도 엉뚱한 생각이다. '여기에서 저기까지 가는데 주어진 길로 누가 빨리 가느냐가 문제가 아니다. '새로운 길을 개척하는 것'이 창의력이다. 이 창의력은 다른 교육, 새로운 학습으로만 길러줄 수 있다. 이런 인재는 먼저 감성지수(EQ)가 높아서 남의 느낌을 읽을 줄 알고 또 남의 마음을 읽을 줄 알아야 한다. 그러다 보니 많은 사람들에게 공감하고 공유할 수 있는 물건도, 생각도 만들어 내게 된다. 또 이런 인재는 공동체 정신, 사회적 역량, 의사소통 능력을 고루 갖추어야 한다. 지금까지 지식 중심, 성적 중심 교육으로는 독불장군, 그리고 몰염치한 이기주의자들밖에는 길러 낼 수 없다. 일등 아니면 열등이니 남의 느낌이며, 마음은 아랑곳 않는다. 일직선으로 달리기가 아니라 옆으로 함께 달리기를 가르쳐야 한다. 혼자만 일등이 아니라 모두가 함께 일등을 할 수 있는 교육을 지향하여야 한다.

지난 몇 해 동안 각종 교육 통계 자료에 의하면, 국제학업성취도평가(PISA) 연구 등의 결과를 보면 한국 학생들은 공부도 잘하고 시험 성적도 높다. 하지만 정작 중요한 학습동기는 아주 낮고, 협동학습과 같은 미래지향적 학습활동에는 적응하지 못한다. 이렇게 해서는 산업화 시대 인재만 양산할 뿐 지식정보화 시대 걸맞은 인재는 길러 낼 수 없다. 이제 다양한 능력과 역량을 찾고 부추기며 나아가 서로 도우며, 또 서로 나누며 각기 제 길을 찾는 학교생활을 마련해 주어야 한다. 그래야 우리 교육현장에서 새로운 미래지향적 인재가 자연스럽게 자라나게 될 것이다. 이것이야말로 앞날의 주인공인 자라나는 세대에게 미래를 준비시켜 주는 가장 중요하고 핵심적인 교육적 노력이 아닐 수 없다.

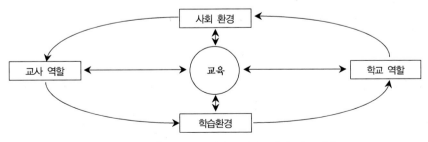

[그림 Ⅳ-2-3] 21세기 세계화 시대의 교육의 상호 관계

V. 맺고 나오는 글

사실 오래전의 산업화 시대에는 이스라엘 속담에서 나온 이런 얘기가 가슴 찡하게 통했다. "아이들이 배고프다고 징징대더라도 물고기를 잡아 주면 안 된다. 제 먹을 것 스스로 마련하는 일을 배울 수가 없기 때문이다. 아이들에게 물고기 잡는 법을 가르쳐야 한다."

하지만 세계화·지식정보화 시대에 들어서면 이것만으로는 한참 부족하다. 오늘날 우리가 해야 하는 교육은 저 '어린 왕자'로 유명한 생텍쥐페리의 다음과 같은 말과 같은 교육이다. "배가 필요하다면 사람들에게 배를 만드는 법을 가르쳐주기만 해서는 안 된다. 그 배로만 바다로 나가려고 하기 때문이다. 아이들에게 바다를 미치도록 그리워하게만 하라. 그러면 어떻게 해서든 바다로 나갈 것이다." 창의성이 미래교육의 열쇠인 것이다. 요컨대 세상에 대한, 사람에 대한 미칠 듯한 그리움, 타는 듯한 갈증의 목마름을 가지게 하면 된다. 무엇인가를 갈구하는 질풍노도와 같은 그 무엇을 위해 열정을 바쳐야 한다. 그럴 때 창의성, 탐구력, 문제해결력이 배양되고, 나아가 고급 사고력(high level thinking)이 길러지는 것이다. 하고 싶은 학습을 하고자 하는 마음으로 스스로 하는 게 참된 공부이다.

그러려면 우리가 가져야 할 기본적인 태도부터 달라져야 한다. 교육은 결국 미래지향적 활동이며 자라나는 세대에 대한 희망이다. 미래와 국가에 대한 투자이며 지원이다.

그리고 물은 아래로 흐른다. 따라서 미래의 주역인 학생들에게 올곧은 생각과 행동을 심어 주어야 한다. 이들에게 꿈과 희망, 그리고 비전을 심어 줘야 한다. 그래야 바람직한 앞날을 이들과 함께하고 미래교육의 새로운 지평을 함께 열어 갈 수 있다.

결국 우리 교육의 초점은 창의력 배양이고 그 대상은 미래의 주역인 우리 학생들이다. 그들이 세상을 그리워하고, 지식을 그리워하고, 배움을 그리워하고, 사람을 그리워하는 참다운 교육을 위해 너와 나, 우리가 되어 함께 나아가야 할 것이다.

21세기 세계화 시대의 새로운 교육! 초심으로 돌아가 기초·기본을 다지고 주어진 틀에서 벗어나 창의성, 창의력을 발현하는 것이다. 분명 익숙한 것들과의 이별이 새로운 교육, 창의성 발현의 출발점이라는 점을 유념해야 한다.

진정 21세기 미래사회의 교육은 교수자, 학습자, 교재(교육과정) 등 교육의 삼 요소는 물론, 이에 관련된 학습환경, 사회 환경 등의 획기적 변화와 혁신이 전제되어야 한다. 사람과 체제, 사회 시스템(system)이 진부함과 상투적인 것에서부터 탈피하는 것에서 출발하여야 할 것이다. 사랑으로 교육을 하고 교육을 통하여 미래의 희망을 찾아야 한다.

제3장 교육 패러다임의 변화에 따른 학교경영 전문성 제고

I. 들어가는 글

미래사회는 새로운 지식을 창출하는 인재를 필요로 하며 세계 모든 나라가 여기에 맞춰 교육 패러다임을 변화시키고자 교육과정 운영의 자율화와 다양화를 기본 축으로 삼은 지 오래다. 우리 교육도 지방 분권화 시대를 맞아 자율과 책무성이 단위학교운영에 크게 요구되고 있으며 기능의 분화와 구조적 복잡성이 증대되어 학교현장의 의미 있고 본질적인 변화를 기대할 수 있다.

세상의 모든 것이 빠르게 변화하고 있는데 이에 미처 적응하지 못하는 학교로서는 시간이 걸리면서 학교경영의 크고 작은 변화를 거듭하며 시대의 흐름에 맞게 정착될 것이다. 교육의 경쟁력 제고라는 측면에서 자율과 책무성을 바탕으로 가르치는 방법이 변화되어야 하고 학교시스템도 변혁을 가져와야 미래사회에 부응하는 교육기반이 구축될 수 있어 학교평가제, 교장공모제, 교원자격제등의 개선 등 다양한 교육정책들이 제시되고 있다.

학교의 존재 가치는 학교시스템 속의 조직구성원의 마인드 변화에서 그 의미가 확대될 수 있기 때문에 변화를 인식한 행동으로 교육의 일류화, 선진화를 지향점으로 해야 한다.

II. 사회 변화를 선도하는 학교경영

1. 교육의 본질: 민주시민의 자질 함양, 기초·기본 교육의 충실

인간은 취급받는 대로의 인간이 된다는 버너드 쇼(B. shaw)의 지적대로 정직한 인간으로, 모든 학생들은 믿을 수 있는 인간으로, 성취할 수 있는 인간으로, 서로 어울릴 수 있는 인간으로 자랄 수 있는 가능성을 가지고 있기 때문에 우리는 학생 한 사람 한 사람이 사랑받고 존경받고 인정받는 그러한 교육이 이루어지기를 소망하는 것이다.

오늘날 사회 일각에서 벌어지는 자녀교육을 위한 조기 해외유학, 학생이 교사를, 학부모가 교사를 폭행하는 등의 사태는 공교육에 대한 불신 풍조 만연과 교권의 끝없는 추락 현상을 보여 주는 단적인 증거이다. 이의 원인을 여러 가지로 분석할 수 있겠지만 교육자의 자기반성적인 측면에서 보면 교육행정이나 학교경영이 선진화하지 못한 결과라고 볼 수 있다.

학교교육과정에 정보화 교육 등이 추가되고 교육내용의 질이 변화됨에 따라 실제의 교육을 실시하는 과정에서 인간의 가치와 본질을 존중하는 도덕성과 인간성 교육이 더욱 철저하게 수행되어야 한다.

2. 보통교육의 특성: 초·중등교육, 전인교육, 통합교육 지향

우리나라 교육기본법에 따라 보통교육은 초·중등교육이다. 초·중등교육은 생활과의 관계에서 기초교육이고, 발달적 특성에서 전인교육이며, 내용 구성에서 통합교육이고, 방법적 측면에서 체험교육인 특성이 있다.

첫째, 초·중등교육은 생활에 필요한 기본적 자질을 함양하고, 후속 교육의 바탕을 마련하는 기초교육이다. 우리나라 초·중등교육법은 모든 국민은 보호하는 자녀 또는 학생을 초등학교에 취학시켜야 하는 의무를 지니고 있으며, 초등학교는 국민생활에 필요한 기초적인 초등 보통교육을 하는 것을 목적으로 한다고 명시하고 있다. 이는 우리나라 초·중학교 교육은 9년간 의무교육으로서 개인, 사회, 국가 생활을 영위하는 데 필요한 기본적인 지식, 기능, 태도, 가치관을 가지도록 하는 기본교육임을 말하는 것이다. 또한 초등교육은 후속하는 모든 학교교육의 바탕을 마련하는 기초교육이다. 초등교육은 중학교·고등학교로 연결되는 최초 단계의 학교교육으로서 후속교육에 필요한 기초적인 교육의 내용을 담고 있다. 즉 후속되는 고등학교교육이 효율적으로 이루어지는 데 필요한 기본적인 학습 기능과 학습하는 방법 및 태도를 길러 주는 기초교육이다.

둘째, 초·중등교육은 학생 성장의 제 측면을 풍부하게 하고 바람직한 태도와 가치를 가지게 하는 전인교육이다. 초등학교 교육의 대상인 6~11세 학생들은 성장과 발달이 왕성한 반면에 확고한 자기 주관을 가지지 못하여 모방이 심하고, 감수성이 예민하며 가소성(plasticity)이 가장 큰 시기이므로 교육력의 영향을 가장 많이 받는다. 그리고 이 시기의 성장 발달이 후에 갖게 되는 성격 형성과 태도에 매우 큰 영향을 미친다. 그러므로 초등교육은 언어, 성격, 습관, 신체, 정서, 가치, 태도 등 학생의 전반적인 측면이 고르게 성장하고 발달하도록 해야 한다. 즉 초등교육은 학생의 지적·정서적·사회적·신체적 제반 영역의 발달이 조화롭고 바르게 이루어지도록 하는 전인교육을 요구한다.

셋째, 초·중등교육은 생활과 교과, 그리고 교과와 교과 간에 서로 연계된 교육을 실시하는 통합교육을 특징으로 한다. 초등학교 학생들은 미분화적인 전체성으로부터 출발하여 점차 분화적인 형식적 조작 단계로 접근하는 시기이다. 그리하여 초등학교 학생들은 어떤 사상(事象)을 단절된 낱개로 이해하기보다는 전체와의 관련성 속에서 이해하게 된다. 이런 점에서 초·중등학교교육은 지식의 배열로 이루어진 교과의 특성을 강조하기보다 생활과 연계된 광의적인 주제 중심의 통합 교육을 강조한다. 특히 초등학교 교사는 교과 전담 교사가 있긴 하지만, 기본적으로 학급 담임을 기본으로 하며, 학생의 생활지도를 포함한 전 교과를 지도하는 것을 원칙으로 하고 있다. 이는 초등학교 교육이 학생생활과 교과를 통합하고, 교과와 교과를 연계지우며, 교사의 일관된 통합적인 인간적 유대를 강화하는 기본적 특성이 강조되어야 하기 때문이다.

특히 2013학년도부터 2009 개정 교육과정의 교과서 개편으로 초등학교 1~2학년과 중학교 1학년 수학과 교과서에 스토리텔링식 문제 제시로 학생들의 흥미와 동기를 유발하고 생활 속에서 자연스럽게 문제해결을 모색하도록 하였다. 2009 개정 교육과정에서는 스토리텔링, 내러티브 등을 교육과정과 교과서에 도입하여 학생들이 흥미를 갖고 교수·학습에 참여하도록 유도하고 있는 게 특징이다.

넷째, 초·중등교육은 호기심과 흥미를 바탕으로 하는 활동 중심의 체험 교육을 특징으로 한다. 피아제의 인지 발달적 관점에 의하면 초등학교 저학년은 강한 자아중심성과 활동성의 수준에 있으며, 구체적 상황에서만 논리적 조작이 가능한 시기이다. 학생들은 구체성을 떠난 추상적 상황에서는 학습이 어려우며, 구체적인 직접적 체험을 바탕으로 학습이 가능하다. 이러한 특성을 바탕으로 하여 초등교육은 재미있는 여러 가지 활동을 통한 체험 중심의 교육을 방법적 특징으로 한다. 중학교교육 역시 초등학교에서 배운 내용을 좀 더 심화하며, 고등학교교육은 초·중학교의 교육 내용을 바탕으로 대입 진학과 취업 등 진로교육, 직업교육과 연계하도록 되어 있다.

이렇게 기초교육, 전인교육, 통합교육, 체험교육으로서의 특성을 가진 초등교육이 본래의 특성에 충분히 부합될 수 있는 교육이 되기 위해서는 그리고 초등교육의 질적 향상을 위해 이루어져야 할 교육방향은 '학생 개개인의 인간적 가치를 소중히 여기는 교육, 개성적 특성과 창의적 사고를 존중하는 교육, 더불어 살아가는 공동체 의식을 함양하는 교육' 등이 중심이 되어야 하고, 초등교육의 효율화를 위해 변화되어야 할 교육환경은 '교사가 수업에 전념할 수 있는 교육 여건의 조성, 상호작용의 질을 높이는 학교·학급의 편성, 교육의 효율성을 제고하는 시설과 교재·교구의 현대화'의 방향으로 나아가야 한다.

Ⅲ. 경쟁력 있는 학교경영

1. 투철한 목표 의식과 실천: 학교경영의 신념과 비전을 실천하는 학교경영자

가. 비전과 신념을 실천하는 학교

집단을 움직여서 비전을 완수하는 힘의 근원은 리더의 신념에 있다. 역사를 바꿔 온 변혁의 방정식은 지도자의 신념, 비전, 구성원의 동참, 실천의 융합이라고 한다. 비전과 열정이 신념을 뒷받침하며, 리더의 신념이 확고할 때 '협의하되 타협하지 않는 일관성' 유지가 가능하여 지도자로서의 리더십이 발휘된다.

비전만 있고 구체화된 실천 목표가 없다면 비전은 공염불에 불과하다. 비전과 마스터플랜으로 신념을 구체화하여 실천하는 학교가 되어야 한다. 변화의 흐름을 정확히 읽고 이를 설득력 있게 형상화함으로써 나아갈 방향을 제시하고 힘의 분산을 한 방향으로 결집해야 한다. 이는 비전을 구체화한 마스터플랜을 수립함으로써 구성원 전체에게 예측가능성과 안정감을 부여하는 동인이 된다.

나. 적재적소와 적시를 강조하는 학교

실기하지 않는 과감한 결단과 행동력이 학교장에게 필요하다. 어려운 국면일수록 구성원들은 학교장의 결단력 있는 행동을 기대할 때가 많다.

진정한 지도력은 대중적 인기에 영합하지 않는 대승적 결단과 과감한 행동력에서 나오며, 흐름의 맥을 잡아 쐐기를 박는 것이 결단의 요체이다. 미국의 루스벨트 대통령이 대공황을 탈출한 바탕은 정책을 적시에 수립하고 적시에 집행하는 타이밍 중시의 행동주의 철학에 기인했다고 한다. 결단력은 쉽지 않은 선택이지만 결단은 끝없는 정신적 고뇌의 산물이다. 난제의 돌파구는 오랜 고뇌의 과정을 통해서 얻어지는 대국적 발상과 새로운 행동에서 비롯된다.

리더에게는 깊은 고뇌를 거친 과감한 결단이 요구되며 결단력이 결여되게 되면 기회를 놓치거나 독선에 빠질 염려가 있다.

다. 잠재적 가능성을 실행하는 학교, 비전을 제시하는 학교

결정된 사항을 신속히 추진함으로써 초기 주도권을 장악하는 추진력을 발휘하는 학교가 되어야 한다. 교직원회의에서 수렴된 문제는 신속하게 추진해야 초기 주도권을 잃지 않고 목표 달성을 할 수 있다. 초기 주도권을 잃으면 방향을 잃고 유야무야되기 쉽다.

실패한 리더는 대부분 기득권층의 초기 저항을 극복치 못하여 기득권층이 잠재적 불만 세력들을 흡수하면서 저항이 커졌기 때문이다.

독일의 콜 총리는 민간 싱크탱크와 기업인, 금융인, 노조대표들과 협의하여 경제 정책을 결정한 후에, 자신은 밀어붙이는 역할을 담당하였다고 한다. 학교도 개성이 다양하게 표출 되는 교단에서 결정된 사항은 추진력을 발휘해야 비전을 달성할 수 있다.

라. 자율적인 학교경영을 하는 학교

국가의 미래는 교육에 달려 있다. 특히 모든 교육의 기초가 되는 초·중등교육은 보통교 육의 근간이다. 학교교육의 중요한 위치에 있는 초등교육을 이끌어 나가는 학교경영자의 책무성은 중차대하며 그 책무성은 교육에 대한 뚜렷한 소신과 철학을 바탕으로 해야 한다. 학교교육은 미래사회에 대한 대응과 윤리가 투영되어 학생들에게 꿈을 심어 주어야 한다. 비전은 교육을 안내하는 나침반이며 교육의 목적이다.

2013년 교육대통령을 자처하며 야심차게 출범한 박근혜 정부는 꿈과 끼를 기르는 국민 행복교육을 강조하고 있다. 또 교육복지 기반을 확충하고 학교교육 만족도를 높이며 자율 화·다양화된 교육체제 구축으로 교육만족은 두 배, 사교육비는 절반으로 경감하려고 노력 하고 있다. 학교경영은 학교장 중심의 자율경영으로 나아가야 한다. 자율은 인간의 이성이 나 사물의 이치에 비추어 스스로 판단하고 결정하여 행동하고, 그 결과에 대하여 책임지는 것을 의미한다. 자율성과 책무성은 동전의 양면과 같다.

2. 인간의 가치를 존중하는 교육과정 운영: 인간의 존엄성, 창의성, 다양성 등을 강 조하는 학교경영자

가. 학습 방법의 학습(learning of learning method)과 창의성 계발

학생 개개인의 다양한 끼를 살려 주는, 개인차를 고려한 수업방식이 필요한 시대이다. 누구나 학업성적이 우수하길 바라지만 현실은 그렇지 않다. 획일적인 인간을 필요로 하는 사회가 아니며 개성이 독특한 학생들이 창의적인 생산 활동을 할 수 있음도 알아야 한다. 학생들의 집중도를 낮추는 경향이 있는 교사 중심의 전통적인 일제식 문답수업을 탈피하 여 가르치는 방법에 변화가 있어야 한다. 공부하게 하는 수업방식으로 창의성을 길러 주는 시대이지 규율과 규칙을 준수하는 획일의 시대는 이제 설 곳이 없게 되었다.

교육과정 운영의 자율성 확보는 색깔 있는 학교나 학급경영에 절실하며 획일적인 기준에 의한 장학지도나 학교평가로 교육성과를 확인하고 점검하는 일은 학교자율성을 저해한다. 현재 우리나라의 자사고, 자공고, 특목고, 마이스터고 등 역시 자율성과 책무성을 단위학교와 학교장에게 부여하고 있다.

나. 다양성 존중 교육

우리의 초·중등학교 학급은 선천적 재능, 사회문화 및 가정환경, 신체적 발달조건, 학습능력 등 여러 요인에서 다양한 개인차를 가지고 있는 학생들로 구성되어 있다. 이러한 개인차를 고려함이 없이 학생들을 동일한 평균 수준의 집단으로 삼고 동일한 내용을 획일적으로 교육한다면 각기 능력이 다른 학생들이 불이익을 받게 된다. 그리고 이것은 학생 개개인의 인간적 가치를 소중히 여기는 교육이 아니다. 획일성은 진로가 다른 학생들에게 불필요한 교과목의 과잉학습을 낳고, 자신의 진로에 꼭 필요한 학습을 과소학습하게 하는 불균형을 초래한다. 다양성 존중 교육은 중학교와 고등학교에서도 두루 실행되어야 한다.

공부와 관련된 활동들로 지나치게 틀에 짜인 생활을 하고 있는 우리나라 학생들에게는 생활의 여유를 즐기거나 의미 있는 선택을 해 볼 여유와 의미 있는 선택의 경험이 충만한 일상생활을 즐길 기회가 주어져야 한다.

이와 같은 의미에서 본다면 2013학년부터 시범적으로 도입하고 있는 중학교 자유학기제 운영은 학생들에게 자유과 자율을 부여하고 창의적 체험활동을 통한 꿈과 끼를 기르는 교육의 중요한 기회가 될 것이다.

다. 다양한 명품화된 프로그램 운영

21세기 학교와 교실은 예전의 학교와 교실이 아니다. 따라서 다양성 속에서 학생들의 가치를 찾아야 한다. 참으로 다양한 소질과 적성을 지닌 학생들의 집합체가 교실이다. 교과위주의 수업에 치우친 학교교육을 다양화하여 풍부한 문화 소양, 튼튼한 체력, 바른 인성을 갖춘 인재를 양성해야 한다. 방과 후 학교 활동에 지역 자원인사를 적극 활용하고 교사와 외부 전문가와의 협력을 강화하며 학교별 명품화·브랜드화된 프로그램을 특화·운영할 필요가 있다. 엘리트 중심 체육에서 생활 체육으로, 보는 스포츠에서 직접 체험하는 스포츠 중심의 학교 스포츠클럽 운영이 활성화되어야 한다.

21세기 세계화 시대에 필요한 가장 바람직한 교사는 자기만의 노하우와 브랜드를 갖고 학생들을 지도하교 업무를 창의적으로 수행하는 교사들이다.

3. 개개인을 소중히 하는 교육: 학생들이 편안하고 행복한 학교이 교실

가. 장애인 등에 대한 특수교육법 준수: 모두 함께 더불어 사는 교육과 학교

장애인 등에 대한 특수교육법 시행으로 특수교육에 대한 관심이 어느 때보다도 높다. 현재 우리나라는 특수교육 대상 학생들이 능력이나 장애의 종류에 관계없이 교육적 혜택을 받을 수 있도록 특수교육 기회를 다양하게 제공하고 있으며 특수교육 대상 학생들에 대한 지원과 배려가 확대되고 있다. 특수교육 대상 학생들의 능력을 보다 효과적으로 신장시킬 수 있도록 유능한 교사와 전문가에 의해 적절한 교육을 제공하고, 교육여건을 개선하는 한편 분리교육보다는 통합교육에 노력하고 있다. 지역교육지원청마다 특수교육지원센터를 설치하여 특수교육혜택을 고루 받도록 순회교사제를 운영하고 있으며, 재택교육, 병원학교도 운영하고 있다.

나. 학교폭력 예방 및 근절: 꿈동이들의 안전하고 편안한 보금자리

요즈음 학교가 더 이상 안전한 곳이 아니라고 말한다. 학교폭력이 끊이지 않고 발생하고 있으며 성폭력이나 납치, 유괴로부터 안전한 곳이 아님은 빗나간 세태에서 알 수 있다.

학교폭력은 과거에도 있었지만 최근에는 더욱 일상화되고 저연령화하는 추세여서 걱정스럽다. 무엇보다 주목할 만한 일은 학교폭력을 경험한 후 피해학생의 정서적인 상태로 청소년보호위원회의 최근 실태조사에서 82%의 학생이 '복수하고 싶었다'고 응답했다는 사실이다.

피해학생이 가해학생으로 변하는 악순환을 초래할 수 있다는 데 학교폭력의 문제가 있는 것이다. 학교 폭력의 근절이 학교교육의 커다란 난제로 대두되었다.

학교에서도 학교장이나 교사 등이 문책받을 것을 우려해 학교폭력을 소극적으로 다루는 경우가 적지 않은데 책임을 묻는 시스템을 세워야 할 것이다. 그러나 학교폭력은 결국 우리 사회 전체의 문제이다. 학교규칙은 있으나 마나 하고 제 자식은 모두가 영재인 줄 착각하는 부모이 기대가 자녀를 그릇되게 만들고 있다. 사회적인 시스템의 결함에서 오는 원인을 치유하기에는 너무 깊게 곪은 것이 현재의 사회현실이다. 학교뿐만 아니라 사회 각계각층에서 폭력이 발붙이지 못하도록 대책을 마련하는 일에 지혜를 모을 일이다.

한국에서는 2013학년도부터 전국의 각급학교 교원들 중에서 학교폭력 예방과 해결에 기여한 교원들에게 승진 가산점을 부여하고 있다. 이 승진 가산점 부여에 대하여 비판적 시각도 있긴 하지만, 우리나라 학교에 학교폭력이 빈발하여 큰 문제가 되고 있으며 이의 예방 및 해결에는 전 국민들이 나서야 할 정도로 심각한 실정이라는 점을 간과해서는 안 될 것이다.

4. 교육공동체가 함께하는 교육: 집단지성 중심의 교육과 학교

학교운영위원회는 학교운영에 학부모, 교원, 지역인사가 참여함으로써 학교 정책 결정의 민주성 및 투명성을 확보하고, 지역실정과 학교 특성에 맞는 다양한 교육을 창의적으로 실시할 수 있도록 심의·자문하는 기구이다.

이러한 학교운영위원회는 기존의 학교단위의 의사결정체제를 재구조화함으로써 단위학교에서 교장 중심의 폐쇄적 의사결정방식을 개선하고 교육소비자의 권리를 존중할 수 있는 제도적 장치로서의 의의를 가진다.

위원들의 선출에 있어서는 민주적인 절차를 확보하여 학운위의 대표성, 전문성을 확보해야 한다. 학교장의 일방적 의사결정을 견제하기에는 역부족이고 명실상부한 의사결정기구가 되어야 하고 전문성 확보를 위한 연수는 필수이다.

5. 학교의 변혁적 리더십 발휘: 모든 학교구성원들이 리더십을 발휘하는 학교

교장실은 학교 내외에서 일어나는 크고 작은 일들의 스트레스가 모이는 집합처이다. 교장은 교직원과 학생을 보호할 책임과 의무가 있고 교직원은 교장의 명을 받아 교육활동에 임해야 한다. 학교는 학생에게 중요한 교육적 삶의 공간이며, 교사와 학생, 학생과 학생 간의 상호작용의 장소이다. 그리고 이러한 삶과 상호작용이 더욱 교육적이 되기 위해서는 관리자의 리더십이 중요하다.

학자에 따라 리더십은 다양하게 분류되고 있지만 다원화 사회에서 적합한 리더십은 낮은 자세로 봉사하는 섬김의 리더십이 교육현장에는 필요하다. 학생을, 학부모를, 교직원들을 섬기는 자세가 바로 교육자다운 리더십이 된다. 불가에서 말하는 하의(下意) 또는 자실인의(慈室忍衣) 태도가 섬김의 리더십이다.

우리의 학교가 학생 한 사람 한 사람을 의미 있고 소중하게 돌보며, 학생 간의 상호작용이 가치 있게 이루어지면 학생들은 가치 있는 인간으로 성장할 것이고, 그러한 학생이 성인이 되었을 때 그 사회는 살기 좋은 사회가 될 것이다.

가. 교사(선생님)상(敎育者像)

이 시대 교사는 변화의 동력을 쥔 중차대한 임무를 가지고, 세상이 무엇을 필요로 하는 가, 학생, 학부모가 우리에게 무엇을 바라는가, 혹시 우리가 하는 일이 학생을 위한 일이 아니라 관습처럼 우리끼리 중요하다고 생각하는 일을 하는 것은 아닐까 하는 고민을 의사 결정을 할 때마다 해야 한다.

맞춤형 교육, 수준별 학습은 학습자인 학생들의 눈높이에서 그들이 요구하는 교육과 학 습을 사제동행으로 수행하는 것이다.

나. 가져야 할 사고(思考)

새 시대의 교사는 학생 관점 사고, 우리 중심 사고, 긍정적 사고, 수평적 사고, 개방적 사고 등을 겸비해야 한다. 고루하고 진부한 닫힌 사고를 버려야 한다.

다. 버려야 할 사고(思考)

새 시대의 교사는 무사안일, 적당주의, 기회주의, 형식주의, 권위주의, 냉소주의, 요령주 의, 책임회피, 패배주의, 소신부족, 노예근성 등 진부한 타성을 버려야 한다.

Ⅳ. 맺고 나오는 글

사회 변화를 이끄는 것은 교육이고, 이 교육은 학교에서 이루어진다. 시대가 변한다는 것은 사회 시스템 전반에 걸쳐 변화가 있다는 말이고 인간의 생활방식이나 생존 양식도 변 화가 있기 마련이다. 변화에 적응하며 진화하는 것이 인간이며 학교를 포함한 모든 조직체 도 시대 변화에 맞게 개선되고 발전되어야 생존할 수 있다.

미래학자 엘빈 토플러는 역저『부의 미래』에서 100마일의 속도로 변하는 기업과 10마일 의 속도로 변하는 학교를 고물자동차에 비유하였다. 학교가 사회변화에 능동적으로 대처하 지 못한다는 말이다. 21세기의 교육은 창의적이고 다원화되어, 고부가가치를 창출해 낼 수 있어야 한다. 이러한 교육을 이루어 내기 위해서는 부단한 변화가 진행되어야 하고, 교육의 변화는 단위학교가 중심이어야 한다. 특히 자아개념이 형성되고, 사회인으로서의 기본적인 소양이 만들어지는 초등학교에서의 변화는 더욱 중요한 의미를 갖는다. 이런 변화에 따라 학교경영 패러다임도 변화를 가져와야 할 것은 명약관화한 일이다.

초·중등교육은 보통교육인 동시에 모든 교육의 기초교육으로서의 중추적인 기능을 갖고 있다. 따라서 오늘날 세계 각국은 초·중등교육의 질적 향상을 위하여 많은 노력을 기울이고 있다. 우리나라 초·중등교육도 새로운 교육정책과 시책들로 변화를 꾀하고 있다.

보통교육은 사회의 새로운 성원들에게 모든 사회생활의 기본이 되는 지식과 태도를 학습시킨다는 점에서 모든 교육 단계에서 가장 중요하고도 기본이 된다고 할 수 있다. 학교의 존재 가치는 학교시스템 속의 조직구성원의 마인드 변화에서 그 의미가 확대될 수 있기 때문에 변화를 인식한 행동으로 교육의 일류화, 선진화를 지향점으로 해야 한다.

학교교육은 미래 인재 육성의 기반으로서 중추적인 기능을 갖고 있다. 따라서 오늘날 세계 각국은 교육의 질적 향상을 위하여 많은 노력을 기울이고 있다. 우리나라 교육도 새로운 교육정책과 시책들로 변화와 혁신을 추구하고 있다.

학교교육은 사회의 새로운 성원들에게 모든 사회생활의 기본이 되는 지식과 태도를 학습시킨다는 점에서 모든 교육 단계에서 가장 중요하고도 기본이 된다고 할 수 있다.

21세기 세계화 시대의 미래교육에 적응하기 위해서 학교는 변화와 혁신을 추동해야 한다. 학교의 변화와 혁신은 학교장의 학교경영 역량에 따라 크게 달라진다.

최근 교육의 위기, 교권 추락 등의 어려움이 교육과 교원들 앞에 난제로 대두되어 있기는 하지만, 누가 뭐라고 해도 이 세상의 변화는 교육이 이끌고 있으며, 그 변화의 중심에서 혁신을 선도하는 기관이 곧 학교이다. 아울러, 교육 변화와 학교 혁신의 핵심적 위치에 있는 사람이 곧 이 시대 교원이라는 점을 명심하여야 한다.

제4장 교육 혁신을 위한 미래교육의 과제와 전망

I. 들어가는 글

세계화 시대인 미래교육은 현재와는 그 모습이 현저하게 달라질 것이다. 교수자, 학습자, 교재(교육과정) 등으로 매개되는 교육의 3요소도 근본적으로 변할 것이다.

교직과 교육이 전문적 영역이고, 교원이 교육전문직이라는 데에는 이의가 없지만, 정작 교육은 누구나 할 수 있는 영역이고, 교원은 아무나 할 수 있다는 저마다의 교육 담론은 예나 지금이나 근본적으로 변하지 않고 있다.

여하튼 미래사회에서는 교육과 교실 붕괴가 심화될 것이다. 세계적으로 가정 해체, 이혼율 증가, 다문화 사회의 확대 등은 이제 보편화되고 있다. 붕괴된 가정에서 자란 아이들이 대거 학교에 들어오게 될 때 이루어지는 교실붕괴는 이루 말할 수 없을 정도가 될 것이다.

교육의 혼란기에서 교원과 교육에 대한 비판적 접근과 실망은 더욱 심화될 것이다. 교육에 대한 실망은 곧바로 교육자에 대한 실망으로 이어지게 될 것이다.

교육의 혼란 와중에 교원들은 더욱 상실감과 스트레스에 매몰될 것이다. 교육과 교원들의 스트레스는 더욱 증가할 것이다. 하지만 이와 같은 상실감과 스트레스를 극복하는 것 또한 우리 교원들이 해야 할 일이다.

교육의 궁극적 목적은 희망이다. 따라서 절망이라는 병을 앓는 교육자는 더 이상 교육자가 아니다. 학생들이 교육을 받으려 학교에 오는 이유는 그로 인하여 희망을 얻고자 하는 것이다.

대한민국 국민 모두가 교육 현실에 실망하고 절망하더라도 우리 교육자는 희망을 노래해야 한다. 우리는 희망의 전도사가 되어야 하기 때문이다. 교사는 학생들에게 희망을 베풀어야 한다. 그것은 배려와 섬김이고 서번트 리더십이기도 하다.

II. 미래사회의 교육혁신의 기제

1. 평생교육시대: 전 인류 구성원들의 평생학습시대 도래

빠른 사회 발전으로 인하여 평생 자신을 여러 번 변신해야 살아갈 수 있는 새 시대를 두고 평생교육 시대라고 한다. 지식과 정보의 홍수 속에서 끊임없는 새로운 분야의 개척으로 인하여 어느 분야의 전문가로서 활동하기 위해서는 4년마다 완전히 새로운 내용을 학습해야 한다고 한다. 즉 우리의 아버지 시대가 '고3까지만 죽어라고' 공부해도 되는 시대라면, 이제는 '죽을 때까지' 공부해야 하는 시대이다. 이제 사람들은 요람에서 무덤까지 평생 동안 배워야 하는 시대가 되었다. 그러므로 교육에 대한 근본적 사고방식이 달라져야 한다. 시공간적인 차원에서 획기적인 변화가 요구되고 있다.

우선 시간적 차원에서 볼 때 교육은 더 이상 양성과 활성의 단계로 구분 지을 수 없게 되었다. 사람들이 양성의 단계에서 교육을 받고 난 후에 활동한다는 이분법적 접근은 구시대적 발상이다. 이제는 양성과 활성이 동시에 추진되어야 한다. 학업이라는 것이 이젠 훗날의 유용성을 고려하는 투자의 개념으로 추구되는 게 아니라 의식주 등과 같이 매일 행하는 일상생활의 일부로 간주되어야 한다. 따라서 학습법이란 학생들에게 성적을 올리기 위한 기법만이 아니다. 공부가 학비 내고 지식을 소비하는 행위가 아니라 그 자체가 생산적인 활동이 되어야 하는 것이다. 공부와 학습에서도 프로슈머처럼 생산자 역할과 소비자 역할을 동시에 수행해야 한다.

만약 학습이 초·중·고와 대학까지 하면 종료되는 것이라면 교사가 옆에 붙어서 학생들이 배워야 할 지식을 가르쳐 줄 수 있겠지만 평생 해야 한다면 학생 스스로 배우는 방법을 터득해야 한다. 학교는 이제 학생들에게 지식을 나눠 주는 지식의 창고가 아니고 교육자는 지식중간도매상이 되어서는 안 된다. 따라서 누군가 교사들이 잘 가르치는 이가 아니라 학생들이 스스로 배울 수 있도록 도와주는 역할을 하는 사람으로 역할 변화가 우선 진행되어야 한다.

평생학습 시대의 교육자는 '경험이 풍부한 학습자'이다. 누군가 교육자들이 '학습장(學習長)'으로 변신할 수 있도록 리드해야 한다. 교육자는 지식전달에 치중하지 않고 학생들에게 '학습의 멘토'가 되어 평생학습자의 구체적인 모델이 되어야 한다. 교사는 학생들의 동일시 대상이 돼야 한다.

2. 정보통신기술의 발달: 지식과 정보의 폭증과 선택 및 집중

21세기 세계화 시대인 오늘날 정보통신기술의 발달로 인하여 교육환경이 크게 변하고 있다. 단선적 의사소통이 다면적 다방향 의사소통으로 시스템이 혁신되고 있다. 일방적이고 순차적이었던 정보신기술은 이젠 쌍방적이며 동시적으로 발전하였다. 책이나 도서실 등 현실의 공간과 매체에서나 존재했던 정보는 이젠 사이버공간에서 더 활기차게 유통되고 있다. 유통되는 방법도 수동적이 아니고 상호작용적이 되었다. 이러한 정보통신기술의 발달은 교육에 큰 변화를 주고 있다.

가령, 교육이 전통적 3S식에서 3A식으로 발전하고 있다. 같은 학생들이 같은 시각에 같은 장소에서 교육을 받는 3S(same people, same time, same place)식 교육을 고집할 이유가 없어졌으며, 이젠 e-learning, 원격 강의, 웹 기반 교육, 온라인 강의, 원격 화상 수업, 사이버 학습 등 교수와 학생이 서로 얼굴을 맞대지 않고 수업을 진행하는 비전통적(3A식: anytime, anywhere, anyone) 교육방법들이 속속 등장하고 있다. 한정된 학생들을 가르칠 수밖에 없는 전통적 강의실 수업과는 달리 거의 무한한 학생들을 상대할 수 있기 때문에 효율성 입장에서 볼 때 무척 매력적인 교육방법이다.

하지만 교원들은 정보통신기술의 발달로 인한 3A식 교육이 교육의 패러다임 자체를 바꿔 놓는다는 결과에 주목해야 한다. 교수자 중심의 지식정보 유통이 학습자 중심으로 이루어질 수 있는 통로가 생긴 셈이다. 문제 중심 학습(PBL), 학생 중심 학습, 학습 중심 교육, 실험적 학습(experiential learning) 등 학생들의 능동적 참여와 토론과 실습이 위주가 된 교육방법들이 용이하게 되었다. 교육자는 현재의 '교수자 중심 교수법'을 좀 더 효과적으로 사용할 수 있도록 내용을 첨삭하는 대신 새로운 교수법 패러다임을 도입할 수 있어야 한다. 누군가 학교 전반에 걸쳐 새 시대의 교육 패러다임이 도입되고 안착되도록 노력해야 한다.

하지만 한국에서는 우수한 학생들일수록 죄다 공무원이나 의사가 되고 싶어 한다는 설문조사 결과가 아직도 유효하다. 학생들이 나중에 성인되어 소위 벌어먹고 살기 쉬운 '사'자 돌림인 의사(醫師), 교사(教師), 목사(牧師), 판사(判事), 검사(檢事), 변호사(辯護士) 등을 선호하고 있다.

그러나 오늘의 '청소년'들이 '공무원'이란 꿈을 스스로 꾸지 않았고 분명 주변의 어른이 그리 유도했을 개연성이 많다. 따라서 한국 교육의 가장 큰 문제는 주입식 교육과 더불어 청소년의 꿈마저도 주입되고 있다는 점이다. 학생들의 꿈을 부모들이 대신 제시한다면 국민행복교육은 요원한 것이다. 그러한 경직된 사고(思考)의 우리 속에서는 꿈과 끼를 절대로 기를 수 없는 것이다.

과거 성인들이 물질적 빈곤 시대에 살았다면, 요즘 학생들은 정신적 빈곤 시대를 살아가고 있는 것이다. 이제는 물질적 빈곤 대신 정신적 빈곤이 더 큰 문제이다. 우리에게 중요한 것은 굶주린 배를 채우는 것이 아니라 굶주린 정신을 채워 주는 것이다. 사고의 빈자리를 채워 줘야 하는 것이다.

이젠 학생들과 자녀들이 하고 싶은 일을 해야 살 수 있는 시대가 되었다. 이젠 좋아하는 일을 해야 오래 버틸 수 있는 저력이 나올 것이며, 계속해서 발전하고 싶은 내적 동기를 얻을 수 있을 것이다.

글로벌 인재는 꿈을 지녔다. 꿈이란 이것저것 이해타산 따진 후 머리로 지지는 것이 아니라 뜨거운 가슴으로 품는 것이다. 그 목적을 이루기 위해서 교원들과 학부모들이 도와주고 학생 자신이 노력해야 한다.

III. 미래사회 한국 교육의 과제

21세기 미래사회인 새로운 시대에는 우리가 여태껏 해오던 것을 조금 더 열심히, 조금 더 많이 한다고 달라지는 게 아니다. 이제는 뭔가 조금 다르게 해야 할 때가 온 것이다.

봉사와 희생과 더불어 새로운 리더십이 요구되는 때이다. 새로운 시대를 맞이하여 교육 리더가 해야 할 일을 요약하면 다음과 같다.

첫째, 교사들이 자신들의 건강을 지킬 수 있도록 리드해야 한다.

둘째, 교사들이 희망을 선택할 수 있도록 리드해야 한다.

셋째, 교사들이 잘 가르치는 이가 아니라 학생들이 스스로 배울 수 있도록 만드는 이로 변신할 수 있도록 리드해야 한다.

넷째, 교사들이 학습안내자로서의 역할에 충실할 수 있도록 리드해야 한다.

다섯째, 학교 전반에 걸쳐 새 시대의 교육 패러다임이 도입되고 안착되도록 리드해야 한다.

여섯째, 학생들을 매몰된 정신적 영양실조로부터 구해 주어야 한다.

일곱째, 학교에서 머리만이 아니라 가슴도 함께 있는 학생들을 기를 수 있도록 리드해야 한다.

이제 우리 교육은 제자리를 찾아가야 한다. 따라서 교육 리더가 되기 위해서 기초·기본으로 되돌아가야 한다. 지금 한국은 시간선택제 교사제 도입, 학교폭력간산점제 도입, 교원능력개발평가제의 안착 등으로 몸살을 앓고 있다. 교육은 기초기본이 아주 중요하다.

한국 교육이 진솔하게 교육의 기본으로 되돌아가야 한다. 교육의 기본은 교육자와 학생, 그리고 그 둘 사이의 소중한 소통과 관계이다. 이 기본이 확실하게 정립된 후에야 나머지 논의들이 의미가 있다.

모름지기 교육자가 희망을 베푸는 교육리더가 되기 위해서 되돌아가야 하는 기본은 교육자는 우리의 모습을 알아야 하고, 가르치는 학생의 모습을 알아야 하며, 교육자는 궁극적으로 소중한 것을 추구해야 한다.

우리는 유능한 교육자의 모습을 알아야 한다. 유능한 교육자는 유능한 교육자의 모습을 정확히, 구체적으로 알기 때문에 그 모습을 모방하고 실천할 수 있어야 한다.

유능한 교육자가 되기 위해 해야 하는 일이 많다. 하지만 우리 모두가 지향하는 미래의 모습 앞에 주눅이 드는 이유는 우리의 본래 모습을 잊었기 때문이다. 우리의 본래 모습이란 우리가 교육자가 되겠노라 처음 결정했을 때의 그 마음을 기억해 내어야 한다. 교육자가 하는 일이 소중한 일이어서, 우리가 학생들의 인생에 중추적 역할자임을 확신해야 한다. 그렇기 때문에 교사들이 가는 걷는 길이 험난해도 힘들어도 행복하게 가야만 한다. 그러나 우리의 미래에 도달하게끔 해 주는 힘은 바로 우리의 본래 모습에서 얻을 수 있다.

도한, 우리는 학생의 미래 모습을 알아야 한다. 글로벌시대가 요구하는 인재의 특성인 전문성, 창의성, 인성을 우리 고유의 가치관인 '천지인'로 풀이한다. 전문성이란 땅(地)같이 단단한 전문적 기반을 뜻하고, 창의성이란 하늘(天)같이 활짝 열린 사고력을 뜻하며, 인성이란 남과 더불어 사는 능력으로 본다. 우리는 이제 '천지인'을 배출해야 한다.

한편, 우리는 모든 학생들이 21세기의 인재가 될 잠재력을 다 지녔음을 알아야 한다. 학생 한 명 한 명은 사실 다들 특성이 있고 나름대로 유일한 존재들이다. 그러나 특출하다고 생각되는 학생들만이 우리 눈에 들어온다. 다양화, 특성화, 자율화가 패러다임인 새 시대에는 누구에게나 희망이 있다. 이건 저자뿐만 아니라 세계 최고 학자들의 최근 연구가 뒷받침하고 있다. 학생들에 대한 믿음을 발견하자면 우선 학생들을 있는 그대로 볼 수 있어야 한다. 우선 교사들은 범재(凡才)에게서 잠재적 가능성을 발견하는 혜안을 가져야 한다.

마지막으로 우리는 소중한 것을 선택해야 한다. 이러한 연구 결과를 주시해야 한다. 유능한 교육자는 학생들에게 많은 시간을 할애한다. 행복한 사람은 급한 것보다 소중한 것에 더 많은 시간을 할애한다. 그렇다면, 유능하고 행복한 교육자가 되는 길은 학생들을 소중하게 여기는 것이다. 교육은 소중한 존재의 만남이다. 만남은 교육의 출발점이다.

우리가 육체적으로 정신적으로 건강하여 희망을 베풀 수 있는 교육 리더가 되기 위해서는 하루빨리 교육의 기본으로 되돌아가야 한다. 전국 각지에서 모든 교원들에 의해서 교육의 제자리 찾기가 실천돼야 한다.

Ⅳ. 21세기 교육의 주춧돌

모름지기 21세기 세계화 시대의 교육은 보다 역동적이고 융·복합적인 교육을 지향할 것이다. 단선적인 사고를 불식하고 통섭적인 사고와 탐구로 보다 진일보한 새로운 교육의 패러다임으로 변모할 것이다.

21세기 세계화 시대에는 교육이 현재의 틀을 벗어나 새로운 도약과 발전의 길로 나아갈 것이다. 즉 이전의 정태적인 전통적 교육에서 탈피하여 알기 위한 학습, 행동하기 위한 학습, 함께 살기 위한 학습, 존재하기 위한 학습 등이 교육의 핵심으로 자리 잡을 것이다.

이와 같은 새로운 교육의 패러다임(paradigm)은 현재 세계적인 교육 트렌드(trend)로 떠오르고 있는 교육의 제자리 찾기(back tothe basic)와 더불어 사는 인성교육 강화와 그 궤(軌)를 같이하는 것이다. 이들 21세기 세계화 시대의 새로운 교육 핵심의 특징을 요약하면 다음과 같다.

첫째, 알기 위한 학습이다. 알기 위한 학습은 이전 교육의 암기식 교육, 주입식 학습, 강의식 교수·학습과는 전혀 다른 것이다. 알기 위한 학습은 삶에 필요한 활성화된 방법적 지식, 절차적 지식을 스스로 터득하게 하는 교육과 학습이다.

둘째, 행동하기 위한 학습이다. 행동하기 위한 학습은 이웃, 사회, 국가, 세계, 인류, 다문화 사회구성원으로서의 바람직한 문제해결력을 기르는 교육이고 학습이다. 즉 탐구력, 문제해결력, 창의력, 비판적 사고력, 의사결정력, 메타인지(meta cognitive) 등을 터득하기 위한 가장 바람직하고 진솔한 교육이다.

셋째, 함께 살기 위한 학습이다. 함께하기 위한 학습은 다른 사람들과 더불어 살기 위한 학습이다. 글로벌 시대 지구촌 사회에서 인종, 민족, 종교, 정치, 이념을 초월하여 함께 어울리고, 더불어 사는 삶에 관한 지혜와 슬기를 가르치고 배우는 교육과 학습을 의미한다.

넷째, 존재하기 위한 학습이다. 존재하기 위한 학습은 현재보다 좀 더 나은 삶, 보람 있는 자기만족에 관한 학습이다. 즉 교육과 학습에 대한 자기만족, 자아실현, 바람직한 인격형성을 도와주는 교육과 학습이다.

Ⅴ. 스마트 교육, 스마트 학교의 비전

21세기 세계화 시대에는 스마트(smart) 교육과 스마트 학교가 필연적으로 이루어져야 한다. 아울러 융·복합교육, 통섭교육이 활성화돼야 한다.

그리고 스팀(STEAM)교육이 학교현장에서 철저하게 이루어져야 한다. 즉 과학(science), 기술(technology), 공학(engineering), 예술(arts), 수학(mathmatics) 등이 상호 융합적으로 연계된 교육을 지향하여야 행복한 학교, 미래 지향적인 교육이 이루어질 것이다.

일반적으로 스마트 교육, 스마트 학교를 이루기 위해서는 다음과 같은 교육을 지향하여야 한다.

첫째, 학생들이 성공하는 학교를 지향해야 한다. 학생들이 모두 성공학교 학교는 본질 교육이 철저히 이루어지는 학교이다. 그리고 각 학교급에서 이루어지는 교육이 기초·기본교육이 맞춤형으로 이루어지는 학교이다.

모든 학생들이 성공하는 학교를 지향하기 위해서는 교육대통령을 자처하며 2013년 야심차게 출범한 박근혜 정부가 천명한 꿈과 끼를 살리는 교육이 본질적으로 이루어지는 교육이다.

둘째, 교육과정을 특성화하는 학교를 지향하여야 한다. 교육과정을 특성화하기 위해서는 단위 학교마다의 특화된 프로그램이 활성화되어야 한다. 각급 학교의 지역과 여건에 적합한 교육의 바탕 위에서 교육 수요자의 만족도를 제고하는 교육을 지향해야 한다.

셋째, 교육공동체가 함께하는 학교를 지향해야 한다. 교육공동체, 학교공동체는 학생, 학부모, 교직원, 지역인사, 동문, 학교운영위원, 교육행정기관 관계자 등이다. 학교는 이들이 만족하는 교육을 두루 수행해야 한다. 특히 지역사회의 인적 자원, 물적 자원의 활용과 연대 교류가 유기적으로 이루어져야 한다.

넷째, 미래사회의 핵심역량 함양을 강조해야 한다. 미래사회의 핵심역량을 키우는 교육은 2009 개정 교육과정의 핵심 요소인 핵심역량 강화와 밀접하게 연관된다. 핵심역량은 미래사회를 바람직하게 살아갈 수 있는 능력과 자질을 의미한다.

학생 각자에게 적합한 핵심역량을 교육하기 위해서는 적성 검사, 심리 검사, 다중 지능 검사 등을 토대로 맞춤형 진로지도, 직업지도, 정신 건강 지도 등이 함께 이루어져야 한다.

VI. 맺고 나오는 글

교육은 사회를 이끄는 등불이라고 한다. 교육은 시대흐름을 정확히 읽어야 한다. 일찍이 미래 경영학자인 피터 드러커는 사회적 변화가 교육에 근본적인 혁신을 강요하고 있다고 하였다.

21세기 세계화 시대에는 스마트(smart) 교육과 스마트 학교가 필연적으로 이루어져야 한다. 아울러 융·복합교육, 통섭교육이 활성화돼야 한다.

그리고 스팀(STEAM)교육이 학교현장에서 철저하게 이루어져야 한다. 즉 과학(science), 기술(technology), 공학(engineering), 예술(arts), 수학(mathmatics) 등이 상호 융합적으로 연계된 교육을 지향하여야 행복한 학교, 미래 지향적인 교육이 이루어질 것이다.

21세기 세계화 시대에는 교육이 현재의 틀을 벗어나 새로운 도약과 발전의 길로 나아갈 것이다. 즉 이전의 정태적인 전통적 교육에서 탈피하여 알기 위한 학습, 행동하기 위한 학습, 함께 살기 위한 학습, 존재하기 위한 학습 등이 교육의 핵심으로 자리 잡을 것이다.

이와 같은 새로운 교육의 패러다임(paradigm)은 현재 세계적인 교육 트렌드(trend)로 떠오르고 있는 교육의 제자리 찾기(back tothe basic)와 더불어 사는 인성교육 강화와 그 궤(軌)를 같이하는 것이다.

오늘날 우리가 함께 사는 세상은 세계화 시대이자 지식정보화 사회이다. 지식과 정보의 홍수 속에서 시시각각 인적·물적 변동이 급격하게 이루어지는 사회이다. 인간의 고정된 사고와 관행적 생활 패턴에서 탈피하여 탄력적이고 역동적인 변화와 혁신을 바탕으로 하는 사회인 것이다. 전 지구촌이 일일생활권으로 유기적으로 연대되어 소통하는 사회이다.

세계화 시대의 화두는 스마트 사회(smart society), 스마트 교육이다. 미래사회의 학교는 단순히 지식과 정보를 가르치고 배우는 체제가 아니다. 미래의 교육에서는 '어미 제비가 먹이를 물고 와 새끼 제비의 입에 넣어주는 식'의 진부한 교육의 틀이 사라질 것이다.

많은 미래학자들은 미래의 교육은 비면대면 교육이 크게 증가하고, 학교는 가정, 지역사회 등과 연계하여 네트워킹으로 자율 학습, 삶에 관한 교육, 공동체 교육, 다문화 교육, 예술·체험활동 등 학생들의 심성·품성을 기르는 교육이 강화될 것으로 예측하고 있다.

토플러(A. Toffler)의 『제3의 물결』, 벨(D. Bell)의 『산업화 이후의 사회』, 드러커(P. Drucker)의 『지식사회』 등은 공통적으로 과거의 틀을 과감히 깨는 데서 새로운 미래사회, 미래교육을 조망하고 있다.

제5장 교육의 새 패러다임인 유비쿼터스(ubiquitous) 교육의 이해

Ⅰ. 들어가는 글

미래학자들은 세계화 시대인 미래사회는 정보화가 더욱 진전되어 유비쿼터스(ubiquitous) 사회가 될 것이라고 예견하고 있다. '유비쿼터스'는 2000년 이후 IT 분야에서 가장 각광받는 용어이기도 하며, 라틴어로 '언제 어디서나 있는'을 뜻하는 말로 사용자가 컴퓨터나 네트워크를 의식하지 않는 상태에서 장소에 구애받지 않고 자유롭게 네트워크에 접속할 수 있는 환경을 의미한다.

유비쿼터스의 개념은 인간이 살아가고 있는 실제 세계의 일상 환경과 사물들의 도처에 마이크로프로세서가 내장되고 있으며 서로 정보 교환을 할 수 있는 작은 컴퓨터가 보이지 않게 비치되어 있고, 이러한 컴퓨터들과 공간, 인간, 정보가 하나로 통합되어 자율적으로 인간의 작업 능력과 지식의 공유를 개선해 주는 컴퓨팅/정보 환경을 말하는 것이다. 그야 말로 컴퓨터 기술이 일상생활 속에 녹아 들어가 있는 것을 말한다.

Ⅱ. 유비쿼터스 환경의 사회

미래사회의 유비쿼터스는 단순히 컴퓨팅 환경을 개선하는 것에만 그치는 것이 아니라 인류의 사회 문화까지 송두리째 바꿔 놓을 것으로 예상된다.

가령, 각 개인이 자신의 신체조건에 관한 정보를 담은 휴대기기나 ID카드를 소지하면 컴퓨터가 이를 인지해 최적의 정보와 환경을 제공하기 때문에 노약자, 장애인, 환자 등 신체적 약자들도 큰 불편 없이 사회생활을 영위할 수 있게 된다는 것이다.

이미 유비쿼터스 혁명은 시작되었다. 한국의 교육 분야에서도 유비쿼터스 환경은 이미 전자칠판, 전자책(e-book), PDA, 위성수신기 등 첨단기기를 활용해 세계 정보의 중심으로 거듭나고 있으며, 가까운 미래에 사이버 교육에서 한 걸음 더 나아가 모든 장소와 사물이 교실이자 학습교재가 될 것이다.

유비쿼터스의 핵심 기술은 인간의 삶의 질을 높일 것이라고 학자들은 예측하고 있으며, 우리는 이제 다양한 디바이스와 네트워크 및 서비스의 컨버전스를 통한 유비쿼터스의 시

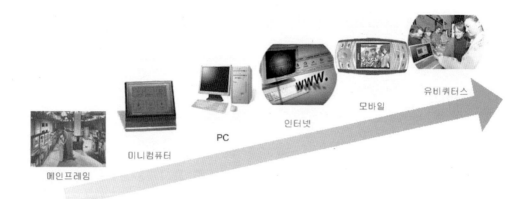

[그림 Ⅳ-6-1] 컴퓨팅 환경의 변화

대를 맞이할 준비를 해야 할 것이다. 이러한 미래의 준비가 바로 우리 교육이 나아갈 길이며, 이것이 바로 인류의 발전과 번영을 가져오게 될 것이다.

Ⅲ. e-러닝과 u-러닝의 이해

교단선진화라는 이름으로 시작한 우리 교육현장에 지난 10여 년간의 짧은 시간 동안 ICT 활용교육, e-러닝, 원격교육, u-러닝 등 수많은 정보화 교육에 대한 여러 용어들이 나타났다.

1. e-러닝의 이해

가. e-러닝의 개념: 네트워크 기반 통합적 상호작용 체제

e-러닝이란 네트워크 기반을 통해 교육이 제공되고, 상호작용이 일어나며 또한 교육 및 상호작용을 촉진하는 모든 형태의 교육을 지칭한 용어이다.

광의의 e-러닝은 전자적 수단, 정보통신 및 전파 방송기술을 활용하여 이루어지는 학습을 의미하며, 협의의 e-러닝은 인터넷 기반으로 학습자 상호작용을 극대화하면서 분산형의 열린 학습공간을 추구하는 교육을 의미한다. e-learning에서 '러닝(learning)'이란 학습자가 교사가 제시하는 정보를 받아들이는 수동적인 학습보다는 자기 주도적인 능동적인 학습을 의미한다.

나. 교육 패러다임의 변화: 학생 중심 개방적 상호작용 지향

〈표 Ⅳ-6-1〉 교육 패러다임의 변화

구분	기존의 교육 패러다임	e-러닝에서의 교육 패러다임
비전	학생에게 지식의 전달	교사와 학생의 상호작용
인식론	실증주의: 기술적 합리성	인식론적 다원론: 인간주의적 합리성
교육 체제	주어진 시간과 장소 기반 -형식교육기관 기반 -교육기회 접근의 제약	시간과 장소의 제약 탈피 -형식, 비형식교육 존중 -교육기회 접근의 장애 제거
교육 목적	이미 결정된 목표 달성	대화, 탐구, 개발에 의한 변화 강조
교육 방법	폐쇄적, 일방적, 면대면 교육 교육방법의 다양성 부족 및 교수 자료 제한	개방적, 상호작용적 다양한 학습 및 정보자원
학습 자관	우등생, 열등생 존재 수동적, 일방적 전달학습	다양한 기준으로 학생 개별 특성 인정 능동적, 자율적 독립학습, 자기 주도적 학습

2. e-러닝과 유사개념 간의 비교

가. ICT 활용교육: 정보와 기술의 유연한 연대(통신) 교육

ICT(Information Communication Technology) 활용교육은 개인의 소양능력을 바탕으로 학습 및 일상생활의 문제해결에 정보통신기술을 적극적으로 활용할 수 있도록 하는 교육을 말한다.

e-러닝 학습과의 차이를 비교해 보면, ICT 활용교육은 교육과 정보통신기술의 물리적 결합을 의미하는 교육정보화의 초기적 관점인 반면, e-러닝은 인터넷 중심의 정보통신기술 환경에서 학습자 중심의 교육 패러다임을 강조하는 관점으로 구분된다.

나. 원격교육: 가상 공간과 다양한 매체 활용 교육

원격교육은 교사와 학생이 물리적·시간적으로 분리되어 이루어지는 교육으로, e-러닝 학습과의 차이점으로는 원격교육은 거리감을 극복하기 위하여 전자매체뿐만 아니라 인쇄물, 라디오, TV 등의 전통적인 매체의 활용을 포함하는 형태이다.

반면에 e-러닝은 네트워크를 통해 이루어지는 모든 교육이 포함되는데, 여기엔 분산학습 (distribute learning), 원격학습(통신교육을 제외한), CBT, WBT를 모두 포함한 개념이다. 또한 동기적, 비동기적, 교수자 주도(instructor-led) 학습, 컴퓨터 주도(computer-led) 학습 또는 이 둘의 혼합 등 모든 개념이 포함될 수 있다.

다. 웹기반 교육, 온라인 교육, 사이버 교육 등과의 관계: 학습자 중심 교육

웹기반 교육, 온라인교육, 사이버교육 등 e-러닝과 관련하여 다양한 용어가 쓰이고 있으나, 이들 모두 인터넷 환경에서의 학습자 중심의 교육을 지향한다는 의미에서 개념상 큰 차이는 없으며 점차 e-러닝으로 통합되는 추세이다.

[그림 Ⅳ-6-2] e-러닝과 유사개념 간의 관계

3. u-러닝의 이해

가. u-러닝의 개념

u-러닝(u-learning)은 개방적 학습자원을 학습자의 필요에 따른 선택에 의해 활용하는 통합적 학습체제를 의미한다. 이와 같은 학습체제에 대해서 교육부는 언제, 어디서, 누구나, 편리한 방식으로 원하는 학습을 할 수 있는 이상적인 학습체제, 즉 에듀토피아(education utopia)로 정의하고 있다.

u-러닝에 대해 무선 인터넷과 초고속 인터넷을 이용해 PDA 단말기나 노트북상에서 교육을 받거나 실시간으로 자료를 검색, 다운로드받을 수 있는 교육 서비스로 일부 정의하기도 하나 이는 매우 협소한 개념이다. u-러닝은 특정한 단말기나 매체를 의미하는 것이 아니라 새로운 기술적 환경에 적합한 학습 메커니즘을 의미한다.

나. u-러닝의 특징

u-러닝의 주요 특징은 다음과 같다.

첫째, 학생들에게 언제 어디에서나 내용에 상관없이 어떤 단말기로도 학습할 수 있는 교육환경을 조성해 줌으로써, 보다 창의적이고도 다양한 학습자 중심의 교육과정을 실현하는 것이 목표이다.

둘째, 유비쿼터스 교육환경은 획일적이거나 강제적이지 않다. 학생들은 각자의 개별화된 욕구에 따라 학습한다.

셋째, 학습자가 사용하는 컴퓨터는 책상에 고정되어 있지 않다. 인터페이스나 휴대도 편리하다.

넷째, 학습공단도 학교와 교실에 제한되지 않는다. 모든 실제 세계의 공간이 학습공간이된다.

〈표 Ⅳ-6-2〉 전통적 교육체제와 유비쿼터스 학습체제 비교

구분	전통적 교육체제	유비쿼터스 학습체제
범위	초등교육부터 고등교육까지 형식적 학교교육	전 생애에 걸친 학습(학교, 직장, 퇴직 후)
내용	·지식 내용의 습득과 반복 ·교육과정 중심형	·지식의 창조, 습득, 활용 ·다양한 지식 원천 ·학습자의 학습 선택권 강화 ·핵심 능력 중심
전달체제	·학습방식과 모델이 제한적 ·공식적 교육기관 ·획일적 중앙 통제형 관리 ·공급자 주도형	·학습방식, 상황, 모델의 다양화 ·정보통신기술 기반형 학습 지원체제 ·유연한 분권적 관리 ·학습자 주도형

Ⅳ. 학교교육에서의 U-러닝

교육 분야도 아날로그 환경하에서 더디게 반응해 왔던 과거와 달리 최근 조금은 걱정스러울 정도로 첨단 정보통신 기술에 발 빠르게 적응하면서 e-러닝, t-러닝, m-러닝, u-러닝 등의 새로운 신조어들이 생겨나고 있다. 이에 진정 살아 있는 e-러닝의 최종 모습이라고 불리고 있는 u-러닝 시대의 교육방법에 대하여 숙고해 보아야 한다.

1. 유비쿼터스 환경과 교육의 변화

유비쿼터스 컴퓨팅 환경의 비약적인 발전은 지식, 지혜, 감성, 노하우 등이 공유하여 창조될 수 있는 미래교육의 장 구현에 있다. u-러닝은 e-러닝이 진화하여 m-러닝, t-러닝을 거쳐 태동한다. 현재 수준의 e-러닝은 앞으로 다가올 유비쿼터스 시대 지식 기반학습의 시작단계라 할 수 있다.

u-러닝 시대 교육의 변화 모습은 다음과 같다.

첫째, 교육장소의 변화이다. 지리적으로 고정된 강의실에서 제한받지 않고 언제 어디든지 교육을 받을 수 있다. 시·공간적인 제약 없이 동시에 개인의 환경에 맞춘 최적의 교육을 제공한다.

둘째, 교육 및 학습방법의 변화이다. 실시간에 현장감 높은 강의를 대화형으로 수강할 수 있으며, 교육에 이용되는 대량의 그래프, 데이터, 영상교재 등을 실시간으로 분배하고, 다양한 네트워크를 통해 여러 종류의 통신기기로 송·수신이 가능하다.

셋째, 학습 선택권의 확대와 다양한 학습자원의 활용이다. 교육과정의 자유로운 선택과 개인의 능력과 진도에 따른 학습이 가능하다. 강의실 밖에서 각자의 모바일 기기를 이용하여 자유롭게 이동하면서 실시간으로 영상이나 정보를 교환하여 협동학습을 진행할 수 있으며, 센싱기술, 인공구조물, 실시간 3D 등을 이용한 창의적인 공동연구가 가능하다.

넷째, 교육의 내용과 지식전달체계가 획기적으로 전환된다. 다양한 지식원천과 학습자의 학습 선택권 강화는 고정된 교육과정 중심의 현 교육체계를 뛰어넘는 교육 다변화를 유도한다. 유비쿼터스 기반 학습 지원체제를 통해 학습방식과 학습모델이 다양화되며, 분산학습에 대한 유연한 관리가 가능하게 됨으로써 학습의 설계·접근·운용이 획기적으로 전환된다.

다섯째, 다양한 형태의 학습공동체 출현이다. 네트워크, 통신기기의 다양화 및 누구나 어디서나 참여 가능한 효율적인 커뮤니케이션 환경의 창출을 통해 다양하고 전문적인 학습공동체 네트워크의 형성이 급속도로 촉진될 전망이다.

2. 유비쿼터스와 교육현장의 만남

유비쿼터스의 기술을 교육현장의 변화와 중심의 공간에 접속시켜 학생 및 교사뿐만 아니라 사회적인 부가 서비스를 창출시킬 수 있다. 유비쿼터스의 창시자인 마크 와이저(Mark Weiser)는 교육의 현장이 유비쿼터스 컴퓨팅의 최적지임을 기술하고 있다.

유비쿼터스의 도입은 단순한 정보기술의 도입이 아니라 교사, 학생의 의식 및 생활을 포함한 총체적인 변화가 수반되어야 하는 교육현장의 패러다임의 변화이다. 유비쿼터스 도입에 따른 성공적인 변화 모습은 다음과 같다.

가. 교사의 성공적인 변화

수업 및 일상 행정 업무 중심, 학생지도 및 연구에 시·공간적 제약, 멀티미디어 강의 시 기기의 조작에 시간할애 등에서 u-러닝의 지원으로 연구경쟁력 강화에 주력하고, 원격 지 협력연구를 통한 글로벌 연구 마인드가 함양되며, 조작이 필요 없을 정도의 자동화로 수업에 집중할 수 있다. 원격 수업을 위해 멀티미디어 강의실의 컴퓨터 및 장치를 세팅하 거나 기기운용 보조원의 지원을 받지 않아도 된다. 마치 일상생활의 일부와 같은 보이지도 않고 어렵지도 않은 컴퓨팅 환경을 제공한다. 교사들은 수업 및 원격회의가 가능한 환경을 제공받는다. 교육현장의 모든 구성원이 교수·학습·연구에만 전념할 수 있다.

나. 학생의 성공적인 변화

정해진 교육과정에 따른 수동적인 학습자, 스스로 취업 및 진학진로를 준비, 수업준비에 따른 실제 학습시간 감소 등에서 다양한 교육과정의 선택을 통한 능동적인 학습이 가능하 고, 언제 어디서나 수업에 참석할 수 있는 환경 구현 등으로 변화될 것이다. 교정의 구석구 석에 설치된 주요 시설에서 학습 및 학교생활에 필요한 정보를 이용하며, 개인용 초소형 모바일 기기를 통해 양방향으로 모든 정보를 처리할 수 있다. 학생증을 이용한 각종 비용 지불, 매일 식단분석을 통한 개별화된 다이어트 메뉴의 제공, 영양상태 체크 등의 부가적인 서비스를 제공받을 수 있다.

다. 학교의 성공적인 변화

교육이 서비스라는 마인드 부족, 모바일 교육현장 구축, 개인별 학습자 관리 부재에 서 학습자들의 만족도 제고를 위해 유비쿼터스의 기술을 도입하여, u-교육체계 구축, RFID(Remote Frequency Identification) 기술을 이용한 효율적인 학습 및 학생관리가 가능하 게 된다. 타 학교 및 해외 학교 간 원격수업 및 협력 학습을 할 수 있으며, 일반 교실 또는 지정된 원격협동학습실 등을 이용하여 학습자들의 협동을 통해 스스로 문제를 해결해 나 갈 수 있는 학습법을 제공한다. 교사들 간 지역적으로 흩어져 있는 공동 연구과제 진행 시, 디지털 작업대, 가상현실 등을 이용한 원격 공동 연구가 가능한 환경이 제공된다.

V. 맺고 나오는 글

미래교육에서의 유비쿼터스 컴퓨팅 환경은 궁극적으로 언제 어디서나 자연스러운 컴퓨팅 구현을 목표로 이동성과 내재성이 모두 발달되는 형태로 진화될 것이다. 유비쿼터스 환경이 교육에 적용되면서 원격교육, e-러닝에 이어 학습 대혁명이 예상되고 있다. 아니 이미 물리적 공간과 사이버 공간을 뛰어넘어 생활 속에서 언제 어디서나 학습자 수준에 맞는 맞춤형 학습을 할 수 있는 u-러닝이 점차 현실로 다가오고 있다.

미국을 시작으로 세계 선진국들은 이미 유비쿼터스 기술을 교육에 적용시키는 연구들을 시작해 왔고, 또한 주목할 만한 성과를 내고 있다. 미국 MIT 비니어 연구소의 생각하는 사물, UCLA 대학의 스마트 유치원 프로젝트, EU의 유비캠퍼스 등이 대표적인 예다.

e-러닝이 가장 큰 장점으로 내세웠던 것이 바로 언제 어디서나라는 개념으로 시간과 공간의 장벽을 넘어설 수 있다는 것이었다. 하지만 아직 물리적 공간 기반의 e-러닝은 항시 인터넷과 연결된 컴퓨터를 통해서 '언제, 어디서나'라는 물리적 제한을 넘어서지 못했다. 또한 e-러닝을 통해 학습을 할 경우에는 학습자가 얼마나 컴퓨터를 잘 다룰 줄 아느냐에 따라서도 학습효과에 많은 영향을 주기도 한다. 하지만 이는 진정한 학습활동에는 바람직하지 않은 장해요인이다. 따라서 u-러닝은 학습자가 오로지 학습에만 몰두할 수 있도록 학습에 방해되는 모든 요소를 제거하고 정보기술을 통해 학습자 개개인에 맞는 최적의 학습환경을 제공해 주는 새로운 학습패러다임인 것이다.

지금까지는 교육을 받기 위해서 학습자가 직접 학습장소에 찾아가서 그 학습환경에 적응해야만 했으나, u-러닝은 지능화된 환경을 통해 학습환경이 각 개개인의 학습자 특성에 맞게 구성된다는 점에서 기존의 교육 패러다임과 매우 큰 차이가 있다. 미래의 학습자들은 주변 생활 속에서 물리적·시간적 제약 없이 원하는 교육내용, 교육방법에 의해 학습을 하고, 이를 바로 생활 속에서 적용할 수 있게 될 것이다.

현대 사회는 지식정보 사회이다. 지식과 정보가 폭증하고 인적·물적 네트워킹이 활발하게 진행되는 시대이고 사회인 것이다. 세계화 시대 지식정보화 사회에서는 e-learning 등 비면대면 가상 공간 교육이 활성화될 것이다. 이와 같은 e-learning은 시간과 공간의 제약을 전혀 받지 않는 ubiquitous 교육으로 발달할 것이다. 교수자의 학습자가 비면대면인 상태에서 언제 어디서나 자유롭게 학습할 수 있는 열린 시대, 열린 교육 시대가 도래하고 있는 것이다.

제6장 미래사회에 적응하는 바람직한 학교문화와 학교풍토 고찰

Ⅰ. 들어가는 글

일반적으로 문화와 풍토는 조직이 갖고 있는 생활양식이고 환경과 여건의 총합이다. 한 조직의 문화와 풍토는 그 조직의 성과 과업 수행과 미래 비전을 완수하고 달성하는 데 아주 중요한 역할을 한다. 또 조직의 문화와 풍토는 그 조직의 건전한 발전과 성장의 바탕이 되는 중요한 기제이다.

조직문화·풍토는 조직의 특성(characteristic)을 말하며, 사람에게 있어서의 개성(personality)에 해당한다는 점에서는 대체로 공감하면서도 구체적인 정의는 합의된 것이 없으며, 환경(milieu), 분위기(atmosphere), 느낌(feel), 색조(tone), 문화(culture), 풍토(climate) 등이 있다.

한 조직의 문화·풍토는 그 조직구성원들의 사고방식과 행동에 커다란 영향을 미치며, 결과적으로 조직건강과 조직효과에도 크게 영향을 미친다.

흔히 조직풍토는 조직원들이 지각하는 심리적 환경이고, 조직문화는 조직원들의 행동으로 표출되는 생활양식이라고 구분한다. 조직풍토는 조직원들의 생각이나 느낌 등의 사회심리학적(psychosocial) 현상을 중심으로 하는 정적·인지적인 개념이고, 조직문화는 조직원들의 행위로 드러나는 인류학적이고, 동적·창조적인 개념이다. 따라서 조직문화가 조직풍토보다는 더 강력한 영향력이 있다.

조직의 문화와 풍토는 조직구성원들의 지각반응을 조사함으로써 그들의 의식상태와 느낌, 생각 등을 파악해야 한다. 반면에 조직문화를 이해하려면 조직에서 행해지는 각종 의식이나 생활, 전통, 가치, 규범 등을 조사하고 분석해야 한다. 조직풍토나 조직문화를 올바르게 이해하기 위해서는 그 조직 속에서 조직원들과 함께 어울려 생활하고 체험을 통해서 분위기를 느껴 보는 것이 중요하다.

조직문화·풍토를 이해하는 데 행동과학적 접근에서는 조직을 객관적이고 과학적으로 분석하고 정리하여 일반적 이론을 도출하는 데 초점을 두고 거시적 안목에서 접근하는 방법이며, 문화인류학적 접근에서는 조직마다의 특성을 인정하고, 특저조직의 현상을 있는 그대로 분석함으로써 해당조직의 특수성을 파악하고자 하는 미시적 접근방법이다. 조직문화는 조직풍토보다는 거시적 개념이며 상위개념이다.

학교도 다른 조직과 마찬가지이다. 건전한 조직문화와 풍토를 가진 학교는 발전과 성장을 하지만, 그렇지 못한 학교는 조직적 발전에 장애를 겪게 된다. 사실 학교공동체, 교육공동체 구성원들이 좋은 학교에 근무한다는 자부심과 긍지는 그 학교문화에서 오는 것이며, 그러한 자부심과 긍지가 공부를 잘 가르쳐서 전통을 이어 가야겠다는 조직풍토로 이어진다. 따라서 학교공동체, 교육공동체 구성원들이 건전한 발전과 성장을 이룩하기 위해서 함께 노력해야 하는 것이다.

Ⅱ. 조직문화와 풍토의 개관

1. 조직문화·풍토의 개념

문화가 풍토보다 포괄적인 개념이다. 일반적으로 문화는 인류학적 개념이며, 풍토는 심리학적 개념이라고 설명하고 있다.

조직문화는 조직구성원이 공통으로 갖고 있는 가치, 규범, 가정을 말하며, 조직풍토는 조직구성원이 공통으로 갖고 있는 지각을 의미한다. 그러나 조직문화와 풍토는 함께 묶어서 조직의 특성을 나타내는 개념으로 보편화되고 있다. 즉 조직문화·풍토는 한 조직이 다른 조직과 다른 특성들을 정리하여 기술한 것이다. 즉 학교의 문화·풍토는 기업체의 그것과 다르며, 같은 학교라도 도시학교의 문화·풍토와 농어촌학교의 문화·풍토는 다르다.

조직문화나 풍토조성에서는 시간이 필요하지만, 늘 주변 환경의 변화에 따라서 변화를 진행하는 가변성을 지니고 있다. 한 조직 속에서도 서로 일치된 신념이나 가치체계 또는 규범이나 표준을 도출하기 어려우며 하위 문화권을 형성하게 된다. 학교의 경우 학교문화의 하위문화로써 교사문화, 학급문화, 학생문화가 각각 따로 존재할 수 있다. 조직문화·풍토에 영향을 미치는 요인에는 신념체계, 가치체계, 규범과 표준, 행동양식 등을 들 수 있다.

가. 신념체계(belief system)

조직문화를 형성하는 가장 심층적이고 내면적인 수준의 신념체계는 인간에 대한 신념, 진리에 대한 신념, 지향에 대한 신념 등 추상적인 묵시적 가정(tacit assumptions)을 바탕으로 한다. 즉 '인간의 본질은 선하다고 생각하는가, 아니면 악하다고 생각하는가'에 대한 기본 가정에서부터 '진리란 과연 존재하는가' 또는 '궁극적으로 진리한 절대불변인가'에 대한 공통적인 생각을 조직원들이 은연중에 공유할 때 동질문화를 형성할 수 있다.

나. 가치체계(value system)

조직이 어떤 가치관, 즉 무엇을 바람직한 것 또는 좋은 것이라고 생각하고 있느냐에 따라서 서로 다른 문화를 형성하게 된다. 이는 조직이 어떤 가치를 존중하는지, 어떤 방식으로 조직을 운영하고 의사결정을 하는지, 또 관리체제 등에 따라 가치체계가 결정된다.

다. 규범과 표준(norma and standards)

규범과 표준은 조직에서 조직구성원들이 지켜야 할 수칙이 명문화된 것 이외에도 불문율로 지켜지고 있는 것들이다. 조직구성원들 사이에는 해야 할 것과 하지 말아야 할 것들이 분명히 인식되고 있으며, 지켜지고 있다. 예를 들면, '우리 학교에서는 교내에서 만나는 모든 사람들과 인사를 한다'든가 '동료들 간에 서로 일을 도와주어야 한다'든가 '학생은 교사의 생활지도에 절대적으로 복종해야 한다' 등은 규범에 속한다. 이처럼 규범이 조직구성원들이 지켜야 할 사항을 나타낸 것이라면 그러한 규범을 잘 지키거나 그렇지 못할 경우 어떤 상과 벌을 내릴 것인가를 정한 것이 표준이다. 이러한 규범과 표준은 당연히 조직구성원들의 행동양식에 직접적으로 영향을 미친다.

라. 행동양식(patterns of behaviour)

행동양식(patterns of behaviour)이란 조직구성원들이 실제적으로 나타내는 행동 스타일이나 의식적 또는 무의식적으로 표출되는 행동의 모습을 말한다. 예를 들어 '학생들이 교사나 학생에서 어른을 만나면 공손하게 인사를 한다든가, 힘든 일을 하는 동료를 보면 자진해서 도와주는 모습' 등이다.

신념체계는 가치체계에, 가치체계는 규범과 표준에, 그리고 규범과 표준은 행동양식에 각각 영향을 미친다.

문화 형성에는 시간이 필요하며, 조직원들 간에 규범과 가치, 신념, 행도 양식 등에 있어서 일치를 이루기 어려우면 하위 문화권을 형성하게 된다. 학교조직의 경우 흔히 성인이 교직원 집단과 미성년자인 학생집단이 서로 다른 특성을 지님으로써 각각 다른 문화를 형성한다.

조직문화와 풍토를 한데 묶어 '조직문화·특성'이라고 표현하는 것은 조직문화와 조직풍토가 결국 조직의 특성을 나타내는 것이고 조직원들의 조직행위에 영향을 미침으로써 결과적으로 조직효과에 커다란 변수로 작용하기 때문이다. 강력한 조직문화·풍토는 특정 조직구성원들의 생활방식이며, 조직목표 달성을 이끄는 강력한 힘을 갖고 있기 때문에 중요한 것이다.

2. 조직문화·풍토의 측정

조직문화·풍토를 측정하는 것은 그 조직의 문화나 풍토를 이해하는 데 필요하다. 학교조직은 학교의 리더에 의해 많은 영향을 받는다.

특정 학교가 지닌 가치는 학교문화의 매우 중요한 요소이다. 학교가 지닌 가치는 학교의 사명과 목적에 직접적인 관련을 맺게 된다.

가. 조직풍토의 측정

조직풍토는 조직의 환경을 나타내는 것으로 조직의 내외적인 환경의 영향을 많이 받는다. 조직풍토 결정에 중요한 역할을 하는 요소에는 조직의 규모와 형태, 리더십의 형태, 의사소통망, 목표 지향성, 의사결정 과정 등을 들 수 있다.

한편, 학교조직의 풍토를 측정하기 위해서는 학구의 사회·경제적 지위, 학교의 위치, 교사들의 보수체계, 학교의 물리적 시설, 교장 및 교사들의 인종, 출신성향, 인지적 특성, 학생들의 질, 지방자치단체의 교육 및 행정 정책, 학부모들의 학교에 대한 태도, 교장과 교사들 간의 사회적 상호작용 요소 등이 고려되어야 한다.

나. 조직문화의 측정

문화는 조직을 얽어매는 조직구성원들이 공유하는 철학, 이념, 가치, 가정, 신념, 기대, 태도, 규범이다. 문화를 이해하고 측정하는 방법으로 널리 활용되고 있는 것이 인류학적 접근으로 그 문화권 속에 들어가서 직접 생활을 관찰하고, 면접하고, 기록이나 역사나 풍습, 전통을 수집하여 분석하는 것들이 주요 내용이다.

학교의 조직문화를 측정하기 위한 핵심적이 요소는 규범(norms)과 묵시적 가정(tacit assumption)이다. 규범이란 조직원들이 해야 할 바에 대한 행동수칙으로 통용되는 것이다. 규범은 한 조직 속에서 생활하면서 자연스럽게 터득하게 되며, 조직원으로 인정받고 조직원으로 살아남으려면 반드시 익혀야 한다. 묵시적 가정이란 규범이나 기타 조직문화를 형성하는 기초가 되는 신념이다. 가정은 조직원들이 공유하는 신념체계를 통해서 그 조직 내에서 통용되는 옳고 그름에 대한 판단기준, 합리적인 것과 불합리한 것에 대한 판단기준, 가능한 것과 불가능한 것에 대한 판단기준으로 작용한다. 가정은 시간이 지남에 따라 마침내 구성원들의 의식으로 스며들게 된다. 규범이나 가정은 비공식적이고, 불문율이지만 강력한 영향력을 행사한다. 문화는 학습되는 것이다. 문화의 힘은 그것이 일련의 무의식이며, 실험을 거치지 않은 채 수용되는 가정이라는 데 있다.

조직문화를 측정하기 위해서는 흔히 문화인류학적 방법이 채택된다. 이는 조직 속에서 구성원들과 함께 생활하면서 그들의 행동과 습관, 의식과 전통 등을 세밀하게 관찰하고, 기록하고, 그 결과를 분석하는 과정을 거친다.

조직문화를 계량적으로 측정하는 일은 결코 쉽지 않다. 최근에는 조직문화를 분석하기 위하여 조직의 신념체계 또는 묵시적 가정을 살피고 가치체계와 규범체계를 분석하려는 움직임이 일고 있다.

1) 조직의 묵시적 가정을 알아보기 위한 범주

① 조직원들 상호 간의 관계는 본질적으로 위계를 바탕으로 하는가, 아니면 집단 중심인가? 개인에 초점을 두는가?

② 인간을 선천적으로 선하다고 보는가, 악하다고 보는가 아니면 선하지도 악하지도 않다고 보는가?

③ 진리란 외적 권위에 의해 드러나는 것인가, 아니면 개인적인 관찰과 검증과정을 거쳐 형상되는 것인가?

④ 인간은 환경을 지배할 수 있다고 보는가, 아니면 인간이 환경의 지배를 받는 것인가 또는 환경과 조화를 이루어야 하는가?

⑤ 조직구성원들은 똑같은 기준에 의해 평가되어야 하는가, 아니면 특정인은 특별대우를 받아야 하는가?

2) 조직의 규범과 표준을 파악하기 위한 방법

① 규범과 표준은 조직원들에게 자주 표출되는 언어와 행동을 관찰하거나 수집함으로써 비교적 쉽게 파악할 수 있다.

② 신규 임용되었거나 새로 전입한 조직원들에게 빠르게 인지되고 전달되므로 그들을 통해 알아본다.

3) 외형적으로 드러난 상징이나 행동을 통한 조직문화의 인지

① 조직의 역사, 조직에 대한 상징적 신화나 이야기, 조직의 의식 등을 조사하거나 관찰하는 것은 조직문화를 파악하기 위한 필수적인 사항들이다.

② 조직원들이 사용하는 은어, 건물양식이나 상징물, 내외의 장식, 좌석배치형태 등도 한

조직의 독특한 문화형태를 드러내는 것들이다.

4) 문화의 상징적 요소

문화적 상징 요소에는 ① 조직의 역사, ② 조직에 대한 상징적 신화나 이야기, ③ 조직 내에서 옹호되고 있는 가치와 신념, ④ 조직 내에서 기대되는 바람직한 행위, ⑤ 조직에서 상징적 가치를 지닌 관습과 의식, ⑥ 조직에서 상징화되고 있는 영웅 등을 고려해야 한다.

Ⅲ. 학교·학급 문화와 풍토 고찰

학업성취도가 학교·학급풍토를 결정하는 데 80%를 설명한다고 밝힘으로써 학교풍토의 중요성을 부각시켰다. 그 가운데서도 성공에 대한 기대, 학생의 학습능력에 대한 평가, 교사의 결과에 대한 학생들의 지각, 학생의 학습능력에 대한 평가, 교사의 기대와 평가에 대한 학생들의 지각, 학생들의 무력감 등을 반영하는 학교 학습풍토가 학교마다 분명하게 다르고 개별 학생의 특성 이상으로 성취 격차를 설명하고 있음을 보여 주었다.

학생들의 학업성취도를 결정하는 중요한 변수가 학교·학습풍토라는 사실이 이미 여러 연구로 밝혀졌으며, 학교·학급풍토 가운데서 학업성취도와 직결되는 변인은 교사의 자아 효능감, 학생들에 대한 자기 충족 예언, 그리고 학생들의 학구적 무력감 등이다.

1. 교사의 자아 효능감: 교육적 자신감, 능력과 열정

교사의 자아 효능감(sense of self-efficacy)이란 교사가 교육전문가로서의 자신의 능력을 긍정적으로 믿고 자신감을 갖는 것을 말한다.

교사의 자아 효능감을 교수 효능감(teaching efficacy)과 개인적 교수 효능감(personal teaching efficacy)으로 나누는데 개인적 교수 효능감이 학업성취도에 더 좋은 영향을 준다고 볼 수 있다. 예를 들어 '이 학생들은 구제불능이다'라고 한다면 이는 교수 효능감에 해당하며, '나뿐만 아니라 모든 교사들이 다 그렇게 생각한 것이다'라고 생각하므로 스트레스나 불만을 느끼지 않는다. 그러나 '나는 이 학생한테 손들었다'라고 말하면 이는 개인적 교수 효능감을 나타내는 것이며 자신에게 책임을 돌리는 것이기 때문에 스트레스가 쌓이고 죄의식과 부끄러움을 느끼게 된다는 것이다.

교사의 효능감이 학생들의 학업성취에 영향을 미치는 동기에 학생들의 학업성취가 교사들의 효능감에 영향을 미치기도 한다. 따라서 교사들로 하여금 자신들의 효능감을 저하시키는 요인을 스스로 찾고 그것을 해결할 수 있는 능력을 길러 주어야 한다. 그것은 유능한 선배들과의 접촉을 통해서 다양한 학교환경에서의 교수경험을 통해 이루어질 수 있다. 효능감은 스스로의 성취경험, 대리경험, 주위의 설득 등을 통해 높일 수 있다.

2. 자기 충족적 예언: 무한한 가능성(자성 예언, 피그말리온 효과)

학생을 교사가 기대하는 만큼 학습한다. 즉 교사가 가르치면서 그 결과에 대해서 기대하는 바에 따라서 학생들의 성취수준은 크게 영향을 받는다는 것이다. 즉 '나는 내가 가르치는 학생들의 능력을 믿으며, 내가 잘 가르치기만 하면 학생들의 학업성취는 높아질 것이다'라는 기대감을 가지고 가르치는 경우에는 학생들의 학업성취도가 교사의 기대에 비례하여 향상된다는 것이다. 이러한 현상을 자기 충족적 예언 또는 자성예언(self-fulfilling prophecy)이라고 하며, 이러한 현상을 피그말리온 효과(pygmalion effect)라고 부른다.

일반적으로 교사들이 학생들에 대해서 기대 향상성을 나타내는 데에는 교사의 인성 특성, 사회 및 학교 내부에서의 사회적 편견과 사회적 경험, 지능이나 문화실조와 같은 교육적 개념과 신념들, 집단편성, 시험계획과 같은 교육 구조 등 네 가지 원천을 고려할 수 있다.

3. 학생의 학구적 무력감: 자아 **존중감**, 자아 정체성 정립 중요

학생들의 학습풍토의 세 가지 주요 측면은 학생의 학구적 규범, 학구적 자아개념 및 학구적 무력감이다. 이들은 교사의 영향을 받아서 형성된다. 학구적 규범을 형성하는 학습에 대한 학생들의 독특한 감정과 태도는 학교에 따라 다르다. 흔히 이를 면학분위기라고 한다.

학구적 자아개념은 학습능력에 대하여 스스로 자신을 평가하여 형성된다. 학구적 자아개념이 낮은 학생은 '나는 안 돼' 또는 '영어는 도저히 안 돼' 등으로 생각하는 경향이다. 학구적 자아개념은 흔히 긍정적 경험의 결과나 주변의 평가에 의해 형성된다. 특히 교사의 기대와 평가가 중요한 영향을 미친다. 학구적 자아개념이 긍정적으로 높으면서도 학업성취도가 낮은 학생도 있는데, 이는 학구적 무력감 때문이다. 학구적 무력감(academic futility)이란 학생들이 자신은 공부를 잘할 수 없을 뿐만 아니라 공부를 잘해 봤자 별로 소득이 없다는 생각을 갖는 것을 말한다.

일반적으로 높은 학구적 무력감을 보이는 학교의 특성은 다음과 같다.

첫째, 학생들이 학교라는 사회체제 내에서의 성패에 아무런 제어력이 없다고 느낀다.

둘째, 학생들이 공부를 잘하거나 말거나 상관하지 않는다는 생각을 교사들이 하고 있다고 학생들은 믿는다.

셋째, 공부를 잘하면 친구들이 차별 또는 따돌림을 당한다고 믿는다.

넷째, 학구적 무력감의 반대개념이 학구적 효능감(sense of academic efficacy)으로 '나는 노력하면 공부를 잘할 수 있다'고 믿는 것이다.

Ⅳ. 학교·학급 문화와 풍토 유형

1. 가정형(the family): 강한 유대와 소속감, 헌신도 공유

학교를 가족, 가정, 팀 등으로 간주한다. 교장을 부모, 양육자, 친구, 형제, 코치 등으로 기술하고 있다. 구성원들 상호 간에 끈끈한 유대가 있고, 조직에 대한 헌신도가 높다. 약 1/3의 조직이 이 유형에 해당한다.

2. 현대형(modern-times): 업무 중심, 과업 지향

학교를 기름이 잘 쳐진 기계, 정치적 기계, 활동의 벌집, 먼지 낀 기계 등으로 기술하고 있다. 교장은 일벌레, 민달팽이 등으로 기술하고 있으며, 질서유지자, 규정의 제공자 등으로 간주한다. 교사들은 수업 전이나 후에 자주 휴게실에 모여 차를 마시고 회식을 하거나 점심 식사도 함께 한다. 그런 가운데 신참자들에게 해야 할 것과 하지 말아야 할 것들을 주지시킨다. 기계로서 학교는 어떤 기계들은 잘 돌아가지만 어떤 기계들은 녹슬고 잘 돌아가지 않는다. 가정형 문화와는 달리 기계형은 온정보다는 방어적이고 과업성취에 초점을 둔다. 약 1/3이 이 유형에 속한다.

3. 무도회장형(the cabaret): 구성원의 개성, 다양성, 창의성, 독창성 존중

서커스, 브로드웨이 쇼, 잘 훈련된 발레 등으로 비유된다. 학교조직원들은 예술가에 비유된다. 각자는 개성과 다양성이 인정되고, 창의성과 독창성이 있다. 교장은 의식의 주관자이며, 팽팽히 맨 줄 위를 걷는 자이며, 굴렁쇠를 굴리는 사람으로 비유된다. 어떤 때는 어릿광대 노릇도 한다. 조직원들은 가정형 문화에서 보듯 집단이 합심하여 조직업무를 추진하기도 한다. 약 10%가 이 유형에 속한다.

4. 공포의 구멍 가게형(the little shop of horrors): 학교 관리자와 교직원들의 간극, 동상이몽(同床異夢) 형식

예측할 수 없는 긴장이 가득한 밤거리, 폐쇄된 상자, 감옥 등으로 묘사된다. 교장은 자정 장치가 부착된 초상, 자신의 지위를 지키기 위해 희생을 강요당하는 인간 등으로 묘사된다. 교장은 매사가 순조롭게 만드는 것이 자신의 임무라고 생각한다. 또한 학교조직원들은 교장을 이중적 인격을 가진 사람으로 생각한다. 이 문화형은 차갑고, 적대적이며, 편집증 환자 같다. 교사들은 개인주의적이며, 고립된 학교생활을 하며, 집단활동이 거의 없거나 형식적으로 이루어진다.

21세기에 들어서 학교조직문화와 풍토에 대한 관심이 커지고 있는 까닭은 지금까지 조직문화·풍토에 대한 연구가 거시적 관점에서 계량적 분석(quantitative research)을 통하여 조직을 파악하고, 합리적이고 논리적인 법칙과 이론을 도출하는 데 주안을 둔 것에 대한 반성에서 기인한다. 조직문화·풍토에 대한 연구는 효과적이 조직의 특성을 밝히고 효과적인 리더십은 어떤 것이며, 건강한 학교는 어떠해야 한다는 등의 공통된 이론을 도출하려는 데 주안을 두어 왔다. 그러나 조직이란 제각기 다른 문화와 풍토를 지니고 있으며, 그러한 문화·풍토적 특성을 질적 연구(qualitative research)를 통해 밝혀내고, 그러한 문화·풍토적 특성에 가장 적합한 조직 경영 방안을 찾아내야 한다는 방향으로 바뀌게 된 것이다.

V. 맺고 나오는 글

엄밀한 의미에서 문화·풍토가 똑같은 학교란 하나도 없다. 그런데도 똑같이 획일화된 경영방법으로 학교의 조직효과를 극대화할 수 있는 방안을 모색한다는 것은 어리석은 일이다.

조직의 문화와 풍토를 굳이 구분하거나, 다른 개념으로 보기보다는 넓은 의미에서 같은 개념으로 파악하는 것이 바람직한 것이다. 즉 조직의 문화·풍토는 조직구성원들의 생활양식과 사고방식에 직접적으로 영향을 미치는 정신적 지주이며, 그들의 행동을 통제한다. 따라서 한 조직을 근본적으로 개혁하고 효과적인 조직으로 만들기 위해서는 그 조직의 문화와 풍토를 바람직한 방향으로 개혁하는 일이 우선되어야 한다. 그리고 그러한 문화·풍토를 조성하는 데 핵심이 되는 인물이 곧 지도자이다. 지도자는 학교 문화를 만들고 육성하는 데 필수적이다. 학교 문화를 개발하고 다루는 방식은 지도자의 개성과 리더십 스타일에 따라 달라진다. 지도자가 직면한 도전은 어떤 학교 문화가 이루어져야 한다고 조직원들에게 말하기보다는 그 필요성을 의식할 수 있는 수준으로 끌어내고 학교공동체가 이를 찾아내도록 해 주어야 한다. 학교문화·풍토에서 가치는 성공에 필수적이고 학교 문화의 중요한 부분이 된다. 특정 학교가 지닌 가치는 학교 문화의 매우 중요한 요소이다. 학교가 지닌 가치는 학교의 사명과 목적에 직접적인 관계를 갖는다.

효과적인 학교를 만들고, 올바른 교육, 질 높은 교육을 위해서는 학교문화·풍토도 이 같은 욕구를 충족시킬 수 있도록 바뀌어야 한다. 학교마다 학교조직원들이 만드는 학교문화·풍토가 조성되어야 하고 이는 학교 지도자를 중심으로 모든 학교조직원들이 같은 가치를 가지고 한 방향으로 노력을 집중할 때 비로소 바람직한 학교문화·풍토를 조성할 수 있다.

제7장 21세기 학교조직의 변화와 혁신 방향 모색

I. 들어가는 글

일반적으로 변화(change)는 혁신(innovation) 또는 개혁(reform) 등과 더불어 사용되고 있다. 학자에 따라서는 변화를 방향성과는 상관없이 중립적 개념이며, 혁신은 변화의 바람직한 방향을 상정하고, 그런 방향으로의 의도적이고 인식적인 노력을 뜻하며, 개혁은 주로 제도적 변화를 대상으로 사용하는 말이라고 구분하기도 한다.

이 과정에서는 변화를 개선(improvement) 또는 발전(development)과 유사한 용어로 보되 과업, 기술, 구조, 인간을 포함하는 모든 조직활동을 의도적으로 바람직한 방향으로 새롭게 바꾸는 것을 의미한다. 어느 조직이든지 크고 작은 변화가 끊임없이 이어지고 있다. 의도적이고 계획적으로 한 조직의 구조나 기술, 과업 또는 인적 자원을 변화시키는 일은 그 변화가 일어나는 과정에 따라 몇 가지로 분류할 수 있다.

학교조직도 마찬가지이다. 흐르지 않고 고여 있는 물은 불원간에 썩듯이 신진대사와 변화 및 발전은 조직 발전에 필수적이다. 학교가 건전한 방향으로 지속적으로 변화와 발전을 거듭할수록 학교는 순기능적으로 발전과 성장을 기대할 수 있는 것이다.

21세기 세계화 시대에는 더욱 학교조직과 구성원들이 변화와 발전을 추동하고, 이 변화와 발전을 바탕으로 더욱더 건전한 조직으로 성장해 나아가야 한다.

II. 학교조직 변화와 혁신 모형

1. 허버만(Herberman)의 모형

가. 연구 및 개발 모형(research & development model): 기초과학적 접근(집단·조직)

이 모형은 이론의 실제화 모형(theory-into-practice model)이라고 부르며, 기초과학의 산물을 실용화하는 과정에서 지금까지의 방법보다 편의성과 경제성이 높다는 사실이 인식될 때 대량 변화과정을 거쳐 변화가 전파·보급된다는 입장을 나타낸다. 이 모형에 의하면 변화의 내용을 수용하고 실제 생활에서 활용하는 소비자 또는 고객은 수동적일 수밖에 없다.

다만 변화의 수용에 대한 최종 결정권은 고객이 갖는다. 변화의 내용이 고객의 입장에서 도움이 되고, 수용하는 것이 유리하다고 판단되면 받아들이지만 그렇지 않으면 거부할 수도 있는 것이다.

이 모형의 일반적 절차는 ① 새로운 지식이나 이론의 창출, ② 그 지식이나 이론을 실용화할 수 있도록 개발, ③ 개발된 내용을 상품화 또는 조립, ④ 보급의 형태를 띠게 된다.

이 모형은 주로 국가나 사설 연구기관, 대학 실험실 등에서 주로 이루어지며, 그 결과로 밝혀진 새로운 이론은 또 다른 기관을 통해서 실용화할 수 있는 개발과정을 거친다.

교육에서는 교육기관이 정부의 지원을 받아 현장학습을 높일 수 있는 수업모형을 개발하고, 일선학교에 보급하는 형태를 취한다. 대표적인 것으로 프로그램 학습, 팀티칭 등이 있다.

이 모형의 특징으로는 다음과 같은 것들을 들 수 있다.

첫째, 변화를 보급에 앞서서 연구로부터 개발로 옮겨가는 일련의 합리적 활동체계로 본다.

둘째, 연구기관과 생산기관과 고객으로 이어지는 서로 다른 기능적 요소들이 지적인 연계를 이루는 거대한 계획체계를 내포하고 있다.

셋째, 적절한 통로와 방법, 시간을 통해 전달된다면 그 변화를 수용할 명확히 규정된 대상 집단과 특정고객이 있다.

넷째, 보급활동 전에 많은 비용이 필요하다. 이것은 대규모의 대상집단에 전달되기까지 장기간 동안 효율적인 활동이 필요하기 때문이다.

나. 사회적 상호작용 모형(social interaction model): 인간관계론적 접근

연구개발 모형에서는 변화의 단위를 집단 또는 조직으로 보지만 사회적 상호작용 모형에서는 개인으로 본다. 따라서 새로운 변화의 내용이 개별 채택자에게 보급되는 과정을 중점적으로 분석하는 데 주안을 둔다. 이 모형에서는 변화 내용의 확산에 있어서 가장 효과적인 방법은 개인적 접촉이라고 가정한다. 즉 채택집단 내의 조직구성원들의 사회적 상호작용의 원리는 개인 간뿐만 아니라 집단 간에도 마찬가지로 적용될 수 있다.

사회적 상호작용 모형에서 강조하는 것은 조직 내에서의 상사와 부하 직원들 간의 인간관계나 조직원 상호 간의 인간관계가 변화수용에 크게 영향을 미치는 결정적 변수로 작용한다는 점이다. 이는 상호 신뢰와 친숙도에 따라 변화수용의 성패가 결정된다는 것을 말한다.

일반적으로 ① 지각, ② 관심, ③ 평가, ④ 시도, ⑤ 채택 등의 과정으로 거쳐 변화내용을 수용한다. 모든 변화내용은 개인에게 노출되어 있지만 일반적으로 정확한 정보가 부족하거나 아니면 그러한 정보를 얻으려는 적극적 동기가 없기 때문에 방치되고 만다. 변화의 필요성을 인식하고 그러한 필요성을 충족시킬 수 있는 적절한 변화내용을 찾으려는 적극적 노력이 변화성공의 첫 번째 열쇠라고 할 수 있다.

변화에 필요한 정보가 누구로부터 주어지는가는 그 변화를 수용할 것인지 결정하는 데 매우 중요한 요소로 작용한다. 따라서 사회적 상호작용 모형에서 특히 중요한 역할을 수행하는 것이 '선구자'이다. 조직의 경우 대개 리더가 이 역할을 담당할 때 효과적이며, 특히 그들이 신뢰받는 인격자로서 인간관계가 원만하면 변화 수용에 절대적으로 영향력을 행사할 수 있다.

사회적 상호작용 모형은 일선학교현장의 경우 파급효과가 가장 느리고 자연발생적이기 때문에 계획성이 없는 단점을 안고 있으나 개인의 동기와 문제의식의 강도, 그리고 인간관계 등에 따라 의외로 효과성이 클 수 있다.

다. 문제해결모형(problem–solving model): 당면 문제 해결에 초점(개인·집단)

이 모형은 어떤 변화의 필요성을 절감한 조직 또는 개인이 스스로 그 대안을 개발하여 활용하는 방법이다. 즉 어떤 당면과제에 대한 해결의 필요성을 깊이 인식하고, 그 문제의 원인을 철저히 진단·규명하고 그 대책으로서의 해결방안을 모색하여 실험하고 채택하는 것이다.

문제해결 모형의 일반적 절차는 ① 문제해결의 필요성 자각, ② 문제의 성격과 원인의 진단·분석, ③해결에 필요한 정보의 수집, ④ 대책의 수립과 선정, ⑤ 시도, ⑥ 평가, ⑦ 채택 등의 절차를 밟는 과정에서 때로는 외부로부터 전문가의 자문을 구하기도 하고, 선행연구 등을 참조하기도 하지만 같은 문제를 안고 있는 당사자들이 직접적·적극적으로 개입하여 해결책을 찾는다는 점에서 다른 어떤 방법보다도 변화수용의 효과성이 크다.

일반적으로 이와 같은 문제해결 모형의 특징은 다음과 같다.
첫째, 사용자가 시발자이다.
둘째, 해결책을 확인하기 전에 진단이 필요하다.
셋째, 외부 협조는 간접적인 것이다.
넷째, 내적 자원의 중요성의 인식이 필요하다.
다섯째, 사용자 위주의 변화가 가장 강력하다.

문제해결모형은 일종의 의사결정과정과 같다. 즉 문제발생－대안탐색－선택－실천－평가의 순환과정을 거치게 되며 개인의 경우든 집단의 경우든 처음부터 끝까지 자신의 문제로 인식하고 적극적으로 참여할 때 변화수용은 가장 효과적이다.

2. 오웬스(Owens)의 전략

가. 경험적·합리적 전략(empirical-rational strategies)

허버만(Herberman)의 연구개발 모형과 유사하다. 이 전략의 절차는 연구(research)－개발(development)－보급(diffusion)－채택(adoption)등의 단계로 간주하고 9단계로 세분화하여 제시하고 있다.

나. 권리적·강제적 전략(power-coercive strategies)

이 모형의 특징은 채택자의 의지에 관계없이 강제성에 있다. 즉 채택자가 변화수용을 거부하면 정치적·재정적 또는 도덕적 제재를 받게 된다는 점이다. 이 전략은 주로 법적인 합법성을 내세워 압력을 가한다.

다. 규범적·재교육적 전략(normative-re educative strategies)

조직에 대한 근본적 관점의 차이에서 비롯된다. 이 전략은 태도, 신념, 가치관 등을 중시하며, 조직원들의 이러한 태도, 신념, 가치관이 조직규범으로 작용하여 조직의 생산성에 결정적 영향을 미친다는 가정에서 출발한다. 따라서 조직변화의 가장 효과적인 방법은 자체갱생(self-renewal)의 방법에 의존하는 것이며, 이 방법으로 활용되는 것이 조직풍토 개선, 조직건강 증진을 위한 조직개발기법 등이다. 특히 조직개발기법은 최근에 많이 활용되고 있는 조직의 계획적 변화방법이다.

결국 오웬스(Owens)의 전략은 연구, 개발, 보급, 채택 등 일련의 순환적 과정이 학교 조직의 변화와 혁신에 핵심적 초점 과정임을 강조하고 있다. 특히 오웬스의 전략 모형은 학교 변화와 혁신의 제도화, 일상화를 강조하고 있다.

오웬스의 경험적·합리적 전략 모형은 연구 단계(제1단계)에서 새로운 지식의 발견 또는 창출, 실제적 문제에 대한 해결책 고안, 개발 단계(제2단계)에서 고안된 방법의 실험과 개발, 제품의 생산과 포장, 보급 단계(제3단계)에서 제품의 보급, 제품의 선전을 위한 시범, 채택 단계(제4단계)에서 필요시설·정비시설 설치, 제도화·규정화·일상화 등으로 진행된다.

		9	제도화·규정화·일상화	⑨
채택	4단계		↑	
		8	필요시설·장비시설	⑧
			↑	
보급	3단계	7	활용해 보기	⑦
			↑	
		6	제품의 선전을 위한 시범	⑥
		5	제품의 보급	⑤
			↑	
개발	2단계	4	제품의 생산과 포장	④
			↑	
		3	고안된 방법의 실험과 개발	③
			↑	
연구	1단계	2	실제적 문제에 대한 해결책 고안	②
			↑	
		1	새로운 지식의 발견 또는 창출	①

[그림 IV-8-1] 연구-개발-보급-채택 모형

Ⅲ. 학교조직의 특성과 변화

1. 학교조직의 특성

학교조직은 가장 보수적이며 변화를 싫어하는 안정지향적인 조직이다. 이러한 경향은 그 원인을 여러 측면에서 분석해 볼 수 있다.

첫째, 학교조직은 온상조직(domestic organization)이라는 점이다. 학교, 특히 공립학교는 온실에서 자라는 식물처럼 그 조직의 유지·발전과 생존에 있어서 전혀 신경을 쓸 필요가 없다. 즉 학교는 일반적으로 학교경영에 필요한 모든 재정과 설비와 학생, 교사 등 투입요소가 안정적으로 확보되어 있으며, 생존 자체에 대한 위험이 전혀 없는 것이다.

둘째, 학교조직의 특성은 학교조직의 산물이 교육의 결과가 외형상 가시화되기 어렵기 때문에 그 성과의 효율성에 대한 면책을 받고 있다는 것이다. 이는 학교가 학생을 교육하는 곳이지만 학생교육의 결과에 대해서 거의 문책을 당하거나 시비의 대상이 되지 않고 있다는 점이다.

다만 최근 과열 입시경쟁 풍토로 말미암아 상급학교 진학 면에서 평가를 받고 있기는 하지만 그것이 그 학교의 존폐를 위협하는 것은 아니다.

셋째, 학교조직의 구성원들의 전문직 성향이 두드러지고 있으면서도 다른 한편으로는 승진과 진보를 볼모로 하는 관료적 성향이 강하다. 즉 수평적 관계보다 수직적 인간관계에 치중함으로써 안정지향적·순종적·무사안일적 생활태도를 드러내고 있는 것이다. 따라서 변화보다는 전통과 안정은 선호한다.

이 밖에 학교조직은 상호 의존성이 약한 이른바 느슨한(또는 이완된) 조직이라는 것과 기술적 투자가 약하고 열악한 재정형편 등으로 인한 변화수용이 느린 측면도 지적할 수 있다.

Huberman은 학교조직의 변화가 느린 까닭을 투입요인, 신출요인, 과정요인으로 나누어 제시하였다.

가. 투입요인

투입요인으로는 ① 환경(지역사회)으로부터의 변화 저항, ② 외부 촉진자(학부모, 지역사회 인사)의 무능, ③ 지나친 중앙집권설, ④ 교사들의 방어기제, 비판에 대한 과민성, ⑤ 변화촉진자 또는 연결핀의 결여, ⑥ 이론과 실제 간의 연계성 결여, ⑦ 과학적 기초 미개발, 타당성 부족, ⑧ 보수 성향, ⑨ 전문적 불가시성, 교수활동의 효과측정 곤란 등을 들 수 있다.

나. 산출요인

산출요인으로는 ① 목표의 복합성, ③ 변화의 대한 무보상, ④ 접근방법의 획일성, ⑤ 온상조직, ⑥ 연구·개발에 대한 낮은 투자, 이론적 깊이 부족, ⑦ 산출효과 측정의 문제, ⑧ 현재 중심성―책무성의 문제(주어진 시간과 학생의 제한성에 비추어 새로운 방법의 도입은 교사에게 과중한 부담이 되며, 창의성을 발휘할 시간이 부족하다), ⑨ 기업가 정신 부족 등을 들 수 있다.

다. 과정요인

과정요인으로는 ① 느슨한(이완된) 조직, 상호연계성 부족, ② 관료적 조직, 위계 강조, ③ 변화를 위한 훈련과 과정 부족 등을 들 수 있다.

2. 학교조직의 변화전략

학교조직의 변화혁신이 다른 조직에 비해 매우 미약한 점은 앞에서도 지적하였다. 일반적으로 한 조직의 변화가 성공적으로 이루어지려면 다음과 같은 조건이 필요하다.

첫째, 조직 내부로부터 변화의 필요성을 절실히 느끼고 있어야 한다.

학교조직원은 물론 조직 경영책임자가 변화의 필요성을 절감하고 있을 때 조직변화는 성공할 가능성이 가장 높다.

둘째, 조직변화에 필요한 인적·물적 조건이 충분히 갖추어져야 한다.

인적 조건이라면 변화내용에 대해서 충분히 알고 설명할 수 있으며, 활용방법에 익숙한 전문적 식견을 갖춘 인사를 말한다. 그리고 물적 조건은 시설과 장비, 재정, 시간적·공간적 수요충족 등을 말한다.

셋째, 변화에는 반드시 저항세력이 존재하기 마련이다. 이러한 저항세력을 극소화하고 동조세력으로 규합할 수 있는 적절한 대책이 마련되어야 변화는 성공할 수 있다.

킴벌리(Kimberly)는 변화채택에 영향을 미치는 일반적 영역을 다음의 세 가지로 지적하였다.

첫째, 리더를 비롯한 조직구성원들의 성격특성으로, 조직원들이 보다 성취지향성과 창의성이 높고, 개발적일 때 변화수용은 더 잘 된다.

둘째, 조직의 구조적 특성으로, 조직의 규모, 전문성, 기능 등이 조직변화에 영향을 미친다고 보고 있으나, 구체적으로 어떤 구조적 특성이 가장 효과적이라는 일반론은 제시하기 어렵다.

셋째, 조직과 환경과의 관계 특성으로, 모든 조직은 개발체제이다. 환경과의 상호작용성이 큰 조직일수록 변화에 있어서 환경과의 관계에 미치는 영향을 고려하는 바는 더 클 것이 틀림없다. 따라서 환경의 눈치를 더 많이 보게 되는 것이다.

가. 내적·선천적 변인

내적·선천적 변인으로는 ① 변화의 질 입증, ② 비용, ③ 점진적 시행 가능성(가변성), ④ 의사소통성(설명성) 등을 들 수 있다.

나. 상황변인

상황변인으로는 ① 조직체제 구조, 규모, 위계, 재직연수, 재정형편, ② 리더십과 후원체제(힘·환경·풍토), 위기의식, ③ 집단규범(참여집단의 반응), ④ 채택자의 개인 속성(연령, 교육정도, 수입, 사회경제적 지위, 분별력, 추리력, 합리성, 적극성), ⑤ 보상, 처벌 등을 들 수 있다.

다. 환경변인

환경변인으로는 ① 변화체제의 조화－주체와 객체(조직과 환경), ② 준비도－대중의 요구강조, 이점의 차이 등을 들 수 있다.

Ⅳ. 학교조직변화를 위한 접근방법

1. 구조적 접근방법(structure approach): 조직의 구조적 설계 개선

이 방법은 조직의 구조적 설계를 개선함으로써 조직변화의 목적을 달성하려는 접근방법이다. 집권화 또는 분권화의 확대 및 축소, 통솔범위의 재조정, 의사결정권한의 배분 수정, 의사전달체계의 수정 등을 통해 조직변화를 시도하는 것이다. 구조적 접근방법은 전통적으로 가장 많이 사용된 방법이나 공식적 측면만 강조함으로써 조직구성원들의 사회적·성장적 측면을 도외시했다는 비판을 받고 있기도 하다.

2. 과정적 접근방법(process or work flow approach): 일(과업)의 흐름 혁신

조직 내에서의 일(과업)의 흐름을 개선하려는 접근방법이다. 최근에 계량적 모형을 중심으로 하는 이른바 OR기법(operations research)이나 전산화된 관리정보체제(computerized management information system)에 바탕을 두고 능률성 향상에 최대의 관심을 갖는다.

그러나 이 방법은 현실세계를 지나치게 단순화하여 가정된 조건변수에 의존함으로써 실제상황과 맞지 않는 경우가 많다. 이 방법에서는 정보의 양과 정확성에 크게 의존한다.

3. 행동적 접근방법(behavioral approach): 인간의 행동 변화 지향

행동과학이론을 응용하여 조직 내의 인간행동변화를 시도함으로써 조직변화를 이루려는 방법이다. 최근에 많이 유용되고 있는 조직개발(organizational development)기법이 이에 속한다. 대표적인 사례로 감수성 훈련, T그룹, 관리망(management grid) 등이 있다.

그러나 이 방법은 구조적·기술적 요인을 간과하거나 소홀히 다루는 경향이 있으며, 많은 시간과 비용이 든다는 단점도 지적되고 있다. 교육현장의 변화전략으로는 아직 미개척 상태이다.

왓슨(Watson)은 지금까지의 교육변화현상을 분석해 본 결과 다음과 같은 특성이 발견되었다고 지적하였다.

첫째, 지속적이기보다 돌발적이었다.

둘째, 내부에서 자발적으로 이루어지기보다 외부압력에 의한 것이었다.

셋째, 충분한 생각 없이 편의주의적 방편으로 변화가 이루어졌다.

넷째, 집중적·통합적이 아닌 산발적인 것이었다.

다섯째, 적기보다 늦고 선도적이기보다 후발적이며, 근본적이기보다 피상적인 경향이 있다.

여섯째, 교육성과 개선보다 개인적 승진이나 칭찬을 얻기 위한 것이었다.

V. 조직의 재구조화를 통한 학교혁신

1. 재구조화의 의미

학교에서의 조직의 재구조화는 '학교조직효과(school effectiveness)의 극대화' 또는 '학교의 질(quality school)' 향상에 초점을 맞추고 있다. 그와 더불어 'TQM(총체적 질관리: Total Quality Management)'이라는 말도 유행하고 있다.

학교교육의 '질(quality)'은 산출결과의 질이다. 즉 기업체들이 고객들의 만족도를 극대화하고 조직의 능률성과 생산성을 높이기 위한 조직구조 개편에 역점을 두는 것처럼 학교도 소비자들의 욕구에 부응하여 그 질을 높이기 위한 운동을 벌이고 있는 것이다. 이는 그동안 학교가 엄청난 공교육비와 사교육비를 투자하고 있음에도 불구하고 그 산출효과는 기대에 미치지 못하고 있다는 데 대한 비판에서 비롯되었다.

사실 과거의 학교는 엄청난 교육비의 투자에도 불구하고 그 결과가 신통치 않았다. 그뿐만 아니라 교육의 질은 교육비 투자의 양에 비례하지 않는다는 연구결과들로부터 사람들은 학교조직구조의 문제점과 그 개편의 필요성을 인식하게 된 것이다.

2. 바람직한 학교의 특징(특성)

학교조직의 재구조화운동은 '좋은 학교'를 만들기 위한 노력이다. 조직효과가 극대화된 좋은 학교, 바람직한 학교는 다음과 같은 특징을 갖고 있다.

① 교사와 학생은 친구 간이다. 강요란 없고 규율도 함께 만든다.

② 무의미한 것을 가르치거나 평가하지 않는다. 교사들은 그들이 가르치는 내용이 현재 또는 앞으로 어떻게 유용한지를 학생들에게 설명해야 한다.

③ 말하고 쓰고, 읽고 셈하고 문제를 해결하는 기술을 강조한다.

④ 역사, 사회, 체육, 과학, 외국어 등은 교사들이 생각하는 최선의 방법으로 가르친다.

⑤ 모든 학생들에게 학습의 질을 평가한다. 학습의 양을 평가하지 않는다.

⑥ 모든 평가는 서열을 위한 것이 아니라 학생의 발전을 위한 것이어야 한다.

⑦ 학생들에게 과목에 따라 월반과 유급을 허락한다.

⑧ 성적이 좋은 학생들은 보조교사로 활용하여 다른 친구들을 도와주고, 학생들이 모르는 채로 앉아 있거나 아무런 도움도 받지 못한 채로 우두커니 앉아 있는 경우가 없다.

⑨ 교실에서 시간을 보내기 위해 제공되는 과제나 강제로 부과되는 가정학습 과제는 없다.

⑩ 모든 교사들과 학생들은 상담이론을 익혀서 학생들이 교사나 다른 학생의 도움을 받기 원하면 그에 적절한 상담을 할 수 있도록 한다.

한편, 이와 같은 좋은 학교, 바람직한 학교는 아울러 다음과 같은 특징을 함께 갖고 있다. 즉 ① 교과학습에 주안을 두는 학교 목표, ② 교사들의 협동성 강조(수업설계, 진행 등), ③ 좋은 성취도에 대한 포상제도 완비, ④ 일과 학생에 대한 학생들의 책임 강조(수업 준비 등), ⑤ 가정학습 철저, ⑥ 좋은 학교 풍토, ⑦ 학생들의 기초기능 습득 강조, ⑧ 학생들에 대한 높은 기대수준, ⑨ 강력한 리더십, ⑩ 잦은 학생들의 진보상황 점검, ⑪ 지속적인 면학분위기 등이다.

좋은 학교와 바람직한 학교는 지속적으로 학교경영과정이 점검되고, 학업성취도가 집중적·공개적으로 평가되며, 학교에 대한 지역사회의 평판을 살피고 반영하고자 노력한다. 그리고 교사들의 자신감과 자아 효능감이 충만하며 학생들의 능력을 믿고 성장에 대한 기대감이 크다. 한편, 학생들도 학구적 무력감이 거의 없고, 선생님의 기대에 부응하고자 하는 의지가 크다.

3. 바람직한 학교의 구조적 특징과 재구조화

좋은 학교는 학생들이 '가고 싶어 하는 학교'이며 '보고 싶은 선생님이 있는 학교'이고 '하고 싶은 공부를 즐겁게 할 수 있는 학교'를 말한다. 이러한 학교를 크리스필즈(Chrispeels)는 ① 학생들로 하여금 그들의 잠재능력을 최대한 계발할 수 있는 공부를 할 수 있고 하고 싶은 공부를 할 수 있고, ② 학생들이 학교에 오는 것을 즐겁고 행복하게 생각하며, ③ 교사들이 개선을 위해 조직적으로 함께 노력하는 학교로 제시하였다.

한편, 효과적인 학교의 구조 및 과정적 특징을 요약해 보면 다음과 같다. 즉 구조적 특징으로는 ① 학교단위의 훌륭한 경영 및 지도성, ② 교직원의 안정성, ③ 교육과정의 명료성과 체계성, ④ 직원현직연수 강화, ⑤ 학부모들의 적극적인 참여와 지원, ⑥ 학교방침에 대한 학생들의 폭넓은 인지와 호응, ⑦ 자원활용의 극대화, ⑧ 자원지역사회의 적극적인 지원과 협조 등이다.

과정적 특성으로는 ① 협동적 계획, ② 동료 간의 인화, ③ 공동체의식, ④ 분명한 목표, ⑤ 질서와 규율, ⑥ 높은 기대수준의 공유 등을 들 수 있다.

학교조직효과의 특성 가운데서도 가장 으뜸가는 요소는 리더십이다. 즉 좋은 학교는 좋은 교장이 만들며, 좋은 학교에는 좋은 교장이 있기 마련이다. 좋은 교장의 특성은 학업성취의 강조, 좋은 장학지도, 강력한 리더십, 좋은 풍토 조성자이다.

조직효과 극대화를 도모하는 좋은 학교 만들기는 학교재구조화를 위한 변화혁신운동이다. 이러한 변화혁신운동이 성공하기 위해서는 좋은 지도가 있어야 한다. 그 지도자를 중심으로 학교, 지역사회, 학부모, 교사들 간의 충분한 협의를 통해서 도출된 성취 가능한 공동목표를 설정하는 일이 선행되어야 한다. 그렇게 설정된 목표는 원활한 의사소통과 꾸준한 연수활동을 통하여 공동체의식으로 승화함으로써 서로 믿고, 함께 적극적으로 동참하여 성취하고자 하는 면학분위기와 문화, 풍토를 조성하여야 한다. 그리고 지속적으로 목표 지향적인 활동에 최대한의 시간과 노력을 경주하는 동시에 결과에 대하여 객관적이고 공개적이며, 정기적으로 자주 평가를 하고 그 결과를 가시 환류자료로 활용하여야 한다.

최근에 이루어지고 있는 학교조직구조개편을 위한 노력에는 교사들의 자율과 책임을 강조하는 동시에 권한을 분산하고, 적극적인 참여를 유도하는 방향으로 조직개편과 공동체적인 독특한 학교문화 형성에 역점을 두는 경향이 있다.

일찍이 서지오바니(Sergiovanni)는 좋은 학교조직을 만들기 위한 기본 원칙을 다음의 여섯 가지로 제시하였다. ① 협동의 원리(the principle of cooperation), ② 권능부여의 원리(the principle of empowerment), ③ 책임감의 원리(the principle of responsibility), ④ 의미성의 원리(the principle of meaningfulness), ⑤ 능력에 기초한 권위의 원리(the principle of ability-authority) 등이다.

한편 아카로(Arcaro)는 좋은 학교에 필요한 총체적인 질의 기준을 다음과 같이 제시하였다.

① 수요자 중심(고객중심: customer focus): 학교는 내외면적인 수요자를 가지고 있으며, 내면적인 수요자는 교육체제 안에 존재하며 학생, 학부모, 학교행정가, 교사와 학교운영위원회 등이 있고, 외면적인 수요자는 조직의 외부에 존재하며, 사회 각 분야에 종사하는 사람들이다.

② 총체적 참여(total involvement): 학교구성원 모두가 질적 변화에 참여해야 한다. 질적 변화는 새로운 학교경영의 틀을 도입함으로부터 시작된다. 학교의 질은 학교운영위원회와 학교장의 책임만이 아니라 모든 관련된 사람들의 책임이다.

③ 측정(measurement): 교육의 질 측정은 전통적으로 학생들의 학업성취도에 초점을 두었다. 그러나 사실상 가장 어려운 영역이다. 전문가를 동원하여 보다 타당도가 높은 질 측정도구를 개발해야 한다.

④ 헌신(commitment): 새로운 조직문화와 풍토를 조성하기 위해서는 우선 최고 관리자인 학교장이 총체적인 질 관리의 리더십을 헌신적으로 발휘해야 한다. 그러나 경영자뿐만 아니라 조직구성원들의 지속적인 헌신성이 발휘되어야 한다.

⑤ 계속적인 개선(continuous improvement): 질의 기본적인 개념은 무엇이든지 개선될 수 있다는 신념과 지속적인 개선의 필요성을 인식하고 끊임없이 추구해야 한다.

VI. 맺고 나오는 글

교육과 학교는 변화와 혁신을 지향한다. 교육과 학교의 변화와 혁신은 좋은 교육과 훌륭한 학교를 만들기 위해서 이루고자 노력한다. 학교조직의 재구조화는 결국 좋은 학교를 만들기 위한 노력이다. 그리고 좋은 학교를 위한 재구조화작업이 성공하려면 학교가 건강해야 한다. 건강한 학교는 늘 자체혁신을 계속하며, 일체감이 충만한 조직문화와 풍토를 지니고 있어야 한다. 건강한 학교는 곧 자율적으로 경영하는 학교이다. 그리고 자율적으로 경영하는 학교는 무엇보다도 각종 자원배분과 관련된 의사결정권한이 학교에 주어진 학교이다.

조직이 건강한 학교를 만들려면 학교개발을 통하여 학교문화와 풍토를 개선해야 하고 교사들의 현직개발을 통하여 교사들의 신념과 행동을 바꾸어야 한다. 전 교직원의 집단지성을 바탕으로 한 변화와 혁신이 가장 바람직한 방향이다.

한편 건강한 학교를 만들기 위해서는 지도자가 변혁지향적(transformational)이어야 한다. 변혁지향적이라 함을 개방적 체제로서의 조직에서 과정변인에 초점을 두고 조직원들의 변화와 풍토를 바꾸는 데 주력하는 것이다. 조직구성원들이 역동적으로 과업을 수행하고 변화를 유도해 가는 체제인 것이다.

학교에서의 변화가 성공하려면 학교장이 교사들과 원만한 인간관계를 유지하고 학교조직원들의 동기를 유발하며 설득할 수 있는 능력이 있어야 한다. 그리고 변화내용에 대하여 충분히 이해하고 적극 지원하는 자세로 꾸준히 단계적인 계획을 세워 추진해야 한다.

획일적이고 개방적・지시적인 하향식 개혁이나, 단기적 업적을 겨냥한 한탕주의식 개혁은 그 성과도 미비하고 실패로 돌아갈 확률이 높다.

21세기의 학교조직의 변화는 학교의 성공을 가늠하는 기본 조건이 될 것이다. 학교조직원 모두가 공동의 목표를 향해 한 방향으로 정렬하여 힘을 모을 때 경쟁력 있는 학교를 만들 수 있을 것이다.

2009 개정 교육과정에서 강조하고 있는 집단지성을 통한 바람직한 학교경영은 교육공동체 구성원, 학교공동체 구성원 모두의 협력과 동참을 바탕으로 한다. 모든 교육공동체 구성원, 학교공동체 구성원들이 소속감, 정체성, 연대감을 갖고 적극 참여할 때 학교 조직의 조직문화와 조직풍도가 바람직한 방향으로 혁신될 것이다.

제  부

꿈과 끼를 기르는 본질 교육의 실행

[제Ⅴ부 탐구의 핵심과 초점] - 꿈과 끼를 기르는 본질 교육의 실행

미래의 주역인 오늘의 학생들은 잠재적 가능성을 가진 '꿈둥이'들이다. 그들이 마음껏 꿈과 끼를 발휘하도록 도와주는 교육이 이 시대 교육의 핵심이 되어야 한다.

학생들은 박제된 공부벌레, 축소된 성인 등이 절대 아니다. 학생들은 잠재적 가능성을 가진 미래의 주역으로서 개별적 인격체인 것이다. 따라서 그들이 행복하고 편안하게 다양한 자기주도적 학습에 정진할 수 있도록 적극 도와줘야 한다.

꿈과 끼를 기르는 교육과 학습을 위해서 교사들은 학생들이 하고 싶은 것, 잘하는 것 등 학습 거리, 공부 거리를 학생 스스로 찾아서 하도록 안내하는 안내자, 촉진자가 되어야 한다.

제1장 창의성 계발을 위한 영재교육의 방향

I. 들어가는 글

오늘날 세계적인 교육의 트렌드(trend)는 학생들의 창의성 계발과 영재교육이다. 이는 동서양 모든 국가에서 지향하고 있는 교육의 방향이기도 하다. 영재교육은 각 개인의 잠재적 가능성을 계발하는 데 초점을 맞추고 있다.

사실 과거에는 영재교육이 우수한 능력을 가진 특수 계층을 대상으로 한 교육이라는 인식이 강했는데, 근래에는 영재교육이 일반적인 계층 모두를 대상으로 하는 교육이라는 방향으로 나아가고 있다. 즉 일반적인 학생들에게 각자 가지고 있는 영재적 자질, 창의성을 끄집어낼 수 있도록 안내하고 이끌어 주는 교육으로 영재교육이 발전하고 있다. 따라서 영재교육은 일제식(一齊式) 교육에서 벗어난 수준별 교육, 맞춤식 교육, 개별화 교육 등과 그 궤(軌)를 같이하는 교육인 것이다.

우리나라의 영재교육(英才敎育)은 관련 법령을 마련한 후 국가 차원의 중장기 비전을 제시한 제1, 2차 '영재교육진흥종합계획'(2002, 2007) 및 '수월성교육종합대책'(2004) 등을 수립하면서 체계적인 모습으로 추진되고 있다. 짧은 역사에도 불구하고 영재교육은 영재교육기관 수, 영재교육대상자 수, 예산 등에서 양적으로 많은 발전을 이루게 되었다. 이제 전국의 대다수 학교, 교육청(교육지원청), 대학(교) 등에 영재교육기관(영재학급)이 설치되어 있다. 이는 앞으로 더욱더 획기적으로 확대될 전망이다.

그런데 이와 같이 양적 확대와 팽창만이 능사가 아니라는 점을 직시해야 할 것이다. 이를 바탕으로 앞으로는 영재교육에 있어서 양적인 발전뿐만 아니라 질적인 성장을 함께 도모해야 한다. 또한 영재교육기관 및 영재교육관계자들은 어떤 학생을 어떻게 선발하여 이들에게 어떤 영재교육프로그램을 제공할 것인가에 대한 깊이 있는 고민을 할 필요가 있다.

창의성 계발을 위한 영재교육을 활성하기 위해서는 영재교육대상자들을 교육하고 지도하는 교사 및 관리자들이 교육현장에서 영재교육대상자들을 발굴하고 영재교육프로그램을 통하여 이들의 잠재된 영재성을 발굴하고 계발하는 데 도움을 줄 수 있는 영재교육의 목적 및 현황, 영재의 특성, 선발 방법 분석, 그리고 영재교육방법과 운영의 방안과 실제 등에 대한 깊이 있는 성찰과 개선 방향 모색이 필요하다고 사료된다.

Ⅱ. 창의성 계발을 위한 영재교육의 개관

1. 영재교육의 목적 및 현황

가. 영재교육의 필요성 및 목적

영재교육의 필요성은 개인적인 측면과 사회·국가적인 측면으로 나누어서 고찰해 볼 수 있다. 개인적인 측면으로 보면 영재 학생들은 다른 모든 개인들처럼 자기에게 맞는 교육을 받아 자신의 잠재력을 최대로 계발할 권리가 있다는 것이다. 현재의 학교교육 체제하에서 그 능력을 충분히 발휘하지 못하고 타고난 잠재력을 사장당할 우려가 있는 학생들을 위하여 우리나라 헌법 제31조에서 규정하고 있는 '국민의 교육기본권'으로서 아주 중요한 '누구나', '능력에 따라', '균등하게 교육받을 권리' 등을 보장하기 위한 수단이 될 수 있다.

사실 국가 차원에서의 영재교육은 '한 사람의 영재가 수백만 명을 먹여 살릴 수 있다'는 이유, 즉 창의적인 인재의 육성·활용이 21세기 세계화 시대인 지식기반사회의 국가경쟁력을 좌우한다는 사실 때문에 필요하다.

이러한 개인적·국가적인 차원의 필요성에 따라서 영재교육의 목적은 영재들의 잠재력을 최대한 계발하여 그들의 자아실현의 욕구를 실현시켜 줌으로써 그 결과 우수인재를 통한 국가 경쟁력 강화를 함께 도모하는 데 있다.

나. 영재교육의 추진 경과

한국 교육의 새로운 개혁의 전환점인 1995년 '5·31 교육개혁보고서'에서 영재교육의 필요성과 강화의 내용을 공식적으로 처음으로 언급한 이후, 2000년 '영재교육진흥법'을 제정·공포되고, 2002년 '영재교육진흥법 시행령'을 제정·공포하여 영재교육이 공교육 체제하에서 보다 체계적이고 종합적으로 이루어질 수 있는 토대를 마련하였다. 시행령 공포 이후 대학교 부설 과학영재교육센터를 과학영재교육원으로 개칭하게 되었다. 이후 대한민국 정부 수립 후 최초의 영재교육에 관한 정부 차원의 종합적인 대책인 '제1차 영재교육진흥종합계획'('03~'07)이 발표되고, 이 계획에는 2007년까지 전체 학생의 약 0.5%가 영재교육을 받을 수 있도록 하였다. 2005년 12월 7일 '영재교육진흥법개정안'이 국회를 통과하면서 시행령 일부개정안이 공포(영재교육대상자 선발권자를 교육감에서 영재교육기관장으로 변경 등)되었다. 그리고 2007년에는 '제2차 영재교육진흥종합계획'('08~'12)이 발표되어 지난 '03~'07년까지를 도입기로 본다면 '08~'12년까지를 발전기로 보고, 2012년 이후에는 전체

초·중·고교 학생의 1% 정도(7만여 명)에게 영재교육기관별로 특성화된 영재교육을 제공할 것을 목표로 영재교육 정책을 추진하고 있다.

다. 영재교육진흥법의 이해

한국의 영재교육진흥법에 의하면 영재란 재능이 뛰어난 사람으로서 타고난 잠재력, 창의력(창의성)을 계발하기 위하여 특별한 교육을 필요로 하는 자로서 정의되며, 이러한 영재를 대상으로 각 개인의 능력과 소질에 맞는 교육내용과 방법으로 실시하는 교육을 영재교육이라 한다. 영재교육진흥법에 규정한 영재교육기관은 단위학교나 지역공동으로 운영되는 영재학급, 교육청 또는 대학(교)부설 형태로 운영되는 영재교육원, 그리고 영재학교이다. 영재학급과 영재교육원에서 제공하는 영재교육은 프로그램 형태로 제공되는 일종의 비정규교육과정인 반면 영재학교의 영재교육은 정규 학교교육과정이다. 현재 영재학교는 부산에 있는 한국과학영재학교, 서울과학고등학교 등이다. 영재학교의 특징은 영재교육진흥법에 적용을 받으며 학생 선발 및 교육과정이 대폭 자율화되었으며, 무학년 졸업학점제, 제1·2학년 전원 연구교육(R&E) 프로그램 운영 등 과학영재들을 위한 차별화된 심화 프로그램을 제공하고자 한다.

또한, 영재교육진흥법에서는 ① 일반 지능, ② 특수 학문 적성, ③ 창의적 사고 능력, ④ 예술적 재능, ⑤ 신체적 재능, ⑥ 그 밖의 특별한 재능에 대하여 뛰어나거나 잠재력이 우수한 사람 중 영재교육기관의 교육영역 및 목적 등에 적합하다고 인정하는 자를 영재교육대상자로 선발할 수 있다고 명시하고 있다.

라. 우리나라 영재교육의 현황

2014년 현재 전국 시·도 교육청(교육지원청) 산하에 408개의 영재학급과 216개의 영재교육원, 그리고 38개의 대학부설 영재교육원으로 총 663개의 기관에서 영재교육 프로그램을 제공하고 있다. 영재학교의 학생을 포함하여 2007년 현재 총 46,006명의 초·중·고교 학생이 영재교육을 받고 있다. 전체 영재교육대상자 중 초등학생이 48.6%, 중학생이 46.3%로 초·중등 학생이 약 94.9%로 대부분을 차지하였고, 고등학생은 약 5.1%에 불과하였다. 영재학급은 초등학생의 비율(17.4%)이 중학생(8.7%)보다 높았으며, 교육청(교육지원청) 영재교육원은 중학생의 비율(27.8%)이 초등학생 비율(25.8%)보다 약간 높았으며, 대학 부설 과학영재교육원은 중학생의 비율(8.7%)이 초등학생 비율(5.4%)보다 높았다.

분야별로는 과학 12,971명, 수학 11,334명, 수학·과학 통합 13,687명으로 이는 전체 영재교육대상자의 약 82%를 차치함으로써 우리나라 영재교육은 현재까지 과학과 수학 분야를 중심으로 이루어지고 있으나, 점차 발명, 언어, 예술, 인문사회, 체육 등과 같은 다양한 분야로 확대되어 이루어지고 있다. 우리나라 영재교육대상자의 비율은 전체 학생의 약 0.5%로 영재교육을 실시하고 있는 다른 나라들에 비해서 아직 미흡한 실정이다.

2. 영재의 특성과 영재 선발 방법

가. 영재의 지적·정의적 특성

영재들은 신장, 외모, 피부색, 인지능력, 언어능력, 흥미, 학습양식, 동기, 성격, 정신건강, 자아개념, 습관과 행동 등 여러 가지 측면에서 서로 다르다. 일반적으로 영재에 대한 연구에서 많이 반복적으로 발견되는 영재들의 지적 정의적인 특성에 대해서 살펴보면 다음과 같다.

1) 영재의 지적 특성

일반적으로 영재성을 가진 영재들의 지적 특성을 제시하면 다음과 같다.

첫째, 조숙한 언어 및 사고력이다. 일부 영재는 생후 7개월경에 말을 시작한다. 영재 중에는 말을 늦게 시작하는 아동도 있지만 일단 말문이 트이면 급격히 언어 능력이 발달한다. 그러나 모든 영재들이 글을 빨리 읽는 것은 아니다. 예를 들어, 아인슈타인은 8세가 되어서야 비로소 글을 읽을 수 있었다고 한다. 또한 이들은 매우 이른 시기에 쓰기를 시작한다.

둘째, 영재들은 일반 학생들보다 사고가 빠르고 논리적이다. 이들은 호기심이 많고 학습에 대한 동기가 강해서 계속적으로 질문을 한다. 또한 이들은 질문 능력, 인과 관계 이해력, 수렴적인 문제해결력, 지구력, 통찰력 등이 뛰어나다.

셋째, 영재들의 높은 수학적 능력과 예술적 능력은 언어적·개념적 능력과 더불어 조기에 나타난다. 특히 음악적 영재성은 주로 1~2세에 나타나는데, 이것은 다른 자질 및 기술보다 빠르게 발현된다. 모차르트는 4세에 하피시코드 협주곡을 연주하였다. 일찍이 영재성을 발휘한 것이다.

넷째, 영재의 두드러진 특성 중의 하나는 동기가 높고 지구력이 강하다는 것이다. 특히 오늘날 영재교육에서는 창의성 계발을 크게 강조하고 있는데, 특히 성취동기와 과제 집착력에 초점을 맞추고 있는 점을 유념해야 할 것이다. 영재들은 유의미한 목표와 활동이 제시되면 반드시 이를 성취하고자 하는 과제집착력이 남들보다 뛰어나다.

2) 영재의 정의적 특성

한편, 영재들이 구유(具有)한 정의적 특성을 요약하면 다음과 같다.

첫째, 하나의 일치된 연구결과는 없지만, 매우 우수한 영재들에게서는 정서적인 문제로 정서적인 예민성과 과도한 흥분이 나타나기도 한다. 터만(Terman)의 연구에서는 영재들의 정신건강이 매우 양호한 것으로 나타났지만, 홀링워스(Hollingworth)는 잘 적응하지 못하는 영재들을 위하여 영재상담이 반드시 필요하다고 주장한다.

둘째, 영재들은 자신감이 높고 독립심이 강하다. 또한 이들은 높은 내적 책임감과 강한 책임감을 가지고 있음으로 스스로 높은 목표를 설정하여 그것을 성취하고자 노력한다.

셋째, 영재들은 구조화된 과제보다는 구조화되어 있지 않고 융통성이 요구되는 과제를 좋아하며, 학습에 직접적인 참여자가 되기를 좋아하며, 이들은 청각, 촉각, 시각, 운동 감각 등을 사용해서 학습하기를 좋아한다.

넷째, 영재들은 유머 감각이 뛰어나다. 사리분별이 명확하고 생활의 여유를 갖고 연구와 성찰 등을 즐기면서 수행한다.

다섯째, 영재들은 가치와 도덕적 문제에 매우 민감하다. 특히 영재들은 사회 문제에 많은 관심을 갖는다. 따라서 모든 영재들은 대체로 사회성이 뛰어나다.

나. 영재성의 개념 정의와 핵심 요소

최근 세계적으로 영재와 영재교육에 대한 연구가 매우 활발하다. 교육자들 사이에 영재 학생들은 그들의 학습능력에 도전받기 위한 전문적인 교육과정이 필요하다는 것에 대해서는 일반적인 합의가 있을지라도, 영재성에 대한 하나의 합의된 정의가 없는 것이 사실이다. 실제 하나의 영재교육 시스템에서는 영재에 대한 개념적인 정의를 내린 후에만 영재성 선발과정에서 사용할 수단과 절차를 체계적으로 선택할 수 있다. 예를 들어 영재성을 높은 지능, 창의성, 동기 그리고 리더십으로 구성된 것으로 정의하였을 때 이들 구성요소 중에서 앞의 세 가지를 평가되어야 할 것, 마지막이 개발되어야 할 것이라고 결정했다면, 선별과 판별 체제는 앞의 세 가지 요소(높은 지능, 창의성, 동기)를 소유한 학생들을 찾기 위하여 만들어져야 한다. 교육과정은 리더십 기술을 개발하는 동안 학생들의 지능, 창의성, 동기가 강화될 수 있도록 설계되어야 한다.

넓은 의미의 영재성 정의는 영재성 연구학자인 렌줄리(Renzulli)의 영재성에 대한 세 고리 개념이 일반적으로 받아들여지고 있다. 이는 평균 이상의 능력, 창의성, 그리고 과제 집착력이다. 렌줄리(Renzulli)에 따르면, 비록 아이들이 영재로 판별되기 위해서 세 가지 요소 모두를 가지고 있을 필요는 없을 지라도, 잠재력은 체크리스트와 이들 세 영역의 다른 측정도구들을 통하여 판별될 수 있다.

다. 영재 선발 방법

1) 영재판별의 원칙

선행연구들은 판별 시스템이 영재교육 프로그램을 필요로 하는 학생들을 판별하기 위하여 몇 가지 원칙들이 있음을 시사하고 있다.

첫째, 영재, 영재성 및 영재아의 특징과 같은 영재 관련 기본 개념에 관한 정의가 잘 되어 있어야 한다.

둘째, 영재성의 정의와 판별은 일관성이 있어야 한다.

셋째, 단계별, 다면적인 영재 판별 전략이 필요하다. 학생들은 다양한 방법으로 재능을 표현할 수 있음에 주의해야 한다.

넷째, 가급적 조기부터 실시해야 하며, 지속적으로 이루어져야 한다.

다섯째, 판별 대상의 수준, 연령 등을 고려해야 하고, 충분히 수준 높은 검사를 실시하여야 한다. 예를 들어, 중등학교 학생 이상의 연령 대상자는 구체적인 영역별·과목별 판별이 적합한 반면, 연령이 낮은 초등학교 학생 이하의 대상자의 경우 일반적인 능력 범위 안에서 측정하는 것이 적합하다.

여섯째, 여러 가지 방법을 다양하게 종합적으로 활용해야 한다.

일곱째, 배타성보다는 포괄성의 원칙에 입각하여 판별을 실시한다.

2) 한국의 영재교육대상자 선발 절차

우리나라에서의 영재교육대상자 선발은 각각의 영재교육기관에서 영재교육진흥법의 틀 안에서 세부적으로 다양하게 이루어지지만 대부분은 다음과 같은 다단계 절차를 거쳐서 이루어진다.

① 제1단계: 추천(교사)
② 제2단계: 영재성 검사(창의성, 언어, 수리논리, 공간지각)
③ 제3단계: 학문적성 검사(수학, 과학, 정보과학, 기타)
④ 제4단계: 심층면접 및 캠프(Camp) 활동

라. 교사 추천 방안

일반적으로 표준화된 성취도 검사와 지능 검사가 영재 학생들을 선발하는 데 있어서 결정적인 역할을 할지라도, 미국의 많은 학구에서는 영재교육대상자의 전체 선발 시스템의 일부로서 비형식적인 교사의 학생 평가를 포함한다. 선행연구들에 의하면 영재교육대상자를 추천할 때 교사들은 영재전문가들과는 달리 학생들의 강점보다 약점에 더 초점을 맞추고, 창의성, 리더십 그리고 자동차 기술보다 학문적인 수행과 관련이 있는 기능(skill)에 더 초점을 맞추는 경향이 있었다. 따라서 교사들은 다양한 학생들의 영재 영역을 인식하고 평가하도록 훈련되어야만 한다. 영재 학생을 판별해야 하는 학급 교사들은 왜 학생들이 영재가 아닌가에 대한 이유를 찾기보다는 영재성을 나타내는 특징을 판별하도록 고무되어야 할 것이다.

또한 교사들이 영재교육프로그램에 참여할 학생을 추천할 때는 다음과 같은 자료 및 방법을 활용할 수 있다.

첫째, '영재교육대상자 선발을 위한 교사 추천 양식', '학부모 지원서', '학생 지원서'를 활용한다.

둘째, 교사용 '영재 행동 특성 체크리스트' 및 학생용 '리더십 특성 검사' 및 '학부모용 행동 체크리스트'를 활용한다.

셋째, 내신 점수, 적성검사, 지능(IQ) 검사, 흥미검사, 가정환경, 사교육 경험 등의 기타 참고자료를 활용한다.

넷째, 영재교육기관 평가 시 교사 추천과정 및 시스템을 평가하여 기록으로 남기고 지속적으로 개선하고자 한다. 개선노력에 대한 증거물을 남겨 두어 교사 추천 타당성에 대한 학부모 등의 민원제기 시 설득·설명 자료로 활용한다.

Ⅲ. 창의성 계발을 위한 영재교육의 방법

1. 영재교육의 방법

가. 속진교육

속진교육은 "교육 프로그램을 같은 나이 또래의 학생에게 실시하는 속도 또는 전통적인 속도보다 빨리 진행하는 것"이라고 정의된다.

1) 교과목별 속진

특정 교과에서 동급생보다 더 높은 성취수준을 보이는 학생으로 하여금 원래 자기가 속하던 학년에 머물게 하면서, 높은 성취를 모이는 교과에 한해서만 동급 학년보다 더 높은 학년의 교육과정을 이수하게 하는 것이다. 주로, '학년 혼합 학급', '사사 제도', '과외 활동', '고등학교에 대학 과목 개설(Advanced Placement: AP, 고교에 대학교 교과목을 개설 또는 고교 학생이 대학교에 가서 수상 등)' 등의 방법이 가능하다.

2) 학년별 속진

학년별 속진은 거의 모든 교과에서 동급생보다 더 높은 학업성취수준을 보이는 학생으로 하여금, 상급 학년에 배치하여, 전 과목에 걸쳐서 상급 학년의 교육과정을 이수하게 하는 것이다. 주로, '유치원 및 초등학교로의 조기 입학', '중·고등학교 및 대학교로의 조기 입학', '조기 진급(월반)', '조기 졸업' 등의 방법이 가능하다.

3) 교육과정 종합 함축

교육과정 압축은 동급생보다 더 빠른 속도로 교육과정을 이수할 수 있다고 판단되는 학생으로 하여금, 자기가 속한 학년 또는 상급 학년에 속해 있으면서, 교육과정의 일부라도 배우지 않고 뛰어넘는 일 없이 더 빠른 속도로 교육과정을 이수하게 하는 것이다. 교육과정 압축은 그 자체가 하나의 속진교육의 방법이기도 하지만 교과별 또는 학년별 속진을 위한 준비 과정에 활용되는 방법이기도 하다.

다만 유념해야 할 점은 교육과정 종합 함축이 교육과정 내용을 생략하여 줄이는 것이 아니라, 모든 내용을 체계적으로 종합하여 '핵심 요소' 중심으로 모두 이수하는 방법이라는 점이다.

나. 심화교육

속진교육이 주어진 정규교육과정을 정상보다 빠른 속도로 진행하는 것과는 달리, 심화교육은 정규교육과정의 폭과 깊이를 보다 확장시켜 가르치는 것이다. 속진교육에서와는 달리 심화교육에서는 학생은 원래 자기가 속해 있는 학년에 머물러 있게 된다. 심화교육과정의 운영 형태로는 ① 개인 학습(independent study), ② 학습 센터(learning center), ③ 토요일 프로그램(saturday programs), ④ 여름·교육 방학 프로그램(summer programs), ⑤ 사사학습(mentorship), ⑥ 경시 대회, ⑦ 미래 문제의 해결(Future Problem Solving: FPS), ⑧ 인터넷 활용 등이 있다.

사실 심화교육과 속진교육은 논쟁의 여지가 많은 문제이다. 얼핏 보기에는 속진과 심화교육 간의 구분이 간단한 것 같지만, 엄밀하게 분석해 보면 속진과 심화는 많은 부분이 중첩되어 있고 명확하게 구분하기도 어렵다. 잘 설계된 영재교육 프로그램은 속진과 심화의 기회를 모두 제공해 주어야 하며, 창의성 계발이라는 영재교육의 목적을 염두에 둔다면 속진보다는 심화교육에 중점을 두어야 한다.

다. 영재의 집단 편성

1) **전일제 동질 집단 편성:** 영재 특수학교, 학교 내 학교, 특수학급 등이 가능하다.
2) **전일제 이질 집단 편성:** 가능한 형태로는 5~10명의 영재들과 15~20명의 보통 학생들로 하여금 하나의 정규학급을 구성하는 것이다.
3) **시간제 집단 편성**

① 풀 아웃(Pullout) 프로그램: 영재들은 1주일에 2~3시간 정규 학급에서 나와 특별 심화학습을 받기 위해 영재를 담당하는 교사가 있는 특별반 혹은 자료실로 간다.
② 자원센터 프로그램: 자원센터 프로그램에서는 특정한 교육청·교육지원청에 속해 있는 영재들이 1주일에 1~2회 특별한 설비를 갖춘 자원센터나 심화학습실로 이동하는 것을 이용한다.
③ 시간제 특수학급: 전통적으로 미국 워싱턴 주 시애틀에서 시행되고 있는 'Project Horizon'에서 초등학교 영재들은 학교에서 보내는 시간의 50~70% 동안을 특수학급에서 수업을 한다.

2. 영재교육 운영의 실제

가. 우리나라 실정에 맞는 영재교육의 운영 형태

실제 교육 현장에서 가능한 영재교육 운영의 형태는 ① 상설 영재학급, ② 과목에 따라 수준별 이동수업, ③ 우수학생 개별 독립학습 또는 소집단별 연구프로젝트 지원, ④ ICT 활용 학습 등이 있고, 영재 학급의 운영에 대해서는 ① 특별활동 시간을 이용, ② 방과 후 교육활동 시간을 이용, ③ 동아리활동을 이용하는 방법 등이 있다.

영재 학급 내에서 수업 운영은 영재 학생들의 수준을 고려하여 여러 가지 방법으로 이루어질 수 있다. 여기에 능력별 수업 제공을 위한 몇 가지 가능한 방안을 제안하면, ① 우수

한 영재학생들을 한 집단으로 하고, 나머지 영재학생들을 골고루 섞어서 운영하는 방법, ②
우수한 영재학생들을 각각의 집단에 고르게 분포시키고, 나머지 영재학생들도 모두 고르게
분포시키는 방법, ③ 우수한 영재학생들과 조금 덜 우수한 영재학생들을 순차적으로 2~3
개의 집단으로 분류하는 방법 등이 있다. 분류기준으로는 수행 평가결과, 보고서, 자체 개
발한 검사 도구를 통한 평가 자료 등을 활용할 수 있고, 집단의 수는 영재학생들의 특징
및 영재학급의 특징을 고려하여 적절하게 선정할 수 있다.

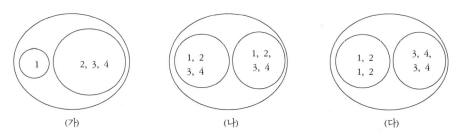

(단, 1: excellent, 2: very good, 3: good, 4: potential)

[그림 V-1-1] 영재 학급 내에서 수준별 수업형태

나. 바람직한 영재교육기관의 운영 방향

한국의 '제2차 영재교육진흥종합계획'('08~'12)에서는 영재학급과 영재교육원을 포함한
영재교육기관 운영의 기본 방향에 대해서 명시를 하고 있다. 영재학급의 운영 기본 방향은
초등학교 학생들부터 중등학교 학생들에 이르기까지 지역 여건을 고려한 통합교육 위주의
영재교육 프로그램을 제공하는 것이다. 그 세부적인 내용 중 영재학급의 특성화 유형 및
방향에 대해서 고찰하면 다음과 같다.

① 지역에 따른 영재학급 운영 유형의 특성화가 있다.

② 학교급에 따라 영재학급 운영 유형 특성화(예: 중학교 단계에서는 분야별 심화교육,
고교 단계에서는 분야별 전문 교육 중심의 영재교육 프로그램 제공)가 있다.

③ 정규교육과정 내 운영 확대(단위학교 영재학급에서 정규교육과정 내 운영 방안 모색
을 위한 정책연구학교운영 성과 분석 후, 정규교육과정 내 영재학급 운영 점진적 확
대 검토) 등이 모색되어야 한다.

영재교육원의 운영 기본방향은 초·중·고교 학생을 중심으로 지원 기관을 고려한 통합교
육 및 분야별 특화된 영재교육프로그램을 제공하는 것이다. 세부적인 내용은 다음과 같다.

① 영재교육원별 특화 운영(예: 교육청별 영재교육프로그램 특화)이다.

② 영재교육원 운영 방식 개선[예: 집중적인 영재교육, 정규 수업시간(주 1~2회) 시범 운영]이다.

③ 부처별 영재교육원 운영 특성화[예: 교육청·교육지원청 영재교육원은 통합교육 및 분야별 교육 병행, 과학, 예술, 발명, 정보통신(IT) 영재교육원은 해당 분야 집중 교육 실시 등]이다.

한편, 영재교육기관의 운영 기본 방향과 선행연구들을 바탕으로 일선 영재교육기관의 바람직한 운영 방향을 모색해 보면 다음과 같다.

첫째, 영재교육 프로그램을 다양화하고 차별화한다.

영재교육 프로그램이 일반 학교교육과 차별화되지 못하면 영재성과 학업성취도를 동일시하는 잘못된 현상이 나타날 수 있다.

둘째, 개별 학생의 특성 및 수준을 고려한 맞춤형 영재교육을 실시한다.

일반적으로 영재들은 자신의 능력과 성취수준보다 2~3학년 낮은 수준의 학년에서 매년 잡혀 있는 동안 자연스럽게 그들의 열정을 완전히 잃게 된다. 대다수는 나쁜 상황을 극복하고 꽤 잘 수행하지만, 상당수의 학생들은 반항적으로 자라거나 혹은 꿈과 희망(dream & vision)을 잃게 된다.

셋째, 영재교육프로그램에서 인성 및 정의적 영역도 고려한다.

선행 연구들은 가장 성공한 자와 가장 실패한 자를 분석한 결과 성공 여부를 결정짓는 것은 성격적 요인임을 밝혀냈다. 인지 영역의 계발이 '일을 하는 지적 능력'을 쌓는 것이라면, 정의적 영역의 계발은 '일을 할 수 있게끔 해 주는 정신적 능력'이라고 할 수 있다.

넷째, 선발과 운영을 융통성 있게 한다.

일반적으로 다단계 선발 절차에 따라서 영재교육대상자를 선발하는 것이 바람직하지만, 영역별·지역별·영재교육기관별로 선발을 다르게 할 필요가 있다. 예를 들어, 사회적 배려가 필요한 학생(예를 들어, 장애인, 다문화 가정 자녀, 저소득층 자녀 등)은 교사 추천만으로 당해 영재교육 기관의 '영재선정심사위원회'의 심의를 거친 후 선발될 수 있도록 하는 방안도 강구될 필요가 있다.

다섯째, 학부모 교육 및 연수의 기회를 확대한다.

정기적인 학부모 교육 및 연수를 통해 영재성에 대한 적절한 개념, 영재학생 판별, 그리고 영재교육 프로그램 운영에 대한 전반적인 인식을 고취시킬 수 있는 기회를 제공해야 한다.

Ⅳ. 맺고 나오는 글

세계화·지식정보화 시대인 현대 교육의 화두는 미래의 주역인 학생들의 창의성 계발이다. 그리고 이 창의성 계발은 영재교육 및 영재교육 기관(시설) 운영으로 구현하려고 하고 있다. 최근 언론에서 국가 차원의 우수 인재 발굴 및 양성이라는 목적에 바탕을 둔 영재교육에 대한 높은 관심을 갖고 집중적으로 홍보·보도하고 있다. 그러나 학교 내 수월성 교육과 영재교육을 입시경쟁에서 앞서기 위한 수단으로 생각하는 일부 학부모들의 잘못된 인식과 학업성취도와 영재성을 동일시하는 사회 일반의 잘못된 인식으로 인하여 영재교육이 사교육을 부추길 수 있다는 우려의 목소리가 있는 것도 사실이다. 하나의 교육 정책이 바르게 뿌리를 내리고 성장을 하기 위해서는 끊임없는 제도 개선과 법적인 정비와 전문가들에 의한 연구도 필요하겠지만, 더욱 근본적인 것은 영재교육대상자를 비롯한 영재 학부모, 영재 지도 담당 교사 및 교장·교감·장학사·장학관·교육연구사·교육연구관 등 관리자 등 모든 분야의 영재교육에 대한 인식 전환이 선행되어야 한다.

영재교육 현장에서는 영재학생들에게 단편적으로 많은 지식을 투입하려고 하기보다는 그들의 잠재성을 이끌어 내어서 스스로 영재성을 발휘할 수 있는 환경을 제공해 주어야 할 것이다. 우선 영재 학생들이 영재성을 발현할 수 있는 여건이 마련되어야 하는 것이다.

즉 영재교육은 과거의 진부한 암기식 지식의 인지가 아니라 활성화된 산지식과 정보를 바탕으로 한 잠재적인 창의성 계발에 초점을 맞추어야 한다. 인지심리학적으로 세상의 모든 사람들은 한 가지 이상의 우수한 잠재적 능력을 타고나는데, 내재되어 잠자고 있는 이 잠재적 창의성을 이끌어 내는 것이 곧 영재교육의 핵심적 초점이라는 점을 명심해야 할 것이다.

결국 21세기 세계화 시대의 영재교육은 영재 대상 학생들에게 알맞은 영재 영역의 잠재적 가능성을 발휘할 수 있도록 돕고 보살피는 데에서부터 출발해야 한다.

영재교육은 많은 지식을 암기, 주입, 강의하는 것이 아니라 선택과 집중 차원에서 잠재적 가능성을 보이는 영재영역의 꿈과 귀를 충실하게 발휘하도록 돌봐 줘야 한다. 그런 의미에서 본다면 영재교육 교사들의 안내와 지원의 바탕 위에서 학생들 스스로 잠재적 가능성을 다양하게 실현하도록 이끌어 주어야 한다.

제2장 세계화·지식정보화 시대의 정보통신윤리교육 제고 방안

I. 들어가는 글

정보통신기술의 혁신에 따라 우리 사회는 자본과 노동의 투입에 의해 성장·발전되던 산업사회에서 지식·정보의 창출과 유통에 기초한 지식기반 사회로 변화하고 있다. 지식기반 사회에서의 경쟁우위를 확보하기 위해서는 지식·정보의 창출과 활용을 위한 정보통신 기술개발이 매우 중요하며, 특히 이의 핵심이 되는 원천기술의 확보는 절대적이라고 할 수 있겠다. 이와 함께, 국민 복지의 향상이라는 측면의 복지서비스 제공은 정보통신기술의 응용을 통해서만이 가능하며, 정보통신분야의 원천기술 확보 정도는 향후 국가 경쟁력을 좌우할 수 있는 잣대가 될 것으로 예상된다.

현재까지 선진국은 오랜 역사 속에서 이루어진 과학적 경험을 기반으로 하여 원천기술을 창출하고 이를 새로운 상품과 서비스에 응용함으로써 새로운 가치를 창조하고 기술과 시장을 석권해 왔다. 이러한 흐름의 또 하나의 예로써 1990년대에 이르러 본격적으로 가시화되어 온 생명공학기술(biotechnology)은 기술 선진국들의 관심을 집중시켰으며, 대규모의 투자를 통하여 미국 등은 최근에 인간의 유전자 염기서열을 밝히기 위한 인간게놈 프로젝트(Human Genome Project: HGP)의 완결을 선언하게 되었다. 이를 통하여 생체와 유전자 및 단백질 정보의 획득·저장·분석·검색을 아우르는 생물정보학(bioinformatics)의 분야가 첨단 학문의 한 축으로써 급속도로 발전하고 있으며, 이와 함께 정보통신기술(information technology)을 이용한 원격진단 및 진료 등 의료복지 서비스의 첨단화가 이루어지고 있다. 이와 같이 앞으로 더욱 치열해질 것이 확실한 기술 및 시장의 선점을 위하여 바이오 정보통신 분야에 관한 원천기술의 개발과 이의 실용화, 그리고 신규시장 창출을 위한 연구가 절실히 요구되고 있다.

21세기 세계화 시대, 지식정보화 시대를 맞아 자라나는 미래 세대인 청소년들에 대한 정보통신윤리교육은 더욱 중요하게 되었다. 지식과 정보의 폭발적 증가 시대를 맞아 이를 바르게 활용하고 가상 공간에서 예절과 도덕을 준수하는 바람직한 민주시민교육으로서 정보통신윤리교육은 매우 중요한 의의를 갖는다. 특히 청소년들과 학생들이 사이버 공간에서 질서와 도덕, 예절 등을 준수하고 정보와 지식 및 통신 등을 오용과 남용을 하지 않도록 하는 기초·기본교육이 더욱 강조되어야 한다.

Ⅱ. 정보통신기술의 이해

1. 정보통신기술의 발달

21세기 세계화 시대에 우리가 접하는 가장 커다란 변화는 정보통신 기술의 발전과 그것에 의해 파생되는 새로운 사회적 변화이다. 이미 저궤도 통신위성, 개인용 휴대전화, 가상현실, 멀티미디어 서비스, 근거리 통신망과 인터넷, 쌍방향 텔레비전 및 개별 신문, 신경망이나 인공지능 컴퓨터 등 다양한 분야에서 현재 놀라운 변화가 일어나고 있고, 이들 정보통신 분야의 발전은 21세기 초부터 우리의 생활을 새로운 정보화 사회로 이끌게 될 것이다. 정보화 사회의 진행에 따라 나타나는 현상으로는 우선 미디어와 통신망의 통합을 들수 있다. 즉 미래에는 과거에는 서로 다른 장르 내지 분야를 점유하고 있던 컴퓨터, 통신, 연예, 방송, 신문, 오락 등의 여러 표현 매체들이 서로 통합이 되어 나타날 것이다. 표현매체의 통합은 서로 다른 맥락에서 발전하던 전화, 케이블 TV, 방송망, 무선통신망 등의 통합에 의해서 더욱 가속화될 것이다. 즉 컴퓨터, 전화, 팩시밀리, 텔레타이프라이터, 이동통신 등등의 수많은 통신망들을 하나로 통합하는 종합정보통신망의 시대가 현실적으로 다가오고 있다.

2. 정보통신기술의 특징

일반적으로 정보통신기술이란 정보의 수집, 가공, 저장, 검색, 송신, 수신 등 정보 유통의모든 과정에 사용되는 기술수단을 총체적으로 표현한다. 그러나 대부분 '정보통신' 하면 컴퓨터, 인터넷을 떠올리고 있으며, 정보통신기술 역시 이들을 구현하는 개념으로 이해하고있다. 따라서 정보통신기술은 반도체로 대표되는 소자(素子) 기술, 컴퓨터로 대표되는 정보처리기술, 광섬유 전송기술 등 통신기술이 합쳐진 것이며, 한 마디로 하드웨어와 소프트웨어의 결합이라고 할 수 있다.

정보통신 기술의 발달로 정보를 훔치거나 전달하는 일이 아주 빠르게 일어날 수 있고, 행위 순간의 탐지가 거의 불가능하다. 더구나 우리는 속도감에 매료되기 쉽다. 속도는 우리의 도덕 감각을 무디게 만드는 나름의 유혹이 되고 있다.

컴퓨터 관련 기술의 발달은 가정이나 사무실에서 컴퓨터를 통한 비윤리적 행동을 익명으로 아무런 거리낌 없이 할 수 있게 만들고 있다. 여기에는 아무도 보지 않는 가운데 어떤 일을 해낼 수 있다는 일종의 흥분감마저 작용하고 있는 듯하다.

오늘날 전자 매체는 원래의 정보를 제거하거나 훼손시키지 않고도 훔칠 수 있다. 우리가 다른 사람의 파일을 몰래 훔쳐보거나 전용하더라도, 그 파일은 전혀 손상되지 않은 채 남아 있다. 이러한 까닭에 위반자는 실제로 훔친 것이 아무것도 없으며, 피해자도 도난을 당한 것이 아무것도 없다는 생각을 갖도록 만든다.

일반적으로 사람들은 자신의 기술이나 기능을 이용하여 어려운 문제들을 해결했을 때, 어떤 성취감을 느낀다. 더구나 다른 지적인 사람들에 의해 만들어진 보안 장치들을 무력하게 만들고 다른 컴퓨터 체계에 처음으로 침투해 들어갔을 때 많은 사람들은 드디어 큰일을 해냈다는 그릇된 성취감을 갖기 쉽다.

Ⅲ. 정보통신과 사이버 공간(cyber space)

오늘날은 급격한 변화와 함께 정보 사회가 대두되었다. 그야말로 사이버 시대라고 일컬어지고 있다. 사이버 시대가 도래하면서 인간관계의 양상은 매우 달라졌으며, 새로운 인간관계의 양식을 창출하게 되었다. 따라서 최근에는 인터넷 심리학이라는 새로운 학문이 등장할 만큼 사이버 매체는 우리 삶의 매우 깊숙한 곳에 자리하고 있다. 이러한 변화는 인간관계의 질과 양에 많은 변화를 가져오고 있다.

사이버(cyber)는 어떤 장치에 의해 존재하는 것을 실재 물리적 공간에서 벗어나 시청각으로만 접하는 전자 접촉을 의미하며, 컴퓨터를 통해 이루어지는 것을 대표하는 의미로 쓰이고 있다. 사이버 공간은 더 이상 우리의 생활과 별개의 자리에 있지 않다. 인터넷이 우리에게 미치는 영향은 매우 크며, 무엇보다도 개인의 정체성과 관련이 크다고 볼 수 있다. 사이버 공간은 개인이 자신의 정체성을 드러내지 않는 상태에서 자신에게 억압되었던 생각이나 사상 등을 자유스럽게 표현할 수 있는 공간을 갖게 되었다. 또 익명성을 가지고 자신의 의사나 생각의 자유를 누리는 것은 대체적으로 긍정적인 측면을 가지고 있다고 주장한다. 즉 인터넷 세상에는 개개인이 가지고 있는 고정관념에서 벗어나 좀 더 융통성과 유연성을 가질 수 있고, 평소의 남의 시선에 대한 의식에서 자유로워질 수 있다. 표현도 훨씬 자유로워진다. 따라서 사이버 공간에서는 낯선 사람들과의 만남조차도 매우 친밀감을 갖고 표현 또한 매우 쉽게 할 수 있다.

사이버 공간에서는 인간관계가 보다 빠르고 가깝게 맺어지는 반면에 익명성으로 인해서 발생하게 되는 인간의 공격성이 직접적으로 표현된다. 상대방에 대한 배려 없이 자신의 감정적인 노출이 매우 적극적으로 이루어지는 문제점이 두드러지게 증가하고 있다.

Ⅳ. 정보통신윤리의 개념과 중요성

1. 정보통신윤리의 개념

정부통신윤리를 한마디로 정의하는 것은 십지 않다. 그러나 징보통신윤리라는 섯이 정보사회에서 특히 필요하고 요청되는 윤리라는 점에 대해서는 어느 정도 의견의 일치를 볼 수 있기 때문에 잠정적으로 정보통신윤리를 "정보사회에서 야기되고 있는 윤리적 문제들을 해결하기 위한 규범 체계로 단순히 정보통신기기를 다루는 데 있어서뿐만 아니라 정보사회를 살아가는 데 있어서 옳고 그름, 좋고 나쁨, 윤리적인 것과 비윤리적인 것을 올바르게 판단하여 행동하는 데 필요한 규범적인 기준 체계"로 정의할 수 있다.

2. 정보통신윤리의 성격

전통적으로 윤리는 앞으로 일어날 일을 예방하는 기능보다는 이미 일어난 일에 대한 도덕적 평가에 초점을 맞추어 왔으며, 그 결과 늘 시대 변화를 제대로 따라가지 못하는 심각한 지체 현상을 겪어 왔다. 또한, 윤리 규범의 절대성과 보편성을 강조하면서도 실제로는 국지적 성격의 윤리로 기능해 왔다. 이러한 현실을 고려할 때, 정보통신윤리는 다음과 같은 기능을 수행하는 윤리가 되어야만 한다.

첫째, 정보통신윤리는 처방 윤리(prescriptive ethics)로서 정보사회에서 우리가 해야 할 것과 해서는 안 되는 것을 분명하게 규정해 주어야 한다.

둘째, 정보통신윤리는 예방 윤리(preventive ethics)로서 향후 정보통신기술의 발전에 수반될 윤리적 문제들에 대해 사전에 성찰·숙고하고 예방하도록 도와주어야 한다.

셋째, 정보통신윤리는 변형 윤리(transformative ethics)로 정보화의 역기능, 특히 사이버 공간의 무질서와 혼돈에 대한 반응으로서 출현한 것이므로 인간의 경험이나 제도, 정책의 변형 필요성을 강조해야만 한다.

넷째, 정보통신윤리는 세계 윤리(global ethics)로 국지적 윤리가 아닌 세계적·보편적 윤리가 되어야만 한다.

3. 정보통신윤리교육의 필요성

우리 생활공간의 일부가 되어 버린 사이버 공간에서 인간들은 실제 삶 속에서는 할 수 없는 다양한 의식과 행위들을 표출하고 있다. 이러한 행위들은 기존 사회의 질서와 가치관에 비추어 보면 긍정적인 것도 있고 부정적인 것도 있다.

정보화의 역기능에 대한 대응의 노력으로는 크게 세 가지로 나눌 수 있다. 첫 번째는 역기능 방지를 위한 법안을 입법하는 방법이고, 두 번째는 기술적인 대응으로 정보차단 시스템의 개발이나 정보보호 기반기술들이 있다. 세 번째는 윤리적인 대응으로, 다시 말하면 교육을 통해 올바른 가치관을 심어 주는 것이다. 첫 번째와 두 번째의 대응방법들을 통하여, 정보화의 역기능 현상을 막아 보려 했지만, 한계에 부딪히게 되고 결국 세 번째 방법, 교육적 방법이 대응책으로 부각되고 있다. 교육적 방법은 정보통신윤리교육을 함으로써 정보사회를 살아가는 사회구성원의 올바른 가치관과 행동양식을 습득해 나가는 것이다.

교육적 방법을 통하여 추구해야 할 사이버 공간에서의 윤리적 기본 가치관은 새로이 생겨날 수도 있고, 현재의 것으로 대체될 수도 있을 것이다. 전자든 후자든 인간에게 득이 되는 편리한 공간이 되도록 만들어야 한다는 사실은 변함이 없을 것이며 우리는 학생들에게 어떤 기본 가치관을 제시해 주어야 한다. 지금 당장 제시할 수 있는 가치관은 바로 배려와 책임이다. '배려'란, 다른 사람의 존재를 인정하고, 관심을 가지고 보살펴 주는 것이다. '책임'이란 서로를 보살피고 배려해야 할 우리의 적극적인 임무와 의무를 강조하는 말이다.

4. 정보통신윤리 및 정보통신윤리교육의 목적과 목표

정보통신윤리교육은 정보화 역기능에 따른 피해를 줄이기 위한 교육적 방안의 하나로 정보사회를 살아가는 사회구성원으로서 갖추어야 할 올바른 가치관과 행동양식을 심어 주는 것을 교육의 목적으로 한다.

정보통신윤리교육은 정보통신 기술을 사용하는 데 필요한 교육이라기보다 정보사회를 살아가는 데 필요한 인성함양 및 가치관 교육이기 때문에 학교에서 진행되고 있는 모든 교육활동에서 함께 이루어져야만 하는 생활교육이다. 또한 정보통신윤리교육은 실천교육이다. 단지 정보통신윤리에 대한 지식을 전달하여 이성적으로만 옳고 그름을 인지하게 하는 교육이 아니라 실생활에 직접 적용하여 실천할 수 있도록 하는 데 목적을 두어야 한다.

정보통신윤리는 정보사회에서 바람직한 인간으로 살아갈 수 있도록 다음과 같은 가치체계를 추구하는 것을 그 목표로 하고 있다.

첫째, 무엇보다도 중요한 자세는 인간 존중의 자세이다. 정보사회에서는 정보의 이용 가치나 효율성에만 매달려 인간의 존엄성을 무시하는 경향이 나타나기 쉽다. 따라서 인간의 가치를 소중히 여기려는 자세가 필요하다. 정보는 인간을 위해서 존재하는 수단적인 것에 불과한 것임을 깨닫고, 그러한 정보가 인간다움을 유지하는 데 이용될 수 있도록 하는 분별력을 지닐 필요가 있다.

둘째, 사이버 공간을 실제 공간과 함께 인식하는 자세이다. 사이버 공간에만 살고 있는 사람은 아무도 없다. 다시 말하면 인터넷을 기반으로 한 사이버 공간은 어떤 형태든지 실제공간의 모습을 반영한다. 또한 사이버 공간의 일들이 실제 공간에 큰 영향을 미친다. 사이버 공간은 나의 행위를 감쪽같이 숨겨 줄 수 있다는 생각이 다른 사람에게 피해를 줄 뿐만 아니라, 자신의 성격 내지는 생활방식을 망쳐 버리게 되는 것이다.

셋째, 자율적으로 책임을 지려는 자세이다. 정보사회에서 우리 모두는 유익하고 건전한 정보의 제공자인 동시에 수혜자가 된다. 사이버 공간에서는 타율적인 규제는 정보의 창의성을 해칠 뿐만 아니라, 거의 불가능하다. 그러나 자율성만 강조되면, 음란외설과 같은 불건전 정보의 유통은 물론이거니와, 사생활 침해, 명예훼손, 지적재산권의 침해, 무단광고 및 정보유출행위 등이 나타나게 된다. 그러므로 책임이 뒤따르게 된다. 정보사회에서는 너나 할 것 없이 스스로 주인이 되어 능동적으로 행동하고, 자기가 한 일에 대해서는 책임지려는 자세가 필요하다.

넷째, 공동체를 중요시하는 자세이다. 사이버 공간은 시간과 공간을 초월하며, 풍부한 정보와 자유 토론장이기 때문에 개인의 이익보다는 전체 공동체를 중요시하는 자세가 중요하다. 사이버 공간은 다른 사람들과 직접적으로 만나지 않기 때문에 자신의 이익을 위해서 허위정보를 유통시키고, 기업과 개인 ID와 비밀번호를 도용하여 사회에 커다란 피해를 준 경우도 많다. 사이버 공간은 나와 너, 우리가 만들어 가는 공간, 지구촌 사용자들이 함께 사용하는 공간이므로 전체의 이익을 중시하는 공동체의식이 필요한 것이다.

5. 정보통신윤리의 기본 원칙

정보통신기술이 만들어 낸 사이버 공간은 현실 세계와는 매우 다른 복잡한 특성을 가진 새로운 공간이므로, 추상적이고 복잡한 현상 속에서 우리가 규범적 판단을 내리는 데 도움이 되는 하나의 도덕적 척도나 나침반으로서의 역할을 수행할 수 있는 기본 원칙이 필요하다.

정보사회에서의 인간완성에 기여할 수 있는 네 가지 도덕적 원칙은 존중(respect), 책임(responsibility), 정의(justice), 해악금지(non-maleficence)이며, 현재 사이버 공간에서 나타나고 있는 비윤리적인 행동들은 대개가 이 네 가지 원칙에 위배되고 있다.

정보사회가 인간의 존엄성이 고양되는 사회가 되기 위해서 지금 이 순간에 우리가 할 수 있는 가장 값싼 '교육적 투자'는 정보통신윤리교육이다. 그리고 그러한 투자가 빛을 발하기 위해서는 무엇보다도 정보통신윤리교육 자체가 기본 원칙에 입각하여 충실하게 실행되어야 한다. 이에 정보통신윤리교육이 견지해야 할 기본 원칙을 밝히면 다음과 같다.

첫째, 정보통신윤리교육은 기본교육(basic education)이다. 교과 활동, 창의적 체험활동, 방과후 학교활동, 잠재적 교육과정 등 학교교육과정의 모든 측면에서 다루어져야 할 기본교육이다.

둘째, 정보통신윤리교육은 균형 교육(balanced education)이다. 정보통신윤리에 대하여 아는 것, 믿는 것, 행동하는 것의 조화를 추구하여야 하며, 정보통신윤리교육이 정보화의 긍정적인 측면과 부정적인 측면을 균형 있게 다루어야 한다.

셋째, 정보통신윤리교육은 공동체 교육(education for community)이다. 공통의 신념과 활동을 같이하는 사람들의 다양한 집합체의 한 일원으로서 올바르게 존재하는 방법을 동시에 가르쳐 주는 교육이 되어야만 한다.

넷째, 정보통신윤리교육은 다문화 교육(multicultural education)이다. 국경의 장벽이 없는 사이버 공간에서 서로 상이한 가치관과 생활방식을 수용하고 함께 어우러져 살기 위한 방법을 강구하도록 열린 마음을 지니게 하는 교육이 되어야 한다.

다섯째, 정보통신윤리교육은 정체성 교육(education for identity)이다. 정체성을 형성해야 할 중요한 시기에 놓여 있는 청소년들이 사이버 공간에서 사이버 공간과 현실 공간을 오가는 가운데 심각한 심리적 혼란을 극복하고 자신의 정체성을 발견함으로써 자아와 인성의 고결함(integrity)을 유지해 나가도록 도와줄 수 있어야 한다.

여섯째, 정보통신윤리교육은 테크놀로지에 바탕을 둔 교육이다. 우리가 가르치고 있는 그리고 앞으로 가르치게 될 학생들은 글자 그대로 하이퍼미디어 세대이다. 문자 세대인 우리와는 다른 가치관과 사고방식을 지니고 있다. 따라서 우리는 전통적인 교수·학습 방법의 타당성에 대하여 깊이 생각해 보아야만 한다.

특히 정보통신윤리교육은 어느 한 학교급, 학년에서만 강조되는 교육이 아니라, 전 생애를 통하여 이루어지는 삶에 관한 평생교육으로 접근해야 한다.

V. 정보통신윤리교육의 제고 방안

학교교육과 평생 교육을 통틀어 정보통신윤리의식의 함양을 위해서는 분야별로 다양하게 이루어져야 한다. 학계에서는 깊이 있는 연구를 통해서, 정부에서는 많은 지원과 행정을 통해서, 청소년 관련 단체에서는 다양한 프로그램의 개발과 실천을 통해서, 학교와 가정에서는 지속적인 교육과 실천을 통해서 이루어져야 한다. 이와 같은 분야별 노력은 상호 유기적으로 이루어져야 비로소 그 효과를 얻을 수 있다.

1. 정보통신윤리 조기교육

정보통신윤리교육 실시의 적당한 시기에 대한 각종 연구와 설문분석 결과는 유치원을 거쳐 초등학교부터 또는 그 이전부터 실시하여야 한다는 정보통신윤리에 대한 조기교육 시행의 필요성을 강력히 나타내고 있다. 이것은 무엇이든지 처음 배울 때 새로운 문명의 이기(利器)가 갖는 장단점을 올바로 이해하고 그것을 올바로 이용하는 습관을 익히는 것이 매우 중요하다는 것을 의미하고 있다. '세 살 적 버릇 여든까지 간다'는 조기 교육의 중요성이 정보통신윤리교육에 적용되어야 한다.

2. 가정에서의 정보통신윤리교육

정보통신윤리의식의 함양과 확산을 위해서는 가정교육이 매우 중요한 역할을 차지하고 있다. 대부분의 학부모들은 자신들이 컴퓨터에 대하여 잘 모른다는 이유로 정보통신 기술의 역기능과 관련된 자녀와의 대화나 훈육에 매우 소극적인 양상을 보이고 있다. 그러나 부모들이 더 이상 방관자가 되어서는 안 되며 자녀들이 올바른 네티켓을 지닐 수 있도록 도와주어야 한다.

3. 정보통신윤리 교재와 프로그램의 개발

올바른 정보통신윤리교육을 위한 도구로서 필요한 것이 바로 교육 대상별, 수준별로 잘 만들어진 정보통신윤리 교재와 프로그램이다. 다행히 근자에 들어서 교육과학기술부, 각 시·도 교육청, 정보통신윤리위원회, 한국정보문화센터, 한국정보문화진흥원, 사이버문화

연구소, 기타 청소년 교육 유관기관이나 각종 연구회 등에서 다수의 교재와 프로그램을 개발하여 제공하고 있으므로 관심만 있으면 이를 찾아 이용하는 데는 큰 문제가 없을 것으로 보인다.

4. 홍보 및 캠페인 활동의 강화

일반적으로 그동안 학교에서는 정보의 유용성과 신기술을 중점적으로 가르쳐 왔다. 그러나 이제는 불건전 정보가 사회에 끼치는 영향, 특히 청소년들에게 미치는 악영향에 관하여 정보통신 이용자들뿐만 아니라 일반 시민들이 올바로 인식할 수 있도록 교육과 홍보를 지속적으로 펼치는 것이 중요하다.

결국, 세계화 시대의 교육은 학생활동 중심 교육이어야 한다. 요즘 학생들은 사이버 공간에서 단순한 관객이 아니라 자신들이 능동적으로 참여하는 것을 좋아하며, 이 공간에서 자기 나름의 독립적인 세계를 갖고자 한다. 또한 그들은 늘 새로움을 추구하고 남과는 다른 것 또는 차이가 있는 것을 좋아하고 변화와 혁신을 즐기는 경향이 있다. 따라서 이러한 특성을 지닌 디지털 세대인 학생들에게는 선형적 학습보다는 하이퍼미디어 학습 등이 강의식 교육, 주입식 학습보다는 훨씬 효과가 있을 것이다.

Ⅵ. 맺고 나오는 글

현대 지식정보사회를 거쳐 미래 세계화 사회에 정보통신윤리교육이 긍정적인 측면에서 전개되어 나가기 위해서는 청소년들도 이에 맞는 의식과 태도를 갖추어야 한다. 현대는 정보의 홍수 속에서 정보와 함께 생활하는 것이 일상화되었기 때문이다.

오늘날의 학생·청소년들이 주역으로 살아갈 앞으로의 미래사회는 정보통신이 지금보다 훨씬 더 발달된 사회일 것이며, 정보가 우리 생활에서 다른 무엇보다도 중요한 자리를 차지할 것이기 때문이다. 따라서 정보사회에 잘 적응하고, 또 그것을 활용하여 새로운 문화를 창조해 낼 수 있는 능력을 갖추어 나간다면 바람직할 것이다. 다른 한편으로는 정보사회에서 생길 수 있는 갖가지 문제들에 적절하게 대처해 나갈 수 있는 윤리적 자세를 가다듬어야 할 것이다.

이에 따라 미래사회의 주역인 청소년들은 미래사회에서 가장 중요한 요소인 참다운 '정보'를 잘 활용하고 더 나아가 새롭고 창의적인 정보를 만들어 낼 수 있는 능력을 길러야 한다. 또한 정보의 질을 평가할 수 있는 능력, 정보의 우선순위를 결정할 수 있는 능력, 영상을 분석할 수 있는 능력을 길러야 하며, 특히 우리 학생·청소년들에게는 불건전 정보를 파악하고, 그것을 비판적으로 평가할 수 있는 능력이 필요하다.

정보통신 기술을 어떻게 활용하느냐의 문제는 그 사람의 윤리의식과 깊은 연관성을 가지고 있다. 정보화를 겪고 있는 우리 사회에서도 이미 경험한 바와 같이 정보화가 개인의 프라이버시 및 인권 침해 문제와 각종 컴퓨터 범죄 문제 등 비인간적이고 비윤리적인 문제들을 수반하고 있기 때문에 이러한 문제들을 해결하기 위해서는 정보 윤리의식이 절실히 요청된다.

제3장 독서 동아리활동 운영을 통한 독서토론의 활성화 방안 모색

I. 들어가는 글

철학적 담론(談論)처럼 진부한 이야기지만 인간은 어디서 와서 어디로 가는 존재인가? 그리고 인간의 삶에 대한 진정한 실체는 무엇인가? 그리고 우리 자신은 누구이고 무엇을 지향하고 있는가? 또 우리는 어떻게 살아가야만 하는가? 인간은 사회적 동물이고 생각하는 갈대이다.

이와 같은 일면 철학적 질문에 대한 답은 전부 책에 있다. 책은 인생의 길동무이고 독서는 마음의 양식이라고 한 말이 바로 이러한 의미를 함의(含意)한 것이다. 인생의 길라잡이가 책이라면 그 길동무는 다름 아닌 책읽기, 곧 독서일 것이다. 무릇 독서는 인생을 떠나는 항해이고 논술 및 토론은 그 항해의 방향을 안내하는 나침반인 것이다. 그 인생의 긴 항해에서 항로를 잃지 않고 곧고 바르게 나아가도록 하는 지혜 역시 책에서 찾아야 한다는 것을 유념하여야 한다.

인생에서 가장 큰 욕심은 독서라는 말이 있다. 책읽기야말로 가장 중요한 공부이고 소중한 학습인데, 왜 우리는 독서를 등한시하는 지에 대한 성찰과 다짐이 있어야 한다. 현재 우리 한국인들이 세계에서 가장 책을 읽지 않는 국민이라는 지적에 귀를 기울여야 할 것이다.

물론, 상급 학교 입시 준비와 취업 준비 등으로 몸과 마음이 지친 이 시대 국민들이 책을 멀리하는 주원인이 되고 있다. 또 화려하면서도 다양한 매스미디어의 등장이 텍스트 중심의 독서를 멀리하게 하는 주범이기도 하다.

세계화 시대를 맞아 지식과 정보가 홍수를 이루고 있다. 이와 같은 지식 정보화 시대에 학습조차도 교과 중심의 공부와 지혜를 터득하는 배움으로 억지로 양분되고 있는 것이 안타까운 우리 현실이다.

사실 책을 일고 토론하고, 글을 쓰는 활동이 통섭적·융합적으로 이루어져야 한다. 그래야 시대를 밝히는 혜안이 생기고, 사물을 보는 안목이 살아나는 것이다. 이들 활동이 분리되거나, 독립적으로 일어나는 것은 바람직하지 않다.

최근 각급 학교에서 독서 논술이 크게 강조되고 있다. 입시와 취업 등에서도 논술, 면접이 필수 종목이 되었다. 이러한 때에 가장 중요한 것은 학생들에게 독서, 토론, 작문 등을 연계하여 지도하는 일이다. 그리하여 미래의 주역인 학생들에게 배경 지식과 고급 사고력(high level thinking)을 신장하도록 하여야 하는 것이다.

특히 다양한 독서동아리를 조직하여 여러 가지 방법으로 학생들에게 독서토론 및 작문을 장려하여야 한다. 독서동아리는 학생들에게 책에 대한 관심을 갖게 하고, 독서에 대한 흥미를 유발하는 데서 출발하여야 한다. 이를 위해서는 교사들의 지도가 사제동행으로 이루어져야 한다. 즉 교사가 지도하고, 학생들이 배우는 체제가 아니라, 교사와 학생들이 함께 알고 함께 토론하고 더불어 쓰고 감사하는 일련의 과정으로 나아가야 한다.

Ⅱ. 독서동아리활동의 개관

1. 학습자 중심 독서교육

독서동아리활동의 핵심은 대화와 토론으로, 이의 중요성은 소크라테스 이래로 줄곧 주지되어 온 것이 사실이다. 소크라테스의 산파술은 토론활동의 시금석이다.

소크라테스는 제자들에게 대화를 통해서 생각 체계를 정돈하도록 했고, 자신들의 질문에 대한 답을 그들 자신이 찾도록 유도하는 문답식 산파술을 이용하였다. 이러한 대화와 토론에 의한 방법은 독단에 빠지기 쉬운 인간 개인의 생각을 교정하는 데 매우 효과적이다. 토론을 하면서 인간은 자신의 생각을 조리 있게 정립할 수 있고 창의력이 개발되어 사고의 개선을 이룰 수 있다.

사실 과거 우리의 학교교육은 대체로 지식 중심의 교육, 암기 위주의 교육, 교사 중심의 교육이었다고 할 수 있다. 암기와 지식만을 중시하는 교실에서 교사의 설명식 수업을 중심으로 일방적인 지식 전달과정만이 존재하는 교육이었다. 특히 교사의 강의식 수업은 학생들에게 교사로부터 전달받은 지식을 수동적으로 기억하게 하는 학습만을 강요하여, 학생들의 창의성과 개성을 무시하고 평균적이고 획일적인 인간을 길러 내는 데 그쳤다. 그러나 사회가 발전하고 개인의 중요성이 강조되면서 학교현장의 이와 같은 지식 중심·교사 중심의 교육관은, 지식은 사회와 역사와 개인에 따라 달라지는 매우 주관적인 것이기 때문에 교육에서는 학습자가 더 중요하다는 학습자 중심의 자기 주도적 교육관으로 변하고 있다.

독서동아리활동은 이러한 학습자들의 개별성을 최대한 존중하고 학생들 스스로 자기 주도적인 독서를 할 수 있도록 구안되었다. 비고츠키(Vygosky)의 발달과 학습과의 관계를 설명한 근접발달영역의 개념이나 피아제(Piaget)의 발생적 인식론 등에서 나온 구성주의에서도 학습자를 중심으로 한 학습의 사회적인 면을 강조한다. 그리고 새로운 언어 교육방법으로 대두되는 총체적 언어교육(whole language)에서도 학습자들은 개성이나 능력·흥미가 모두 다르기 때문에 학습자에 초점을 두고, 학습자의 필요나 흥미·능력을 최대한 존중해야 한다고 한다. 이처럼 비고츠키(Vygosky)와 피아제(Piaget)의 학습에 대한 견해와 총체적 언어교육 등은 학생을 지식 이해와 해석에 있어서 능동적 처리자로 인정하고, 학습자 중심의 개성화·개별화 교육과 협동을 통한 수준별 학습을 강조하는 것이다.

로젠블레트(Rosenblatt)는 문학 읽기에 교류적 관점을 취하여 "한 텍스트(읽을 거리)와 한 개별독자가 있고 이 둘 사이의 교류가 시를 생산한다"라고 하였다. 이는 단지 텍스트 관점을 두거나 독자 스스로의 느낌에만 치중하는 것을 피하고 독자와 텍스트의 상호 관련을 중시하는 것이다. 그리하여 독서 행위를 사회적·문화적 배경에서, 그리고 특수한 시간과 환경에서 일어나는 특별한 개인과 텍스트를 포함하는 사건으로 본다. 작가가 만들어 낸 '텍스트'를 '작품'으로 변이시키는 데에 독자는 텍스트와 마찬가지로 중요한 역할을 하는 것이다. 이와 같은 관점은 문학에서 독자를 주체로서 정체성 있게 바로 서게 했고 나아가 문학 교수에서 학습자의 반응을 중시하는 방향으로 이끌었다.

21세기 세계화 시대 교육에서 모든 교과에서 학습자 중심교육은 하나 큰 흐름(trend)으로 흘러가고 있음을 유념해야 할 것이다.

2. 수준별 독서토론 교육

수준별 독서토론 교육은 학생의 독서능력 수준, 독서 과제의 친숙도 및 흥미 등에 따라 독서 성취수준과 독서 속도 면에서 현실적으로 차이가 있을 수밖에 없다는 점을 인정하는 것에서 출발한다. 또한 효율적인 독서를 위해서는 독해 속도와 이해 정도가 앞서는 학생에게는 그에 맞는 독서 과제를 부과해 주어야 하고, 그렇지 못한 학생에게는 성취 목표에 도달할 수 있도록 적절한 독서 지도를 한다는 것을 전제로 하고 있다. 그리고 학생의 수준에 적합한, 유의미하고 다양한 독서 경험을 제공해 주어야 한다는 의미도 포함하고 있다.

수준별 독서 지도에서 '수준'의 개념은 세 가지 차원에서 접근할 수 있다. 첫째는 학생이 새로운 내용을 독서하는 '시점'에서 학생의 독서능력과 관련된 수준이다. 이는 선수 독서 내용 또는 선행 독서의 성취와 관련되어 있다. 둘째는 학생이 독서하는 '내용'과 관련된 수준이다. 학생의 성취수준에 따라 독서하게 되는 발전형 독서활동과 강화형 독서활동에서의 독서 범위를 어느 수준까지 다루어야 되는가 하는 범위의 의미로서 수준이다. 셋째는 학생이 독서한 결과로서 '성취한 정도'와 관련된 수준이다. 이때의 '수준'은 독자적인 의미를 가지는 것이 아니라 첫째, 의미의 '수준'과 관련될 때 의미가 있다.

이 세 가지 차원의 '수준'의 개념을 동시에 고려하여 독서 내용의 범위와 수준을 정하는 방식으로 수준별 독서토론 교육을 적용할 수 있다. 이들 개념은 동일한 독서 내용의 선수(先修) 독서 내용과 후속 독서 내용의 결정, 동일한 독서 내용의 반복 독서 시 단계별 수준에서 다루어야 할 수준과 범위 결정, 각각의 독서 내용을 학생이 독서한 결과로서 도달하기를 기대하는 행동의 변화 수준 결정에 반영할 수 있다. 즉 독서클럽 활동 속에서 도서 선정과 토론모형 선정 그리고 독서토론의 진행 속에 구성원들의 독서 수준이 자연스레 반영하게 되는 것이다. 수준별 독서토론 교육의 유형으로는 크게 세 가지를 들 수 있다.

첫째, 비교적 독서 내용의 위계가 분명한 도서를 단계별로 세분화한 '단계형 수준별' 독서지도 방법이 있다. 단계형 수준별 독서지도는 독서내용을 난이도에 따라 단계로 구분하고, 능력에 알맞은 속도로 단계적으로 독서하도록 지도하는 방법이다. 즉 학생의 발달 단계에 적절한 어휘가 포함된 도서를 선정하여 읽고 이해하게 하는 수준별 독서지도 유형으로 급수별 독서인증제의 경우를 들 수 있겠다.

둘째, 기본적 독서 내용을 중심으로 발전형 독서 또는 강화형 독서가 가능하도록 한 '발전·강화형 수준별' 독서지도 방법이 있다. 발전·강화형 수준별 독서 지도란 학생의 능력 수준에 따라 독서의 양과 폭을 달리하는 독서 지도 방법이다. 즉 주제별 독서토론 모형 중 공통도서 선정에 이어 각자 선정하는 개인별 도서 선정 과정에서 적용할 수 있겠다.

셋째, 도서 내용의 다양성과 난이도를 고려하여 도서를 종류와 수준별로 비치하고 학생들이 선택하도록 하는 '도서 선택형 수준별' 독서지도가 있다. 선택형 수준별 독서지도는 학생의 능력 수준과 관심의 개인차를 반영하는 다양한 도서 자료를 제시하여 학생으로 하여금 자신의 취향과 능력 수준을 파악하여 그에 맞는 도서를 선택할 수 있도록 하는 독서 지도 방법이다. 독서클럽 활동의 범주별 도서 제시와 개별 독서클럽에서 토의를 통해 해당 도서를 선정하는 것과 같다.

3. 과정 중심 독서교육

과정 중심 독서교육은 교수 단계를 고려하여 읽기 전(독전) 활동, 읽기 중(독서) 활동, 읽기 후(독후) 활동 등으로 나누어 적용할 수 있으며 일부 활동들은 교수 단계와 관계없이 모든 단계에서 적용할 수 있다. 그리고 유치원에서 대학생에 이르기까지 모든 학년수준에서 다양하게 적용할 수 있고, 모든 종류의 작품에 적용될 수 있는 활동들이다.

읽기 전 활동은 학생들이 책 속에 있는 문제들에 직면하기 전에 그 속에 있는 생각이나, 문제들에 대해 감정이나 반응을 이끌어 내는 공개 토론의 장을 제공하기도 한다. 이러한 활동은 학생들에게 자신의 신념을 고찰하게 하며, 인물에 대한 올바른 이해와 자신과의 강한 동일시를 통하여 문학에 대한 심미적 반응을 이끌어 낸다. 또한 읽기 전 활동은 읽는 목적을 정하는 데 도움이 되며, 학생들의 호기심을 불러일으키고, 읽고자 하는 동기를 유발하여 탐구하는 정신으로 책에 접근하도록 도와준다.

첫째, 읽기 전 활동에서 사용하는 전략으로는 다섯 가지를 들 수 있다. 첫째는, 예측 안내표(anticipation guides)로, 학생들에게 그들이 나중에 책에서 만나게 될 주제나 개념에 대해 생각해 보게 하거나 어떤 태도를 갖도록 도와준다. 앙케트 질문표(opinionnaires questionnaires)는 주제에 대한 견해나 신념뿐만 아니라 관련된 지식과 과거의 경험을 촉진시키는 데 유용하다. 대조표(contrast charts)는 대조되는 개념들에 대한 예를 학생들이 확인하거나 명료화시키는 데에 효과적이다. 한 범주 안에 드는 정보를 도표화하여 설명하는 의미지도(semantic maps)는 배경지식(背景知識)을 형성하고 활성화시키는 데 도움이 된다. KWL차트(KWL charts)는 학생들이 화제에 대하여 알고 있는 것과 책을 읽기 전에 화제에 대하여 가졌던 의문점을 확인할 수 있는 단순한 틀을 제공한다.

둘째, 읽기 중 활동은 학생들로 하여금 문학 경험을 하게 하며 텍스트에 대해 개인적인 반응을 하게 한다. 이 활동은 다른 사람의 의견을 듣도록 하며 그들 자신의 반응을 깊이 있게 생각하고, 분석해 볼 수 있는 기회를 준다. 뿐만 아니라 학생들이 언어를 효과적으로 사용하도록 주의를 환기시키는 뛰어난 도구의 역할을 하기도 한다.

읽기 중 활동에서 사용하는 전략으로는 여섯 가지를 들 수 있다. 먼저, 문학지도(literature maps)는 독해 중에 학생들이 발견하는 중요하거나 흥미로운 정보를 확인 분석하게 함으로써 그들의 이해를 깊게 한다. 또한 문학지도는 학생들이 배경이나 인물, 사건 등과 같은 텍스트 요소에 주의를 집중하게 하며, 언어에 관심을 갖게 하고, 개인적 반응을 하게 한다. 인물지도(character maps)는 특히 인물과 그들 간의 관계의 전개 양상을 분석하게 하는 데에 사용한다. 인물망(character webs)은 역시 인물들의 분석에 사용된다. 그러나 동일한 인물이 지니고 있는 특성을 지지하는 특정 행동을 쓴다는 점에서 인물지도와 다르다. 일지(journals)는 읽기 자료에 대한 학생들의 개인적 반응을 향상시킨다. 감정표(feelings charts)는 서로 다른 관점을 확인하고 기술하는 형태를 제시해 줌으로써 이해를 촉진시킨다. 대조표(contrast charts)는 읽기의 전, 중, 후 모든 과정에 사용할 수 있으며, 서로 반대되는 개념이나 인물의 예를 들어 확인하거나, 명확히 표현하는 데에 유효하게 사용할 수 있다.

셋째, 읽기 후 활동은 학생들의 읽기 행위뿐만 아니라 읽는 글에 대해 생각하는 방향에도 영향을 미친다. 예를 들어 학생들에게 중요한 생각에 대해 깊이 있게 사고하게 하거나, 반응을 공유하게 하거나, 이해를 더욱 깊게 하기 위해서 읽고 있는 책으로 되돌아가게 하거나, 읽은 것과 이미 알고 있는 것을 관련짓게 하거나, 개인적으로 의미 있게 배운 것을 활용하게 한다면 그들에게 읽고 있는 글은 즐거움을 주는 것 또는 정보의 보고로 생각되고 오랫동안 기억될 것이다.

한편, 일반적으로 읽기 후 활동에서 적용하는 전략으로는 여섯 가지를 들 수 있다. 먼저, 대립척도(polar opposites)는 인물이나 개념에 관한 생각의 틀을 마련해 준다. 이는 이들 특성들에 대한 결론을 이끌어 내기 위해서 인물의 행동 분석이 요구된다. 문학보고카드(literary report cards)는 인물과 그들의 특성을 이야기하고 토론하고자 하는 동기를 유발시킨다. 플롯조직표(plot organizers)는 이야기의 구성을 조직하고 분석하는 도해적 수단을 제공한다. 벤다이어그램(Venn diagrams)은 둘이나 그 이상의 인물, 사건 또는 책 또는 인물과 독자 자신과의 차이를 비교해 보는 능력을 길러 준다. 책 안내표(book charts)는 같은 작가에 의해 쓰인 몇몇의 책이나 같은 주제로 쓰인 책들을 살펴보는 데 유용하다. 테이블대화(table talk)는 학생들이 다른 책에서 같은 행동을 하는 인물들에 대해서 생각해 보게 하는 대화의 장(場)을 마련해 준다.

4. 독서동아리의 구성 요소와 활동

독서동아리에는 읽기, 쓰기, 토론, 발표 등의 네 가지 활동이 포함되어 있다. 독서동아리에서는 읽을 책을 토의를 통해 학생들이 결정한다. 그리고 난 후, 정해진 토론 시간까지 읽어 오는 것을 원칙으로 하므로 독서 과정이 독서동아리활동에 직접 나타나지는 않는다. 그러나 읽기 전·중·후 활동이나 독서토론을 하기 위하여 독서는 필수적이고, 비록 가시적인 형태로 시간 배당이 이루어지지 않았다 하더라도 읽기는 독서클럽의 중요한 요소라 하겠다. 따라서 독서동아리활동 속에 읽기 시간을 확보하는 것도 독서동아리를 통한 독서토론 교육에 매우 필요하다 하겠다.

쓰기는 읽기 전·중·후 활동이나 독서토론 모형을 진행하기 위해 각자 활동지를 작성하는 단계이다. 이러한 활동지는 독서토론이 원활히 이루어지는 것을 돕는 과정이므로 학생들이 잘 참여하도록 이끌어야 한다. 독서토론 질문지 등 활동지 작성이 끝나면 그 질문지를 바탕으로 독서토론을 진행한다. 독서토론은 처음에는 독서토의의 성격으로 진행되다 쟁점이 생기면 자연스레 독서토론으로 이어지도록 이끌면 된다. 그리고 독서토론활동이 끝나면 모둠별로 서로의 내용을 공유하기 위해 발표하는 단계를 갖는다. 학생들은 이 과정을 통해서 다른 모둠의 토론 내용을 들으면서 간접적인 독서경험을 하기도 한다.

이러한 구성 요소들을 바탕으로 이루어지는 독서동아리활동은 읽기, 쓰기, 토론, 발표의 활동 순서가 작품마다 대체적으로 다음 3단계로 진행되고 있다.

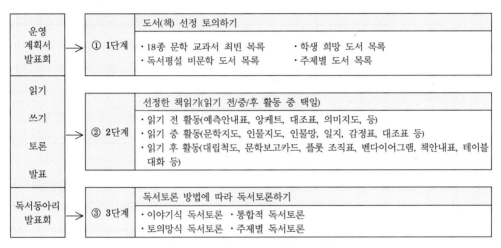

[그림 Ⅴ-3-1] 독서동아리활동의 과정

Ⅲ. 독서토론 지도의 방법과 실제

1. 이야기식 독서토론 지도 방법

가. 이야기식 독서토론 방법 개요

1) 독서토론의 특징

자연스러운 분위기에서 하는 토론 방법으로, 마치 카페에서 차 한 잔을 놓고 대화를 하는 듯한 분위기에서 토론하도록 유도하는 방법이다.

2) 토론 방법

(1) 배경지식과 관련한 발문과 자신의 생각 적기

구분	발문	자신의 생각과 느낌
내용		

(2) 작품 내용에 대한 발문과 자신의 생각 적기

구분	발문	자신의 생각과 느낌
내용		

(3) 작품과 관련된 인간 삶(사회 문제)와 관련한 질문과 자신의 생각 적기

구분	발문	자신의 생각과 느낌
내용		

나. 이야기식 독서토론 적용

▷ 대상 도서: 『마당을 나온 암탉』
▷ 대상 학생: 초등학교 고학년 학생

1) 배경 지식과 관련한 발문

(1-1) 여러분은 닭이 어떤 동물이라고 생각하나요? 닭에 대해 아는 대로 얘기해 봅시다. (암탉과 수탉은 어떻게 다른가요? 알은 어떻게 낳고 병아리는 어떻게 태어나는가? 닭은 날개가 있나요?)

(1-2) 요즘 애완동물을 많이 키우기도 하는데 혹시 닭을 키워 보신 적이 있나요? 옛날에는 대부분의 시골집에서 닭을 키웠습니다. 알을 낳으면 팔아서 집안 살림에 보태 쓰기도 하고, 사위가 오면 씨암탉을 잡아 대접하기도 하는 등 닭은 우리 생활에 아주 귀하게 쓰였습니다. 그런데 요즈음 닭을 대량생산하게 되면서 어떤 점들이 달라졌는지 생각해 보세요.

(1-3) 이 글에는 닭과 함께 중요한 동물로 무엇이 나오죠? 그렇습니다. 청둥오리가 나옵니다. 닭과 오리의 차이점을 누가 얘기해 볼까요?

(2) 암탉은 결국 족제비에게 목숨을 내어 주게 됩니다. 우리 주변에 이런 희생의 삶을 살고 있는 사람들이 있으면 한번 소개해 보세요.

(3) 잎싹이 자신의 꿈을 이루어 내듯 꿈을 이루기 위해 노력한 사람들의 사례를 발표해

보세요. 위인의 삶을 돌아보는 것도 괜찮고, 자기 주변 사람들, 예를 들면 부모님이나 선생님의 이야기도 괜찮습니다.

2) 텍스트의 내용과 관련한 발문

(1-1) 마당을 나온 암탉은 자신의 이름을 '잎싹'이라고 스스로 지어 가졌습니다. 이 뜻이 무엇이었지요?

(1-2) 아마 여러분의 이름은 부모님이나 할아버지, 할머니의 정성으로 지었을 것입니다. 여러분 이름은 누가 지었으며 이름에 담긴 뜻은 무엇인지 발표해 주시기 바랍니다.

(2-1) 이 글에는 잎싹만큼이나 풍부한 개성과 다양한 삶의 유형을 가진 동물들이 등장합니다. 그 등장인물을 누가 소개해 볼까요?

(2-2) 이 등장인물인 동물들에 대한 자신의 의견을 얘기해 볼까요? (한 사람씩 한 동물을 택하여 비판하여 볼까요?)

(3-1) 잎싹의 꿈은 무엇이며 이 꿈은 어떻게 해서 이루어지게 되었나요?

(3-2) 잎싹이 자신의 힘겨운 삶을 포기하지 않도록 도와준 동물이 있다면 발표해 보세요. 만약 이 동물이 없었다면 잎싹의 삶이 어떻게 바뀌었을지 생각해 보세요.

(3-3) 잎싹은 동굴 안에 있던 족제비의 새끼를 발견하게 됩니다. 잎싹의 행동은 어떠하였는지 설명해 보고, 그 이유를 말해 봅시다.

(4-1) 잎싹이 초록머리를 자신의 종족인 청둥오리 떼로 보내는 것에 대해서 어떻게 생각하나요? 여러분은 초록머리가 떠나야 한다고 생각하는지, 아니면 잎싹 곁에 남아 힘이 되어 주어야 한다고 생각하는지 자신의 의견을 근거와 함께 발표해 보세요.

3) 텍스트와 관련한 인간의 삶이나 사회문제와 관련한 발문

(1-1) 이 책에는 세 마리의 암탉이 나오는데, 그중 '잎싹'이라는 이름의 암탉이 마당을 나오게 됩니다. 왜 나오게 되었을까요? 그렇습니다. 마당 안의 암탉이 내쫓아 본의 아니게 마당을 나오게 됩니다. 즉 마당 안의 암탉과 마당을 나온 암탉 사이에는 갈등이 존재한 것이지요. 이처럼 우리 삶에는 갈등이 존재합니다. 오늘날 우리 사회에는 어떤 갈등이 있는지에 대해 한번 얘기해 봅시다.

(1-2) 현재 우리 사회는 한미 FTA로 인한 갈등이 있지요? 여러분은 한·미 FTA 체결에 대해 찬성합니까? 아니면 반대합니까? 왜 그렇게 생각하지요?

(1-3) 또한 우리 사회는 양극화에 대한 갈등이 심화되고 있지요? 어떻게 이런 갈등을 해

소해 나갈 수 있을까요?

(2-1) '잎싹은 청둥오리의 알을 품어 새끼를 탄생시켜 정성껏 키웠습니다. 만약 알을 품지 않았다면 그 알의 운명은 어떻게 되었을지 뻔합니다. 여러분은 혹시 우리나라가 고아수출국 1위라는 불명예스러운 이름표를 달고 있다는 것을 아시나요? 고아들을 해외로 입양시키는 것과 국내 입양을 통해서 가정을 마련해 주는 것에 대해 어떻게 생각하나요?

(3-1) 이야기의 마지막 부분에서 '잎싹'은 족제비의 새끼들에게 자신의 몸을 내주고 맙니다. 여러분은 '잎싹'의 선택에 대해 어떻게 생각하십니까?

2. 통합적 독서토론 지도 방법

가. 통합적 독서토론 방법 개요

1) 특징

학생 스스로 자신의 이해력을 점검하고 해석하는 능력을 신장시키기 위해 토론활동 속에 듣기, 말하기, 읽기, 쓰기를 종합시켜 놓은 방법이다.

2) 토론 모형 양식

(1) 토론 전

구분	혼동되거나 이해되지 않는 부분	제시된 질문에 대한 자신의 견해
내용		

(2) 토론 후

구분	혼동되거나 이해되지 않는 부분	제시된 질문에 대한 자신의 견해
내용		

나. 통합적 독서토론 적용

▷ 대상 작품: 『만세전』
▷ 대상 학생: 중·고등학교 학생

1) 토론 전

※ 혼동되거나 이해되지 않는 부분	※ 제시된 질문에 대한 자신의 의견
○주인공은 왜 서울로 가는가?	◉ 일본인들을 피해 여행을 가는 길일 것이다.
	◉ 어떠한 연락을 받아서 서울로 가는 길이다.
○주인공은 왜 화를 잘 내는가?	◇ 성격상 그런 것 같다.
	◇ 기분이 우울하거나 안 좋아서 그런 것 같다.
○주인공은 왜 우리나라 사람을 싫어했나?	◉ 유학을 갔다 와 선진문화에 길들어져 있어서
	◉ 예전부터 모국을 싫어했기 때문에

2) 토론 후

※ 혼동되거나 이해되지 않는 부분	※ 제시된 질문에 대한 자신의 견해
	◉ 아내가 위독하다는 전보를 받았기 때문에
○주인공은 왜 서울로 가는가?	◇ 세상 물정을 모르고 신경과민성의 감상적인 성격 때문에
○주인공은 왜 화를 잘 내는가?	◉ 우리나라 사람 자체를 싫어한 것이 아니라 핍박받는 우
○주인공은 왜 우리나라 사람을 싫어했나?	리나라 사람들의 힘없음과 비굴함을 싫어한 것이다.

3) 이 책(도서)이 주는 교훈

일제 강점기의 암울했던 우리나라 사람들의 비참하고 비굴했던 생활과 그때의 사회상을 알 수 있고, 일제 시대에 대해 새롭게 인식하게 되었다. 현재 우리나라는 선진국 대열에 들어서기 위해 나아가는 상황이라고 하지만, 다른 나라의 경제적·정치적 영향을 많이 받고 있다. 값싼 외국 기업들로 인해 우리나라 경제 체제가 무너지고, 외교 관계에서도 다른 나라의 눈치를 많이 보는 모습을 자주 보게 된다. 우리나라가 좀 더 힘 있는 나라가 되어야 하겠다. 또한 우리는 민족을 사랑하는 지성인으로 성장하여 앞으로, 제2의 3·1운동이라도 전개할 수 있는 성숙한 국민이 되어야 하겠다.

3. 토의망식 독서토론 지도 방법

가. 토의망식 독서토론 방법 개요

1) 특징

내성적이거나 자신의 생각을 선뜻 잘 드러내지 못하는 학생이 누구와도 이야기할 기회를 충분히 가질 수 있도록 하는 방법으로, 찬반표 작성을 통해 자신의 생각을 시각적으로 드러내고, 짝과 먼저 토론한 후 모둠 토론을 하는 방법이다.

2) 토론 모형 양식

① 찬반표 작성하기(예시표)

[예]				[아니오]
	⬅		➡	

② 편지쓰기

______________에게	______________에게

나. 토의망식 독서토론 적용

▷ 대상 자료: 『21세기 세계화 시대의 정보통신망 인터넷』(독서평설)
▷ 대상 학생: 중·고등학교 학생

[예]				[아니오]
숙제 등의 어려운 문제를 풀 때 인터넷을 활용하면 찾기 쉽다.				음란 사이트와 같은 부정적인 내용이 너무 많다.
인터넷을 통해 많은 정보를 얻을 수 있어 지식이 늘어난다.	⬅	**인터넷은 우리에게 유익하다.**	➡	디아블로나 리니지 같은 온라인 게임 중독증에 빠질 수도 있다.
이메일을 보낼 수 있어 너무 좋다.				인터넷에 시간을 빼앗겨 학업이나 취미활동 등에 집중하기 어렵다.

다. 토의망식 독서토론: 친구에게 편지 쓰기(예)

철수에게
철수야, 안녕!
너에게 이렇게 편지를 쓰게 되는구나. 아무튼 네 의견을 잘 들었다. 나는 지금까지 인터넷을 하면서 너무 오락적인 것들만 해 왔던 것 같아. 그래서 오락적이고 음란한 것들에 대한 인터넷의 모습만 보아온 것 같아. 하지만 너의 의견을 들어 보니 인터넷의 좋은 점도 참 많은 것 같아. 이번 토론을 통해 인터넷에 대해서 많은 것을 알게 되었고 정말 즐거웠어. 또한 너의 침착한 말솜씨를 보면서 나도 너처럼 말을 설득적으로 할 수 있어야겠다고 생각했어. 아까 내가 화낸 것 미안해.
다음에도 우리 더욱 보람 있고 즐거운 토론을 해 보자. 안녕!
20○○년 11월 10일 너의 다정한 친구 승석 씀

4. 주제별 독서토론 방법에 의한 독서토론 지도

가. 주제별 독서토론 방법

1) 특징

독서토론의 세 가지 모형은 대상 도서를 먼저 선정하여 토론을 진행하는 것과 달리 토론 주제를 정하고 주제에 맞는 도서를 택해 토의하는 방법으로 토론의 폭을 넓힌 독서토론 방법을 적용하는 것이 바람직하다.

2) 토론 모형 양식

구분	주요 내용
토론주제 및 선정 이유	
공통도서	
개인도서	
공통도서 요약	
개인도서 소개	
공통점과 차이점	
주제에 대한 생각의 변화	
소감 및 평가	

나. 주제별 독서토론 적용

▷ 주제: 희망
▷ 공통 도서: 『학 마을 사람들』(이범선)
▷ 대상 학생: 중·고등학교 학생

◼ 주제를 '희망'으로 정한 이유는 무엇인가?

◼ 공통으로 읽은 소설(학 마을 사람들)의 내용은 어떠한가?

◼ 소설 『학 마을 사람들』의 내용 중 토론 주제인 '희망'과 관련된 부분은 어디인가?

◼ 개인 도서의 종류에는 어떤 것들이 있으며, 대략적인 내용은?

◼ 각 개인이 읽은 도서의 내용 중, 주제 '희망'과 관련된 내용은 무엇인가?

① 수난 이대: 진수는 하는 수 없이 둑에 퍼져 앉아서 바짓가랑이를 걷어 올리기 시작했다. 만도는 잠시 멀뚱히 서서 아들의 모양을 내려 보고 있다가, "진수야 그만두고 자

아 업자."

☞ 이 부분에서 이들이 불구의 몸이지만 서로 도우면 다리를 건널 수 있다는 희망을 엿볼 수 있었다.

② 연어: 폭포의 사나운 물줄기 대신에 어느 틈에 고요한 물살이 그들의 몸을 아늑하게 감싸고 있는 것이다. 그것은 기적이 아니라 현실이었다. 그들은 마침내 폭포를 뛰어 오른 것이다.

☞ 고향으로 향하는 가장 큰 관문인 폭포를 거슬러 올라가는 장면이다.

③ 마지막 잎새: 잎새가 떨어지지 않으면 죽지 않을지도 모른다는 것에서 오는 희망을 표현한 내용이다.

④ 쾰르 삼촌: 매우 가난한 가족은 삼촌이 돌아오면 잘살 수 있을 거라는 희망을 갖는다.

▣ 공통도서와 각 개인도서에서 희망의 차이점은 무엇이고 또한 공통점은 무엇일까?

▣ 이번 주제별 독서토론을 한 후의 느낌은 어떠한가?

Ⅳ. 독서토론활동의 교육적 적용과 지도

1. 교과교육과 독서토론활동

일반적으로 토론(討論)이란 어떤 문제를 두고 여러 사람의 의견을 말하여 옳고 그름을 따져 논의하는 것을 의미한다. 그런 의미에서 본다면 독서토론이란 구성원이 동일한 도서를 읽고서 문제를 제기하여 여러 사람이 논의하는 것을 뜻한다. 다시 말해서 독서활동에 독자의 주관적인 이해보다는 여러 사람과의 토론이라는 과정을 통해서 자신의 이해의 폭을 넓히고 자신이 갖게 되는 의문점을 해결하는 과정을 독서토론이라고 볼 수 있다.

독서토론에는 이야기식 토론, 통합적 토론, 토의망식 토론, 주제별 토론 등 네 가지 유형이 있으며, 이 유형에 따라 적절하게 독서토론을 하다 보면 논리가 개발되고 논거를 찾아 논증하는 논술능력을 배양할 수 있게 되는 것이다.

현재 우리나라는 독서 논술 활성화에 힘입어 독서 논술교육 관련 교육과 지도가 호황을 맞고 있다. 선진국일수록 교육개혁과 그 교육개혁의 핵심인 독서교육에 관심과 투자를 많이 하고 있는데, 늦은 감이 있지만 다행스럽기도 하다. 그러나 일부 시민단체의 독서논의는 실제 학교현장에서 필요한 독서토론이나 독서논술과는 상당히 거리가 있어 보인다. 독서교육을 부정하거나 방임하는 것이 올바른 독서교육인 것처럼 생각하는 소위 문외한들이 마치 독서교육의 전문가를 자처하는 기현상(奇現象)도 벌어지고 있다.

그러나 독서도 결국은 교과의 범주에서 교육되어야 하는 것이 바람직하며, 교과와 연계한 독서교육이 되어야 하는 것이다. 이러한 교과독서의 개념으로 우리의 독서교육을 보아야 학교 독서교육이 정착될 것으로 본다. 그리고 교과독서의 개념으로 독서토론과 독서논술 교육이 이루어져야 한다. 모든 교과에서 교사는 학습과 관련한 도서를 소개할 수 있어야 하며, 학생들이 교과 관련 도서를 읽고 토론하고 발표하도록 이끄는 독서학습으로 수업을 진행할 수 있어야 한다. 이러한 독서학습을 통해 학생들은 독서를 통해 교과학습의 목표도 달성할 뿐만 아니라 자신의 삶과 생각을 이웃과 더불어 펼쳐 가는 방법을 배울 수 있을 것이다.

2. 독서논술과 독서토론

논술이란 논거를 논리에 맞게 논증하는 활동이라고 개념화할 수 있다. 즉 스스로 말을 펼치되 옛글이나 생활 속에서 발전하여 재구성하는 활동인 것이다. 이러한 논술은 이미 있는 견해(자료)와 근거를 새롭게 사용하고 배치·구성하여 독창성을 드러내도록 써야 한다. 그렇다고 논술의 기술이나 방법을 강조하는 것은 옳지 않다. 대상 도서(제시문)를 충분히 이해하고 자신의 주장을 논제에 맞게 펼쳐 보이되, 논거를 들어 창의적인 방법으로 설득하는 것이 필요하다. 사실 독서는 다른 사람의 논술을 읽는 것이며, 논술은 다른 사람의 독서 자료가 되는 것이다. 이런 측면에서 독서가 곧 논술이요, 논술이 곧 독서라 할 수 있다. 즉 독서교육에 근거를 둔 논술교육(독서논술)이 되어야 바람직한 논술교육이 되는 것이다. 그리고 이러한 독서논술 교육은 모든 교과에서 관련 도서를 읽고 토론하는 활동을 통해 정리된 내용을 자신의 생각으로 표현하는 과정으로 지도하는 것이 필요하다. 즉 교과연계 독서 논술 교육으로 풀어 나가야 하는 것이다.

따라서 독서논술 교육은 학습능력과 밀접한 관계가 있으며 학생의 사고력과 논리력 그리고 창의성을 증진시킬 수 있는 프로그램이기도 하다. 그래서 독서논술 교육은 학교교육에서 매우 중요하다고 하겠다.

현재 우리나라에서는 대학교 입시, 초·중등교원임용고사 등에서 논술(서술)형 문제 출제 형태를 도입하여 학부모를 포함한 학교교육 관계자 및 국민의 초미의 관심사가 되고 있다. 그런데 지금까지의 우리의 논술교육은 논리성에 바탕을 두어 글쓰기 기술에 중점을 두었던 논술교육이었다. 그러므로 이제부터 논술교육은 독서교육을 통한 배경지식의 증진에 노력하는, 이른바 독서논술 및 토론을 아우르는 교육에 중점을 두어야 할 것이다.

V. 맺고 나오는 글

일찍이 진보주의 교육학자 존 듀이(J. Dewey)는 그의 역저(力著)인 『민주주의와 교육』에서 교육의 목적은 개인들로 하여금 자기 자신의 교육을 계속할 수 있도록 하는 데 있으며, 학습의 목적과 보람은 성장의 능력이 계속 증대하는 데 있다고 하였다. 그런데 이러한 생각이 사회의 '모든' 구성원에게 적용되려면 인간과 인간과의 교섭이 상호적인 것이어야 하며, 관심의 공평한 분배와 그로 말미암은 광범위한 참여에 의하여 사회적 관습과 제도를 재구성하는 적절한 조치가 취해져야 한다는 것이다.

존 듀이의 교육원리에서 나타난 것처럼 올바른 민주주의 교육은 인간과 인간과의 상호 교섭과 광범위한 참여를 전제로 하고 있는데, 이를 위해 학교현장에서 독서클럽 활동을 통한 토론 문화를 활성화시켜야 하는 것이다. 이야기식 독서토론과 통합적 독서토론을 통해 다양한 토론문화를 경험할 수 있어야 하겠고, 토의망식 독서토론을 통해 공동체 구성원 중한 사람이라도 소외됨 없이 토론에 참여할 수 있어야 하겠다. 이런 독서토론 교육을 통해 우리는 아름다운 독서 한국을 만들어 나갈 수 있을 것이다.

21세기 세계화 시대의 교육은 학생 중심의 탐구식 방법을 지향하여야 한다. 학생들이 배경 지식을 통하여 사고하고 탐구하도록 도와주는 것이 교사들의 역할이어야 한다. 즉 '잡은 물고기 한 마리를 주는 것'이 아니라, '물고기 잡는 방법을 터득하게 하는 교육'을 지향하여야 한다.

각급 학교에서 독서동아리를 조직하여 독서토론을 활성화하는 것이야말로 세계화 시대에 부응하는 바람직한 교육방법이다. 즉 학생들이 스스로 학습하게 하는 마음을 갖게 하고 사제동행으로 독서와 토론, 그리고 작문을 함께 하는 새로운 교육으로 나아가야 한다.

결국 독서토론 교육의 열쇠와 방향은 학생 중심 교육과 지도를 지향하되, 일거수일투족이 모두 사제동행으로 이루어질 때보다 바람직하고도 기대한 성과를 고양할 수 있는 것이다. 독서토론 교육이야말로 이 시대가 지향하여야 할 소중한 교육인 것이다. 독서와 토론, 그리고 작문이야말로 국어과는 물론 전 교과교육을 아우르는 융합교육(融合敎育), 통섭교육(統攝敎育)의 핵심인 것이다.

제4장 세계화 시대 환경문제와 환경교육의 방향

I. 들어가는 글

세상의 모든 공간적 환경은 우리 삶의 터전이다. 인류가 지속적으로 쾌적한 삶을 영위하기 위해서는 항상 환경에 관심을 가질 수밖에 없다. 그럼에도 불구하고 우리가 환경을 바라보는 시각은 단편적이고 근시안적인 편이다. 미래를 내다보는 시야가 좁다 보니 현재의 당면문제로만 인식하고 있는 실정이다. 심지어는 세대 간에도 시각차이가 심각하다.

환경에 관한 우스갯소리가 있다. 서해안 어느 도시에 환경에 관심을 갖는 사람들이 모임을 만들어 마을 입구에 '생태마을'이란 팻말을 붙여 놓았다고 한다. 그것을 본 관광객들은 '여기, 생태찌게 잘하는 식당이 어딘가요?'라고 묻는 것이었고, 어린이들은 '여기는 생명이 살아 숨 쉬는 동네이군요'라고 말을 하였다는 것이다.

이런 생각의 차이는 환경을 인식하고 있는 수준의 차이에서 비롯된다. 과거 원시사회나 농업사회에서는 결코 웃을 수 없는 소재이었을 것이다. 앞으로 산업화가 정보화와 더불어 끊임없이 가속화될 것이다. 그럴수록 환경의 문제는 더욱 새로운 시각에서 바라보아야 한다.

앞으로는 환경에 대한 세대 간의 시각 차이의 폭도 좁혀지고 지역 간의 인식의 차이도 없어져야 한다. 모든 인류가 동일한 시각으로 바라보아야 한다. 왜냐하면 아무리 산업이 발달한다 할지라도 우리 삶의 근간인 환경이 인류 삶의 영위를 허락하지 않는 수준으로 악화되거나 파괴된다면 모든 것이 사상누각에 불과할 것이기 때문이다.

환경문제를 아무것도 아닌 것처럼 오불관언하거나 방치한다면 다가오는 21세기에 인류는 더 이상 새로운 것을 이룰 수 없다. 이제까지 공들여 쌓아 온 귀중한 문명까지 한꺼번에 잃을 것이 명약관화하다. 환경문제는 간단치 않고 매우 광범위하다. 따라서 환경 문제와 더불어 환경교육이 학교교육에서 아주 중요하게 대두되고 있다.

II. 환경문제의 실태

우선 환경문제를 거시적인 관점에서 시대적 분류로 볼 수 있다. 그것은 다음의 <표 V -4-1>로 같이 요약할 수 있다.

<표 V-4-1> 시대적 분류로 본 환경문제

시대적 분류		주된 산업	주된 환경문제
세계	한국		
18세기 후반 까지(~1764)	20세기 중반 까지(~1962)	자연의 리듬에 맞추어 경제활동을 영위하는 자연 우위의 농업 중심 시대	기아문제 (자연재해 문제)
20세기 후반 까지(~1992)	20세기 후반 까지(~1995)	자연에 대해 경제를 우선시키는 공업 중심 시대	공해문제 (환경오염 문제)
20세기 후반 이후(1992~)	20세기 후반 이후(1995~)	개발과 환경의 조화로운 발전을 통한 자연회복의 탈공업화시대	쾌적성 확보 문제 (자원재활용 문제)

주 1) 1764년은 하그리브스(J. Hargreaves)가 제니방적기를 발명한 연도이며, 일반적으로 산업혁명의 시작으로 보는 James Watt의 증기기관의
   발명연도는 1769년임.
   2) 1992년은 1972.6.5 스웨덴의 스톡홀름에서 개최된 제1회 세계인간환경회의에 이은 브라질의 리우데자네이로의 제2회 회의에서 채택된 리
   우선언과 의제 21의 '지속 가능한 개발: ESSD'를 기준으로 삼음.
   3) 한국의 1995년은 리우선언과 지방의제 21을 구체적이고 종합적으로 추진할 수 있는 정부의 환경행정조직을 환경부로 확대, 강화한 것을
   기준으로 삼음.
자료: Pilippe Saint Marc, Socialization de La Nature(Paris: Stock, 1971), pp.33~34를 기준으로 류을렬 작성.

다음은 자원이용을 중심으로 한 경제발전단계별 주된 환경문제이고, 그것은 다음의 <표 V-4-2>로 살펴볼 수 있다.

<표 V-4-2> 자원이용을 중심으로 한 경제발전 단계별의 주된 환경문제

경제발전 단계	구분	주된 환경문제
수렵채취사회 농·목축사회	저개발국 (undeveloped country)	기아(starvation)문제 [자연재해(natural disaster)문제]
경공업사회 중화학공업사회	개발도상국 (developing country)	공해(public nuisance)문제 [환경오염(environment pollution)문제]
정보산업사회 환경산업사회	선진국 (advanced country)	쾌적환경(amenity)창조문제 [자원재활용(reuse & recycle)문제]

<표 V-4-1>과 <표 V-4-2>를 통해서 얻을 수 있는 공통점이 있다. 그것은 제1차적인 환경문제가 자연재해로 인한 기아의 문제로 출발하였다는 점이다. 인간의 입장에서 보았을 때 자연환경이 인간을 고통스럽게 한 것이다. 이어서 공업화와 산업화로 말미암아 환경오염의 결과로 공해문제의 발생이다. 생존을 위해 인간이 자연환경을 공격한 결과의 산물이 되었다. 사실 자연은 말 그대로 자연 그대로 순환하면서 그 자리에 있는 것에 불과하다. 결국 우리가 화두로 짊어져야 할 것은 자원재활용을 통한 쾌적환경 창조의 문제로 보아야 한다. 공업화와 산업화를 하되 자연과 공존하고 병행할 수 있는 길을 모색하여야 하는 과제

를 남긴다.

다음으로는 환경문제를 온난화로 국한시켜 미시적인 관점으로 파악해 본다. 지구온난화는 인간의 산업 활동 등으로 대기 중에 온실가스가 많아지면서 지구에 복사된 태양열이 대기 밖으로 빠져나가지 못해 지구의 평균기온이 올라가는 현상을 말한다. 온실가스는 이산화탄소, 매탄, 이산화질소, 과불화탄소, 수소불화탄소, 육불화황 등이다. 이 중 이산화탄소가 온실가스의 대부분을 차지한다.

최근 몇 년 동안 지구촌은 유례없는 자연재해로 몸살을 앓았다. 2004년 서남아시아를 강타한 지진해일 쓰나미는 20만 명의 인명피해를 내며 가공할 자연의 위력을 실감하게끔 하였다. 미국 뉴올리안스를 강타한 초대형 허리케인 카트리나는 1,300여 명의 사상자와 1,600억 달러(약 144조 원)의 피해를 입혔고, 그 액수는 9·11테러 피해액 200억 달러의 8배에 이른다. 최근 호주는 최악의 재앙이라는 극심한 가뭄으로 물 부족에 허덕여야 했다. 우리는 예전에 보지 못했던 황사현상을 보고 있다. 이 같은 공포와 참극과 고통 뒤에는 지구온난화가 자리 잡고 있다.

화석연료에 의존한 대량소비형 사회가 계속된다면 금세기 말 지구의 평균온도는 지금보다 최대 6.4도까지 올라가고 해수면은 59cm 상승할 것이라는 충격적인 전망이 나오고 있다. 지구의 평균기온이 0.76도 오른 것을 감안하면 엄청난 상승폭이다. 지구의 온도가 1도씩 상승할 때마다 지구가 받는 충격은 가공할 정도다.

영국의 가디언지는 최근 '지옥으로의 여섯 단계'라는 시나리오를 발표하였다. 자료에 따르면 지구온난화 초기에는 킬리만자로 산 정상의 만년설이 사라지고, 알프스산맥의 만년설이 녹아 대규모 산사태가 빈발하게 된다고 한다. 한편 북극의 빙산도 현저히 줄어들고, 바닷물에 녹아든 이산화탄소로 바닷물이 산성으로 바뀌어 해양먹이사슬이 붕괴된다.

지구 평균온도가 2도 상승하면 여름철 폭염이 계속되고 있는 유럽에서 수십만 명이 심장마비로 사망하게 된다. 3도 상승하면 바짝 말라붙은 아마존의 열대우림이 산불로 전소되고, 이때 발생하는 이산화탄소로 지구온난화는 더욱 가속화된다. 지금보다 1.5배 강력한 허리케인이 오면서 지구온난화는 통제 불능으로 빠지게 된다. 4도 상승하면 시베리아 동토층이 녹아내리며 얼음 밑에 있던 이산화탄소와 메탄이 대기에 노출되면서 북극의 얼음이 한 조각도 남지 않고 바다가 된다. 5도 상승 시에는 메탄하이드레이트가 해수온도의 상승으로 다량 뿜어져 나와 지진해일이 일어난다. 6도 상승 시 지구의 지질학적 연대가 2억 5100만 년 전으로 돌아가게 되면서 95%의 생물은 멸종 상태에 이른다. 결국 지구는 생명체가 없는 행성으로 바뀔지도 모른다는 메시지를 전하고 있다.

이처럼 이산화탄소 배출의 브레이크가 없다면 암울한 미래는 머지않아 가혹한 현실로 바뀔 수 있다. 인류의 생존시계 작동이 얼마 남지 아니함으로 비유된다.

우리나라 역시 지구온난화를 비켜갈 수 없다. 한국은 현재 이산화탄소 배출량은 세계 10위이다. 1990~2004년 사이에 배출량 증가율에서 우리는 중국에 이어 세계 2위를 기록하였고, 1인당 배출량 증가율은 중국과 공동 1위로 나타났다. 2013년부터는 우리나라도 온실가스 의무감축에 나서야 한다.

기상청의 발표에 다르면 2012년 겨울 서울의 평균기온은 평균보다 2.74도 높은 1.87도를 기록하였다. 1904년 기상관측이 시작된 이래 가장 따뜻한 겨울이었다. 1920년대에 비해 겨울이 한 달가량 짧아졌고, 100년 뒤에는 15일 더 줄어들 것이라고 한다.

기상청 기상연구소가 지난 3월 공개한 아열대 기준선 변화도에 의하면, 2071~2100년에는 우리나라의 평균기온이 4도 정도 올라가 남부 지방뿐만 아니라 서울과 인천, 대전 등 중부지역도 아열대 기후로 변한다는 전망이다.

1971~2000년에는 W자 곡선으로 표시된다. 산악지역을 제외하고 서해안 지역은 강화, 동해안 지역은 속초, 내륙 평야지대는 경북 문경까지 기준선이 대폭 북상한다는 것이다. 그럴 경우 현재의 산림생물은 멸종될 가능성이 크고 식량생산은 줄어들게 된다. 태풍과 폭우, 이상 고온 등 기상이변이 더 자주 발생하는 것은 물론이다.

Ⅲ. 환경교육을 통한 대책

환경교육을 통한 대책은 우선 <표 V-4-2>처럼 환경을 단계적 환경요소별로 살펴볼 필요가 있다. 이는 생존 차원, 생활 차원, 쾌적 차원으로 구별되고 이에 각각 상응하는 환경평가항목요소가 교육에 있어서 핵심 사항이 되어야만 한다. 단 기아문제가 주된 환경문제가 되는 생존 차원이라 할지라도 이에 해당하는 환경평가항목 요소가 결코 무시되어서는 안 된다는 점이다. 예컨대 지하자원, 수자원, 기상 등은 환경교육의 중요 항목으로 여전히 중요한 것이고, 미래에도 중요할 것이기 때문이다.

생활 차원에서의 교육항목에서는 하수처리, 쓰레기처리, 실내공기, 지하수, 소음, 전기, 가스 등이 눈에 띄며 학교교육차원에서 강조되어야 마땅하다. 아울러 쾌적 차원에 있어서 중요교육항목이 될 수 있는 것은 녹지, 청정대기, 깨끗한 물 등이 중심이 되어야 한다.

생존과 생활과 쾌적한 환경 차원에 포함된 다양한 교육핵심항목들은 주변의 일상생활에서 항상 챙겨 보아야 할 것들이다. 결국 환경교육은 환경에 대한 무거운 이념적 교육도 필요하지만, 그에 앞서 주변에서 실천 가능한 것부터 시작하여야 함을 강조할 필요가 있다. 즉 실천부터 시작되어야 한다.

실천을 선행하고 그 실천을 가르쳐 줄 환경교육 전담교사가 보강되어야 한다. 자라나는 청소년들에게 1년에 한 차례만이라도 환경교육의 기회를 제대로 제공하기 위해서 얼마나 많은 인력이 필요한지는 짐작하고도 남음이 있다. 이것은 앞으로 정부가 눈여겨보아야 할 대목이다.

제도권 공교육이 미미하다면 그의 미진한 부분을 사회교육과 힘을 합쳐야 한다. 환경교육에는 전국민이 나서야 한다.

물론 사회교육 역시 일천하다. 그런 여건이 성숙되어 있지도 않다. 하지만 주어진 여건 하에서 서로 보완관계로 교육에 임하는 것이 현실적인 대안 중에 가장 바람직할 수 있다.

제도권 교육의 장점은 지속적이며 안정적인 데 비하여 현실감과 흥미성이 결여되는 단점을 갖고 있고, 사회교육의 장점은 현실적이며 흥미를 갖고 있지만 지속성과 안정성이 결여되는 흠을 갖고 있다. 따라서 이를 보완 결합하여야 한다.

또한 실천적 과제로 공공기관과 민간단체의 결합이 필요하다. 공공기관의 장점은 대규모로 체계적인 추진력을 갖고 있지만 창조적인 교육내용이 결여될 수 있고, 민간단체는 창조적인 교육내용을 창출할 수 있지만 추진과정에서의 체계성이 결여될 확률이 높다. 따라서 이 또한 보완결합이 필요하다.

이러한 교육을 통해 세대구분 없이 실천적 자세와 행동을 보여 줄 때 우리가 할 수 있는 최선의 환경대책이 수립될 수 있다. 아울러 실천이 선행된 후에는 왜 환경교육이 필요한가에 대한 가벼운 철학의 이해도 필요하다. 환경과 인간이 왜 공존하여야 하는가에 대한 인식을 철저히 갖도록 하여야 한다.

Ⅳ. 맺고 나오는 글

환경과 인간과는 불가분의 관계이다. 농경사회에 있어서 인간은 생존 차원의 문제를 최우선시하다 보니 환경이란 인간에게 기아를 초래하는 정도로 인식하였다. 하지만 산업화사회에 있어서는 생활 차원을 중시하면서 환경의 중요성보다는 환경을 오염시키고 파괴시키는 결과를 낳았다. 여기에 이윤 추구라는 자본주의의 끊임없는 질주가 오염과 파괴의 정도를 더욱 심각하게 만들면서 지구의 온난화로 인해 환경이 급기야는 인간을 공격하는 보복을 초래하였다. 그리고 그 공격성과 심각성은 지구상에 살아 숨 쉬는 모든 생명체들의 생존을 위협하고 있다.

시대 구분이라는 거시적 흐름에서 벗어나 가까이서 우리 나라 환경 문제를 숙고해 볼 필요가 있다. 1960년대만 하여도 무심천에서 멱 감고 노는 것이 일상적이었다. 하지만 1980년대에 들어서는 악취가 심하여 가까이 가고 싶지 않은 곳으로 변질이 되었었다. 그 후 환경에 대해 새로운 인식과 재해석이 조명되면서 이제는 그 옆을 산책할 수 있을 정도로 치유되었다. 하지만 아직도 본연의 모습으로 환원되기에는 많은 재원과 관심을 필요로 하고 있다.

환경이 인류의 노력으로 본래의 모습을 찾게 되면 인류가 궁극적으로 추구하는 쾌적 차원의 환경을 자연스럽게 창조할 수 있다. 환경평가 항목요소에서 발견되는 좋은 이웃, 아름다움, 즐거움, 편안함, 경관, 녹지, 꽃, 청정대기, 깨끗한 물, 문화, 교양, 만족감 등의 어휘가 일상의 언어로 살아 숨 쉬게 될 수 있다.

그렇게 될 때 인간과 환경이 공존하면서 번영과 번성을 병행할 수 있다. 이렇게 되기 위해서는 환경에 대한 교육의 역할이 지대할 수밖에 없다. 환경교육이란 환경에 대한 문제를 바르게 인식하고 환경보전을 위한 구체적인 실천 능력을 개발하기 위한 것이다. 이 교육에는 지속적이며 안정적인 장점을 갖고 있는 제도교육과 현실적이며 흥미를 유발하는 사회교육이 결합되어야 한다. 아울러 창조적인 교육내용을 창출할 수 있는 민간단체와 체계적인 추진을 대규모로 시도할 수 있는 공공기관과의 결합도 요구된다.

환경교육은 일상생활 속에 배어 있음을 바탕으로 하고 있다. 사소한 것들이지만 결코 무시되어서는 안 되는 것이다. 바로 다음과 같은 것들을 음미해 보는 것에서 출발한다.

출·퇴근 때 대중교통 이용하기, 전기 절약하기, 여름철에 가볍게 입기, 청구서는 이메일로 주고받기, 과포장된 물품 사지 않기, 종이절약하기, 종이컵 사용 않기, 나무 심기, 선거에 환경문제 관련 선거공약 확인하기, 가정과 직장에서 냉방온도 1도 높이고, 난방온도 1도 낮추기 등이다. 그리고 이것을 우리가 솔선수범하여 실천하고 교육하는 주체가 되어야 한다.

제5장 올바른 미래 설계를 위한 진로교육의 방향 탐구

Ⅰ. 들어가는 글

모름지기 누가 뭐래도 교육은 국가백년지대계(國家百年之大計)이다. 수많은 국가의 정책 중 교육은 그만큼 중요한 위치를 차지하는 것이다. 교육은 국민의 행복한 생활 담보와 미래 설계에 대한 투자인 것이다.

일반적으로 교육을 아는 사람이라면 모두 공교육의 목표로 전인교육을 말하고 있다. 하지만 현실은 우수한 대학교, 유명한 대학교 진학 결과를 학교교육의 성과로 내세우고 있는 것이 사실이다. 학생들과 학부모들에게는 이 진학 결과가 학교교육의 성과 명문 학교의 기준으로 오도되어 인식되기도 한다.

그런 의미에서 본다면 오늘날 한국 교육에서 진로교육만큼 이상과 현실 간의 괴리와 갈등이 많은 교육정책도 아마 없을 것이다. 그럼에도 불구하고 정부는 다시 진로교육을 강조하고 있다. 왜 그럴까? 그러나 이보다 더 강조해야 할 사람은 직접 학생을 가르치는 사람이 아닐까? 왜냐하면 20, 30년 후에 그 책임을 묻는다면 정부일 수도 있지만 직접 가르쳐 준 사람이 아닐까? 이는 질병 치료를 잘못했을 경우 병원장을 비난하는 것이 아니라 의사를 비난하는 것과 차이가 없을 것이다. 때문에 직접 가르치는 자의 책임은 막중하다 할 것이다.

사실 교육의 여러 영역 중에서 가장 근간이 되는 것이 학생들의 진로교육이다. 또 난마와 같이 얽힌 우리 교육문제를 해결하기 위한 중요한 출발이 바로 진로교육이다. 학생 한 명 한 명의 소질과 적성을 살려 나가는 교육이 진정으로 필요한 시점에 와 있는 것이다. 학교는 이제 시험 선수를 훈련하는 곳이 아니라 학생 개개인의 꿈과 소질을 발견하고 키워 주는 역할을 해야 한다.

이제 학생 진로교육은 선택이 아닌 필수요 실천의 문제이다. 미래의 직업세계는 너무도 다양하게 변해 가고 있으며 사회적으로 인정받는 직업 말고도 학생들이 행복해질 수 있는 직업은 참으로 많다. 스티브 잡스가 학벌로 성공한 것이 아니라는 것을 모두가 잘 알고 있다. 일부에서는 미국에서나 가능한 일이라고 말하겠지만 앞으로 한국에서도 충분히 가능한 일이다. 그런데도 통계에 의하면 한국 학부모의 약 7할은 교육·연구·법률·의료 등 소위 괜찮은 직업을 희망하고 있다. 소위 사(士)자가 들어가는 직업을 선호하고 있다. 그러나 실제 일자리에서 차지하는 이들 직업의 고용 비중은 1할도 되지 않는다. 이 같은 사회변화의 지도를 잘 읽어 앞으로 수요와 공급이 어느 분야에서 어떻게 이루어지는가를 면밀하게 검토하여 대응하지 않으면 우리에게 희망은 다가오지 않을 것이다.

학생들의 적성을 제대로 파악해서 아이가 잘할 수 있는 분야를 발견하고, 아이에게 향후에 유망한 분야를 제시해 주는 것은 말처럼 쉬운 일은 아니다. 사실 가장 좋은 방법은 각 방면의 진로전문가들이 아이를 옆에서 계속 지켜보면서 아이의 장점·단점을 정확히 파악하고, 사회의 변화를 예측하여 단점은 보완하면서 장점을 더 부각시킬 수 있는 유망 분야로 나갈 수 있도록 지도를 하는 것이다. 그런데 이 방법은 그저 이론상으로만 가능한 일일 뿐 현실적으로는 불가능하다. 미래의 주역이 될 오늘의 학생들의 진로지도는 참으로 어려운 일이 아닐 수 없다. 하지만 우리 교원들에게 부야된 거부할 수 없는 소명(mission)이기도 하다.

Ⅱ. 학생 진로교육의 이론

1. 진로 발달이론

가. 긴즈버그(Ginzberg)의 발달이론

긴즈버그(Ginzberg), 긴스부그(Ginsburg), 악셀레드(Axelrad) 및 헤르마(Herma)는 여러 학문적 배경을 바탕으로 포괄적인 진로이론을 제시하여 직업선택을 하나의 발달과정으로 보았다. 직업선택에는 네 가지 요인이 있으며, 그 요인은 가치관, 정서적 요인, 교육의 양과 종류, 실제 상황적 여건의 상호작용이다. 또한 직업선택은 일회가 아니라 장기간에 걸쳐서 이루어진다고 보았다. 각 단계의 결정은 다음단계의 결정과 밀접한 관계가 있다. 직업선택 단계는 세 단계이다.

나. 슈퍼(Super)의 발달이론

본 이론은 자아개념을 중심에 두고 있다. 즉 인간은 자아이미지와 일치하는 직업을 선택한다고 보았다. 발달 단계는 성장기, 탐색기, 확립기, 유지기 쇠퇴기로 나뉜다. 발달과업의 순환 재순환, Archyway model, 생애무지개 곡선 등의 개념으로 설명된다.

다. 타이드맨(Tideman)과 오하라(O'Hara)의 발달이론

타이드맨(Tideman)과 오하라(O'Hara)는 직업의사결정과 관련하여 분화와 통합과정을 개념화하여 예상기와 실천기로 나누고 이를 다시 7단계로 나누어 설명하고 있다.

라. 터크만(Tuckman)의 발달이론

토크만(Tuckman)은 자아인식, 진로인식, 진로의사결정을 중심으로 8단계 진로발달이론을 제시하였다.

마. 고트프레드슨(Gottfredson)의 직업포부 발달이론

고트프레드슨(Gottfredson)은 발달단계에 따라 사람이 어떻게 특정한 직업에 매력을 느끼는가를 설명하고 있다. 사람들은 자신의 이미지에 알맞은 직업을 원하기에 자아개념은 진로선택에 중요한 원인이 된다. 여기서 자아개념의 중요한 결정요인은 사회계층, 지능수준 및 다양한 경험 등이 포함된다.

바. 최근의 발달이론

1) 인지적 정보처리 이론(cognitive information processing)

패터슨(Peterson), 샘슨(Sampson), 리더돈(Reardon)은 진로선택과 결정 시 정보를 어떻게 이용하는가에 대한 측면을 다루었다. 진로상담을 하나의 학습과정을 간주하여 개인의 인지역할이 운명결정에 큰 역할을 한다고 보았다.

2) 가치 중심적 진로접근 모델

① 의사결정을 방해하는 정서적인 문제가 있는가?
② 내담자의 진로와 생애역할 간의 관계가 분명하게 있는가?
③ 가치가 구체화되어 왔고 우선순위가 매겨져 있다는 증거가 있는가?

3) 사회인지적 진로이론

렌트(Lent), 브라운(Brown), 하케트(Hackett)은 개인과 환경간의 상호작용이 개인의 진로에 어떻게 영향을 미치는가를 연구하였다.

2. 진로 선택이론

가. 특성-요인이론

파슨스(Parsons), 홀(Hull), 키트슨(Kitson)은 진로선택이란 개인이 소지한 특성을 심리검사 등의 객관적 수단에 의해 밝혀내고 각각의 직업이 요구하는 요인을 분석하여 개인의 특성에 적합한 직업을 선택하게 하는 것으로 보았다.

나. 로이(Roe)의 욕구이론

로이(Roe)는 욕구이론을 통하여 이동기의 경험과 직업행동과의 관계를 설명하였다. 가정의 정서적 분위기, 부모와 자녀 간의 상호작용에 따라 개인의 직업 선택에 영향을 미치며 여기서 가정적 분위기는 감정적 집중, 자녀회피, 자녀수용으로 나눌 수 있다.

다. 플랜드(Holland)의 인성이론

플랜드(Holland)에 의하면 인간은 자신의 특정한 성격이나 환경을 구성하는 수많은 변인의 영향을 받아 진로를 선택하게 된다. 즉 진로 선택은 특정 직업의 성격유형에 따른 직업 세계에서의 성격적 표현으로 볼 수 있다.

3. 진로 의사결정이론

가. 겔레트(Gelatt)의 진로의사결정 이론

① 목표설정 → ② 정보 수집 → ③ 가능한 대안을 탐색 → ④ 각 대안들의 실현가능성을 예측 → ⑤ 각각의 대안에 대한 가치 평가 → ⑥ 행동계획 선택 → ⑦ 진로의사결정 → ⑧ 실행 → ⑨ 평가

나. 하렌(Harren)의 진로의사결정 이론

하렌(Harren)은 진로의사결정 과정을 인식, 계획, 확신, 이행의 네 가지 단계로 나타내었다. 의사결정검사결과 진로의사 결정유형을 합리적·직관적·의존적 유형으로 나눌 수 있다.

하렌(Harren)의 진로의사결정 이론은 학생들이 자신의 진로를 인식하고 이를 바탕으로 진로 계획의 수립, 진로 확신, 진로 이행 등을 순차적으로 결정한다는 것이다.

Ⅲ. 미래 설계와 진로교육

1. 미래의 진로 설계

얼마 전 대중매체에서 보았던 광고 문구는 우리에게 중요한 시사점을 제시하고 있다. 즉 '부모는 멀리 보라고 하고, 학부모는 앞만 보라고 한다. 부모는 함께 가라고 하고, 학부모는 앞서 가라고 한다. 부모는 꿈을 꾸라고 하고, 학부모는 꿈꿀 시간을 주지 않고 서두른다.' 이 말을 약간 바꾸어 해석하면 다음과 같을 것이다. '교육과정은 진로를 생각하라고 하고 학교는 진학을 생각하라고 한다. 교육과정은 다양한 진로활동을 하라고 하고 학교는 성적을 올리라고 윽박지른다.'

우리가 잘 아는 삼성그룹 이건희 회장의 아들인 이재용 상무는 국내 대학을 졸업한 후에 일본 대학에서의 유학을 마치고 미국유학을 다시 떠났는데, 미국의 문화를 먼저 접하게 되면 섬세한 일본의 문화를 보기가 힘들기 때문에 일본을 먼저 공부해야 한다는 치밀한 계산에서였다. 이는 진로 선택 시 앞뒤 선후 관계를 미리 염두에 두는 철저하게 계산된 진로설계의 한 단면을 보여 주는 것이다. 더불어 이건희 회장의 손자 손녀인 이재용 상무의 자녀들은 모두 미국에 있을 때 출산되었으니 3세의 진로설계도 철저하게 계산되고 있음을 볼 수 있다. 물론 이건희 회장 자신도 경영자를 목표로 하는 진로지도를 선친으로부터 받았었다.

그럼 전문가들은 어떻게 진로설계를 할까? 올바른 진로설계에 대한 이론과 방법은 전 세계적으로 통용되는 것이 있는 게 아니라 학자마다 또는 시행하는 전문업체마다 조금씩 다르다. 한마디로 '그때그때 달라요'다. 그 이유는 다식판에서 다식을 찍어내고, 벽돌 틀에서 벽돌을 찍어 내듯이 모든 학생들에게 공통적으로 적용할 수 있는 방법이 있는 것이 아니라 아이 개개인의 특성과 환경을 고려해야 하기 때문이다. 미국에서는 성인을 대상으로 한 사람의 인생을 옆에서 조언한다고 하여 '라이프 코치(life coach)'라는 용어를 사용하기도 하고, 먼저 경험한 선배들의 경험을 중시하는 '멘토링(mentoring)'이란 방법을 사용하기도 한다.

한국에서 1:1 진로설계 기법을 처음 시행하고 있는 와이즈멘토의 경우에는 세계적인 경영컨설팅회사의 경영진단방법을 응용하여 진로설계를 하고 있는데 세세한 내용은 일일이 다 지면을 통해 설명하기는 다소 어려움이 있다. 그러나 전체적인 진로설계의 큰 틀은 동서고금을 막론하고 전문가들 사이에 큰 차이는 없으니 가정, 학교, 사회에서 삼위일체적으로 지원하여야 한다.

진로지도를 위한 진로설계는 아이, 부모, 사회의 세 가지를 모두 고려해야만 제대로 된

결과를 얻을 수 있다. 물론 세 가지 중의 핵심은 '아이'가 되겠지만, 경제력을 포함한 가정 환경과 사회 변화를 간과해서는 절대 안 된다.

2. 학생의 역량 분석

가. 학생 성향분석

부모를 중심으로 한 가정의 환경분석이 끝나면 자녀가 처해 있는 상황과 아이의 개략적인 정보를 알게 되었으니 본격적인 학생의 성향 분석에 들어간다.

학생의 성격을 파악하는 것은 굉장히 중요하다. 학생이 외향적인지, 내향적인지, 개방성이 높은 학생인지 보수적인 학생인지, 한 가지에 끈기를 가지고 집착할 수 있는 과제지향형인지, 아니면 사람들 사이의 인간관계 형성을 통해 일을 풀어 나가는 관계지향형인지를 아는 것이 중요하다. 여기에 부수적으로 신중한 학생인지, 변화에 둔감한 학생인지 등을 파악한다.

나. 학생 성적분석

학생의 성적은 진로에서 중요한 부분을 차지하는 진로교육, 진로지도에 큰 영향을 미친다. 성적이 전부는 결코 아니지만 직업에 따라서 성적이 차지하는 비중이 대단히 높은 것들이 있기 때문이다. 대부분의 부모님은 지금 성적보다 훨씬 더 많이 오를 것을 가정하고 아이를 다그치지만 대부분 전문가들의 의견은 전혀 그렇지 않다. 성적은 아이의 여러 가지 능력 중에서 한 부분이기 때문에 갑자기 후천적으로 크게 달라지지는 않는다. 그래서 아이가 다니고 있는 학교에서의 최근 몇 학기 성적을 보고, 학교의 최근 상급학교 진학실적을 보면 전국에서의 위치가 파악이 된다. 물론 고등학생의 경우에는 전국단위의 모의고사 점수가 있기에 더욱 파악이 용이하다. 성적 분석에서 중요한 것 중의 하나는 과목별 선호도와 그에 따른 점수 분포이다. 그리고 그 선호도가 과목 자체에서 오는 점수이냐, 좋아하거나 싫어하는 선생님에 의한 영향이냐 등도 면밀히 검토해야 한다.

다. 학생 능력분석

성적이 좋으면 능력도 좋지 않겠느냐 이런 생각을 할 수 있는데 조금 다른 면이 있다. 예를 들면 근래 보기 드물게 우리나라에 '천재 축구선수'로 현재 영국에서 활약하고 있는 박지성 선수를 고려해 볼 수 있다. 박지성 선수는 IQ가 대단히 높다 하여 화제가 된 적이 있었다. 분명 운동에 더 관심이 있기 때문에 성적은 좋지 않을 텐데 지적 능력이 뛰어난 경우다. 이처럼 성적과 지적 능력은 상관관계가 강하면서도 반드시 일치하지는 않는다. 지적 능력만 해도 이런데 세상을 잘 살아가는 데는 필요한 능력의 종류에는 여러 가지가 있다. 어휘력, 문장이해력, 수리계산력, 문제해결능력, 연역추리력, 귀납논리력, 공간판단력 등 종류도 다양하다. 이 중에서 어떤 능력이 발달해 있고 발달해 있지 않은가를 점검해 보는 것이 중요하다.

라. 계열 선호 분석

대체적으로 현재의 학생 학부모는 이미 20~30여 년 전에 학창 시절을 보낸 세대들이다. 부모도 자신이 학창시절 공부한 내용밖에는 잘 모르는 경우가 많은데 아이가 한 번도 경험해 보지 않은 대학의 공부에 대해서 잘 알고 있을 리는 만무하다. 따라서 학문과 교과의 다양한 영역의 여러 분야 중에 아이가 어느 쪽에 흥미를 가지고 있는지를 파악하는 것이 중요하다. 물론 선호도라는 것은 자기 보고식 검사를 주로 사용한다. 즉 '사람의 병을 고치는 것에 흥미가 있다'는 물음에 아이가 '아주 그렇다 또는 보통이다' 이런 식의 답변을 하는 경우다. 그래서 흥미가 다양한 아이들은 흥미가 모두 높게 나온다. 이것을 부모들이 잘할 수 있는 분야가 굉장히 많은 것이라고 잘못 오해하는 경우가 많다. 최근에는 다양한 첨단의 수학적 평가방법들이 새롭게 많이 개발되어 있으니 절대적 선호도 검사보다는 아이의 내부에 잠재해 있는 상대적 선호도를 파악하는 것이 중요하다.

마. 학생의 학습패턴 파악

성적을 획기적으로 올리는 '비책'은 없지만, 학생의 학습패턴이 잘못되어 있는 경우 그 패턴의 교정으로 일정 정도의 성적 상승은 기대할 수 있다. 따라서 학생의 공부하는 습관 중에서 어떤 면이 잘못되어 있고, 어떤 면이 잘 되고 있는지를 파악한다. 진로 측면에서는 이러한 검사를 통해서 아이가 지속적으로 학문에 진력할 수 있는 스타일(Style)인지 아닌지를 판가름할 수 있다.

바. 외국어 능력검사

주지하다시피 현대는 글로벌 세계화 시대이다. 따라서 영어 등 외국어 능력은 미래의 삶을 위한 필수 능력이다. 토플이나, 수능을 위한 영어에 관한 테스트를 하는 것이 아니라 이제는 기본이 되어 가고 있는 '세계 공통의 일상언어'에 대한 자세를 파악하는 검사이다. 영어는 더 이상 시험을 위한 교과목이 아니며, 미국이나 영국의 국어로만 국한되는 말이 아니다. 전 세계가 같이 사용하는 '지구촌'이란 거대한 공동체의 기본 대화 수단이다. 따라서 영어, 중국어 등에 대해서 얼마나 긍정적이고 적극적인 자세가 있느냐에 따라 앞으로의 직업도 달라져야 한다.

사. 직업 환경 분석

기본적으로 사회는 여러 사람과의 관계를 통해 형성되며 그 관계 속에서 어떤 행동을 보이느냐에 따라 인정받기도 하고 배척받기도 한다. 그러므로 앞으로 사회에 진출했을 때 부딪힐 수 있는 여러 상황에 대하여 아이가 어느 정도 신호하고 적응할 수 있는가를 분석하여야 한다. 아이의 돈에 대한 가치관, 스트레스에 대한 감내 정도, 위계질서에 대한 반응정도, 외래문화에 대한 선호도 등이 분석된다.

아. 학생의 사회성 분석

학생의 사회성 분석은 특별한 기계적 검사가 있기보다는 주로 상담을 통해 분석되는 부분이다. 상담 선생님과 대화를 하는 와중에 아이가 좋아하는 것, 싫어하는 것, 미래에 대한 생각, 현재 가지고 있는 스트레스와 어려운 점에 대한 정보를 얻으면서 동시에 아이의 논리적 언변이나 태도 등을 보게 된다. 대학 입시조차도 지필평가 점수보다도 논술과 구술, 그리고 입학사정관제 선발 등을 점점 중요시되고 있는 추세이며, 사회에서는 더욱더 적극적이고 논리적인 캐릭터를 원하므로 반드시 필요한 분석이다. 이상의 분석을 거치면 진로설계를 위해 필요한 아이의 정보를 거의 얻을 수 있다.

3. 사회의 변화 파악

학생에 대해서 분석을 한 후에는 사회변화에 대한 분석이 필요하다. 현재의 학생(청소년)인 자녀가 사회에 진출하는 시기는 지금 당장이 아닌 5~15년 뒤이기 때문이다. 사회 변화 분석은 5~15년 뒤의 종합주가지수나 경제전망을 예측하자는 것이 아니다. 일단은 대학입시와 교육과정에 대한 분석을 한다. 대학입시에서 무엇을 더 강조하느냐, 교육과정에서 달라진 것은 무엇이냐를 파악하면 아이의 진로설정 시기와 앞으로 신경 써야 할 항목들을 찾아낼 수 있다. 그리고 전문대학원 도입과 같은 대학의 변화, 사회에서 인기를 끌고 있는 직업들의 변화, 유학에 대한 인식변화 등 교육과 관련된 사회변화를 주시해야 한다. 이 단계에서 가장 중요한 것은 관련 업계에서 활동하고 있는 사람들로부터 생생한 이야기를 청취하는 것이 중요하다. 진로 설계 '멘토링'은 자녀들이 목표로 하는 분야에 종사하는 사람과 자녀들을 일대일로 연결시켜 주는 것을 뜻하기도 한다.

그런 의미에서 본다면, 현행 2009 개정 교육과정에서 초·중·고교 학생들의 진로교육과 직업교육을 강조하고 있는 것은 미래의 주역인 학생들에게 진로인식, 진로탐색, 진로준비를 하도록 지원해 주는 의미 있는 교육이라고 할 수 있다.

Ⅳ. 바람직한 진로지도의 방향

1. 학교교육과정과 대학의 변화 이해

정부의 교육정책은 학교에서 진로지도를 할 때 반드시 고려해야 할 사항이다. 특히 한국처럼 대학 입시와 대학 진학이 교육 전반을 좌지우지하는 교육 시스템에서는 더욱 그러하다.

특히 한국의 교육 정책은 자주 바뀌는 바람에 혼란스럽기는 하지만, 포기하지 말고 정책의 목적과 세부사항을 정확히 이해하도록 노력해야 한다. 그렇지 않으면 교육과정과 대학의 변화에 대한 큰 흐름을 놓치기 때문에 공부를 잘하는 아이일지라도 안개 속을 걸을 수밖에 없다. '의대 보내야지, 법대 보내야지' 늘 입버릇처럼 말하면서도 의학전문대학원, 치의학전문대학원, 법학전문대학원의 등장으로 인해 달라지는 대학입시를 제대로 이해하지 못한다면 효과적인 진로지도가 불가능하다. 진로는 아는 만큼 보이는 것이다.

학생들의 대학 진학을 위해서 반드시 알아야 할 사항들은 반드시 챙겨야 할 것이다. 교육과정과 대학의 변화는 사회적으로도 큰 뉴스거리이기 때문에 조금만 신경 쓰면 많은 정보를 얻어 낼 수 있다. 적어도 입시설명회에 참여하는 열성만큼의 노력을 교육과정 또는 정책 설명회에도 기울인다면 아이에게 필요한 정보를 얻는 데 아주 유용할 것이다. 교육부 홈페이지나 각 대학교의 홈페이지에 수시로 들어가서 관련 자료가 있는지 살피는 것이 매우 중요하다.

특히 대학교의 홈페이지(home page)에 나와 있는 각 학과의 설명에 대해서 조금만 더 관심을 가져주면 좋겠다. 이것저것 정보 수집하는 것이 어렵다면, 약간의 돈을 내고 유명 백화점의 문화센터에 등록하는 것도 좋은 방법이다. "어 그런 거 못 봤는데?" 하는 사람들이 있을지 모르겠으나, 문화센터 프로그램에는 늘 그런 강좌가 한두 개씩 개설되어 있는 법이다. 엄마들이 신청을 많이 하지 않아서 이내 폐강되는 것이 문제일 뿐이다. 그 대신 엄마들은 '자녀 성공시킨 누구 아빠의 공부방법 이야기', '족집게 강사의 고득점 전략기'와 같은 강좌에만 많이 몰려들고 있다.

2. 자녀의 적성과 흥미의 존중

일반적으로 대부분의 학부모들은 자녀들의 진로 설정에 자녀의 적성보다는 성적에 무게를 둔다. 하지만 적성에 맞지 않는 전공을 선택해 방황하는 학생들이 주위에는 많다. 대학에 가서 반수(半修: 대학을 다니다가 다시 수능을 거쳐서 타 대학에 입학)를 결정하는 자녀들은 그동안 점수위주의 진학지도를 했던 탓이다. 아무 학과나 공부하다 보면 적응된다는 식의 지도는 대단히 위험하다. 의대점수 안 되니까, 수의대라는 식이면 정말 곤란하다. 동물을 별로 좋아하지도 않는 아이에게 수의사를 시켜 본들 자신의 분야에서 즐거움을 찾기란 불가능하기 때문이다.

학생과 자녀들에 대한 진로교육은 학생들의 흥미와 관심 및 적성을 토대로 하여야 한다. 학생들이 하고 싶어 하는 일을 미래에 할 수 있도록 배려하는 데서 출발하여야 한다. 그러므로 반드시 자녀와 학생의 적성 위주의 진로지도를 해야 한다. 처음에는 귀찮기도 하고 오히려 늦어지는 것 아니냐 하는 걱정이 들 수도 있으나, 결과적으로는 이것이야말로 훨씬 곧고 빠른 길이며 무엇보다도 아이가 행복해질 수 있는 방법임을 잊지 말기 바란다.

여행을 한다고 생각해 보자. 목적지부터 정하는 것이 순리인가 교통편을 먼저 정하는 것이 순리인가? 진로지도를 통해 목표를 잡고 그다음 학업성취를 위해 노력하는 것은 그래서 지극히 당연한 일이다. 그런데 지금 대다수의 학부모들은 목적지 대신 교통편만 열심히 찾고 있는 상황이다.

진로지도는 나이에 따라 조금씩 달라져야 한다. 진로발달을 다루는 이론마다 조금씩 차이는 있지만 초등학생의 경우는 자신의 능력과 상관없이 대부분 흥미 중심의 장래목표를 갖게 된다. 이에 비해 중학교 1~2학년의 경우에는 '나에게 맞는 직업이 무엇일까'를 비로소 진지하게 고민하는 시기이고, 고등학교 이후에는 '내가 현실적으로 저것을 할 수 있을까'를 고민하게 된다.

따라서 초등학교 때에는 아이의 흥미를 유발할 수 있는 여러 체험을 하게 하는 것이 가장 좋다. 우리나라에도 이제는 전시회, 미술관, 과학관, 박람회 등이 많이 있다. 자녀와 함께 하나하나 방문하여 아이가 어느 쪽에 특히 흥미를 갖게 되는지를 잘 살펴보는 것이 중요하겠다.

중학교 때에는 사춘기에 본격적으로 진입하는 시기이기 때문에 부모와 함께하는 활동이 급격하게 줄어들고 친구들과 주로 어울리게 된다. 또 학습량이 많아지기 때문에 초등학교 때처럼 가족단위의 체험학습이 힘들어진다. 좋은 책과 유익한 신문기사를 권해 주며, 사회적 성공을 다루거나 아이가 흥미를 보이는 분야에 대하여 심층 취재한 TV프로그램 등을 미리 준비하여 가족이 함께 시청하는 것도 좋은 방법이다.

고등학교 때에는 학생들이 문과, 이과 선택과 대학 입학 시 학과 설정 등을 해야 하는 중요한 시기이므로 현실적으로 가능한 관점에서 진로지도를 해야 한다. 그런데 대부분의 부모들은 자기 자녀에 대하여 기대감이 높기 때문에 이런 객관적인 지도가 어렵다. 학생들에게는 대학입시에도 도움이 되는 신문읽기를 적극 권장하고, 부모는 현실적인 진학가능성에 입각해 학교 선생님들과 냉정한 상담을 정기적으로 하는 것이 좋다.

대학교에 입학하면 제1학년 때는 부모들이 잘 아는 친구나 친척 중에 성공적인 사회생활을 하고 있는 이와 아이를 연결해 주는 것이 좋다. 특히 남학생의 경우에는 병역 문제를 어떻게 해결할 것인지 대학원 진학 여부까지 고려해서 미리 설계를 해 놓아야 한다. 대학생 자녀라면 이런 문제를 스스로 해결하겠지만, 부모는 이때도 자녀와 대화의 끈을 놓지 말아야 한다. 아흔 살 부모가 예순 살 자식을 걱정한다는 이야기가 진로교육의 이정표가 되어야 하는 것이다.

3. 부모의 기대 강요 지양(止揚)

자녀들은 축소된 부모가 절대 아니다. 자녀는 그 자체로 존귀한 존재로서 인격적으로 대우되어야 한다. 따라서 자녀 교육에 있어서 피해야 할 것은 개인적 경험에 의해서 생긴 편향된 정보로 아이들을 지도하는 것이다. 주로 부모나 주변 어른들이 지극히 개인적인 경험을 일반화하는 오류를 많이 범함으로써 편향된 정보가 만들어진다.

예를 들어 본인 스스로 이공계 출신이기 때문에 사회에서 불이익을 얻었다고 생각하는 부모는 아이가 이과(理科) 성향이 있어도 일부러 문과(文科) 쪽으로 유도하는 경우가 많다. 회사원이 지긋지긋한 아빠는 아이의 능력과 상관없이 무조건 전문직을 고집하며 아이를 재수, 삼수의 길로 내몰기도 한다. 특히 조심해야 할 것은 학부모들이 주변사람에게 듣는 정보가 객관적이라고 맹신하는 점이다. 특정 직업에 대해서 어느 한 사람에게 물어봤는데 그 한 사람이 적절하지 못한 정보를 제공했을 경우, 그 직업 자체가 아이의 목표 대상에서 빠지는 경우가 허다하기 때문이다.

일단 중요한 것은 아이(자녀)는 부모와 전혀 다른 독립적인 개체라는 사실이다. 상담을 하다 보면 같은 부모 밑의 아이 셋이 다 제각각인 경우가 많다. 당연한 일이다. 따라서 부모는 자신의 관점으로 자녀의 성향을 단정 짓지 말고 관찰자적 입장에서 객관적으로 보려고 노력해야 한다. 의사 집안에서 미술가도 나올 수 있고, 법률가 집안에서 공학자가 나올 수도 있다는 사실을 유념해야 한다.

그리고 냉정하게 느낄 만큼 현실과 밀접한 충고를 해줄 수 있는 조언자 그룹을 형성하는 것 또한 굉장히 중요하다. 좋은 면만이 아니라 나쁘고 부정적인 것까지를 말해 주는 사람이 있다면 그 사람을 자주 찾아가 여러 이야기를 나눠 보는 것이 좋다. 그래야 제대로 된 의사결정을 내릴 수 있기 때문이다.

한편, 최근 소위 문사철(文史哲)을 중심으로 한 인문학의 위기는 학문의 기초를 도외시한 취업과 진로의 경사되고 그릇된 우리 사회의 슬픈 자화상이기도 하다. 학문과 실제 생활에서 인문학 등 기초 학문과 이론을 도외시한다는 것은 사상누각(砂上樓閣)임을 유념해야 할 것이다. 사실 문학, 사학(역사학), 철학 등 인문학의 핵심 학문은 모든 학문과 사고의 기초, 기본인데도 불구하고 취업, 진로 등에 홀대받는 다고 학과 선택, 학문 탐구 등에서 경시되고 있어 안타깝기만 하다.

4. 환경과 여건의 충분한 고려

진로교육은 생활수준에 맞는 교육방법을 택해야 한다. 투자를 많이 한다고 반드시 효과가 좋은 것은 아니다. 명품과 질 좋은 일반상품과의 품질 차이는 크게 없다. 다 브랜드 값이다. 교육도 마찬가지다. 비싸다고 좋은 교육서비스가 아니니, 자기 경제수준에 맞는 교육 중에서 품질이 높은 게 무엇인지를 찾아야 한다. 시세보다 높은 고액과외나 학원은 다 소용없는 일이다. 진짜 잘 가르치는 유명한 강사들은 간판 없는 오피스텔에 숨어 있는 것이 아니라 학생들에게 잘 알려진 학원에 있기 때문이다.

상담을 할 때 부모님의 경제력 수준을 파악하는 것도 중요한 업무 중 하나이다. 그러면서 발견한 놀라운 사실은 서울에서 스스로 중산층이라고 생각하는 많은 가정의 경제생활이 사실은 그리 탄탄하지 않다는 것이다. 자녀를 위한 교육비 지출로 인해서 조만간 계층 하락의 위험에 빠질 가능성이 높은 경우가 많다.

"고 3때는 장롱 속에 현금 5천만 원을 쌓아 놓고 매달 빼서 써야 한다."

이런 식의 이야기를 하는 강남 엄마들도 있는데, 잘못된 생각이다. 대학에 가면 5천만 원이 아니라 그보다 훨씬 많은 돈이 들기 때문이다. 더구나 자녀가 중·고등학생일 때에는 오히려 부모의 경제적 능력이 가장 왕성할 때이다. 대학 때는 오히려 그보다 못한 경우가 흔하다. 이런 변수를 고려하지 않는다면 대학, 대학원, 유학 등 앞으로 맞닥뜨릴지 모르는 여러 변수에 능동적으로 대처할 수가 없다.

기러기 아빠 중에 상당수는 기러기가 아닌 펭귄 아빠라는 우스갯소리가 있다. 기러기 아빠는 가족들이 맘껏 왕래할 수 있는 경제적 여력이 남아 있는 가정을 뜻하고, 펭귄 아빠는 한 번 왕래에 수백만 원이 드는 경비가 부담되어 그냥 전화로만 정을 나누는 유학 가정을 의미하는 말이다. 처음에는 기러기였을지 모르지만, 결국에는 어쩔 수 없이 펭귄이 되어 버린 것이다.

이 모든 것이 가정 경제력에 대해서 제대로 파악하고 있지 못하기 때문에 나오는 현상이다. 아이의 실력에 대해서 막연한 기대감이 있듯이 자신의 경제력에 대해서도 설마 하는 생각들이 의외로 많다. 아이의 성적은 안 나와도 잘 살 수 있는 길이 많지만, 가정의 경제가 흔들리면 가족구성원 모두가 몰락할 수 있다는 것을 명심해야 한다.

5. 가족 간의 공감과 소통

세계화 시대의 리더십 중에서 으뜸이 곧 공감과 소통, 그리고 배려이다. 자녀의 성공을 위해서는 가족의 협력이 필수적이다. 가족 간 대화를 통해 자녀의 진로에 대한 합의를 봐야 한다. 이 과정에서 사회생활을 많이 한 부모의 생생한 정보제공이 필수적이다. 자녀 진로문제는 아버지의 사회 경험에서 우러나온 생생한 지식을 많이 활용하는 것이 좋다.

맞벌이 부부라면 정보가 더 풍부할 수 있으므로 더더욱 가족 간 대화와 합의가 중요하다. 정보를 혼자 가지고 있으면서 '왜 애가 저 모양일까' 하는 냉소적인 태도를 버리고 적극적으로 개입하는 것이 좋다. 그렇다고 해서 훈계하듯이 정보를 전달하는 방식은 사춘기 아이들에게는 역효과를 가져올 수 있으므로, 아이의 이야기를 많이 들어주면서 대화식으로 이야기를 풀어 나가야 한다. 뜬금없이 "우리 다 같이 미래에 대해서 고민해 볼까?"라고 말하기는 가족끼리도 어색한 법이다.

그래서 초·중·고등학교 가리지 않고 매년 학기 초에 기록하게 되어 있는 장래 희망을 조사하는 시간을 적극 활용하기 바란다. 이 시기를 잘 이용하여 가족끼리 진지하게 고민하는 시간을 가지면 여러모로 이야기하기에 편하다. 혹시 초등학교 때 과학자라고 썼는데 고등학교 때도 여전히 과학자인 경우가 있다면 문제가 있는 것이다. 공부 쪽으로는 성장하고 있는지 모르지만 진로 쪽으로는 발달이 멈춘 셈이다. 고등학생쯤 되면 그냥 과학자가 아니라 인공위성 연구 과학자 정도로 꿈이 보다 구체화되어 있지 않으면 안 되기 때문이다.

학교에서는 단순히 학교생활기록부의 빈칸을 메우기 위한 형식적인 조사 말고, 매년 학기 초에 전문 프로그램을 가동하여 학교 자체적으로 진로 지도를 했으면 하는 바람이 있다. 가족들이 충분히 토의할 수 있도록 부모 의견과 자녀의 의견을 모두 수렴할 수 있는 조사 양식을 만든다면 학교 차원에서의 진로 지도에도 보다 유익할 것이다. 그 양식에 아빠의 의견, 엄마의 의견, 본인의 의견을 각자 적어서 서로의 생각에 대해서 토론하는 시간을 갖기를 권장한다.

6. 지속적이고도 장기적인 직업 설계

목표를 세우면 그에 이르는 길이 보이게 마련이다. 장기적인 직업 목표를 먼저 세워야한다. 목표가 정해지면 그 목표에 도달하기 위한 방법은 여러 가지다. 따라서 목표가 정해졌는데 실력이 안 되더라도 길은 여러 가지이기 때문에 조금 돌아갈 각오를 하고 현실적인 방법을 생각해 내는 것이 좋다.

장기적인 목표가 없기 때문에 단기적인 목표에 목숨을 걸고, '이거 아니면 절대 안 될 것 같다'라는 경직된 태도를 보이게 된다. 그래서 무작정 재수, 삼수를 밀어붙이고 나중에 또 반수를 하고, 편입을 하게 되는 것이다. 얼마나 큰 낭비인가.

중학생들이 특목고를 정할 때 특목고의 종류는 성적에 따라 달라지는 게 아니라, 자신의 직업목표에 따라 달라져야 한다. 고등학교에서 문·이과계열을 선택할 때도 학교의 분위기나, 공부의 난이도를 떠나서 일단은 아이의 미래 목표와 연관된 계열을 선택하는 것이 바람직하다. 따라서 일관된 진로지도를 위해서는 먼저 장기적인 직업목표를 세우는 것이 무엇보다 중요할 것이다.

그러나 대한민국에는 수많은 직업이 있고 그중에서 부모들이 경험해 보지 못한 여러 직업들이 즐비하므로 직업목표를 잡기란 쉽지 않을 것이다. 그러므로 부모들이 직업세계에 대하여 좀 많은 것을 알아야 할 필요가 있다. 다양한 직업세계에 대하여 알 수 있는 좋은 방법은 신문이나 시사주간지를 통해서 정보를 얻는 것이다.

신문에는 사람과 사람들, 피플(people)이란 등의 이름을 달고 다양한 직업분야에서 나름대로 성공한 사람들의 이야기를 자주 다룬다. 그런 기사만이라도 평소 눈여겨본다면 웬만한 직업은 다 꿰고 있을 수 있다.

중요한 것은 그런 기사를 접할 때 무작정 부러워할 것이 아니라, 기사 안에 있는 성공한 사람의 커리어 패스(career path), 즉 직업경로를 잘 살펴보아야 한다는 점이다. 어떤 계기로 그 직업을 선택하게 되었고, 중간에 어떤 학교와 학과를 거쳤고, 유학은 언제 어디로 갔으며, 어떤 직장에 들어가서 무엇을 하였는지에 대한 내용들을 잘 파악해서 진로지도에 참고해야 한다는 것이다. 장기적인 직업목표를 세우고 그 직업에 도달하기 가장 유리한 과정을 설계하는 top-down(하향식) 방식이 진로지도에서는 중요함을 잊지 말아야 하겠다. 타인의 진로교육과 진로 선택 성공의 나의 진로 설정에 타산지석(他山之石)이 되어야 한다.

7. 자립정신과 잠재적 능력 발휘

교육의 궁극적 목표는 자녀의 성공적인 사회진입이다. 사회적·경제적 자립을 우선시하여 자녀와 부모가 모두 여유 있는 생활을 할 수 있도록 해야 한다. 자본주의가 고도화될수록 개인 경제력의 중요성은 더 커지고 있다. 쓸데없는 고학력보다는 조금이라도 일찍부터 경제활동을 할 수 있도록 진로를 설계해야 한다. '공부, 공부' 하다 보니 우리나라는 비효율적인 고학력 사회가 되었다. 예전이면 고등학교 졸업하고도 할 수 있는 일을 지금은 대학원 나온 사람들이 하고 있다. 일 자체는 변하지 않았는데 사람들의 학력만 높게 변한 것이다. 때문에 일하는 사람들의 업무 만족도만 떨어뜨리는 꼴이 되어 버렸다.

대학원에 공부하기 위해 간다는 말은 옛말이 되어 가고 있다. 취업난을 피해서, 남자는 군대를 피해서 가는 곳이 대학원이 되어 버렸으니 말이다. 취업난이 심해지면 심해질수록 가장 호황을 누리는 곳이 대학이라는 이야기가 있을 정도로 요즘 우리 사회의 대학원은 고급학위로서의 의미를 상실해 가고 있다. 해외 MBA학위를 취득해도 예전만큼 취직이 용이하지 않은 상황에서 국내 대학원 졸업자는 예전의 대학 졸업자와 거의 동등한 대우를 받는 지경에 이르렀다.

석사가 기본 학위가 되어 가고 대학 다니면서 어학연수 1년은 기본이 되어 감에 따라 한국 젊은이들의 사회 진입연령은 점점 늦어지고 있다. 남자의 경우에는 군대까지 포함하면 30세 가까이 되어서야 비로소 사회에 진입하게 된다. 그때까지 뒷바라지는 누가 하겠는가? 다 부모가 짊어져야 할 짐이다. 부모의 노후를 위해 써야 될 돈이 아무 의미 없는 학위 추가에 쓰이고 있는 셈이다.

자녀 진로지도를 함에 있어서 다음과 같은 사항을 일찍부터 염두에 두어야 한다. 자녀가 아주 탁월하게 공부에 소질이 있는 게 아니라면 빨리 사회에 나갈 수 있는 방법을 찾아야 한다는 것 말이다. 그렇지 않으면 공부에는 별 뜻도 없으면서 대학원에 진학하고 결국에는 고학력 실업자 대열에 끼게 될 것이다.

돈은 한 살이라도 일찍부터 벌기 시작하면 나중에 벌기 시작한 사람하고 비교했을 때 불어나는 속도가 다르다. 20대 중반부터 사회생활을 한 사람하고 30대 초반부터 사회생활을 한 사람하고는 경제적 자립의 시기가 많이 달라질 수 있다. 특히 남학생이라면 군대를 해결하는 시기와 방법을 일찍부터 적극적으로 모색해서, '군대 피해서 대학원 간다'는 이공계 명문 대학원생들의 한심한 전철을 밟지 않아야 한다.

8. 다양한 직업 및 진로 정보 수집

현재 유행하는 것보다 10년 후 자녀가 사회에 진출할 때 유망한 일을 파악하여야 한다. 요즘 유행하는 것은 보통 자녀가 사회에 나갈 때는 이미 유행이 지나는 경우가 대부분이다. 남이 알고, 나도 알고, 내가 하고, 남도 하는 것은 더 이상 유행이 아니다. 그 끝물일 뿐이다.

지금으로부터 20년 전에는 휴대전화를 갖고 있는 사람이 극히 드물었다. 그런데 이제는 불과 십 년 만에 어린아이들마저도 휴대전화를 들고 다닌다. 앞으로 10년이 흘렀을 때는 또 어떤 깜짝 놀랄 기기가 우리를 놀라게 할지 모른다.

아이의 진로지도 역시 그렇다. 늘 현재의 상황보다는 앞으로의 상황을 가정하여 진로지도를 하는 것이 좋다. 10년 전의 대학입시에서는 의대가 가장 높은 학과가 아니었음을 늘 잊지 말기 바란다. 지금 고3이라서 당장 이번에 의대를 간다고 할지라도 의사가 되는 것은 10~12년 뒤임을 잊지 말아야 한다.

중산층은 겁이 많다. 앞서 가자니 이 길이 아니면 어쩌나 걱정이 되어서 눈치를 보고, 남들 다 하는 것 안 하면 빈곤층으로 떨어질까 봐 한다. 그래서 늦었다 생각하면 이번에는 막무가내로 뛰어든다. 앞서는 것에는 의사결정이 느린 반면 뒤처지지 않기 위해서는 과감한 비용을 지출한다. 그러다 보니 자녀교육에 있어서도 늘 앞서 가지 못하고 남들 다 하는 것 확인하고서야 뒤늦게 뛰어들어 과한 투자를 하게 된다. 어리석은 일이다.

부유층이 가장 중요시하는 것은 정보이다. 정보의 흐름을 파악하면 돈이 보이기 때문이다. 이 정보의 중요성은 아무리 강조해도 지나치지 않다. 미국의 CIA, 대한민국의 국정원 등은 최고의 권력기관 아닌가! 그 이유는 바로 정보를 취급하는 곳이기 때문이다. 아이의 진로지도에 있어서도 한발 앞선 정보가 필요하다. '일찍 일어나는 새가 먹이를 잡는다(Early birds catch the worms)'라는 속담처럼 정보라는 것은 시간이 지날수록 효력이 떨어지기 때문에 빨리 습득할수록 좋다.

돈이 많은 곳에는 정보가 모이기 마련이다. 그래서 부자들은 투자정보도 빠르고, 교육정보도 더 빠른 것이다. 그러나 자신이 특별한 부유층이 아니라고 판단된다면 조금 발품을 팔더라도 정보습득에 능동적이 되도록 하자. 정보를 소중히 생각하자. 자녀의 진로교육은 물론, 덤으로 재산 증식 정보도 많이 얻을 수 있을 것이다.

9. 글로벌(global) 지구촌 진로 설계 지향(指向)

우리 속담에 '말(馬)은 태어나면 제주로 보내고 사람(人)은 태어나면 서울로 보내라'라는 말이 있다. 그래서 대한민국 서울에는 정치, 경제, 문화, 교육 등이 집중되어 있다. 그래서인지 서울에 있는 대학, 그중에서도 서울대와 일명 SKY대는 선망의 대상이 되었고, 출세가 보장되는 학교가 되었다.

그러나 국가단위의 경제시대는 이제 끝나고 전 세계가 하나의 경제권이 되어 가고 있다. 국가 간에 자국 물건처럼 무관세로 물건을 서로 거래하는 자유무역협정(FTA)이 체결되고, 10년 뒤에는 대다수의 주요 국가들이 FTA를 맺은 상태가 될 것이다. 더 이상 국경이 무의미해진다는 뜻이다. 그 흐름을 미리 읽은 사람들이 해외여행자유화, 조기유학자유화 등의 조치를 거치면서 자녀를 대거 해외로 유학을 보내게 되었다.

"공부를 못하는 아이들이 도피 유학 가는 것이다"라고 안심한 부모들이 여전히 서울대를 외치고 있을 때 그들은 미래를 내다보며 한발 빠른 교육투자를 감행한 것이다. 뒤늦게 한발 늦었음을 인식한 학부모들에게 2013학년도 기준으로, 미국 하버드 대학에 재학 중인 각국 학생 가운데 한국인이 세 번째로 많다는 사실은 충격을 줄 것이다. 대학을 한 줄로 세우기 좋아하는 명문대 마니아 학부모들은 1~2위를 다투는 미국 하버드대학과 150~300위를 오르락내리락하는 서울대와 비교하며 무슨 생각을 할까?

진로교육의 관점에서 학생들이 세계를 무대로 활동할 수 있는 역량을 키우도록 교육해야 한다. 지구촌이라는 말을 쓰는 이 시대의 정치, 경제, 문화, 교육의 중심지는 미국과 서유럽이다. 일본이 부산에 해당한다면 분당, 일산과 같은 신도시는 중국, 러시아이다. 판교처럼 앞으로 뜰 지역은 인도, 브라질과 같은 나라라 할 수 있겠다. 아이들이 이 좁은 땅덩어리가 아니라 세계의 중심지를 무대로 활동할 수 있는 역량을 키우도록 진로를 설계하여야 한다. 그게 우리나라와 국민, 우리 자녀들이 모두 잘 살 수 있는 길이다.

그럼 무조건 나가란 말인가? 그렇지는 않다. 어느 경우든 아이에게 국제화 마인드를 심어 주는 게 중요하다는 뜻이다. 그러고 나서 자녀가 어떤 직업을 택하는 게 적성에 맞느냐에 따라 또 집안의 경제력 여부에 따라 유학의 필요성과 시기를 조정해야 한다는 것이다. 찾아보면 돈을 적게 들이면서 유학을 보낼 수 있는 다양한 방법도 있다.

또 기업에서 어떤 인재들이 인기가 있는가를 알면 아이들의 진로가 보인다. 과거 무조건 공부만 잘하는 사람을 원했던 시대는 이제 가고 있다. 기업에서 중시하는 영역, 방법 등을 미리 파악하는 것이 중요하다.

V. 맺고 나오는 글

진로교육과 진로지도의 두 기둥은 진학지도와 취업지도가 함께 연계되어야 한다. 그럼에도 불구하고 한국 교육에서는 진로교육 및 진로지도를 말할 때면 흔히 진학문제를 먼저 떠올리게 되는 것은 상급학교 진학문제가 그만큼 중요하게 받아들여진다는 반증이기도 하다.

미래 이 사회의 주역이 될 학생들의 진로 결정은 더 큰 미래를 위한 도전이요, 사회적 삶을 준비하는 능력 개발의 도장으로 개인의 미래와 새로운 성장의 기초를 마련하는 기회이다. 하지만 우리 사회의 현실에서 이런 중차대한 의미가 부여되는 진로문제에 있어 과연 우리는 의미의 중요성만큼 신중한 선택과정을 거쳐 진로를 결정하고 있는지 냉철하게 재음미해 볼 필요가 있을 것이다.

실제로 학교현장에서 진로교육, 진로지도에서는 진학문제에만 매몰되어 학생의 관심, 희망, 특기, 적성, 사회 변화 등의 특성이 무시되고 목전의 문제에만 급급한 경우가 적지 않은 것이 현실이다. 무엇을 위한 진로교육, 진로지도인지, 누구를 위한 진로교육, 진로지도인지 의아할 때가 없지 않다. 공부를 하는 목적은 자아실현을 통한 행복의 추구에 있으며 자아실현은 배운 바를 실현해 가는 직업적 활동을 통해서 나타나는 것이다. 그러므로 진학은 취업을 전제로 할 때 의미가 있는 것이지 진학을 위한 진학, 졸업을 위한 진학은 전혀 아무런 의미도 없는 낭비인 것이다.

따라서 앞으로의 진로교육, 진로지도는 '학생의 잠재적 가능성을 발현할 수 있는 방향으로 나아가는 지도이어야 한다. 진로교육이건 진로지도이건 주체는 학생 자신이어야 하며, 그들이 살아야 할 시대도 현재보다 한발 더 앞선 새로운 시대임을 염두에 두어야 한다. 따라서 현실을 위한 준비도 좋지만 진학이 취업을 전제로 한다면 미래의 유망직종에 관한 예리한 관찰과 예측이 필수적이라 본다.

비유하면 마치 교육은 하나의 연못물처럼 전체를 담는 그릇이며, 연못 속을 흐르는 찬물과 따스한 물은 사회의 변화를 따르는 진학과 취업에 해당하는 진로교육과 같다. 그리고 이 물 속에서 살아가는 물고기는 학생들과 같다. 어떤 이유에서 그 속에 놓인 찬물을 좋아하는 물고기는 찬물 쪽으로 가고, 따스한 물을 좋아하는 물고기는 따스한 물 쪽으로 모이듯이 진로의 주체는 학생이어야 하며, 만약 수온이 변하여 살기가 어려워지면 알맞은 물을 찾아 나서듯 변화에 적응할 수 있는 선택 능력을 길러 주는 것이 진로지도의 기본원리가 되어야 할 것이다.

이제 진로교육 및 진로지도의 방향도 학생 중심의 지도요, 미래를 예측한 지도요, 진학과 취업이 연계된 지도로 가야 할 것이다. 내가 살게 될 시대는 어떤 사회가 전개될 것인지를 예측해 보고 그 사회 속에서 무엇을 하며 어떤 삶을 누려 가야 할 것인가를 분명히 하고, 그런 삶을 위한 가장 적절한 길은 어느 길인가 하는 문제를 자신에 관한 가능한 한 모든 분석 자료들을 활용해 정한 뒤에 진로에 관한 사항들을 결정해야 한다.

결론적으로 진로교육은 학생의 미래를 결정하는 중차대한 일이라는 점을 전제하고, 학생의 잠재적 가능성을 최대한 발휘하고, 학생이 하고자 하는 일을 하도록 지원하는 방향에서 이루어져야 한다. 특히 진로교육과 진로지도는 학교와 학부모의 기대 눈높이가 아니라 당사자인 학생의 희망 눈높이로 바라보고 결정되어야 한다는 점을 유념하여야 한다. 학생들은 축소된 성인이나 학부모가 아니라, 그 자체로서 존귀한 인격적 개체라는 점을 존중하여야 한다.

제6장 21세기 글로컬(glocal) 시대의 학교 진로·직업교육의 방향

Ⅰ. 들어가는 글

과거 한때 가장 인기 있는 직업은 은행원이었다. 70~80년대만 하더라도 대학 졸업을 앞둔 학생들은 공사(公社)와 더불어 은행을 가장 안정적인 직장으로 보았다. 그러나 세월은 흘러 이제 은행원은 구조조정 1순위에 올라 있다.

이처럼 직업이 성장하고 쇠퇴하는 가장 큰 이유는 기술의 발전에서 찾을 수 있다. 신세대의 애장품 1호가 된 핸드폰(스마트폰)과 관련된 직업만 보아도 그것을 알 수 있다. 새롭고 산뜻한 핸드폰 벨소리를 전문적으로 만드는 벨소리 작곡가, 각종 문자를 조합하여 멋진 그림(이모티콘)을 창조하는 이모티콘 전문가 등이 새로운 직업으로 탄생하였다.

그렇지만 전체적으로 청소년들은 진로문제에 관하여 먼 훗날의 이야기로 생각하는 경향이 많으며 그 절박성을 못 느낀다. 거기에는 많은 이유들이 있겠지만, 그중 하나는 우리나라의 교육이 학업 위주에 치우쳐 있으며 진로탐색을 경험할 기회를 제공해 주지 못하고 있기 때문일 것이다.

이런 의미에서 청소년들에게 올바른 진로지도가 필요하다. 청소년들이 진로문제로 고민을 할 때 진로지도를 통하여 문제를 해결해 주고, 장기적인 진로계획을 수립·지원해 줄 수 있어야 하기 때문이다.

진로(career)란 한 개인이 일생에 걸쳐서 직업과 관련하여 경험하고 거쳐 가는 모든 체험들을 의미한다. 그러므로 진로교육이란 자신의 진로를 계획하고, 그 진로에 대한 준비를 하며, 적절한 시기에 직업을 잘 선택하고, 선택한 직업에 잘 적응하며, 더욱 발전할 수 있도록 도와주는 교육활동이라고 할 수 있다. 학교 급별로 보면 초등학교 단계는 진로 인식단계(career awareness), 중학교 때는 진로 탐색단계(career exploration), 그 이후의 청소년은 진로 준비단계(career preparation)에 속한다.

현행 2009 개정 교육과정에서는 진로교육과 직업교육을 크게 강조하고 있다. 초·중·고교 학생들을 대상으로 한 진로교육의 핵심은 학생들 자신이 스스로 특기, 적성, 소질 등을 바르게 알고 장래의 진학과 취업 등어 이러한 꿈과 끼를 발휘할 수 있도록 준비하는 데어 초점을 맞추어야 한다. 학생들의 진로교육은 교사·학부모 등 어른의 눈이 아니라 학생 사심의 눈으로 바라보아야 한다.

Ⅱ. 바람직한 진로교육·직업교육의 방향

1. 개인의 특성을 이해시키는 진로·직업교육

진로선택에 있어 흥미는 중요한 요소이다. 흥미는 '사람의 활동 또는 사물에 대해 가지는 긍정적인 느낌'으로서 단순한 호기심에서 출발되기도 하나 오랜 시간 지속시킬 수 있다면 직업과 연관될 확률이 높다. 사람들은 각기 다른 흥미를 가지고 있으며 흥미를 지니는 정도에 따라 직업과 연결될 수도 있고 단순한 취미에 그칠 수도 있다.

적성 역시 진로선택에서 매우 중요한 요소이다. 머리가 좋다는 것은 지능을 말하는 것이고, 어떤 재주가 있다는 것은 적성을 뜻하는 것이다. 적성은 어떤 직업에서의 성공가능성을 예언해 주는 요인이므로 직업선택에서 가장 중요시되는 특성이다. 그러나 개인의 적성과 흥미가 꼭 일치하는 것은 아니다. 축구를 좋아한다고 해서 축구에 재능이 있는 것은 아닌 것과 같다. 스스로 적성을 발견하고 계발하지 않는다면 그 적성은 무의미하게 된다. 그러므로 적성은 현재의 능력을 의미하기보다는 미래의 성공가능성을 말해 주는 잠재적인 능력이므로 적성의 발견을 위해서는 신중하고 꾸준한 탐색이 있어야 한다.

가치관도 중요한 요소가 된다. 가치관이란 직업과 관련하여 생각하는 기준, 어떤 선택을 내리게 하는 믿음으로 직업가치관 검사를 통하여 알 수 있고 성격은 자아개념, 욕구, 성취동기, 포부수준, 대인관계 등으로 성격유형검사와 MBTI검사, 애니어그램을 통하여 알 수 있다.

성격이란 타인이나 사물에 대해서 비교적 일관성 있게 반응하는 경향을 말한다. 성격은 직업을 선택하는 데 있어서도 매우 중요한 요인이 되는데, 어떤 직업은 사회성이 높은 성격을 요구하기도 하며, 어떤 직업은 매우 치밀한 사려성을 필요로 하기 때문이다. 또한 사회생활의 적응, 즉 동료나 상사와의 인간관계에 중요한 요인이 되므로 성격에 맞는 진로선택은 매우 중요하다.

교사는 학생들이 객관적으로 자신을 보는 기회(학생의 적성과 흥미를 아는 기회)를 제공하여야 한다. 학생이 자신의 성격, 신체조건, 직업흥미 등을 어느 정도 이해하고 있는지 스스로 점검해 보도록 격려하여야 한다. 학생이 자신의 진로를 계획하고 준비하여 선택하려면 무엇보다 중요한 것이 자기 자신에 대한 이해이기 때문이다.

진로교육과 직업교육은 학생들이 스스로 소질, 적성, 흥미, 재능 등을 알도록 지도하고, 학생들이 이와 같은 꿈과 끼를 기르도록 돌봐 주어야 한다.

2. 장래 목표 설정을 지원하는 진로·직업교육

미국의 하버드 대학 심리학연구소에서 65세 정년 퇴직자들을 대상으로 설문조사를 했는데 정년 퇴직자들은 다음과 같은 네 가지 유형의 삶을 영위하는 것으로 나타났다.

첫 번째 유형은 홀로 서기 노인층이다. 이들은 이 설문의 응답자 중 3%로 퇴직 후에도 남에게 의존하거나 얽매이지 않고 최고의 부와 명예를 누리며 떳떳하게 살아가는 노인들이었다.

두 번째 유형은 불편 없는 노인층이다. 이들은 응답자 중 10%로 별 불편 없이 퇴직 전과 마찬가지로 여생을 사는 노인들이었다.

세 번째 유형은 겨우겨우 노인층이다. 이들은 응답자 중 절반이 넘는 60%로 대다수의 퇴직자들이 그러하듯이 하루하루를 겨우 살아가는 노인들이었다.

네 번째 유형은 무기력 노인층이다. 이들은 혼자서는 도저히 살 수 없는 노인들로 응답자 중 27%에 해당하는데 자선단체나 구호기관, 양로원 등 남의 도움 없이는 살 수 없는 노인들이었다.

이 연구소는 '왜 이런 결과가 나왔는가?'에 대해 연구하기 위해 역으로 이들을 만나 다시 설문조사를 해 보았다. 그런데 재미있는 사실은 이 네 가지 유형의 노인층이 젊어서 각기 다른 인생관을 갖고 있었다는 점이다.

첫 번째 유형인 홀로 서기 노인층은 젊어서부터 목표를 구체적으로 세워 이를 글로 적어 놓고, 적극적으로 실천해 행동으로 옮겨 갔다고 답했다.

두 번째 유형인 불편 없는 노인층은 나름대로 인생의 목표는 있었지만 그것을 글로 써 놓지 않아 이를 제대로 실천하지 못했다고 술회했다.

세 번째 유형인 겨우겨우 노인층은 인생에서 성공해야겠다는 목표는 있었지만 막연히 생각만 했지 실천하지 못해 그 꿈은 단지 백일몽에 지나지 않다고 아쉬워했다.

마지막 무기력 노인층은 인생에 있어 아예 어떤 목표는 고사하고 꿈조차 없었다고 말했다.

또 하나 재미있는 조사를 보겠다. 1953년 미국의 예일대학교에서는 졸업생을 대상으로 다음과 같은 질문을 했다. "지금 현재 당신은 구체적인 목표를 글로 써서 소지하고 있습니까?" 이 질문에 졸업생 중 단지 3%만이 글로 자신의 목표를 써서 갖고 있노라고 대답했다. 나머지 97%의 졸업생은 그저 인생의 목표를 생각만 하거나 아니면 장래에 무엇이 되겠다는 등 구체적인 목표를 갖고 있지 않다고 답했다.

그 뒤로 20년이 지난 후 예일대학교는 1953년 졸업생 중 생존자를 대상으로 이들의 성공 여부(경제적인 부유 정도)를 조사했다. 그런데 충격적인 사실이 밝혀졌다. 3%로 해당하는, 즉 졸업 당시 인생의 목표를 글로 써서 가지고 있었던 집단의 재산이 나머지 97%, 즉 졸업 당시 목표를 글로 써서 가지고 있지 않았던 졸업생의 재산보다 많은 것으로 조사됐다.

지금까지 든 두 가지 사례는 인생에 있어 '목표가 있느냐, 없느냐' 하는 사소한 차이가 결국에는 삶의 큰 차이를 만든다는 점을 잘 보여 주고 있다. 다시 말해 인생에서 간절히 바라는 목표를 하나의 글로 만드는 사소한 작업이 인생의 성공 여부를 가리는 중요한 계기가 된다고 볼 수 있다. 그러므로 학교에서의 진로교육은 청소년의 목표설정을 도와주는 진로교육이 되어야 한다.

3. 미래의 직업 전망을 고려한 진로 · 직업교육

일선 학교에서 학생들의 진로지도를 하기 위하여 미래의 직업이 어떻게 변화할 것인가에 대한 다양한 자료가 필요하다. 왜냐하면 학생들은 앞으로 5년, 10년, 15년 후에 직업 활동을 하여야 하며 그 시대에 맞는 직업을 선택하여야 하기 때문이다.

한국직업능력개발원이 전국 고교생 12,000명을 대상으로 희망직업을 조사하였는데, 학생들이 종사하고자 하는 직업은 272개였으며, 전체 학생들의 50%가 선호한 직업의 총 숫자는 19개, 학생들의 90%가 선호한 직업의 총 숫자는 113개에 불과하였다. 학생들이 희망하는 직업들의 상당수가 전통적인 직업으로 분류할 수 있는 것으로, 실제 학생들이 미래에 종사할 직업과는 많은 격차를 보였다. 특히, 지식기반 경제로 진입하고 있는 현실을 반영하는 직업에 대한 선호도는 아직 낮은 것으로 나타났다. 이것은 학생들은 직업에 관하여 잘 모르고 있으며 앞으로 직업이 어떻게 변화할 것인가에 관해서는 더욱 잘 모르는 상태에 있다는 것을 그대로 보여 주는 예라고 할 수 있다.

이제 우리 사회는 인터넷 중심사회, 정보중심사회, 네트워크 중심사회, 지식기반 사회로 진입하였다. 현재 창출되는 부가가치의 3/4이 정보와 지식으로부터 나온다는 추정치도 제시되고 있다.

그러므로 무엇보다 앞으로의 직업이 어떻게 변화할 것이며 과연 유망 직업이 무엇인가에 대한 정확한 이해가 필수적이라고 할 수 있다.

미래의 직업 전망에서 중요한 것은 학생들이 미래의 바람직한 사회인으로서 경제적 부(富)를 얻는 것도 중요하지만, 자신들의 능력, 소질, 적성 등을 고려하여 하고 싶은 일에 '끼, 꿈, 꾀, 꾼, 깡' 등을 펼치도록 하는 것이다.

Ⅲ. 진로교육의 목표와 내용

1. 중학교(중학생)의 진로교육 목표와 내용

〈표 Ⅴ-6-1〉 중학교(중학생)의 진로교육 목표와 내용

영역	영역별 진로교육 목표와 내용
자기 이해 및 긍정적인 자아개념	▶ **진로교육 목표: 자신을 알고자 노력하며 긍정적인 자아개념을 형성한다.** 자신의 특성(흥미, 적성, 가치관, 태도)에 대한 장단점을 탐색한다. 자신이 속한 다양한 환경(학교, 가정 등)속에서 자기의 행동과 태도를 이해한다. 학교·가정에서 자신이 잘 하는 일의 종류를 이해하고 설명함으로써 자신에 대한 긍정적인 자아개념을 유지한다.
다른 사람과의 긍정적인 상호 작용	▶ **진로교육 목표: 긍정적인 대인관계에서 요구되는 능력을 습득한다.** 일상생활에서 긍정적인 대인관계가 중요함을 인식한다. 서로 다른 문화와 생활양식, 태도 등에 대해 이해한다. 다른 사람과의 긍정적인 대인관계 능력을 형성하고 유지하기 위해 요구되는 지식, 기능, 태도가 무엇인지 인식한다. 대인관계 능력을 기르기 위하여 다양한 활동에 참여한다. 다른 사람과의 효과적인 의사소통을 위해서는 다른 사람의 감정과 신념을 존중해야 함을 인식한다.
평생학습의 중요성 인식 및 참여	▶ **진로교육 목표: 학습의 중요성을 인식하고 자기 주도적 학습 습관과 태도를 가진다.** 직업 세계에서 학습이 강조되고 요구되는 것을 이해한다. 학습 의욕을 함양하기 위해 장애가 되는 요소들을 극복하기 위해 노력한다. 학습에 대해 긍정적인 태도와 습관을 갖는다. 자신의 진로목표를 달성하는 데 도움이 되는 학습활동에 지속적으로 참여한다.
진로정보의 탐색, 해석, 평가, 활용	▶ **진로교육 목표: 진로정보를 탐색하여 잠정적 진로결정에 활용한다.** 진로결정에서 진로정보가 중요함을 인식한다. 진로정보원(인터넷 진로정보 등)을 활용하여 다양한 직업에서 요구하는 사항을 알아본다. 자신의 능력과 흥미를 고려하여, 자신에게 맞는 직업이 요구하는 자질 및 특성을 확인한다. 학교 졸업 이후의 교육정보를 수집하여 활용한다. 자기가 수집한 진로정보를 활용하여 잠정적인 진로를 설정해 본다.
일, 사회, 경제 관계 이해	▶ **진로교육 목표: 일·사회·경제·자신과의 상호 관계를 이해한다.** 일의 중요성을 이해하고, 일이 개인의 삶에 있어 중요함을 인식한다. 사회·경제적 변화가 일과 개인에게 끼치는 영향을 이해한다.
긍정적인 직업 가치와 태도	▶ **진로교육 목표: 직업을 대하는 긍정적이며 적극적인 태도를 가진다.** 앞으로 직업생활에서 요구하는 긍정적이고 적극적인 태도와 윤리가 무엇인지 이해한다. 직업에 대한 긍정적이며 적극적인 태도를 가지는 것이 자신의 진로계획에서 어떠한 중요성을 갖는지 설명한다. 직업 세계에서 성(性)에 따른 고정 관념과 차별이 야기하는 문제점들을 인식한다.

인간은 누구나 존엄한 존재로서 삶을 영위할 권리가 있다. 따라서 진로교육은 학생들로 하여금 자기 나름대로의 생의 목표와 방향을 세우고 자신에게 알맞은 진로를 발견하고 개척할 수 있게 도와주는 교육이 되어야 하며, 나아가 학생들로 하여금 잘할 수 있는 일과 하고 싶은 일을 찾아서 할 수 있도록 돕는 교육이다. 나아가 궁극적으로 생산적 직업인으로서 자아를 실현하고 자아효능감과 자아존중감을 갖고 삶을 영위하도록 돕는 교육이다.

2. 고등학교(고등학생)의 진로교육 목표와 내용

〈표 V-6-2〉 고등학교(고등학생)의 진로교육 목표와 내용

영역	영역별 진로교육 목표와 내용
자기 이해 및 긍정적인 자아 개념	▶ **진로교육 목표: 자신을 객관적으로 이해하고 긍정적인 자아개념을 형성한다.**
	자신의 흥미, 적성, 성격, 가치관, 태도 등을 확인하고, 이러한 개인적인 특징과 지금까지의 개인적인 경험과의 관계를 이해한다.
	자신의 개인적 특성이나 진로와 관련한 행동에 환경요인(학교환경, 가정환경, 대인관계 등)들이 어떠한 영향을 끼치는지 설명한다.
	자아개념과 자신의 행동의 상호관계를 이해하고, 긍정적인 자아 개념이 형성·유지·발전될 수 있도록 자신의 행동을 꾸준히 수정·보완한다.
다른 사람과의 긍정적인 상호 작용	▶ **진로교육 목표: 긍정적인 대인관계에서 요구되는 능력을 향상시킨다.**
	자신의 삶과 앞으로의 직업생활에서의 긍정적인 대인관계의 중요성을 이해한다.
	다른 사람의 문화나 그들의 생활양식이 존중되어야 함을 인식한다.
	친구들과 협동과제를 수행하는 데 어떠한 지식, 기능, 태도 등이 필요한지 이해한다.
	다양한 상황 속에서 자신의 감정이나 생각을 효과적으로 표현·전달하였는지 판단한다.
평생학습의 중요성 인식 및 참여	▶ **진로교육 목표: 학습의 중요성을 인식하고 학습능력을 향상시킨다.**
	사회·경제적인 환경의 변화에 따른 학습의 중요성을 설명한다.
	자신의 진로목적을 달성하는 데 학습의 역할과 가치를 이해한다.
	효과적인 학습에 장애가 되는 요소를 확인하고 이를 극복하기 위해 노력한다.
	학습에 대해 긍정적인 태도와 습관을 갖는다.
진로정보의 탐색, 해석, 평가, 활용	▶ **진로교육 목표: 다양한 진로정보를 탐색·해석·평가·활용한다.**
	진로결정 및 진로개발에서의 진로정보의 중요성과 역할을 인식한다.
	자신의 주위에 다양한 진로정보원이 있음을 인식한다(각종 핸드북 및 직업사전, 진로 관련 인쇄매체, 현직자, 웹기반의 직업 관련 데이터베이스 등의 진로정보원을 확인하는 활동 포함).
	다양한 진로정보원을 활용하여 직업세계에 대한 다양한 정보 및 최근 직업세계의 동향을 탐색한다(교육적 요구사항, 핵심인물, 고용동향, 직업별 인구통계학적·작업 환경 특성, 채용방식, 채용동향 등의 정보 탐색 포함).
	여러 가지 교육정보원을 활용하여, 관심 있는 분야의 직업과 관련하여 학교 졸업 후 어떠한 교육기관 및 교육 프로그램을 활용할 수 있는지 설명한다.
	다양한 진로정보원을 활용하여 수집한 진로정보를 평가하며 자신에게 유용한 정보를 취사선택한다.
	수집한 진로정보를 분석하여 관심 있는 분야의 직업에서 어떠한 수준의 교육경험 및 능력을 요구하는지 설명한다.
일, 사회, 경제 관계 이해	▶ **진로교육 목표: 사회·경제적인 환경변화가 일과 직업에 끼치는 영향을 이해한다.**
	일이 개인적으로나 사회적으로 어떠한 의미가 있는지 이해한다.
	사회·경제적인 변화가 어떻게 개인, 지역사회, 국가에 영향을 끼치는지를 이해한다.
긍정적인 직업 가치와 태도	▶ **진로교육 목표: 직업생활에서 요구하는 긍정적이며 적극적인 태도와 습관을 함양한다.**
	일상생활에서 일에 대한 긍정적인 태도를 행동으로 실천하는 방법을 설명한다(모든 종류의 일과 직업이 사회적으로 긍정적인 기여를 하고 있으며, 존중과 가치를 가지고 있음을 이해함 포함).
	교육 및 직업세계에서의 성(性)에 따른 고정관념과 차별이 어떠한 것들이 있는지 그 근거를 확인하여, 이를 제거하는 데 어떠한 지식, 기능, 태도가 필요한지 설명한다.
	성에 구애받지 않는, 비전통적인(non-traditional) 직업이 진로대안으로서의 가치를 가지고 있음을 이해한다.
	일에 대한 긍정적인 태도와 습관이 자신의 진로목적을 달성하는 데 어떠한 기여를 할 수 있는지 이해한다.

Ⅳ. 맺고 나오는 글

미래의 주역인 학생들의 적성을 제대로 파악해서 학생들 각자가 잘 할 수 있는 분야를 발견하고, 학생들에게 향후에 유망한 분야를 제시해 주는 것이 말처럼 쉬운 일은 아니다. 사실 가장 좋은 방법은 각 방면의 진로전문가들이 아이를 옆에서 계속 지켜보면서 아이의 장점·단점을 정확히 파악하고, 사회의 변화를 예측하여 단점은 보완하면서 장점을 더 부각시킬 수 있는 유망 분야로 나갈 수 있도록 지도를 해야 한다. 그런데 이 방법은 그저 이론상으로만 가능한 일일 뿐 현실적으로는 불가능하다. 누가 이 바쁜 시대에 남의 집 아이를 오랫동안 지켜보겠는가! 아마도 삼성그룹이니 현대그룹 오니들처럼 사회 정보에 밝은 전문가들을 많이 거느린 사람들은 2, 3세들의 자녀교육에 각종 전문가들이 붙어서 지도를 하겠지만 그 외의 경우에는 진로지도는 참으로 어려운 일이 아닐 수 없다.

학생들의 진로 설계와 진로 지도 및 직업교육은 학생들의 적성과 소질에 맞게 학생들의 눈높이에서 해야 한다. 학생들이 잘 하는 것, 원하는 것을 할 수 있도록 지원해 주는 데에서 우선 진로교육, 직업교육이 출발해야 하는 것이다.

2009 개정 교육과정에서 강조하고 있는 진로교육, 직업교육과 박근혜 정부에서 강조하고 있는 국민행복교육은 미래의 주역인 학생들에게 하고 싶은 것, 잘하는 것을 마음 것 펼칠 수 있도록 지원해 주는 것이다. 그런 가운데 학생들이 스스로 자신의 꿈과 끼를 펼치도록 보듬어 주는 진로교육과 직업교육이 중요한 것이다.

제7장 세계화·정보화 시대의 e-learning 학습과 ubiquitous 학습 방향 고찰

I. 들어가는 글

우리가 함께 살고 있는 현대 사회는 세계화 사회, 지식 정보화 사회로 명명되고 있다. 지구촌이 일일 생활권이 되어 인적·물적 자원이 시·공간적 제약을 극복하고 역동적으로 상호작용하는 열린사회이다. 이와 같은 시대적 패러다임(paradigm)과 사회 시스템(system) 의 획기적인 변화는 전통적인 교육 체제에도 일대 변혁과 혁신을 야기하게 되었다.

일반적으로 비면대면(非面對面) 교육인 이-러닝(e-learning)은 용어 그대로 전자적인 기술 (e)과 교육(학습: learning)이 합쳐진 단어로 기술 기반(technology-based) 교육을 의미하며, 우리나라의 'e-learning 산업발전법'에서는 e-learning을 "전자적 수단, 정보통신 및 전파방송 기술을 활용하여 이루어지는 학습"으로 정의하고 있다. 아울러 교육부는 e-learning을 "정보 통신기술을 활용하여 언제, 어디서, 누구나 수준별 맞춤형으로 학습할 수 있는 체제"로 정 의하고 있다.

이를 정리하면 e-learning은 '제반 전자적 수단, 정보통신과 전파 방송 기술을 활용하여 언제 어디서나 누구나 학습할 수 있고, 나아가서 개인의 다양성에 따라 수준별 학습을 지 원하는 체제'라 할 수 있다. 물론 이러한 학습은 컴퓨터와 인터넷을 기반으로 개인적으로 이루어질 수도 있고 학급 단위로 이루어질 수도 있는 것으로 보고 있다.

미래학자들은 세계화 시대인 미래사회는 정보화가 더욱 진전되어 유비쿼터스(ubiquitous) 사회가 될 것이라고 예견하고 있다. '유비쿼터스'는 2000년대 이후 IT 분야에서 가장 각광 받는 용어이기도 하며, 라틴어로 '언제, 어디서나 있는'을 뜻하는 말로 사용자가 컴퓨터나 네트워크를 의식하지 않는 상태에서 장소에 구애받지 않고 자유롭게 네트워크에 접속할 수 있는 환경을 의미한다. 이 유비쿼터스 교육과 학습은 2010년대 이후에 더욱 비면대면 교육의 새로운 방법으로 각광받고 있다.

한편, 유비쿼터스(ubiquitous)의 개념은 인간이 살아가고 있는 실제 세계의 일상 환경과 사물들의 도처에 마이크로프로세서가 내장되고 있으며 서로 정보 교환을 할 수 있는 작은 컴퓨터가 보이지 않게 심어져 있고, 이러한 컴퓨터들과 공간, 인간, 정보가 하나로 통합되 어 자율적으로 인간의 작업 능력과 지식의 공유를 개선해 주는 컴퓨팅과 교육정보 환경을 말하는 것이다. 그야말로 컴퓨터 기술이 일상생활 속에 녹아들어가 있는 것을 의미한다.

사이버(cyber) 공간에서 온라인(on line)으로 언제, 어디서, 누구나 시·공간을 초월한 새로운 교육과 학습의 패러다임이 곧 유비쿼터스(ubiquitous) 교육이자 학습인 것이다. 미래의 교육은 시간적·공간적 제약 없이 자유로운 체제에서 자유롭게 가르치고 배우는 시스템이 크게 증가할 것이다.

Ⅱ. 사이버(cyber) 공간에서의 교수·학습의 유형

1. 자원기반학습(매체, 기교재, 자료 중심)

온라인 교육에서 도입되고 활용되어야 할 원리들은 최근 많이 논의되고 있는 구성주의의 학습유형과 관련하여 고찰할 수 있을 것이다. 구성주의 학습과 온라인교육을 적절히 접목시켜 활용할 수 있는 구성주의적 접근이 아주 중요한 의미를 갖는다.

먼저, 자원기반학습이란 교사의 지도하에 학습자 스스로가 다양한 학습 자원을 활용하여 학습하는 형태를 의미한다. 이러한 환경에서 사용되는 학습 자원으로는 지도, 오디오 기록물, 책, 만화, CD-ROM, 컴퓨터 소프트웨어, 사전, 도표, 문서, 전시물, 스케치 그림, 인형, 영화, 필름스트립, 게임, 인쇄 잡지와 온라인 잡지, 수제품, 지도, 마이크로필름, 모형, 멀티미디어 세트, 음악 기구, 신문, 그림, 사람, 동물, 사진, 슬라이드, 포스터, 실물교재, 텔레비전 프로그램, 교과서, 비디오 등이 있다. 또한 학습자가 자신의 학습진도와 학습활동 선택에 대한 자유를 부여받고, 자신이 필요한 자료를 필요한 때에 활용할 수 있는 권한이 주어지는 학습의 유형도 자원을 토대로 하는 학습, 즉 자원기반학습이라고 한다. 자원기반학습은 다음과 같은 다양한 이유로 그 필요성이 강조되고 있다.

첫째, 교육 정도와 경력, 구체적 지식과 관심분야, 문화적 차이 등 학습자들의 특성이 점점 다양해지고 있기 때문에 모든 학생들에게 동일한 자료를 동일한 비율로 제공하는 수업은 그들의 요구를 충분히 만족시켜 줄 수 없다. 둘째, 요즘 대부분의 대학 강의에서는 수업의 대형화로 인하여 학습자들이 필요한 때에 즉각적으로 교수자의 도움을 받기가 어렵게 되었다. 그러므로 많은 학습자들이 제기하는 일반적인 질문들과 그에 대한 정보는 미리 준비하여 자료로 제공되어야 할 필요가 있다. 셋째, 지식이 폭발적으로 증가하는 정보사회에서 학습자들에게 정보를 찾아내고 활용하는 기술이 요구되게 된 것이다. 특히 고등교육에서는 학습자들이 학교를 졸업한 후에도 여러 자원들을 활용하여 기본적으로 학습할 수 있도록 준비시키는 것이 중요한 과제로 떠올랐다. 자원기반학습환경이 바로 이러한 능력신장에 유용한 학습환경이라고 보았다.

그러나 자원기반학습의 제한점으로 첫째, 적절한 학습활동과 평가 그리고 지원과 피드백이 없다면, 학습은 거의 이루어지지 않을 위험성이 있다는 것이다. 둘째, 동료들 간의 사회적 교류가 없으므로 학습자들의 학습동기 유지나 지속적 흥미 유발이 어려울 수 있으며 문제에 봉착했을 때 도움을 받을 곳이 없게 될 경우 문제해결을 포기하게 되거나 많은 시간을 낭비할 수 있다. 셋째, 학습자들로 하여금 제시되는 자원들을 가지고 무엇을 어떻게 배워야 하는지에 대해 매우 구체적으로 제시해 주어야만 한다. 넷째, 학습자들은 자원을 위주로 학습하는 데 익숙하지 못하다. 다섯째, 학습자들이 교사 대신 자원을 위주로 이루어지는 학습을 좋아하지 않을 수 있으며 저항감을 가질 수 있다는 점 등이다. 따라서 자원기반학습에 대한 교사의 지원이 다양하게 요구되는 학습전략이라 할 수 있다.

2. 문제기반학습(Problem Based Learning: PBL)

문제기반학습(PBL)은 브루너(Bruner)의 발견학습과 교사주도의 사례분석 교수법이 조합된 것이며, 실제적 문제와 상황을 중심으로 교수·학습을 구조화한 교육적 접근이다. 협력학습은 문제 중심 학습의 핵심적인 주요 요소로 학습과정의 처음부터 끝까지 활용되며, 동기유발 요인으로 이용된다. PBL은 학생과 교사 간의 초인지(meta-cognition: 복합적이고 섬세한 인간의 지적 사고능력)기능의 연속적인 활동에 의해 학습이 이루어진다고 보며 의학, 경영학, 교육학, 건축학, 법학, 공학, 사회학을 포함한 고등교육의 분야뿐 아니라 초·중등학교에서도 적용되어 오고 있다. 문제기반학습(PBL)의 활용 원리는 다음과 같다.

첫째, 문제해결 활동은 학습자들의 사전지식을 활성화시키는 것으로 시작해야 한다. 사전지식의 활성화는 학습자들이 새로운 정보의 구조를 이해하는 것을 가능하게 한다.

둘째, 학습의 전이를 위해 필요한 조건의 준비를 강조한다.

셋째, 정보에 대한 이해를 높이기 위해 학습할 당시에 제시된 정보를 협력 학습 등을 통해 정교화할 수 있도록 한다.

따라서 PBL의 목적도 제시된 문제의 해결을 위해 스스로 공부하여 배울 수 있는 방법을 습득시켜서 창의적·비판적이며 능동적이고 독립적인 자율학습자를 길러 내는 것이고, 이의 효과는 다음과 같이 요약될 수 있다. 첫째, 자기조절 학습력, 사고능력, 메타인지전략을 향상시킨다. 둘째, 실생활과 관련 있고 학습자에게 유의미한 실제적 과제를 제시하여 학습자가 문제를 해결하고자 하는 욕구와 계속적으로 학습하려는 동기를 향상시킨다. 셋째, 동료와 토론하면서 의견을 비교하고 문제점을 찾아내는 과정에서 상호 작용하는 기술을 습득한다. 넷째, 실제적 문제해결 행동, 내용지식 획득 능력을 향상시킨다. 마지막으로 추상적인 이론 또는 원리가 실생활에 어떻게 이용되고 적용되는지를 직접 경험하면서 학과목의 지식 습득, 파지, 적용 능력을 향상시킨다.

PBL의 전개 과정을 보면, 학생들은 문제의 인지과정, 문제의 원인과 해결방법을 발견하기 위한 추론의 과정, 교육적 욕구와 동기가 발생하는 과정, 자율학습과 협동학습을 하면서 자료를 찾는 과정, 새로운 지식을 문제에 적용하여 다른 문제를 창출하거나 해결점을 발견하는 과정, 평가와 반복의 과정을 연습해 나가게 된다. 각 단계에서 이루어지는 활동을 구체적으로 살펴보면 다음과 같다.

가. 그룹 형성과 첫 모임

① 그룹 형성: 일반적으로 5~8명의 그룹을 형성한다.
② 분위기의 형성: 우호적인 분위기를 형성하도록 하며 자기소개 등을 거쳐 학습자가 구성원들과 친숙한 관계를 가질 수 있도록 한다. 학습자에게 기대되는 방향을 설명해 주면서 책임감을 갖도록 한다.
③ 구성원들의 역할 분담: 역할 분담을 하면서 사회자, 서기 등을 선발한다.

나. 첫 회의 기간

① 문제생성 및 제기: 사전 준비 없이 문제가 제시된 후 교사나 학습자가 교육의 목적에 맞는 학습과제와 목적을 정한다. 미지의 문제를 접하면서 이미 알고 있는 부분을 확인하게 되고 문제를 해결하기 위해 노력해야 할 것들을 발견하게 된다.
② 가설설정: 자신의 관심사에 맞는 문제를 토의하고 경험이나 지식에 기반을 둔 가설을 설정하고 논점을 확인한다. 자료를 수집하고 분석해서 새로운 문제를 형성해 나감으로써 학습제목도 설정해 보고 최선의 가설을 결단해 내도록 한다.

다. 자기 주도적 학습 기간

과제의 정교화 및 재확인을 위하여 학생들 각자 자기조절학습에 참여하여 제시된 교재 없이 다양한 방법으로 자료를 찾으며 생각을 정리한다. 학습자들은 서로 피드백을 주고받으며 협동적으로 학습하면서 동시에 자율적으로 학습한다.

라. 두 번째 회의 기간

① 중간발표: 동료들 간 상호작용, 평가 그리고 학습안건 재분석을 위해 발표를 하여 서로의 의견을 공유하면서 앞으로 수행해야 하는 과제를 구체적으로 조명한다.

② 문제해결안 모색 및 진행: 자료사용의 어려움 등에 대한 대화를 나누고 선택된 자료가 최신의 것이며 믿을 만한지 등을 확인한다. 구성원들과 두 번 이상 공동 작업시간을 가지면서 문제의 이해와 관련된 목표를 도출하고 자기 주도적 학습을 통해 얻은 지식을 문제에 다시 적용하며 문제해결을 위해 토론한다. 그리고 배운 것을 요약, 언어화하면서 더 연구해야 할 부분은 앞의 과정을 반복한다.

마. 발표

모든 구성원들이 발표함으로써 개개인의 모든 수행과정과 산출물(port folio)을 알아보고 다른 그룹의 활동을 알 수 있는 기회를 갖는다. 발표를 통해 기억을 돕고 다른 문제해결에 적용할 수 있도록 일반화할 수 있다.

바. 평가

학습과정에 대한 평가를 중요시하여 학습의 처음부터 끝까지 지속적으로 매 시간 하도

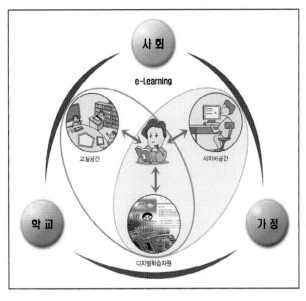

[그림 Ⅴ-7-1] e-learning의 개념도

록 하며 스스로에 대한 평가, 그룹 내 동료들 간의 평가, 교사에 의한 평가를 한다. 또한 자기 자신의 수행에 대해 문제해결자로서의 능력, 자기 주도적학습자로서의 능력, 그룹구성원으로서의 능력 등 세 가지 측면으로 평가하고 이에 대해 다른 구성원들이 코멘트를 하도록 한다. 교사는 학습자 자신의 평가, 동료평가, 최종과제, 반추노트, 토론노트, 참고문헌 목록을 모은 포트폴리오를 근거로 과제완성도, 학습자의 참여도 등을 평가한다. 특히 반추노트(reflective journal)는 학습자 자신이 학습에 대한 생각을 정리할 수 있도록 하는 데 유용하다. 이러한 개인저널은 학생 개인의 감정의 배출구로서의 기능, 학생의 학습과정에 대한 피드백을 제공하는 기회, 학습과정에 대해 면밀히 살펴볼 수 있는 수단으로서 기능을 한다. 마지막으로 학생 평가결과는 학생들에게 피드백(feedback)으로 원만하게 환류되는 것이 바람직하다.

Ⅲ. 온라인 사이버(on line cyber) 교육의 개관: ICT 교육과 e-learning 학습 및 ubiquitous 학습

1. ICT 교육(정보통신기술 교육)

e-learning이라는 용어가 사용되기 전에 기술적 요소를 교육에 도입하여 활용하고자 하는 노력은 지속적으로 이루어졌으며, 전자적 기술을 활용하기 위한 노력은 전자적 기술이 발명된 이후 교육계와 산업계가 꾸준히 노력해 온 일이다. 예를 들어 오디오 등 시청각 기기를 교육에 활용하고자 한 노력에서부터, 최근에 이루어진 컴퓨터와 각종 소프트웨어의 교육적 활용, 인터넷과 웹을 중심으로 하는 웹기반 교육 등이 있었으며, 정보통신기술(Information & Communication Technology: ICT)을 도입하여 활용하고자 하는 노력이 있다.

우리나라의 경우도 최근 수년간 정보통신기술 교육이 국가적 과제로 추진되었으며, 이에 따라 학교교육 현장에서 ICT 소양 교육과 ICT 활용교육이 활발하게 이루어지고 있는 상황이다. 특히 ICT 활용교육은 초기에는 주로 교실 내에서 다양한 자료와 콘텐츠를 활용하여 수업 활동을 전개하였으나, 점차 인터넷 등 네트워크를 활용하여 학교 밖의 타 지역학교, 전문가, 지역사회 등과 연계한 교육이 활성화되고 있으며, 동시에 교사가 학습내용을 전달하는 활동이 중심인 수업방식에서 학습자가 자료를 찾아 분석하고 정리하며 토론하는 등의 지적 활동의 도구로 ICT를 활용하는 경향이 커지고 있다. 이러한 ICT 활용교육의 흐름에서 볼 때, ICT교육과 e-learning의 차이에 대해 학교에서는 상당한 개념적 혼란을 겪고 있는 것이 현실이다.

교육부는 2000년대 초 정보통신 기술 교육을 강화한다는 정책을 발표하고, 이어서 '정보통신기술 교육 운영 지침'을 통해 구체화하였다. 이 지침은 초·중등학교의 국민 공통기본 교육과정(공통교육과정)에서 재량 활동이나 특별 활동 (창의적 체험활동)시간 등을 활용한 정보통신 기술에 관한 소양 교육과 각 교과별 교수·학습과정에서의 활용에 도움을 주기 위한 학교교육 과정 편성·운영 자료이다. 이 지침에서 말하는 정보통신 기술 교육은 초·중등학교 학생들이 컴퓨터, 각종 정보 기기, 멀티미디어 매체 등을 이용하여 지식·정보화 사회에서 필요로 하는 정보의 생성, 처리, 분석, 검색, 활용 등의 기본적인 정보 소양능력을 기르고, 이를 학습활동과 일상생활에 적극적으로 활용하게 하는 것이다. 정보통신 기술 교육은 정보통신 기술 소양 교육과 정보통신 기술을 활용한 교육으로 구분되고 있다.

정보통신 기술은 인간의 정신적·육체적 능력을 확대하고 강화하기 위해 개발된 것이다. 따라서 정보통신 기술을 교육적으로 활용하는 것도 역시 교사와 학생들의 정신적·육체적 한계 또는 제약을 극복하고, 보다 효과적이고도 효율적인 정신적·육체적 활동(특히 학습활동)이 가능하도록 하기 위한 것이라 할 수 있다. 이에 따라 교수·학습과정에서 교수·학습 관계자(주로 교사와 학생이 될 것임)가 해야 할 다양한 활동의 일부 또는 대부분을 정보통신 기술로 대치하거나, 정보통신 기술이 인간의 활동을 보조·지원하도록 할 수 있다.

이 정보통신교육은 현행 초·중·고교에서 시행 중인 '2009 개정 교육과정'의 '창의적 체험활동' 교육과정과 밀접하게 연관된다. 따라서 초·중·고교 교육 현장에서 '교과'와 함께 '창의적 체험활동'의 활성화가 온라인 사이버 교육의 강화에 매우 중요한 역할을 한다는 점을 유념하여야 한다.

2. e-learning 학습

e-learning의 개념은 다양하게 이루어지고 있다. e-learning에 대해서는 각국에서 국가적 정책의 기본 개념으로 설정되기도 하며, 학자나 관련 산업체, 국제기구 등에서 다양하게 정의하고 있는 실정이다. 따라서 명확하게 정의를 내리기 어려운 상황이며, e-learning과의 관계와 목적에 따라 다양하게 조작적 정의를 내리고, 이 개념을 사용한다고 보아야 한다.

우선 우리나라의 경우는 법적으로 정의된 것이 있다. 'e-러닝 산업발전법'에서 정의한 것을 보면, 법 제2조(2004. 1.)에 "이러닝이란 전자적 수단, 정보통신 및 전파 방송기술을 활용하여 이루어지는 학습"이라고 하고 있으며, e-러닝 백서(2003)에는 e-learning을 "인터넷 기반으로 학습자가 상호작용을 극대화하면서 분산형의 열린 학습공간을 추구하는 교육"이라고 하고 있다. 이 밖에 원격교육의 입장에서 e-learning을 정의하기도 한다. 여러 입장에서 이루어진 정의를 간략하게 정리하면 <표 V-7-1>과 같다.

〈표 V-7-1〉 온라인 학습(e-learning)에 관한 정의(개념)

학자(국가·정부)	핵심 정의(개념)
Weggen&Urban	인터넷, 인트라넷, 위성방송, 오디오 비디오테이프, 상호작용 TV 등을 포함하는 전자적 매체를 통한 콘텐츠를 전달하는 것
Horton(2001)	e-learning이란 인터넷과 디지털 기술을 이용하여 학습자들에게 효과적·효율적으로 학습할 수 있는 기회를 제공함으로써 다양한 학습경험들을 제공하는 것
Rosenberg(2000)	인터넷 기술을 이용하여 지식과 수행을 향상시키기 위해 다양한 학습활동 및 자원을 전달하는 활동
미국정부(2000)	전자매체를 이용하여 전달되거나 활성화되는 교수내용 혹은 학습경험
영국정부	영국 교육기술부(Department for Education & Skills)의 홈페이지에 e-learning을 정의. "누군가가 ICT를 활용하는 방식으로 학습을 하고 있으면, 그 사람은 e-learning을 하고 있는 것[If someone is learning in a way that uses information and communication technologies(ICTs), they are doing e-learning.]"
Cisco(2002)	정보와 지식을 원하는 사람이 언제, 어디서나, 그것에 접근할 수 있도록 해 주는 웹기반 체제

* 자료: 한국교육학술정보원 내부 세미나 자료 및 영국 교육기술부 홈페이지
(http://www.dfes.gov.uk/elearningstrategy/)

우리나라의 교육부에서는 2000년대 초부터 이미 'e-learning 체제구축추진단'을 구성하여 '공교육 내실화를 위한 e-learning 지원체제 종합발전방안'을 수립하고 강력하게 추진해 왔다. 이 계획에서는 직접적으로 e-learning에 대한 개념을 정의하지는 않고 있으며, e-learning 지원체제를 "정보통신기술을 활용하여 교수·학습의 질을 제고하고, 학생들의 자기 주도적 학습 능력을 신장시키며, 학교-가정-지역사회 등 교육공동체를 유기적으로 연계하여 학습문화공동체가 활성화될 수 있도록 지원하는 체제"로 정의하고 있어, 결국 ICT를 활용하여 학교와 가정 등 공간적 범위를 넓히고, 학습자 스스로의 학습을 강화하는 등 ICT교육보다 범위와 폭을 더 넓힌 의미로 사용하고 있음을 알 수 있다.

초·중등교육에서는 기본적으로 학습자는 일정한 어떠한 곳(학교, 가정, 지역사회 등 물리적 공간을 뛰어넘어)에 있던 정보통신기술을 기반으로 교수자(교사, 안내자, 상담자 등)와 동료 및 학습에 필요한 자료와 각 종 관련 정보와 연결되어 원하는 학습을 할 수 있다는 점을 전제하고 있다. 그리고 국가는 e-learning 지원체제를 통해 이러한 학습사회 구축을 지원하고자 하는 정책방향을 제시하고 있다.

3. ubiquitous 학습

미래사회의 유비쿼터스는 단순히 컴퓨팅 환경을 개선하는 것에만 그치는 것이 아니라 인류의 사회 문화까지 송두리째 바꿔 놓을 것으로 예상된다.

가령, 각 개인이 자신의 신체조건에 관한 정보를 담은 휴대기기나 ID카드를 소지하면 컴퓨터가 이를 인지해 최적의 정보와 환경을 제공하기 때문에 노약자, 장애인, 환자 등 신체적 약자들도 큰 불편 없이 사회생활을 영위할 수 있게 된다는 것이다.

이미 유비쿼터스 혁명은 시작되었다. 한국의 교육 분야에서도 유비쿼터스 환경은 이미 전자칠판, 전자책(e-book), PDA, 위성수신기 등 첨단기기를 활용해 세계 정보의 중심으로 거듭나고 있으며, 가까운 미래에 사이버 교육에서 한 걸음 더 나아가 모든 장소와 사물이 교실이자 학습교재가 될 것이다.

유비쿼터스의 핵심 기술은 인간의 삶의 질을 높일 것이라고 학자들은 예측하고 있으며, 우리는 이제 다양한 디바이스와 네트워크 및 서비스의 컨버전스를 통한 유비쿼터스의 시대를 맞이할 준비를 해야 할 것이다. 이러한 미래의 준비가 바로 우리 교육이 나아갈 길이며, 이것이 바로 인류의 발전과 번영을 가져오게 될 것이다.

21세기 세계화 시대를 맞아서 유비쿼터스(ubiquitous)의 도입은 전통적인 교육의 3요소인 교수자(교사), 교육과정(교육 내용), 학습자(학생) 등의 상호작용 체제를 비면대면의 획기적인 가상교육 체제로 변모시키고 있다.

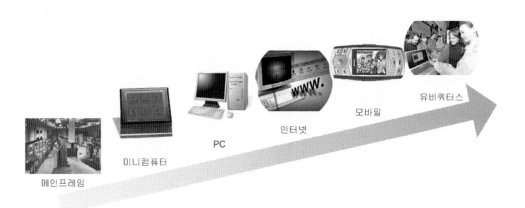

[그림 V-7-2] 컴퓨팅 환경의 발전과 변화 추이

Ⅳ. e-learning과 u-learning의 이해

1. e-learning의 이해

e-learning이란 네트워크 기반을 통해 교육이 제공되고, 상호작용이 일어나며 또한 교육 및 상호작용을 촉진하는 모든 형태의 교육을 지칭한 용어이다.

광의의 e-learning은 전자적 수단, 정보통신 및 전파 방송기술을 활용하여 이루어지는 학습을 의미하며, 협의의 e-learning은 인터넷 기반으로 학습자 상호작용을 극대화하면서 분산형의 열린 학습공간을 추구하는 교육을 의미한다. e-learning에서 '러닝(learning)'이란 학습자가 교사가 제시하는 정보를 받아들이는 수동적인 학습보다는 자기 주도적인 능동적인 학습을 의미한다.

〈표 Ⅴ-7-2〉 전통적 교육과 정보화 교육의 패러다임의 변화

구분	기존(전통적)의 교육 패러다임	e-러닝(정보화)에서의 교육 패러다임
비전	학생에게 지식의 전달(일방향)	교사와 학생의 상호작용(쌍방향)
인식론	실증주의: 기술적 합리성	인식론적 다원론: 인간주의적 합리성
교육 체제	주어진 시간과 장소 기반 -형식교육기관 기반 -교육기회 접근의 제약	시간과 장소의 제약 탈피 -형식, 비형식교육 존중 -교육기회 접근의 장애 제거
교육 목적	이미 결정된 목표 달성	대화, 탐구, 개발에 의한 변화 강조
교육 방법	폐쇄적, 일방적, 면대면 교육 교육방법의 다양성 부족 및 교수 자료 제한	개방적, 상호작용적 다양한 학습 및 정보자원
학습 자관	우등생, 열등생 존재 수동적, 일방적 전달학습	다양한 기준으로 학생 개별 특성 인정 능동적, 자율적 독립학습, 자기 주도적 학습

2. e-learning과 유사개념의 비교

가. ICT 활용교육

ICT(Information Communication Technology) 활용교육은 개인의 소양능력을 바탕으로 학습 및 일상생활의 문제해결에 정보통신기술을 적극적으로 활용할 수 있도록 하는 교육을 말한다.

e-learning 학습과의 차이를 비교해 보면, ICT 활용교육은 교육과 정보통신기술의 물리적

결합을 의미하는 교육정보화의 초기적 관점인 반면, e-learning은 인터넷 중심의 정보통신 기술 환경에서 학습자 중심의 교육 패러다임을 강조하는 관점으로 구분된다.

나. 원격교육

원격교육은 교사와 학생이 물리적·시간적으로 분리되어 이루어지는 교육으로, e-learning 학습과의 차이점으로는 원격교육은 거리감을 극복하기 위하여 전자매체뿐만 아니라 인쇄물, 라디오, TV 등의 전통적인 매체의 활용을 포함하는 형태이다.

반면에 e-learning은 네트워크를 통해 이루어지는 모든 교육이 포함되는데, 여기엔 분산학습(distribute learning), 원격학습(통신교육을 제외한), CBT, WBT를 모두 포함한 개념이다. 또한 동기적, 비동기적, 교수자 주도(instructor-led) 학습, 컴퓨터 주도(computer-led) 학습 또는 이 둘의 혼합 등 모든 개념이 포함될 수 있다.

다. 웹기반 교육, 온라인 교육, 사이버 교육 등과의 관계

웹기반 교육, 온라인교육, 사이버교육 등 e-learning과 관련하여 다양한 용어가 쓰이고 있으나, 이들 모두 인터넷 환경에서의 학습자 중심의 교육을 지향한다는 의미에서 개념상 큰 차이는 없으며 최근 추이는 점차 e-learning으로 통합되는 추세이다.

[그림 V-7-3] e-러닝과 유사개념 간의 관계

3. u-learning의 이해

가. u-learning의 개념

u-learning은 개방적 학습자원을 학습자의 필요에 따른 선택에 의해 활용하는 통합적 학습체제를 의미한다. 이와 같은 학습체제에 대해서 교육부는 언제, 어디서, 누구나, 편리한 방식으로 원하는 학습을 할 수 있는 이상적인 교육체제 내지 학습체제 즉 에듀토피아(education utopia)로 정의하고 있다.

u-learning에 대해 무선 인터넷과 초고속 인터넷을 이용해 PDA 단말기나 노트북상에서 교육을 받거나 실시간으로 자료를 검색, 다운로드받을 수 있는 교육 서비스로 일부 정의하기도 하나 이는 매우 협소한 개념이다. u-learning은 특정한 단말기나 매체를 의미하는 것이 아니라 새로운 기술적 환경에 적합한 학습 시스템(learning system)을 의미한다.

나. u-learning의 특징

일반적으로 새로운 학습 패러다임으로서의 u-learning의 주요 특징은 다음과 같다.

첫째, 학생들에게 언제, 어디에서나 내용에 상관없이 어떤 단말기로도 학습할 수 있는 교육환경을 조성해 줌으로써, 보다 창의적이고도 학습자 중심의 교육과정을 실현하는 것이 목표이다.

둘째, 유비쿼터스 교육환경은 획일적이거나 강제적이지 않다. 학생들은 각자의 개별화된 욕구에 따라 학습한다.

셋째, 학습자가 사용하는 컴퓨터는 책상에 고정되어 있지 않다. 인터페이스나 휴대도 편리하다.

넷째, 학습공단도 학교와 교실에 제한되지 않는다. 모든 실제 세계의 공간이 학습공간이 된다.

〈표 V-7-3〉 전통적 교육체제와 유비쿼터스 학습체제 비교

구분	전통적 교육(학습)체제	유비쿼터스 교육(학습)체제
범위	초등교육부터 고등교육까지 형식적 학교교육	전 생애에 걸친 학습(학교, 직장, 퇴직 후)
내용	· 지식 내용의 습득과 반복 · 교육과정 중심형	· 지식의 창조, 습득, 활용 · 다양한 지식 원찬 · 학습자의 학습 선택권 강화 · 핵심 능력 중심
전달체제	· 학습방식과 모델이 제한적 · 공식적 교육기관 · 획일적 중앙 통제형 관리 · 공급자 주도형	· 학습방식, 상황, 모델의 다양화 · 정보통신기술 기반형 학습 지원체제 · 다양하고 유연한 분권적 관리 · 학습자 주도형

V. e-learning을 통한 교수·학습 지원

1. e-learning과 초·중등교육

현재 우리나라의 초·중등교육의 경우 컴퓨터 교육에서 출발하여 ICT 교육, 그리고 최근의 e-learning으로 변화·발전하고 있다. 보기에 따라서는 ICT 교육이나 e-learning이 다를 바가 없는 것일 수도 있다. 다만 산업계에서는 온라인 원격교육을 e-learning으로 보고 이에 필요한 각종 하드웨어, 소프트웨어, 콘텐츠 및 이와 관련된 표준 등을 강조하는 경향이 있다. 이는 상업적 목적과 기업의 필요가 합치되면서 일어나고 있는 상황이다.

초·중등교육의 경우에는 교육의 기회를 좀 더 확대하고, 학습자 개개인의 요구와 특성에 맞는 양질의 교육을 구현하기 위한 목적으로 도입되고 있다는 점에서는 ICT 교육이나 e-learning이나 큰 차이는 없다고 보아야 할 것이다. 다만 산업계에서 제공되는 솔루션이 온라인 원격교육을 중심으로 이루어지는 경향이 있어, 학교 등에서 과거보다 좀 더 온라인 원격교육 방식을 실행할 수 있는 기회가 주어진다고 보아야 할 것이다.

초·중등교육에서 구체적인 e-learning 관련 사업으로 전개된 것은 컴퓨터 교육이나 ICT 교육으로 이루어진 것 이외에는 EBS 수능 동영상 서비스가 출발점이라 볼 수 있다. EBS 수능 서비스는 방송 이외에 인터넷이라는 통신망을 통해 디지털 방식으로 제작된 동영상 자료가 학교와 가정에서 활용할 수 있도록 한 것이다. 이것도 e-learning의 한 형태이나, 여전히 일방향의 전달식 강의 방식을 유지하고 있는 것이다.

2. e-learning의 쟁점과 대처방안 모색

아직 우리나라 초·중등교육에서 e-learning의 문제점을 제시하고 발전방향을 언급하기에는 시기적으로 이른 면이 있다. 우리나라에서는 앞으로 더 장기간 e-learning의 학교 착근과 발전에 대해서 숙도하고 지원해야 할 필요가 있다. 그럼에도 초·중등교육에서 e-learning이 확산되면서 나타날 수 있는 현상을 중요한 쟁점으로 예측해 보고 준비할 것을 탐색해 본다면 다음과 같은 것들을 들 수 있다.

첫째, 우선 교육 관련 법령 제·개정 과제가 있다. e-learning이 확산되면서 학교 이외의 가정 등에서 이루어지는 학습이 학습자의 공식적 학력이나 학점 이수 등과 연계될 필요성이 증가할 것이며, 이에 대한 대비가 필요하다.

둘째, 교사는 새로운 교수·학습 모형, 교수·학습 방법을 준비해야 한다. e-learning을 통해 교육적 효과와 성과를 올리기 위해서는 e-learning의 특성이나 e-learning이 제공할 수 있는 다양한 기능을 충분히 살려야 한다. 이를 위해서는 새로운 교수·학습 모형, 교수·학습 방법이 필요하다. 그리고 이를 실천할 수 있도록 교원 양성과 연수가 시급하다. e-learning은 교육정보화나 ICT교육과 유사한 점도 많으나, e-learning의 특수한 요소도 있다. e-learning 지원체제 속에서 교원이 가장 효과적이고 능률적으로 수업을 실시하고, 학습자와의 관계를 설정하는 등의 활동에 필요한 지식과 기능을 시급히 함양할 수 있도록 해야 할 필요가 있다. 정부는 e-learning 체제 도입에 맞춰 교원 능력 함양 관련 사업을 체계적으로 추진해야 한 것이다.

셋째, 학교에서 e-learning 도입과 활용에 예산의 확보가 필요하다. e-learning 도입과 활용을 위해서는 학교에 컴퓨터와 네트워크 등 물리적 시설 여건을 확충해야 함은 물론, 교육용 콘텐츠와 소프트웨어 확보, 자료공유를 위한 기반 정비 등 여러 과제를 추진해야 한다. 이러한 다양한 사업을 추진하기 위해서는 예산이 적시에 확보되어 투입되어야 한다. 특히 시설·설비와 콘텐츠와 소프트웨어 등은 주기적으로 갱신하고 유지 보수를 해 주어야 한다. 적절한 시점을 지나면 그 효용성이 매우 낮아져 전반적인 교육 효과를 저하시킬 우려가 크다.

넷째, 교사의 역할 변화와 교육 참여자의 확대를 대비해야 한다. 교육 참여자와 학습 참여자의 역할 또한 변화될 것이다. 전통적인 교육의 주체인 교사와 학생 이외에 외부 전문가, 학부모, 지역사회의 학습지원자, 다른 사회나 지역의 학생 등 다양한 참여자가 함께 교육을 이끌고 가게 될 것이다.

그러나 무엇보다도 핵심이 되는 변화는 학습자의 학습에 대한 주도권의 강화이다. 실제로 교육현장에서의 정보기술의 활용은 학습자의 학습 통제권을 강화하는 양상을 보이고 있는데, 학습자는 정보에 대한 접근성을 극대화하는 기술의 지원을 통해 학습내용을 스스로의 필요에 의해 선택하거나 정보원(학습자-학습자, 학습자-교사, 학습자-전문가 등)과의 활발한 상호작용하는 등의 활동이 일상생활 속에서 점점 용이해짐에 따라 보다 자기 주도적인 학습자로 거듭날 것이다.

더불어 교수자는 기존의 지식 전달자의 역할에서 학습자의 학습활동을 촉진하고 지원해 주고 촉진자(facilitator)의 역할이 확대되고 강화될 것이다. 특히 학습의 공간이 확장되고, 학습시간의 유연화가 이루어짐에 따라 교수자는 학습을 위한 가이드 제공, 학습을 위한 의사소통의 촉진, 학습과 관련한 정보의 습득과 해석에 대한 지도, 토론 등의 커뮤니케이션을 통한 학습 관련 지식의 구성, 외부전문가와 학습자료에 대한 연결 및 안내, 상담 등의 역할에 보다 큰 비중을 두게 될 것이다.

아울러 e-learning 환경에서는 학습에 있어 학부모의 역할도 크게 증대될 것이다. 정보통신기술의 발달과 확산으로 자녀의 학습에 대한 실시간 모니터링이 가능해지고 있으며, 교사와 항시 의사소통이 가능해지고 있다. 많은 학부모들은 시간과 공간적 제약으로 쉽게 학교와 교사에게 접근하지 못하던 상황을 벗어나 이제는 자녀의 학습에 대해 보다 관심을 가지고 학교의 교육활동에도 적극적으로 참여할 수 있게 되었다.

다섯째, 학생 성취 중심의 학점제 도입이 필요하다. 현재 초·중등교육법에 따르면 학교에서 이루어지는 교육은 수업을 중심으로 구성되며, 수업은 일정한 시간에 이루어지도록 되어 있다. 이러한 수업을 바탕으로 교육과정 이수와 졸업 등이 결정되는 구조이다.

이러한 기준에 따르는 경우 비록 방송·통신에 의한 수업이 가능하다 하더라도, e-learning이나 사이버 교육의 장점인 시간적 제약과 공간적 제약을 받지 않고 학습할 수 있다는 점을 살리기 어렵게 된다. 교육청이나 학교에서 부진한 학생이나 우수한 학생을 대상으로 특별한 코스를 운영하기 위해, 홈페이지를 개설하고, 교육용 콘텐츠나 동영상 강의 자료를 제공하여 학생이 집에서 공부하도록 하고, 교사와 학생이 주기적으로 상호작용하는 방식으로 지도하는 경우를 보자. 이러한 방식으로 학생을 지도하는 것은 현재도 이루어지고 있다.

그러나 이러한 학생 교육은 정규 수업은 아니다. 비록 같은 교사가 자신이 학교에서 가르치고 있는 학생을 가르친다 하더라도 정규 수업을 실시한 것은 아니다. 비록 방송·통신에 의한 수업이 법적으로 가능하다 하더라도, 학교라는 공간을 벗어났으며, 학교의 정규 수업시간도 아니기 때문이다. 만약 다른 학교의 교사가 학생을 가르치는 경우는 더더욱 정규 수업이라 할 수 없게 된다.

학생의 입장에서 보면, 자신의 필요에 따라 더 나은 교육을 받을 수 있는 권리가 제약되고 있다. 교사 역시 더 많은 시간과 노력을 학생 교육에 투입하면서도 자신의 직무 수행이 아닌 사적인 일로 되는 불합리한 일이 된다.

특히 문제가 되는 점은 학교 수업 시간 내에 학교의 교실에서 사이버 교육을 실시하는 경우, 사이버 공간에 강의 교사는 있으나, 학생들이 있는 교실에 해당 교과 담당 교사가 없는 경우 이를 수업이라 인정할 수 있는가 하는 것이 불명확하다. 학생이 자신이 편리한 시간에 공부하기 어렵게 되며, 능력과 사전 학습 수준 등에 따라 과정 이수에 필요한 시간이 다름에도 정해진 시간을 보내야만 과정 이수가 인정되는 모순이 야기될 수 있다.

따라서 e-learning이나 사이버 교육을 초·중학교교육에 접목시키기 위해서는 시간 길이에 의해 규정된 수업을 중심으로 교육과정을 운영하는 것 이외에 일정 물량의 학습을 수행하거나 일정 수준에 도달했느냐를 중심으로 판단하는 학점제 방식의 도입이 필요하다.

마지막으로 이러한 여건 정비나 제도 조성도 중요하나 무엇보다도 교육계가 시급히 대처해야 할 과제는 새로운 교육체제에 걸맞은 새로운 교육문화를 조성하는 것이다.

전통적 교육에서는 교수자와 학습자가 교재(교육과정·교육 내용)를 매개로 교육이 이루어졌다. 하지만 이러한 정태적인 교육의 3요소 시스템이 획기적으로 변화하고 있다. 교수자와 학습자가 교육 내용을 매개로 비면대면적인 상호작용이 일반화되고 있다. 미래에는 이와 같은 상황이 더욱 증가할 것이다.

또한, 일반적인 학교교육에서도 과거와 달리 교사가 교육 내용이나 방법 등에 관한 정보를 독점할 수 없으며, 학교와 학생 및 학부모와의 관계가 다양한 통로를 통해 개방되어 있다. 사회 전반적으로 볼 때도 교육이 일어나는 장소와 시간 그리고 교육의 구성원의 경계도 달라지고 있다. 이에 따라 교육구성원과 교육기관의 구성과 체계는 물론 상호 간의 역할과 기대, 상호 관계 등이 달라지고 있다. 이에 대한 올바른 이해와 협력이 중요하다. 이제 새로운 교육체제가 필요하다. 새로운 교육체제가 도입되어 잘 정착하기 위해서는 과거의 교육문화와는 다른 교육문화의 형성과 공유가 필수적이다. e-learning의 등장과 확산은 결국 우리에게 새로운 교육 문화와 교육의 새로운 패러다임 구축을 요구하고 있다. 이는 교육의 시대적 소명이기도 하다.

〈표 V-7-4〉 교육의 3요소

교육의 3요소				
① 교수자: 교사	⇔	② 교육내용(교육과정): 교재	⇔	③ 학습자: 학생

VI. 학교교육에서의 u-learning

1. 유비쿼터스 환경과 교육의 혁신

교육 분야도 아날로그 환경하에서 더디게 반응해 왔던 과거와 달리 최근 조금은 걱정스러울 정도로 첨단 정보통신 기술에 발 빠르게 적응하면서 e-learning, t-learning, m-learning, u-learning 등의 새로운 신조어들이 생겨나고 있다. 이에 진정 살아 있는 e-러닝의 최종 모습이라고 불리고 있는 u-learning 시대의 교육방법에 대하여 고찰하면 다음과 같다.

유비쿼터스 컴퓨팅 환경의 비약적인 발전은 지식, 지혜, 감성, 노하우 등이 공유하여 창조될 수 있는 미래교육의 장(場) 구현에 있다. u-learning은 e-learning이 진화하여 m-learning, t-learning을 거쳐 태동한다. 현재 수준의 e-learning은 앞으로 다가올 유비쿼터스 시대 기반 학습의 시작 단계라 할 수 있다.

u-learning 시대 교육의 변화는 획기적일 것이다. 그러한 교육의 혁신과 변화 모습을 종합하면 다음과 같다. 이는 가상이나 희망이 아니라 불원간 우리 교육의 새로운 시스템으로 다가올 것이다.

첫째, 교육 장소의 변화이다. 지리적으로 고정된 강의실에서 제한받지 않고 언제 어디든지 교육을 받을 수 있다. 시·공간적인 제약 없이 동시에 개인의 환경에 맞춘 최적의 교육을 제공한다.

둘째, 교육 및 학습방법의 변화이다. 실시간에 현장감 높은 강의를 대화형으로 수강할 수 있으며, 교육에 이용되는 대량의 그래프, 데이터, 영상교재 등을 실시간으로 분배하고, 다양한 네트워크를 통해 여러 종류의 통신기기로 송·수신이 가능하다.

셋째, 학습 선택권의 확대와 다양한 학습자원의 활용이다. 교육과정의 자유로운 선택과 개인의 능력과 진도에 따른 학습이 가능하다. 강의실 밖에서 각자의 모바일 기기를 이용하여 자유롭게 이동하면서 실시간으로 영상이나 정보를 교환하여 협동학습과 창의적인 공동 연구가 가능하다.

넷째, 교육의 내용과 지식전달체계가 획기적으로 전환된다. 다양한 지식원천과 학습자의 학습 선택권 강화는 고정된 교육과정 중심의 현 교육체계를 뛰어넘는 교육 다변화를 유도한다. 유비쿼터스 기반 학습 지원체제를 통해 학습방식과 학습모델이 다양화되며, 분산학습에 대한 유연한 관리가 가능하게 됨으로써 학습의 설계·접근·운용이 획기적으로 전환된다.

다섯째, 다양한 형태의 학습공동체 출현이다. 네트워크, 통신기기의 다양화 및 누구나 어디서나 참여 가능한 효율적인 커뮤니케이션 환경의 창출을 통해 다양하고 전문적인 학습 공동체 네트워크의 형성이 급속도로 촉진될 전망이다.

끝으로 u-learning 학습 체제는 교수자(교사)와 학습자(학생) 간의 의사소통과 상호작용의 폭과 길이가 획기적으로 확대될 것이다. 그런 가운데에서 교수자는 친절한 안내자, 촉진자의 역할에 충실한 것이며, 학습자는 자신의 관심과 열망을 현실로 구현하기 위해서 '꿈과 끼를 구현하는 꿈동이'로 거듭나야 하는 것이다.

2. 교육 현장과 유비쿼터스(ubiquitous) 학습

가. 교사의 교육과정 전문성과 수업 전문성 신장: 교수자(교사)

세계화·정보화 시대에는 다양한 교수공학 매체를 활용한 교육 정보화 관련 교육을 지향하여야 한다. 유비쿼터스의 기술을 교육현장의 변화와 중심의 공간에 접속시켜 학생 및 교사뿐만 아니라, 사회적인 부가 서비스를 창출시킬 수 있다. 유비쿼터스의 창시자인 마크 와이저(Mark Weiser)는 교육의 현장이 유비쿼터스 컴퓨팅의 최적지(最適地)임을 기술하고 있다.

유비쿼터스의 도입은 단순한 정보기술의 도입이 아니라 교사, 학생의 의식 및 생활을 포함한 총체적인 변화가 수반되어야 하는 교육현장의 패러다임의 변화이다. 유비쿼터스 도입에 따른 성공적인 변화 모습은 다음과 같다.

수업 및 일상 행정 업무중심, 학생지도 및 연구에 시·공간적 제약, 멀티미디어 강의 시 기기의 조작에 시간할애 등에서 u-learning의 지원으로 연구경쟁력 강화에 주력하고, 원격지 협력연구를 통한 글로벌 연구 마인드가 함양되며, 조작이 필요 없을 정도의 자동화로 수업에 집중할 수 있다. 원격 수업을 위해 멀티미디어 강의실의 컴퓨터 및 장치를 세팅하거나 기기운용 보조원의 지원을 받지 않아도 된다. 마치 일상생활의 일부와 같은 보이지도 않고 어렵지도 않은 컴퓨팅 환경을 제공한다. 교사들은 수업 및 원격회의가 가능한 환경을 제공받는다. 교육 현장의 모든 구성원이 교수·학습·연구에만 전념할 수 있다.

나. 학생의 자기 주도적 학습력 신장: 학습자(학생)

정해진 교육과정에 따른 수동적인 학습자, 스스로 취업 및 진학진로를 준비, 수업준비에 따른 실제 학습시간 감소 등에서 다양한 교육과정의 선택을 통한 능동적인 학습이 가능하고, 언제 어디서나 수업에 참석할 수 있는 환경 구현 등으로 변화될 것이다. 교정의 구석구석에 설치된 주요 시설에서 학습 및 학교생활에 필요한 정보를 이용하며, 개인용 초소형 모바일 기기를 통해 양방향으로 모든 정보를 처리할 수 있다. 학생증을 이용한 각종 비용 지불, 매일 식단분석을 통한 개별화된 다이어트 메뉴의 제공, 영향상태 체크 등의 부가적인 서비스를 제공받을 수 있다.

다. 학교의 자유로운 배움터로서의 자리매김 및 새로운 교육과정 운영: 학교와 교육과정

교육이 서비스라는 마인드 부족, 모바일 교육현장 구축, 개인별 학습자 관리 부재에서 학습자들의 만족도 제고를 위해 유비쿼터스의 기술을 도입하여, u-교육체계 구축, RFID-(Remote Frequency Identification) 기술을 이용한 효율적인 학습 및 학생관리가 가능하게 된다. 타 학교 및 해외 학교 간 원격수업 및 협력 학습을 할 수 있으며, 일반 교실 또는 지정된 원격협동학습실 등을 이용하여 학습자들의 협동을 통해 스스로 문제를 해결해 나갈 수 있는 학습법을 제공한다. 교사들 간 지역적으로 흩어져 있는 공동 연구과제 진행 시, 디지털 작업대, 가상현실 등을 이용한 원격 공동 연구가 가능한 환경이 다양하게 제공된다.

또한, 세계화·정보화 시대의 교재와 교육과정은 과거의 전통직 지식 암기 위주에서 e-book 등을 비롯한 다양한 매체를 통한 학생활동 중심 교재와 교육과정으로 변모하게 된다. 따라서 과거의 암기식 교육에서 탈피하여 실제 실행하고 내면화하는 스마트(smart)한 교육으로 혁신될 것이다.

VII. 맺고 나오는 글

현대 사회는 세계화 시대이자 정보화 사회이다. 따라서 전 세계가 지구촌으로서 이러한 세계화·정보화 사회의 흐름(trend)은 더욱 거세질 것이다. 교수자와 학습자가 교재(교육과정·교육 내용)를 매개로 면대면으로 만나서 교수·학습하던 패러다임은 크게 변할 것이다. 즉 비면대면 교육과 학습 패러다임이 크게 증가할 것이다.

미래교육에서의 유비쿼터스 컴퓨팅 환경은 궁극적으로 언제 어디서나 자연스러운 컴퓨팅 구현을 목표로 이동성과 내재성이 모두 발달되는 형태로 진화될 것이다. 유비쿼터스 환경이 교육에 적용되면서 원격교육, e-learning에 이어 학습 대혁명이 예상되고 있다. 아니, 이미 물리적 공간과 사이버 공간을 뛰어넘어 생활 속에서 언제 어디서나 학습자 수준에 맞는 맞춤형 학습을 할 수 있는 u-learning이 점차 현실로 다가오고 있다.

이미 세계적으로 e-learning은 일반화되어 가고 있고, 현재 미국을 시작으로 세계 선진국들은 이미 유비쿼터스 기술을 교육에 적용시키는 연구들을 시작해 왔고, 또한 주목할 만한 성과를 내고 있다. 미국 MIT 미디어 연구소의 생각하는 사물, UCLA 대학의 스마트 유치원 프로젝트, EU의 유비캠퍼스 등이 대표적인 예다.

e-learning이 가장 큰 장점으로 내세웠던 것이 바로 언제, 어디서나라는 개념으로 시간과 공간의 장벽을 넘어설 수 있다는 것이었다. 하지만 아직 물리적 공간 기반의 e-learning은 항시 인터넷과 연결된 컴퓨터를 통해서 언제 어디서나라는 물리적 제한을 넘어서지 못했

다. 또한 e-learning을 통해 학습을 할 경우에는 학습자가 얼마나 컴퓨터를 잘 다룰 줄 아느냐에 따라서도 학습 효과에 많은 영향을 주기도 한다. 하지만 이는 진정한 학습활동에는 바람직하지 않은 장해요인이다. 따라서 u-learning은 학습자가 오로지 학습에만 몰두할 수 있도록 학습에 방해되는 모든 요소를 제거하고 정보기술을 통해 학습자 개개인에 맞는 최적의 학습환경을 제공해 주는 새로운 학습 패러다임(paradigm)인 것이다.

전통적인 교육은 교수자와 학습자가 교재(교육과정·교육 내용)로 면대면 상호작용을 하는 것이 기본적인 패러다임이었다. 지금까지는 교육을 받기 위해서 학습자가 직접 학습장소에 찾아가서 그 학습환경에 적응해야만 했으나, u-learning은 지능화된 환경을 통해 학습환경이 각 개개인의 학습자 특성에 맞게 구성된다는 점에서 기존의 교육 패러다임과 매우 큰 차이가 있다.

유비쿼터스(ubiquitous) 교육이 일상화되는 세계화 시대, 정보화 사회에서는 교수자, 학습자, 교재(교육과정·교육 내용)가 고정되어 있지 않고 유동적인 자유로움이 특징이다. 따라서 미래의 학습자들은 주변 생활 속에서 물리적·시간적 제약 없이 원하는 교육내용, 교육방법에 의해 학습을 하고, 이를 바로 생활 속에서 적용할 수 있게 될 것이다. 그러한 새로운 교육이 새로운 학습자를 기르고, 그 주역들이 미래사회와 나라, 그리고 인류의 주인공으로 무럭무럭 자라날 것이다. 그 동량(棟樑)들을 바르고 곧게 기르는 데 이 땅의 교원들은 참스승으로서 열성으로 최선을 다해야 할 것이다.

제8장 창의적인 글쓰기 지도 및 책읽기 교육의 방향

I. 들어가는 글

한국은 최근 나로호 과학우주발사체 발사 성공으로 전국적으로 축하분위기에 들떠 있다. 10여 년간에 걸친 준비와 노력의 결정체로서 2전 3기로 발사에 성공한 터라 그 감회와 기쁨은 배가(倍加)되고 있다. 그러면 과학인공위성인 이 나로호가 단순히 과학 기술만 발전해서 발성 성공을 이룬 것일까? 그렇지 않다. 모든 교육이 그렇듯이 과학 기술도 기초·기본이 중요하다. 교육에서 기초·기본이 부실하면 사상누각(砂上樓閣)에 불과할 뿐이다. 글쓰기는 생활을 풍요롭게 해 준다. 기초·기본교육은 핵심은 누가 뭐라 해도 기초 연산과 더불어 글쓰기(작문) 교육과 책읽기(독서) 교육이다.

우선 우리 생활을 풍요롭게 하는 글을 쓰도록 하려면 진솔한 글쓰기가 되어야 한다. 꾸며서 근사하게 쓰거나 시키는 것 때문에 억지로 쓰는 글은 생활을 풍요롭게 하지 못한다. 창의적인 글쓰기는 꾸며 쓰는 글보다는 있는 그대로를 진술하게 묘사는 글쓰기에서 출발해야 한다. 미사여구(美辭麗句)보다 진솔한 생활의 표현이 바람직한 글쓰기의 출발점이 되어야 한다. 그러한 면에서 본다면 창의적인 글쓰기의 원천은 경험과 체험이다.

학생들의 정직하고 진실한 생활을 이끌어 가기 위하여 글을 쓰게 하는 것이다. 자기 생활 속에서 주변의 사물을 바르게 인식하고 그와 연계하여 자기의 삶을 올바르게 펼쳐 나갈 수 있도록 도와주는 것이 글쓰기 교육이다.

하지만 현재 우리나라 글쓰기 지도는 논술 지도에 치중되어 있다. 대학 입시 형식이 논술문이다 보니 논술에 대한 열풍이 불어 기계적인 글쓰기가 이루어지고 있는 것이다. 글쓰기에 대한 기초적인 지도를 통해 학생들의 생활을 풍요롭게 해 주는 데 글쓰기 지도의 의미를 두어야 할 것이다. 우리나라 학원 논술이 학생들을 기계적 논술 제조기로 전락시켜 창의력을 말살시키고 있다는 식자(識者)들의 지적에 귀를 기울여야 할 것이다.

한편, 책읽기 교육은 독서교육으로서 글쓰기 교육과 밀접하게 연계된 기초교육이다. 우리가 함께 사는 21세기는 창의성과 다양성을 요구하는 지식 기반 사회로서, 앞으로 다가올 사회가 요구하는 인간상은 고등 사고력을 기반으로 하는 창의적이고 개성적인 인간이다. 이러한 인간을 길러 내기 위해서는 교수·학습활동에서 학생의 자발적인 참여를 유도하고 그들의 사고력과 표현력, 그리고 문제해결력 신장에 초점을 맞추어야 할 것이다. 높은 수준의 사고력을 바탕으로 한 창의적이고 개성적인 인간상을 정립하기 위한 가장 기초적인 방법은 무엇보다 폭넓고 깊은 독서 교육에 있다 할 것이다. 또한 21세기는 지식 정보화 사회이며 지식 경제 패러다임으로 특징되는 시대로 그 어느 때보다 지식을 필요로 하는 시대이다. 다만 남의 지식을 자신의 머리에 가득 채워 넣는 암기된 지식이 아니라 자신의 생각을 통하여 창조된 자신의 지식으로 만들어야 한다는 것이 다를 뿐이다. 즉 양질의 정보를 많이 가진 두뇌를 원하는 것이다. 이러한 지식을 얻는 방법을 어디에서 찾을 것인가? 바로 독서에서 얻어질 수 있는 것이다.

세계적으로 성공한 사람 600명에 대한 연구결과 밝혀진 이들이 보유한 공통점은 '강한 집중력, 살아 있는 감성, 창의적 사고, 정직한 성품, 풍부한 독서력' 등이다. 풍부한 독서력뿐만 아니라, 나머지 네 가지도 모두 독서를 통하여 자연스럽게 얻어질 수 있는 능력이란 점을 생각할 때 책읽기가 인간 삶에 미치는 영향이 얼마나 큰지 실감할 수 있을 것이다. '읽는 자(reader)가 지도자(leader)를 만든다'는 말이 있듯이 독서를 많이 한 사람은 생각이 남다르고 미래지향적이며 판단력이 뛰어나다. 단순히 아는 것이 많다고 똑똑하다고 하지는 않는다. 독서를 통하여 얻은 다양한 경험으로 사고력, 판단력과 통찰력이 길러지는 것이다.

개인의 성장과 교양은 물론 조직과 집단의 사회적 유대를 형성하고 국가 차원의 경쟁력을 높이는 데에도 중요한 몫을 담당하는 독서는 고도의 지적 활동이다. 그럼에도 우리나라 국민의 독서량은 연간 얼마나 될까? 아무리 강조해도 과하지 않은 독서활동을 이제는 학습 독서로서 가르치지 않으면 안 되는 시기에 다다랐다.

분명히 21세기 세계화 시대에는 '읽는 자(reader)와 쓰는 자(writer)가 지도자(leader)가 된다'가 일반화될 것이다. 21세기에는 창의력이 모든 것을 지배하는 사회인데, 이 창의력은 읽고 쓰는 데서 오롯이 발현되기 때문이다.

Ⅱ. 창의적인 글쓰기의 방법

1. 어휘(語彙) 고르기

풍부한 어휘 사용은 글을 내용도 풍부하고 명확하게 해 준다. 어휘는 정서적인 글이냐 설명문이나 논술문이냐에 따라 쓰이는 어휘가 달라지기는 하지만 생각을 나타내 주는 것이라는 데에는 이의가 없다.

논술문을 쓸 때는 반드시 표준어를 사용해야 하며 어휘는 함축적인 의미의 어휘가 아닌 구체적인 의미를 드러내는 어휘를 주로 사용하여야 한다. 표현하고자 하는 대상에 대해 정확한 의미를 나타내는 어휘를 사용하고 문맥에 맞는 어휘를 골라 사용해야 자기의 생각을 제대로 나타내는 글쓰기가 된다.

풍부한 어휘력을 갖기 위해서는 듣기나 읽기의 개념 수용 단계에서 그 의미를 명확히 이해하여야 한다. 어휘의 명확한 개념을 습득하기 위해서는 의미 지도 그리기나 의미구조도 그리기가 좋은 방법이다. 의미 지도 그리기는 대상 낱말을 중심에 두고 알고 있는 다른 낱말들과의 범주 관계를 살펴 개념을 명확히 하는 방법이다. 의미구조도 그리기는 연관된 다른 낱말과의 개념상 차이점이나 유사점을 도식화하여 낱말의 의미와 용법을 정확하게 이해하는 방법이다.

2. 문장(文章) 익히기

문장은 하나로 모아진 생각이나 느낌을 글로 나타내는 낱말의 집합을 말한다. 문장은 완결된 사고를 표현하는 기초 단위이므로 좋은 문장은 좋은 글을 만드는 주춧돌이라 할 수 있다. 좋은 문장은 명료하면서 간결해야 하고, 풍부하면서도 올바른 문장이어야 한다.

쓰려는 내용이 명확하지 않기 때문에 흔히 문장을 길게 쓴다. 긴 문장은 의미 전달을 어렵게 하고 의미 또한 불분명하거나 모호해진다. 지나치게 꾸미는 말을 많이 사용하거나 같은 말을 되풀이하는 문장은 전하려는 의미를 복잡하게 만든다. 군더더기를 없애야 문장은 명료하면서도 간결해질 수 있다. 문장을 쓰면서 더 간결하게 쓸 수 없는가를 늘 고민하고 검토해 보아야 한다.

문장을 풍부하게 하기 위해서는 서술어를 다양하게 사용해야 한다. 단 한 문단에 비슷한 단어나 구절이 여러 번 반복되는 것을 피해야 한다. 반복은 글을 단조롭고 지루하게 만들기 때문이다. 반복되는 낱말은 의미상 크게 차이가 나지 않는 다른 낱말로 바꾸어 주거나 생략하면 어느 정도 중복은 피할 수 있다.

3. 문단(文段) 구성하기

글에서 작가의 의도를 잘 전달할 수 있도록 하기 위한 핵심은 중심 문장과 뒷받침 문장의 관계에 있다. 그러므로 중심 문장과 뒷받침 문장을 잘 쓰는 것은 주장하는 글의 성패를 좌우하는 중요한 일이다.

중심문장은 그 문단의 의미나 범위를 대표하는 문장으로 일반적으로 문장의 첫머리에 오는 것이 일반적이다. 그 뒤에 제시하는 뒷받침 문장은 나타내고자 하는 내용을 구체화하고 명료화하는 타당한 내용을 담아야 한다.

초등학교 단계의 경우에는 글 전체가 중심문장으로 이루어진 나열식 구조가 대부분이다. 따라서 나열의 규칙을 따져 순서가 있는 문단을 구성하도록 하여야 한다. 순서가 맞아야 논리의 흐름이 갖추어지므로 앞뒤 문장과 문단의 내용 관계를 고려하여 순서에 맞게 나열하는 연습을 해 보아야 한다. 심화활동으로는 사실과 의견을 구분하여 주제에 알맞게 순서대로 내용을 구성하여 써 볼 수도 있다.

중·고등학교 단계 이상의 경우에는 중심 문장과 뒷받침 문장의 관계를 따져 보고 긴밀히 연결시키는 활동이 필요하다. 중심 문장과 뒷받침 문장의 관계가 바른 글과 그렇지 않은 글을 비교하여 고쳐 쓰는 활동이 유용하며 심화 활동으로는 중심 문장이 언제나 문단의 첫머리에 오는 것이 아니므로 의미의 포함관계를 따져 중심 문장과 뒷받침 문장을 배열하는 방법을 익히도록 한다.

작가의 의도를 잘 전달할 수 있는 문단 전개의 기본 원리는 통일성의 원리(주제·소주제와 뒷받침문장의 내용적 일치), 연결성의 원리(뒷받침문장들의 순리적인 배열), 강조성의 원리(주제·소주제 등의 충분한 뒷받침) 등이다. 이 세 가지 원리는 서로 보완해서 단락의 소주제를 뚜렷이 드러내어 알찬 글을 만드는 기본 지침이 된다.

4. 살아 있는(dynamic) 글쓰기

살아 있는 글은 예시나 인용, 대화, 사실과 통계, 감각적 이미지 자료 등을 이용하여 구체적이고 자세하게 쓴 글이다. 학생들은 정교하게 글을 쓰는 능력이 부족하다. 그래서 재미가 없고 생동감이 부족하므로 나만의 살아 있는 글을 위해 정교한 글쓰기 능력을 키울 필요가 있다. 실제 살아 있는 글쓰기, 창의적인 글쓰기에서는 글쓰기에서 경험과 통찰, 그리고 사고(thinking)가 중요한 역할을 하는 것이다.

관용적인 표현을 사용하여 글을 풍성하게 할 필요가 있다. 관용적인 표현을 사용하면 길게 설명해야 할 부분도 한 구절로 간결하고 명료하게 표현할 수 있고 더불어 독자의 흥미도 불러일으킨다.

한편, 글에서 비유적인 표현은 글을 맛깔나게 한다. 논리적인 글이라고 딱딱한 표현만

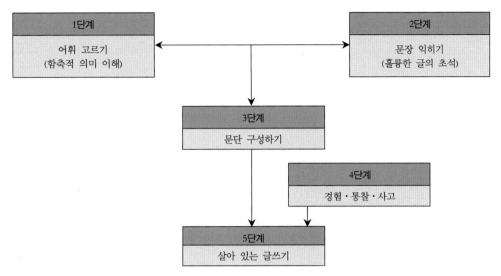

[그림 V-8-1] 창의적인 글쓰기의 단계 및 과정(process)

해야 하는 것은 아니다. 독자의 마음에 호소하는 글은 감성적인 표현이 필요하다. 직유나 은유처럼 공통점을 바탕으로 적절히 빗대어 표현하면 그의 내용을 보다 정확하고 효과적으로 전달할 수 있다.

Ⅲ. 창의적인 글쓰기 전략

1. 발달 단계와 글쓰기 지도

글쓰기 지도를 할 때에도 발달 단계를 정확하게 파악하여야 한다. 모든 전략을 다 학급 전체를 대상으로 가르칠 수 있는 것이 아니기 때문에 학생들이 어느 정도의 수준에 와 있는지 판단을 하고 개인차에 따른 지도를 하여야 한다.

어느 정도의 수준인지 알기 위해서는 간단한 글을 써 보도록 하는 방법이 있다. 쓴 글을 보고 학생들이 화제를 조직하고, 내용 조직에 대해 어떤 발달을 보이고 있는지를 파악하여야 한다. 또 독자를 얼마나 고려하고 있는지, 다양한 단어와 문장을 사용하고 있는지 등을 파악하고 지도한다.

발달 단계를 고려한 지도를 하지만 학생들이 혼자 글을 쓰도록 하는 것보다는 글쓰기 전략을 교사가 가르쳐야 한다.

2. 과정 중심 글쓰기 지도

과정 중심 글쓰기 지도에서는 생각 꺼내기, 생각 묶기, 초고 쓰기, 다듬기, 작품화하기 등으로 단계를 구분하고 있지만 이 구분들이 직선적이고 순차적인 것이 아니고 회귀적이다. 결과중심의 쓰기 교육이론가들이 쓰기를 절차적으로 진행되는 선행적(선택) 과정으로 보았다. 하지만 초고를 쓰는 과정에서도 쓰기 전 활동을 하기도 하고 교정을 하기도 한다. 교정활동은 글을 쓰고 마지막 과정에서만 한다고 주장했던 결과 중심 글쓰기와 달리 글을 읽고 반응하는 것에 따라 교정을 할 수 있다. 이때 교사는 학습자의 동료 역할을 해야 하는 것이 과정 중심 쓰기 지도에서의 교사의 역할이다.

가. 생각 꺼내기

쓰기 전 활동으로 생각 꺼내기를 한다. 생각 꺼내기는 아이디어를 생성하는 단계이다. 이 단계에서는 화제를 선택하고, 화제를 면밀히 검토하고, 정보를 수집하는 활동들이 이루어지게 된다. 학생들이 적절한 화제를 모으고 선택하는 데 많은 시간이 걸린다. 하지만 이러한 활동 속에서 자기가 쓰고 싶어 하는 글의 주제를 선택하고 풍부한 정보 수집으로 좀 더 나은 글을 쓸 수가 있다.

생각 꺼내기의 기본 활동으로는 사고의 양이 질을 결정한다는 브레인스토밍이나 생각그물 기법으로 사고와 정보를 입체적으로 처리하도록 한다.

〈표 V-8-1〉 생각 꺼내기 사고 전략

사고 전략	활동 내용
브레인스토밍 (brainstorming · 즉흥 사고)	의식 속에 파묻혀 있는 기발한 생각들, 건전한 아이디어 등을 발굴하려는 목적으로 독창적인 아이디어를 이끌어 내는 집단 사고 계발법이다. · 주어진 화제에 대해 떠오르는 생각을 자유롭게 적는다. · 늘어놓은 단어를 보고 성격이 비슷한 것들끼리 묶는다. · 글 전체의 틀을 생각하여 순서를 정한다(처음-가운데-끝). · 필요에 따라 단어를 가감하여 문장 개요를 만든다.
마인드 매핑 (mind-mapping · 생각그물)	생각 그물의 장점이 사고를 다양하고도 자연스럽게 찾는다는 점이다. 생각 그물의 장점을 최대한 살려서 먼저 다양하게 소재를 확장시킨 후 그중에서 쓸 내용을 선정한다. · 중심 이미지 그리기 · 핵심어를 찾아 주(主) 가지 그리기 · 세부적인 소재 찾아 부(副) 가지, 세부(細部) 가지 그리기

나. 생각 묶기

생각 묶기는 생각 꺼내기 단계에서 브레인스토밍이나 생각그물을 통해 발산된 아이디어를 조직하고 고르는 단계이다. 이때 글을 쓰는 이는 내용, 목적, 독자를 생각하면서 글을 써야 한다.

생각 묶기 전략으로는 개요 짜기, 다발 짓기 등이 있다. 개요 짜기는 전통적인 정보 조직 방법으로 자유롭고 창조적인 사고의 흐름을 막는다는 결점을 지적하고 있다. 다발 짓기는 정보의 공간적인 활용이 가능한 방법으로 브레인스토밍과 유사한 점이 많다. 하나의 주제에 대해 관련된 단어들을 적어 나가지만 이들은 서로 관련성이 있어야 한다. 정보를 빠른 속도로 조직할 수 있으며 정보의 추가 삭제가 용이하다. 정보를 정리하는 중에 생각 그물을 활용하기도 한다.

〈표 V-8-2〉 생각 묶기 사고 전략

생각 묶기 전략	활동 내용
개요 짜기 (선조적)	·사고나 아이디어를 내는 속도와 범위를 한정한다. ·충분히 사고하고 많은 아이디어가 나오지 않았더라도 개요 짜기를 한다. ·자유롭고 창조적인 사고나 아이디어의 흐름을 묶어 버리는 형식적인 틀이 될 수 있다.
다발 짓기 (회귀적)	·사고나 아이디어가 나오는 속도와 방향에 맞추어 계속 써 나갈 수 있다. ·딱딱한 형식에 맞출 필요가 없다. 사고나 아이디어의 흐름과 속도, 방향, 범위가 그 자체적으로 하나의 동아리를 조직해 간다.

다. 초고 쓰기

쓰기 과정이다. 생각 꺼내기와 생각 묶기 단계에서 만들어진 내용을 문자 언어로 표현하는 단계이다. 이 단계에서는 완결된 작문을 목표로 하는 것이 아니므로 한 번 쓰고 완성된 작문을 내어놓는 것이 아니다. 초고 쓰기 방법으로는 얼른 쓰기가 있다. 특정주제에 대해 생각하고 있는 것들을 그대로 써 내려가는 활동으로 형식에 구애받지 않고 빨리 쓰도록 구안된 전략이다. 이 단계는 다음 단계와 밀접한 관련이 있으므로 이 단계에서 완성된 글을 쓰고자 하는 학생들에게 다음 단계의 필요성을 일깨워 주어야 한다.

하지만 이 단계의 활동을 계획 없이 지나치면 글은 즉흥적으로 쓰는 것이란 판단을 할 수 있다. 글쓰기에 대한 부담을 줄이면서 다음 단계인 다듬기에 지장을 주지 않도록 지도하여야 한다.

〈표 V-8-3〉 초고 쓰기 사고 전략

초고 쓰기 전략	활동 내용
구두 작문 (oral composition)	뒤에 이어질 내용을 상상하여 말하기
	입으로 말하는 글쓰기
빠른 작문 (speed writing)	자기의 생각을 글로 옮겨 빨리 쓰기
	자신의 생각을 조직하여 재빨리 글로 쓰기

라. 다듬기

다듬기 단계는 초고를 보고 협의하여 다듬는 것을 의미하며 협의하기와 고쳐 쓰기의 개념이 포함되어 있다.

다듬기 활동이라고 하면 맞춤법이나 철자 등을 바로잡는 것으로 오인하는 경우가 많다. 이 단계에서는 글쓰기 과정에서 매우 중요한 단계로 내용을 첨가하거나 삭제하고, 순서를 바꾸고, 세부 내용을 덧붙이고, 보다 생생한 언어로 고쳐 쓰는 활동을 하는 단계로 자기가 쓴 글에 대해 많은 생각을 해 보게 되는 활동을 하게 된다.

이 단계에서는 동료 간이나 교사와 많은 협의를 하며 글을 다듬어 나가야 한다. 협의하기를 통해서 논의된 문제들을 수정·보완함과 동시에 돌려 읽기에서 미루었던 교정하기를 실행한다.

다듬기는 작품의 완성을 목적으로 하는 활동이지만 과정 중심쓰기 교육은 이러한 활동이 반복 순환될 때 달성된다.

〈표 V-8-4〉 다듬기 사고 전략

다듬기 전략	활동 방법
돌려 읽기	짝끼리 바꾸어 읽기
	소집단별 돌려 읽기
글다듬기	교정 부호 익히기: 교정 부호의 종류와 쓰임을 익힌 후, 자신이나 친구가 쓴 글을 읽으며 교정하기
	문단이란: 한 문단의 글을 보고, 문단의 개념과 기본 구조 익히기
	생각을 하나로!: 통일성과 일관성 있는 간단한 문단 쓰기
	이어지는 문단 쓰기: 3~5문단으로 된 한 편의 글을 살펴보고, 여러 문단으로 된 글쓰기
	문장 다듬기: 쓰인 글을 읽고 표현의 효과를 고려하여 문장 다듬기
	낱말 바꿔 쓰기: 글의 맥락을 고려할 때 부적절한 낱말을 찾아 알맞게 고쳐 쓰기

마. 작품화하기

작품화하기는 자기가 쓴 글을 독자들에게 내보여 주는 활동이다. 결과중심의 쓰기 교육에서는 오직 교사 한 사람만이 독자이고 교사에 의한 평가를 그대로 수용했다. 하지만 과정 중심 쓰기 교육에서는 진정한 독자, 실제적인 독자를 위한 글쓰기가 되는 것이다. 그러므로 최대한의 독자들과 쓴 글을 나누어야 한다. 독자의 중요성을 강조하기 위하여 쓴 글을 다른 사람에게 읽어 주는 활동을 많이 해야 한다.

친구들, 즉 독자는 친구가 쓴 글을 비평하게 되고 이러한 활동을 통해 좀 더 나은 글을 쓸 수 있다.

3. 과정 중심 글쓰기 지도의 실제

가. 생각 꺼내기

생각 꺼내기의 주요 전략은 브레인스토밍과 생각그물 만들기이다. '우리나라 명절'에 대하여 학급브레인스토밍을 실시한다. 허용적인 분위기의 조성은 배경 지식 활성화의 기본이며, 어떠한 발언도 모두 인정을 해 주는 것이 매우 중요하다. 그리고 5분 이내의 짧은 시간 동안 이루어져야 하며, 될 수 있는 한 주제와 관련된 발표가 많이 나오도록 유도한다.

나. 생각 묶기

우리나라의 명절에 대한 생각 꺼내기에서 나온 여러 가지를 소주제에 따라 놀이에 대한 것들, 음식에 대한 것들, 풍습에 관한 것들로 묶는다. 여기에 생각 묶기 전략인 다발 짓기가 활용된다. 다발 짓기는 글을 쓰기 편리하도록 분류하는 작업으로서 팀 구성원들의 발표를 잘 듣고 기록하는 것이 매우 중요하다.

모둠 내에서의 발표 활동 시에는 팀 구성원 모두가 맡은 역할에 충실하여야 한다. 즉 팀장의 사회로 기록자는 모둠별 보고서 양식에 발표 내용을 기록한다. 구성원 모두의 발표가 끝나면 질의, 응답 시간 및 협의 시간을 가지는데 발표된 문제점에 대해 집중적으로 협의를 거치는 과정을 통하여 다발 짓기를 실시한다.

〈표 Ⅴ-8-5〉 과제학습 발표 보고서(예)

하위주제	명절에 하는 놀이			비고
명절이름	발표 내용			
	날짜(월/일)	주요 놀이 및 특징		
설	음력 1월 1일			
정월대보름	음력 1월 15일			

단오	음력 5월 5일		
추석	음력 8월 15일		

〈표 V-8-6〉 다발 짓기 학습지(예)

	첫 부분
중심문장: 우리나라의 명절은 크게 네 가지가 있다.	첫 부분
보조문장: 명절마다 하는 놀이도 매우 다양하다.	

중심문장: 설날 하는 놀이에는 윷놀이, 제기차기, 널뛰기 등이 있다.	
보조문장: 윷놀이는 집안이나 너른 마당에서…… .	
보조문장: 제기차기는 주로 남자들이 밖에서 하는…… .	중간
중심문장: 단오는 음력 5월 5일이며, 수릿날이라고도 하며…… .	부분
보조문장: 여자들은 그네뛰기, 남자들 씨름…… .	
보조문장: 여자들은 창포물에 머리를 감고 수리떡을…… .	

	끝 부분
중심문장: 우리나라의 큰 명절 네 가지는 설날, 정월 대보름, 단오, 추석 등이다.	끝 부분
보조문장: 설날에는 집안의 너른 마당에서 윷놀이, 제기차기, 널뛰기 등을 한다.	

다. 초고(草稿) 쓰기

구두 작문은 생각을 문자 언어로 표현하는 데서 오는 인지적 제약 요인을 극복할 수 있다는 표면적인 요인 외에도 수정 반복이 가능한 장점을 가지고 있다. 돌려가며 말하기 기법을 적용하며 다발 짓기 자료를 보고하기 때문에 미숙한 필자들도 참여하기가 좋다. 구두 작문은 입에서 귀로 전해진다는 점에서 팀의 구성원 모두 세심한 주의가 요구된다. 짧은 시간 내에 의미를 전달해야 하므로 불필요한 문구를 사용하지 않도록 한다.

라. 다듬기

다듬기란 초고 쓰기 한 것을 다시 검토하고 손질하는 것이다. 처음 쓴 내용을 읽어 보면서 내용 면이나 표현형식상의 잘못을 바로잡거나 모자란 점을 보충하고 고치는 작업이 다듬기이다. 아무리 주의 깊게 쓴 글이라도 다시 살펴보면 어색하거나 불필요한 부분, 중복되는 부분, 모자라는 부분 등이 있게 마련이다. 다듬기란 내용이나 형식적인 측면 모두에서 좀 더 나은 글을 완성하고자 하는 마무리 작업이라 할 수 있다.

마. 평가하기

평가활동도 쓰기 활동의 한 부분으로서 과거에는 주로 결과물에 대한 평가가 이루어졌으며, 독자도 교사 한 사람뿐이었다. 그러나 과정 중심 쓰기에서는 쓰기 중과 쓰기 후의 과정 등에서 항상 시행할 수 있다.

Ⅳ. 바람직한 책읽기 교육의 방향

1. 책읽기와 책읽기 교육: 독서와 독서교육

일반적으로 글이나 책을 읽는 행위를 독서라 한다. 우리는 일상생활에서 항상 글을 읽으며 살아간다. 따라서 읽기 생활은 평생을 통해서 이루어진다. 아침에 배달되는 신문을 눈으로 따라 읽기도 하고, 학교에 오가는 길에 보이는 광고문을 읽기도 한다. 학교에 가서는 책을 읽으며 공부하고, 동화책이나 위인전을 비롯한 다양한 책을 읽는다. 이렇게 우리는 항상 무엇인가를 읽을 상황을 맞게 되고, 읽고 있다.

최근 지식과 정보가 너무 많아서 혼자의 힘으로 많은 것을 경험하고 생각하고 판단할 수가 없다. 책을 읽으면 간접 경험을 할 수 있고, 많은 지식과 정보를 얻을 수 있다. 어휘력이나 글쓰기 능력도 향상되어 자기표현을 하는 데 어려움을 덜 수 있게 된다.

2. 책읽기에 대한 관심: 독서의 흥미 유발

지구촌 곳곳에서 독서에 대한 관심이 높아지고 생각하는 국민을 기르기 위해 교육체제를 정비하고 있다. 영국이 '북 스타트(Book Start)' 운동을 통해 생후 1년 미만의 영아들에게 책읽기 교육을 실시하고 있고, 미국은 'NCLD(NoChild Left Behind)' 법안을 통과시켜 뒤처지는 어린이들을 위해 책읽기를 권장하고 'TV 한 시간 끄기' 운동을 벌이고 있다. 일본은 '풀뿌리 독서 운동'을, 싱가포르는 '스쿨 리모델링(School Remodeling)' 제도를 통하여 학교를 도서관화하고 있다.

우리나라의 독서에 대한 관심은 2002년 인적 자원개발회의에서 비롯되어 2007년에 걸쳐 학교도서관 활성화에 총 3,000억 원의 예산을 투입하여 학교 도서관을 리모델링하는 데에서 엿볼 수 있다. 그러나 독서 교육에 대한 관심은 '2008학년도 대입 제도 개선안'에는 독서활동을 평가하여 학생부에 기록하는 '독서 이력제'를 도입하였고, 이를 대학 입학 전형 자료로 활용한다고 하는 대학입학 제도 개선 방안이 발표되면서부터 더욱 크게 증대되었다. 이어서 2011학년부터 전국의 초·중·고교에 적용되고 있는 2009 개정 교육과정에서도 창의적인 독서교육과 글쓰기 교육을 특히 강조하고 있다.

3. 책읽기의 효과와 필요성: 지식의 보고(寶庫), 생각의 샘

우리는 조급한 마음에 독서의 효과가 바로 일어나길 바란다. 냄비식 근성이 있어서 교육의 효과가 금세 나타나기를 기대한다. 독서의 효과가 바로 일어나지 않기 때문에 상급학교로 갈수록 독서하는 학생들의 수가 줄어드는 현상이 나타난다. 이러한 현상이 결국에는 책을 멀리하는 습관을 갖게 하였다.

설문조사에 의하면 학생들이 보는 부모들의 좋은 이미지는 독서하는 모습이지만 시험을 가까이 둔 자녀가 책을 들고 있으면 불안해한다. 이는 독서의 효과를 급하게 생각하기 때문이다. 사제동행 독서, 부모와 자녀가 함께하는 독서 모습이, 제자와 자녀의 독서 교육의 중요한 모델링(modeling)이 되는 것이다. 책읽기의 필요성은 재삼 강조하지 않아도 될 것이다. 책읽기는 모든 교육은 주춧돌과 같기 때문이다.

독서의 효과는 꾸준히 독서를 하는 데에서 비롯되는 것이다. 일반적으로 책읽기, 즉 독서를 했을 때 다음과 같은 효과가 나타나는 것이다.

첫째, 여러 가지 지식과 새로운 정보를 얻을 수 있다. 우리는 여러 가지를 다 경험할 수 없다. 책을 읽음으로써 간접 경험을 통해 지식을 쌓을 수 있고 새로운 세계에 대한 정보를 얻을 수 있다.

둘째, 교양을 넓히고 인격 수양이 될 수 있다. 정신적으로 훌륭한 사람들의 간접 경험을 통해 내 생활의 반성과 지혜를 얻어 보다 나은 생활을 할 수 있다.

셋째, 사고력과 상상력을 길러 줄 수 있다. 독서활동을 통해 사고할 수 있는 힘을 얻게 되고 상상력이 풍부해짐을 알 수 있다.

넷째, 독서는 즐거움과 감동을 준다. 책을 통해 많은 것을 알게 되고 다른 사람의 감동을 함께 느낄 수 있다. 이는 즐거움과 감동을 느낄 수 있는 계기가 되는 것이다.

4. 책을 멀리하는 이유: 독서의 습관화, 독서의 생활화 중요

가. 시간이 없어 안 읽는다: 독서 시간 부족

말(馬)을 물가까지 끌고 갈 수는 있지만, 억지로 물을 먹일 수는 없는 것이다. 학생들이 스스로 책을 읽을 수 있도록 안내하고 유도하는 것이 중요하다. 학생들이 책을 안 읽는 이유는 여러 가지가 있을 것이다. 시간이 없어서 안 읽는다는 학생들이 많다. 학원 공부와 학교 공부 때문이라고 한다. '2011년 독서 실태 보고서'에 의하면 조사 대상 학생 3,000명 중 25.6%가 학교·학원 수강 등으로 시간이 없어 못 읽는다고 한다. 그 외에도 컴퓨터·인터넷 등으로 인해 시간이 없고, TV 보느라 시간이 없다는 학생들도 있다. 이들까지 포함하면 시간 없어 책을 안 읽는 학생들은 22.8%를 더해서 48.4%로 거의 절반 정도의 학생들이 시간이 없어 책을 안 읽는다고 하고 있다.

공부를 하려면 문장 이해 능력이 있어야 한다. 문장을 이해하려면 어휘력이 있어야 한다. 이러한 능력들은 책을 읽지 않고는 길러질 수가 없는 능력들이다. 학교에서 여러 과목을 배우지만 그것을 이해하지 못하는 학생들은 어휘력이 부족하고, 이해력이 부족하여 요점을 정리하여 자기 것으로 받아들이는 능력이 부족한 것이다. 이러한 학생들이 학원으로 내몰려 문제해결 능력을 배우기보다는 미리 답 배우기로 얕은 지식만을 갖게 되기 때문에 논술 시험을 대비하여 다시 논술 과외를 받아야 되는 형편이다.

나. 재미없어 안 읽는다: 독서 무흥미

오늘날 학생들의 주변에는 책보다 흥미로운 것들이 많이 있다. 컴퓨터 게임, 놀이공원, 갖가지 장난감 등이 아이들을 잡아당긴다. 하지만 이런 장난감 때문에 안 읽는 학생들보다는 어휘력이 부족하여 아무리 읽어도 글에서 재미를 느낄 수 없어서 안 읽는 아이들이 많다.

어휘력이 부족하면 아이들은 책을 읽어도 요약이 되지 않기 때문에 재미가 없어 줄글로 된 책보다 쉽게 만화책을 찾게 된다. 만화책을 읽는 학생들은 그림을 보며 생각하지 않아도 되고 빨리 쉽게 읽을 수 있기 때문에 점점 더 만화책 속으로 빠져들게 될 것이다.

일례로 만화책에는 달려가는 학생의 모습이 그려져 있고 '쉬익―'이라고 표현되어 있어서 빠르게 어디론가 달려갔음을 나타낸다. 이것이 줄글로 되어 있으면 읽는 학생들은 그 주인공의 모습도 머릿속에 그려 보고, 표현되어 있는 대로 달려가는 모습이나 속도도 나름대로 상상하게 될 것이다. 어휘력만 향상되는 것이 아니고 상상력, 비판력, 추리력, 창의력, 문제해결력 등이 향상되게 된다. 교사들과 학부모들이 학생들에게 어휘력을 향상시켜 주어야 됨은 책의 내용을 이해하는 독해의 첫 단추이기 때문이다.

5. 책읽기 지도의 실제

책을 읽는다고 해서 무조건 좋은 것은 아니다. 양서(良書)를 바르게 읽는 것이 중요하다. 무조건 독서를 하도록 윽박지르면 선입견을 가질 수도 있고, 잘못된 정보를 습득하여 낭패를 볼 수도 있다. 또, 판단력이 부족할 때 모방 범죄를 저지를 수도 있을 것이다.

그러므로 무조건 책을 읽으라고 읽기만을 강조할 것이 아니라, 독서의 과정을 통해 자기의 바른 삶을 이루어 나갈 수 있도록 지도해야 한다.

가. 독서환경 조성

부모가 자녀에게 책을 읽어 주는 것으로부터 독서교육은 시작한다. 초등학교 저학년 단계에서도 학생들에게 담임교사가 책을 읽어 주는 교육이 중요하다.

독서환경을 만들어 주는 것은 책꽂이에 책을 가득 꽂아 주는 것이 아니라 책과 친해지는 환경을 만들어 주는 것이다. 책을 읽어 주는 것은 아이들을 책을 좋아하는 아이로 만드는 첫걸음이다. 그림책을 실물화상기에 비쳐 가면서 읽어 주는 일은 아이들을 책과 친해지게 만든다. 요즘은 전자 책(e-book)도 많아서 웹(web)상의 책장을 넘겨 주며 읽어 주면 학생들은 선생님을 바라보며 이야기 속으로 빠져들게 된다.

학생들이 집중이 안 될 때 읽어 주고, 클라이맥스에서는 다음 부분을 상상해 볼 수 있도록 잠깐 멈추었다가 읽어 주는 것도 상상력을 키우는 한 방법이 된다.

초등학교 단계에서는 입학 초기부터 책을 읽어 주면 문자 해득도 빠르다고 한다. 책에 대한 관심이 늘고 문자를 익히게 되면 아이들은 스스로 책을 읽게 될 것이다. 학생들이 책을 읽게 되었다고 읽어 주는 것을 멈출 필요는 없다. 학교나 가정에서 학생들이 글자를 모를 때는 읽어 주다가 글자를 깨우치면 읽어 주기를 멈추는데, 이는 학생들에게 읽기에 대한 부담을 줄 수 있다. 횟수를 줄여 가더라도 읽어 주기를 멈추지 않는 것이 읽기에 대한 갑작스런 부담을 줄일 수 있다.

나. 독서 이력서(철) 지도

학교에서 학생들에게 책을 읽으라고만 하지 어떤 책을 어떻게 읽고 있는지는 관심을 기울이지 않는 것이 우리의 독서 교육이다. 우리 학생들이 어떤 책을 읽고 있는지, 읽은 책의 제목을 기억하고 나오는 인물들을 기억하고 있는지, 간단하게 요약할 수 있는지를 알아본다. 한 달에 한 번 읽은 책을 정리해 독서 이력서(철)를 만들도록 해 본다. 그러면 우리 학생들이 어떤 책을 읽고 있는지를 알 수 있고 그에 따른 지도를 할 수 있다. 이 독서 이력서 (철) 지도는 포트폴리오(portfolio)와 연계하여 지도하면 바람직하다.

만화책을 집중적으로 읽는 학생, 명랑소설만 읽는 학생, 과학책만 읽는 학생, 추리물만 읽는 학생 등 독서 편식이 있는지 없는지를 알 수 있고 그에 따른 지도를 해야 올바른 독서 습관을 형성시킬 수 있다.

다. 효과적인 독서 방법

독서의 궁극적인 목표는 글 내용의 이해에 있다. 학생들이 이 목표를 제대로 성취하도록 하려면 효과적인 읽기가 되도록 하여야 한다.

효과적인 독서 방법으로 알려진 로빈슨(H. M. Robinson)의 'SQ3R'방법에 따라 읽도록 하는 것이 바람직하다. 'SQ3R'방법은 독서의 과정을 훑어보기, 질문하기, 자세히 읽기, 되새기기, 다시 보기 등 다섯 단계로 나누고 있는데 각 단계에서의 중심 활동 내용은 다음과 같다.

① 훑어보기(survey): 글을 읽기 전에 중요한 부분만을 훑어보고 그 내용을 미리 생각해 본다.

② 질문하기(question): 글의 제목이나 소제목 등과 관련지어 글의 중심 내용이 무엇인지 생각해 본다. 제목은 대개 글의 중심 내용의 표현이다. 그러므로 제목과 관련된 질문을 마음속으로 해 봄으로써 독자는 내용에 주의를 집중하게 되고, 자신의 배경 지식을 활용하면서 글 내용을 능동적으로 탐색하게 된다.

③ 자세히 읽기(read): 글을 차분히 읽어 가면서 그 내용을 하나하나 확인하고 파악한다.

④ 되새기기(recite): 읽은 글의 내용을 정리해 본다.

⑤ 다시 보기(review): 읽은 모든 내용들을 살펴보면서 전체 내용을 정리해 본다. 글을 좀 더 분명히 이해하고 중요한 내용을 기억하기 위해 그 내용을 다른 사람에게 이야기해 보거나 독후감으로 정리해 두기도 한다.

라. 장르별 책읽기 지도

학생들이 자신의 능력에 알맞은 책을 골라 읽어야 한다. 학생들의 발단 단계에 알맞은 책에 대해 장르별로 읽게 하는 것이 중요하다.

① 창작 동화: 동화는 어린이의 정서 발육에 아주 좋다. 마음껏 상상의 나래를 펼칠 수 있는 기회를 마련해 줌으로써 정서 발육에 좋은 독서 자료가 된다. 동화를 읽으면 이

야기 속의 감동, 사고, 지식, 기쁨, 희망 등이 그대로 자신의 감성으로 옮겨져, 정서를 풍부히 할 수 있는 밑거름이 된다.

② 역사 및 전기: 영웅이나 임금의 업적을 다룬 역사 이야기나 전기는 독서 자료로서 중요한 위치를 차지한다. 실제 인물인 위인들의 전기를 읽으며 어린이들은 그의 정신을 이어받아 가기 때문이다. 위인전기를 고를 때는 기록된 역사적 사실이 정확한가, 이야기 자체가 재미있는가, 제기된 역사적 문제가 오늘날의 문제를 이해하고 해결하는 데 도움이 되는가 등을 주의 깊게 점검해야 할 것이다.

③ 사전: 사전을 찾는 습관은 매우 중요하다. 동화를 읽다가 혹은 교과서에 나오는 궁금한 것들을 직접 사전에서 찾다 보면 어휘력을 기를 수 있다.

④ 시와 노래책: 시와 노래책에 들어가는 독서 자료는 시, 동요, 노랫말, 악보 등이 있다. 시, 동요, 노랫말들은 그 뜻을 분석하고 이해시키기에 앞서 어린이와 함께 낭송하고 노래를 불러 봄으로써 감동을 느끼는 차원으로 만족해도 된다.

⑤ 신문, 잡지: 초·중·고교 각 학교급 단계에서 신문이나 잡지를 본격적으로 보는 것이 힘들기 때문에, 학생용 신문이나 잡지 등으로 인쇄매체에 친숙해지는 데 중점을 둔다.

V. 맺고 나오는 글

일찍이 진보주의 교육의 대가인 듀이(J. Dewey)는 모든 지식은 경험으로부터 나온다고 말했다. 감각작용의 결과 경험 주체가 갖게 되는 모든 것을 경험이라고 했는데, 이러한 감각작용의 결과로서 일차적으로 경험 주체가 갖게 되는 것은 지식이 아니라, 일종의 '태도' 범주에 가까운 '감(sense: 感)'이라고 했다. 이 감은 암묵지(tacit knowledge)의 성격을 지니는 것으로, 주어진 경험 상황의 질적 특성을 파악하면서 갖게 되는 느낌, 정서, 그리고 모종의 지적인 요소들이 통합된 것이라 할 수 있다. 즉 언어화하기 어려운 차원의, 경험 자체의 질적 특성 내지 고유한 특성이라 할 수 있다. 이러한 감의 인식이 예술적 혹은 심미적인 인식과 본질적으로 비슷하며 같은 방법으로 인식된다고 본 점도 흥미롭다. 나아가 듀이는 지식은 이러한 감을 바탕으로 반성적 경험의 단계에 접어들었을 때 생겨나는 것이라 하였다.

근래 우리 교육에서 독서 논술교육이 크게 강조되고 있다. 책을 읽고 배경 지식을 중심으로 통합하여 일목요연하게 자기 의견과 주장을 풀어 쓴 것이 곧 논술이다. 따라서 학교교육에서 글쓰기(작문) 교육과 책읽기(독서) 교육은 기초기본교육을 떠받치고 있는 두 기둥과 같은 것이다. 또 글쓰기(작문) 교육과 책읽기(독서) 교육은 서로 분리되지 않고 유기적으로 연계된 활동이다. 흡사 실과 바늘의 관계라고 할 수 있는 것이다.

사실 논술이건 문학적인 글이건 글을 쓰기 위해서는 창의적인 생각(thinking)이 먼저 키워져야 할 것이다. 생각을 키우는 데는 독서활동만큼 좋은 게 없지만, 책을 읽는 것으로 그치는 것보다는 충분히 자기 생각을 안으로 곰삭힌 후 감상문도 작성하는 게 더 좋겠고, 동일한 작품을 같이 읽고 서로 토론하는 자리를 통해 생각을 나누면 금상첨화(錦上添花)라 하겠다.

학교에서의 독서교육이 성공적으로 이루어지도록 하려면 먼저 독서 분위기 조성을 위한 환경이 마련되어야 한다. 학교도서관으로 발길을 끌 수 있도록, 책을 읽고 싶도록 재미있는 프로그램도 있어야 하고, 좋은 책 추천도 있어야 하며, 다양한 독서행사도 이루어져야 할 것이다. 또한 학습 독서활동이 충분히 이루어지도록 교과 관련 도서와 각종 정보자료들이 갖추어져 있어 언제든지 필요한 자료를 찾아보고 읽어 볼 수 있도록 하며 찾고 싶은 자료에 대한 안내도 이루어져야 할 것이다. 그리고 수시로 도서관 활용 수업도 이루어져서 다양한 정보자료를 활용할 수 있는 능력도 기르고 자기 주도적 학습력도 길러 줘야 할 것이다. 이렇게 이루어지도록 하려면 의도적인 독서교육 계획과 학교와 교사, 학생 모두의 적극적인 참여와 학부모의 높은 관심이 있어야 할 것이다.

2009 개정 교육과정에서 강조하는 '창의력'을 길러 주기 위한 교과 관련 독서활동이 요구되고 있으며, 최근에는 통합 논술 교육이 대두되면서 독서는 단순히 읽고 교양과 정보만을 얻는 정도에 그치는 것이 아니라 시대의 변화에 발맞추어 자신의 지식과 정보를 분석하고 종합하고 추리, 판단할 수 있는 능력을 필요로 하고 있다. 통합적 논술이 요구되는 요즈음 학생들에게 논술의 밑거름이 될 책읽기와 간단한 글쓰기, 토론활동을 강조하는 것이 바람직할 것이다.

올바른 독서를 하기 위해서는 우선 다양한 책을 편안하게 읽는 습관을 기르고, 무작정 많이 읽는 것보다는 한 권이라도 제대로 읽는 것이 중요하다. 즉 한 권을 읽더라도 그 책을 충분히 음미하고 감상하도록 하는 것이다. 책의 내용을 아는 데 그치지 말고 작가의 생각을 이해하고 자신의 생각과 어떻게 다른지 등을 꼼꼼하게 따져 봐야 한다. 지나친 교육적이고 교훈적인 답변을 요구하는 것보다는 느낌을 말하도록 유도하는 것이 먼저다. 그리고 기대한 답변이 나오지 않더라도 긍정적으로 받아 주도록 한다. 학생들은 최종 완성된 그릇이 아니라, 영원히 진행 중(~ing)인 '잠재적 꿈(희망) 덩어리'이기 때문이다.

학생들에게 책읽기 교육의 출발은 교과서와 연계하는 것이다. 가능하면 교과서와 연계된 것을 읽히는 것을 가장 기본으로 한다. 교과서에 인용된 책이나 그와 관련된 내용의 글은 일단 수준과 내용이 어느 정도 보장되는 것이다. 2009 개정 교육과정의 과정 중심, 교과통합(STEAM) 교육, 통섭 교육, 융복합 교육, 수준별 학습도 교과서 연계 독서의 필요성을 설명해 주는 것이다.

독서는 세계를 인식하는 창(窓)이다. 작문은 세상을 보는 눈(目)이다. 오대양 육대주, 삼라만상을 올바르게 보고 표현하는 창과 눈이 곧 책읽기와 글쓰기이다. 맹목적으로 눈에 보이는 것만이 확실하다는 인식이 팽배한 물질주의와 쾌락주의를 극복하기 위해서는 독서교육을 통하여 학생들로 하여금 눈에 보이지 않는 세계를 인식하게 하고 올바른 가치관을 형성하게 하는 것이 무엇보다도 중요하다고 본다.

특히, 미래의 동량(棟梁)인 학생들에게 자기 주도적 학습력과 창의성, 창의력 신장이 무엇보다도 요구되는 21세기 지식·정보화의 시대에는 창의적인 글쓰기와 책읽기 교육의 필요성이 그 어느 때보다도 중요하고, 학생들에게 체계적인 독서교육을 실시하는 것이 학교교육의 중심 과제가 되었다. 현행 2009 개정 교육과정에서 강조하는 창의성·창의력 함양도 결국은 글쓰기 지도와 책읽기 교육을 근간으로 하는 기초·기본 교육의 충실이라는 점도 유념해야 할 것이다.

제9장 함께하는 아름다운 통합교육의 활성화 방안 모색

I. 들어가는 글

우리가 살고 있는 현대 사회는 21세기 세계화·정보화 사회이다. 글로벌 시민 모두가 함께 어울려 긴밀하게 영향을 주고받는 역동적인 사회인 것이다. 현대 사회는 세계인 모두가 이념, 인종, 종교, 사상 등에 구애됨이 없이 상호 호혜와 교호 속에서 영향을 주고받는 다문화 사회가 되었다. 세계화 시대인 현대 사회의 모습은 세계가 일일생활권으로 지구촌화된 것이다.

2011학년도부터 우리나라 초·중·고교에 연차적으로 적용되고 있는 소위 '2009 개정 교육과정'에서는 학교교육과정의 특성화를 바탕으로 '배려와 나눔 교육'을 특히 강조하고 있다. 자신과의 생각, 행동, 취미, 적성, 요구, 욕구 및 신체적 특성 등을 '타인과의 틀림'이 아니라, '타인과의 다름'으로 자연스럽게 받아들이고 배려하는 교육과 학습을 지향하는 것이다.

한국에서의 통합교육은 1971년 특수학급 설치를 시작으로 하여 양적으로 팽창을 거듭해 왔다. 한국에서 공식적으로 통합교육을 시작한 것은 분리된 특수학교에 비해 '통합교육의 잠재력'을 지닌 특수학급의 설치라고 볼 수 있다. 물론 1971년 특수학급의 설치는 순수하게 통합교육을 실행하기 위한 것이 아니라 일반학급에서 학습하는 데 어려움이 있는 아동을 따로 분리하여 교정교육을 시키기 위한 것이기는 하였어도 장애아동에게는 특수학교 이외에도 특수교육을 받을 수 있는 교육기관으로서 선택의 폭이 넓어진 것이었다. 그러나 우리나라는 30년이 넘게 특수학급을 운영한 역사를 가지고 있으면서도 아직 일반교육 현장에 통합교육에 대한 자리매김을 하지 못하고 있다. 이는 일반교사들 사이에 혹은 일반교육 안에 통합교육의 실행이 제대로 뿌리를 내리지 못한 것이라고 볼 수 있다.

한국의 특수교육 역사를 통해 볼 때, 통합교육의 지향은 특수교육에서 '가치 기반적(value-based)'인 변화를 추구하는 것으로, 가장 기본적으로는 모든 아동이 지닌 능력의 다양성을 존중하고 어떤 아동의 차이도 학교교육에서 교육 배치 또는 교육방법론 등의 문제로만 접근하여 해결하려는 수준으로 해석되어서는 안 된다는 것을 의미한다. 그러나 현실은 오히려 일반교사와 특수학급 교사의 공유된 가치와 책무성의 기반 없이 일반교육과 특수교육의 공유된 전문성 결여로 통합교육이란 미명하에 일반학급과 특수학급 사이에서 방황하는 교수활동 혹은 교수의 사각지대를 초래하기도 하였다.

통합교육은 그 실천에 있어 분명한 원칙을 제시하지 않으면 학교 내의 일반교사들과 특수교육 교사들 사이의 비형식적인 네트워크에 의존하여 임의적으로 이루어질 수밖에 없다. 통합교육은 교사와 아동, 그리고 학부모들의 상호 협력체제가 원활하게 이루어질 때 그리고 물리적·사회적·교육과정적 통합이 될 때 진정한 통합이 이루어진다고 볼 수 있다. 이렇듯 질적으로 성공적인 통합교육이 이루어지려면 장애아동에 대한 인식이 우선 개선되어야 할 것이고, 통합교육의 내용 면에서 일반교사와 특수교사 간의 협력이 긴밀히 이루어져야 할 것이다.

Ⅱ. 통합교육의 기저(基底)

1. 통합교육의 역사적 배경

가. 정상화의 원리

장애인 통합의 역사는 비교적 최근에 시작되었으나 정상화 원리와 같은 철학적 믿음, 탈수용시설화와 같은 사회적 움직임, 최소제한환경의 의무화와 같은 법률제정 등에 의해서 그 발달속도가 가속화되었다.

통합교육에서 정상화란 가능한 문화적으로 정상적인 개인의 행동과 특성을 확립하고 유지하기 위해서 문화적으로 정상적인 수단을 사용해야 한다는 철학적인 믿음으로 1960년대 중반에 스칸디나비아에서 처음으로 주창되었다. 그러므로 장애인들을 위해 모든 사람들이 경험하는 것과 다름없는 또는 그에 가까운 환경을 만들도록 하는 데 목적이 있다. 울펜스버거(Wolfensberger)는 정상화를 '사회적 역할의 안정(social role valorization)'이라고 재해석한 바 있는데, 이는 사회구성원은 누구나 직업인으로서, 배우자로서, 자녀로서 각각의 역할을 지닌다는 인식에 바탕을 두고 있다. 이러한 역할은 하나하나가 그 자신의 권리로서 가치롭다는 것이다.

그러나 많은 장애인들이 무의미한 역할을 하는 경우가 많다고 지적하면서 장애아동들이 학교에서 가치 있는 구성원의 일원이 될 수 있도록 환경을 변화시켜야 한다는 의미를 담고 있다.

통합교육에서 상애학생들이 정상화의 원리에 충실하게 임하도록 하기 위해서는 우선 장애학생들이 다양한 활동과 모임에 적극 참여하도록 배려해 주어야 한다.

나. 탈수용시설화

일반적으로 과거에는 장애인들, 특히 중도장애인들의 경우 시설에 수용하는 것이 가장 보편적인 추세였다. 그러나 1960년대의 많은 수용시설에서 적절한 교육과 양육 및 돌봄 등을 제공하지 못하고 있다는 사실을 일반교육과 특수교육의 전문가들이 인식하기 시작하면서 1960년대와 1970년대를 걸쳐 장애인을 시설에 수용하는 것에 대한 강한 비판이 일어나기 시작했고 사회운동의 일환으로 이들 장애인들을 분리된 시설에서 지역사회로 이동시키기 시작하였는데 이러한 움직임을 탈수용시설화라고 한다. 이와 같은 탈수용시설화는 장애인의 사회적 통합을 위한 중요한 역할을 한 것으로 인식되고 있다.

다. 최소제한 환경

장애아동들이 지역사회생활에 필요한 기술들을 익히려면 가능한 한 일반학교에서 많은 시간을 보내야 한다. 아동들 중에는 특수학급이나 특수학교를 다니기 때문에 공동체 내에서 생활하는 데 필요한 기술을 배울 기회를 놓쳐 버리는 경우가 많다. 최소제한 환경이란 미국의 장애인 교육법에 명시된 법적 용어로서 장애아동을 비장애또래, 가정, 지역사회로부터 가능한 한 최소한으로 분리시켜야 한다는 개념이다. 이것은 장애아동의 삶이 가능한 한 '정상적'이어야 한다는 의미로 장애아동을 위한 교육은 아동의 개별적인 필요에 의해서 이루어지되, 절대적인 필요 이상으로 개인의 자유를 침해해서는 안 된다는 개념으로 해석될 수 있다. 예를 들어, 일반학교 특수학급에서의 교육이 가능한 아동을 분리된 특수학교나 수용시설에 배치해서는 안 된다는 것이다.

2. 통합교육의 트렌드(trend)

가. 주류화

특수교사들 사이에 사용되고 있는 통합교육에 대한 용어를 정리해 보고자 미국의 장애아동 통합교육에 대한 흐름을 일반적으로 네 단계로 나누어 설명할 수 있다. 이 단계들은 상호배타적인 것으로 이해하기보다는 의미 있는 통합을 향해 나가는 연속선상에 존재하는 지점들로 보는 것이 바람직할 것이다. 주류화라는 용어는 IDEA(당시의 명칭은 EHA)가 학교현장에서 처음으로 실시된 1970년대 후반에서 1980년대 초 장애를 가진 아동을 가능한 한 비장애아동과 함께 일반학급에서 배우게 하자는 교육적 합의를 뜻하는 말이다. 주류화라는 이름 아래 장애를 가진 아동들이 음악, 미술, 체육 등 비교적 비학업적(nonacademic)

이라고 여겨지는 과목에 참여하여 비장애아동들과 함께 교육을 받게 되었다. 하지만 이 통합은 장애아동이 여전히 특수학급에 적을 둔 채 하루 중 제한된 시간 동안 일반교실에 배치되는 형태였다. 또 장애에 대한 이해와 수용도가 뛰어난 일반교사가 없었던 것은 아니지만, 대부분의 일반교사들은 이 주류화라는 개념을 실행할 준비가 되어 있지 않은 상태였기 때문에 장애아동은 말 그대로 잠시 원적학급에 들러 구경하다 가는 정도의 통합이었다. 이에 더하여, 특수교육 서비스의 제공 자체에도 구조적인 문제가 많다는 인식이 높아지자, 주류화라는 것이 과연 장애를 가진 아동들에게 의미 있고 진보적인 변화였는지 재고해 보게되었고, 그에 대한 반응으로 1986년 윌(Madeleine Will)에 의해 고안된 일반교육주도(Regular Education Initiative: REI)라는 새로운 움직임이 특수교육계에 등장하게 된다.

나. 일반교육주도(Regular Education Initiative: REI)

일반교육주도는 미국 교육부 내에서 특수교육 및 재활 서비스를 맡고 있는 부서인 OSERS(Office of Special Education and Rehabilitation Services)의 부국장이면서 다운증후군을 가진 아들의 엄마이기도 했던 윌(Madeleine will)이 OSERS를 대표하여 교육통합에 관한 정부의 입장을 발표한 보고서에서 처음 사용한 용어이다. Madeleine은 이 보고서에서 당시 특수교육 현실의 문제들을 지적하면서 특수교육과 일반교육이 더욱 활발한 상호작용을 해야 한다고 주장하였다, 그녀에 의하면 어떤 아동이 학습에 실패할 때까지 기다렸다가 그 아동을 일반학급에서 끌어내어 특수교육 서비스를 제공하는 것은 소 잃고 외양간 고치는 격이므로 진정한 교육의 역할은 문제가 일어난 후 대응하는 데 급급한 수준에서 벗어나 문제가 일어나기 전에 '예방'하는 것이며 그러기 위해서는 일반교육체제가 좀 더 주도적인 입장에서 학습 및 행동의 문제를 가진 아동에 대한 책임을 특수교육과 공유해야 한다는 것이었다.

다. 제1세대 통합과 제2세대 통합

REI(일반교육주도)가 주로 경도, 중도 장애아동의 학업성취도 향상에 중점을 둔 데 반해, 1980년대 말에는 최중도, 중복 장애를 가진 아동들도 집에서 멀리 떨어진 특수학교가 아니라 집에서 가까운 일반학교에 다니면서 사회적 관계 형성을 향상시키고 성인이 되었을 때의 생활을 준비해야 한다는 데 중점을 둔 통합의 방향이 제시되었다. 일반교육과 특수교육의 조화로운 협동을 요한다는 점에서는 REI와 같지만, REI가 장애아동을 일반학급에 포함시키고 약간의 개별화를 제공하는 수준인 데 반해, Inclusion은 장애아동 개개인으로 하여금 그 아동이 특수학급이나 특수학교에 있었을 경우 수혜가 가능했을 것으로 보이는 모든 개별화교육 및 지원을 일반학급에서 받도록 한다는 데 특징이 있다. 이에 따라 개별화된 교육과정, 학습자료, 그리고 통합된 장애아동을 도울 보조교사(필요할 경우)가 일반학급에 다니는 장애아동을 따라다니게 되었다.

제2세대 통합운동은 제1세대 통합운동의 이슈였던 구조적인 문제에 대응하려는 새로운 움직임으로 구체적인 실현방법에 대한 모색과 실험이 진행 중에 있는바, 1세대 통합운동이 일반교육에다 장애아동 및 그를 따라다니는 개별화 교육과정, 보조장구, 보조교사 등을 덧붙인 것이라면 제2세대 통합운동은 특수교육뿐만 아니라 일반교육의 구조까지도 개혁함으로써 장애아동만이 아닌 '모든' 아동의 다양한 필요를 채울 수 있는 교육서비스를 제공하자는 움직임이다. 구체적인 실천의 예로 협동교수(cooperative teaching)를 들 수 있다.

일반교육 및 특수교육의 이중구조와 단일구조에 대한 논의는 새로운 것이 아니고 이미 1990년대부터 시작된 논의라 할 수 있다. 즉 이중구조는 제1세대 통합(integration)과 단일구조는 2세대 통합(inclusion)으로 구분하여 논의할 수 있다.

〈표 Ⅴ-9-1〉 통합교육의 이중구조와 단일화 구조 비교

관심	이중 구조	단일화 구조
아동의 특성	아동을 특수교육과 일반교육으로 둘로 나눔.	모든 아동의 지적·신체적·심리적인 특성을 고려한 연속성(continuum)을 인식함.
개별화	특수한 라벨이 붙은 아동을 위해 개별화를 강조함.	모든 아동을 위한 개별화를 강조함.
교수적 전략	특수아동을 위한 특수한 전략을 사용하도록 찾음.	각 아동의 학습적 요구에 의해 가능한 전략의 범위에서 선택함.
교육적 서비스의 유형	일반적으로 범주에 기초한 적격성(eligibility)에 의한 서비스	각 아동의 개별적인 학습요구에 기초한 적격성에 의한 서비스.
진단	일반적으로 범주로 구분하여 규명하는 데 많은 예산을 지출함.	자원, 전문성, 옹호적인 관계를 교환함으로써 협력을 촉진함.
전문적 관계	경쟁과 양도를 촉진하는 교사들 중에서 인위적인(artificial) 장애물을 증명(확립, establish)함.	모든 아동의 특정한 교수적 요구를 규명하는 데 강조
교육과정	선택내용(options)은 범주화에 의해 제한된 각 아동에게 유용함.	모든 아동이 필요로 하는 모든 선택(options)이 가능함.
초점	아동은 일반교육 프로그램에 맞춰야 하거나 특수교육에 관계됨.	일반교육 프로그램은 모든 아동의 요구에 맞게 조정됨.

한편, 통합교육의 역사적 흐름에 따른 관련 용어는 다음과 같이 변화해 왔다.

① 1910~1950년대: 정상화(normalization)

② 1950~1960년대: 탈수용시설화 및 지역사회 통합(deinstitutionalization and

communityintegration)

③ 1970년대: 최소제한환경(Least Restrictive Environment: LRE)

④ 1980년대: 주류화(mainstreaming)

⑤ 1990년대 초: 통합교육(inclusion)

⑥ 1990년대 중반 이후: 완전통합(full inclusion)

라. 장애인 부모·가족에 대한 사회시각의 변화

① 장애의 원인으로서의 부모(18세기 말~1950년대): "부모 중 누군가의 문제 때문에 이 아이가 자폐를 가지게 되었을 거야."

② 모임조직자로서의 부모(1930~1950년대): "부모님들이 모임을 만드셨네요."

③ 서비스 개발자로서의 부모(1950~1960년대): 공교육에서 제외된, 장애 정도가 심한 자녀들을 위해서 지역사회에서 서비스를 받을 수 있는 방법을 모색, 모금활동 실시

④ 전문가들의 결정에 대한 순종자로서의 부모(1970년대 이전): "저희(전문가들)가 시키는 대로 따라오시면 됩니다."

⑤ 교사로서의 부모(1960~1980년대): "집에서도 가르치셔야 아이가 발전합니다."

⑥ 정치적 옹호자로서 부모(1970년대 이후): "소송을 하셨다고요?"

⑦ 교육적 의사결정자로서의 부모(1975년 이후): "IEP 맨 아래에 서명해 주세요."

⑧ 진정한 협력자로서의 가족(1990년대 이후): "오셔서 함께 의논해 보지요. 낮에 애를 맡아 주시는 외할머니도 함께 오세요."

Ⅲ. 통합교육을 위한 실제적 탐구

통합학급은 무엇보다 서로 사랑하는 학급 분위기를 만드는 것이 가장 중요하다. 통합학급은 장애아동, 비장애아동 모두가 또래 속에서 함께 웃고 놀이하는 즐거운 추억을 만드는 공간이 되어야 한다. 구성원 모두가 장애아동을 적극적으로 받아들이고 서로 돕는 문화를 일구다 보면 자연히 '집단 따돌림'이 없는 학급 문화가 형성되고, 장애아동이 '수업방해' 쪽보다는 '서로 돕는 아름다운 학급의 한 구성원' 쪽으로 비중이 옮겨질 것이다.

통합교육은 장애아동만을 위한 일방적인 제도가 아니다. 일반아동들도 장애아동이 통합교육을 함으로써 얻게 되는 교육적 효과 못지않게 다양한 교육적 효과를 얻게 된다. 따라

서 통합교육은 다른 아동들의 입장을 전혀 고려하지 않는 장애아동만을 위한 것이 아니라 학급의 모든 아동들을 능력에 따라 한 명 한 명 소중히 여기고 어느 누구 한 사람이라도 소외됨이 없이 서로 다른 능력을 지닌 아동들이 함께 살아가는 세상을 이루어야 한다는 믿음에서 바라보아야 한다. 이제는 예전과 달리 일반교사들도 통합교육에 대한 이해의 폭을 넓혀 가고, 통합교육에 적극적으로 동참하려는 노력들을 많이 하고 있다. 이에 통합교육의 효과 및 통합교육을 이루기 위한 교사들의 협력적인 노력을 알아보고자 한다.

1. 일반학교에서의 통합교육

특수학급은 일반학교에서 통합교육을 실시하는 교육장소이자 통합학급과의 가교역할을 담당해야 한다. 1990년대 이후 시간제운영 학급이 급속히 늘고 있기 때문에 장애아동이 통합된 시간에 의미 있게 통합학급 수업에 참여하도록 적극적으로 지원해야 한다.

통합학급에서는 장애이해교육을 비롯하여 우선 장애아동에 대한 거부감을 감소하도록 하는 것이 중요하다. 국립특수교육원에서는 매년 장애이해교육을 위한 자료를 개발하여 전국에 보급하고 인터넷 홈페이지에도 탑재하고 있다. 자료를 참고하여 장애인의 날을 비롯하여 장애인 관련 계기교육에 활용할 것을 권장한다.

가. 특수교육 담당교사의 역할

특수교사는 자문이나 협력을 위해 간담회를 개최하고, 학기 초 통합학급에 방문하여 일반교사와 상담하고 일반아동에게 장애인식개선 프로그램을 실행하는 등의 역할을 하며, 장애아동에 대한 정보를 제공하고 정기적으로 상담한다.

① 적절한 개별화교육프로그램을 개발 적용한다.
② 학교 전체 프로그램에 장애아동의 참여를 촉진한다(예: 소풍, 학예회 등 학교행사에 참여하도록 지원).
③ 통합학급에서 장애아동이 학급구성원으로 받아들여져 생활할 수 있도록 지원한다.
④ 통합학급에서 장애아동이 수업에 의미 있게 참여할 수 있도록 지원한다.
⑤ 장애아동과 일반아동의 상호작용이 잘 이루어질 수 있도록 지원한다.
⑥ 일반아동이 장애아동에 대한 올바른 인식과 태도로 대할 수 있도록 지도한다.
⑦ 일반교사에게 통합교육의 의의와 장애아동의 특성, 지도방법을 연수시킨다.
⑧ 통합학급 교사와 지속적으로 협력한다.

나. 통합학급 교사의 역할

교육부에서는 통합교육의 실현을 위해 일반교사도 특수교육에 대한 직무연수를 의무적으로 받게 하였다. 국립특수교육원에서는 원격화상연수를 중심으로 통합교육에 대한 연수를 제공하고 있다.

① 통합학급에서 장애아동이 학급구성원으로 받아들여져 생활할 수 있도록 지도한다.
② 통합학급에서 장애아동이 수업에 의미 있게 적극적으로 참여할 수 있도록 지도한다.
③ 장애아동과 일반아동의 상호작용이 잘 이루어질 수 있도록 지도한다.
④ 일반아동이 장애아동에 대한 올바른 인식과 태도로 대할 수 있도록 지도한다.
⑤ 특수학급 교사와 지속적으로 협력한다.

다. 일반학교관리자의 지원

무엇보다 통합교육을 위한 협력을 촉진하기 위해서는 관리자의 통합교육에 대한 마인드가 필수적이다. 국립특수교육원에서는 일반학교의 특수학급을 설치하고 관리자들에게 통합교육에 대한 연수를 실시함으로써 통합교육에 대한 의식을 형성하여 협력을 제공할 수 있도록 여건을 마련하고 있다.

통합교육을 돕기 위해 학교장은 시간표와 학급당 인원수 조정, 장애인식개선 프로그램 진행을 위한 학교 차원의 배려, 교내 직원연수 시 통합교육에 대한 연수 실시, 학교업무에 특수교사가 배제되지 않도록 유도하는 등의 역할을 담당해야 할 것이다.

라. 특수교육보조원

2003학년도부터 특수교육보조원을 특수학교(급)에 배치하여 운영하기 시작하여 매년 전국단위로 지속적으로 확대·시행할 방침이다. 특수교육보조원의 배치는 장애아동의 개별화 교수에 대한 내실화를 기하고, 이들의 학습권을 보장하는 기능을 담당하게 될 것이다.

특수교육보조원은 특수교사와 일반교사와의 협력적인 관계를 형성하여 교사의 수업을 감시하거나 감독하는 느낌을 주지 않으면서, 장애아동의 수업활동과 문제행동을 기록하여 교사에게 아동의 개별적인 학습정보를 제공하도록 하며, 교사의 지도 아래 장애아동의 통합교육을 지원할 수 있는 업무를 수행해야 한다.

마. 장애아동 부모

장애아동 부모와의 협력은 무엇보다 중요하다. 가정과의 연계 및 협력이 없이는 통합교육을 성공적으로 실행할 수 없기 때문이다. 특수교사는 아동의 누가기록철을 중심으로 부모와 상담하고, 매일의 학습상황과 생활을 가정에 알리고, 가정에서의 지도 내용을 피드백 받는 등의 상호 간 협력적 노력이 필수적으로 요구된다.

2. 통합교육의 효과

가. 통합교육이 장애아동에게 주는 효과

1) 사회성 향상

일반아동의 행동을 관찰하고 모방하며 일반아동들과의 바람직한 상호작용을 통해 바람직하지 못한 행동을 감소시키고 사회적으로 수용될 수 있는 다양한 행동을 배울 수 있다.

2) 언어적 능력 향상

다양한 어휘와 바른 언어표현 방식을 배울 수 있다.

3) 잠재적 능력의 발휘 기회

일반학급에서 일반아동과 정상적인 생활을 하면서 장애아동의 숨겨진 잠재능력을 발견하고 이를 발휘할 기회를 가질 수도 있다.

4) 긍정적 자아존중감 발달

친구와 함께 공부한다는 자긍심을 가짐으로써 자아존중감 발달에 긍정적인 영향을 끼치게 된다. 긍정적인 자아존중감이 장애아동에게 도움이 되었다는 연구 보고는 다음과 같다.

① 세 학교의 통합교육 운영사례(강경숙 외, 국립특수교육원, 2000): 통합교육을 실시하고 있는 초등학교 세 곳을 대상으로 통합학급과 특수학급 참여관찰, 교장(감)·교사·학부모·아동을 대상으로 면담한 결과, 장애아동의 또래와의 어울림을 비롯한 사회성 측면, 교육 장면에서 의미 있게 참여하는 모습이 매우 활발하게 나타났고, 교사 간에도 상호 협조하는 모습을 확인할 수 있었다.

② Evans, Salisburry, Palombaro, Berryman, & Hollowood(1992): 중도장애아동은 그들의

또래에 의해 매우 인기가 있는 것으로 나타났고, 장애아동의 장애 정도는 그 인기에는 별 관련이 없었다. 통합교육기간 동안 장애아동과 일반아동 간 상호작용의 높은 수준을 발견했지만, 그 수준은 다소 감소하기도 하고 다시 높아지기도 하는 양상을 보였다.

　　단, 경도장애아동은 일반아동과의 유사성 때문에 일반아동에게 때로는 중도장애아동보다 소외되는 경우가 있다는 보고도 있다.

③ Hunt, Farron-Davis, Bsckstead, Curts와 Goets(1994): 통합장면에 있는 장애아동이 몇 과목 분야에서 분리된 특수학급에 있는 장애아동보다 학습 면에서 더 공정하다고 보고했다. 경도장애아동일수록 통합학급에서 학업적 기술에 도움이 되는 교수적 목표를 지니고 있고, 일반아동과의 상호작용이 많았고, 다른 일반아동들과 좀 더 많은 시간을 보내고 특수학급에만 있는 아동이 혼자 보내는 시간보다 사회적인 활동량이 더 많았다. 통합상황에 있는 중도장애아동은 좀 더 활발한 참여 정도, 좀 더 적절한 IEP 목표를 지니고 있었고, 특수학급에서보다 학업적 기술을 좀 더 학습하는 것을 알 수 있다.

나. 통합교육이 일반아동에게 주는 효과

① 인간의 다양성과 존엄성을 생각해 볼 기회를 갖는다.
② 다른 사람을 배려하는 마음과 태도 발달에 도움이 된다.
③ 장애인에 대한 두려움이나 오해가 감소되어 장애인을 자연스럽게 대할 수 있게 된다.
④ 자신의 건강함에 대한 감사하는 마을을 가지게 된다.
⑤ 다른 사람을 도울 기회를 가져 다양한 사회적 행동을 배우게 된다.
⑥ 장애아동을 이해하고 함께 어울리는 것 자체가 일반아동에게는 효과적인 인성교육이 될 수 있다. 한편, 통합교육이 일반아동에게도 도움이 되었다는 연구 보고도 다양하게 발표되어 왔다.

첫째, 이숙향(1999)의 연구에서는 장애아동에게 통합학급에서 할 일인 개별역할을 부여함으로써 학급에서 함께 책임감 있는 활동에 참여하도록 한 결과, 장애아동에 대한 인식이 긍정적으로 변하여 함께 어울려 생활하는 데 있어 상호 수용성과 서로 인정하는 모습을 제시하고 있다. 준비 없이 통합교육을 실시하면 자칫 장애아동에 대한 부정적인 이미지를 양산할 수 있지만, 교사가 조금 배려하면 일반아동과 장애아동이 서로 무리 없이 어울림으로써 상호 간 긍정적인 인성 함양에 도움을 받을 수 있었다는 점을 시사한다.

둘째, Sharpe, York, Knight(1994)의 연구에서는 장애아동과 함께 한 학급에서 수업한 초등학교 일반아동의 경우, 학업성취도, 시험점수, 사회적 행동의 비율이 다른 일반학급과 비교할 때 장애아동이 학급에 함께 있다는 결과로 감소하지 않았다고 보고 있다.

셋째, Peck, Donaldson, Pezzoli(1990)의 연구에서는 중도아동 대상 연구에서 일반또래아동이 중도장애아동과 상호작용할 수 있는 기회를 얻은 결과로 인해 인성적인 만족을 얻었다고 보고하였다. 자기 개념, 사회적 인식, 차이 혹은 다름에 대한 공포감 감소, 타인에 대한 인내, 개인적 원칙(personal principles)의 발달, 우정의 경험 등이 그 도움이 되었다는 분야이다.

3. 장애아동을 대할 때 바람직한 방법

일반교사들이나 통합교육도우미들은 통합교육에 대한 관심은 가지고 있지만 장애아동과 일반아동 사이의 통합을 위한 사전지식과 기술이 부족하여 많은 어려움을 겪고 있다. 장애아동을 만나면 자연스럽게 대하고 장애아동을 도울 때는 그가 무엇을 원하는지 잘 듣고 행동하여야 한다. 과잉보호나 과잉 염려 혹은 과잉 친절은 피하도록 한다.

또한 장애아동을 만났을 때 주춤하거나 유심히 바라보지 않도록 한다. 그럴 때 장애아동은 무척 속상해한다. 자기만족적인 동정이나 자선을 베풀지 않고 친구로 대하고, 장애아동들과 이야기할 때는 쉬운 말로 된 짧은 문장을 사용하여 천천히 말하고, 또한 그 친구의 말을 끝까지 들어 주는 자세가 필요하다.

가. 친구 이름 부르기

몸이 불편하거나, 공부를 하는 데 도움이 좀 더 많이 필요한 사람을 장애인이라고 하지만 통합학급 안에서 함께 공부하는 친구를 따로 이름 지어 부르는 것보다는, 그냥 "친구 ○○○"라고 부를 수 있도록 지도한다.

나. 놀려서 마음 상하게 하지 않기

가장 중요한 일은 놀려서는 안 된다는 것이다. 학교현장에서 보면 일반아동들도 악의가 있어서가 아니라 같이 생활하다 보면 별명 등을 부르며 놀리는 경우가 있다. 그러나 놀림을 받는 친구의 마음을 입장 바꿔 생각해 보게 하고, 특히 통합학급의 아동들은 장애친구와 함께 공부하게 된 아동들이므로 다른 반 친구나 하급생들이 놀려도 "그러면 안 된다"고

타이르는 아동이 되도록 지도한다.

다. 보통 친구 대하는 것과 같이 대하기

통합학급의 장애아동이 다른 사람과 다르게 생겼다고 계속 쳐다보거나 소곤거리는 것도 예의에 어긋나는 것이다. "쟤 좀 봐라. 이상하게 생겼다. 이상한 소리를 한다" 등의 놀리는 이야기를 하지 않도록 하고, 따뜻한 시선을 보내고 만나면 반갑게 인사하고 웃어 주는 습관을 가지도록 한다.

라. 놀이방법 가르쳐 주기

장애아동들은 일반아동들과 함께 놀고 싶어도 어떻게 해야 하는지 모르는 경우가 많다. 같이 할 수 있는 놀이는 친절하게 놀이 방법을 알려 주어 함께 지낼 수 있도록 한다.

마. 모범이 되는 행동하기

장애아동들은 일반아동의 행동을 배우려고 통합교육을 실시하는 것이다. 좋은 행동을 많이 배울 수 있도록 일반아동들이 모범을 보여야 함을 강조한다.

Ⅳ. 학급에서의 통합교육의 실천 기법

1. 학급에서의 지도

원칙적으로 장애아동은 먼저 일반학급의 평범한 한 구성원이 되어 일반아동과 함께 학교생활을 경험해야 한다. 장애아동이 소속된 일반학급에서 일반아동들처럼 한 학급의 구성원이 되어 소속감을 가지기 위해서는, 교사나 보조원과 같이 주변에 있는 성인들이 먼저 장애아동을 한 구성원으로 인정하는 태도와 상호 의존성 혹은 협동을 강조하는 학급경영 원칙을 지켜 나가는 것이 필요하다. 일반학급에 통합되는 수업시간 이외에도 오락시간, 연극이나 합창대회 및 실습 준비, 아침조회, 현장학습, 반장선거, 학급사진 촬영, 탐구수업조사, 역할극 연습, 공동숙제 등 학급의 모든 행사에 장애아동이 참여할 수 있도록 배려해야 한다. 교사의 수용적 태도와 긍정적 행동, 그리고 장애아동에게 특별히 관심이 많은 몇몇 또래들의 선도적 지원적인 행동이 학급의 모든 아동들에게 모델이 된다. 장애아동이 학급

구성원으로서 자격을 확실하게 확보하는 것은 같은 반 또래들로부터 친구로서 수용되고 또 또래들과의 상호작용을 유도하기 위해서 기본적인 요구되는 조건으로 다음과 같은 전략이 사용될 수 있다.

가. 자리 배치

시력이 나빠서 앞에 앉아야 하거나 휠체어 때문에 공간이 넓은 곳에 앉아야 하는 등 장애아동의 장애특성상 특별한 자리에 앉아야 하는 경우를 제외하고는 일반아동과 특별히 구별되지 않도록 하는 것이 바람직하다. 그러나 학급에서 정해 놓은 규칙대로 자리 배치가 바뀌더라도 아동들 사이에서 특별히 인기 없는 자리에 배치되지 않도록 교사는 아동들 모르게 미리 배려하는 것이 좋다. 교사가 관리하기 편하도록 장애아동을 무조건 교사 책상 가까이에 앉히거나 보조원이 있다고 해서 제일 뒤 혹은 가장자리에 앉히는 것은 교사나 장애아동 본인에게도 과잉관심, 과잉행동 및 스트레스를 유발할 수 있고, 또래들과의 상호작용 기회를 줄일 수 있다. 전통적인 줄 배치, 4~6명씩 모둠별 배치 등 아동들의 책상을 다양하게 배치하여 또래들과의 상호작용 기회를 늘려 주고 협동학습 등 다양한 형태로 수업을 진행할 수 있어야 한다.

나. 짝 선정

장애아동의 짝은 수업시간에 장애아동이 보다 적극적으로 수업에 참여할 수 있도록 하기 위해서나 학급의 한 구성원으로 자리매김하기 위해서 매우 중요한 역할을 한다. 따라서 보조원이 있다고 해서 혹은 교사가 단독으로 관리한다는 등 어떠한 이유에서라도 장애아동의 짝을 배정하지 않으면 안 된다. 우선적으로 장애아동의 짝을 지원하는 아동을 짝으로 선정하되 어느 정도 남을 잘 도와주는 품성의 아동 혹은 같은 동네에 사는 친구라면 더욱 좋을 것이다. 그러나 짝을 바꾸는 규칙이 있는 학급은 그대로 적용하여 장애아동에게도 여러 아동과의 짝 경험을 해 보게 하거나 일반아동에게도 장애아동과 짝이 되어 보는 경험을 갖게 할 수 있다. 장애아동의 짝이 된 아동의 어려움은 교사의 개인 상담이나 일기에 피드백 주는 것으로 도움을 줄 수 있다.

다. 1인 1역할

한 학급의 구성원 자격 확보에 1인 1역할은 가장 유효하고 중요하다. 학급에서의 일상 일과에서 장애아동에게 한 가지 역할을 주게 되면 본인은 소속감을 가질 수 있고, 다른 급우들은 장애아동을 자신과 같은 학급 일원으로 여기는 데 도움이 된다. 혼자서 1인 1역할을 수행하는 것이 어려운 아동의 경우 일반아동과 함께 할 수 있도록 배려한다. 1인 1역할에는 우유당번, 급식당번, 쓰레기통 비우기, 화분 물주기, 붕어밥주기, 체육시간에 문 잠그기, 주전자 당번, 우산정리하기, 폐품정리하기, 달력 넘기기, 시간표 관리하기, 칠판 지우고 지우개 털기 등이 있다.

라. 조별(모둠·분단) 구성원 및 조장 선택

조별학습(모둠학습)이나 협동학습 및 집단놀이 시에 장애아동이 들어가는 조에 대해서 그 구성원 및 조장을 정할 때 처음에는 장애친구의 참여를 이해하고 격려할 수 있는 아동들을 고려한다. 조별끼리의 경쟁은 조 안에서 장애아동을 소외시키거나 장애아동을 조원으로 포함시키는 것에 대해 반대하는 계기가 될 수 있으므로 장애아동이 포함된 조에 대해 기본 점수를 주기, 구성원 인원 수 조정하기, 규칙 수정하기, 잘하는 아동을 조원으로 배치하기 등의 방법으로 보완하는 것이 필요하다.

마. 교실 내 규칙

교실 내의 규칙은 간단명료하여 장애아동을 포함한 모든 아동이 어떻게 해야 칭찬받고 벌을 받는지 혹은 점수를 받고 잃는지를 이해할 수 있도록 만들어야 한다. 장애아동이 학급의 한 구성원이 되게 하기 위해서도 규칙을 공평하게 지키는 것은 매우 중요하며 규칙의 위반은 즉각적으로 지적되고 수정되어야 한다. 그러나 장애아동의 경우 인지적 및 신체적 제한성 때문에 특별한 수정이 요구될 수 있는데, 그런 경우 일반아동들에게 장애아동이 자신들과는 전혀 다른 사람들로 이해되거나 지나친 동정의 대상이 되지 않도록 유의해서 장애로 인한 어려움을 사실적으로 설명한다.

바. 청소당번 및 역할 분담 활동

이동하는 데 어려움이 있는 등 장애아동의 장애를 고려해서 적합한 일거리를 선정해서라도 장애아동이 일반아동과 함께 청소할 수 있도록 해야 한다. 초·중등학교에서는 다양한 역할 분담 활동이 이루어지는데 장애학생의 이미지 개선과 본인의 자존감 강화를 위해서도 장애아동이 당번 활동 및 역할 분담 활동에 참여하게 해야 한다. 혼자서 하는 데 어려움이 있으면 2~3명이 같은 역할을 하는 팀에 포함시켜서 활동하게 도와준다.

2. 교사 간 협력을 위한 기본적인 여건 형성 및 상호 협력

가. 교사 간 협력

장애아동의 성공적인 통합을 위해 특수교사가 주체적으로 교사 간 협력을 위한 여건을 조성하는 내용과 일반교사가 참여하여 좀 더 적극적인 상호 협력의 단계로 나아가기 위한 적극적인 실천과제를 제시하면 다음과 같다.

〈표 V-9-2〉 특수교사와 일반교사의 협력 실천 과제

협력 여건 조성(특수교사)	교사 간 상호 협력(일반교사)
1) 특수교사와 통합학급 교사는 원반 적응기간(학년 초)을 활용하여 상호 협력해 나갈 수 있는 방향을 의논한다.	1) 특수교사와 통합학급 교사는 장애아동의 교과수업 참여에 대한 정보를 수시로 상호 교환한다.
2) 특수교사가 학기 초에 통합학급 교사들을 대상으로 통합교육 운영에 대한 간담회를 개최한다.	2) 통합학급 교사는 장애아동이 특수학급에서 활동하는 일과나 행사를 정확하게 숙지하여 학년의 전담시간과 행사일정 등을 계획할 때 특수교사와 적극적으로 조율한다.
3) 특수교사와 통합학급 교사는 학기 중에 서로 의논하고 협력할 수 있는 모임 시간을 조성한다.	3) 통합학급 교사는 특수교사가 나눠 주는 연수물이나 자료와 정보들을 적극적으로 읽어 보고 참고한다.
4) 특수교사와 통합학급 교사는 이야기를 나눌 기회가 될 때마다 자연스럽게 통합교육에 대해 의견을 나눈다.	4) 특수교사가 제공해 준 교수-학습 자료를 통합학급의 수업시간에 활용한다.
5) 특수교사는 통합학급 교사와 나름대로 의사소통할 수 있는 수단(예: 메신저, 구내전화, 서신교환, 알림장)이 있다.	5) 통합학급 교사와 특수교사는 서로 의논하여 장애아동이 학교 및 통합학급의 행사(예: 현장학습, 운동회 등)에 참여하는 데 필요한 계획을 세운다.
6) 특수교사는 통합학급 교사가 장애아동을 지도하기 위해 필요한 자료와 정보를 쉽게 접하고 이용할 수 있도록 한다(연수물 배포, 컴퓨터 자료실 공유 등).	6) 통합학급 교사와 특수교사는 일반아동이 장애아동과 대화, 놀이, 게임을 같이하는 방법 등 상호작용하는 전략을 개발한다.
	7) 통합학급 교사는 특수교사와 협력하여 장애아동에게 1인 1역 배정, 청소당번 등 장애아동이 통합학급에서 소속감을 갖고 학급일원으로서 적응할 수 있는 전략을 개발한다.
	8) 통합학급 교사와 특수교사는 함께 장애아동의 문제행동 중재전략의 개발 및 적용을 한다.
	9) 통합학급 교사와 특수교사는 필요하면 통합학급에서 함께 협력교수를 실시한다.
	10) 통합학급 교사는 특수교사가 통합학급 수업 중 장애아동을 관찰할 수 있게 하고, 특수학급의 수업에도 관심을 가짐으로써 상호 간 정보를 교환한다.

나. 통합학급 교사의 장애아동을 위한 교육과정 운영

1) 물리·사회적 환경조성

① 통합학급에서 장애아동에게 맡은 역할(예: 일인일역, 청소당번 등)을 부여하여 학급구성원으로 받아들여져 생활할 수 있도록 지도한다.

② 장애아동이 교과수업 시간에 열외가 되어서는 안 됨을 일반아동과 장애아동 모두에게 강조하여 지도한다.

③ 장애아동과 일반아동의 상호작용과 교우관계가 형성될 수 있도록 지도한다.

④ 일반아동이 장애아동에 대해 올바른 인식과 태도를 가지도록 기회가 있을 때마다 훈화를 한다.

⑤ 교육적인 의도(일반아동들의 장애아동에 대한 호감 형성, 장애아동의 자신감 형성 등)를 가지고 일반아동들 앞에서 장애아동의 성취를 자주 칭찬한다.

⑥ 장애아동이 통합학급의 또래아동과 같은 학사일정표와 시간표에 따라 교과수업과 행사에 참여하도록 챙긴다(교육과정 통합).

⑦ 장애아동이 특수학급에 가 있는 시간에라도 통합학급에 특별한 행사(생일파티, 즉흥 장기자랑 등)가 생기면 연락하여 꼭 참여시킨다.

⑧ 담당하고 있는 통합학급을 비경쟁적이고 협력적인 분위기로 운영한다.

2) 교수내용 및 방법 수정

① 장애아동에게 적합하게 일반교육과정 목표를 수정·보완하여 일반교육과정의 핵심목표에 도달하도록 한다.

② 장애아동을 위해 수업시간에 학습과제를 짧고 단순한 단계로 나눠 제공한다.

③ 집에서 해 오는 과제(학습지, 일기쓰기 등)를 장애아동의 수준에 맞게 수정하여 제시한다.

④ 장애아동이 주어진 학습과제를 이해하고 있는지 자주 확인하고 관찰한다.

⑤ 장애아동의 이해를 돕기 위해 부연설명을 하거나 부가적인(시각, 청각 등 다감각적인 양식) 자료를 함께 제시한다.

⑥ 장애아동을 위해 반복연습과 실습을 추가로 제공한다.

⑦ 학습내용과 관련하여 필요한 경우 장애아동에게 맞는 개별학습지나 문제지를 제공한다.

⑧ 장애아동에게 노트 필기하는 방법이나 시험 치르는 방법과 같은 학습전략을 가르친다.

⑨ 특수학급 교사와 협의하여 통합학급에서 일반아동과 장애아동이 협력할 수 있도록 협동학습을 활용한다.

⑩ 일대일 교수, 소그룹활동, 독립과제 수행, 전체 교수 등을 적절하게 활용하도록 고려한다.

⑪ 장애아동을 위해 계산기와 녹음용 교재와 같은 수업보조 도구를 이용한다.

⑫ 일반아동이 장애아동의 학습을 도와주는 역할(먼저 쓴 후에 장애아동이 보고 쓰게 해

주기 등)을 맡아서 서로 함께 공부하게 하는 또래교수를 활용한다.

⑬ 학업능력이 높고 낮은 아동을 함께 섞어서 다양한 수준의 그룹을 만든다.

⑮ 장애아동을 위해 대안적 대답형태(예: 구술시험)를 사용하거나 시간을 길게 준다.

⑮ 장애아동을 위해 교재에 주요문장과 중심내용을 표시하여 사용한다.

⑯ 장애아동이 일반학급에서 잘 공부할 수 있도록 자리 배치, 조명, 소음, 기자재 접근성 등의 물리적 환경을 조정한다.

Ⅳ. 맺고 나오는 글

세계화 시대인 오늘날 세계적으로 특수교육의 큰 흐름은 통합교육의 방향으로 가고 있다. 한국에서는 각 시도에서도 통합교육 우수시범학교를 지정하여 운영하고 있으며, 교육부에서도 지역사회 중심의 통합교육 활성화를 위해 다양한 방법으로 지원하고 있다. 통합교육의 실현은 특수교사만의 노력만으로는 이루어질 수 없고, 일반교사, 행정가, 학부모가 함께 동참할 때 그 목적을 달성할 수 있는 것이다.

한 가정에 유치원에 다니는 형과 젖먹이 동생이 있을 때 혼자서는 먹지도 못하고 말도 못 하는 동생에게 시간적으로 경제적으로 형보다 더 많은 관심을 준다고 해서 가족 중 누구도 불공평한 처사라고 생각하지 않는다. 형도 동생도 모두 소중한 한 가족이기 때문이다.

학교현장에서도 장애아동, 일반아동 모두 소중한 우리의 아들, 나의 딸들이다. 비록 장애아동들에게 필요한 학습자료와 시설 설비를 위한 학교교육비가 일반아동수에 비해 비율적으로 높게 투입된다고 하더라도 그것을 불공평하다고 생각하지 않는 학교 전체의 분위기가 필요하다. 이러한 학교 분위기는 잠재적 교육과정 속에서 아동들에게 학습되고 그 영향은 아동이 성인이 되어서도 지속될 것이며 나아가 다 함께 살아가는 복지사회를 만들어 가는 밑거름으로 작용될 것이다.

2011학년도부터 전국의 모든 초·중·고교에 일제히 적용되고 있는 '2009 개정 교육과정'은 '배려와 나눔 교육'을 특히 강조하고 있다. 장애의 유무에 상관없이 모든 학생들이 서로 협력하고 배려하며 더불어 살아가는 아름다운 세상을 추구하고 있는 것이다. 나와 다른 다름 사람을 폄훼·비하하는 것이 아니라, 그 다른 모습이 틀린 모습이 아니라는 인식 속에서 타인에 대한 소중한 배려의 태도와 언행이 곧 이 시대 더불어 살아가는 아름다운 모습이라는 점을 다시 한번 유념해야 할 것이다.

제  부

에듀토피아(Edutopia)와 파라다이스(Paradise)로서의
학교와 학생의 보금자리

[제Ⅵ부 탐구의 핵심과 초점] - 에듀토피아와 파라다이스로서의 학교와 학생의 보금자리

오늘날 학생 생활 지도와 관련된 세계적인 추세는 학교폭력이 빈발하고 있다는 점이다. 우리나라도 학교폭력, 학생 자살 등의 비율이 매우 높아서 큰 사회 문제가 되고 있다.

학교폭력은 처방보다 예방 위주로 대처해야 한다. 학교가 교육의 이상향(edutopia)과 교육의 낙원(paradise)로 거듭나야 한다. 학생들이 아무런 걱정 없이 편안하고 행복한 학교에서 학습에 정진할 수 있도록 교육 환경과 교육 여건을 조성해 주어야 한다.

교사들이 보람을 갖고 근무하며 가르치고 학생들이 편안하고 행복하게 배우는 요람이자 보금자리로 학교를 탈바꿈시키는 학생상담, 학교폭력예방 등이 요구되고 있다.

※ 세상에서 덕행(德行)은 지식(知識)보다 얻기가 힘들다. 특히 젊은이가 덕행을 잃으면 다시
회복하기 어렵다. 그래서 청소년 시절의 학생 교육이 중요한 것이다. [존 로크]

제1장 학교폭력 예방과 학생 상담의 방법과 실제

I. 들어가는 글

인간은 기본적으로 욕구가 생기면 그것을 해결하기 위해서 에너지를 선택적으로 사용한다. 그 결과가 다른 사람에게 신체적 고통을 주거나 불쾌감, 모욕감을 주는 행동들 중에서 사회적으로 통용되는 일정수준을 벗어나게 되면 폭력이라고 정의할 수 있다. 학교폭력의 범위를 선정할 때 예방 교육을 목적으로 하는 경우에는 광범위하고 추상적인 것이 좋지만 상황이 발생하고 난 뒤에 사후조치과정에서 판단할 때는 성장과정에 있는 아동임을 고려하고 낙인효과를 우려하여 정교하고 신중하게 대처해야 한다.

학교폭력의 실태는 2013년 청소년폭력예방재단(이하 청예단)에서 전국 초·중학교 학생들을 대상으로 한 조사에 의하면 최근 1년 동안 폭력을 당한 경험이 있는 적이 있다고 답한 학생은 전체 17.3%였다. 조사에 따르면 학교폭력 문제를 해결하기 위해 노력할 경우, 어느 정도 해결 가능하냐는 질문에 '대부분 해결된다'가 26.2%, '어느 정도 해결된다'가 65.1%로 생활지도 교사 91.3%가 학교폭력 문제는 노력하면 해결되는 편이라고 대답했다.

학생들은 하루의 대부분을 교실에서 교사와 친구들 그리고 학교 내에서 배우고 경험하면서 성장한다. 특히, 초등학생은 담임교사가 학습 및 생활지도의 전 영역을 담당하고 있어 학생들에게 미치는 영향은 절대적이라고 할 수 있다.

II. 학교폭력의 유형

최근 우리나라 학교에서 발생하는 학교폭력의 유형은 매우 다양하다. 특히 학교폭력의 유형은 구분하는 주체가 누구냐에 따라 다르다.

첫째, 처벌을 전제로 한 학교폭력의 행동 형태를 기준으로 살펴보면 ① 신체폭행: 때리기, 발 걸기, 밀기, 장난을 빙자한 가혹행위, 감금, ② 금품갈취: 빼앗기, 망가뜨리기, 억지로 빌리기, 감춰서 골탕 먹이기, ③ 언어폭력: 욕설하기, 무서운 말로 겁주기, 위협, 협박, ④ 괴롭힘: 억지로 심부름시키기, 억지로 답안지 보여 달라고 하기, 놀리기, 귀찮게 하기, ⑤ 따돌림: 소외시키기(말 안 걸기, 같이 안 놀기, 같이 밥 안 먹기), 모함하기(안 좋은 소문

내기), 경멸하기(비웃기, 빈정거리기, 핀잔주기), 사이버폭력(인터넷 휴대폰으로 욕하기, 훔치기, 소문내기, ID 훔쳐 사용하기) 등이 있다. 학생들을 지도하고 폭력을 예방하는 일선에 있는 교사들은 좀 더 면밀한 학교폭력 유형의 구분이 전제되어야 학생지도에 필요한 것들이 무엇인지 찾을 수 있다.

둘째, 폭력행동의 지속성은 우발적이거나 일회적인지, 습관적인지를 살펴보아야 한다.

셋째, 관련된 학생이 한 명인지 혹은 집단적 폭력행동인지 구분하는 일이다. 가해학생과 피해학생이 1:1인 경우, 1:다수인 경우, 다수:1인 경우, 다수:다수인 경우가 있을 수 있다.

본인이 직접 학교폭력의 피해를 경험한 학생은 복수하고 싶은 마음이 들고 깊은 좌절과 불안, 학교에 다니기가 싫다는 생각이 든다. 특히 30%에 가까운 학생들이 사살하고 싶은 마음을 보고하였고 15%는 실제로 두려움 때문에 학교를 결석한 경험이 있음을 보고하였다. 심리적 변화 또한 심각해서 부정적 자아개념, 낮은 자존심, 분노, 굴욕감, 혼란스러움, 공포, 보복감 등이 생긴다. 실제 행동에서는 회피적 인간관계, 폭발적 분노, 집밖 출입의 회피, 동식물에 대한 잔인한 행동, 학습의 급격한 저하, 자기 비하나 자해행동 등을 하기도 한다.

Ⅲ. 학교폭력의 원인

1. 가해자를 중심으로 한 원인

일반적으로 학교폭력의 가해자 원인은 개인, 가족, 학교, 사회적 요인으로 구분할 수 있다.

첫째, 개인의 심리적 특성은 공격적이고 충동적이다. 자기 효능감이 떨어지고 도덕적 이탈감이 큰 경우가 많다. 자신이 원하는 것을 효과적으로 해결할 수 있는 사회적 기술이 부족한 아동기 학생들은 평정심을 잃으면 곧바로 동물적 공격성이 발휘되고 통제되지 않는 흥분상태가 폭력을 유발한다.

둘째, 부모의 양육기능의 약화가 원인이 된다. 폭력의 가해자는 집에서는 피해자라는 말이 있다. 부모의 양육태도가 냉담, 혹독함, 엄격, 무관심, 물리적인 방법을 선호하면 자녀는 자신이 속한 집단에서 똑같은 방법으로 문제를 해결하려 든다.

셋째, 학생들은 대부분의 시간을 학교에서 보내기 때문에 학교현장이 무엇보다도 중요하다. 교사와의 애착관계가 결핍되면 교사에게 무시당한 학생은 분노감이 커져서 폭력으로 연결될 수도 있으므로 교사의 따뜻한 관심이 학교폭력을 줄일 수 있다.

마지막으로 친구관계에서 폭력문화가 만연하고 청소년의 특성상 또래집단에 소속되기 위해서 자신의 의지와 상관없이 폭력적인 행동을 따르거나 선도하는 경우이다.

2. 피해자를 중심으로 한 원인

첫째, 비주장적 행동의 특성을 보인다. 기분 나쁜 말이나, 몸을 툭툭 건드리는 등 힘겨루기 위한 시비에도 별 반응을 보이지 않거나, 때로는 갑자기 감정을 폭발시키는 행동을 한다.

둘째, 이기주의적 태도를 보인다. 실력이나 외모에 자신이 있거나 선생님들의 인정을 받는 아이들이 타인의 입장을 전혀 이해하지 않은 채 자신의 입장만 내세워서 또래집단으로부터 멀어지고 시기심을 유발할 수 있다.

셋째, 부정적 자기 개념을 가진 아동이 피해를 입는다. 위축된 가정 분위기, 부정적 신체 이미지, 인정받지 못한 성장경험들이 부정적 자아 개념을 초래하고 타인과 적절한 상호작용을 어렵게 한다.

넷째, 학생의 생활기능의 저하가 요인이다. 어려운 가정경제, 저하된 학습능력, 신체적 장애나, 기능적 장애, 특이한 외모, 심각한 대인 공포 등이 있을 때 폭력의 대상이 된다.

Ⅳ. 교사에게 요구되는 태도

1. 연민으로 연결: 공감과 소통(마음과 마음의 교감〈交感〉)

학교폭력 예방과 해결에서 교사의 역할은 절대적이다. 마음과 마음을 연결하면 폭력은 사라질 것이라고 믿는다. 연결을 위해서는 동정심이 필요하고 이것은 연민의 마음에서 나온다.

연민은 마음과 마음을 이어 주는 연결의 핵심이다. 공자는 인간이 살아가는 데 필요한 네 가지 덕을 제시하면서 인(仁)을 첫 번째 덕목으로 꼽았다. 두 사람이 연결하면 거기서 어진 마음이 나오는 것인데 이것의 뿌리(端)는 측은지심이다. 원수의 자식이라 할지라도 우물에 빠진 어린아이를 보면 불쌍히 여기고 그를 구해 줄 동정심이 인간 본성 속에 있다고 보았다. 이때 연민은 상대방이 나보다 지위가 낮거나 능력이 없어서 내가 사회적 책임을 느끼고 도와주는 것이 아니라 서로 동등한 위치에서 안타까운 마음으로 바라보는 것이다.

연민은 만들어지는 새로운 인격적 소양이 아니다. 공자가 말한 것처럼 우리들 본성 속에 내재되어 있는 측은지심의 발로일 뿐이다. 다만 업적 지향적이고 물질만능주의가 팽배한 현대 사회의 요구에 던져진 우리가 잠시 간과한 것으로서 마치 우리 고향에서 묻어나는 향기 같은 것이다. 평가와 판단을 내려놓으면 저절로 연민은 우리 가슴을 뜨겁게 한다.

내가 무엇을 원하는 것처럼 내 앞에 있는 아이들도 그것을 원하고 있다는 사실을 수용하는 것이 연민이다.

학생들과 마음이 연결되었다면 다음과 같은 효과를 기대할 수 있다.

첫째, 문제해결방법으로 폭력적인 행동이 최선이 아님을 깨닫고 대화와 타협이 삶을 풍요롭게 한다는 사실을 배우게 된다.

둘째, 담임교사가 안전한 존재임을 확인하게 되면 아이들은 자신이 당하는 고통을 지체 없이 토로하고 도움을 요청할 것이다.

셋째, 가해학생은 처벌을 두려워하기보다는 잘못된 행동에 대한 책임을 기꺼이 감수하겠다는 용기를 가지고 지도에 임할 수 있게 된다.

넷째, 교사는 중재자로서의 권위가 인정되며 가해자, 피해자 모두에게 동등한 만족을 줄 수 있는 방법을 제안했을 때 양측이 수용할 가능성을 높일 수 있다.

2. 강요적 태도

가. 비난, 모욕적 언사: 마음에 상처를 주는 언행 절대 금물

어느 교사의 사례이다. 그 교사는 고등학교 시절 밴드부에서 활동을 했다. 제2학년 무렵 한참 악기를 다루는 데 익숙해져서 흥미를 가지기 시작했는데 어느 날 밴드부 선생님께서 부원들에게 "너희 같은 수준의 아이들을 가르치는 내가 한심하다"고 질책하셨다. 항상 유학을 다녀오신 것을 늘 자랑스럽게 여기는 선생님의 말씀에 부원들은 그만 자신감을 잃었고 한동안 선생님 앞에서 연주하는 일을 죄송스럽고 아주 힘든 노동으로 여겨졌다. 상대를 비난하는 말은 힘을 상실하게 만든다. 교사는 비난보다 칭찬을 생활화해야 한다.

한편, 자기 내부를 향해서 공격의 화살을 당기면 파괴적 마음 때문에 에너지를 소진하기에 앞에 있는 사람과의 관계에서 더 이상 긍정적인 요소를 발견하기 어렵게 된다.

나. 비판과 지적: 역지사지(易地思之)의 입장과 배려적인 이해

교사의 주관적 입장에서 아이들을 비판하고 아이들이 대답한 것에 대해서 조목조목 잘못을 지적한다면 아이들의 마음 속에는 다음과 같은 그릇된 사고의 틀이 만들어질 수 있다. '음~, 부족한 사람의 행동에 대해서 수용하고 기다려주기보다는 비판하고 그의 잘못을 지적하는 일은 선한 것이다.'라고 생각할 것이다. 그런 상황에 익숙한 아동들은 다음에 우리에게 이렇게 말할 것이다. '그가 잘못한 행동에 대해서 내가 지적하고 몇 대 때려 준 게 뭐가 잘못되었나요?'

특히 학생 교육에서 비난을 금물이다. 건전한 비판은 사회를 썩지 않게 하는 역할을 하지만, 몰지각한 비난은 사회를 썩게 하는 독소이다.

다. 불균형적이고 은폐적 사후대처: 진솔한 노출과 열린 대화

민수는 수학여행에서 친구들로부터 심한 구타를 당했다. 방에서 친구들과 함께 술래에게 이불을 덮어씌우고 등을 때리는 게임을 했는데 민수가 아파서 이불 속에서 소리치며 울고 있는데도 발길질을 해서 허리를 다쳤다. 그의 아버지가 학교에 항의 방문하였을 때 '장난으로 그런 거니까 이해하라'는 담임교사의 설득에 수긍하고 특별한 조치 없이 돌아갔고, 담임교사는 종례시간에 '심한 장난은 하지 마라'라고 훈화했다. 그 후 반 아동들은 민수를 '장난도 못 받아 주는 속 좁은 녀석'으로 놀렸다. 하지만 민수는 잘못 맞아서 아프다고 하는데도 계속 발길질을 하고도 놀리는 친구들에게 화가 치밀었지만 더 이상 자신의 의사를 전달할 수 없게 되었다. 민수는 허리 치료를 핑계로 한 달 동안 결석하였고 그 후 다른 학교로 전학을 떠나야 했다.

용서나 이해는 피해자의 마음에서 분노가 해결되고 충분히 수용될 수 있는 상태에서 가능하기 때문에 교사는 그의 마음을 위로하는 노력이 요구된다.

라. 상응하는 대가적 처벌과 소홀한 피해자 교육: 약속 이행과 준수, 긍정적 강화

'선생님이 없는 동안에 너희들이 떠들었기 때문에 오늘 체육활동은 없다.'

경험적으로 볼 때 독립적이고 책임감이 강한 교사일수록 문제처리방법이 독선적이다. 다른 전문가나 교감·교장선생님과의 협력을 받기보다는 '내 제자는 내가 교육한다' 마음으로 자기 선에서 지도하고 사건을 마무리하고자 하는 의욕이 크다. 가해아동만 교육시키면 문제가 해결된다는 생각에서 체벌이나 청소활동, 고립시키기 등의 방법으로 교육하고 피해자에게는 폭력유발요인이 무엇인지 폭력대처 요령이 적절했는지 등에 대한 교육을 소홀히 하기 쉽다.

3. 문제의 발견

가. 피해 학생을 발견할 수 있는 근거

① 옷이 지저분하거나 단추가 떨어지고 구겨져 있다.

② 쉬는 시간이나 청소시간에 외톨이가 된다. 야외활동 중에 선생님 주변을 맴돈다.

③ 자주 보건실을 가거나 지각, 결석이 잦다.

④ 갑자기 전학을 가겠다면서 특별한 이유를 말하지 않는다.

⑤ 비하적 별명으로 불리는데 땅을 보며 난처한 웃음을 짓는다.

⑥ 상처가 있지만 '그냥 다쳤다', '넘어졌다'고 답한다.

⑦ 조별 모임에 맨 마지막으로 끼워 준다.

⑧ 노트나 준비물을 잃어버렸다는 말을 자주 한다.

⑨ 수업 중에 발표할 때 아이들이 비웃는다.

나. 가해 학생을 발견할 수 있는 근거

① 실내에서 큰 소리를 내며 반 분위기를 주도한다.

② 교사의 권위에 도전하는 행동을 한다.

③ 수업태도가 불성실하며 주변에 친구들이 많다.

④ 행동이 거칠고 화를 잘 내며 쉽게 흥분한다.

⑤ 처벌을 받을 때 당당하다.

⑥ 쉬는 시간에 주로 교실 뒤 공간에서 활동한다.

⑦ 불평불만이 많고 아이들의 의견을 대변해서 항의한다.

⑧ 손이나 발을 다쳤는데 '그냥 넘어졌다'고 대답하거나 손등에 상처가 있다.

V. 집단따돌림 처리 절차

1. 마음 연결 단계

갈등상황에 있는 두 사람 혹은 두 집단에게 양쪽이 무엇을 원하는지 수용하면 해결점이나, 최소한 서로 다른 견해를 찾을 수 있다. 단, 절박하고 위험한 상황에서는 힘을 써야 하는데, 이때 보호를 위해서 힘쓰는 일과 처벌을 위해 힘을 쓰는 일은 구별해야 한다.

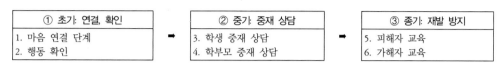

① 초기: 연결, 확인	② 중기: 중재 상담	③ 종기: 재발 방지
1. 마음 연결 단계 2. 행동 확인	3. 학생 중재 상담 4. 학부모 중재 상담	5. 피해자 교육 6. 가해자 교육

[그림 Ⅵ-1-1] 집단 따돌림의 처리 절차

가. 보호를 위해서 힘쓰는 배경

우리가 보호하려는 사람의 행동에 대해서 판단하기보다는 보호하려는 생명, 인권에 초점을 둔다. 보호를 하겠다면서 다른 사람에게 폐를 끼치는 것은 다음과 같은 일종의 무지 때문이다.

첫째, 자신의 행동의 결과에 대한 인식이 부족하기 때문이다. 사회적 인지능력이 미성숙한 아동기에는 자기중심적 성향이 강하기 때문에 자신의 화풀이가 상대에게 어떤 영향을 미치는지 알지 못하고 죄의식이 없이 행동할 수 있다.

둘째, 다른 사람에게 폐를 끼치지 않으면서 자기가 원하는 것을 얻을 수 있는 방법이 있다는 사실을 알지 못할 때 폭력을 행사하게 된다.

셋째, 상대는 벌을 받아야 '마땅하기' 때문에 내가 처벌할 '권리'가 있다는 믿음을 갖는 경우이다. 이것은 강요적이고 조건적 강화를 주로 하는 교육환경에 있던 아이들에게 더욱 두드러지는 현상이다.

이처럼 자신들의 잘못된 행동을 알 만큼 고통을 가해서 죄를 뉘우치게 하고 사람을 바꾸겠다는 생각으로 교육했을 때는 그 뒤에 원한과 적의를 불러일으킬 수 있다. 그러면 우리가 원하는 '교정된 행동'에 대한 저항이 생길 수 있다.

나. 마음 연결 실행

1) 양측 진정시키기

어린아이로부터 어른까지 습관적으로 행동하는 것 중에서 최선의 방어는 공격이란 말을 잘 알고 있다. 자신이 설령 뭔가 오해를 했거나 일부러 잘못을 저질렀다고 하더라도 책임을 감당하는 일이 두렵다면 잘못을 최소화하기 위해서 변명이나 상대의 잘못을 늘어놓아서 자신의 행동은 정당하다고 주장하게 된다.

그러나 만약 교사의 의도가 처벌하는 일이 주된 목적이 아니라 평화로운 관계를 회복하는 일이라는 점을 알게 되면 아이들은 기꺼이 담임과 문제해결의 동맹관계에 들어오게 된다.

가해자나 피해자를 분리하고 마지막 화해단계에서만 서로 한자리에서 대화하는 것을 원칙으로 한다. 우선 피해자를 불러서 그의 손을 잡아 주거나 안아 준다. 울음이 그치고 호흡이 편안해지기를 기다린 뒤에 다음과 같이 말한다.

"많이 아프니? (속상하니? 좀 진정이 되니?) 선생님이 누구를 혼내거나 처벌하려는 것이 목적이 아니야. 너희들이 서로 어떤 일이 있었는지 알아야 서로 사이좋게 지낼 수 있는 방법을 찾을 수 있을 것 같아서 그러는데 어떻게 된 일인지 말해 줄 수 있겠니?"

다음은 가해자를 불러서 다음과 같이 이야기를 해 보자.

"뭔가 화나는 일이 있었나 보구나. 선생님이 혼내려는 것이 목적이 아니란다. 우선은 지금 네 마음이 어떤지가 궁금하구나."

2) 원하는 것 파악하기

인간의 모든 행동은 자기 욕구충족을 위해 자신이 할 수 있는 것들 중 가장 최선이라고 생각하는 것을 선택하고 행동하는 것이다. 그러므로 가해자나 피해자의 마음속에 있는 '원하는 것'을 살피는 일이 우선되어야 한다. 여기서 원하는 것은 기대나 바람, 희망, 필요한 것들이다.

교사는 양편의 에피소드를 객관적으로 들어 보면 그들이 어떤 욕구를 추구하고 있는지 확인할 수 있다. 많은 욕구들을 추정할 수 있으나 가장 먼저 읽어 주어야 할 것은 폭력적인 행동의 결과에 대해서 불안해하는지, 억울해하는지, 당당해하는지 등을 주의 깊게 살펴본 뒤에 처리방법을 선택해야 한다. 이때 폭력적인 행동을 하게 된 동기를 물어볼 수는 있지만 그것에 집중하면 표면적인 처리에 치우쳐서 상한 마음을 헤아릴 수 없을 뿐 아니라 근본적인 문제해결로 나아갈 단서를 찾지 못하여 결국 교사도 똑같이 힘을 사용해서 강제로 화해를 시키는 등의 방법으로 정리하게 된다.

도무지 알 수 없다고 하더라도 염려할 것이 없다. 가해자나 피해자 모두 우리가 사랑하는 제자들이다. 우선 서로를 떼어 놓은 다음 하나씩 불러서 따뜻하게 손을 잡아 주거나 안아 준다. 그리고 낮은 소리로 물어보면 된다.

"지금 마음이 불안하니?"

"억울하겠구나?"

이때 아이는 무턱대고 "아뇨, 괜찮아요"라고 말한다면 그 아이의 눈빛과 목소리와 같은 비언어적 메시지를 민감하게 살펴서 그의 마음을 읽어 주어야 한다. 이러한 절차가 귀찮거나 힘든 일이라고 여겨질지라도 중요하게 생각해야 하는 이유는 우선 교사와 마음이 소통되지 않으면 폭력은 폭력적인 방법에 의해서만 처리될 수밖에 없다는 점을 기억해야 한다.

2. 행동 확인

양측 아이들의 행동을 마치 사진을 찍듯이 정확하고 객관적으로 있는 그대로의 사실을 말하게 한다. 이때 사안의 심각한 정도에 따라서 학생이 스스로 서면으로 기록하게 할 수도 있고 아이들의 보고 사항을 교사가 기록할 수도 있다.

정보가 더 필요할 경우 주위에 있었던 친구들이나 다른 교사에게 문의하는 것도 일어난 일을 객관적으로 파악하는 데 도움이 된다. 왜냐하면 당사자인 아이들은 주관적인 감정에 휩싸인 상태에서 기억하는 것이므로 과장되거나 기억을 못 하는 경우도 있기 때문이다. 그러므로 상대를 비난하는 말이나 책임 전가하는 말 혹은 그렇게 행동하게 된 정서적 원인을 길게 말할 경우에는 자제하도록 요청하고 객관적인 사실들만 말하도록 하는 것이 교사가 휘둘리지 않게 된다. 만약 양측의 주장이 일치하지 않는다면 교사는 다른 한 측의 주장을 전달하지 말고 다음 단계에서 교사와 양측이 한 자리에서 확인해야 한다.

3. 학생 중재 상담

중재 상담은 상담 장면의 물리적 구조를 중재에 적합하도록 꾸미는 작업이 선행되어야 한다.
  ① 교사와 양측 학생은 동등한 위치에 자리를 잡는다.
  ② 대화는 교사를 통한 의사전달방식의 간접대화방식으로 한다.
  ③ 서로 하고 싶은 말은 반드시 교사를 통해서만 말한다.
  ④ 상담자가 기회를 줄 때만 이야기할 수 있다.
  ⑤ 말할 때는 사실에 근거해서 객관적으로 표현하게 한다.
  ⑥ 판단, 비난, 강요적으로 표현된 말은 교사가 정정해 준다.
  ⑦ 지금-여기서 '자신이 바라는 것'을 말하도록 한다.
  ⑧ 아동의 행동이 어떤 의미였는지를 재해석하고 차이를 알아낸다. 그리고 그 행동의 원인이 자신을 공격하거나 해롭게 할 의사가 없었음을 확인한다.
  ⑨ 서로의 욕구를 해결할 수단을 함께 찾기로 약속한다.

⑩ 발언 기회는 균등하게 주고 필요한 경우 상대의 동의를 구한 뒤에 허락한다.

중재 상담에서 가장 핵심이 되는 것은 양측이 지금 마음속에 바라는 것이 무엇인지 표현하도록 하는 단계이다. 아이들은 화가 났지만 자기의 내면에서 무엇을 원하는지 찾기가 힘들기 때문에 교사가 물어봐도 대답하지 못하는 경우가 많다. 이 경우 교사는 권위를 가지고 추측해 주어야 한다.

친구를 골탕 먹인 아이가 원하는 것이 무엇일까? 그들의 욕구를 추측해 보면 재미, 힘의 과시, 인정, 또래집단의 형성이나 소속, 지배욕구 등이다. 폭력을 당한 피해자의 욕구도 살필 수 있다. 편안함, 인정, 소속, 안전, 미래에 대한 예측 등을 추측할 수 있다.

이때 교사는 그들이 자기 욕구를 말하는 것이 아니라 상대가 무엇을 어떻게 해 주기를 요구하는 형태로 표현하는 경우가 대부분인데 이때에는 자기의 욕구를 말하도록 교정해 주어야 한다.

4. 학부모 중재 상담

학교폭력사건을 다룰 때, 쌍방이 서로 이기려 드는 이외에 막대한 감정이 포함되어서 결국 많은 사람들이 파괴적인 결말을 맞이한다. 교사는 정당한 대책을 넘어서는 보복성 행동이 나오지 않도록 중재한다. 그러려면 쌍방에게 건설적으로 해결하겠다는 다짐을 받고 시작하는 것이 좋다. 양측 문제를 해결하는 쪽으로'만' 행동하겠다는 약속을 받는다. 이 전제 위에 중재를 시작하면 해결이 잘 된다.

가. '문제해결의 원(바람)'의 전제에 대해 설명하고 약속을 받음

교사가 "부모님들, 문제를 원만하게 해결하시기를 원하십니까? 그렇다면 저도 돕겠습니다. 그러나 복수하거나 비난하는 것이 목적이라면 길고 지루한 싸움이 될 것입니다. 어떻게 결론이 나기를 원하십니까? 저는 원만하게 해결하시라고 말씀드리고 싶습니다. 동의하시면 제가 중재를 서겠습니다"라고 말한다.

나. '문제해결의 원(바람)'의 세부사항을 설명하고 약속을 받음

전반적 해결절차나 원칙을 설명하고 승낙받는다. 이러한 과정을 통해서 양측은 감정을 폭발시키기보다 문제를 해결하는 일에 집중하게 된다.

다. 양측의 바람을 '문제해결의 원(바람)'에 넣어서 해결하기

중재기간 중, 서로 받아들일 수 없는 조건이 나오기도 한다. 이때는 다음과 같이 한다.

1) 양측이 원하는 해결방법을 확인

각자 생각해 둔 해결책을 교사에게 전달한다. 앞서 말한 것처럼 직접 대화하지 못하게 한다. 평화적으로 의사소통을 진행하기 위해서 서로의 나쁜 감정이 섞인 표현을 여과시키는 역할이 효과적이기 때문이다.

2) '문제해결의 원' 안에서 생각하기

각자 제시한 해결책이 해결로 가게 하는지, 분쟁을 더 일으키게 하는지 평가하게 하고, 조금씩 양보하도록 중재한다. 격분·폭력·고집·결렬의 행동을 하면 교사가 중재자의 권위로 제지하며 그런 방법이 상대의 맞대응조치를 불러일으켜서 해결을 어렵게 한다는 것을 이해시킨다.

5. 피해자 교육

해결될 희망이 있으면, 사건이 재발하지 않도록 양측 학생을 교육해야 한다. 학교폭력이 표면에 드러났음에도 불구하고 명확하게 처리하지 않으면 교사에 대한 불신이 커질 수 있다. 또한 재발방지가 무엇보다 중요하기 때문이다.

가. 공감하기

피해학생은 신체적인 고통보다 마음이 상처가 더 크고 중요하다. 자신이 부족하기 때문에 이렇게 취급받았기 때문에 바보 같다거나 쓸모없는 사람이라고 생각할 수도 있다. 교사는 아이의 자존감 피해 정도, 인간적인 모멸감에 대해서 충분히 공감해 주어야 한다. 수치스러워서 적응하려는 의지를 잃지 않도록 하기 위해서 피해학생이 얼마나 친밀감과 평화를 원했는지 그것이 이루어지지 않아서 얼마나 안타까운지를 스스로 말하게 하고 읽어 준다. 교사는 피해학생의 마음의 상처를 지지해야 한다.

나. 자기주장 훈련

충분히 위로가 되었고 다른 말을 들을 준비가 되어 있다면 다시 폭력에 노출되지 않도록 대처방법을 교육한다. 이 단계에서는 적절한 자기방어를 연습하게 하는 프로그램 및 개인 상담을 제공한다. 자기 의사표현이 적절하지 않은 아이들에게는 교사가 시범을 보이고 기계적으로 따라 하도록 훈련하는 방법이 효과적이다. 예측되는 몇 가지 사례를 제시하도록 유도하고 그에 맞는 표현방법을 검토하여 연습시킨다.

다. 소속감 훈련

친구관계에서 부정적으로 보이는 개인적 특성이 발견되면 객관적인 평가와 함께 행동을 수정하도록 조언한다.

"지금 네가 말하면서 피식 웃는 듯한 모습을 보였단다. 신생님은 네가 겸연쩍어하는 것을 알 수 있지만 다른 사람이 보면 비웃는 것 같아서 기분 나쁠 수 있어. 네 생각은 어떤지 거울을 보고 한 번 살펴보자."

6. 가해자 교육

가. 공감하기

현재 사안에 대해서는 가해자의 위치이지만 그도 역시 피해자이다. 가정에서 혹은 학교에서 평화적으로 문제를 해결하는 방법을 배울 기회가 없었기 때문이다. 따라서 학생의 행동이 도덕적으로 얼마나 문제가 있는지를 살피는 것은 마음을 연결하는 데 도움이 되지 않는다. 대신 그가 원하는 것을 성취하기 위해서 한 일을 객관적으로 바라보게 하고 문제가 야기된 이후에 놀란 마음이나 불안한 마음을 헤아려 주는 것이 우선이다. 가해자라도 우리에게는 똑같이 사랑스러운 제자들이기 때문이다.

나. 문제해결 방법 수정

충분하게 마음이 연결되었다면 가해학생이 가지고 있는 문제해결방법을 점검한다. 어떤 문제에 대해서 폭력이나 강제적인 방법으로 해결하려는 행동 패턴을 스스로 이해하게 하고 그런 문제해결방법이 효과적이지 않다는 점과 평화적이고 더 효과적인 다른 방법들을 제시한다. 열거된 평화적 방법들에 대해서 스스로 선택하면 피해자 훈련과 같은 방법으로 교사와 함께 역할연습, 빈 의자 기법 등으로 훈련시킨다.

Ⅵ. 집단 상담의 정의

① 콤브즈(Combs) 등(1963)은 집단 상담을 "안전한 사회적 상황 속에 참여한 사람들이 각기 자기 자신의 속도에 맞추어 문제에 접근해 가는 과정"이라고 보았다.
② 마흘러(Mahler)(1969)는 "집단 상담은 깊은 자기 이해와 자기 수용을 보다 효과적으로 하기 위하여 집단의 상호작용을 적용하는 과정이다." 여기에서 다루어지는 문제는 "병리적인 장애나 현실적인 문제보다 구성원의 발달과업에 초점을 맞춘 것이다"고 하였다(공석영, 1984 재인용).
③ 한센(Hansen), 와르너(Warner)와 스미스(Smit)h(1976)등은 집단 상담이란 태도와 행동을 변화시키려는 의도에서 내담자들 스스로와 그들의 조건들을 탐색·조사하는 한 사람의 상담자와 몇 사람의 성원들이 관련되어 있는 하나의 대인간 과정이라고 하였다.

Ⅶ. 집단 상담의 유형

1) 집단 심리치료(therapy group)

교정, 치료, 성격 재구성에 초점을 둔 치료를 목적으로 사용되는 집단이다. 이는 의식, 무의식적 인식, 현재와 과거를 모두 포함하는 재교육의 과정으로 개인의 기능을 방해하는 정서장애와 행동장애를 위해 설계된다. 급격히 증가하는 정신질환과 개인치료를 담당할 전문가의 부족으로 발달하게 된 집단이다. 집단치료는 대개 '정상적으로' 기능할 수 없는 사람을 대상으로 하므로 상담집단보다 장기간을 요하며 예방작업보다 교정적인 치료가 필요하며, 지도자도 더 훈련받고 전문적인 기술을 가지고 있어야 한다.

2) 구조화 집단

핵심 주제(정보를 제공하는 것, 공통 경험을 나누는 것, 사람들에게 문제해결 방법을 가르치는 것, 지지를 제공하는 것, 사람들이 집단장면외부에서 자기 자신의 가치를 창출하는 방법을 학습하도록 도와주는 것 등의 목적)를 가지고 사람들이 특정기술을 발전시키고, 특정주제를 이해하고, 삶에서의 어려운 변화를 겪어 낼 수 있도록 도와준다.

한 회기는 매주 두 시간 정도이며, 비교적 단기간 동안(대개 4~5주, 최대한으로 한 학기 정도) 실시되는 경향이다.

3) 자조집단

1980년대부터 출현, 이는 일상적인 문제나 삶의 곤경에 처해 있는 사람들에게 심리적인 스트레스로부터 보호하고 삶을 변화시킬 수 있는 유인가(誘引價)를 제공해 주는 지지 체계를 제공키 위해 참가자들은 자신들의 경험을 나누고, 서로에게 정서적 지지와 사회적 지지를 제공하고 서로에게서 배우고, 새로운 집단 참가자에게 제안하고, 자신의 미래에서 어떤 희망을 발견치 못하는 사람들을 위해 방향성을 제공해 준다.

Ⅷ. 집단 상담의 의의와 목표

① 자기-존중감을 증진시키는 것
② 자신의 한계를 받아들이는 것
③ 친밀성을 저해하는 행동을 감소시키는 것
④ 자기 자신과 타인을 신뢰하는 방법을 배우는 것
⑤ 외부의 '압박'과 '부담'으로부터 자유로워지는 것
⑥ 자기-인식을 증가시켜서 선택과 행동 가능성을 증가시키는 것
⑦ 느낌을 가지는 것과 느낌에 따라 행동하는 것의 차이를 배우는 것
⑧ 지금-여기의 집단 상황에서 직접적으로 다른 구성원들을 대하는 것
⑨ 다른 사람들도 고전분투하고 있다는 것을 인식하는 것
⑩ 자신의 가치를 명료하게 하고 그런 가치를 수정할 것인지, 그리고 수정한다면 어떻게 수정할 것인지를 결정하는 것
⑪ 불확실한 세상에서 선택하는 방법을 배우는 것
⑫ 개인적인 문제를 해결할 방법을 찾아내는 것, 좀 더 개방적이고 정직하게 되는 것
⑬ 다른 사람을 배려하는 능력을 증가시키는 것

Ⅸ. 집단 상담 이론

1. 정신분석학적 모형

가. 주요 개념

건전한 성격이란 자아, 초자아, 원욕(본능)의 기능을 조절하여 적절한 심적 균형을 유지하는 것을 말한다. 인생의 초기경험을 중시하여 무의식 혹은 심층에 숨어 있는 문제의 원인을 분석하여 그것을 의식의 세계로 노출시킴으로써 자아의 기능을 변화시키는 데 있다.

집단활동을 통해 과거의 일을 재경험하게 하여 무의식적 갈등을 의식화하여 그 갈등을 해소할 수 있는 경험의 기회를 제공해 주려는 데 있다.

나. 지도자의 역할

전이와 저항에 대해서 항시 주의를 기울여야 하고 적절한 때에 이들에 대해 해석해 주고 언어화를 통하여 통찰을 갖게 도와주며, 집단원들로 하여금 어린 시절의 경험을 재생할 수 있도록 도와야 한다.

울프(Wolf)에 의하면 집단지도자는 자신에게 향한 집단원들의 전이행동을 지각하고 잘 처리할 수 있어야 한다. 즉 집단구성원들이 그를 아버지로 혹은 권위자로 보고 그에게 나타내는 적개심이나 칭찬 등을 감당할 뿐 아니라 활용할 수 있도록 배워야 한다.

권위자로서의 독단적인 태도를 취하지 않고 여러 문제의 심층에 깔린 역할을 이해하고 적절히 해석할 줄도 알아야 한다.

다. 집단의 기술

1) 자유연상

각 참여자는 자신이 타인들의 눈에 어떻게 비치고 있으며 또 왜 그렇게 보이는가에 대하여 통찰을 얻게 된다.

2) 해석

해석을 통해 지도자와 집단구성원들은 그 집단에서 일어나는 여러 가지 행동의 숨은 의미에 대해서 통찰을 얻게 된다. 주로 두 가지 측면의 해석이 있다. 그것은 저항과 전이이다.

2. 참만남 집단의 모형

가. 주요 개념

집중적인 고도의 친교적 집단경험을 통하여 태도, 가치관 및 생활양식의 변화 등을 포함하는 개인적 변화를 목표로 한다. 목표 달성을 위해 '여기–지금'의 상황에 초점을 두고 개방성과 솔직성, 대인적 맞닥뜨림, 자기 노출 그리고 직접적인 강한 정서적 표현을 격려한다.

나. 집단지도자의 역할과 집단과정

1) 로저스(Rogers)의 모형: 잠재적 가능성 중시

내담자 중심의 원리를 집단과정에 적용, 발전시킨 것으로 촉진적인 분위기만 조성되면 그 집단은 그 자체의 잠재적인 가능성과 그 구성원들의 잠재적 가능성을 계발시킬 수 있다고 본다.

2) 지도자의 역할: 집단촉진자 역할 강조

집단촉진자란 명칭을 사용하며, 촉진자의 역할로 첫째, 집단이 비조직적인 형태로 그리고 유도된 목표나 진행절차 없이 시작되기 때문에 심리적으로 안전한 분위기를 조성하기 위하여 노력하고, 둘째, 지도자는 집단성원자로서 타인과 깊은 사적인 수준에서의 의사소통을 위해서 자신과 다른 집단성원 간에 이어지는 의사소통의 사실적인 의미를 파악하려고 애쓰고, 셋째, 공격적이고 판단적인 태도가 아니면서도 참된 자신의 모습으로 피드백하고 개인들을 대면하려고 애쓰고, 넷째, 한 집단성원이 원하면 그 감정 상태에서 혼자 있을 수 있는 특권이 그에게 주어져야 하며 집단의 분위기를 자유롭고 신뢰롭게 조성해 줌으로써 개인과 집단 자체의 성장과정을 돕는 것이라고 할 수 있다.

3) 집단의 과정

습관화된 지각이나 역할행동을 배격하고 자신의 행위나 가치관에 대하여 스스로 책임을 지게 하며 분노나 적개심을 포함하는 감정과 사고를 솔직하게 그대로 표현하는 데 강조점을 둔다. 그러므로 자기 스스로의 바람직한 감정 조절과 관리가 아주 중요한 과정이라고 할 수 있다.

3. 합리적·정서적 상담 및 치료모형

가. 주요 개념

이 모형에서는 인간을 합리적인 사고를 할 수 있는 동시에 또한 비합리적인 사고의 가능성도 가지고 태어난 존재로 본다. 문제를 야기케 한 비논리적인 사고를 논리적이고 합리적인 원리에 입각한 행동으로 대치하도록 도움을 주는 것이 상담 및 치료의 과정이다. '반드시' 혹은 '당연히' 그렇게 되어야만 한다는 등의 비합리적인 생각에서 탈피하여 보다 합리적이고 논리적인 사고에 입각하여 행동하도록 돕는다. 이렇게 하기 위해서 지각적−인지적, 감정적−환기적, 그리고 행동적−재교육적 등 여러 가지 형태의 방법을 다각적으로 활용한다. 인지적이고 활동적이며, 지시적인 교육방법을 주로 사용하고 있다.

나. 지도자의 역할

현재의 상태(행동 중에서 비합리적인 신념들에 처해 있기 때문에 자기 기만적이라는 사실)에 직면할 수 있게 하고 나아가서는 보다 합리적인 것으로 대치하도록 돕는 것이다. 그것을 위해 주로 능동적이고 지시적이고, 설득적이며 철학적인 방법을 사용한다.

다. 집단의 기술

1) 인지적 치료법

불안에서 탈피하고 행복한 삶을 살려면 완전주의(완벽주의)적 생각을 버려야 하고, 지나친 요구자의 태도를 버려야 한다는 사실을 깨닫게 하려는 노력으로 집약된다. 상당히 냉혹한 현실이라도 그것에 직면하는 방법을 가르친다. 그를 위해 정보제공, 해석, 설득 등을 한다. 합리적 사고에 대하여 집단에서 토의하고, 설명하고, 추리하도록 도우며 팸플릿, 책, 녹음기, 영사기, 도표 등 여러 가지 교육자료를 총동원한다.

2) 감정적 환기법

집단원들의 핵심적 가치를 변화시키는 데 도움을 주려는 노력으로 볼 수 있다. 역할놀이, 유머, 강한 설득 등의 방법을 사용하기도 한다.

3) 행동치료 방법

자신, 타인, 세계관 또는 인식에 극적인 변화를 일으키도록 돕기 위한 노력을 말하는 데 실패해서는 안 된다고 생각하는 사람이 있다면, 지도자는 그에게 점진적으로 위험도가 높아지는 모험을 하게 하거나 또는 의도적으로 어떤 일에 실패하려고 노력하도록 하는 과제를 주어 실행하게 한다.

X. 집단 상담의 과정

가. 시작 단계

행동에 대한 불안감과 집단구조에 대한 불확실성, 지도자에게 의존적 경향을 띠게 되는 것이 이 단계이다. 기본규칙과 자신의 역할과 기능을 알려고 하는 동시에 불안한 상태로부터 벗어나려고 지도자에게 의존하는 경향을 나타내기도 한다.

나. 갈등의 단계

집단원 간에 여러 가지 상충되는 의견이 나오게 되므로 상호 간에 갈등 또는 책임전가의 현상이 나타난다. 공공연한 갈등이나 직접적인 공격보다는 수동적인 저항의 형태로 나타날 가능성이 있다.

다. 응집성의 발달단계

부정적인 감정이 극복되고 조화적이고 협력적인 집단분위기가 발전된다. 집단에 대한 좋은 느낌, 적극적인 관심과 애착을 갖게 되고 집단과정에 보다 깊이 관여할 수 있게 된다.

한층 높은 수준의 자기 노출이 이루어지고 상호 간에 수용이 가능하게 된다. 그러나 이 단계에서 발달된 응집성은 자기만족과 다른 사람에게 호감을 사려는 경향에서 초래된 것이기 때문에 아직은 생산적이지 못하다.

라. 생산적 단계

갈등에 직면해서 그것을 취급하는 방법을 학습하여 능동적으로 처리할 수 있게 되었고, 행동에 대한 책임을 질 수 있으며 집단문제해결의 활동에 참여할 수 있게 되었다. 집단원 상호 간에 보다 깊은 수준에서 있는 그대로의 피드백과 맞닥뜨림을 할 수 있는 모험을 하게 되고 상호 간에 깊은 교정적 정서적 경험을 하게 된다. 이를 통해 진정한 자기 이해를 얻게 되고 행동의 변화를 가져오게 된다.

마. 종결단계

집단원들이 바람직하지 못한 행동을 버리고 새로운 행동을 학습하므로 소기의 목적을 달성했을 때 그 집단은 종결의 단계에 이른다. 이 단계에 도달하면 집단원 각자는 자신의 문제를 해결하게 되어 자기 노출이 감소되는 경향을 나타내며, 한편으로는 이제껏 가져온 유대감에 대해 아쉬움을 갖게 된다. 실생활에서의 적용에 대해서도 토의하므로 집단의 전 과정을 마무리하게 된다.

XI. 집단 상담의 윤리

1. 집단참여자의 권리 – 기본권리: 서면 동의

초기면담에서 집단에 대한 기본적인 정보를 논의하기 위해 질문지를 사용한다.

① 집단의 목적에 대한 명백한 진술
② 집단형식, 절차, 기본규칙에 대한 기술
③ 법적, 윤리적 혹은 전문적 이유로 인해 깨어질 수 있는 비밀보장에 대한 정보
④ 집단과 관련된 연구나 집단 회기의 오디오 및 비디오테이프 기록에 관한 안내
   – 이 기록이 참가자의 참여를 제한한다는 생각이 들 때에는 기록을 하지 못하게 할 권리
⑤ 집단에서 제공될 수 있거나, 제공될 수 없는 서비스에 관한 명료화
⑥ 드러내기 수준이나 내용에서 참가자의 사생활 존중
⑦ 집단활동에의 참여, 의사결정, 개인적인 일에 대한 드러내기, 다른 참가자가 제안한 것 수용하기 등에 대해 부당한 집단압력을 받지 않는 자유
⑧ 리더나 다른 참가자들의 가치관으로부터 자유로울 수 있는 권리
⑨ 어떤 위기가 집단참여에 의한 직접적인 결과일 때 리더와 상의할 권리, 리더로부터 유용한 도움이 없을 때에는 다른 전문가의 도움을 받을 권리

2. 집단 상담자의 윤리

가. 집단에서의 심리적 위험

① 참가자들은 집단에 참여하는 것이 자신의 삶을 방해할 수도 있다는 가능성을 인식해야 한다. 참가자들이 깊이 있는 자기 인식을 하게 됨으로써 생활의 변화를 가져오게 되고 결과적으로는 건설적이겠지만 그 과정에서 위기와 혼란을 겪는다.

② 때로 한 개인이 집단에서 속죄양이 될 수 있다. 다른 참가자들은 그 사람을 적의나 무시의 대상으로 만들어 그게 대해 '단결해서 대항'할 수도 있으므로 리더는 그러한 일이 생기지 않도록 확고한 조치를 취할 수 있어야 하고 조지해야만 한다.

나. 집단 리더의 행동윤리

① 리더와 참가자의 개인적 관계에서 집단 상담자는 참가자들의 능력을 손상시키거나 자신의 객관성과 전문가적 판단을 방해하는 참가자들과의 이중관계는 피해야 한다.

② 참가자들 간의 사회적 관계로서 집단 내에서 소집단을 만들거나 다른 참가자들에 대한 소문을 만들거나 해서는 안 되고 집단 외에서 만나 그 문제를 집단 내로 들여와서도 안 된다.

③ 상담자는 가치중립적이어야 하고 지신의 가치관을 지도력의 역할과 구분해야 한다.

④ 집단전문가를 위한 법적 보호 장치가 마련되어야 한다.
   - 집단의 참가 예정자들에게 집단참여 선택에 충분한 정보를 주어야 한다. 집단과정을 신비화시키지 말아야 한다.
   - 자신이 일하는 기관의 지침이나 치료한계에 대한 법에 대해 알아야 하며, 참가자에게 비밀보장의 예외, 기록의 공개등과 같은 법적 제한에 대해 알려주어야 한다.
   - 당신이 받은 교육, 훈련, 경험의 한계 내에서 내담자를 치료하여야 한다.

XII. 맺고 나오는 글

성장기 아동은 사회화과정에서 실패와 좌절을 겪으면서 바람직한 사회적 행동을 학습하고 발전시켜 나간다. 그러나 일반적인 좌절과 달리 집단따돌림을 당한 피해자는 학교부적응은 물론 현실 도피 성향 등의 심각한 정신적 피해를 입게 되며 무엇보다도 그 상처는 성인이 되어서까지 지속되는 경향을 보인다.

따라서 교사는 집단따돌림의 피해자가 발생하지 않도록 평화적이고 협력적인 또래관계 유지를 위한 예방교육이 우선되어야 하며 문제가 발생했을 때 피해자나 가해자의 마음에 생긴 상처를 민감하게 파악하여 위로하는 일에 초점을 맞추어야 한다.

그러기 위해서는 교사는 아동의 행동에 대해서 그 이면에 자리 잡고 있는 욕구가 무엇인지 바라볼 수 있는 능력이 요구된다. 아울러 문제를 해결하는 과정에서 아동이나 학부모가 또 다른 좌절을 경험하지 않도록 배려하는 따뜻한 마음이 필요하다.

결국 학교에서 학폭(학교폭력)을 근절시키기 위해서 교사들이 관심을 갖고 학생들을 세심하게 관찰하고 지도해야 한다. 아울러 학교폭력의 해결을 위해서는 절차와 과정을 준수하여 학생 상담을 바람직하게 수행하여야 한다.

제2장 학생 상담(相談)의 이해와 집단 상담의 탐구적 접근

Ⅰ. 들어가는 글

최근 학교폭력과 학생 자살 문제, 학업 중단 학생 증가 등이 커다란 사회적 이슈(issue)로 대두되었다. 2014년 현재 한국은 OECD 국가 중 청소년 자살률 1위이고 2013년 현재 학령기의 청소년 713만여 명 중 28만여 명이 통계에 잡히지 않고 학교를 떠나 있는 것으로 나타나 있다. 교육복지를 천명하며 출범한 박근혜 정부의 교육정책의 방향을 새롭게 재고해야 할 처지에 있는 것이다. 궁극적으로 청소년 안전 관리와 보호가 국가 정책의 지상 과제로 떠오르고 있는 것이다.

이제 학교는 교과 학습 지도의 본령 외에도 학생들이 안전하게 학습할 수 있는 요람으로서의 기능을 할 수 있도록 보호와 지원 역할에 대해서 숙고해야 한다. 모름지기 학교가 보람을 갖고 가르치는 교원, 편안하게 배우는 학생들이 인간적 관계로 상호작용하는 낙원으로 바로 서도록 함께 노력하여야 한다. 따라서 근래 생활지도와 상담교육이 더욱 중요하게 인식되고 있다.

일반적으로 상담이란 도움을 원하는 내담자(來談者)와 도움을 줄 수 있는 상담자(相談者)와의 의미 있는 상호작용 과정(interaction process)을 통해 전문적 도움의 관계를 형성하는 것을 의미한다.

따라서 학생 상담의 결과는 상담자의 도움을 받아 내담자가 변화하는 것을 의미하는 것이어야 하고 그 변화는 당연히 발전적인 요소를 포함하여야 한다. 도움의 관계를 형성하기 위해 상담은 필연적으로 도움을 추구하는 내담자, 도움을 줄 수 있는 상담자, 도움을 줄 수 있는 능력이나 기법, 도움을 주고받을 수 있는 환경 등 네 가지 구성 요소를 포함해야 한다.

학생 생활지도에서 상담은 단순한 정보제공이 아니고, 단순한 충고를 제공하는 것도 아니다. 또 상담은 설득이나 권고, 위협을 통하여 내담자의 태도, 신념, 행동에 영향을 미치는 것이 아니며 막연한 면담도 아니다. 즉 상담은 위에 언급된 여러 사항들을 포함하면서, 내담자의 문제를 해결할 수 있도록 상담자가 전문적으로 도와주는 상호작용 교육의 과정을 의미하는 것이다.

결국 바람직한 학생 상담은 상담자(주로 교사)와 내담자(주로 학생)가 상호 바람직한 친화감(rapport)를 형성하여 상호 신뢰와 소통, 공감 속에서 당면한 문제를 해결해 나아가야 한다.

Ⅱ. 상담의 이론과 목적

1. 상담의 이론

상담의 영역에는 다양한 방법과 이론이 정립되어 왔고 계속 개발되고 있다. 그러나 절대적 가치를 지닌 이론과 방법은 없으나 청소년 상담에 주로 쓰이는 상담이론은 인간중심요법, 형태요법, 행동요법, 현실요법, 가족치료법, 집단지도법 등이다.

상담이론은 정보의 관찰을 조직화하고, 행동패턴을 설명해 주며, 여러 가지 예측을 할 수 있게 하며, 상담의 방향과 목적을 설정해 주며, 상담과정 동안 이론은 여러 가지 양상으로 변화할 수 있는 것이다. 최근에는 한 가지 이론적 접근방법보다는 여러 가지 이론을 적용 분석한 종합 분석적 접근방법을 사용하고 있다.

이론적 접근방법의 주요 개념이나 상담과정에는 차이를 보이지만 상담이론은 아래에 같은 공통적 요소를 함유하고 있어야 하는데, 이에 대해서는 어느 상담이론이든 지켜져야 하는 기본 원칙이 되는 것이다.

첫째, 상담은 내담자의 감정, 사고, 행동에 대한 반응을 포함한다.

둘째, 상담은 내담자의 지각이나 감정을 기본적으로 인정해야 한다.

셋째, 비밀보장은 상담환경의 필수요소이다.

넷째, 상담은 자발적이다.

다섯째, 상담은 상담자의 개인적 생활과 분리되어야 한다.

여섯째, 모든 상담의 기본적 능력이나 기술은 의사소통이다.

2. 상담의 목적

가. 상담의 목적

상담의 목적은 내담자가 자신과 자신의 삶을 다르게 인지할 기회를 제공하며, 자신의 감정을 다르게 경험하고 표현하게 하며, 새로운 행동양식을 습득할 수 있도록 이끄는 데 있다. 따라서 상담은 상담자와 내담자가 서로 시간, 에너지, 돈을 투자하여 이러한 목적을 달성했을 때 그 효과성을 갖는다.

나. 상담의 기대 효과

일반적의 상담의 효과성은 다음과 같은 결과를 가지고 평가할 수 있다.

1) 문제의 소유

상담에서 문제 소유란 내담자가 자신과, 자신의 문제, 또한 자신의 삶에 대한 책임을 받아들일 수 있는 것을 의미한다. 대부분의 내담자는 문제의 원인을 그들 자신보다는 외부적인 것에 돌리고 있기 때문에 이 문제 소유는 상담에서 매우 중요한 위치를 차지하고 있다.

2) 문제의 이해

내담자가 문제를 소유하게 되면 내담자는 문제에 대해 다음과 같은 네 가지 면에서 통찰력과 이해를 갖게 된다.
① 감정과 신체적 반응(정서적 요인)
② 사고적인 면(인지적 요인)
③ 행동적인 면
④ 대인관계 혹은 체계적 영향에 대한 면

3) 새로운 행동의 습득

문제에 대한 이해와 더불어 내담자는 문제를 일으키는 똑같은 패턴을 반복하지 않도록 새로운 행동양식을 습득해야 한다.

4) 효과적인 관계 형성

내담자가 자기 자신과 또한 다른 사람과 건강하고 도움이 될 수 있는 관계를 형성시켜야 한다.

Ⅲ. 집단 상담의 개념

집단 상담의 정의는 학자들과 관점에 따라 매우 다양하게 제시되고 있다. 콤브즈(Combs) 등은 집단 상담을 "안전한 사회적 상황 속에 참여한 사람들이 각기 자기 자신의 속도에 맞추어 문제에 접근해 가는 과정"이라고 보았다. 또 마흘러(Mahler)는 "집단 상담은 깊은 자기 이해와 자기 수용을 보다 효과적으로 하기 위하여 집단의 상호작용을 적용하는 과정으로 보았다. 물론, 집단 상담에서 다루어지는 문제는 병리적인 장애나 현실적인 문제보다 구성원의 발달과업에 초점을 맞춘 것이다"라고 하였다.

한편, 한센(Hansen), 와르너와 스미스(Warner & Smith)는 집단 상담이란 태도와 행동을 변화시키려는 의도에서 내담자들 스스로와 그들의 조건들을 탐색·조사하는 한 사람의 상담자와 몇 사람의 성원들이 관련되어 있는 하나의 대인간 관계의 과정이라고 하였다.

Ⅳ. 집단의 일반적 유형

집단의 유형은 집단 심리치료, 구조화집단, 자조집단, 다문화적 맥락에서의 집단 상담 등으로 구분할 수 있다.

1. 심리치료 집단

일반적인 교정, 치료, 성격 재구성에 초점을 둔 치료를 목적으로 사용되는 집단이다. 이는 의식, 무의식적 인식, 현재와 과거를 모두 포함하는 재교육의 과정으로 개인의 기능을 방해하는 정서장애와 행동장애를 위해 설계된다. 급격히 증가하는 정신질환과 개인치료를 담당할 전문가의 부족으로 발달하게 된 집단이다.

집단치료는 대개 '정상적으로' 기능할 수 없는 사람을 대상으로 하므로 상담집단보다 장기간을 요하며 예방작업보다 교정적인 치료가 필요하며, 지도자도 더 훈련받고 전문적인 기술을 가지고 있어야 한다.

2. 구조화 집단

핵심 주제(정보를 제공하는 것, 공통 경험을 나누는 것, 사람들에게 문제해결 방법을 가르치는 것, 지지를 제공하는 것, 사람들이 집단장면 외부에서 자기 자신의 가치를 창출하는 방법을 학습하도록 도와주는 것 등의 목적)를 가지고 사람들이 특정기술을 발전시키고, 특정주제를 이해하고, 삶에서의 어려운 변화를 겪어 낼 수 있도록 도와주는 집단이다.

한 회기는 매주 두 시간 정도이며, 비교적 단기간 동안(대개 4~5주, 최대한으로 한 학기 정도) 실시되는 경향이다.

3. 자조 집단

자조 집단은 일상적인 문제나 삶의 곤경에 처해 있는 사람들에게 심리적인 스트레스로 부터 보호하고 삶을 변화시킬 수 있는 유인가(誘引價)를 제공해 주는 지지 체계를 제공키 위해 참가자들은 자신들의 경험을 나누고, 서로에게 정서적 지지와 사회적 지지를 제공하고 서로에게서 배우고, 새로운 집단 참가자에게 제안하고, 자신의 미래에서 어떤 희망을 발견치 못하는 사람들을 위해 방향성을 제공해 준다.

V. 집단 상담의 의의와 목표

일반적으로 집단 상담의 의의와 목표는 다음과 같이 요약할 수 있다.
① 자아 존중감을 증진시키는 것
② 자신의 한계를 받아들이는 것
③ 친밀성을 저해하는 행동을 감소시키는 것
④ 자기 자신과 타인을 신뢰하는 방법을 배우는 것
⑤ 외부의 '압박'과 '부담'으로부터 자유로워지는 것
⑥ 자기 인식을 증가시켜서 선택과 행동 가능성을 증가시키는 것
⑦ 느낌을 가지는 것과 느낌에 따라 행동하는 것의 차이를 배우는 것
⑧ '지금-여기'의 집단 상황에서 직접적으로 다른 구성원들을 대하는 것
⑨ 다른 사람들도 고전분투하고 있다는 것을 인식하는 것
⑩ 자신의 가치를 명료하게 하고 그런 가치를 수정할 것인지, 그리고 수정한다면 어떻게 수정할 것인지를 결정하는 것
⑪ 불확실한 세상에서 선택하는 방법을 배우는 것
⑫ 개인적인 문제를 해결할 방법을 찾아내는 것, 좀 더 개방적이고 정직하게 되는 것
⑬ 다른 사람을 배려하는 능력을 증가시키는 것

Ⅵ. 집단 상담 이론

1. 정신분석학적 모형

가. 주요 개념

건전한 성격이란 본능(id), 자아(ego), 초자아(super ego) 등의 기능을 조절하여 적절한 심적 균형을 유지하는 것을 말한다. 인생의 초기 경험을 중시하여 무의식 혹은 심층에 숨어 있는 문제의 원인을 분석하여 그것을 의식의 세계로 노출시킴으로 자아의 기능을 변화시키는 데 있다.

집단활동을 통해 과거의 일을 재경험하게 하여 무의식적 갈등을 의식화하여 그 갈등을 해소할 수 있는 경험의 기회를 제공해 주려는 데 있다.

나. 지도자의 역할

집단 상담에서는 지도자, 특히 교사는 전이와 저항에 대해서 항시 주의를 기울여야 하고 적절한 때에 이들에 대해 해석해 주고 언어화를 통하여 통찰을 갖게 도와주며, 집단구성원들로 하여금 어린 시절의 경험을 재생할 수 있도록 도와야 한다.

집단지도자는 자신에게 향한 집단구성원들의 전이행동(轉移行動)을 지각하고 잘 처리할 수 있어야 한다. 즉 집단구성원들이 그를 아버지로 혹은 권위자로 보고 그에게 나타내는 적개심이나 칭찬 등을 감당할 뿐 아니라 활용할 수 있도록 배워야 한다.

권위자로서의 독단적인 태도를 취하지 않고 여러 문제의 심층에 깔린 역할을 이해하고 적절히 해석할 줄도 알아야 한다.

다. 집단의 기술

1) 자유 연상

울프와 스왈츠(Wolf & Schwartz)는 '돌림차례법'을 주장하고 있다. 다양한 방법으로 사물과 사태를 바라보는 것이다. 각 참여자는 자신이 타인들의 눈에 어떻게 비치고 있으며 또 왜 그렇게 보이는가에 대하여 통찰을 얻게 되는 것이다.

2) 해석

해석을 통해 지도자와 집단구성원들은 그 집단에서 일어나는 여러 가지 행동의 숨은 의미에 대해서 통찰을 얻게 된다. 주로 두 가지 측면의 해석이 있다. 그것은 저항과 전이이다.

2. 참만남 집단의 모형

가. 주요 개념

집중적인 고도의 친교적(親交的) 집단경험을 통하여 태도, 가치관 및 생활양식의 변화 등을 포함하는 개인적 변화를 목표로 한다. 목표 달성을 위해 '여기-지금'의 상황에 초점을 두고 개방성과 솔직성, 대인적 맞닥뜨림, 자기 노출 그리고 직접적인 강한 정서적 표현을 격려한다.

나. 집단지도자의 역할과 집단과정

1) 로저스(Rogers)의 모형

내담자 중심의 원리를 집단과정에 적용, 발전시킨 것으로 촉진적인 분위기만 조성되면 그 집단은 그 자체의 잠재적인 가능성과 그 구성원들의 잠재적 가능성을 계발시킬 수 있다고 본다.

2) 지도자의 역할

집단촉진자란 명칭을 사용하며, 촉진자의 역할로 첫째, 집단이 비조직적인 형태로, 그리고 유도된 목표나 진행절차 없이 시작되기 때문에 심리적으로 안전한 분위기를 조성하기 위하여 노력하고, 둘째, 지도자는 집단성원자로서 타인과 깊은 사적인 수준에서의 의사소통을 위해서 자신과 다른 집단성원 간에 이어지는 의사소통의 사실적인 의미를 파악하려고 애쓰고, 셋째, 공격적이고 판단적인 태도가 아니면서도 참된 자신의 모습으로 피드백하고 개인들을 대면하려고 애쓰고, 넷째, 한 집단성원이 원하면 그 감정 상태에서 혼자 있을 수 있는 특권이 그에게 주어져야 하며 집단의 분위기를 자유롭고 신뢰롭게 조성해 줌으로써 개인과 집단 자체의 성장과정을 돕는 것이라고 할 수 있다.

3) 집단의 과정

습관화된 지각이나 역할행동을 배격하고 자신의 행위나 가치관에 대하여 스스로 책임을 지게 하며 분노나 적개심을 포함하는 감정과 사고를 솔직하게 그대로 표현하는 데 강조점을 둔다.

3. 합리적·정서적 상담 및 치료모형

가. 주요 개념

이 모형에서는 인간을 합리적인 사고를 할 수 있는 동시에 또한 비합리적인 사고의 가능성도 가지고 태어난 존재로 본다. 문제를 야기케 한 비논리적인 사고를 논리적이고 합리적인 원리에 입각한 행동으로 대치하도록 도움을 주는 것이 상담 및 치료의 과정이다. '반드시' 혹은 '당연히' 그렇게 되어야만 한다는 등의 비합리적인 생각에서 탈피하여 보다 합리적이고 논리적인 사고에 입각하여 행동하도록 돕는다. 이렇게 하기 위해서 지각적·인지적, 감정적·환기적, 그리고 행동적·재교육적 방법 등 여러 가지 형태의 방법을 다각적으로 활용한다. 인지적이고 활동적이며, 지시적인 교육방법을 주로 사용하고 있다.

나. 지도자의 역할

현재의 상태, 즉 행동 중에서 비합리적인 신념들에 처해 있기 때문에 자기 기만적이라는 사실에 직면할 수 있게 하고 나아가서는 보다 합리적인 것으로 대치하도록 돕는 것이다. 그것을 위해 주로 능동적이고 지시적이고, 설득적이며 철학적인 방법을 사용한다.

다. 집단의 기술

1) 인지적 치료법

불안에서 탈피하고 행복한 삶을 살려면 완전 주의적 생각을 버려야 하고, 지나친 요구자의 태도를 버려야 한다는 사실을 깨닫게 하려는 노력으로 집약된다. 상당히 냉혹한 현실이라도 그것에 직면하는 방법을 가르친다. 그를 위해 정보제공, 해석, 설득 등을 한다. 합리적 사고에 대하여 집단에서 토의하고, 설명하고, 추리하도록 도우며 홍보 자료, 도서(책), 녹음기, 영사기, 도표 등 여러 가지 교육자료를 총동원한다.

2) 감정적 환기법

집단구성원들의 핵심적 가치를 변화시키는 데 도움을 주려는 노력으로 볼 수 있다. 역할 놀이, 유머, 강한 설득 등의 방법을 사용하기도 한다.

3) 행동치료 방법

자신, 타인, 세계관 또는 인식에 극적인 변화를 일으키도록 돕기 위한 노력을 말하는 데 실패해서는 안 된다고 생각하는 사람이 있다면, 지도자는 그에게 점진적으로 위험도가 높아지는 모험을 하게 하거나 또는 의도적으로 어떤 일에 실패하려고 노력하도록 하는 과제를 주어 실행하게 한다.

Ⅶ. 집단 상담의 과정

일반적인 집단 상담의 과정인 한센(Hansen)의 5단계를 중심으로 고찰하면 다음과 같다.

1. 시작 단계

행동에 대한 불안감과 집단구조에 대한 불확실성, 지도자에게 의존적 경향을 띠게 되는 것이 이 단계이다. 기본규칙과 자신의 역할과 기능을 알려고 하는 동시에 불안한 상태로부터 벗어나려고 지도자에게 의존하는 경향을 나타내기도 한다.

2. 갈등의 단계

집단원 간에 여러 가지 상충되는 의견이 나오게 되므로 상호 간에 갈등 또는 책임전가의 현상이 나타난다. 공공연한 갈등이나 직접적인 공격보다는 수동적인 저항의 형태로 나타날 가능성이 있다.

3. 응집성의 발달 단계

부정적인 감정이 극복되고 조화적이고 협력적인 집단분위기가 발전된다. 집단에 대한 좋은 느낌, 적극적인 관심과 애착을 갖게 되고 집단과정에 보다 깊이 관여할 수 있게 된다.

한층 높은 수준의 자기 노출이 이루어지고 상호 간에 수용이 가능하게 된다. 그러나 이 단계에서 발달된 응집성은 자기만족과 다른 사람에게 호감을 사려는 경향에서 초래된 것이기 때문에 아직은 생산적이지 못하다.

4. 생산적 단계

갈등에 직면해서 그것을 취급하는 방법을 학습하여 능동적으로 처리할 수 있게 되었고, 행동에 대한 책임을 질 수 있으며 집단문제해결의 활동에 참여할 수 있게 되었다. 집단원 상호 간에 보다 깊은 수준에서 있는 그대로의 피드백(feedback, 환류)과 맞닥뜨림을 할 수 있는 모험을 하게 되고 상호 간에 깊은 교정적 정서적 경험을 하게 된다. 이를 통해 진정한 자기 이해를 얻게 되고 행동의 변화를 가져오게 된다.

5. 종결 단계

집단구성원들이 바람직하지 못한 행동을 버리고 새로운 행동을 학습하므로 소기의 목적을 달성했을 때 그 집단은 종결의 단계에 이른다. 이 단계에 도달하면 집단구성원 각자는 자신의 문제를 해결하게 되어 자기 노출이 감소되는 경향을 나타내며, 한편으로는 이제껏 가져온 유대감에 대해 아쉬움을 갖게 된다. 실생활에서의 적용에 대해서도 토의하므로 집단의 전 과정을 마무리하게 된다.

Ⅷ. 집단에서의 상담자의 역할

일반적으로 집단 상담에서의 상담자의 역할은 다음과 같이 종합하여 제시할 수 있다.
첫째, 집단활동의 시작을 돕는다.
둘째, 집단의 방향을 제시하고 집단규준의 발달을 돕는다.
셋째, 집단의 분위기 조성을 돕는다.
넷째, 행동의 모범을 보인다.
다섯째, 의사소통 및 상호작용을 촉진시킨다.

여섯째, 집단구성원들을 보호한다.

일곱째, 집단활동의 종결을 돕는다.

IX. 집단 상담의 상담 기술

집단 상담자는 구다른 성원의 반응을 관찰하면서 각 성원에게 민감하게 공감하고 반응할 수 있어야 하고, 집단 역동(集團 力動)을 관찰할 수 있어야 하며 집단에서 발생하는 복잡한 상호작용을 다룰 수 있는 기술을 가지고 있어야 한다.

1. 경청(傾聽)

개인 상담에서와 마찬가지로 집단 상담에서의 효과적인 경청은 내용의 재진술과 감정의 반영, 이 두 가지 기본적인 기술로 구성된다. 이러한 경청은 신뢰감을 형성하고 상담자가 내담자를 수용하고 있음을 의사소통하는 것이다.

2. 지각 확인(知覺 確認)

이는 상담자가 내담자의 감정을 이해하기 원한다는 것을 알리고 문자 그대로 내담자의 감정을 상담자가 지각하고 있음을 확인하는 것이다. 이때 상담자는 내담자의 감정을 정확하게 명시하고 자신의 지각이 정확한지 내담자에게 묻는다.

3. 피드백(Feedback)

집단 상담의 목표 중 한 가지가 다른 사람과 대면하는 것을 배우는 것이기 때문에 상담자는 집단구성원들에게 피드백을 제공해야 한다. 피드백을 제공할 때는 평가하는 형태보다 기술하는 형태를 취해야 하며, 어떤 특정한 행동을 지칭해야 한다.

4. 연계(連繫)

이는 집단성원들 간의 의사소통을 격려하기 위한 의도로서 집단구성원들 간의 경험의 공통점을 지적하는 것이다. 상담자는 연계 기술을 통해 한 구성원의 문제와 진술을 집단 내의 다른 구성원과 연관시킨다.

5. 개방적 반응(開放的 反應)

상담자는 개방적 유도나 질문을 함으로써 집단구성원으로 하여금 감정을 구체적으로 표현하게 하고 이러한 감정의 근원을 밝히도록 할 수 있다. 이를 통해 상담자는 내담자가 사건이나 경험을 지금-여기에 초점을 맞추도록 할 수 있다.

6. 직면(直面)

직면은 주의해서 사용하기만 한다면, 직면은 가장 강력한 집단 상담자 기술이 될 수 있다. 상담자는 내담자의 언어적 행동과 비언어적 행동 간의 불일치를 직면시킬 수 있고 집단의 기능을 방해하는 행동을 직면시킬 수도 있다. 또한 집단 전체에 대해서도 직면 기술을 사용할 수 있다.

7. 과정 기술(過程 技術)

유능한 집단 상담자는 집단이 기능하고 있는 과정을 관찰해서 집단목표와 관련해서 논평할 수 있는 능력이 있어야 한다. 이런 형태의 논평은 집단구성원들로 하여금 자기 자신과 집단의 기능을 검토하도록 한다.

8. 요약(要約)

개인 상담과 마찬가지로 요약이 중요한 역할을 한다. 집단 상담자는 집단 내의 모든 상호작용을 주의 깊게 듣고 집단이 다른 수준의 상호작용으로 이동할 수 있도록 요약 기술을 사용한다. 또한 요약은 집단이 교착상태에 빠졌을 때 유용하다.

X. 집단 상담의 장점과 단점

1. 집단 상담의 장점

① 집단 상담의 경험을 겪은 내담자는 쉽게 개인 상담에도 바람직하게 순응할 수 있다. 즉 개인 상담을 촉진시키는 기회가 된다.

② 특히 청소년들에게 있어서는, 집단 상담에 참여함으로써 타인과 상호교류를 할 수 있는 능력이 개발된다.

③ 집단 상담은 시간, 에니지 및 경제적인 면에서도 효과적이다.

④ 집단 상담은 현실적이고 실제생활에 근접한 사회장면을 제공한다.

⑤ 집단 상담은 문제해결적 행동을 보다 구체적으로 실천할 수 있게 한다.

⑥ 집단 상담에서는 상담자의 지시나 조언이 없이도 참여자들이 상호 간의 깊은 사회적 교류경험을 가질 수 있다.

⑦ 집단 상담에서는 남의 행동을 관찰함으로써 대리적(간접적)인 학습을 할 수 있다.

2. 집단 상담의 단점

① 집단규범을 따라야 한다는 압력 때문에 내담자가 자신의 규범을 집단의 규범으로 부적절하게 대치하는 경우가 있다.

② 어떤 내담자는 집단경험의 이해와 수용을 잘못 사용하는 경우가 있다.

③ 집단으로 인한 심리적 피해의 가능성은 심리적 성장의 가능성만큼이나 크다.

XI. 집단 상담의 윤리

1. 집단 참여자의 기본권리: 서면 동의

초기면담에서 집단에 대한 기본적인 정보를 논의하기 위해 질문지를 사용한다.

① 집단의 목적에 대한 명백한 진술

② 집단형식, 절차, 기본규칙에 대한 기술

③ 법적, 윤리적 혹은 전문적 이유로 인해 깨어질 수 있는 비밀보장에 대한 정보

④ 집단과 관련된 연구나 집단 회기의 오디오 및 비디오테이프 기록에 관한 안내, 이 기록이 참가자의 참여를 제한한다는 생각이 들 때에는 기록을 하지 못하게 할 권리

⑤ 집단에서 제공될 수 있거나, 제공될 수 없는 서비스에 관한 명료화

⑥ 드러내기 수준이나 내용에서 참가자의 사생활 존중

⑦ 집단활동에의 참여, 의사결정, 개인적인 일에 대한 드러내기, 다른 참가자가 제안한 것 수용하기 등에 대해 부당한 집단압력을 받지 않는 자유

⑧ 리더나 다른 참가자들의 가치관으로부터 자유로울 수 있는 권리

⑨ 어떤 위기가 집단참여에 의한 직접적인 결과일 때 리더와 상의할 권리, 리더로부터 유용한 도움이 없을 때에는 다른 전문가의 도움을 받을 권리

2. 집단 상담자의 윤리

가. 집단에서의 심리적 위험

① 참가자들은 집단에 참여하는 것이 자신의 삶을 방해할 수도 있다는 가능성을 인식해야 한다. 참가자들이 깊이 있는 자기 인식을 하게 됨으로써 생활의 변화를 가져오게 되고 결과적으로는 건설적이겠지만 그 과정에서 위기와 혼란을 겪는다.

② 때로는 한 개인이 집단에서 속죄양이 될 수 있다. 다른 참가자들은 그 사람을 적의나 무시의 대상으로 만들어 그게 대해 '단결해서 대항'할 수도 있으므로 리더는 그러한 일이 생기지 않도록 확고한 조치를 취할 수 있어야 하고 조치해야만 한다.

나. 집단 리더의 행동윤리

① 리더와 참가자의 개인적 관계에서 집단 상담자는 참가자들의 능력을 손상시키거나 자신의 객관성과 전문가적 판단을 방해하는 참가자들과의 이중관계는 피해야 한다.

② 참가자들 간의 사회적 관계로서 집단 내에서 소집단을 만들거나 다른 참가자들에 대한 소문을 만들거나 해서는 안 되고 집단 외에서 만나 그 문제를 집단 내로 들여와서도 안 된다.

③ 상담자는 가치중립적이어야 하고 자신의 가치관을 지도력의 역할과 구분해야 한다.

④ 집단전문가를 위한 법적 보호 장치가 필요하다.

　－ 집단의 참가 예정자들에게 집단참여 선택에 충분한 정보를 주어야 한다. 또 집단

과정을 신비화시키지 말아야 한다.
- 상담을 하는 기관의 지침이나 치료한계에 대한 법에 대해 알아야 하며, 참가자에 게 비밀보장의 예외, 기록의 공개 등과 같은 법적 제한에 대해 알려야 한다.
- 자신이 받은 교육, 훈련, 경험의 한계 내에서 내담자를 치료하여야 한다.

XII. 맺고 나오는 글

일반적으로 학생들은 인생의 절반 이상을 학교에서 생활한다고 해도 과언이 아니다. 이 처럼 장시간을 학교에서 생활하다 보면 다양한 문제를 경험하게 된다. 이들 문제들 가운데 에는 학생 스스로 해결할 수 있는 문제도 있지만 다른 누군가, 특히 성인의 도움을 필요로 하는 문제에 부딪히기도 한다. 그런데 이때 학생들이 도움을 요청할 수 있는 대상은 부모, 교사, 선배 등 극히 제한적이다. 이러한 때 가장 학생의 문제들을 깊게 접하고 밀접하게 연 계되어 있는 대상은 학교에서 학생들을 늘 접하는 교사이며, 학생들의 문제를 이해하고, 선 도해 줄 안내자로 중요한 역할을 담당할 뿐만 아니라 효과적인 위치에 있음을 깊이 인식해 야 한다.

학교현장에서 상담교사는 학생들의 교과 학습 지도, 생활지도, 학습부진아 지도 및 진로 교육 등에 대해 전문적 지도를 해 줌은 물론이거니와 최근 학교교육에서 강조하고 있는 학 교폭력 예방과 인성교육, 그리고 생활지도 및 학생 범죄와 비행등의 예방과 지도를 담당하 여야 한다. 이러한 상황을 고려하여 볼 때 청소년들이 안고 있는 문제와 학교 상담의 현황 그리고 이에 따른 학생 상담의 방향을 정해서 지속적으로 상담하고 지도하여야 한다.

최근 전 세계적으로 문제와 이슈가 되고 있는 학교폭력 예방도 결국 교원들과 학생들의 친화적 교감(rapport) 속에서 상호 신뢰와 배려로 해결의 실마리를 찾아야 할 것이다. 학생 상담이 생활 지도의 중요한 열쇠로서 그 기능을 다하도록 교원들과 학생들이 함께 노력해 야 하는 이유도 여기에 있는 것이다. 특히 우리는 상담의 대상이 문제 있는 몇몇 학생들만 이 아니라, 모든 학생이 대상이라는 점에 유념해야 할 것이다. 상담은 치유와 치료, 예방이 라는 종합적 활동 과정이기 때문이다.

그런 의미에서 본다면 2009개정 교육과정의 전국 초·중·고교적용과 박근혜 정부에 들 어서서 각급 학교에 전문 상담 교사를 확대하여 배치하고 있는 것은 학생상담의 활성화에 매우 고무적인 정책인 것이다.

제3장 청소년 인성교육과 예절교육의 이해와 탐구

I. 들어가는 글

현대 교육에서 사회화, 인간화 내지 개인화, 자아실현, 수월성의 성취 등은 우리 교육이 도달하여야 할 목표들이다. 우리의 경우 가정교육, 학교교육, 사회교육이 이런 목적들을 달성하기에는 많은 문제를 지니고 있다. 그러기에 한국의 교육은 새로워져야 한다. 그리고 비약과 방향의 전환이 있어야 하겠다.

그러나 교육은 인간관과 사회관의 소산이기 때문에 교육의 변화는 인간과 사회에 대한 어떤 새로운 시각을 요청하고 있다. 다행히도 학교현장에서 실천하고 있는 생활지도나 카운슬링의 이론과 실천의 과정을 분석하면 우리 교육의 도약을 위한 새로운 관점을 찾을 수 있다. 그래서 이제 우리 교육 현장에서 진행하고 있는 생활지도와 인성교육의 바람직한 방향에 대해서 숙고하고 성찰해 보아야 할 것이다.

최근에 인성 교육의 중요성이 부각되게 된 것은 날로 비인간화로 치닫고 있는 현재 우리의 사회현상과 무관하지 않다. 따라서 현 시점에서 왜, 학교에서 인성 교육의 문제가 심각하게 대두되게 되었는가를 살펴보아야 한다.

첫째, 가치관이 형성되고 태도가 발달하는 가장 중요한 시기인 유아기부터 청소년기까지의 교육적 기능을 담당해왔던 전통적인 가정의 역할기능이 산업화, 개방화에 따른 문화적 환경의 급변, 가정의 핵가족화 현상 등으로 교육적 기능이 약화되었다.

둘째, 학교 교육이 위기를 맞고 있다. 학교는 입시 위주의 파행적인 경쟁구조 속에서 학생들의 태도와 가치관 등 인간존중의 정의적인 교육을 소홀히 하여 교육 본래의 목적에서 일탈하고 있다.

셋째, 현대사회는 풍요로운 산업사회 속에서 형성된 이기주의, 물질 만능주의 등 개인의 욕구가 다양화되면서 갈등과 이기주의를 심화시켜 희생 봉사하는 민주 시민의식이 결여되어 있다.

넷째, 사회의 교육적 기능이 약화되어 있다. 청소년들의 인성교육에 절대적인 영향을 미치는 학교 주변에 탈선의 온상이랄 수 있는 유해환경들이 많으나 사회적인 차원에서 자율적인 정화가 되지 않고 있다.

이와 같은 사회적인 현상 때문에 그 어느 때보다도 인성 교육의 필요성을 절감하고 있다.

Ⅱ. 인성교육의 개념

인성(personality)은 성품, 기질, 개성, 인격, 성격, 사람됨 등 여러 가지 말로 표현되고 있으나 이 말들의 뜻에 대한 뚜렷한 구분이 어렵고 개념간의 차이도 밝히지 못하고 있지만 인성교육에 관련된 학문을 연구하는 학자들의 견해를 종합해 보면, 인간은 선천적으로 인간성을 지니고 태어나는 존재이며 그것은 교육을 통해서 길러질 수 있다는 전제 아래 인격과 성격교육의 필요충분조건을 동시에 만족시키는 교육을 의미한다.

따라서 바람직한 인성교육이란 개개인의 자아발견, 우주와 사회에서 지신의 위치 인식, 심미적 소양, 긍정적인 생활태도, 정사와 선악의 분명한 구별, 도녁석 책임의식, 도덕적으로 일관성있게 행동할 수 있는 판단과 용기, 다른 사람에 대한 이해와 동정, 사회의식과 희생정신, 인권과 정의의 존중 등의 소양들을 배양하는 것이다.

퍼빈(Pervin)의 '인성이론 측정연구'라는 그의 저서에서 인성은 다음과 같은 특징이 있다고 하였다.

첫째, 인성은 구조적인 측면과 역동적인 측면을 지니고 있다.

둘째, 인성은 인성의 구조나 역동이 어떤 것이든 상관없이 적극적으로 행동으로서 측정할 수 있는 것이므로 관찰하고 검증할 수 없는 인성의 개념이 배제되어야 한다.

셋째, 인성은 일관성을 가지고 있어 개인이나 어떤 집단의 사람들이 지니고있는 인성은 시시각각으로 변하는 것이 아니라, 상당히 오랫동안 계속해서 동일한 특징을 유지하는 경향이 있다. 따라서 인성에는 일관성, 항상성, 규칙성 등이 있다.

넷째, 상황과의 관련에 따라서 독특한 양상을 지니게 되는데 인성은 살고 있는 환경에 대해 개인이 반응하는 행동을 나타내는 것이어서 환경적 특징과 분리하여 생각하기 어렵다.

Ⅲ. 청소년의 사회화와 인성교육

교육사회학자들은 교육을 사회화 과정으로 규정한다. 사회의 가치와 규범을 학습하고 사회에 적응하는 방법을 익히는 일은 모든 인간에게 매우 중요한 일임에 틀림없다. 한 사회가 지니고 있는 가치, 규범, 역할, 지식, 기술을 계승하고 발전시키는 것을 교육의 중요 기능으로 보고 있다.

이 과정에서 한 인간의 인성은 그 사람의 도덕적 성숙, 정신적인 수양과 가치관등에 의해서 행위가 결정된다고 믿어 건전하고 바람직한 인성의 지도야말로 교육에서 가장 우선해서 지도되어야 한다고 생각되어 인성지도의 필요성을 역설하기에 이르렀다.

하지만 아직도 우리 교육현장에서 받아드리는 인성교육의 내용이나 정의에 대해서는 정확한 이론을 제시하지 못해 혼란을 겪고 있음이 사실이다.

길포드(J.P.Gullford)는 '개인의 가치는 사회적 자극가치'라 하였으며 아이젠크(Eysenck.H.J)는 '다른 사람에 대한 초점적 차이에 있어서 나타나는 개체의 모든 인지적, 정의적, 의지적, 신체적 특징의 통합적인 조직' 이라 하였다.

이에 맹자는 자신의 인성관을 펼치면서 현실성과 사회성을 매우 강조하고 자각, 판단, 결단을 들어 동물과의 차이를 밝히고자 하였다.

즉 인(仁:惻隱之心), 의(義:羞惡之心), 예(禮:辭讓之心), 지(智:是非之心)을 인성이라 했고 이렇게 살아가는 길을 인로(人路)라 하여 교육에 최우선으로 삼고자 했다.

이러한 많은 이론의 공통점은 이러한 요인들이 개인의 환경에 대한 적응이나 대인관계에서 비교적 일관성을 가지고 나타나고 있다는 점과 교육에 의해서 다듬어 지고 사회화 과정에 만들어진다는 사실이다.

그리고 이런 것들은 전통적 사회에서는 사회화 기능이 가정교육에 의해서 많이 수행되었고 또한 현재도 상당부분은 그래야 하고 그렇다고 믿고 있다. 그렇기에 학교의 기능을 순전히 지식의 전달에만 두고 이 같은 사회화 기능을 가정이나 일반 사회에 일임하려 했던 것이다.

그런데 우리의 교육 현장은 사회화라는 면에서 중대한 위기를 맞고 있다. 정치, 경제, 문화, 교육, 사회 등 상당한 변화를 겪고 있으며 특히 가정생활의 변화는 이제까지 우리 사회가 지니고 있던 가치, 규범, 역할, 제도가 새로운 우리사회에 맞지 않는 점들이 있게 되고 그런 결과 우리의 전통적인 사회의 가치나 태도가 흔들리고 무너지고 사라지게 되었다.

새로운 사회의 역할, 규범, 가치 등이 탐색되고 있으나 확고하게 형성되고 세련되게 발전하지 못한 채 사회적 규범이나 가치의 혼란은 청소년들의 사회화에 커다란 영향을 주고 있다. 따라서 공동사회가 인정하는 바람직한 가치와 규범을 학습하고 내면화하기가 어려워지고 사회화에 심대한 영향을 받게 되면서 청소년들의 외폭적(外暴的)문제만이 아니라 내폭적(內暴的)문제도 증가하고 있다. 그리고 이런 문제를 모두 학교교육에 전가 내지 위임하려 한다.

1. 학교 현장의 인성교육

분명 학교는 한 학생의 인격을 다듬고 자아완성을 도와주는 교육 본연의 자세에 충실해야 하는 곳임에도 불고하고 지금까지 많은 학교의 현장이나 부모님들은 이 같은 교육의 본질적인 가치보다는 좋은 상급학교에 진학시키기 위한 도구적 가치만을 요구해 왔다. 또 일부의 학자들은 현실론을 내세워 학교교육이 현실을 수용해야 한다고 주장하면서 인간보다는 점수, 인격보다는 진학에 매달려 허둥대기 시작했다.

지금까지 우리나라의 고등학교, 특히 인문계고등학교의 경우 조금은 진부한 이야기이지만 지나치게 입시를 위한 지식위주의 지적 교육에 치우쳐 경쟁 일변도의 입시지옥을 만들고 있었음을 부정할 수 없고 이 같은 경쟁에서의 낙오자가 각 가지의 사회 문제를 야기 해왔다.

아무리 건강하고 건전한 사람일지라도 지적 경쟁이 요구되는 상황에 몰아 넣고 경쟁에서 계속 실패의 경험을 누적시키면 부정적인 방향으로 변화될 수밖에 없고 결국 부정적인 자아를 형성해서 한 인간의 인생을 실패로 끌고 갈 것이란 것은 쉽게 이해할 수 있는 일이다.

이 같은 입시중심의 파행적인 학교교육은 수많은 청소년들을 방황하게 만들고 증가하는 문제청소년들의 수에 비례해서 학교교육의 성패를 논하게 했던 것이 사실이다.

바로 우리의 지난 교육의 잘 못이 여기에 있었다.

이를 바로 잡아 새로운 학교문화를 창조하기 위한 새로운 틀을 짜고 있다. 당장의 입시 현실도 중요하지만 이들이 살아갈 앞으로의 세상을 미리 내다보고 한사람 한사람이 의미 있는 삶을 설계하고 당당하게 살아가도록 도와주는 교육이어야 한다.

그리고 이것은 학교만의 힘으로는 불가능하고 절대로 성공할 수도 없다.

가정과 지역사회가 미래를 보는 안목을 가지고 함께 할 때만이 가능해진다.

물론 학교가 일차적으로 인간만이 가지고 있는 지력을 개발하고 응용하여 지식을 창출하고 그 창출된 지식을 토대로 온갖 문화가 피어날 수 있기에 지력의 개발을 중시해야 한다는 점에 대해서는 부정할 사람이 없을 것이다.

하지만 우리가 가지고 있는 기본적인 상식으로는 인간의 바른 성장에 가장 필요한 것은 육체적 심리적으로 안정감을 가지는 일이다. 더 더욱 감수성이 예민한 청소년기에는 더욱 절실하거늘 능력이상의 무리한 요구로 실패와 좌절을 맛보게 한다거나 기대에 미치지 못한 죄책감이나 열등의식으로 인한 정서적 불안을 경험하게 되면 건전한 인격형성에 심대한 영향을 받아 현실에 적응할 수 없는 문제 청소년으로 전락하게 된다.

오늘날의 청소년들이 살아갈 미래 사회는 지식의 결핍에서가 아니고 이런 상황에서 길러진 이들이 인간상호간에 가져야할 신뢰, 양보, 협력 등의 정서 결핍으로 파멸할 것이란 결론을 얻게 됨으로 이와 같은 정의적 측면의 교육이 주지주의 교육과 함께 병행해야 할 것이다.

우리가 흔히 사용하고 있는 "공부는 잘 하는데 인간미가 없다"라고 할 때의 "공부는 잘 하는데……"는 바로 주지주의 교육을 통해서 길러지는 것이요. "인간미"는 바로 정의적 교육을 통해서 길러지는 것이리라 그렇다면 우리가 앞으로 지향해야할 교육은 이 두 교육작용이 균형 있게 조화를 이루는 교육활동여야 할 것이다.

교육학자인 던롭(Dunlop)은 이를 구별하기 위해 정의적 교육을 feeling(느낌)이라 했고 지적교육을 thinking(생각)이라고 구분했다. 느낌 감정을 다루는 정의적 교육의 목표를 ① 학생의 감정을 우아하고 세련되게 하는 일, ② 집단 공동체 의식을 함양시키는 일, ③ 감정적 자율성을 신장시키는 일 등이라고 지적하고 인간의 감정을 우아하고 세련되게 하는 일이란 인간의 정서가 본능적 원시적 상태에서 우아하고 세련되게 하는 것, 즉 격정과 분노의 자기중심적 상황을 이해와 평화의 자기 초월의 상태로 만들어 주는 것이라고 했다. 또 집단공동체의식의 함양은 인간이 원래 사회적 동물이기에 특정집단 내에서 안정적 귀속감을 가져야 하고 이 집단 속에서 정서와 감정의 공감대형성이 중요하다고 지적하고 있다.

감정적 자율성의 신장이란 한 인간이 가지는 감정과 정서의 흐름을 스스로 통제하고 조절할 수 있어야 한다고 역설하면서 이것 중에서 정의교육에 최고 목표는 마지막에 지적하고 있는 감정의 통제와 조절능력을 신장시키는 일이라고 말하고 있다.

이를 실현하기 위해서는 ① 자신이 귀하다는 사실을 느껴보는 기회가 필요하고, ② 자신이 존중되는 느낌의 바탕 위에서 자신이 무엇인가 귀하게 길러야할 특징이 있다는 사실을 발견하도록 해야 한다. 아울러, ③ 이런 자신을 수용하고 자기에게 자신을 가지며, ④ 진정한 의미에서 자기 자신을 만족시키는 것이 무엇인지에 대한 느낌과 깨달음이 있어야 한다고 보고하고 있다.

이런 과정을 거쳐서 공부도 잘하고 인간미도 넘치는 인간을 길러 낼 때 바로 거기에 전인교육이 있고 우리가 추구하는 교육의 궁극에 목표가 있을 것이다. 이제까지의 교육현장은 인간됨됨이야 어찌 되었던 "공부나 잘해라"라고 학교도 가정도 사회도 몰아 댔다.

교육을 바로 잡는 일은 여기서부터 하나씩 찾아간다면 우선 한 학생이 가정에서나 학급, 학교에서 귀한 존재로 인지되고, 내가 이 집단에 반듯이 필요한 존재요 무엇인가 이 집단을 위해서 기여할 수 있는 사람, 그래서 없어서는 안될 존재라는 인식 밑에서 자신의 삶을 이끌어 가야하고 어떤 경우도 개인의 존재가 무시 되여서는 안 된다.

청소년이란 감히 누구도 건드릴 수 없는 소중한 씨앗을 숨겨 가진 존재들로 이 씨앗이 잘 자랄 땅을 찾고 그곳에서 발아, 뿌리를 박고 성장할 수 있도록 돕는 것이 교육이지 결코 봉선화 씨를 뿌리고 해바라기를 만들어 내는 것이 교육이 아님에도 해바라기를 만들 수 있다고 억지를 부려왔다.

이 같은 고리에서 벗어나는 길은 바로 교육이 정도를 걷는 길이요 억지에서 초연할 수 있는 경영의지가 필요하다.

그리고 이 모든 것은 학부모님들의 의식전환이 선행되지 않고는 절대로 불가능함도 알아야하다. 오늘의 학교현장을 왜곡시킨 배후세력이 바로 학부모 집단임을 알고 이 학부모 집단의 건강한 교육관의 확립이 우선 되어야 할 것이다.

그리고 학교에 대한 신뢰를 보내는 일이다. 이런 바탕 위에서만이 무너지고 있는 교육을 바로 세울 수 있다.

2. 부적응 현상과 자기 이해

교육이란 어떤 측면에서 현재 지각되는 자기를 갈고 다듬어서 설정해 놓은 이상적인 자기로 접근시켜 가는 과정이라 할 수 있고 그러기에 누구나 "현재의 나"(지각되는 나)와 "있어야 할 나"(이상적인 나) 사이에는 약간의 간격이 있을 수밖에 없다. 그리고 이 간격을 좁혀가기 위해 노력하고 있지만 그 격차가 너무 커서 접근이 불가능하다고 인지될 때 여러 종류의 부작용과 부적응 현상이 일어난다. 특히 꿈 많은 청소년기에는 이런 격차가 클 수밖에 없고, 이것이 적절하게 이해되지 못할 때 청소년 문제가 생길 수 있다고 생각되며, 현재의 자기를 바르게 이해하고 이상적인 자기로 접근시키기 위한 부단한 노력을 경주하도록 유도하는 것이 필요하다고 믿는다.

청소년들이 좌절감에 빠지거나 심한 열등의식에 사로 잡혀 자학행위나 자살행위를 저지르는 경우도 심한 격차 때문이고 이 격차를 좁힐 수 없다는 절망감에 빠져 내일에 대한 희망이나 기대상실에서 비롯되는 현상이다. 그리고 이 원인들은 현실적인 자기를 솔직하게 인지하고 파악하지 못하는데서 연유한다.

자신의 능력이나 성격의 장단점 등을 충분히 고려하여 실천 가능한 미래지향의 포부를 가지고 정진하는 사람을 Maslow는 건강한 성격의 소유자로 규정함에는 이런 이유 때문일 것이다. 그러나 우리의 교육 현실이나, 무조건 기대수준을 높이 잡고 그를 강요하는 가족집단, 현실적인 자기를 솔직하게 인지하는 것이 오히려 불안을 야기 시키는 결과가 될 수도 있는 사회의 역할기대 속에서 문제가 속출된다고 믿어진다. 이런 경우에 현실을 은폐하려 하거나 도피하려는 경향이 나타나게 되고 자포자기의 충동을 느끼게 된다.

즉 자기를 바르게 이해하지 못하고 있는 그대로의 모습을 받아들이지 못할 때는 심한 불안을 느끼게 되며 ① 현실에서의 도피, ② 자기나 타인을 파괴하려는 충동, ③ 현실·혐오 감등을 일으켜 현실에 적응할 수 없는 편견, 망상 등으로 발전하여 문제를 일으키게 된다. 또한 심한 열등감은 자기성장에 방해를 받게 되기 때문에 자기수용은 변화나 성장을 위한 출발점으로서 중요한 의미를 갖는다.

결국 정신이 건강한 사람은 현실의 자기를 받아들이고 그 자신에 대한 깊은 신뢰를 가지며 그 위에 새로운 자기를 설정하여 노력해 가는 사람으로 자기 영역을 갖는 주체적인 사람이다.

또 이렇게 자기수용이 가능한 자만이 타인의 수용도 가능해 지기에 사회의 구성원으로 살아가는 지혜를 일깨워 주는 일이 바로 가정에서 부모님들이 해야할 가장 소중한 일임을 알고 자기 수용능력을 키워주는 일에 관심을 기울려야 할 것이다.

3. 교사와 학부모의 책무

동물실험에서 흔히 사용하는 물이나 음식 온도 등의 조건을 악화시키면 동물은 바로 Stress를 받게 되고 이런 상태를 심리학에서는 박탈(Deprivation)이라 하여 병적 정신상태를 조장하는 중요 요인으로 지적하고 있다. 이 박탈을 Maslow는 사람이 바라고 있는 것이 이루어지지 않았다거나 얻고 싶은 것을 얻지 못한 경우라고 설명하면서 개인 생활목표, 자기존중, 자기실현 등의 기본적 욕구에 대한 위협을 받게 되면 퍼스날리티(Personality)에 중대한 위협이 되어 결국 병적인 異常 性格者가 된다고 했다. 그러기에 Maslow가 주장하는 인간의 궁극적인 목표가 자아실현에 있다면 그 전제는 올바른 자아개념이나 자기존중이 있어야 한다는 것이다. 이것이 안되었을 경우 마음이 거칠고 애정이라든가 존경 등의 적극적이고 우호적인 감정은 길러질 수 없을 것이며 불안, 시기, 질투, 증오 등의 부정적 감정이 생겨나 사회는 점차 어렵고 어지러운 사회로 발전될 가능성이 짙게 된다.

이에 세상의 교사와 부모님들은 이 퍼스날리티에 위협을 가하는 원인을 규명하고 이를 제거하여 병적인 이상성격자로 전락하는 것을 예방하고 정상적인 성장을 유지하도록 하기 위해 꾸준하고도 성실한 자기이해와 자기수용의 장을 마련해 주어야 할 것이며 그런 바탕

위에서 성실한 자기를 가꾸어 가도록 도와주어야 할 것이다. 모든 사람의 성장은 현재의 자기를 바탕으로 해서만 가능하기 때문에 있는 그대로의 적나라한 자기이해, 자기 수용에서부터 시작되기 때문이다

최근 교육이론에 주류는 가르치고 배우는 일은 가르치는 사람과 배우는 사람의 상호 균형적이고 보완적인 평등한 인간관계를 통해서 이루어지고 있다고 말한다. 그러기에 교실에서 이루어지는 교수 학습의 주체는 교사 혼자가 아니고 교사와 학생이 주체가 된다.

학생들에게도 자유로운 분위기 속에서 자기의 의견을 발표하고 토론하며 정리해갈 자유가 허용되어야 한다.

이런 상황에서 이루어지는 교사와 학생간의 관계는 인간적인 만남에서의 1 내 1의 관계여야 하고 이 같은 관계를 이해하기 위하여 교사가 학생을 바라보는 면을 하나의 직사각형의 창에 비추어 설명이 가능하다. 학생의 모든 행동은 교사가 바라보는 창 속에 비치게 되고 이를 토대로 교사는 학생을 이해하고 수용하지만 학생의 모든 면이 다 수용되고 이해되는 것은 아니다. [그림 Ⅵ-3-1]은 직사각형을 수용적 행동과 비수용적 행동 영역으로 나누어 본 것으로 위 부분은 교사가 학생의 행동을 수용할 수 있는 부분이고 아랫부분은 학생의 행동을 수용할 수 없는 부분을 표시하고 있다.

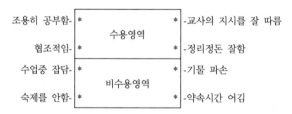

[그림 Ⅵ-3-1] 교사의 학생 행동 수용 영역

직사각형의 중앙에 있는 수용과 비수용의 경계선은 항상 가운데 있는 것이 아니라 경우에 따라서 아래와 같이 달라질 수도 있다. 즉 학생 행동을 수용하는 교사와 수용하지 못하는 교사에 따라서 다르다. 즉 한 학생의 행동에 대해서 교사에 따라서 경계선이 달라진다.

① A 교사	② B 교사
수용영역	수용영역
비 수용영역	
	비 수용영역

[그림 Ⅵ-3-2] 교사의 학생 행동 수용 영역

[그림 Ⅵ-3-2]의 A교사는 학생에 대한 교사의 수용영역이 적은 경우이다. 학생들에 대한 높은 기대 또는 부정적인 시각을 가진 교사에게서 볼 수 있다. 이런 교사집단은 학생들의 과격한 행동을 싫어하고 옳고 그름에 대한 고정관념을 가지고 있다. 학생들은 이런 교사에 대해서는 답답해하며 지배적이고 엄격한 교사로 생각하기 때문에 가능하면 피하려는 경향이 있다.

[그림 Ⅵ-3-2]의 B교사는 학생의 행동 중 많은 부분을 수용하는 교사의 창으로 수용영역이 넓어서 학생에 대해서 덜 비판적이고 융통성과 포용력이 있어 보인다. 개별적으로 더 많은 인내심이 있고 옳고 그름에 대한 자신의 견해를 타인에게 강요하지 않아서 일반적으로 원만한 인간관계를 갖는다. 사람은 누구나 많은 것을 수용해 주는 사람과의 관계를 원하지 비판적인 사람은 피하려 한다.

비판적인 교사는 판단, 비판을 함으로서 학생들의 약점이나 결점을 고쳐줄 수 있다고 생각한다. 학생들이 자기 행동에 대해서 잘 모르고 있으며 자기수정의 능력이 없으므로 교사가 자극시켜 줌으로서 변화시킬 수 있다고 믿는데서 온 생각이다. 하지만 비판이나 부정적인 평가는 학생의 약점을 드러내주고 자존심을 상하게 할 뿐 변화를 방해하게 된다고 주장한다.

이에 카운슬링 운동이나 생활지도 영역에서 언급한 대로 한 학생, 한 학생을 스스로 선택하고 결정할 수 있는 인격체로 보고 인격이 존중되는 바탕 위에서 수용적 영역을 확산해 가야 할 것이다.

Ⅳ. 학교현장에서의 인성교육의 방향

인성교육은 삶에 관한 교육이다. 그러므로 인성교육은 모든 학생을 대상으로 한다. 인성교육은 모든 학생을 대상으로 해야 한다. 이를 위해서는 아동 개개인이 무엇을 생각하고 무엇을 느끼고 있는가를 객관적으로 정확하게 파악해야 한다. 그리고 그 학생이 속한 학교 환경과 가정환경, 또래집단의 사정도 파악하여 그가 속한 환경을 개선하고, 각자가 속한 환경에 바람직하게 적응하도록 도와주어야 한다.

일반적으로 21세기 세계화 시대의 인성교육은 적어도 다음과 같은 방향으로 나아가야 할 것이다.

첫째, 인성교육은 전인교육에 충실해야 한다. 사람이 사람다우려면 머리와 가슴과 손발이 조화를 이루어야 한다. 심신의 조화는 물론 지성과 감성의 조화로운 발달이 이루어져야 한다. 머리가 좋으면서 덕이 있어 남을 위하여 더불어 살 수 있고, 감성이 세련되어 희로애락을 공감할 수 있는 사람으로 자라게 해야 한다.

둘째, 인성교육은 전 영역에서 교육해야 한다. 실천위주의 인성교육은 모든 교과활동과 특별활동 및 재량활동에서 이루어져야 한다. 수학시간에 자주와 인내와 긍지를, 사회시간에 책임과 협동과 봉사와 우리 의식 등을 기를 수 있 다. 즉 모든 교과활동에서 그 교과의 지적인 발달을 도모하면서, 그 교육과정을 사람다운 사람의 기본을 담을 수 있는 것이다.

셋째, 인성교육은 개개인의 긍지를 길러주어야 한다. 인성교육은 바른 행동의 습관과 폭넓은 마음 기르기 교육이 병행되어야 한다. 그러나 지식위주의 일제학습은 많은 아동들에게 좌절과 소외를 누적되게하여 스스로를 비하하고 나는 할 수 없다는 부정적인 태도를 심어주고 있다. 이의 개선책을 나의 마음 열기와 나의 자랑 찾기 등을 통하여 나도 할 수 있다는 긍지를 갖도록 해야 하며 아울러 자기 이해력을 높이도록 해야 한다.

넷째, 인성교육은 바른 행동의 모델이 중요하다. 실천위주의 인성교육은 행동이 중요하며, 그 행동은 행동에서 배우기 때문에 바른 행동의 모델과의 만남이 매우 중요하다. 교사와 학생, 부모와 자녀, 어른과 아이의 만남에서 어린이는 어른의 행동을 그대로 본받게 되며, 아울러 태도와 가치관까지 닮게 되므로 어른은 곧 가장 중요한 교육의 환경이 되는 것이다.

다섯째, 인성교육은 이해와 감화되도록 지도해야 한다. 지금까지의 우리나라 인성교육은 문제행동에 대하여 학교나 가정에서 꾸짖거나, 또는 아동이 하기를 바라는 행동에 대하여 무조건 제지시키는 경우가 많았다. 즉 어른의 말만 잘 들으면 착한 어린이라고 가르쳐 왔다. 그러나 인성교육에서는 왜 그렇게 하는가를 충분히 이해하도록 해야 하며, 아울러 그렇게 하는 것이 훌륭하므로 나도 그렇게 해야지 하는 마음을 갖도록 감화를 주어야 하다.

여섯째, 인성교육은 대화의 기회를 많이 갖게 해야 한다. 어른들의 잘못된 학력관으로 인해 요즈음 어린이들은 학교와 학원을 바쁘게 뛰어 다니느라 친구들과 어울릴 시간도 없고 어른들과 대화를 나눌 시간도 거의 없다. 이렇게 인간관계가 부족해서는 인성교육이 바르게 될 수가 없다. 학교와 가정에서 의도적으로 대화의 시간을 마련하여 따뜻한 마음을 나누도록 해야 한다.

일곱째, 인성교육은 좋은 경험을 많이 갖게 해야 한다. 인성은 타고나기 보다는 어떤 경험을 했느냐에 환경과 학습의 영향을 더 많이 받는다. 그리고 인성교육은 점진적이고 연속적으로 이루어지며, 성장 초기일수록 환경과 학습의 영향을 더 많이 받으므로 어릴 때 경험은 인성형성에 큰 영향을 미친다. 그러므로 학교에서는 학생들에게 좋은 경험이 될 수 있는 프로그램을 마련하여 바른 행동과 함께 더불어 사는 삶의 체험을 많이 갖도록 해야 한다.

끝으로, 인성교육은 일관성과 계속성을 유지해야 한다. '세 살 적 버릇 여든까지 간다'는 속담이 있듯이 어릴 때의 행동은 그것이 습관이 되고 성격이 되어 가치관으로 정착되기 쉽다. 그러므로 바르고 착한 행동을 하려는 실천의지를 길러주고, 그것을 꼭 실천하도록 하는 교육은 바른 습관을 길러주는 방법이 된다. 그리고 습관은 같은 환경에 적응하는 반응 행동이 언제나 같을 때 잘 형성되므로 행동이 일관성과 계속성을 유지할 수 있도록 환경을 가꾸어 주어야 한다.

V. 맺고 나오는 글

인성교육은 복합적, 종합적으로 지도되어야 한다는 것을 확인하면서 도덕과는 학교를 중심으로 하면서 동시에 가정 및 사회와 연계된 지도를 필요로 한다. 도덕과는 학생들이 도덕 수업시간에 배운 도덕적 가치, 규범을 실제의 생활 속에서 실천과 행동으로 구현하면서 바람직한 덕과 인격을 형성할 때 비로소 그 의도하는 성과를 이룰 수 있는 교과이다. 이런 점에서 도덕과 교육은 도덕 수업 시간을 넘어 일상생활을 통한 도덕 교육으로 확대, 연결되지 않으면 안 된다. 따라서, 학교를 중심으로 하면서 가정 및 지역 사회와 연계된 도덕 교육이 이루어지도록 하여야 한다.

또한 학생들은 가정과 학교, 사회생활 등을 통해 도덕적 가치, 규범을 습득한다. 그러나 이렇게 얻어진 가치, 규범들은 그것의 의미나 근거, 상호간의 관계 등을 잘 파악하지 못할 경우 서로 갈등하거나 모순된 상태로 남아 있을 수도 있다. 도덕과 교육은 바로 이것은 문제의 해결과 관련하여 특별한 기능을 수행한다. 즉, 도덕과 교육은 학생들이 다양한 장면과 계기를 통해 습득한 여러 가지 가치, 규범들에 대한 합리적 이해를 도모하고 상호 관계나 모순성을 파악하여 하나의 통합된 가치 체계를 형성하도록 돕는 가치 통합적 기능을 수행함으로써 학생들의 건전한 인격 형성에 기여하는 특성을 가지고 있는 것이다.

인성교육은 교과와 함께 다른 여러 교육활동과 다양한 체험을 통하여 복합적으로 지도되어야 한다. 따라서 고매한 인간의 바람직한 인성형성은 종합적, 통합적, 총체적 지도로서만이 가능하다고 본다. 바른 인성을 갖춘 국민이 세계화에 어울리는 문화 선진국민의 표상이고 사람 됨됨이라고 본다. 인간의 됨됨이, 이는 우리들이 살아가는데 가장 보편적인 상식수준의 삶 그 자체이고, 아주 표준의 행동 양식이라고 본다.

결국 인성교육은 보편적인 상식수준에 부응하는 사람다운 사람를 기르는 교육이다. 인성교육은 더불어 사는 공동체 사회에서 타인과 바람직한 인간관계를 유지하고 원만한 상호작용을 하는 인간다운 인간 육성을 위한 부단한 자기 수양의 과정이기도 하다.

제4장 청소년 문화와 청소년 교육의 이해

I. 들어가는 글

21세기 세계화 시대의 주역은 청소년들이다. 20세기 후반부터 거대한 트렌드(trend)로 불어닥친 세계화, 정보화, 네트워크화 등의 도도한 물결은 청소년들에 대한 사회적 인식을 크게 변화시켰다.

과거에는 청소년들을 미성숙 세대, 미래의 주인공 정도로 치부하여 왔으나 어느 사이에 우리 사회의 변화의 주체로 등장하여 주류 세대로 편입되었다. 첨단 정보통신기술 분야를 비롯하여 다양한 분야에서 청소년들의 역할을 증대되고 있으며, 초고령화 시대를 맞아서 더욱 미래 세대인 청소년들에 대한 관심이 증대되고 있다.

청소년에 대한 이해의 출발은 청소년 문화와 청소년 교육에 초점을 맞추어야 한다. 청소년들의 사고와 요구 등을 바탕으로 한 청소년 문화를 이해한 바탕 위에서 청소년 교육의 방향을 모색하는 것이 바람직하기 때문이다. 청소년기는 다른 연령기와 세대와 다른 독특한 특성을 갖고 있다. 이에 대한 이해와 탐구의 바탕 위에서 청소년에 관한 연구, 청소년에 대한 교육의 바람직한 방향을 모색하는 것이 청소년 이해의 첩경이라고 할 수 있다.

청소년기는 신체적으로 가장 빠르고 급격하게 성장하는 시기이고 심리적으로 자아의식이 형성되어 자아를 확립해 가는 시기이기도 하다. 또 자신의 화려한 미래를 꿈꾸며 급격한 지적 발달을 이루는 질풍노도의 시기이기도 하다. 따라서 청소년들은 그들의 연령대에 적합한 문화를 구축하려 하고, 그에 적합한 교육을 기대하고 있다. 청소년의 문화와 청소년 교육이 중요한 것도 청소년들에 대한 맞춤 이해, 맞춤 교육이 필요하기 때문이다.

II. 청소년의 특성

1. 생물학적 이해

청소년기는 생물학적으로 급격한 변화를 보여 주는 시기로 청소년기의 성장은 다른 단계와 구별될 정도로 급격한 신체변화를 보인다. 신장과 체중, 간과 신장 등을 포함한 일반

곡선은 서서히 증가하다가 12세경 급격한 변화를 보이는데 이를 청소년기 성장급등이라고 한다. 청소년기에 급격히 증가하는 성호르몬의 영향으로 청소년기에 극적인 성장을 하게 된다. 두뇌곡선은 두뇌, 눈, 귀 등의 발달을 포함하는데 다른 어느 부분보다 일찍 성장하여 아동기에 이르면 거의 발달을 완성하게 되는데, 이는 머리 부분이 다른 부분보다 먼저 성장한다는 두미(cephalocaudal)발달원칙의 영향 때문이다.

청소년기를 거쳐 외형적으로 남성과 여성의 신체적인 변화가 뚜렷해지는 제2차 성 특징이 분명하게 나타난다. 성적인 성숙이 나타나 여성의 초경은 가임능력이 있다는 증거가 되며 남성 또한 그러하다. 이러한 신체발달에 심리적 성숙이 따르지 못하면 많은 청소년 문제를 야기할 수 있다.

2. 심리적 이해

불안과 분노의 감정과 상관이 깊으며 사춘기에는 자신의 요구가 방해를 받게 되면 나타나는 정서인 분노가 심하다. 청소년기에 이루면 자신의 현 존재의 뿌리로써 과거와 이상적인 모습으로 미래를 생각하기 때문에 이상을 설정하게 되지만 현재와 이상 간의 모순이 존재함을 알고 번민에 빠지기도 한다. 그러나 청소년 후기에 이르면 점차 자기의 이성과 현실 간에 적절한 행동적 균형을 취할 줄 알게 되어 점차 관용을 갖게 된다. 청소년기는 자기중심적이다. 자기중심성이란 자기의 사고가 지향하는 대상이면 모든 사람들이 똑같이 관심을 가질 것이라는 착각과 자신만이 특별한 존재이므로 자신의 감정이 특이하고 유일하다고 생각하는 개인우화에 사로잡힌다. 그러나 이러한 자기중심성도 청소년 후기에는 사라지고 자신의 개인성이 출현하여 점차 주변에 너그러워진다.

유아기에는 남녀 유아가 잘 어울려 놀지만 아동기에 이르면 서로 잘 다투고 싸운다. 성적 혐오기(11~13세경)가 오면 사춘기 초기로서 이성과 함께 놀거나 일하는 것을 꺼리게 된다. 그러나 애착기(15~17세경)가 오면 성적 변화에 대한 두려움과 당혹감이 사라지게 되므로 애착의 대상을 추구하는 시기가 온다. 이성애(16~17세경)는 영웅 숭배와 비슷한 것으로 송아지사랑이라고도 한다.

청소년은 성인으로 대우받으면 긍지를 느끼면서 자신의 모든 생활에서 자기 능력과 역할을 실험한다. 그러나 새로운 특권을 즐기려 하면서도 그에 수반되는 책임을 회피하려는 성향이 나타나는 특징을 보인다. 자신이 없으면 부모에게 의존하려 하고, 권리와 이익이 따르는 경우에는 독립하고 싶어 하는 양립적 감정이 청소년기의 특징이다.

3. 행동적 이해

행동상의 특징적 변화로는 피로감과 게으름을 들 수 있다. 사춘기에는 사회적 충돌을 자주 야기하며 자아의식이 강화되어 사람과의 대면이 불가피할 때는 무비판적 수용보다는 비판하고 항거하려 든다. 사춘기의 청소년은 침착성이 부족하고 권위에 반항하며, 또한 자신감의 결여로 일상적인 사태에서도 용기를 잃고 주저하기도 한다.

4. 사회적 이해

① 제2차 성 특징은 청소년의 성에 대한 태도와 가치관의 형성에 영향을 미친다. 즉 성격 및 사회성의 발달에 방향을 결정해 주는 것이 곧 여러 가지 2차적 성 특징이 된다.
② 이 시기의 성적 조숙은 성격 및 사회성 발달에 영향을 미친다.
③ 외형적으로 나타나는 성적 변화는 체격과 외모의 변화가 되기 때문에 지도성, 열등감, 대인관계의 기피현상 등 성격이나 사회성의 발달에 영향을 미친다.
④ 사춘기에는 자기 조절의 발달과업이 요구된다. 적절한 운동으로 몸의 건강과 자세의 균형과 조화가 이루어져야 한다.
⑤ 사춘기에는 동료와의 동일시와 자아의 재체제화를 발달과업으로 한다. 아동기를 벗어나 청소년다운 자아의식을 갖추고 이에 걸맞은 언행, 행동, 태도 및 사고를 할 수 있어야 한다.
⑥ 사회적 흥미 활동은 사회적 민감성을 키우는 발달과업이 된다. 몽상이나 백일몽에만 빠지지 않도록 동료집단과 그들과의 사회생활에 관심을 확장시켜야 한다. 또한 청소년기는 집단정체감을 갖고자 한다. 동료의 관심과 주의에 예민하여 자신의 발전에 유익한 기회로 활용한다. 그래서 청소년들의 특이한 문화를 형성하여 상호 영향을 두고받게 된다.

Ⅲ. 청소년 문화의 이해

1. 문화의 의미

일반적으로 문화(culture)란 라틴어의 culture, 즉 '경작과 재배'란 뜻으로부터 파생되었다. 농업기반 사회에서 '경작하다', '재배하다'란 말의 의미는 당시의 인간행동의 가장 중요한 원형으로, 이는 곧 인간생존과 생활 전반을 가늠하는 용어이다. 그래서 문화의 현재적 의미와 같은 맥락에 서 있는 문화의 원뜻은 인간의 작용과 그에 따른 변화의 산물을 총칭하는 것으로 이는 곧 인간이 이루어 낸 모든 역사적·사회적 산물을 의미한다.

문화에는 두 가지 큰 뜻이 내포되어 있는데, 하나는 좁은 의미를 가진 문화로 사회 성원의 다수를 차지하고 있는 일반 서민들의 일상적 생활 관행과는 동떨어져서 특수 계층이나 소수의 부류들이 즐겨 찾는 품격 있는 취미나 취향, 더 나아가 아주 특정인들만이 즐기며 해낼 수 있는 예술적인 취향과 성과를 지칭한다. 또 다른 하나는 넓은 뜻을 가진 문화로 사회성원들을 일정한 기준, 즉 출신지역별·민족별·세대별·계층별·학력별 등으로 구분하여 집단화시킬 때, 각각의 집단이 다른 집단과는 구분되는 삶의 총체적 유형을 지칭한다.

2. 문화의 특성

가. 상호 유기성

문화는 그것을 구성하는 요소들 간에 상호 유기적 관계를 이루면서 전체로 나타난다. 문화를 구성하는 요소들 간에 아무런 관계없이 독립적으로 존재하는 문화는 하나도 없다. 최근 들어 정보통신 기술의 발달로 모두가 개인 휴대전화를 갖게 됨에 따라 사회에서 개인주의가 더욱 심화되면서 새로운 인간관계가 형성되고 있다. 또 서양에서부터 발달한 '악수'문화는 단지 예절로서의 의미를 가진 것이 아니라 '칼'이라는 무기문화와 관련이 있다. 악수는 중세 기사들이 자신의 오른손에 칼을 들고 있지 않음을 나타내는 '선린우호'를 표현하는 수단이었다. 이렇듯 '악수'라는 예절문화 이면에는 '칼'과 관련된 전쟁문화가 숨어 있는 것이다. 따라서 사회의 각 영역은 개별적으로 발전하는 듯이 보이지만 어느 한 부분에 변동이 생기면 다른 부분에도 영향을 끼치게 된다.

나. 역사성

문화는 오랜 역사적 과정 속에서 인류가 창조해 낸 역사적 산물이며 사회경험의 축적물이다. 오늘날의 문화는 하루 이틀 이루어진 것이 아니라 인류문화를 통해 수 세기 동안 축척되어 온 결과인 것이다. 따라서 문화가 이러한 인류역사의 축척물이라는 성질을 가지고 있기 때문에 사라들은 문화를 사회적 유산(social heritage)이라고 부른다.

다. 상대성

사람들이 제 나름대로의 사고방식과 행동양식을 가지고 살아가듯이 삶의 총체적 유형으로 나타나는 문화 역시 다양한 형태를 띠고 있다. 따라서 학자들은 문화를 연구할 때 그 사회의 구체적 맥락을 고려하는 것이 매우 중요하다고 강조한다. 이와 같이 한 문화의 고유성과 독창성, 역사성을 존중하고 타문화를 자기 시각에서 가치평가하지 않는 것을 문화상대주의라 한다. 흔히 문화의 다양성과 상대성을 무시하고 자기 민족 중심적으로 문화를 이해하려 할 때는 문화우월주의에 빠질 수 있다.

라. 공유성

아무리 위대한 사람이라 할지라도 독자적인 행동이나 노력으로 문화를 바꿔 놓을 수 없다. 개인이 행하는 행위는 단지 개인적 습관일 뿐이지 문화로 간주되지는 않기 때문이다. 그러나 개인의 행태가 사회의 다른 성원들에게 의해 공유되었을 때 우리는 그것을 문화라 부른다. 공유된 문화로 인하여 사회 성원은 서로가 서로의 행동에 대해 예측할 수 있으며, 이로써 사회생활이 가능해진다. 하지만 문화의 공유성으로 인해 사회 성원의 사고와 행동이 상당히 제한을 받기도 한다.

마. 학습 가능성

문화가 공유되는 것이라 하여 유전적으로 물려받은 생물학적 특징까지 문화라고 하지는 않는다. 사람은 출생 시 자연 그대로의 상태에 있다. 태어날 때부터 문화를 몸에 익히고 나오는 것이 아니라 단지 문화를 배울 수 있는 능력만을 갖고 나올 뿐이다. 문화는 사람의 성장과정에서 인간 상호작용을 통해 학습되는 것이다. 이러한 문화의 학습수단으로는 가정교육이나 친구들과의 놀이와 같은 비공식적 수단과 학교교육이나 직업훈련을 통한 공식적 수단이 있을 수 있다. 결국 사람은 출생 후 개인이 영위하는 사회생활의 맥락 속에서 문화를 습득하는 것이며, 문화는 학습과정을 통해 전승될 수 있다.

바. 변화 가능성

문화가 유지되고 전승되는 데는 어느 정도의 규칙성이 있으나, 고정불변의 것이 아니라 시간의 경과에 따라 점차 변화한다. 일상생활에서 직면하는 문제에 대해 방식으로 해결을 시도하면서 보다 더 효과적인 방식이 구성원들에게 널리 확산되어 낡은 방식과 대체되는 과정에서 인류문명에서 발달되어 왔다. 두 개의 서로 다른 유형의 문화가 서로 접촉하여 전혀 다른 문화를 만들어 내기도 하며, 여러 세대에 걸쳐 문화를 전수함으로써 문화의 변화를 일으키기도 한다. 변화하려고 하는 문화요소들에 대해 이를 억제하는 요인들도 있다. 브라운(FJ. Brown)은 문화병동에 대한 저항요인으로서 세대의 중복, 문화의 타성, 기득권, 문화적 고립 등을 들고 있다.

Ⅳ. 사회 변화와 청소년 문화

1. 청소년 문화의 구성 요소

문화는 수많은 요소로 구성되어 있다. 이 구성 요소들을 음악의 연주곡목에 비유하여 인류학자들은 문화 레퍼토리(culture repertoire)라고 부르기도 한다. 사람들은 이 문화 레퍼토리에 의하여 사고하고 행동하게 된다. 문화 레퍼토리로서 가장 주요하게 꼽히는 것으로는 가치, 규범, 상징, 언어, 이데올로기 등을 들 수 있다.

가. 가치

가치란 옳고 그름, 선과 악, 바람직한가 바람직하지 못한가의 문제에 대해 보통 사람들이 가지고 있는 평가기준이나 신념체계, 그리고 행동을 지배하는 중요한 감정의 체계를 말한다. 하나의 사회에는 그 성원들 사이에 공유된 가치가 있기 마련이다. 사회집단의 각 영역에 따라 어떤 가치관을 갖고 있는가를 측정하기란 매우 어려운 일이지만 학자들은 모형을 만들어 이를 시도하고 있다. 지금까지 제시된 가치관의 모형을 널리 알려진 것은 클럭혼(F. Kluckhohn)의 가치지향성 이론, 스핀들러(G. Spindler)의 가치구조 이론 등이 있다.

나. 규범

사회성은 가치에 입각하여 주어진 상황에서 옳고 그른 것의 규칙을 만들고 그것을 체계화시켰다. 이런 행위규칙을 일컬어 규범이라고 한다. 즉 규범은 사람들이 다른 사람과의 관계에 따라야 할 규칙을 뜻한다. 규범에 따라 사람들은 특정한 상황에서 해야 할, 또는 해서는 안 될 기준을 제시받을 뿐만 아니라 상대방이 나의 말과 행동에 대해 어떻게 반응할 것인지를 예견할 수도 있다. 따라서 규범은 고도의 사회성을 가지게 된다. 가치가 추심적인 수준에서 행동의 방향을 설정해 준다면 규범은 행동의 구체적인 지침을 제공해 준다. 또한 가치에는 벌칙이 따르지 않는 반면, 규범을 위반할 때는 일정한 사회적 제재가 내려지게 된다.

다. 상징

상징이란 의미를 나타내는 대상물이나 몸짓, 소리, 색깔 또는 디자인을 말하는 것으로 예를 들어 십자가, 태극기 같은 것이다. 상징은 다분히 자의적이며 상대적인 성질을 갖기 때문에 의미부여가 매우 중요하다.

라. 언어

언어는 집단의 산물이며 표준화된 의미를 가진 발음 형식으로서 사회적으로 구조화된 체계이다. 상징으로서는 언어는 단순히 의사소통 이상의 기능을 수행한다. 비록 언어가 인간 사회의 산물이기는 하지만 일단 하나의 언어 체계로 정형화되면 이는 사회 성원들의 생각과 행동에 영향을 미치는 관념화 기능을 수행한다. 즉 언어를 통해 개인의 욕구에 필요한 다양한 환경요소들을 서로 결합시킬 수 있다. 사회성원들이 어떤 언어를 사용하느냐에 따라서 대상 세계를 인식하는 방법과 이를 해석하는 관점도 달라진다.

마. 이데올로기(Ideology 이념)

이데올로기(Ideology)란 사람이 사고 특성의 일반적 태도, 특히 조직인의 구체적인 체제를 지원하는 이념이나 가치를 말한다. 신념체제로서의 이데올로기는 문화의 근본문제에 대한 방향 지시적 역할을 담당한다.

2. 사회변화와 청소년문화

청소년기와 청소년문화의 출현과 발전은 사회 역사적 산물이며, 특히 근대산업 사회의 출현 및 변화과정과 밀접하게 관련되어 있다. 과거의 청소년 문화에 대한 접근방식과 관점으로는 이러한 변화의 원인, 특성, 방향을 이해하는 데 어려움을 줄 수 있다. 그러므로 이 시점에서의 청소년 문화연구는 새로운 그릇과 틀을 요청하고 있다고 볼 수 있다.

이러한 시대적 요구를 파악하기 위해서는 최근 청소년들이 보여 주고 있는 삶의 모습과 스타일들을 살펴보아야 할 것이다.

가. 새로운 생활양식

① 팬덤(fandom): 팬(fan)과 무리를 뜻하는 덤(dom)의 합성어이다. 최근 점차 조직화되고 권력화되어 가는 양상을 보인다.

② 팬픽(fanfic): fan-fiction의 줄임말로 펜들이 자신이 좋아하는 스타를 주인공으로 온라 인상에서 소설을 쓰는 것이다.

③ 코스프레(cospre): 복장과 놀이의 합성어로 대중스타나 만화 캐릭터들의 외모와 제스처를 똑같이 흉내 내는 놀이이다.

④ 아바타(avatar): 아바타는 분신, 화신을 뜻하는 말로 사이버 공간에서 사용자의 역할을 대신하는 애니메이션 캐릭터를 말한다.

⑤ 모바일(mobile): 휴대용 컴퓨터와 보조 장비를 사용하여 장소에 구애받지 않고 이동하면서 자유로이 컴퓨터 업무와 네트워크를 접속할 수 있는 컴퓨터 환경을 말한다.

⑥ 포틴스데이(fourteenth day): 매월 14일을 젊음이(청소년)들이 주제를 정하여 기념으로 간주하여 다양한 행사가 이루어지는 것을 말한다.

나. 사회변화와 청소년의 생활방식

1) 포스트모던적 분열현상

포스트모더니티와 관련된 다양한 논의와 관점 속에서 공통적으로 발견되는 것을 이질화(heterogeneous)가 세계적 양상으로 진행되고 있다는 것이다. 사회는 더 이상 의미 있는 사회행동을 할 수 있는 사회계층이나 개인들의 결함이 아니라 각 개인이 대량 생산되는 이미지를 소비함으로써 개별성을 표현하는 곳으로 묘사되기도 한다.

2) 위험사회

벡(Beck)은 위험을 현대 사회의 한 가지 속성으로 설명하며 앞으로 '부'의 생산이 아닌 '위험'의 분배로 삶의 질이 결정될 것이라고 지적하고 있다. 얼마나 부를 획득하느냐가 아니라 얼마나 위험에서 멀리 있을 수 있는가가 주요 관심사가 됨을 의미한다. 즉 기존의 계층, 가족 등의 영향력이 감소하고 삶의 방향 설정에 있어서 책임의 폭이 넓어지면서 겪게 되는 위험요인을 강조하고 있다.

한편, 기덴스(Giddens)는 새로운 사회현상들은 고도의 근대화 현상으로 지칭하면서 이것을 불확실성이라는 특징을 가진다고 보았다. 그리고 위험사회란 개인의 행위과정이 무제한의 잠재가능성을 가짐으로 인해 자기회의와 불안의 상태에 직면하게 되는 상황임을 지적하고 있다.

3) 세계화

기덴스(Giddens)는 '세계화'를 각각의 지역적 사건들이 원거리에서 일어나는 사건들에 의해 상호 영향을 받는 형태로 원거리 지역이 연계된 전 세계적 사회현상을 설명하는 말로 제시하고 있다. 이러한 세계화의 특성을 시간·공간의 압축성이라는 두 가지로 구분하기도 한다. 전자는 글로벌 자본주의에 의해 생산의 세계화와 단기적, 대량적 생산과 파괴의 현상 등 전 세계적으로 발생하는 변덕스럽고 급격한 시장 변화가 공간을 초월해 압축적으로 나타나는 현상을 의미하며, 후자는 작은 지역단위와 넓은 세계단위의 상호작용에 초점을 두고 있다.

이러한 세계화 현상은 청소년의 삶에 지대한 경제적·문화적 영향을 미치고 있다. 즉 청소년들이 글로벌마케팅의 주요 고객과 대상이 되고 있을 뿐 아니라 청소년들로 하여금 소비 중심의 라이프스타일을 조성하도록 하는 기반을 제공하고 있다.

다. 사회변화가 생활양식에 미치는 영향

첫째, 청소년의 삶의 양식이 개별화되고 있다. 개별화 현상은 이기적이고 자기중심적인 개인주의가 아니라 각 개인들이 집단적 제약으로부터 벗어나 자유로워지는 과정을 의미한다고 볼 수 있다. 즉 개인의 선택과 참여, 그리고 그에 대한 책임 등이 개인이 속한 집단적 구조와 속성에 따라 구속되거나 좌우되는 것이 아니라 개인별 판단, 결정에 좌우되는 특징을 일컫는다.

청소년 문화 속에 형성되는 개별화 현상을 집단성이나 공동범주들이 해체되어 가고 있으며, 미디어 시스템은 전 세계적 음악 표현이나 패션 스타일을 전파시킴으로써 청소년들로 하여금 지역별 환경의 구속이나 의식들로부터 벗어나게 하기 때문이라고 볼 수 있다.

둘째, 청소년 경험의 이러한 개별화 현상은 이제 탈지역적이며 세계화적 현상을 보여 주고 있다. 글로벌 매스미디어의 영향으로 개별화의 전 세계적 과정이 진행되고 있다. 청소년들은 마치 슈퍼마켓에서 물건을 집어내듯 각각의 개별적 의미 있는 문화 경험을 선택하며 소비한다.

셋째, 탈지역화되어 가는 청소년들의 개별화 현상 이면에는 청소년들이 직면하거나 정서적으로 느끼는 사회적 '위험' 요소들이 존재해 있으며 연관되어 있다. 삶의 개별화 과정은 청소년의 모습을 좀 더 자립적, 자기 결정적, 자아실현적 특징을 보여 준다. 그러나 이러한 변화 이면에는 사회 내 위험 요소가 청소년들을 점점 더 고립시키는 양상을 보여 주고 있다. 이제 청소년들은 공식적 또래 그룹이나 하위문화로부터의 지지와 동조, 연대들을 기대하기 어렵고 고립되어 스스로의 결정, 판단을 주도하는 대신 결과에 대한 책임과 비난도 스스로 감당해야 하는 심리적 함정에 처해지는 위기를 맞이하게 되었다.

넷째, 청소년 삶의 개별화와 세계화 또 그와 연계된 위험과 불안요인의 증가는 청소년의 자아 인식 및 사회인식에 나타나는 인식론적 오류를 보여 주고 있고 청소년 삶의 모순성을 드러낸다.

푸롱과 카트멜(Furlong & Cartmel)은 청소년과 관련된 노동시장, 학교, 여가 및 소비생활 등 각 부분에 관한 경험적 연구를 통해서 청소년들이 과거에 비해 계층이나 가족관계 등 제1차적 집단의 지배와 간섭 혹은 그로 인한 제한들을 덜 받게 되어 비교적 자율적·자립적 선택과 결정의 폭이 넓어지고 있는 것은 사실이지만, 실제 객관적 현실에서는 여전히 이러한 집단의 구속력이 작용하고 있음을 밝히면서 청소년들이 주관적으로 자신들이 개별화되었다고 느끼는 정도와 실제 객관적 상황 사이에는 많은 거리가 있게 되고, 이것을 청소년들의 '인식론적 오류'에 의한 것이라고 주장한다. 이러한 인식론적 오류와 삶의 모순성이 시사해 주는 바는 아직 현시대의 청소년의 사회적 위치 설정과 자리매김이 애매모호한 상태에 있다는 점이다. 과거 근대 사회에서 그랬듯이 '의존'과 '자립'선상에 어정쩡하게 위치한 주변인적 이미지로부터 청소년들이 아직 탈피하고 있지 못한 채, 표면적으로만 또 주관적으로만 자립인, 자율인의 감각을 느낄 뿐 더 크고 위험한 미디어 같은 대체권력과 간교한 상술에 취약한 존재들로 살아가고 있음을 시사해 주고 있다.

청소년들은 정형화되고 일상적인 현실에 대한 불만을 사회변화와 대중문화 향유를 통해 심리적으로 보상받고 위로받고자 한다. 청소년 문화는 신들의 꿈을 실현하는 대리적 창구로 이용하거나, 현실의 고통이나 갈등을 유예하는 기제로 사용하기도 한다. 특히 청소년기는 사회변화를 바탕으로 개인적으로는 이 시기는 심리적 긴장과 갈등, 그리고 이들이 처한 현실세계의 억압된 불만과 욕구를 대리적으로 해소하거나 혹은 도피하는 현상으로 이해된다.

V. 환경과 청소년 문화

1. 사이버공간과 청소년 문화

컴퓨터와 인터넷 활용을 중심으로 한 정보화 사회의 발전은 우리의 일상생활과 기업활동, 조직운영, 정부의 역할과 기능에 변화를 가져왔으며 다양한 즐거움을 제공해 주었다. 청소년들에게 인터넷은 중요한 정보제공인 동시에 의사소통의 수단, 자신의 감정을 표현하는 가상의 생활공간으로서 단순한 호기심의 대상에서 일상생활의 중요한 영역을 차지하고 있다.

사이버공간에서의 문화활동은 비선형적이고 개방적인 온라인 네트워크의 기술적 특성으로 인해 문화생산과 문화향유 간의 역동적인 상호작용이 가능하도록 만들며 탈중심적이고 다원적인 속성을 통해 문화생산과 문화향유의 경계를 허문다. 사이버 공간에서의 교류와 만남은 청소년들이 자신의 생활방식과 삶의 의미 체계, 즉 넓은 범위에서의 문화를 형성하는 데 영향을 주게 된다.

현실공간과 다른 익명성(匿名性)과 개방성(開放性)을 지닌 사이버공간은 청소년들에게 또 다른 영역이다. 이러한 사이버공간은 청소년들에게 인터넷 중독이나 사이버 범죄 등의 부작용을 가져오기도 한다. 인터넷의 중독적인 사용은 청소년의 비행에 직접적인 영향을 주며, 특히 청소년의 가족, 학교, 사회영역에서 모두 문제 행동에 강한 영향력을 미치는 것으로 나타난다. 따라서 치료적 집단활동을 포함한 다양한 프로그램이 개발 실행되어야 하며, 예방적 차원에서 일반 청소년들을 대상으로 한 인터넷 교육이나 컴퓨터의 기술적 측면의 교육뿐 아니라 네티켓 등과 같은 다양한 교육 프로그램이 개발되고 활성화되어야 할 것이다.

2. 대중매체와 청소년 문화

산업화와 도시화 등 사회의 급격한 구조적 변동과 이러한 변동을 감당할 만한 대안적 가치관이 부재한 요즈음의 우리 사회에서는 날로 포악해지는 범죄 현상과 더불어 더 심각성이 증폭되고 있는 청소년 비행의 문제가 사회 문제로 확대, 심화되어 위기감마저 불러일으키고 있다. 청소년 비행의 문제는 많은 사회적 특성과 문화적 요인에서 발생하고 있지만 청소년의 가치관에 상대적으로 많은 영향을 미치는 대중매체의 환경은 가히 위협적이다.

증대되고 있는 현대 사회의 청소년 비행의 특성, 원인, 정도에 관한 대부분의 정보가 매스미디어를 통해 유포되고 있고, 그 같은 비행을 뉴스로 다룸으로써 비행에 관한 수용자의 주의력, 공포감, 참여감 혹은 기대감을 조장할 수 있다는 점이다. 비행에 관련된 매스미디어의 영향의 제반 가능성, 즉 감각을 문화시키고, 가치기준의 저하, 현실을 왜곡, 범죄기술의 전파 등 비행행위의 직접적 동기가 될 수 있는 가능성이 크다. 특히 텔레비전 매체는 교육수준과 무관하게 전 연령층에 쉽게 수용될 수 있다는 특성과 함께 프로그램 내용의 많은 부분이 폭력이나 그와 유사한 내용이 공유된다.

일반적으로 바람직한 대중매체 환경을 조성하기 위해서는 다음과 같은 점을 고려해야 한다.

첫째, 대중매체는 청소년의 가치관을 선별하여 '인간화'라는 맥락에서 주체·자주의식, 창조, 발전의식, 질서·협동의식을 바탕으로 전인적 도덕적 인간상으로 정립되어야 한다.

둘째, 청소년들이 독특한 정서와 그들만의 문화를 개발, 발전시킴으로써 건전한 청소년 문화를 구축하여 널리 보급해야 한다.

셋째, 청소년들로 하여금 전통문화에 대한 이해와 의식을 고양할 수 있도록 다각적인 모색이 요구된다.

이를 위해서는 미디어 자체에 대한 보다 근원적이고 포괄적인 교육의 필요성이 제기되는데 교육을 통해 수용자의 자질을 높이게 되면 자연히 매스미디어는 단계적이고 하나의 목표만을 제시하는 편협성에서 탈피하여 다양하고 폭넓은 내용을 통해 질의 향상을 위해 노력하게 될 것이다.

3. 청소년 문화정책

오늘날 청소년들의 활동에서 차지하는 문화의 비중은 절대적으로 주요하며 미래가 문화의 시대가 된다는 주장을 수용한다면 청소년 정책에서 문화정책이 갖는 의미는 대단하다. 2000년대 이루 청소년 문화 정책의 주요 목표는 청소년 수련시설의 확충, 청소년들의 국제교류 활동 증진, 문화예술 활동 증진 등이 주를 이루고 있다.

가. 청소년 수련활동 지원정책

청소년 수련활동은 청소년의 균형적 성장을 위하여 청소년의 능동적 참여에 기초를 두고 생활권 또는 자연권에서 심신을 단현하고 자질을 배양하며 다양한 취미를 개발하고 정서를 함양할 뿐만 아니라 사회봉사활동을 통해 배움을 실천하는 조직적인 체험활동을 말한다. 그러나 청소년 수련활동의 기반이 되는 청소년 수련시설, 지도자 및 수련거리의 부족과 학교 중심 교육제도의 사회적 제약 등으로 대다수 청소년들이 다양한 수련활동에 참여하지 못하고 있는 실정이다. 이에 따라 문화체육관광부에서는 수련거리 기본형을 개발하고, 수련시설을 확충하며, 지도자를 양성하는 등 청소년 수련활동을 활성화하는 정책을 적극적으로 추진하고 있다. 아울러 수련활동 활성화를 위해서는 우리의 교육현실 아래에서 내신반영 등 입시와 관련된 방안모색이 오히려 가장 효과적이고 현실적인 대책이 될 수 있을 뿐만 아니라 진학·취업전형 시 영어·수학 등의 학업성적에 비해 균형된 가치관, 풍부한 정서, 다양한 체험활동 등을 내용으로 하는 수련활동 실적을 그 전형기준으로 삼는 것이 바람직하다. 현행 청소년기본법의 수련활동의 한 영역으로 이미 예시되어 있는 '봉사활동'의 경우 1995. 5. 31. 교육개혁조치에 의해 학교생활기록부 기재를 통해 성적화되고 있다.

나. 청소년 국제교류에 관한 정책

청소년 국제교류의 목적은 우리나라 청소년들이 외국 청소년들과의 교류활동을 통하여 다양한 문화를 체험하고, 국제 감각을 익힘으로써 21세기를 이끌어 갈 세계시민으로서의 인격과 자질을 함양하도록 하는 데 있다. 이를 위해 정부에서는 '국가 간 청소년 교류', '국제 청소년 행사 개최', '청소년지도자 및 청소년 해외 연구' 등 다양한 국제교류사업 프로그램을 개발하여 추진하는 한편, 민간 차원에서의 다양한 국제교류가 활성화될 수 있도록 정책 지원을 강화해 나가고 있다.

다. 청소년 문화예술 정책

문화체육관광부는 입시 위주의 교육풍토에 대응하여 청소년의 문예활동을 제도적으로 육성하고자 한다. 특히 1992년부터 교육부와의 협조를 통해 청소년 문예활동 교육의 제도화 시책을 지속적으로 추진하고 있다. 이 밖에 1990년대 이후 '모든 국민에게 문화를'이라는 새로운 문화정책을 수립하면서 문화예술교육을 통한 국민정서 함양과 올바른 가치관 및 도덕성을 회복하고자 문화학교를 개설하게 되었다. 지역주민을 위해 각 지역의 공공도서관, 박물관, 문화원을 대상으로 지역 문화학교를 설치하여 향토사, 문학강좌, 독서교실, 컴퓨터교실 등 다양한 청소년 강좌가 마련되어 있다.

라. 청소년 문화정책의 과제

오늘날 청소년들을 둘러싼 삶의 여건은 크게 변하고 있다. 무엇보다도 노동시간의 단축과 비노동시간의 증가, 정보사회의 심화, 그리고 문화를 중심으로 하는 산업구조로의 변화 등이 이미 가시화되고 있으며, 이러한 변화는 청소년들의 현재와 미래에 중요한 의미를 줄 것이다. 이것은 결국 청소년정책이 주로 담당해야 하는 과제가 될 것이며, 그중에서도 문화 정책의 중요성이 특별히 강조되어야 할 것으로 보인다.

과거 청소년 정책의 전개과정은 체육이나 극기 훈련 중심의 수련에 대한 강조와 전통문 화에 대한 이해를 통한 청소년 문제의 해결, 그리고 다가오는 문화의 세기에 부응하기 위 한 문화감수성의 함양을 지향하는 정책이라 할 수 있었다. 그러나 이제 청소년 문화정책에 대한 내용이 보다 체계화되고 구체화될 필요성이 있다. 특히 문화적 감수성의 중요성의 중 요성과 같은 과제는 청소년들의 일상에서 함양될 수 있도록 구체적인 프로그램화가 무엇 보다도 중요하게 다루어져야 할 것이다.

Ⅵ. 청소년 교육의 특징

청소년은 청소년 문화를 갖고 있다. 일종의 연령대별 또래문화를 존중하고 있는 세대이 다. 이러한 청소년들에게 청소년 교육을 올바르게 하는 것이 아주 중요하다. 미래의 주역인 청소년들이 올바른 청소년 교육을 받고 차세대에 건전한 민주 시민으로 성장할 때 사회와 국가는 더욱 융성할 수 있기 때문이다.

사실 청소년교육은 한 마디로 설명하기 어려운 복합성을 띠고 있다. 청소년교육은 학교, 가정, 지역사회에서 다양하게 전개되고 있다. 청소년교육은 학교만의 전유물이 아니다. 청 소년들은 아직 미성숙한 상태이기 때문에 사회적응력을 고양하기 위해서 청소년교육의 필 요성이 더욱 증대되고 있다. 이러한 청소년교육의 특징은 다음과 같다.

첫째, 청소년교육에 대한 사회적 무관심이 상존하고 있다. 청소년교육에 대해서 사회의 모든 영역에서 책임을 전가시키는 경향이 있다. 특히 청소년교육은 학교교육에 흡수되어 있다는 오해를 하고 있다.

둘째, 청소년은 미래의 주역이므로 더불어 살아갈 수 있는 핵심역량을 배양하는 교육으 로서 아주 중요하다. 우리 사회에 팽배한 출세만능주의, 배금주의(拜金主義) 등을 배격하고 진정으로 사람과 사람, 인간과 인간 사이의 정과 사랑이 넘치는 소통교육으로서 청소년교 육이 중요하다.

셋째, 청소년기는 인생에서 가장 발달과 성장이 왕성한 시기이다. 따라서 성인들의 주된 관심을 청소년들에게 주목되도록 하기 위해서도 청소년교육이 중요하다.

넷째, 청소년교육은 청소년들의 잠재력과 잠재적 가능성을 계발하는 데 초점을 맞추어야 하므로 중요하다. 학생들과 청소년들에게 내재된 잠재력, 잠재적 가능성 등 무한한 가능성을 일깨우는 것은 정규 학교교육만으로는 역부족이다. 사회교육, 평생교육을 포함한 청소년교육이 이를 뒷받침해야 한다.

VII. 맺고 나오는 글

일반적으로 청소년기는 질풍노도의 시기라고 한다. 신체적·심리적·정신적 발달과 성장이 최고조에 이르고 사회 문제에 대한 다양한 고뇌가 점철되는 시기이다.

미래 세대의 주역인 청소년들은 그들만의 독특한 특성과 문화를 갖고 있다. 청소년교육은 이와 같은 청소년 문화와 요구 등 청소년들이 바라는 것을 이해한 바탕 위에서 이루어져야 보다 효과적이다. 청소년 문화는 청소년기를 거치는 청소년들이 경험하고 겪는 그들만의 다양한 생활방식과 환경을 의미한다. 청소년교육은 이와 같은 청소년들에게 미래의 주역으로서 역할과 기능을 다할 수 있도록 자질과 능력 등을 교육하는 것이다.

특히 청소년교육은 질풍노도처럼 변화 발달, 그리고 성장이 최고조에 이른 시기에 청소년들의 삶을 보다 체계적이고 과학적으로 이해하고 지원하는 데 초점을 맞추어야 한다. 청소년 발달과 문화를 이해하고 그들이 바라고 요구하는 다양한 기대를 충족시킬 수 있도록 맞춤형으로 지원하는 데에 청소년교육의 초점을 맞추어야 할 것이다. 특히 청소년교육은 청소년들을 성인의 눈으로 바라보는 것이 아니라, 청소년의 입장에서 청소년의 눈높이에서 접근하는 것이 그 출발점이라는 점을 간과해서는 안 될 것이다.

미래 사회의 주역은 오늘의 청소년들이다. 따라서 기성 세대들인 교원, 학부모, 지역 인사들은 청소년들이 아무런 걱정 없이 하고자 하는 꿈과 귀를 펼칠 수 있도록 보듬어주고 배려해 주어야 한다.

오늘의 청소년들은 우리 모두의 자녀이고 자랑스런 대한민국의 아들, 딸들이기 때문이다. 그들이 마음껏 꿈과 귀를 펼칠 수 있도록 배려해 주어야 할 책무가 오늘날 우리 기성 세대에게 있다는 점을 간과해서느 안 될 것이다.

제5장 미래사회 지도자의 자질 함양을 위한 청소년 단체활동의 이해

Ⅰ. 들어가는 말

과거의 청소년들은 학교라는 구조적 틀 안에서 사회적 역할과는 분리되어 공부만 하면 되는 존재였다. 즉 공부를 위해 사회로부터 격리되어진 존재로서, 상처받기 쉽고 늘 보호되어야만 하는 관리 보호의 대상이었던 것이다. 또한 모든 사회적 책임으로부터 유예(Moratorium)되어져 있는 대신, 자신의 삶에 대한 주권을 성인(부모 등)에 맡긴 채 획일화된 인간상을 향해 수동적인 자세로 교육을 받아 왔다고 할 수 있다.

그러나 현대 사회에서 요구하고 있는 청소년상은 '유연성과 탄력성을 가지고 쏟아지는 정보에 대해 주체적으로 선택하고 반응할 수 있는 청소년'(The National Assembly and The National Collaboration for Youth)이다. 이미 정보의 50%이상이 3년 안에 바뀌어 버리는 빠른 변화의 시대를 살아가는 요즘의 청소년들은 공부(학습)이외에 여가와 일을 동시에 해야 하는 복잡하고 어려운 시대에 살고 있다.

산업화 과정에서 경제 효율적 삶은 우리 일생의 시간 배분에도 스며들어 있다. 청소년기에는 오로지 내일의 행복을 위해 주어진 '공부'에만 충실해야 하고, 30~40대 들어서는 공부를 접어두고 돈벌이를 위한 '일'에만 매달려야 하며, 신체적 한계와 함께 찾아오는 노인의 시기에는 남아도는 여가생활을 통해 매일 '한가'한 생활을 누려야 하는 세대 간의 분업 형태의 일상을 보내왔다.

그러나 21세기 지식기반사회에서는 과거 산업사회의 세대별 분업적 생활과 직업에서 벗어나 세대 내에서 이러한 역할들이 동시에 일어난다. 즉, 청소년기·성인기·노년기에 구분 없이 공부와 일과 여가를 동시에 수행하고 즐겨야 하는 총체적 생활이 피할 수 없는 시대적 조류로 등장한 것이다. 이미 요즘의 청소년들은 낮에는 공부하고 밤에는 아르바이트를 하며 주말에는 쇼핑을 하는 공부와 일과 여가를 융합(fusion)시키는 것에 익숙하다.

이러한 흐름에 대처하기 위해 세계 각국은 청소년들에게 정의감·윤리감 및 사려 깊은 마음 등 풍요로운 인간성을 배양하기 위해 놀이와 여가의 중요성을 인식하게 되었고, 지역의 행사와 다양한 직업에 대한 체험의 기회를 늘려주기 위해 교과 외 체험활동 중심의 청소년단체활동에 힘을 모아가고 있다.

Ⅱ. 청소년단체활동의 필요성

최근 우리나라에서 도입 시행되기 시작한 주5일 근무(수업)제, 중학교의 자유학기제, 2009 개정 교육과정의 '창의적 체험활동' 등의 도입과 적용은 학교 교육환경의 커다란 변화는 청소년들의 학습환경이나 생활환경의 변화와 더불어 현행 청소년단체의 활동에 있어서도 청소년단체의 존립기반과 운영형태 등의 구조적 변화를 요구하고 있다. 즉 현행 제7차 교육과정에서 특별활동 중 계발활동 영역의 하나로 시행되고 있는 청소년단체 활동은 학교 주5일제 실시에 따라 특별활동의 일부가 정규교육과정에서 제외될 수도 있는 상황에서 더 이상 학교 안에서만 이루어지기에는 어려운 상황으로 전개되고 있는 실정이다.

실제로 일본의 경우 2002년 4월 완전 학교 주5일제 수업의 실시를 통하여 학교 특별활동 중에서 클럽활동을 정규교육과정에서 제외하고 있다. 물론 일본의 경우 청소년활동이 학교중심이 아닌 지역 중심으로 되어 있어 그 파장이 작을 수 있으나, 우리나라와 같이 청소년단체 활동이 대부분 학교를 중심으로 이루어지고 있는 경우에는 청소년단체 활동의 존재 자체에 심각한 장애가 될 수도 있다.

따라서 청소년과 학부모들에게 적극적인 홍보와 참여 동기부여를 통해 지역사회의 참여와 각종 체험활동에 참여하게 하는 것이 중요하고 할 수 있다. 이러한 유인책의 개발은 곧 청소년단체의 활성화가 적극적인 하나의 방안이 될 수 있을 것이다.

1. 청소년 체험학습의 대두

지식기반사회에서는 정보매체의 발달과 함께 청소년의 직접적인 체험의 기회가 축소되고 있다. 과거에 비해서 정보매체의 혁명적 발달과 지식정보사회로의 급격한 진행으로 인하여 아동기부터 간접 체험중심의 생활을 강요받고 스스로의 행동을 통한 타인과 외계 및 자연과 접할 기회가 점차 줄어들고 있다. 즉, 지식정보사회는 정보매체의 발달로 과거에 비해 인간에게 경험할 수 있는 폭과 범위를 대량으로 확대해 주었다. 그러나 확대된 경험은 주로 매체를 통한 간접 경험이며 상대적으로 직접적인 체험의 범위는 축소되고 있는 실정이다.

그러므로 오늘날의 청소년들에게는 다양한 연령 집단 속에서 풍요롭고 다채로운 체험의 기회를 제공받을 수 있도록 해야 한다. 체험활동은 청소년들이 직접적으로 보고, 느끼고, 생각할 수 있는 활동이다. 따라서 청소년들이 체험활동에 흥미를 느낄 수 있도록 다방면의 체험활동이 필요하며, 장기간의 자연체험활동을 진흥하고, 봉사활동, 스포츠, 문화활동, 청소년단체활동을 활발하게 전개하고, 아울러 지역사회에서 청소년의 다양한 체험활동을 위해 연계 및 협력체제를 구축하는 일이 필요하다.

오늘날 청소년의 발달을 지원하기 위해서는 평생학습적 차원에서 청소년의 위상 정립과 수평적 차원에서 지역사회에 근거를 두고 가정과 학교의 역할을 아우르는 동시에 여가와 일과 공부를 통합하고 포괄하는 공간과 과업에 대한 수평적 인식지평의 확산을 요구한다. 또한 평생에 걸쳐 체험을 통해 학습하며 살아있는 지식을 창출할 수 있는 능력을 길러 가는 것이 청소년문제를 예방하는 데에도 최선의 효과를 가져 올 수 있다. 다시 말해 '최대 체험활동의 기회제공이 최선의 문제예방이며 보호'라는 사실이다.

이처럼 청소년들이 성공적인 성인으로 이행하기 위해서는 다양한 체험활동이 전제되어야 한다. 이러한 과정을 통해 청소년들은 자신의 정체성과 삶의 방법, 미래 설계 등을 개발하고 모색하게 된다. 즉, 몸으로 체험하여 깨닫게 되는 체·인·지(體·認·知)의 과정을 통해 자신의 영역을 넓혀 나가는 것이다. 그러므로 청소년의 발달 시기를 고려하여 건강하고 건전한 성장을 이루기 위해서는 지적인 영역(학교 학업활동) 뿐만 아니라 신체적, 정의적 영역의 활동에 대한 필요성이 강조된다.

2. 학교교육과 청소년단체활동의 관계

우리나라의 청소년단체활동 조직은 주로 학교 안에 기반을 두고 있으면서 활동의 주된 내용은 수련활동으로 구성되어 있어 학교교육(교육인적자원부)과 청소년육성(과거 문화관광부, 현 국무총리 청소년위원회) 안에서 매우 모호한 위치를 차지하고 있다. 정규 교과과정은 아니므로 학교교육이라 볼 수도 없고, 제도권 안에서 대단위로 활동하고 있어 자발적 참여를 전제로 하는 청소년수련활동의 영역으로 구분하기에도 어려운 것이 사실이다. 그러나 이를 역으로 생각하면 학교교육과 청소년육성을 연결하고 상호 작용할 수 있는 매개체(媒介體) 역할을 할 수 있는 것이 바로 청소년단체활동이라고도 볼 수 있다.

각자의 이념이나 목적을 바탕으로 하여 나름대로 특성화된 활동을 중심으로 성장·발달한 청소년단체활동은 그러나 근래에 들어와 학교중심의 단체활동이 주가 되면서 학교구조 안에서 특별활동이라는 이름으로 정규 교과과정에 편승·성장하는 형태로 발전함으로써 학교환경의 변화에 따라 많은 영향을 받아왔다. 따라서 과거에는 전통적으로 청소년을 대상으로 하는 지역사회계몽운동의 일환으로 수행되어왔던 청소년단체활동은 이제 아래의 그림에서 확인할 수 있듯이 청소년육성의 영역 내에서 학교교육의 영역에 포함되는 활동으로 안착되기 시작하였다. 즉, 청소년육성 영역에서 수행되는 체련활동, 자연학습, 체험학습, 여건개선은 성질상으로는 학교교육에 해당하지만 제도적으로 청소년육성에 속하며, 반면에 학교교육에서 수행되는 체육활동, 특별활동, 단체활동, 동아리활동은 성질상 청소년육성에 해당되지만, 제도상으로 학교교육에 해당된다.

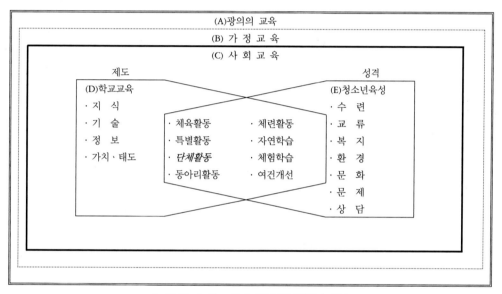

[그림 VI-5-1] 교육과 청소년단체활동의 위상

위의 그림에서 청소년단체활동의 위치를 살펴보면, 성격상으로는 청소년육성에 해당하지만, 제도상으로는 학교교육에 속해 있는 것을 확인할 수 있다. 실제로의 조직은 학교에 근간을 두면서 활동은 주로 수련활동을 중심으로 이루어지고 있어 학교교육과 청소년육성 사이에서 위상을 정립하기가 어려운 현실이다. 따라서 현재의 청소년단체활동에 대한 정의·유형 및 특성과 의의가 새롭게 정립되고 정리되어야만 보다 구체적인 역할규정이 가능할 것으로 보인다. 예컨대 '청소년수련활동'과 '청소년단체활동'은 유사한 점도 있지만 두 활동의 의미는 다음과 같이 구분할 수 있다. 첫째, 수련활동은 개별적·집단적 참여와 같은 모든 활동의 참여방법을 포함하지만, 단체활동은 현재의 운영체계가 내포한 구조적 한계점에서 집단적 참여를 지칭한다. 둘째, 수련활동은 수련시설이나 어울마당과 같은 제반 활동이 포함되지만, 단체활동은 청소년기본법에서 규정한 것처럼 특정 정부부처에 등록되었거나 인정한 단체에서 행하는 활동을 말한다. 셋째, 수련활동은 활동단위에 대하여 일정한 틀을 규정하지 않지만, 단체활동은 회원조직으로 구성하여 구체적으로 몇 명 단위의 활동단위를 체계적으로 제시하고 있다. 이밖에도 많은 요건을 기준으로 수련활동과 단체활동에 관한 차별화된 개념을 유추할 수 있지만, 단체활동은 수련활동의 수행체계에 해당된다는 사실에서 나타나는 유사성 때문에 두 활동의 차별화는 조작적 정의라는 비판을 벗어나기가 어렵다고 할 수 있다.

Ⅲ. 청소년단체활동의 개념 및 교육적 의의

1. 청소년단체활동의 개념

청소년단체활동이란 청소년단체가 주도하는 활동으로서, 청소년단체는 청소년들로 구성된 집단을 근간으로 하여 설립된 사회조직체 중의 하나이다(함병수 외, 1991: 15). 보다 구체적으로 언급하자면, 공동의 관심사와 목적을 갖고 모인 둘 이상의 청소년들 혹은 청소년집단으로 구성된 사회조직체를 말한다. 청소년단체는 공식적 조직체로서 각 단체가 지향하는 가치와 신념을 구성원들에게 내면화 하고 또 이를 공식적인 절차와 과정을 통해 명문화하며, 구체적인 사업전개 및 활동을 통해 강화하는 특성을 지닌다.

통념상 청소년단체란, 한국스카우트연맹·걸스카우트연맹·한국청소년연맹 등 청소년을 직접 대상으로 그들의 인격형성에 기본 목표를 두고 활동하는 사회적 조직체를 의미한다. 이들 조직은 대부분 과도기에 처해있는 청소년들의 불안한 심리·사회적 욕구를 건전한 방향으로 이끔과 동시에 조직적인 활동을 통해서 청소년 개개인의 인격형성에 직접적인 도움을 주기 위하여 생겨난 조직체로, 공공성을 지향하지만 특성상 민간단체의 성격을 갖는다.

특히 학교교육 중심의 교육적 편향성을 가졌던 과거에는 청소년단체 혹은 단체활동은 비정규교육과정의 하나이자 부수적인 학생활동으로 치부되거나 부분적으로 인정되었을 뿐이다. 실제로 청소년단체활동이 교과과정의 하나로 보장받은 것은 제6차 교육과정에서부터이며 이때 청소년활동이라 함은 "교내·외에서 이루어지는 집단활동에 참여하여, 자신감과 인내력을 가지게 하고 사회적 적응력을 증진시키는 활동"을 총칭하는 개념으로 사용되었다.

현행 청소년기본법에서 청소년단체는 "청소년 육성을 주된 목적으로 설립된 법인 또는 대통령령이 정하는 단체"(제3조 8호)로 규정하고 있다. 그리고 동법 시행령에서 대통령령이 정한 단체라 함은 "청소년육성 또는 청소년 수련활동을 실시할 목적으로 문화관광부 장관이 인정하는 단체"(제2조)로 규정하고 있다. 이상의 법령조항에 근거하여 정의하면, 청소년단체란 "청소년을 대상으로 청소년육성을 목적으로 삼아 그들의 인격 형성에 기본 목표를 두고 제반 청소년활동을 전개하는 사회적 조직체"라고 할 수 있다.

이상의 논의에서 살펴보면 청소년단체라 함은 "청소년을 대상으로 청소년육성을 목적으로 청소년들의 인격 형성과 삶의 질 향상 및 스스로 살아갈 수 있는 능력 배양에 기본 목표를 두고 다양한 활동을 전개하는 사회적 조직체"와 "청소년의 임의적이고 자발적인 참여를 근간으로 수행되는 청소년 스스로의 조직체"를 포괄한다.

2. 청소년단체활동의 교육적 의의

가. 개인적 의의

청소년들이 청소년단체에 가입하고 단체활동에 참여함으로써 갖는 청소년 개인 차원에서 갖는 의의는 다음과 같다.

첫째, 청소년단체활동은 참여하는 청소년 개인의 자아정체감 형성 및 정립에 긍정적인 도움을 줄 수 있다. 급격한 사회변동으로 인한 가치관의 혼란, 최근 급증하는 이혼율 증가로 인한 가정의 해체 등 현대사회는 청소년들로 하여금 긍정적인 자아정체감 형성 및 확립에 어려운 사회적 환경을 조성하고 있다. 이럴수록 청소년들은 주변 환경에 쉽게 휩쓸리지 않는 주체적 자아형성을 위한 다양하고 능동적인 활동에의 참여와 자발적인 경험학습이 필요하다. 특히 자아정체감 확립이란 발달과업을 갖는 청소년기의 특성상, 이 시기의 다양한 활동에 대한 참여와 경험들은 청소년으로 하여금 자기 자아를 발견하고 확인하는 일과 무관할 수 없다. 특히 또래집단끼리 집단활동 중심으로 전개되는 청소년단체활동은 유의미한 사람들끼리의 역동적인 상호작용과정을 거치면서 자신 및 타인에 의한 자아발견을 촉진하는 기능을 갖는다.

둘째, 청소년단체활동을 통해 청소년은 다양한 체험활동 및 체험학습의 기회를 가질 수 있다. 직접적 경험의 장면이 점점 위축되는 오늘날, 청소년을 포함한 청소년들은 다양한 소재와 주제를 중심으로 전개되는 여러 단체활동을 통해 효과적인 체험활동을 전개하며 경험에 의한 학습의 효과도 누릴 수 있다. 단체활동을 통한 다양한 체험활동 및 체험학습은 참여청소년의 사회적 능력을 신장할 뿐만 아니라 청소년이 미래사회를 능동적으로 살아갈 준비를 할 수 있도록 하는 효과적인 통로이기도 하다.

셋째, 청소년단체활동은 청소년들에게 집단적 활동에 대한 가치를 학습케 하고 공동체의식의 함양도 가능케 하는 기능과 의의를 갖는다. 적어도 소규모 집단 중심의 활동이 대부분인 단체활동은 현대 청소년들의 주요 가치인 개인중심주의적 가치관을 보완하거나 슬기롭게 균형을 잡을 수 있는 계기와 기회를 제공하며 단체 내 집단간·개인간 상호작용의 경험 및 단체 밖 다양한 조직 간의 상호작용을 통해 집단적 활동이 갖는 긍정적 가치와 개인에 우선해야 하는 공공적 선택가치를 내면화 할 수 있다.

넷째, 청소년단체활동은 단체활동 과정 내에서 민주적 의사수렴 및 결정과정을 직간접적으로 경험케 하여 참여 청소년으로 히여금 훌륭한 민주시민으로 양성하는 체험장면으로 기능할 수 있다. 청소년단체활동은 때때로 청소년 자신의 조직을 자치(自治)하는 기능수행을 요구하며, 청소년들은 그 과정에서 요구되는 민주적 의사수렴과정 및 의사결정과정에 직면할 수 있다. 이러한 경험을 통해 청소년들은 조직 내에서 합리적이고 민주적으로 의사를 수렴하고 결정하는 절차와 과정, 방법, 결과의 효과성 등에 대해 자연스럽게 학습하며 건강한 민주시민으로서의 역량을 키워갈 수 있다.

다섯째, 청소년단체활동을 통해 청소년들은 다양한 사람들과 만나고 교제할 수 있으며 이러한 절차 등을 통해 구체적인 대인관계 및 기술훈련을 습득하고, 자신의 내면과 외연을 넓혀 나가는 기회를 제공받는다.

나. 사회적 의의

첫째, '전인발달을 위한 교육의 장'으로 기능한다. 조화로운 전인은 지·정·의, 혹은 덕·체·지의 조화로운 발달, 정신과 신체의 조화로운 발달, 사고와 행동의 통합, 머리·마음·손의 기능의 균형을 말한다. 인간은 전체적 존재로서 신체와 정신은 상호 영향을 미치며, 지적, 정신적, 사회적 능력도 상호 깊은 관련성 속에서 서로 유의미한 영향을 주고받는다. 그러나 오늘날의 학교교육은 인간의 균형적인 발달과 성장을 위해 필요한 덕·체·지 가운데 지나치게 '지'의 측면만 강조하고 있다. 무엇보다 입시위주의 현 교육체제 내에서 21세기가 요구하는 사회자원으로서 청소년들을 육성하기에는 어려움이 있다. 이러한 측면에서 지력 증진에 치중되어 있는 학교교육의 한계를 자발적인 참여에 의한 다양한 활동을 전제로 하는 청소년단체활동으로써 보완할 수 있다. 즉, 청소년단체는 학교교육에서 부족하기 쉬운 심신단련, 자질배양, 취미개발, 정서함양, 봉사활동 등 다양한 활동을 통해서 청소년들의 요구와 시대적 요청을 실천함으로써 청소년의 전인성 계발에 이바지하는 등 인간성

실현을 위한 교육적 기능을 수행할 수 있다.

둘째, '지역사회의 적극적인 참여를 위한 통로'로 청소년단체활동은 충분히 활용될 수 있다. 피트만(Pittman, 2000)은 지역사회의 긍정적인 변화를 위해서는 청소년과 성인들과의 파트너십을 강조하고 있다. 그는 지역사회를 변화시키는 변화 촉매제로서 청소년을 인정하고, 지역사회 현안에 대해 이들에게 단순한 참가자가 아닌 기획에서부터 평가까지 주도적 역할을 부여함으로써 함께 할 것을 제기하고 있다. 특히 청소년단체활동은 청소년이 지역사회에 효과적으로 개입하고 참여하는 방법으로 기능할 수 있으며 이를 통해 청소년들은 지역사회의 주요한 성원으로서의 책임과 의무, 권리 등을 체험할 수 있다. 이런 맥락에서 청소년단체활동은 소극적 의미에서는 다양한 교육문화활동의 체험이지만, 적극적 의미에서는 청소년 스스로가 단체활동의 주체가 되어 지역사회의 각종 현안 문제에 관심을 갖고, 이를 분석하여 필요한 경우 적절한 해결방안을 제시할 뿐 아니라 직접 그 해결방안에 동참함으로써 지역사회의 발전의 주체자로서의 역할을 담당할 수 있다. 실제로 청소년유해환경 감시단, 청소년폭력예방활동 및 각종 캠페인 등을 전개함으로써 청소년단체활동을 통한 지역사회의 참여가 이미 가시화되고 있으며, 지역사회 의사결정 참여의 통로로서 청소년단체가 그 역할을 담당하고 있다.

셋째, 청소년단체 및 단체활동은 청소년 스스로가 자신의 문화를 형성하고 발전시키는 건강한 '문화창조의 장'이다. 청소년단체활동은 청소년들의 자발적인 참여를 통하여 청소년 자신 혹은 단체의 주장이나 신념·사고를 표현할 뿐만 아니라 이를 시험하고 검증하는 기회를 제공하며, 청소년단체 구성원간의 친밀한 상호작용을 통해 문화적 공감대를 형성하고 공유하며, 나아가 그들 나름대로의 새로운 문화를 창조할 수 있도록 돕는 기능을 수행한다. 따라서 사회는 문화의 창조자로서의 청소년을 인정하고 청소년들 상호간의 열린 만남을 촉진시켜 이를 자주적인 청소년문화 창출의 원천이 되도록 지원하고 육성할 필요가 있다. 특히 또래집단 중심의 청소년단체활동은 같은 세대의 문화를 공유하고 창출할 수 있다는 점에서 또래집단 중심의 청소년단체활동은 청소년세대의 문화창조의 효과적인 장으로 기능할 수 있다.

넷째, 청소년단체활동은 청소년을 대상으로 '평생학습의 실현에 기여'할 수 있으며 최근 사회적으로 요구되는 청소년 대상의 다양한 체험활동 수행주체이자 단위로써 기능할 수 있다. 청소년단체활동은 주로 지역사회에서 전개하면서 청소년으로 하여금 학교에서는 배울 수 없는 다양한 경험을 습득하게 하고 이러한 활동을 통해 다시 사회 안에서도 활용할 수 있는 정보와 기능을 취득하게 하는 실천적인 체험활동 및 체험학습을 가능케 한다. 이런 의미에서 청소년단체활동은 몸으로 직접 경험하고 이를 자신의 산지식으로 수용하고 또 다른 능력으로 계발하는 '실천 중심의 교육활동'이라 할 수 있다. 평생학습의 관점에서 청소년교육의 목표는 사람과 공동체에 대한 책임감과 자율성을 발전시키고, 경제와 문화 그리고 사회 전체의 변화에 대처하는 능력을 강화하며, 공동체에서 시민들과의 공존과 관용, 참여를 향상시키고 촉진시키는데 있다. 즉 청소년교육은 청소년을 포함하여 사람들과 지역공동체가 미래에 나타날 문제들에 대응하기 위해 청소년 스스로가 자신들의 운명과 사회에 대한 주도권을 가질 수 있도록 하는 것이다. 또한 청소년단체활동은 각 단체가 지향하는 고유의 목표와 비전아래 청소년으로 하여금 다양한 체험활동의 장면으로 유도할 수 있는 교육적 통로이자 기능으로도 수행할 수 있다. 따라서 단체활동에 참여함으로써 청소년들은 빠르게 변화하는 사회에 적응하며 살아남을 수 있는 능력을 배양하고, 시대가 요구하는 유연하고 탄력적인 인재로 양성되도록 하는 사회교육적 기능을 갖는다.

Ⅳ. 청소년단체활동의 활성화 방안

1. 청소년단체의 현황 및 문제점

가. 청소년단체의 현황

청소년기본법에 의한 우리나라의 청소년단체는 현재 200여개가 있으며 그 현황 및 실태 분석을 위하여 몇 가지 기초적인 사항을 살펴보면, 청소년단체의 설립연도는 빠르게는 1911년도부터 시작하여 2003년 현재까지 이어져 90년 이상의 역사를 자랑하는 단체와 설립된 지 채 5년도 되지 않은 단체가 공존하고 있다.

청소년단체의 종류는 사단법인, 재단법인 등이 주를 이루고 있고, 법인 등록부처는 문화관광부, 교육인적자원부, 보건복지부, 행정자치부, 농림부, 환경부, 지방자치단체, 경찰청 등이며, 청소년단체의 소재지는 과반수정도(46.4%)가 서울시에 편중되어 있으며, 강원도에는 하나도 없는 것으로 나타나 지역간 불균형상태를 이루고 있다.

청소년단체의 직원 수도 적게는 2~3명에서 많게는 300명~400명에 이르고 있고, 조직은 대부분 서울에 중앙본부가 있고 지방에 지부가 있는 형식으로 조직이 구성되어 있는데 각 시·도별로 조직된 단체와 서울지역에 본부 사무실 하나만 운영하는 단체와 같은 한 개 특정 시·도에 국한되어 있는 단체로 나뉘어 진다. 회원은 대부분의 청소년단체가 청소년

중심으로 구성되어 있는데 성인회원 중심의 단체들도 있다. 회원 수는 적게는 2,000명~3,000명에서 많게는 30여만명에 달하는 거대한 회원을 두고 있는 단체들도 있다.

재원조달 방법은 회원회비, 수익사업 수입금, 후원금, 정부나 지방자치단체 보조금, 기타 수입금 등으로 이루어져 있는데 대부분의 단체는 청소년 목적사업 예산부족의 어려움을 겪고 있다. 정부나 지방자치단체에서 나오는 보조금도 오직 프로젝트 사업비를 받기 위해 제안서를 내고 선정이 되었을 때 보조금을 받는 것이 대부분이어서 예산은 항상 부족하다. 사업 및 활동실적도 청소년단체의 규모만큼 다양하여 2,000명~3,000명에서 몇 백만 명에 이르기까지 단체 간의 격차가 매우 크다.

나. 청소년단체의 문제점

1990년대 이후 청소년기본법에 의한 청소년육성구조가 제도화되면서 청소년단체는 청소년의 건전한 성장과 발달을 위한 중추적 기구로 자리매김하여 왔다. 그러나 이러한 역할 부여에도 불구하고 현재 대부분의 청소년단체는 조직, 프로그램, 지도자 및 재정 등에서 매우 어려운 구조적·기능적 취약성을 드러내고 있으며, 청소년단체에 대한 청소년의 자발적인 참여나 지역사회의 이해도 매우 저조한 실정이다.

또한 청소년단체간의 유기적인 연계체제 역시 미비한 상태이며, 정부의 지원체계도 부족하여 청소년 단체는 운영상의 어려움과 조직성의 빈약, 전문성의 결여 등의 악조건에 놓여 있다고 해도 과언이 아니다. 아울러 입시위주의 교육과 청소년단체에 대한 사회적 이해 부족 등 사회여건의 미비로 청소년단체의 사업이나 활동은 크게 위축되고 있다.

특히 현재 일부 도입·시행중인 주5일 근무(수업)제와 더불어 체험학습 중심의 새로운 청소년 교육 요구 등으로 지역사회 중심의 청소년단체의 역할과 기능 확대가 증대하고 있는 상황에서 청소년단체활동 및 운영에 대한 현실적이고 구조적인 문제점으로서는 ① 청소년의 삶의 질을 증진시키기 위한 청소년단체에 대한 역할 부여 부족 ② 전문화·특성화된 청소년단체활동 프로그램 부족 ③ 청소년 전문지도자의 절대 부족 ④ 청소년들의 청소년단체활동 기피현상 심화 ⑤ 대상과 활동에서 제한적인 청소년단체활동을 지적할 수 있을 것이다.

2. 청소년단체 활성화 방안

우리나라 대부분의 청소년단체들은 조직 및 재정, 지도자, 프로그램 등에 있어 구조적·

기능적 취약성을 극복하지 못하고 있을 뿐만 아니라 청소년들의 자발적인 참여가 저조하여, 청소년단체들은 취약한 조건 및 환경에서 벗어나지 못하고 있는 실정이다. 또한, 청소년단체활동은 학생 위주의 집단적 활동의 형태로 학교 수업의 연장선에서 이루어지고 있는 경우가 대부분이므로 학교 환경변화에 따라 민감하게 반응하는 등 청소년단체의 능동적인 활동과 자생적 능력은 부족한 실정이다. 뿐만 아니라 청소년 단체간의 유기적인 연계체제 역시 미비한 상태이고 실질적인 지원체계 역시 부족하여 청소년 단체들은 운영상의 어려움과 조직적인 빈약성, 비전문화·비특성화된 단체의 성격을 유지하고 있는 경우가 대부분이다. 특히, 학교 주5일제의 본격적인 시행을 앞두고 있는 시점에서 단체활동 지도자가 대부분 학교 교사인 점을 감안하면 앞으로 단체활동 지도자 확보에 대한 어려움도 점점 심화될 전망이다.

이를 위하여 청소년단체 스스로는 운영을 자율화·활성화하여 단체활동에 대한 청소년의 참여를 촉진시키는데 노력해야 할 것이며, 국가 및 사회는 단체활동의 다양화와 질적 향상이라는 정책적 과제를 실현하기 위하여 다음과 같은 지원 및 발전방안이 시급히 마련되어야 할 것이다.

가. 청소년단체활동 참가 동기부여를 위한 제도적 기반 조성

디지털시대의 도래와 학교 주5일제의 시행 등으로 늘어나는 청소년의 여가시간을 활용한 각종 체험활동 기회를 확대하고 최소한의 참여 동기를 부여하기 위해 현행 학생봉사활동 이수제도를 각종 청소년 문화체험활동으로 확대 시행하는 '청소년문화·체험활동 최소이수시간제'를 도입·시행할 필요가 있다.

나. '청소년기관 자원전문지도자 등록제' 운영

주5일 근무제 시행으로 늘어나는 성인들의 여가를 봉사를 통한 사회기여를 위해 각종 전문기능이나 역량을 보유한 성인 인력이 청소년단체활동이나 청소년육성에 기여할 수 있도록 전국적인 '청소년기관 자원전문지도자 등록제'를 시행할 필요가 있다. 등록하여 활동하는 자원전문지도자에게는 '봉사활동인증기록제' 등을 통해 해당 기업이나 기관에 정기적으로 보내고, 청소년단체나 청소년육성 분야의 활동을 '마일리지제도'로 누적하여 일정한 기준에 도달한 자원지도자에 대하여는 청소년지도자 국제교류나 청소년육성 관련 포상 등을 활용하여 인센티브를 부여하는 방법 등으로 참여를 유도한다.

다. 청소년단체의 전문화·특성화 추진

현재 청소년단체는 활동, 보호·복지, 시설운영 등 사업의 전문적 기능과 특성을 가진 전문화·특성화가 요구되고 있다. 신규로 우수 프로그램을 개발하고 수행하고자 하는 단체에 대해서는 우선적으로 재정 및 행정적 지원을 주는 등 전문화·특성화에 대한 정책적 이해와 인센티브 부여를 위한 기반 조성이 급선무이다. 그리고 기존의 학교에 기반을 둔 공식적 조직중심단체와 시민단체적 성격의 혼합단체보다는 청소년육성법인으로 근거를 전환할 수 있는 지역기반의 소규모 청소년단체를 중점으로 전문화·특성화하는 전략적 접근이 요청되며, 아울러 현행 청소년지도사 자격검정에서 요구하고 있는 청소년지도자 전문연수 과정과 연계하여 각 청소년단체별로 '1단체 1전문연수영역'을 가질 수 있도록 유도하는 '1단체 1전문연수영역 갖기 운동' 전개도 필요하다.

라. 학교 청소년단체활동의 내적 재구조화

현재 한국스카우트연맹, 한국걸스카우트연맹, 한국청소년연맹 등 학교에 기반을 둔 학교대(조직중심)중심의 청소년단체활동을 '조직중심'과 '프로그램중심'으로 이원화하는 내적 구조화가 필요하다.

한편 '학교대' 뿐만 아니라 지역사회에 기반을 둔 '지역대', 교회나 사찰 등에 기반을 둔 '종교대', 사회복지시설이나 청소년 수련시설에 기반을 둔 '시설대', 전문적 기능에 바탕을 두거나 장애우 등을 대상으로 하는 '특수대' 등으로 활동거점을 다변화하여야 한다. 이러한 일종의 청소년단체활동의 내적 재구조화를 통한 체질 개선을 통해 학교대의 강화 및 활성화, 조직의 다변화, 프로그램의 재구조화, 지도자의 다양화 등을 모색해 볼 수 있다.

마. 청소년단체활동 지도교사 승진 가산점 부여

청소년단체활동 지도교사의 사기를 진작시켜 학생들에게 청소년단체활동을 통한 전인교육 기회확대 및 건전한 민주시민을 육성하고 올바른 사회생활 능력을 함양시키기 위하여 청소년단체활동 지도교사에 대한 승진 가산점 부여를 제도화 할 필요가 있다. 현재 경기도와 전라북도 등에서 실시하고 있는 승진가산점제도는 청소년단체활동을 지도하고 있는 지도자들에게 많은 동기부여 및 단체활동의 내실화에 기여하고 있으므로 다른 시·도 교육청으로 전면 확대·시행할 필요가 있다.

바. 청소년단체 지도자 확보를 위한 다양한 방안 모색

전문지도 인력확보 및 관리를 위한 '청소년단체 지도자 인력풀 시스템'을 구축 · 운용할 필요가 있다. '청소년지도자인력풀' 구축은 단체간 필요한 인력 및 프로그램을 상호 교류할 수 있어 단체활동에 따른 효과를 증진시킬 수 있으며, 특히 지역을 중심으로 한 분야별 전문 기능을 갖춘 단체간 지도인력 교류를 위한 '청소년단체지도자인력풀'(사례: 야영, 응급처치, 해양수련활동 등)을 구축 · 운영함으로써 지역 청소년단체활동의 내용 다양화와 질적 향상을 가져올 수 있다.

사. 청소년단체 프로그램의 내실화 및 활동거점 다변화

청소년단체 프로그램의 내실화를 기능할 수 있는 '청소년난체 평가지표'를 개발 · 적용하는 작업이 이루어져야 한다. '청소년단체 평가지표'는 청소년활동에 대해 단체별로 자신들의 역할이 어느 정도이며 어디로 어떻게 가야 하는지에 대한 방향 설정 및 청소년들의 요구에 합당한 서비스를 제공하고 있는 지에 대한 점검과 정보를 제공해 주는 자료이며, 동시에 지속적인 혁신체계 형성과 인프라 구축을 위한 원동력을 제공하는 촉매역할을 할 것이다.

아. 청소년단체활동에 대한 홍보 및 참여 촉진책 마련

청소년단체활동 활성화를 위해서는 공공성 및 사회운동성격의 홍보를 위해다양한 청소년단체들의 분야별 활동과 기능을 박람회 형식(가칭'전국청소년단체박람회')으로 널리 알리고, 지역간 정보를 교류하면서 청소년단체 및 청소년에 대한 이해와 참여를 이끌어 내고, 다양한 형태의 프로그램으로 구성된 축제를 기획 · 실시하여 청소년단체활동에 대한 사회적 위상을 높여야 한다.

청소년단체활동에 대한 청소년의 적극적이고 자발적인 참여를 촉진시키기 위해서는 '청소년 1인 1단체 가입의 적극적 권장'(의무화 고려) 및 지속적 참여를 위한 여건조성이 이루어져야 하며 청소년단체활동 경험이 학생부에 누적 · 기록되어 평가 시 반영되도록 해야 한다.

자. 청소년 단체와 유관 기관, 관련 인사 연계

청소년 단체 활동을 활성화하기 위해서는 지역 내 인적 자원, 물적 자원을 두루 적재적소에 배치하고 이용할 수 있도록 해야 한다. 특히, 교육청(교육지원청), 시·군청, 자원봉사센터, 인근 학교, 청소년 수련 시설 등과 유대와 연계를 강화해야 한다.

아울러, 지역사회 내의 자원 인사, 학교 운영위원, 학부모회 임원, 각급 기관 소속 지원 등과의 연대로 교육, 실습, 현장체험학습 등에 강사, 교육도우미, 컨설턴트, 멘토링 담당자 등으로 위촉하여 역할을 부여하면 매우 바람직할 것이다.

V. 청소년단체활동의 기대 효과

상급학교 진학에 매몰되고 학력교육에 치중하여 작은 목표로 대학입시에 초점이 맞추어진 현재의 교육제도에서 감성이 풍부하고 성장기의 왕성한 체력과 건전한 정신을 가지고 무한한 발전 가능성을 지닌 청소년으로 성장을 하도록 지원하는 것이 아주 중요하다.

특히 자라나는 청소년들에게 자기 자신을 바르게 인식하고 어울리며 함께 살아가는 인간관계와 리더십을 배우고 소질을 개발하고 창의와 개척정신을 기르는 전인교육 차원의 청소년 단체 활동을 통하여 민주시민으로 성장하게 하고 사회의 지도자로 성장하게 될 것이다.

1. 청소년의 자아개발과 자아실현

청소년 단체 활동을 통하여 청소년들은 자기 자신을 올바른 인식하는 계기가 되고, 잠재적인 소질 개발과 견문수양을 통한 거시적 안목이 돈독해질 것이며, 미래에 대한 도전의식과 개척정신, 창조정신, 과제집착력 등이 함양될 것이다.

2. 청소년들의 올바른 가치관 형성

청소년 단체 활동을 통하여 청소년들은 사회구성원으로서 함께 어울려 사는 도덕적 윤리관과 준법정신 함양하게 되고, 투철한 국가관과 지구촌 인간 공존과 인류 평화에 대한 인식이 함양될 것이다. 나아가 현대사회의 병폐인 물질만능보다 인성과 품성, 가치관 등 정의적 영역의 중요성을 인식하는 계기가 될 것이다.

3. 청소년들의 미래 사회 지도자로서 성장 기대

청소년 단체 활동을 통하여 청소년들은 책임과 의무를 완수하는 공동체 구성원의 자세가 습관화될 것이고, 공동 생활의 협동과 선의의 경쟁인 인간관계를 익히고 단체생활에서 지도력 함양할 수 있을 것이다.

또한, 사회봉사 활동을 통해 공동체의 행복을 추구할 것이고, 인성과 자질, 기능과 능력 등을 겸비하여 21세기 세계화 시대의 민주시민과 민주사회의 지도자로 성장할 계기가 될 것이다.

Ⅵ. 맺고 나오는 글

상급 학교 진학이 교육의 명제와 목적으로 전도된 우리나라에서는 지금까지 학교교육은 지식이나 기능의 공통적인 습득을 중시해 왔다. 그러나 21세기 세계화 사회에서는 단순한 지식이나 기능을 습득한 양이 아니라 스스로 생각하고 주체적으로 판단하여 행동할 수 있는 자질이나 능력을 중시하는 새로운 학력관을 필요로 한다. 그러므로 청소년단체활동은 청소년으로 하여금 각자의 흥미, 관심, 의지에 의해서 학습하는 영역이나 과제를 선택하여 조사하고 실제로 체험하는 등 스스로 생각하고 행동하는 힘과 창조적인 태도 등 이른바 자기 주도적 학습능력과 핵심역량을 배양하는 데 근본적인 취지를 두고자 하는 것이다.

자라나는 미래 세대인 청소년들에게 청소년단체활동은 효율적인 학교 운영 방안 또는 교육과정의 효율적인 운영 방식의 하나로서 그 기본 취지는 학생들에게 주체적 학습능력과 자질을 길러주며, 더 나아가서는 가족과의 유대 증진과 지역에서의 사회 체험을 통해 바람직한 인간성을 형성시켜 주는 데 있다. 이전까지는 교육이 학교교육에 지나치게 편중되면서 요즘 '교실붕괴'라는 용어가 보여주고 있다시피 학교도 그 본연의 임무를 감당하지 못하게 되었다. 학교가 기하급수적으로 늘어나는 지식의 양을 미처 다 소화해 내지 못하고 있으며 학생들은 이를 메우기 위하여 이 학원 저 학원을 전전하고 있다. 이는 학교가 이미 '인성교육'의 장(場)의 역할을 하기 어렵게 되었다는 점을 잘 대변해 준다. 학생들은 학교를 오래 다녀도 기본 생활습관이나 기본예절조차도 제대로 갖추기 어렵게 되었으며, 폭넓고 다양한 인간적 교류를 통하여 익혀야 할 사회성이나 봉사하는 정신을 함양하지 못하고 있다. 요즘의 교육사태는 학교, 가정, 그리고 지역사회의 교육력 모두의 붕괴를 의미하는 것이다. 이러한 문제에 대응하기 위한 한 방법으로 청소년단체활동은 학생과 교사는 여유 시간을 자신에게 유익한 시간으로 채워 삶의 질을 높이는 계기를 마련할 것으로 기대된다. 학생들은 자신과 세계에 대한 눈을 넓힐 수 있는 독서, 자발적인 집단 탐구활동, 또래 그룹 간의 토의·토론 등 여러 활동을 할 수 있고, 가정, 지역사회와 연계활동을 통하여 사회의 일원으로서 체험을 풍부히 하며 다양한 삶을 경험하고, 자신을 보충하여 인간관계를 맺는 일인 취미 활동, 체계적인 보충 학습, 가족과의 유대를 형성하는 활동들을 할 시간이 주어질 것이다. 교사도 시간적 여유가 생겨 수업의 내실화를 위한 다양한 연구와 조사를 할 수 있을 것이며, 자기계발을 통해 인생을 가꾸는 질적 승화가 이뤄질 것으로 기대된다. 즉, 청소년단체활동은 교육의 내실화를 다지고, 교육의 질을 높이며 나아가, 삶의 질을 향상시키는 중요한 조건으로서 소위 '교육붕괴', '교권추락', '교실붕괴', '학교붕괴'로 총칭되는 총체적인 교육위기 상황을 극복할 수 있는 새로운 대안으로서의 의미도 갖게 될 것이다.

참고문헌

강봉규(2000). 인간 발달, 서울: 동문사.

강영삼(2000). 장학론. 서울: 세영사.

강영삼 외(2011). 교육학개론. 서울: 교육과학사.

강인애(1997). 왜 구성주의인가?. 서울: 문음사.

고벽진 외(2007). 최신 교육학의 이해. 서울: 교육과학사.

고재희(2011). 교육과정 이해와 개발. 파주: 교육과학사.

고형일(1987). 교육사회학 탐구. 서울: 교육과학사.

공병호(2013). 미래 인재의 조건. 서울: 21세기북스.

공병호·김난희(2013). 우리아이 10년 프로젝트. 서울: 21세기북스.

공영석 외(2002). 현대교육학. 서울: 가산출판사.

교육부(2013). 2009 개정 교육과정. 서울: 대한교과서주식회사.

_____(2013). 2009 개정 교육과정 해설. 서울: 대한교과서주식회사.

구병두(1996). 학업성취 관련변인. 서울: 양서원.

권낙원 외(2013). 학교교육과정개발론. 파주: 학지사.

권낙원(2001). 수업관찰과 분석. 대전교육연수원. 중등교감 자격연수 교재.

권석만(2000). 인관관계 심리학. 서울: 학지사.

권창길 외(2000). 교육학개론. 서울: 학지사.

김남선 외(2013). 청소년교육론. 서울: 형설출판사.

김덕수(2013). 한국 리더 한국인 리더십. 서울: 21세기북스.

김명수 외(2012). 교직실무. 파주: 학지사.

김병무(2013). 현대 사회학의 이해. 서울: 청목출판사.

김종철(1982). 교육행정의 이론과 실제, 서울: 교육과학사.

김준기(2006). 학교경영평가 강의 자료.

김희복(1991). "한국인의 교육열 탐색". 경성대학교 학술저널 Vol.11 No.3. 경성대학교.

남정걸 외(1995). 교육조직론. 서울: 학교교육행정학회.

남정걸(2000). 교육행정 및 교육경영. 서울: 교육과학사.

_____(2000). 장학의 이론과 실제. 서울: 교육과학사.

노종희(1992). 교육행정학: 이론과 연구. 서울: 문음사.

_____(1983). "상황적 리더쉽 이론". 헌국교육행정학의 이론적 접근. 서울: 교육과학사.

류지성(2013). 마음으로 리드하라. 서울: 삼성경제연구소.

리처드 오스븐. 윤길순 역(2001). 사회학. 서울: 김영사.

문용린 역(1998). 피아제가 보여주는 아이들의 인지 세계. 서울: 학지사.

문낙진(1993). 학교·학급경영의 이론과 실제. 서울: 형설출판사.

문현상(2010). 인간윤리. 서울: 동문사.

박덕배(2013). 2010 부의 대이동. 서울: 21세기북스.

박도순 외(1994). 신교육학개론. 서울: 문음사.

박동서(1987). 한국행정론. 서울: 법문사.

박병량·주철안(2000). 학교·학급경영. 서울: 학지사.

박연호(2010). 현대 인간관계론. 서울: 박영사.

박은종(2010). 으뜸 수업탐구의 정석. 파주: 한국학술정보(주).

_____(2012). 정석 신강 교육학 개론. 파주: 한국학술정보(주).

_____(2013). 인간관계론 탐구. 파주: 한국학술정보(주).

박은혜·이현옥·임승렬(1999). 교사 발달에 적합한 장학의 이론과 실제. 서울: 정민사.

변영계(2013). 수업분석과 수업장학. 파주: 학지사.

신흥기(2005). "교원의 자질 향상을 위한 교내 자율장학". 학교경영 18(7): 83-89.

양태의(2002), 교내수업장학의 실제, 대전교육연수원, 중등교감 수업장학요원 직무연수교재, 126-153.

오만록(2012). 교육학 개론. 서울: 형설출판사.

유만종(2004). "현장 중심의 장학지도방법 활동-컨설팅 장학을 중심으로". 학교경영 17(7): 73-78.

유현숙·김흥주·김혜숙(1996). '초·중등학교 기관평가 방안 연구'. 한국교육개발원 연구보고. RR
       96-6.

유현숙 외 7인(1997). '서울시 초·중등학교 및 지역교육청 평가 방안'. 서울특별시교육청.

이상수(2013). 수업 컨설팅. 파주: 학지사.

이위환·김용주(2011). 현대 사회와 인간관계론. 파주: 학지사.

이윤식(2000). 장학론. 서울: 교육과학사.

이종각(1996). 교육사회학총론. 서울: 동문사.

이항로, 정진우 등(2003). 지구과학교육론: 수업실연 및 분석·평가. 서울: 교육과학사.

이혜림(2000). 실기교육방법의 이해. 백산출판사.

이홍우(1992). 교육의 개념. 서울: 문음사.

장연집(2013). 현대인의 정신 건강. 파주; 학지사.

전정태(2007). 현대사회와 정보윤리. 서울: 도서출판 학이당.

정문성(2001). 사회과 수행중심 평가. 서울: 학문출판(주).

_____(2002). 협동 학습의 이해와 실천. 서울: 교육과학사.

정문성 외(2010). 사회과 교수·학습법(개정판). 파주: 교육과학사.

정범모(1972). 가치관과 교육. 서울: 배영사.

_____(1980). 초등 사회과 교육의 이론과 실제. 서울: 교육출판사.

정병기(2002). 초등 사회과교육의 이론과 실제. 서울: 교육출판사.

정병기 외(1997). 사회과 교육과정 영역별 수업 기법·수업 모형 및 평가. 서울: 배영사.

정석기·조미희(2013). 컨설팅의 이해와 적용. 서울: 원미사.

정석환(2011). 교육학 개론. 파주: 양서원.

정진홍(2013). 인문의 숲에서 경영을 만나다. 서울: 21세기북스.

정태범(2001). 장학론. 서울: 교육과학사.

_____(2008). 교육행정과 교육경영. 서울: 양서원.

조 벽(2005). 나는 대한민국 교사다. 서울: 해냄.

_____(2006). 새 시대 교수법. 서울: 한단북스.

_____(2007). 조벽 교수의 명강의 노하우와 노와이. 서울: 해냄.

조벽·최성애(2006). 한국인이 반드시 일어설 수밖에 없는 7가지 이유. 서울: 명진.

주삼환(1992). 장학·교장론 특강. 성원사.

_____(2009). 위기의 한국교육. 파주: 한국학술정보(주).

주삼환 외(2006). 교육행정 및 교육경영. 서울: 학지사.

＿＿＿＿(2012). 교육행정 및 교육경영. 파주: 학지사.

진동섭(2003). 학교컨설팅. 서울: 학지사.

천호성(2013). 수업컨설팅의 이론과 실제. 파주: 학지사.

최무산(2013). 교직실무. 서울: 한국교육신문사.

최선미·김상근(2013). 르네상스 창조경영. 서울: 21세기북스.

충청남도청양교육지원청(2013). 초·중·고교장 청양교육 CEO 역량강화연수 교재.

한공우(1995). 교육학 개론. 서울: 동문사.

한국교원대학교(2005). 한국 교육 50년: 그 반성과 전망. 한국교원대학교 개교 20주년 기념 논집. 청
　　　원: 한국교원 대학교출판부.

한국교원대학교·서울대학교 사범대학(2008). 교실친화적 교사 양성의 실천적 방향 모색. 합동 세미
　　　나 자료집. 청원: 한국교원대학교 교육연구원.

한국교원대학교 교육연구원(2005). 전국 초·중등 교사 우수 연구 결과 발표 대회 및 전시회 자료집.
　　　교과교육연구자료집. 한국교원대학교 교육연구원.

＿＿＿＿＿＿＿＿＿(2006 a). 교육과정 개정 시안에 대한 전국 현장 교사 대토론회. 교육과정
　　　학술 세미나집. 한국교원대학교 교육연구원.

한국교원연수원(2012). 신 교사리더십 연수교재. 서울: 한국교원연수원.

한국교육과정학회(2011). 교육과정: 이해와 개발. 서울: 교육과학사.

한국교육학회(1996). 인간과 교육. 서울: 문음사.

한국진로교육학회 역(2000). 진로교육의 이론과 실제. 서울: 교육과학사.

한국청소년정책연구원(2013). 청소년학 개론. 파주: 교육과학사.

한승록(2002). 수업관찰과 분석기법. 대전교육연수원, 중등교감 자격연수교재.

함종규(1997). 학습지도. 서울: 문음사.

한준상(2000). 신교육사회학. 서울: 학지사.

허운나(2000). 교육방법 및 교육공학. 서울: 교육과학사.

황정규(1995). 학교학습과 교육평가. 서울: 교육과학사.

황정규 외(1997). '초·중·고등학교 학교평가 절차 및 기준 개발'. 서울대학교 사범대학 교육연구소.

황정규·이돈희·김신일(1998). 교육학 개론. 서울: 교육과학사.

日本文部省(1974). '民主主義'(上) 上田薫編, "社會科 敎育史料2", 東京法令出版株式會社.

日本文部省(1978). '我が國の敎育水準', 東京: 大藏省印刷局.

日本文部省(1980). 中學校 指導書. 東京: 大藏省印刷局.

日本文部省(1982). 最新 國民學校 敎育課程. 東京: 大藏省印刷局.

日本文部省(2000). 敎科書 制度の 槪要. 東京: 文部省初中等敎育局.

Fuhrman. S. H.(ed.)(1993). *Designing Coherent Education Policy: Improving the System*. San Francisco:
　　　Jossey-Bass Publishers.

Gibson. R.(1984). Structure and education, London: Hodder and Stoughton.

Giroux. H.(1988), *Teachers as Intellectuals: Toward a Critical Pedagogy of Learning*, South Hadley,
　　　MA:Bergin & Garvey.

Giroux. H. & McLaren. P.(1992). *America 2000 and the Politics of Erasure: Democracy and Cultural
　　　Difference under Siege*. International Journal of Educational Reform, 1(2).

Goodlad. J. I.(1984), A Place Called School, New York: McGraw-Hill.

Goodman. J.(1986). *Teaching Preservice Teachers a Critical Approach toCurriculum Design, ADescriptive
　　　Account*. Curriculum Inquiry.

Gowin. D. B(1981). Educating. Ithaca. New York: Cornell Univ. Press.

Gross. N. Giacquinta. J. & Bernstein. M.(1971). *Implementing Organizational Innovation: A Sociological Analysis of Planned Educational Change*. New York: Basic books.

Hackman. Michael Z. & John. Craig. E.(2005). *LEARDERSHIP*. Waveland Press. Inc.

Markus. H.(1990). *Motivation and Personality*. New York: Harper & Row.

OKun. M. A.(1977). *Implication of Older Adults. Adult Education*. 27. pp.139-156.

O'Toole. J. & Bennis. W.(2009). What's needed next: aculture of candor. *Hanvard business Review*. Jun 2009. Vol. 87. Issue 6.

Sergiovanni. Thomas J. & Starratt. Robert J.(1983). *Supervision: human perspectives*(3rd ed.). New York: McGrSchmidt.

Trenholm. S & Jensen. A.(1992). *Interpersinal Communication*. NY: Wadsworth.

Wheeler. L. & Kim. Y.(1997). *What is beautiful is culturally good: The physical attractiveness sterotype has different content in collectivitic cultures*. Personality and Social Psychology Bulletin, 23, 795-800.

Yalom. I. D.(1985). *The Theory and Practive of Group Psychotherapy*. 3rd ed. NY.: BasicBooks.

찾아보기

박은종(朴殷鍾)

진주교육대학교 사회과교육학과, 충남대학교 대학원 사회교육학과(석사) 및 교육학과(교육과정 및 교육심리학 전공·교육학 박사), 한국교원대학교 대학원 사회과교육학과, 공주대학교 대학원 사회교육학과(박사) 등을 졸업한 사회교육학 박사이다.

충남대학교 교육연구소 객원연구원, 충남대학교 인문과학연구소 객원연구원, 한국교총 교육정책연구소 객원연구원 등으로 교육학과 교육과정, 사회과 교육학과 교육론에 대한 연구에 종사하여 왔다. 또한 한국산업연수원 청주능력개발원 첨삭교수, 공주대학교 사범대학 강사, 공주교육대학교 사회교육과 강사, 동신대학교 교양교직학부 외래교수, 홍익대학교 교양학부 외래교수, 광주여자대학교 교양학부 외래교수, 성신여자대학교 사범대학 외래교수, 청운대학교 교직학부 외래교수 등을 역임하면서 교육학개론, 교육과정론, 교직실무, 교육심리학, 사회과 교육학과 사회과 교육론, 사회과 교재연구 및 교수법 등 교과목을 강의하였다.

아울러, 교육부 중앙교육연수원 강사, 충남교육연수원 강사, 전북교육연수원 강사, 한국교총교육연수원 강사, 진주교육대학교초등교육연수원 강사, 공주대학교중등교육연수원 강사 등을 역임하면서 교육과정, 수업분석과 수업장학, 교수·학습법, 사회과 교육학 등에 관한 강의를 수행하여 왔다. 또 충청남도당진교육청 장학사, 충청남도부여교육청 장학사, 충청남도교육연수원 교수부 교육연구사 등을 역임하면서 사회과 교육학(론) 관련 교육행정과 교육연구를 수행하기도 하였다. 그리고 교육부 교육정책자문위원, 한국교총 교육정책전문위원, 통일부 통일교육원 교육위원 등을 역임하였다. 현재 공주대학교 겸임 교수로 재직하고 있으며, 한국사회과교육연구회 회장으로 재임하고 있다.
현재 전국의 대학교, 지방자치단체와 지방의회, 교육청(교육지원청), 기업체, 학부모 연수 등에 특강 강사로 리더와 리더십, 인간관계와 직장생활, 학교폭력예방과 자녀 교육 등에 관한 주제로 강의를 하고 있다.

한국사회과교육학회, 한국사회과교육연구회 회원이며, 연구의 주 관심 영역은 교육학 일반, 교육과정, 사회과 교육과정과 교수법, 사회과 교육학, 사회과 교재연구 및 교수·학습 방법 등이다. 최근에는 사회과 통합 교육, 사회과 세계시민교육, 사회과 교육 국제 비교 연구, 다문화 이해 교육 등에도 깊은 관심을 갖고 연구하고 있다.

학회지인 교육연구, 교육연구논총, 교육연구논총, 교육평론, 사회과학연구, 충남교육 등에 논문을 게재하고 있으며, 주요 저서로는『으뜸 수업 탐구의 정석』,『한국 사회과 교육과정 탐구: 분석 및 모형 개발 탐색』,『사회과교육론의 이해와 탐구』,『인간관계론 탐구』등 여러 권이 있으며, 주요 논문으로는 학회지에 발표한「세계화·정보화 시대의 바람직한 세계시민교육 방향 모색에 관한 연구」,「최근 사회과 교육의 트렌드(Trend) 연구」등 여러 편이 있다.

한편,『새교실』지(誌)와『교육자료』지(誌)에 사회과 수업안을 다년간 집필한 바 있으며, 대전일보·중도일보·한국교육신문·교육타임스 등의 교육칼럼위원, 백제신문·공주신문 논설위원 등도 역임하였다.

※ e-mail: ejpark7@kongju.ac.kr / CP: 010-3412-4545